Christliche
Philosophie

2

Christliche Philosophie
im katholischen Denken des 19. und 20. Jahrhunderts

Herausgegeben von
EMERICH CORETH SJ
WALTER M. NEIDL
GEORG PFLIGERSDORFFER

Redaktion:
HEINRICH M. SCHMIDINGER
unter Mitarbeit von
BERNHARD BRAUN
VICTORIA PÖLZLEITNER
EVA-MARIA SCHWAIMHOFER

Band 2
Rückgriff
auf scholastisches Erbe

VERLAG STYRIA

Die Drucklegung dieses Buches wurde ermöglicht durch die
Unterstützung des Fonds zur Förderung der wissenschaftlichen Forschung in Wien
und die Firma Siemens AG, München.

Die fremdsprachigen Beiträge wurden übersetzt von

Karin Haider
Frank Keim
Victoria Pölzleitner
Heinrich M. Schmidinger
Raimund Schwarzkopf
Gerhard und Birgit Torkler
Gabriele Winkler

CIP-Titelaufnahme der Deutschen Bibliothek
**Christliche Philosophie im katholischen Denken
des 19. und 20. Jahrhunderts**
hrsg. von Emerich Coreth . . .
Graz ; Wien ; Köln : Verl. Styria.
NE: Coreth, Emerich [Hrsg.]
Bd. 2. Rückgriff auf scholastisches Erbe /
[d. fremdsprachigen Beitr. wurden übers. von Karin Haider . . .]. – 1988
ISBN 3-222-11800-0
NE: Haider, Karin [Übers.]

© 1988 Verlag Styria Graz Wien Köln
Alle Rechte vorbehalten
Printed in Austria
Umschlaggestaltung: Hans Paar
Satz und Druck: Druck- und Verlagshaus Styria, Graz
Bindung: Wiener Verlag, Himberg
ISBN 3-222-11800-0

Inhaltsverzeichnis

Einleitung 9
  Emerich Coreth für die Herausgeber
Verzeichnis der Mitarbeiter des 2. Bandes 12
Abkürzungsverzeichnis 14
Literaturangaben und Zitationsweisen 18
Bibliographie zur Gesamtthematik des 2. Bandes 19

»Scholastik« und »Neuscholastik« – Geschichte zweier Begriffe 23
  Heinrich M. Schmidinger
Die Scholastik der Neuzeit bis zur Aufklärung 54
  Ulrich G. Leinsle

ERSTER TEIL:
19. JAHRHUNDERT

ITALIEN

Der Streit um die Anfänge der italienischen Neuscholastik:
  S. Roselli (1722–1784), V. Buzzetti (1777–1824) und G. Sanseverino
  (1811–1865) 72
  Heinrich M. Schmidinger
Die Bedeutung des Collegio Alberoni in Piacenza für die Entstehung des
  Neuthomismus 83
  Giovanni F. Rossi
Thomistische Zentren in Rom, Neapel, Perugia usw.:
  S. Sordi, D. Sordi, L. Taparelli d'Azeglio, M. Liberatore, C. M. Curci,
  G. M. Cornoldi u. a. 109
  Heinrich M. Schmidinger

DEUTSCHLAND UND ÖSTERREICH

Die neuscholastische Philosophie im deutschsprachigen Raum 131
  Peter Walter

Der französischsprachige Raum

Überblick zur Neuscholastik in Frankreich und Belgien 195
Heinrich M. Schmidinger

Kardinal Désiré Mercier (1851–1926) und das philosophische Institut in Löwen 206
Georges Van Riet

Der spanisch-portugiesische Raum

Die Iberische Halbinsel 241
Heinrich M. Schmidinger

Ceferino González (1831–1894) 251
Carlos Valverde

Lateinamerika 268
Manuel Domínguez-Miranda

Der angelsächsische Raum

Das Echo der Scholastik-Renaissance in Großbritannien und Nordamerika 280
Heinrich M. Schmidinger

Osteuropa

Das Schicksal der Scholastik im ostslawischen Raum 286
Gustav Wetter

Ost- und Südosteuropa 298
Joseph Hlebš

ZWEITER TEIL:
ÜBERGANG

Die Enzyklika »Aeterni Patris« und die weiteren päpstlichen Stellungnahmen zur christlichen Philosophie 310
Roger Aubert

Modernismus und Antimodernismus

Das Denken der bedeutendsten Modernisten:
A. Loisy, G. Tyrrell, E. Buonaiuti u. a. 333
Irmingard Böhm

Die Enzyklika »Pascendi« und der Antimodernismus 349
Franz Padinger

Die geschichtliche Erforschung der mittelalterlichen Philosophie und die Neuscholastik 362
Wolfgang Kluxen

Quaracchi – Der franziskanische Beitrag zur Erforschung des Mittelalters . . 390
Mathias Köck

Schulrichtungen neuscholastischer Philosophie 397
Emerich Coreth

DRITTER TEIL:
20. JAHRHUNDERT

Der französischsprachige Raum

Die dritte Scholastik in Frankreich 412
  Paul Gilbert

Pierre Rousselot (1878–1915) 437
  John M. McDermott

Joseph Maréchal (1878–1944) 453
  Johannes B. Lotz

Die französischsprachige Maréchal-Schule:
  L. Malevez, A. Grégoire, J. Defever, G. Isaye, J. Javaux, E. Dirven u. a.   470
  Hubert Jacobs

Antonin-Dalmace Sertillanges (1863–1948) 485
  Franz-Martin Schmölz

Jacques Maritain (1882–1973) 493
  Armando Rigobello

Étienne Gilson (1884–1978) 519
  Armand Maurer

Das Löwener Institut im 20. Jahrhundert:
  L. De Raeymaeker, F. Van Steenberghen u. a.   546
  Jean Ladrière

Der deutschsprachige Raum

Einleitung 565
  Heinrich M. Schmidinger

Erich Przywara (1889–1972) 572
  Bernhard Gertz

Die deutschsprachige Maréchal-Schule – Transzendentalphilosophie als Metaphysik:
  J. B. Lotz, K. Rahner, W. Brugger, E. Coreth u. a.   590
  Otto Muck

Gallus Manser (1866–1950) 623
  Bernhard Braun

Joseph Geyser (1869–1948) 630
  Bernhard Braun

Hans Meyer (1884–1966) 637
  Karl Leidlmair

Theodor Steinbüchel (1888–1949) 643
  Roman Scheuchenegger

Edith Stein (1891–1942) 650
  Waltraud Herbstrith

Josef Pieper (geb. 1904) 666
Siegfried Battisti

ITALIEN

Allgemeine Übersicht 673
Aniceto Molinaro

Giuseppe Zamboni (1875–1950) 693
Annamaria Pertoldi

Agostino Gemelli (1878–1959) und Francesco Olgiati (1886–1962) 702
Giuseppe Cenacchi

Gustavo Bontadini (geb. 1903) 712
Virgilio Melchiorre

Umberto Padovani (1894–1968) 722
Aldo Bonetti

Cornelio Fabro (geb. 1911) 730
Antonio Pieretti

ENGLAND – NORDAMERIKA

Die englischsprachige Neuscholastik 739
Gerald A. McCool

Bernard J. F. Lonergan (1904–1984) 753
Stephen W. Arndt

DER SPANISCH-PORTUGIESISCHE RAUM

Charakteristik der Neuscholastik in Spanien und Portugal
im 20. Jahrhundert 771
Jesús Bernal Ríos / Mariano Delgado Casado

Juan Zaragüeta Bengoechea (1883–1975) 782
Jesús Bernal Ríos / Mariano Delgado Casado

Lateinamerika 787
Manuel Domínguez-Miranda

OST- UND SÜDOSTEUROPA

Polen 804
Edward Nieznański

Ungarn 824
Bruno Tarnay

Tschechoslowakei 837
Stanislav Sousedík

Südosteuropa 846
Joseph Hlebš

Namenregister 859

Einleitung

Dieser 2. Band des Gesamtwerkes »Christliche Philosophie im katholischen Denken des 19. und 20. Jahrhunderts« ist dem »Rückgriff auf scholastisches Erbe« gewidmet. Dadurch hebt er sich zeitlich und sachlich von den beiden anderen Bänden ab. Im 1. Band sind die Neuansätze christlicher Philosophie im 19. Jahrhundert dargestellt, sofern sie der eigentlichen Neuscholastik noch vorausliegen. Der 3. Band wird Fortentwicklungen behandeln, die im späteren 20. Jahrhundert nicht mehr der Neuscholastik zugerechnet werden können. Hier dagegen wird eine geistige Bewegung von größerer Einheit und Gemeinsamkeit vorgeführt, die man heute zumeist »Neuscholastik« nennt. Sie übergreift die beiden Jahrhunderte. Ihre Anfänge gehen etwa auf die Mitte des 19. Jahrhunderts zurück. Ihr entscheidend richtungsweisendes Dokument wurde die Enzyklika *Aeterni Patris* Papst Leos XIII. (1879), worin zur Wiederbelebung der scholastischen Tradition, besonders in Rückbesinnung auf Thomas von Aquin, aufgerufen wird. Von da an wurde die erneuerte Scholastik zu einer weltweiten Bewegung; sie erhielt ihr internationales Gepräge auch durch lateinisch verfaßte Werke und Lehrbücher, die allerorts bekannt und verwendet wurden. Diese Denkrichtung blieb mindestens bis zur Mitte des 20. Jahrhunderts vorherrschend und wirkt bis in die Gegenwart nach. Sie in ihrer Einheit und lebendigen Vielfalt wissenschaftlich darzustellen ist das Anliegen dieses Bandes.

Doch ist im Titel das Wort »Neuscholastik« mit Absicht vermieden. Es wurde besonders von Gegnern dieser Geistesbewegung aufgebracht und wird heute noch vielfach in einem einseitig abwertenden Sinn gebraucht. Dagegen war innerhalb der scholastischen Philosophie – etwa zur Zeit, als ich in den vierziger Jahren Philosophie studierte – von Neuscholastik nie die Rede. Man sprach einfach von »unserer«, nämlich der scholastischen Philosophie, in deren lebendiger Tradition man stand, die man aber fortführen und weiterentwickeln wollte, deshalb schon damals – und lange zuvor, später noch mehr – durchaus aufgeschlossen für Ansätze, Probleme und Methoden neuerer Philosophie, in ständiger Auseinandersetzung mit ihr, also im Bewußtsein, daß christliche Philosophie, die sich dem geistigen Erbe der Scholastik verpflichtet weiß, ohne sich selbst preiszugeben, durch die Diskussion mit der neueren Philosophie bereichert, befruchtet, vertieft werden kann und soll.

»Scholastik«, erst recht »Neuscholastik« sind umstrittene Begriffe. War die Wiederaufnahme der scholastischen Tradition im 19. Jahrhundert nur ein Rückfall in geistige Positionen des Mittelalters? War der Rückgriff auf die Hochscholastik, besonders auf Thomas von Aquin, nur eine konservative oder restaurative Bewegung, die den Problemen der Neuzeit und der Gegenwart nicht gerecht werden konnte? Oder war es eine geistesgeschichtlich berechtigte, sogar erforderliche Besinnung auf ein reiches geistiges Erbe, das fast vergessen war, aber gerade in dieser Zeit philosophisch-weltanschaulicher Auseinandersetzungen neu zu erwecken und zu beleben, in das Geistesleben der Zeit einzubringen war? In der Planung und Durchführung dieses Werkes wollten wir uns offen diesen Fragen stellen, ohne sie voraus zu entscheiden, jedoch eine sachliche, durch geistesgeschichtlich-wissenschaftliche Forschung in Einzelbeiträgen begründete Antwort erwarten.

Diese Antwort kann nur differenziert gegeben werden. Auf der einen Seite ist kein Zweifel, daß die durch kirchliche Autorität geförderte, sogar erforderte Festlegung auf die Scholastik manche anderen, fruchtbar scheinenden, in die Zukunft weisenden Ansätze christlicher Philosophie, etwa im Anschluß an den Deutschen Idealismus, aber auch an andere Denkbewegungen der Zeit, abgeblockt, unterdrückt und – bis in die Modernismuskrise unter Papst Pius X. – als Irrtum und Irrweg verurteilt hat. Daß damals eine gewisse Verengung auf nur-scholastische Philosophie (und Theologie) geschah, steht kaum in Frage. Manches von dem, was schon damals an Problemen aufgebrochen war, wiederaufzunehmen, neu zu verarbeiten, zu bewerten und richtig einzuordnen ist eine Aufgabe unserer Zeit.

Auf der anderen Seite war es sicher nicht nur berechtigt, sondern ein dringendes Desiderat der Zeit, auf die wertvollen Schätze der Tradition christlichen Denkens zurückzugreifen, sie in die turbulenten Kontroversen der Zeit einzubringen und bleibend gültige Einsichten christlicher Philosophie von neuem zur Geltung zu bringen. Diese Wiedererweckung und Neubelebung scholastischen Denkens war nie ein starrer Block philosophischer Thesen ohne Bezug auf das moderne Denken und die Probleme der Zeit, sondern ein geistig reges, vielfältiges und wissenschaftlich fruchtbares Geschehen, das hier dokumentiert werden kann.

Der Rückgriff auf die scholastische Tradition hatte mancherlei sehr weitreichende Folgen. Zuerst war es vor allem Rückkehr zur »Philosophie der Vorzeit« (Kleutgen), in ihrem Gefolge auch Wiederaufnahme der scholastischen Schultraditionen, des strengen Thomismus, aber auch scotistischen und suarezianischen Denkens; unter ihnen kam es innerscholastisch zu heftigen Kontroversen. Doch setzte bald die historische Erforschung der Philosophie (und Theologie) des Mittelalters ein, in deren Licht sich das scholastische Denken jener Zeit ganz anders, viel problemreicher und differenzierter darstellte, als man bisher gemeint hatte. Diese Forschungsarbeit führte zu einer Fülle kritischer Texteditionen und sonstiger Publikationen; sie ist noch lange nicht abgeschlossen, sondern wird gegenwärtig weitergeführt. Schließlich, aber auf diesem Hintergrund, kam es zu offener und aufgeschlossener, immer intensiverer Auseinandersetzung mit neuerer Philosophie in all ihren sehr verschiedenen Gestalten. So kann man von vielen Philosophen, die aus der scholastischen Tradition kommen und sich dazu bekennen, kaum sagen, ob und wieweit sie noch der Neuscholastik angehören oder doch schon darüber hinausgehen. Die Grenzen sind fließend; daher auch das Problem der Abgrenzung dieses 2. Bandes vom 3. Band des Gesamtwerkes. Hier aber soll das vielfältige Geistesleben der sogenannten Neuscholastik wissenschaftlich dokumentiert werden.

Allen Fachleuten auf Einzelgebieten, die zur Mitarbeit bereit waren, sagen wir für ihre Beiträge aufrichtigen Dank. In ständigem Kontakt mit den Projektleitern (E. Coreth und W. M. Neidl) lag weiterhin die Hauptlast der Arbeit bei Univ.-Doz. Dr. Heinrich Schmidinger (Salzburg, jetzt Innsbruck), darin unterstützt von Univ.-Ass. Dr. Bernhard Braun (Innsbruck), Frau Eva-Maria Schwaimhofer (Salzburg) und Frau Mag. Victoria Pölzleitner (Salzburg); wir danken ihnen herzlich für ihren Einsatz.

Was die Kapitel über die neuscholastische Philosophie in Lateinamerika anbelangt, so sind diese in Zusammenarbeit mit der Cátedra Fray Bartolomé de las Casas der Pontificia Universidad Javeriana in Bogotá (Kolumbien) entstanden. Dem Direktor dieser Institution, Univ.-Prof. Dr. Manuel Domínguez-Miranda, der die entsprechenden Beiträge persönlich übernommen hat, sei für seine Hilfsbereitschaft hier besonders gedankt.

Für die finanzielle Unterstützung des gesamten Projekts und der Drucklegung auch dieses Bandes sind wir zu Dank verpflichtet: besonders dem Fonds zur Förderung der wissenschaftlichen Forschung in Wien, sodann dem Katholischen Hochschulwerk in Salzburg, dem Medien-Dienstleistungs-Treuhandfonds des Verbandes der Diözesen Deutschlands in München, der Firma Siemens AG in München und nicht zuletzt dem Verlag Styria in Graz, der die Herausgabe auch dieses Bandes übernommen und sorgfältig betreut hat.

Für die Herausgeber:
EMERICH CORETH SJ

Verzeichnis der Mitarbeiter des 2. Bandes

Arndt, Prof. Dr. Stephen Wentworth, University of Dallas, USA
Aubert, em. Prof. Dr. Roger, Universität Löwen
Battisti, Doz. Dr. Siegfried, Universität Innsbruck
Bernal Ríos, Dr. Jesús, Universität Innsbruck
Bonetti, Prof. Dr. Aldo, Università Cattolica del Sacro Cuore, Mailand
Böhm, Dr. Irmingard, Universität der Bundeswehr, München
Braun, Dr. Bernhard, Universität Innsbruck
Cenacchi, Prof. Dr. Giuseppe, Ferrara
Coreth SJ, Prof. DDr. Emerich, Universität Innsbruck
Delgado Casado, Dr. Mariano, Innsbruck
Domínguez-Miranda, Prof. Dr. Manuel, Pontificia Universidad Javeriana, Bogotá/Kolumbien
Gertz, Dr. Bernhard, Bochum
Gilbert SJ, Prof. Dr. Paul, Pontificia Università Gregoriana, Rom
Herbstrith OCD, Waltraud, Edith-Stein-Karmel, Tübingen
Hlebš, DDr. Joseph, Universität Salzburg
Jacobs SJ, Prof. Hubert, Facultés Universitaires N. D. de la Paix, Namur/Belgien
Kluxen, Prof. Dr. Dr. h. c. Wolfgang, Universität Bonn
Köck, Mathias, Salzburg
Ladrière, Prof. Dr. Jean, Institut Supérieur de Philosophie, Löwen
Leidlmair, Dr. Karl, Universität Innsbruck
Leinsle OPraem, Prof. DDr. Ulrich, Theologische Hochschule Linz
Lotz SJ, em. Prof. Dr. Johannes Baptist, Hochschule für Philosophie, München
Maurer, Prof. Dr. Armand, Pontifical Institute of Mediaeval Studies, Toronto
McCool SJ, Prof. Dr. Gerald A., University of Notre Dame, Notre Dame/Indiana, USA
McDermott SJ, Prof. Dr. John, Pontificia Università Gregoriana, Rom
Melchiorre, Prof. Dr. Virgilio, Università Cattolica del Sacro Cuore, Mailand
Molinaro, Prof. Dr. Aniceto, Pontificia Università Lateranense, Rom

Muck SJ, Prof. Dr. Otto, Universität Innsbruck
Nieznański, Doz. Dr. Edward, Warschau
Padinger, Dr. Franz, Universität Salzburg
Pieretti, Prof. Dr. Antonio, Università degli Studi, Perugia
Pertoldi, Dr. Annamaria, Universität Padua
Rigobello, Prof. Dr. Armando, Universität Rom
Rossi CM, Prof. Dr. Giovanni Felice (†), Collegio Alberoni, Piacenza
Scheuchenegger, Roman, Salzburg
Schmidinger, Doz. Dr. Heinrich M., Internationales Forschungszentrum Salzburg, Universität Innsbruck
Schmölz OP, Prof. Dr. Franz-Martin, Universität Salzburg
Sousedík, Dr. Stanislav, Akademie der Wissenschaften, Prag
Tarnay OSB, Prof. Dr. Bruno, Theologische Fakultät Budapest, Ordenshochschule Pannonhalma
Valverde SJ, Prof. Dr. Carlos, Pontificia Universidad Comillas, Madrid
Van Riet, em. Prof. Dr. Georges, Universität Löwen
Walter, Dr. Peter, Universität Tübingen
Wetter SJ, em. Prof. Dr. Gustav, Pontificia Università Gregoriana, Rom

Abkürzungsverzeichnis

DIE WICHTIGSTEN VERLAGSORTE

Am	Amsterdam	Gö	Göttingen	Pa	Paderborn
Au	Augsburg	Gr	Graz	Pia	Piacenza
B	Berlin	Gü	Gütersloh	Pr	Prag
BA	Buenos Aires	H	Hamburg	Pv	Padua
Ba	Barcelona	Han	Hannover	R	Rom
Bas	Basel	Hei	Heidelberg	Rb	Regensburg
BC	Bad Canstatt	Hil	Hildesheim	Rio	Rio de Janeiro
Be	Bern	Hl	Halle	Sa	Salzburg
Bp	Budapest	I	Innsbruck	Sal	Salamanca
Bo	Bonn	Kö	Köln	Schaff	Schaffhausen
Bol	Bologna	Lei	Leipzig	St	Stuttgart
Bre	Brescia	Lj	Ljubljana	Str	Straßburg
Bru	Brüssel	Lo	London	Tn	Turin
C	Cambridge	Lv	Leuven (Louvain)	To	Toronto
Coi	Coimbra	Ly	Lyon	Tr	Trier
Da	Darmstadt	Ma	Madrid	Ts	Toulouse
Dü	Düsseldorf	Mi	Mailand	Tü	Tübingen
Ei	Einsiedeln	Mr	Münster	V	Venedig
Eich	Eichstätt	Mü	München	Vat	Vatikan
Erl	Erlangen	Mz	Mainz	Ver	Verona
F	Frankfurt a. M.	Na	Neapel	W	Wien
Fi	Florenz	Nü	Nürnberg	Wash	Washington
Fr	Freiburg i. Br.	NY	New York	Wü	Würzburg
Fri	Fribourg/Schweiz	O	Oxford	Z	Zagreb
Ge	Genua	P	Paris	Zü	Zürich
Gie	Gießen				

NACHSCHLAGEWERKE UND ZEITSCHRIFTEN

AAS	Acta Apostolicae Sedis, R/Vat 1909ff.
AFH	Archivum Franciscanum Historicum, Fi 1908ff.
AGPh	Archiv für Philosophie, B 1889–1932, St 1947ff.
AHDL	Archives d'histoire doctrinale et littéraire du moyen-âge, P 1926/27ff.
APhC	Annales de philosophie chrétienne, P 1830–1913
ArPh	Archives de philosophie, P 1923/24ff.
ASS	Acta Sanctae Sedis, R 1865–1908
BGPhMA	Beiträge zur Geschichte der Philosophie und Theologie des Mittelalters, Mr 1891ff.
Bibl. Acad.	Bibliographie Académique (seit 1864 Bibliographia Academica), Lv 1834–1975
BLE	Bulletin de littérature ecclésiastique, Ts 1899ff.
BThom	Bulletin thomiste, Étiolles 1924ff.
Cath.	Catholicisme, P 1948ff.
CivCatt	La Civiltà Cattolica, Na/R 1850ff.
CollWill	A. V.: 400 Jahre Collegium Willibaldinum, Eich 1964
CR	Corpus Reformatorum, B 1834ff.
CSEL	Corpus scriptorum ecclesiasticorum latinorum, W 1866ff.
CTom	Ciencia Tomista, Sal 1910ff.
DBF	Dictionnaire de biographie française, P 1923ff.
DS	Enchiridion symbolorum (^{1}1854), hg. H. Denzinger / A. Schönmetzer, Fr/Bas/W ^{35}1965
DT	Divus Thomas. Jahrbuch für Philosophie und spekulative Theologie, Fri 1914–1953
DThC	Dictionnaire de théologie catholique, P 1903–1950
DT(P)	Divus Thomas. Commentarium de philosophia et theologia, Pia 1880ff.
EC	Enciclopedia cattolica, R/Vat 1949–1954
EF	Enciclopedia filosofica, hg. Centro di studi filosofici di Gallarate (^{1}1957), Fi ^{2}1968/69
EI	Enciclopedia italiana di scienze, lettere ed arti, R 1929–1949
Foucher	L. Foucher: La philosophie catholique en France au XIXe siècle, P 1955
FrS	Franziskanische Studien, Mr 1914ff.
FZPhTh	Freiburger Zeitschrift für Philosophie und Theologie, Fri 1954ff.
GK(D)	Geschichte der Kirche, hg. L. J. Rogier / R. Aubert / M. D. Knowles, dt. Ausgabe, Ei/Zü/Kö 1963–1977
GM	Giornale di metafisica, Tn 1946ff.
Gr.	Gregorianum. Commentarii de re theologica et philosophica, R 1920ff.
HJ	Historisches Jahrbuch der Görres-Gesellschaft, Mü 1880ff.
HKG(J)	Handbuch der Kirchengeschichte, hg. H. Jedin, Fr/Bas/W 1962–1979
Hocedez	E. Hocedez: Histoire de la théologie au XIXe siècle, 3 Bde., Bru/P 1947–1952
HPBL	Historisch-politische Blätter für das katholische Deutschland, Mü 1838–1923
HWP	Historisches Wörterbuch der Philosophie, hg. J. Ritter / K. Gründer, Bas/St 1971ff.

JPhST	Jahrbuch für Philosophie und spekulative Theologie, Fri 1887–1913
KantSt	Kant-Studien, B 1897ff.
Kath.	Der Katholik, Mz 1821–1918
Kath. Theologen	H. Fries / G. Schwaiger (Hg.): Katholische Theologen Deutschlands im 19. Jahrhundert, 3 Bde., Mü 1975
Koch JL	L. Koch: Jesuitenlexikon, Pa 1934
Kosch KD	W. Kosch: Das katholische Deutschland. Biographisch-bibliographisches Lexikon, Au 1934ff.
LQ	La Quinzaine, P 1894–1907
LThK	Lexikon für Theologie und Kirche, hg. J. Höfer / K. Rahner, Fr/Bas/W ²1957–1965
MPG	J.-P. Migne (Hg.): Patrologiae cursus completus. Series Graeca, P 1857–1936
MPL	J.-P. Migne (Hg.): Patrologiae cursus completus. Series Latina, P 1841–1970
MSR	Mélanges de science religieuse, Lille 1944ff.
NDB	Neue Deutsche Biographie, B 1953ff.
NRTh	Nouvelle Revue théologique, Lv 1869ff.
NSchol	New Scholasticism, Wash 1927ff.
PhJ	Philosophisches Jahrbuch der Görres-Gesellschaft, Fulda/Mü/Fr 1888ff.
PRE	Paulys Real-Encyclopädie der classischen Alterthumswissenschaft, St 1894ff.
RevPhil	Revue de philosophie, P 1900–1940
RF(M)	Revista de filosofía, Ma 1942ff.
RFNS	Rivista di filosofia neo-scolastica, Mi 1909ff.
RGG	Die Religion in Geschichte und Gegenwart, hg. K. Galling, Tü ³1956–1965
RHPhR	Revue d'histoire et de philosophie religieuses, Str 1921ff.
RMM	Revue de métaphysique et de morale, P 1893ff.
RNS	Revue néo-scolastique, Lv 1894–1909
RNSP	Revue néo-scolastique de philosophie, Lv 1910–1940/45
RP	Revue philosophique de la France et de l'étranger, P 1876ff.
RPA	Revue pratique d'apologétique, P 1905–1921
RPF	Revista portuguesa de filosofía, Lissabon 1945ff.
RPL	Revue philosophique de Louvain, 1946ff.
RSPhTh	Revue des sciences philosophiques et théologiques, P 1907ff.
RSR	Revue des sciences religieuses, Str 1921ff.
RThom	Revue thomiste, Bruges/P/Fri 1893ff.
Schol	Scholastik. Vierteljahresschrift für Theologie und Philosophie, Fr 1926–1965
Sommervogel	C. Sommervogel: Bibliothèque de la Compagnie de Jésus, Bd. I–IX, Bru/P 1890–1900; Bd. X (hg. E. M. Rivière), Ts 1911ff.; Bd. XI (hg. P. Bliard), P 1932
StL	Staatslexikon, hg. Görres-Gesellschaft, Fr ⁶1957–1970
StML	Stimmen aus Maria Laach, Fr 1871–1914
StZ	Stimmen der Zeit, Fr/Bas/W 1915ff.
Thom.	Thomist. A speculative quarterly review of theology and philosophy, Wash 1943ff.
ThPh	Theologie und Philosophie, Fr/Bas/W 1966ff.

ThPQ	Theologisch-praktische Quartalschrift, Linz 1848ff.
TRE	Theologische Realenzyklopädie, B/NY 1974ff.
TThQ	Tübinger theologische Quartalschrift, Tü 1818ff.
VP	Vita e Pensiero, Mi 1914/15ff.
Walz	A. Walz: Compendium historiae Ordinis Praedicatorum, R ²1948
WiWei	Wissenschaft und Weisheit, Fr/Dü 1934ff.
ZKG	Zeitschrift für Kirchengeschichte, St 1877ff.
ZKTh	Zeitschrift für katholische Theologie, W/I 1876ff.
ZPhF	Zeitschrift für philosophische Forschung, Meisenheim 1946ff.
ZPSTh	Zeitschrift für Philosophie und spekulative Theologie, Lei 1837–1846

WICHTIGSTE ALLGEMEINE ABKÜRZUNGEN

Abt.	Abteilung	Kap.	Kapitel
Anm.	Anmerkung	Lit.	Literatur
A. V.	Auctores varii	masch.	maschinschriftlich
Bibl.	Bibliographie	MS	Manuskript
cap.	caput, capitulum	Ndr.	(Reprint-)Nachdruck
col.	columna(e)	NF	Neue Folge
Diss.	Dissertation	OC	Opere complete, Obras completas, Œuvres completes
EN	Edizione nazionale		
FS	Festschrift	phil.	philosophisch
GA	Gesamtausgabe	Rez.	Rezension
GS	Gesammelte Schriften	Suppl.	Supplement
GW	Gesammelte Werke	s. v.	sub voce
Habil.	Habilitationsschrift	SW	Säm(m)tliche Werke
hist.	historisch	Tl. (Tle.)	Teil (Teile)

Literaturangaben und Zitationsweisen

Die Literaturangaben innerhalb der Anmerkungen sind mit Bezug auf die Bibliographie gemacht. Werke werden in den Anmerkungen nur mehr mit dem *Namen des Autors* und einem *Stichwort* aus dem Titel angeführt. Dieses Stichwort ist an der entsprechenden Stelle in der Bibliographie *kursiv* gedruckt.

Abkürzungen, die nur für einzelne Artikel gelten und daher nicht ins allgemeine Abkürzungsverzeichnis Aufnahme gefunden haben, werden *in einer der ersten* Anmerkungen des betreffenden Artikels erklärt.

Geht aus dem Text eindeutig hervor, wer der Autor des angegebenen Werkes ist, so wird dessen Name in der Anmerkung *nicht* mehr eigens wiederholt.

Bibliographie zur Gesamtthematik des 2. Bandes

Abellan, J. L.: Historia critica del Pensamiento español, Bd. IV, Ma 1984.
At, J. A.: Les Apologistes français au XIXe siècle, P 1898.
Aubert, R.: Le pontificat de Pie IX (^{1}1952), P ^{2}1962, bes. 184–223, 526–531.
–: Aspects divers du néo-thomisme sous le pontificat de Léon XIII, in: G. Rossini (Hg.): Aspetti della cultura cattolica nell'età di Leone XIII, R 1961, 133–227.
–: Der Rückstand der kirchlichen Wissenschaft und die Kontroverse um die »deutschen Theologen«, in: HKG(J) Bd. VI/1 (1971) 672–695.
–: Die modernistische Krise, in: HKG(J) Bd. VI/2 (1973) 435–500.
–: Die Entfaltung der Wissenschaften in der Kirche, in: GK(D) Bd. V (1976) 143–160.
A. V.: L'Università Gregoriana del Collegio Romano nel primo secolo della restituzione, R 1924.
–: Teaching Thomism Today, Wash 1963.
–: Atti del Congresso Internazionale »Tommaso d'Aquino nel suo settimo centenario«, 9 Bde., Na 1976, bes. Bd. II.
–: Archivum Franciscanum Historicum 70 (1977).
Bandas, R. G.: Contemporary Philosophy and Thomistic Principles, NY 1932.
Bellamy, J.: La théologie catholique au XIXe siècle, P 1904.
Benrubi, J.: Philosophische Strömungen der Gegenwart in Frankreich, Lei 1928, 479–509.
Bertier de Sauvigny, G.: Das katholische Denken von 1800–1846, in: GK(D) Bd. IV (1966) 293–315.
Bettoni, E.: Vent'anni di studi scotistici, Mi 1943.
–: La situation actuelle de la philosophie parmi les catholiques, Utrecht/Bru 1948.
Bonansea, B. M.: Pioniers of the Nineteenth-Century Scholastic Revival in Italy, in: NSchol 27 (1954) 1–37.
Bouillard, H.: Blondel und das Christentum (^{1}1961), dt. M. Seckler, Mz 1963, 13–148.
Bretscher, P. M.: Der Neo-Thomismus, in: Evang.-luth. Kirchenzeitung 3 (1949) 309–312, 332–334.
Bruni, G.: Progressive Scholasticism, St. Louis/Lo 1929.
Buuck, F.: Zur Geschichte der Theologie des 19. Jahrhunderts, in: Schol 18 (1943) 54–77.
Carreras Artau, J. / Tusquets Terrats, J.: Apports hispaniques à la philosophie chrétienne de l'occident, Lv 1962, 161–202.
Casper, B.: Der Systemgedanke in der späten Tübinger Schule und in der deutschen Neuscholastik, in: PhJ 72 (1964/65) 161–179.
Ceñal, R.: La filosofía española en la segunda mitad del siglo XIX, in: RF(M) 15 (1965) 403–444.
Collins, J.: Toward a Philosophically Ordered Thomism, in: NSchol 32 (1958) 301–326.
Craveiro da Silva, L.: Filosofía Perene e Escolástica Actual, in: RPF 16 (1960) 208–217.
De Raeymaeker, L.: Einführung in die Philosophie (^{1}1938), dt. E. Wetzel, Ei/Zü/Kö 1949, 199–215, 220–227, 243–245, 258, 268, 273–287.
–: Le Cardinal Mercier et l'Institut Supérieur de Philosophie, Lv 1952.
–: Le courant de la pensée thomiste, in: M. F. Sciacca (Hg.): Les grands courants de la pensée mondiale contemporaine. Les tendences principales, Bd. I, Mi 1961, 663–707.
Deufel, K.: Kirche und Tradition. Ein Beitrag zur Geschichte der theologischen Wende im 19. Jahrhundert am Beispiel des kirchlich-theologischen Kampfprogramms P. Joseph Kleutgens SJ, Mü/Pa/W 1976.

De Wulf, M.: Introduction à la philosophie néo-scolastique, Lv/P 1904.
Ehrle, F. / Pelster, F.: Die Scholastik und ihre Aufgaben in unserer Zeit (^{1}1918), Fr ^{2}1933.
Ellweis, E.: Die neuthomistische Theologie, in: Evang.-luth. Kirchenzeitung 3 (1949) 306–309.
Eschweiler, K.: Die zwei Wege der neueren Theologie, Au 1926.
Fabro, C.: Neoscolastica e neotomismo, in: C. Fabro (Hg.): Storia della filosofia, R 1954, 857–886 (^{2}R 1959, Bd. II, 919ff.).
–: Breve introduzione al tomismo, R 1960.
Ferri, L.: Essai sur l'histoire de la Philosophie en Italie au dix-neuvième siècle, Bd. II, P 1869, 291–318.
Follmann, M.: Scholastische und moderne Philosophie, in: ThPQ 75 (1921) 507–513.
Fontán, A.: Los católicos en la Universidad de la España actual, Ma 1961.
Foucher, L.: La philosophie catholique en France au XIXe siècle avant la renaissance thomiste et dans son rapport avec elle (1800–1880), P 1955, 237–264.
Fraile, G.: Historia de la Filosofía española desde la Ilustración, Ma 1972.
Fries, H. / Schwaiger, G. (Hg.): Katholische Theologen Deutschlands im 19. Jahrhundert, 3 Bde., Mü 1975.
García y García de Castro, R.: Los apologistas españoles (1830–1930), Ma 1935.
Gelinas, J. P.: La restauration du Thomisme sous Léon XIII et les philosophies nouvelles, Wash 1959.
Gentile, G.: Storia della filosofia italiana (^{1}1898–1915), Bd. I (hg. E. Garin), Fi 1969.
Giannini, G.: La filosofia neoclassica, in: M. F. Sciacca (Hg.): Grande antologia filosofica. II pensiero contemporaneo, Bd. XXVII, Mi 1977, 255–280.
Gilson, É.: Le philosophe et la théologie, P 1960.
Gla, D.: Systematisch geordnetes Repertorium der katholisch-theologischen Literatur, welche in Deutschland, Österreich und in der Schweiz bis zur Gegenwart erschienen ist, Bd. I/2, Pa 1904, 1–404.
Gómez Martínez, L.: Filosofía española, in: J. Hirschberger: Historia de la Filosofía, Bd. II, Ba 1954, 403–486.
González, C.: Historia de la Filosofía, Bd. III, Ma 1879.
Grabmann, M.: Die Geschichte der katholischen Theologie seit dem Ausgang der Väterzeit, Fr 1933, 218–281.
Guasco, M.: Fermenti nei seminari del primo '900, Bol 1971.
Guy, A.: Les philosophes espagnols d'hier et d'aujourd'hui, Ts 1956, 161–345.
Hart, Ch. A. (Hg.): Aspects of the New Scholastic Philosophy, NY 1932.
Hartley, T. J. A.: Thomistic Revival and the Modernist Era, To 1971.
Harvanek, R. F.: The Crisis in Neo-Scholasticism, in: Thought 38 (1963) 529–546.
Heredia Soriano, A.: La filosofía »oficial« en la España del siglo XIX (1800–1833), in: La Ciudad de Dios 185 (1972) 225–282, 496–542.
Hocedez, E.: Histoire de la théologie au XIXe siècle, 3 Bde., Bru/P 1947–1952.
Hötzel, N.: Die Uroffenbarung im französischen Traditionalismus, Mü 1962, 180ff.
Holz, H.: Transzendentalphilosophie und Metaphysik, Mz 1966.
Honnefelder, L.: Die Rezeption des scotistischen Denkens im 20. Jahrhundert, in: TRE Bd. IX (1982) 232–240.
Hurter, H.: Nomenclator litterarius theologiae catholicae, Bd. V/1–2, I ^{3}1911/13.
Insúa Rodríguez, R: Historia de la Filosofía en Hispanoamérica, Guayaquil (Ecuador) 1949.
Jolivet, R.: La philosophie chrétienne et la pensée contemporaine, P 1932.
–: Le courant néo-augustinien, in: M. F. Sciacca (Hg.): Les grands courants de la pensée mondiale contemporaine. Les tendences principales, Bd. I, Mi 1961, 709–814.
Keller, A.: Sein oder Existenz? Die Auslegung des Seins bei Thomas von Aquin in der heutigen Scholastik, Mü 1968.
Kelly, W. L.: Die neuscholastische und die empirische Psychologie, Meisenheim 1961.
Kerkvoorde, A. / Rousseau, O.: Le mouvement théologique dans le monde contemporain, P 1969.
Klein, J.: Ursprung und Ziel der Neuscholastik, in: Evangelische Theologie 17 (1957) 337–365.
Klimke, F.: Institutiones historiae philosophiae, Bd. II, R/Fr 1923, 289–335.
Kluxen, W.: L'originalité de Saint-Thomas d'Aquin et le problème d'un thomisme contemporain, in: A. V.: Tommaso d'Aquino nel primo centenario dell'Enciclica »Aeterni Patris«, R 1979, 197–210.
Köhler, O. / Stasiewski, B.: Das Lehramt und die Theologie, in: HKG(J) Bd. VI/2 (1973) 316–341.
von Kuhn, J. Ev.: Das Verhältnis der Philosophie zur Theologie nach modern-scholastischer Lehre, in: TThQ 44 (1862) 541–602.

Lakner, F.: Kleutgen und die kirchliche Wissenschaft Deutschlands im 19. Jahrhundert, in: ZKTh 57 (1933) 161–214.
Lennerz, H.: Natürliche Gotteserkenntnis. Stellungnahmen der Kirche in den letzten hundert Jahren, Fr 1926.
Lowyck, E.: Substantiele verandering en hylemorphisme. En critische studie over de Neoscholastiek, Lv 1948.
Luyten, N. M.: Thomistische Philosophie – heute, in: Studia philosophica 9 (1949) 130–141.
Lyttkens, H.: The Analogy between God and the World, Uppsala 1952.
Mandonnet, J. / Destrez, J.: Bibliographie thomiste, Le Saulchoir 1921.
Masnovo, A.: La Compagnia di Gesù e le Scienze Sacre, R 1942.
Mattes, K. J.: Die Kontroverse zwischen Johannes von Kuhn und Constantin von Schäzler über das Verhältnis von Natur und Gnade, Fri 1968.
Mattes, W.: Die alte und die neue Scholastik, in: TThQ 28 (1846) 355–404, 578–620.
McCool, G. A.: Catholic Theology in the Nineteenth Century, NY 1977.
Menéndez y Pelayo, M.: Historia de los heterodoxos españoles, Bd. III, Ma 1881, 694–831.
Mercier, D.: La philosophie néo-scolastique, in: RNS 1 (1894) 5–18.
Metz, R.: Die philosophischen Strömungen in Großbritannien, Bd. II, Lei 1935, 347ff.
Meuffels, H.: A propos d'un mot nouveau, in: LQ 38 (1901) 521–534.
Michelet, G.: La renaissance de la philosophie chrétienne, in: A. V.: La vie catholique en France contemporaine, P 1918, 305–386.
Muck, O.: Die transzendentale Methode in der scholastischen Philosophie der Gegenwart, Kevelaer 1964.
Muñoz Alonso, A.: Expressión filosófica y literaria de España, Ba 1956, 102–111, 134–142.
Muzio, G.: Il tomismo oggi, in: Quaderni »Sodalitas thomistica« 9 (R 1966).
Oeing-Hanhoff, L.: Thomas von Aquin und die Situation des Thomismus heute, in: PhJ 70 (1962/63) 17–33.
Olgiati, F. (Hg.): Indirizzi e conquiste della filosofia neoscolastica italiana, Mi 1934.
Ortenburger, A.: Die kulturgeschichtliche Bedeutung des Neuthomismus, in: Evang.-luth. Kirchenzeitung 4 (1950) 203–206.
Passerin D'Entrèves, E. / Repgen, K. (Hg.): Il cattolicesimo politico e sociale in Italia e Germania dal 1870 al 1914, Bol 1977.
Pegis, A. C.: Essays in Modern Scholasticism, Westminster 1944.
Pelaez, A.: La Escolastica y el Tomismo, in: CTom 31 (1925) 383–391.
Pelzer, A.: Les initiateurs du Néo-Thomisme contemporain, in: RNSP 18 (1911) 230–254.
Penati, G.: La neoscolastica, in: A. Bausola (Hg.): Questioni di storiografia filosofica, Bd. V, Bre 1978, 167–224.
Perrier, J. L.: Revival of Scholastic Philosophy in the 19th Century ([1]1909), NY [2]1948.
Picavet, F.: Thomisme et modernisme dans la monde catholique ([1]1908/09), in: F. Picavet: Essais sur l'histoire générale et comparée des théologies et des philosophies médiévales, P 1913, 346–368.
Piolanti, A.: Pio IX e la rinascita del tomismo, R/Vat 1974.
–: Il tomismo come filosofia cristiana nel pensiero di Leone XIII, R/Vat 1983.
- (Hg.): Studi e ricerche sulla rinascita del Tomismo, R 1965ff.
- (Hg.): Biblioteca per la storia del Tomismo, R/Vat 1974ff.
- (Hg.): Saggi sulla rinascita del Tomismo nel secolo XIX, R/Vat 1974.
- (Hg.): S. Tommaso. Fonti e riflessi del suo pensiero, R/Vat 1974.
- (Hg.): S. Tommaso e l'odierna problematica teologia, R/Vat 1974.
- (Hg.): S. Tommaso e il pensiero moderno, R/Vat 1974.
- (Hg.): S. Tommaso e la filosofia del diritto oggi, R/Vat 1975.
- (Hg.): Atti dell' VIII Congresso Tomistico Internazionale. L'Enciclica Aeterni Patris, 8 Bde., R/Vat 1981/82 (bes. Bd. II/III).
Pottmeyer, H. J.: Der Glaube vor dem Anspruch der Wissenschaft, Fr/Bas/W 1968.
Poulat, É.: Église contre bourgeoisie, P 1977 (bes. Tl. 2).
Preuter, R.: Thomismen, Kopenhagen 1953.
Przywara, E.: Die Problematik der Neuscholastik, in: KantSt 33 (1928) 73–98.
Rahner, K.: Zum heutigen Verhältnis von Philosophie und Theologie ([1]1972), in: K. Rahner: Schriften zur Theologie, Bd. X, Ei/Zü/Kö 1972, 70–88.
Ratzinger, J. (Hg.): Aktualität der Scholastik?, Rb 1975.

Régnier, M.: Le thomisme depuis 1870, in: A. V.: Histoire de la Philosophie. Encyclopédie de la Pleiade, Bd. XXXVIII, P 1974, 484–500.
de Ruggiero, G.: La filosofia contemporanea (¹1912), Bari 1962, 464–481.
Saitta, G.: Le origini del neo-tomismo nel secolo XIX, Bari 1912.
Sbarra, A.: I Problemi della Neoscolastica, Na 1936.
Schäfer, Th.: Die erkenntnistheoretische Kontroverse Kleutgen–Günther, Pa 1961.
Schaeffler, R.: Die Wechselbeziehungen zwischen Philosophie und katholischer Theologie, Da 1980, 17–59, 319–321.
Scheffczyk, L.: Der Weg der deutschen katholischen Theologie im 19. Jahrhundert, in: TThQ 145 (1965) 273–306.
–: Theologie in Aufbruch und Widerstreit. Die deutsche katholische Theologie im 19. Jahrhundert, Bremen 1965, S. XI–IL.
–: Grundzüge der Entwicklung der Theologie zwischen dem Ersten Weltkrieg und dem Zweiten Vatikanischen Konzil, in: HKG(J) Bd. VII (1979) 263–300, bes. 263ff.
Schiwy, G.: Teilhard de Chardin. Sein Leben und seine Zeit, 2 Bde., Mü 1981.
Schmid, A.: Wissenschaftliche Richtungen auf dem Gebiete des Katholicismus in neuester und gegenwärtiger Zeit, Mü 1862.
Schnabel, G.: Deutsche Geschichte im 19. Jahrhundert, Bd. IV, Fr ³1955, 62–97, 164ff.
Schuhmacher, J.: Der »Denzinger«, Fr/Bas/W 1974, 47–93.
Schwedt, H. H.: Zur Kontroverse zwischen Kuhn und Schäzler über das Verhältnis von Natur und Gnade, in: Gr. 52 (1971) 365–371.
Sciacca, M. F.: La filosofia oggi, Bd. II (¹1945), R/Mi ²1954, 278–421.
Skydsgaard, K. E.: Metafysik og Tro, Kopenhagen 1937.
Smets, U.: Lineamenta bibliographiae scotisticae, R 1942.
Sommervogel, C. / Rivière, E. M. / Bliard, P.: Bibliothèque de la Compagnie de Jésus, Bd. I–IX, Bru/P ²1890–1900; Bd. X, Ts 1911ff.; Bd. XI, P 1932; Bd. XII, Lv 1960.
Strigl, A.: Die tragische Schuld der Spät- und Neuscholastik, W 1953.
Talamo, S.: Il pensiero tomistico e la scienza moderna (¹1874–1876, Siena ²1878), R/Vat ³1986.
Thibault, P.: Savoir et pouvoir. Philosophie thomiste et politique cléricale au XIXᵉ siècle, Québec 1972.
Traniello, F.: Cultura ecclesiastica e cultura cattolica. Scuole ecclesiastiche e cultura teologico-filosofica, in: A. V.: Chiesa e religiosità in Italia dopo l'Unità (1861–1868), Bd. II, Mi 1973, 3–28.
Ueberweg, F. / Oesterreich, T. K.: Grundriß der Geschichte der Philosophie, Bd. IV, B ¹²1923, 628–646, 722f.; Bd. V, B ¹²1928, 61–66, 176f., 232–234, 240, 301–304, 351, 357–361, 414.
Valbuena, J.: Actualidad de la filosofía escolástico-tomista en Norte-América, in: Salmanticensis 1 (1955) 90–102.
Valverde, C.: Los católicos y la cultura española, in: R. Garcia Villoslada (Hg.): Historia de la Iglesia en España, Bd. V (hg. V. Cárcel Ortí), Ma 1979, 475–573.
Vancourt, R.: Pensée moderne et philosophie chrétienne, P 1957.
Vanni Rovighi, S.: Tomismo oggi?, in: Studium 11 (1965) 3–16.
Van Riet, G.: L'épistémologie thomiste. Recherches sur le problème de la connaissance dans l'école thomiste contemporaine, Lv 1946 (²1950).
Van Steenberghen, F.: Le mouvement des études médiévales, Lv 1934.
–: L'avenir du thomisme, in: RPL 54 (1956) 201–218.
–: Die neuscholastische Philosophie, in: H. Vorgrimler / R. van der Gucht (Hg.): Bilanz der Theologie im 20. Jahrhundert, Bd. I, Fr/Bas/W 1969, 353–363.
Walz, A.: Sguardo sul movimento tomista in Europa nel secolo XIX fino all'Enciclica Aeterni Patris (¹1943), in: A. V.: Gaetano Sanseverino nel primo centenario della morte, R 1965, 139–178.
–: Compendium historiae Ordinis Praedicatorum, R ²1948.
Watzlawik, J.: Leo XIII and the New Scholasticism, Cebu City (Philippines) 1966.
Welte, B.: Zum Strukturwandel der katholischen Theologie im 19. Jahrhundert (¹1954), in: B. Welte: Auf der Spur des Ewigen, Fr/Bas/W 1965, 380–409.
Werner, K.: Franz Suarez und die Scholastik der letzten Jahrhunderte, 2 Bde. (¹1861), Rb ²1889.
–: Geschichte der katholischen Theologie, Mü 1866, 342–642.
–: Geschichte der apologetischen und polemischen Literatur der christlichen Theologie, Bd. V, Schaff 1867, 190–532.
–: Die italienische Philosophie des 19. Jahrhunderts, 5 Bde., W 1884–1886.
Zybura, J. S.: Present Day Thinkers in the New Scholasticism, St. Louis 1920.

»Scholastik« und »Neuscholastik« – Geschichte zweier Begriffe

Die beiden Termini »Scholastik« und »Neuscholastik« stellen zwei Begriffe dar, die im Laufe ihrer Geschichte sehr Verschiedenes bedeutet haben. Wer sie anwendet, sollte daher wenigstens umrißhaft ihren Bedeutungswandel kennen. Andernfalls läuft er Gefahr, nicht zu wissen, wovon er spricht, bzw. nicht zu ahnen, welche Mißverständnisse er auslöst. Gerade ein Werk, das sich – wie das vorliegende – jener philosophisch-theologischen Richtung innerhalb des katholischen Denkens widmet, die aus der Rückbesinnung auf die scholastische Tradition gelebt hat, darf sich hier keine Blößen geben. Es muß vielmehr seiner Zielsetzung nachkommen, nämlich eine historische Untersuchung zu sein. Und dies bedeutet: Es hat nicht nur eine bestimmte Geschichte darzustellen, sondern es hat sich auch Rechenschaft darüber zu geben, wie diese darzustellende Geschichte im Laufe ihrer Erforschung in den Blick genommen wurde. Erst dann kann es den Anspruch erheben, historisch vorzugehen. Zu diesem Zweck jedoch bietet die Geschichte der Begriffe, mit denen das zu untersuchende Gebiet bezeichnet wird, einen guten Einstieg.

SCHOLASTIK

Wenn man es genau nimmt, so ist unser heutiger Begriff von »Scholastik«, der eine geistige Bewegung des abendländischen Mittelalters zwischen dem 10. und dem 14./15. Jahrhundert bezeichnet, erst relativ jungen Datums. Er stammt in dieser spezifischen Bedeutung aus derselben Zeit, in der es zu einer historisch-kritischen Erforschung der mittelalterlichen Philosophie und Theologie kam, d. h. aus der zweiten Hälfte des 19. Jahrhunderts. Natürlich verstand man schon viel früher unter »Scholastik« einen Teil des mittelalterlichen Denkens. So verhält es sich bereits bei den Humanisten der Renaissancezeit, die dieses Verständnis begründet haben. Und so verhält es sich auch in der theologisch-philosophischen Literatur der gesamten Neuzeit. Doch der Begriff hatte noch nicht seine moderne

Spezifität. Die Humanisten und Reformatoren etwa dachten bei »Scholastik« vorwiegend an das, was man heute »Spätscholastik« nennen würde, d. h. an die Thomisten, Scotisten und Nominalisten des 14. und 15. Jahrhunderts, die sie ja noch selbst erlebten. Die späteren Autoren wiederum erweiterten die »Scholastik« wohl auf das übrige Mittelalter, sie waren sich aber weder über die zeitliche Abgrenzung noch über die inhaltliche Bestimmung derselben im klaren. So bedurfte es einer relativ langen Zeit, bis sich aufgrund einer genaueren Kenntnis der geschichtlichen Verhältnisse und einer bewußteren Reflexion auf die Methodik der Begriffsanwendung unser heutiges Verständnis von »Scholastik« herausbildete.

Unser Begriff von »Scholastik« ist aber nicht nur relativ jung, er ist vor allem auch ausgesprochen eng, wenn man sich vergegenwärtigt, welche Vielfalt an Bedeutungen sowohl das Substantiv als auch das Adjektiv »scholasticus« bis zum Ende des Mittelalters hatten. Dessen ist sich die Forschung durchaus bewußt. Seit den Untersuchungen der französischen Rechtsgelehrten Jacques de Cujas (Cuiacius, 1522-1590)[1] und Jacques Godefroy (Gothofredus, 1587-1652)[2] sowie der lutheranischen Theologen Christoph Binder (1519-1596)[3] und Adam Tribbechov (1641-1687)[4], die zum erstenmal der Geschichte des Begriffs »Scholastik« nachgegangen sein dürften, weiß man, daß die Anwendung desselben auf eine spezielle Richtung oder Epoche des abendländischen Denkens kaum vor dem 16. Jahrhundert die Regel gewesen ist.

In der Zeit vorher gibt es zu diesem engen Verständnis lediglich Ansätze: Martin Grabmann[5] wies schon 1911 auf die *Glossae super sententias* des Petrus von Poitiers (um 1130-1205) hin, in denen vom »doctor scholasticus« die Rede ist, der sich dadurch auszeichnet, daß er die Theologie in enger Beziehung zur Philosophie (Logik) betreibt. 1941 fand Arthur Landgraf sogar einen Text aus dem 9. Jahrhundert. In den *Paulinenkommentaren* des Haimo von Auxerre (? bis um 855) entdeckte er die Formulierungen »rustice praedicabant ›Apostoli‹ et non scholastice« bzw. »scholasticissime loquentes«, die überraschenderweise auch erläutert werden.[6] »Scholastice« bedeutet für Haimo »philosophice sive dialectice«.[7] Marie-Dominique Chenu zitiert weiters in *La théologie au douzième siècle* (Paris 1957) einen Text von Rupert von Deutz (1075/80-1129/30), in dem dieser über Sigfried von Laon sagt, daß man ihn einen »Scholastiker« nennen müsse, obwohl er Mönch gewesen sei (»scholastico licet monacho«).[8] Schließlich liest man in *L'amour des lettres* von Jean Leclercq (Paris 1957) ein Zitat von Gottfried von St. Viktor (um 1130 bis um 1194): »Wie dem auch sei, überlassen wir diese Frage, die uns kaum angeht, den scholastischen Disputationen (›schola-

---

[1] *Jacobi Cuiacii iurisconsulti opera*, Bd. III, F 1595, 521E, 609A-B.
[2] *Codex Theodosianus cum perpetuis commentariis*, Bd. II, Leiden 1665, 599f.
[3] *Scholastica Theologia*, Tü 1614, 1-23 (bes. 13ff.), 45ff.
[4] *De doctoribus*, bes. Praefatio, 1-42.
[5] *Methode*, Bd. I, 33; Bd. II, 507.
[6] *Scholastik*, 488.
[7] Ebd.
[8] *La théologie*, 325; das Zitat findet sich in: MPL 170, 496A.

sticis disputationibus‹), richten wir unsere Aufmerksamkeit auf andere Dinge.«[9] Aus diesen Texten kann man die Verwendung des Begriffs »Scholastik« im Zusammenhang mit einer bestimmten Art des Theologiebetreibens herauslesen, nämlich mit jener, die sich erstens auf die Dialektik und Philosophie stützt und sich zweitens aus der monastischen Spiritualität absondert. Aber man darf nicht zu weit gehen. Denn wie sich noch zeigen wird, lassen sich vor allem die beiden letzteren Texte auch anders interpretieren. »Scholasticus« konnte auch einfach »gelehrt« oder »schulmäßig« heißen. Doch selbst wenn man davon absieht, so darf man nicht darüber hinweggehen, daß diese Texte (meines Wissens) völlig vereinzelt dastehen. Für jene Leute, die man später in der Neuzeit »Scholastiker« nannte, hatte das Mittelalter andere Bezeichnungen bereit. Die bekannteste ist »dialectici«.[10] Daneben kommt der Ausdruck »philosophantes« vor, der sich seit der Mitte des 13. Jahrhunderts vorwiegend bei Franziskaner-Theologen, etwa bei Roger von Marston (um 1245–1303), Roger Bacon (um 1214–1292) und Matthäus von Aquasparta (um 1235–1302), findet.[11] »Philosophantes« sind jene Theologen, die ihre Theologie im engen Kontakt mit den antiken Philosophen betreiben. Sie unterscheiden sich zwar von den reinen »philosophi«, denn diese waren nur die Heiden,[12] sie grenzen sich aber gleichzeitig von den sonstigen Theologen ab, da sie sich nicht an die »sapientia sanctorum« halten, sondern an die Lehren der antiken Philosophen. Wie auch immer: Der Begriff »Scholastik« findet gegenüber dieser Art von Theologen jedenfalls keine Anwendung. Dieser Umstand zwingt zu dem Schluß, daß er im Mittelalter offensichtlich noch durch zu viele andere Bedeutungen besetzt war, als daß er sich von selbst dazu erboten hätte, ein Äquivalent für die Begriffe »dialectici« oder »philosophantes« abzugeben. Welches sind aber diese anderen Bedeutungen, die bis ins Mittelalter hinein gängig waren? Um darauf antworten zu können, ist es notwendig, weit auszuholen und bis ins antike Denken zurückzugehen.

Antike

Bekanntlich stammt das Wort »scholasticus« vom griechischen σχολαστικός, das seinerseits vom Substantiv σχολή bzw. vom Verb σχολάςειν (τινί) her zu verstehen ist. Σχολή wiederum wird in den meisten Nachschlagewerken mit »Muße«, »Ruhe«, »Freiheit von Arbeit«, im weitesten Sinn auch mit »die den Wissenschaften gewidmete Muße« bzw. »Vortrag eines Lehrers« übersetzt. Diese Übersetzungen decken aber etymologisch gesehen nicht das primäre Bedeutungsfeld ab. Am Ursprung dürfte vielmehr von der Wurzel σχέειν bzw. ἔχειν her die Bedeutung von »Zeit, die jemand hat« oder »Zeit, über die jemand verfügt«[13]

---

[9] *Wissenschaft*, 11; das Zitat findet sich in: *Microcosmus*, hg. Ph. Delhaye, Lille 1951, 210/Z. 18.
[10] Beispiele: Anselm von Canterbury: MPL 158, 263–265; Petrus Abaelard: MPL 178, 351D–356D; Petrus Damiani: MPL 145,595–622; vgl. M. Grabmann: *Methode*, Bd. I, 215–234; Bd. II, 111–127.
[11] É. Gilson: *Les »philosophantes«*, in: AHDL 27 (1952) 135–140.
[12] M.-D. Chenu: *Les »philosophes« dans la philosophie chrétienne médiévale*, in: RSPhTh 26 (1937) 27–40.
[13] Vgl. E. Mikkola: *Scholé*, 2f. Anm. 2, 19.

stehen. Das besagt, daß σχολή primär nicht negativ zu deuten ist als »Freiheit *von* Arbeit« oder als »Unberührtsein *von* Mühsal« usw., sondern positiv als Zeit haben *für* etwas.[14] Und so gesehen ist auch der σχολαστικός nicht einfach der Müßiggänger oder der Mann ohne Beschäftigung, d. h. der Freie ohne Zwang zur Arbeit, sondern derjenige, der die Zeit besitzt, sich einer ganz bestimmten Tätigkeit aus freien Stücken zuwenden zu können. Nicht das Nichtstun steht also im Vordergrund, sondern im Gegenteil das aktive Verfolgen eines frei gewählten Interesses.

Legt man diese Bedeutung dem Wort σχολαστικός zugrunde, so gewinnen nicht nur die drei ersten Stellen, an denen dieses Wort vorkommt, nämlich in der *Politika* des Aristoteles,[15] einen guten Sinn, sondern es läßt sich dann vor allem auch der weitere Bedeutungswandel in der Antike leichter fassen. Denn geht man von der »frei gewählten Tätigkeit« aus, dann erhebt sich als nächste Frage, welche Tätigkeit als wirklich frei gewählte angesehen werden kann. Dafür kommt offensichtlich keine Tätigkeit in Frage, die durch die Dringlichkeit des Lebens (im privaten und gesellschaftlichen Bereich) erzwungen wird. Der Not des Lebens antworten die handwerklichen (τέχνη), die schöpferischen (ποίησις) und die allgemein praktischen (πρᾶξις) Handlungen. Sie alle finden in dieser Antwort ihren konkreten Zweck (προαίρεσις). Ihnen gegenüber geschieht die »frei gewählte Tätigkeit« ohne Notwendigkeit und um ihrer selbst willen (αὐτῆς ἕνεκα).[16] Der Grund dafür liegt in ihrem Gegenstand, der dem unmittelbaren Zweck- und Nützlichkeitsgeflecht des Lebens enthoben ist, d. h. im »Seienden als solchem« (ὄν ᾗ ὄν) und im Göttlichen (θεῖον).[17] Aristoteles nennt diese Tätigkeit »Theorie« (θεωρία, ἐπιστήμη θεωρητική). Sie ist das, was der σχολή, dem freien Verfügen über die Zeit, entspringen kann. Oder anders gesagt, die σχολή äußert sich in der θεωρία. Aristoteles prägt in diesem Zusammenhang sogar das Wort τὸ σχολαστικόν.[18] Dieses ist gemeinsam mit dem »Selbstgenügsamen« (αὔταρκες) und dem »Unermüdbaren« (ἄτρυτον) die Voraussetzung für die höchste Vollendung der θεωρία und damit auch für das größte menschliche Glück. Es ist das »Ruhevolle« im Sinne von: das durch die Dringlichkeit des Lebens nicht Beeinträchtigte.

Von daher gesehen ist die Selbstbezeichnung des Theophrast (372/369–288/285 v. Chr.) als σχολαστικός[19] zu verstehen. Theophrast meint damit nicht, daß er nur ein »Stubengelehrter«[20] oder nur »der Lehrer einer Philosophenschule«[21] gewesen sei, sondern daß er sich vorwiegend der θεωρία hingegeben habe und nicht den öffentlichen Tätigkeiten (wie etwa den Vorlesungen vor Zuhörern).

---

[14] Ebd. ubique.
[15] 1313b2–3; 1322b38–39; 1341a28–29.
[16] *Metaphysik* 982b28; vgl. 981b13ff.
[17] Vgl. J. Ritter: *Die Lehre vom Ursprung und Sinn der Theorie bei Aristoteles* ([1]1953), in: J. Ritter: *Metaphysik und Politik*, F 1969, 9–33.
[18] *Nikomachische Ethik* 1177b22; vgl. den Kommentar von F. Dirlmeier, in: *Aristoteles. Werke in deutscher Übersetzung*, Bd. VI, B [8]1983, 591.
[19] Diogenes Laertios: *Vitae philosophorum* V,37 (hg. H. S. Long, Bd. I, O 1965, 215).
[20] O. Regenbogen, in: PRE Suppl. Bd. VII, St 1940, 1359/Z. 49ff.
[21] A. Claus: *Scholastikós*, 8.

Ebenso gehört die Ansicht des Stoikers Chrysippos von Soloi (281/277–208/204 v. Chr.) hierher. Ihr gemäß ist der σχολαστικὸς βίος das für die Theoretiker, genauer: für die Philosophen einzig würdige Leben.[22]

Sobald sich nun diese Theoretiker bzw. Philosophen zusammenschließen und ihre Zusammengehörigkeit sozusagen »institutionalisieren«, wie dies in der platonischen Akademie, im peripatetischen Lykeion, in der Stoa usw. der Fall war, wird die σχολή als das, was sie verbindet, selbst zur Einrichtung: Sie erhält die Bedeutung von »Schule« (Aristoteles: συλλόγους ... σχολαστικούς).[23] Diese Bedeutung wiederum setzt sich rasch durch, obwohl gleichzeitig andere Bedeutungen bis in die Spätantike erhalten bleiben, die an den primären Sinn erinnern.[24] Spätestens zur Zeit Ciceros (106–43 v. Chr.) steht σχολή bzw. »schola« für alles, was zu einem Schulbetrieb gehört: für den Ort, an dem sie sich befindet,[25] für den Unterricht (den Vortrag), der an ihr gehalten wird,[26] und für die geistige Richtung, die sie vertritt.[27] Dabei wird vor allem die letzte Bedeutung besonders wichtig. Denn je überregionaler eine Schule wirkt, umso weniger interessiert, wo sie sich befindet. Entscheidend ist dann nur mehr, was in ihr gelehrt wird. Zu einer Schule gehören heißt somit: einer bestimmten Lehre anhängen.[28]

Keine Frage, daß der Terminus σχολαστικός/»scholasticus« diesen Bedeutungswandel mitmacht. Er besagt jetzt soviel wie »ein zur Schule Gehöriger«. Dies wiederum ist im weitesten Sinne zu nehmen, denn der Unterschied zwischen Lehrer und Schüler spielt dabei eine untergeordnete Rolle.[29] Außerdem deutet σχολαστικός/»scholasticus« auf die Qualifikation hin, die mit der Zugehörigkeit zu einer Schule verbunden sein sollte: auf die Gelehrtheit. Σχολαστικός/»scholasticus« ist somit auch einfach der Gebildete, Unterrichtete, Weise: »eruditus«, »literatus«, »sapiens«.[30]

---

[22] Plutarch: *Moralia* 1033C (hg. M. Pohlenz / R. Westman, Lei 1959, Bd. VI/2, 3).
[23] *Politika* 1313b3–4.
[24] So etwa in der Bedeutung von »Muße«, »Ruhe« etc. (bei Vitruvius: *De architectura libri decem* 5,10,4 [hg. C. Fensterbusch, Da 1964, 244]), von »Ort des Ausruhens« etwa in einem Bad, auf einem Platz oder in einem Festsaal (bei Plinius d. Älteren: *Naturalis historiae libri XXXVII* 35, 114 [hg. R. König, Da 1978, 86f.]). Vgl. grundsätzlich den Artikel »schola« in: PRE Reihe II / Bd. 12, St 1923, 618–624.
[25] Vgl. K. E. Georges: *Ausführliches lateinisch-deutsches Handwörterbuch*, Gr ⁹1951, 2525f.
[26] Vgl. bereits Platon: *Nomoi* VII,820c (hg. J. Burnet, O ¹⁰1967 unter 820c/Z. 8–9); sodann Cicero: *Tusculanae disputationes* (hg. K. Büchner, Zü/St 1966) 1,7–8 (S. 8f.); 1,113 (S. 114f.); 2,6 (S. 146f.); 3,81 (S. 270f.); 5,25 (S. 378f.); ders.: *De finibus bonorum et malorum* (hg. K. Atzert, Zü/St 1964) 2,1 (S. 76f.).
[27] Vgl. vor allem Cicero: *Tusculanae disputationes*, a.a.O. Anm. 26, 4,5 (S. 278f.); *De finibus . . .*, a.a.O. Anm. 26, 2,67 (S. 148f.); *De natura deorum* (hg. A. Goethe, Lei 1887) 1,34 (S. 46); 3,77 (S. 229); *In C. Pisonem oratio* (hg. H. Kasten: *Cicero: Staatsreden*, Bd. II, B 1969) Nr. 65 (S. 278).
[28] Noch im christlichen Vokabular liest man von der »schola Christi« (Tertullian: MPL 2,169B), von der »schola Iudaeorum« (Augustinus: MPL 38,757), von der »damnatorum schola« (Prosper Tiro von Aquitanien: MPL 51,265) usw.
[29] Athenaios von Naukratis: *Deipnosophistai* V,48 (hg. G. Kaibel, St 1961, Bd. I, 496); zu Tacitus und Quintilian siehe Anm. 33–34; vgl. zudem K. E. Georges, a.a.O. Anm. 25, 2526.
[30] Vgl. Papias Vocabulista: *Vocabularium* cap. 1053 (zit. bei Du Cange / L. Favre: *Glossarium mediae et infimae latinitatis*, P 1883–1887, Bd. VII, 350).

Die weitere Geschichte unseres Begriffes hängt mit der Geschichte der antiken Schule im allgemeinen zusammen. Schon die attische Philosophie sah die Funktion der Wissenschaft trotz aller Esoterik nicht ohne Bezug zur πόλις. Sie war sich dessen bewußt, daß zwischen Wissenschaft und politischer Gemeinschaft ein wechselseitiges Bedingungsverhältnis besteht: Die Wissenschaft hat auf die πόλις zu wirken, und umgekehrt ermöglicht die Wohlfahrt der πόλις das Gedeihen der θεωρία. Im Hellenismus, vor allem aber im Denken der Römer gewann nun dieser Praxisbezug der θεωρία einen immer höheren Stellenwert. Die Bildung, die eine Schule vermittelte, diente in erster Linie dem künftigen Einsatz eines Schülers in der »res publica«. Dadurch wiederum erhielt ein Zweig der Ausbildung eine überragende Bedeutung, der diesen Praxisbezug am dringlichsten macht, nämlich die Rhetorik. Sie wurde bis ins frühe Mittelalter hinein (dort vor allem angesiedelt in der Kunst des Briefeschreibens) zum dominanten Lehrgegenstand für die Mehrzahl der Gebildeten. Das bedeutete freilich nicht, daß keine anderen Unterrichtsgegenstände in der »scholastica lex« vorgesehen gewesen wären, denn eine gute Allgemeinbildung war die Voraussetzung für eine gute Handhabung der Rhetorik. Aber die Dominanz derselben angesichts der Finalisierung der Bildung auf das Gemeinschaftsleben setzte sich dennoch auf breiter Basis durch.

So gesehen verwundert es nicht, daß σχολαστικός/»scholasticus« spätestens seit dem 1. Jahrhundert v. Chr. (etwa bei Philodemos Rhetor [nach 110–40/35 v. Chr.])[31] ein Synonym für »Rhetor« wurde. Vor allem Sueton (um 70 bis ? n. Chr.),[32] Tacitus (55/56–120)[33] und Quintilian (um 35–96)[34] werden Kronzeugen dieses Wortgebrauchs. Aber nicht nur sie: Indirekt bestätigen auch Vergil (70–19 v. Chr.),[35] Plutarch (46–120 n. Chr.),[36] Petronius (gest. 66 n. Chr.),[37] Plinius Minor (um 61 bis um 113),[38] Epiktet (um 60–140)[39] und andere das Üblichwerden desselben. Allerdings tun sie dies bereits unter Berücksichtigung eines weiteren Aspektes, der sich nunmehr zwangsläufig ergibt: In dem Moment nämlich, als die Schule bewußt praxisorientiert wird, steht ihre Fähigkeit, die Diskrepanz zwischen Theorie und Praxis zu bewältigen, auf dem Prüfstand. Versagt sie in dieser Fähigkeit, so wird der Wert ihres Daseins fragwürdig. Sie wird als ganze eine komische Einrichtung, und ihre Vertreter sind dann nichts anderes mehr als wirklichkeitsfremde, skurrile und lächerliche Gestalten. Genau dies haben aber die genannten Autoren vor Augen. Und so liegt bereits in der Antike eine Bedeu-

---

[31] Philodemos Rhetor 2,265 (in: *Volumina Rhetorica*, hg. Sudhans, Lei 1892, Bd. II, 265).
[32] *De grammaticis et rhetoribus* 30 (hg. G. Burgudi, Lei 1963, 34).
[33] *Dialogus de oratoribus* (hg. H. Volkmer, Mü ²1976) 14 (S. 28); 15 (S. 30); 26 (S. 50); 42 (S. 80); vgl. Gellius: *Noctes Atticae* 15,1 (hg. P. K. Marshall, O 1958, Bd. II, 445).
[34] *Institutiones oratoriae libri XII* (hg. H. Rahn, 2 Bde., Da 1972/75); IV,2,30 (Bd. I, 448); IV,2,92 (Bd. I, 472); IV,2,97 (Bd. I, 473); VII,1,14 (Bd. II, 10); XI,1,82 (Bd. II, 580); XII,11,16 (Bd. II, 794).
[35] *Katalepton* V,1–5 (hg. J. / M. Götte, Wü 1970, 195).
[36] *Vitae philosophorum: Cicero* 5,2 (863b) (hg. R. Flacelière / E. Chambry, P 1976, 70).
[37] *Satyrica* (hg. K. Müller / W. Ehlers, Mü 1965) Nr. 6 (S. 16), Nr. 10 (S. 20).
[38] *Epistolae* IX,2 (hg. H. Kasten, Da 1968, 496).
[39] *Dissertationes ab Arriano degestae* (hg. H. Schenkl, St 1965) 1,11,39 (S. 50); 4,1,138 (S. 381).

tung von »scholastisch« vor, die erst in der Neuzeit wieder gängig wird, nämlich: »Scholastik« ist gleich graue Theorie, Beschäftigung mit Scheinproblemen, Angelegenheit von verstiegenen Spezialisten...[40]

Aus der Identifizierung von »scholasticus« mit »rhetor« (»orator«) ergibt sich aber noch eine weitere bemerkenswerte Bedeutungsgeschichte: Schon zu Ciceros Zeiten wird der Rhetor dem angenähert, was die Römer im juristischen Sinne einen »patronus« nannten.[41] Dieser »patronus« war eine Art Rechtsbeistand. Er half seinen »clientes« kraft seiner Rechtskenntnisse in gerichtlichen Prozessen. Da nun »scholasticus« soviel wie Lehrer oder Schüler einer Rhetorenschule besagte, wurde das Wort »scholasticus« mit der Zeit zwangsläufig in das juridische Vokabular der Antike einbezogen. Dieser Prozeß ging allerdings langsam vor sich. Vor dem 3. Jahrhundert n. Chr. gibt es dafür keinen literarischen Anhaltspunkt.[42] Von dieser Zeit an taucht der σχολαστικός/»scholasticus« jedoch immer häufiger auf Inschriften und in Papyri auf und fungiert dabei als Vertragspartner in diversen Geschäften oder als Geldempfänger bzw. als Steuerpflichtiger.[43] Ob er deshalb schon als Rechtsvertreter oder einfach als gewandter Redner zu verstehen ist, der neben seinen sonstigen beruflichen Tätigkeiten auch juridische Funktionen wahrnimmt, ist aus diesen Quellen allein nicht erschließbar. Fest steht jedenfalls die Tendenz. Und sie wiederum findet ihren deutlichen Abschluß in zwei Dokumenten, die beide in den *Codex Theodosianus* (438/439) aufgenommen werden: in einer Anweisung des Kaisers Constantius (vom 29. Juni 344)[44] und in einem Erlaß des Kaisers Valentinian I. (386).[45] In ihnen sind die erwähnten »scholastici« eindeutig Anwälte. Dies bestätigt auch der *Corpus Iuris Justiniani* (529/534): Obwohl er zwar nur das Schreiben des Constantius übernimmt,[46] stellt er dennoch den »scholasticus« neben den »advocatus«, den »togatus«, den »causidicus« und den »patronus causorum«.[47]

Damit wären jetzt die antiken Voraussetzungen für das Verständnis von »Scholastik« bzw. »scholasticus«/σχολαστικός umrissen. Es ist daher möglich, einen Blick in die Zeit der Kirchenväter sowie in das Früh- und Hochmittelalter zu werfen.

Mittelalter

Wendet man sich dem patristischen und mittelalterlichen Vokabular zu, so erkennt man, daß sich vorerst für unseren Begriff wenig ändert. Der griechisch-römische Gebrauch desselben bleibt zunächst im wesentlichen erhalten. Lediglich

---

[40] Vgl. bes. die Texte von Vergil (a.a.O. *Anm. 35*) und Epiktet (a.a.O. *Anm. 39*,) aber auch von Sueton (a.a.O. *Anm. 32*).
[41] Vgl. A. Claus: *Scholastikós*, 14–16.
[42] Ebd. 16f.
[43] Ebd. 20ff., 150ff.
[44] *Theodosiani Libri XVI cum Constitutionibus Sirmondianis* (hg. Th. Mommsen / P. M. Meyer, B 1905) 8,10,2 (S. 405).
[45] Ebd. 1,29,3 (S. 64f.); vgl. 1,1,5 (S. 28f.).
[46] *Corpus iuris civilis – Codex Iustinianus* (hg. P. Krueger [¹1877] B ¹³1963) 12,61,2 (Bd. II, 487).
[47] A. Claus: *Scholastikós*, 63.

die Akzente verschieben sich. Dies allerdings löst sodann Entwicklungen aus, die über das in der Antike Übliche hinausgehen. Vor allem in zwei Bereichen fällt dies auf:

So wird σχολαστικός/»scholasticus« jetzt besonders häufig als Ehrentitel verwendet. Angesprochen wird damit sowohl die Gelehrtheit als auch die rhetorische Fähigkeit eines Mannes. Ersteres belegt das klassische Zitat aus Pseudo-Augustinus: »Cum scholastici solum proprie et primitus dicantur ii, qui adhuc in schola sunt, omnes tamen qui litteris vivunt, nomen hoc usurpant.«[48] Letzteres hingegen illustriert die Verbindung von σχολαστικός mit Ehrentiteln wie ἐλλογιμώτατος, λογιώτατος, σοφώτατος u. a., die sich auf Inschriften und Papyri, aber auch in den Epistolarien zwischen dem 4. und 7. Jahrhundert oft finden.[49] Klassisch in beiderlei Zusammenhang ist schließlich das Zitat aus Salvianus von Marseille (um 400 bis um 480), das den Schriftstellern Anweisungen dafür gibt, »... ut scholastici ac diserti haberentur«.[50]

Doch dies sind nur Beispiele, die aus den diversen Nachschlagewerken hinlänglich bekannt sind. Neben ihnen gibt es noch eine große Anzahl von Briefen und Biographien, die ohne nähere Erläuterungen von »scholastici«/σχολαστικοί im eben definierten Sinn sprechen. Stellvertretend für viele andere Quellen sei hier nur verwiesen auf Hieronymus (um 340/350–419/420),[51] Sulpicius Severus (363–420),[52] Nilos von Ankyra (? bis um 430),[53] Isidor von Pelusion (um 360 bis um 435),[54] Theodoretus von Kyros (um 393 bis um 466),[55] Makarios (? bis um 390)[56] und Gregor den Großen (um 540–604).[57] Ergänzt seien sie durch die Dokumente aus der Karolingerzeit, auf die uns Du Cange[58] und G. M. Manser[59] aufmerksam gemacht haben. »Vir scholasticus«[60] bzw. »vir scholasticissimus«[61] oder »summus scholasticus«[62] waren sogar damals noch durchaus übliche Ehrenbezeichnungen. Ja selbst im 12. Jahrhundert konnte Petrus Comestor (um 1100 bis um 1179) den hl. Nikolaus noch als »scholasticus« beschreiben.[63]

---

[48] MPL 35,1442; vgl. Gennadius von Marseille: MPL 58,1084A.
[49] A. Claus: *Scholastikós*, 20–42, 84–87.
[50] MPL 53,27A.
[51] MPL 23,699.
[52] CSEL 1, 160/Z. 26; 208/Z. 1.
[53] MPG 79,85A. 103A. 115B. 145B. 184B. 205D. 224C. 313B. 317D. 321C. 351C. 370C. 445A. 447C. 454D. 471C. 479B. 525B.
[54] MPG 78,181A. 196B. 212A. 216B–C. 256A–B. 277A–B. 360B–C. 400C–D. 412B. 417A–B. 440B–C. 525A–B. 589D–601B. 604B. 610A. 629C–633A. 645B. 717B–C. 760A. 920C–D. 1024D. 1025A. 1197B–1204A. 1293A–1299A. 1572B–C u. ö.
[55] MPG 83,1181D. 1197C–D. 1224B–C. 1336A. 1457B–D.
[56] MPG 34,604. 685.
[57] MPL 77,416A. 603A. 604B. 616A–C. 715B–716B. 760C–761C. 775C–776A. 777B–778C. 934B–C. 995A. 1220B. 1303A–B.
[58] Du Cange / L. Favre (Hg.): *Glossarium*..., a.a.O. Anm. 30, 351f.
[59] G. Manser: *Scholastik*, 321–327.
[60] MPL 133, 54 (*Vita des hl. Odo von Cluny*).
[61] G. Manser: *Scholastik*, 326.
[62] Ebd. 362f.
[63] MPL 139,244B.

Diese Ehrenbezeichnung – und damit kommen wir zur zweiten Akzentverschiebung – hatte aber nicht nur eine verbale Bedeutung. Sie bezog sich in zahlreichen Fällen auch auf die gesellschaftliche Stellung des Bezeichneten. Dies äußert sich selbstverständlich nicht darin, daß »Scholasticus« bzw. »Scholastica«/ Σχολαστικός bzw. Σχολαστικά mitunter als Eigenname Verwendung fand,[64] sondern darin, daß der Titel »Scholastiker« auf konkrete gerichtliche Funktionen und unmittelbare politische Aufgaben verwies. Auch diesbezüglich ging man zur Zeit der Patristik und im Frühmittelalter über das in der Antike Übliche hinaus. Zunächst beschränkte sich die Rolle des »scholasticus«/σχολαστικός zwar wohl auf die Rhetoriklehrer- und Anwalttätigkeit. Zahlreiche Belege dafür gibt es vorwiegend aus der oströmischen Reichshälfte. Theodoretus, Makarios, Isidor von Pelusion, der Historiker Agathias (536–582) und Zacharias der Rhetor (? bis um 553)[65] seien hier wiederum nur als Beispiele angeführt. Aber auch Augustinus (356–430) liefert uns einen wertvollen Hinweis: Er definiert den »scholasticus« geradezu als »iurispertus«: »Qui habent causam et volunt supplicare imperatori, quaerunt aliquem scholasticum iurispertum, a quo sibi preces componantur.«[66] Bei diesen Funktionen bleibt es jedoch nicht. Vor allem aus dem oströmischen Raum und hier wiederum besonders aus Ägypten liegen Dokumente vor, die von σχολαστικοί berichten, die Richter waren,[67] die als »defensores civitatis« eine Art Volksanwalt darstellten, der das Recht hatte, Petitionen entgegenzunehmen, Verhandlungen rechtskräftig zu protokollieren (»acta conficere«) und Streitfragen in bescheidenem Rahmen zu entscheiden,[68] und die als »patres civitatis« die Oberleitung einer »civitas« führten, d. h. die Aufsicht über die Finanzverwaltung und das Bauwesen wahrnahmen.[69] In Einzelfällen dürften sie sogar das Steuerwesen in ihrer Hand gehabt und Steuerregelungen (»ordo publicus«) erlassen haben.[70] Darüber hinaus standen ihnen auch kirchliche Ämter offen. Diverse Dokumente belegen uns, daß man »scholastici«/σχολαστικοί als Rechtsvertreter gegenüber den Behörden, als Lektoren, als Diakone und selbst als Bischofsanwärter zuließ.[71] Kein Wunder schließlich, daß man sie aufgrund dieser wichtigen Stellungen zu Beratern (»consiliarii, assessores«) der höchsten Machtinhaber machte, ja sie sogar für hohe kirchliche Würden ausersah. Papst Gregor der Große (590–604) erzählt uns davon in seinen Briefen, die er an Persönlichkeiten im Exarchat von Ravenna schreibt,[72] genauso wie Isidor von Pelusion, Zacharias der Rhetor, Synesios von Kyrene (370/375–413/414) und Photios der Patriarch (um 820–891).[73]

---

[64] A. Claus: *Scholastikós*, 48f.
[65] Ebd. 51–77.
[66] MPL 35,1442.
[67] A. Claus: *Scholastikós*, 95–102.
[68] Ebd. 103–110.
[69] Ebd. 110–114.
[70] Ebd. 114–125.
[71] Vgl. *Canones Apostolorum et Conciliorum* (hg. Bruns, B 1839) Cap. 10 (S. 98) = Konzil von Sardes (357); Cap. 97 (S. 184) = Konzil von Karthago (407); vgl. A. Claus: *Scholastikós*, 126–131.
[72] MPL 77, 416A. 760A–761C. 775C–776A. 777B–778C. 844C–845D. 884B–885C. 995A–996C. 1220B. 1303A–B.
[73] A. Claus: *Scholastikós*, 127ff., 132ff.

Sosehr dieses Verständnis vom »Scholastiker« aber auch über die antiken Vorstellungen hinausgegangen sein mag, es hält sich dennoch in den davon festgelegten Bahnen. Völlig anders hingegen gestaltet sich die mittelalterliche Auffassung im Bereich des Schulwesens. Auch hier scheinen zunächst keine Unterschiede zu herrschen. Wie schon gesagt, ist der »scholasticus«/σχολαστικός der Gelehrte im weitesten Sinne. Und ebenso wie in der Antike scheint es unerheblich zu sein, ob der so Bezeichnete Lehrer oder Schüler ist. Besonders deutlich ist dies aus dem *Didaskalion* (1137) des Hugo von St. Viktor (1096–1141) ersichtlich,[74] es gibt aber auch noch andere Quellen.[75] Beispielhaft unter ihnen sind vor allem jene, die uns von der unter Gregor dem Großen entstandenen »schola cantorum« an Bischofskirchen berichten.[76] Vielsagend ist aber auch die Bezeichnung der Heiden als σχολαστικοί gegenüber den Christen[77] oder umgekehrt die Bezeichnung »libri scholastici« für die Werke derselben Heiden, die als klassische Texte in die Klosterbibliotheken Eingang gefunden haben.[78] Doch dann liegen plötzlich aus der Merowingerzeit Dokumente vor, die uns von »scholastici« in der Bedeutung von »Beamten« sprechen.[79] Und wenig später, seit der karolingischen Bildungsreform, ist der »scholasticus« häufig das von einem Bischof, einem Domkapitel oder einem Abt ernannte »Oberhaupt« einer Schule, das mit dem Recht ausgestattet ist, die »licentia docendi« zu verleihen.[80] Wie ist es zu diesem Bedeutungswandel gekommen? Um dies zu verstehen, müssen zwei Entwicklungen verfolgt werden, die beide mit dem Verständnis und der Realität der »schola« zu tun haben.

Die erste Entwicklung betrifft den Gebrauch des Wortes »schola«. Schon während der konstantinischen Ära bezeichnet dieses nicht mehr bloß die Schule im weitesten Sinne oder eine Richtung von Gelehrten, einen Versammlungsort oder die Zeit für eine frei gewählte Tätigkeit, sondern die Gemeinschaft von Menschen, die ein gleiches Ziel verfolgen.[81] Diese Gemeinschaft wiederum steht im Dienste (»servitium«) dessen, der sie anführt, und des Zieles selbst, das angestrebt wird. Beide Aspekte deckt der Begriff »schola« ab. Den ersteren von beiden akzentuiert die spätrömische Einrichtung der »schola palatina«.[82] Sie stellte die kaiserliche Leibgarde dar. Ihr anzugehören bedeutete, im unmittelbaren Dienste des Kaisers zu stehen und alle Aufgaben wahrzunehmen, die für seinen Schutz notwendig waren. Analoges galt für die ihm unterstellte »schola notariorum« (die

---

[74] MPL 176,768C. 777B. 800A. u. ö.
[75] Berengar von Tours: MPL 178,1872A; Bernhard Scholasticus: MPL 141,129D; Gerbert von Aurillac: MPL 139,244B; Bernhard von Clairvaux: MPL 182,79D.
[76] Vgl. H. Leclercq: *Schola cantorum*, in: Dictionnaire d'archéologie chrétienne et de liturgie, hg. F. Cabrol / H. Leclercq, Bd. XV/1, P 1950, 1008–1110; Du Cange / L. Favre (Hg.): *Glossarium . . .*, a.a.O. *Anm. 30*, 352; A. Blaise: *Dictionnaire latin-français des auteurs chrétiens*, Turnhout 1954, 742f.; *Pontificale Romano-Germanicum*, hg. C. Vogel / R. Elze, R/Vat 1963, 99, 185, 206.
[77] Vgl. *Thesaurus graecae linguae*, hg. H. Stephanus, Bd. VII, P 1829, 1690.
[78] J. Leclercq: *Wissenschaft*, 130.
[79] E. Vacandard: *La scola*, 497; C. Huit: *Scolastique*, 448 Anm. 5 (dort ein Text aus der *Vita Dagoberti*); G. Paré / A. Brunet / P. Tremblay: *La renaissance*, 59f. Anm. 3.
[80] G. Bourbon: *La licence*, ubique.
[81] B. Steidle: *Schola*, 397–399.
[82] Vgl. den Artikel *Schola palatina*, in: PRE Reihe II / Bd. 3, St 1921, 621–624.

Schreiber, Notare)[83] und die »schola agentium in rebus« (die Beamten).[84] Den zweiten Aspekt hebt die patristische Redeweise von der »schola virtutum«, von der »Schule der Tugend«, von der »Schule der Keuschheit«, von der »Schule der Armut« usw. hervor.[85] In die Schule einer solchen Tugend gehen heißt, daß man danach trachtet, in Gemeinschaft mit anderen ihrer Forderung nachzukommen und sie zu realisieren. Die Synthese dieser beiden Aspekte ist wiederum entscheidend geworden für die Mönchstheologie. Nach ihrem Vokabular bedeutet »schola« schon von den frühesten Mönchsregeln an »Kloster«.[86] Dabei ist sowohl der Ort gemeint, an dem sich das Kloster befindet, als auch das Selbstverständnis, das die Gemeinschaft der Mönche definiert. Letzteres aber bestimmt sich aus dem Ziel, das die Gemeinschaft zu realisieren trachtet. Und dieses ist die Nachfolge Christi. So wird das Mönchsleben als ganzes nach einer Formulierung des Tertullian[87] (vermutlich erstmals im südfranzösischen Inselkloster Lérin[88]) »schola Christi« genannt.[89] Der hl. Benedikt (um 480 bis um 550) spricht im gleichen Sinn von der »dominici schola servitii«,[90] und noch der hl. Bernhard von Clairvaux (1091–1153) gibt aus diesem Verständnis heraus seinen Klöstern die Namen »schola Dei«,[91] »schola Sancti Spiritus«,[92] »schola primitivae Ecclesiae«[93] oder »schola humilitatis«.[94]

Nun würde es naheliegen, daß diejenigen, die in diese »schola« gehen, d. h. die Mönche, »scholastici« genannt würden. Dies ist aber (soweit ich sehe) nicht der Fall. Es gab wohl Mönche, die »scholastici«/σχολαστικοί waren, doch sie waren dies nicht, weil sie Mönche waren, sondern deshalb, weil sie früher Rechtsanwälte oder dergleichen[95] oder weil sie ganz einfach gebildet und weise waren.[96] Dafür gab es Männer, die im Dienste eines *irdischen* Herrn standen, also auch in eine »schola« gingen und »scholastici« genannt wurden, nämlich die Beamten. Dies bezeugen uns vor allem Dokumente aus der Merowingerzeit.[97] Da es sich bei der von diesen angesprochenen »schola (palatii)« keinesfalls um eine Bildungsinstitution handeln kann, sondern um den Hof des jeweiligen Hausmeiers (maior domus) im weitesten Sinn, ist die Übersetzung von »scholasticus« als »zum Hof Gehörender« bzw. »im Dienst des Hausmeiers Stehender« zwingend.[98] Dies über-

---

[83] B. Steidle: *Schola*, 398.
[84] Ebd.; J. Vogt: *Constantin der Große und sein Jahrhundert* (¹1949), Mü 1962, 226, 239f.
[85] B. Steidle: *Schola*, 399–401.
[86] Ebd. 401ff.
[87] MPL 2,169B.
[88] B. Steidle: *Schola*, 402f.
[89] Petrus von Celle: Vgl. das Zitat in M. Grabmann: *Methode*, Bd. II, 119 Anm. 1; Bernhard von Clairvaux: MPL 183, 647A.
[90] *Regula S. Benedicti*, Prolog 45 (CSEL 75,9)
[91] MPL 182,200A.
[92] MPL 182,545C.
[93] MPL 185,998A.
[94] MPL 182,953C–D.
[95] A, Claus: *Scholastikós*, 129 Anm. 4.
[96] Rupert von Deutz: MPL 170,496A.
[97] A.a.O. Anm. 79.
[98] E. Vacandard: *La scola*, 501ff.; G. Paré / A. Brunet / P. Tremblay: *La renaissance*, 69ff.

rascht, wenn man die Wortgeschichte von »schola« kennt, nicht mehr. Was aber nach wie vor befremdet, ist der Umstand, daß sich dieser im »zivilen« Bereich selbstverständliche Gebrauch von »scholasticus« nicht auf die Mönchstheologie übertragen hat. Hier muß etwas im Wege gestanden sein. Wenn nicht alles trügt, so darf vermutet werden, daß dieses Hindernis in der Geschichte der Organisation der mittelalterlichen Schulen lag und daß infolgedessen der Begriff »scholasticus« schon mit einer anderen Bedeutung besetzt war.

Seit der karolingischen Bildungsreform[99] finden wir sowohl an Klosterschulen als auch an Diözesanschulen die Funktion einer leitenden Persönlichkeit, die nicht nur die Aufgabe hatte, für das Gedeihen des Unterrichts zu sorgen und über den rechten Glauben zu wachen, sondern vor allem auch die »licentia docendi« an die jeweiligen Lehrer zu erteilen. Diese Funktion nahmen zunächst die Bischöfe selbst (gelegentlich die Archidiakone) oder die Äbte der Klöster wahr,[100] doch schon bald übertrugen sie sie einem von ihnen selbst oder vom Domkapitel ernannten Priester oder Mönch. Die Titel wiederum, die diesen Männern zustanden, waren mehrere. Sie lauteten: »magister scholarum«, »caput scholae«, »capiscolus«, »cabiscolus«. Der weitaus häufigste jedoch hieß »scholasticus«.[101] So bezeichnet also »scholasticus« innerhalb des kirchlichen Bereiches bis weit ins Spätmittelalter hinein[102] den Leiter einer Kloster- oder Bischofsschule.

Ein solcher »scholasticus« hatte einen großen Einfluß. Er genoß hohes Ansehen. Nicht von ungefähr wurden Bischöfe oft aus der Reihe der »scholastici« erkoren.[103] Aber das bedeutete nicht notwendig, daß diese immer im alten Sinne »docti« oder »litterati« sein mußten. Kam es mitunter auch vor, daß der »scholasticus« identisch war mit dem »prior scholae cantorum«[104] oder selbst unterrichtete, somit eines gewissen Maßes an Bildung bedurfte, so drängte sich doch mit seinem zunehmenden Einfluß (der sich oft sogar auf mehrere Schulen erstreckte) seine administrative Funktion in den Vordergrund. Bezeichnenderweise sind auch die eigentlichen Erben dieser »scholastici« (ab dem 13. Jahrhundert) nicht etwa die nachmals so bezeichneten Theologen oder Philosophen, sondern die »Kanzler« (cancelarii) der Universitäten.[105]

Resümiert man nun die weitverzweigte Geschichte des Begriffs »scholasticus«/ σχολαστικός im Mittelalter, so sieht man, daß es zunächst überhaupt nicht auf der Hand lag, mit ihm eine bestimmte theologisch-philosophische Richtung von Gelehrten zu bezeichnen. Zu viele andere Inhalte waren mit ihm verbunden, als daß man ihn derartig hätte einengen können, wie dies in der Neuzeit geschah. Trotzdem bleibt die Frage, weshalb die Humanisten und Reformatoren dennoch im Blick auf das Mittelalter unser heutiges Verständnis von »Scholastik« begründen konnten. Ganz von ungefähr dürfte dies ja nicht erfolgt sein. Dazu muß es

---

[99] G. Bourbon: *La licence*, 517–520.
[100] Ebd. 519ff.
[101] Ebd. 523, 525, 533.
[102] Ebd. 544ff.
[103] Ebd. 525.
[104] Ebd. 522, 526, 533f.
[105] Ebd. 534–544, 545ff.

vielmehr einen Anlaß gegeben haben. Dieser wiederum wird in folgender Entwicklung zu suchen sein:

Spätestens seit dem 12. Jahrhundert ist nicht nur ein zunehmendes Auseinanderwachsen der Kloster- und Domschulen in organisatorischer und gesellschaftlicher Hinsicht zu beobachten, sondern vor allem auch eine rasch einsetzende Differenzierung zwischen Mönchs- und Schul*theologie* feststellbar.[106] Ausschlaggebend dafür war die unterschiedliche Bewertung der »Dialektik« innerhalb der »artes liberales« und gegenüber der Heiligen Schrift. Während man sie an den Mönchsschulen der reinen »lectio« der »sacra pagina« (»libri divini«) oder anderer autoritativer Texte (»auctoritates«) mit dem Ziel der »meditatio«, »oratio« oder »contemplatio« (»theoria«) unterordnete,[107] stellte man sie an den Dom- und Stadtschulen, später an den Universitäten in Gestalt der »quaestio« oder der »disputatio«, d. h. als vernünftig kritisches Denken, das auf Verstehen und Beurteilen ausgerichtet ist, an die Spitze des methodischen Vorgehens.[108] Neben die Autorität der Bibel und der heidnisch/christlichen Klassiker, die besonders unter den Mönchen, den »claustrales«, fast ausschließlich anerkannt wurde, trat dadurch eine neue Autorität: die Autorität der Theologen und Philosophen, die sich auf die Einsichten ihrer eigenen Vernunft beriefen, d. h. die »auctoritates magistrorum«.[109] Diese Entwicklung wiederum führte zu jenen heftigen Kontroversen, die in der Philosophie- und Theologiegeschichte in der Regel als Kämpfe zwischen »Dialektikern« und »Antidialektikern« Eingang finden.[110] Vor allem von seiten der Mönchstheologie wurde diese Auseinandersetzung heftig geführt. Bernhard von Clairvaux,[111] Petrus Damiani (1007–1072),[112] Petrus von Celle (1115–1183), Alain von Lille (um 1128–1202), Richard von St. Viktor (gest. 1173), Stephan von Tournai (1135–1203) und Petrus Comestor[113] sind bekannte Namen in diesem Zusammenhang. Sie alle sahen in der Überbewertung der Dialektik eine Gefahr für die »schola Christi« (Petrus von Celle).[114] Außerdem stießen sie sich an dem bald eintretenden Abgleiten der dialektisch betriebenen Wissenschaft in bloße Sophisterei und lebensferne Esoterik. Denn nach ihrem Empfinden hatte die Wissenschaft dem spirituellen Leben zu dienen. Sie konnte kein Selbstzweck sein.[115]

---

[106] G. Robert: *Les Écoles;* J. Leclercq: *Wissenschaft,* 10–12, 84f., 125f., 166f., 172ff., 217–219, 224ff., 253ff.; M.-D. Chenu: *La théologie,* 324ff.; ders.: *Das Werk des hl. Thomas von Aquin* (¹1950), dt. O. M. Pesch, Gr/W/Kö 1960, 3–107; G. Paré / A. Brunet / P. Tremblay: *La renaissance,* 57–72, 205ff.

[107] J. Leclercq: *Theoria,* in: J. Leclercq: *Études sur le vocabulaire monastique du moyen âge,* R 1961, 80–144.

[108] M.-D. Chenu: *Scholastik,* 37–43.

[109] M.-D. Chenu: *La théologie,* 326f., 358ff.

[110] Vgl. a.a.O. Anm. 10; außerdem: É. Gilson: *La philosophie au moyen âge* (¹1922), P ²1962, 233–238, 278–296.

[111] MPL 182,242.

[112] MPL 145,595–622,699.

[113] Vgl. J. Leclercq: *Wissenschaft,* 213–259; M. Grabmann: *Methode,* Bd. I, 215–234; Bd. II, 111–127.

[114] A.a.O. Anm. 89.

[115] J. Leclercq: *Wissenschaft,* 10ff., 84f., 172ff.

Anläßlich dieser Auseinandersetzungen, die übrigens so fortschrittliche Geister wie Johannes von Salisbury (1110/1120–1180) in sich selbst austragen mußten,[116] fällt nun *ansatzweise* der Begriff »Scholastik«. Die dafür einschlägigen Texte bei Haimo von Auxerre, Petrus von Poitiers, Gottfried von St. Viktor und Rupert von Deutz wurden bereits zitiert.[117] Aus ihnen geht hervor, daß die »scholastisch« betriebene Theologie jene Art von Wissenschaft ist, die sich erstens von der Theologie der klassischen Klosterschulen unterscheidet und sich zweitens auf das Instrumentarium der natürlichen Vernunft stützt, um den Glauben auszulegen. In diesem Sinne äußern sich sowohl die »claustrales« (Haimo, Rupert und Gottfried) als auch der »magister« an der Universität (Petrus). Dazu kommt auf der Mönchsseite der negative Beiklang, der vielleicht weniger aus den Texten herauszulesen ist, in denen wörtlich von »scholastisch« die Rede ist, der dafür aber in den meisten Äußerungen zu den »Dialektikern« drastisch zum Ausdruck kommt. Ein »Scholastiker« sein bedeutet unter dieser Perspektive: sich mit nutzlosen Problemen abgeben, lebensirrelevanten Fragen nachjagen, fruchtlose Streitereien austragen und dergleichen.

So hat also das Mittelalter die Voraussetzungen für das neuzeitliche Verständnis ansatzweise grundgelegt. Zu betonen bleibt freilich »ansatzweise«. Denn üblich wurde dieses Verständnis, wenn ich richtig sehe, bis ins 16. Jahrhundert hinein *nicht*. Weder die von uns so bezeichneten Scholastiker selbst noch ihre zeitgenössischen Gegner geben uns dafür ein sichtbares Indiz. Erst in der Neuzeit ändert sich dies, allerdings auch in ihr nicht sofort.

Neuzeit

Am Beginn dessen, was man »Neuzeit« nennt, im italienischen Humanismus, bleibt alles wie gehabt. Wenn der Eindruck nicht trügt (leider waren mir Primärquellen nur lückenhaft zugänglich), so hält sich vorerst noch das mittelalterliche Vokabular durch. Francesco Petrarca (1304–1374) etwa[118] und Lorenzo Valla (1407–1457)[119] behalten die Ausdrucksweise »dialectici« (bzw. »dyalectici«) oder »Aristotelici« bei. Nicht einmal in der Diskussion zwischen Pico della Mirandola (1463–1494) und Ermolao Barbaro (1453–1493) über den Wert der sich damals erst durchsetzenden aristotelisch-scholastischen Philosophie fällt unser

---

[116] *Entheticus sive de dogmate philosophorum*, in: MPL 199,695–1004.
[117] A.a.O. Anm. 5–9. Die von M. Grabmann (*Methode*, Bd. II, 123 Anm. 1, 126) angeführten Texte von Jakob von Vitry (gest. 1241) bzw. von Walter, Prior von St. Viktor (gest. nach 1180), sind genauso wenig bemerkenswert wie die Werktitel *Theologia scholastica* von Petrus Abaelard oder *Historia scholastica* von Petrus Comestor. In all diesen Fällen ist nämlich der banale Sinn von »schulmäßig«, »zur Schule gehörig« etc. zu supponieren. Bezeichnenderweise wurde auch Abaelards Titel *Theologia scholastica* in *Introductio in theologiam* geändert.
[118] Vgl. z. B. *Prose*, hg. C. Marstellotti / P. G. Ricci / E. Carrara / E. Bianchi, Mi/Na 1955, 21–214 (bes. 52), 647–807 (bes. 710–767); vgl. auch *Epistolarium familiarum libri XIV*, Lv 1601, 19–22, 33f., 263–265.
[119] Vgl. dazu F. Gaeta: *Lorenzo Valla*, Na 1955, 77–126.

Begriff.[120] Auffällig ist weiters, daß eine stattliche Zahl von Publikationen, die nicht zuletzt gegen die mittelalterlichen Schuldenker gerichtet sind, bis ins 16. Jahrhundert hinein den Begriff »Dialektiker« bzw. »dialektisch« bereits im Titel bevorzugen. Beispiele dafür sind: Lorenzo Valla: *Disputationes dialecticae,* Rom 1439; Rudolf Agricola: *De inventione dialectica,* Köln 1480; Juan Luis Vives: *In pseudo dialecticos,* Basel 1555; Petrus Ramus: *Dialecticae animadversiones sive institutiones,* Paris 1543; derselbe: *Scholae dialecticae,* Frankfurt 1594. Daraus darf zumindest die Vermutung abgeleitet werden, daß sich mit dem Phänomen der mittelalterlichen Gelehrtenwelt nahezu von selbst der Ausdruck »Dialektiker« bzw. »Aristoteliker« oder konkret »Thomisten«, »Scotisten«, »Nominalisten« usw. einstellte. Ein letztes Indiz gibt schließlich noch einer der Begründer des neuzeitlichen »Scholastik«-Verständnisses: Erasmus von Rotterdam (1469 bis 1536). Selbst bei ihm wird von »scholastici« bzw. von »scholastica theologia/philosophia« nicht gerade häufig gesprochen.[121] Andere Bezeichnungen tauchen viel unwillkürlicher und regelmäßiger auf. Das bedeutet aber, daß auch ihm spontan immer noch nicht unser Begriff einfiel.

Dies ändert sich an der Schwelle zum 16. Jahrhundert. Unter dem Einfluß und der Autorität Martin Luthers (1483–1546) auf der einen und des Erasmus auf der anderen Seite setzt sich »Scholastik« als Bezeichnung für die theologisch-philosophischen Schulen des Hoch- und Spätmittelalters durch. Erst jetzt also wird der bis heute geläufige Wortgebrauch üblich. Daneben bleiben freilich auch vereinzelt noch die alten Bedeutungen im Umlauf. So nennt man etwa die italienische Juristenschule der nach Bartolo da Sassoferrato (1314–1357) so genannten »Bartolisti« vom 15. bis zum 17. Jahrhundert »scholastici«,[122] weil sie nach mittelalterlichem Vorbild die dialektischen Methoden zur Rechtsfindung anwenden. Ein anderes Beispiel sind die »Scholastici« in den Domkapiteln der Kathedralen.[123] Haben diese auch nicht mehr ihr altes Recht, die »licentia docendi« zu erteilen, so behalten sie dennoch ihren Sitz in den Diözesangremien. Ihre Funktion beschränkt sich dabei auf die Rolle eines Mittelsmannes zwischen Diözese und Universität. Doch diese Reste der mittelalterlichen Bedeutungsgeschichte treten unverkennbar in den Hintergrund. Die Identifizierung von »Scholastik« mit den mittelalterlichen Theologenschulen etabliert sich weitgehend.

Es würde nun wenig bringen, wenn wir jede neuzeitliche Äußerung zur »Scholastik« im einzelnen untersuchen wollten. Dies wäre nicht nur ein uferloses Unterfangen, sondern auch eine wenig interessante Frage. Denn so gewaltig

---

[120] Vgl. Pico della Mirandola: *Opera omnia,* Bd. I, Bas 1572 (Ndr. Hildesheim 1969), 351–358; die Texte von Ermolao Barbaro finden sich in: Q. Breen: *Giovanni Pico della Mirandola on the Conflict of Philosophy and Rhetoric,* in: Journal of the History of Ideas 13 (1952) 384–426. Möglicherweise spielt L. Bruni (1370–1444) eine wichtige Rolle für die Begriffsgeschichte. Vgl. E. Grassi: *Einführung in die philosophischen Probleme des Humanismus,* Da 1986, 41.
[121] *Ausgewählte Schriften,* hg. W. Welzig, Bd. II (dt. A. Hartmann), Da 1975, 132f., 140 (vgl. 130–157); Bd. II (dt. G. B. Winkler), Da 1967, 72ff., 76, 202f., 208, 486 (vgl. 128, 144f., 162f., 168f., 460f., 470ff.); siehe außerdem: Ch. Dalfen: *Die Stellung des Erasmus von Rotterdam zur scholastischen Methode,* Osnabrück 1936.
[122] P. Torelli: *Scholastici,* in: EI Bd. XXXI (1936) 197; F. Ercole: *Bartolisti,* in: EI Bd. VI (1930) 251.
[123] Vgl. u. a. J. H. Zedlers Universal-Lexicon, Bd. XXXV, Lei (Hl 1743), 925f.

waren die weiteren Entwicklungen nicht mehr, daß sie eine minuziöse Beobachtung lohnend machten. Es darf daher genügen, wenn die neuzeitliche Begriffsgeschichte in *vier* großen Linien dargelegt wird:

Beginnen wir mit den *Humanisten*. Sie sind ja die ersten, die unseren Wortgebrauch einbürgern. Bei ihnen möchte ich mich außer auf die *Einleitungen ins Neue Testament* (1516/1519) und das *Lob der Torheit* (1511) des Erasmus vor allem auf die sogenannten *Dunkelmännerbriefe* (*Epistolae obscurorum virorum*, 1515–1517) des Ulrich von Hutten (1488–1523) und Crotus Rubeanus (1480 bis 1539), auf *De causis corruptionis artium* (Antwerpen 1531) des spanischen Humanisten Juan Luis Vives (1492–1540)[124] und auf *De incertitudine et vanitate scientiarum atque artium* (Antwerpen 1530) des Heinrich Cornelius Agrippa von Nettesheim (1486–1535)[125] stützen. Diese Werke hatten großen Einfluß und wurden häufig zitiert. Sie können daher als exemplarisch bezeichnet werden.

Aus ihnen ergibt sich folgendes Bild: »Scholastik« ist etwas Negatives. Mag es auch (besonders bei Vives) ähnlich wie seinerzeit bei Marsilio Ficino (1433–1499) und Pico della Mirandola[126] noch Differenzierungen geben, so kommt dennoch nichts Positives wirklich auf. Die »theologastri« (Erasmus, Melanchthon [1497 bis 1560]) bzw. »logicastri« (Conrad Celtis [1459–1508]), wie man die »Scholastiker« nennt, betrachtet man als Verantwortliche für den kulturellen und sittlich-religiösen Verfall des *Spät*mittelalters. Man hat daher auch vor allem die Scholastiker seit dem 13. Jahrhundert vor Augen. Die früheren Scholastiker werden nur bedingt erwähnt. Außerdem verfährt man hier selektiv: Beda Venerabilis, Alcuin, Hrabanus Maurus, Hugo und Richard von St. Viktor, Nicolaus Cusanus und in erster Linie Bernhard von Clairvaux werden gesondert gesehen. Sie fallen nicht unter die Kritik, die an den Gelehrten und an den Mönchen gleichermaßen geübt wird. Ein gewisses Bewußtsein um die Tatsache, daß nicht alle Gelehrten im Mittelalter »Scholastiker« waren, herrscht also noch. Somit heißt »Scholastik« für die Humanisten nach unserem heutigen Begriff »Hoch- und Spätscholastik«.

Als weiteres Spezifikum des humanistischen Verständnisses muß sodann der Umstand berücksichtigt werden, daß die Humanisten weniger auf eine neue Philosophie oder Theologie bedacht waren als vielmehr auf eine neue Art der Durchführung und Zielsetzung derselben.[127] Aus diesem Grund suchten sie ihr Vorbild im Weisheitsideal Ciceros, das eine Einheit von Lehre und Rhetorik verlangt.[128] Dazu kam ihr Bemühen um die unmittelbaren Interessen des Menschen. So gesehen verwundert es nicht, daß der Akzent der humanistischen Kritik vorwiegend auf die Methode, auf die Durchführung und auf die Wertvorstellung

---

[124] Dieses Werk war mir leider nur indirekt und aus Zitaten in anderen Quellen zugänglich: A. Tribbechov: *De doctoribus*, 51–53, 144f., 149, 218ff., 228; J. Brucker: *Historia critica philosophiae*, Bd. III, Lei 1743, 709–912, bes. 873f., 878f., 880, 884–886, 890, 892, 893f., 911f.
[125] In: *Operum pars posterior*, Leiden 1600, bes. 23f., 215–218.
[126] Vgl. P. O. Kristeller: *Humanismus und Renaissance*, Bd. I ([1]1973), Mü 1979, 45f., 95, 182ff.
[127] Ebd. 87–112 (= *Humanismus und Scholastik in der italienischen Renaissance* [[1]1944/45]), bes. 94ff., 99ff.; 112–144 (= *Renaissance-Philosophie und die mittelalterliche Tradition* [[1]1961]).
[128] Vgl. u. a. É. Gilson: *Eloquence et sagesse chez Cicéron*, in: Phoenix 7 (1953) 1–19; W. Rüegg: *Cicero und der Humanismus. Formale Untersuchungen über Petrarca und Erasmus*, Zü 1946, bes. 7–63.

des scholastischen Wissenschaftsbetriebes zielte. »Scholastik« bedeutete für sie daher soviel wie Zerstörung einer gebildeten und menschenwürdigen Sprache (besonders des Latein), geistloses Streiten über willkürlich produzierte Scheinfragen und abstraktes oder zielloses Umgehen mit der Wirklichkeit. Nahezu gebetsmühlenartig kreideten sie ihre »argutii« (Übergenauigkeiten), »subtilitates« (Spitzfindigkeiten), »sophistici cavillationes« (sophistische Silbenstecherei), »dialecticae disputationes« (dialektische Auseinandersetzungen) sowie ihren Hang zu abstrusen Fragestellungen an.

Hinter diesem Verständnis steht allerdings die Überzeugung, daß der Einsatz für das Ideal der »humanistischen« Bildung[129] identisch ist mit dem authentischen Einsatz für das Evangelium. Nicht von ungefähr erfolgt die Kritik an der Scholastik im Namen einer »pia philosophia« (Marsilio Ficino), einer »philosophia christiana« oder »philosophia Christi« (Agricola, Erasmus). Scholastik wird so gesehen auch eine Abkehr vom ursprünglichen Ziel der christlichen Verkündigung. Sie macht, wie man in den Kreisen der »Devotio moderna« sagt, reine Theorie aus dem, was Nachfolge sein sollte.

Damit wären wir bei der *protestantischen Theologie*. Diese rezipiert die humanistische Kritik, wendet sie darüber hinaus aber ins prinzipiell Theologische und betritt dadurch eine neue Ebene. »Scholastik« steht jetzt nicht mehr nur für eine Methode oder einen bestimmten Typus des Denkens, sondern für eine spezifische Art von Theologie. So ergibt es sich bereits aus den 99 Thesen *Conclusiones contra scholasticam theologiam*, die Luther 1517 aufstellte.[130] Wenn man auch nicht übersehen darf, daß diese Disputationsthesen aus einer Zeit stammen, in der Luther »nichts gesagt ... haben [wollte], was nicht mit der katholischen Kirche und den Kirchenlehrern übereinstimmt«,[131] so ergibt sich aus ihnen wie aus den *Römerbrief-Vorlesungen* von 1515/16 folgendes Bild: Die scholastische Theologie ist jene Theologie, die ihr Geschäft mit Hilfe der Philosophie betreibt, also nicht »sola fide« argumentiert. Sie repräsentiert eine Theologie, die auf eine Synthese von Glauben und Vernunft zielt. In Konsequenz dazu schränkt sie die Rolle der Gnade gegenüber dem natürlichen Vermögen des Menschen ein. Sie bedeutet daher eine Wiederbelebung des Pelagianismus oder schlimmer noch: der alttestamentarischen Gesetzesfrömmigkeit. Das aber wiederum heißt: Mit »Scholastik« verbindet Luther eine Weltanschauung, die dem Menschen gegenüber Gott ein gewisses Recht einräumt und ihm die Fähigkeit zugesteht, an seiner eigenen sittlichen Läuterung mitzuwirken.

Luther entwickelt seine Theologie bekanntlich unter dem Einfluß des hl. Augustinus.[132] Er identifiziert daher »Scholastik« nicht von vornherein mit »katholischer Theologie« oder mit »Mittelalter«. Was das Mittelalter anbelangt, ist er

---

[129] P. O. Kristeller: *Humanismus und Renaissance,* Bd. I, a.a.O. Anm. *126,* 15–18, 177f.; Bd. II (¹1975), Mü 1979, 11, 35, 86, 247.
[130] Vgl. Weimarer Ausgabe Bd. I (Wei 1883) 224–228. Die *Römerbrief-Vorlesungen* von 1515/16 finden sich in Bd. LVI (Wei 1938). Vgl. hier bes. 273, 296, 312, 337, 354 (außerdem 166, 274, 351f., 354, 465).
[131] O. H. Pesch: *Hinführung zu Luther,* Mz 1982, 78; im Original a.a.O. Anm. *130,* Bd. I, 228.
[132] O. H. Pesch, a.a.O. Anm. *131,* 71–74.

sich genauso wie die Humanisten noch der Tatsache bewußt, daß es neben der »Scholastik« andere theologische Strömungen gegeben hat, die ganz anders geartet waren. Zu Gregor von Rimini (gest. 1358) etwa oder zur deutschen Mystik bekennt er sich auch noch in späten Jahren. Trotzdem: Der Lauf der Dinge, sprich: die katholische Ablehnung des »sola-scriptura«-Prinzips auf dem Konzil von Trient,[133] d. h. die implizite Anerkennung der »Scholastik« als Bestandteil der Tradition und damit als Offenbarungsquelle, sowie das Bekenntnis zahlreicher kirchlicher Institutionen zu den diversen scholastischen Schulen geben dem Begriff »scholastisch« zunehmend die Bedeutung von »katholisch«. Dies mag auch der Grund dafür sein, warum die altprotestantische Dogmatik spätestens 1628 bei Georg Calixt (1586–1656)[134] die Bezeichnung »scholastica theologia«, die etwa Johann Heinrich Alsted (1588–1638)[135] noch bewußt verwendet, nicht einmal mehr im Sinne von »rational« bzw. »systematisch« betriebener Theologie verwendet wissen will. Calixt z. B. zieht die Bezeichnung »academica theologia« vor.

Eine gewisse Sonderstellung innerhalb des protestantischen Denkens nimmt die sogenannte »deutsche Schulmetaphysik des 17. Jahrhunderts«[136] ein. Auch diese behält zwar auf weite Strecken die humanistischen und reformatorischen Reserven gegenüber der Scholastik bei,[137] sie inspiriert sich aber zu einem wesentlichen Teil an scholastischen Lehrbüchern. So sind etwa die *Institutiones dialecticae* (Lissabon 1564) und die *Commentarii in libros metaphysicorum Aristotelis* (Rom/Evora/Lyon 1577–1612) des Pedro da Fonseca (1528–1599) sowie die *Metaphysicae disputationes* (Salamanca 1597) des Francisco Suarez (1548–1617) häufig gelesene und anerkannte Werke zweier Barockscholastiker. Keine Frage, daß Protestanten, die sich auf diese stützten, der Kritik ausgesetzt waren.[138] Jakob Thomasius (1622–1684), einer der Lehrer von Leibniz in Leipzig, gibt daher 1676 unter dem Titel *De doctoribus scholasticis* ein Buch heraus, das wieder zur altgewohnten Kritik zurückfindet. Doch immerhin erreicht die Philosophie dank dieser Entwicklung *Ansätze* zu einer differenzierten Sicht. »Scholastik« ist nicht mehr einfach gleichbedeutend mit barbarischer Sophistik (Johannes Clauberg [1622–1665]).[139] Sie erhält auch Anerkennung. Bei Leibniz (1646 bis 1716), dem berühmtesten Sproß dieser Schulphilosophie, tritt dieses ambivalente Verhältnis deutlich zutage.[140] Obwohl er auf der einen Seite die damals gängigen Vorurteile durchaus teilte[141] und wahrscheinlich nie zu einer wirklichen Lektüre

---

[133] DS 1500–1509, vgl. 3006f., 3011, 3029, 3070.
[134] Vgl. W. Pannenberg: *Wissenschaftstheorie und Theologie*, F 1973, 240–242, 356f.
[135] Ebd.
[136] M. Wundt: *Die deutsche Schulmetaphysik des 17. Jahrhunderts*, Tü 1939.
[137] Vgl. in U. Leinsle: *Das Ding und die Methode*, Au 1986, die Texte von Ch. Schleiber (324), J. Scharf (341, 379), C. Martini (601), Th. Rhaedus (645f.), G. Gutke (776).
[138] Vgl. A. Heerebord: *Widmungsschreiben* zu seiner Ausgabe von J. H. Bisterfeld: *Philosophiae primae Seminarium*, Leiden 1657, 5–7.
[139] J. Clauberg: *Elementa Philosophiae sive Ontosophia*, Groningen 1647, III (III, § 18).
[140] Vgl. F. Rintelen: *Leibnizens Beziehungen zur Scholastik*, in: Archiv für Geschichte der Philosophie 16 (1903) 157–188, 307–333.
[141] Siehe u. a. *Die philosophischen Schriften*, hg. C. J. Gerhardt, Bd. I, B 1875, 10f., 98, 196f.

mittelalterlicher Denker gelangt ist, so findet er für diese auf der anderen Seite auch Lob. Er ist sich zugleich der Tatsache bewußt, daß man sie zu wenig kennt.[142]

Leider bleibt diese Einsicht von Leibniz ohne Folgen. Dies beweist die Geschichte der *neuzeitlichen Philosophie* bis zum 19. Jahrhundert. Auch hier breitet sich das Pauschalurteil vom »finsteren Mittelalter«[143] über die »Scholastik« aus. Das Verständnis von ihr ist somit nicht minder negativ. Dabei ist kaum eine wirkliche Kenntnis der mittelalterlichen Denker festzustellen. Eher sind es die zeitgenössischen Scholastiker, von denen man sich abgrenzt. Dadurch kommt es zu der paradoxen Tatsache, daß man etwa bei Descartes (1596–1650), bei Spinoza (1632–1677), bei Leibniz und bei Christian Wolff (1679–1754) scholastische Erbgüter heben kann, daß man aber gleichzeitig keine ernsthafte Auseinandersetzung mit der Scholastik selbst festzustellen vermag. Die Folge davon wiederum ist, daß die »Scholastik« aufhört, in der Philosophie eine offizielle Rolle zu spielen. Bei Immanuel Kant (1724–1804) z. B. stellt sie eine völlig vernachlässigbare Größe dar. Und dort, wo sie ausdrücklich angesprochen wird, wie u. a. bei David Hume (1711–1776), da meint man in der tiefsten Reformationszeit zu stecken.[144]

Trotzdem steht hinter Humes Auswüchsen über die »false philosophy« bzw. »spuriouse erudition« sowie hinter dem bekannten Diktum aus Diderots (1713 bis 1784) *Encyclopédie* (1765) – »En un mot, que cette philosophie a été une des plus grandes plaies de l'esprit humain«[145] – noch etwas anderes als im humanistischen und reformatorischen Verständnis. Den Anlaß dafür bieten das zunehmende Bewußtsein um die Unabhängigkeit der Philosophie und der Wissenschaften von der Theologie sowie das Wissen um die damit verbundene Freiheit und Entwicklungsmöglichkeit des menschlichen Geistes. Gegenüber beidem gilt die »Scholastik« als Feindin. Grund dafür ist wiederum ihre Identifizierung mit der katholischen Kirche der damaligen Zeit und die Unkenntnis der hochmittelalterlichen Wissenschaftstheorien. Aus dem ersten Grund nennt man die »Scholastiker« etwa »Pontifici Metaphysici«[146] und denkt dabei konkret an die politische Macht des Papsttums, die den freien Fortschritt der Vernunft hindert. Was den zweiten Grund anbelangt, so hat er die unmittelbare Folge, daß man der »Scholastik« aus den gleichen Gründen wie der »christlichen Philosophie«[147] den Charakter einer Philosophie im strengen Sinn abspricht. »Scholastik« läuft somit unter »Theologie«, und dies wiederum heißt: unter »auf Autorität gegründetes Wissen«, d. h. »Gegenteil von freier Vernunft«.

---

[142] Ebd. Bd. III, B 1887, 624f. (*Brief an Remond von 1714*).
[143] Vgl. L. Varga: *Das Schlagwort vom »finsteren Mittelalter«*, Baden/Brünn 1932 (Ndr. Aalen 1978).
[144] Ebd. 121 (Zitate aus *The History of England*, Lo 1770).
[145] Bd. XIV, Neufchastel 1765, 770–778 (Zitat 777).
[146] Vgl. u. a. A. Tribbechov: *De doctoribus*, 72–104; Ch. Binder, a.a.O. Anm. 3 Dedicatoria, 93ff., 127ff.; A. Heereboord, a.a.O. Anm. 138, 5; F. Weigl: *Idea totius Encylopaediae Mathematico-Philosophicae*, Je 1672, 6f. (§ 17).
[147] Vgl. dazu meinen Beitrag *Zur Geschichte des Begriffs »christliche Philosophie«* im 1. Band dieses Werkes, bes. 35f.

Diesem neuen Aspekt der Kritik begegnet man besonders anschaulich in den Philosophiegeschichten von Jakob Brucker,[148] Johann Andreas Fabricius[149] oder Wilhelm Gottlieb Tennemann[150] sowie in Johann Heinrich Zedlers *Universal-Lexicon aller Wissenschaften und Kuenste*,[151] in Johann Georg Walchs *Philosophischem Lexicon*[152] oder in Wilhelm Traugott Krugs *Allgemeinem Handwörterbuch der philosophischen Wissenschaften*.[153] Obwohl bei diesen Autoren z. T. sogar schon Ansätze sichtbar werden, an der »Scholastik« etwas Gutes zu entdekken, werden die Schatten des »finsteren Mittelalters« letztlich doch nicht behoben. Die »Schulfüchsische Philosophie« oder die Philosophie der »Papistischen Ordens-Männer« (Christian Thomasius [1655–1728])[154] bleibt ein Synonym für ein methodisch gesehen unsauberes Denken, in dem die Theologie das Sagen hat und in dem sich das Denken einer Autorität unterwirft.

Nicht von ungefähr ist es Hegel (1770–1831), der die philosophische Kritik der Neuzeit zusammenfaßt. Mit den Humanisten gemeinsam nennt er die »Scholastik« »dürftig, schrecklich geschrieben und voluminös«.[155] Sie habe mit Hilfe eines »barbarischen Latein« ihre Aufgabe lediglich darin erblickt, »in einem schulgerechten syllogistischen Räsonieren ... die christliche Intellektualwelt[,] gegen die Verwirrung des Begriffs zu retten«.[156] Bei dieser Gelegenheit sei sie jedoch eine »strohene Verstandesmetaphysik«[157] geworden, die jeden Bezug zur konkreten Wirklichkeit verloren habe.[158] Im Vokabular Hegels heißt dies: Die »Scholastik« habe nicht erkannt, daß die Vernunft die Wirklichkeit sei.[159] Deshalb meint er auch – ähnlich wie die Reformatoren, allen voran Melanchthon (1497–1565) –, der »Scholastik« jede Kompetenz für Aristoteles absprechen zu müssen.[160] Doch dazu kommt noch Prinzipielleres: Als Denken, das seinen Inhalt aus der Religion und aus der Kirche nimmt,[161] ist die »Scholastik« für Hegel auf »positive Autorität« gegründet. Das aber bedeutet: Sie ist eine »Philosophie, deren erste Bestimmung ... die der Unfreiheit ist«.[162] Ihr fehlt die Möglichkeit, »über sich hinaus zur Freiheit zu kommen und die Freiheit der Vernunft ... zu erfassen«.[163] Kennzeichnend für sie ist demnach der »Charakter der Unselbständigkeit«.[164] Sofern aber Philosophie höchster Ausdruck der Freiheit ist, muß

---

[148] *Historia critica philosophiae*, a.a.O. Anm. 124, 709–912, bes. 869–912.
[149] *Abriß einer allgemeinen Historie der Gelehrsamkeit*, Bd. II, Lei 1752, 755ff.
[150] *Grundriß der Geschichte der Philosophie* (^{1}1812), Lei ^{5}1892, 249–299, bes. 253f., 297–299.
[151] A.a.O. Anm. 123, 921–952, bes. 921f., 944ff.
[152] 2 Bde., Lei 1726; kein eigenes Stichwort zur »Scholastik«!; vgl. aber Bd. I, 26, 516.
[153] Bd. III, Lei 1828, 572–576.
[154] *Einleitung zur Hof-Philosophie*, F/Lei 1710, 39f.
[155] Suhrkamp-Werkausgabe, hg. E. Moldenhauer / K. M. Michel, Bd. XIX, F 1971, 541.
[156] Ebd. 546.
[157] Ebd. 587.
[158] Ebd. 543f., 584.
[159] Ebd. 544.
[160] Bd. XX, F 1971, 14.
[161] Bd. XI, F 1970, 63; Bd. XII, F 1970, 461, 490, 520; Bd. XIX, 540; Bd. XX, 44.
[162] Bd. XIX, 540.
[163] Ebd. 545.
[164] Ebd. 524.

Hegel der »Scholastik« überhaupt den Status der Philosophie absprechen. In seinem Vokabular heißt dies, daß sie wohl *an sich* Philosophie sei, daß dieses »an sich« jedoch noch nicht vom Geist *für sich* gesetzt sei. In diesem Sinne definiert er: »Die scholastische Philosophie ist so wesentlich Theologie und diese Theologie unmittelbar Philosophie.«[165] Schließlich meint er: »In der scholastischen Philosophie ... [ist] dem Menschen das Auge ausgestochen gewesen ...«[166]

Doch kommen wir jetzt noch zur vierten Bedeutungsgeschichte, nämlich zur Geschichte des *katholischen* Verständnisses unseres Begriffs. Auch in dieser setzt sich der Begriff »Scholastik« erst im 16. Jahrhundert in der uns geläufigen Bedeutung durch. Seine Verwendung in den Schriften zur Reformierung des Theologiestudiums von Johannes Gerson (1363–1429)[167] und Nikolaus von Clemanges (1360–1437)[168] ist noch als zufällig einzustufen. Unter dem Einfluß der Humanisten und Reformatoren hingegen treten an die Stelle von Zufall Regelmäßigkeit und Selbstverständlichkeit. Auffällig ist dies vor allem bei den Theologen des Konzils von Trient: bei Melchior Cano (1509–1560),[169] Domenico Soto (1495 bis 1560),[170] Diego Laínez (1512–1565)[171] und Alfonso Salmerón (1515–1585).[172] Auch Ignatius von Loyola (1491–1556) berichtet davon, in Paris »scholastica doctrina« studiert zu haben.[173]

Es braucht nicht »in extenso« dargelegt zu werden, daß bei diesen Autoren »Scholastik« das Gegenteil von dem bedeutet, was sonst in der Neuzeit darunter verstanden wurde. Gegenüber den Reformatoren verteidigen sie das mittelalterliche Denken als Inbegriff einer kirchlichen Wissenschaft. Sie dringen daher auch bewußt auf die Weiterführung und Erweiterung desselben. Die Schule von Salamanca unter der Führung des Francisco de Vitoria (um 1490–1546) und die Hochschule in Coimbra mit ihrem bedeutendsten Vertreter Pedro da Fonseca geben dazu den entscheidenden Anstoß. In der Folge wählen sich die meisten katholischen Ordensgemeinschaften einen oder mehrere scholastische Denker als Leitsterne ihrer Ausbildungsprogramme.[174] Und schon 1588 ergeht mit der Bulle *Triumphantis Hierusalem* Papst Sixtus' V.[175] ein erstes päpstliches Votum für die Scholastik. Unter den weiteren Stellungnahmen des höchsten Lehramtes,[176] die bis

---

[165] Ebd. 543; vgl. Bd. XVIII, F 1971, 84, 101, 112f., 132, 148.
[166] Bd. XX, 66f.
[167] *Brief* aus seiner Kanzler-Zeit in Paris (um 1403), in: J. Gerson: *Opera omnia*, hg. L. E. du Pin, Bd. I, Antwerpen 1706, 106–109, bes. 108.
[168] *Liber de studio theologiae* (um 1420), in: L. D. Achery: *Spicilegium sive collectio veterum aliquot scriptorum*, P 1723, 473–480, bes. 476, 478.
[169] A. Lang: *Die Loci theologici des Melchior Cano und die Methode des dogmatischen Beweises*, Mü 1925, 88, 154ff; vgl. *Melchior Cani ... Opera*, hg. H. Serry, Pv 1727, 2, 232ff., 269ff., 275ff., 340ff.
[170] *De natura et gratia*, Leiden 1581, Praefatio.
[171] *Disputationes tridentinae*, hg. H. Grisar, Bd. I, I/Rb 1886, 130f., 140–143, 297, 314, 334 u. ö.
[172] Vgl. den *Brief* an den Ordensgeneral P. C. Aquaviva von 1583, abgedruckt in: F. Ehrle: *Die Scholastik und ihre Aufgabe in unserer Zeit* (¹1918), Fr ²1933, 91–98.
[173] F. Ehrle: *Die päpstliche Enzyklika vom 4. August 1879 und die Restauration der christlichen Philosophie*, in: StML 18 (1880) 13–28, 292–316, 388–407, 485–497, hier 398 (Zitat aus den Constitutiones IV, Cap. 14 § 1).
[174] Ebd. 395–407.
[175] Ebd. 485ff.; ders.: a.a.O. Anm. 172, 77f.
[176] M. Grabmann: *Methode*, Bd. I, 19–22; F. Ehrle, a.a.O. Anm. 173, 13–28, 485ff.

ins 20. Jahrhundert für die Scholastik abgegeben werden, ragt die Enzyklika *Aeterni Patris* von Leo XIII. 1879 besonders hervor. In ihr wird das Denken des hl. Thomas von Aquin (1224/25–1274) als der bislang gelungenste Ausdruck einer christlichen Philosophie anerkannt. Dadurch erhält implizit die ganze Scholastik, die Thomas hervorgebracht hat, einen hohen Stellenwert. Das ist aber noch nicht einmal das Weitreichendste, was katholischerseits zur »Scholastik« verlautbart wird. Wesentlich herausfordernder scheint mir deren Einbeziehung in die christliche Tradition als Offenbarungsprinzip zu sein. Sie erhält dadurch den Status einer Erkenntnisquelle für die katholische Theologie. Deshalb betrachtet sie bereits Melchior Cano in seinem Werk *De locis theologicis libri duodecim* (1563) als eine der zehn Fundstellen (loci) der theologischen Erkenntnisprinzipien.[177] Auf eine andere Weise, aber mit derselben Grundaussage verknüpft Dionysius Petavius (1583–1652) in seinem *Opus de theologicis dogmatibus* (1644 bis 1650) die Scholastik eng mit der Patristik, um sie damit in der einen heiligen Tradition der Kirche zu verankern.[178]

Die übrigen (zahllosen) Äußerungen seitens katholischer Denker können für unsere Themenstellung unterbleiben. Sie bringen begriffsgeschichtlich gesehen wenig. M. Grabmann versichert uns, daß es in der nachtridentinischen Theologie kaum ein katholisches Lehrbuch gegeben habe, das sich nicht zur »Scholastik« im besagten Sinn als Inbegriff christlichen Denkens geäußert habe.[179] Das darf ohne genauere Überprüfung angenommen werden. Was aber noch einer Erwähnung wert ist, sind folgende zwei Punkte:

1. Auch im katholischen Denken bleiben bei aller Konformität des Verständnisses der »Scholastik« noch andere Bedeutungen bestehen. So erhält sich z. B. die allgemeine Bedeutung von »schulmäßig« bzw. von »systematisch«. Dieser Umstand spielt eine wichtige Rolle bei der Differenzierung von »theologia positiva« und »theologia scholastica«. »Scholastisch« ist hier offensichtlich im weitesten Sinne zu nehmen: Im Unterschied zur »theologia positiva«, die sich der unmittelbar geoffenbarten Wahrheiten versichert, zielt die »theologia scholastica« auf die geistige Durchdringung dieser Wahrheiten. »Scholastisch« heißt somit »systematisch« bzw. »rekonstruktiv«. Wahrscheinlich geht diese Unterscheidung auf Gregor von Valencia (1549–1603), Ludovico Carbonia und indirekt auch auf Melchior Cano zurück.[180] Sie ist in ihrem Ursprung also eine katholische Sache. Erst unter J. H. Alsted und G. Calixt findet sie – allerdings in etwas geänderter Form – Eingang in die evangelische Theologie.[181]

2. Obwohl die Scholastik von seiten der Kirche als Inbegriff katholischen Denkens gesehen und gepflegt wird, gibt es auch in Kreisen katholischer Theologen und Philosophen Kritik oder nur bedingte Anerkennung. »Scholastik« und »Scholastizismus« werden genau unterschieden. Ein Beispiel dafür ist wiederum

---

[177] Vgl. *Anm. 169*.
[178] Hg. J. B. Thomas, P/Brü 1864, 17f., 30f., 35f. (vgl. 18ff.).
[179] M. Grabmann: *Methode,* Bd. I, 50f.
[180] A. Lang, a.a.O. *Anm. 169,* 209f.
[181] W. Pannenberg, a.a.O. *Anm. 134.*

Melchior Cano.[182] Trotz seines Eintretens für die mittelalterlichen Autoritäten rezipiert er die humanistische Kritik. Die Auswüchse des »Scholastizismus« stoßen auch ihn ab. An der sinnvollen Verwendung der Dialektik und Spekulation hält er aber fest. Andere Beispiele bieten diverse Theologen der Aufklärungszeit[183] und des 19. Jahrhunderts. Bei ihnen stehen allerdings nicht die humanistischen Überlegungen im Vordergrund, sondern die Einsicht, daß die »Scholastik« ein historisch bedingtes und letztlich auch überholtes Denken darstellt. Besonders zu nennen in diesem Zusammenhang sind Johannes von Kuhn (1806–1887),[184] Anton Günther (1783–1863),[185] Martin Deutinger (1815–1864)[186] und Herman Schell (1850–1906).[187] Sie alle würdigen die Scholastik zunächst positiv. Doch dann sehen sie in ihr eine Form des mittelalterlichen Denkens, das durch die Neuzeit zurückgelassen worden ist. »Scholastik« ist für sie identisch mit einem objektivistischen Denken, das die Rolle des subjektiven Bewußtseins bei der Erkenntnis der Wirklichkeit noch nicht berücksichtigt. Günther nennt sie daher reines »Naturdenken«. Dazu kommt, daß sie noch keinen Sinn für die Geschichte hat. Denker, die unter dem Einfluß des Idealismus stehen, können dieses Defizit nicht übergehen. Schließlich erkennen diese Denker nicht, wie sich die »Scholastik« mit dem Gedanken einer Autonomie zurechtfinden soll, die auf der Freiheit der menschlichen Vernunft basiert. Deshalb sind sie der Ansicht, daß »Scholastik« für sich allein genommen der Name für ein begrenztes historisches Phänomen der christlichen Geistesgeschichte ist. An eine Wiederbelebung ihres Anliegens, wie dies die Neuscholastik versucht, glauben sie nicht. Allerdings sind sie (vielleicht von Günther abgesehen) davon überzeugt, daß eine Synthese zwischen »Scholastik« und neuzeitlicher Philosophie Zukunft hätte.

Übergang vom 19. zum 20. Jahrhundert

Die moderne Zeit und ihr Verständnis von »Scholastik« ist genaugenommen nicht mehr mein Thema. Denn dieses Verständnis ist entscheidend bestimmt durch die historischen Erkenntnisse, die man seit der Mitte des 19. Jahrhunderts über das mittelalterliche Geistesleben gewann. Dazu findet sich im vorliegenden Band ein eigener Beitrag. Außerdem hat die »Scholastik« bei vielen modernen Denkern das Schicksal der »christlichen Philosophie« überhaupt geteilt. Erkannte man diese an, so schätzte man auch jene, bzw. umgekehrt: lehnte man die »christliche Philosophie« als Philosophie ab, so verhielt es sich bezüglich der »Scholastik« nicht anders. Ich darf daher auf meinen Beitrag *Zur Geschichte des*

---

[182] A. Lang, a.a.O. *Anm. 169*, 211–215.
[183] Vgl. den Artikel *Von der Aufklärung zur Romantik* von Ph. Schäfer: Bd. I dieses Werkes, 68–85.
[184] *Das Verhältnis der Philosophie zur Theologie nach modern-scholastischer Lehre*, in: TThQ 44 (1862) 541–602.
[185] Vgl. den Artikel *Anton Günther (1783–1863) und seine Schule* von J. Reikerstorfer: Bd. I dieses Werkes, 266–284.
[186] *Das Princip der neueren Philosophie und die christliche Wissenschaft*, Rb 185/, 19–44, 385 387, 389f.
[187] Vgl. den Artikel *Herman Schell (1850–1906)* von V. Berning: Bd. I dieses Werkes, 365–383.

Begriffs »*christliche Philosophie*« im 1. Band dieses Werkes verweisen.[188] Für den vorliegenden Artikel darf ich mich auf einige wesentliche Aussagen begriffsgeschichtlicher Natur zur »Scholastik« beschränken.

Mit dem genaueren Kennenlernen der geschichtlichen Verhältnisse des Mittelalters im 19. Jahrhundert tritt an die katholischen Gelehrten (aber nicht nur an sie) einmal mehr die Aufgabe heran, genau zu bestimmen, was sie unter »Scholastik« verstehen wollen. Vor diese Aufgabe sahen sie sich zwar schon seit der Reformationszeit gestellt, als man vom Mittelalter immer weniger wissen wollte,[189] doch jetzt lagen im Gegensatz zu früher neue Fakten auf dem Tisch. Vor allem erkannte man wieder, daß der seit dem 16. Jahrhundert gängige »Scholastik«-Begriff sich nur auf eine bestimmte Richtung der mittelalterlichen Denker anwenden ließ. Man erinnerte sich mit einem Mal wieder der Mönchskreise, der Byzantiner, der Araber und diverser Einzelgänger wie etwa Johannes Scotus Eriugena (um 810 bis um 877). Dazu kam, daß man selbst innerhalb einer eng definierten »Scholastik« immer noch nicht auf *eine* Scholastik, sondern auf *viele Strömungen* von Scholastik stieß. So stellte sich die Frage, wie man begrifflich diesen Einsichten Rechnung tragen sollte.

Die Antworten, die man auf diese Frage gab, waren im wesentlichen folgende: Zunächst konnte man rein minimalistisch vorgehen und Äußerlichkeiten als Kriterium für eine Begriffsbildung annehmen. So konnte man z. B. im Sinne der Humanisten sagen, daß »Scholastik« überall dort vorhanden sei, wo das Denken sich fast ausschließlich auf Dialektik verläßt und in abstrakter, sophistischer und zielloser Spekulation verfährt. Nach Maurice De Wulf (1867–1947) soll es angeblich noch um die Jahrhundertwende Leute gegeben haben, die dieser Ansicht waren.[190] Man konnte aber auch dabei bleiben, unter »Scholastik« einfach das zu verstehen, was das Mittelalter selbst darunter verstanden hat, oder noch bescheidener behaupten, daß »Scholastik« jede Art von Wissenschaft sei, die an den seinerzeitigen Schulen gelehrt wurde. Beide Versuche – der erste stammt von Gallus Manser (1866–1950),[191] der zweite von J. B. Hauréau (1812–1896)[192] und F. J. Picavet (1851–1921)[193] – stehen freilich auf schwachen Füßen. Denn erstens weist der mittelalterliche Sprachgebrauch von »Scholastik« nur in sehr beschränktem Maße auf eine geistige Richtung, und zweitens fallen dann »Scholastik« und »Mittelalter« praktisch zusammen, was aufgrund der historischen Faktenlage wiederum unmöglich der Fall sein kann.

Aus diesen Überlegungen heraus schlägt M. De Wulf vor, die Sicht der Reformatoren und Humanisten beizubehalten und eine bestimmte Richtung der mittelalterlichen Denker als »Scholastiker« zu bezeichnen.[194] Sein Kriterium für die Anwendung dieser Bezeichnung ist dann aber weniger die Bewertung der Dialek-

---

[188] Bes. 39ff.
[189] M. Grabmann: *Methode*, Bd. I, 50f.
[190] *Geschichte*, 78ff.
[191] *Scholastik*, 321–328.
[192] *Histoire de la philosophie scolastique*, 3 Bde., P 1872–1881, bes. Bd. I, 36.
[193] Artikel »*Scolastique*« in: Grande Encyclopédie (P 1900) s. v.
[194] *Geschichte*, 80–82.

tik gegenüber dem Glauben als vielmehr die Chronologie: Als »Scholastik« gilt ihm jene Gruppe von Denkern, die vom 12. Jahrhundert an bis ins Spätmittelalter hinein eine »riesige Majorität« erlangt hat[195], »in einer großen Menge fundamentaler Anschauungen« Einigkeit zeigt[196] und eine große Synthese abendländischer Grundüberzeugungen gewonnen hat.[197]

Einen anderen Weg geht M. Grabmann (1875–1947). Er läßt als Kriterium für »Scholastik« nicht so sehr die Chronologie oder bestimmte Inhalte gelten, sondern eine Methode. Und diese wiederum definiert er folgendermaßen: »Die scholastische Methode will durch Anwendung der Vernunft, der Philosophie auf die Offenbarungswahrheiten möglichste Einsicht in den Glaubensinhalt gewinnen, um so die übernatürliche Wahrheit dem denkenden Menschengeiste inhaltlich näher zu bringen, eine systematische, organisch zusammenfassende Gesamtdarstellung der Heilswahrheit zu ermöglichen und die gegen den Offenbarungsinhalt vom Vernunftstandpunkte aus erhobenen Einwände lösen zu können.«[198] Dieser Ansicht schließt sich Josef Pieper (geb. 1904) in seinem kleinen Werk über die Scholastik an.[199] Genauso wie Grabmann erblickt er im Streben nach der geistigen Durchdringung des Glaubens das Auszeichnende des scholastischen Denkens. Darüber hinaus versteht er dieses aber auch als »einen beispiellosen Lern-Vorgang«, d. h. als »eine durch mehrere Jahrhunderte durchgehaltene schulische Veranstaltung von ungeheurem Ausmaß«,[200] in der das Erbe der Antike und der Patristik bewahrt und fruchtbar gemacht wurde. »Scholastik« ist somit wesenhaft christliche Tradition im Sinne einer lebendigen, produktiven Weitergabe der heidnischen und christlichen Klassiker im Lichte des Glaubens.

Zweifellos treffen Grabmann und Pieper den Kern des scholastischen Anliegens. Vielleicht betonen sie zu wenig, daß die vernünftige Durchdringung des Glaubens auf dem Hintergrund einer wissenschaftlichen *Methodik* erfolgt. Denn gerade darin unterscheiden sich die Denker seit dem 11./12. Jahrhundert von den früheren. Bei ihnen beginnt die Frage nach den wissenschaftlichen Prinzipien und damit die methodische Unterscheidung von Theologie und Philosophie.[201] Nicht von ungefähr entsteht der Begriff »Theologie« als Bezeichnung für eine bestimmte Wissenschaft genau in dieser Zeit.[202] Aber selbst wenn man diese expliziten Ansätze zu einer Wissenschaftstheorie als weiteres Kriterium für das scholastische Denken herausstreicht, so bleiben dennoch die begrifflichen Unschärfen bestehen. Denn erstens gab es auch unter den Kirchenvätern bereits weit vorangetriebene Unterscheidungen von Glauben und Vernunft, und zweitens sind es gerade Scholastiker, nämlich die an Augustinus festhaltenden Denker, die

---

[195] Ebd. 81f., 84.
[196] Ebd. 82f.
[197] Ebd. 82.
[198] *Methode*, Bd. I, 36f. (dort gesperrt); vgl. 28–37.
[199] *Scholastik*, Mü 1960, bes. 28f., 48–52, 62f.
[200] Ebd. 28.
[201] A. Lang: *Die theologische Prinzipienlehre der mittelalterlichen Scholastik*, Fr/Bas/W 1964.
[202] B. Geyer: *Facultas theologica*, in: ZKG 75 (1964) 133–145.

diese methodischen Unterscheidungen vielleicht nicht rückgängig machen, aber trotzdem nicht anwenden, sondern aus der Einheit von Glauben und Wissen heraus denken.[203] So verwundert es nicht, daß in mehreren Geschichtsbüchern der Philosophie der Begriff »Scholastik« praktisch verschwindet. Das bedeutet nicht, daß er absichtlich vermieden wird oder überhaupt nicht mehr fällt. Doch man verspürt, daß er nicht mehr um jeden Preis festgehalten wird (wie dies etwa noch bei De Wulf, Grabmann u. a. zu sehen ist). Schlägt man daher gängige Philosophiegeschichten auf, so findet man »Scholastik« subsumiert unter »Philosophie des Mittelalters« (Étienne Gilson [1884–1978];[204] F. C. Copleston [geb. 1907];[205] Émile Bréhier [1876–1952]).[206] Man stößt sogar auf folgende Definition: »So bedeutet der Name ›Scholastik‹ zunächst, ganz ohne jede Wertung, das, was er dem Mittelalter sagte. Damals nannte man ›Scholastiker‹ jeden Lehrer, der an einer Schule lehrte oder der das Wissen besaß, das in den Schulen gelehrt wurde. Auf die Philosophie angewandt, bedeutet also Scholastik jene Philosophie, die während des Mittelalters in den christlichen Schulen vorgetragen wurde.«[207] Mag diese Definition stimmen oder nicht, sie illustriert jedenfalls besonders gut, wie ein Begriff an sich selbst überflüssig gemacht werden kann.

NEUSCHOLASTIK

Mit dem Begriff »Neuscholastik« können wir kürzer verfahren, stammt er doch erst aus der zweiten Hälfte des 19. Jahrhunderts. Jakob Frohschammer (1821–1893)[208] und Alois von Schmid (1825–1910)[209] waren wahrscheinlich die ersten Theologen, die ihn 1862 gleichzeitig einführten. Vorher spricht man allenfalls von einer »neu aufstehenden Scholastik« (J. B. Hirscher [1788–1865]),[210] einer »neuen, redivinen Scholastik« (W. Mattes [1815–1886]),[211] einer »modernscholastischen Lehre« (Joh. v. Kuhn)[212] oder von einer »represtinirten Scholastik«(F. Michelis [1815–1886]).[213] Auch in den nicht deutschsprachigen Ländern

---

[203] G. Söhngen: *Der Weg der abendländischen Theologie*, Mü 1959, bes. 42ff.
[204] A.a.O. Anm. 110; F. Ueberweg / T. Oesterreich: *Grundriß*, 143–145.
[205] *Geschichte der Philosophie des Mittelalters* (¹1952), dt. W. Blum, Mü 1976.
[206] *Histoire de la Philosophie*, Bd. I/3 (¹1931), P ⁷1963.
[207] Ph. Böhner / É. Gilson: *Christliche Philosophie von ihren Anfängen bis Nikolaus von Kues* (¹1951), Pa ³1954, 260.
[208] *Die römische Index-Congregation und die Freiheit der Wissenschaft*, in: Athenäum. Philosophische Zeitschrift, hg. J. Frohschammer, 1 (Mü 1882) Heft 2, 263.
[209] *Wissenschaftliche Richtungen auf dem Gebiete des Katholicismus in neuester und in gegenwärtiger Zeit*, Mü 1862, 6, 62–76, 101, 160.
[210] *Ueber das Verhältniß des Evangeliums zur theologischen Scholastik der neuesten Zeit im katholischen Deutschland*, Tü 1823, 290f.; vgl. S. III, 5; ders.: *Die christliche Moral als Lehre von der Verwirklichung des göttlichen Reiches in der Menschheit*, Tü 1835, 3–5, 6–16, 36f., 61, 64f., 71.
[211] *Die alte und die neue Scholastik*, in: TThQ 42 (1860) 273–340.
[212] A.a.O. Anm. 184.
[213] *Bemerkungen zu der von J. Kleutgen SJ vertheidigten Philosophie der Vorzeit*, Fr 1861, 4, 6, 43, 62f., 66, 70–77.

liegen die Verhältnisse nicht anders. Hier bürgert sich das Wort »Neuscholastik« sogar nicht vor 1878/79 ein.[214] Selbst der spezifischere Begriff »Neuthomismus« dürfte erst um 1879 in den Auseinandersetzungen zwischen den Anhängern von Antonio Rosmini-Serbati (1797–1855) und den Redakteuren der Zeitschrift *La Civiltà Cattolica*, den Jesuiten M. Liberatore (1810–1892) und G. M. Cornoldi (1822–1892), fallen, in denen es um die Rechtgläubigkeit Rosminis geht.[215]

Wichtig für die erste Bedeutung von »Neuscholastik« ist der Umstand, daß dieser Begriff als *politisches Schlagwort* eingesetzt wird. Joseph Kleutgen (1811 bis 1883) bestätigt uns dies ausdrücklich.[216] Von vornherein ist er im Bedeutungsfeld von »ultramontan« angesiedelt.[217] Mit »ultramontan« wiederum wird bereits seit dem 18. Jahrhundert (in Deutschland seit dem Streit um den Febronianismus ab 1763, in Frankreich seit der Zeit J. B. Bossuets [1627–1704])[218] jene kirchenpolitische Partei bezeichnet, die sich für die Interessen der römischen Kurie und den päpstlichen Universalprimat einsetzt. Man findet daher neben der ausdrücklichen Benennung »Ultramontanisten« (F. Michelis)[219] auch die Umschreibungen »romanisirte deutsche Scholastiker« oder »romanisch-scholastische Richtung« (J. Frohschammer),[220] »die Römer und ihr deutscher Anhang« (I. v. Döllinger [1799 bis 1890])[221] oder einfach »die Romanisten« (F. X. Kraus [1840–1901]).[222] Wird es noch konkreter, d. h. wird berücksichtigt, daß die »Neuscholastik« häufig von Jesuiten getragen wird, daß sie sich als »Wächterin der Orthodoxie«[223] versteht und daß sie ihre Hochburgen vor allem in Mainz und Würzburg besitzt, so liest man auch von der »durch das Papstthum im Bunde mit dem Jesuitismus« bestehenden »Macht« (J. Frohschammer),[224] vom »Jesuitismus« (F. Michelis),[225] von der »Mainzer Partei« oder ganz einfach von der »reaktionären« Partei (F. X. Kraus).[226] Daß bei der Bildung unseres Begriffs handfeste politische Dinge mit im Spiel waren, ersieht man schließlich auch daraus, daß der theologische Streit bezüglich des Verhältnisses von Natur und Gnade zwischen Johannes von Kuhn

---

[214] Vgl. u. a. G. Petri: *Antonio Rosmini e i Neoscolastici*, Mi 1878; *Sensismo e subbiettivismo dei Neoscolastici*, in: La Sapienza 2 (1880); 3 (1881); 4 (1882); H. Meuffels: *À propos d'un mot nouveau*, in: LQ 38 (1901) 521–534; M. De Wulf: *Introduction à la philosophie néo-scolastique*, Lv/P 1904, 207–220.
[215] Vgl. K. Werner: *Die italienische Philosophie des neunzehnten Jahrhunderts*, Bd. IV, W 1886, 179–200, bes. 201ff.
[216] *Zu meiner Rechtfertigung*, Mr 1868, 4.
[217] H. Raab: *Zur Geschichte und Bedeutung des Schlagwortes »Ultramontan« im 18. und frühen 19. Jahrhundert*, in: HJ 81 (1961) 159–173.
[218] Ebd. 162f.
[219] *Kirche oder Partei?*, Mr 1865, 37–40.
[220] A.a.O. Anm. 208, 110ff., 247–252, 312–318; vgl. *Ueber die Freiheit der Wissenschaft*, Mü 1861, 78, 140f., 143, 148, 154f.
[221] Vgl. J. Finsterhölzl (Hg.): *Ignaz von Döllinger. Wegbereiter heutiger Theologie*, Gr/W/Kö 1969, 271.
[222] *Tagebücher*, hg. H. Schiel, Kö 1957, 147f.
[223] F. Michelis, a.a.O. Anm. 219, 5–13.
[224] *Die Philosophie des Thomas von Aquino*, Lei 1889, S. V, IX, XIVff., 15f. Anm. 8.
[225] A.a.O. Anm. 219, 37–40.
[226] A.a.O. Anm. 222, III, 207f.

und Constantin von Schäzler (1827–1888) seinen konkreten Anlaß in der Frage nach dem Sinn der Errichtung einer katholischen Universität hatte.[227]

Betrachtet man den philosophisch-theologischen Inhalt des Begriffs »Neuscholastik«, so sieht man, daß J. Frohschammer darunter jene Richtung kirchlicher Wissenschaftler versteht, die sich dafür hergeben, als Werkzeuge der päpstlichen Politik (etwa in der Index-Kommission) zu fungieren.[228] Er ortet sie vor allem in Mainz und Würzburg,[229] er verkennt dabei allerdings nicht den Einfluß des Jesuitenordens in Italien und von dessen Zeitschrift *La Civiltà Cattolica*. A. Schmid hingegen erweitert seinen »Neuscholastik«-Begriff insofern, als er nicht nur an die »Römische Thomistenschule«[230] und die »neueste Scholastik«[231] denkt, sondern auch an den Ontologismus in Belgien, an den katholischen Personalismus in Frankreich und an die Schulphilosophie in Spanien.[232] Anders als der Tübinger Theologe Wenzeslaus Mattes nimmt er jedoch die Tübinger Schule aus der »rediviven, neuen Scholastik«[233] aus.

Rein sachlich gesehen charakterisiert sich die frühe »Neuscholastik« sowohl in ihrem Selbstverständnis als auch in dem Bild, das man außerhalb von ihr hat, in folgenden Punkten: Erstens sieht sie die Möglichkeit einer wahren katholischen Theologie oder Philosophie nur im Rückgang auf die klassische Tradition der Kirche, vor allem auf das 13. Jahrhundert.[234] Zweitens treibt sie den Grundsatz, daß die Philosophie nur als »ancilla theologiae« zu akzeptieren sei, so weit, daß sie sogar die Philosophie dem kirchlichen Lehramt unterordnet und dadurch eine Art philosophischer Tradition oder eine Form von »philosophia perennis« erhofft.[235] Drittens lehnt sie die neuzeitliche Philosophie und überhaupt das moderne Geistesleben als einen durch den Protestantismus verursachten Irrweg ab, den die kirchliche Wissenschaft ignorieren kann und muß.[236] Viertens schließlich betrachtet sie die menschliche Natur fast nur im Lichte ihrer Errettung durch die Gnade,[237] was freilich nicht heißt, daß sie bereits zur Gnadentheologie des 20. Jahrhunderts vorgedrungen wäre.[238]

Für die weitere Bedeutungsgeschichte von »Neuscholastik« ist sodann das Erscheinen der Enzyklika *Aeterni Patris* am 4. August 1879[239] von großer Trag-

---

[227] Vgl. K. J. Mattes: *Die Kontroverse zwischen Joh. v. Kuhn und C. v. Schäzler über das Verhältnis von Natur und Gnade*, Fri 1968, 5–68.
[228] A.a.O. Anm. 208, 147.
[229] Ebd. 110f., 247–252, 312–318.
[230] A.a.O. Anm. 209, 64.
[231] Ebd. 63, 92, 176 Anm. 280.
[232] Ebd. 63f.
[233] Ebd. 60.
[234] J. Frohschammer, a.a.O. *Anm. 208*, 229–232, vgl. 134–147; J. v. Kuhn, a.a.O. *Anm. 184*.
[235] F. J. Clemens: *De Scholasticorum sententia philosophiam esse theologiae ancillam commentatio*, Rb 1859; ders.: *Unser Standpunkt in der Philosophie*, in: Kath. 39/2 (1859) 9–23, 129–154, 1409–1446; vgl. (Anonymus): *Del progresso filosofico possibile nel tempo presente*, in: CivCatt 4/3 (1853) 265–287; J. Frohschammer, a.a.O. *Anm. 208*, 68–110.
[236] J. Frohschammer, a.a.O. *Anm. 208*, 295–321; vgl. (Anonymus): *R. Descartes und seine Reform der Philosophie*, in: Kath. 40/1 (1860) 15–36, 156–179, 257–280.
[237] Vgl. J. v. Kuhn: *Die christliche Lehre von der göttlichen Gnade*, Tü 1868, 123ff., 143ff.
[238] K. Eschweiler: *Die zwei Wege der neueren Theologie*, Rb 1926, 131–183.
[239] ASS 12 (1879) 97–115.

weite. Mit dieser Enzyklika gelingt es nämlich Leo XIII. und den hinter ihm stehenden »neuscholastischen« Theologen und Philosophen,[240] den Begriff »Neuscholastiker« für kirchliche Wissenschaftler akzeptabel zu machen. Obwohl keine der päpstlichen Verlautbarungen zum katholischen Hochschulwesen[241] explizit unseren Begriff verwendet, so fällt doch auf, daß er ab 1878/79 als Selbstbezeichnung verwendet wird. D. Mercier (1851–1926) z. B. scheut sich einige Jahre später nicht mehr, seine Zeitschrift ausdrücklich *Revue néo-scolastique [de philosophie]* (1894ff.) zu nennen. Grund für diesen Verständniswandel dürfte das Traditionsverständnis von *Aeterni Patris* gewesen sein. Denn Aufarbeitung der christlichen Vergangenheit bedeutet jetzt nicht mehr Rekapitulierung der Scholastik zu Zwecken der katholischen Apologetik, sondern Fruchtbarmachung, Erweiterung und Vervollkommnung des Alten durch das Neue (»vetera novis augere et perficere«).[242] Im Sinne des hl. Thomas (»ad Sancti Thomae sapientiam«)[243] sollte sich eine Öffnung auf jedes Denken vollziehen, das im Dienste der Wahrheit steht und dem christlichen Glauben entgegenkommt.

Diese Neubesinnung auf die Rolle der Tradition löste in den zwanziger Jahren des 20. Jahrhunderts den Versuch aus, die Scholastik mit dem Anliegen der modernen Philosophie in eine Synthese zu bringen. Das bekannteste Beispiel dafür ist die Philosophie Joseph Maréchals (1878–1944) und seiner Schule.[244] In ihr wird die These aufgestellt, daß die Anliegen der Transzendentalphilosophie Kants von der thomistischen Philosophie rezipiert werden können. Dies ist aber nur ein Beispiel. Ebenso wichtig ist etwa der Dialog mit der Philosophie Henri Bergsons (1859–1941) in Frankreich[245] oder die katholische Auseinandersetzung mit Martin Heidegger (1889–1976) in Deutschland.[246] »Neuscholastik« wird in diesen Zusammenhängen wirklich zu einer *neuen* Form von Scholastik. Zwar gibt es gleichzeitig immer noch die These Franz Ehrles (1845–1934), daß »jede gesunde und vernunftgemäße Philosophie ... *aristotelisch* und *christlich*, also *scholastisch*« sein müsse,[247] oder Jacques Maritains (1882–1973) Behauptung, daß die neuzeitliche Philosophie eine »antichristliche Revolution« darstelle,[248] doch diese vereinzelten Äußerungen ändern nichts mehr daran, daß man wenigstens in katholischen Kreisen unter »Neuscholastik« eine Philosophie versteht, die sich im Sinne des »vetera novis augere et perficere« vom modernen Denken zu weiteren und neuen Schritten herausfordern läßt.

Freilich führt dieser Weg auf die Dauer auch zur Auflösung des Begriffs »Neu-

---

[240] P. Dezza: *La preparazione dell'Enciclica »Aeterni Patris«* in: Atti dell' VIII Congresso Tomistico-Internationale, R/Vat 1981, 51–65.
[241] AAS 6 (1914) 336–341, 383–386; 8 (1916) 156f.; 15 (1923) 309–326; 42 (1950) 561–578.
[242] A.a.O. Anm. 239, 111.
[243] Ebd. 114.
[244] Vgl. O. Muck: *Die transzendentale Methode in der scholastischen Philosophie der Gegenwart*, I 1964.
[245] Vgl. É. Gilson: *Le philosophe et la théologie*, P 1960, 71–189.
[246] Vgl. H. M. Schmidinger: *Nachidealistische Philosophie und christliches Denken*, Fr/Mü 1985, 330–332, 333f.
[247] *Grundsätzliches zur Charakteristik der neueren und neuesten Scholastik*, Fr 1918, 4.
[248] *Antimodern*, P 1930, 4, 8.

scholastik«. Denn was ist wirklich darunter zu subsumieren: die frühere Richtung, die »eine Überwindung des weltanschaulichen Anthropismus«[249] beabsichtigte, oder die neuere Richtung, die zur »christlichen Anthropozentrik«[250] drängte? Wer zählte außerdem am Schluß noch dazu, wenn man bei zunehmender historischer Kenntnis verschiedene Strömungen, die man bislang zur »Neuscholastik« rechnete (z. B. die Römische Schule),[251] herausnahm? Hatte sodann der Begriff »Neu-Scholastik« nicht die Hypotheken des Begriffs »Scholastik« zu tragen? Und schließlich: War eine Synthese des mittelalterlichen und des neuzeitlichen Denkens in der Weise möglich, wie man sich dies unter den katholischen Philosophen vorstellte? Alle diese Fragen mahnten jedenfalls immer mehr zur Vorsicht. Man fing daher selbst in kirchlichen Kreisen an, das Reden von »Neuscholastik« zu vermeiden.[252] Im Zuge dessen fand man es z. B. ratsamer, die *Revue néo-scolastique* 1946 in *Revue philosophique de Louvain* und die (1926 gegründete) Zeitschrift *Scholastik* 1965 in *Theologie und Philosophie* umzubenennen. So wiederum kam es, daß es in den letzten Jahren um die »Neuscholastik« still geworden ist. Wo dieser Begriff noch in Anspruch genommen wird, besitzt er eine vorwiegend historiographische Funktion. Als Selbstbezeichnung katholischer Gelehrter ist er zur Seltenheit geworden.

BIBLIOGRAPHIE

Bourbon, G.: *La licence* d'enseigner et le rôle de l'écolâtre au moyen âge, in: Revue des questions historiques 19 (1876) 513–553.
Chenu, M.-D.: *La théologie* au douzième siècle (^{1}1957), P ^{2}1966.
—: *Scholastik*, in: Handbuch der theologischen Grundbegriffe, hg. H. Fries, Bd. IV (^{1}1962), Mü 1970, 35–51.
Claus, A.: Ho *Scholastikós*, Kö 1965 (Diss. masch.).
De Wulf, M.: *Geschichte* der mittelalterlichen Philosophie (^{1}1900), dt. R. Eisler, Tü 1913, 75–100.
—: Notion de la scolastique médiévale, in: RNS 18 (1911) 177–196.
Grabmann, M.: Geschichte der scholastischen *Methode*, 2 Bde., Fr 1909/1911 (Ndr. Graz 1957).
Huit, C.: Brève histoire du mot »*Scolastique*«, in: L'enseignement chrétien 30 (P 1911) 444–449.
Landgraf, A.: Zum Begriff der *Scholastik*, in: Collectanea Franciscana 11 (1941) 487–490.
Leclercq, J.: *Wissenschaft* und Gottverlangen (^{1}1957), dt. J./N. Stöber, Dü 1963.
Manser, G.: Die mittelalterliche *Scholastik* nach ihrem Umfange und Charakter, in: HPBL 139 (1907) 317–339, 407–431.
Mikkola, E.: »*Scholé*« bei Aristoteles, in: Arctos. Acta Philologica Fennica, NF 2 (1958) Separatum.
Paré, G. / Brunet, A. / Tremblay, P.: *La renaissance* du XIIe siècle: Les écoles et l'enseignement, P/Ottawa 1933.

---

[249] K. Eschweiler, a.a.O. Anm. 238, 134, 162, 172.
[250] J. B. Metz: *Christliche Anthropozentrik*, Mü 1962.
[251] W. Kasper: *Die Lehre von der Tradition in der Römischen Schule*, Fr/Bas/W 1962, 1–26; J. Schuhmacher: *Der »Denzinger«*, Fr/Bas/W 1974, 57–60.
[252] K. Eschweiler, a.a.O. Anm. 238, 33f.; M.-D. Chenu: *Scholastik*, 489; M. Schoof: *Der Durchbruch der neuen katholischen Theologie*, Fr/Bas/W 1969, 55f.; vgl. auch K. Rahner: *Zum heutigen Verhältnis von Philosophie und Theologie*, in: K. Rahner: *Schriften zur Theologie*, Bd. X, Ei/Zü/Kö 1972, 70–88; L. Oeing-Hanhoff: *Thomas von Aquin und die Situation des Thomismus heute*, in: PhJ 70 (1962) 17–33.

Robert, G.: *Les Écoles* et l'enseignement de la théologie pendant la première moitié du XIIe siècle, P 1909.
Schmidinger, H. M.: Neuscholastik, in: Historisches Wörterbuch der Philosophie, hg. J. Ritter / K. Gründer, Bd. VI, Bas/St 1984, 769–774.
–: Neuthomismus, ebd. 779–781.
Steidle, B.: Dominici *schola* servitii, in: Benediktinische Monatsschrift 28 (1952) 397–406.
Tribbechov, E.: *De doctoribus* scholasticis et corrupta per eos divinarum humanarumque rerum scientia (¹Gie 1655), Je ²1719 (hg. Ch. Heumann).
Ueberweg, F. / Oesterreich, T.: *Grundriß* der Geschichte der Philosophie, Bd. II (B. Geyer), B 1928, 141–145.
Vacandard, E.: *La scola* du palais mérovingien, in: Revue des questions historiques 61 (1897) 490–502; 62 (1897) 546–551; 76 (1904) 549–553.

HEINRICH M. SCHMIDINGER

Die Scholastik der Neuzeit bis zur Aufklärung

ALLGEMEINE CHARAKTERISTIK

Die bestimmende Form des katholischen Philosophierens vom 16. bis zum 18. Jahrhundert ist die Scholastik. Sie ist die Gestalt, in der an den katholischen Universitäten und Gymnasien, an Ordenslehranstalten und den Hausstudien der einzelnen Klöster Philosophie vermittelt wurde. Die neuzeitliche Scholastik steht einerseits noch in der Tradition der mittelalterlichen Scholastik, andererseits nimmt sie z. T. bewußt die Fragen der »großen« Philosophie der Zeitgenossen auf. Sie ist Schulphilosophie bis in ihre Darstellungsform hinein, die ganz und gar geprägt ist von der pädagogischen Vermittlung. Die scholastischen Werke sind geschaffen für die Hand des Lehrers oder des Schülers. Sie haben aus diesem Grund nicht selten die Gestalt von Thesen oder Materialsammlungen für die eifrig gepflegten Disputationen.[1]

Neben die einflußreichen Schriften der bedeutenden Meister tritt deshalb eine Fülle von meist noch unerforschten Kompendien, Handbüchlein, Lexika, Axiomensammlungen und Thesenschriften. Es geht ja nicht darum, als freier Schriftsteller *seine* Philosophie zu entwerfen, sondern den Schülern und Studenten (ab ca. 14 Jahren) *die* Philosophie zu lehren. Dies hat in der Zeit der aufkommenden rationalistischen Pädagogik selbstverständlich mit bestmöglicher Methode zu geschehen.[2] Die gängige Form der Darstellung wird nicht zuletzt unter dem Einfluß der *Ratio Studiorum* des Jesuitenordens der *Cursus philosophicus*, das umfassende Handbuch, das eine Gesamtdarstellung der Philosophie zum Schulgebrauch beinhalten sollte und in den Gemeinschaftswerken der *Conimbricenses*, *Salmanticenses* und *Complutenses* seine Vorbilder fand.[3] Neben die streng schulgebundene Darstellung tritt aber z. T. bereits die freiere Auseinandersetzung mit den neuen Strömungen in Philosophie und Wissenschaft.[4]

---

[1] E. Lewalter: *Metaphysik*, 73; U. G. Leinsle: *Ding*, 1–4.
[2] K. Hengst: *Jesuiten*, 55–71.
[3] B. Jansen: *Pflege*, 7f.
[4] Ders.: *Jesuiten-Philosophen*; ders.: *Philosophen*; ders.: *Stellung*.

Heimstatt dieser Scholastik sind die Lehranstalten und Universitäten, die im Zeitalter des konfessionellen Absolutismus immer mehr »konfessionelle Erziehungsanstalten für den Nachwuchs eines Territoriums« bzw. eines Ordens werden.[5] Seit der Übernahme der Universität Coimbra durch die Jesuiten (1542), der 1547 Gandia und 1548 die Neugründung von Messina folgten, wächst hier der Einfluß der Jesuiten bis zur Ausbildung ganzer »Jesuitenuniversitäten«.[6] Die Artistenfakultät ist auch im Rahmen der neuzeitlichen Universität zumeist Vorbereitungsstufe zu den »höheren« Fakultäten, insbesondere zur Theologie, wie es vor allem durch die Reform der Priesterausbildung auf dem Tridentinum vorgesehen ist. Philosophie und Theologie sind deshalb engstens aufeinander bezogen und werden z. T. von denselben Professoren gelehrt, zumal an den Hausstudien der Klöster, wo es oft nur einen Professor gab.[7]

Die neue Scholastik baut natürlich auf der mittelalterlichen auf. Die Schulrichtungen des Mittelalters erleben in den neuen Schulen zumeist eine Renaissance. Das nominalistische Denken des Spätmittelalters ist gewissermaßen das Ferment, das die meisten der neuen Schulrichtungen befruchtet oder herausfordert. So veranlassen die Streitigkeiten zwischen den Nominales und Reales in Paris Petrus Crockaert OP († 1514) und seinen Schüler Francisco de Vitoria (1483/93–1546) zu einer Neubegründung des Thomismus.[8] Gegen den wieder erstarkten Thomismus vor allem der Dominikaner, der Unbeschuhten Karmeliten und Benediktiner besinnen sich die Franziskaner auf ihre Ahnherren Bonaventura und Duns Scotus, was zu einer neuen Blüte des Scotismus führt.[9] Die Augustiner-Eremiten sehen sich Aegidius Romanus († 1316) verpflichtet; die Karmeliten folgen Johannes Baconthorp († 1348); die Serviten betrachten Heinrich von Gent als ihren Führer in der Philosophie.[10] Eine weniger an Autoritäten gebundene Richtung, die eine durch den Nominalismus hindurchgegangene, scotistische Begrifflichkeit und thomistischen Realismus verbindende Philosophie schaffen will, zeigen die Jesuiten mit Fonseca und Suarez als Anführern.[11]

Diese Rückbesinnung auf die Quellen entspricht durchaus dem humanistischen »ad fontes«. Vor allem aber besagt sie eine Rückkehr zu Aristoteles, dessen Ausleger die mittelalterlichen Scholastiker großteils gewesen sind. So ist die neue Scholastik zugleich eine neue Blüte des Aristotelismus, der allerdings auch platonische, stoische und moderne Gedanken zu assimilieren vermag.[12] Die Scholastik der frühen Neuzeit hat deshalb naturgemäß Beziehungen zu dem vor allem in Padua und Venedig gepflegten Renaissance-Aristotelismus, von dem sie sich durch ihre systematische Ausrichtung und Methode unterscheidet.[13] Kennzeichen

---

[5] H. Dreitzel: *Aristotelismus,* 28.
[6] K. Hengst: *Jesuiten.*
[7] So sehen z. B. die Statuten des Prämonstratenserordens von 1630 grundsätzlich einen Professor vor.
[8] W. Risse: *Logik,* Bd. I, 311f.
[9] B. Jansen: *Philosophie;* ders.: *Thomisten;* ders.: *Scotisten.*
[10] Ders.: *Philosophie,* 403–418.
[11] Ders.: *Pflege,* 8–11.
[12] L. Zanta: *Renaissance.*
[13] E. Lewalter: *Metaphysik,* 21–43.

dieser neuen Scholastik ist ja die Abkehr vom Aristoteleskommentar und die systematische Darstellung der Philosophie. Bezeichnend dafür ist etwa die Wendung von Fonsecas großem Kommentarwerk zur Metaphysik des Aristoteles zu Suarez' *Disputationes metaphysicae*. Hatte Petrus Hispanus († 1277) mit seinen *Summulae logicales* das erste einflußreiche systematische Lehrbuch der Logik geschaffen, so werden jetzt auch Metaphysik, Physik und praktische Philosophie systematisch vorgetragen. Methodisch lehnt man sich zumeist an die von Jacopo Zabarella (1533–1589) ausgestaltete aristotelische Methodologie von Synthesis und Analysis an. Doch sind auch humanistische und ramistische Einflüsse nicht zu verkennen.[14]

In der Logik und Methodologie fallen die wichtigsten Entscheidungen der Philosophie dieser Zeit. Sie wandelt sich vom Nominalismus der Spätscholastik über den Ramismus und einen neuen Realismus zur Technik der »operationes mentis« in der Jesuitenscholastik und nimmt schließlich Gedanken des Rationalismus auf.[15] Die von den Humanisten verachtete Metaphysik bekommt ein neues Fundament in der Einbeziehung der Erkenntnis bei Suarez und eine neue Gestalt in der von Pereira vorgeschlagenen Trennung von allgemeiner und spezieller Metaphysik.[16] Die Naturphilosophie zeigt erst im 17./18. Jahrhundert eine Öffnung zur neuzeitlichen Naturwissenschaft und zum neuen Weltbild.[17] Die weniger gepflegte praktische Philosophie, z. T. eng verbunden mit der Moraltheologie, ist geprägt von der Problematik der menschlichen Freiheit, des Völker- und Naturrechtes.[18]

Die Erforschung der neuzeitlichen Scholastik ist auf weite Strecken noch ein Desiderat. Die großen Gestalten sind z. T. monographisch erfaßt; doch fehlt eine Gesamtdarstellung ebenso wie die Aufarbeitung der vielen Schriften sekundärer oder lokaler Bedeutung.[19] Von besonderem Gewicht sind deshalb die Forschungen von C. Giacon, B. Jansen, P. di Vona und W. Risse, die wichtige Aspekte des scholastischen Philosophierens der Neuzeit beleuchten.[20] Auch die Beziehungen der katholischen Scholastik zur protestantischen, die an den lutherischen und reformierten Hohen Schulen in ähnlicher Weise gepflegt wurde, bedürften einer Untersuchung, zumal die scholastische Denkform alle drei Konfessionen verband, aber auch das Trennende deutlich zutage förderte.[21]

---

[14] U. G. Leinsle: *Ding*, 21–53, 120–136.
[15] W. Risse: *Logik*, Bd. I, 308–439; Bd. II, 294–385.
[16] E. M. Rompe: *Trennung*; U. G. Leinsle: *Ding*, 78–136.
[17] B. Jansen: *Stellung*; ders.: *Jesuiten-Philosophen*.
[18] Ders.: *Pflege*, 24–55.
[19] C. Werner: *Suarez*; sehr nützlich Ch. Lohr: *Commentaries*; Literaturübersicht bei den entsprechenden Kapiteln in W. Totok: *Handbuch*, Bd. III–IV.
[20] C. Giacon: *Scolastica*; B. Jansen: *Pflege*; ders.: *Jesuiten-Philosophen*; ders.: *Thomisten*; ders.: *Quellenbeiträge*; ders.: *Scotisten*; ders.: *Philosophie*; P. di Vona: *Studi*; W. Risse: *Logik*.
[21] P. Petersen: *Geschichte*; M. Wundt: *Schulmetaphysik*; E. Lewalter: *Metaphysik*; U. G. Leinsle: *Ding*.

REGIONALE ENTWICKLUNG

Trotz der gemeinsamen scholastischen Denkform zeigt die Entwicklung der neuzeitlichen katholischen Scholastik bemerkenswerte regionale Unterschiede. Scholastisches Philosophieren ist zudem nicht mehr auf Europa beschränkt, sondern wird wie im Protestantismus auch an die christianisierten Völker in Übersee weitergegeben.[22]

Spanien und Portugal

Die ersten kräftigen Lebenszeichen bietet die neuzeitliche Scholastik in Spanien und Portugal. Hier sind es zuerst die Dominikaner, die mit Francisco de Vitoria (1483/93–1546) einen neuen Thomismus begründen. In Salamanca, das zum Zentrum der dominikanischen Studien in Spanien wird, wird der *Liber Sententiarum* des Petrus Lombardus durch die *Summa theologiae* des Aquinaten als Grundlage des Unterrichts ersetzt. In der Metaphysik herrscht strenger Thomismus mit Realdistinktion von Essenz und Existenz, basierend auf einem Universalienrealismus[23], wie er vor allem bei Vitorias Schüler Domenico Soto (1495 bis 1560) zu finden ist. Soto reinigt die von metaphysischen Fragen überwucherte Logik der »escolastica decadente« und tritt für eine klare Trennung von Logik und Metaphysik ein. Daneben ist er Mathematiker und Naturphilosoph von durchaus eigenständigem Format.[24] Die dominikanische Schule von Salamanca wird theologisch bedeutsam in Melchior Cano (1509–1560), dem Begründer einer neuen theologischen Methodologie, und Dominicus Bañez (1528–1604), beide Schüler von Soto, aber auch im nachmaligen Jesuitenkardinal Franciscus Toletus (1532–1596). Schüler des Dominicus Bañez ist Didacus Masius (1553–1608), der neben Aristoteleskommentaren in seiner *Metaphysica disputatio de ente et eius proprietatibus* (1587) das erste systematische Werk zur Metaphysik vorlegt.[25]

Die Jesuitenscholastik findet ihr Zentrum in Coimbra und Evora, wo bis 1573 Pedro da Fonseca lehrt, »der portugiesische Aristoteles« (1528–1599). Diesen Ruhm verdankt er seinen *Institutiones dialecticae* (1564) und seinem vierbändigen, nicht mehr in Quaestionenform, sondern systematisch angeordneten Kommentar zur Metaphysik des Aristoteles, der für die katholische und protestantische Scholastik ein Standardwerk wurde.[26] Seine Logik sucht bewußt den Ausgleich zwischen Treue zu Aristoteles und humanistischen Bestrebungen. Seine *Institutiones* werden zum Lehrbuch aller Universitäten Europas.[27] Die Metaphysik bezieht die Problematik der Begriffsbildung ein und erreicht dadurch eine Verlagerung des Schwergewichts der Metaphysik von der realen auf die begriff-

---

[22] B. Jansen: *Pflege*, 20; ders.: *Scotisten*, 32.
[23] L. Kennedy: *Doctrina*, 7–15.
[24] U. G. Leinsle: *Ding*, 31–41.
[25] Ebd, 110–119.
[26] E. Lewalter: *Metaphysik*, 24–27; J. Ferreira Gomes: *Fonseca*; C. Giacon: *Neo-aristotelismo*; U. G. Leinsle: *Ding*, 79–110.
[27] W. Risse: *Logik*, Bd. I, 362.

liche Ebene, indem »ens« nicht sosehr als das konkrete Ding, denn als Begriff über alle Dinge gefaßt wird. Die Metaphysik wird bereits auf das Existenzmögliche erweitert. Ihre Einheit wird vor allem in den gemeinsamen Attributen des Seienden gesehen.[28] Gleichzeitig mit Fonseca arbeiten seine Mitbrüder in Coimbra an den 1592–1606 entstandenen *Commentarii Collegii Conimbricensis SJ* zu den naturphilosophischen, psychologischen und z. T. ethischen Schriften des Aristoteles, wozu Fonseca den Logikkommentar liefert. Damit war ein schulbildendes Kommentarwerk zu Aristoteles geschaffen, das die quellenmäßige Grundlage auch für die beginnende Systematik der Philosophie bilden konnte. Der Einfluß der *Conimbricenses* gerade in naturphilosophischen Fragen ist bei katholischen und protestantischen Scholastikern gleichermaßen groß.[29]

Von Fonseca direkt beeinflußt ist der bedeutendste spanische Scholastiker, Francisco Suarez (1548–1617), Professor in Salamanca, Alcalá und Coimbra. Die systematische Darstellung der Metaphysik in den *Disputationes metaphysicae* (1597) entwirft auf dem Boden der Abstraktionslehre eine im Ansatz induktive, vom Einzelding ausgehende, das Erkenntnisproblem einbeziehende Erste Philosophie. Sie ist eine einheitliche Wissenschaft, die im ersten Teil die »propria et adaequata ratio entis«, dessen Eigenschaften und Ursachen entfaltet, im zweiten Teil dann die verschiedenen »entia« behandelt.[30] Durch die Erweiterung des Begriffs des »ens reale« auf das Realmögliche und die grundsätzliche Beschränkung der Metaphysik auf das für uns am Seienden Erkennbare, die Essenz, sind wesentliche Linien der neuzeitlichen Metaphysik vorgezeichnet.[31] Die Stellung des Menschen ist gegenüber der von den Dominikanern vertretenen thomistischen physischen Einwirkung Gottes zum Guten bei Suarez durch größere eigene Freiheit gekennzeichnet, ohne daß er von einer bloß moralischen Einwirkung spricht wie Luis de Molina (1536–1600). In der Staatslehre, wo bereits Francisco de Vitoria die Gedanken des Völkerrechts begründet hatte, betont Suarez die Freiheit des Staatsbürgers und gründet den Staat und das Völkerrecht auf den Vertragsgedanken.[32]

Die Philosophie der Jesuiten im 17./18. Jahrhundert wird Suarez im allgemeinen treu bleiben. Eigenes Gepräge zeigen vor allem Hurtado de Mendoza und Oviedo. Petrus Hurtado de Mendoza (1592–1651) bringt eine Gesamtdarstellung der Philosophie mit Ausnahme der Ethik. Die traditionell der Logik zugerechnete Lehre von den »operationes mentis« verweist er in die Psychologie und kehrt damit zu einer nominalistischen Ausrichtung der Logik zurück. In der Metaphysik lehrt er auf nominalistischer Basis eine univoke Einheit des Seinsbegriffs, womit der allgemeinen Forderung nach einem eindeutig bestimmbaren Gegenstand dieser Wissenschaft Rechnung getragen wird. Fundament der Analogie ist lediglich die Transzendenz Gottes; doch werden manche Attribute über Gott und

---

[28] U. G. Leinsle: *Ding*, 101–110; J. Riesco Terrero: *Fonseca*.
[29] A. A Coxito: *Método*.
[30] B. Jansen: *Wesensart*; J. F. Courtine: *Nominalisme*; ders.: *Projet*; U. G. Leinsle: *Ding*, 120–137.
[31] É. Gilson: *Being*, 98–112; dagegen: M. Schneider: *Essentialismus*; vgl. W. M. Neidl: *Realitätsbegriff*; H. Seigfried: *Wahrheit*.
[32] S. C. Cubells: *Anthropologie*.

Geschöpf auch univok ausgesagt. In der Physik versucht Hurtado den neuzeitlichen Erkenntnissen und astronomischen Entdeckungen vorsichtig Rechnung zu tragen und doch an den aristotelisch-biblischen Grundlagen festzuhalten.[33] Francisco de Oviedo (1602–1651) legt im Geist seiner Schule 1640 einen *Integer cursus philosophicus* vor. Bei ihm wird die Logik auf die subjektive, formale Begriffsbildung beschränkt. Sie hat die Regeln für Denken und Zustimmung zu Sätzen abzugeben. Die Stellung des Menschen in seiner Freiheit ist weitgehend nach Suarez expliziert. Unsicherheit herrscht in den naturwissenschaftlichen, besonders in astronomischen Fragen, zumal erst 1730 die Generalkongregation des Ordens eine vorsichtige Öffnung gegenüber dem neuen Weltbild erlaubt.[34] In der Metaphysik vertritt auch Oviedo die Univozität des Seinsbegriffs und bestimmt die Möglichkeit des Realseienden bereits als Nonrepugnanz der Wesensbestimmungen.[35]

Neben der jesuitischen Tradition dürfen aber in Spanien die übrigen Schulen nicht übersehen werden. An erster Stelle ist hier das Gemeinschaftswerk der *Complutenses* zu nennen, der Unbeschuhten Karmeliten von Alcalá, die 1624 bis 1628 einen einheitlich thomistischen Kommentar zu Aristoteles im *Cursus artium* vorlegen. Diesem Kommentarwerk tritt der theologische und der moraltheologische Kommentar der Karmeliten von Salamanca zur *Summa* des Aquinaten an die Seite. Als getreuer Thomist erweist sich vor allem Johannes a S. Thoma (1589–1644), der einen eigenständigen *Cursus philosophicus thomisticus* vorlegt und bereits im Untertitel den engsten Anschluß an den Aquinaten betont, dessen Lehre er mit großer Genauigkeit vorstellt.[36] Von großem Einfluß auf den Thomismus der Benediktiner wird der Professor, Abt und spätere Kardinal Josef Saënz d'Aguirre (1630–1699), dessen *Philosophia rationalis novo-antiqua* (1671) sich vom thomistischen Standpunkt mit den neueren Philosophen auseinandersetzt.[37] Scotistisches Gedankengut wird im 17. Jahrhundert vor allem von der franziskanischen Ordensfamilie gepflegt. Auch hier ragt ein Gemeinschaftswerk hervor: der *Cursus philosophicus* der Observanten Petrus a S. Catharina und Thomas a S. Joseph von 1697, in dem traditionell die scotistischen Lehren wiedergegeben werden: Univozität des Seinsbegriffs, Haecceitas als Individuationsprinzip, Formaldistinktion zwischen Essenz und Existenz, Seelensubstanz und Seelenkräften, Vorrang des Willens vor dem Verstand.[38] Der in Alcalá lehrende Thomas Llamazares legt 1670 einen *Cursus philosophicus ad mentem Scoti* vor, der den Vorzug des Scotismus vor allem in der Methodologie sieht, sich aber im ganzen konservativ aristotelisch gebärdet.[39]

Das späte 17. und frühe 18. Jahrhundert hat in Spanien dem Höhepunkt der Scholastik mit Fonseca und Suarez nichts Ebenbürtiges an die Seite zu stellen. Die

---

[33] B. Jansen: *Pflege*, 25–30.
[34] Ebd. 35f.
[35] Ebd. 36.
[36] Ders.: *Thomisten*, 54–57.
[37] Ders.: *Quellenbeiträge*, 62–67.
[38] Ders.: *Scotisten*, 166–168.
[39] Ebd. 165f.

Scholastik zieht sich auf sich selbst zurück und wird zu einer zwar gründlichen, aber oft sterilen Ausbildung in einer überkommenen Philosophie.

Frankreich

In Frankreich spielt die Scholastik der Neuzeit eine weniger bedeutende Rolle als in Spanien. Wohl wird an den Ordensschulen die scholastische Philosophie der jeweiligen Ordenstradition gelehrt, wie etwa in La Flèche, wo 1604–1612 Descartes studierte; doch bemüht man sich häufig um einen Ausgleich oder eine Auseinandersetzung mit den neuen Strömungen der Philosophie und Naturwissenschaft.[40] So nimmt der Franziskaner Antoine le Grand († 1669) bewußt die cartesianische Methode auf; der Kapuziner Casimir von Toulouse († 1674) schließt sich in seiner atomistischen Naturlehre Gassendi an. Einen bemerkenswerten Ausgleichsversuch von Scholastik und modernem Weltbild bietet Emmanuel Maignan (1601–1676) aus dem Orden der Minimi. Die Logik und Metaphysik beläßt er weithin in der traditionellen scotistisch-suarezianischen Gestalt, während er sich in der Naturphilosophie ausführlich mit der cartesianischen Naturlehre auseinandersetzt.[41] Eine eigene Schultradition begründet der Benediktiner von St. Vanne, Robert Desgabets (1610–1678), der traditionelles Gedankengut mit konsequentem Cartesianismus zu verbinden sucht und theologische Fragen, vor allem die Eucharistielehre, im Licht der neuen Philosophie darstellt. Mit einem Publikationsverbot belegt, konnte sein Einfluß hauptsächlich über seine Schüler wirksam werden.[42] Über seinen ehemaligen Mitbruder Johannes Sperlette (1661–1740) erreicht sein Denken auch die protestantische deutsche Scholastik.[43] Hervorragendes Zeugnis des Ausgleichs zwischen scholastischem Denken und moderner Philosophie ist schließlich die *Philosophia vetus et nova* des Weltpriesters Jean Baptist Duhamel († 1706), die in der eklektischen Philosophie des späten 17. und frühen 18. Jahrhunderts zu einem vielbenutzten Werk wird.[44]

Neben diesen Ausgleichsversuchen bestehen jedoch die traditionellen Schulrichtungen des Thomismus und Scotismus weiter. Unter den Thomisten findet sich etwa der Dominikaner Antoine Goudin (1639–1695), der eine vielgelesene *Philosophia iuxta inconcussa tutissimaque D. Thomae dogmata* in 4 Bänden verfaßt, in der er methodisch klar die thomistische Lehre darlegt.[45] Der Unbeschuhte Karmelit Philippus a S. Trinitate (1603–1671) vertritt unter Ablehnung aller Neuerungen einen dogmatisch reinen Thomismus.[46] Ein klares Lehrbuch der scotistischen Richtung legt 1678 der Minorit und Professor an der Sorbonne Claudius Frassen (1620–1706) vor. In der Metaphysik wird dank der scotistischen Univozität das »ens« zum »genus transcendentale«. Jeder apriorische Gottesbe-

---

[40] Ders.: *Pflege*, 16–18.
[41] Ders.: *Philosophie*, 432–438.
[42] J. Beaude: *Desgabets*; ders.: *Cartésianisme*.
[43] M. Wundt: *Schulphilosophie*, 99–107; G. Rodis-Lewis: *Echos*, 124–127.
[44] B. Jansen: *Philosophie*, 439–444.
[45] Ders.: *Thomisten*, 58–63.
[46] Ebd. 69–71.

weis wird verworfen. In der Naturphilosophie öffnet Frassen sich trotz Festhaltens an echt scotistischen Lehren manchem Neuen, lehnt aber die mechanistische Physik der Cartesianer strikt ab.[47] Erzkonservativer Scotist ist dagegen der Franziskaner-Konventuale Sebastian Dupasquier in seiner *Summa philosophiae scotisticae* von 1692, in der er auch die Naturlehre und Astronomie vollständig traditionell im scotistischen Sinne darlegt, ohne der neuzeitlichen Entwicklung irgendwie Rechnung zu tragen.[48] Diese in innerscholastische Quaestionen und Polemiken verstrickte Philosophie, die z. T. die neuen Entwicklungen, die gerade in Frankreich vor sich gehen, mit keinem Wort erwähnt, mußte natürlich zum Gespött der radikalen französischen Aufklärung werden.

Italien

In Italien steht die Scholastik zunächst im Schatten der sie ablehnenden Renaissancephilosophie. Durch die Impulse der katholischen Erneuerung nach dem Trienter Konzil entwickelt sie sich aber vor allem in den Ordensschulen zu einem recht bunten Eigenleben. Die Renaissancephilosophie und der literarische Humanismus stehen der »barbarischen« Scholastik grundsätzlich ablehnend gegenüber. Typisch ist u. a. der Vorwurf nutzloser Spekulation, unsinniger subtiler Unterscheidungen, die in schlechtestem Latein vorgetragen werden. Dieser Vorwurf findet sich auch bei Männern, die dem katholischen Philosophieren grundsätzlich offen gegenüberstehen, wie Giovanni Pico della Mirandola (1463 bis 1493).[49] Der Aristotelismus von Padua, wo der Averroismus eine neue Blüte erlebt, ist eine bewußt laikale Bewegung, die die katholische und protestantische Scholastik zwar befruchtet, ihr aber nicht unmittelbar zuzurechnen ist, zumal hier das historisch-philologische Interesse vor dem systematischen überwiegt.[50] Zudem sind die Artistenfakultäten Italiens meist nicht auf Theologie, sondern auf Medizin und Jurisprudenz ausgerichtet.[51] Aber auch in kirchlichen Kreisen wird zunächst frei, nicht schulgebunden philosophiert, wie etwa der zeitweilige Bischof von Caserta Antonio Bernardi Mirandulanus (1502–1565) zeigt, dessen These von der Einheit aller Wissenschaften in einer einzigen, die das allgemeinste Genus ebenso betrachtet wie die letzte Species, bei den meisten Scholastikern auf Ablehnung stößt.[52] Nicht scholastischen Geist atmen auch die philosophischen Werke des Kardinals Gasparo Contarini (1483–1542), der sich mit dem Averroismus in Padua auseinandersetzt.

Am deutlichsten ist zunächst scholastischer Geist bei den Dominikanern zu spüren, deren General Thomas de Vio (Kardinal Cajetan) (1468–1543) dem Thomismus sein eigenes Gepräge gibt, indem er die traditionellen thomistischen Thesen in Auseinandersetzung mit den Averroisten in Padua am Text des Aristoteles

---

[47] Ders.: *Scotisten*, 154–159.
[48] Ebd. 159–161.
[49] E. Lewalter: *Metaphysik*, 39f.
[50] J. H. Randall: *Padua*; P. O. Kristeller: *Thought*, Bd. I, 36–46; Bd. II, 111–118; ders.: *Tradizione*.
[51] U. G. Leinsle: *Ding*, 42.
[52] Ebd. 71–78.

weiterentwickelt. Ihm folgt im wesentlichen sein Mitbruder Chrysostomus Javelli (ca. 1470–1538), dessen thomistischer Metaphysikkommentar damals viel benutzt wurde.[53]

Die Jesuiten haben in Italien gegenüber Spanien kaum eigenständige Bedeutung erlangt. So finden wir am Collegium Romanum zunächst vor allem spanische Philosophen, die großteils die iberische Tradition der Jesuitenphilosophie weiterführen. Große Eigenständigkeit zeigt im 16. Jahrhundert der aus Valencia stammende, in Rom studierende und lehrende Benedictus Pereira (1535–1610), dessen grundlegendes Werk *De communibus rerum naturalium principiis et affectionibus* (1562) zu den wichtigsten Quellen der scholastischen Metaphysik der Neuzeit zählt, da in ihm unseres Wissens erstmals die Trennung von allgemeiner Wissenschaft (später Ontologie genannt) und spezieller Metaphysik, die ausschließlich von Gott und den Intelligenzen handelt, vorgetragen wird.[54] Die Jesuiten des 17. Jahrhunderts überragt der auch von Leibniz hochgeschätzte Kardinal Joh. Bapt. Ptolemaeus (Tolemei) (1653–1725), dessen *Philosophia mentis et sensuum* (1696) einen maßvollen Gebrauch der mathematischen Methode in der Philosophie rechtfertigt. Über den jahrhundertelang traktierten Metaphysiker Aristoteles hinaus verweist er auf den Stagiriten als Empiriker. Mit der aristotelischen Physik versucht er die Erkenntnisse der zeitgenössischen Naturwissenschaft in Einklang zu bringen, ohne traditionelle Lehren, wie etwa die substantiellen Formen, aufgeben zu wollen.[55]

Das grundlegende Werk des italienischen Scotismus der Franziskaner ist der *Philosophiae ad mentem Scoti cursus integer* von Bartholomäus Mastrius († 1673) und Bonaventura Belluti († 1676) in 5 Bänden (1637–1640). Die scotistische Lehre wird darin in den entscheidenden Punkten gewahrt; von den aristotelischen Grundlagen wird vor allem in der Metaphysik abgegangen. 1643 stellt den beiden Konventualen der Observant Johannes Poncius († 1660) seinen *Cursus* gegenüber, der sich in der Methode z. T. an Thomas anschließt, in der probabilistischen Ethik aber nominalistischen Einfluß zeigt.[56] Ein wichtiges Werk der scotistischen Naturphilosophie ist die oft aufgelegte *Philosophia naturalis Duns Scoti* des Konventualen Philippus Faber († 1630) von 1601, der sich als Professor in Padua natürlich mit dem zeitgenössischen Aristotelismus, u. a. mit Zabarella, auseinandersetzt.[57]

Eine eigene philosophische Schule, die sich an Heinrich von Gent († 1293) anschließt, wird bei den italienischen Serviten deutlich. Durch den Ordensgeneral Henricus Antonius Brugus († 1630) werden die großenteils auf Augustinus gründenden Lehren des Heinrich von Gent erneuert: Ewige Wahrheiten, Illuminationstheorie, Gott als erstes Objekt der Erkenntnis, »distinctio intentionis«.[58] Augustinisches Denken im Anschluß an Aegidius Romanus († 1316) herrscht

---

[53] Ch. Lohr: *Commentaries*, 1977, 730–733.
[54] E. M. Rompe: *Trennung*, 53–92; U. G. Leinsle: *Ding*, 87–97.
[55] B. Jansen: *Pflege*, 57–65.
[56] Ders.: *Scotisten*, 48–54.
[57] Ebd. 150–152.
[58] Ders.: *Philosophie*, 403–406.

auch in den Schulen der Augustiner-Eremiten, wo noch 1701 Friedrich Nikolaus Gavardi († 1715) in seiner *Philosophia vindicata ab erroribus philosophorum gentilium* mit der Selbstverständlichkeit des echten Schulmannes alle modernen, von Augustinus, Aegidius und der aristotelischen Scholastik abweichenden Lehren als heidnische Philosophie ablehnt.[59] Auch hier ziehen sich die Schulen auf sich selbst und ihre verehrten Ahnherren zurück und verlieren den Kontakt zur modernen nichtscholastischen Philosophie.

Heiliges Römisches Reich

Die scholastische Philosophie im ehemaligen Reichsgebiet ist geprägt von den konfessionellen Universitäten, die katholischerseits außer der Benediktineruniversität Salzburg zumeist von Jesuiten betreut werden oder regelrechte Jesuitenuniversitäten sind, an denen Leitung und Studienbetrieb gänzlich der Gesellschaft Jesu anvertraut sind. Die Anfänge unter Petrus Canisius (1521–1597) zeigen das Eindringen der spanischen Scholastik, für das der Druck der *Disputationes metaphysicae* des Suarez in Köln 1600 einen Markstein bildet.[60] Das 17. Jahrhundert weist kaum eigenständige einheimische Gestalten auf. So ist der bedeutendste Philosoph an der ältesten Universität des Reiches in Prag der Spanier Rodrigo de Arriaga (1592–1667), der seit 1642 in Prag lehrt. Sein *Cursus philosophicus* (1632) nimmt in der Erkenntnislehre einen gemäßigt nominalistischen Standpunkt ein, der zum Anlaß wurde, ihm Skeptizismus vorzuwerfen. Sein Zug zur Empirie, das Zurückdrängen der Metaphysik bei traditionell scholastischem Aufbau der Philosophie machten sein Werk zu einem wichtigen Lehrbuch des 17. Jahrhunderts.[61] Einen Ausgleich mit dem Neuen auf traditioneller Grundlage strebt im 18. Jahrhundert der Ingolstädter Professor Anton Mayr (1710–1772) in seiner *Philosophia peripatetica antiquorum principiis et recentiorum experimentis conformata* an. Sie umfaßt nur die Logik und Physik und stimmt beide Disziplinen ganz auf die Lehre der Kirche und die Vorschriften des Ordens ab. Mayr wendet sich gegen einen allzu engen Aristotelismus, hält aber die alte Metaphysik mit den experimentellen Ergebnissen der Physik für grundsätzlich vereinbar und folgt auch in der theoretischen Philosophie möglichst den probablen Meinungen.[62]

Eine vorsichtige Wendung zur empirisch-neuzeitlichen Wissenschaft finden wir bei manchen Jesuiten des späteren 18. Jahrhunderts. Die Philosophie der deutschen Aufklärung, die in Christian Wolff (1679–1754) selbst schulmäßige Gestalt annimmt, wird z. T. rezipiert. Der Dillinger Berthold Hauser (1713–1762) rückt in seiner *Philosophia rationalis et experimentalis* eindeutig von Aristoteles ab, öffnet sich der Atomtheorie und der Bewegungslehre der klassischen Mechanik und setzt sich positiv mit Leibniz und Wolff auseinander.[63] Noch weiter geht der Ingolstädter Joseph Mangold (1716–1787) in seiner *Philosophia rationalis et*

---

[59] Ebd. 410–413.
[60] M. Wundt: *Schulmetaphysik*, 60
[61] B. Jansen: *Pflege*, 30–34; St. Sousedík, *Barockphilosophie*, 429–431.
[62] B. Jansen: *Pflege*, 49–51.
[63] Ebd. 65–71.

empirica von 1755, die sich in der Logik und Metaphysik z. T. Wolff anschließt, trotz einer empirisch fundierten probablen Naturlehre aber wegen des immer noch bestehenden kirchlichen Verbotes das kopernikanische Weltbild ablehnt.[64] Wolffschen Geist atmen auch die Lehrbücher des Wiener Professors Sigismund von Storchenau († 1798), der die alte aristotelische Scholastik eindeutig ablehnt und sich ganz der rationalistischen Philosophie der Neuzeit anschließt.[65]

Die Jesuiten hatten zwar die Mehrheit der philosophischen Lehrkanzeln inne, doch keineswegs ein Monopol. In franziskanischen Kreisen wird der Scotismus gepflegt, vor allem in Prag, wo Bernhard Sannig († 1704) lehrte, der 1684 seine *Scholae philosophicae Scotistarum* veröffentlichte, in denen er die wesentlichen scotistischen Lehrinhalte lichtvoll darlegt: Universalienrealismus, Formaldistinktion, eine ausführliche Wissenschaftslehre, Unbeweisbarkeit der Unsterblichkeit der Seele rein aus dem natürlichen Verstande, Univozität des Seienden, wo er allerdings den Streit mit den Thomisten nur noch in den Worten gegeben sieht und dem objektiven Seinsbegriff durchaus keine volle Univozität zuerkennt.[66]

Der Thomismus in deutschen Landen ist untrennbar mit der Benediktineruniversität Salzburg verbunden, jedoch durch die dort ausgebildeten Mitglieder anderer Orden auch in manchem Hausstudium vertreten. Seine geradezu kanonische Fassung erhält der Salzburger Thomismus durch Ludwig Babenstuber (1660–1726) in seiner vierbändigen *Philosophia Thomistica Salisburgensis* von 1706. Sie ist im wesentlichen ein getreu aristotelisches Werk auf thomistischer Grundlage ohne Bezug zur modernen Philosophie. Die Einheit der substantiellen Form des Menschen wird gegen Scotisten und Jesuiten verteidigt, die »virtutes occultae« der Himmelskörper aus der mittelalterlichen Philosophie übernommen. Die an den Schluß gestellte Metaphysik ist, dem Schulgebrauch entsprechend, recht kurz.[67] Auf die neue Philosophie geht dagegen Veremund Gufl (1702–1761) ein, der neben seiner *Philosophia scholastica* in 4 Bänden (1750) ein zweibändiges *Examen theologicum* der neueren Philosophie (Gassendi, Descartes, Leibniz, Wolff) vorlegt, in dem er durchaus den Wert der mathematischen Methode in ihren Grenzen anerkennt, in der Metaphysik aber strenger Thomist bleiben will. Der streitbare Südtiroler kann in Wolffs Metaphysik nur Trivialitäten und Gemeinplätze erkennen. Die Physik wahrt vollkommen den thomistisch-aristotelischen Standpunkt und verwirft alle Neuerungen.[68] Der Fürstabt von St. Gallen und Kardinal Coelestin Sfondrati (1644–1696) legt in seinem 1696 erschienenen *Cursus philosophicus monasterii S. Galli* ein gutes Beispiel eines philosophischen Klosterkurses auf thomistischer Grundlage vor, weicht jedoch in Einzelheiten bewußt von den Thomisten ab, deren Konsens ihm meist Indiz der Richtigkeit seiner Lehren ist.[69] Echt scholastisch-thomistisch ist noch Placidus Renz jr. aus Weingarten (1692–1748) in seiner *Philosophia aristotelico-thomistica* von 1741,

---

[64] Ebd. 73–78.
[65] Ebd. 78–81.
[66] Ders.: *Scotisten*, 125–154; St. Sousedík, *Barockphilosophie*, 432.
[67] B. Jansen: *Quellenbeiträge*, 67–71; R. Mittermüller: *Beiträge*, 28–30.
[68] B. Jansen: *Quellenbeiträge*, 71–77.
[69] R. Mittermüller: *Beiträge*, 23–25.

wo aus Aristoteles und Thomas die wesentlichen Lehren des Salzburger Thomismus einschließlich der »praemotio physica« erneuert werden.[70]

Doch auch im Thomismus der Benediktiner regt sich mit Macht das Neue. P. Ulrich Weiß von Irsee (1713–1763) läßt 1747 seinen *Liber de emendatione intellectus humani* erscheinen, der bereits im Titel an Spinoza erinnert und einen Lieblingsgedanken der Aufklärung zum Thema erhebt. Descartes und Wolff werden mit Selbstverständlichkeit herangezogen; der Nominalismus wird rehabilitiert. Lockes Wahrheitskriterium der »evidens et distincta perceptio convenientiae idearum« wird übernommen. Die Substanz verflüchtigt sich erkenntnistheoretisch zu einem »nescio quid«. Die natürlichen Körper sind nach Leibniz aus einfachen Substanzen zusammengesetzt. In allem ist Weiß das Musterbeispiel einer positiven »philosophia eclectica«, wie sie das freie, nur auf Sachwahrheit gerichtete Philosophieren des späten 17. und frühen 18. Jahrhunderts im allgemeinen kennzeichnet, gerade in Abhebung von der »philosophia sectaria« der Scholastiker. Dieser eklektische Geist im Anschluß an Duhamel zeichnet auch die *Philosophia Pollingana* des Pollinger Augustinerchorherrn Eusebius Amort (1692–1775) aus.[71] Die Freiheit des Philosophierens hat damit im deutschen Sprachraum vornehmlich in den Klöstern eine Heimat gefunden.

ÜBER DIE GRENZEN DER SCHOLASTIK

Abseits von den traditionellen Bahnen der Scholastik stehen manche Gestalten und Strömungen, die zum schulmäßigen Denken ein wichtiges Korrektiv bilden. Der Enge und Selbstbezogenheit mancher schulmäßigen Philosophie steht die enzyklopädische Weite gegenüber, die vor allem in den universalwissenschaftlichen Bestrebungen der Neuzeit greifbar wird. Verkörpert wird die barocke Wissensfülle etwa in dem von seinen Zeitgenossen, u. a. von Leibniz, hochgeschätzten Jesuiten Athanasius Kircher (1601–1680), dessen Werke zur Naturwissenschaft, Mathematik, Philologie, Musiktheorie, Sinologie und anderen Disziplinen eine wahre Fundgrube an Realien für die Scholastiker bereitstellten. In dieser Tradition der »mathesis universalis« steht auch der Zisterzienser Johannes Caramuel y Lobkowitz (1606–1682), u. a. Professor in Löwen, Generalvikar in Prag und Bischof kleiner italienischer Städte. Neben mathematischen Werken legt er in seiner *Theologia rationalis* und *Grammatica audax* das Programm einer Logikreform durch Mathematisierung vor. Er befaßt sich ausführlich mit der Konstruktion einer künstlichen Einheits- und Wissenschaftssprache, die natürlich viel Phantastisches enthält, jedoch für das universalistische Denken des 17. Jahrhunderts ein wichtiger Beitrag ist.[72]

Der Bruch mit der aristotelisch-jesuitischen Scholastik und eine Neubegründung einer christlichen Philosophie aus Augustinus und Bonaventura im Ausgang

---

[70] Ebd. 31–34.
[71] B. Jansen: *Quellenbeiträge*, 84–90.
[72] St. Sousedík: *Barockphilosophie*, 434f.

von der neuzeitlichen Subjektbezogenheit kennzeichnet das Schaffen des Kapuziners Valerian Magni (1586–1661) in Prag und Wien. Von seinem Zeitgenossen Arriaga trennt ihn die Ablehnung der weltbezogenen peripatetischen Philosophie. Die Forderung einer »philosophia christiana« bringt ihn u. a. in die Nähe von Johann Amos Comenius (1592–1670), mit dem er sich in theologischen und kirchenpolitischen Fragen auseinandersetzt. Die zentrale Stellung des Ich macht Magni zu einem echt neuzeitlichen Denker und läßt an einen Einfluß von Descartes denken. Magnis Einfluß erstreckt sich u. a. auf Leibniz und Wolff, möglicherweise auch auf Malebranche.[73] Nur im Ich, nicht in den Sinnen, findet der Mensch sichere Erkenntnis, auch die unmittelbare Erkenntnis Gottes. Mit diesem transzendentalen Ansatz und einem aus Bonaventura und Augustinus gespeisten Ontologismus versucht Magni auch die Ansprüche der Empirie in Ausgleich zu bringen, was ihm nicht in allem gelingt.[74]

Den Eintritt der Skepsis in das scholastische Denken kennzeichnet das Werk des Prämonstratenserabtes Hieronymus Hirnhaim (1637–1679). In seinem wissenschaftskritischen Traktat *De typho generis humani* (1676) sagt er, ähnlich wie Magni, der scholastischen Wissenschaft, insbesondere der »certitudo metaphysica« der Jesuiten den Kampf an und bekennt sich zum grundsätzlich hypothetischen Charakter des menschlichen Wissens. Auch seine eigene Philosophie, in der er sich vor allem dem Naturphilosophen Marcus Marci von Kronland (1595 bis 1667) anschließt und den Gedanken der Weltseele und einer einzigen Weltsubstanz aufnimmt, hat deshalb nur probablen Charakter. Die Wissenschaftskritik Hirnhaims ist letztlich begründet in einer an Augustinus orientierten, auf die persönliche Praxis und reine Glaubensgewißheit abgestimmten Theologie. Diese weiß, wie in Hirnhaims auf den Index gesetzten, aber im Volk sehr verbreiteten *Meditationen* zum Ausdruck kommt, um die Nichtigkeit dieser Welt und die Nutzlosigkeit des wissenschaftlichen Treibens.[75]

DIE BEDEUTUNG DER NEUZEITLICHEN SCHOLASTIK

Die Bedeutung des scholastischen Philosophierens der Neuzeit scheint relativ gering zu sein, wenn man sie an der »großen Philosophie« der Zeit mißt. Dann erscheint sie bestenfalls als der »Mörtel, der die hervorragenden Ecksteine in dem Gebäude der Philosophie zusammenhält«.[76] Doch die Scholastiker verstanden sich nicht so. Sie wollten vielmehr methodisch-pädagogisch die Philosophie vermitteln. Die Schulgebundenheit ist deshalb nicht Beiwerk, sondern Charakteristikum dieses Philosophierens. Daß im Schulbetrieb das Neue immer nur gebrochen, assimiliert oder integriert zum Tragen kommt, ist verständlich. Daß es z. T. gänzlich ignoriert wird, zeigt die Selbstgenügsamkeit eines Schulbetriebes, der

---

[73] Ders.: *Magni*; ders.: *Barockphilosophie*, 435–437.
[74] Ders.: *Magni*, 134–140.
[75] U. G. Leinsle: *Hirnhaim*; St. Sousedík: *Barockphilosophie*, 439–441.
[76] H. Schepers: *Rüdiger*, 73.

sich durch Ordens- und Lehrtradition legitimiert weiß und die großen Gestalten der eigenen Vergangenheit mit dem manchmal verstaubten Nimbus dogmatischer Unfehlbarkeit und Autorität umgibt. Andererseits ist durch das scholastische Verfahren der katholischen Philosophie der Neuzeit radikalen Tendenzen z. T. wirksam begegnet worden. Daß sich philosophische Probleme auch nicht aus den katholischen Schulen verdrängen lassen, zeigt die Entwicklung im 18. Jahrhundert ganz deutlich. Kann die katholische Scholastik der Neuzeit auch nicht mit dem freien Philosophieren an Individualität gemessen werden, hat sie doch den Vorzug größerer Breitenwirkung. Denn sie ist die Gestalt, in der Philosophie den Studenten der katholischen Universitäten und Lehranstalten, zumal dem Klerus, vermittelt wurde. Das Denken der Neuzeit ist deshalb nicht zu erfassen, wenn man die Schulphilosophie außer acht läßt, zumal sich in ihr wesentliche Züge des neuzeitlichen Denkens, rationale Pädagogik, Methode, aber auch Formalismus und konfessionelle Polemik niedergeschlagen haben.

BIBLIOGRAPHIE

1. Quellen (in Auswahl)

Amort, E.: Philosophia Pollingana, Au 1730.
Arriaga, R.: Cursus philosophicus, Antwerpen 1635.
Babenstuber, L.: Philosophia Thomistica Salisburgensis, Au 1706.
Bernardi Mirandulanus, A.: Disputationes, Bas 1562.
Brugus, H. A.: Paradoxa Henrici Gandavensis, Bol 1627.
Cajetan, Th. de Vio: Scripta Philosophica, 6 Bde., R 1934–1939.
Caramuel y Lobkowitz, J.: Theologia rationalis, F 1654.
Complutenses: Cursus artium . . . per Collegium Complutense S. Cyrilli, 4 Bde., Alcalá/Ma 1624 bis 1628.
Conimbricenses: Commentarii Collegii Conimbricensis Societatis Jesu, 5 Bde., Coi 1592–1606.
Desgabets, R.: Œuvres philosophiques inédites, Am 1983ff.
Duhamel, J. B.: Philosophia vetus et nova, Am 1678.
Dupasquier, S.: Summa philosophiae scotisticae, Ly 1692.
Faber, Ph.: Philosophia naturalis Duns Scoti ([1]1601), V [3]1616.
da Fonseca, P.: Commentariorum in Metaphysicorum Aristotelis Stagiritae libros tomi quatuor, Kö 1615–1629 (Ndr. Hi 1964).
–: Institutionum dialecticarum libri octo, Lissabon 1564.
Frassen, C.: Philosophia academica ([1]1678), Ts [3]1686.
Gavardi, F. N.: Philosophia vindicata ab erroribus philosophorum gentilium, R 1707.
Goudin, A.: Philosophia iuxta inconcussa tutissimaque D. Thomae dogmata, Ly 1671.
Gufl, V.: Philosophia scholastica universa, Rb 1750.
Hauser, B.: Philosophia rationalis et experimentalis, Au 1755ff.
Hirnhaim, H.: De typho generis humani, Pr 1676.
–: Meditationes pro singulis anni diebus, Pr 1678.
Hurtado de Mendoza, P.: Universa Philosophia, Ly 1624.
Javelli, Ch.: Quaestiones super XII libros metaphysicos, V 1564.
Johannes a S. Thoma: Cursus philosophicus, hg. B. Reiser, 3 Bde., Tu 1930–1937.
Llamazares, Th.: Cursus philosophicus, Ly 1670.
Magni, V.: De luce mentium et eius imagine, R 1642.
–: Opus philosophicum, Leitomischl 1660.
Maignan, E.: Cursus philosophicus, Ly 1673.

Mangold, J.: Philosophia rationalis et empirica, Ingolstadt/Mü 1755.
Masius, D.: Metaphysica disputatio de ente et eius proprietatibus (^{1}1587), Kö 1616.
Mastrius, B. / Belluti, B.: Philosophiae ad mentem Scoti cursus integer, R/V 1637–1640.
Mayr, A.: Philosophia peripatetica antiquorum principiis et recentiorum experimentis conformata, Ingolstadt 1739.
de Oviedo, F.: Integer cursus philosophicus, Ly 1640.
Pereira, B.: De communibus omnium rerum naturalium principiis et affectionibus (^{1}1562), Kö 1603.
Petrus a S. Catharina / Thomas a S. Joseph: Cursus philosophicus, V 1697.
Poncius, J.: Integer philosophiae cursus ad mentem Scoti, R 1643.
Ptolemaeus, J. B.: Philosophia mentis et sensuum, R 1696.
Renz, P.: Philosophia aristotelico-thomistica, Au 1741.
Saënz d'Aguirre, J.: Philosophia rationalis novo-antiqua, Sal 1671.
Sannig, B.: Scholae philosophicae Scotistarum, Pr 1684.
Sfondrati, C.: Cursus philosophicus monasterii S. Galli, St. Gallen 1696.
Soto, D.: In Porphyrii Isagogen. Aristotelis Categorias librosque de Demonstratione Commentaria, V 1587 (Ndr. F 1967).
–: Summulae, Sal 1554 (Ndr. Hil/NY 1965).
von Storchenau, S.: Institutiones logicae, W 1770.
–: Institutiones metaphysicae, W 1772.
Suarez, F.: Opera omnia, hg. D. M. André / C. Berton, 28 Bde., P 1856–1878 (Ndr. Bru 1963).

2. *Literatur*

Beaude, J.: *Desgabets* et son œuvre, in: Revue de synthèse 35 (1974) 7–17.
–: *Cartésianisme* et anticartésianisme de Desgabets, in: Studia Cartesiana 1 (1979) 1–24.
Courtine, J. F.: *Nominalisme* et pensée classique, in: Recherches sur XVIIe siècle (1976) 21–34.
–: Le *projet* suarézien de la Métaphysique, in: ArPh 42 (1979) 253–274.
Coxito, A. A.: *Método* e ensino em Pedro da Fonseca e nos Conimbricenses, in: RPF 36 (1980) 88–107.
Cubells, S. C.: Die *Anthropologie* des Suarez, Fri 1962.
Dreitzel, H.: Protestantischer *Aristotelismus* und absoluter Staat, Wiesbaden 1970.
Ferreira Gomes, J.: Pedro da *Fonseca*. Sixteenth Century Portuguese Philosopher, in: International Philosophical Quarterly (1966) 632–644.
Giacon, C.: La seconda *scolastica*, 3 Bde., Mi 1944–1950.
–: O *neo-aristotelismo* de Pedro Fonseca, in: RPF 9 (1953) 406–417.
Gilson, É.: *Being* and some Philosophers (^{1}1949), To ^{2}1952.
Hengst, K.: *Jesuiten* an Universitäten und Jesuiten-Universitäten, Pa 1981.
Jansen B.: Deutsche *Jesuiten-Philosophen* des 18. Jahrhunderts in ihrer Stellung zur neuzeitlichen Naturauffassung, in: ZKTh 57 (1933) 384–410.
–: Die *Stellung* christlicher Denker zur neuzeitlichen Naturauffassung, in: StZ 125 (1933) 95–107.
–: *Quellenbeiträge* zur Philosophie im Benediktinerorden des 16./17. Jahrhunderts, in: ZKTh 60 (1936) 55–98.
–: Zur Philosophie der *Scotisten* des 17. Jahrhunderts, in: FrS 23 (1936) 28–58, 151–175.
–: *Philosophen* katholischen Bekenntnisses in ihrer Stellung zur Philosophie der Aufklärung, in: Schol 11 (1936) 1–51.
–: Die scholastische *Philosophie* des 17. Jahrhunderts, in: PhJ 50 (1937) 401–444.
–: Zur Phänomenologie der Philosophie der *Thomisten* des 17. und 18. Jahrhunderts, in: Schol 13 (1938) 49–71.
–: Die *Pflege* der Philosophie im Jesuitenorden während des 17./18. Jahrhunderts, Fulda 1938.
–: Die *Wesensart* der Metaphysik des Suarez, in: Schol 15 (1940) 161–185.
Kennedy, L.: La *doctrina* de la existencia en la Universidad de Salamanca durante el siglo XVI, in: Archivio teológico granadiano 35 (1972) 5–71.
Kristeller, P. O.: Renaissance *Thought*, 2 Bde., Lo/NY 1961/65.
–: La *tradizione* aristotelica nel Rinascimento, Pv 1962.
Leinsle, U. G.: Abt Hieronymus *Hirnhaim,* in: Analecta Praemonstratensia 55 (1979) 171–195.
–: Das *Ding* und die Methode, Au 1985.
Lewalter, E.: Spanisch-jesuitische und deutsch-lutherische *Metaphysik* des 17. Jahrhunderts, H 1935 (Ndr. Da 1967).

Lohr, Ch.: Renaissance Latin Aristotle *Commentaries,* in: Studies in the Renaissance 21 (1974) 228–289; Renaissance Quarterly 28 (1975) 689–741; 29 (1976) 714–745; 30 (1977) 681–742; 31 (1978) 532–602; 32 (1979) 529–580; 33 (1980) 623–734; 35 (1982) 164–256.
Mittermüller, R.: *Beiträge* zu einer Geschichte der ehemaligen Benediktiner-Universität in Salzburg, Sa 1889.
Neidl, W. M.: Der *Realitätsbegriff* des Franz Suarez nach den Disputationes Metaphysicae, Mü 1966.
Petersen, P.: *Geschichte* der aristotelischen Philosophie im protestantischen Deutschland, Lei 1921.
Randall, J. H.: The School of *Padua* and the Emergence of Modern Science, Pv 1961.
Riesco Terrero, J.: Pedro da *Fonseca* e o seu conceito de metafísica, in: Verbum 17 (1960) 405–416.
Risse, W.: Die *Logik* der Neuzeit, 2 Bde., St/BC 1964/1970.
Rodis-Lewis, G.: Quelques *echos* de la thèse de Desgabets sur l'indefectibilité des substances, in: Studia Cartesiana 1 (1979) 124–128.
Rompe, E. M.: Die *Trennung* von Ontologie und Metaphysik, Bo 1968.
Schepers, H.: Andreas *Rüdigers* Methodologie und ihre Voraussetzungen, Kö 1959.
Schneider, M.: Der angebliche *Essentialismus* des Suarez, in: WiWei 24 (1961) 40–68.
Seigfried, H.: *Wahrheit* und Metaphysik bei Suarez, Bo 1967.
Sousedík, St.: Böhmische *Barockphilosophie,* in: F. Seibt (Hg.): Bohemia Sacra, Dü 1974, 427–443.
–: Valerianus *Magni* 1586–1661, Sankt Augustin 1982.
Totok, W.: *Handbuch* der Geschichte der Philosophie, Bd. III–IV, F 1980/81.
di Vona, P.: *Studi* sulla scolastica della controriforma, Fi 1986.
Werner, C.: Franz *Suarez* und die Scholastik der letzten Jahrhunderte, 2 Bde., Rb 1861.
Wundt, M.: Die deutsche *Schulmetaphysik* des 17. Jahrhunderts, Tü 1939.
–: Die deutsche *Schulphilosophie* im Zeitalter der Aufklärung, Tü 1945.
Zanta, L.: La *renaissance* du Stoicisme au XVIe siècle, P 1914.

ULRICH G. LEINSLE

Erster Teil

19. JAHRHUNDERT

Italien

Der Streit um die Anfänge der italienischen Neuscholastik:
Salvatore Roselli (1722–1784), Vincenzo Buzzetti (1777–1824) und Gaetano Sanseverino (1811–1865)

Wie, warum, wann und wo ist es zur Neuscholastik gekommen? Diese Fragen zu beantworten ist gar nicht so einfach, wie es scheint. Denn daß die Neuscholastik überhaupt entstanden ist, liegt für die fragliche Zeit, in der dies der Fall war (Anfang des 19. Jahrhunderts), keineswegs auf der Hand. In den Jahren nach der Französischen Revolution und vor allem unter der napoleonischen Herrschaft über weite Teile Europas war das Klima für kirchlich organisierte Wissenschaftsinstitutionen im allgemeinen und für eine christliche Philosophie im besonderen alles andere als günstig. Natürlich hatte schon das ganze 18. Jahrhundert das kirchliche Unterrichtswesen in ernste Schwierigkeiten gebracht und in seiner geistigen Substanz aufgeweicht. Jetzt aber wurde das, was bisher nur Schatten vorausgeworfen hatte, konkrete Realität: Die kirchlichen Lehranstalten wurden, sofern sie noch bestanden, der staatlichen Autorität unterstellt oder so sehr ins Abseits gedrängt, daß ihnen gar nichts anderes übrigblieb, als sich freiwillig den staatlichen Richtlinien zu unterwerfen.[1] Dies wiederum bedeutete, daß sie sich mit dem Gedankengut der Aufklärung zu arrangieren hatten. Das heißt: Sie mußten sich mit Ideen anfreunden, die eigentlich gegen sie gerichtet waren. Daß dies auf die Dauer nicht gutgehen konnte, braucht nicht eigens erklärt zu werden. Der historischen Gerechtigkeit wegen muß allerdings gleich hinzugefügt werden, daß die Kirche an dieser Situation nicht unschuldig war. Zu lange hatte sie ihr Verhältnis zur Neuzeit nicht wirklich überdacht. Entweder sie vermied den Dialog mit ihrer Zeit, indem sie sich – philosophisch gesehen – auf eine völlig fruchtlose, anachronistische und geistlose Barockscholastik zurückzog, oder sie alliierte sich mit den neuen Ideen derart unkritisch, daß sie ihre Selbstidentität verlieren mußte.[2] In beiden Fällen war das Verhältnis krank. Und so verwundert es nicht, daß die Kirche geistig auf die Herausforderung der sich durchsetzenden Aufklärung nicht vorbereitet war.

---

[1] Vgl. allgemein R. Aubert: *Die katholische Kirche und die Revolution*, in: HKG(J) Bd. VI/1 (1971) 3–104; vgl. zudem Foucher, 11–16.

[2] Vgl. u. a. das Urteil von Henri de Lubac: *Die Freiheit der Gnade* (^{1}1946ff.), dt. H. U. v. Balthasar, Bd. I, Ei 1971, 283f.

Daß es angesichts dieser Lage zur sogenannten »Neuscholastik« kam, ist also ein bemerkenswertes Faktum. Vielleicht mag es vorhersehbar gewesen sein, daß es zu einer derartigen Reaktion kommen mußte, da den kirchlich gesinnten Denkern kaum etwas anderes übrigblieb, als ihre Selbstidentität in der großen Tradition des Christentums wiederzugewinnen; es war deshalb aber keineswegs absehbar, daß diese Reaktion gerade jetzt Erfolg haben würde. Freilich mögen auch besondere geschichtliche Umstände das Ihre dazu beigetragen haben – man denke an die allgemeine Restauration, an die Romantik und an die verbreitete Ernüchterung durch die Revolutionen[3] –, doch selbst dies wäre ohne Folgen geblieben, wenn nicht die Initiative ergriffen worden wäre. Und somit erhebt sich die Frage, durch wen dies geschah und wie dies geschah.

Von niemandem wird bestritten, daß Italien in diesem Zusammenhang eine Schlüsselstellung einnimmt. Es gab zwar auch in Deutschland[4] und in Spanien[5] bescheidene Ansätze zur Neuscholastik, doch diese Ansätze blieben eben bescheiden und wären gar nicht zur Entfaltung gelangt, wenn sie nicht durch die italienischen Neuscholastiker in so beeindruckender Weise dazu veranlaßt worden wären. Den geschichtlichen Durchbruch schaffte die Neuscholastik auf jeden Fall in Italien.

Dabei waren die Verhältnisse hier keineswegs günstiger als anderswo. Ebenso wie etwa in Frankreich hatten die Sensualisten, die Empiristen und die Rationalisten in den Seminarien Einzug gehalten. Sogar die Ordensgemeinschaften blieben davon nicht verschont, wie z. B. die verschiedenen Ermahnungen des Ordensgenerals der Dominikaner beweisen.[6] Nicht einmal das Collegio Romano in Rom machte diesbezüglich vor 1824 eine Ausnahme.[7] Unter Napoleon kam noch der politische Druck hinzu. Die kirchlichen Lehranstalten hatten sich staatlichen Interessen zu fügen.[8] Konkret für die Philosophie bedeutete dies, daß in der Wahl der Systeme die bare Willkür eintrat. Je nach Lehranstalt und je nach Unterrichtendem wechselte die philosophische Richtung. Und dies geschah nicht einmal im Hinblick auf irgendeinen Eklektizismus, sondern ziellos.[9]

Die Änderung dieser Lage setzte nicht in der Gesamtkirche ein, wo die Stellungnahmen der Päpste Gregor IX., Alexander IV., Johannes XXII., Sixtus V. und Pius V. zugunsten der großen Scholastiker nicht mehr bewußt waren, und auch nicht von oben, d. h. von der römischen Kurie her, sondern primär in den Orden und in Städten, in denen Lokaltraditionen gepflegt wurden. Letzteres war etwa in Neapel der Fall, wo der hl. Thomas als Stadtpatron verehrt wurde und wo an der Universität seit dem 17. Jahrhundert zwei Lehrstühle der thomisti-

---

[3] Vgl. allgemein R. Aubert: *Das Erwachen der katholischen Lebenskraft,* in: HKG(J) Bd. VI/1 (1971) 247–307.
[4] J. Höfer: *Zum Aufbruch der Neuscholastik im 19. Jahrhundert,* in: HJ 72 (1952) 410–432.
[5] A. Walz: *Movimento tomista,* 150–152.
[6] Vgl. E. I. Narciso: *Roselli,* 42f.
[7] Ebd. 79f.
[8] Vgl. F. Evain: *Antonio Rosmini-Serbati (1797–1855) und der Rosminianismus im 19. Jahrhundert,* in: Bd. 1 dieses Werkes, 596–618, bes. 598ff.
[9] P. Pirri: *Taparelli d'Azeglio,* 109f.; G. Filograssi: *Collegio Romano,* 512f.

schen Philosophie vorbehalten blieben,¹⁰ oder in Piacenza, wo es ebenfalls einen solchen Lehrstuhl gab.¹¹ Daß es aber ausgerechnet die Orden waren, die hier eine Wende herbeiführten, überrascht nicht. Denn erstens hatten sie Ordensvorschriften, die ihnen die Befolgung einzelner scholastischer Autoritäten in den »Rationes Studiorum« geboten,¹² und zweitens spürten sie die verheerenden Folgen des Verfalls der geistigen Bildung an den Lehranstalten viel unmittelbarer als etwa die Diözesen, da die Auflösung ihrer geistigen Einheit sowohl ihr Apostolat als auch ihren pastoralen Erfolg in Frage stellte.

Über all dies streitet man sich in der Forschung nicht. Worüber man aber sehr wohl streitet, ist die Antwort auf folgende Fragen: Wo in Italien kam die Neuscholastik zum Durchbruch? Wer war die entscheidende Persönlichkeit, die diesen Prozeß veranlaßte? Und wie verlief die Verbreitung der Neuscholastik in Italien? Um diesen Streit zu verstehen, der seit den zwanziger Jahren dieses Jahrhunderts bis in die jüngste Vergangenheit heraufreicht, und um darüber hinaus den heutigen Forschungsstand darlegen zu können, muß jene Theorie umrissen werden, die nicht nur den besagten Streit ausgelöst, sondern auch in die meisten italienischen und nichtitalienischen Geschichts- und Nachschlagewerke Eingang gefunden hat. Gemeint ist die Theorie, die von Amato Masnovo (1880–1955) und Alfonso Fermi (1890–1971) in verschiedenen Publikationen zwischen 1910 und 1923 erstmals vorgetragen und verbreitet wurde und die mit gewissem Abstand auch Paolo Dezza (geb. 1901) vertreten hat.¹³ Sie läßt sich wie folgt zusammenfassen:

Die italienische Neuscholastik nimmt ihren Ausgangspunkt in Piacenza. Protagonist dieser Renaissance ist der Kanoniker Vincenzo Buzzetti (1777–1824), der zwischen 1793 und 1798 (?) Absolvent des Collegio Alberoni der Lazaristen war und anschließend am Diözesanseminar Philosophie (1806–1808) und Theologie (1808–1824) unterrichtete. Seine *Institutiones philosophicae iuxta D. Thomae et Aristotelis inconcussa dogmata,* die Angelo Testa (1788–1873), ebenfalls Abgänger des Collegio Alberoni (1805–1814) und Kanoniker der Kathedrale von Piacenza sowie Nachfolger Buzzettis als Philosophielehrer am bischöflichen Seminar, überarbeitete und erweiterte (»adauctae et traditae«) und die 1940/41 von A. Masnovo teilweise publiziert wurden, sind das erste Manifest einer Rückkehr zur großen christlichen Tradition des Mittelalters. Da nach dieser Theorie die damaligen kirchlichen Lehranstalten – vor allem auch das Lazaristenkolleg Alberoni – von der zeitgenössischen Philosophie besetzt waren, muß Buzzetti weitgehend als Autodidakt angesehen werden.¹⁴ Natürlich hatte er Inspiratoren, aber über diese hinaus erkannte erst er die wahre Bedeutung des Thomismus für seine

---

[10] C. Libertini: *Sanseverino,* 86f., 93–101.
[11] Genaueres dazu im anschließenden Beitrag von G. F. Rossi über das Collegio Alberoni.
[12] Vgl. F. Ehrle: *Die päpstliche Enzyklika vom 4. August 1879 und die Restauration der christlichen Philosophie,* in: StML 18 (1880) 485–497; A. Huerga: *Boxadors.*
[13] Vgl. dazu die angegebenen Werke in der Bibliographie.
[14] A. Fermi: *Buzzetti* 13–15, 23–29; ders.: *Ranza,* S. VII–XIII, 12–20, 147ff., 170ff., 215ff. u. ö.; A. Masnovo: *Neo-Tomismo,* 63–81, 129–142, 173–200; P. Dezza: *Alle origini,* 18–26 u. ö.; ders.: *I Neotomisti,* Bd. I, 3–7.

Zeit. Außerdem unternahm erst er den wirklichen Versuch, zu Thomas selbst zurückzufinden.

Was die Inspiratoren anbelangt, so dürfen sie nach Masnovo und Fermi keinesfalls in Piacenza selbst gesucht werden. Denn hier herrschten ja Condillac, Locke und die Sensualisten. Wenn sie aber auswärts anzutreffen sind, so kommen nur zwei Quellen in Frage: Die eine Quelle ist der Dominikaner Salvatore Roselli (1722–1784), über den gleich noch mehr zu sagen sein wird. Dessen *Summa philosophica* (Rom 1777 u. ö.) wurde zu der Zeit, in der Buzzetti mit der Philosophie in Berührung kam (1793), zumindest in Mittel- und Süditalien viel gelesen. 1783 hatte Roselli selbst bereits eine verbesserte zweite Auflage besorgt. Dieses Werk ist nun nach besagter Theorie durch römische Priester, die 1810–1812 wegen Eidesverweigerung für Napoleon ins Herzogtum Parma und damit auch nach Piacenza emigrierten, dem Kanoniker Buzzetti bekannt geworden.[15] Doch 1810 war dieser bereits mit dem Thomismus aus einer anderen Quelle vertraut. Diese Quelle stellen die Vorlesungen des spanischen Jesuiten Balthasar Masdeu (1741–1820) dar, der gemeinsam mit seinem Bruder José Antonio Masdeu von 1799 bis 1806 in Piacenza weilte und an der Jesuitenschule von San Pietro wirkte.[16] Masdeu mußte nach der Auflösung der Gesellschaft Jesu 1767 Spanien verlassen. Auf einen kurzen Aufenthalt in Quito folgte seine Übersiedlung nach Italien, wo ihm jedoch ebenfalls keine längere Bleibe vergönnt war. 1812 kehrte er nach Spanien zurück. Gestorben ist er in Palma di Mallorca. Seine Zeit in Piacenza ist aber nach Masnovo und Fermi für die Geschichte der italienischen Neuscholastik von großer Wichtigkeit geworden. Denn in diesen Jahren vermittelte Masdeu Italien das, was sich unter den spanischen Jesuiten reiner als sonstwo erhalten hat: das Gedankengut des hl. Thomas.

Diese Theorie, von der man nicht sagen kann, daß es ihr an Originalität fehlt, beherrscht (wie schon gesagt) einen großen Teil der Literatur über die italienische Neuscholastik. Und dies kommt nicht von ungefähr. Sie besticht nämlich in zweifacher Hinsicht: *Erstens* entspricht sie einigen wichtigen Quellen aus dem letzten Jahrhundert. Zu nennen sind darunter zwei kleinere Schriften von Alfonso Testa,[17] zwei Äußerungen von Gian Domenico Romagnosi,[18] das Buch *La filosofia di S. Tommaso nelle scuole italiane* (Piacenza 1885) von Agostino Moglia und die *Memorie* (Florenz 1891) des Jesuiten Carlo Maria Curci, der uns noch in anderem Zusammenhang beschäftigen wird. Diese Quellen sind deshalb wichtig, weil sie die ersten Zeugnisse von ehemaligen Schülern des Collegio Alberoni darstellen und weil die Erinnerungen von Curci sich ebenfalls auf Abgänger der Lazaristenschule berufen und überhaupt zahlreiche Zeitzeugen wiedergeben. Das *zweite* Argument, das für diese Theorie zu sprechen scheint, ist der weitere Verlauf der Geschichte der Neuscholastik in Italien. Unter den Kronzeugen Curcis befinden sich nämlich die Brüder Serafino und Domenico Sordi, beide Jesuiten,

---

[15] Vgl. bes. A. Masnovo: *Neo-Tomismo*, 186–200.
[16] Ebd. 177–185; auf Masdeu weist erstmals C. M. Curci (*Memorie*, 63f.) hin; zu Masdeu vgl. vor allem M. Batllori: *Masdeu*.
[17] Vgl. dazu G. F. Rossi: *La filosofia*, 272f., 278–280.
[18] Ebd. 255f., 262–265.

die über den Einfluß ihrer Ordensbrüder Luigi Taparelli d'Azeglio (Rektor des Collegio Romano, anschließend Provinzial der süditalienischen Provinz), Matteo Liberatore (Redakteur der Zeitschrift *La Civiltà Cattolica*, bekannteste Gestalt unter den italienischen Neuscholastikern) und C. M. Curci (ebenfalls Redakteur der *Civiltà Cattolica*) der Neuscholastik zum endgültigen Durchbruch verholfen haben.[19] (Schüler bei den Jesuiten am Collegio Romano war kein Geringerer als der spätere Papst Leo XIII.[20]) Nach Curci soll in diesen Jesuitenkreisen eine Abschrift der *Institutiones philosophicae* von Buzzetti und Angelo Testa herumgereicht worden sein.[21] So scheint es auf den ersten Blick relativ leicht zu sein, die 55 Jahre vom Tod Buzzettis (1824) bis zu *Aeterni Patris* (1879) rekonstruieren zu können.[22]

Doch dieser Schein trügt. Wie vor allem Giovanni Felice Rossi CM (in Nachfolge von V. Pancotti CM), Cornelio Fabro CPS, Delfina Schianchi, Giorgio Stella CM und Anna Cecilia Zangrandi für Piacenza, Pasquale Naddeo OP, Pasquale Orlando und Crescenzo Libertini für Neapel und Enrico Ignazio Narciso OP für den Dominikanerorden nachgewiesen haben, entspricht die Theorie von Masnovo und Fermi nicht den historischen Tatsachen.[23] Verantwortlich für das Scheitern der Theorie war, daß man unter allen Umständen einen einzigen Ursprungsort der Neuscholastik finden und sodann auch die weitere Geschichte entlang eines einzigen Fadens erklären wollte. Dadurch geriet man in eine irreführende Einbahnstraße. Man vereinfachte eine Geschichte, die in Wirklichkeit wesentlich komplexer war und verzweigter verlief. Außerdem stützte man sich auf Quellen, die entweder der historischen Kritik nicht standhielten (das gilt besonders für die *Memorie* von Curci) oder falsch ausgelegt worden waren (z. B. die Zeugnisse von G. D. Romagnosi).[24] Und so verwundert es nicht, daß im Rückblick vieles von dem, was diese Theorie behauptet hat, eine Vergewaltigung der historischen Verhältnisse darstellt. Am sichtbarsten wird dies dort, wo z. B. um der Einheitlichkeit des Interpretationsduktus willen der neapolitanische Kanoniker G. Sanseverino zu einem Adepten der Jesuiten oder gar zu einem aus Norditalien stammenden Jesuiten gemacht wird.

Läßt man dieses irreführende Paradigma fallen und stützt man sich auf die historisch gebotenen Dokumente, so muß man der Theorie von Masnovo und Fermi folgendes entgegenhalten:[25]

1. Es gab nicht nur einen Ursprungsort der Neuscholastik, sondern mehrere.

---

[19] Vgl. dazu meinen Artikel *Thomistische Zentren in Rom, Neapel, Perugia usw.* in vorliegendem Band, 109–130.
[20] Vgl. u. a. G. Filograssi: *Collegio Romano*, 514.
[21] *Memorie*, 59–61.
[22] Im Anschluß an Masnovo, Fermi und Dezza scheint mir diese Sicht von V. Rolandetti und N. Villa (*Da Buzzetti [1777–1824] all' Aeterni Patris [1879]*, in: A. V.: *Atti / Tommaso d'Aquino*, 218–247) erneuert worden zu sein.
[23] Vgl. dazu die angegebenen Werke in der Bibliographie.
[24] G. F. Rossi: *La filosofia*, 255f., 262–265, 328f.; ders.: *Alfonso Testa*; vgl. auch den Beitrag von G. F. Rossi im vorliegenden Band. Schon P. Pirri hat Curcis *Memorie* bezweifelt und kritisiert (vgl. *La rinascita*, 230, 433 u. ö.).
[25] C. Libertini: *Sanseverino*, 89f., 93f. Anm. 54.

Unter dem Einfluß der Dominikaner haben auch Neapel und Rom eine bedeutende Rolle gespielt.

2. In Piacenza existierte schon vor Vincenzo Buzzetti einige Jahrzehnte hindurch eine thomistische Tradition. Diese wurde, wie G. F. Rossi beweisen konnte, ausgerechnet dort gepflegt, wo man eine Hochburg der zeitgenössischen Philosophie vermutete: im Collegio Alberoni der Lazaristen.

3. Dadurch relativiert sich die Bedeutung von Vincenzo Buzzetti. Sowohl der Einfluß Salvatore Rosellis OP als auch die Rolle seiner Lehrer am Collegio Alberoni muß weit höher veranschlagt werden, als dies bisher geschah. Man darf sich sogar fragen, ob nicht der eben genannte Roselli bzw. die Lazaristen Francesco Grassi (1715–1773), Gian Domenico Cravosio (1725–1776), Giovanni Andrea Conti (1731–1800), Giovanni Antonio Como (geb. 1739), Giovanni Francesco Chiabrandi (1737–1821) oder Bartolomeo Bianchi (geb. 1761) gemeinsam mit Gaetano Sanseverino in Neapel als eigentliche Väter der italienischen Neuscholastik anzusehen sind.

4. Die Hypothese eines eventuellen Einflusses seitens des spanischen Jesuiten Balthasar Masdeu ist nicht notwendig. Den Versuch von Miguel Batllori SJ, über Masdeu den Ursprung der italienischen Neuscholastik nach Spanien zu verlegen, kann man daher auf sich beruhen lassen. Außerdem läßt sich die Beziehung Buzzetti – Masdeu historisch nicht erhärten. Reicht allein der Umstand, daß der erstere gute Beziehungen zu den Jesuiten hatte, ja sogar selbst Jesuit werden wollte, dafür aus, einen entscheidenden philosophischen Einfluß Masdeus auf ihn annehmen zu dürfen? Verließ darüber hinaus nicht Masdeu Piacenza genau in jenem Augenblick, als Buzzetti Professor für Philosophie wurde?[26]

5. Auch die Beziehung der Brüder Serafino und Domenico Sordi zu Buzzetti darf nicht in der bisherigen Form vorgestellt werden. Denn Serafino Sordi war von 1811 bis 1814 am Collegio Alberoni. Hier hörte er Philosophie bei Vincenzo Fioruzzi (1785–1832), nicht bei Buzzetti. Letzteren erlebte er gemeinsam mit seinem Bruder Domenico, der 1808 gleich ins Diözesanseminar eingetreten war, nicht als Philosophielehrer, sondern als Professor für Dogmatik. Der Einfluß kann also allenfalls indirekt erfolgt sein. Außerdem bleibt zu fragen, ob sich Serafino Sordi dem Thomismus nicht bereits bei V. Fioruzzi CM verschrieben hat.[27]

6. Schließlich muß angenommen werden, daß die Jesuiten S. und D. Sordi, L. Taparelli d'Azeglio, L. Liberatore und C. M. Curci nicht nur von Piacenza her beeinflußt waren, sondern ebensosehr Anregungen in Neapel durch G. Sanseverino erhielten. Bisher nahm man (nicht zuletzt aufgrund der Aufsätze von Pietro Pirri SJ[28]) an, daß Sanseverino von den Jesuiten für die neuscholastische Bewegung gewonnen worden sei. Genau das Umgekehrte dürfte jedoch den Tatsachen entsprechen. Denn bevor noch Liberatore und Taparelli d'Azeglio ihre philoso-

---

[26] G. F. Rossi: La filosofia, 328f., 341f., 348f., 368f., 376f., 383–387, 409f., 428, 433, 470f.
[27] Ebd. 213f., 346–348, 352–354, 368f., 376–380, 384–386, 391f. u. ö.; vgl. auch B. Bottalico Campo: La ripresa degli studi tomistici nel secolo XIX, in: A. V.: Atti / Tommaso d'Aquino, 181–190, bes. 188f.
[28] La rinascita.

phische Position in die Zeitschrift *La Civiltà Cattolica* (ab 1853) einbrachten, hatte Sanseverino bereits zwölf Jahre lang thomistische Aufsätze in dem von ihm gegründeten Periodicum *La Scienza e la Fede* publiziert. Und es ist bekannt, daß die genannten Jesuiten von ihm zur Mitarbeit an der Zeitschrift *La Scienza e la Fede* (nicht umgekehrt also) herangezogen wurden.[29] Es gibt sogar die Theorie, daß vor allem Liberatore erst 1850, d. h. nach seiner Begegnung mit Sanseverino, vollkommen überzeugter Thomist geworden sei.[30]

Berücksichtigt man diese Erkenntnisse der neueren Forschung, so läßt sich die Geschichte der frühen italienischen Neuscholastik folgendermaßen darstellen:

Die Entstehung der Neuscholastik wird ermöglicht durch die thomistische Tradition der Dominikaner in Neapel und Rom einerseits und der Lazaristen in Piacenza andererseits. In beiden Fällen reichen sogenannte »tesari«, d. h. Thesenvorlagen, die z. T. öffentlich diskutiert wurden und die eindeutig thomistische Position gegenüber der neuzeitlichen Philosophie bezogen, bis in die Jahre 1751 bzw. 1753 zurück.[31] Zu einer allgemeineren Verbreitung der Neuscholastik kommt es jedoch erst im 19. Jahrhundert. Dafür war nicht nur ein verändertes kulturelles Klima (Romantik) sowie eine Unterstützung seitens der kirchlichen Autoritäten (der Päpste Gregor XVI. und Pius IX.[32]) notwendig, was schon 1912 Giuseppe Saitta in seinem Buch *Le origini del neo-tomismo nel secolo XIX*[33] zu Recht festgestellt hat, sondern auch der Einsatz einiger überragender Persönlichkeiten. Und diese waren Salvatore Roselli, Vincenzo Buzzetti und Gaetano Sanseverino.

Da über Buzzetti im folgenden Beitrag über das Collegio Alberoni ausführlich gesprochen wird, darf es hier genügen, noch einige Worte über Roselli und Sanseverino zu sagen. Auf beide hat übrigens – nebenbei erwähnt – der spanische Kardinal Ceferino González (1831–1894) in seiner *Historia de la Filosofía* (1878/79) als Begründer der thomistischen Renaissance hingewiesen.[34] Aus spanischer Perspektive ist dies auch sicherlich richtig, denn ohne die Werke Rosellis und Sanseverinos ist die Neuscholastik auf der Iberischen Halbinsel nicht denkbar.

Doch kommen wir nun zu Salvatore Roselli. Biographisch gesehen wissen wir über ihn wenig.[35] Seine Heimat muß Süditalien gewesen sein, denn dem Dominikanerorden trat er in Capua bei. Ab 1751 unterrichtete er in Neapel am Studio Generale di S. Pietro Martire Philosophie. Doch schon bald berief ihn der damalige Ordensgeneral Tomás de Boxadors (1703–1780) als Provinzial und Berater für die Provinz des Königreiches Neapel nach Rom (1760). Hier wirkte er nicht nur an der Leitung seines Ordens mit. Boxadors zog ihn vor allem auch zu seinen diversen Studienreformen bei. Bei dieser Gelegenheit erhielt er den Auftrag, seine

---

[29] C. Libertini: *Sanseverino*, 79ff., 84–86.
[30] So A. Masnovo: *Neo-Tomismo*, 43; zu diesem Thema: A. M. Caspani: *La formazione di Matteo Liberatore e il tomismo*, in: A. V.: *Atti / Aeterni Patris*, 332–339.
[31] E. I. Narciso: *Roselli*, 13–39 (bes. 17); G. F. Rossi: *La filosofia*, 65–150.
[32] A. Piolanti: *Pio IX e la rinascita del tomismo*, R/Vat 1974.
[33] Bari 1912.
[34] E. I. Narciso: *Roselli*, 60f., 67.
[35] Zum folgenden: Ebd. 9–11.

Summa philosophica ad mentem Angelici Doctoris S. Thomae Aquinatis zu schreiben. Daß er im Dominikanerkolleg S. Maria sopra Minerva unterrichtet hat, ist aus keinem Dokument ersichtlich. Seine Wirkung dürfte daher hier über die Mitbrüder erzielt worden sein. 1777 nimmt er am Generalkapitel teil. Im Alter von 62 Jahren stirbt er, nachdem er noch die zweite Auflage seines großen Werkes besorgt hat.

Dieses Werk darf als eines der einflußreichsten Bücher der gesamten neuscholastischen Philosophie im 18. und 19. Jahrhundert gelten. Es löste die früher gebräuchlichen Handbücher der Dominikaner Pierre Godoy (gest. 1677; *Disputationes theologiae,* Osma/Venedig 1666–1672), Vincent-Louis Gotti (1664–1742; *Theologia scholastica-dogmatica iuxta incutem D. Thomae Aquinatis ad usum discipulorum,* Venedig 1727–1735 [²1750, ³1783]), Antoine Goudin (1639–1685; *Philosophia iuxta inconcussa tutissimaque divi Thomae dogmata tomis IV comprehensa,* Lyon 1672 [Orvieto ⁸1859]) und Charles-René Billuart (1685–1757; *Summa Summae S. Thomae sive compendium theologiae,* 6 Bde., Liège 1754 [zahlreiche Auflagen]) ab. Doch auch die anderen damals gängigen Handbücher von Pierre Barbay (1625–1664), Kaspar Sagner SJ (1720–1781), Sigismund von Storchenau SJ (1713–1797) oder Fortunato da Brescia OFM (1701–1754) wurden von ihm weitgehend in den Hintergrund gedrängt. Darüber hinaus bildet es die Vorlage für zahlreiche Werke, die bis ins 20. Jahrhundert sehr verbreitet waren.[36] Als Beispiele seien genannt: In Italien, wo 1857 bis 1859 eine dritte Auflage erschien, die *Institutiones philosophicae* von V. Buzzetti und A. Testa, die *Ontologia* und *Theologia naturalis* (hg. P. Dezza, Mailand 1941/45) von Serafino Sordi SJ und die *Summa philosophica* (3 Bde., Rom 1817 [Paris ¹⁷1926]) von Tommaso Maria Zigliara OP; in Spanien, wo sie 1788 in Madrid herauskam, die *Philosophia Sancti Thomae Aquinatis auribus huius temporis accomodata* (Valencia 1817 [zahlreiche Auflagen]) von Filippo Puigserver OP und das Werk *De vera ac salubri philosophia libri X* (Gerona 1852) von Antonio Sendil OP. Dazu kommen ausdrückliche Bekenntnisse zu ihr durch Ceferino González und Gioacchino Ventura di Raulica.[37]

Was die philosophische Bedeutung der *Summa philosophica* von Roselli anbelangt, so gehen die Einschätzungen derselben weit auseinander. Bis vor kurzem herrschte noch die Ansicht vor, daß der Thomismus Rosellis die rationalistische Scholastik des Spätbarock nicht überwunden habe. Man sprach ihr daher wenig Originalität zu. Seit der Untersuchung von E. I. Narciso OP (1966) muß dieses Urteil jedoch revidiert werden. Narciso konnte nämlich anhand genauer Textanalysen beweisen, daß Roselli sich bewußt von der Scholastik seiner Zeit, die auf eklektische Weise zwischen Tradition und Rationalismus schwankte, absetzte.[38] Und das Wichtige daran ist, daß er dies im ausdrücklichen Rückgriff auf den hl. Thomas tat. Insofern kann seine *Summa philosophica* als ein großes Werk der authentischen thomistischen Tradition angesehen werden.

---

[36] Ebd. 57–83.
[37] Ebd. 60f., 64f.
[38] Ebd. 85–205.

Etwas Ähnliches darf von der *Philosophia christiana cum antiqua et nova comparata* des Neapolitaners Gaetano Sanseverino behauptet werden.[39] Sanseverino, gebürtiger Neapolitaner, kam durch seine Ausbildung am Provinzseminar in Nola und am erzbischöflichen Seminar sowie durch seine enge Beziehung zu Kanonikus Giuseppe Parascandalo († 1837), dessen reichhaltige Bibliothek er konsultieren durfte, zum Thomismus. In der Tat war nämlich das allgemeine geistige Klima in Neapel günstig für eine Scholastik-Renaissance. Und dafür waren wiederum nicht nur die Dominikaner verantwortlich, sondern vor allem auch die Erzbischöfe seit dem 17. Jahrhundert. Gerade deren Protektion erstreckte sich über das Diözesanseminar und das berühmte Almo Collegio dei Teologi hinaus auf die Universität.[40] So gesehen stellte Sanseverino als Professor an der Università di Napoli (1837, 1851–1860), als Mitglied des Collegio dei Teologi (seit 1855) und erst recht als Philosophielehrer am Liceo Arcivescovile (ab 1846) keine Ausnahme dar. Doch seine Aktivitäten gingen über das Übliche weit hinaus. 1840 gründete er die Schriftenreihe *La Biblioteca Cattolica*, die auch moderne Werke herausgab. Schon ein Jahr später rief er die nachmals berühmte Zeitschrift *La Scienza e la Fede* ins Leben, die bis 1888 bestehen bleiben und 1900 bis 1909 unter dem Namen *Scienza e Lettere* wieder publiziert werden sollte. 1846 schließlich organisierte er gemeinsam mit seinem Freund Nunzio Signoriello (1820–1889) die Accademia di Filosofia tomista (ab 1874 Accademia di S. Tommaso d'Aquino), die erste thomistische Akademie Italiens.

Seine bedeutendste Leistung besteht jedoch im obengenannten Werk *Philosophia christiana*, das ab 1862 erschien und erst posthum 1878 durch N. Signoriello mit der Herausgabe des 7. Bandes vollendet wurde (geplant waren 15 Bände). In seiner gekürzten Fassung *Institutiones seu elementa philosophiae christianae cum antiqua et nova comparata* (1864/65), die ebenfalls von Signoriello 1868/70 mit der Herausgabe des 3. und 4. Bandes fertiggestellt und unter dem Titel *Compendium Philosophiae Christianae* publiziert wurde, setzte es sich in ganz Europa durch.[41] Zahlreiche Übersetzungen und etliche Auflagen machten es zu einem der einflußreichsten Bücher der gesamten Neuscholastik.

Dieses Werk stellt die Frucht einer 20jährigen Vorbereitungszeit dar, in der Sanseverino nicht nur die traditionelle, sondern vor allem auch die moderne Philosophie genau studierte. Möglich, daß dabei der kalabresische Baron Vincenzo de Grazia (1785–1856) einen gewissen Einfluß ausgeübt hat.[42] De Grazia war zwar kein Thomist im strengen Sinn. Berühmt wurde er vielmehr durch seine Kritik am Kritizismus von Pasquale Galluppi (1770–1846). Doch in seinen Werken *Sulla Logica di Hegel* (Neapel 1850) und *Prospetto della filosofia ortodossa* (Neapel 1851, dieses wurde übrigens von Sanseverino begutachtet) weist er durch die moderne Philosophie hindurch auf die realistisch orientierte Philosophie des hl. Thomas. Genau darin liegt aber auch die Besonderheit von Sanseverinos

---

[39] Zum folgenden: P. Orlando: *Vita e opere*, 11–17, 20ff.
[40] C. Libertini, a. a. O. *Anm. 10.*
[41] Genaueres siehe P. Orlando: *Vita e opere*, 17–58.
[42] E. Garin: *Storia della filosofia italiana*, Tn 1966, 1095–1099; F. Russo: *La rinascita del Tomismo in Calabria*, in: A. V.: *Sanseverino*, 268–288, bes. 273ff.

Werk. Es gelingt diesem – in einer für die damalige Zeit einmaligen Weise – sowohl eine Annäherung an das Denken des hl. Thomas selbst als auch eine Begegnung mit dem zeitgenössischen Denken. Mag sein, daß letzteres unter einem polemisch-apologetischen Vorzeichen geschieht. Es ist aber gleichzeitig nicht zu übersehen, daß Sanseverino sich über das moderne Denken ein genaues Bild erarbeitet hat. Verläßt er sich dabei auch gelegentlich auf Sekundärquellen (eine andere Möglichkeit hatte er vielleicht nicht), so ist er doch manchem seiner Zeitgenossen darin voraus, daß er z. B. die Linkshegelianer (Strauss, Bauer, Feuerbach), die Traditionalisten (Lamennais), die Neuscholastiker in anderen Ländern (Ventura di Raulica, C. Jourdain, J. B. Hauréau) oder Einzelpersönlichkeiten wie Günther, Bonnetty, Renan, Ravaisson und viele andere überhaupt wahrnimmt. Er beschränkt sich also keineswegs auf die allgemein bekannten Größen der Philosophie und Theologie. Und dies alles erfolgt bei gleichzeitiger Rückbesinnung auf Thomas von Aquin und Einbringung eines christlichen Standpunktes in die moderne Diskussion. Kein Wunder, daß Sanseverinos Werk so begeistert aufgenommen wurde. Matteo Liberatore SJ nannte es sogar »la definitiva vittoria di S. Tommaso« bzw. ein »monumentum aere perennius«.[43]

BIBLIOGRAPHIE

A. V.: Gaetano *Sanseverino* nel primo centenario della morte, R 1965.
A. V.: *Atti* del Congresso Internazionale (1974) »*Tommaso d'Aquino* nel suo settimo centenario«, Bd. II, Na 1976.
A. V.: *Atti* dell' VIII Congresso Tomistico Internazionale, Bd. II: L'Enciclica *Aeterni Patris*. Significato e preparazione, R/Vat 1981.
Batllori, M.: Balthasar *Masdeu* y el Neoscolasticismo italiano, in: Analecta Sacra Tarraconensia 18 (Ba 1942) 172–202; 19 (1943) 241–294.
Curci, C. M.: *Memorie,* Fi 1891.
Dezza, P.: *Alle origini* del neotomismo, Mi 1940.
–: *I Neotomisti* italiani nel XIX secolo, 2 Bde., Mi 1942.
Fabro, C.: Neoscolastica e neotomismo, in: C. Fabro (Hg.): Storia della filosofia, R 1954, 857–886.
–: Der Streit um Neuscholastik und Neuthomismus in Italien, in: C. Fabro (Hg.): Gegenwart und Tradition, FS B. Lakebrink, Fr 1969, 181–202.
Fermi, A.: Vincenzo Benedetto *Buzzetti* e la filosofia in Piacenza durante i decenni del suo sviluppo filosofico (1793–1824), Pia 1923.
–: *Le vicende* del pensiero tomistico nel Seminario Vescovile di Piacenza, Pia 1924.
–: Mons. Antonio *Ranza*, filosofo, teologo, Vescovo di Piacenza (1801–1875), Bd. I, Pia 1956.
Filograssi, G.: Teologia e filosofia nel *Collegio Romano* dal 1824 ad oggi, in: Gr. 35 (1954) 512–540.
Huerga, A.: Precursores de la Aeterni Patris: el Cardenal Juan Tomás de *Boxadors* (1703–1780), in: A. V.: *Atti / Aeterni Patris*, Bd. II, 199–218.
Lanna, D.: L'Antesignano del Neotomismo in Italia. Gaetano Sanseverino, in: RFNS 4 (1912) 1–19.
–: La scuola tomistica di Napoli, in: RFNS 17 (1925) 385–395.
Libertini, C.: Il *Sanseverino* e le origini del neotomismo in Italia, in: A. V.: *Sanseverino*, 77–106.
Livi, A.: Il movimento neotomista, in: A. V.: Le ragioni del Tomismo, Mi 1979, 19–49.
Masnovo, A.: Il Can. Vincenzo Buzzetti e la rinnovazione tomistica in Italia, in: RFNS 2 (1910) 493–501.

---

[43] Zitiert in: C. Libertini: *Sanseverino,* 80.

Masnovo, A.: Il *Neo-Tomismo* in Italia. Origini e prime vicende, Mi 1923.
Moglia, A.: La filosofia di S. Tommaso nelle scuole italiane, Pia 1885.
Naddeo, P.: Le origini del Neotomismo e la scuola napoletana di G. Sanseverino, Salerno 1940.
Narciso, E. I.: Alle fonti del Neotomismo, in: Sapienza 13 (1960) 124–147.
–: Neotomismo e Scolastica, in: Sapienza 16 (1963) 417–453.
–: La Summa philosophica di Salvatore *Roselli* e la rinascita del Tomismo, R 1966.
Orlando, P.: Il neotomismo a Napoli e Gaetano Sanseverino, in: Asprenas 9 (1962) 277–303.
–: *Vita e opere* di Gaetano Sanseverino secondo i documenti, in: A. V.: *Sanseverino*, 9–76.
Pancotti, V.: Storia del Collegio Alberoni, Pia 1925.
Pelzer, A.: Les initiateurs italiens du Néo-Thomisme contemporain, in: RNSP 18 (1911) 230–254.
Pirri, P.: Il P. *Taparelli d'Azeglio* e il rinnovamento della scolastica al Collegio Romano, in: CivCatt 78/1 (1927) 107–121, 399–409.
–: Intorno alle origini del rinnovamento tomista in Italia, in: CivCatt 79/4 (1928) 215–229, 396–411.
–: *La rinascita* del tomismo a Napoli nel 1830, in: CivCatt 80/1 (1929) 229–244, 422–433; 80/2 (1929) 31–42.
Rolandetti, V.: Vincenzo Buzzetti Teologo, R/Vat 1974.
Rossi, G. F.: *La filosofia* nel Collegio Alberoni e il neotomismo, Pia 1959.
–: *Alfonso Testa* e il Collegio Alberoni, in: Archivio storico delle province parmense 36 (1984) 161–182.
Saitta, G.: Le origini del neo-tomismo nel secolo XIX, Bari 1912.
Schianchi, D.: Gli albori del Neotomismo: l'opera di Francesco Grassi all'Alberoni, in: Annuario dell'Istituto Maria Assunta – Rom, R 1962/63.
Stella, G.: L'insegnamento filosofico dei Preti della Missione alle origini del Neotomismo, R 1967.
Walz, A.: Sguardo sul *movimento tomista* in Europa nel secolo XIX fino all'Enciclica Aeterni Patris ([1]1943), in: A. V.: *Sanseverino*, 139–167.
Zangrandi, A. C.: Il neotomismo piacentino giudicato da C. Fabro e lo sconosciuto tomista genovese G. M. Pozzi C. M., in: RFNS 49 (1957) 73–81.

HEINRICH M. SCHMIDINGER

Die Bedeutung des Collegio Alberoni in Piacenza für die Entstehung des Neuthomismus

EINLEITUNG

Unter »Neuscholastik« versteht man die Restauration des mittelalterlichen Denkens in der Zeit der modernen Zivilisation. Hinter dieser Restauration steht die Überzeugung, daß im Mittelalter der höchste Ausdruck jenes metaphysischen Denkens erreicht worden ist, das durch die griechische Philosophie und das Christentum grundgelegt wurde und das als fundamentale Charakteristika den Realismus und den Theismus besitzt. Der »Neuthomismus« als stärkste Bewegung der neuscholastischen Philosophie wiederum entsteht in Italien als eine geistige Bewegung, die eine Rückkehr zur Philosophie des hl. Thomas von Aquin versucht, in der sie das mittelalterliche Denken am reinsten und in vollkommenster synthetischer Form verwirklicht sieht.

Der Anfang der neuthomistischen Richtung ist ebenso schwer angebbar wie sein geistiger Promotor. Amato Masnovo meinte noch, daß Vincenzo Buzzetti (1777–1824) schon aus rein chronologischen Überlegungen heraus als Begründer des italienischen Neuthomismus angesehen werden müsse. Heute wissen wir aber, daß diese These nicht haltbar ist, allein schon deshalb, weil keine geistige Bewegung mit einem Höhepunkt beginnt. Geistige Bewegungen entstehen nicht unwillkürlich oder aus dem Nichts. So hat auch der Neuthomismus eine beachtliche Vorbereitungszeit gehabt, die noch vor der Zeit liegt, in der Buzzetti die *Institutiones logicae et metaphysicae* verfaßte und Angelo Testa (1788–1873) sie redigierte. Diese sind somit nicht die erste Manifestation des Neuthomismus. Allerdings gilt auch weiterhin, daß die Neuscholastik dort entsteht, wo eine innerkirchliche philosophische Bewegung auf die neuzeitliche Philosophie zu reagieren beginnt, die sich – nicht zuletzt aufgrund der Aversion vieler Scholastiker gegen jegliche Art von Wissensfortschritt – nach Absage an die Grundüberzeugungen der klassischen Metaphysik neuen Positionen und Eklektizismen aller Art zuwandte und noch dazu irrtümlicherweise meinte, daß die thomistische Metaphysik notwendig an die mittelalterliche Naturwissenschaft gebunden sei.

Wir sehen bei unserer Erörterung des Neuthomismus von der Schule der Dominikaner ab. In dieser riß das Studium der Werke des hl. Thomas nämlich nie ab. So beweisen es zumindest die diversen Handbücher vom Ende des 17. und aus dem 18. Jahrhundert. Die bekanntesten unter ihnen sind diejenigen von Antoine Goudin (1639–1695) und Paolo Maria Cauvino (gest. 1736). 1777 erscheint die *Summa philosophica* des Dominikaners Salvatore Maria Roselli (1722–1784). Dieses Werk darf als ein klassischer Ausdruck für die alte thomistische Tradition innerhalb der dominikanischen Lehranstalten gelten. Es diente auch anderen Gelehrten (nicht zuletzt Buzzetti und Testa) und anderen religiösen Bildungszentren. Doch als Roselli starb, war die Neuscholastik bereits im Gange. Ein halbes Jahrhundert vor den im Archiv von Parma entdeckten Manuskripten Buzzettis und Testas gab es also bereits Ansätze zur neuthomistischen Philosophie. Zufällig entdeckte Dokumente philosophischen Inhalts aus dem Archiv des Collegio Alberoni in Piacenza bekräftigen dies. Sie widerlegen damit endgültig die Thesen Masnovos. Diese Dokumente legen große Vorsicht nahe, wenn man die Anfänge der italienischen Neuscholastik und damit der Neuscholastik überhaupt chronologisch fixieren will. Vor allem aber weisen sie darauf hin, daß die Missionspriester des hl. Vinzenz von Paul, die sogenannten Lazaristen, schon Ende des 17. Jahrhunderts sich an der Philosophie des hl. Thomas orientierten und diese als Vorbereitung für das Studium einer scholastisch-thomistischen Theologie in den Studienplan ihrer Alumnen aufnahmen. Weiß man darüber mehr Bescheid, so kann man auch die Rolle des Collegio Alberoni für die Geschichte des Neuthomismus richtig einschätzen. Dies sei nun im folgenden untersucht.

DAS THOMAS-STUDIUM AM COLLEGIO ALBERONI VON SEINEM BEGINN (1751) BIS ZUR GRÜNDUNG DER ZEITSCHRIFT »DIVUS THOMAS« (1879)

Das Collegio Alberoni und die Lazaristen

Das Apostolico Collegio di S. Lazzaro, Priesterseminar von Piacenza, das später Collegio Alberoni heißen sollte, wurde am 28. November 1751 eröffnet. An diesem Tag empfing Kardinal Giulio Alberoni (1664–1752), der Erbauer und Gönner dieses Kollegs, die ersten zwanzig Alumnen in seinem Palast in Piacenza und bekleidete sie mit den von ihm entworfenen Talaren. Danach überantwortete er sie den Lazaristen, die sie im neu eingerichteten Collegio di S. Lazzaro an der Via Romea in Piacenza ausbilden sollten. Ihnen, genauer gesagt den Lazaristen bzw. den Söhnen des hl. Vinzenz von Paul (1581–1660, 1737 heiliggesprochen) aus der römischen Provinz, hatte er die »ewige« (»perpetuo«) Leitung des Instituts anvertraut. Die Zielsetzung dieser Lazaristen bestand darin, die Landbevölkerung geistlich zu betreuen und die Leitung von Seminarien zu übernehmen: »ad salutem pauperum et clerici disciplinam«.

Die ersten Lehrer des Collegio di S. Lazzaro waren Francesco Grassi (1715 bis 1773) für Metaphysik sowie der junge Gian Domenico Cravosio (1725–1776) für Mathematik und »Repetitorium in Philosophie«. Grassi hatte sich bereits in

Genua, Ferrara und Turin als Lehrer der aristotelisch-thomistischen Philosophie einen Namen gemacht. Er galt als hochbegabter und einzigartiger Denker, der sich besonders an Augustinus und Thomas inspirierte. Als Philosoph, Theologe und Erzieher am Collegio Alberoni wurde er nicht nur in Piacenza, sondern in der ganzen Lombardei, ja in ganz Italien bekannt. Cravosio hingegen darf als Schüler Grassis gelten. Er war sein Novize in Genua, danach sein Hörer in Turin. 1754 folgte er Grassi, der den theologischen Lehrstuhl übernahm, als Lehrer in Metaphysik und Physik bis zum 7. Februar 1768, als er aufgrund »seiner Ernennung durch die Königliche Hoheit zum Professor für Physik an der Universität Parma« Piacenza verließ.

Die Aufnahme eines Alumnen ins Collegio di S. Lazzaro setzte Einstimmigkeit der Auswahlkommission voraus. Dadurch garantierte man die Auswahl der besten Kandidaten. Voraussetzung war, daß die Kandidaten bereits eine gute Allgemeinbildung mitbrachten. Nach der Aufnahme mußten jedoch alle ausnahmslos Philosophie und Mathematik studieren. Wer bereits Philosophie anderswo gehört hatte, mußte dennoch die philosophischen Kurse, wie man sie in S. Lazzaro unterrichtete, mitmachen. Zum Beispiel hatten Buzzetti (1793), Angelo Testa (1805), Antonio Silva und Serafino Sordi (1811) bereits bei den Jesuiten in S. Pietro oder im Seminar von Piacenza Philosophie gehört. Allerdings war diese Philosophie nach ihrem persönlichen Zeugnis der zeitgenössischen sensualistischen Schule verschrieben. Erst im Triennium von S. Lazzaro begannen sie mit dem Studium des hl. Thomas.

Die »Ratio Studiorum« der Lazaristen und der Anfang der Thomas-Studien

Die Lazaristen sahen im Studium der thomistischen Philosophie getreu der Anweisung des hl. Vinzenz von Paul, nämlich »die Philosophie des Aristoteles zu befolgen und größte Hochachtung vor den Lehren des hl. Thomas zu haben«, eine Vorbereitung für das Studium der thomistischen Theologie. Sie hielten dies für besonders wichtig, da gerade zur Zeit ihrer zunehmenden Verbreitung zahlreiche philosophische Systeme auftraten, die einer scholastisch-thomistischen Theologie alles andere als dienlich sein konnten. Weil das Ziel ihrer Kongregation von Anfang an darin bestand, das Apostolat im Bildungswesen der eigenen Institutionen und der Diözesanseminarien auszuüben, mußten sie daher besonders jetzt, wo die gesamtkulturelle Situation unübersehbar von der Aufklärung erfaßt wurde, auf einen gesunden Philosophieunterricht achten.

Der Anspruch der Aufklärung, nämlich alle über alles aufzuklären, verwandelte die Philosophie in Religion und gleichzeitig die Politik in reine Ökonomie. Der Rationalismus, besonders der cartesianische mit seiner Überbewertung des bloßen Verstandes, begann seine Früchte zu tragen. Vorherrschend war aber John Locke mit seinem Empirismus. Gleichzeitig führten die liberalen Bewegungen aller Art zu einer Verachtung der Tradition und in der Folge auch zu einer Aberkennung der kirchlichen Autorität. Die Aufklärung trat somit als Opposition gegenüber der Vergangenheit, vor allem des Mittelalters, auf, das sie als »dunkles Zeitalter« abstempelte. Unter dem Eindruck dieses Urteils verfiel nicht zuletzt die Scholastik, allem voran die thomistische Philosophie, in eine unaufhaltsame Dekadenz. Die katholischen Schulen gerieten unter den Einflüssen des Cartesianismus, des Leibnizschen Vitalismus, des Sensualismus und des Lockeschen Empirismus in eine bedenkliche Lage.

In dieser Situation entsteht die »Ratio Studiorum« der Lazaristen, die nicht nur ein Studium der dogmatischen Theologie in treuer Nachfolge des hl. Augustinus und des hl. Thomas fordert, sondern auch eine Kenntnis der »philosophia perennis«, d. h. einer aristotelischen Philosophie in thomasischer Interpretation. Bereits zu Beginn des 18. Jahrhunderts heißt es in den *Besonderen Anleitungen für die Philosophielehrer* der vinzentinischen Gemeinschaft: »Da Aristoteles der am meisten befolgte Philosoph ist, mögen sie [die Philosophielehrer] die von ihm an den anderen Universitäten übernommenen Ansichten und Grundsätze vertreten. Gleichzeitig sollen sie vermeiden, sich den Theorien der modernen Philosophen zu öffnen, da diese darauf abzielen, die alten zu vernichten. Ihre Grundsätze und Ansichten könnten sonst Gegenstand von Verdächtigungen werden. Vor allem sollen sie sich davor hüten, ihre Schüler in so etwas hineinzuziehen.« Sodann liest man in den *Allgemeinen Regeln für die Lehrer der Philosophie und Theologie,* die ebenfalls Anfang des 18. Jahrhunderts zu datieren sind, ja sogar die Revision eines Textes aus den Jahren 1668–1670 darstellen: »Sie [die Lehrer] sollen die Ansichten des hl. Thomas besonders achten und von ihnen immer mit Hochschätzung sprechen; sollten sie einmal in der Lage sein, sich nicht an diese zu halten, so dies nur aus überlegenswerten und allgemein einsehbaren Gründen, wie z. B. in bezug auf das Problem der physischen Vorausbestimmung bzw. Determination, die von den Thomisten vertreten wird, oder in bezug auf die Frage nach der Empfängnis Mariens usw.«

Die von den Lazaristen in Italien 1700–1820 verwendeten Philosophiebücher: Pierre Barbay, Kaspar Sagner und Francesco Grassi

Schon um 1700 herrschte somit unter den Lazaristen die klare Absicht, nicht nur in Theologie, sondern auch in Philosophie dem hl. Thomas, d. h. Aristoteles in thomistischer Deutung, zu folgen. Der nächste Schritt war die Suche nach einem gediegenen Handbuch. Man fand es im *Commentarius in Aristotelis Logicam, Metaphysicam, Moralem et Physicam* (5 Bände, Paris 1675, zahlreiche Auflagen) von Pierre Barbay (1625–1664), einem damals berühmten Professor für Philosophie an der Universität Paris. Dieses Werk galt als aristotelisch, de facto war es jedoch aristotelisch-thomistisch. Es wurde nun von den Lazaristen in Italien für ein halbes Jahrhundert (bis nach 1750) verwendet. Barbays Philosophie garantierte ihnen einen Philosophieunterricht im besagten Sinn. Und daß man sich auch wirklich in den beiden italienischen Ordensprovinzen an sein Werk hielt, ist uns schriftlich dokumentiert. So kam es, daß der Historiograph der vinzentinischen Kongregation C. J. Lacour in seiner *Histoire de la Congrégation de la Mission* (entstanden zwischen 1721 und 1729; Dokument im Generalatsarchiv der Vinzentiner in Paris) mitteilen konnte, daß die Ordensalumnen in

Rom mit dem Text des hl. Thomas selbst arbeiteten: »Dans la maison de Rome on enseigne aux étudiants le texte même de Saint Thomas.«

Keine Frage, daß auch am Collegio Alberoni das Handbuch von Barbay verwendet wurde. Daß es, genauso wie später das Handbuch von K. Sagner und F. Grassi, ein gutes Studium »ad mentem S. Thomae« schon längst vor Buzzetti und Testa garantierte, veranschaulicht die Lehrtätigkeit von Bartolomeo Bianchi (geb. 1761). Er unterrichtete genauso wie sein Vorgänger am Collegio Alberoni, Gianantonio Como (geb. 1739), seine Schüler in Grundfragen der thomistischen Philosophie. Vor allem behandelte er das Problem der Abstraktion, das Verhältnis von Akt und Potenz, den Hylemorphismus, die Theorie von der Unsterblichkeit der menschlichen Seele sowie von der »anima« als »forma substantialis« . . ., kurz alle Grundfragen, auf denen für ihn »die gesamte scholastische Philosophie aufgebaut ist«. Die Akt-Potenz-Lehre und den damit verbundenen Hylemorphismus definierte er sogar als »admirabilis prorsus doctrina de formis substantialibus per quas singulae res in suo esse essentiali constituuntur«. Davon ausgehend kritisierte Bianchi sodann Descartes, Malebranche, Locke, Condillac, Genovesi und andere. Schließlich kam er soweit, daß er gestand, lieber mit dem hl. Thomas zu irren, als sich gegen ihn zu stellen. Aus seinem Unterricht gingen der Dominikaner Giuseppe Giorgi und thomistische Philosophen wie V. Buzzetti, G. Dall'Arda, F. Giriodi, V. Fioruzzi, L. Avori, Angelo Testa und A. Caneva hervor. An den Früchten erkennt man den Baum: Sie waren alle Thomisten wie Bianchi selbst.

Es ist uns nicht bekannt, ob F. Grassi 1751 bis 1754 und anschließend G. D. Cravosio das Handbuch von Barbay benützten. Sicher wissen wir aber, daß die *Institutiones philosophicae* (vier Bände) des Jesuiten Kaspar Sagner (1720–1781), die 1755–1758 in Prag erschienen, im Collegio Alberoni herangezogen wurden. Sagner war ein offener scholastischer Philosoph. Sind auch die ersten beiden Bände seines Werkes, die eigentlich philosophischen, eher schwach in bezug auf zeitgemäße Ergänzungen, so bieten dafür die anderen beiden, der Physik gewidmeten Bände einige (wenn auch bescheidene) Neuansätze. Cravosio zog gerade wegen dieser Aktualisierungen im wissenschaftlichen Teil dieses Handbuch demjenigen von Barbay und Goudin vor, allerdings in einer überarbeiteten, vervollständigten und (vor allem im metaphysischen Teil) korrigierten Form.

Diese Überarbeitungen, die nicht nur Cravosio vornahm, sondern auch F. Grassi und andere, gingen in eine vom Collegio Alberoni 1767–1768 in Piacenza herausgegebene Edition des *Sagner* ein. Diese Anmerkungen waren oft sehr ausführlich, fast könnte man von kleineren Abhandlungen sprechen. Sie alle versuchten sowohl der thomistisch-scholastischen Grundeinstellung als auch den gesicherten Errungenschaften der Naturwissenschaften gerecht zu werden. In ihnen und im 1400 Stichworte umfassenden »Index rerum« (auf 83 Seiten zu jeweils 44 Zeilen) liegt der wertvolle Beitrag des Collegio Alberoni zum Handbuch von Sagner, das von nun an einfach der *Sagner-Grassi* genannt wurde. Für die Philosophiegeschichte besonders interessant ist der zweite Band. Hier wurde der bereits bestehende Großumfang durch 153 lange Anmerkungen verdoppelt. Vor allem Hinweise auf Aristoteles, die Peripatetiker, die Thomisten, die übrigen

Scholastiker und in erster Linie auf den hl. Thomas, der mehr als 130mal aus seinen Hauptwerken zitiert wird, belegen uns ein profundes Studium der aristotelischen Tradition seitens der Herausgeber.

Das *Sagner-Grassi-Handbuch* wurde am Collegio Alberoni mit Sicherheit über ein halbes Jahrhundert lang verwendet. Die Professoren Cravosio, Conti, Como, Chiabrandi, Alvigini, Bianchi, Fioruzzi, Lusardi, Rossi und eventuell auch noch Rebando (von 1820 bis 1824) legten es ihrem Unterricht zugrunde. Diese Tatsache wurde von allen Forschern (einschließlich von A. Masnovo und A. Fermi), die sich mit der Frühgeschichte des Collegio beschäftigten, vergessen. 1957 wies ich selbst zum ersten Mal darauf hin. Ich glaube sagen zu können, daß die Erkenntnis dieser Tatsache für die geschichtliche Erforschung des philosophischen Ambientes am Collegio Alberoni besonders wichtig war. Sie gestattete mir die These, die mir schon seit langem klar geworden war, daß nämlich »*Francesco Grassi, der erste große Lehrer am Collegio Alberoni, der Gründer des Neuthomismus in Piacenza gewesen ist*«. Sie wurde in der Zwischenzeit von der philosophiegeschichtlichen Forschung übernommen. Ich wollte mit dieser These allerdings nicht behaupten, wie mir Ignazio Narciso OP[1] vorgehalten hat, daß das Collegio Alberoni »der Ursprungsort, das Zentrum bzw. die Wiege des italienischen Neuthomismus« gewesen sei, sondern lediglich dies: Außerhalb des Dominikanerkonvents von S. Giovanni in Piacenza gründete auch Francesco Grassi eine philosophische Bewegung, die entgegen der herrschenden zeitgenössischen (sensualistischen) Philosophie eine Rückkehr zu Thomas von Aquin unternahm. Diese Bewegung setzte spätestens Mitte des 18. Jahrhunderts ein. Sie war wenigstens für Piacenza eine Neuigkeit. Außerdem begann sie vor Buzzetti, der bereits von ihr geformt wurde. Schließlich ist nicht zu vergessen, daß dieser Neuthomismus alles andere als eng war. Im Sinne des »vetera novis augere« setzte er sich mit dem modernen Denken auseinander. Weder Grassi noch Cravosio oder einer ihrer Nachfolger stritten ab, daß es bei Thomas auch allerhand Verbesserungswürdiges gebe.

Zum Handbuch von Sagner bzw. zum *Sagner-Grassi* sei auch noch auf das Urteil meines Mitbruders Giorgio Stella verwiesen.[2] Er meinte zu Kaspar Sagner und zu seinem in Prag erschienenen Handbuch: »Sagner kann nicht wirklich Thomist genannt werden. Er war lediglich ein eklektischer Scholastiker ... Allerdings darf sein Eklektizismus keineswegs mit einem Synkretismus verwechselt werden; er entnimmt nämlich die Gesamtheit seiner Themen der philosophia perennis ... Dies bestätigen nicht zuletzt seine Kommentatoren.« Und weiter: »Ist es schließlich klar, daß verschiedene Stellen des Textes zum einen Teil eindeutig und zum anderen Teil nicht eindeutig auf die Kommentatoren zurückgehen, so ist ebenso offensichtlich, daß einzelne Texte bewußt gestrichen wurden und daß bezüglich anderer wenigstens vorerst noch kein Urteil möglich ist. Lediglich dort, wo der Kommentator schweigt, kann man – nicht zuletzt aufgrund des Textaufbaus – sagen, daß der [ursprüngliche] Text akzeptiert wurde.«

---

[1] *Roselli*, 91.
[2] *Insegnamento*, 185f.

Bezüglich des *Sagner-Grassi* meint Stella abschließend: »Die Kommentatoren versuchen Stelle für Stelle zu ergänzen und gegebenenfalls sogar zu korrigieren. Sie tun dies fast ausschließlich mit Bezugnahme auf den hl. Thomas. So wird die thomistische Geisteshaltung der Lazaristen in jeder Anmerkung sichtbar.«

Erst viele Jahre später, allerdings noch vor 1877, hielt auch am Collegio Alberoni die *Philosophia christiana cum antiqua et nova comparata* (1862ff.) von Gaetano Sanseverino (1810–1865) Einzug. 1877 erwarb Alberto Barberis sie in der von Nunzio Signoriello (1820–1889) bearbeiteten Form (»in compendium redacta«) für den ersten Studiengang des Collegio. Für die höheren Semester hingegen schrieb er unmittelbar die beiden *Summen* des hl. Thomas vor.

Die Dokumentierung des Thomas-Studiums durch die Thesen der 140 öffentlichen akademischen Veranstaltungen des Collegio Alberoni

Neben dem *Sagner-Grassi* belegen uns auch andere Dokumente die Pflege der Thomas-Studien am Collegio Alberoni. Zu ihnen gehören die Thesenlisten der öffentlichen akademischen Veranstaltungen und eine besonders wertvolle philosophische Thesenliste aus den Jahren 1768/69. Außerdem liegt ein großer Nachlaß der verschiedenen Professoren im Archiv des Collegio vor. Dazu kommen Berichte von Zeitgenossen. Sodann spricht das Faktum für sich, daß drei Studenten des ersten Studienabschnitts mit einem theologischen Abschlußzeugnis am theologischen Collegium der Universität von Piacenza aufgenommen wurden, was wiederum nur möglich war, wenn ein ausdrückliches Bekenntnis zum hl. Thomas vorlag. Schließlich aber zeugt der *Index Bibliothecae Collegii S. Lazari* (bis Ende des 18. Jahrhunderts geführt) von enormen Anschaffungen aristotelisch-thomistischer Literatur während der ersten fünfzig Jahre des Kollegs.

Was die Thesenlisten anbelangt, so habe ich sie in einem Artikel im Jahre 1958 bekanntgemacht und erläutert.[3] Das Ergebnis daraus entspricht dem bisher Gesagten: Kein Lehrer am Collegio Alberoni stand jemals im Widerspruch zum hl. Thomas. Beharrlich hielten sie alle an seiner Lehre fest, wenn sie sich auch um den Fortschritt der Wissenschaften bemühten. Der Neuthomismus in Piacenza war trotz allem Rückgriff auf die Vergangenheit eine lebendige Sache. Dies galt sowohl für die philosophischen als auch für die theologischen Fächer.

Besonders interessant unter diesen Thesenlisten sind, wie gesagt, diejenigen aus den Jahren 1768/69. Cornelio Fabro hat sie ein »documento unico del genere« genannt. Ich selbst fügte hinzu, daß sie das eigentliche »manifesto del neotomismo piacentino« sind. Man muß diese Behauptung auf Piacenza begrenzen, weil ja (wie erwähnt) die Lazaristen schon vor Francesco Grassi in den übrigen Teilen Italiens den Thomismus gepflegt haben. Allerdings gab es auch in Piacenza selbst, im Dominikanerkonvent S. Giovanni in Canale, eine rege Beschäftigung mit dem hl. Thomas. Immerhin wurde gerade hier die vervollstän-

---

[3] *I Tesari di 140 pubbliche dispute accademiche tenute a Piacenza dal 1753 al 1829 documentano lo studio di S. Tommaso nel Collegio Alberoni*, in: DT(P) 61 (1958) 321–406, jetzt auch in: G. F. Rossi: *La filosofia*, 65–150.

digte Ausgabe des *Cursus philosophicus metaphysicus scilicet continens tum universae Philosophiae cum famosiores Metaphysicae speculationes . . . compositas ad mentem Angelici Praeceptoris D. Thomae Aq.* von Paolo Maria Cauvino 1692 (in drei Bänden) bewerkstelligt. Doch dieses Studium des hl. Thomas ging über den Dominikanerkonvent nicht hinaus. F. Grassi hingegen und die Lazaristen verbreiteten die Begeisterung für den hl. Thomas, die sie in den ihnen anvertrauten Priesteranwärtern der Diözese säten, in ganz Piacenza. Gerade diese Thesenlisten dienten ja auch dazu, die zahlreichen religiösen Zentren in Piacenza selbst und darüber hinaus zu erreichen.

Das Thesenpapier von 1768/69 ist von hohem wissenschaftlichem Niveau. Seine 71 Thesen aus dem Gebiet der Ontologie, der Kosmologie, der Psychologie und der Theodizee belegen nicht nur, daß die Werke des hl. Thomas selbst genau bekannt waren, sondern daß auch gute Voraussetzungen seitens der Alumnen für deren Lektüre bestanden. Immerhin wurde dieses Thesenpapier öffentlich – in Anwesenheit zahlreicher Dominikaner, Franziskaner, Augustiner, Serviten, Jesuiten und Doktoren der Universität von Piacenza, die das Recht von »arguentes« besaßen – von den Alumnen der fortgeschrittenen Lehrgänge disputiert. Sie alle waren von ihren Lehrern Cravosio und Conti darauf eingeschult worden. F. Grassi war damals Superior des Collegio. Betrachtet man schließlich noch die Anmerkungen zu diesen Thesen, so stellt man neben den Anspielungen auf die zeitgenössische Philosophie fest, daß etwa die *Summa theologiae,* die *Summa contra Gentiles,* die *Quaestiones disputatae de potentia,* die *Quaestiones disputatae de veritate,* die *Quaestiones quodlibetales* und das *Scriptum in IV libros sententiarum* wörtlich zitiert werden. Nach Cornelio Fabro war diese genaue Kenntnis auch der Grund dafür, warum sich die Alumnen des Kollegs einem so illustren Forum wie den Dominikanern von S. Giovanni und den Professoren der Universität in Piacenza stellen durften.[4]

Die Dokumentierung des Thomas-Studiums durch die Manuskripte des Archivs am Collegio Alberoni

Über die zahlreichen Manuskripte aus dem Archiv des Collegio Alberoni, aus anderen Häusern der Lazaristen in Italien und aus dem Stadtarchiv von Piacenza habe ich seit 1957 vorwiegend in der Zeitschrift *Divus Thomas* berichtet. Sie alle stammen von verschiedenen Lehrern des Collegio. Die bekanntesten unter ihnen sind wiederum diejenigen von Grassi, Cravosio, Como und Bianchi. Besonders interessant sind jedoch auch die Mitschriften des Alumnen Antonio Cardinali, der 1790–1793 vor allem die Vorlesungen von Giuseppe Luigi Alvigini, *Quaesita et notiones circa philosophiam ad usum Collegii S. Lazari lectoris Josephi Aloysii Alvigini,* gehört hat. Sie zeugen von einer guten thomistischen Metaphysik. Für wichtig halte ich auch die *Institutiones philosophiae* von Don Pietro Cavalli, die allerdings aus späterer Zeit stammen und von Francesco Xaverio de Mattias in den Jahren 1874–1877 inspiriert worden sein dürften. Aber mehr will ich nicht

---

[4] *Prefazione* zu: G. F. Rossi: *La filosofia,* S. IX.

sagen. Jedes weitere Detail ist in meinem Buch *La filosofia nel Collegio Alberoni e il neotomismo* nachlesbar.⁵

Leider wurde die Dokumentation der schriftlichen Quellen des Collegio Alberoni lange nicht unternommen. Dadurch kam es zu so gravierenden Fehlurteilen, wie sie schon Alfonso Fermi 1919/20 in seiner Dissertation *L'indirizzo filosofico nel Collegio Alberoni durante il suo primo periodo di vita 1751–1815* vertreten hat. Obwohl z. B. gerade Fermi das Archiv des Kollegs konsultierte, kam er zu so verheerenden Irrtümern wie etwa dem, daß die Lazaristen dem zeitgenössischen Sensualismus gehuldigt hätten. Dabei stützte er sich noch dazu auf zwei Dokumente aus den Jahren 1756 bzw. 1794, die beide nicht von Mitgliedern des Kollegs verfaßt wurden, sondern zufällig im Archiv vorhanden sind. Ein Blick in die Handschriften F. Grassis z. B. hätte genügt, um das Bild richtigzustellen. Dort nämlich wird Wert gelegt auf die enge Verknüpfung von Philosophie und dogmatischer Theologie: »absurda eorum est cogitatio, qui verentur ne Philosophia cedat in praejudicium fidei atque Theologiae revelatae«. Seinen Schülern erklärt er als seine Absicht, »scholastica studia cum dogmaticis apprime coniungere«. Er wendet sich gegen diejenigen, die Scholastik und positive Theologie für unvereinbar halten, und bekennt sich zu einer strengen Befolgung der thomistischen Gedankengänge. Ähnliches findet sich in Manuskripten von Cravosio.

Interessant ist, daß man im Collegio Alberoni z. B. genau an der Unterscheidung zwischen Wesenheit (essentia) und Existenz (existentia) festhielt. Diese Unterscheidung war bekanntlich seit jeher unter den Thomisten umstritten. Noch im 20. Jahrhundert löste sie viele Diskussionen aus. Die Lehrer des Collegio Alberoni im 18./19. Jahrhundert hielten bereits an ihr fest. So belegt es ein Text, den ich 1962 bereits publiziert und an den Anfang des 19. Jahrhunderts datiert habe.⁶ Er lautet folgendermaßen: »Quomodo haec essentiae notio plenissime verificetur in Deo, qui est ipsum esse, videbimus infra. Sed *in rebus creatis distinguitur essentia et esse*, sic ut essentia intelligatur id quod est et exhibetur per definitionem rei dum quaeritur quid sit res aliqua; unde essentia dicitur etiam a scholasticis ›quidditas rei‹, esse autem est actus quo res actualiter existit. *Unde essentia in rebus creatis se habet respectu ad esse veluti potentia recipiens, vel habens illud: esse autem se habet ad essentiam veluti actus receptus, vel habitus in ipsa:* unaquaeque enim res creata existens est synthesis constans duobus, nempe est unum ›quid existens‹ et sic recte essentia dicitur ab esse, quia omnis essentia est virtus receptiva eius quod est esse: et totidem essentiae sunt totidem gradus magis vel minus virtuosi ad recipiendum esse. Hinc sensu proprio et obiectivo essentia divina est ipsa tota Deitas in unitate per se existens, qua nempe comparata ad res creatas est essentia creatrix et exemplaris omnium in se autem actualissima« (Manuskript *De Deo*, Anfang 19. Jahrhundert, wahrscheinlich von Filippo Giriodi; die Hervorhebungen stammen von mir).

Ein Kommentar zu diesem Text erübrigt sich wohl. Die Unterscheidung von »essentia« und »esse« war somit schon damals in Piacenza heimisch. Beachtens-

---

⁵ Ebd. 475–504.
⁶ In: DT(P) 65 (1962) 386–397.

wert auch, daß streng nach thomistischem Vokabular nicht von »existentia«, sondern von »esse« die Rede war. Ja man nahm zu dieser Frage am Collegio sogar eine eigene Untersuchung vor. Ich verweise nur auf den *Cursus philosophicus metaphysicus . . . ad mentem Angelici Praeceptoris D. Thomae Aq. per Paulum Mariam Cauvinium . . .*, der laut *Index Bibliothecae* bereits vor 1800 erworben wurde. Im zweiten Band dieses Werkes (S. 39–60) wird in zehn Artikeln die These »An essentia et existentia realiter distinguatur in creatis« behandelt. Als Schluß liest man: »distinguitur realiter«. Bedenkt man, daß dieses Werk am Collegio diskutiert wurde, so ersieht man das Interesse für dieses Problem.

Die Vorurteile der Forscher über den Unterricht am Collegio Alberoni

Bevor ich fortfahre, muß ich ein Wort über die italienische Literatur zu unserem Thema sagen. Seit zwei Jahrhunderten kommt sie zu völlig entgegengesetzten Urteilen und Stellungnahmen. So wurde es notwendig, die Fragen von den Quellen her zu entscheiden. Einen Anfang dazu bot eine internationale historische Tagung im September 1952 am Collegio Alberoni selbst. Damals verteidigte bereits Aristide Bosoni in seinem Referat *L'indirizzo teologico del Collegio Alberoni nei primi 50 anni di sua vita* das Kolleg gegenüber dem Vorwurf des Jansenismus. Und der damals noch junge Giuseppe Tramelli kam in seiner Rede *L'indirizzo filosofico del Collegio Alberoni come risulta dei tesari delle pubbliche accademie* zu dem Schluß: »In keinem Augenblick seiner Geschichte hing – entgegen unserer bisherigen Ansicht – jemand am Kolleg dem Rationalismus oder dem Sensualismus an . . . Es gab schon allein deshalb weder Rationalisten noch Sensualisten am Kolleg, weil gerade die wichtigsten Thesen des Rationalismus und Sensualismus hier besonders bekämpft wurden . . . Der Inhalt des Philosophieunterrichts am Alberoni scheint mir vor und nach 1780 vorwiegend in der Nähe der Spätscholastik angesiedelt zu sein.«

Die Tagung von 1952 brachte einen Stein ins Rollen. Man begann die Ansichten über die Anfänge der Neuscholastik in Italien zu revidieren. Bis zu diesem Zeitpunkt nämlich galt das Collegio Alberoni als ein »Herd des Jansenismus«, als »Festung der Sensualisten«, als »verborgenes und verschlagenes Häretikernest« und als »eine Höllenschmiede«. Aufgrund einer falsch verstandenen Tugend ihrer Ordensvorschrift hüllten sich die Lazaristen gegenüber diesen falschen Urteilen in Schweigen. Dadurch leisteten sie ihren Beitrag zur Verbreitung solcher Irrtümer. Als ich mich selbst zwischen 1952 und 1959 auf Anraten von Agostino Gemelli ans Werk machte, die Geschichte dieser Irrtümer aufzuarbeiten, stellte ich vor allem folgendes fest: Die diversen Autoren schreiben voneinander ab. Viele negative Urteile stammen aus dieser Untugend. Sie wurden auch ohne nur irgendeine unmittelbare Einsicht in die Quellen formuliert. Sie waren vielmehr das Ergebnis von falschen Vermutungen und ebenso falsch interpretierten Zeugnissen. Ein markantes Beispiel dafür ist die Einschätzung der Rolle Condillacs (1714–1780). Er war ja viele Jahre in Parma. Folglich – so schloß man – mußte seine Philosophie auch das Collegio Alberoni erreichen. Doch es ging noch weiter: Man wagte sogar zu behaupten, daß Condillac persönlich auf einem Lehrstuhl des Kollegs seine Theorien unterrichtet habe. Auf diese Weise wurde unsere Geschichte geschrieben! Man hätte nur die Quellen anschauen müssen, um zu sehen, wie man unter den Lazaristen über Condillac dachte.

Der Vorwurf des Jansenismus geht übrigens auf den molinistisch orientierten Theologen Donnino Giuseppe Copellotti (1693-1777) zurück, der ihn 1762 anläßlich einer Disputation des Collegio zur Frage *De praedestinatione Sanctorum* erhob, an der er nicht einmal teilgenommen hatte. Vom Empirismus und Sensualismus hingegen sprach man im Anschluß an die Philosophen Gian Domenico Romagnosi (1761-1835) und Alfonso Testa (1784-1860, zu unterscheiden vom Thomisten Angelo Testa!). Romagnosi, so meinte man, hätte 1829 über Gianantonio Como vom Alberoni gesagt, er habe seinen Ansatz »bei den gesunden Quellen der modernen induktiv ausgerichteten Philosophie« gefunden. Romagnosi bezog sich dabei aber auf die Physik Comos im engen Sinn. Und dort findet man sogar Ausdrücke wie »Bruch mit den Peripatetikern«, »Kampf gegen die Scholastik«, »Abkehr vom Joch der Autorität«, doch diese Ausdrücke bezogen sich ausschließlich auf die Physik, von der man wußte, daß sie sich im mittelalterlichen Sinne nicht mehr betreiben ließ. Daraus auf Sensualismus zu schließen ist somit völlig abwegig. Anders liegen die Dinge bei Alfonso Testa, der 1839 wirklich behauptete, daß am Collegio Alberoni »Condillac in etwas korrigierter Form unterrichtet« worden sei. Es verwundert, daß Testa, der ja selbst Zögling des Kollegs (seit 1799) war und bei Bartolomeo Bianchi Metaphysik gehört hatte, so etwas behaupten konnte. Nach mehr als 30 Jahren hatte er offensichtlich vergessen, daß gerade Bianchi eine ausdrückliche Kritik an Condillac vorbrachte. Aber da man nun einmal die irrigen Mitteilungen Testas kritiklos übernahm, kam das Gerücht vom Empirismus und Sensualismus in Piacenza in Umlauf. Nicht einmal A. Masnovo machte sich die Mühe, Testas Ansicht zu verifizieren. So entstand vor allem durch ihn, dann aber auch durch Alfonso Fermi die Theorie, daß Vincenzo Buzzetti, der präsumtive Begründer der italienischen Neuscholastik, seinen Thomismus nicht am Alberoni bezogen haben könne, da dort ja der Sensualismus geherrscht hätte.

Es gibt natürlich auch andere Urteile über den Unterricht am Collegio Alberoni. Diese erkennen das Bestreben an, eine scholastische Philosophie zu betreiben »ad mentem S. Thomae«. Dadurch stimmen sie mit den Zeugnissen von Bianchi und Alvigini überein, d. h. mit den unmittelbaren Quellen, die nicht zuletzt auch den Bildungsweg von V. Buzzetti illustrieren. Falsch ist es also, wenn man z. B. behauptet, daß Buzzetti eine Art thomistischer Autodidakt gewesen sei, der seine Thomas-Kenntnisse von woanders her bezogen hätte. Das belegen auch schon seine ersten Biographen. Raffaele Marzolini etwa berichtet: Als Buzzetti ins Collegio Alberoni aufgenommen wurde, »stürzte er sich mit unglaublicher Begeisterung zwischen die neu eröffneten Schranken der metaphysischen und mathematischen Disziplinen; er begeisterte sich für diese so sehr, daß er in ihnen völlig aufging; der ansonsten getreue Befolger der häuslichen Regeln verletzte plötzlich des öfteren die mit weiser Umsicht angesetzten Ruhe- und Schlafzeiten«.[7] Ebenso erzählt Giovanni Dall'Arda, sein Nachfolger als Kanonikus an der Kathedrale, zu Beginn seiner Vorlesung: »Mit welch einer Redegewandtheit und mit welch einem Eifer sah ich den gerade 16 Jahre alt Gewordenen (Buzzetti kam mit 16 Jahren ins Collegio) die überkommenen Wahrheiten und Sitten als etwas Heiliges gegen jeden Fanatismus verteidigen; die profane Philosophie bedrohte seinen Geist nicht weniger als sein Herz, das jene traurigen Neuerungen sah, die dazu ansetzten, Italien, die Regierungen und die Religion zu stürzen.«[8] Kann jemand nach solchen Zeugnissen noch behaupten, daß Buzzetti als Autodidakt und Schüler von Jesuiten Thomist nur als Reaktion gegen das sensualistische Klima am Kolleg gewesen sei? Die Zeitgenossen jedenfalls, zu denen Marzolini und Dall'Arda gehören, bestätigen uns einen thomistischen Unterricht Buzzettis bei den Lazaristen.

Meine Studien zur Geschichte dieser Historiographie, die ich 1952 begann und 1959 im *Divus Thomas*[9] erstmals publizierte, erhielten eine unerwartete Bestätigung durch Cornelio Fabro, der sich in seiner *Storia della filosofia* (Rom 1954, zweite Auflage 1959) hinter mich stellte und schrieb, daß zur Zeit der Auseinandersetzungen um Gioberti und Rosmini am Collegio Alberoni »bereits seit einem halben Jahrhundert eine ausdrückliche Renaissance-Bewegung zum Thomismus hin herrschte, genauer: eine Rückkehr zum ursprünglichen Thomas jenseits aller Schulstreitigkeiten unternommen wurde«. In der Neuauflage von 1959 fügte er sogar hinzu: »Buzzetti, Angelo Testa und Serafino Sordi erhielten von ihren Lehrern am Collegio Alberoni jenen Anstoß zum Neuthomismus, der [in Piacenza] bereits seit einem halben Jahrhundert vorhanden war und den sie schließlich weitergaben ...« an Piacenza, an die Emilia-Romagna, an Rom, an Neapel. Ähnliches erklärte August Pelzer 1957 in seinem Artikel *Le origini del neotomismo ed il Collegio Alberoni a Piacenza*, der am 21. Juli 1957 im *Osservatore Romano* und später auch in der *Revue d'histoire ecclésiastique* (1957, S. 1129) abgedruckt wurde. Schließlich muß noch Augustin Mansion genannt werden, der 1958 in der *Revue philosophique de Louvain* (1957, S. 327) schrieb: »Während der zweiten Hälfte des 18. Jahrhunderts war das Philosophiestudium am Collegio Alberoni offen thomistisch orientiert, d. h. auf einen Thomismus eingestellt, der sich direkt an die Aussagen des hl. Thomas selbst gebunden fühlte, gleichzeitig sich aber auch – zweifellos nicht im positiven Sinne eines Entgegenkommens – den zeitgenössischen philosophischen Strömungen stellte.«

Grundsätzliche Charakteristik des Neuthomismus von Piacenza

Das zuletzt angeführte Zitat von Mansion trifft das Wesen des Thomismus am Collegio Alberoni bereits genau: Man stellte sich den zeitgenössischen Strömungen nicht aufgrund irgendeiner Unsicherheit auf dem Gebiet der Metaphysik,

---

[7] *Notizia biografica*, 135f.
[8] Am 17. April 1825; *Manuskript* im Archiv des Collegio Alberoni.
[9] *Giudizi di due secoli sull'insegnamento alberoniano*, in: DT(P) 62 (1959) 341–535, jetzt auch in: G. F. Rossi: *La filosofia*, 231–426.

sondern aufgrund intellektueller Redlichkeit. Gerade bezüglich der Philosophia naturalis konnte man doch, wo diese seit jeher einen Teil hat, der unmittelbar auf der Erfahrung aufbaut, nicht den Erkenntnissen der damaligen modernen Naturwissenschaften ausweichen. Das bedeutete aber keineswegs eine Unsicherheit im philosophischen Bereich. Bezeichnenderweise unterschied man am Kolleg schon damals, im 18. Jahrhundert, zwischen »philosophia naturalis« und »scientia experimentalis«. Deshalb, weil sich ein Philosoph *auch* den Erfahrungswissenschaften zuwendet, ist er noch lange kein Sensualist oder Empirist. Metaphysik und Physik behalten allemal ein verschiedenes Formalobjekt.

Trotz dieses Interesses für die Erfahrungswissenschaft – man unterschied übrigens auch »psychologia rationalis« und »psychologia experimentalis« – blieb die Philosophie am Geist des hl. Thomas orientiert, und zwar vom 18. Jahrhundert an. *Ein Sinn für die Wissenschaft und die Pflege derselben in aller Offenheit für die Wahrheit selbst charakterisieren die legitime Zugehörigkeit des Collegio Alberoni zur thomistischen Schule. Diese wissenschaftliche Einstellung, die, wie gesagt, eine Einstellung auf die Wahrheit selbst ist, verbindet die Lehrer dieser Institution mit dem Geist des Aristoteles (der bekanntlich Philosoph und Wissenschaftler in einem war).*

Die Alumnen erhielten nach dem ersten Triennium einen Lehrer, der Metaphysik und Physik zugleich unterrichtete. Der erste Lehrer war, wie berichtet, F. Grassi. Ihm zur Seite stand als Repetitor G. D. Cravosio (von 1751 bis 1754). Diese beiden gründeten das physikalische Kabinett des Kollegs. (Cravosio wurde übrigens später Professor für Physik in Parma). Ein wertvolles Manuskript aus den Jahren 1762/63 (von einem Alumnen namens Dominicus Dacò, 24 Textseiten, 21 Abbildungen mit 75 Figuren) berichtet uns von den Experimenten und Beobachtungen über die elektrischen Felder in der Atmosphäre, die Cravosio seit 1759 anstellte.

Weil man am Collegio Alberoni derartige Studien betrieb, hielt man die dortige Philosophie auch für eklektisch. So etwas zu behaupten beweist eine totale Unkenntnis des Geistes, der unter den Lehrern des Kollegs herrschte. Die Schüler bekamen von ihnen nicht, wie in Eklektikerkreisen üblich, ein Sammelsurium von Theorien, d. h. eine Masse von Begriffen, denen es an Einheit, sprich: an Wissenschaftlichkeit fehlte. Gerade um diese wissenschaftliche Systematik bemühten sich vielmehr die Lehrer am Alberoni. Ihre kritische Revision der Vergangenheit entsprach den Gesetzen des geistigen Fortschritts: Sie konstatierte die kontinuierliche Höherentwicklung des menschlichen Geistes. Jede Generation kam für sie zu ihren Errungenschaften dadurch, daß sie das Bleibende übernahm und in ihrer Weise weiterführte. Ist so etwas Eklektizismus, so waren meinetwegen auch Grassi, Alvigini, Como und die anderen Lehrer des Collegio Alberoni Eklektiker, weil sie alle versuchten, die Philosophie überall dort anzuerkennen, wo sie die Wahrheit berührt. In diesem Fall muß man konsequenterweise aber auch den hl. Thomas einen Eklektiker nennen.

Blicken wir noch einmal auf die Philosophie selbst, die am Kolleg gelehrt wurde, so sehen wir nicht zuletzt an den Themen, die behandelt wurden, die thomistischen Akzente. In der *Ontologie* etwa behandelte man vorzüglich das

Kontradiktionsprinzip und das Prinzip vom zureichenden Grund. Man untersuchte das »ens« im allgemeinen und dessen Eigenschaften. Man befaßte sich mit den vier Ursachen, der materialen, formalen, effizienten und finalen. Nicht zuletzt spielte die Unterscheidung zwischen »essentia« und »esse« eine Rolle. In der *Kosmologie* versuchte man den Hylemorphismus als »admirabilis doctrina de formis substantialibus« und als Entfaltung der Akt-Potenz-Lehre anzuwenden. In der *Psychologie* stand die Seele als »forma substantialis corporis« und als Prinzip der Unsterblichkeit im Mittelpunkt. Für die *Gnoseologie* rückten Themen wie »Abstraktion«, »natürlicher und integraler Realismus« (d. h. »Unmittelbarkeit der sinnlichen und geistigen Erkenntnis«) bzw. die Abgrenzung vom Empirismus, Rationalismus, Idealismus, Skeptizismus usw. in den Vordergrund. Die *Theodizee* schließlich wurde im Traktat »De Deo uno« behandelt, ganz nach thomistischem Brauch.

Verwundert es nach all dem bisher Gesagten, daß ausgerechnet am Collegio Alberoni 1879 gleichzeitig mit der Enzyklika *Aeterni Patris* (4. August 1879) durch Alberto Barberis CM die erste thomistische Zeitschrift der Welt, der *Divus Thomas,* erschien? Hatte diese Zeitschrift nicht von vornherein hier ein Heimatrecht? So zumindest sieht es Cornelio Fabro in seiner Philosophiegeschichte von 1954: »Das Collegio Alberoni, das vor rund 80 Jahren in Erwartung der erleuchteten und mutigen Tat Papst Leos XIII. zur Veröffentlichung des *Divus Thomas* als erster thomistischer Kulturzeitschrift der Welt überging, hat das Recht, an die vorderste Front der thomistischen Renaissance gestellt zu werden und sich darüber zu freuen, daß der Doctor Angelicus innerhalb seiner bewährten Mauern ›tamquam in domo sua habitat‹.«

Ich möchte meinen Beitrag über das Collegio Alberoni nicht schließen, ohne noch auf seine drei berühmtesten Mitglieder im 18. und 19. Jahrhundert näher eingegangen zu sein: auf Francesco Grassi, auf Vincenzo Buzzetti (der nur Schüler am Kolleg war) und auf Alberto Barberis. Auf sie wurde im bisher Gesagten immer wieder Bezug genommen. Sie verdienen jedoch, noch eigens behandelt zu werden.

FRANCESCO GRASSI (1715–1773) – DER ERSTE LEHRER AM COLLEGIO ALBERONI

Der erste bedeutende Lehrer am Kolleg in Piacenza war Francesco Grassi. Der prägende Einfluß, den er auf das Kolleg ausgeübt hat, dauerte viele Jahre lang. Geboren wurde er am 26. Oktober 1715 in Castiglione in der Diözese Lodi. In den Orden der Lazaristen trat er am 16. Dezember 1731 in Genua ein. Zwei Jahre später, am 17. Dezember 1733, legte er in Ferrara die Gelübde ab. Seine Studien, vor allem diejenigen in Theologie, absolvierte er ebenso in dieser Stadt. Hier erhielt er mit 22 Jahren, obwohl aus Altersgründen noch nicht Priester, den Auftrag, Philosophie zu lehren. Nach Ferrara kam er wieder nach Genua, wo ihm bis 1748 die wichtige Aufgabe der Leitung des Ordensseminars übertragen wurde. Bis 1751 war er sodann in Turin. Von hier aus kam er am 23. November 1751 nach Piacenza, nach S. Lazzaro, als Lehrer für Metaphysik und Physik. 1754 übernahm er den Lehrstuhl für dogmatische Theologie. 13 Jahre später, am 30. Mai 1767, wurde er zum Superior des Kollegs ernannt. Er legte deshalb seinen Lehrstuhl aber nicht nieder. In S. Lazzaro starb er am 11. Januar 1773, betrauert nicht nur von den Mitbrüdern und den Alumnen, sondern von der ganzen Diözese Piacenza.

Grassi war ein weitumfassender Geist. Er besaß eine gute Kenntnis der Kirchenväter, vor allem des hl. Augustinus und des hl. Thomas. Unerschütterlich war sein Denken. Dementsprechend ging ihm in ganz Piacenza, ja in der ganzen Lombardei und in ganz Italien der Ruf eines außerordentlichen Talents voraus, das eine einzigartige Lehre zu vertreten habe. Bei seinem Tod beklagte der Bischof von Piacenza unter Tränen den Tod eines großen Mannes. Nicht weniger als 70 Ordensgeistliche lasen seine Seelenmesse. Darüber hinaus war Grassi ein Mann voll von Nächstenliebe. Als er z. B. wegen seines öffentlich diskutierten Thesenpapiers *De praedestinatione Sanctorum* 1762 auf verleumderische Art und Weise durch den molinistischen Erzpriester Copellotti der Häresie verdächtigt wurde, verzichtete er auf jeglichen Streit mit seinem Gegner, der sich nicht einmal scheute, über die Marktleute Pamphlete mit dem Vorwurf der Häresie zu verbreiten, ja er las nicht einmal das Schriftstück, das ihm ins Kolleg geschickt wurde. Erst zwei Jahre später (1764) erschienen in Venedig *Osservazioni teologico-critiche del Sig. Arciprete Copellotti sopra alcune tesi esposte al pubblico l'anno 1762 dal P. Lettore N. N. ed alcune riflessioni contrarie alle osservazioni medesime coll'aggiunta delle tesi accenate.* Liest man diesen Text, so sieht man, daß der Autor das Thesenpapier von 1762 genau kennt und sich als besonderer Interpret der Gnadenlehre des hl. Augustinus profiliert. Tatsächlich las Grassi 1764/65 gerade seinen Kurs *De gratia*. Der Autor dieser Antwort könnte also Grassi sein. Jedenfalls verteidigt er seine augustinische Position gegenüber Copellotti und dessen Vorwurf des Jansenismus. Doch seine Verteidigung ist würdig. Er nennt seinen Ankläger sogar »clarus adversarius«. Und offensichtlich denkt Grassi wieder an seine Kurse. Denn 1764/65 in seinem Kurs und 1766 in einem neuen Thesenpapier liegen genau diese Gedanken zugrunde, auch wenn Copellotti nicht mehr eigens genannt wird.

Leider existieren von Grassi die *Philosophicae praelectiones* nicht einmal mehr im Archiv des Collegio Alberoni. Er selbst erwähnt sie in einem Thesenpapier von 1753/54. Dafür existiert noch das Manuskript *Introductio ad physicam* (Ms. Grassi A). Darüber hinaus liegen zahlreiche theologische Handschriften unter dem Vermerk »Ms. Grassi N. autografo, De gratia« vor. Gedruckt wurden außerdem folgende Werke: Die philosophischen Thesenvorlagen aus den Jahren 1753/54; die theologischen Thesenvorlagen aus den Jahren 1756/57, 1759/60, 1762 und 1766; die Anmerkungen zu den *Institutiones philosophicae* des Handbuches *Sagner-Grassi*, das 1767/68 in Gemeinschaftsarbeit mit Cravosio, Chiabrandi und Conti in Piacenza herausgegeben wurde; die kurze Monographie *De concordia principii rationis sufficientis cum libertate,* das 1750 in Venedig erschien, von dem aber in Piacenza kein Exemplar vorhanden ist; die *Dissertatio de principio rationis sufficientis,* Lugano 1773; und möglicherweise die oben genannten Entgegnungen zu Copellotti.

Zum Hauptwerk Grassis, zur *Dissertatio de principio rationis sufficientis*, gibt es sogar eine Doktorarbeit. Sie wurde von Sr. Delfina Schianchi 1962/63 unter der Leitung von Cornelio Fabro verfaßt und mit dem Titel *Gli albori del neotomismo: l'opera di Francesco Grassi al Alberoni* (ursprünglicher Titel: *Il principio di ragion sufficiente e la rinascita del tomismo al Collegio Alberoni*) im Jahrbuch der päpstlichen Hochschule S. S. Maria Assunta veröffentlicht (78 Seiten). Daraus möchte ich folgende Zitate einfach übernehmen: »Schon allein dies«, daß Grassi die *Institutiones philosophicae* von Kaspar Sagner gemeinsam mit Cravosio und Chiabrandi kommentiert hat, »zeigt, daß er das Haupt einer Schule war und daß die von ihm vorgegebene Linie durch die meisten seiner Nachfolger, nicht nur durch die unmittelbaren, befolgt wurde. Würden wir dies nur behaupten, so verbliebe unsere Untersuchung im Vorurteil. Doch heute, dank der Publikation des breiten historischen Materials durch Giovanni Felice Rossi, ist es möglich, genau die Geschichte, d. h. die gesamte philosophische Tradition des Instituts zu rekonstruieren und sowohl in den Thesenvorlagen als auch in den philosophischen Manuskripten der verschiedenen Lehrer eine einheitliche Grundhaltung zu finden, die sich an den ursprünglichen Unterricht anschließt; sie wiederum ist im wesentlichen als aristotelisch-thomistisch zu bezeichnen trotz aller unvermeidlichen Mängel und Lücken.« Und weiter: »Auch einer äußerlichen und oberflächlichen Betrachtung wird klar, daß der Autor der *Dissertatio* sich ausgiebigst der Hauptwerke des hl. Thomas bedient. Diese mußte er genau kennen, um mit derartiger Selbstverständlichkeit jeweils die einschlägigsten Texte zum Beleg für seine Darlegungen anführen zu können. Dabei handelt es sich keineswegs um sporadische Zitate oder aus dem Zusammenhang herausgelöste Sätze, sondern streckenweise um ganze Artikel, die geradezu die Basis der Überlegungen zu verschiedenen Themen abgeben. Die Heranziehung des hl. Thomas erfolgt hier in der *Dissertatio* öfter und ausdrücklicher als in den Anmerkungen zum Handbuch von Sagner. Dies wiederum ist etwas bemerkenswert Neues in der Geschichte des scholastischen Denkens der damaligen Zeit. Sehen wir von den Werken der Dominikaner ab, deren bedeutendstes innerhalb dieses Jahrhunderts die *Summa philosophica* von Salvatore Roselli war, die fünf Jahre nach der *Dissertatio* erschien, so müssen wir feststellen, daß der Aquinate den rationalistisch orientierten Scholastikern wenig bekannt war. So ergibt es sich aus den sporadischen Zitaten und aus dem spärlichen Platz, der diesem in den Handbüchern (von Sagner, Storchenau, Baumeister) eingeräumt wird. Umso bedeutsamer, daß ein Autor außerhalb des dominikanischen Ambientes die spekulative Kraft des Aquinaten begriffen hat und bereit war, seinen Spuren beharrlich zu folgen. Er nimmt damit freilich eine alte Tradition seiner Kongregation auf, doch dies wiederum mit einer Überzeugtheit und in einer Weise, die ihn von seinen Mitbrüdern unterscheidet.« Schließlich heißt es noch: »Für unsere Untersuchung ist somit die Unterscheidung folgender drei Momente wichtig: 1. Grassi war mit den Texten des hl. Thomas vertraut. Dies setzt eine nicht bestreitbare Beschäftigung mit ihm voraus, die kontinuierlich verlief. – 2. Sein ganzes Werk bestätigt hinlänglichst seinen aufrichtigen und unbedingten Willen zum Thomismus. – 3. Es gab einen thomistischen Fundus, aus dem fruchtbare Reserven in Anspruch genommen werden konnten« (was freilich nicht heißen darf, daß im Thomismus von Grassi der gesamte Thomismus von heute zu suchen ist).

Es ist nicht sehr viel, was wir über die Persönlichkeit Grassis zusammentragen konnten, über diesen ersten großen Lehrer am Collegio Alberoni. Doch was einmal ans Tageslicht getreten ist, bleibe für das geschichtliche Denken aufbewahrt.

VINCENZO BUZZETTI (1777–1824) – NICHT DER BEGRÜNDER, ABER DER VERBREITER DES NEUTHOMISMUS VON PIACENZA

Bei Vincenzo Buzzetti ist es vor allem notwendig, seine Ausbildung am Kolleg der Lazaristen genau zu kennen und auf seine Persönlichkeit zu schauen. Denn nur dann können die erheblichen Übertreibungen, die A. Masnovo und A. Fermi in bezug auf seine Bedeutung in die Welt gesetzt haben, aus Liebe zur Wahrheit eingeschränkt werden.

In Piacenza gab es neben dem Collegio Alberoni seit 1751 ein höheres Diözesanseminar und seit 1584 auch die Schule des Collegio S. Pietro. Letztere war seit ihrer Gründung bis zur Ordensaufhebung 1773 in der Hand der Jesuiten. Danach, von 1793 bis 1806, wurde sie den Exjesuiten anvertraut, bis sie von 1815 bis 1848 wiederum regulär von der Gesellschaft Jesu geführt wurde. Aber auch in den Zeiten dazwischen blieb der geistige Einfluß der Jesuiten bei den Lehrern gewahrt. Am Collegio Alberoni nahm man alle drei Jahre nach einer Aufnahmsprüfung sowohl Kleriker aus dem bischöflichen Seminar als auch Laien aus der Schule von S. Pietro auf, wobei die Laien Aspiranten für das Priestertum sein mußten. So kam auch Buzzetti am 2. November 1793 an das Collegio Alberoni. Er war Absolvent der Schule von S. Pietro. 1793 hatte er das 17. Lebensjahr noch nicht erreicht (geboren wurde er am 26. März 1777 in Piacenza). Hinter ihm lagen wenigstens zehn, vielleicht auch elf Jahre Ausbildung, die er dank seiner hohen Begabung, seines unglaublichen Gedächtnisses und seines beharrlichen Einsatzes besonders gut absolviert hatte.

Buzzetti erlernte in der Schule von S. Pietro die zeitgenössische Philosophie, erst nach seinem Eintritt ins Collegio Alberoni wurde er in einem dreijährigen Studium mit dem scholastisch-thomistischen Denken vertraut

Obwohl Buzzetti beim Eintritt ins Collegio Alberoni noch so jung war, hatte er bereits ein philosophisches Studium in S. Pietro hinter sich. Dieses jedoch war vom allgemeinen philosophischen Geist der damaligen Zeit bestimmt. Bezüglich der philosophischen Ausrichtung im Herzogtum Parma und in Piacenza während des 17. und 18. Jahrhunderts wurde zwar behauptet, daß sie »niemals in einem reinen Sensualismus bestand«. Aufgrund meiner langjährigen Arbeit am Quellenmaterial der damaligen Zeit glaube ich aber sagen zu können, daß auch das Herzogtum Parma und besonders Piacenza keine Inseln waren. Wer außerdem für die Geschichte des Denkens ein Gespür hat und Philosophiegeschichte nicht nur als eine Auflistung von Namen betreibt, der weiß, daß keine geistige Bewegung abgekapselt für sich allein existiert oder unmittelbar aus dem Nichts entsteht.

Wer den Unterricht kennt, der am Collegio im 18. und 19. Jahrhundert gepflegt wurde, und darüber hinaus die Zeugnisse der ehemaligen Alumnen heranzieht, der weiß, daß auch Buzzetti, Angelo Testa und später Serafino Sordi nicht unvermittelt auftraten.[10] Sie alle sind vorbereitet worden durch die thomistische Tradition am Kolleg. Buzzetti hatte in der Schule von S. Pietro die sensualistische Philosophie seiner Zeit gehört. Erst nach seinem Eintritt ins Kolleg erhielt er für drei Jahre einen philosophischen Unterricht, der ihm geistige Befriedigung verschaffte. Sein Lehrer war Bartolomeo Bianchi. Dessen Thomismus trug er dann auf dem Lehrstuhl für Philosophie am Diözesanseminar (1806–1808) und später am Lehrstuhl für Theologie (ab 1808) sowie auf der Kanzel der Kathedrale mit persönlicher Begeisterung und einem gewissen Ehrgeiz vor. Selbst seine apologetisch ausgerichtete Theologie ist bestimmt vom Geist der scholastischen Disputation, d. h. vom Geist jener Auseinandersetzung, die der hl. Thomas schon in seinen *Quaestiones disputatae* in Anspruch genommen hatte als ein Mittel, um zur Wahrheit zu gelangen. Buzzetti erwies sich so nicht nur als großer Denker, sondern auch als mutiger Apologet. Auch dies verdankte er dem Collegio Alberoni.

Daß Buzzetti somit weder ein Autodidakt war noch seine thomistische Bildung schon in der Schule von S. Pietro oder sonst woher bezogen hat, belegen uns nicht zuletzt die Zeitgenossen und ersten Biographen. Von Giovanni Francesco Dall'Arda, von Carlo Gazzola, von Giovanni Cavagnati und von Raffaele Marzolini liegen aus den Jahren 1824/25 Berichte vor, die nicht nur alles bestätigen, was wir bisher gesagt haben, sondern die auch bekräftigen, daß Buzzetti am Alberoni den Thomismus kennen und schätzen lernte und daß in der Schule von S. Pietro die sensualistische Philosophie der damaligen Zeit das Sagen hatte.

Die These, daß Buzzetti ein »thomistischer Autodidakt« gewesen sei, steht im Widerspruch zur These, daß er am Alberoni zum Thomismus gelangt sei. Ich bin daher gezwungen, um der historischen Gerechtigkeit willen, die erste These zu widerlegen

Schon allein die einhellige Meinung der ersten Biographen Buzzettis hätte es unmöglich machen müssen, diesen als »thomistischen Autodidakt« zu sehen, der seine persönlichen Studien in Opposition zum Unterricht am Alberoni betrieben hätte, nachdem er auf ärztliche Anweisung wegen schwacher Gesundheit gezwungen gewesen sei, den Unterricht nicht mehr zu frequentieren. Leider hat sich diese naive Vorstellung durchgesetzt – und dies auf Jahrzehnte.[11] Begonnen hat es 1923 mit einer Vorlesung von Alfonso Fermi, die den Titel *Vincenzo*

---

[10] G. F. Rossi: *Il Buzzetti non è un fungo tomista*, in: G. F. Rossi: *La filosofia*, 505–530.
[11] G. F. Rossi: *La formazione*; ders.: *Il Buzzetti non è un fungo tomista*, a.a.O. Anm. 10.

Benedetto Buzzetti e la filosofia in Piacenza durante i decenni del suo sviluppo filosofico 1793–1824 (Piacenza 1923) trägt. Hierin wird das Collegio Alberoni als ein Sitz der sensualistischen Philosophie dargestellt und Alvigini, der 1790–1793 Professor für Philosophie und Physik am Kolleg war – ein Pionier der experimentellen Psychologie, bei allem aber ein überzeugter Metaphysiker –, als »Empirist aus einem Guß« beschrieben, der kurz vor dem Absturz in den Materialismus gestanden sei, weswegen ihm auch »Fenaia, der Generalvisitator der Lazaristen in Italien, 1794 das Unterrichtsrecht entzog«. Daß diese Thesen völlig falsch sind, habe ich in meinem Buch *La filosofia nel Collegio Alberoni e il neotomismo*[12] gezeigt. Ich darf darauf verweisen.

Fermi hatte seine Polemik gegen den Unterricht am Alberoni übrigens schon 1919/20 in seiner Dissertation,[13] die er in Bologna einreichte, begonnen. Die Doktorarbeit ist ohne genauere Konsultierung des Archivs des Collegio Alberoni geschrieben. Sie wurde nie einem Mitglied des Kollegs gezeigt. Kein Wunder, denn diese Arbeit ist historisch gesehen dürftig (sie beachtet weder die »Ratio Studiorum« des Kollegs noch das Handbuch *Sagner-Grassi*, noch den Unterricht selbst) und vom kritischen Beitrag her betrachtet fragwürdig (die Manuskripte von 1756 und 1794, die Fermi zugrunde legt, stammen beide nicht aus dem Kolleg). Fast 40 Jahre später versuchte Fermi in seinem Buch *Origine del tomismo piacentino nel primo ottocento* (Piacenza 1959) nahezu autoritativ die Diskussion über den Neuthomismus zu beenden. Selbst hier ist noch über Alvigini zu lesen: »Er versteht nicht einmal die thomistische und scholastische Terminologie.« – »Er gebärdet sich nicht nur antithomistisch und antischolastisch, sondern antimetaphysisch, wenn nicht sogar wie ein Skeptiker.« – »Er anerkennt keine wahre Unterscheidung der seelischen Vermögen. Alle begreift er als Ausdruck einer einzigen Kraft.« – »Er lehnt den Thomismus, von dem er keine genaue Ahnung hat, mit Verachtung ab.« Die Frage schließlich, die Fermi als Untertitel seines Buches stellt, nämlich: »Lernte Vincenzo Buzzetti den Thomismus am Collegio Alberoni oder war er ein thomistischer Autodidakt?«, beantwortet er am Schluß des ersten und zweiten Kapitels bejahend: »Buzzetti muß als Autodidakt angesehen werden.«

A. Fermi versuchte 1959 über Einschaltung der kirchlichen Autorität auch meine Studien über den Neuthomismus zu beenden. Aus diesem Grund führt mein Buch *La filosofia nel Collegio Alberoni e il neotomismo* mit Einwilligung des Erzbischofs Umberto Malchiodi als Erscheinungsjahr 1959 an, obwohl es erst 1961 de facto erschienen ist. Ich kritisiere darin Fermi nicht namentlich, ich weise jedoch am Schluß darauf hin, daß im Oktober 1959 eine Untersuchung erschienen ist, die aus reiner Polemik auf wissenschaftlich unlautere Art und Weise nicht existierende Beweise heranzieht und in offenem Widerspruch zur vorhandenen Quellenlage steht. Ich forderte Fermi 1961 in einem *Memoriale* auf, im Namen der historischen Wahrheit und Gerechtigkeit seine Thesen zu revidieren. Fermi lehnte jedoch sowohl eine Begegnung mit mir als auch mit Cornelio Fabro ab.

---

[12] 531–542.
[13] *L'indirizzo filosofico nel Collegio Alberoni durante il primo periodo di sua vita* (1751–1815).

Nach seinem Tod 1971 forderte mich Mons. Antonio Piolanti, der Vizepräsident der Pontificia Accademia di S. Tommaso in Rom, auf, ihm mein Buch zu schikken. 1974 gab ich in seiner Schriftenreihe *Biblioteca per la storia del tomismo* eine Zusammenfassung desselben heraus.[14]

Was Fermi 1923 und 1959 behauptete, galt im wesentlichen auch für A. Masnovo und P. Dezza. Sie alle hielten einen Thomismus am Collegio Alberoni für unmöglich. Doch dies ist noch immer nicht graue Vergangenheit. 1981 erschien im zweiten Band der *Atti dell' VIII Congresso Tomistico Internazionale*[15] ein Artikel unter dem Titel *Da Buzzetti (1777–1824) all'Aeterni Patris (1879)* von Vittorio Rolandetti und Nereo Villa, zwei Gelehrten aus Piacenza. In diesem Artikel wird die These von Fermi, Masnovo und Dezza bekräftigt, daß Buzzetti ein »thomistischer Autodidakt« gewesen sei. Wie aber wird dies begründet? Nicht anders als so, daß die Meinungsmehrheit der diversen Forscher eruiert wird. Soll so etwas jedoch ein Kriterium für die Wahrheit sein?

Schließlich noch eine Bemerkung zu Enrico Ignazio Narciso OP und seinem Buch *La Summa philosophica di Salvatore Roselli e la rinascita del tomismo* (Rom 1966). Obwohl ich in meinem Werk stets von den Dominikanerkonventen abgesehen habe, die in der Tat die thomistische Tradition mehr oder minder bewahrt haben, machte Narciso mir dies zum Vorwurf. Dahinter stand freilich die Absicht, S. Roselli und dessen *Summa philosophica* als reifen Ausdruck des Thomismus ins Rampenlicht zu stellen und dessen Bedeutung für Buzzetti, Angelo Testa und Serafino Sordi hervorzukehren. Das Verdienst des einen braucht aber doch nicht gleich das Verdienst des anderen in den Schatten zu stellen. Wissenschaft, Kultur und Wahrheit sind doch ein gemeinsamer Besitz. Aber abgesehen davon: Es ist freilich gut möglich, daß das Handbuch von Roselli auch von Buzzetti und Testa benützt wurde. Ob sich dies auch historisch erhärten läßt, bleibt noch zu untersuchen.

Die Werke Buzzettis nach dem Verzeichnis von Raffaele Marzolini

Kanonikus Raffaele Marzolini, seinerzeit Kollege Buzzettis am Alberoni und langjähriger Freund, wurde im Anschluß an einen im *Mémorial catholique*[16] vermutlich durch F.-R. Lamennais veranlaßten Artikel zum Tod Buzzettis durch die Direktion der Zeitschrift *Memorie di religione, di morale e di letteratura* aufgefordert, einen Nachruf zu schreiben. Er kam dem unmittelbar in seinem Beitrag *Notizia biografica sul canonico Vincenzo Buzzetti*[17] nach. Am Schluß dieses Beitrages findet sich ein Werkverzeichnis, das folgende 14 Titel umfaßt:

---

[14] *Il movimento neotomista*.
[15] R 1981, 218–247.
[16] 3 (1825) 176.
[17] *Notizia biografica*.

I – Tractatus de Religione
II – Tractatus de Gratia
III – Tractatus de infallibilitate Romani Pontificis
IV – Regula Fidei desumpta ex Francisco Veronio
V – Institutiones Logicae et Metaphysicae
VI – Riflessioni sopra la dissertazione »Gallia orthodoxa«
VII – Memorie relative al così detto Concilio Nazionale radunato a Parigi nel 1811
VIII – Alcune riflessioni sull' Opera di S. Agostino »De Civitate Dei«
IX – Il trionfo di Dio sul nemico della società, della natura, della Chiesa (Lugano 1814)
X – Brevissima confutazione delle ragioni addotte da D. G. Antonini ... in un' allocuzione in favore del giuramento proibito da Pio VII
XI – Lezioni teologali
XII – Confutazione di Giovanni Locke
XIII – Soluzione del problema di Molineux
XIV – Confutazione dell' idealismo di Condillac

Marzolini legt bei dieser Liste seine Vorstellungen von der unterschiedlichen Bedeutung der jeweiligen Werke zugrunde. A. Masnovo stellte in seinem Buch *Il Neotomismo in Italia* (1923) die *Institutiones logicae et metaphysicae* an die Spitze. Er gab den ersten Teil derselben 1940/41 auch in zwei Bänden heraus und meinte damit Buzzetti verherrlichen zu können. Er beging dabei nur einen entscheidenden Fehler: Die *Institutiones*, so wie wir sie besitzen, können nicht von Buzzetti stammen, sie sind vielmehr »traditae et in pluribus auctae« von Angelo Testa. Das älteste Manuskript, das vorliegt, stammt aus dem Jahre 1821. Buzzetti hat aber schon 1808 das Collegio Alberoni verlassen. Außerdem zeigen neuere Studien, daß die *Institutiones* weder ein genuines Werk von Buzzetti noch von Testa sein können. Sie bilden vielmehr eine Zusammenfassung der Handbücher von A. Goudin, S. Roselli und anderer. Schließlich vergessen wir nicht: Buzzetti wollte ein Apologet sein. Er war nicht der Philosoph, den man aus ihm machte.

Aber Buzzetti wurden auch noch andere theologische Werke zugeschrieben, die sicherlich nicht von ihm stammen können. Lino Agazzi z. B. schrieb ihm 1975[18] folgende Texte zu: eine theologische Dissertation über den *Celibato del Clero Cattolico*, sie ist jedoch nicht theologisch, sondern juridisch, und außerdem wurde sie nach 1824, dem Todesjahr Buzzettis, verfaßt; einen anonymen *Appendix ad auctorem Cajetanum de Fulgure*, er bietet aber nicht den geringsten Anlaß für die Annahme der Verfasserschaft Buzzettis; schließlich einen Traktat *De Religione*, doch dieser ist eindeutig auf das Jahr 1828 datiert, also auf ein Jahr, in dem Buzzetti schon vier Jahre tot war.

---

[18] DT(P) 78 (1975) 133–140.

Buzzetti besaß keinen theologischen Abschluß, noch war er Mitglied des theologischen Collegiums der Universität Piacenza

Noch auf eine letzte biographische Tatsache im Leben Buzzettis möchte ich hinweisen. Auch sie wird einiges von dem, was man ihm bisher ohne genaue historische Kenntnis zuschrieb, relativieren. Ich meine seine Stellung als Theologieprofessor. Alfonso Fermi schrieb 1925,[19] daß Buzzetti mit seinem Traktat *De Gratia* die theologische Doktorwürde in Rom erhalten hat. Keiner der ersten Biographen jedoch erwähnt etwas von einem theologischen Doktorat.

Tatsache ist, daß Buzzetti am 24. September 1814 durch eine Bulle Papst Pius' VII. zum theologischen Kanonikus der Kathedrale von Piacenza ernannt wurde. Er erhielt dazu die Zuweisung der Pfründe »de Plectolis«, die seit 1808 unbelehnt geblieben waren, gleichzeitig aber auch die Auflage, innerhalb eines Jahres einen theologischen Abschlußgrad zu erreichen. Diesen erlangte Buzzetti jedoch nicht. Im Kapitelarchiv der Kathedrale findet sich ein weiterer Brief Pius' VII. vom 29. Mai 1816, der an den »Dilecte Filio Vincentio Buzzetti Praesbitero ac Canonico Maioris Ecclesiae Placentinae« gerichtet ist. Diesem Schreiben gehen bereits traurige Ereignisse voraus. Schon vorher hatte Buzzetti den Papst ersucht, ihm seinen Platz im Domkapitel wieder zu nehmen und die Pfründe abzuerkennen, da er seinen Abschlußgrad »certis de causis« nicht geschafft habe und auch in Zukunft nicht schaffen werde. Der Papst reagierte großzügig: Er wies das Rücktrittsgesuch zurück und gewährte eine umfassende Rehabilitierung. Dies wurde auch in den Akten des Domkapitels am 27. September 1816 vermerkt. Doch die ganze Angelegenheit sollte unbedingt geheimgehalten werden. Vielleicht wußten nicht einmal alle Kanoniker davon.

Was stand hinter dieser Affäre? Wir wissen, daß Buzzetti Pius VII. in einem Brief vom 22. März 1814 (aufbewahrt im Vatikanischen Archiv) um die Erlaubnis bat, eine neue benediktinische Kommunität gründen zu dürfen, um mit dieser die Lehre des hl. Thomas verbreiten zu können. Was der Papst antwortete, ist uns nicht bekannt. Jedenfalls berief er Buzzetti wenige Monate später ins Domkapitel von Piacenza. Buzzetti seinerseits veröffentlichte nach dem Sturz Napoleons in Lugano seine improvisierte Rede *Il trionfo di Dio sul nemico della società, della natura, della Chiesa*. 1819 hielt er sich zwei Monate in Rom auf. In dieser Zeit wurde er von Pius VII. empfangen. Diesen bat er, in die Gesellschaft Jesu eintreten zu dürfen, doch der Papst forderte ihn auf, zum Wohle der Diözese in Piacenza zu bleiben.

Der Neffe Buzzettis, Carlo Gazzola, berichtet uns von seinem Onkel als »großmütigem Philosophen«, als »tiefsinnigem christlichen Politiker« und als »gelehrtem Theologen«, gelegentlich läßt er aber auch durchblicken, daß Buzzetti wegen »seiner allzu heftigen Ausbrüche gegen Andersdenkende von vielen (auch von Wohlgesinnten) des Fanatismus geziehen wurde«. Man nannte ihn sogar einen »fanatico di S. Tommaso«, der alles nur im hl. Thomas sah. So versuchte er z. B., auf der Basis der *Summa philosophica* von S. Roselli aristotelisch-thomistisch

---

[19] In: A.V.: *Il filosofo Canonico*, 28.

Physik zu betreiben. Die Zeitschrift *Il Progresso* erinnert sodann am 12. April 1880 daran, daß er »vor dem Kreuz kniend an den [Physiker, Mathematiker und Astronomen] Giuseppe Veneziani Briefe schrieb, in denen er ihn beschwörte, die modernen Naturwissenschaften beiseite zu legen, da sie in den Atheismus führten«. So etwas hatte Buzzetti am Collegio Alberoni zweifellos nicht gelernt. Dies zeigt in der Tat, daß er ein »fanatico di S. Tommaso« war. Vielleicht liegt darin auch der Grund, daß der Bischof von Piacenza am 22. Dezember 1824 einen feierlichen Nachruf auf Buzzetti in der Kathedrale verbot. Immerhin heißt es auch noch bei seinem Freund Marzolini: »Was die [anderen] theologischen Systeme betrifft, so ergab sich für viele unter ihnen gegenüber Buzzetti der Vorwurf eines Fanatikers ... Allein der Traktat *De Gratia*, über den vielleicht mehr als über jedes andere Werk die Meinungen aufeinanderstießen, würde genügen, diese Ansicht zu rechtfertigen.«

Von diesem Traktat *De Gratia* existiert übrigens in der Seminarbibliothek von Piacenza (aus dem Bestand »Rocca-Ballerini«) eine Abschrift von 120 Seiten. Zu Beginn steht als Überschrift: »Hunc tractatum composuit Vincentius Buzzetti, et hic tractatus lauream illi Doctoris in sacra Theologia comparavit a Roma«. Die Künstlichkeit des zweiten Teils dieser lateinischen Überschrift ließ bei mir schon seit langem den Verdacht aufkommen, daß die Überschrift nicht aus dem letzten Jahrhundert stamme, sondern jüngeren Datums sei. Mein Verdacht verstärkte sich, als ich im selben Archiv (ebenfalls im Bestand »Rocca-Ballerini«) den gleichen »Tractatus de Gratia et Libero Arbitrio« fand, diesmal allerdings auf kleineren (insgesamt 228) Seiten. Er wurde vom Priester Domenico Cigala Fulgosi geschrieben. Dieser gibt nun Buzzetti den Titel »Utriusque Juris Doctor«. Doch diesen Titel hatte Angelo Testa, nicht aber Buzzetti. So wird die ganze Angelegenheit immer dunkler. Schließlich: Laut erstgenannter Abschrift soll Buzzetti mit *De Gratia* in Rom das Doktorat erworben haben (übrigens wo: am Collegio Romano, an der Sapienza, am Collegio Domenicano della Minerva?). Wir dürfen vielleicht annehmen, daß er vor seiner Romreise die Absicht dazu geäußert hat und daß dies bekannt war. Doch warum bewarb er sich um das Doktorat nicht in Piacenza selbst, am Collegio Teologico der Universität? Dieses war freilich streng. Es schied schon in einem Vorverfahren die möglichen Kandidaten von den unmöglichen aus. Wurde Buzzetti dazu für unmöglich angesehen, und warum? Ging er vielleicht deshalb nach Rom? Wir wissen es nicht. Was sollen in diesem Zusammenhang die gewissen Gründe (»certis de causis«), von denen er in seinem Brief an Pius VII. schreibt und von denen er erklärt, daß sie auch in Zukunft ein Doktorat unmöglich machen würden? De facto zog er ja die Konsequenzen und legte – vorzeitig und bereits von kirchlichen Sanktionen getroffen – sein Amt als Kanonikus nieder. War er in eine moralische Krise geraten? Auch dies wissen wir nicht. Jedenfalls hatte sein Traktat *De Gratia* selbst in Rom kein Glück.

Kurios ist zuletzt noch folgendes: Die theologische Fakultät der Universität trat vom Dezember 1816 bis zum Beginn des Jahres 1825, d. h. bis kurz nach Buzzettis Tod, »aus Vorsichtsgründen nicht zusammen, nicht einmal am Fest des hl. Thomas«. Dieses Zitat stammt aus einem Protokoll des Erzdiakons der Kathedrale von Piacenza, Giuseppe Dal Verme, mit Datum vom 12. Dezember 1816.

Kurz vorher war Buzzetti noch einmal rehabilitiert worden. Da man nun aber in der theologischen Fakultät den Kanonikus Buzzetti nicht als Mitglied aufnehmen konnte, sah man von jeder weiteren fakultären Veranstaltung ab. Erst nach dessen Tod beging man 1825 wieder das Thomasfest. Vielleicht war es auch wiederum deshalb, daß der Bischof einen feierlichen Nachruf in der Kathedrale untersagte. Aber auch darüber wissen wir noch nichts.

Nach dem Tod wird es still um Buzzetti, den »fanatischen« Kanoniker und Theologen. Von den neun Bänden, in denen sein Neffe Gazzola seine Werke publizieren wollte, erschien gerade noch der erste Band 1826: die 72 *Lezioni teologali*. Danach absolutes Stillschweigen. Lediglich die *Institutiones logicae et metaphysicae* in der Bearbeitung von Angelo Testa werden in den Seminarien und Studienzentren von Hand zu Hand gereicht. Die übrigen Werke gehen allesamt verloren.

Erst ein Jahrhundert später konstruieren Masnovo, Fermi u. a. ein Bild von Buzzetti, das nunmehr von der Geschichtsschreibung korrigiert und revidiert werden muß.

ALBERTO BARBERIS (1847–1896) – DER BEGRÜNDER DER ZEITSCHRIFT »DIVUS THOMAS«

Alberto Barberis, aus Dolceacqua (Ventimiglia) stammend, wurde am 14. Januar 1847 in Casale Monferrato geboren. Nach seinem Eintritt in die Kongregation der Lazaristen in Rom am 27. Oktober 1863 kam er 1865 ans Collegio Alberoni, um Philosophie zu studieren. Hier legte er im selben Jahr am 30. Oktober die Gelübde ab. 1870 wurde er in Piacenza zum Priester geweiht. Er blieb jedoch noch als solcher bis zu seinem Tod am 2. Juli 1896 im Kolleg. 1871 begann er bereits Griechisch und Naturgeschichte zu lehren, obwohl er selbst noch Moral studierte. Ab 1877 war er Lektor der Metaphysik.

Barberis war ein großer Humanist und Wissenschaftler, vor allem aber besaß er eine besondere Gabe zur philosophischen Spekulation. Er versuchte wirklich die größten Denker nachzuahmen. Das menschliche Wissen in seinen tiefsten Dimensionen zu erfassen war sein erstes Ziel. Dieses Wissen auch in ein beispielgebendes und liebendes Leben umzusetzen bildete das zweite Ziel. Und dieses Wissen zu verbreiten und zu fördern galt ihm als drittes Ziel. In allen drei Richtungen kam er sehr weit. Als ein allgemein gebildeter Geist beherrschte er nicht nur zahlreiche Sprachen, sondern auch die mathematischen und naturwissenschaftlichen Fächer. Er pflegte die klassische Literatur und befaßte sich auch mit sozialkritischen Problemen . . .

Sein größtes Verdienst war jedoch die Gründung des *Divus Thomas*. Zu Beginn des Jahres 1879 – damals 32 Jahre alt – hatte er schon alles für die erste Nummer seiner Zeitschrift vorbereitet. Auf Insistieren seitens des Bischofs Scalabrini und sogar seitens des Papstes Leo XIII. erschien diese aber erst am 7. März 1880, am Fest des hl. Thomas also und einige Monate nach der Enzyklika *Aeterni Patris*. Diese Zeitschrift war die erste der Welt, die sich ausschließlich dem hl. Thomas widmete. In ganz Italien, aber auch in Belgien, in Spanien, in Österreich-Ungarn, in Deutschland, in Frankreich usw. wurde sie begeistert begrüßt. Aus all den genannten Ländern waren auch sofort zahlreiche namhafte Wissenschaftler bereit, Beiträge zu liefern. So hatte der *Divus Thomas* seine größte Verbreitung schließlich im Ausland, was für italienische Verhältnisse nicht gerade häufig geschieht. Andere angesehene Zeitschriften wie die *Annales de philosophie chrétienne*, das *Polybiblion*, die *Katholischen Schweizer-Blätter*, das *Jahrbuch für Philosophie und spekulative Theologie*, die *Ciencia Cristiana*, die *Literarische Rundschau* und die *Revue thomiste* haben des öfteren die Bedeutung und den Wert der Artikel des *Divus Thomas* hervorgehoben. Immerhin zählten zu den Autoren auch Persönlichkeiten wie Signoriello, Lepidi, Domet de Vorges, Ernst Commer, Glossner usw. Barberis hatte so die Genugtuung, die Früchte seiner Arbeit zu erleben.

Im Unterricht verwendete Barberis für die Anfänger die *Philosophia christiana cum antiqua et nova comparata* von G. Sanseverino in der Bearbeitung von N. Signoriello. Den höheren Semestern mutete er bereits die *Summa contra Gentiles* und die *Summa theologiae* zu. Mit diesen Werken besprach er bei gleichzeitiger Berücksichtigung zeitgenössischer Autoren die Probleme der Psychologie, Anthropologie und Ontologie. Es ging ihm also nicht bloß um eine Vertiefung der aristotelischen Philosophie des hl. Thomas, sondern auch um eine Weitergabe der modernen Wissenschaften. Zu diesem Zweck zog er in seinem Unterricht die Ergebnisse zahlreicher Hilfswissenschaften bei: Physiologie, Psychologie, Medizin, Kosmologie und Mathematik. So gelang es diesem »insignis thomista«, wie ihn Hurter nannte, den Thomismus in einer Weise zu verbreiten, wie er der modernen Zeit angemessen war.

Die meisten seiner Schriften sind im *Divus Thomas* publiziert. Als wichtigste seien genannt:

De signis mathematicis adhibendis in logice traditione (1890)
De aesthesimetriae vi ac natura commentationes (1886–1889)
Commentarium in quaestionem LXXVII Primae Partis Summae Theologicae:
    De his quae pertinent ad potentias animae in generali (1880–1885)
Positivismus ac nova methodus psychologica professoris P. Siciliani (1882)
Esse formale est ne creaturis intrinsecum an non? (1887)
De philosophia Krausii (1887)
De specie sensibili impressa (1887)
Dissertatio de gratia (1887)
Aesthesimetria ac Doctrina S. Thomae (1888)
De mente S. Bonaventurae circa humanam cognitionem (1892/93)
De operibus ideologicis patri I. B. Tornatore (1892/93)
Fragmenta psychologica de unione animae et corporis (1895/96)

BIBLIOGRAPHIE

1. Quellen

Die Werke von Francesco Grassi, Vincenzo Buzzetti sowie von Alberto Barberis werden im Text genau angeführt. Eine umfassende und detaillierte Dokumentation aller publizierten und nicht publizierten Quellen, die das Collegio Alberoni betreffen, finden sich in:

Rossi, G. F.: *La filosofia* nel Collegio Alberoni e il neotomismo, Pia 1959, 1-216, 475-504.

–: *Il movimento neotomista* piacentino iniziato al Collegio Alberoni da Francesco Grassi nel 1751 e la formazione di Vincenzo Buzzetti, R/Vat 1974, 6-9.

Dazu das einzige Werk, das in diesem Jahrhundert unter Buzzettis Namen herausgegeben wurde:

Buzzetti, V.: Institutiones sanae philosophiae iuxta Divi Thomae atque Aristotelis inconcussa dogmata, hg. A. Masnovo, 2 Bde., Pia 1940/41 (diese Institutiones sind »traditae et in pluribus auctae« von Angelo Testa; Genaueres siehe Text).

Die angeführten Texte von Carlo Gazzola, Giovanni Cavagnati und Giovanni Dall'Arda finden sich unter dem Titel *In morte del Buzzetti* als Manuskript im Archiv des Collegio Alberoni. Die beiden *Bullen* von Papst Pius VII. vom 24. September 1814 und vom 29. Mai 1816, die beide Buzzetti betreffen, werden im Archivio Capitolare della Cattedrale di Piacenza aufbewahrt.

2. Werke

a) Umfassende Forschungsberichte:

Rossi, G. F.: *La filosofia,* 475-504.

–: *Il movimento neotomista,* 9-13.

b) Auswahl:

Arata, A.: Il Collegio dei Teologi dell'Università Piacenza, Pia 1929.

A.V.: *Il filosofo Canonico* Vincenzo Buzzetti nel primo centenario della morte (1824), Pia 1925.

Coppo, A.: L'indirizzo tomistico negli Studentati Vincenziani d'Italia nel primo '700, in: Annali della Missione, R 1958, 321-372.

–: Novum testimonium de thomismo a Vincentianis in Italia adhibito saeculo XVIII ineunte, in: Vincentiana, R 1961, 366-371.

Dezza, P.: Alle origini del Neotomismo, Mi 1940.

Fabro, C.: La neoscolastica e il neotomismo, in: A. V.: Storia della filosofia, R 1954, 857-886; ²1959 (Bd. II, 919ff.).

Fermi, A.: Vincenzo Benedetto Buzzetti e la filosofia durante i decenni del suo sviluppo filosofico (1793-1824), Pia 1923.

–: Origine del tomismo piacentino nel primo ottocento, Pia 1959.

Marzolini, R.: *Notizia biografica* sul Canonico Vincenzo Buzzetti, in: Memorie di religione, di morale e di letteratura 8 (Modena 1825) 133-155.

Masnovo, A.: Vincenzo Buzzetti e F. R. de la Mennais, in: RFNS 12 (1920) 42-55.

–: Il Neotomismo in Italia. Origini e prime vicende, Mi 1923 (Sammlung von Aufsätzen, die zwischen 1908 und 1922 in der RFNS erschienen sind).

Narciso, I.: La »Summa philosophica« di Salvatore *Roselli* e la rinascita del Tomismo, R 1966.

Rossi, G. F.: Le origini del Neotomismo nell'ambiente di studio del Collegio Alberoni, Pia 1957.

–: *La formazione* tomistica di Vincenzo Buzzetti nel Collegio Alberoni, in: DT(P) 60 (1957) 314-332.

–: Precisazioni sulla storia del Neotomismo scritta da Mons. Masnovo, in: DT(P) 60 (1957) 339-343.

–: Bartolomeo Bianchi, maestro di filosofia del Buzzetti, continuando la tradizione dell'insegnamento alberoniano, infuse negli alunni amore per S. Tommaso e diede loro i capisaldi della filosofia aristotelico-tomista, in: DT(P) 60 (1957) 422-452.

–: Al Collegio Alberoni ebbe inizio il Neotomismo Piacentino nella seconda metà del '700: Il Buzzetti non fu tomista autodidatta, in: DT(P) 62 (1959) 537-558.

–: Precisazioni ... I Preti della Missione dell'Alberoni hanno conosciuta ed insegnata la distinzione reale fra »essentia« e »esse« in: DT(P) 65 (1962) 392-394.

Stella, G.: L'*insegnamento* filosofico dei Preti della Missione alle origini del Neotomismo, R 1967.

Tebaldi, L. (= C. Gazzola): Elogio in morte di Vincenzo Buzzetti Canonico Teologo della Cattedrale di Piacenza, Professore di teologia scolastica dommatica in Seminario, in: Amico d'Italia 7 (Tn 1825) 186ff.; 8 (1825) 39ff.

GIOVANNI F. ROSSI

Thomistische Zentren in Rom, Neapel, Perugia usw.: S. Sordi, D. Sordi, L. Taparelli d'Azeglio, M. Liberatore, C. M. Curci, G. M. Cornoldi u. a.

Der Weg von den Anfängen der italienischen Neuscholastik bei Salvatore Roselli, Vincenzo Buzzetti und Gaetano Sanseverino bis hin zur Enzyklika *Aeterni Patris* (1879) war ein Weg voller Hindernisse. Er führte keineswegs von Erfolg zu Erfolg. Auch war sein Ziel, die päpstliche Anerkennung des Thomismus als jener Philosophie, die dem katholischen Glauben am meisten entspricht, überhaupt nicht abzusehen. Im Gegenteil: Die Rückschläge für die Betreiber der Neuscholastik waren massiv, ja mitunter sogar verheerend. Es gab Augenblicke, in denen eine Zukunft für die Neuscholastik nicht mehr wahrscheinlich war. Selbst die Enzyklika *Aeterni Patris* kam sowohl für zahlreiche Befürworter als auch für die Gegner der Thomas-Renaissance überraschend. Ja, man darf sich fragen, ob es zu einer derartigen päpstlichen Parteinahme auch gekommen wäre, wenn nicht Gioacchino Pecci als Leo XIII. (1878-1903) den Papstthron bestiegen hätte. Freilich gab es schon unter seinem Vorgänger Pius IX. (1846-1878) immer wieder wohlwollende Äußerungen in Richtung Thomismus.[1] Doch diese Äußerungen führten nicht zu der ausdrücklichen Empfehlung, an allen kirchlichen Lehranstalten »ad mentem S. Thomae« zu philosophieren. Eine solche Empfehlung war aus den vorhergehenden lehramtlichen Stellungnahmen nicht erschließbar. Sie verdankt sich vielmehr der Initiative Leos XIII. persönlich. Und insofern ist *Aeterni Patris* für die Neuscholastik eher eine glückliche Fügung als die logische Konsequenz einer geschichtlichen Entwicklung. Relativ konsequent verlief erst die Geschichte nach 1879. Erst jetzt ist es angebracht, von einem wahren »Siegeszug« der Neuscholastik an den katholischen Lehranstalten zu sprechen.

Doch verfolgen wir die Ereignisse aus der Nähe. Und versuchen wir dies in zwei Schritten, nämlich erstens in einer Darlegung der historischen Tatsachen und zweitens in einer Standortbestimmung der italienischen Neuscholastik als Philosophie.

---

[1] A. Piolanti: *Pio IX*.

DER GESCHICHTLICHE VERLAUF

Die auf die Gründungszeit folgende Periode, in der es um die Verbreitung und Durchsetzung der Thomas-Renaissance ging, ist entscheidend bestimmt durch Persönlichkeiten des Jesuitenordens. Damit soll nicht geleugnet sein, daß es auch Aktivitäten der Dominikaner in Rom, Neapel und Bologna, der Schule Sanseverinos in Neapel oder den Unterricht der Lazaristen in Piacenza und anderswo gab. Es sei lediglich festgestellt, daß die Protagonisten jener geschichtlichen Entwicklung, die zu *Aeterni Patris* führte, zumindest in ihrer ersten Reihe Mitglieder der Gesellschaft Jesu waren.

Zu Beginn sind hier die Brüder Serafino (1793–1865) und Domenico Sordi (1790–1880) zu nennen.[2] Ihnen verdankt die italienische Neuscholastik viel. Denn durch ihr unbedingtes Bekenntnis zum Thomismus, das bei ihnen im Unterschied zu vielen anderen Gesinnungsgenossen von Anfang an, d. h. seit ihrer theologischen Ausbildung bei Vincenzo Buzzetti am bischöflichen Seminar von Piacenza, vorhanden war, gelingt es ihnen, vor allem innerhalb ihres Ordens, aber auch darüber hinaus Interesse und Zustimmung für ihr Anliegen zu gewinnen. Unter ihrem Einfluß stehen die bedeutendsten Persönlichkeiten der neuscholastischen Bewegung: Serafino Sordi trifft 1816/17 im Noviziat von Genua und später (1818/19) im Kolleg von Novara auf Luigi Taparelli d'Azeglio. 1830 steht er sodann mit Giuseppe Pecci, dem Bruder des späteren Papstes Leo XIII., an der Ordensschule von Modena in Verbindung. Domenico Sordi hingegen hat zwischen 1830 und 1833 am Collegio Massimo in Neapel keine Geringeren als Matteo Liberatore und Carlo Maria Curci zu Schülern.

Seltsamerweise kontrastiert der philosophische Einfluß der Brüder Sordi, der nicht hoch genug eingeschätzt werden kann, mit dem, was sie in ihrem akademischen Werdegang erreichten, und mit dem, was sie an literarischem Schaffen hinterließen. Sie verbrachten nicht nur den überwiegenden Teil ihres Lebens in der Provinz, sondern hatten auch keine wirkliche Gelegenheit, auf universitärer Ebene in Erscheinung zu treten.

Serafino Sordi unterrichtete und wirkte als Hausoberer, Studienpräfekt oder Spiritual in Ferrara, Reggio Emilia, Modena, Forlí, Spoleto, Orvieto, Piacenza und Verona. Am Collegio Romano in der Ewigen Stadt, d. h. an der Università Gregoriana, wurde er zumindest als Philosoph nicht gebraucht. 1827 verhinderte der Provinzial Vincenzo Pavani seine Berufung aus Gründen der Opportunität.[3] Und zwei Jahre später, als Sineo della Torre Provinzial der römischen Provinz wurde, gab es für einen erklärten Aristoteliker bereits keinen Platz mehr.[4] Nur Ende 1850 schien sich ein Wandel der Verhältnisse abzuzeichnen: Der damalige Jesuitengeneral Johannes Roothaan (1783–1853) beauftragte nämlich – unter dem Eindruck der schlechten Zustände des Philosophieunterrichts an vielen

---

[2] V. Rolandetti / N. Villa: *Da Buzzetti (1977–1824) all' »Aeterni Patris« (1879)*, in: A. V.: *Aeterni Patris*, Bd. II, 219–247, hier 228ff.
[3] Vgl. P. Pirri: *Taparelli*, 121.
[4] Ebd. 402f.

Ordenshochschulen – S. Sordi mit der Abfassung eines philosophischen Handbuches. Dazu entband er ihn jeglicher anderen Verpflichtung und sandte ihn sogar im Herbst 1851 ans Collegio Romano, damit er sich vollkommen seiner wissenschaftlichen Arbeit widmen konnte. Doch Krankheit und Depression verhinderten die Ausführung dieser vielversprechenden Aufgabe. Das Handbuch wurde bis auf wenige Teile nie geschrieben.[5] Eine weitere Chance, als Philosoph auf Hochschulniveau in die universitären Auseinandersetzungen einzugreifen, bot sich nicht mehr. 1852 bis 1856 wurde er Provinzial der römischen Provinz, und anschließend hatte er wieder verschiedene Hausämter sowie bescheidene Lehraufträge in Rom (am Exerzitienhaus S. Eusebio, am Noviziat von S. Andrea al Quirinale) und Verona (am Aloysianum) inne. Auch seine Mitarbeit an der Zeitschrift *La Civiltà Cattolica* (1859–1861) hatte eher bescheidenen Charakter: Sie beschränkte sich weitgehend auf Beratung und journalistische Alltagstätigkeit. Tragischerweise hat S. Sordi nicht einmal glänzende Werke hinterlassen. Wohl verfaßte er einige Schriften gegen Gioberti und Rosmini, die seinerzeit auch viel gelesen wurden, doch seine philosophisch bedeutenderen Werke wurden nicht publiziert. Sie erschienen erst zu einer Zeit, als selbst die neuthomistische Philosophie bereits andere Wege ging, nämlich 1941 und 1945 unter den Titeln *Ontologia* und *Theologia naturalis* (hg. P. Dezza).

Ähnlich verläuft der Lebensweg von Domenico Sordi. Nach seiner Ausbildung in Piacenza und Genua (1808–1822) sind seine Stationen Neapel (das Collegio Massimo), Benevent, Lecce, Maglie, Salerno, Sora, Arpino, Andria und schließlich wieder Piacenza. An diesen Niederlassungen hat auch er nicht die Aufgabe, Philosophie oder Theologie zu unterrichten. Administrative und spirituelle Verpflichtungen geben ihm genauso wie seinem Bruder Serafino wenig Zeit für wissenschaftliche Tätigkeit. So kommt es, daß D. Sordi nicht einmal ein philosophisches Werk hinterläßt. Ja, er fällt sogar bei seinem entscheidenden Examen über die »universa philosophia« durch und verliert damit die Möglichkeit, nach 1829 überhaupt noch an höheren Ordenshochschulen unterrichten zu dürfen.

Trotz dieser Umstände, die für die Verbreitung einer philosophischen Anschauung oder gar für die Gründung einer Schule nicht gerade günstig waren, trug das Werk der Brüder Sordi reiche Frucht. Über ihre Schüler und Freunde, die sie in persönlichen Gesprächen zum Thomismus bewegten, gewannen sie großen Einfluß auf die gesamte neuscholastische Bewegung. So geht es zumindest aus dem Zeugnis dieser Freunde und Schüler hervor.[6] Daß aber wiederum dieser Einfluß möglich wurde, verdankt sich dem Umstand, daß die starke persönliche Überzeugungskraft der Brüder Sordi ihr Echo in Denkern fand, die ihrerseits nicht bloß interessante und bemerkenswerte Persönlichkeiten, sondern Leute mit hohen Begabungen und enormer geistiger Ausstrahlung waren.

Folgenschwer sollte bereits die Begegnung zwischen S. Sordi und Luigi Taparelli d'Azeglio (1793–1862) werden.[7] Taparelli – Abkömmling einer Familie des

---

[5] Ders.: *Rinnovamento*, 396–399.
[6] Vgl. dazu bes. die *Memorie* von C. M. Curci.
[7] Zum folgenden vgl. vor allem R. Jacquin: *Taparelli*; P. Pirri: *Taparelli*, *Rinnovamento* und *Napoli*.

piemontesischen Adels, die an der Entwicklung des Risorgimento nicht unerheblich beteiligt war, und Jesuit seit 1814 (nach der Absolvierung der Militärschule von St. Cyr und St. Germain auf Befehl Napoleons) – erhielt im Noviziat in Genua und am Jesuitenkolleg in Novara von S. Sordi seine ersten Scholastik-Kenntnisse. Während seiner Schul- und Studienzeit in Siena und Turin war er noch nicht auf die christliche Tradition gestoßen. Damals lernte er die zeitgenössische Philosophie kennen:[8] den Sensualismus Condillacs, den rationalistisch-scholastischen Eklektizismus Storchenaus, den Skeptizismus von Genovesi, Soave u. a. Durch seine Familie wurde er außerdem auf die französischen Traditionalisten Lamennais, de Bonald und de Maistre aufmerksam, unter deren Einfluß er viele Jahre stehen sollte. Thomas und die Scholastik hingegen wurden ihm erst durch S. Sordi nähergebracht. Auch dann brauchte es freilich noch Jahre, bis Taparelli zu jenem Vorkämpfer des Neuthomismus wurde, als der er in die Geschichte eingegangen ist. Bekanntlich zeigte er noch bis in die Gründungszeit der *Civiltà Cattolica* Sympathien für die Philosophie von Victor Cousin (1792 bis 1867).[9] Seine Schriften können zudem einen gewissen Hang zum zeitgenössischen romantischen Denken nicht verleugnen. Trotzdem aber fiel der Samen des Thomismus bei ihm auf fruchtbaren Boden.

Als Taparelli im November 1824 Rektor des Collegio Romano wurde, das kurz zuvor (am 7. Mai 1824) durch Papst Leo XII. (1823–1829) den Jesuiten neu anvertraut worden war,[10] erkannte er sofort, daß nur die Durchsetzung und Reform der alten *Ratio Studiorum* von 1599 (für das Collegio Romano schon 1564)[11] die traurigen Zustände der kirchlichen Wissenschaften retten könne. Konkret für die Philosophie bedeutete dies, daß er es für unerläßlich ansah, daß die schon im 16. Jahrhundert abgegebene Empfehlung für den Thomismus eingehalten würde.[12] Um dieser Einsicht Taten folgen zu lassen, verfaßte er 1827/28 seine beiden Memoranden *Osservazione sugli studi del Collegio Romano* und *Abbozzo del Projetto di Ordinazione intorno agli Studii Superiori*. Zumindest die zweite dieser Stellungnahmen muß dem damaligen Jesuitengeneral Luigi Fortis (1748 bis 1829) zugeleitet worden sein. Aber nicht nur bei ihm, sondern vor allem bei dessen Nachfolger, P. Johannes Roothaan, fand er mit ihr ein positives Echo. Und so kam es, daß die Anregungen Taparellis zur Grundlage der revidierten *Ratio Studiorum* wurden, die nach zweijähriger Vorbereitungszeit 1832 von P. Roothaan rechtskräftig eingesetzt wurde.[13] Diese Ratio von 1832 wiederum wurde 1853 und 1859 (in einer *Ordinatio Studiorum*) vom Nachfolger Roothaans, P. Pierre Jean Beckx (1795–1887), neuerlich bestätigt.[14] Zweifellos zählen diese *Ordinationes* des Jesuitenordens zu den wichtigen Dokumenten der Neuscholastik auf ihrem Weg zum Jahr 1879.

---

[8] Brief an P. J. Beckx vom Februar 1861, zit. bei P. Pirri: *Taparelli*, 112f.
[9] P. Pirri: *Rinnovamento*, 222f.; R. Jacquin: *Taparelli*, 169f., 243–245.
[10] G. Filograssi: *Collegio Romano*, 512f.
[11] Vgl. R. García Villoslada: *Ratio studiorum*, in: LThK Bd. VIII (1963) 1006f.
[12] P. Pirri: *Taparelli*, 115f.; R. Jacquin: *Taparelli*, 50ff.
[13] Ders.: *Rinnovamento*, 403–405; G. Filograssi: *Collegio Romano*, 514f.
[14] P. Pirri: *Rinnovamento*, 405–411.

Taparelli konnte seine Reformvorstellungen am Collegio Romano allerdings selbst nicht verwirklichen. Denn schon 1829 wurde er als Provinzial nach Neapel versetzt. Für die neuthomistische Initiative in Rom hatte diese Versetzung, längerfristig gesehen, ungute Auswirkungen. Auf Taparelli folgte nämlich keine ähnlich bedeutende Persönlichkeit, die sich für die Neuscholastik stark gemacht hätte. Außerdem nahm Taparelli seine begabtesten Schüler, unter ihnen Enrico Borgianelli (1805–1882) und Giuseppe Agostino Castello (1807–1834), mit nach Neapel. So konnte sich an der Gregoriana eine Gegenbewegung herausbilden, die zwar erst um 1850 zur wirklichen Opposition wurde, die aber jetzt schon unter den Philosophielehrern Agostino Ferrarini (1808–1860)[15] und Joseph Dmowski (1799–1879)[16] der *Ratio Studiorum* keine wirkliche Gefolgschaft mehr leistete. Die Reform schien bald im Sande zu verlaufen. Daß der junge Kleriker Gioacchino Pecci (1810–1903), der Taparellis Anliegen teilte und 1829 noch von diesem am Collegium Germanicum-Hungaricum als Repetitor für Philosophie eingesetzt wurde,[17] eines Tages als Leo XIII. den Papstthron besteigen würde, konnte damals noch niemand ahnen.

Die Szene der Ereignisse um die Neuscholastik verlagert sich somit für einige Jahre von Rom nach Neapel. Hier versuchte Taparelli, während der vier Jahre seines Provinzialats sein Reformwerk fortzusetzen. Zu diesem Zweck löste er in seiner Eigenschaft als Ordensoberer an den beiden wichtigsten Lehranstalten, am Collegio Massimo in Neapel selbst und am Kolleg von Benevent, alle Lehrer ab, die nicht im Sinne der thomistischen Philosophie unterrichteten.[18] An ihrer Stelle ernannte er die bereits genannten Schüler Enrico Borgianelli und Giuseppe Agostino Castello, neben ihnen aber auch Giuseppe Palladini (1806–1883), Giuseppe De Rosa (1803–1879) und keinen Geringeren als Domenico Sordi. Der Bedeutendste unter ihnen scheint nach zahlreichen Zeugnissen Castello gewesen zu sein.[19] Sein unbedingter Einsatz für den Thomismus dürfte einer grundsätzlichen Offenheit für die modernen Wissenschaften nicht im Wege gestanden haben. Er hielt diese für vereinbar mit der scholastischen Philosophie. Leider starb Castello bereits mit 27 Jahren. Wichtig war auch Borgianelli. Er verfaßte 1831 ein philosophisches Handbuch auf der Grundlage von Vorarbeiten S. Sordis und anderer älterer Autoren. Es hätte 1832 gleichzeitig mit der neuen *Ratio Studiorum* erscheinen sollen, scheiterte jedoch an den von P. Roothaan eingesetzten Begutachtern und wurde aus Opportunitätsgründen nie publiziert.[20] Unglückselig war schließlich aber das Auftreten Domenico Sordis.[21] Sein Fanatismus für den Thomismus, sein kompromißloser Kampf gegen jede andere Denkweise und sein nicht gerade glückliches persönliches Verhalten trugen entscheidend zum Scheitern des Reformwerks von Taparelli in Neapel bei.

---

[15] Ders.: *Taparelli*, 403, 406f.
[16] Ebd. 407f.
[17] Ebd. 408f.; G. Filograssi: *Collegio Romano*, 514.
[18] P. Pirri: *Napoli*, 203f.; R. Jacquin: *Taparelli*, 58–68.
[19] P. Pirri: *Napoli*, 232–238.
[20] Ebd. 425f.
[21] Ebd. 238f., 426ff., 432.

Aufs Ganze gesehen wiederholt sich auf der neapolitanischen Szene für Taparelli das, was er bereits in Rom erlebt hat. Seine Maßnahmen zugunsten der scholastischen Philosophie fassen Fuß, obwohl die Interessen des studierenden Klerus, vor allem des jesuitischen Nachwuchses, häufig den zeitgenössischen Denkern – in Neapel besonders dem Kantianer Pasquale Galluppi (1770–1846)[22] – zugewandt sind. Diese Maßnahmen greifen aber noch nicht so, daß sie sich etablieren könnten. Dadurch entsteht auch in Neapel eine Gegenbewegung, die diesmal allerdings bereits so stark ist, daß sie Taparellis Versetzung bewirkt.[23] Mit Verdächtigungen aller Art und sogar mit Ausspielung politischer Verbindungen erreicht sie das vorläufige Ende seiner Reform und die Ausschaltung seiner Mitarbeiter. D. Sordi dürfte für sie nur ein willkommener Anlaß gewesen sein. Wie in Rom scheint schließlich das Reformwerk gescheitert zu sein. Doch erneut verhält es sich nur an der Oberfläche so. Denn unter den Absolventen der jesuitischen Lehranstalten Neapels und Benevents befinden sich in den Jahren des Provinzialats Taparellis die künftigen Vorkämpfer der Neuscholastik: Carlo Maria Curci und Matteo Liberatore. Dies sollte sich freilich erst wieder einige Jahre später herausstellen.

Vorerst mußte Taparelli nach Palermo. In den Jahren, die er hier zwischen 1833 und 1849 verbringt, erscheint sein Hauptwerk *Saggio teoretico di diritto naturale appoggiato sul fatto* (5 Bde., Palermo 1840–1843) und seine berühmteste Schrift *Della nazionalità* (Genua 1847), die er seinem Hauptwerk (das zu seinen Lebzeiten bereits 7 Auflagen erleben und später in andere Sprachen übersetzt werden sollte) bei Gelegenheit anfügen wollte.[24] Diese beiden Veröffentlichungen zählen zu den bemerkenswertesten der ganzen italienischen Neuscholastik. Aus zwei Gründen: Erstens griff damit zum ersten Mal ein Neuscholastiker unmittelbar in die Auseinandersetzungen um das »Risorgimento italiano« ein. Wie sehr dies auch so empfunden wurde, beweist nicht nur die wohlwollende Stellungnahme Pius' IX., sondern ebenso die empfindliche Reaktion der bourbonischen Regierung in Süditalien einerseits und der dem Risorgimento nahestehenden Brüder und Verwandten Taparellis andererseits. Beide Seiten reagierten enttäuscht: Was den einen zu liberal erschien, war in den Augen der anderen ein Verrat am italienischen Nationalismus. Daher die Ausweisung aus Sizilien durch die Bourbonen auf der einen und die ablehnende Kritik durch die eigene Familie auf der anderen Seite.

Der zweite Grund für die hervorragende Bedeutung dieser Werke liegt aber darin, daß hier wirklich *neu-scholastische* Philosophie betrieben wird. Denn zunächst wird der Versuch gemacht, die Rechtsphilosophie im Sinne der scholastischen Meister zu entwerfen. Methodischer Ausgangspunkt ist die vom »gesunden Menschenverstand« verwertete Erfahrung mit der unmittelbar zugänglichen Wirklichkeit (= »fatto«) im Sinne des thomistischen Realismus. Als inhaltliche

---

[22] Ebd. 235.
[23] Ebd. 31–42, 426–433; R. Jacquin: *Taparelli*, 67ff.
[24] Vgl. A. Brucculeri: *Un precursore*; A. Messineo: *Taparelli*; P. Pirri: *Le idee*; R. Jacquin: *Taparelli*, 157–242.

Grundposition fungiert sodann die Überzeugung, daß der Mensch von Natur aus ein gesellschaftliches Wesen ist und daß die Gesellschaft bzw. die staatliche Gemeinschaft in letzter Konsequenz aus der Schöpfungsordnung Gottes zu interpretieren ist. Das Ziel der Untersuchungen besteht schließlich darin, dem Recht (damit auch der Macht) eine Begründung in der Ethik zu geben. Über diese klassischen Positionen hinaus konfrontiert Taparelli seine Theorien aber mit den Fragen seiner Zeit und erweitert gerade dadurch die scholastische Problemstellung. Drei Punkte sind dafür bezeichnend: Erstens stellt sich Taparelli den Ansprüchen des Nationalismus. Er hält mit diesem das Verlangen nach einer staatlichen Organisation national zusammenhängender Volksgemeinschaften für ein von der Natur und Gott eingesetztes Gut und daher für ein legitim anstrebbares Ziel, doch gleichzeitig spricht er diesem Verlangen den Anspruch auf ein Recht ab und verurteilt zugleich nationalistische Agitationen, die rechtlich und moralisch nicht erlaubt sind.[25] Zweitens befaßt er sich mit den Anliegen des Liberalismus. Auch diese anerkennt er, obwohl er sie gleichzeitig verurteilt wegen ihrer antikirchlichen Position, ihres versteckten Protestantismus und ihres naiven Optimismus in Sachen Freiheit.[26] Deutlicher noch als in den genannten Werken wird dies in seiner späteren Auseinandersetzung mit Ch. de Montalemberts Werk *Des intérêts catholiques XIXe siècle* (1852).[27] Drittens setzt sich Taparelli mit dem auf Augustinus, Francisco de Vitoria, Suarez, Rousseau und Kant zurückgehenden Gedanken einer Völkergemeinschaft auseinander. Er nennt sie »etnarchia« und sieht sie als »prodotto della natura«, d. h. als etwas von Gott Gewolltes an. Ist sie auch kein Staat im üblichen Sinne, so doch eine Vertragsgemeinschaft (»poliarchia«) auf einer *rechtlichen* Grundlage, bezüglich der die eventuellen Rechtsbrecher einklagbar sind. Sie kann nur frei eingegangen werden und hat im übrigen dem von der Natur vorgezeichneten Wohl der Menschen zu dienen.[28]

Während Taparelli auf Sizilien weilt, macht die neuscholastische Philosophie auch auf dem Festland Fortschritte. 1846 gründet Gaetano Sanseverino die Accademia di Filosofia tomista von Neapel. Obwohl diese Institution vorerst nur innerhalb des neapolitanischen Klerus von Bedeutung ist, wird sie im Laufe des 19. Jahrhunderts doch einige bedeutende Persönlichkeiten hervorbringen. Diese bilden die sogenannte »neapolitanische Schule«.[29] Ihre wichtigsten Vertreter sind außer Sanseverino Nunzio Signoriello (1820–1889), Vollender der Werke Sanseverinos und langjähriger Herausgeber der Zeitschrift *La Scienza e la Fede*; Salvatore Calvanese (1830–1916), enger Mitarbeiter Signoriellos und Philosophielehrer am Liceo Arcivescovile sowie Verfasser zahlreicher Artikel in der genannten Zeitschrift; Giuseppe Prisco (1833–1923), späterer Erzbischof und Kardinal von Neapel, Gründer mehrerer wissenschaftlicher Institutionen und Periodica sowie Verfasser der *Elementi di Filosofia speculativa secondo le dottrine degli scolastici, specialmente di S. Tommaso d'Aquino* (2 Bde., Neapel 1862/63), eines Werkes,

---

[25] A. Messineo: *Taparelli*, 494f.
[26] Ebd. 381ff., 498ff.
[27] P. Pirri: *Le idee*, 404–408; R. Jacquin: *Taparelli*, 152–155, 339ff.
[28] A. Brucculeri: *Un precursore*.
[29] Vgl. P. Orlando: *La scuola*.

das bis 1879 fünf Auflagen erleben sollte; Salvatore Talamo (1844–1932), Mitbegründer der zweiten thomistischen Accademia teologico-filosofica in Neapel 1874, enger Vertrauter Leos XIII., Inspirator und anerkannter Interpret von *Aeterni Patris*, erster Sekretär der Accademia Romana di S. Tommaso d'Aquino (bis 1932) sowie Autor der verbreiteten Schrift *Il rinnovamento del pensiero tomistico e la scienza moderna* (Neapel 1874–1876, drei Auflagen); und schließlich Gennaro Portanova (1845–1908), Erzbischof von Reggio und eifriger Verteidiger der thomistischen Lehren schon vor 1879.

Eine über Neapel hinausgehende Bedeutung gewinnt diese Schule erstmals durch den Umstand, daß der Jesuit Matteo Liberatore (1810–1892)[30] mit ihr in Kontakt tritt und erste Artikel in der Zeitschrift *La Scienza e la Fede* publiziert. Es gibt sogar berechtigte Gründe zu der Annahme, daß Liberatore – vielleicht der international bekannteste Neuscholastiker Italiens – erst in der Verbindung mit dieser Schule wirklich zum Thomismus fand.[31] Sein Hauptwerk *Institutiones logicae et metaphysicae*, das 1840–1842 in Neapel zweibändig erschien und bis 1860/61, als es in die Form eines Schulhandbuches (unter dem Titel: *Institutiones philosophicae*) gebracht wurde, elf Auflagen erlebte, veranschaulicht jedenfalls, daß er erst allmählich seine Position in der Gefolgschaft des hl. Thomas bezog.[32] Bei den diversen Auflagen dieses Werkes stößt man nämlich auf erhebliche inhaltliche Differenzen. Während zu Beginn zeitgenössische wissenschaftliche und philosophische Ansichten Eingang finden, wird ab 1850 die scholastische Philosophie zur bestimmenden Denkform. Es darf bezweifelt werden, daß Liberatore nur aus Opportunitätsgründen (wie er selbst sagt[33]) mehr zu Cousin als zu Thomas gehalten hat. Hier handelt es sich vielmehr um eine nicht zu leugnende geistige Entwicklung, die ohne den Einfluß Sanseverinos vielleicht nicht so verlaufen wäre. Und das Ergebnis, das sie hervorbringt, ist diese Entwicklung wert gewesen. Denn das, was Liberatore mit den letzten Auflagen seiner *Institutiones* und seinen weiteren Werken wie *Della conoscenza intellettuale* (2 Bde., Rom 1857/58) und *Del composto umano* (Rom 1862; 1874/75 in zwei Bänden unter dem Titel *Dell' uomo*) der italienischen Neuscholastik schenkt, sind ihre eigentlichen Klassiker, die bis ins 20. Jahrhundert hinein die kirchlichen Lehranstalten entscheidend prägen werden. (Sie sollen im nächsten Abschnitt noch näher charakterisiert werden.)

Zur Zeit, da Taparelli in die Wirren um das Risorgimento in Sizilien verstrickt ist und ins kurze Exil nach Frankreich geht, reift in Neapel und Rom aber noch der Plan eines Unternehmens, das für das weitere Schicksal der Neuscholastik ebenfalls von größter Tragweite sein sollte: die Gründung der Zeitschrift *La*

---

[30] Zu Liberatore gibt es noch immer kaum eine nennenswerte Literatur. Nach wie vor einzige größere Monographie ist das Werk von T. Mirabella (*Pensiero politico*).
[31] C. Libertini: *Il Sanseverino e le origini del neotomismo in Italia*, in: A. V.: *Sanseverino*, 77–106, hier 84–94.
[32] G. Van Riet: *L'épistémologie*, 32–56; A. M. Caspani: *La formazione di Matteo Liberatore e il tomismo*, in: A. V.: *Aeterni Patris*, Bd. II, 332–339.
[33] P. Pirri: *Rinnovamento*, 222–224.

Civiltà Cattolica.³⁴ Diese Zeitschrift, die am 4. April 1850 zum ersten Mal in Neapel erschien und in kurzer Zeit (in der Folge ihrer Übersiedlung nach Rom im November 1850) eine beachtliche Verbreitung fand (1853 bereits eine Auflage von 13.000; zwischen 1855 und 1857 sogar eine Übersetzung ins Deutsche), veröffentlichte zwar erst ab Februar 1853 mit den Artikeln *Di due filosofie*³⁵ und *Del progresso nel tempo presente*³⁶ ausgesprochen philosophische Beiträge, sie trug jedoch wesentlich dazu bei, daß die neuscholastischen Denker ihre Ideen in einer unerwartet weitreichenden Weise verbreiten konnten. Ihre Redakteure in philosophischen Fragen waren keine anderen als Taparelli, Liberatore und Serafino Sordi. Protagonist dieses säkularen Unternehmens war jedoch der Jesuit Carlo Maria Curci (1809–1891). Nachdem er gemeinsam mit seinem Ordensbruder Enrico Vasco (1813–1898) die Zeitschrift geplant und sie dank mehrerer Audienzen bei Papst Pius IX. mit Hilfe des Kardinalstaatssekretärs Giacomo Antonelli (1806–1876) sowie dank einer direkten finanziellen Förderung durch den Hl. Stuhl realisieren konnte, war er der eigentliche »Spiritus rector« derselben. Obwohl er nicht Philosoph im strengen Sinne war, sondern glänzender Journalist, brachte er doch viel Verständnis für das neuscholastische Anliegen auf. Immerhin übersetzte er 1866 gemeinsam mit Kardinal Karl August von Reisach die *Philosophie der Vorzeit* von Joseph Kleutgen SJ (1811–1883). Auch darf nicht vergessen werden, daß er 1845 in Italien als Gegenspieler von Vincenzo Gioberti (1801–1852) bekannt wurde, den er nach anfänglicher Gefolgschaft (1843 gab er dessen *Primato morale e civile degl' Italiani* in Benevent heraus) in mehreren Publikationen heftig bekämpfte. In dieser Polemik riß er neben kirchenpolitischen Fragen auch eine Reihe prinzipieller philosophischer Probleme an. Schließlich war er, ähnlich wie Taparelli, Spezialist auf dem Gebiet der philosophisch-theologischen Gesellschaftslehre. Vor allem als solcher ging er in die italienische (Kirchen-)Geschichte ein. Aus diesen Gründen gehört er zu den Mitgestaltern der italienischen Neuscholastik.

Die *Civiltà Cattolica* verschaffte der Neuscholastik aber nicht nur ein unerhört wirksames Sprachrohr, das bis dahin noch keiner christlichen Philosophie in Italien zur Verfügung gestanden hatte, sondern sie löste auch eine Polemik aus, die für die gesamte Situation der damals an kirchlichen Hochschulen betriebenen Philosophie bezeichnend ist. Schauplatz dieser Polemik war die Gregoriana in Rom.³⁷ Hier gab es nämlich Professoren, die sich einer Erneuerung der Scholastik nicht in jeder Beziehung verschreiben wollten. Unter ihnen sind Giovanni Battista Piancini (1784–1862), Angelo Secchi (1818–1878), Salvatore Tongiorgi (1820 bis 1865) und Domenico Palmieri (1829–1909) zu nennen. Diese Denker waren keine »Antischolastiker«, wie man gelegentlich liest. Ihre Werke – besonders die jeweiligen *Institutiones philosophicae* von Tongiorgi (3 Bde., Rom 1861/62) und Palmieri (3 Bde., Rom 1874–1876) dokumentieren dies – schätzten vielmehr die

---

³⁴ Vgl. A. V.: *Il nostro centenario*; P. Pirri: *Civiltà Cattolica*; R. Jacquin: *Taparelli*, 105–117.
³⁵ CivCatt 4/2 (1853) 369–380, 481–506, 626–647.
³⁶ CivCatt 4/3 (1853) 265–287.
³⁷ Vgl. A. V.: *Gregoriana*, 5–33; G. Filograssi: *Collegio Romano*, 516–521; G. Van Riet: *L'épistémologie*, 81–98; R. Jacquin: *Une polémique*; L. Malusa: *Cornoldi*, 46–114.

Metaphysik des hl. Thomas. Sie vertraten jedoch zugleich die Ansicht, daß die aristotelisch-thomistische Theorie des Hylemorphismus den Erkenntnissen der modernen Naturwissenschaften zuwiderlaufe. Deshalb lehnten sie den strengen Neuthomismus ab. Dazu kam, daß damals, um die Mitte des 19. Jahrhunderts, die Blütezeit der sogenannten »Römischen Schule« herrschte.[38] Auch diese theologische Richtung mit ihren Hauptvertretern Giovanni Perrone (1794–1876), Carlo Passaglia (1812–1887), Clemens Schrader (1820–1875) und (mit einem gewissen Abstand) Johann Baptist Franzelin (1815–1886) war keineswegs antischolastisch geprägt. Sie sträubte sich aber gegen eine Einengung der christlichen Tradition auf das 13. Jahrhundert, weil sie vor allem aus der Theologie der Kirchenväter wichtige Anregungen für ihre eigene Position bezog. Bezeichnend ist, daß weder Perrone noch Passaglia, noch Franzelin den sich bald durchsetzenden thomistischen Integralismus gutheißen konnten.[39]

Wie bereits erwähnt, hatte schon Taparelli in Rom und Neapel etliche Jahre früher einen solchen Widerstand zu spüren bekommen. Jetzt aber, wo sich die *Civiltà Cattolica* als offizielles Presseorgan des Hl. Stuhles der Neuscholastik annahm, gewann die Meinungsverschiedenheit an Heftigkeit. Ziel des Angriffes seitens der Nichtscholastiker war in erster Linie Liberatore, da man von ihm wußte, daß er hinter den Artikeln der *Civiltà Cattolica* stand. In diesem Zusammenhang wurde er sogar als »disonore per la Compagnia«[40] beschimpft. Doch auch die andere Seite blieb nichts schuldig. Liberatore verstand es, sein schriftstellerisches Talent einzusetzen und sich in mehreren Artikeln zwischen 1856 und 1859 so gut zu verteidigen, daß der Jesuitengeneral P. J. Beckx aus Sorge um den Frieden innerhalb seines Ordens eingriff.[41] Neben Liberatore meldeten sich erstmals zwei weitere Persönlichkeiten zu Wort, die für die Scholastik in Italien große Bedeutung erlangen sollten: der Jesuit Giovanni Maria Cornoldi und der Dominikaner Tommaso Maria Zigliara.

Cornoldi (1822–1892)[42] stammt aus der norditalienischen Provinz, die aufgrund der politischen Ereignisse ihre Studienzentren sehr häufig verlegen mußte (neben Piacenza und Modena spielen Görz, Reggio Emilia, Brixen, Eppan [Südtirol] und Feldkirch [Vorarlberg] eine Rolle). Cornoldi studiert in Piacenza (Collegio S. Pietro) und Rom (Collegio Romano) sowie in Dôle und Laval in Frankreich. Seine erste Zeit als Philosophielehrer verbringt er vor allem in Feldkirch (1859/60), Modena (1853–1856, 1858/59) und Verona, doch je nach Bedarf auch an anderen Lehranstalten seiner Provinz. In die geschilderte Differenz am Collegio Romano greift er 1864 mit seiner Schrift *I sistemi meccanico e dinamico circa*

---

[38] Vgl. u. a. W. Kasper: *Die Lehre von der Tradition in der Römischen Schule*, Fr/Bas/W 1962, bes. 1–26; H. Schauf: *Carlo Passaglia und Clemens Schrader*, R 1938; aus *Kath. Theologen*, Bd. II, die Artikel *Johann Baptist Franzelin* (345–367) von L. Scheffczyk und *Clemens Schrader* (368–385) von H. Schauf; K. H. Neufeld: »Römische Schule«. *Beobachtungen und Überlegungen zur genaueren Bestimmung*, in: Gr. 63 (1982) 677–699.
[39] L. Malusa: *Cornoldi*, 172f., 276 Anm. 63.
[40] Vgl. M. Colpo: *Gesuiti*, in: EF Bd. II (1957) 690.
[41] G. Filograssi: *Collegio Romano*, 517.
[42] Vgl. vor allem L. Malusa: *Cornoldi*.

la costituzione delle sostanze corporee considerati rispetto alle scienze fisiche (in Verona) ein. Diese Kritik an Secchi, Tongiorgi und Palmieri im Namen des thomistischen Hylemorphismus fällt so hart aus, daß Cornoldi trotz wohlwollender Zeichen seitens der *Civiltà Cattolica* 1867 von seinem Lehramt abberufen und nach Brixen versetzt wird. Aber diese Versetzung bringt keine Änderung seiner Gesinnung mit sich. Schon 1871 erscheint in deutscher Übersetzung sein Buch *Die antikatholische Philosophie* (in Brixen; ital. Fassung vermutlich 1870 in der *Civiltà Cattolica*), und ein Jahr später liegt sein Handbuch *Lezioni di filosofia ordinate allo studio delle altre scienze* (in Florenz) vor. Beide Werke befinden sich nicht zufällig in zeitlicher Nähe zur Enzyklika *Quanta cura* (1864) und dem berühmten *Syllabus* Papst Pius' IX.,[43] als dessen Kommentar sie sich verstehen. Genauso wie in diesen Dokumenten tritt nämlich auch bei Cornoldi jenes Phänomen auf, das in der zweiten Hälfte des 19. Jahrhunderts in Italien zunehmend erstarken sollte: der integralistische Thomismus. Was 1914 in den 24 *Thesen* zur thomistischen Philosophie stehen wird, die bezeichnenderweise der bekannteste Schüler Cornoldis in Brixen,[44] Guido Mattiussi SJ (1852–1925), verfassen wird, das ist schon jetzt bei jenem zu lesen: Es gibt nur eine wahre und vollendete katholische Philosophie, und die ist der Thomismus. Ihr Gefolgschaft zu leisten steht geradezu auf der gleichen Ebene wie der Glaube an ein Dogma. Daher darf es in inhaltlicher Hinsicht von ihr keine Abweichung geben. Der Hylemorphismus etwa gehört nicht mehr zur wissenschaftlichen Diskussion. Er steht ein für allemal fest. Alles, was nach ihm kommt, sprich: die neuzeitliche Philosophie, ist genauso wie der Protestantismus eine zu bekämpfende Irrlehre.[45] Bei Cornoldi versteift sich diese Ansicht sogar zu der Behauptung, daß die thomistische Philosophie als Höhepunkt der italienischen Philosophie ein Werk des Papsttums und damit indirekt ein Werk der göttlichen Eingebung sei.[46] Das ist nichts anderes als das, was wenige Jahre früher Franz Jakob Clemens (1815–1862) im *Katholik* vertreten hat, daß nämlich die Philosophie genauso wie die Theologie der kirchlichen Lehrautorität unterstehe.

Zigliara (1833–1893),[47] der spätere Kardinal (1879) und erste Herausgeber der Leoninischen Thomasausgabe, war ein weniger militanter Geist als Cornoldi. Doch immerhin ließ auch er keine andere Philosophie als die des hl. Thomas gelten, und selbst an der Auseinandersetzung mit den Nicht-Thomisten der Gregoriana (besonders mit Palmieri) war er auf der Seite Liberatores und Cornoldis nicht unbeteiligt.[48] Sein Thomismus steht in der dominikanischen Tradition, die in Italien, besonders in Neapel, in Bologna und am Collegio S. Maria sopra Minerva, der eigentlichen Wirkungsstätte Zigliaras, immer lebendig war. Er findet somit auf natürliche und naheliegende Weise zum Thomismus, nicht aus dem

---

[43] Vgl. R. Aubert: *Der Syllabus von 1864*, in: StZ 175 (1965) 1–24.
[44] L. Malusa: *Cornoldi*, 119f., 132 Anm. 37.
[45] Ebd. 115–151.
[46] Ebd. 186–217.
[47] Zigliaras Bedeutung für die gesamte neuscholastische Bewegung hat bes. A. Walz (in: *Sguardo*) hervorgehoben.
[48] L. Malusa: *Cornoldi*, 218ff.

bloßen Bedürfnis, die modernen Irrlehren zu bekämpfen und die Unsicherheiten der neuzeitlichen Philosophie zu überwinden, wie Cornoldi. Entsprechend gediegen und positiv aufbauend ist daher seine *Summa philosophica in usum scholarum* (2 Bde., Rom 1876; ab 1880 3 Bde.), die insgesamt 19 Auflagen erleben sollte. Obwohl auch sie sich negativ von den modernen Denkströmungen absetzt, so ist sie doch keine reine Kampfschrift, sondern ein neuer Versuch, die reine Lehre des hl. Thomas zu vermitteln.

Auf dem Weg zu *Aeterni Patris* ist noch die Gründung dreier Akademien zu nennen, die an Bedeutung die übrigen (vereinzelten) Initiativen zugunsten der Wiederbelebung der Scholastik (etwa in Ferrara, Andria, Mailand oder Sizilien)[49] überragen. Es sind dies: Erstens die thomistische Akademie von Bologna.[50] Gegründet wird sie 1853 durch Marcellino Venturoli (1828–1903), Arzt, später Mitglied der Accademia Romana di S. Tommaso, Francesco Battaglini (1823 bis 1892), späterer Kardinal von Bologna, Gianbattista Corsoni (1830–1919), Achille Sassoli Tomba u. a. Geistig steht diese Akademie bereits im Zeichen des Integralismus. Sie besitzt gegenüber der neapolitanischen Akademie jedoch von Anfang an den Vorteil, daß sie nicht nur von Klerikern getragen wird und daher in ihrem Wirkungsradius effizienter ist. Außerdem versteht sie es, öffentlichkeitswirksam aufzutreten. So veranstaltet sie etwa über ihre rein wissenschaftliche Tätigkeit hinaus Kongresse, an denen zahlreiche katholische Wissenschaftler Italiens teilnehmen.

Die zweite Akademie, von der zu reden ist, entsteht in Perugia.[51] Hier ist Gioacchino Pecci seit 1846 Erzbischof. Als Organisator dieser Akademie tritt jedoch nicht er, sondern sein Bruder Giuseppe Pecci (1807–1889) auf, der nach seiner kurzen Lehrzeit an der Gregoriana 1847–1848 (in der Cornoldi sein Schüler war) und seinem Austritt aus der Gesellschaft Jesu am Seminar von Perugia Philosophie unterrichtet. Giuseppe Pecci, späterer Kardinal (1879) und Vorsitzender der Accademia Romana di S. Tommaso d'Aquino, plant schon 1859 eine Institution zur Förderung der thomistischen Studien. Doch erst 1871 kommt es endgültig dazu. Die Einrichtung hätte nur lokale Bedeutung behalten, wenn nicht ausgerechnet die Brüder Pecci die Leitung der gesamten katholischen Kirche übernommen hätten. Deshalb gewinnt vieles von dem, was hier in Perugia verwirklicht werden sollte, eine Vorläuferrolle für das, was der künftige Papst und der künftige Kardinal weltweit in die Wege leiteten.

Von Anfang an überregionale Bedeutung sollte die Accademia filosofico-medica di S. Tommaso d'Aquino haben,[52] die Cornoldi und der Arzt Alfonso

---

[49] Vgl. F. Cenacchi: *Ferrara*; R. Azzaro Pulvirenti: *Sicilia*; sodann aus: A. V.: *Aeterni Patris, Bd. II*: M. De Vescovo: *Tra gli antesignani della rinascita tomistica: il Can. Filippo Durso (Andria 1840–1898)* (340–361); A. D'Amato: *Il Tomismo nell' ambiente domenicano bolognese nel secolo XIX* (384–410); A. Rimoldi: *Il contributo del Seminario di Milano alla rinascita del Tomismo (1853–1879)* (423–440).
[50] L. Malusa: *Cornoldi*, 156.
[51] Ebd. 155f.; P. Thibault: *Savoir et pouvoir*, 129–140; N. Del Re: *Il tomista cardinale Giuseppe Pecci*, in: A. V.: *Aeterni Patris, Bd. II*, 468–475.
[52] L. Malusa: *Cornoldi*, 151–186.

Travaglini aus Vasto in den Abruzzen mit ausdrücklicher Billigung Pius' IX. (*Breve* vom 23. Juli 1874)[53] ins Leben riefen. Diese Akademie, die ab 1876 eine eigene Zeitschrift unter dem Namen *La Scienza Italiana* (bis 1890; ab 1891 *La Scuola Cattolica*) herausgab und vor allem von Bologna aus, der damaligen Wirkungsstätte Cornoldis (1875–1880) nach Ferrara (1873–1875), organisiert wurde, setzte sich zum Ziel, die Lehren des hl. Thomas, d. h. speziell seine Theorie des Hylemorphismus, nicht nur philosophisch und theologisch, sondern auch naturwissenschaftlich zu behaupten. Daher waren ihre Adressaten über den Klerus hinaus Ärzte, Naturwissenschaftler und gebildete katholische Laien, die im öffentlichen Leben standen. Ihren relativ großen Einfluß verdankt sie jedoch dem Umstand, daß sich zahlreiche Bischöfe (unter ihnen wiederum Erzbischof G. Pecci von Perugia) hinter ihr Anliegen stellten und sie aller Ablehnung zum Trotz (etwa seitens der Gregoriana) unterstützten. Zweifellos stellte diese Akademie eine Art Vorbild für das große Unternehmen der Accademia Romana di S. Tommaso d'Aquino dar, das Leo XIII. begründete.

Die Enzyklika *Aeterni Patris* von 1879, über die in diesem Band ein eigener Beitrag zu finden ist, veränderte die Situation der neuscholastischen Philosophie in Italien wie überall grundlegend. Denn mit dieser päpstlichen Verlautbarung – hinter ihr dürften vermutlich Matteo Liberatore, Salvatore Talamo und Giuseppe Pecci gestanden haben, Joseph Kleutgen[54] und Cornoldi[55] kommen nämlich nicht in Frage – war diese Philosophie nicht nur eine Richtung neben anderen, sondern die einzige vom Lehramt der Kirche rückhaltlos anerkannte Philosophie der katholischen Welt. Sie wurde dadurch innerhalb der katholischen Kirche zumindest »de iure« zum Maßstab aller Philosophie überhaupt. Keine Frage, daß die Bischöfe der damaligen Zeit, die schon längst nicht mehr wußten, wie sie die Lehrpläne ihrer Seminarien angesichts des philosophischen Wirrwarrs ihrer Epoche gestalten sollten, die Festlegung des Papstes begeistert begrüßten.[56]

Tatsächlich gab Leo XIII. mit seiner Enzyklika viele positive Anstöße. In zahlreichen Städten entstanden nach ihrer Veröffentlichung Zentren, an denen thomistische Philosophie betrieben wurde (so etwa in Sizilien, Parma, Modena, Chieti usw.).[57] Auch gab der Papst den Anstoß zu einer kritischen Erforschung der mittelalterlichen Philosophie. Die *Leonina*, die wissenschaftliche Ausgabe der Werke des hl. Thomas, ist dafür genauso ein Beispiel wie etwa die Ausgaben des hl. Bonaventura, des Alexander von Hales oder Duns Scotus in Quaracchi bei Florenz durch die Franziskaner. Und schließlich darf nicht übersehen werden, daß mit dieser Neuerhebung des mittelalterlichen Denkens vieles in die moderne philosophische Diskussion eingebracht wurde, was zu Unrecht vergessen worden war (z. B. die Erneuerung der ontologischen Fragestellung, die Neuentdeckung

---

[53] AAS 8 (1874) 496f.
[54] Vgl. dazu den Beitrag über Kleutgen in diesem Band (145–175) von P. Walter.
[55] L. Malusa: *Cornoldi*, 254–258.
[56] A. Piolanti: *Leone XIII*, 41–58.
[57] Vgl. in A. V.: *Aeterni Patris*, Bd. III, 49–271 die zahlreichen Beiträge zum italienischen Echo auf die Enzyklika.

der Intentionalität, die mittelalterliche Logik, das scholastische Symbolverständnis usw.).[58]

Die Kehrseite war jedoch der Siegeszug eines Integralismus, der mit Rückendeckung durch den Hl. Stuhl alles aus- oder gleichzuschalten trachtete, was nicht thomistischer Überzeugung war. Ein gutes Beispiel dafür ist die Abrechnung mit der Gregoriana. Leo XIII. ließ von allem Anfang keinen Zweifel daran, daß er nicht-thomistische Strömungen auch an Bildungsanstalten der Jesuiten keinesfalls dulden würde.[59] Und so begnügte er sich nicht damit, daß er den von der Gregoriana und von weiten Kreisen der Gesellschaft Jesu mit Vorbehalt betrachteten Cornoldi zu einem seiner engsten Berater machte, ihm eine Lehrbefugnis an der Gregoriana einräumte und ihn zum Hauptherausgeber der *Civiltà Cattolica* beförderte,[60] sondern er tat genau das, was seine Vorgänger mit Leuten taten, die über die weltliche Herrschaft des Papsttums innerhalb eines eigenen Kirchenstaates anderer Meinung waren (tragischer Fall: C. M. Curci, der 1877 kurzerhand aus dem Jesuitenorden ausgeschlossen wurde): Er berief sie ab und ersetzte sie durch linientreue Kollegen. Auf diese Weise mußten Persönlichkeiten wie Domenico Palmieri[61] (der von da an Exegese in Holland unterrichtete) weichen, um ihren Ordensbrüdern Camillo Mazzella (1833–1900), Valentino Casajoana (1828–1889), José Juán Urráburu (1844–1904), Michele de Maria (1836–1913), Santo Schiffini (1849–1906) u. a. Platz zu machen.[62] Ein integralistischer Thomismus, der im Denken von Louis Billot (1846–1931) und Guido Mattiussi seinen Höhepunkt fand, nahm seinen Lauf.

Trauriger und unrühmlicher für die Geschichte der italienischen Neuscholastik als die Gleichschaltung der Gregoriana war die Bekämpfung des Rosminianismus. Nach dem Zeugnis von Cornoldi liegt die Annahme nahe, daß Leo XIII. selbst diese Kontroverse anordnete,[63] die sodann von der *Civiltà Cattolica,* in erster Linie aber von Cornoldi und Liberatore getragen wurde.[64] Statt daß man sich mit einem so anregenden Denken wie dem Rosminis (1797–1855) auseinandersetzte und dabei den Grundsatz von *Aeterni Patris,* nämlich alle Strömungen der christlichen Tradition gelten zu lassen, ernst nahm, polemisierte man gegen die Schüler Rosminis wegen ihrer vermeintlichen oder faktischen Nonkonformität zum hl. Thomas. Dahinter stand freilich auch eine politische Frage: Die Rosminianer repräsentierten nämlich vor allem in Norditalien die liberalen Strömungen, während die Thomisten die konservative päpstliche Italienpolitik zu vertreten hatten. Zweifellos trug dieser Umstand zur Verschärfung des Konfliktes bei. Aber an der Basis stand immer die Frage nach der Rechtgläubigkeit Rosminis,

---

[58] Vgl. u. a. R. Schaeffler: *Die Wechselbeziehungen zwischen Philosophie und katholischer Theologie,* Da 1980, 17–59, 319–321 (bes. 21–30).
[59] L. Malusa: *Cornoldi,* 258ff., 277ff.; G. Filograssi: *Collegio Romano,* 521–525.
[60] L. Malusa: *Cornoldi,* 277ff.
[61] Ebd. 279.
[62] A. V.: *Gregoriana,* 33–35, 150–190; G. Van Riet: *L'épistémologie,* 98–107.
[63] L. Malusa: *Cornoldi,* 347.
[64] Vgl. u. a. ebd. 338–399; F. Pfurtscheller: *Einheit;* außerdem Bd. I dieses Werkes (596–618) den Artikel über Rosmini von F. Evain.

wobei »Rechtgläubigkeit« in diesem Fall mit »Übereinstimmung zum Thomismus« identifiziert wurde. Es ging also durchaus um eine (angeblich) philosophisch-theologische Auseinandersetzung. Wie diese wiederum ausging, ist ja bekannt: Obwohl das Hl. Offizium 1854 und 1876 an Rosmini wenig auszusetzen fand, wurden dennoch in einem Dekret vom 7. März 1888 mehrere Thesen seines Werkes verurteilt. Die Rosminianer waren damit zumindest für zwei Jahrzehnte aus den kirchlichen Lehranstalten ausgeschlossen.

Ein besonders wichtiges Ereignis im ausgehenden 19. Jahrhundert stellt sodann die Gründung der schon wiederholt angesprochenen Accademia Romana di S. Tommaso d'Aquino dar.[65] Diese wurde am 8. Mai 1880 eröffnet. Leo XIII. selbst hatte sie in einem Brief vom 15. Oktober 1879 an Kardinal Antonio De Luca ins Leben gerufen. Ihre ersten Präsidenten waren die Kardinäle G. Pecci und M. D. Zigliara. Salvatore Talamo,[66] eines der wichtigsten Mitglieder der neapolitanischen Schule, nahm für Jahrzehnte die Aufgaben des Sekretariats wahr. Daneben wirkten jeweils 30 Konsulenten aus der ganzen Welt an der wissenschaftlichen Arbeit dieser Institution mit, darunter so bekannte Persönlichkeiten wie Liberatore, Cornoldi, Signoriello, Prisco, Kleutgen, Stöckl, Morgott, González und Ortí y Lara. Erstes Periodicum war die Zeitschrift *L'Accademia Romana di S. Tommaso,* die allerdings nur wenige Jahre erschien. Wichtiger wurde die *Rivista di scienze sociali,* die S. Talamo von 1893 an gemeinsam mit Giuseppe Toniolo (1845–1918) herausgab. Sie spielt im Zusammenhang mit der Enzyklika *Rerum novarum* eine große Rolle. Bis zum heutigen Tag zeichnet sich diese Akademie dadurch aus, daß sie eine päpstliche Institution darstellt und international angelegt ist. Es gelang ihr nicht nur, die bedeutendsten Vertreter der Neuscholastik des 19. und 20. Jahrhunderts an sich zu ziehen, sondern auch ihrem Gründungsauftrag, »philosophiam christianam iuxta mentem S. Thomae A. ubique instaurandam« (Artikel III des Statuts), treu zu bleiben. Noch heute zählen die Veröffentlichungen der Akademie (unter Federführung von Mons. Antonio Piolanti) – man denke etwa an die *Studi tomistici* (seit 1974), an die *Studi e ricerche sulla rinascita del Tomismo* (seit 1965) oder an die *Biblioteca per la Storia del Tomismo* (seit 1974) – zu den wichtigsten in Sachen »Thomismus«.

Von Interesse für das 19. Jahrhundert ist schließlich noch der sogenannte *Cursus forojuliensis* (nach »Forum Julii« = Cividale in Friaul), der zwar erst 1907 bis 1913 in sechs Bänden gedruckt wurde, der aber das Produkt einer längeren Vorbereitungszeit ist, die bis in die Zeit vor *Aeterni Patris* zurückreicht.[67] Entstanden ist dieses philosophische Handbuch an den Lehranstalten der norditalienischen Jesuitenprovinz, die (wie bereits erwähnt) ihre Standorte aufgrund der politischen Verhältnisse in Piacenza, Modena, Feldkirch, Eppan, Tramin, Brixen, Laval, Valencia, Castello Frangipane di Portoré, Cremona und Cividale (bis 1915) hatte. Seine Verfasser sind Giuseppe Mauri (1849–1923) und Gioacchino

---

[65] A. Piolanti: *Leone XIII,* 59–72.
[66] Ders.: *Talamo.*
[67] Vgl. C. Giacon: *Il »Cursus forojuliensis« e le XXIV tesi del tomismo specifico,* in: A. V.: *Aeterni Patris,* Bd. III, 157–194.

Ambrosini (1857–1931). Ihnen verdanken wir zumindest die ersten Bände des Manuskripts. Mitgewirkt und anläßlich der Drucklegung erweitert haben diesen *Cursus* auch Alfonso Beccalli (1867–1912), Giuseppe Petazzi (1874–1948) und Adriano Gazzana (1878–1958). Sie brachten das Handbuch unter Anleitung von Mauri und Ambrosini auf sechs Bände. Warum ist es aber wichtig, davon zu berichten? Der Grund dafür liegt darin, daß dieser *Cursus* den unmittelbaren Hintergrund für die berühmten 24 *Thesen* zur thomistischen Philosophie abgegeben hat, die 1914 mit päpstlicher Autorität erlassen wurden. Verfasser dieser Thesen ist wiederum der bereits erwähnte Guido Mattiussi, ebenfalls ein Abkömmling der norditalienischen Provinz und Schüler Cornoldis. Haben somit zu Beginn der Neuscholastik eher die mittel- bis süditalienischen Zentren deren Verlauf bestimmt, so hat spätestens nach 1879 der Norden diese Rolle übernommen.

PHILOSOPHISCHE STANDORTBESTIMMUNG

Es ist unmöglich, in wenigen Zeilen eine philosophische Strömung über den Zeitraum eines ganzen Jahrhunderts erschöpfend zu charakterisieren. Die folgenden Beobachtungen zur italienischen Neuscholastik des 19. Jahrhunderts müssen daher summarisch verstanden werden. Sie erheben keinen Anspruch auf eine hinreichende und differenzierte Sicht. Doch so viel ist für eine mögliche Beurteilung vielleicht von Bedeutung:

Die Neuscholastiker des letzten Jahrhunderts unterscheiden sich von ihren Nachfolgern nach den 24 *Thesen* (1914) grundsätzlich darin, daß sie erstens keinen wirklich positiven Bezug zur modernen Philosophie fanden und daß sie zweitens ein recht ungenaues Bild von dem besaßen, worauf sie sich in erster Linie beriefen, nämlich vom Mittelalter. Was das erste anbelangt, so fällt das neuzeitliche Denken für sie in der Regel unter jenes Pauschalurteil, das – wie etwa die Enzykliken *Mirari vos* (1832) und *Quanta cura* (1864) durchblicken lassen – über die Neuzeit gesprochen wurde. Modernes Denken ist in dieser Beleuchtung sehr bald identisch mit Aufstand gegen die Autorität der Kirche, mit Auswuchs subjektiven Stolzes, mit geheimem oder offenem Hang zum Protestantismus, mit Begrüßung der politischen Revolution und gesellschaftlichen Veränderung, kurz: mit Verletzung der göttlichen Schöpfungsordnung. Differenzierungen in diesem Punkt – sieht man von einigen Ansätzen anläßlich des I. Vatikanischen Konzils bei der Verfassung des Dokumentes *Dei filius* (1870) ab[68] – gibt es kaum. Man darf sogar sagen, daß nicht einmal ein Interesse dafür aufkommt. Die Zeichen stehen vielmehr auf Abwehr. Die Apologetik scheint oft das erste Motiv dieser Philosophie zu sein. Und hinter diesem wiederum verrät sich die Absicht, das kirchliche Denken gegen jeden Kontakt nach außen immun zu machen. Anders ist ihr erschreckend ungerechtes Vorgehen gegen jeden christlichen Versuch, die Neuzeit auch positiv zu sehen, nicht zu verstehen.

---

[68] Vgl. dazu H. J. Pottmeyer: *Der Glaube vor dem Anspruch der Wissenschaft*, Fr/Bas/W 1968, 17–81.

Damit soll nicht behauptet werden, daß alle italienischen Neuscholastiker reine Apologeten gewesen seien. Differenzierungen sind hier allemal am Platz. Persönlichkeiten wie Liberatore und Cornoldi waren zweifellos Leute besonderen Schlags. Neben ihnen sind Philosophen, denen es um die Philosophie als solche ging, nicht zu verkennen. Aber alles in allem darf man doch konstatieren, daß das aristotelische Ideal von der Philosophie »um ihrer selbst willen« (ἕνεκα οὗ) nicht gerade hochgehalten wurde. Ausschlaggebend war vielmehr die Instrumentalisierung der Philosophie für die Zwecke des katholischen Glaubens in der Auseinandersetzung mit der modernen Welt. Deshalb darf die italienische Neuscholastik auch keinesfalls aus ihrer inneren Verflechtung mit der allgemeinen päpstlichen Politik gelöst werden.[69]

Sind also für das vergangene Jahrhundert in Italien Denker wie Mercier, Maréchal, Zamboni, Lonergan, Rahner usw. schlechthin undenkbar, so gilt dasselbe für Denker, die – wie etwa Rousselot, Gilson, Fabro u. a. – ihre Überlegungen einer immer genaueren Kenntnis der mittelalterlichen Welt verdankten. Denn das, was damals als Thomismus vertreten wurde, hatte zwar mit Thomas zu tun, wich aber doch in entscheidenden Punkten von ihm ab. Wichtigstes Beispiel dafür ist das Problem der »distinctio realis«, das z. B. Liberatore ganz anders als sein großes Vorbild löste. Auch gab es eine Reihe von Thomas-Ausgaben schon vor der *Leonina*.[70] Doch diese waren nicht kritisch. Außerdem verhinderten sie nicht, daß man Thomas häufig mit der Brille der Barockscholastiker, wenn nicht gar mit der der neuzeitlichen Rationalisten las. Das streng historische Bewußtsein stand noch in den Anfängen. Es regte sich zwar schon deutlich – die Romantik hatte auch Italien erfaßt, und darüber hinaus war man gerade hier durch Gianbattista Vico (1668–1744) und Ludovico Muratori (1672–1750) bereits bestens vorbereitet –, doch bis zum Geschichtsbild des 20. Jahrhunderts war noch ein weiter Weg. Thomas sprach noch kaum aus der ihm eigenen Welt.

Veranschaulichen wir dies an einem konkreten Punkt und wählen wir die Erkenntnistheorie, weil sie seit Kant zur wichtigsten philosophischen Disziplin geworden ist.[71] Liest man die italienischen Neuscholastiker auf sie hin, so stellt man auf der einen Seite fest, daß das Anliegen der neuzeitlichen Philosophie nicht einmal im Ansatz begriffen wurde. Als hätte es Descartes, Locke, Hume oder Kant nicht gegeben, stand hier ein reiner und naiver Objektivismus im Kurs, der sich bedenkenlos auf Evidenzen und Eindrücke des »gesunden Menschenverstandes« berief. Die neuzeitliche Gnoseologie tat man dadurch ab, daß man deren Konsequenzen im Bereich der natürlich-allgemeinen Erfahrung, die man als untrüglich in Anspruch nahm, für unmöglich erklärte. Auf der anderen Seite drang man aber auch nicht zu jenen Elementen der mittelalterlichen Philosophie vor, die nachmals die moderne Erkenntnistheorie verändern sollten. Man denke an das scholastische Verständnis der intentionalen Strukturiertheit unserer

---

[69] Vgl. bes. R. Aubert: *Aspects divers;* P. Thibault: *Savoir et pouvoir.*
[70] Man denke vor allem an die »Editio Piana«, die *Opera omnia iussu Pii V*, die in 18 Bänden 1570/71 in Rom erschien und die Grundlage der *Opera omnia* in 25 Bänden bildete, die 1852–1872 in Parma herausgegeben wurden.
[71] Vgl. bes. G. Van Riet: *L'épistémologie*, 125–133.

Erkenntnis, das Franz Brentano neu entdecken sollte, an den mittelalterlichen Symbolbegriff, der die neuzeitlichen Vorstellungen des Erkenntnisbildes verändern konnte, oder an die These von der ursprünglichen Seinsbezogenheit unserer Erkenntnisakte, die erst im Anschluß an Heidegger voll entfaltet wurde.[72] Schon gar nicht kam man auf die Idee, bei Thomas so etwas wie Ansätze zu einem transzendentalen Denken zu sehen. Für all dies war vielleicht die Zeit noch nicht reif. Man darf aufgrund dieser Fakten daher keinen Vorwurf ableiten. Zugleich hilft eine solche Beobachtung aber doch zur Charakterisierung der italienischen Neuscholastik aus heutiger Sicht.

Historisch gerecht muß man auch bezüglich der Diskussion um den Hylemorphismus bleiben. Die Problematik liegt hier ähnlich: Im Namen dieser aristotelisch-thomistischen Theorie lehnt man eine Auseinandersetzung mit der modernen Wissenschaft ab. Gleichzeitig übersieht man aber, daß sich diese Theorie durchaus so interpretieren und erweitern ließe, daß sie eine Begegnung mit der neuzeitlichen Naturwissenschaft zuließe. Will man in diesem Punkt die italienischen Neuthomisten keines skurrilen Anachronismus beschuldigen, so darf man nicht vergessen, daß die hylemorphistische Theorie in ihren Augen so etwas wie eine Universalformel für die Wirklichkeit darstellt. Sie besagt nicht nur, daß die menschliche Seele ihr Dasein ausschließlich in einem Körper (als »forma corporis«) hat, sondern sie dient analog auch dazu, ganz andere Probleme zu lösen. Wichtigstes Beispiel dafür ist die Verhältnisbestimmung von Glauben (Theologie) und Wissen (Philosophie): So wie die Seele den Körper belebt und umgekehrt der Körper der Seele ihr unmittelbares Dasein gewährt, so ist der Glaube das innerste Prinzip des Wissens und umgekehrt das Wissen die Materie, in die sich der Glaube inkarniert. Der Hylemorphismus legitimiert so gesehen den eigenen philosophischen Ansatz und trägt darüber hinaus dem gesamten (damaligen) kirchlichen Weltbild Rechnung. Man muß dies vor Augen haben, wenn man sich vom heutigen Standpunkt aus über die seinerzeitigen Diskussionen an der Gregoriana, über den verbissenen Kampf Cornoldis oder über die Erklärung der Accademia filosofico-medica di S. Tommaso d'Aquino wundert.

Schließlich noch folgendes: Man tut sich oft schwer, das christliche Denken dieser Neuthomisten zu achten, wenn man einerseits hört, daß sie sich als Denker von der päpstlichen Politik vereinnahmen ließen, und wenn man andererseits erfährt, wie sie sich als Christen rücksichtslos in den traurigsten Polemiken engagierten. Doch selbst in diesem Punkt muß man gerecht bleiben. Zunächst darf man nicht vergessen, daß die Philosophie der Aufklärung und des 19. Jahrhunderts sowie die moderne Wissenschaft häufig gegen Kirche und Christentum Stellung bezogen. Ihre Argumente dafür waren dabei nicht immer berechtigt und differenziert. Es gab daher durchaus Anlaß, sowohl als Christ als auch als Philosoph eine Gegenposition einzunehmen. Dazu kommt, daß die einzelnen Neuthomisten keineswegs Dogmatiker von Anfang an waren. Mehrere von ihnen brauchten Jahre, bis sie von der neuzeitlichen Philosophie zum Thomismus fanden. Man denke an Liberatore und Taparelli d'Azeglio. Beide standen längere

---

[72] A. Keller: *Sein oder Existenz?*, Mü 1968, bes. 3–66.

Zeit unter dem Einfluß Cousins. Taparelli versprach sich außerdem (genauso wie Curci) zeitweise von Gioberti sehr viel. Er hielt dessen politische Ideen durchaus für vereinbar mit den kirchenpolitischen Vorstellungen der Päpste. Interessant ist sodann seine Auseinandersetzung mit Montalembert. Wir wissen schließlich, daß P. Galluppi unter den Jesuiten in Neapel hoch im Kurs stand. All dies beschönigt freilich nichts daran, daß sich die Verhältnisse drastisch änderten, daß etwa Taparelli in seinen späteren Veröffentlichungen viele positive Ansätze seines großen *Saggio* aufgab und den päpstlichen Direktiven opferte,[73] daß Liberatore von seinen philosophischen Anfängen plötzlich nichts mehr wissen wollte und daß eine Reihe von Neuscholastikern (bestes Beispiel: Cornoldi) nicht etwa aus sachlicher Überzeugung Thomisten wurden, sondern ganz einfach deshalb, weil ihnen der Thomismus Sicherheit im Wirrwarr der Zeit und Unbescholtenheit gegenüber der kirchlichen Obrigkeit versprach.[74] Trotzdem ist es wichtig, hier zu differenzieren. Es gab zumindest biographisch gesehen nicht nur gestörte Verhältnisse zum neuzeitlichen Denken. Man tut folglich gut daran, wenn man von Fall zu Fall untersucht, wie und warum der eine oder andere Denker Thomist wurde. Erst dann kann man ihn philosophisch würdigen.

BIBLIOGRAPHIE

1. *Quellen*

A) Wichtigste Zeitschriften und Periodica

La Scienza e la Fede, Na 1841–1888 (1900–1909: Scienza e Lettere).
La Civiltà Cattolica, Na/R 1849ff.
La Scienza Italiana, Bol 1876–1890 (danach bis 1901: La Scuola Cattolica; sodann: La Scuola e Scienza Italiana).
L'Accademia Romana di S. Tommaso, R 1881–1889, Neue Serie 1934–1946, 1955–1970.
Rivista di scienze sociali, R 1893ff.

B) Giovanni Maria Cornoldi

a) Ausführlicheres Werkverzeichnis:
Sommervogel, Bd. XI (1932) 114–120.

b) Auswahl:
I sistemi meccanico e dinamico circa la costituzione delle sostanze corporee considerati rispetto alle scienze fisiche, Ver 1864.
Die antikatholische Philosophie und die gegenwärtigen Uebel der Gesellschaft ([1]1870?), Brixen 1871.
Lezioni di filosofia ordinate allo studio delle altre scienze, Fi 1872 (Ferrara 1875, Bol 1881, R 1881, 1889, 1899, 1931).
Prolegomena sopra la filosofia italiana e trattato della esistenza di Dio ([1]1875), Bol 1877.

---

[73] Das gilt vor allem für die im *Esame critico degli ordini rappresentativi nella società moderna* (R 1854) gesammelten Aufsätze aus der CivCatt.
[74] L. Malusa: *Cornoldi*, 16ff.

La riforma della filosofia promossa dall' enciclica »Aeterni Patris« di S. S. Leone XIII. Commentario (¹1879), Bol 1880.
Il rosminianismo sintesi dell'ontologismo e del panteismo (¹1878ff.), R 1881.
Dei principi fisico-razionali secondo S. Tommaso d'Aquino, Bol 1881.
Il sistema fisico di S. Tommaso, R 1891.
Testi e documenti per un bilancio del neotomismo. Gli scritti inediti di Giovanni Maria Cornoldi, hg. L. Malusa, Ver (in Druck).

C) CARLO MARIA CURCI

a) Ausführlicheres Werkverzeichnis:
Sommervogel, Bd. II (1881) 1735–1740.

b) Philosophisch relevante Schriften:
Fatti ed argomenti in risposta alle molte parole di V. Gioberti intorno ai Gesuiti, Na 1845.
Una divinazione sopra le tre ultime opere di V. Gioberti, 2 Bde., P 1849.
La demagogia italiana ed il Papa Re, P 1849.
Il paganesimo antico e moderno, R 1862.
Il cristianesimo antico e moderno, R 1862.
La natura e la grazia, R 1865.
Di socialismo cristiano nella questione operaria, Fi 1885.
Memorie utili di una vita disutile, Fi 1891.

D) MATTEO LIBERATORE

a) Ausführlicheres Werkverzeichnis:
Sommervogel, Bd. IV (1883) 1774–1803.
Mirabella, T.: Il *pensiero politico* del P. Matteo Liberatore, Mi 1956.

b) Auswahl:
Institutiones logicae et metaphysicae, 2 Bde., Na 1840/42; zahlreiche Auflagen unter dem Titel: Institutiones philosophicae (noch 1937 in 6 Bänden).
Della conoscenza intellettuale, 2 Bde., R 1857/58.
Del composto umano, R 1862 (später: Dell'uomo, 2 Bde., R 1874/75).
La Chiesa e lo Stato, Na 1871.
Degli universali, R 1883.
Commedie filosofiche, R 1884.
Del diritto pubblico ecclesiastico, R 1887.

c) Übersetzungen ins Deutsche:
Die Erkenntnistheorie des hl. Thomas von Aquin, 2 Bde., dt. E. Franz, Mz 1861.
Grundsätze der Volkswirtschaft, dt. F. v. Kuefstein, I 1891.

E) SERAFINO SORDI

a) Ausführlicheres Werkverzeichnis:
Sommervogel, Bd. VII (1886) 1389f.

b) Auswahl:
Lettere intorno al Nuovo saggio sull'origine delle idee dell' Abate Antonio Rosmini Serbati, Modena 1843.
I primi elementi del sistema di V. Gioberti dialogizzati, Bergamo 1849.
I misteri di Demofilo, Tn 1850.
Ontologia hg. P. Dezza, Mi 1941.
Theologia naturalis, hg. P. Dezza, Mi 1945.

F) Luigi Taparelli d'Azeglio

a) Umfassendes Werkverzeichnis:
Jacquin, R.: P. *Taparelli* d'Azeglio, sa vie, son action, son œuvre, P 1943, 375–381.
Pirri, P.: Carteggi del P. Taparelli d'Azeglio, Tn 1932, 31–48.

b) Auswahl:
Saggio teoretico di diritto naturale appoggiato sul fatto, 5 Bde., Palermo 1840–1843 (11 Auflagen bis R 1949).
Della nazionalità, Ge 1847.
Corso elementare del naturale diritto ad uso delle scuole (1843), Na 1850.
Esame critico degli ordini rappresentativi nella società moderna ([1]1848ff.), 2 Bde., R 1854.
Essai sur les principes philosophiques de l'economie politique ([1]1856ff.), franz. (hg.) R. Jacquin, P 1943.
Carteggi... (hg. P. Pirri), a.a.O. a).

c) Übersetzung ins Deutsche:
Versuch eines auf Erfahrung begründeten Naturrechts, dt. F. Schöttl / K. Rinecker, 2 Bde., Rb 1845.

G) Weitere wichtige Werke zur italienischen Neuscholastik im 19. Jahrhundert

(Cursus forojuliensis =) Praelectiones philosophiae scholasticae, 6 Bde., verfaßt von G. Mauro, G. Ambrosini, A. Beccalli, G. Petazzi, A. Gazzana, V/Udine/Cividale 1907–1913.
Palmieri, D.: Institutiones philosophicae, 3 Bde., R 1874–1876.
Pecci, G.: Parafrasi e dichiarazione dell'opusculo di S. Tommaso »De ente et essentia«, R 1882.
–: Sentenza di S. Tommaso circa l'influsso di Dio sulle azioni delle creature ragionevoli e sulla scienza media, R 1885.
–: Osservazioni sopra alcuni errori di Kant, R 1886.
–: Studi sulla psicologia, R 1888/89.
Prisco, G.: Elementi di Filosofia speculativa secondo le dottrine degli scolastici, specialmente di S. Tommaso d'Aquino, 2 Bde., Na 1862/63.
–: Principi di Filosofia del diritto sulle basi dell'Etica, diritto individuale, Na 1872.
Secchi, A.: L'unità delle forze fisiche. Saggio di filosofia naturale, R 1864 ([2]Mi 1874; dt. Lei 1875/76).
Signoriello, N.: Lexicon Peripateticum Philosophico-theologicum, Na 1854.
–: La Metafisica di S. Tommaso intorno al male, R 1881–1883.
–: S. Tommaso e l'antropomorfismo, R 1886.
Talamo, S.: Il rinnovamento del pensiero tomistico e la scienza moderna ([1]1874–1876), Siena [2]1878 ([3]R 1927).
Tongiorgi, S.: Institutiones philosophicae, 3 Bde., R 1861/62.
Travaglini, A.: La Bibbia, la natura e la scienza, Vasco 1885–1893.
Zigliara, T. M.: Saggio sui principii del tradizionalismo, Viterbo 1865.
–: Della luce intellettuale e dell' ontologismo, secondo le dottrine dei S. S. Agostino, Bonaventura e Tommaso, R 1871.
–: Summa philosophica in usum scholarum, 3 Bde., R 1876 (19 Auflagen).
–: Commentaria S. Thomae in Aristotelis libros Perihermeneias et Posteriorum Analyticorum cum synopsibus et annotationibus, R 1882.
–: Propaedeutica ad sacram theologiam in usum scholarum, R 1890.

2. *Literatur (Auswahl)*

Aubert, R.: *Aspects divers* du néo-thomisme sous le pontificat de Léon XIII, in: G. Rossini (Hg.): Aspetti della cultura cattolica nell'età di Leone XIII, R 1961, 133–227.
A. V.: L'Università *Gregoriana* del Collegio Romano nel primo secolo della restituzione, R 1924.
–: *Il nostro centenario,* in: CivCatt 100/2 (1949) 5–40.
 : Miscellanea Taparelli, hg. Università Gregoriana / CivCatt, R 1964.
–: Gaetano *Sanseverino* nel primo centenario della sua morte, R/Vat 1965.
–: Saggi sulla rinascita del Tomismo nel secolo XIX, R/Vat 1974.

A. V.: L'Enciclica *Aeterni Patris, Bd. II:* Significato e preparazione, R/Vat 1981 (= Atti dell' VIII Congresso Tomistico Internationale).
—: L'Enciclica *Aeterni Patris, Bd. III:* Suoi riflessi nel tempo, R/Vat 1981 (= Atti dell' VIII Congresso Tomistico Internationale).
Azzaro Pulvirenti, R.: La rinascita del Tomismo in *Sicilia* nel secolo XIX, R/Vat 1986.
Brucculeri, A.: *Un precursore* italiano della società delle nazioni, in: CivCatt 77/1 (1926) 395–405; 77/2 (1926) 28–37, 121–131.
Cenacchi, F.: Tomismo e neotomismo a *Ferrara,* R/Vat 1975.
Dezza, P.: Alle origini del neotomismo, Mi 1940.
Durante, F.: La rinascita del tomismo a Perugia, in: Aquinas 5 (1962) 249–294.
Fabro, C.: Storia della Filosofia, R 1954, 857–886.
—: Breve introduzione al tomismo, R 1960 (neu: Mi 1985).
—: Der Streit um Neuscholastik und Neuthomismus in Italien, in: C. Fabro (Hg.): Gegenwart und Tradition, FS B. Lakebrink, Fr 1969, 181–202.
Filograssi, G.: Teologia e filosofia nel *Collegio Romano* dal 1824 ad oggi, in: Gr. 35 (1954) 512–540.
Jacquin, R.: P. *Taparelli* d'Azeglio . . ., siehe 1. F) a).
—: *Une polémique* romaine sur l'hylémorphisme, in: RSR 32 (1958) 373–377.
Malusa, L.: Neotomismo e intransigentismo cattolico. Il contributo di G. M. *Cornoldi* per la rinascita del Tomismo, Mi 1986.
Masnovo, A.: Il Neotomismo in Italia. Origini e prime vicende, Mi 1923.
Messineo, A.: Il P. Luigi *Taparelli* d'Azeglio e il Risorgimento italiano, in: CivCatt 99/3 (1948) 373–386, 492–502.
Mirabella, T.: Il *pensiero politico* . . ., siehe 1. D) a).
Orlando, P.: Il Tomismo a Napoli nel secolo XIX. *La scuola* del Sanseverino, R/Vat 1968.
Pelzer, A.: Les initiateurs italiens du Néo-Thomisme contemporain, in: RNSP 18 (1911) 230–254.
Perego, A.: L'imposta progressiva nel pensiero del P. L. Taparelli d'Azeglio, in: CivCatt 98/4 (1947) 136–144.
Pfurtscheller, F.: Von der *Einheit* des Bewußtseins zur Einheit des Seins. Zur Grundlegung der Ontologie bei A. Rosmini-Serbati (1797–1855), F 1977, 247–277.
Piolanti, A.: *Pio IX* e la rinascita del tomismo, R/Vat 1974.
—: Il tomismo come filosofia cristiana nel pensiero di *Leone XIII,* R/Vat 1983.
—: La filosofia cristiana in Mons. Salvatore *Talamo* ispiratore della Enciclica »Aeterni Patris«, R/Vat 1986.
Pirri, P.: La *Civiltà Cattolica* nei suoi inizi e alle prime prove, in: CivCatt 75/2 (1924) 19–33.
—: Il P. *Taparelli* d'Azeglio e il rinnovamento della scolastica al Collegio Romano, in: CivCatt 78/1 (1927) 107–121, 399–409.
—: *Le idee* del P. Taparelli d'Azeglio sui governi rappresentativi, in: CivCatt 78/2 (1927) 206–219, 397–412.
—: Intorno alle origini del *rinnovamento* tomista in Italia, in: CivCatt 79/4 (1928) 215–229, 396–411.
—: La rinascita del tomismo a *Napoli* nel 1830, in: CivCatt 80/1 (1929) 229–244, 422–433; 80/2 (1929) 31–42.
—: P. Giovanni Roothaan, XXI Generale della Compagnia di Gesù, Isola del Liri 1930.
Saitta, G.: Le origini del neo-tomismo nel secolo XIX, Bari 1912.
Thibault, P.: *Savoir et pouvoir.* Philosophie thomiste et politique cléricale au XIXe siècle, Québec 1972.
Van Riet, G.: *L'épistémologie* thomiste, Lv 1946, 32–133.
Walz, A.: *Sguardo* sul movimento tomista in Europa nel secolo XIX fino all'Enciclica Aeterni Patris (^{1}1943), in: A. V.: Gaetano Sanseverino nel primo centenario della morte, R 1965, 139–167.

Heinrich M. Schmidinger

Deutschland – Österreich

Die neuscholastische Philosophie im deutschsprachigen Raum

DER STAND DER FORSCHUNG

Die philosophischen Bemühungen des 19. Jahrhunderts in Deutschland, die unter dem Sammelbegriff der »Neuscholastik« geführt werden, sind noch nicht in dem Maße erforscht, wie es eine Gesamtdarstellung voraussetzte. Im Gegensatz zum französischen und vor allem zum italienischen Raum, für die bereits etliche Einzeluntersuchungen vorliegen, kamen hier die notwendigen Forschungen nicht über erste Ansätze hinaus.[1] Solange die Neuscholastik in Philosophie und Theologie fraglos akzeptiert war, hat man ihre Entstehung und Entwicklung nicht problematisiert,[2] als man sie überwunden zu haben glaubte, hat man sich kaum mehr um sie gekümmert und sie höchstens als negative Folie für die eigenen Bemühungen gebraucht.[3]

Die folgende Darstellung wendet sich in der Absicht, Bausteine zusammenzutragen und zu weiterer Forschung anzuregen, hauptsächlich einzelnen neuscholastischen Denkern zu und hält sich bei der geistesgeschichtlichen Einordnung und Beurteilung mit Bedacht zurück. Die Beschäftigung allein mit der Philosophie scheint freilich gewagt, da die Neuscholastik zu einer umfassenderen »Bewegung« gehört, die alle Bereiche des kirchlichen Lebens bis ins Alltägliche hinein geprägt hat. Innerhalb einer Philosophiegeschichte ist eine solche Beschränkung allerdings unumgänglich. Auch auf die kirchenpolitischen Implikationen des neuscholastischen Programms, die in der zeitgenössischen Kontroverse bereits eine Rolle spielten[4] und in der heutigen Forschung leicht das Hauptaugenmerk auf sich ziehen,[5] kann hier nicht ausführlich eingegangen werden. Sie allein vermögen

---

[1] Vgl. E. Przywara: *Neuscholastik;* G. Söhngen: *Erbe;* B. Welte: *Strukturwandel;* G. Söhngen: LThK Bd. VII (²1962) 923–926; B. Casper: *Gesichtspunkte*.
[2] Vgl. F. Ehrle: *Scholastik;* M. Grabmann: LThK Bd. VII (1935) 522–525.
[3] Auf die vielfach undifferenzierte Sicht der Neuscholastik in der neueren katholischen Theologie kann hier nicht eingegangen werden.
[4] Vgl. die Angaben bei H. Schmidinger: HWP Bd. VI (1984) 769–774, der die Geschichte des Begriffs *Neuscholastik* nachzeichnet, bes. 769, 771.
[5] Vgl. P. Thibault: *Savoir;* K. Deufel: *Kirche*.

weder das Entstehen noch die Verbreitung der Neuscholastik adäquat zu erklären. Die Leistung Kleutgens etwa, gegen den sich dieser Vorwurf in erster Linie richtete und richtet, ist, wie ein protestantischer und deshalb vielleicht unbefangenerer Kenner schreibt, »von solchem geistigen Gewicht, daß jede bloß kirchenpolitische Analyse und Erklärung an der Oberfläche verbliebe«.[6]

Die folgende Darstellung setzt mit jenen Denkern ein, deren nach der Jahrhundertmitte erschienene Schriften in der zeitgenössischen Auseinandersetzung als etwas Neues angesehen und die selbst in der bald einsetzenden Polemik als »Neuscholastiker« bezeichnet wurden, ein Etikett, gegen das sie sich vergeblich wehrten.[7] Diese Männer sind nicht aus der sogenannten Ersten Mainzer Schule hervorgegangen, wie das gelegentlich dargestellt wird.[8] Die Mainzer waren, wenn man einmal von Heinrich Klee (1800–1840) absieht, an theoretischen Problemen wenig interessierte Praktiker, die ein geschlossenes Lehrsystem schätzten und sich deshalb an der Scholastik, der Schultradition im eigentlichen Sinn des Wortes, orientierten.[9] Diese Scholastik aber ist von der späteren Neuscholastik, gerade was die philosophischen Bemühungen angeht, durchaus verschieden. Die Neuscholastiker der Jahrhundertmitte – das gilt für Plaßmann und Kleutgen, wohl aber auch für den später mit dem Mainzer Kreis um die Zeitschrift *Der Katholik* eng verbundenen Clemens – gelangten unabhängig von der frühen, aus dem Elsaß kommenden Mainzer Tradition und voneinander zur Entdeckung der Scholastik, die für sie einem geistigen Neuheitserlebnis gleichkam. Wenn man einen Wegbereiter für die westfälischen Neuscholastiker Plaßmann und Kleutgen[10] sucht, dann ist es, freilich wider Willen, der Münsteraner Philosoph Christoph Bernhard Schlüter (1801–1884).[11] In der geistig anregenden Atmosphäre seines Kreises erhielten sie erste Anstöße sowohl zur Auseinandersetzung mit zeitgenössischen Philosophen, vor allem mit Baader und Günther, als auch zur Beschäftigung mit der Philosophie des Mittelalters. Nicht alle freilich, die aus diesem Kreis hervorgingen, wandten sich der Neuscholastik zu.[12] Die Neuscholastik der Jahrhundertmitte scheint auch nicht, zumindest nicht ausschließlich, aus der romantischen Hinwendung zum Mittelalter erklärbar zu sein.[13] Hier sind eher Männer wie Johann Sebastian von Drey (1777–1853) und Johann Adam Möhler (1796–1838) anzusiedeln, die dem mittelalterlichen Denken unbefangener gegenübergetreten sind als andere zeitgenössische Denker, die aber deshalb noch nicht als Neuscho-

---

[6] K. G. Steck: *Kleutgen*, 290.
[7] Vgl. H. Schmidinger: a.a.O. Anm. 4, 771.
[8] Vgl. B. Jansen: *Aufstiege*, 218f.; F. Schnabel: *Geschichte*, 254; R. Aubert: *Scholastiker*, 687f.
[9] Vgl. L. Lenhart: *Theologenschule*; H. Schwalbach: *Katholik*, 37–50.
[10] A. Flir stellte bereits 1857 fest: »Die Westphalen sind die eifrigsten Vorkämpfer dieser Rückkehr zur Scholastik« (*Briefe*, 69).
[11] Vgl. J. Nettesheim: *Schlüter*.
[12] Etwa der Platon-Forscher F. Michelis, der gegen Kleutgen stritt (s. u. S. 174), oder F. Brentano, der sich von der Neuscholastik löste. Vgl. J. Nettesheim: *Günther*; dies.: *Brentano*. Der neuscholastische Philosophiehistoriker C. Baeumker war ebenfalls ein Schüler Schlüters. Vgl. J. Nettesheim: *Schlüter*, 186 Anm. 89.
[13] Vgl. H. Raab: *Wiederentdeckung*, 195–197.

lastiker bezeichnet werden können.[14] Die frühen Neuscholastiker sind fraglos vom Denken der Romantik und der Restauration beeinflußt, aber sie gehören einer anderen geistesgeschichtlichen Epoche an, die durch das Zerbrechen des Deutschen Idealismus nach dem Tod Hegels und durch eine Hinwendung zu den Einzelwissenschaften wie durch das Erstarken des katholischen Selbstbewußtseins nach 1848 gekennzeichnet ist.[15] Allerdings können nicht alle Forscher, die im Verlauf des 19. Jahrhunderts zu einer vertieften Kenntnis des Mittelalters, vor allem des Thomas von Aquin, beigetragen haben, unter dem Vorzeichen der Neuscholastik gedeutet werden.[16]

Das »Programm« der Neuscholastik, wie es sich in den fünfziger Jahren herauskristallisiert, beinhaltet nicht nur die Rückkehr zur scholastischen Tradition, sondern vor allem den Anspruch, die zeitgenössische Philosophie (und Theologie) durch den Rückgriff auf die Scholastik im allgemeinen oder – wie bei Plaßmann – auf Thomas von Aquin im besonderen zu überwinden. Wir beginnen unsere Darstellung mit den drei Autoren, die ungefähr gleichzeitig um die Jahrhundertmitte mit ihren Veröffentlichungen hervorgetreten sind und als zu einer Geistesrichtung gehörig betrachtet wurden: Clemens, Plaßmann und Kleutgen. Der wohl bedeutendste unter ihnen, J. Kleutgen, hat zwar die meiste Zeit seines Lebens außerhalb des deutschen Sprachraumes zugebracht, er hat aber seine Hauptwerke in deutscher Sprache abgefaßt und gehört sowohl durch seine geistige Formung als auch durch die Ausrichtung seiner Schriften eindeutig hierher. Da er nicht nur in der zeitgenössischen Kontroverse als der wichtigste Neuscholastiker galt, sondern auch heute noch als solcher angesehen werden darf, soll ihm die ausführlichste Darstellung gewidmet werden. Im Anschluß daran beschäftigen wir uns mit den Hauptvertretern der zweiten Generation von Neuscholastikern, die bereits durch gewisse Schulbildungen gekennzeichnet ist, aber auch eine Reihe von Denkern aufzuweisen hat, welche einen eher eklektischen Standpunkt einnehmen.[17]

---

[14] Drey hatte in seinem ersten Aufsatz *Revision des gegenwärtigen Zustandes der Theologie* im *Archiv für die Pastoralkonferenzen in den Landkapiteln des Bisthums Konstanz* (1812, Bd. I, 3–26) für eine Neubewertung der mittelalterlichen Scholastik plädiert und sich die geharnischte Kritik der zuständigen kirchlichen Behörden zugezogen (vgl. ebd. 27–44). Möhler galt vor allem seit seinem 1827 erstmals veröffentlichten Aufsatz über Anselm von Canterbury (vgl. *Gesammelte Schriften und Aufsätze*, hg. I. von Döllinger, Bd. I, Rb 1839, 32–176, bes. 129–135) als Wegbereiter einer neuen Sicht der Scholastik. Vgl. H. J. Brosch: *Wesen*, 1–8. Die Tübinger F. A. Staudenmaier und J. Ev. von Kuhn wurden zeitweilig als »neue, redivive Scholastiker« bezeichnet, wobei Anselm, Petrus Lombardus und Thomas von Aquin als Prototypen der mittelalterlichen Scholastik vorgestellt wurden. Vgl. W. Mattes: *Scholastik*.
[15] Vgl. B. Welte: *Strukturwandel*; B. Casper: *Gesichtspunkte*.
[16] Etwa C. Werner. Zu ihm vgl. J. Reikerstorfer: Bd. I dieses Werkes, 329–340. Wichtige Hinweise zur Thomas-Renaissance im 19. Jahrhundert bei H. Raab: *Wiederentdeckung*.
[17] Die Beschränkung auf die Philosophie bringt es mit sich, daß für die neuscholastische Bewegung insgesamt so wichtige Theologen wie J. B. Heinrich, M. J. Scheeben und C. von Schäzler sowie die Würzburger H. Denzinger, F. S. Hettinger und J. Hergenröther keine Berücksichtigung finden.

FRANZ JAKOB CLEMENS

»Angebahnt wurde diese Richtung [die Neuscholastik] in Deutschland durch Fr. Jak. Clemens«, so urteilt A. Stöckl, Clemens' Nachfolger in Münster, in seinem *Lehrbuch der Geschichte der Philosophie*.[18] In der Tat ist Clemens als erster mit Gedanken an die deutsche Öffentlichkeit getreten, die als programmatisch für die später so bezeichnete Neuscholastik gelten können.

Franz Jakob Clemens (4. Oktober 1815 Koblenz – 24. Februar 1862 Rom) war durch seine eigene Familie wie durch die seiner Frau fest im Koblenzer Katholizismus verwurzelt.[19] Er erhielt seine Schulbildung am Jesuitenkolleg in Fribourg. Nach dem Abitur, das er 1834 in seiner Heimatstadt ablegte, studierte er ein Jahr an der Bonner Universität, hauptsächlich bei Carl Josef Windischmann (1775 bis 1839), einem entschiedenen Anti-Hermesianer, der eine katholische Philosophie zu entwickeln suchte.[20] Im Herbst 1835 setzte Clemens seine Studien in Berlin fort. Hier lernte er nicht nur die Hegelsche Philosophie gründlich kennen, sondern erwarb auch ein breites Allgemeinwissen (u. a. durch den Besuch der Vorlesungen von Savigny und Ranke). Nach seiner Promotion mit einer Arbeit über Anaxagoras (1839) verkehrte Clemens in München im Kreis um Joseph von Görres (1776–1848).[21] Eine ausgedehnte Bildungsreise führte ihn nach Italien, wo er den Philosophen Pasquale Galluppi (1770–1846) und Vincenzo Gioberti (1801 bis 1852) begegnete.[22] Im Jahre 1843 habilitierte er sich in Bonn für Philosophie, konnte aber lange Zeit keinen Lehrstuhl erhalten. Sein Eintreten für die Echtheit des hl. Rockes in den Auseinandersetzungen um die Trierer Wallfahrt des Jahres 1844 sowie seine preußen-kritische Haltung im Frankfurter Paulskirchenparlament, wo er eher zur Linken gerechnet werden konnte, kennzeichnen seinen Standpunkt in der damaligen kirchlich-politischen Situation, der zu seiner Zurücksetzung durch die Bonner philosophische Fakultät beigetragen haben dürfte.

1847 trat Clemens mit einer ersten größeren Schrift an die Öffentlichkeit: *Giordano Bruno und Nicolaus von Cusa*. Bereits hier wird sein Eintreten für die mittelalterliche Scholastik, zu der er, im Gegensatz zu späteren Neuscholastikern,[23] Cusanus rechnet, gegen die durch Bruno vertretene moderne Philosophie deutlich. 1853 schaltete Clemens sich in mehreren Schriften, die durch ihren methodischen Ansatz für die von ihm bezogene Position typisch sind, in die Auseinandersetzungen um die Günthersche Philosophie ein.[24] Da im philosophischen Streit um die Wahrheit ein Vernunftargument gegen ein anderes steht und

---

[18] A. Stöckl: *Lehrbuch* (1870), 836.
[19] Zur Biographie vgl. P. L. Haffner: *Clemens*; NDB 3 (1957) 284; W. Becker: *Hertling* (Reg.).
[20] Vgl. LThK Bd. X (²1965) 1179 (Lit.) sowie H. Schwedt: Bd. I dieses Werkes, 222f., 226f.
[21] Vgl. H. Raab: Bd. I dieses Werkes, 202–220.
[22] Vgl. A. Rigobello: Bd. I dieses Werkes, 619–642.
[23] Vgl. etwa A. Stöckl: *Geschichte,* Bd. III, 24f.
[24] Zu der von beiden Seiten mit Erbitterung geführten Kontroverse vgl. P. Wenzel: *Güntherianismus*. Hier auch Näheres zu den teilweise von Günther veranlaßten Entgegnungen: 57–59 (Knoodt), 62–64 (Nickes alias Horneck), 88f. (Baltzer), 116 (Werner).

eine Entscheidung schwerfällt, möchte Clemens die Autorität des kirchlichen Dogmas als Urteilsinstanz einführen. »Denn nach dem alten Grundsatze: daß dasjenige, was der von Gott geoffenbarten Wahrheit des Glaubens *widerspricht*, keine *Wahrheit* sein könne, folgt aus dem Widerspruche der Ergebnisse einer philosophischen Speculation mit dem kirchlichen Dogma (wenn anders Folgerichtigkeit in jener Speculation ist) mit Nothwendigkeit, daß dieselbe falsch sei.«[25] Freilich wird durch dieses Verfahren auch für Clemens die wissenschaftliche Diskussion nicht überflüssig; denn es bleibt die Frage, ob die beanstandeten Aussagen des Gegners bzw. die zur Widerlegung herangezogene Kirchenlehre richtig interpretiert worden sind.[26]

Nachdem mehrere Bewerbungen an der Bonner Fakultät erfolglos geblieben waren, erhielt Clemens 1856 einen Ruf an die philosophisch-theologische Akademie in Münster, wohin ihm 70 begeisterte Anhänger folgten. In den wenigen Jahren, die ihm bis zu seinem frühen Tod verblieben, erfreuten sich die Vorlesungen des als Lehrer gerühmten Clemens bei den Studenten großer Beliebtheit.

Der Kommentar *De scholasticorum sententia philosophiam esse theologiae ancillam*, mit dem Clemens zu seiner Münsteraner Antrittsvorlesung im August 1856 einlud, wie sein anonym erschienener programmatischer Aufsatz *Unser Standpunkt in der Philosophie*, mit dem die Mainzer Zeitschrift *Der Katholik* eine neue Folge ihres Erscheinens einleitete,[27] weisen in die gleiche Richtung einer Orientierung der Philosophie am kirchlichen Lehramt.

Ausgehend von der Unterscheidung der Wirklichkeit, der Offenbarung und der Erkenntnis in eine natürliche und eine übernatürliche, hält Clemens in seinem Aufsatz an der »in der Kirche hergebrachten Annahme fest, daß das gesammte menschliche Wissen in zwei von einander verschiedene, aber zu einem großen Ganzen sich zusammenschließende Kreise zerfalle« (9), den Bereich der weltlichen Wissenschaften mit der Philosophie an der Spitze und den der Theologie. »Philosophie und Theologie sind also für uns zwei sowohl in Bezug auf ihren Gegenstand, als in Bezug auf ihre Principien und ihre Verfahrensweise von einander verschiedene und selbständige Wissenschaften« (10). Freilich hält Clemens die Annahme einer »natürlichen Vernunft« als Prinzip der Philosophie für eine Fiktion. Denn die menschliche Vernunft entwickelt und betätigt sich nur unter bestimmten ihr vorgegebenen Bedingungen. Clemens geht auch für den streng philosophischen Bereich von der »christlich gebildete[n] Vernunft« aus, die allerdings in der Philosophie auf einen anderen Gegenstandsbereich ausgerichtet ist und anders vorgeht als in der Theologie (vgl. 12).

Trotz der notwendigen Unterscheidung von Philosophie und Theologie stehen beide »im innigsten Zusammenhange miteinander und ergänzen sich wechselseitig« (13); denn beide haben ein und denselben Urheber und sind auf ein und dasselbe Ziel bezogen. Widersprüche zwischen beiden Erkenntnisbereichen sind

---

[25] F. J. Clemens: *Theologie*, S. V.
[26] Vgl. ebd. S. Vf.
[27] Vgl. F. J. Clemens: *Standpunkt* (im folgenden zit. mit Angabe der Seitenzahl im Text). Clemens gibt sich in Kath. 39/2 (1859) 1409 als Verfasser zu erkennen.

daher entweder nur scheinbare oder gehen auf eine Fehlinterpretation einer philosophischen oder einer Glaubenslehre zurück.

Doch besteht das Verhältnis beider Wissenschaften nicht nur in ihrer Nicht-Widersprüchlichkeit: »Die Theologie hat, als Wissenschaft, die Philosophie zu ihrer Voraussetzung, wie die Gnade die Natur, ... und sie vermag ohne Beihilfe der Philosophie weder ihre eigene Berechtigung und Nothwendigkeit, sowie die Vernünftigkeit des Gehorsams, womit wir im Glauben unseren Verstand der göttlichen Auctorität gefangen geben, darzuthun, noch die Angriffe und Einwendungen der Gegner gegen den Glauben abzuwehren und zu entkräften, noch die Wahrheiten, welche die Fassungskraft der Vernunft übersteigen, durch Gründe der Wahrscheinlichkeit und Analogieen, die aus dem Gebiete der Vernunftwahrheiten entlehnt sind, dem Verständnisse näher zu bringen und zu erläutern, noch die Beziehungen jener Wahrheiten zu diesen letzteren aufzuzeigen« (14f.). Die Philosophie ihrerseits ist für Clemens »eine Vorstufe zu der Theologie und leitet zu derselben hinüber; sie läßt uns in der natürlichen Ordnung der Dinge eine Menge von Beziehungen auf die übernatürliche entdecken; sie vermittelt dem Menschen die Einsicht in die Beschränktheit und Mangelhaftigkeit seiner natürlichen Erkenntniß und in seine Offenbarungs- und Erlösungs-Bedürftigkeit, sie erforscht und erhärtet die Thatsache der göttlichen Offenbarung in der Geschichte, und da die Gnade die Natur nicht aufhebt, sondern vervollkommnet, ... so findet die Philosophie ihre letzte Entwickelung und Vollendung, ihre höchste Kraft und Sicherheit nur unter dem Beistande und der Leitung der Theologie, und vermag ohne diesen Beistand, um mit Fénelon zu reden, ›nicht bis an's Ende der menschlichen Vernunft zu gehen‹« (15).

Aus dieser Zuordnung von Philosophie und Theologie leitet Clemens ab, daß sie »nicht einander an *Würde und Ansehen gleich* [sind], sondern ... in einem ganz bestimmten Verhältnisse der Ueber- und Unter-Ordnung zu einander [stehen]« (18). Die Theologie genießt zum einen »wegen der Erhabenheit ihres Ursprungs und ihres Gegenstandes den Vorrang vor der Philosophie«, zum andern, weil sie »den Menschen in unmittelbarster und vollkommenster Weise zu seinem eigentlichen, übernatürlichen Endzwecke hinführt«, und schließlich, »weil die Wahrheiten der Theologie wegen der Sicherheit ihrer Erkenntnißquelle, nämlich der unfehlbaren Auctorität Gottes, und wegen ihrer Unwandelbarkeit, einen Maßstab und Prüfstein für die Wahrheit der durch unsere so vielfach dem Irrthum ausgesetzte Vernunft erworbenen Erkenntnisse abgeben; denn die letzteren sind nothwendig *falsch*, wenn sie den von Gott geoffenbarten Wahrheiten wirklich widersprechen« (ebd.). Innerhalb der Theologie kann die Philosophie, die zur Wissenschaftlichkeit der ersteren notwendig ist, »nur eine *dienende* Rolle spielen, oder wie man es früher (mit einem freilich etwas cavaliersmäßigen und zu mannigfachem Mißbrauche Anlaß gebenden Ausdrucke) zu bezeichnen pflegte, die *Magd der Theologie* sein« (ebd.).

Im zweiten Teil dieses Aufsatzes setzt Clemens sich einerseits mit Mißdeutungen des von ihm aufgestellten Grundsatzes auseinander, andererseits zieht er daraus einige Folgerungen. Ein erstes Mißverständnis besteht für ihn in der Bestreitung der Freiheit und Selbständigkeit der Philosophie als Wissenschaft, wie sie seiner Meinung nach im Traditionalismus vorliegt. Das eigentliche Dienst- und Abhängigkeitsverhältnis zwischen Philosophie und Theologie bleibt auf die Verwendung der ersteren in letzterer beschränkt, wie Clemens mit Berufung auf Thomas von Aquin erklärt (vgl. 131). Zweitens legt er Wert auf die Feststellung, daß mit der Unterordnung der Philosophie unter die Theologie »keinerlei Art von Beschränkung der ersteren durch die letztere auf ihrem eigenen Gebiete« (ebd.) verbunden sei. Schließlich grenzt er sich von der Verhältnisbestimmung zwischen beiden Wissenschaften oder Erkenntnisweisen ab, die Luther gegeben hat. Als Konsequenzen aus seinem Grundsatz nennt Clemens folgende:

1. Die Glaubenslehren der Kirche sind für ihn »dergestalt sichere und unwandelbare Normen der Wahrheit« (133), daß sie durch wissenschaftliche und philosophische Forschung nicht erschüttert werden können und daß bei Widersprüchen ohne Zweifel auf die Unrichtigkeit der letzteren geschlossen werden kann.

2. »Der katholische Philosoph muß auch bei der Erforschung derjenigen Wahrheiten, welche der natürlichen Ordnung angehören, nicht nur stets sein Augenmerk auf die übernatürliche Ordnung und die geoffenbarten Wahrheiten richten, und jedes Ergebniß, welches mit der Glaubenslehre oder mit einer richtigen Folgerung aus derselben in keiner Weise zu vereinbaren ist, als falsch verwerfen, sondern er muß auch die von der Offenbarung und dem Dogma *vorausgesetzten* und ausdrücklich oder stillschweigend angenommenen *Vernunftwahrheiten* sorgfältig ausmitteln, sich aneignen und seine übrigen Lehren damit in Einklang bringen« (134).

Clemens schließt daraus, »daß es auch eine gewisse *philosophische* Tradition in der Kirche gebe, die sich von der Entwickelung der Dogmen gar nicht trennen läßt, und die ... nothwendig für ebenso wahr gelten muß, als das Dogma, womit sie verschmolzen und verwachsen ist« (134f.). Als Beispiele nennt er die Begriffe von Substanz, Natur, Wesenheit und Person, die für das rechte Verständnis des Trinitätsdogmas vorausgesetzt sind, u. a. m.

3. In Konfliktfällen zwischen Philosophie und Theologie »fällt die eigentliche letzte Entscheidung nicht der *Schule,* als Vertreterin der *Wissenschaft,* sondern dem kirchlichen *Lehramte* anheim« (138).

4. Clemens wiederholt seine schon mehrfach geäußerte Grundüberzeugung, daß »die wahre, mit dem christlichen Glauben übereinstimmende Philosophie« längst existiere. Er betrachtet es daher nicht als seine »Aufgabe, dieselbe erst zu erfinden oder neu zu schaffen, sondern nur den Schutt, worunter die alte katholische Weltweisheit begraben liegt, hinwegzuräumen, die Schätze derselben zu heben und wieder flüssig zu machen, das von unseren Vorfahren im Grund- und Aufrisse vorgezeichnete, in der Ausführung schon weit vorangeschrittene Gebäude, unter Aneignung und Benutzung der neu gewonnenen Erkenntnisse und Hilfsmittel, und mit Rücksicht auf die Bedürfnisse der Gegenwart wieder in Angriff zu nehmen, auszubessern, zu ergänzen, weiter zu führen und zu vollenden« (140).

In diesen grundsätzlichen Ausführungen bestreitet Clemens zunächst den verschiedenen, immer mit einer Kritik an der traditionellen scholastischen Philosophie verbundenen Versuchen des 19. Jahrhunderts, eine dem Christentum entsprechende Philosophie erst zu entwerfen, ihre Berechtigung. Auf der anderen

Seite geht es ihm nicht einfach um eine platte Wiederherstellung der Scholastik, die so tut, als habe es bisher keine neuen Entwicklungen gegeben.[28]

Wie wir bereits gesehen haben, gibt es für Clemens eine philosophische Tradition in der Kirche, die eng mit der Dogmenbildung und -entwicklung verbunden ist. Daß damit heidnisches Denken ins Christentum hineingetragen worden sei, bestreitet er entschieden. »Denn die Philosophie, obgleich sie ihre höchste Ausbildung und Vollendung nur im Christenthume und durch das Christenthum zu erreichen vermag, ist keineswegs das ausschließliche Product des christlichen Geistes, noch eine aus dem christlichen Glauben entspringende und durch diesen Glauben bedingte Wissenschaft, sondern sie ist, als Vernunftswissenschaft, ein Gemeingut der Menschheit, und kann insofern weder christlich noch heidnisch, weder katholisch noch protestantisch u.s.w. genannt werden« (145). Für den Philosophen ist nicht die Herkunft eines Gedankens entscheidend, sondern seine Wahrheit. Clemens geht letztlich von der Annahme einer »philosophia perennis« aus, die trotz mancher Gegensätze und Widersprüche in einer kontinuierlichen Entwicklung von der antiken Philosophie über das Denken der Kirchenväter und der mittelalterlichen Scholastik bis zum großen Bruch der Neuzeit fortgebildet wurde und an die es nun anzuknüpfen gilt (vgl. 150f.). Freilich gibt es auch für ihn in dieser philosophischen Entwicklung Schwachstellen: Nicht immer ließ man von seiten der christlichen Denker die nötige Kritik gegenüber der nichtchristlichen Philosophie walten, und im Bereich der Naturwissenschaften gibt es einen Nachholbedarf (vgl. 147).

Für eine zeitgemäße Erneuerung der christlichen Philosophie will Clemens bei Thomas von Aquin anknüpfen, in dessen Denken die »philosophia perennis« einen Gipfelpunkt erreicht hat. Wenn man ihm folgte, könnte man die Irrwege der neueren philosophischen Bemühungen vermeiden. Dennoch geht es Clemens nicht um einen sklavischen Anschluß an Thomas. Auch in der Vergangenheit hat sich die christliche Philosophie nicht an alle Einzelaussagen von Thomas gebunden gewußt.[29] Die thomanische Philosophie ist nicht in allen Punkten vollendet, aber ausbau- und vollendungsfähig; schließlich ist auch die neuere Philosophie nicht in allen ihren Richtungen zu verwerfen (vgl. 152f.). Clemens selbst hat sich in seinen Vorlesungen vielfach an Suarez angelehnt.[30]

Dieses philosophische Programm fand bei aller grundsätzlichen Übereinstimmung in den Fragen der Freiheit und der Selbständigkeit der Philosophie eine entschiedene Kritik durch den Tübinger Theologen Johann Evangelist von Kuhn (1806–1887).[31] Clemens hatte in dem besprochenen Artikel nicht nur seine persönliche Meinung dargelegt, sondern für die Redaktion des *Katholik* gesprochen, der sich unter der Herausgeberschaft von Johann Baptist Heinrich (1816–1891) und Christoph Moufang (1817–1890) zum Organ der deutschen neuscholasti-

---

[28] Vgl. die heftige Kritik an Plaßmann: F. J. Clemens: *Literatur*, 674–683. Zur Verfasserschaft von Clemens vgl. P. L. Haffner: *Clemens*, 275f.
[29] Vgl. F. J. Clemens: *Literatur*, 676.
[30] Vgl. G. von Hertling: *Erinnerungen*, Bd. I, 26f.
[31] Vgl. die besonders den Standpunkt Kuhns berücksichtigende Würdigung bei F. Wolfinger: *Glaube*, 235–271; hier auch 235 Anm. 1 ein Verzeichnis der Kontroversschriften.

schen Bewegung entwickelte.³² Die Kontroverse um das philosophische Programm Clemens' und des *Katholik* weitete sich zum Streit der neuscholastischen mit der sogenannten deutschen Theologie aus, welcher auf der von Ignaz von Döllinger (1799–1890) angeregten Versammlung katholischer Gelehrter in München 1863 seinen ersten Höhepunkt erreichte.³³ Ein Jahr zuvor hatte *Der Katholik* sich bereits gegen die Vorwürfe der Verkennung der deutschen Wissenschaft, des reaktionären Scholastizismus, der Verketzerungssucht und der Denunziation Andersdenkender in Rom verwahrt.³⁴ Zugleich hatte er sich dazu bekannt, »mit aller Entschiedenheit der Wurzel aller Verirrungen, dem Subjektivismus der Wissenschaft gegenüber, den Maßstab der kirchlichen Autorität zu betonen. Die Philosophie unserer Zeit leidet an der Erbschaft der Reformation; sie kann nur geheilt werden dadurch, daß sie zur gewissenhaftesten Anerkennung des Regulativs zurückkehrt, welches die menschliche Forschung in dem unfehlbaren Lehramt der Kirche findet.«³⁵ Die Scholastik ist die Wissenschaft der Kirche, sie liefert den hermeneutischen Schlüssel auch zum Verständnis der antiken Philosophie.³⁶

HERMANN ERNST PLASSMANN

Hatte Clemens ganz allgemein eine Rückkehr zur scholastischen Philosophie gefordert, so trat sein Zeitgenosse Plaßmann entschieden für eine Orientierung an Thomas von Aquin ein und widmete diesem sein Lebenswerk.

Hermann Ernst Plaßmann (27. Oktober 1817 Hellefeld/Sauerland – 23. Juli 1864 Tivoli) ist heute nahezu unbekannt, und seine Werke harren noch einer eingehenderen Erforschung.³⁷ Nach einem nur sechs Wochen dauernden Medizinstudium in Bonn³⁸ und ersten philosophischen Studien in Münster kam Plaßmann 1839 durch Vermittlung seines dortigen Mentors Schlüter³⁹ nach München zu Franz von Baader (1765–1841),⁴⁰ dem er entscheidende Anstöße für sein Denken verdankte. Nach Abschluß einer Bildungsreise, die den begabten und bildungshungrigen jungen Mann u. a. auch nach Freiburg und Gießen führte, setzte er 1840 in Paderborn seine Studien fort, wo er 1843 zum Priester geweiht wurde.

---

32 Eine ähnliche Untersuchung, wie sie für die Anfangsjahre dieser Zeitschrift vorliegt (H. Schwalbach: *Katholik*), für die zweite Jahrhunderthälfte fehlt bisher. Ansätze bei J. Götten: *Moufang*, 115–125. Zu J. B. Heinrich, dem theologisch führenden Kopf der sogenannten Zweiten Mainzer Schule, vgl. A. Ph. Brück: *Heinrich*.
33 Vgl. J. Götten: *Moufang*, 125–154; G. Schwaiger: *Gelehrtenversammlung*.
34 Vgl. Kath. 42/1 (1862) 102–111. Es handelt sich um die ständig wiederkehrenden Vorwürfe gegen die Mainzer.
35 Ebd. 103.
36 Vgl. ebd. 108f. Als Hintergrund der Kontroverse wird die Kritik des *Katholik* an Michelis' Platondeutung greifbar. Vgl. Kath. 41/1 (1861) 109–122.
37 J. Höfer kommt das Verdienst zu, wieder auf Plaßmann aufmerksam gemacht zu haben: *Aufbruch; Genesi; Plaßmann; Pioniere*.
38 Vgl. J. Nettesheim: *Junkmann*, 30.
39 Vgl. Anm. 11.
40 Vgl. W. Lambert: Bd. I dieses Werkes, 150–173. Zum Verhältnis Plaßmanns zu Schlüter und Baader vgl. J. Höfer: *Aufbruch*.

Seine anschließende seelsorgliche Tätigkeit wurde 1846–1849 durch das Noviziat bei den Jesuiten, das er in Belgien und England machte, unterbrochen. Obwohl der Orden ihn wegen Skrupulosität nicht endgültig aufnahm, was zu einer bleibenden Enttäuschung führte, blieb Plaßmann den Jesuiten doch dankbar dafür, ihn mit Thomas von Aquin bekannt gemacht zu haben. Ihn, die großen Theologen des Mittelalters und die Kirchenväter möchte er studieren, schrieb er seinem Bischof in einem Gesuch um Studienurlaub, der nach einigem Zögern gewährt wurde.[41] Zunächst wollte Plaßmann nach Löwen, schließlich aber ging er 1854 nach Rom, verständlicherweise nicht an das Römische Kolleg der Jesuiten. Bereits im März 1855 wurde er an der »Sapienza«, der staatlichen römischen Universität,[42] zum Dr. theol. promoviert und erwarb im Oktober des folgenden Jahres an der Dominikaner-Hochschule[43] die theologische Magisterwürde. Von 1856 bis 1859 wirkte Plaßmann als Professor für Philosophie an der philosophisch-theologischen Lehranstalt seiner Heimatdiözese, von welcher Aufgabe er auf eigenen Wunsch entpflichtet wurde. Er scheint der Doppelbelastung durch den Lehrbetrieb und die schriftstellerische Tätigkeit nicht gewachsen gewesen zu sein. 1857 erschien die erste Lieferung seines umfangreichen Hauptwerkes *Die Schule des h. Thomas von Aquino*, dessen philosophischer Teil 1862 mit dem fünften Band, der *Metaphysik*, abgeschlossen wurde; der geplante theologische Teil ist nicht mehr erschienen. Im gleichen Jahr 1862 bemühte sich Plaßmann um die Nachfolge des gerade verstorbenen Clemens in Münster. Nachdem dies gescheitert war, ging er nach Rom. Dort wurde er Konsultor der Index-Kongregation und Rektor des Campo Santo Teutonico. Soweit es diese Tätigkeiten und seine angegriffene Gesundheit erlaubten, widmete Plaßmann sich seinen Studien. Er plante ein Werk über das Verhältnis von Gnade und Freiheit nach Thomas von Aquin, kam jedoch über erste Entwürfe nicht hinaus. Von einem Erholungsaufenthalt in der berühmten Villa d'Este in Tivoli kehrte er nicht mehr nach Rom zurück. Im Dom zu Tivoli fand er seine letzte Ruhestätte.

Plaßmanns Hauptwerk, das für Studenten gedacht war und das er seinen Lehrern an der römischen Dominikaner-Hochschule widmete, umfaßt fünf Bände sowie einen Supplementband. Einen einheitlichen Titel muß man freilich vermissen. Üblicherweise wird der des 1859 erschienenen Supplementbandes als Haupttitel zitiert: *Die Schule des h. Thomas von Aquino. Zur genaueren Kenntnißnahme und weiteren Fortführung für Deutschland neu eröffnet.*[44] Dieser Band, in dem es um den Begriff des Fortschritts, um die Definition von Philosophie und um eine philosophische Prinzipienlehre geht, ist als Ergänzung zu dem einführenden ersten Band gedacht. Dieser enthält drei »Vorhallen« über die Autorität des hl. Thomas, über die Notwendigkeit des philosophischen Studiums sowie eine

---

[41] Vgl. J. Höfer: *Genesi*, 231f.
[42] Zur Situation dieser Universität, die im 19. Jahrhundert in einem ständigen Niedergang begriffen war und deren theologische Fakultät, als Plaßmann dort studierte, kaum zehn Hörer zählte, vgl. B. Casper: *Studienpläne*, 127–133.
[43] Zum »Collegium S. Thomae de Urbe«, wegen seiner Lage neben der Kirche S. Maria sopra Minerva auch kurz »Minerva« genannt, vgl. A. Walz: *Sguardo*, 369–376.
[44] Im folgenden wird das Werk mit Angabe der Band- und Seitenzahl im fortlaufenden Text zitiert.

geschichtliche Charakteristik der philosophischen Systeme. Zu den eigentlichen philosophischen Traktaten leitet der dritte Teil des ersten Bandes, die »Erkenntnistheorie«, über. Zwischen den »Vorhallen« und der »Erkenntnistheorie« findet sich unter dem etwas eigenartigen Titel »Palästra mit Angabe der Mensur« (I,269) eine Einführung in die scholastische Methode. Die folgenden vier Bände enthalten die Traktate: Logik, Psychologie auf der Grundlage der Physik, Moral und Metaphysik »gemäß der Schule des h. Thomas«.

Bereits zu Beginn des ersten Bandes (I, S. X) gibt Plaßmann an, daß er seinen Ausführungen das Schulbuch zugrunde gelegt hat, das bei seinen römischen Lehrern als Handbuch für die Vorlesungen diente: die vierbändige *Philosophia iuxta inconcussa tutissimaque D. Thomae dogmata* des französischen Dominikaners Antoine Goudin (1639–1695), die 1671 erstmals erschien und als Kompendium der scholastischen Philosophie in thomistischer Prägung geschätzt und vielfach wieder aufgelegt wurde.[45] Plaßmann selbst benutzt die geringfügig gekürzte Pariser Ausgabe von 1851.[46] Wenn er auch unterschiedliche Schwerpunkte setzt, so folgt Plaßmann doch im großen und ganzen diesem Werk, nicht nur in der Disposition der Logik, wie J. Höfer meint.[47] F. J. Clemens gründet auf diese Gefolgschaft seine heftige Kritik.[48]

Plaßmann sieht in der Philosophie des Thomas von Aquin, die er mit der katholischen Philosophie schlechthin identifiziert (I,13,73), das einzige Heilmittel für das kirchliche wie außerkirchliche Denken seiner Zeit. Thomas ist für ihn Vollender und Höhepunkt der aristotelischen Philosophie, die das abendländische Denken bis zu Descartes bestimmt hat (I,192f.). Wenn Thomas Aristoteles korrigiert, dann bedeutet das eine »Correctur der falschen Applicationen richtiger Principien« (I,175; vgl. 73). Das Charakteristische der aristotelisch-thomistischen Philosophie ist »*logisches* Vorschreiten – und in Folge dessen Sicherheit, Festigkeit, Beständigkeit« (I,193). Die »neue« Schule des Cartesius und seiner Nachfolger, die letztlich in Platon gründet (vgl. I,192,239), ist dagegen charakterisiert durch »*dialectisches* Vorschreiten – und in Folge dessen Unsicherheit, Wanken und Wechsel« (I,193). Descartes, dem Luther der Philosophie,[49] widmet Plaßmann in seinem philosophiegeschichtlichen Überblick eine ausführliche Darstellung (vgl. I,222–266): Als »principiellsten Defect« betrachtet er die Trennung von Philosophie und Theologie, von Glauben und Wissen durch Descartes, der persönlich zwar ein gläubiger Katholik sein und bleiben wollte, aber der Kirche, vom Standpunkt der Wahrheit aus betrachtet, schweren Schaden zugefügt habe (vgl. I,224–226). Die cartesische Methode des Zweifels, die zur Gewißheit des

---

[45] Vgl. LThK Bd. IV (²1960) 1149.
[46] Hg. von Roux-Lavergne. Zu dieser Ausgabe und zum Einfluß des Goudinschen Werkes auf den Neuthomismus des 19. Jahrhunderts vgl. T. Hartley: *Revival*, 18–20.
[47] Vgl. J. Höfer: *Plaßmann*, 114.
[48] Vgl. F. J. Clemens: *Literatur*, 677f. Dessenungeachtet hat sich G. von Hertling, ein Schüler von Clemens, auf Anraten F. Brentanos anhand von Goudin in die thomistische Philosophie eingearbeitet. Vgl. W. Becker: *Hertling*, 86.
[49] Vgl. Bd. I, 179. Diese Parallelisierung findet sich auch im Vorwort von Roux-Lavergne zu seiner Goudin-Edition: Bd. I, S. VI.

»cogito ergo sum« führen soll, verkennt nach Plaßmann »die eigenste Natur der Wahrheit« (I,233). Denn der Zweifel hat ebenso die Gewißheit zur Voraussetzung wie das erkennende Subjekt die Wirklichkeit des Objekts. Die seit Descartes immer wieder aufgeworfene »läppische Frage« nach der Erkenntnis der wahren Objektivität ist unsinnig: »Als ob wir aus derselben je herauskommen könnten!« (I,234f.) Descartes gelangt zu seiner subjektivistischen Begründung der Erkenntnisgewißheit, weil er das Kriterium der sinnlichen Erkenntnis leugnet. Seine Theorie von »eingebornen Ideen«, »gegen welche die ganze katholische Philosophie bis dahin in allem Eifer sich erhoben hat« (I,242), führt zu Idealismus und Pantheismus. Das beste Beispiel dafür liefert die Schule Günthers (vgl. I,243). Schließlich macht Plaßmann Descartes zum Vorwurf, »das *ideale* (nothwendige) Gebiet mit dem *realen* (contingenten)« zu verwechseln, »das Particuläre und das Universale durcheinander [zu werfen], ohne im Geringsten diesen Glanzpunkt der peripatetischen Philosophie zu würdigen zu wissen, der darin besteht, daß diese mit einer wahrhaft meisterhaften Sorgfalt unterscheidet, ohne zu trennen, verbindet, ohne zu confundiren« (I,243f.). »Cartesius ist der Vater derjenigen, die von dem unglückseligen Gedanken ausgehen, Alles aus *Einem* Princip heraus construiren zu wollen« (I,244). Seine Prinzipien führen letztlich »zum allernacktesten Rationalismus« (I,248). »Die seit Cartesius auf sich selbst gestellte, auf sich selbst angewiesene, sich selbst überlassene, natürliche Vernunft« gleicht nach Plaßmann einem »vom lebendigen Organismus des lebendigen Körpers abgeschlagene[n] Kopf« (I,253). Die menschliche Vernunft ist für ihn niemals eine total isolierte Kraft – das anzunehmen ist der Grundfehler des Cartesius und aller seiner Nachfolger –, sondern »die in der Societät gebildete Vernunft« (I,255f.), eine Einsicht, die Plaßmann dem gemäßigten Traditionalismus des von ihm hochgeschätzten italienischen Philosophen und Kanzelredners Gioacchino Ventura di Raulica (1792–1861) verdankt, dessen Lehre er deutlich gegen den Traditionalismus Bonaldscher Prägung absetzt.[50]

Vor diesem düster gezeichneten Hintergrund des neuzeitlichen Denkens läßt Plaßmann die Philosophie des Thomas von Aquin, die er dem deutschen Publikum wieder zugänglich machen will, das sie bisher nur aus den ins Deutsche übersetzten Werken des spanischen Philosophen Jaime Balmes (1810–1848) schöpfen konnte, um so heller leuchten.[51] Thomas gilt für Plaßmann bis zum Auftreten eines Größeren (vgl. I,13) als *der* katholische Philosoph, dessen Philosophie freilich auch der Weiterführung bedarf (vgl. I,30f.). Das Charakteristische der aristotelisch-thomistischen Philosophie besteht darin, »Alles auf die höchsten

---

[50] Vgl. Bd. I, 195 Anm. mit Bd. I, 252–258. Zu Venturas Thomismus vgl. L. Foucher: *Philosophie*, 238–246. Zu Bonald vgl. L. Le Guillou: Bd. I dieses Werkes, 445–449. Der Anschluß an den wegen seiner Parteinahme für die italienische Einigungsbewegung in deutschen ultramontanen Kreisen umstrittenen Ventura trug Plaßmann die entschiedene Kritik von Clemens ein: *Literatur*, 678–683. Ventura hatte die italienische Übersetzung der *Schule* subskribiert. Vgl. J. Höfer: *Genesi*, 240.

[51] Vgl. Bd. I, 193–195: Balmes bietet nach Plaßmann im Gegensatz zu dem präziseren Ventura nicht immer den reinen Thomas. In diesem Zusammenhang nennt Plaßmann als weitere Thomisten M. Liberatore und die Mitarbeiter der *Civiltà Cattolica*. Zu Balmes vgl. C. Valverde: Bd. I dieses Werkes, 667–685; zu Liberatore vgl. o. S. 116.

und letzten Principien, resp. auf Ein höchstes und letztes Princip zurückzuführen und durch fortwährende Application der höchsten Principien das Particuläre in seiner auf das Ganze hinweisenden Fülle zu entziffern« (I,74f.). Diese Rückführung auf die ersten Prinzipien ist freilich nicht mit der Konstruktion der Wirklichkeit aus einem Prinzip zu verwechseln, die Plaßmann dem idealistischen Denken in der Nachfolge von Descartes vorwirft (vgl. I,244). Der Kampf, den es in der Gegenwart auf dem Gebiet der Philosophie zu führen gilt, ist »der Kampf eben um die Principien selbst« (I,107). J. Höfer hat deutlich gemacht, daß Plaßmann für seine Auffassung vom »Prinzip« entscheidende Anregungen von Baader erhalten hat.[52]

Für diesen Kampf um die Prinzipien glaubt Plaßmann bei Thomas von Aquin den nötigen festen Standpunkt gefunden zu haben: »Auf diesem unerschütterlichen Felsen hat der gottbegabte Meister nicht blos eine herrliche Kathedrale für die Diener im Heiligthum des Herrn gebaut, sondern zugleich eine so dauerhafte, so ineinander greifende, so vollendete Festung um herum angelegt, daß, dort stehend, man aller feindlichen Angriffe hohnlacht ... Von dort aus beherrscht man vollends das ganze wissenschaftliche Terrain in allen Regionen, so weit menschliche Macht zu dringen vermag. Ein Ganzes wie aus Einem Guß!« (I,109) Wer auf diesem Boden steht – in Rom, gemeint ist wohl die Dominikaner-Hochschule, an der Plaßmann studiert hat, ist das bereits der Fall (vgl. I,110) –, braucht den Kampf nicht zu scheuen.

Plaßmanns *Schule* zeichnet sich durch eine für seine Zeit in Deutschland ungewöhnlich breite Thomaskenntnis aus. Durch den Anschluß an die dominikanische Tradition, wie sie an der »Minerva« gelehrt wurde, ist seine Thomas-Interpretation eindeutig »thomistisch« geprägt. Das zeigt sich etwa an der klassischen Diskussion um die »Realdistinktion« von Sein und Wesen im endlichen Seienden, bei welcher Gelegenheit Plaßmann sich dezidiert von Suarez und Vasquez absetzt, »welche man uns noch immer als die Vertreter der Thomistischen Lehre anpreisen will«, obwohl sie »an allen Ecken und Kanten und gerade in allerwichtigsten Puncten von Thomas abweichen«.[53]

Allerdings gelingt es Plaßmann nicht, die thomanische Seinslehre in ihrer ganzen Fülle und in ihrer Entwicklung zu erfassen. Seine Fixierung auf das aristotelische Element und seine Abwehr alles Platonischen verstellen ihm den Blick für die (neu)platonischen Züge gerade in der Seinslehre des Thomas, die die neuere Forschung wieder herausgearbeitet hat. Die Bedeutung des Partizipationsgedankens für Thomas ist ihm nicht aufgegangen.[54]

Plaßmanns groß angelegte Darstellung der Philosophie »gemäß der Schule des h. Thomas« fand, soweit sie überhaupt zur Kenntnis genommen wurde, auch wegen der ungenügenden verlegerischen Ausstattung meist herbe Kritik. Sein ehemaliger Lehrer Schlüter schreibt: »Das Buch ist nicht ohne Geist und Sachkenntnis verfaßt, aber von einer so maßlosen Polemik durchgeistet, daß es ein Grausen

---

[52] Vgl. J. Höfer: *Aufbruch*, 426f.; *Plaßmann*, 115.
[53] Bd. V, 256 Anm. **. Zum Problem der Realdistinktion vgl. Bd. V, 255–304.
[54] Vgl. Bd. V, 291f. Zur Sachfrage vgl. C. Fabro: *Verständnis*.

ist. Nach ihm ist Aristoteles der Gegner Platos, der anerkannte Philosoph der katholischen Kirche. Wer nicht auf seiner und des hl. Thomas, seines großen Schülers, Auslegers und Ergänzers Seite steht, ist unkatholisch. Was seit 300 Jahren in der deutschen Philosophie geschehen, ist ein Werk von Buben, elend, schlecht, jämmerlich, Stümperei, Unsinn, Verkehrtheit, Werk von Gottlosen oder doch völligen Ignoranten.«[55] In ähnlicher Weise äußert sich F. J. Clemens in seiner ausführlichen Kritik der ersten Lieferungen im Mainzer *Katholik*. Er teilt zwar Plaßmanns Absicht, »auf dem Wege des Anschlusses an den heil. Thomas die ächte Restauration der kirchlichen Wissenschaft einzuleiten«, lehnt aber dessen Gleichsetzung von katholischer und thomistischer Philosophie ab: »Die katholische Philosophie hat zwar (das ist auch unsere Meinung) in dem heil. Thomas ihren ausgezeichnetsten Vertreter gefunden, aber sie ist schon deswegen nicht identisch mit der thomistischen Philosophie, weil es der letzteren nie gelungen ist, sich der ›Schule‹ in der Kirche gänzlich zu bemächtigen, weil manche ihrer Lehren niemals allgemein angenommen, andere fast allgemein verlassen worden sind, weil neben dem heil. Thomas, neben seiner Schule und zum Theile im Gegensatze zu derselben viele andere Vertreter der katholischen Philosophie und anderer Richtungen geblüht haben, denen man ebensowenig den kirchlichen Charakter, als die Bedeutsamkeit ihrer Leistungen, die Vorzüge derselben in manchen Beziehungen und ihre eigenthümlichen Verdienste absprechen kann.«[56]

Kritisiert wurde Plaßmanns *Schule* auch in mehreren Beiträgen der Wiener *Katholischen Literatur-Zeitung*, die die »Eröffnung« einer Schule des hl. Thomas in Deutschland und damit das ganze Plaßmannsche Unternehmen ablehnen.[57] Die heftigen Entgegnungen Plaßmanns »dienten seiner Sache nicht«.[58]

Positiv aufgenommen wurde sein Werk, soweit sich dies literarisch niedergeschlagen hat, nur in Eichstätt, wo sich im Anschluß an F. Morgott, der mit Plaßmann korrespondierte und ihn zu seiner Arbeit ermunterte, eine Wertschätzung des Plaßmannschen Werkes am Leben hielt. Morgott selbst schrieb eine überaus positive Rezension des vierten Bandes der *Schule*, die vom Mainzer *Katholik* abgelehnt wurde.[59] Das seitenlange Zitieren von lateinischen Thomastexten, das Clemens Plaßmann zum Vorwurf gemacht hatte, wird von Morgott als Zeichen für die Objektivität der Darstellung gewertet. Morgott empfindet ein ähnliches Neuheitserlebnis bei der Lektüre des Plaßmannschen Werkes, wie dieser selbst es bei der Erarbeitung erlebt haben mag.[60] Auch Morgotts Schüler Martin Grabmann und der aus der Münsteraner Schule Schlüters kommende Clemens Baeumker haben Plaßmanns Werk geschätzt.[61]

---

[55] J. Nettesheim: *Schlüter*, 34.
[56] F. J. Clemens: *Literatur*, 675f.
[57] Vgl. Katholische Literaturzeitung 4 (1857) 261; 5 (1858) 44, 233f.
[58] J. Höfer: *Plaßmann*, 116.
[59] F. Morgott: *Plaßmann*. Vgl. J. Höfer: *Plaßmann*, 118. Die Redaktion des *Katholik* lehnte auch einen Artikel Plaßmanns selbst ab, den dieser daraufhin im Anhang des Supplementbandes seiner *Schule* abdruckte.
[60] Vgl. J. Höfer: *Plaßmann*, 116.
[61] Diese und weitere positive Stellungnahmen bei J. Höfer: *Plaßmann*, 118f.

JOSEPH KLEUTGEN

Mit philosophischen Veröffentlichungen trat Joseph Kleutgen, der sich bereits vorher als Verfasser der *Theologie der Vorzeit* einen Namen gemacht hatte und der dann im Zusammenhang mit der kirchlichen Verurteilung Anton Günthers ins Gerede gekommen war, erst relativ spät hervor. Seine *Philosophie der Vorzeit* darf jedoch als das wichtigste philosophische Werk der beginnenden Neuscholastik in Deutschland angesehen werden.

Lebensstationen

Joseph Kleutgen (9. April 1811 Dortmund – 13. Januar 1883 Kaltern) kam, obwohl das Priesteramt schon früh als Berufswunsch auftauchte, nicht auf direktem Weg zu seinem geistlichen Beruf.[62] Er widmete sich nach glänzend bestandenem Abitur zunächst in München der klassischen Philologie und der Philosophie. Aufgrund von Verwicklungen in studentische »Unruhen« mußte er bereits Anfang 1831, ein dreiviertel Jahr nach seiner Einschreibung, München wieder verlassen. Nachdem er, über seinen weiteren Weg unschlüssig, privat seine Studien fortgesetzt hatte – er beschäftigte sich hauptsächlich mit Platon und Schleiermacher –, begann er im Frühjahr 1832 nach einer Art Bekehrungserlebnis in Münster mit dem Theologiestudium. Dort begegnete Kleutgen dem Philosophen Schlüter, der auch für Plaßmanns Entwicklung große Bedeutung erlangte und mit dem Kleutgen zeitlebens verbunden blieb, auch wenn beide sich während der Auseinandersetzung um Anton Günther (1783–1863)[63] entfremdeten.[64] Kleutgen verkehrte in Schlüters philosophischem Zirkel und beschäftigte sich intensiv mit Günther, mit dem er sogar korrespondierte, wie auch mit Baader. Diesen zog er schließlich vor, weil er »sich ins rechte Verhältnis zu den Vätern und den großen Theologen des Mittelalters gesetzt« habe und »ihnen analog« sei. Günther dagegen war ihm »zu sehr modern und Cartesianer«.[65] Ab April 1833 setzte Kleutgen seine theologischen Studien in Paderborn fort, trat im Dezember des gleichen Jahres ins dortige Priesterseminar ein und erhielt die niederen Weihen. Zur gleichen Zeit suchte er um Aufnahme in den Jesuitenorden nach und konnte im April 1834 ins Noviziat der deutschen Ordensprovinz zu Brig im Wallis eintreten. Seine philosophisch-theologischen Studien vervollständigte er in den Jahren 1836 bis 1840 an der Ordenslehranstalt in Fribourg. 1837 empfing er dort die Priesterweihe. In den letzten beiden Studienjahren dozierte er gleichzeitig Moralphilosophie und wirkte von 1841 bis 1843 als Lehrer an der ordenseigenen Schule in Brig.

---

[62] Zur Biographie Kleutgens vgl. K. Deufel: *Kirche*, sowie Kritik und Ergänzungen von H. Schwedt: *Rezension*, und P. Walter: *Kleutgen*.
[63] Vgl. J. Reikerstorfer: Bd. I dieses Werkes, 266–284.
[64] Vgl. den Briefwechsel Schlüter – Kleutgen aus dem Jahre 1856 bei: A. Dyroff / W. Hohnen: *Schlüter*, 160–162, und K. Deufel: *Kirche*, 248–252.
[65] J. Nettesheim: *Baader*, 247f. Zur Beschäftigung des Schlüter-Kreises mit Günther vgl. J. Nettesheim: *Günther*.

1843 kam Kleutgen als Mitarbeiter des Ordenssekretärs und als Beichtvater am Collegium Germanicum, wo er seit 1847 auch Rhetorik lehrte, nach Rom. 1850[66] wurde er Konsultor der Index-Kongregation. Als solcher hatte er maßgeblichen Anteil an der Verurteilung von Günther und Frohschammer im Jahre 1857.[67] 1858 wirkte Kleutgen zusammen mit führenden italienischen Neuscholastikern bei der Neuordnung der Studien am Collegium Romanum mit. Im gleichen Jahr übernahm er das Amt des Ordenssekretärs, das er bis zu seiner Verurteilung durch das Hl. Offizium Ende 1861/Anfang 1862 wegen der Verwicklung in die Affäre um das Kloster S. Ambrogio[68] innehatte. Obwohl Kleutgen nach einem Zwangsaufenthalt außerhalb Roms bereits im Jahre 1863 seine frühere Tätigkeit als Rhetoriklehrer am Collegium Germanicum wieder aufnehmen konnte, hat er diese Maßregelung nicht verkraftet. Seitdem war er ein gebrochener Mann. 1869 verläßt er aus ungeklärten Gründen Rom und zieht mit häufig wechselndem Wohnsitz, immerfort arbeitend und Erholung suchend, durch Oberitalien und Tirol.

Zweimal noch hält er sich in Rom, »der Stätte meines Unglücks und namenlosen Leidens«,[69] auf: im Frühjahr 1870, als er bei der Formulierung der beiden Konstitutionen des I. Vatikanischen Konzils wertvolle Dienste leistet, und 1878/79, als er, von Leo XIII. berufen, das Amt eines Studienpräfekten am Collegium Romanum bekleidet, bis ein Schlaganfall seine Kräfte lähmt. Ob Kleutgen an der Enzyklika *Aeterni Patris* vom 4. August 1879 mitarbeitete, ist unsicher, jedenfalls hat er sie als eine Bestätigung seiner Lebensarbeit verstanden: »Die Tendenz und die Grundgedanken aller meiner Schriften haben durch das Wort des Statthalters Christi auf Erden, des Lehrers der Christenheit, eine nie gehoffte Bestätigung erhalten.«[70]

Kleutgens philosophisch-theologisches Programm

Kleutgens literarisches Schaffen ist von einer erstaunlichen Zielstrebigkeit und Geschlossenheit. Die Grundidee stand, wie ein noch vor dem Eintritt in den Jesuitenorden verfaßtes *Memorandum* und die frühen Briefe an den Münsteraner Mentor Schlüter deutlich machen,[71] bereits sehr früh fest. Die Schrift des 22jährigen, der sich ein Jahr zuvor in einer Art Konversion zum Theologiestudium durchgerungen hatte, ist – auch dies ein wichtiger Zug seines späteren Werkes – aus einer Verteidigungshaltung heraus geschrieben.

Kleutgen konstatiert einerseits einen Verfall der philosophischen und theologischen Wissenschaft nicht nur innerhalb des Katholizismus, sondern grundsätz-

---

[66] So gegenüber anderen Datierungen mit Quellenangabe H. Schwedt: *Rezension*, 266.
[67] Vgl. dazu H. Schwedt, a.a.O. *Anm. 66*, 266f. Zu J. Frohschammer vgl. W. Simonis: Bd. I dieses Werkes, 341–364.
[68] Vgl. dazu K. Deufel: *Kirche*, 56–63; H. Schwedt: *Rezension*, 267–269.
[69] K. Deufel: *Kirche*, 286.
[70] Ebd. 383f. D. Dubarle: *Kleutgen*, bringt zur Frage der Mitverfasserschaft Kleutgens nichts Neues.
[71] Das *Memorandum* von 1833 auszugsweise in: J. Kleutgen: *Rechtfertigung*, 5–11; die Briefe bei K. Deufel: *Kirche*, 202–236.

lich, den er mit der neuzeitlichen Philosophie seit Descartes und besonders mit dem Protestantismus in Zusammenhang bringt.[72] Prinzip dieses Verfalls ist die Abkehr von der Vergangenheit, die auch da, wo katholische Gelehrte gegen die neuzeitlichen Irrlehren auftraten, nicht rückgängig gemacht wurde. »Die alte Literatur ließ man jetzt ebenso ruhig in den Bibliotheken modern als den Papst jenseits der Berge sitzen. Man meinte, alle früheren Leistungen ignorierend, einen ganz neuen Grund legen zu müssen, sonst sei keine Rettung; höchstens sah man noch hie und da einzelne Ansprüche und Formeln als Notizen aus der alten Zeit erscheinen ... Leider ist es aber durch diese doppelte Lossagung von der Leitung durch das Oberhaupt der Kirche und dem Ansehen der kirchlichen Vorzeit dahin gekommen, daß Katholiken in ganz ernster Begeisterung sagen, ihre Wissenschaft habe nur in der Freiheit gedeihen können, und wohl gar den Feinden dankbar die Hand küssen, daß sie ihre Fesseln gesprengt.«[73] Kleutgen stellt dieser Auffassung die Frage entgegen: »Erblüht nicht auch der Wissenschaft die wahre Freiheit gerade durch den Gehorsam?«[74]

An der Mißachtung dieses Grundsatzes und an der Befolgung des gegenteiligen Prinzips[75] sind gerade die katholischen Denker gescheitert, die die Gegner des Glaubens überwinden und die katholische Theologie erneuern wollten: Hermes, Hirscher und Günther. Auch hier ist erstaunlich, daß Kleutgens Gegner, gegenüber denen er in seinen Hauptwerken die Theologie und die Philosophie der Vorzeit zu verteidigen unternimmt, von Anfang an feststehen.[76] Was er bei ihnen am meisten vermißt, sind nicht die gute Absicht oder der Wille zur Kirchlichkeit, sondern Bescheidenheit und Demut gegenüber den Leistungen der Vergangenheit, die sie heftig kritisieren. Dieser Haltung stellt Kleutgen sein eigenes Programm entgegen: »Die Aufschlüsse, welche die neue Philosophie gegeben haben soll, müssen an den verflossenen Jahrhunderten die Probe bestehen. Es genügt nicht, daß ein Gelehrter, sei er auch ausgerüstet mit der Kenntniß der Glaubenslehre und beseelt von Eifer für die Kirche, mit seinem in unserer Zeit und mehr oder weniger unter ihrem Einflusse gebildeten Geiste an die Untersuchung gehe: Was von den ersten Jahrhunderten an sich in den verschiedenen Epochen und verschiedenen Kämpfen in der Wissenschaft der Kirche bewährt hat, damit muß er ausgerüstet sein, darin wurzeln, davon getragen werden.«[77] Von hierher gelingt es auch, Fragen, die in der Vergangenheit noch gar nicht in dieser Weise gestellt worden waren – Kleutgen nennt die Bewußtseins- und die Erkenntnislehre –, zu lösen. Getragen ist dieses Programm von der Überzeugung einer vom Heiligen Geist gewirkten und garantierten Kontinuität nicht nur in der Glaubenslehre, sondern auch in der philosophisch-theologischen Wissenschaft, bei aller Zeitbe-

---

[72] Vgl. die ähnlichen Ansichten von Clemens und Plaßmann o. S. 139 u. 141f.
[73] J. Kleutgen: *Rechtfertigung*, 7f.
[74] Ebd. 8.
[75] Kleutgen beschreibt hier jene Grundhaltung, die Bernhard Welte als »Selbstdenkertum« bezeichnet: *Strukturwandel*, 386.
[76] Vgl. J. Kleutgen: *Rechtfertigung*, 8f.
[77] Ebd. 10.

dingtheit ihrer jeweiligen Ausdrucksgestalt.[78] Schlüter gegenüber macht Kleutgen deutlich, daß er bei den Jesuiten die Möglichkeit sieht, sein Anliegen zu verwirklichen. Haben doch die deutschen Jesuiten »von Rom« den Auftrag erhalten, »sich immer mehr und gründlicher mit den neuen philosophischen Systemen der Deutschen bekannt zu machen«.[79] Sie besitzen u. a. die Werke von Kant, Fichte, Schelling, Hegel, Baader und Günther. Allerdings kommt dieses Unternehmen bloß schleppend voran, da bisher nur wenige deutschsprachige Patres zur Verfügung stehen.[80] Kleutgen geht davon aus, daß die in Fribourg gelehrte Philosophie dem »zum großen Teil vormals überall Gültigen« entspricht.[81] Freilich kann man darum nicht »so ohne weiteres die frühere Wissenschaft, wie sie ist, jetzt gebrauchen; ... ohne eine ganz neue zu suchen und zu wollen und ohne nach einem eigentlichen System, wie man es jetzt nimmt, zu streben, wird gewiß die frühere nach jenen Teilen hin ausgebildet werden, welche gegen die neueren Ungläubigen gerichtet werden müssen.«[82] Dafür, daß dieses Programm bislang weder von einem anderen Jesuiten noch von ihm selbst in Ansätzen verwirklicht wurde, bittet Kleutgen seinen Lehrer in Briefen aus den Jahren 1836 und 1838 um Verständnis und Geduld.[83]

Eigenartig blaß bleibt zunächst, an welchen Denkern der Vergangenheit sich Kleutgen orientieren möchte.[84] Anscheinend war in dem Briefwechsel mit Schlüter öfter von Thomas von Aquin die Rede. Schlüter hat darüber geklagt, »daß man so viel vom hl. Thomas spräche und seine in so vielen Folianten zerstreuten Ansichten durch keine besondere Darstellung den Zeitgenossen zugänglich mache«.[85] Kleutgen sieht sich zu solch einem Unternehmen noch nicht in der Lage, aber er verweist Schlüter auf Thomas selbst, nicht auf »die Summa theologica, die Sie vielleicht weniger ansprechen möchte«, sondern auf »sein Werk Contra gentes«,[86] in dem alle in ihren Gesprächen berührten Gegenstände angesprochen würden. Abschließend hebt Kleutgen nochmals hervor, er wolle damit nicht sagen, »daß in unseren Tagen mit einer neuen Auflage des hl. Thomas allen Bedürfnissen abgeholfen sei«.[87] In einem Brief aus dem Jahre 1847 tauchen neben Thomas auch andere Denker der »Vorzeit« als Kleutgens Gewährsleute auf, so

---

[78] Vgl. ebd. 5f. Möglicherweise ist hier der Einfluß von J. A. Möhler greifbar. Vgl. H. J. Brosch: *Wesen*, 15 Anm. 81.
[79] K. Deufel: *Kirche*, 220.
[80] Vgl. ebd. 224f.
[81] Ebd. 222. Inwieweit die Jesuitenphilosophen des frühen 19. Jahrhunderts an die Schultradition des 18. Jahrhunderts angeknüpft haben, bedürfte einer eigenen Untersuchung. Wichtige Hinweise bei J. de Vries: *Geschichtliches*.
[82] K. Deufel: *Kirche*, 223.
[83] Vgl. ebd. 224, 227.
[84] Aus der Rückschau erklärt Kleutgen, sein *Memorandum* sei nicht aus einer näheren Kenntnis der traditionellen Philosophie und Theologie erwachsen, sondern beruhe auf der Überlegung, daß unmöglich so viele bedeutende katholische Denker nichts Bleibendes geleistet haben sollten und es erst »ungläubigen Protestanten« vorbehalten gewesen sei, die Wissenschaften voranzubringen. Vgl. *Rechtfertigung*, 12.
[85] K. Deufel: *Kirche*, 227.
[86] Ebd. – Zu Schlüters Thomaskenntnis vgl. J. Nettesheim: *Schlüter*, 33–35.
[87] K. Deufel: *Kirche*, 227.

Suarez und die »Wirceburgenses«, Jesuiten, deren gedankliche Präzision er über die der neueren Theologie stellt.[88] Hier wird deutlich, in welche Richtung sich die Ausgangsbasis für sein Vorhaben allmählich erweiterte. Interessant ist, daß Kleutgen in diesem Zusammenhang das »Sträuben so vieler katholischer Philosophen und Theologen unserer Tage gegen alle Philosophie, die nicht nur verständigen, sondern beweisen will, und namentlich gegen den armen Cartesius« als »eine durch Rationalismus hervorgerufene Reaktion« und »eine Folge der Übersättigung« deutet.[89]

Mit seiner Auffassung von Philosophie, die er bisher nur für sich konzipiert und im privaten Gedankenaustausch vertreten hatte, trat Kleutgen 1846 erstmals an die Öffentlichkeit, als er in dem unter dem Pseudonym seiner Vornamen J. W. Karl veröffentlichten Büchlein *Ueber die alten und die neuen Schulen* die vielgeschmähte jesuitische Erziehungsmethode mit der damals allgemein anerkannten verglich und für eine Erneuerung der ersteren plädierte. In diesem Zusammenhang macht er Kant, letztlich aber den Protestantismus und seine Leugnung des Autoritätsprinzips,[90] für den Verfall der Philosophie verantwortlich. »Wir sind ... der Meinung, daß die Philosophie sich noch immer auf dem Grunde bewegt, den Kant ihr gegeben hat, oder vielmehr, daß sie den Grund, den Kant ihr genommen, noch immer nicht wieder errungen hat.«[91] Kants Erkenntniskritik hat zu der verhängnisvollen Alternative geführt, »die Vernunft müsse alles wissen, oder sie wisse nichts«.[92] Die Philosophie der Vorzeit hat zwar auch nach dem letzten Grund der Gewißheit gefragt, aber von der Lösung dieses Problems nicht die Gewißheit selbst abhängig gemacht. Kant wollte das leisten und ist deshalb gescheitert.[93] Sein Grundfehler und der seiner Nachfolger Fichte, Schelling und Hegel bestand darin, daß sie nicht nur eine legitime Vervollkommnung der alten Philosophie anstrebten, »sondern eine andere, d. i. mit Verwerfung der alten eine ganz neue Philosophie haben gründen wollen«.[94] Ihre katholischen Gegner sind für Kleutgen ebenfalls an der Übernahme dieser Prämisse gescheitert.[95] Kleutgen tritt dagegen für eine Orientierung an der »alten« Philosophie und für deren Vervollkommnung ein. Die von ihm geforderte Ausrichtung der Philosophie an der kirchlichen Lehre schränkt die Freiheit des Denkens ebensowenig ein wie das Verbot zu sündigen die Willensfreiheit.[96]

Die wahre Philosophie ist diejenige, »die ihre Form von dem schärfsten Denker Griechenlands [d. i. Aristoteles], ihre Ideen von dem größten Lichte der Chri-

---

[88] Vgl. ebd. 235. Hier auch interessante Ausführungen zum Thema Scholastik und Mystik.
[89] Ebd. 232. Zu Kleutgens Stellung gegenüber Descartes vgl. u. S. 151–153, 158f., 161f. sowie L. Gilen: *Descartes*. Vgl. auch Kleutgens Stellungnahme gegen den seiner Meinung nach übertriebenen Cartesianismus Palmieris: K. Deufel: *Kirche*, 380, 392.
[90] J. Kleutgen: *Schulen*, 189; vgl. 172–197.
[91] Ebd. 174.
[92] Ebd. 178.
[93] Vgl. ebd. 176f.
[94] Ebd. 179.
[95] Vgl. ebd. 179–182, 185f.
[96] Vgl. ebd. 190f.

stenheit [d. i. Augustinus], ihre Ausbildung von Thomas von Aquin«[97] erhalten hat. Die Kenntnis der Scholastik darf nicht über die Schulbücher des 18. Jahrhunderts bezogen werden, sondern muß sich auf die Quellen stützen.[98] Kleutgen nennt hier neben Thomas die Franziskaner Bonaventura und Duns Scotus, die Dominikaner und Thomaskommentatoren Soto (wohl Domenico), Cajetan und Capreolus (in dieser Reihenfolge, die der historischen gerade entgegenläuft!) sowie die Jesuiten Toledo, Suarez, Vasquez und De Lugo.[99] Er schließt in der Zuversicht: »Wenn nach solchen Forschungen Werke erschienen, in welchen die alte katholische Wissenschaft, wenngleich in etwas veränderter Gestalt, gegen die neue protestantische auf den Kampfplatz träte, und die Lehrbücher der früheren Zeit nicht verworfen, sondern verbessert, und nicht dem Geiste, sondern dem Bedürfnisse unseres Jahrhunderts angepaßt wären: – dann würden Wissenschaft und Unterricht im Kampfe mit der Irrlehre wahrhaft gewinnen.«[100]

Die Durchführung des Programms

Das solchermaßen umschriebene Programm begann Kleutgen in den unruhigen Jahren nach der römischen Revolution 1848, die zur Flucht des Papstes Pius IX. nach Gaeta und zur Vertreibung der Jesuiten sowie zur Schließung der von ihnen geleiteten Anstalten führte, zu verwirklichen. Er selbst war nicht ins Ausland gegangen, sondern hatte mit den wenigen in Rom verbliebenen Germanikern ausgeharrt und ihnen Vorlesungen gehalten. Im Jahre 1850 begann er mit den Vorarbeiten und schrieb die ersten Abhandlungen.[101]

1853 erschien der erste Band der *Theologie der Vorzeit,* dem 1854 der zweite folgte. In diesen behandelt Kleutgen, nachdem er in einer Einleitung den Zweck des Unternehmens umschrieben hat, die grundlegende Frage der Glaubensnorm sowie einzelne Lehrinhalte. Seiner in der Einleitung umrissenen Zielsetzung entsprechend geht es Kleutgen um eine Verteidigung der »Theologie der Vorzeit« gegen die Angriffe von Hermes und Hirscher; Günther erwähnt er in diesem Zusammenhang noch nicht explizit, um nicht in das schwebende Indizierungsverfahren einzugreifen.[102] Seine Absicht ist also nicht eine Darstellung der Theologie der Vorzeit als solcher, die vom 11. Jahrhundert (Anselm von Canterbury) bis etwa 1750 reicht,[103] sondern eine Abwehr der gegen sie gerichteten Angriffe neuerer Theologen. Dieses Vorgehen schließt freilich ausführliche Darlegungen der angesprochenen Themen ein, die Kleutgen aus den Quellen der Tradition schöpft. Nach längerer Pause, während der Kleutgen als Ordenssekretär und als Gutachter in den Indizierungsverfahren gegen Günther und Frohschammer in

---

[97] Ebd. 193.
[98] Kleutgen sieht nun die Schultradition des 18. Jahrhunderts kritischer als zehn Jahre zuvor. Vgl. o. S. 148 mit Anm. 81.
[99] Vgl. *Schulen,* 196.
[100] Ebd. 197.
[101] Vgl. *Rechtfertigung,* 13. Kleutgen legt Wert darauf, daß ihm niemand einen Auftrag erteilt hat.
[102] Vgl. *Rechtfertigung,* 46; *Schulen,* 186 Anm. 1.
[103] Vgl. *Theologie,* Bd. I (1853), 18f.; *Rechtfertigung,* 19.

Anspruch genommen war, erschien 1860 als letzter Band der *Theologie der Vorzeit* ein umfangreicher Teil, in dem Kleutgen sich nicht mit einzelnen Lehrinhalten, sondern mit der Kritik an der »Lehrweise der Vorzeit« auseinandersetzt.

Die Angriffe gegen die theologische Methode der Scholastik hatten ihn veranlaßt, wie er im Vorwort zu diesem Band schreibt, einerseits die inhaltliche Darlegung zurückzustellen – der dritte Band mit der Christologie und Soteriologie erschien erst 1870[104] –, andererseits aber in die Erörterung der Methode auch die philosophischen Grundlagen der Scholastik aufzunehmen. So legte Kleutgen 1860 neben dem letzten Band der *Theologie* gleichzeitig den parallel erarbeiteten ersten Band der *Philosophie der Vorzeit*[105] vor, dem 1863 der zweite folgte, beide, wie es auf dem Titelblatt der Erstauflage heißt, als »Zugabe zur ›Theologie der Vorzeit‹«.[106]

»Die Philosophie der Vorzeit vertheidigt«

In der Einleitung greift Kleutgen bereits früher geäußerte Gedanken über die scholastische Philosophie und die allgemeine philosophische Entwicklung auf. Im ersten Satz seines Werkes macht er deutlich, daß er unter der »Philosophie der Vorzeit« jene versteht, »welche von den ersten Zeiten der Kirche bis in das achtzehnte Jahrhundert wenigstens auf den katholischen Schulen allgemein gelehrt, und von den Theologen für die heilige Wissenschaft benutzt wurde. Es war dieses, freilich nicht allen einzelnen Lehrpunkten, aber auch nicht bloß den höchsten Grundsätzen und der Richtung nach, keine andere, als die von Sokrates gegründet, von Plato und Aristoteles ausgebildet, schon unter den Völkern der vorchristlichen Zeit für die ausgezeichnetste galt« (I,3). Während die Kirchenväter und frühmittelalterlichen Theologen sich am Platonismus orientierten, hielten sich die Scholastiker selbst an Aristoteles. Dennoch besteht für Kleutgen zwischen diesen verschiedenen Denktraditionen kein Gegensatz, vielmehr, gerade wenn man die alte Philosophie mit der neuen vergleicht, weitgehende Übereinstimmung. Versuche, aus dieser Einheit auszubrechen, scheiterten. Mit Descartes erst kam der Umbruch, der freilich schon in der Reformation seine Wurzeln und in den Revolutionen des 18. und 19. Jahrhunderts seine Folgen hat. Das Charakteristikum dieser Epoche ist die Überzeugung von ihrer »Großjährigkeit«, die aber letztlich nichts anderes bedeutet als »kecke Erhebung gegen die Auctorität, und darum rücksichtsloses Niederreißen des Bestehenden; vermessenes Selbstvertrauen, und darum Bestreben, aus eignen Mitteln alles neu aufzubauen« (I,4).

Zunächst wendet sich Kleutgen Descartes zu, der die Philosophie auf eine neue Grundlage stellen wollte: »Jenen Standpunkt glaubte Cartesius in der Gewißheit,

---

[104] Er ist als einziger Band des Werkes nicht in zweiter Auflage erschienen. Die übrigen Bände erlebten mit mehr oder weniger umfangreichen Änderungen eine Neuauflage: Bd. I: 1867, Bd. II: 1872; der letzte Band wurde geteilt: Bd. IV: 1873, Bd. V: 1874. Zur Theologie Kleutgens vgl. G. A. McCool: *Theology*, 167–209.
[105] Vgl. *Rechtfertigung*, 46.
[106] Wir zitieren im folgenden die zweite Auflage (1878) mit Band- und Seitenangabe im fortlaufenden Text. Gegenüber der ersten Auflage bringt die zweite vielfältige Ergänzungen, aber, abgesehen von der Naturphilosophie in Bd. II, kaum wesentliche Änderungen.

womit der Mensch oder vielmehr der denkende Geist des Menschen, (denn dies ist bei Cartesius nicht dasselbe), sein eignes Dasein erkenne, und in der Weise, wie er zu dieser ersten gewissen Erkenntniß gelange, den Weg zu finden, auf welchem man mit Sicherheit zu andern Erkenntnissen fortschreiten könne« (I,5). Obwohl Kleutgen die mit dieser Vorgehensweise von Descartes erreichten Ergebnisse zum größten Teil für falsch hält, gesteht er ihm doch zu, daß der, wie man ihn später genannt hat, methodische Zweifel für Descartes nicht die einzige Möglichkeit war, zu sicherer Erkenntnis zu gelangen, sondern nur die Methode zu streng wissenschaftlicher Erkenntnis. Die Wahrheit der Glaubenslehren hat Descartes nicht in Frage stellen wollen. Durch die Verbindung des jede kirchliche Autorität ablehnenden Protestantismus mit der cartesischen Methode kam es dann zu einem Dammbruch: »Alles was den Menschen, sei es durch Erfahrung, sei es durch das sittliche und religiöse Bewußtsein, sei es auf was immer für andern Wegen gewiß ist, sollte allen Ernstes in Zweifel gezogen und so lange für unwahr oder doch für ungewiß gehalten werden, bis es durch die philosophische Forschung mit aller Strenge erwiesen wäre« (I,6f.). Die Folgen dieser Entwicklung sind »in England die *neue Skepsis,* in Deutschland der *critische Idealismus*« (I,7). Während Hume und Kant, die er als die Protagonisten dieser Strömungen nennt, sich darum bemühten, auf dieser Grundlage zur Erkenntnis Gottes und der sittlichen Weltordnung zu gelangen, lehnten die französischen »*Empiriker*« alles Übersinnliche radikal ab und verfielen dem Sinnlichen, Materiellen. »Und so kam der Stolz der rationalistischen Zweifler dem Gelüste des frechen Unglaubens zu Hülfe« (I,7). Den Gottesleugnern Voltaire und Diderot wurde von Pascal und den Jansenisten, obwohl diese das nicht beabsichtigten, Vorschub geleistet. Die Infragestellung der natürlichen Gotteserkenntnis beeinträchtigt auch die übernatürliche (vgl. I,8).

Gegenbewegungen blieben nicht aus, aber sie vermochten nichts gegen den Rationalismus auszurichten, weil sie seinen Ansatz teilten: Jacobi z. B. war von der Wirklichkeit des Göttlichen überzeugt, aber er trug einen Zwiespalt in den Menschen hinein, »indem die Vernunft oder vielmehr die ahnende Empfindung bejahen sollte, was der überlegende Verstand fortfuhr, zu verneinen« (ebd.). Vom cartesischen Ansatz, »d. h. von dem nackten Bewußtsein, das der Geist von sich und seinem Denken hat, fand man keinen Weg, der zur Wirklichkeit außer dem denkenden Geiste führte, und das Ergebniß alles Ringens war das traurige und doch mit so großer Selbstgenügsamkeit ausgesprochene Geständniß, daß die wissenschaftliche Erkenntniß der Wahrheit dem Menschen unmöglich sei« (I,9).

Von Descartes aus führte der Weg aber nicht nur zum Empirismus und Skeptizismus, sondern auch über Spinoza zur Identitätsphilosophie, und zwar ausgehend von Descartes' Versuch, die Wahrheit aller über das Selbstbewußtsein hinausgehenden Erkenntnisse mit Gott zu begründen. Das führte zur Hegelschen Dialektik, in der »das All der Dinge ... nichts anderes [ist] als das durch sein Denken in die Erscheinung getretene Absolute, Gott« (I,10). Hegel wollte mit seiner Philosophie nicht nur die sinnlich erfahrbare Wirklichkeit, sondern auch die religiösen Wahrheiten und Geheimnisse des Christentums als notwendig begründen. Übrig blieben dabei »nicht bloß von den christlichen, sondern selbst von den sittlichen Wahrheiten, von Freiheit, Tugend, Sünde, Unsterblichkeit nichts als die Namen« (ebd.).

Im katholischen Bereich führte die cartesische Methode erst nach der Französischen Revolution zu einer weitgehenden Abkehr von der scholastischen Philosophie, die bislang hauptsächlich in den nun zerstörten Ordensschulen noch gepflegt worden war. Die Aufklärung faßte auch bei katholischen Denkern Fuß. Die bisherigen Versuche, ihr entgegenzutreten, scheiterten an der gewählten Methode und wurden kirchlicherseits für gescheitert erklärt: »So erging es *Lamennais* und *Bautain* in Frankreich, so *Gioberti* in Italien, so *Hermes* und *Günther* in Deutschland.« Der Fehler dieser Männer bestand für Kleutgen darin, nicht nur gegen die »ungläubige Philosophie der Gegenwart« zu kämpfen, sondern auch »gegen die Wissenschaft der katholischen Vorzeit«: »Statt in dieser zu wurzeln, und von ihr unterstützt und geleitet, jenen Kampf zu führen, meinten sie eine neue Wissenschaft und namentlich eine neue Grundlage aller Wissenschaft suchen zu müssen. Sie suchten und wurden nicht gewahr, daß sie von den Prinzipien eben jener Speculation, die sie bekämpfen wollten, irregeleitet wurden« (I,12).

Kleutgen unternimmt es nun, die Anklagen gegen die Philosophie der Vorzeit abzuweisen und zugleich deren Lehre darzustellen.[107] Bevor er zu den Anklagen gegen die scholastische Philosophie im einzelnen übergeht, verdeutlicht er am Beispiel der Erkenntniskritik, daß die Scholastik für ihn durchaus der weiteren Entwicklung und Vervollkommnung fähig, aber auch bedürftig ist (vgl. I,12,22,462,523). Was Melchior Cano für die scholastische Theologie geleistet hat, indem er aus ihren Prinzipien eine theologische Erkenntnislehre entwickelte, das bleibt für die scholastische Philosophie durchaus noch zu tun und sollte in einer entsprechenden Haltung angegangen werden, d. h. ausgehend von den bewährten Prinzipien und nicht gegen sie, wie man es seit Descartes versuchte.

Das Fehlen einer Erkenntnislehre ist denn auch die erste und wichtigste Anklage, die gegen die scholastische Philosophie vorgebracht wird. »Sie soll es versäumt haben, sich über die Bedingungen und Gränzen alles Wissens Rechenschaft zu geben, und darum nicht nur einer festen Grundlage entbehrt haben, sondern auch durch den Mangel derselben, ohne es zu gewahren, auf Irrwege geleitet worden sein« (I,16). Gegen die scholastische Erkenntnislehre, die von der Erfahrung ausgeht und in der reflektierenden und urteilenden Vernunft ihr Prinzip hat, haben verschiedene moderne Denkströmungen den Vorwurf des Rationalismus erhoben, so der französische Traditionalismus und der Ontologismus. Hermes und Günther teilen zwar mit der Scholastik die Auffassung, »daß die Erkenntniß des Uebersinnlichen für uns nur eine vermittelte sein könne« (I,18),

---

[107] Sowohl in der italienischen als auch in der französischen Übersetzung kommt diese doppelte Ausrichtung bereits im Titel zum Ausdruck: *La filosofia antica esposta e difesa* (übersetzt von C. M. Curci und Kard. Reisach, R 1867), *La philosophie scolastique exposée et defendue* (übersetzt von C. Sierp, P 1868–1870). Warum Kleutgen, mit dessen Einverständnis dies geschah (vgl. ZKTh 3 [1879] 762), sich diese Präzisierung des Titels bei der deutschen Neuauflage, bei der er andere Verbesserungen der Übersetzungen übernahm, nicht zu eigen machte, bleibt unklar. Vielleicht wollte er den eingeführten Titel nicht ändern.

werfen ihr aber mangelnde Gründlichkeit und Konsequenz im Denken vor. Hermes vermißt die Unterscheidung zwischen notwendigem Denken und notwendigem Fürwahrhalten. »Die Verwechslung der Begriffe, welcher sich die alte Philosophie schuldig gemacht, bestehe hauptsächlich darin, daß sie zwischen den Begriffen des *Verstandes,* welche nur dazu dienen, das Wahrgenommene denken zu können, und den Begriffen der *Vernunft (Ideen),* durch welche der unsichtbare Grund des Wahrgenommenen erfaßt werde, nicht unterschieden« (I,19).

Nach Günther hat die alte Philosophie, die vom Objekt ausging, die subjektiven Bedingungen der Erkenntnis nicht reflektiert. Dies geschah erst seit Descartes. Die scholastische Philosophie blieb »Begriffsspeculation«, die nicht nach den Prinzipien der Erfahrungsgegebenheiten fragte, sondern sich mit den durch Abstraktion gewonnenen Allgemeinbegriffen begnügte. Infolgedessen vermochte sie nicht den wesentlichen Unterschied zwischen Geist und Natur, Gott und Welt festzuhalten und verfiel dem von Günther überall gewitterten Pantheismus (vgl. I,19f.). Diesen Vorwürfen möchte Kleutgen in seinem Werk begegnen, dessen erster Band ausschließlich der Erkenntnislehre gewidmet ist. Er möchte zeigen, daß die *Philosophie der Vorzeit* auf tragfähigem Fundament steht.[108]

Erkenntnislehre

In einem ersten Abschnitt handelt Kleutgen von der intellektuellen Erkenntnis und vom Wert folgender Grundsätze der scholastischen Erkenntnislehre:

1. »Die Erkenntniß entsteht dadurch, daß vom Erkennenden und Erkannten in dem Erkennenden ein Bild des Erkannten gezeugt wird« (I,23).

2. »Das Erkannte ist in dem Erkennenden nach der Weise des Erkennenden« (I,32).

3. »Die Erkenntniß ist um so vollkommener, je weiter das erkennende Prinzip in seinem Sein von der Materialität entfernt ist« (I,38).

In der knappen Begründung dieser Grundsätze, bei der er sich hauptsächlich auf Thomas von Aquin, aber auch auf andere Scholastiker stützt, gibt Kleutgen bereits eine Erkenntnistheorie in nuce, die er anschließend entfaltet: Dabei geht er von den beiden Axiomen aus, daß Erkenntnis durch Verähnlichung geschieht und daß sie eine Art Zeugungsvorgang zwischen dem Erkennenden und dem Erkannten darstellt. Die Vermittlung zwischen dem erkennenden Vermögen und dem Gegenstand geschieht in ersterem durch das »Erkenntnisbild«,[109] das nicht schon selbst die Erkenntnis ist, sondern sie überhaupt erst ermöglicht. Diese selbst zielt nicht auf die sinnliche Wahrnehmung, sondern auf das Wesen des Gegenstandes. Erkenntnis ist demnach ein geistiger Vorgang, der im endlichen Geist freilich auf das sinnlich Erfahrbare als Ausgangspunkt angewiesen ist, sich aber nicht darin erschöpft.

---

[108] Ziel der folgenden Darstellung ist es, Kleutgens Gedankengang nachzuzeichnen. Seine Interpretation der Autoren, mit denen er sich auseinandersetzt, bedarf erst noch der Aufarbeitung. Ansätze hierzu bei L. Gilen: *Zweifel;* ders.: *Prinzipienlehre;* Th. Schäfer: *Kontroverse;* B. Casper: *Hegel.*

[109] Vgl. L. Gilen: *Theorie.*

Nach der Darlegung der Grundsätze wendet Kleutgen sich den einzelnen Elementen des Erkenntnisvorganges zu: zunächst der Beschaffenheit der intellektuellen Erkenntnis, die er gegen die sinnliche abgrenzt. Beide unterscheiden sich dadurch, »daß die Sinne immer nur Einzelnes und dieses nur nach seinen *äußeren Erscheinungen* wahrnehmen, die Vernunft aber außer den Erscheinungen auch das *Wesen* und dieses sowohl als jene durch *allgemeine* Vorstellungen denkt« (I,52). Mittels der Begriffe erfaßt die Vernunft »die im steten Wandel begriffene, zufällige und unvollkommene Wirklichkeit im Lichte des *Unwandelbaren, Nothwendigen* und *Vollkommnen*« (I,53), d. h. die Wahrheit der Dinge.

Sodann wendet Kleutgen sich der Frage nach dem Ursprung der intellektuellen Erkenntnis zu. Er folgt dabei den Ausführungen, die Thomas von Aquin in seiner *Summa theologiae* gibt, geht aber immer wieder auf die Problematik des 19. Jahrhunderts ein. Der endliche Geist erkennt die Dinge weder vermittels seines eigenen Wesens noch durch angeborene Ideen.[110] Die Begriffe werden dem Menschen nicht von einer Uroffenbarung her durch die Sprache vermittelt, wie de Bonald es lehrt, oder jeweils im Erkenntnisakt von Gott hervorgebracht, wie »manche Neuere« es sich vorstellen, deren Namen Kleutgen uns nicht verrät.

Freilich besteht ein Zusammenhang zwischen unserem Erkennen und den ewigen Ideen; das platonische Element soll durchaus zu seinem Recht kommen, aber anders als in den bisher zurückgewiesenen Theorien. Für Platon sind die Ideen als für sich bestehende Wesen Garanten der Wahrheitserkenntnis, unter deren Einfluß wir das Unwandelbare im Wandelbaren zu erkennen imstande sind. Augustinus hat diesen Gedanken aufgenommen und, wie Kleutgen im Anschluß an Thomas von Aquin darlegt, weiterentwickelt: Die Ideen sind die ewigen Gedanken Gottes. »Sie sind Grund des Seins der Dinge, weil alles, was wird und besteht, in ihnen sein Urbild und folglich sein Gesetz, nach dem es wird und besteht, haben muß. Sie sind Grund unserer Erkenntniß, weil unser Geist jene Fähigkeit, in den Dingen nicht bloß das Fließende, sondern auch das Unwandelbare zu erkennen, dadurch besitzt, daß er durch das Licht der Vernunft an dem unerschaffenen Lichte, in dem Gott alles erkennt, theilnimmt« (I,86). Damit ist den Menschen nicht schon der Besitz der Erkenntnis gegeben, sondern das Vermögen zu erkennen, das sich im Licht der Vernunft, die am göttlichen Licht teilhat, durch Beobachtung und Erfahrung aktuiert. Eine Wesensschau ist nur Gott und den Seligen, in diesem Leben nur wenigen begnadeten Menschen vorbehalten. In diesem Zusammenhang beleuchtet Kleutgen das thomanische Verständnis von »participatio« im ontologischen Sinn und verteidigt Thomas gegenüber dem Vorwurf, dadurch dem Pantheismus Vorschub geleistet zu haben (vgl. I,88–94).

Hat er damit das platonisch-augustinische Element der Erkenntnislehre des Thomas von Aquin dargestellt, so wendet Kleutgen sich abschließend dem aristotelischen zu: »Nach Aristoteles muß sich die Vernunft ihre Begriffe erwerben, und wie sie dies nicht vermöchte, wenn sie nicht als geistige Kraft ein vom Leibe

---

[110] Versuchen wie denen des Löwener Ontologisten Ubaghs, sich dafür auf Thomas zu berufen, bestreitet Kleutgen das Recht. Vgl. *Intellectus*, 36–47.

freies Wirken hätte; so bedarf sie doch bei diesem ihren Wirken dessen, was ihr die Sinnlichkeit liefert. Die intellektuellen Vorstellungen entstehen im Menschen durch ein Zusammenwirken der sinnlichen und geistigen Erkenntnißkraft« (I,95). Thomas begründet diese Einsicht schlicht und einfach mit der menschlichen Erfahrung, letztlich aber mit der eigentümlichen Beschaffenheit der menschlichen leib-geistigen Natur.

Wie die Vernunft im Sinnlichen das Übersinnliche findet, erklärt Kleutgen im folgenden Hauptstück unter dem Stichwort der Abstraktion. Abstrahieren heißt, etwas, »das in dem materiellen Einzeldinge ist, nicht so wie es in ihm ist, erkennen« (I,103). Die Scholastiker unterscheiden drei Abstraktionsgrade und dementsprechend drei Weisen, sich philosophisch einem Gegenstand zu nähern: Absehen erstens vom Individuellen (Physik), zweitens von den sinnlich wahrnehmbaren Eigenschaften (Mathematik), drittens von der Körperlichkeit als solcher (Metaphysik). Auf der dritten Abstraktionsstufe bleiben »die höchsten Begriffe Sein, Einheit, Substanz, Accidenz, Vermögen, Thätigkeit, Kraft u.s.w.« übrig (I,105). Die Begriffsbildung ist nach Thomas aber nicht so zu denken, als ob dabei von der ersten zur dritten Abstraktionsstufe vorangeschritten werde. »Vielmehr sind gerade die höchsten Begriffe die ersten, durch welche die Vernunft jedweden Gegenstand denkt« (ebd.).

Die neuere Kritik an der scholastischen Abstraktionslehre beruht nach Kleutgen auf der Verwechslung derselben mit der von Locke vertretenen, die in der Tat durch Analyse und Synthese vom Einzelnen zum Allgemeinen fortschreite, dabei aber nicht über das Allgemeine der sinnlichen Erscheinung hinauskomme und dieses für das Wesen der Dinge halte.

Kleutgen bemüht sich, die scholastische Abstraktionslehre in ihrem Unterschied zu der Lockeschen plausibel zu machen: Wenn es heißt, daß die Vernunft in den Gegenständen zunächst das Allgemeine erfasse, »so soll damit nicht gesagt sein, daß wir zuerst in vielen Dingen das ihnen Gemeinsame suchen, und dieses als das Wesen des Einzeldinges denken, sondern daß der Gedanke, mit dem wir das Wesen des Einzeldinges auffassen, zunächst nur das, was dem Einzelding mit vielen andern gemeinsam ist, in sich schließt ... Aber daraus folgt mit nichten, daß wir das Allgemeine als *solches* erkennen, so oft wir die Dinge durch allgemeine Vorstellungen denken ... Es wird also in der Lehre des h. Thomas wohl behauptet, daß wir im Besondern zuerst nur das, was ihm mit andern Dingen gemein ist (was der Gattungsbegriff in sich schließt); aber keineswegs, daß wir das Allgemeine als solches (die Gattung) früher als das Besondere (das Einzelding) erkennen« (I,109f.). Kleutgen räumt allerdings ein, daß die Beschreibung des Weges, das Allgemeine als solches zu erkennen, bei einigen neueren Scholastikern durchaus »an den Lockeschen Empirismus erinnert« (I,110).

Nach der begrifflichen Klärung der Abstraktion wendet Kleutgen sich der Beschreibung des Vorganges selbst zu. Dieser setzt eine doppelte Tätigkeit der Vernunft voraus, die die Scholastiker in Anlehnung an Aristoteles als intellectus possibilis und intellectus agens gekennzeichnet haben. »Durch die Benennung intellectus possibilis wird ... jene Beschaffenheit der Vernunft bezeichnet, in Folge welcher sie das ideale Sein aller Dinge in sich aufnehmen, und insofern alles werden kann« (I,112f.).¹¹¹ »Nun können aber die Dinge weder wie sie in sich, noch auch wie sie in der sinnlichen Wahrnehmung sind, in der Vernunft Vorstellungen erzeugen: denn sie sind sowohl in sich als in der sinnlichen Erkenntniß nach Weise ihres materiellen Daseins. Es muß also irgend eine Ursache geben, durch die es geschieht; daß bei Gegenwart des sinnlichen Bildes, das den Gegenstand immer nur nach seinen individuellen und äußeren Erscheinungen darstellt, in der Vernunft das intelligible Bild, welches das Allgemeine, Nothwendige, Wesentliche ausdrückt, erzeugt werde. Dies aber ist es, was nach den Scholastikern durch den intellectus agens geschieht, und sie pflegen deßhalb zu sagen, sein eigenthümliches Wirken bestehe darin, die materiellen Dinge oder vielmehr die sinnlichen Vorstellungen derselben für die Vernunft erkennbar, intelligibel zu machen: facere phantasmata actu intelligibilia« (I,114).

Die Vorwürfe gegen die Scholastik, daß hier die Vernunft nur als »ein bloßer Behälter oder Sammelplatz sinnlicher Kenntnisse« aufgefaßt werde,¹¹² entbehren jeder Grundlage. Freilich ist »die Vernunft, weil sie sich ihre Erkenntnisse erwerben muß, ursprünglich ohne dieselben, und also einer unbeschriebenen Tafel ähnlich; aber *sie selbst* ist es, und nicht die Sinnlichkeit, welche diese Tafel beschreibt« (I,115). Anschließend versucht Kleutgen, in Anlehnung an Thomas von Aquin und Suarez, die abstrahierende Tätigkeit der Vernunft näher zu bestimmen¹¹³, und sieht in der Immaterialität »jene Beschaffenheit des Geistes, in welcher das Vermögen zu abstrahieren wurzelt« (I,122).

Nachdem Kleutgen im Anschluß an Thomas von Aquin und die großen Scholastiker und im Gespräch mit ihren Gegnern die Grundbegriffe der scholastischen Erkenntnislehre dargelegt hat, kommt er zur grundsätzlichen Kritik von Hermes und Günther, die Scholastik sei reine Begriffsspekulation und dringe nicht zum Grund der Wirklichkeit vor. Verhandelt wird diese Auseinandersetzung unter der Überschrift »Begriff und Idee«.

Zunächst legt Kleutgen ausführlich den jeweiligen Standpunkt von Hermes und Günther dar, indem er sie selbst zu Wort kommen läßt (vgl. I,130–140): Für beide bezieht sich der Verstand mit seinen Begriffen auf das Allgemeine in den Erscheinungen, die Vernunft aber mit ihren Ideen auf den Realgrund der Erscheinungen. Die Scholastik hat nach beiden dies nicht unterschieden und sich nur im formallogischen Bereich bewegt, ohne zur metaphysischen Wahrheit vorzustoßen. Günther hat im Unterschied zu Hermes mittels seiner Lehre vom Selbstbewußtsein als Quelle des Denkens seine Gedanken tiefer zu begründen versucht.

Kleutgen gibt darauf eine erste Antwort: Im Anschluß an Aristoteles haben sämtliche Scholastiker die Philosophie »für ein Erkennen der Dinge aus ihren Ursachen oder Gründen erklärt« und darunter nicht nur den Erkenntnis-, sondern den Seinsgrund verstanden (I,141). Hierfür verweist Kleutgen besonders auf

---

[111] Als »ideales Sein« bezeichnet Kleutgen, was die Scholastiker »intentionales Sein« nannten. Vgl. Bd. I, 26; L. Gilen: *Theorie,* 59 Anm. 17.
[112] Kleutgen nennt erst in der zweiten Auflage Frohschammer als Urheber derselben (Bd. I, 114 Anm. 1).
[113] Eine durch von Schäzler ausgelöste Kontroverse zwingt ihn zu einer ausführlicheren Erörterung dieser Fragen. Vgl. *Intellectus,* 3–35.

Silvester Maurus (1619–1687), einen strengen Thomisten aus dem Jesuitenorden, dessen philosophische Werke in den siebziger und achtziger Jahren des 19. Jahrhunderts eine Neuauflage erlebten.[114] Aber er gibt sich damit noch nicht zufrieden; denn immerhin ist es möglich, daß die Scholastiker, wie ihre Gegner behaupten, fälschlich glauben, »das Wesen erfaßt zu haben, während sie nur das Gemeinsame der Erscheinungen dachten, und meinten die Dinge begründet zu haben, wenn sie das Besondere dem Allgemeinen untergeordnet hatten« (I,143f.).

Ausgehend von dem thomanischen Verständnis von »intellectus« macht Kleutgen deutlich, daß die Scholastiker nicht »das Gemeinsame der äußeren Erscheinungen, sondern das unter diesen verborgene innerste Wesen der Dinge« erkennen wollen (I,147). Er erläutert ausführlich, hauptsächlich im Anschluß an *De ente et essentia,* die verschiedenen Namen, mit denen unter jeweils anderer Rücksicht das Wesen eines Dinges bezeichnet wird: als quidditas, Form, Natur und Wesen. Wesen im Sinne von »essentia« aber bedeutet, daß durch es und in ihm ein Seiendes sein Sein hat. Ebenso macht Kleutgen deutlich, daß nach scholastischer Lehre die Form es ist, »wodurch die Substanz ihr bestimmtes Sein erhält« (I,150).

Die Vorwürfe der Gegner beruhen nach Kleutgen auf ihrer Unkenntnis der Scholastik. Sie tragen ihre Vorstellungen vom Begriff und der Begriffsbildung in die Scholastik hinein und übersehen, daß etwa »Begriff« dort einen viel differenzierteren Inhalt hat. Die Scholastiker haben Begriff und Idee nicht im Sinne von Hermes und Günther unterschieden,[115] aber für sie war »gerade das Denken des Allgemeinen das Begründende« (I,157). Nach der scholastischen Abstraktionslehre greift Denken »schon in seinem ersten Anfang über die Erscheinung hinaus« (I,161), es denkt mit dem Träger der Erscheinungen, der Substanz, auch den Grund derselben, das Sein. So kommt Kleutgen zu dem Ergebnis, daß sich nach der Lehre der Scholastik das Denken nicht auf die Erscheinungen, die Verstandesbegriffe, beschränkt, wie Hermes und Günther unterstellen, sondern daß »jener Vorzug, der nur den Ideen der Vernunft eigen sein soll, das Begründen nämlich, nach der Auffassung der Scholastiker sich in allen und jeden intellektuellen Vorstellungen findet« (I,163).

Im Anschluß daran geht Kleutgen der Frage nach dem Selbstbewußtsein und seiner Bedeutung für die Erkenntnis bei den Scholastikern nach. Er versucht nachzuweisen, daß nicht erst Descartes das Selbstbewußtsein entdeckt habe, dessen Lehre dann von Günther vollendet worden sei. Die Scholastiker lehrten im Anschluß an Thomas von Aquin – Kleutgen verweist besonders auf *De veritate* –, daß der menschliche Geist aufgrund seiner Immaterialität zur »reditio completa in seipsum« und somit zum Selbstbewußtsein gelange. Diese Weise der Selbster-

---

[114] M. Liberatore brachte 1875/76 die *Quaestiones philosophicae* neu heraus; 1885–1887 erlebte die kommentierte Aristoteles-Ausgabe des S. Maurus in Paris eine Neuausgabe, die von F. Ehrle und anderen jungen Jesuiten veranstaltet wurde, darunter dem Sekretär Kleutgens während seiner letzten Jahre, B. Felchlin. Vgl. Koch JL 1184f.

[115] »Nach dem Sprachgebrauch der Scholastiker war die Idee vom Begriff dadurch verschieden, daß man unter dem letzten das *Abbild* des Dinges in dem bloß erkennenden, unter der *Idee* aber das *Vorbild* in dem schaffenden Geiste verstand« (Bd. I, 130).

kenntnis ist »weder ein Folgern nach den Gesetzen des Syllogismus, noch ein Abstrahiren nach Art der Begriffsbildung; sondern der Geist erkennt sich aus seiner Erscheinung, weil er in ihr als Grund derselben gegenwärtig ist. Darum ist es auch nicht möglich, daß er an seinem Sein jemals zweifle« (I,178).[116]

Aufgrund seiner Immaterialität bleibt der Geist, auch wenn er tätig ist, bei sich. »Eben dadurch ist er aber auch befähigt, die Dinge außer ihm nicht bloß ihren wandelnden Erscheinungen, sondern auch ihrem bleibenden Wesen nach zu erkennen, und aus diesem jene zu begreifen. Weil er nicht bloß sein Sein, sondern auch sein Wesen, die Beschaffenheit seines Seins erkennt; so ist er auch im Stande, die Natur seines Erkennens zu beurtheilen, dadurch sich der Wahrheit desselben bewußt und somit gewiß zu werden« (I,179). In Auseinandersetzung mit Günther bestreitet Kleutgen, daß der menschliche Geist »durch ein anderes schon selbstbewußtes Wesen« zum Bewußtsein seiner selbst erweckt werden müsse (I,180).

Dann geht Kleutgen der Frage nach dem Unterschied zwischen Vernunft und Verstand nach, auf den Hermes und Günther solchen Wert legen. Mit den Scholastikern bestimmt er die Vernunft als das Organ, mit dem der Mensch »das Immaterielle in dem Materiellen, das Intelligible in dem Sinnlichen« erkennt (I,221; im Original teilweise gesperrt). Die Fähigkeit des menschlichen Geistes zur Abstraktion setzt eine differenzierte Tätigkeit desselben voraus bzw. legt sie offen, die man in eine intellektuelle (einfaches Ergreifen der Wahrheit) und eine rationelle (fortschreitendes Denken) unterscheiden kann. Freilich handelt es sich dabei nicht um zwei unterschiedliche Vermögen, »sondern unser Erkenntnißvermögen ist das rationelle, welches jedoch insoweit intellectuell genannt werden kann, als es auch in ihm irgend eine einfache Auffassung der Wahrheit giebt, ohne welche nämlich das vermittelte und zusammengesetzte Erkennen weder einen zuverlässigen Anfang noch ein befriedigendes Ende haben könnte« (I,233; zum intellectus als habitus principiorum vgl. I,234). Wenn man dem neueren Sprachgebrauch folgen wollte, müßte man »bei den Scholastikern intellectus nicht, wie es gewöhnlich geschieht, durch Verstand, und ratio durch Vernunft, sondern umgekehrt intellectus durch Vernunft und ratio durch Verstand übersetzen« (I,234).

Im Anschluß daran behandelt Kleutgen die bisherige Fragestellung nochmals unter historischem Gesichtspunkt unter den Stichworten Realismus, Formalismus und Nominalismus. Dabei geht es darum, die bereits erörterten Vorwürfe von Hermes und Günther, die Scholastik bewege sich nur im Bereich des Nominalen und stoße nicht zum Realen vor bzw. sie habe den Keim des Nominalismus in sich getragen und sei schließlich in ihm aufgegangen, auf ihre historische Richtigkeit hin zu überprüfen. Kleutgen stellt ausführlich die historischen Hintergründe dieser Debatte dar. Die von neueren Philosophiehistorikern[117] vertretene und

---

[116] Kleutgen sieht hier eine Parallele zwischen der Formulierung des Thomas und dem cartesischen »Cogito ergo sum« (Bd. I, 178 Anm. 3).
[117] Es handelt sich um Johann Jakob Brucker (1696–1770), Thaddäus Anselm Rixner OSB (1766–1838) und Heinrich Ritter (1791–1869).

dann von Günther und vielen anderen übernommene These vom Verfall der Scholastik beruht auf einem protestantischen Vorverständnis, das die im katholischen Raum vertretene Philosophie nicht in ihrer Ganzheit zur Kenntnis nimmt. Nach Kleutgen, der gewisse Mängel der Scholastik im 14. Jahrhundert nicht bestreitet, »bedarf es nicht sowohl einer Forschung, als einer ruhigen Besinnung und Erinnerung an die bekanntesten Thatsachen, um sich zu überzeugen, daß die Scholastik trotz aller neuern Philosophie beinahe in ganz Europa und selbst jenseits der Meere nach der sogenannten Reformation mit eben so regem Eifer und allgemeiner Theilnahme betrieben wurde, als vor derselben. Mit weit mehr Recht könnte man von jenen Philosophen des sechzehnten und siebzehnten Jahrhunderts, denen unsere Geschichtsschreiber alle ihre Aufmerksamkeit schenken, wie von vereinzelten Sprößlingen, in welchen der Geist der neuen Zeit aufzukommen suchte, reden; und die Bewegungen, die sie hervorbrachten, Bewegungen in kleinen Kreisen nennen, welche den allgemeinen Gang der Wissenschaft nicht ändern konnten, bis ihnen im vorigen Jahrhundert der überhand nehmende Unglaube und zuletzt Gewalt und Kabalen zu Hülfe kamen« (I,317).

Auch die These von der Vorherrschaft des Nominalismus läßt sich für Kleutgen historisch nicht halten. Schließlich verhält es sich entgegen dem Vorwurf, die Scholastik habe die neueren Irrtümer vorbereitet, gerade umgekehrt: »Wie ... der Criticismus den Nominalismus, so hat die Identitätsphilosophie den Formalismus bis zu seinen äußersten Folgerungen durchgebildet« (I,333). Die modernen philosophischen Irrtümer gehen also auf die von dem gemäßigten thomistischen Realismus bekämpften Gegner zurück. »Wie will man ... die Scholastik dafür verantwortlich machen, daß ihre Gegner die Irrthümer, welche sie niedergehalten hatte, zu vertheidigen unternahmen und zu Grundsätzen aller Wissenschaft erhoben?« (Ebd.) Hier schwingt Kleutgens Grundüberzeugung mit, daß nur eine entschlossene Rückkehr zu einer erneuerten Scholastik in der gegenwärtigen philosophischen Verworrenheit Abhilfe schaffen könne.

Nach diesem philosophiegeschichtlichen Exkurs kommt Kleutgen »zu jener Untersuchung, welche bezüglich der Anklagen, die man wider die Vorzeit erhebt, von uns als die hauptsächliche betrachtet werden muß. Es ist dies die Untersuchung über die *Grundlage* der Philosophie« (I,341). Es geht um die Fragen nach der Gewißheit, nach den Prinzipien und nach der Methode der Philosophie.

Zunächst setzt Kleutgen sich mit Hermes auseinander, der sich seines Erachtens nicht nur für einen methodischen, sondern für den wirklichen und absoluten Zweifel als Ausgangspunkt von Philosophie und Theologie ausgesprochen habe.[118] Dieser Zweifel ist aus theologischen und philosophischen Erwägungen als unsittlich zu verwerfen. Der absolute Zweifel widerspricht der Erfahrung des Einzelnen, der durchaus grundlegende Gewißheiten kennt (Unterschied zwischen Gut und Böse, eigenes Dasein, Außenwelt, Schöpfergott, sittliche Weltordnung), noch bevor er sie philosophisch ergründen kann, an denen zu zweifeln ihm unmöglich ist. Das wird bestätigt durch die kollektive Erfahrung der Menschheit.

---

[118] Während L. Gilen: *Zweifel,* 9f., Kleutgens Einschätzung bestätigt, läßt die Darstellung H. Schwedts (Bd. I dieses Werkes, 232–235) sie in einem anderen Licht erscheinen.

Hermes selbst, dessen Anliegen Kleutgen als redlich anerkennt und dem er persönlich nicht jenen unsittlichen absoluten Zweifel unterstellen möchte, war »in einem Mißverständniß befangen« (I,354). Er hat »seine Ungewißheit über die speculative Begründung ... mit der Ungewißheit über die Sache selbst verwechselt« (I,355).

Sodann geht Kleutgen dem sogenannten methodischen Zweifel nach, den Descartes in die Philosophie eingeführt habe,[119] und prüft die Anklage der Traditionalisten gegen die Scholastik, sie habe, »die wahre Aufgabe der Philosophie verkennend, nicht anders wie Cartesius, vom Zweifel ... zur Gewißheit kommen wollen« (I,358). Die Traditionalisten, an der Spitze de Bonald und Ventura,[120] behaupten, »daß auch die Wahrheiten der natürlichen Ordnung durch einen gewissen Glauben ergriffen werden, und die Philosophie sich mit ihnen wie die Theologie mit den geoffenbarten Lehren zu beschäftigen habe« (I,360). Kleutgen ist sich mit ihnen einig, »daß der Mensch gewisse Grundwahrheiten mit einer von der Philosophie unabhängigen Gewißheit erkenne ... Die Ueberzeugung von jenen Wahrheiten findet sich in uns vor, ohne daß wir sie gesucht, und ohne daß wir sie vertilgen könnten« (I,364). Darauf hatte er ja gegenüber Hermes solchen Wert gelegt. Aber er bestreitet, daß diese Gewißheit auf eine unmittelbare göttliche Offenbarung zurückgeht, die den Menschen durch Sprache und Tradition vermittelt wird. Der methodische Zweifel ist für Kleutgen nichts anderes als wissenschaftlich-methodisches Vorgehen, das nach den Voraussetzungen unseres Erkennens und Denkens fragt. Wie die Theologie nicht nur von gegebenen Glaubenssätzen ausgehend spekulativ vorgeht, sondern nach der Begründung dieser Glaubenssätze in den Quellen der Offenbarung fragt, so muß sich auch die Philosophie um ihre Grundlagen kümmern. Dies geschieht, wie ja auch das Vorgehen der Traditionalisten beweist, durch kritische Reflexion und Argumentation. Die Philosophie muß freilich, wenn es überhaupt eine Erkenntnis geben soll, in ersten Prinzipien gründen, die aus sich selbst gewiß sind. Und das sind nicht, wie die Traditionalisten wollen, inhaltlich bestimmte, sondern »abstracte Wahrheiten, als da sind: der Grundsatz des Widerspruchs, der Identität, des ausgeschlossenen Dritten u.s.w.« (I,375). Die inhaltlichen Wahrheiten, mit deren Gewißheit ja auch Kleutgen gegen Hermes argumentiert hatte, können nach der Lehre der Scholastiker »vermittelst dieser Prinzipien im eigentlichen und strengen Sinn bewiesen werden« (I,376). Kleutgen versucht nun historisch aufzuweisen, daß sowohl Augustinus als auch Thomas, auf die sich Ventura für seine Behauptung stützt, einen methodischen Zweifel zuließen.

Abschließend geht er, immer in Auseinandersetzung mit den Traditionalisten, der Frage nach dem formellen Grund und nach der inhaltlichen Norm des Fürwahrhaltens nach. Für sie ist »das Ansehen Gottes, welcher dem Menschen die Wahrheit ursprünglich geoffenbart hat, ... der letzte Grund aller Gewißheit unserer Erkenntnisse, die Uebereinstimmung des ganzen Menschengeschlechtes

---

[119] Daß Descartes einen absoluten Zweifel als Ausgangspunkt der Philosophie vertreten habe, lehnt Kleutgen in Übereinstimmung mit Günther ab (vgl. Bd. I, 342).
[120] Zur unterschiedlichen Einschätzung dieser Denker durch Plaßmann vgl. o. S. 142.

aber die höchste Norm derselben« (I,400). Kleutgen dagegen sieht mit der Scholastik den formalen Grund der Gewißheit in der Reflexivität des Geistes, der nicht nur Wahres erkennt, sondern auch die Wahrheit seines Erkennens. Dies zeigt er für alle drei Erkenntnisweisen: das reine Denken, die Wahrnehmung mittels des inneren und äußeren Sinnes und den Glauben. Das gleiche gilt für die inhaltliche Norm der Gewißheit; sie ist nicht in etwas außerhalb des menschlichen Geistes Gegebenem zu suchen, sondern besteht in »dem uns von Gott eingegebnen Lichte der Vernunft« (I,429). Bei allem hier zutage tretenden Vernunftoptimismus versäumt Kleutgen jedoch nicht, darauf hinzuweisen, daß das Gesagte nur für die Vernunft an sich betrachtet gelte, während der konkrete Mensch in der Anwendung seiner Vernunftkräfte vielfach bedingt und eingeschränkt sei. Im Anschluß an Thomas von Aquin lehrt er deshalb die Notwendigkeit einer göttlichen Offenbarung, die aber nur für den übernatürlichen Bereich absolut notwendig sei. Im Bereich der natürlichen Wahrheiten würde dem Menschen das Licht der Vernunft genügen, aber dem stünden Hindernisse mannigfacher Art entgegen.

In einem weiteren Durchgang beschäftigt Kleutgen sich mit den Prinzipien der Erkenntnis. Er versteht darunter das, »wodurch die Vernunft zur Erkenntniß eines Andern kommt« (I,439). Die Erkenntnisprinzipien sind nicht einfachhin identisch mit den Seinsprinzipien. Denn aus dem Seinsbegriff läßt sich der Inhalt der Erkenntnis nicht ableiten, dieser wird aus der Erfahrung erhoben. Der Seinsbegriff ist »nicht als Quelle«, sondern »als *Norm* das höchste Prinzip unseres Erkennens« (I,441). Vom Seinsbegriff und den aus ihm abgeleiteten höchsten Grundsätzen (prima principia) wird unser Denken durchdrungen, geregelt und bestimmt. Aber auch dieser Begriff wird wie alle Begriffe durch Abstraktion gewonnen. Kleutgen stellt also drei Fragen: Erstens nach dem Verhältnis der abstrakten Begriffe und Grundsätze zur Wirklichkeit, nach ihrer Wahrheit bzw. Objektivität; zweitens nach der Wirklichkeit des sinnlich Erfahrbaren, von dem die Philosophie ausgeht; drittens nach der Übereinstimmung unserer Begriffe mit dem wirklichen Wesen der Dinge (vgl. I,442f.). Die Antwort auf diese Fragen entwickelt Kleutgen in Auseinandersetzung mit Descartes, Hermes und Günther, teilweise auch mit Kant. Descartes ging von der unbezweifelbaren Gewißheit des eigenen Daseins aus und versuchte den Überstieg zur Wirklichkeit mittels der Untrüglichkeit Gottes. Mit Ausnahme der ersten Erkenntnis des Selbstbewußtseins stützt sich »also jegliche andere auf ähnliche Weise wie beim Glauben auf das Ansehen Gottes« (I,447). Die Traditionalisten, die Descartes so sehr bekämpfen, stimmen daher letztlich mit ihm überein.

Wie bestimmt demgegenüber die Scholastik die Erkenntnisprinzipien, »jene allgemeinen Wahrheiten, die unserm Denken zu Grunde liegen« (I,455)? Einleitend stellt Kleutgen die verschiedenen Prinzipien dar, die von Aristoteles an als das jeweils Höchste namhaft gemacht wurden. Bei Aristoteles selbst ist es der Satz vom Widerspruch, der der Metaphysik und der Logik zugrunde liegt. Dem schlossen sich die meisten Scholastiker an. Aristoteles selbst nennt manchmal neben dem Widerspruchsprinzip den Satz vom ausgeschlossenen Dritten, andere den Grundsatz der Identität. Sie alle lassen sich auf das Widerspruchsprinzip, wie Kleutgen in Anlehnung an Suarez deutlich macht, zurückführen. Der Satz vom hinreichenden Grund, den besonders Leibniz herausgearbeitet hat, findet sich in dieser Form nicht unter den scholastischen Prinzipien, aber er läßt sich doch aus ihrem Denken erheben, insofern sie als Wissen nur gelten ließen, was die Denk- und Seinsursachen der Dinge aufdeckt (vgl. I,459f.). Die Erkenntnis der höchsten Prinzipien gründet in der Reflexivität des menschlichen Geistes. Kleutgen beruft sich auf Thomas von Aquin, *De veritate* q. 1, a. 9: »Weil der Geist nicht bloß seine Tätigkeit, sondern auch durch diese und in dieser sein Wesen erkenne, deßhalb sei er im Stande, nicht bloß sein Erkennen, sondern auch die Beschaffenheit desselben, seine Uebereinstimmung mit dem Erkannten, also seine Wahrheit zu erkennen. Weßhalb? Weil das Erkennen nichts anderes ist, als ein intellectuelles Erfassen der Sache, so muß es in der Natur eines Erkenntnißprinzips liegen, mit dem Gegenstande übereinzustimmen« (I,464f.). So wie »Wahrheit und Falschheit sich nicht in bloßen Begriffen, sondern erst in Urtheilen finden« (I,465), so ist es auch bei den Prinzipien: »Diese sind Urtheile, deren Wahrheit aus ihnen selbst erkannt wird« (I,467). Das ist bei den höchsten Prinzipien deshalb ohne Irrtum möglich, weil ihre Bestandteile nicht zusammengesetzt, sondern einfach sind; »vom Einfachen giebt es entweder keine oder eine wahre Erkenntniß« (I,468). Die neuere Philosophie betrachtet die Begriffe als rein formal und leer, weil »nach Kant das Erkennen seinen Stoff zwar im Gegenstand hat, seine Form aber von der Erkenntnißkraft erhält; so hat man jenes Denken, das sich nicht auf Wirkliches bezieht, *formales* genannt, und ihm das *reale,* das Wirkliches zum Gegenstand habe, entgegengestellt« (I,477). Hier findet für Kleutgen eine verhängnisvolle Verkürzung statt: Das Reale wird mit dem physisch Realen gleichgesetzt und dem Logisch-Formalen gegenübergestellt; das metaphysische Reale, das gerade den Inhalt der begrifflichen Erkenntnis ausmacht, fällt unter den Tisch (vgl. I,478). Der Vorwurf gegen die Scholastik, sie bewege sich rein im Formalen, fällt auf die Gegner zurück, die sich, wie etwa Hermes, von Kant auf den falschen Weg bringen ließen. Die Scholastik dagegen lehrt, »daß unser Denken, auch abgesehen von der Wirklichkeit des Sinnlichen, bei dessen Wahrnehmung es entstand, objective Wahrheit behält ... Der reine Begriff hat das abstracte, der angewandte das concrete Wesen der Dinge zum Inhalt. Der reine *Begriff* ist daher kein inhaltsleerer, sondern ein allgemeiner ... « (I,480f.).

Abschließend wendet sich Kleutgen gegen eine seiner Meinung nach kurzschlüssige Begründung der Denkprinzipien in Gott. Für Descartes ist das Denken, da es nichts absolut Undenkbares gibt, für die Erkenntnis der Wahrheit auf die Untrüglichkeit Gottes angewiesen. Kleutgen versucht dagegen aufzuweisen, daß es absolut Undenkbares und Unmögliches gibt, nämlich das Nichtsein, das dem Wesen Gottes widerspricht, also von ihm auch nicht gedacht werden kann. Er hält als ersten Grundsatz fest, daß etwas, was nach den Gesetzen der Logik nicht denkbar ist, auch nicht sein kann. Die Denkgesetze haben also metaphysische Gültigkeit.

Andererseits verteidigt Kleutgen gegen Günther das bloß Mögliche: Nicht alles, was denkbar ist, ist deshalb schon wirklich. Wäre es anders, so wäre die Freiheit Gottes aufgehoben. Nur Gott ist, was er ist, notwendig. Kleutgen stellt also den zweiten Grundsatz auf: Nicht alles Denkbare ist wirklich.

Dieser zweite Grundsatz ist für Kleutgen deshalb wichtig, weil es ohne seine Gültigkeit keine metaphysischen Begriffe geben kann. »Nur dadurch, daß wir das concrete Sein, welches die Idee gefunden hat, im Begriff als allgemeines denken, können wir die Gesetze des Seins der Dinge finden, und ein Wissen derselben erringen. Sobald wir uns aber aus dem Gebiet des Einzelnen und Wirklichen in das Gebiet des Allgemeinen und Idealen erheben, müssen wir auch ein Mögliches, das nicht wirklich ist, anerkennen. Wenn es also kein solches bloß Mögliches giebt, und mit dem Gebiete des Wirklichen auch das Gebiet des Wahren aufhört; so ist unser ganzes Wissen und Denken falsch« (I,501).

Die Scholastik »weist den höchsten Grund, weßhalb es sowohl ein absolut Undenkbares als ein bloß Mögliches giebt, in dem Wesen Gottes nach, und so findet sie in dem ewigen, unwandelbaren Sein die Bürgschaft für die Wahrheit unseres Denkens« (ebd.).

Bei der Beantwortung der zweiten Frage nach der Wirklichkeit des sinnlich Erfahrbaren geht Kleutgen von Hermes aus, der im Gefolge Kants »den Beweis einer Wirklichkeit zur Hauptaufgabe der Philosophie macht ... und die Erkenntniß des Wahren von der Erkenntniß des Wirklichen auf solche Weise abhängig macht, daß er alle Wissenschaft und alle Gewißheit zerstört« (I,503). Das »ens reale«, der eigentliche Gegenstand der Metaphysik, ist, wie bereits dargelegt wurde, nicht mit dem physisch Realen gleichzusetzen, sondern kann »ebensowohl bloß möglich als wirklich sein« (I,509). »Die Begriffe, welche wir bei Betrachtung der Dinge bilden, bleiben ewig wahr, wenn auch die Dinge aufhören sollten zu sein, und auf der Einsicht in diese innere Wahrheit der Begriffe ruht unser Wissen« (I,511).

Wie aber kommt der Mensch zur Gewißheit, Wahres zu erkennen? Gemäß der scholastischen Erkenntnislehre ist die erste Wirklichkeit, die erkannt werden muß, »das eigne Denken und Sein« (I,514). Das hatte auch Hermes gesehen, aber sein Gedankengang ist für Kleutgen »ein Meisterstück grübelnder Sophistik ... Bringt doch Hermes heraus, daß nur das Bewußtsein der Sache in uns gerade deßhalb gewiß wird, weil wir ihm nicht trauen dürfen, d. h. weil es ungewiß ist« (I,517f.). Der Zweifel wird hier also zum Ursprung der Gewißheit gemacht. Kleutgen betont dagegen, »daß die erste Wirklichkeit, unser eigenes Denken und Sein, uns nicht durch ein Anderes, sondern nur durch sich selbst gewiß werden kann. Weil dem Geiste die Selbsterkenntniß durch seine Thätigkeit vermittelt wird, so geht derselben zwar die Erkenntniß eines Andern voraus; aber nicht dies erkannte Andere, sondern die erkennende Thätigkeit ist das, wodurch der Geist sich selbst offenbar wird. Die Erkenntniß und die Gewißheit dieser Thätigkeit aber ist die unmittelbarste, die es geben kann« (I,519). Daran kann der Geist in keiner Weise zweifeln. Kleutgen ist überzeut, mit diesem Gedankengang für alles Weitere festen Boden unter die Füße bekommen zu haben, weil »mit der Erkenntniß dieses ersten Wahren immer auch die Einsicht, daß wir Wahres erkennen, verbunden ist« (I,522). Gegenüber dem möglichen Vorwurf, daß er sich hier »weit mehr der neuen und namentlich der Güntherischen Philosophie, als der scholastischen bedient« habe, verteidigt er sich mit dem Hinweis, daß diese durchaus für eine Weiterbildung mittels jener offen sei (I,522f.).

Von der Erkenntnis des eigenen Selbst schlägt Kleutgen die Brücke zur Außenwelt: Der Geist »hat, als sich ihm sein Wesen im Selbstbewußtsein aufschloß, zugleich die Begriffe des Seins und der Erscheinung gewonnen, und aus *ihnen* erkannt, daß *jede* Erscheinung ein Sein zum Prinzip und Substrate haben muß. Hierin hat er den Grund jener inneren Thatsache, durch die er zum Selbstbewußtsein kam, aber auch ein Gesetz gefunden, nach dem er über alle und jede Erscheinung mit Gewißheit denken kann und muß« (I,529). Die Prinzipien werden also nicht aus der Selbsterkenntnis entwickelt, sondern bei der Selbsterkenntnis als die Gesetze erkannt, die aller Erkenntnis zugrunde liegen.

Abschließend geht Kleutgen der dritten Frage nach Übereinstimmung unserer Begriffe mit dem Wesen der Dinge nach. Hierbei wendet er sich gegen Kant, der diese kritisch in Frage gestellt und dadurch dem Skeptizismus Tür und Tor geöffnet hat. Kleutgen setzt sich dabei hauptsächlich mit Kants Lehre von Raum und Zeit als reinen Formen der Anschauung auseinander und stellt ihr die scholastische Auffassung gegenüber. »Die Scholastiker ... fanden den letzten metaphysischen Grund, weßhalb die Dinge räumlich und zeitlich sind, in ihrer Endlichkeit« (I,568). Kleutgen bestreitet die Möglichkeit einer sinnlichen Anschauung. Denn die Sinne erkennen nicht das andere als solches, das vermag nur die Vernunft. Die Vernunfterkenntnis setzt aber nicht die Vorstellung des Raumes und der Zeit voraus, sondern begründet sie erst, weil sie »Erkenntniß der beschränkten Gegenwart« ist (I,569). Raum und Zeit sind für die Scholastik keine Allgemeinbegriffe, aber auch keine sinnlichen, sondern intellektuelle Vorstellungen der Vernunft. Die Scholastik kann gegen Kant deutlich machen, daß die Erkenntnis nicht durch apriorische Formen bestimmt wird, sondern durch ihren Gegenstand. Dies geschieht zum einen unter der Voraussetzung, »daß die Dinge der Wirklichkeit dem Denken entsprechen«, zum andern unter der Bedingung, daß die Vernunft die Fähigkeit zur Wahrheitserkenntnis besitzt (I,578). Beides aber ist in der Selbsterkenntnis gegeben. »Findet also der Geist, sein reines Denken prüfend, in sich ein Vermögen, die ideale Wahrheit in ihrer Nothwendigkeit und Unwandelbarkeit zu erkennen: So findet er sich auch schon in seinem Selbstbewußtsein als ein Prinzip, dem es gegeben ist, aus der wirklichen Erscheinung das wirkliche Wesen, das Noumenon aus dem Phänomenon zu erfassen« (I,578).

In der letzten Abhandlung des ersten Bandes geht es unter dem Stichwort »Methode« um das Materialprinzip der Philosophie. Gibt es ein solches Materialprinzip, »wodurch der Grund alles dessen, was ist und geschieht, erkannt, und zwar so erkannt würde, daß sich daraus die untergeordneten und nächsten Ursachen herleiten oder doch begreifen ließen« (I,587)? Die neuere Philosophie (Fichte, Schelling, Hegel) behauptet dies. Kant hatte ihr den Weg versperrt, mittels der Analyse der Wirklichkeit zur Erkenntnis der Wahrheit zu kommen; so versuchte sie auf dem Weg der Synthese, aus der Erkenntnis des Absoluten alles, was ist und geschieht, zu begreifen. Kleutgen geht es aber nicht hauptsächlich um die Auseinandersetzung mit den genannten Philosophen, sondern um die Rechtfertigung der scholastischen philosophischen Methode gegen die Bestreitung durch Günther und den Ontologismus, die auf je unterschiedliche Weise eine Art synthetischer Methode vertreten. Gegen letzteren, vor allem gegen Kardinal

Gerdil (1718–1802), weist Kleutgen nach, daß das Absolute nicht unmittelbar erkannt wird (vgl. I,599–680), und widmet eine ausführliche Untersuchung der Tragfähigkeit der Kirchenväteraussagen, mit denen die Ontologisten ihre Behauptungen stützen wollen (vgl. I,681–791).

Die »synthetische Philosophie« möchte nicht nur das Absolute zuerst erkennen, sondern auch aus ihm »sowohl den Ursprung, als auch die Beschaffenheit des Bedingten a priori beweisen« (I,792). Bei diesem Vorgehen aber »setzt man voraus, daß dieser Ursprung und diese Beschaffenheit in Gottes Wesen einen nothwendigen Grund habe« (ebd.). Günther sah zwar ein, »daß die Philosophie nicht vom Absoluten beginnen kann: aber er meinte, wenn sie einmal aus dem Bedingten das Absolute kennen gelernt; dann könne und müsse sie jenes aus diesem nicht bloß als möglich, sondern als nothwendig begreifen« (ebd.). In Auseinandersetzung mit Günther und dessen Schüler Knoodt (1818–1889) beschäftigt Kleutgen sich mit den Fragen der Freiheit und Notwendigkeit in Gott sowie der Kontingenz der Welt ihrem Dasein und ihrer Beschaffenheit nach. Günther möchte aufweisen, »daß dem Gedanken von der Welt als dem Nicht-Ich Gottes nur diese wirklich gewordene Welt entsprechen, und also gar keine andere erschaffen werden konnte; und will dann überdies in dem Verhältniß, welches der Gedanke Gottes von der Welt zu seinem Selbstbewußtsein habe, einen Grund finden, daß Gott die Weltidee verwirklichen mußte« (I,808). Kleutgen verteidigt dagegen die scholastische Lehre, daß ohne die Freiheit des Schöpfers, die nicht mit Willkür gleichzusetzen ist (vgl. ebd.), »keine Schöpfung möglich, und deßhalb die Welt sowohl ihrem Dasein, als ihrer Beschaffenheit nach zufällig ist. Zufällig jedoch ist und heißt sie nicht in dem Sinne, daß es für ihr Dasein und ihre Beschaffenheit keinen Grund in der ewigen Weisheit gebe, sondern nur insofern, als dieser Grund kein nöthigender ist. Somit kann es wohl, was zu beweisen war, Aufgabe der Philosophie sein, die *Vernünftigkeit,* aber nimmermehr, die *Vernunftnothwendigkeit* der Welt zu beweisen« (I,840).

Der Versuch, mittels der synthetischen Methode, vom Absoluten ausgehend das Bedingte zu erkennen, ist also als gescheitert zu betrachten; denn zwischen dem Bedingten und dem Unbedingten besteht nicht die Beziehung der Notwendigkeit, sondern der Freiheit.

Dennoch lehnt Kleutgen die Synthesis nicht schlechthin ab, sondern räumt ihr einen notwendigen Platz in der Philosophie auf dem Weg von der Wissenschaft zur Weisheit (vgl. I,853) ein: »Wenn wir aus einer Wirkung des Daseins, und auch einigermaßen wenigstens die Beschaffenheit der Ursache gefunden haben; so können wir diese Erkenntniß durch ferneres Nachdenken unter Benutzung anderweitiger Kenntnisse ausbilden. Indem wir sodann aus der Ursache zur Wirkung zurückkehren, erlangen wir von dieser, wenn nicht immer eine umfassendere, doch eine von der früheren verschiedene, höhere Erkenntniß. Denn die erste, von welcher wir ausgingen, war eine Erkenntniß der Erfahrung; die spätere aber ist eine speculative, in welcher die Sache aus ihrem Grunde und den allgemeinen Gesetzen des Seins und Werdens begriffen wird« (I,845; die Scholastiker nennen dieses Vorgehen »regressus demonstrativus«; vgl. auch I,588).

Man darf nicht in den Fehler verfallen, »die vollkommene Erkenntniß für die einzig mögliche [zu] halten, und den Menschen, der wie im leiblichen, so im geistigen Leben vom Unvollkommenen beginnt, dort anfangen [zu] lassen, wo er endigen muß« (I,849).

Allgemeine und spezielle Metaphysik

Hatte Kleutgen im ersten Band seiner *Philosophie der Vorzeit* eine Erkenntnislehre entwickelt, so ist der zweite der Ontologie und den drei Bereichen der speziellen Metaphysik gewidmet: der Lehre von der Natur, vom Menschen und von Gott.[121] Mehr noch als im ersten Band wird hier deutlich, daß Kleutgen seine Darstellung nicht aus der Sache heraus entfaltet, sondern in Abgrenzung zu anderen Positionen argumentiert. Von diesen läßt er sich die Themen vorgeben, was den Gegenstandsbereich seiner Erörterungen erheblich einschränkt. Wir können den Darlegungen Kleutgens nicht mit der gleichen Ausführlichkeit folgen wie bei seinen grundlegenden Ausführungen zur Erkenntnislehre, sondern beschränken uns auf eine globale Darstellung der Argumentation.

Kleutgen beginnt seine *Ontologie* mit der Bemerkung, daß »es ebenso unnöthig als unmöglich ist, von dem, was wir mit dem Worte *Sein* bezeichnen, eine Erklärung zu geben; weil jede Erklärung diesen Begriff als den ersten und einfachsten aller voraussetzt: So ist es um so wichtiger, die Weisen des Seins und folglich die nächsten Bestimmungen, welche der Begriff des Seins erhalten kann, zu unterscheiden« (II,7).[122]

Seine Ausführungen konzentrieren sich auf drei solche näheren Bestimmungen des Seins, die jeweils in einem Gegensatzpaar ausgedrückt werden. Die erste und allgemeinste Einteilung ist die in absolutes und relatives Sein, womit die neuere Philosophie den Unterschied zwischen dem göttlichen und dem geschaffenen Sein zum Ausdruck bringen will. So legitim diese Begrifflichkeit ist, so gefährlich ist sie, weil sie die Gefahr eines pantheistischen Mißverständnisses in sich birgt, insofern das relative Sein nur noch in seinem Bezug zum Absoluten und nicht mehr in seiner Eigenständigkeit gesehen wird. Die Scholastik hat die Eigenständigkeit der Dinge ebenso betont wie ihre Bezogenheit auf Gott; die Dinge haben ihre innere Formalursache, ihre Wesenheit in sich, sie sind durch ihr eigenes geschaffenes Sein, und sie haben gleichzeitig ihre äußere vorbildliche und hervorbringende Ursache in Gott. Thomas erklärt diese Wirklichkeit mittels des von Platon übernommenen Partizipationsgedankens und der Lehre von der analogia entis. Das göttliche und das geschaffene Sein unterscheiden sich als »esse per essentiam« und »esse participatum« (vgl. II,16–21).

Beim zweiten Gegensatzpaar »reales und ideales Sein« beschäftigt Kleutgen sich mit Hegel, der Sein und Denken in eins setzt und mittels der dialektischen

---

[121] Ohne die Terminologie (Ontologia, Cosmologia, Psychologia, Theologia naturalis) zu übernehmen, folgt Kleutgen bei der Einteilung von Bd. II dem Aufriß der Metaphysik, wie er seit Ch. Wolff üblich war und sich gerade auch in den Handbüchern katholischer Philosophen durchgesetzt hat. Vgl. E. Vollrath: *Gliederung*; M. Grabmann: *Geistesleben*, 547f.

[122] Auf die Unerklärbarkeit solcher ursprünglicher Begriffe kommt Kleutgen auch sonst zu sprechen: Bd. II, 30 (Erkennen); 49f. (Wirklichsein).

Methode »von dem allgemeinen oder reinen Sein durch fortschreitende Bestimmung zur Vollendung des Begriffs« kommen möchte (II,27). Das Sein wird, »durch das Denken als die ihm eigenthümliche Thätigkeit in die Erscheinung tretend, zu allen Dingen« (II,29). Kleutgen sieht hier eine unstatthafte Vermengung der Seins- und Erkenntnisordnung. Nach der Lehre der Scholastik geht die intellektuelle Erkenntnis vom allgemeinen und unbestimmten Sein der Dinge als dem Ersterkannten aus, das dann fortschreitend näher bestimmt wird. Am Anfang der Seinsordnung aber steht nicht das leere, sondern das vollkommene Sein. Von diesem »läßt sich wohl sagen, daß es ohne Bestimmung zu denken sei, insofern wir durch nichts, was wir von ihm denken, sein Wesen begränzen dürfen, als wäre es dieses und nichts anderes; weil es nämlich das Sein selbst und darum das Eine so ist, daß es auch das Andere ist; das Andere ... nicht etwa jedoch das Negative des Einen, sein Gegentheil, sondern jedwedes andere Positive und Vollkommene, das gedacht werden kann« (II,36). Noch deutlicher wird das fehlerhafte Vorgehen, wenn der Ausgangspunkt des Seins als Nichts bezeichnet wird (vgl. II,38–42). Die monistische Philosophie krankt an dem inneren Widerspruch, daß sie aus dem bestimmungslosen Sein alles hervorgehen lassen will (vgl. II,35,43).

Um den von der Identitätsphilosophie vertretenen »Widerspruch der Selbstverwirklichung« (II,56) des Möglichen geht es auch bei dem letzten Begriffspaar, das Kleutgen betrachtet, dem »wirklichen und möglichen Sein«. Für Aristoteles wie für die Scholastik ist »das *Wirkliche* sowohl der Erkenntniß, als dem Sein nach *früher*, als das *Mögliche*« (II,54). »Das Erste also von allem, was ist, ist das Wirkliche, nicht das Mögliche« (II,56; im Original teilweise gesperrt).

Im zweiten Hauptstück der Ontologie geht Kleutgen der Unterscheidung von Wesenheit und Dasein nach. Auch diese Erörterung dient dazu, »die Verschiedenheit des erschaffenen und unerschaffenen Seins in's Licht zu stellen« (II,59). Der Unterschied zwischen Gott und den Geschöpfen besteht darin, daß dieser durch sich ist, Wesenheit und Dasein demnach schlechthin eines sind, während in jenen, die nicht durch sich sind, »das Dasein außer den Begriff [fällt], durch welchen wir ihre Wesenheit, auch die concrete und individuelle, auffassen« (II,60). Kleutgen beschäftigt sich eingehend mit der Frage, ob der Unterschied zwischen Wesen und Dasein in den geschaffenen Dingen ein realer oder ein virtualer sei. Für ihn ist weder Thomas ein Verfechter der ersten Auffassung, noch steht die neuere Scholastik geschlossen auf der Gegenseite (vgl. II,62–64). Für Kleutgen selbst ist die hauptsächlich von Suarez vertretene Auffassung eines virtualen Unterschiedes die plausiblere, aber er möchte »es gern Andern überlassen, über diese dunklen Fragen wo möglich volles Licht zu verbreiten« (II,70). Auf jeden Fall aber will Kleutgen den Vorwurf entkräften, die thomistische Anschauung begünstige den Pantheismus, weil sie von einer »präexistenten« ewigen Wesenheit der Dinge rede. Dieser Vorwurf trifft weder Scotus noch Thomas von Aquin. Dagegen legt der absolute Begriff, von dem die Identitätsphilosophie redet, eine pantheistische Deutung nahe, weil er als die Ursache der Dinge angesehen wird, »nicht wie die Idee, welche den Schaffenden leitet [so ist es in der Scholastik], sondern wie das Wesen, das sich in seinen Erscheinungen offenbart« (II,84).

In den beiden folgenden Hauptstücken legt Kleutgen ausführlich die von Aristoteles herkommende und in der Scholastik entfaltete Lehre von der Substanz und den Akzidentien dar. Hier wie schon in den vorhergehenden Teilen kann er eine Fülle von sachlichen und begrifflichen Unterscheidungen vornehmen. Die polemische Spitze dieses Teils der Ontologie ist gegen die Vorstellung einer organischen Substanz gerichtet, die in der neueren Philosophie einem nur mechanischen Substanzverständnis der Scholastik gegenübergestellt wurde. Kleutgen macht deutlich, daß der genannte Vorwurf verfehlt ist und auf dem Mißverständnis beruht, »daß die Scholastik, was sie als real verschieden dachte [nämlich Substanz und Akzidentien], auch als trennbar gedacht habe« (II,177f.). Im Gegenteil, sie hat gegen den Atomismus die Einheit des substantiellen Seins verteidigt. Die unterschiedslose Erklärung der Einheit der leblosen Körper, des Geistes und Gottes aus dem Organismusgedanken dagegen leistet dem Pantheismus Vorschub, was der gegen letzteren kämpfende Günther nicht zu bemerken scheint (vgl. II,180ff.). Kleutgen lehnt das Organismusdenken nicht rundweg ab, will aber »vor Uebertreibung in dieser Benutzung ... warnen« (II,183).[123]

Im *naturphilosophischen Teil* der speziellen Metaphysik nimmt Kleutgen hauptsächlich Stellung zu dem Vorwurf, die Scholastik habe wegen ihrer religiösen Überzeugung und ihrer Ausrichtung auf das Jenseits die Naturbeobachtung vernachlässigt und keinen wesentlichen Beitrag zur Naturphilosophie geleistet. Mit einem längeren Zitat aus der *Summa contra Gentiles* des Thomas von Aquin möchte er das Gegenteil belegen. Gleichwohl läßt sich nicht leugnen, daß es gerade im Bereich der Naturbeobachtung seit der Zeit des Thomas gewaltige Fortschritte gegeben hat. Darin liegt »das Verdienst der neueren Naturforscher ..., daß sie die Mängel jener Naturkunde, auf welche man ehemals die Forschung stützte, erkannt, und die Wege, sie auszudehnen und zu berichtigen, eröffnet haben« (II,190). Allerdings besteht bei ihnen die Gefahr, daß das eigentlich spekulative Element der Naturphilosophie zu kurz kommt. Wo nicht ein krasser Materialismus vertreten wird, wird die Natur vergöttert. Die eigentliche Triebfeder zur Ausbildung der Naturwissenschaften in der Neuzeit sieht Kleutgen in den großen materiellen Vorteilen, die sie verschaffen, sowie in der scheinbaren Aufklärung, die man sich mit ihrer Hilfe zu erwerben meint (vgl. II,193).

In einem geschichtlichen Überblick über die naturphilosophischen Systeme von den Griechen bis zur Gegenwart zieht Kleutgen Verbindungslinien: Die eine mehr materialistische führt von den ionischen Naturphilosophen zum modernen Materialismus, die andere mehr pantheistische von den Eleaten bis zu Hegel.[124] Obwohl nicht Materialisten im strengen Sinn, stützen sich die Begründer der modernen Naturwissenschaft, Bacon, Descartes und Gassendi, für die Erklärung des Stofflichen auf Demokrit und Epikur. Ähnlich blieb der gegen Hegel argumentierende Günther dem eleatischen Denken verhaftet.

---

[123] Vgl. dazu die Erörterungen über die Einheit der Natur in Absetzung von Hegel und Günther: Bd. II, 400–452.
[124] Für die letztere Verbindungslinie beruft Kleutgen sich auf Staudenmaier (vgl. Bd. II, 225 Anm. 1), von dem er in seiner Hegel-Interpretation abhängig ist. Vgl. B. Casper: *Hegel*, 168f.

Im einzelnen erklärt Kleutgen dann die scholastische Lehre vom Wesen der Körper, deren Konstitutiva Stoff (materia prima) und Wesensform sind (forma substantialis). Beide verhalten sich zueinander wie Material- und Formalursache und bedingen sich gegenseitig. Er bestimmt die Natur als das innerste Wesen dessen, dem sie Prinzip der Bewegung ist, und das Leben als den »substanzielle[n] Grund, vermöge dessen ein Wesen sich selbst bewegt« (II,255) bzw. tätig ist. Sodann versucht Kleutgen zu zeigen, daß es zwischen der Scholastik und den dynamischen bzw. atomistischen Naturauffassungen durchaus Berührungspunkte gibt, vor allem mit der Dynamik. In Auseinandersetzung mit Kant und in Anlehnung an Thomas behandelt Kleutgen die Frage der Ausdehnung und Teilbarkeit der Körper. Im Anschluß daran verteidigt er gegen den Atomismus die scholastische Lehre von der Wesensform sowohl in den organischen als auch anorganischen Körpern. In einem eigenen Hauptstück handelt Kleutgen von der Wirksamkeit der körperlichen Wesen: von ihrer Selbsttätigkeit, von ihrer Erzeugung im Unterschied zur Erschaffung sowie von der Zwecktätigkeit der Natur. Abschließend prüft er den Organismusgedanken und seine Übertragbarkeit auf die Natur, um ihre Einheit auszusagen.[125]

Im zweiten Teil der speziellen Metaphysik, den Kleutgen »*Vom Menschen*« überschreibt, setzt er sich hauptsächlich mit der Seelenlehre Günthers und Frohschammers auseinander. Günther nahm im Menschen ein doppeltes Lebensprinzip an, »ein natürlich-sinnliches und ein geistig-vernünftiges« (II,453). Durch den Geist ist der Mensch befähigt, nicht nur Begriffe zu bilden, sondern zum Realgrund der Dinge vorzudringen. An der Scholastik kritisiert Günther, daß sie den Unterschied zwischen Geist und Natur nur vorausgesetzt, nicht aber wissenschaftlich begründet habe. Der wesentliche Unterschied zwischen der Tier- und der Menschenseele bestand für die Scholastik in der Unsterblichkeit der letzteren. Kleutgen beginnt bei dem letztgenannten Vorwurf und stellt fest, daß nach der Lehre der Scholastik »der wesentliche Unterschied der geistigen Substanz von der körperlichen und somit von jedem Naturwesen darin [besteht], daß die körperliche Substanz aus Stoff und Form zusammengesetzt, die geistige aber eine in sich selbst bestehende Lebensform ist« (II,459). Die Unsterblichkeit ist eine Konsequenz aus der Immaterialität und Geistigkeit der Seele. Was nun den von Günther vermißten wissenschaftlichen Beweis angeht, führt Kleutgen ihn einmal aus der bereits in der Erkenntnislehre hervorgehobenen Reflexivität des menschlichen Geistes, die er hier noch einmal (diesmal in Anlehnung an Thomas von Aquins Kommentar zum *Liber de causis* des Neuplatonikers Proklos) darlegt, zum andern aus der nicht an die Sinnlichkeit gebundenen Freiheit des menschlichen Willens. Bezüglich der »Vereinigung der Seele mit dem Leibe« beschuldigt Günther die Scholastik, den wesentlichen Unterschied zwischen beiden aufgehoben und in einen graduellen verwandelt zu haben. Er selbst lehrt »eine reale substanzielle *Verbindung*, aber deßhalb keine reale *Einheit*« (II,496). Kleutgen setzt sich ausführlich mit der Frage auseinander und legt in einer doppelten Stoßrichtung dar: »*erstlich* (gegen Cartesius), daß der menschliche Leib nicht ohne Leben,

---

[125] Dieser Teil hat in der zweiten Auflage die meisten Eingriffe erfahren.

sondern mit der Seele zu einem lebendigen Wesen verbunden ist; *zweitens* (gegen Günther), daß eben diese Seele, durch die der Leib lebt und empfindet, auch der Grund unseres intellectuellen Lebens, daß sie Geist ist« (II,505).

In der Frage der Unsterblichkeit der Seele steht Thomas nach Günther mit sich selbst in Widerspruch, »weil er die Seele für die Form des Leibes erkläre, und dennoch ihre Unsterblichkeit festhalten wolle« (II,562). Die Scholastiker schlossen, wie Kleutgen zeigt, aus der Einfachheit der Seele und aus ihrer Subsistenz – die Seele ist auf den Leib als ihr Subjekt hingeordnet, nicht aber in ihrem Dasein von ihm abhängig – auf ihre Unsterblichkeit.

Bei der Frage nach dem Ursprung der menschlichen Seele richtet sich die Verteidigung nicht gegen Günther, sondern gegen den »Generatianismus« des Münchener Philosophen Jakob Frohschammer, der die Seele durch eine »sekundäre Schöpferkraft« der Eltern hervorgebracht werden läßt. Kleutgen, der sich mit dieser Theorie bereits im Rahmen des Index-Verfahrens gegen ihren Urheber auseinandergesetzt hatte,[126] unternimmt es nicht nur, sie zu widerlegen, sondern auch alle anderen Vorstellungen, die nicht mit dem von den Scholastikern und ihm selbst vertretenen »Kreatianismus« übereinstimmen.

Abschließend setzt Kleutgen sich nochmals mit dem von Günther vorgebrachten Vorwurf auseinander, die scholastische Seelenlehre führe zum Pantheismus. Er weist nach, daß dieser Vorwurf keine Anhaltspunkte in den richtig verstandenen Aussagen von Thomas hat, gegen den Günther in der Hauptsache streitet; daß vielmehr Günther Thomas viel zu wenig kennt, um seine Anschuldigung begründen zu können.

Der letzte Teil der speziellen Metaphysik, die philosophische *Gotteslehre*, wird fast ausschließlich von der Auseinandersetzung mit Günther bestimmt. Zunächst aber verteidigt Kleutgen die traditionellen Gottesbeweise gegen Kant und dessen Kritiker, die jedoch seine Voraussetzung teilten, »das Dasein Gottes lasse sich durch die Vernunft nicht strenge beweisen« (II,670). Kleutgen gründet dagegen seine Zuversicht, daß dies möglich sei, auf die Tatsache, daß es sich hier um die Wahrheit handelt, »welche in der religiösen Erkenntniß die erste ist, und alle anderen trägt; eine solche aber darf nicht auf Ahnung und Empfindung ruhen« (II,671). Es folgt eine ausführliche Darlegung der »quinque viae« des Thomas von Aquin sowie anderer Möglichkeiten des Gottesbeweises. Günther unterscheidet sich nach Kleutgen hier mehr in der Terminologie als in der Sache vom kosmologischen Beweis der Scholastik: Er schließt wie sie vom Bedingten auf das Unbedingte. Descartes dagegen argumentiert, daß wir uns nur deshalb als endliche Wesen denken können, weil wir zuvor schon die Vorstellung des Vollkommenen, Unendlichen haben. »Dies behaupten, heißt die Natur des vermittelnden Denkens ganz und gar verkennen« (II,719). Das ontologische Argument Anselms »leitet das Dasein Gottes aus dem *Inhalte* der Idee, als ein Element nämlich, das sie einschließe, her« (II,723). Zu seiner Widerlegung gilt es darzutun, »daß sich aus der Denkbarkeit des Unendlichen ebensowenig, als aus der Denkbarkeit des Endlichen auf die Wirklichkeit schließen lasse, und erklären,

---

[126] Vgl. H. Schwedt: *Rezension*, 267.

weßhalb man das Dasein, obgleich es in Gott mit der Wesenheit Eines und dasselbe ist, dennoch nicht als Element des Begriffes ›Gott‹ behandeln dürfe« (II,725). Aus der Erkenntnisweise des Menschen folgt zwar, daß er von der metaphysischen Realität des Denkens auf die Wirklichkeit, die erstere voraussetzt, schließen kann, also auch »aus der objektiven Wahrheit des Denkens auf das Dasein Gottes als den ewigen Grund aller Wahrheit«; aber das geschieht nicht durch Begriffsanalyse, sondern durch das Abstraktionsvermögen des menschlichen Geistes, der »das unerschaffene Urbild aus dem geschaffenen Ebenbild« erkennt (II,728). Im Anschluß daran versucht Kleutgen nachzuweisen, daß man auf dem Weg, den die Scholastik gegangen ist, nicht nur zu einer allgemeinen Ursache der Welt kommt, sondern auch die Beschaffenheit Gottes erkennen kann: »daß Gott absolut und unendlich, daß er nur Einer, daß er ein selbstbewußtes, von der Welt als ihr Schöpfer verschiedenes Wesen sei« (II,735).

Die Schöpfungslehre bildet den Abschluß. Zunächst weist Kleutgen nach, daß für Thomas von Aquin die Schöpfung nicht nur Gegenstand des Glaubens, sondern auch der philosophierenden Vernunft ist. Für Thomas bilden beide Weisen, sich der Schöpfung zu nähern, keinen unvermittelbaren Widerspruch, wie Günther ihm unterstellt. Die philosophische Begründung der Schöpfung liefert Thomas ausgehend von der »quarta via« seiner Gottesbeweise, in der von den Abstufungen des Seienden auf ein Vollkommenes geschlossen wird, das Ursache alles Seienden ist. Thomas hat hier einen platonischen Gedanken von allen Mißverständnissen befreit und weitergeführt. Die Entstehung der Welt aus Gottes Wesenheit wird von Thomas mit dem Hinweis auf die Vollendung Gottes abgewiesen, die keiner Veränderung unterliegen kann. Die Geschöpfe verdanken ihre unterschiedlichen Formen weder dem Zufall noch überirdischen Mittelwesen, sondern Gott, der in ihnen seine Vollkommenheit darstellen und sie ihrer teilhaft werden lassen will. Die Dinge, so faßt Kleutgen die gegen den Pantheismus gerichtete Darlegung des Thomas von Aquin zusammen, »sind weder *aus Gottes Wesenheit* gebildet, noch *durch das göttliche Sein* bestimmt; die *inneren* Prinzipien, durch welche sie bestehen, gehören ihnen selber an: aber wenn sie deßhalb jegliches für sich in eigenem Sein bestehen; so bestehen sie doch nicht durch sich, sondern durch Gott, von dem sie als von der *äußeren* Ursache ihrem ganzen Sein und Wesen nach abhängig sind. Gott aber ist der Urheber der Welt ... als *Macht*, die *wirkt*, als *Norm*, die *leitet*, als *Zweck*, dessentwegen gewirkt wird« (II,827). Im folgenden klärt Kleutgen, weiterhin gegen das Günthersche Pantheismus-Verdikt gerichtet, was Thomas und die Scholastik unter »creatio ex nihilo« verstanden, was »emanatio« bei Thomas bedeutet. Wenn Günther eine apriorische Begründung des Schöpfungsbegriffs fordert, dann lehnt Kleutgen das zunächst zwar ab, er sucht aber doch aus der Unabhängigkeit des göttlichen Seins aufzuweisen, daß Gott, um wirklich unabhängig und unbeschränkt zu sein, nicht nur die Macht haben muß zu verändern, die ihm auch die Pantheisten zugestehen, sondern auch zu schaffen (vgl. II,848). Die Zeitlichkeit der Schöpfung begründet Kleutgen mit ihrer Natur und verteidigt die Lehre des Thomas gegen die Güntherianer mit der göttlichen Freiheit. Aristoteles hatte mit dem zeitlichen Anfang der Welt seine Schwierigkeiten, weil er die Freiheit Gottes nicht erkannte.

Günther ist ihm hierin gefolgt, weil für ihn in Gott ein ewiges Werden sich vollzieht.

Abschließend faßt Kleutgen seine Argumentation gegen den Güntherschen Vorwurf des Pantheismus nochmals zusammen. Vor allem legt er Wert auf die Feststellung, daß Gott für Thomas durchaus nicht mit dem »esse commune« identisch ist, und erläutert nochmals dessen Verwendung des platonischen Partizipationsgedankens, um die Einheit und den Unterschied von Geschöpf und Schöpfer zu verdeutlichen. Kleutgen schließt seine Darlegungen mit einem Gedanken des Areopagiten, dem er in diesem Schlußabschnitt öfter das Wort leiht, daß wir nicht vermessen Gott zu uns herabziehen und somit dem Irrtum preisgeben, sondern danach trachten sollen, »uns über uns selbst zu erheben, um Gottes zu werden. Denn es ist uns besser Gottes, als unser selbst zu sein« (II,920).

Wirkung und Würdigung

Die Wirkung bzw. Rezeption der philosophischen Bemühungen Kleutgens ist bislang ebensowenig erforscht wie weite Teile des Werkes selbst. Was die Aufnahme seiner Schriften durch das Publikum angeht, urteilt der Autor eher skeptisch.[127] Er weiß selbst, daß es mit wohlwollenden Rezensionen aus dem eigenen Lager nicht getan ist, obwohl er sie aufmerksam verfolgt. Das Lob der Rezensenten steht in keinem Verhältnis zur Zahl der Leser.[128] Im Germanicum zumindest scheint, wie Kleutgen selbst feststellt, nach dem I. Vaticanum »eine andere Stimmung zu herrschen«.[129] Während früher selbst die fleißigsten Studenten seine Werke kaum zur Kenntnis nahmen, reißt man sich jetzt um sie. Das Echo auf Kleutgens Angebot von Autorenrabatt für seine Werke ist aber selbst in den »Hochburgen« der Neuscholastik unterschiedlich.[130] Die Bemerkung eines Rezensenten, daß seine Werke in der deutschen Öffentlichkeit unbeachtet geblieben seien, bringt Kleutgen 1875 zu seiner negativen Einschätzung über die Rezeption seines Programms zurück. Er »will mit diesem Lande der verwirrten und doch so aufgeblasenen Geister nichts mehr zu tun haben«.[131] Eine gewisse Genugtuung gibt ihm die nach langem Hin und Her 1878 endlich erschienene zweite Auflage der *Philosophie der Vorzeit*, vor allem aber die Enzyklika *Aeterni Patris*, durch die er seine Arbeit bestätigt sah.[132]

Obwohl Kleutgens Unternehmen von Zeitgenossen teilweise heftig kritisiert wurde, fand eine inhaltliche Auseinandersetzung mit seiner Philosophie nicht statt. Als einziges ernstzunehmendes Werk ist hier die Broschüre des Philosophen

---

[127] Vgl. K. Deufel: *Kirche*, 84–91.
[128] Vgl. ebd. 302.
[129] Ebd. 300; vgl. 297.
[130] Vgl. ebd. 309f.
[131] Ebd. 345. Auch die Rezeption Kleutgens im außerdeutschen Raum ist noch unerforscht. Für Frankreich vgl. L. Foucher: *Philosophie*, 254–256. In der *Dublin Review* der späten sechziger und der siebziger Jahre finden sich etliche Artikel, die Kleutgens Arbeiten zustimmend behandeln. Vgl. auch die Liste der Rezensionen bei K. Deufel: *Kirche*, 492–495.
[132] Vgl. K. Deufel: *Kirche*, 369, 383f.

und Platon-Spezialisten Friedrich Michelis (1815–1886) *Bemerkungen zu der durch J. Kleutgen S. J. vertheidigten Philosophie der Vorzeit* zu nennen.[133] Michelis kritisiert, daß Kleutgen seine Erkenntnislehre auf dem Begriff der intellektuellen Vorstellung aufbaut, der weder von Aristoteles noch von Thomas von Aquin hergeleitet werden könne. Außerdem findet der Sprachphilosoph Michelis Kleutgens Einschätzung der Sprache für die menschliche Erkenntnis vollkommen unzureichend und hält dessen »bis zur Anklage auf Häresie gesteigerte Beschuldigung der platonischen Ideenlehre« für eine »Verkennung der wahren Sachlage«.[134] Michelis, der die grundsätzliche Einschätzung der geistigen Situation mit Kleutgen teilte,[135] lehnt Kleutgens »Versuch, die Scholastik zu repristinieren«, ab, weil er mit seiner Übernahme des Begriffs der intellektuellen Vorstellung »den falschen Standpunkt der sich überhebenden Subjektivität, den er in der modernen Philosophie bekämpft, principiell zu seinem Ausgangspunkte macht«.[136] Kleutgen hat zwar in der Neuauflage seiner *Philosophie der Vorzeit* einige Kritikpunkte von Michelis berücksichtigt,[137] aber sich nicht der grundsätzlichen Kritik gestellt. Möglicherweise sah er darin nur eine Variante der Anklage, gegen die er die Scholastik verteidigt zu haben glaubte. Leider hat Michelis, dem die Auseinandersetzung mit den modernen Naturwissenschaften sehr am Herzen lag, seine in Aussicht gestellte Kritik des naturphilosophischen Teils der *Philosophie der Vorzeit* nicht durchgeführt.[138] In der von Kleutgen befürworteten Rückkehr zur Scholastik konnte Michelis nur einen verhängnisvollen Irrweg sehen, der eine wirkliche Erneuerung der kirchlichen Wissenschaft verhinderte. Zwischen dem Anspruch der Scholastik, speziell der thomistischen Philosophie, auf Alleinherrschaft und »der Entwicklung der absolutistisch-bureaukratischen Regierungsform der Kirche« sieht er einen engen Zusammenhang.[139] Als das I. Vaticanum den Sieg dieser Richtung brachte, zog Michelis die Konsequenzen und wurde einer der unermüdlichen Vorkämpfer der altkatholischen Bewegung.

Die Rezeption der Kleutgenschen Philosophie im Jesuitenorden wäre eine eigene Untersuchung wert.[140] Das gleiche gilt für das Werk Kleutgens selbst. Eine wirkliche Auseinandersetzung, die die philosophische Leistung Kleutgens ernst nimmt, ist ihm bisher versagt geblieben. Die rein werkimmanenten Analysen L. Gilens leisten dies ebensowenig wie die psychologisierende Motivanalyse K. Deufels, der die fruchtbaren Arbeitshypothesen B. Caspers unzulässigerweise verkürzt als Ergebnisse präsentiert.[141] Das Verhältnis Kleutgens zum Rationalismus und zu Christian Wolff im besonderen ist sicher differenzierter, als hier

---

[133] Vgl. W. Belz: *Michelis*.
[134] F. Michelis: *Bemerkungen*, 34f.
[135] Vgl. W. Belz: *Michelis*, 60f.
[136] F. Michelis: *Bemerkungen*, 62.
[137] Vgl. W. Belz: *Michelis*, 68 Anm. 21, 97, 100 Anm. 15.
[138] Vgl. die Rezension in: Natur und Offenbarung 10 (1864) 44–46.
[139] F. Michelis: *Thesen*, 10. Ähnlich, allerdings mit völlig anderer Bewertung, B. Jansen: *Aufstiege*, 240: »Stärke der Scholastik und Höhe des Papsttums, Schwäche der Scholastik und Fallen des Papsttums stehen in Proportion.«
[140] Zur *Philosophia Lacensis* vgl. u. S. 180–182.
[141] Vgl. K. Deufel: *Kirche*, 185f.

insinuiert wird. J. de Vries hat jedenfalls in der wichtigen Frage der metaphysischen Prinzipienlehre deutlich gemacht, daß Kleutgen sich hier wohltuend von den übrigen Neuscholastikern vor und neben ihm unterscheidet und in Distanz zum Rationalismus geht.[142] Die Übernahme der Wolffschen Einteilung der speziellen Metaphysik allein macht noch keinen Wolffianer.

Einer eigenen Untersuchung bedarf auch Kleutgens Verhältnis zu Thomas von Aquin und zur »Scholastik« überhaupt. Er verfügt über eine stupende Kenntnis der Quellen, die sich nicht nur auf einige Hauptschriften der wichtigsten Vertreter beschränkt. Obwohl sein Anliegen nicht primär historisch ist, sondern systematisch, müht Kleutgen sich, anders etwa als Plaßmann, um die Echtheit von Thomas zugeschriebenen Schriften.[143] Ihm ist durchaus nicht entgangen, daß es Unterschiede zwischen Thomas und den Thomisten gibt. Obwohl er sich vielfach an seinen Ordensgenossen Suarez anlehnt, ist er ihm doch nicht blind gefolgt.[144] Kleutgen war auch nicht der einseitige Antiplatoniker, als den ihn Michelis hinstellt. Er hat die platonischen Elemente in der Philosophie des Thomas erkannt und auf die Aufgabe hingewiesen, die Verbindung der Scholastiker mit dem platonischen Denken über den Areopagiten aufzuzeigen.[145] Kleutgen hat, wie etwa Van Riet für die Erkenntnislehre deutlich macht, thomanische Aussagen zur Grundlage seines Denkens gemacht (*De veritate* q. 1, a. 9), die erst in unserem Jahrhundert wieder in ihrer Bedeutung erkannt und gewürdigt wurden.[146] Erst solche Untersuchungen lassen das geistesgeschichtliche Beziehungsfeld deutlich werden, in dem Kleutgen seinen Kampf gegen die neuzeitliche Philosophie geführt hat, der seinerseits einer eingehenderen Analyse bedürfte, als sie hier vorgelegt werden konnte.

DIE PHASE DER VERBREITUNG

Während es der neuscholastischen Philosophie zunächst nicht gelang, an den staatlichen Universitätsfakultäten Fuß zu fassen,[147] konnte sie an einzelnen kirchlichen Lehranstalten, die teilweise staatlich anerkannt waren wie die Akademie in Münster und die königlichen Lyzeen in Bayern, sowie an den Ausbildungsstätten der Orden,[148] besonders der Jesuiten, Einfluß gewinnen. Wegen der fehlenden Vorarbeiten ist eine vollständige Bestandsaufnahme nicht möglich. Wir begnügen

---

142 Vgl. J. de Vries: *Geschichtliches*, 207f., 218f.
143 Vgl. J. Kleutgen: *Philosophie*, Bd. II, 63 Anm. 1; 96 Anm. 2; 581 Anm. 1.
144 Vgl. K. Deufel: *Kirche*, 356, 365.
145 Vgl. ebd., 275f. Vgl. o. S. 155, 173.
146 Vgl. G. Van Riet: *Épistémologie*, 81, 432, 650f.
147 Die ersten neuscholastischen Philosophen, die an staatliche Fakultäten berufen wurden, waren, wenn wir einmal von der besonderen Situation in Innsbruck absehen, Hertling (München 1882) und Baeumker (Breslau 1883).
148 Eine detaillierte Untersuchung liegt bislang nur für den Redemptoristenorden vor, in dessen Ausbildungskonzept die Philosophie allerdings nur eine untergeordnete Rolle spielte. Interessant ist, daß man sich zunächst auf Werke von Ubaghs und Friedrich Schlegel als Lehrbücher stützte und später den Thomismus Stöckls favorisierte. Vgl. O. Weiß: *Redemptoristen*, 1025–1028.

uns mit einem Blick auf das Zentrum der neuscholastischen Philosophie in Eichstätt, auf die Jesuitenphilosophie sowie auf einzelne Vertreter, die sich in der philosophischen Sektion der Görres-Gesellschaft zusammengefunden haben.

Eichstätt

Das 1843 nach dem Vorbild eines tridentinischen Seminars vom damaligen Bischof Karl August Graf Reisach (1800–1869) gegründete Lyzeum zu Eichstätt war durchaus nicht von Anfang an der Hort des Neuthomismus, als der es seit den Kulturkampfjahren erschien. Der erste Rektor, Joseph Ernst (1804–1869), der in den Anfangsjahren u. a. auch Philosophie dozierte (1844–1850),[149] vertrat, wie sein Schüler und späterer Nachfolger Morgott schreibt, »in seinen philosophischen Vorlesungen noch nicht voll und ganz jene Richtung . . ., welche heute durch die höchste Lehrautorität sanktioniert ist«.[150] Für die geistige Ausrichtung des Lyzeums unter Ernsts Leitung ist es bezeichnend, daß in den *Programmschriften* mehrere patristische Arbeiten erschienen[151] und daß eine von Kollegen übersetzte Ausgabe des bei der späteren Neuscholastik verpönten französischen Oratorianers Alphonse Gratry (1805–1872) von Ernst gefördert wurde.[152]

Ernsts Nachfolger als Lehrer der Philosophie war sein Schüler Albert Stöckl (15. März 1823 Möhren b. Treuchtlingen – 15. November 1895 Eichstätt), der als der fruchtbarste, wenn auch nicht der originellste der deutschen neuscholastischen Philosophen gelten kann. Von 1850 an lehrte er in Eichstätt theoretische Philosophie, ab 1857 Hebräisch und Exegese. 1862 wurde er als Nachfolger des verstorbenen Clemens nach Münster berufen. Nach heftigen, teilweise öffentlich geführten Auseinandersetzungen mit dortigen Kollegen um die päpstliche Unfehlbarkeit kehrte er 1871 nach Eichstätt zurück und nahm nach einem kurzen Zwischenspiel in der Seelsorge 1872 seine Lehrtätigkeit am Eichstätter Lyzeum wieder auf, die er erst wenige Monate vor seinem Tod niederlegte.[153]

Stöckl hat, wie E. Naab anhand seiner Stellung zum ontologischen Argument des Anselm von Canterbury verdeutlicht, eine interessante Entwicklung zum Neuthomismus durchgemacht: In seiner ersten philosophischen Veröffentlichung, in der Stöckl eine Art angeborener Gottesidee vertrat und der aristotelischen Erkenntnislehre kritisch gegenüberstand, stellte er den inneren Zusammenhang von Denken und Sein als philosophische Voraussetzung von Anselms ontologi-

---

[149] Vgl. E. Naab: *Ernst*, 15. Erster Philosophiedozent war 1843/44 der spätere Regensburger Bischof Ignatius von Senestrey (1810–1906), der ebenso wie Ernst und etliche Kollegen seine Ausbildung als Germaniker am Römischen Kolleg der Jesuiten erhalten hatte. Zu der dort betriebenen Philosophie und Theologie, die nicht einfachhin als neuscholastisch bezeichnet werden können, vgl. K. H. Neufeld: *Schule*.

[150] Zit. nach E. Naab: *Ernst*, 26.

[151] Vgl. ebd., 19 Anm. 52. Eine Arbeit über Boethius (1852) sieht den Verfall der Scholastik in der stärkeren Anlehnung des Thomas an Aristoteles als an Boethius grundgelegt. Vgl. ebd. 21.

[152] Vgl. ebd. 26f. Haffner hat sein insgesamt positives Urteil, das er Gratrys Philosophie anläßlich der in Eichstätt erarbeiteten Übersetzung zollte (vgl. *Gratry*), in seinem Hauptwerk revidiert (vgl. *Grundlinien*, Bd. II, 1096).

[153] Zur Biographie vgl. M. Grabmann: LThK Bd. IX (1937) 834.

schem Argument heraus. In einer Artikelserie (1860) und in seiner Münsteraner Antrittsvorlesung (1862) versuchte er, Anselms Argument mit der Kritik des Thomas von Aquin zu vermitteln, auf die er zunächst nicht eingegangen war. In seinem 1868 erstmals erschienenen *Lehrbuch der Philosophie* hat er das ontologische Argument Anselms schließlich als Gottesbeweis verworfen.[154]

Obwohl Stöckl ein mehrfach aufgelegtes und überarbeitetes *Lehrbuch der Philosophie*[155] und andere systematische Werke verfaßt hat, gilt er doch vor allem als Philosophiehistoriker. Dazu hat hauptsächlich seine monumentale dreibändige *Geschichte der Philosophie des Mittelalters* beigetragen, aber auch die später in zwei Bänden erschienene *Geschichte der neueren Philosophie* sowie die *Geschichte der christlichen Philosophie zur Zeit der Kirchenväter*. Hinzu kommen einige mehrfach aufgelegte Gesamtdarstellungen der Philosophiegeschichte. Stöckl trieb und schrieb Geschichte nicht um der Geschichte willen, sondern in systematischer und apologetischer Absicht. Er betrachtet »Geschichte als das Feld, auf dem Suchen und Streben, Wahrheit und Irrtum sich offenbaren und erkennen lassen«.[156] Er ist der Überzeugung, »daß gerade die Geschichte der Philosophie dazu beiträgt, uns aufmerksam zu machen auf die Abwege, auf welche der philosophierende Geist gerathen kann, wenn er nicht seinen festen Standpunkt im Christenthum nimmt«.[157] Stöckls Anliegen ist das Herausstellen und die Verteidigung der »katholischen Wahrheit«. Dabei bleibt er allerdings in seinem spezifischen Blickwinkel befangen. Er treibt unentwegt Quellenstudien, und seine Werke enthalten immenses, meist aus den Quellen geschöpftes Material auch ausgefallener Gebiete. Aber »sein Verfahren bleibt ... immer im Referat hängen, es ist summativ, additiv, bleibt beim Einzelnen stehen und verfolgt zu wenig die durchgehende Linie, die den Gedanken hervortreibenden Tendenzen, die inneren Spannungen, die Logik und Unlogik der Entwicklung ... Darum lesen sich seine Bücher trotz der klaren Darstellung oft ermüdend und die Breite vermag die Tiefe nicht aufzuwiegen.«[158]

Der Mystik (Eckhart, Tauler, Seuse) wird Stöckl aufgrund seiner Blickverengung ebensowenig gerecht wie wesentlichen Begriffen der neuzeitlichen Philosophie.[159] Stöckl hat oft »den rechten Instinkt« für problematische Thesen bei den von ihm untersuchten Denkern, »aber er verfügt nicht über die entsprechenden Mittel, um die Diskussion überlegen zu führen. Er wiederholt nur, was in Frage gestellt ist, weil er sich nicht vorstellen kann, daß man es in Frage stellt.«[160]

Trotz dieser Grenzen, die seinen zeitgenössischen Bewunderern kaum als solche erschienen sein dürften, hat er wie kein anderer dazu beigetragen, daß die Philosophie der Neuscholastik in Deutschland weitere Kreise erreicht hat. Stöckl

---

[154] Vgl. E. Naab: *Ernst*, 21–25. Die Kritik an Aristoteles hält sich auch in späteren Arbeiten durch. Vgl. ebd. 25 Anm. 90.
[155] Zur Ethik Stöckls und ihrer Stellung in der philosophischen Tradition vgl. M. Wittmann: *Stöckl*.
[156] J. Hirschberger: *Philosophiegeschichte*, 218.
[157] A. Stöckl: *Lehrbuch* (1870), S. V.
[158] J. Hirschberger: *Philosophiegeschichte*, 221.
[159] Vgl. ebd. 221f., 223f.
[160] Ebd. 224.

hat auch auf dem Gebiet der Sozialphilosophie, das von den deutschen Neuscholastikern der ersten Generation vollständig vernachlässigt worden war – im Gegensatz etwa zu Italien –, wichtige Impulse gegeben.[161]

Als Stöckl 1857 auf den exegetischen Lehrstuhl überwechselte, wurde Franz von Paula Morgott (12. Juni 1829 Mühlheim/Mittelfranken – 3. Februar 1900 Eichstätt), der kaum seine Studien am Eichstätter Lyzeum beendet hatte, sein Nachfolger.[162] Morgott, der 1869 auf den Lehrstuhl für Dogmatik überwechselte, trat als Philosoph wie als Theologe als entschiedener Thomist auf. Hauptsächlich von Plaßmann beeinflußt, mit dem er in Briefwechsel stand und dessen *Schule* er eine ausführliche und wohlwollende Rezension widmete,[163] kreist sein Schrifttum fast ausschließlich um Thomas von Aquin, auf philosophischem Gebiet vor allem um dessen Seelenlehre. Morgott setzte sich allerdings auch mit zeitgenössischen philosophischen Richtungen auseinander, so mit dem Ontologismus und der neueren italienischen Philosophie. Obwohl er bisweilen unhistorisch die Lehre des Thomas mit der modernen Kirchenlehre harmonisierte,[164] erkannte er doch die Bedeutung der geschichtlichen Erforschung der Scholastik, auf welchem Gebiet sein Schüler Martin Grabmann (1875–1949) so fruchtbar gewirkt hat.

Morgotts Nachfolger auf dem philosophischen Lehrstuhl wurde 1869 Mathias Schneid (31. Juli 1840 Wemding – 12. Dezember 1893 Eichstätt), der sich mit Stöckl, nachdem dieser 1872 wieder an das Eichstätter Lyzeum zurückgekehrt war, die Lehre der Philosophie teilte: Schneid unterrichtete die systematischen Fächer, Stöckl Philosophiegeschichte und praktische Philosophie. In seinen Schriften beschäftigte Schneid sich vor allem mit Fragen der Naturphilosophie und Psychologie, wobei er sich jeweils mit modernen Zeitströmungen auseinandersetzte. Er bemühte sich, die Scholastik gegenüber dem Vorwurf des Aristotelismus (*Aristoteles in der Scholastik*) zu verteidigen und die Gegenwartsbedeutung der thomanischen Philosophie im Anschluß an *Aeterni Patris* zu würdigen.[165]

Die Eichstätter Neuscholastiker haben, obwohl sie sich ihrem Lehrberuf nicht ausschließlich widmen konnten und durch andere priesterliche Aufgaben vielfach in Anspruch genommen waren, ein beachtliches Werk hinterlassen. Nicht nur durch ihre Schriften, sondern auch durch ihre Vorlesungen – während des Kulturkampfes studierten zeitweise bis zu 300 Theologen aus Diözesen, deren Lehranstalten geschlossen worden waren, in Eichstätt[166] – haben sie entscheidend zur Verbreitung der Neuscholastik beigetragen.

Aus der Eichstätter Schule stammt auch der Neuthomist Michael Glossner (19. Oktober 1837 Neumarkt/Oberpfalz – 3. April 1909 München), der zeitweilig in Saratow (Rußland) unterrichtete und sich als Polemiker (vor allem gegen die

---

[161] Vgl. A. Edmaier: *Wegbereiter*.
[162] Zu seiner Biographie vgl. L. Ott: *Morgott*.
[163] Vgl. dazu o. S. 144.
[164] So in seiner *Mariologie*. Vgl. L. Ott: *Morgott*, 242–244.
[165] Vgl. F. Dörr: *Schneid*.
[166] Vgl. ebd. 262. Zu diesen Studenten gehörten die späteren Dogmatiker B. Bartmann und F. Diekamp. Vgl. L. Ott: *Morgott*, 252.

Tübinger Theologie) hervortat.[167] In Ernst Commer (18. Februar 1847 Berlin – 24. April 1928 Graz),[168] an dessen *Jahrbuch für Philosophie und spekulative Theologie*[169] er intensiv mitarbeitete, fand Glossner einen ebenso entschiedenen Bundesgenossen. Commers philosophische Arbeiten, besonders sein vierbändiges *System der Philosophie*, das in der thomistischen Tradition Plaßmanns steht, kennzeichnen »1. der dezidierte Rückgriff auf die aristotelisch-thomanische Tradition; 2. ein stark apologetischer Nachdruck, mit dem die ›philosophia perennis‹ mit ihrem Höhepunkt in Thomas von Aquin gegen die neuzeitliche Philosophie der ›Subjektivität‹ sowie gegen moderne Trends der Naturwissenschaften und Psychologie gerichtet wird und unter dem das Vermögen des Menschen, objektive, ›ewige‹ Wahrheiten zu erkennen, eine scharfe Pointierung erhält; 3. das besondere Interesse an erkenntnistheoretischen Fragestellungen«.[170] Commer, der in Münster, Breslau und Wien als Theologieprofessor wirkte, wurde vor allem durch seine Auseinandersetzung um die Theologie Herman Schells (1850–1906) weiteren Kreisen bekannt.

Die Jesuiten

Der wiederhergestellten Gesellschaft Jesu gelang es nur schwer, im deutschen Bildungswesen, an dem sie vor ihrer Aufhebung so maßgeblich beteiligt war, wieder Fuß zu fassen. Die Ablehnung der Jesuiten ging mit der der von ihnen vertretenen scholastischen Unterrichtsmethode Hand in Hand.[171] Über die philosophisch-theologischen Ausbildungsstätten des Ordens im deutschen Sprachgebiet und die hier vermittelten Inhalte liegen für die Zeit vor der Mitte des 19. Jahrhunderts bisher noch keine Untersuchungen vor.[172] Etwas besser sind wir für die Zeit danach informiert, in der die Jesuiten Ausbildungsstätten größeren Stils aufbauen konnten. 1857 wurde die theologische Fakultät der Universität Innsbruck wiedereröffnet und den Jesuiten anvertraut, ein Bildungszentrum von überregionaler Bedeutung,[173] 1862 wurde für die ständig wachsende Zahl der deutschen Jesuiten in Maria Laach eine Ausbildungsstätte geschaffen, die allerdings infolge der Kulturkampfgesetzgebung (Jesuitengesetz 1872) wieder aufgegeben werden mußte.[174] Die vom Boden des Deutschen Reiches vertriebenen Jesui-

---

[167] Eine neuere Darstellung fehlt. Vgl. Kosch KD Bd. I, 1036f.; LThK Bd. IV (²1960) 972; E. Naab: *Ernst* (Register).
[168] Zu Leben und Werk vgl. G. Greshake / R. Schulte: *Theologie*, 157–173.
[169] Erste deutschsprachige ausgesprochen thomistische Zeitschrift, erschien erstmals 1887, seit 1914 unter dem Titel *Divus Thomas*, seit 1954 als *Freiburger Zeitschrift für Philosophie und Theologie*. Bis 1921 hatte Commer die Schriftleitung inne.
[170] G. Greshake / R. Schulte: *Theologie*, 159f.
[171] Zur Jesuitenphilosophie im 17./18. Jahrhundert vgl. B. Jansen: *Pflege*. Auf den geistesgeschichtlich wie historisch gleichermaßen bedeutsamen Antijesuitismus des 19. Jahrhunderts können wir hier nicht eingehen. Vgl. dazu R. van Dülmen: *Antijesuitismus*; H. Raab: *Ultramontan*; *Kirchengeschichte*; *Komling*.
[172] Vgl. K. Deufel: *Kirche*, 44–47, zum Jesuitenkolleg in Fribourg.
[173] Vgl. die Jubiläumsbeiträge in: ZKTh 80 (1958) 1–234.
[174] Vgl. B. M. Murphy: *Wiederaufbau*, 214–238, der allerdings nicht auf die Ausbildung selbst eingeht.

ten erhielten ihre Ausbildung in den Niederlanden bzw. in England, bis 1894 in Valkenburg/Niederlande ein zentrales philosophisch-theologisches Studienkolleg eröffnet werden konnte.[175]

Die Ausbildungssituation in Österreich war zunächst durch den Mangel an geeigneten Lehrkräften bestimmt. Als an der Innsbrucker Fakultät 1859/60 ein außerordentlicher Lehrstuhl für »philosophische Vorbereitungs- (oder Einleitungs-)wissenschaften für das Studium der Theologie«[176] eingerichtet wurde, hatte man Schwierigkeiten, einen geeigneten Vertreter für dieses Fach zu finden. Von 1870 bis zu seinem frühen Tod hatte P. Johann Ev. Wieser (24. März 1831 Völlau/Tirol – 22. April 1885 Bozen) den Lehrstuhl inne, seit 1884 als ordentlicher Professor für philosophische Propädeutik. Wieser trat weniger als selbständiger Philosoph denn als apologetischer Schriftsteller hervor. Seit 1877 leitete er die neu gegründete *Zeitschrift für katholische Theologie*.[177] Neben Wieser wirkte von 1875 an als Privatdozent P. Max Limbourg (13. Juli 1841 Helenenberg/Rheinland – 2. September 1920 Kalksburg), der 1886 allerdings auf den Lehrstuhl für Katechetik und Homiletik überwechselte. Limbourg, »ein gründlicher und scharfsinniger Philosoph«,[178] der seinem Unterricht selbstverfaßte Lehrbücher zugrunde legte, zeichnete sich durch eine enge Anlehnung an die scholastische Tradition suarezianischer Prägung aus – »ein Grundelement der Innsbrucker Philosophie, dem sie durch zahlreiche und jahrzehntelange Kontroversen der Folgezeit hindurch die Treue hielt«.[179] Nach dem Weggang von P. Limbourg diente der philosophische Lehrstuhl bis 1903, als P. Joseph Donat (1868–1946) ihn für die Dauer von 35 Jahren übernahm, nur jeweils als Übergangsstation für andere Lehrstühle.[180]

Die deutsche Jesuitenphilosophie ist zwar durch eine größere örtliche Instabilität gekennzeichnet, weist aber personell eine geringere Fluktuation auf als die österreichische. Die philosophische Arbeit wird von mehreren Personen getragen und ist von der Absicht bestimmt, ein großes zusammenfassendes Werk zu schaffen. Die Reihe der Traktate der *Philosophia Lacensis* – so genannt nach dem zeitweiligen Sitz der Ordenshochschule Maria Laach – wurde 1880 eröffnet mit den *Institutiones philosophiae naturalis* von P. Tilmann Pesch, der den Löwenanteil des Unternehmens getragen hat.[181]

Tilmann Pesch (1. Februar 1836 Köln – 18. Oktober 1899 Valkenburg) wirkte nach den ordensüblichen Studien nur wenige Jahre als akademischer Lehrer (1867–1869; 1876–1885). Sein Hauptarbeitsgebiet fand er als Mitarbeiter an der 1871 gegründeten Zeitschrift *Stimmen aus Maria Laach* und als Volksredner. Bedenkt man die Vielfalt seiner Tätigkeit, so erscheint sein philosophisches Werk umso erstaunlicher. In bewußter Parallele zur zeitgenössischen Rückwendung zu

---

[175] Vgl. LThK Bd. X (²1965) 606.
[176] E. Coreth: *Philosophie*, 142.
[177] Vgl. ebd. 143–146.
[178] Ebd. 146; vgl. 146–149.
[179] Ebd. 148; vgl. 149.
[180] Vgl. ebd. 149–155.
[181] Vgl. J. de Vries: *Pesch*. Zu den einzelnen Mitarbeitern vgl. außerdem Koch JL s. v.

Kant im Neukantianismus plädiert Pesch, in Anlehnung an Kleutgen, für eine Rückkehr zur »Philosophie des katholischen Mittelalters – ohne Widerspruch die großartigste einheitliche Erscheinung in der Geschichte der Philosophie ... Sie ist das Fundament, auf welchem weiterzuarbeiten ist; sie enthält Keime, die zu entwickeln sind.«[182]

Alle Bände der *Philosophia Lacensis* tragen im Titel die Ergänzung »secundum principia S. Thomae Aquinatis ad usum scholasticum (bzw. scholarem)« und weisen sich somit als Schulbücher aus, die ausdrücklich dem 1879 von Leo XIII. verkündeten Programm (*Aeterni Patris*) folgen wollen.[183] Doch ist damit, wie die Ausführung deutlich macht, keine sklavische Anlehnung an Thomas von Aquin gegeben: Pesch widmet seine Naturphilosophie Albertus Magnus, dessen Schriften er ebensogut kennt und benutzt wie die des Thomas und seiner wichtigsten Kommentatoren.[184]

Peschs philosophische Traktate unterscheiden sich von Kleutgens *Philosophie der Vorzeit* sowohl durch die lateinische Sprache – die Unterrichtssprache jener Zeit an den Ordenshochschulen, die gleichzeitig eine Verbreitung über den deutschen Sprachraum hinaus begünstigen sollte – als auch durch die Auseinandersetzung mit unterschiedlichen gegnerischen Positionen. Setzte Kleutgen sich hauptsächlich mit Denkern auseinander, die vom Deutschen Idealismus herkamen, so streitet Pesch mit dem Materialismus, vor allem in seiner darwinistischen Ausprägung, mit dem Positivismus und dem Neukantianismus. Weit über Kleutgen hinaus geht er in der Berücksichtigung der modernen Naturwissenschaften, mit denen er sich intensiv beschäftigte.[185] Pesch ist »fest davon überzeugt, daß die Naturphilosophie nicht allein auf alltäglichen Beobachtungen, sondern auf den Ergebnissen der Naturwissenschaft aufbauen muß ... Freilich darf die Naturphilosophie auch nicht in der Empirie aufgehen, sondern sie muß unter der Voraussetzung der Erfahrung und der auf Beobachtung beruhenden Naturgesetze durch Anwendung metaphysischer Grundsätze weiterschließen und so zum Wesen und zu den Wesenseigenschaften der Dinge fortschreiten.«[186] Bezüglich des »Hylemorphismus« und der Entwicklungslehre gelangt Pesch zu eigenständigen Lösungen, die den naturwissenschaftlichen Erkenntnissen Rechnung zu tragen versuchen.[187] Daß er in seiner *Psychologie* die empirische Forschung kaum berücksichtigt hat, hängt wohl mit seiner schweren Erkrankung zusammen, die ihm das Einarbeiten in die Ergebnisse der damals noch jungen Wissenschaft nicht erlaubte, ohne den Abschluß des Werkes zu gefährden.[188] Zwischen der *Naturphilosophie* und der dreibändigen *Psychologie* hatte Pesch ebenfalls in drei Bänden *Institutiones logicales* veröffentlicht. In ihnen bot er nicht nur neben ausführ-

---

[182] T. Pesch: *Bedeutung*, 153; vgl. 151f. Vgl. den Hinweis auf Kleutgen als Vorbild: *Institutiones philosophiae naturalis*, S. XII Anm. 1.
[183] Vgl. die Vorrede zur gesamten Reihe, in: *Institutiones philosophiae naturalis*, S. VII, sowie das Vorwort zu diesem Band: ebd. S. X–XIII.
[184] Vgl. J. de Vries: *Pesch*, 3f., 7, 9.
[185] Vgl. T. Pesch: *Welträtsel*.
[186] Vgl. J. de Vries: *Pesch*, 8.
[187] Vgl. ebd. 9f.
[188] Vgl. ebd. 10.

lichen philosophiegeschichtlichen und psychologischen Vorbemerkungen die Logik und die Erkenntniskritik, sondern auch unter dem Titel »Logica realis« die metaphysischen Grundbegriffe (Sein, Kategorien, Kausalität) und schloß mit einer polemischen Erörterung der falschen philosophischen Methoden. Peschs Mitarbeiter in den Krankheitsjahren, P. Joseph Hontheim (18. Juli 1858 Olewig bei Trier – 2. Januar 1929 Valkenburg), verfaßte die *Institutiones theodiceae* der *Philosophia Lacensis*, die sich eng an Kleutgen anlehnen.

Einen wichtigen eigenständigen Beitrag zum Gesamtwerk stellen die zweibändigen *Institutiones iuris naturalis* des Schweizer Jesuiten Theodor Meyer (4. März 1821 Bünzen/Aargau – 4. Februar 1913 Exaeten) dar, der von 1856 bis 1881 in den verschiedenen Ausbildungshäusern des Ordens in Deutschland Ethik lehrte. Meyer wie sein Schüler und Nachfolger Viktor Cathrein (8. Mai 1845 Brig/Wallis – 10. September 1931 Aachen) haben die katholische Naturrechtslehre erneuert bzw. weiterentwickelt, die vor allem über das *Staatslexikon* der Görres-Gesellschaft das katholische Rechts- und Staatsdenken bis weit ins 20. Jahrhundert hinein bestimmte.[189] Die umfangreichen Bände der *Philosophia Lacensis* wurden allmählich durch den handlicheren, mehr für den Studiengebrauch bestimmten *Cursus philosophicus* abgelöst.[190] Ein vielfach wiederaufgelegtes *Lehrbuch der Philosophie auf aristotelisch-scholastischer Grundlage zum Gebrauche an höhern Lehranstalten und zum Selbstunterricht* verfaßte um die Jahrhundertwende Alfons Lehmen (5. Februar 1847 Höxter – 25. März 1910 Valkenburg), der als Gymnasiallehrer am Jesuitenkolleg in Valkenburg unterrichtete.[191]

Die philosophische Sektion der Görres-Gesellschaft

Nachdem das Projekt einer katholischen Universität in Deutschland, das jahrzehntelang die Gemüter erregt hatte, endgültig gescheitert war, schufen sich katholische Gelehrte mitten im Kulturkampf (1876) ein eigenes wissenschaftliches Forum, das ihnen für die Auseinandersetzungen an den Staatsuniversitäten, an denen sie sich zurückgesetzt fühlten, den Rücken stärken sollte.[192] Man schuf eine eigene philosophische Sektion, der Philosophen und Theologen unterschiedlicher Couleur angehörten.[193] Außer den bereits erwähnten Glossner und Schneid dürften nur Haffner, Gutberlet und Schütz, mit Einschränkungen auch Hagemann, Baeumker und Hertling als neuscholastische Philosophen anzusprechen sein.

Paul Leopold Haffner (21. Januar 1829 Horb – 2. November 1899 Mainz)[194] hatte neben den üblichen theologischen Studien an der Tübinger Universität auch

---

[189] Meyer nennt neben Thomas von Aquin Suarez als Gewährsmann. Vgl. *Institutiones iuris naturalis*, Bd. I, S. VI. Zur Naturrechtslehre des Staatslexikons vgl. C. Bauer: *Naturrecht*. Die historische Aufarbeitung der katholischen Naturrechtslehre steht erst am Anfang. Vgl. A. Hollerbach: *Naturrechtslehre*, 125.
[190] Vgl. das Verzeichnis der Primärliteratur. Zu den einzelnen Autoren vgl. Koch JL s. v.
[191] Vgl. Koch JL 1088.
[192] Vgl. H. J. Brandt: *Universität*; zur Görres-Gesellschaft vgl. ebd. 344–346.
[193] Vgl. P. L. Haffner: *Grundlinien*, Bd. II, 1089f.
[194] Vgl. L. Lenhart: *Haffner*.

bei Immanuel Hermann Fichte (1796–1879) und Jakob Friedrich Reiff (1810 bis 1879) philosophische Vorlesungen gehört. Mit einer Arbeit über die Gottesbeweise, für die er als Student den Preis der philosophischen Fakultät erhalten hatte, wurde er in seiner Repetentenzeit am Tübinger Wilhelmsstift (1854/55) zum Dr. phil. promoviert. 1855 wurde Haffner erst 26jährig auf den Lehrstuhl für Philosophie an das Mainzer Priesterseminar berufen. 1864 erhielt er zusätzlich noch die Professur für Apologetik. Sein Kollege Heinrich regte Haffner zur Beschäftigung mit Thomas von Aquin an und half ihm, pantheistische Einflüsse seiner Tübinger philosophischen Lehrer zu überwinden. Haffner zeichnete sich weniger als eigenständiger Philosoph denn als Lehrer und popularisierender Verbreiter neuscholastischen Gedankengutes aus.[195] Nach der Schließung des Mainzer Priesterseminars infolge des Kulturkampfes (1876) intensivierte er seine Schriftstellerei und seine Vortragstätigkeit. In der Schriftenreihe des 1864 von ihm mitbegründeten Katholischen Broschüren-Vereins, die er ab 1879 als *Frankfurter zeitgemäße Broschüren* allein herausgab, veröffentlichte Haffner für ein größeres Publikum Arbeiten über literarische (u. a. Goethe), weltanschauliche (Materialismus, Atheismus; Voltaire, Rousseau, Virchow) und soziale Fragen. Wissenschaftliche Beiträge (u. a. über Schelling und Lessing) lieferte er für die Jahresversammlungen und Vereinsschriften der 1876 von Heinrich, Hertling und ihm gegründeten »Görres-Gesellschaft zur Pflege der Wissenschaft im katholischen Deutschland«, deren philosophische Sektion er bis zu seiner Ernennung zum Mainzer Bischof (1886) leitete. Haffners philosophisches Hauptwerk *Grundlinien der Philosophie* blieb unvollendet. Zwei mehr philosophiegeschichtlich orientierte Bände erschienen 1881 und 1883. Der dritte Band, der die systematische Philosophie enthalten sollte, gelangte nicht mehr zur Vollendung.

Nach Haffners Bischofsernennung leitete Ludwig Schütz (27. April 1838 Mayen – 9. Dezember 1901 Trier),[196] der von 1868 bis 1897, unterbrochen durch die Kulturkampfzeit, am Trierer Priesterseminar Philosophie lehrte, die philosophische Sektion. Er gehörte, wiewohl mit dem »liberalen« Franz Xaver Kraus (1840–1901) befreundet,[197] der neuscholastischen Richtung an. Er verfaßte ein noch heute nützliches *Thomas-Lexikon,* das mit seinem reichen Quellenmaterial der Forschung wertvolle Dienste leistete. Ein tiefer Philosoph war er nicht.[198]

Das von Haffner und Schütz angeregte *Philosophische Jahrbuch der Görres-Gesellschaft,* das 1888 erstmals erschien, wurde bis 1924 auf eigene Kosten und Verantwortung von Constantin Gutberlet (10. Januar 1837 Geismar – 27. April 1928 Fulda)[199] herausgegeben. Er hatte als Germaniker in Rom studiert und 1861 die Priesterweihe empfangen. Von 1862 an lehrte er am Fuldaer Priesterseminar u. a. Exegese, Philosophie und Dogmatik. Mathematisch interessiert,[200] beschäf-

---

[195] Vgl. Th. Ball: *Haffner.*
[196] Vgl. F. Lauchert: *Schütz;* LThK Bd. IX (²1964) 522; J. Lenz: *Philosophie,* 279f.
[197] Vgl. F. X. Kraus: *Tagebücher* (Register).
[198] Vgl. G. von Hertling: *Erinnerungen,* Bd. I, 370f.
[199] Vgl. vor allem C. Gutberlet: *Selbstbiographie;* LThK Bd. IV (²1960) 1285f.
[200] Gutberlet, dessen erste philosophische Veröffentlichung dem Problem des Unendlichen gewidmet war, stand in Austausch mit dem Mathematiker Georg Cantor (1845–1918). Vgl. H. Meschkowski: *Cantor,* 64–67.

tigte sich Gutberlet hauptsächlich mit Grenzfragen aus dem Bereich der Naturwissenschaften und verfaßte eine Reihe von apologetisch ausgerichteten Schriften zu aktuellen Fragen (u. a. zum Darwinismus, zum Determinismus, zu W. Wundt und G. Th. Fechner). Als Philosoph wollte Gutberlet nicht um jeden Preis Thomist sein, er versuchte, u. a. auch in seinem umfassenden Lehrbuch, die traditionelle christliche Philosophie mit den Mitteln der neuzeitlichen Wissenschaft weiterzubilden.[201]

Die Bedeutung von Georg Freiherr (seit 1914: Graf) von Hertling (31. August 1843 Darmstadt – 4. Januar 1919 Ruhpolding)[202] liegt nicht in erster Linie auf dem Gebiet der systematischen Philosophie, sondern in den Bereichen der Philosophiegeschichte (Arbeiten zu Aristoteles, zu Augustinus und Albertus Magnus), der Wissenschaftsorganisation (seit ihrer Gründung, an der er maßgeblich beteiligt war, bis zu seinem Tod Präsident der Görres-Gesellschaft) und der Politik (seit 1875 gehörte er als Zentrumsabgeordneter dem Reichstag an, führender Sozialpolitiker, 1909 Fraktionsvorsitzender, 1912–1917 Vorsitzender des bayerischen Ministerrates, Ministerpräsident, 1917–1918 preußischer Ministerpräsident und deutscher Reichskanzler). Nach philosophischen Studien in Münster (vor allem durch Clemens geprägt), München und Berlin promovierte Hertling 1864 in Berlin bei Trendelenburg und habilitierte sich 1867 in Bonn, beide Male mit Arbeiten über Probleme der aristotelischen Philosophie, auf die ihn der mit ihm verwandte Würzburger Philosoph Franz Brentano (1838–1917) hingewiesen hatte. Als entschiedener Katholik und engagierter Zentrumspolitiker von der Bonner Fakultät zurückgesetzt, erhielt Hertling erst 1880 ein Extraordinariat. Gegen den Willen der dortigen Fakultät wurde er 1882 zum Ordinarius für Philosophie nach München berufen. Seit 1891 gab er mit Clemens Baeumker (1853 bis 1924),[203] seinem späteren Nachfolger in München, die *Beiträge zur Geschichte der Philosophie des Mittelalters* heraus. Auch an der Konzeption und Durchführung des *Staatslexikons* war er führend beteiligt.[204]

Schließlich sei Georg Hagemann (17. November 1832 Beckum – 6. Dezember 1903 Münster)[205] erwähnt, der als Schüler von Clemens erst über zwanzig Jahre nach seiner Habilitation (1862) ordentlicher Professor der Philosophie an der Münsterschen Akademie werden konnte (1884). Er verfaßte ein mehrfach wieder aufgelegtes dreibändiges Lehrbuch *Elemente der Philosophie,* das von seiten der streng thomistischen Rezensenten des Commerschen Jahrbuches heftig kritisiert wurde.[206]

---

[201] Vgl. C. Gutberlet: *Aufgabe; Selbstbiographie,* 49.
[202] Vgl. W. Becker: *Hertling;* vgl. *Anm. 48 und 147.*
[203] Vgl. u. S. 369f.
[204] Vgl. C. Bauer: *Naturrecht,* 138f.
[205] Vgl. S. Schindele: *Hagemann;* LThK Bd. IV (1932) 781. Über sein Verhältnis zu Schlüter vgl. A. Dyroff / W. Hohnen: *Schlüter,* 84, 86f.
[206] Glossner, der im allgemeinen gegenüber den Neuscholastikern, die nicht die streng thomistische Richtung vertreten, toleranter ist als andere Rezensenten, kann in Hagemanns Psychologie »nur eine kleine Dosis des Scholastischen und diese in homöopathischer Verdünnung ohne tieferes Eingehen in die spekulativen Probleme« erkennen (JPhST 15 [1901] 502–507, hier: 502). Vgl. auch ebd. 10 (1896) 245–247; 13 (1899) 241–243.

VERSUCH EINER WÜRDIGUNG

Überschaut man die Entwicklung seit der Jahrhundertmitte und betrachtet man neben den dargestellten Autoren die nicht geringe Zahl von Mitarbeitern, die sich um die verschiedenen Zeitschriften scharen, so kann man feststellen, daß die neuscholastische Philosophie am Ende des 19. Jahrhunderts eine gewisse Breitenwirkung erreicht hat, die sich freilich, entsprechend der Zeitsituation, auf den innerkatholischen Bereich beschränkte. Ihre Vertreter lehrten hauptsächlich an kirchlichen Hochschulen, erst nach dem Kulturkampf gelang es einzelnen, an staatlichen Universitäten Fuß zu fassen. Innerhalb der Neuscholastik haben sich mehr oder weniger zwei Gruppen herausgebildet, die bereits bei den ersten Vertretern angelegt waren: die streng thomistische Richtung, die auf Plaßmann zurückgeführt werden kann und die in Commers *Jahrbuch für Philosophie und spekulative Theologie* ihr Publikationsorgan und in Eichstätt ihr Zentrum hatte, sowie die mehr suarezianische Richtung, die an Clemens und Kleutgen anknüpfte und von den Jesuiten sowie vom *Philosophischen Jahrbuch der Görres-Gesellschaft* vertreten wurde. Im Sprachgebrauch der Jahrhundertwende hat sich die Bezeichnung »aristotelisch-thomistisch« für die erste und »aristotelisch-scholastisch« für die zweite Richtung herausgebildet.[207] Es ist erstaunlich, mit welcher Aufmerksamkeit man die Publikationen der jeweiligen Gegenseite verfolgte. Die Rezensionen und Literaturberichte der beiden führenden philosophischen Zeitschriften der deutschen Neuscholastik geben einen umfassenden Überblick über die Veröffentlichungen auch über den neuscholastischen Bereich hinaus. Die gegen Ende des Jahrhunderts immer zahlreicher werdenden Lehrbücher lassen ein gewisses Erstarren in den jeweiligen Schultraditionen erkennen, das auch die ersten Jahrzehnte des neuen Jahrhunderts bestimmen wird.

Es fällt auf, daß die Vertreter der zweiten Richtung für die Auseinandersetzung mit der Zeitphilosophie und mit den modernen Wissenschaften offener waren als die der ersten, denen ihrerseits das Verdienst zukommt, die historische Erforschung des Thomas von Aquin wie der mittelalterlichen Scholastik überhaupt begünstigt zu haben. Ausnahmen bestätigen diesen Gesamteindruck. Obwohl die Neuscholastiker die Auseinandersetzung suchten und mit ihrer Kritik der weltanschaulichen Entwicklung und Diskussion zu folgen bestrebt waren, fand ein wirkliches Gespräch mit dem Denken ihrer Zeit jedoch kaum statt. Kontroversen beschränkten sich auf den innerkatholischen Bereich. Die Neuscholastik blieb weitgehend in der Defensive. Dennoch wäre es einseitig, ihren Beitrag nur negativ zu bewerten. Einerseits darf es nicht den Neuscholastikern allein angelastet werden, daß ein Gespräch nicht zustande kam. Andererseits sollte man stärker berücksichtigen, daß sie niemals nur historisch Philosophie betreiben – sie haben den Vorwurf der reinen »Repristination« immer zurückgewiesen –, sondern über die aktuellen Tagesfragen hinaus, wenn auch vielleicht in ungenügender Weise, die großen Fragen der Philosophie systematisch erörtern wollten. Dadurch haben sie inmitten eines verbreiteten Positivismus und Relativismus die

---
[207] Vgl. PhJ 17 (1904) 456.

Grundfrage der Philosophie nach der Erkenntnis der Wahrheit wachgehalten. Bei aller nicht zu bestreitenden »Ambivalenz des damals Geschehenen«[208] läßt sich doch feststellen, daß die katholische Scholastik, »als innerhalb der Philosophie ein Überdruß an der erkenntnistheoretischen Überformung aller Sachprobleme eintrat und der Wunsch entstand, ›zu den Sachen‹ zurückzukehren, ... eine ungebrochene Tradition ontologischen Denkens bereit[hielt] und ... nicht nur die Kenntnis vergangener Ontologien in die philosophische Debatte einbringen [konnte], sondern weit mehr noch die Einübung in die aktuell vollzogene und weiterführende ontologische Sachdiskussion«.[209]

BIBLIOGRAPHIE

1. *Werke*

Im folgenden Werkverzeichnis werden die wichtigsten selbständigen philosophischen Werke der dargestellten Autoren aufgeführt, Zeitschriftenaufsätze und Rezensionen nur, soweit sie in der Darstellung berücksichtigt wurden. Auf ausführliche Bibliographien wird jeweils verwiesen.

A) Viktor Cathrein

a) Ausführliche Bibliographie:
Koch JL 307.
StL Bd. II (^{6}1958) 357.

b) Auswahl:
Die Sittenlehre des Darwinismus. Eine Kritik der Ethik H. Spencers, Fr 1885.
Moralphilosophie. Eine wissenschaftliche Darlegung der sittlichen, einschließlich der rechtlichen Ordnung, 2 Bde. (^{1}1890/91), Lei ^{6}1924.
Philosophia moralis (= Cursus philosophicus, Bd. VI [^{1}1893]), Fr ^{16}1932.
Recht, Naturrecht und positives Recht. Eine kritische Untersuchung der Grundbegriffe der Rechtsordnung (^{1}1901), Fr ^{2}1909.
Die Einheit des sittlichen Bewußtseins der Menschheit. Eine ethnographische Untersuchung, 3 Bde., Fr 1914.
Lust und Freude. Ihr Wesen und ihr sittlicher Charakter. Mit besonderer Berücksichtigung der Lehren des Aristoteles, I 1931.

B) Franz Jakob Clemens

a) Ausführliche Bibliographie:
Kosch KD Bd. I, 333.

b) Auswahl:
Giordano Bruno und Nicolaus von Cusa. Eine philosophische Abhandlung, Bo 1847.
Die spekulative *Theologie* A. Günthers und die katholische Kirchenlehre, Kö 1853.
Offene Darlegung des Widerspruchs der Güntherschen Spekulation mit der katholischen Kirchenlehre durch Herrn Professor Dr. Knoodt. Eine Replik, Kö 1853.
Die Abweichung der Güntherschen Spekulation von der katholischen Kirchenlehre, bewiesen durch den Herrn Domkapitular und Prof. Dr. Baltzer. Eine Replik, Kö 1853.

---

[208] J. Ratzinger, in: Theologische Revue 60 (1964) 249.
[209] R. Schaeffler: *Wechselbeziehungen*, 18.

De scholasticorum sententia philosophiam esse theologiae ancillam commentatio, Mr o. J. (1856).
Unser *Standpunkt* in der Philosophie, in: Kath. 39/1 (1859) 9–23, 129–154.
Die neueste *Literatur* über den hl. Thomas von Aquino, in: Kath. 39/1 (1859) 672–683; 39/2 (1859) 803–823, 1025–1041, 1284–1299; 40/1 (1860) 129–156.
Über das Verhältnis der Philosophie zur Theologie. Ein Wort der Rechtfertigung gegen die Kritik des Herrn Dr. J. Kuhn, Professors der Theologie in Tübingen, in: Kath. 39/2 (1859) 1409–1446.
Die Wahrheit in dem von Herrn Professor Dr. J. von Kuhn in Tübingen angeregten Streite über Philosophie und Theologie, Mr 1860.

C) ERNST COMMER

a) Ausführliche Bibliographie:
Hegel, E.: *Geschichte* der katholisch-theologischen Fakultät Münster 1773–1964, 2 Bde., Mr 1966/71, hier Bd. II, 12f.

b) Auswahl:
Die philosophische Wissenschaft. Ein apologetischer Versuch, B 1882.
System der Philosophie, 4 Bde., Mr 1883–1886.
Die Logik, als Lehrbuch dargestellt, Pa 1897.
Die immerwährende Philosophie. Eine Skizze, W 1899.

D) DER CURSUS PHILOSOPHICUS

Bd. I: C. Frick: Logica (^{1}1893), Fr ^{7}1921.
Bd. II: C. Frick: Ontologia sive metaphysica generalis (^{1}1894), Fr ^{6}1929.
Bd. III: H. Haan: Philosophia naturalis (^{1}1894), Fr ^{3}1915 (Neubearbeitung von K. Frank, Fr 1926).
Bd. IV: B. Boedder: Psychologia rationalis sive philosophia de anima humana (^{1}1894), Fr ^{3}1906.
Bd. V.: B. Boedder: Theologia naturalis sive philosophia de Deo (^{1}1895), Fr ^{3}1911 (Neubearbeitung von J. Hontheim: Theodicea sive theologia naturalis, Fr 1926).
Bd. VI: V. Cathrein: Philosophia moralis (^{1}1893), Fr ^{16}1932.

E) MICHAEL GLOSSNER

a) Ausführliche Bibliographie:
Kosch KD Bd. I, 1037.

b) Auswahl:
Der moderne Idealismus, Mr 1880.
Das objektive Prinzip der aristotelisch-scholastischen Philosophie, Rb 1880.
Die moderne Philosophie, F 1889.

F) CONSTANTIN GUTBERLET

a) Ausführliche Bibliographie:
Kosch KD Bd. I, 1223.

b) Auswahl:
Das Unendliche, metaphysisch und mathematisch betrachtet, Mz 1878.
Lehrbuch der Philosophie, 6 Bde., Mr 1878–1885 (mehrere Auflagen).
Die *Aufgabe* der christlichen Philosophie in der Gegenwart, in: PhJ 1 (1888) 1–23.
Ethik und Religion. Grundlegung der religiösen und Kritik der unabhängigen Sittlichkeit, Mr 1892.
Die Willensfreiheit und ihre Gegner (^{1}1893), Fulda ^{2}1907.
Der mechanische Monismus. Eine Kritik der modernen Weltanschauung, Pa 1893.
Der Kosmos. Sein Ursprung und seine Entwicklung, Pa 1908.
Der Mensch. Sein Ursprung und seine Entwicklung. Eine Kritik der mechanisch-monistischen Anthropologie (^{1}1896), Pa ^{3}1911.

Der Kampf um die Seele. Vorträge über die brennenden Fragen der modernen Psychologie (^{1}1899), Mz ^{2}1903.
Psychophysik. Historisch-kritische Studien über experimentelle Psychologie, Mz 1905.
Experimentelle Psychologie mit besonderer Berücksichtigung der Pädagogik, Pa 1915.
Selbstbiographie, in: Die Philosophie der Gegenwart in Selbstdarstellungen, Bd. IV, Lei 1923, 47–74.

G) PAUL LEOPOLD HAFFNER

a) Ausführliche Bibliographie:
Ball, Th.: Paul Leopold *Haffner* als Philosoph, Mz 1949 (Diss. phil.), 87–92.

b) Auswahl:
Pater *Gratry,* in: Kath. 39/1 (1859) 24–36, 154–168, 413–422, 626–637.
Zur Erinnerung an Professor *Clemens,* in: Kath. 42/2 (1862) 257–280.
Grundlinien der Philosophie als Aufgabe, Geschichte und Lehre zur Einleitung in die philosophischen Studien, 2 Bde., Mz 1881.
Sammlung zeitgemäßer Broschüren, F/Luzern 1887 (enthält alle zwischen 1865 und 1885 im Frankfurter Broschüren-Verein veröffentlichten Schriften).

H) GEORG HAGEMANN

a) Ausführliche Bibliographie:
Kosch KD Bd. I, 1270.
LThK Bd. IV (1932) 781.

b) Auswahl:
Elemente der Philosophie. Ein Leitfaden für akademische Vorlesungen sowie zum Selbstunterricht, 3 Bde., Mr 1868–1870 (mehrere Auflagen).

I) GEORG VON HERTLING

a) Ausführliche Bibliographie:
Becker, W.: Georg von Hertling, Bd. I, Mz 1981, 336–338.

b) Auswahl:
Materie und Form und die Definition der Seele bei Aristoteles. Ein kritischer Beitrag zur Geschichte der Philosophie, Bo 1871.
Über die Grenzen der mechanischen Naturerklärung. Zur Widerlegung der materialistischen Weltsicht, Bo 1875.
Die Hypothese Darwins mit Berücksichtigung neuerer Darstellungen geprüft, Wü 1876.
Albertus Magnus. Beiträge zu seiner Würdigung. Festschrift (^{1}1880), Mr ^{2}1914.
John Locke und die Schule von Cambridge, Fr 1892.
Naturrecht und Sozialpolitik, Kö 1893.
Der Untergang der antiken Kultur. Augustin (^{1}1902), Mz ^{2}1904.
Historische Beiträge zur Philosophie, hg. J. A. Endres, Kempten/Mü 1914.
Erinnerungen aus meinem Leben, 2 Bde., Kempten/Mü 1919/1920.
Vorlesungen über Metaphysik, hg. M. Meier, Kempten/Mü 1922.

J) JOSEPH HONTHEIM

a) Ausführliche Bibliographie:
Kosch KD Bd. I, 1731.

b) Auswahl:
Institutiones theodiceae sive theologiae naturalis secundum principia S. Thomae Aquinatis ad usum scholasticum, Fr 1893.
Theodicea sive theologia naturalis, Fr 1926 (= Cursus philosophicus, Bd. V).

K) JOSEPH KLEUTGEN

a) Ausführliche Bibliographie:
Deufel, K.: *Kirche* und Tradition. Ein Beitrag zur Geschichte der theologischen Wende im 19. Jahrhundert am Beispiel des kirchlich-theologischen Kampfprogramms P. Joseph Kleutgens S. J., Mü/Pa/W 1976, 489–492.

b) Auswahl:
Über die alten und die neuen *Schulen* (^{1}1846), Mr ^{2}1869.
Die *Theologie* der Vorzeit verteidigt (4 Bde.: ^{1}1853–1870), 5 Bde., Mr ^{2}1867–1874.
Die *Philosophie* der Vorzeit verteidigt (^{1}1860–1863), 2 Bde., I ^{2}1878.
Über die Verurteilung des Ontologismus durch den Hl. Stuhl, Mr 1868.
Zu meiner *Rechtfertigung*, Mr 1868.
Vom *intellectus* agens und den angebornen Ideen (^{1}1868), Mr ^{2}1875.

L) ALFONS LEHMEN

a) Ausführliche Bibliographie:
Koch JL 1088.

b) Auswahl:
Lehrbuch der Philosophie auf aristotelisch-scholastischer Grundlage zum Gebrauche an höhern Lehranstalten und zum Selbstunterricht, 3 Bde., Fr 1899–1906 (mehrere Auflagen in 4 Bänden).

M) MAX LIMBOURG

a) Ausführliche Bibliographie:
ZKTh 80 (1958) 147–149.

b) Auswahl:
De distinctione essentiae ab existentia theses quatuor, Rb 1883.
Quaestionum metaphysicarum libri quinque (^{1}1883), I ^{3}1893.
Quaestionum dialecticarum libri tres, I 1886.
Begriff und Einteilung der Philosophie. Historisch-kritische Untersuchung, I 1893.

N) THEODOR MEYER

Die Grundsätze der Sittlichkeit und des Rechts. Nach Maßgabe der im Syllabus § 7 verzeichneten Irrtümer beleuchtet, Fr 1868.
Institutiones iuris naturalis seu philosophiae moralis universae secundum principia S. Thomae Aquinatis ad usum scholarem, 2 Bde., Fr 1885 (^{2}1906), 1900.
Die Arbeiterfrage und die christlich-ethischen Sozialprinzipien, Fr 1891.

O) FRANZ VON PAULA MORGOTT

a) Ausführliche Bibliographie:
Ott, L.: Professor Franz von Paula *Morgott* als Lehrer und Gelehrter, in: CollWill 233–252.

b) Auswahl:
Geist und Natur im Menschen. Die Lehre des hl. Thomas über die Grundfragen der Psychologie in ihrer Beziehung zur Kirchenlehre und zur neueren Wissenschaft, Eich 1860.
Dr. Hermann Ernst *Plaßmann:* Die Schule des hl. Thomas von Aquin, Bd. IV: Moral, Soest 1861.
Die Theorie der Gefühle im Systeme des hl. Thomas, Eich 1864.
Mariologie des hl. Thomas von Aquin, Fr 1878.

P) TILMANN PESCH

a) Ausführliche Bibliographie:
Kosch KD Bd. II, 3488f.
Koch JL 1407f.

b) Auswahl:
Die Philosophie der Vorzeit in ihrer *Bedeutung* für die Zukunft, in: StML 9 (1875) 138–161.
Die moderne Wissenschaft betrachtet in ihrer Grundfeste. Philosophische Darlegung für weitere Kreise, Fr 1876.
Die Haltlosigkeit der »modernen Wissenschaft«. Eine Kritik der Kantschen Vernunftkritik für weitere Kreise, Fr 1877.
Institutiones philosophiae naturalis secundum principia S. Thomae Aquinatis ad usum scholasticum (1 Bd.: ^{1}1880), 2 Bde., Fr ^{2}1897.
Das Weltphänomen, Fr 1881.
Die großen *Welträtsel.* Philosophie der Natur, 2 Bde. (^{1}1883), Fr ^{3}1907.
Institutiones logicales secundum principia S. Thomae Aquinatis ad usum scholasticum, 3 Bde., Fr 1888–1890 (Neubearbeitung in 2 Bdn. von K. Frick, 1914–1919).
Institutiones psychologicae secundum principia S. Thomae Aquinatis ad usum scholasticum, 3 Bde., Fr 1896–1898.

Q) HERMANN ERNST PLASSMANN

a) Ausführliche Bibliographie:
LThK Bd. VIII (^{2}1963) 550.

b) Auswahl:
Die Titelfrage rücksichtlich der Schule des hl. Thomas, Soest 1857.
Die Lehre des hl. Thomas von Aquin über die Bescheidenheit und Demut im Verhältnis zur Schreibart des Verfassers der Schule des hl. Thomas, Pa 1858.
Die *Schule* des hl. Thomas von Aquino. Zur genaueren Kenntnisnahme und weiteren Fortführung für Deutschland neu eröffnet. Supplementband zum 1. Bd., Pa 1859.
Vorhallen zur Philosophie gemäß der Schule des hl. Thomas (= Bd. I), Soest 1860.
Die Logik gemäß der Schule des hl. Thomas (= Bd. II), Soest 1860.
Die Psychologie auf Grundlage der Physik gemäß der Schule des hl. Thomas (= Bd. III), Soest 1860.
Die Moral gemäß der Schule des hl. Thomas (= Bd. IV), Soest 1861.
Die Metaphysik gemäß der Schule des hl. Thomas (= Bd. V), Soest 1862.

R) MATHIAS SCHNEID

a) Ausführliche Bibliographie:
Romstöck, F.: *Personalstatistik* und Bibliographie des bischöflichen Lyceums in Eichstätt, Ingolstadt 1894, 146–150.

b) Auswahl:
Die scholastische Lehre von Materie und Form und ihre Harmonie mit den Tatsachen der Naturwissenschaft (^{1}1873), Eich ^{2}1877 (3. Aufl.: Naturphilosophie im Geiste des hl. Thomas von Aquin, Pa 1890).

Aristoteles in der Scholastik. Ein Beitrag zur Geschichte der Philosophie im Mittelalter, Eich 1875.
Zur Körperlehre des Johannes Duns Scotus und ihr Verhältnis zum Thomismus und Atomismus, Mz 1879.
Die Philosophie des hl. Thomas von Aquin und ihre Bedeutung für die Gegenwart, Wü 1881.
Die philosophische Lehre von Zeit und Raum, Mz 1886.
Psychologie im Geiste des hl. Thomas von Aquin. Tl. 1: Leben der Seele (mehr nicht erschienen), Pa 1892.

S) Ludwig Schütz

a) Ausführliche Bibliographie:
LThK Bd. IX (^{2}1964) 522.

b) Auswahl:
Vernunftbeweis für die Unsterblichkeit der menschlichen Seele, Pa 1874.
Die Unfreiheit und Freiheit des menschlichen Willens, Wü 1877.
Einleitung in die Philosophie, Pa 1879.
Thomas-Lexikon. Sammlung, Übersetzung und Erläuterung der in sämtlichen Werken des hl. Thomas von Aquin vorkommenden Kunstausdrücke und wissenschaftlichen Aussprüche (^{1}1881), Pa ^{2}1895 (Ndr.: St/BC ^{2}1983).

T) Albert Stöckl

a) Ausführliche Bibliographie:
Romstöck, F.: *Personalstatistik,* siehe R) a), 185f.
LThK Bd. IX (1937) 834.

b) Auswahl:
Der Nominalismus und Realismus in der Geschichte der Philosophie, Eich 1854.
Die spekulative Lehre vom Menschen, 2 Bde., Wü 1858/59.
De argumento ut vocant ontologico quo existentia Dei demonstrari solet, Mr 1862.
Geschichte der Philosophie des Mittelalters, 3 Bde., Mz 1864–1866.
De Joannis Scoti Erigenae philosophia, 2 Bde., Mr 1867.
Lehrbuch der Philosophie, 3 Bde. (^{1}1868), Mz ^{7}1892.
Lehrbuch der Geschichte der Philosophie (^{1}1870), 2 Bde., Mz ^{3}1888.
Grundriß der Religionsphilosophie, Mz 1872.
Der Materialismus geprüft in seinen Lehrsätzen und deren Konsequenzen, Mz 1877.
Das Christentum und die großen Fragen der Gegenwart auf dem Gebiet des geistigen, sittlichen und sozialen Lebens, 3 Bde., Mz 1879/80.
Geschichte der neueren Philosophie von Baco und Cartesius bis zur Gegenwart, 2 Bde., Mz 1883.
Geschichte der christlichen Philosophie zur Zeit der Kirchenväter, Mz 1891 (Neubearbeitung von: Die spekulative Lehre vom Menschen, 1858/59).
Grundzüge der Philosophie, Mz 1892.
Grundriß der Geschichte der Philosophie, Mz 1894.

2. Literatur

Aubert, R.: *Scholastiker* und Germaniker gegen die »Deutschen Theologen«, in: HKG(J) Bd. VI/1 (1971) 683–695.
Ball, Th.: *Haffner,* siehe 1. G) a).
Bauer, C.: Das *Naturrecht* in der ersten Auflage des Staatslexikons der Görres-Gesellschaft, in: A. Langner: *Theologie,* 135–170.
Becker, W.: Georg von *Hertling,* siehe 1. I) a).
Belz, W.: Friedrich *Michelis* und seine Bestreitung der Neuscholastik in der Polemik gegen Joseph Kleutgen, Leiden 1978.
Brandt, H. J.: Eine katholische *Universität* in Deutschland? Das Ringen der Katholiken um eine Universitätsbildung im 19. Jahrhundert, Kö/W 1981.

Brosch, H. J.: Vom *Wesen* wahrer Theologie. Das Verhältnis der katholischen Tübinger Schule im 19. Jahrhundert zur Scholastik, in: WiWei 19 (1956) 1–16.
Brück, A. Ph.: Johann Baptist *Heinrich*, in: H. Fries / G. Schwaiger (Hg.): Kath. Theologen, Bd. II, 442–470.
Casper, B.: Der Systemgedanke in der späten Tübinger Schule und in der deutschen Neuscholastik, in: PhJ 72 (1964/65) 161–179.
–: *Hegel* in der Sicht Joseph Kleutgens, in: G. Schwaiger (Hg.): Kirche und Theologie im 19. Jahrhundert, Gö 1975, 167–174.
–: *Gesichtspunkte* für eine historische Darstellung der deutschen katholischen Theologie im 19. Jahrhundert, in: A. Rauscher (Hg.): Entwicklungslinien des deutschen Katholizismus, Mü/Pa/W 1973, 85–96.
–: Die theologischen *Studienpläne* des späten 18. und frühen 19. Jahrhunderts im Lichte der Säkularisierungsproblematik, in: A. Langner (Hg.): Säkularisation und Säkularisierung im 19. Jahrhundert, Mü/Pa/W 1978, 97–142.
Coreth, E.: Die *Philosophie* an der Theologischen Fakultät Innsbruck 1857–1957, in: ZKTh 80 (1958) 142–183.
Deufel, K.: *Kirche* und Tradition, siehe 1. K) a).
Dörr, F.: Mathias *Schneid*. Ein Lebensbild, in: CollWill 253–266.
Dubarle, D.: Le P. *Kleutgen* et l'encyclique »Aeterni Patris«, in: A. V.: Atti dell'VIII Congresso Tomistico Internazionale, Bd. II, R/Vat 1981, 456–467.
van Dülmen, R.: *Antijesuitismus* und katholische Aufklärung in Deutschland, in: HJ 89 (1969) 62–80.
Dyroff, A. / Hohnen, W.: Der Philosoph Christoph Bernhard *Schlüter* und seine Vorläufer, Pa 1935.
Edmaier, A.: Albert Stöckl als *Wegbereiter* und Vorkämpfer der christlichen Soziallehre, in: CollWill 267–277.
Ehrle, F.: Die *Scholastik* und ihre Aufgaben in ihrer Zeit. Grundsätzliche Bemerkungen zu ihrer Charakteristik ([1]1918), Fr 1933.
Fabro, C.: Zu einem vertieften *Verständnis* der thomistischen Philosophie. Der Begriff der Partizipation, in: K. Bernath (Hg.): Thomas von Aquin, Bd. II, Da 1981, 386–432.
Flir, A.: *Briefe* aus Rom, hg. L. Rapp, I [2]1864.
Foucher, L.: La *philosophie* catholique en France au XIXe siècle avant la renaissance thomiste et dans son rapport avec elle (1800–1880), P 1955.
Gilen, L.: Kleutgen und die Erkenntnistheorie *Descartes'*, in: Schol 30 (1955) 50–72.
–: Kleutgen und die *Theorie* des Erkenntnisbildes, Meisenheim/Glan 1956.
–: Kleutgen und der hermesianische *Zweifel*, in: Schol 33 (1958) 1–31.
–: Joseph Kleutgen und die philosophische *Prinzipienlehre* bei Hermes, in: Schol 37 (1962) 1–31.
Götten, J.: Christoph *Moufang*, Mz 1969.
Grabmann, M.: Mittelalterliches *Geistesleben*, Bd. I, Mü 1926.
Greshake, G. / Schulte, R.: Dogmatische *Theologie* und Dogmengeschichte, in: E. C. Suttner (Hg.): Die Katholisch-Theologische Fakultät der Universität Wien 1884–1984, B 1984, 153–185.
Hartley, T. J. A.: Thomistic *Revival* and the Modernist Era, To 1971.
Hegel, E.: *Geschichte* . . ., siehe 1. C) a).
Hirschberger, J.: Die *Philosophiegeschichte* an der Eichstätter Hochschule, in: CollWill 216–232.
Höfer, J.: Zum *Aufbruch* der Neuscholastik im 19. Jahrhundert, in: HJ 72 (1953) 410–432.
–: Hermann Ernst Plaßmann. La *genesi* e la particolarità del suo tomismo, in: Doctor Communis 17 (1964) 224–241.
–: Hermann Ernst *Plaßmann*, in: Theologie und Glaube 55 (1965) 106–120.
–: Hermann Ernst Plaßmann, *pioniere* del tomismo in Germania e in Italia, in: Aquinas 8 (1965) 415–422.
Hollerbach, A.: Das Verhältnis der katholischen *Naturrechtslehre* des 19. Jahrhunderts zur Geschichte der Rechtswissenschaft und der Rechtsphilosophie, in: A. Langner: *Theologie*, 113–133.
Jansen, B.: *Aufstiege* zur Metaphysik heute und ehedem, Fr 1933.
–: Die *Pflege* der Philosophie im Jesuitenorden während des 17./18. Jahrhunderts, Fulda 1938.
Kraus, F. X.: *Tagebücher*, hg. H. Schiel, Kö 1957.
Langner, A. (Hg.): *Theologie* und Sozialethik im Spannungsfeld der Gesellschaft, Mü/Pa/W 1974.
Lauchert, F.: Ludwig *Schütz*, in: Biographisches Jahrbuch und deutscher Nekrolog 6 (1904) 211f.
Lenhart, L.: Die Erste Mainzer *Theologenschule* des 19. Jahrhunderts, in: Jahrbuch für das Bistum Mainz 6 (1951–1954) 93–186; 7 (1955–1957) 9–130.
–: Paul Leopold *Haffner*, in: Jahrbuch für das Bistum Mainz 8 (1958–1960) 11–117.

Lenz, J.: Die *Philosophie* am Trierer Priesterseminar im 19. Jahrhundert, in: Trierer Theologische Zeitschrift 60 (1951) 267–280.
Mattes, W.: Die alte und die neue *Scholastik,* in: TThQ 28 (1846) 355–406, 578–620.
McCool, G. A.: Catholic *Theology* in the Nineteenth Century, NY 1977.
Meschkowski, H.: Georg *Cantor,* Mannheim/W/Zü ²1983.
Michelis, F.: *Bemerkungen* zu der durch J. Kleutgen S. J. verteidigten Philosophie der Vorzeit, Fr 1861.
–: 50 *Thesen* über die Gestaltung der kirchlichen Verhältnisse der Gegenwart (¹1867), Braunsberg ²1868.
Murphy, B. J.: Der *Wiederaufbau* der Gesellschaft Jesu in Deutschland im 19. Jahrhundert, F/Be/NY 1985.
Naab, E.: Das eine große Sakrament des Lebens. Studie zum Kirchentraktat des Joseph *Ernst* (1804 bis 1869) mit Berücksichtigung der Lehrentwicklung in der von ihm begründeten Schule, Rb 1985.
Nettesheim, J.: Christoph Bernhard Schlüter über Franz Xaver von *Baader,* in: PhJ 65 (1957) 245–250.
–: Christoph Bernhard *Schlüter,* B 1960.
–: Anton *Günther* (1783–1863) und der Schlüter-Kreis in Münster, in: Archiv für Geschichte der Philosophie 44 (1962) 283–312.
–: Christoph Bernhard Schlüter und Franz *Brentano,* in: ZPhF 16 (1962) 284–296.
– (Hg.): Christoph Bernhard Schlüter an Wilhelm *Junkmann,* Mr 1976.
Neufeld, K. H.: »Römische *Schule«.* Beobachtungen und Überlegungen zur genaueren Bestimmung, in: Gr. 63 (1982) 677–699.
Ott, L.: Professor Franz von Paula *Morgott,* siehe 1. O) a).
Przywara, E.: Die Problematik der *Neuscholastik,* in: KantSt 33 (1928) 73–98.
Raab, H.: Zur Geschichte und Bedeutung des Schlagwortes *»Ultramontan«* im 18. und frühen 19. Jahrhundert, in: HJ 81 (1961) 159–173.
–: Die *Wiederentdeckung* der Staatslehre des Thomas von Aquin in Deutschland im 19. Jahrhundert, in: HJ 94 (1974) 191–221.
–: *Kirchengeschichte* im Schlagwort. Schlagwörter des späten 18. und frühen 19. Jahrhunderts, in: Annuarium historiae conciliorum 8 (1976) 507–540.
–: *»Römling«.* Zur Geschichte des antirömischen Affekts und der Gettoisierung in der ersten Hälfte des 19. Jahrhunderts, in: U. Altermatt / J. Garamvölgyi (Hg.): Innen- und Außenpolitik. Primat oder Interdependenz (= FS W. Hofer), Be/St 1980, 527–545.
Romstöck, F. S.: *Personalstatistik,* siehe 1. R) a).
Schaeffler, R.: Die *Wechselbeziehung* zwischen Philosophie und katholischer Theologie, Da 1980.
Schäfer, Th.: Die erkenntnistheoretische *Kontroverse* Kleutgen – Günther, Pa 1961.
Schindele, S.: Georg *Hagemann,* in: Biographisches Jahrbuch und deutscher Nekrolog 9 (1906) 439–441.
Schnabel, F.: Deutsche *Geschichte* im 19. Jahrhundert, Bd. IV, Fr 1937.
Schwaiger, G.: Die Münchener *Gelehrtenversammlung* von 1863 in den Strömungen der katholischen Theologie des 19. Jahrhunderts, in: G. Schwaiger (Hg.): Kirche und Theologie im 19. Jahrhundert, Gö 1975.
Schwalbach, H.: Der Mainzer *»Katholik«* als Spiegel des neuerwachenden kirchlich-religiösen Lebens in der ersten Hälfte des 19. Jahrhunderts (1821–1850), Mz 1966 (Diss. theol.).
Schwedt, H.: *Rezension* zu K. Deufel: *Kirche,* in: Römische Quartalschrift 72 (1977) 264–269.
Söhngen, G.: Das philosophische *Erbe,* in: Bonner Zeitschrift für Theologie und Seelsorge 6 (1929) 81–93.
Steck, K. G.: Joseph *Kleutgen* und die Neuscholastik, in: E. Fries (Hg.): FS für J. Klein zum 70. Geburtstag, Gö 1967, 288–305.
Thibault, P.: *Savoir* et pouvoir. Philosophie thomiste et politique cléricale au XIXe siècle, Québec 1972.
Van Riet, G.: L'*épistémologie* thomiste, Lv 1946.
Vollrath, E.: Die *Gliederung* der Metaphysik in eine Metaphysica generalis und eine Metaphysica specialis, in: ZPhF 16 (1962) 258–284.
de Vries, J.: *Geschichtliches* zum Streit um die metaphysischen Prinzipien, in: Schol 6 (1931) 196–221.
–: Tilmann Pesch S. J. und die Philosophia Lacensis, in: Hochschule für Philosophie München – Philosophische Fakultät S. J., Jahresbericht 1977/78, 1–11.
Walter, P.: Zu einem neuen Buch über Joseph *Kleutgen* SJ, in: ZKTh 100 (1978) 318–356.

Walz, A.: *Sguardo* sul movimento tomista in Europa nel secolo XIX fino all'Enciclica Aeterni Patris, in: Aquinas 8 (1965) 351–379.
Weiß, O.: Die *Redemptoristen* in Bayern (1790–1909), St. Ottilien 1983.
Welte, B.: Zum *Strukturwandel* der katholischen Theologie im 19. Jahrhundert, in: B. Welte: Auf der Spur des Ewigen, Fr/Bas/W 1965.
Wenzel, P.: Das wissenschaftliche Anliegen des *Güntherianismus*, Essen 1961.
Wittmann, M.: Albert *Stöckl* als Ethiker in seiner geschichtlichen Stellung, in: PhJ 58 (1948) 106–120.
Wolfinger, F.: Der *Glaube* nach Johann Evangelist von Kuhn, Gö 1972.

Peter Walter

Der französischsprachige Raum
Überblick zur Neuscholastik in Frankreich und Belgien

Der entscheidende Beitrag, den der französischsprachige Raum zur Geschichte der Neuscholastik im 19. Jahrhundert leistete, war die Errichtung des Institut Supérieur de Philosophie in Löwen im Jahre 1882. Der Geist, der von dieser Institution ausging, veränderte in der Tat die Philosophie *ad mentem S. Thomae* weltweit. Was sich in Löwen anbahnte, war nämlich eine positive Begegnung zwischen scholastisch geprägtem Denken einerseits und neuzeitlich-moderner Philosophie andererseits. Erst jetzt schien wirklich die Stunde der *Neu-Scholastik* gekommen zu sein. Standen vorher die Verteidigung der christlichen Tradition und die Rückkehr zu den eigenen Wurzeln in der Scholastik im Vordergrund, so zeichneten sich nun Schritte zu einem Dialog mit dem neuzeitlichen Denken ab. Die großen Leistungen der Neuscholastik des 20. Jahrhunderts wurden hier vorbereitet.

Über das Institut Supérieur und dessen Gründer Kardinal Désiré Mercier (1851–1926) wird im folgenden ein eigenes und umfangreiches Kapitel von Georges Van Riet zu finden sein. Auch sonst wird in zahlreichen Beiträgen dieses Bandes die Bedeutung und Wirkung der Löwener Schule dokumentiert werden. Darauf darf hier verwiesen werden. Gegenstand dieses Beitrages soll die »übrige« Neuscholastik sein, die der französischsprachige Raum im 19. Jahrhundert hervorgebracht hat. Konkret gedacht ist hier wiederum an Frankreich, Belgien und den französischen Teil Kanadas.[1]

Richtet man seinen Blick nun auf die französisch-belgische Neuscholastik, so fällt sofort auf, daß sie im Vergleich zu dem, was sie in Löwen geleistet hat, bzw. im Vergleich zu dem, was sich gleichzeitig in der italienischen oder deutschen Neuscholastik des 19. Jahrhunderts abgespielt hat, sehr bescheiden auftritt. Diese französischsprachige Neuscholastik, die im 20. Jahrhundert mit Persönlichkeiten wie Pierre Rousselot, Joseph Maréchal, Jacques Maritain, Étienne Gilson,

---

[1] Die Literatur zu diesem Thema ist sehr spärlich und auf dem normalen Wege über öffentliche Bibliotheken kaum erhältlich. Die hier gebotene Darstellung erhebt daher keinen Anspruch auf Vollständigkeit.

Marie-Dominique Chenu, Antonin-Dalmace Sertillanges usw. sowie mit der Löwener Schule auf der ganzen Welt eine Art Führungsrolle übernehmen wird, diese Neuscholastik bleibt jetzt noch in den Anfängen stecken. Vom Löwener Institut abgesehen, bringt sie keine Leistung hervor, die sich etwa mit dem messen könnte, was zur selben Zeit ein Sanseverino, ein Taparelli d'Azeglio, ein Liberatore, ein Kleutgen oder ein González (um nur einige Namen zu nennen) hervorgebracht haben.

Wie in anderen Ländern auch steht die Scholastik in Frankreich bis zur Jahrhundertmitte im Abseits. Und dies gilt nicht nur für die zeitgenössischen Philosophen, sondern vor allem auch für die katholischen Denker, besonders die bahnbrechenden Denker unter ihnen: Félicité R. de Lamennais (1782–1854) und Louis G. A. de Bonald (1754–1840). Louis E. M. Bautain (1796–1867) und Augustin Bonnetty (1798–1879) lehnen die Scholastik zumindest zeitweise grundsätzlich ab.[2] Sie gilt ihnen als ein reiner Rationalismus, der nicht nur verheerende Konsequenzen für die Verkündigung des Evangeliums hat, sondern sich auch jeder positiven Begegnung mit der modernen Wissenschaft entzieht. Zum Beweis ihrer Ansicht konnten diese Theologen damals leicht auf den Schulbetrieb an den höheren kirchlichen Lehranstalten, speziell in den Seminarien, verweisen. In der Tat waren hier die Zustände bedenklich. Sieht man von der Schule Saint-Sulpice in Paris ab, an der ein höheres Niveau erreicht worden sein dürfte, so betrieb man sowohl die Theologie als auch die Philosophie weitgehend auf *scholastizistische,* nicht auf scholastische Weise. Dazu kam noch, daß man die angebliche Scholastik, auf die man sich berief, nicht vom neuzeitlichen Rationalismus unterscheiden konnte. Das heißt, man besaß auf allen Seiten ein völlig verzerrtes Bild von Scholastik. Nicht einmal die so vielgelesenen *Soirées de Saint-Pétersbourg* (1821) von Joseph de Maistre (1753–1821), die den hl. Thomas »l'une des plus grandes têtes qui aient existé dans le monde«[3] nannten und davor warnten, die Scholastiker von vornherein abzulehnen, und auch nicht die relativ weit verbreitete *Philosophia iuxta inconcussa tutissimaque D. Thomae dogmata* in vier Bänden von Antoine Goudin OP (1639–1695), die noch zwischen 1851 und 1886 viermal neu aufgelegt wurde, konnten daran viel ändern.

Den Anstoß zu einer Veränderung dieser Situation und damit zum Beginn der Neuscholastik gaben die Diskussionen um den Traditionalismus in der Theologie einerseits und die neue historische Erforschung des Mittelalters andererseits. Nicht überragende philosophische Denker stehen also am Anfang, sondern eher Theologen oder Wissenschaftler, die aufgrund eigener, nicht-philosophischer Problemstellungen auf die scholastische Philosophie aufmerksam machen. Oder anders gesagt: Es ist nicht die christliche Philosophie selbst, die (wie etwa in Italien) aus sich selbst heraus eine Erneuerung im mittelalterlichen Denken sucht, sondern es sind die Theologie, die nicht-katholische Philosophiegeschichtsschreibung und die Mediaevistik, die das scholastische Denken wieder zu Ehren bringen.

---

[2] Vgl. Foucher 237f.; vgl. 72ff.; N. Hötzel: *Uroffenbarung,* 117, 143, 145f., 162–164, 359 u. ö.
[3] Zit. bei R. Jacquin: *La philosophie,* 327.

Beginnen wir mit der theologischen Problematik: Ganz allgemein muß hier vorausgeschickt werden, daß die Verurteilung F.-R. de Lamennais' durch Papst Gregor XVI. (1832) bei vielen Theologen und katholisch engagierten Denkern eine Krise auslöste, die sie nicht nur persönlich von Lamennais trennte, sondern sie auch zu einer Neuorientierung in der Theologie und Philosophie zwang.[4] Hatten viele unter ihnen in Lamennais die Zukunft des Christentums überhaupt gesehen (nicht zuletzt, was die christliche Philosophie anbelangt), so mußten sie jetzt mit dem geistigen Vakuum, das durch seine Verurteilung und seinen Kirchenaustritt (1834) über sie hereingebrochen war, fertig werden. Was legte sich zu diesem Zweck aber für diejenigen, die mit der Kirche wieder in Frieden leben wollten, näher, als auf die alte, bewährte und anerkannte christliche Tradition zurückzugreifen? Speziell auf die Philosophie angewendet: Was empfahl sich anderes, als wieder auf die Patristik und die Scholastik zurückzukommen?

Ein einflußreicher und berühmter Mitstreiter Lamennais', Jean Baptiste Henri Dominique Lacordaire (1802–1861), tat diesen Schritt.[5] In seinem Buch *Considérations sur le système philosophique de M. de Lamennais* (Paris 1834) setzt er sich, wie schon der Titel sagt, von Lamennais als Philosophen ab. Dabei bezieht er sich auf die Überzeugung der Kirchenväter, daß nämlich Christus selbst mit Autorität (»avec autorité«) die einzig wahre Philosophie verkündet habe. Genau dies habe Lamennais vergessen. Deshalb sei er in die Irre gegangen.[6] Wer in diesem Punkt jedoch als Vorbild dienen könne, sei Thomas von Aquin (ihm wird daher ein eigenes Kapitel, »Doctrine de saint Thomas sur la philosophie dans l'Église«, gewidmet). Lacordaire geht über diesen Hinweis in der Auseinandersetzung mit seiner eigenen Vergangenheit aber noch hinaus. 1837 tritt er in Quercia bei Viterbo in den Dominikanerorden ein. Dadurch vertieft sich sein Verhältnis zu Thomas von Aquin zusätzlich. Nach Frankreich zurückgekehrt, wo er zum Erneuerer seines Ordens wird, hält er seine berühmten Predigten in Notre-Dame in Paris. In diesen wird deutlich, daß das, was er unter »philosophie chrétienne« versteht, der dominikanischen Tradition und damit dem Thomismus entnommen ist. Gleiches gilt für die Unterweisungen, die er später im Collège von Sorèze gibt. Es braucht nicht eigens dargelegt zu werden, daß diese Parteinahme für die Scholastik angesichts der Autorität, die Lacordaire in Frankreich genoß, nicht ohne Echo bleiben konnte.

Aber kommen wir zur theologischen Position des Traditionalismus:[7] Ein wesentliches Kennzeichen desselben ist bekanntlich seine Skepsis gegenüber den Kräften der menschlichen Vernunft. Er hält diese für unfähig, die Wahrheit aus eigenem Zutun jemals vollständig erreichen zu können. Dennoch gilt ihm der Vollzug der Vernunft nicht als ein absurdes Unternehmen. Das verdankt sie aber nicht sich selbst, sondern einer göttlichen Uroffenbarung, die bereits den ersten Menschen zuteil geworden sei und die seither in der Tradition, die sich vor allem

---

[4] Zu F.-R. de Lamennais vgl. die Beiträge von L. Le Guillou: Bd. I dieses Werkes, 459–476, 477–485.
[5] J. Y. Chevalier: *Lacordaire*.
[6] Zu Lacordaire vgl. den Beitrag *Im Schatten von Lamennais* von L. Le Guillou in Bd. I dieses Werkes, 478–481.
[7] Vgl. zum folgenden N. Hötzel: *Uroffenbarung*.

in der Sprache äußere, weitervermittelt werde. Es ist offensichtlich, daß diese Theorie dem thomistischen Verständnis vom Verhältnis zwischen Vernunft und Offenbarung radikal entgegensteht. Denn für Thomas erreicht die Vernunft immerhin Gott selbst, d. h. die absolute Wahrheit. Mag sie dabei auch ihre Schwierigkeiten im Vollzug ihrer selbst haben, so besitzt sie doch prinzipiell die Möglichkeit, sichere und wahre Erkenntnis zu erlangen. Genau darauf beruht nicht zuletzt ihr Vermögen, der göttlichen Offenbarung in Freiheit begegnen zu können.

Der Jesuit Marie-Ange Chastel (1804–1861) macht sich zum Wortführer dieser thomistischen Position.[8] In seinen Werken, die u. a. die bezeichnenden Titel *Les rationalistes et les traditionalistes, ou les écoles philosophiques depuis vingt ans* (Paris 1850), *L'origines des connaissances humaines d'après l'Écriture sainte* (Paris 1852) und (vor allem) *De la valeur de la raison humaine, ou ce que peut la raison par elle seule* (Paris 1854) tragen, stand er vorwiegend im Streit mit Augustin Bonnetty, der in seinen *Annales de philosophie chrétienne* eine zumindest gemäßigte (gelegentlich »semirationalistisch« genannte) Form des Traditionalismus verteidigte. Chastel bezweifelte von vornherein die Notwendigkeit einer Uroffenbarung. Er schlug vielmehr (ähnlich wie später J. Maritain) vor, die prinzipiellen Fähigkeiten der Vernunft von ihrem konkreten geschichtlichen Vollzug zu unterscheiden. Mag sie im Hinblick auf diesen Vollzug auch ohne Offenbarung letztlich nicht an ihr angestrebtes Ziel gelangen, so ändert das nichts daran, daß sie auch ohne Offenbarung Gott erreichen kann. So lehren es für Chastel die Schrift und die Tradition. Bei der Tradition denkt er naheliegenderweise vor allem an Thomas von Aquin, der diesem Standpunkt seine klassische Form verliehen hat. Dadurch weist Chastel über diese theologische Auseinandersetzung in Sachen »Offenbarungsbegriff« die Aufmerksamkeit auf die Wissenschaftstheorie der Scholastik hin. Er verschafft sich damit in der Geschichte der französischen Neuscholastik eine Schlüsselstellung.

Neben diesem theologischen Anstoß gab es nun aber noch einen anderen, von außen kommenden Anstoß. Dieser kam (wie erwähnt) aus der allgemeinen Philosophiegeschichtsschreibung und Mediaevistik. Mann der ersten Stunde war dabei Victor Cousin (1792–1867), der Schüler Maine de Birans und Freund Schellings und Hegels, der versuchte, zwischen den zeitgenössischen Philosophien eine Synthese zu schaffen.[9] In seinem *Cours de l'histoire de la philosophie*, der zwischen 1815 und 1829 erstmals in acht Bänden erschien (und später wiederholt neu aufgelegt wurde), widmete er der mittelalterlichen Philosophie zwar nicht mehr als 55 Seiten, doch weist er mit Nachdruck darauf hin, daß diese Epoche noch zu wenig erforscht sei. Er spricht die Überzeugung aus, daß eine genauere Kenntnis der Scholastiker die Philosophie sehr bereichern könnte: »Il y a beaucoup de vérités dans la scolastique... Peu de noms méritent d'être prononcés avec plus de respect que celui de l'ange de l'école, de ce saint Thomas d'Aquin, dont l'ouvrage, la célèbre *Somme,* est pour la forme un des chefs d'œuvre de l'esprit

---

[8] Vgl. ebd. 206–239; Foucher 249–252; DBF Bd. VIII (1959) 737.
[9] Zur Rolle Cousins vgl. Foucher 248f.; R. Jacquin: *La philosophie,* 327f.

humain.«[10] Mit gutem Beispiel vorangehend, gibt er 1849 und 1859 die Werke Abaelards heraus. Diese Edition ist heute noch von Bedeutung.

Große Verdienste in dieser Richtung erwarb sich sodann die 1832 gegründete Académie royale des Sciences morales et politiques de l'Institut de France in Paris.[11] Sie förderte zunächst vor allem die Erforschung von Aristoteles und des Aristotelismus. Zu ihren Mitgliedern zählte u. a. Barthélemy Saint-Hilaire (1805 bis 1895), ein bedeutender Aristoteles-Forscher. Sein Werk *Mémoire sur Aristote* (Paris 1835) sowie seine Übersetzung des gesamten aristotelischen Werkes trugen viel zur neuen philosophischen Beschäftigung mit der griechisch-abendländischen Tradition bei. Genauso wie in Deutschland (man denke an die Aristoteles-Interpretationen von A. Trendelenburg und F. Brentano) führten diese Forschungen zu einer genaueren Aufmerksamkeit für die Scholastik. Die genannte Académie schrieb daher (auf Drängen Cousins) 1845 und 1853 jeweils einen Preis (concours) für eine besondere Leistung auf dem Gebiet der Erforschung der mittelalterlichen, speziell der thomistischen Philosophie aus. Ausgezeichnet wurden damals zwei Werke, die unter den sonstigen Veröffentlichungen zum gleichen Thema im 19. Jahrhundert in Frankreich herausragen sollten: das *Examen critique de la philosophie scolastique* von Barthélemy Hauréau (2 Bde., Paris 1850) sowie *La Philosophie de Saint Thomas d'Aquin* von Charles Jourdain (2 Bde., Paris 1858).

Jean Barthélemy Hauréau (1812–1896) stand ursprünglich der Kirche nicht freundlich gegenüber.[12] Seine erste Veröffentlichung ist sogar ein antiklerikales Pamphlet (*Manuel du clergé ou examen de l'ouvrage de M. Bouvier*), das er 1845 überarbeitet herausgab. Nach einigen Jahren als Journalist wurde er Bibliothekar zunächst in Mans und später (1848) an der Bibliothèque nationale in Paris. Als solcher beschäftigte er sich intensiv mit mittelalterlichen Handschriften. Viele von ihnen publizierte er als Mitarbeiter und Mitherausgeber der berühmten Editionen *Gallia christiana* (gegründet 1607/1626) und *Histoire littéraire de la France* (gegründet 1733). Bei dieser Gelegenheit gewann er ein gesteigertes Interesse an der scholastischen Philosophie. Ihr widmet er sich sodann in jahrzehntelangen Studien. Ergebnisse dieser Arbeit sind das genannte preisgekrönte Werk von 1850, dann aber vor allem die dreibändige *Histoire de la philosophie scolastique* (Paris 1872–1880), die gegenüber dem Werk von 1850 etwas völlig Eigenständiges und Neues ist. Den größten Wert dieser *Histoire* stellen die darin enthaltenen Hinweise auf zahlreiche, bis dahin unbekannte mittelalterliche Werke und Handschriften dar. Dank ihres immensen Informationsgehaltes ist sie auch trotz aller Einseitigkeit, mit der sie die Leistungen der Scholastik beurteilt, bis heute eine wichtige literarische Quelle geblieben.

La Philosophie de Saint Thomas d'Aquin von Charles Jourdain (1817–1886),[13] einem höheren Beamten am Ministère de l'Instruction publique et des cultes,

---

[10] Zit. R. Jacquin: *La philosophie*, 327 Anm. 9.
[11] Ebd. 328ff.; vgl. Foucher 246ff.
[12] Zu Hauréau vgl. Foucher 248; R. Jacquin: *La philosophie*, 329, Cath. Bd. V (1962) 529f. (Ph Delhaye).
[13] Zu Jourdain vgl. Foucher 248f.; R. Jacquin: *La philosophie*, 330–332.

der gleichzeitig Mitglied mehrerer wissenschaftlicher Organisationen und Autor zahlreicher Werke zur abendländischen Geistesgeschichte war, ist völlig andersgeartet als das Geschichtswerk von Hauréau. Obwohl sie die historischen Ereignisse im Leben des hl. Thomas ausführlich berücksichtigt, zielt seine 942 Seiten umfassende Untersuchung doch mehr auf eine systematische Exposition der thomistischen Philosophie. Anders als Hauréaus Werk ist sie auch nicht von einer anhaltenden Distanz zu den Scholastikern als Denkern getragen, sondern im Gegenteil von einer großen Verehrung und Bewunderung für den hl. Thomas. Mit der Zeit (vor allem gegen Ende des Jahrhunderts) wurde es zwar durch andere, ähnlich ausgerichtete Untersuchungen in den Hintergrund gedrängt, doch für seine Zeit, Mitte des 19. Jahrhunderts, gebührt ihm in Hinblick auf das Bekanntmachen der thomistischen Philosophie ein hohes Verdienst.

Unter den ausdrücklich katholisch engagierten Denkern griffen zunächst auch keine Philosophen in das Geschehen um die Neuscholastik ein. An erster Stelle müssen hier vielmehr zwei Persönlichkeiten genannt werden, die eher bedeutende Kirchenpolitiker, Organisatoren und Seelenführer waren. Gemeint sind Ventura di Raulica und Maurice d'Hulst. Sie treten jedoch erst nach 1850 in Erscheinung, zu einer Zeit, als die Neuentdeckung des Mittelalters in Frankreich bereits in vollem Gange war.

Gioacchino Ventura di Raulica (1792–1861) kam erst 1851 als Exilant nach Frankreich.[14] Geboren wurde er in Palermo. 1818 trat er in den Orden der Theatiner in Neapel ein. Sodann schloß er sich geistig den französischen Traditionalisten an. Er war entscheidend an der Übersetzung und Verbreitung der Werke von de Maistre, Lamennais und de Bonald in Italien beteiligt. Als er 1824 nach Rom übersiedelte, wurde er von Papst Leo XII. auf einen Lehrstuhl für Kanonistik berufen. In dieser Funktion hatte er zahlreiche kirchliche Aufgaben wahrzunehmen. Dennoch veröffentlichte er 1828 sein erstes philosophisches Werk: *De methodo philosophandi* (Rom 1828). 1831 schloß er Freundschaft mit Lamennais, der damals beim Papst um seine liberalistischen Anliegen bemüht war. Obwohl er sich dann nach dessen Verurteilung von ihm distanzierte, wurde er doch einer seiner treuesten Schüler. In den ersten Regierungsjahren Pius' IX. trat er offen für die Anliegen des Liberalismus ein. 1847 bezeichnete er sogar die Demokratie als Verbündete der Kirche.[15] Erst im Anschluß an die Revolution von 1848, die er begrüßte, und infolge der heiklen Situation, die 1848/49 durch die kurzlebige römische Republik geschaffen wurde, kam er in Konflikt mit der päpstlichen Politik. Obwohl Pius IX. Ventura weiterhin gewogen blieb, zog es dieser vor, 1849 nach Montpellier und 1851 nach Paris zu übersiedeln, wo er sich der besonderen Protektion durch Kaiser Napoleon III. erfreute. Genau in dieser Zeit gab er aber den kirchlichen Kreisen einen massiven Anstoß in Richtung der Erneuerung der Scholastik. Zwischen 1851 und 1864 publizierte er die vier Bände

---

14 Zu Ventura vgl. A. Cristofoli: *Ventura;* Foucher 238–246; N. Hötzel: *Uroffenbarung,* 239–271; außerdem: Enciclopedia Cattolica Bd. XII (1954) 1238–1240 (F. Andreu).

15 In seiner Gedenkrede auf Daniel O'Connell (1775–1847), den bedeutenden irischen Staatsmann. Diese Rede erschien auch in deutscher Sprache: *Trauerrede auf Daniel O'Connell gehalten zu Rom,* dt. J. Mühleisen, Tü 1847; dt. W. Reithmeier, Mü 1847.

seines Werkes *La raison philosophique et la raison catholique*. Dieses enthält vorwiegend Predigten, die Ventura in Paris (meist in Anwesenheit des Kaisers) gehalten hat. Gemeinsam mit dem 1861 ebenfalls in Paris erschienenen (aber unvollendeten) dreibändigen Werk *La philosophie chrétienne* unternimmt er den Versuch, eine Synthese zwischen Traditionalismus einerseits und Scholastik andererseits zu schaffen. Dem war der Kirchenpolitiker, Kanonist und Seelsorger Ventura allerdings nicht gewachsen. Deshalb erschien er den einen als eine Art gemäßigter Traditionalist, den anderen hingegen als ein verunglückter Scholastiker. Dennoch trifft für ihn das zu, was auch für Lacordaire zutrifft: Seine überragende Stellung innerhalb des kirchlichen Lebens sowohl in Italien als auch in Frankreich verschaffte den Anliegen der neu entdeckten Scholastik eine unüberhörbare Publizität. Die Wirkung, die von seinem Einsatz für die Scholastik ausging, übertraf daher bei weitem das, was seine geistigen Schüler, Antoine Marie Bensa[16] und Henri Robert Feugueray (1813–1854), unmittelbar übernahmen. Louis Foucher hat in Ventura di Raulica nicht zu Unrecht den eigentlichen katholischen Initiator der Neuscholastik in Frankreich gesehen.

Ähnlich gestaltete sich die Rolle, die Maurice d'Hulst (1841–1896) spielte.[17] Auch er war kein großer Philosoph, obwohl er wiederholt Vorlesungen zur scholastischen Philosophie hielt. Nach seinen Studien in Rom (bei J. B. Franzelin an der Gregoriana und bei den Dominikanern am Collegio di S. Maria sopra Minerva) wurde er bald in leitende Stellungen der kirchlichen Hochschulorganisation berufen. Seine Hauptinitiative galt darin der Gründung der Université Catholique de Paris, die 1875 erfolgte. Als dieser 1880 der Titel »Universität« aberkannt wurde, entstand das Institut Catholique de Paris. D'Hulst wurde 1881 sein erster Rektor. Als solcher nahm er jedoch nicht bloß organisatorische Aufgaben wahr, sondern beteiligte sich auch leitend am philosophischen Unterricht. Dieser war wiederum von scholastischem Geist geprägt. 1884 gründete er die Société de Saint-Thomas d'Aquin. Mit deren Unterstützung entfaltete er eine reiche Vortragstätigkeit, die sich nicht nur auf Paris beschränkte. Nicht zu übersehen ist schließlich sein Wirken als Herausgeber. Die von ihm edierten *Mélanges Philosophiques* (Paris 1892) bzw. die zum Druck vorbereiteten *Nouveaux Mélanges Philosophiques* (Paris 1909) sind interessante Dokumente der damaligen Neuscholastik in Paris.

M. d'Hulst war es auch, der zwei bemerkenswerte französische Neuthomisten für die Société de Saint-Thomas d'Aquin (1884) und für Vorlesungen am Institut Catholique (1886) gewann: Domet de Vorges und Joseph Gardair. Beide waren Laien, beide von Haus aus keine Philosophen, und beide brachten es zu internationalem Ansehen.

Edmond Charles Eugène Domet de Vorges (1829–1910),[18] aus gräflichem Geschlecht, war durch viele Jahre hindurch Diplomat. Als solcher vertrat er sein

---

[16] Die biographischen Daten Bensas waren für mich unauffindlich.
[17] Zu d'Hulst vgl. bes. A. Baudrillart: *D'Hulst*; R. Jacquin: *Mgr. d'Hulst*.
[18] Zu Domet de Vorges vgl. R. Jacquin: *Deux promoteurs*, 358–363; vgl. außerdem Cath. Bd. III (1952) 978f.

Land in Dänemark, Portugal, Brasilien, Peru und Ägypten. 1883 zog er sich jedoch aus der Politik zurück und widmete sich ausschließlich der Erneuerung der scholastischen Philosophie. Im Zuge dessen wurde er sogleich Vizepräsident der Société de Saint-Thomas d'Aquin (nach dem Tode von d'Hulst sogar Präsident). Was er bisher nur schriftlich äußern konnte (1856 reichte er ein umfangreiches Manuskript über die Philosophie des hl. Thomas in der Académie des Sciences morales et politiques ein; 1883 erschien in Paris sein Buch *Essai de métaphysique positive*), das konnte er jetzt in Vorlesungen am Institut Catholique öffentlich darlegen. Ergebnis dieser Veranstaltungen waren wiederum Bücher und Artikel (vorwiegend in den *Annales de Philosophie chrétienne*). Die wichtigsten unter ihnen sind: *La constitution de l'être suivant la doctrine péripatéticienne* (Paris 1886), *Cause efficiente et cause finale* (Paris 1889), *Les certitudes de l'expérience* (Paris 1898), *Les ressorts de la volonté et le libre arbitre* (Paris 1889) und *Saint Anselm* (Paris 1901). Seine beiden Hauptwerke waren jedoch *La perception et la psychologie thomiste* (Paris 1892) und der zweibändige *Abrégé de métaphysique* (Paris 1906). Sie stellen die eigentliche Summe seines Denkens dar.

Völlig anders verläuft der Werdegang von Joseph Gardair (1846–1911).[19] Er stammt aus Marseille. Sein Vater war Kaufmann. Gardair selbst lebte jahrzehntelang von den Einnahmen des väterlichen Geschäftes, das er nach Paris verlegte. Neben dieser kommerziellen Tätigkeit fand er aber Zeit für das Studium des hl. Thomas. Er publizierte sogar Artikel über diesen in den *Annales de Philosophie chrétienne*. Auf diese Weise wurde Maurice d'Hulst auf ihn aufmerksam und lud ihn gemeinsam mit Domet de Vorges ein, an seinen Institutionen mitzuwirken. Auch Gardair hielt Vorlesungen am Institut Catholique und war jahrelang Sekretär der Société de Saint-Thomas. 1890 erhielt er jedoch überraschenderweise einen Lehrstuhl für scholastische Philosophie an der Sorbonne. Hier stieß er auf ein beachtliches Echo. Dank seines klaren und deutlichen Vortragsstils gewann er eine große Zahl an Studenten. Es konnte nicht ausbleiben, daß diese Vorlesungen in Buchform zwischen 1892 und 1896 in Paris erschienen. Gemeinsam sollten diese vier Bände eine umfassende Darstellung der thomistischen Lehre bieten. Dementsprechend die Titel der (umfangreichen) Bücher: *Corps et âme* (1892), *Les passions et la volonté* (1832), *La connaissance* (1895) und *La nature humaine* (1896). Außerhalb dieser Reihe gab er 1901 (ebenfalls in Paris) seine Ethik, *Les vertus naturelles*, heraus.

Für Frankreich bleibt noch zweierlei zu erwähnen: Ersteres betrifft die Ausgaben der Werke des hl. Thomas. Diese häufen sich nach 1851 zusehends. Allein zwischen 1851 und 1863 wird die *Summa theologiae* siebenmal in Gesamtausgabe, in Auswahl oder in Breviarium-Form mit Übersetzung der Öffentlichkeit vorgelegt. Gleichzeitig erscheinen Ausgaben der *Summa contra Gentiles* und von *De veritate*.[20] Die Werke des hl. Thomas wurden also verbreitet und stießen zumindest unter den Katholiken auf zunehmendes Interesse. Leider ist der Wert dieser Textausgaben nicht sehr hoch zu veranschlagen. Oft stellen sie Konkurrenz-

---

[19] Zu Gardair vgl. R. Jacquin: *Deux promoteurs*, 363–368.
[20] Vgl. R. Jacquin: *La philosophie*, 333–335.

unternehmen dar, die binnen kürzester Zeit realisiert wurden und so begreiflicherweise für textkritische Gesichtspunkte keinen Platz hatten.

Das zweite, was vermerkt werden muß, ist die Tatsache, daß die Neuscholastik auch in Frankreich nicht nur von Theologen und Philosophen, sondern sogar von Naturwissenschaftlern und Ärzten betrieben wurde. Wie in Italien, in der Accademia filosofico-medica di S. Tommaso d'Aquino von Bologna, gab es auch hier Ärztevereinigungen, die den Thomismus in ihrer Wissenschaft verteidigen wollten.[21] Ein wichtiger Exponent in diesem Zusammenhang war Félix Frédault (1822–1897), ein Arzt vom Hôpital S. Jacques in Paris, der in Verbindung zu Lacordaire, Montalembert und F. Ozanam stand.[22] Neben zahlreichen Zeitschriftenartikeln im *Correspondant* und im *L'Univers* schrieb er Bücher mit dem Ziel, die scholastische Naturphilosophie, konkret: den Hylemorphismus, mit den modernen Naturwissenschaften zu vermitteln. Seine beiden Hauptwerke tragen die Titel: *De la scolastique à la science moderne* (Paris 1867) und *Forme et matière* (Paris 1876). Anders als dem italienischen Arzt Alfonso Travaglini ging es Frédault nicht einfach um eine Bekämpfung der neuzeitlichen Naturwissenschaft. Er war vielmehr überzeugt davon, daß die eine oder andere Ergänzung das thomistische System zu einer tragfähigen philosophischen Basis für alle Wissenschaften machen könnte.

Richten wir unseren Blick nun auf die Neuscholastik in Belgien, soweit sie neben dem Institut Supérieur in Löwen vorhanden war:[23] Entscheidend war auch hier der Einfluß eines Italieners. Was für Frankreich Ventura di Raulica darstellte, das war Alberto Lepidi (1838–1885) für Belgien. Allerdings haben wir es bei diesem Dominikaner vom Collegio S. Maria sopra Minerva, der mehrere Jahre in Belgien (1874–1885) weilte, mit einem gediegeneren Philosophen als Ventura zu tun. Seine Auseinandersetzung mit dem Ontologismus, der in Löwen eben erst unter die päpstliche Zensur gefallen war (1861/1866), erschien 1875 bis 1879 in Löwen unter dem Titel *Elementa philosophiae christianae*. Dieses Werk beschränkt sich jedoch nicht auf die damals übliche Apologetik, sondern versucht gleichzeitig eine selbständige Durchdringung des thomistischen Denkens. Auch die 1899 in Paris posthum edierten *Opuscules philosophico-théologiques* weisen in diese Richtung. Auf seiten der Jesuiten ist besonders Louis De San (1832–1904) zu nennen. Nach zahlreichen Schilderungen muß er ein imponierender Lehrer gewesen sein, der es verstand, sein klares Bekenntnis zur Scholastik mit einer vorurteilslosen Offenheit für die modernen Philosophien zu verbinden. Leider hinterließ er ein geringes Œuvre. Neben einer Kosmologie (*Institutiones metaphysicae specialis*, Löwen 1881) und einer Gotteslehre (*Tractatus de Deo uno*, Löwen 1892) sind laut Maurice De Wulf nur handschriftliche Hinterlassenschaften vorhanden. Sodann ragt unter den belgischen Neuscholastikern Monsignor Alois Van Weddingen (1841–1890) hervor. Ihm verdanken wir einen ausführ-

---

[21] Vgl. Foucher 256–264.
[22] Zu Frédault vgl. neben Foucher auch DBF Bd. XIV (1979) 1146f.
[23] Zum folgenden vgl. M. De Wulf: *Histoire*, 339–344; außerdem: J. Watzlawik: *Leo XIII and the New Scholasticism*, Cebu City 1966, 61ff.

lichen Kommentar zur Enzyklika *Aeterni Patris (L'encyclique de S. S. Léon XIII et la restauration de la philosophie chrétienne,* Brüssel 1879), der binnen eines Jahres vier Auflagen erlebte. Wie De San ist er für das moderne Denken aufgeschlossen. Er fordert die Reform der Scholastik in Zusammenarbeit mit der modernen Wissenschaft. Offensichtlich erwartet er sich davon eine gegenseitige Bereicherung. Stattet die moderne Wissenschaft die scholastische Philosophie mit neuen Erkenntnissen aus, so vermag diese jener eine Grundlegung ihrer Objektivitätsansprüche zu vermitteln (vgl. *Les bases de l'objectivité de la connaissance dans le domaine de la spontanéité et de la raison,* Brüssel 1889). Van Weddingen beschäftigt sich selbst intensiv mit der neueren Psychologie. Aufgrund dieser Kenntnisse verfaßt er eine Auseinandersetzung mit Aristoteles: *L'Esprit de la psychologie d'Aristote* (Brüssel 1890). Darüber hinaus erwirbt er sich Verdienste in der Erforschung der mittelalterlichen Denker. Sein Werk *Étude critique sur la philosophie d'Albert le Grand, maître de Thomas d'Aquin* (Brüssel 1881) sowie sein *Essai critique sur la philosophie de S. Anselm de Canterbury* (Brüssel 1874) finden ein breites Echo. Was schließlich noch die in den Seminarien gängigen Handbücher anbelangt, so hält man sich in Belgien vorwiegend an die zeitgenössischen Italiener: an Sanseverino, Liberatore, Schiffini und Tongiorgi.

Bleibt noch ein Wort zum französischsprachigen Teil Kanadas: Hier gab es im Unterschied zu den Vereinigten Staaten im 19. Jahrhundert eine starke katholische Bevölkerungsschicht. Dank der seinerzeitigen französischen Kolonialisierung und dank der irischen Einwanderungswellen ab zirka 1840 konnte sich der katholische Volksanteil trotz englisch-anglikanischer Schutzherrschaft gut behaupten.[24] Daher bestand auch von vornherein ein Bedarf an höheren kirchlichen Lehranstalten. Diese waren zunächst in den Priesterseminarien untergebracht. Von kleinen Institutionen dieser Art in Nicolet, Saint-Hyacinthe usw. abgesehen, hatten Montreal und Québec die größte Bedeutung. Und hier ist wiederum für unseren Zusammenhang vor allem Québec von Interesse. An der in dieser Stadt 1852 entstandenen Université Laval (benannt nach François de Montmorency-Laval [1623–1708], dem ersten Apostolischen Vikar Kanadas und Gründer des Seminars, aus dem die Universität hervorging), die 1876 zur päpstlichen Hochschule erhoben wurde, erfuhr die Enzyklika *Aeterni Patris* (1879) ein unmittelbares Echo. Aufgrund einer grundsätzlich »romanisierenden« Ausrichtung, die im Klerus der Provinz Québec damals vorherrschte, rief man an dieser Universität nach dem Vorbild des Pontificio Collegio della Propaganda Fide in Rom eine École Supérieure de Philosophie ins Leben. Diese bildete das erste neuscholastische Zentrum in Kanada. Errang diese Initiative Ende des 19. Jahrhunderts auch keine Bedeutung, die über den französischen Teil Kanadas hinausgewachsen wäre, so darf sie doch als Ausgangspunkt jenes Neuthomismus gelten, der im 20. Jahrhundert gerade auch in Kanada eine beachtliche Entwicklung nehmen sollte.

---

[24] Vgl. auch HKG(J) Bd. VI/1 (1971) von R. Aubert: *Die Kirchen Amerikas* (215–218) und *Der Aufstieg des Katholizismus in der angelsächsischen Welt* (571–575).

BIBLIOGRAPHIE

1. Quellen

Alle für diesen Aufsatz wichtigen Quellen wurden im Text genau angeführt. Ergänzt sei:

Ventura di Raulica, G.: Opere complete, 31 Bde., Mi/V 1852–1864.
–: Opere complete, 11 Bde., Na 1856–1863.
–: Opere postume e inedite, 3 Bde., V 1863.
–: Sämmtliche Kanzelvorträge, 14 Bde., Rb 1848–1871 (ab Bd. 4: Sämmtliche Kanzelvorträge und Erbauungsschriften).
Jourdain, Ch.: Geschichte der Aristotelischen Schriften im Mittelalter, dt. A. Stahr, Halle 1831.

2. Literatur

Baudrillart, A.: Vie de Mgr. *d'Hulst,* 2 Bde., P 1912.
Chevalier, J. Y.: *Lacordaire,* le thomisme et la philosophie chrétienne, in: A. V.: L'Enciclica Aeterni Patris, Bd. II, R/Vat 1981, 306–312.
Colin, P.: Contexte philosophique de la restauration du thomisme en France à la fin du XIXe siècle, in: A. V.: L'Enciclica Aeterni Patris, Bd. II, R/Vat 1981, 57–64.
Cristofoli, A.: Il pensiero di Gioacchino *Ventura,* Mi 1927.
De Wulf, M.: *Histoire* de la Philosophie en Belgique, Bru/P 1910, 339–344.
Foucher, L.: 237–264.
Hötzel, N.: Die *Uroffenbarung* im französischen Traditionalismus, Mü 1962.
Jacquin, R.: *Deux promoteurs* inattendus de la philosophie de Saint Thomas d'Aquin, in: Divinitas. Pontificiae Academiae Theologiae Romanae Commentarii 18 (1974) 357–368.
–: *La philosophie* de Saint Thomas d'Aquin en France au XIXe siècle, avant l'Encyclique Aeterni Patris (1879), in: A. V.: San Tommaso. Fonti e riflessi del suo pensiero, R 1974, 325–337.
–: *Mgr. d'Hulst* (1841–1896) pionnier du renouveau de la philosophie thomiste, in: A. V.: Saggi sulla rinascita del Tomismo nel secolo XIX, R/Vat 1974, 303–311.
–: L'accueil reçu en France par l'Encyclique Aeterni Patris, in: A. V.: L'Enciclica Aeterni Patris, Bd. III, R/Vat 1981, 275–300.

Heinrich M. Schmidinger

Kardinal Désiré Mercier (1851–1926) und das philosophische Institut in Löwen

Désiré Mercier wurde am 21. November 1851 in Braine l'Allend im wallonischen Brabant in Belgien geboren. 1868 tritt er ins Priesterseminar von Mecheln ein. Hier studiert er zwei Jahre Philosophie und drei Jahre Theologie. 1873 wird er an die Universität Löwen geschickt, wo er das Lizenziat in Theologie erwirbt. Vier Jahre später (1877) kommt er als Philosophielehrer an das Seminar von Mecheln zurück. Die Berufung auf einen Lehrstuhl an der Universität Löwen erfolgt 1882. Im Jahr 1906 wird er zum Erzbischof von Mecheln ernannt. Als solcher wird er schon ein Jahr später ins Kardinalskollegium erhoben. Am 23. Januar 1926 stirbt Mercier in Brüssel.

Um seinen Beitrag würdigen zu können, den er während seiner Zeit als Professor in Löwen von 1882 bis 1906 für die Erneuerung des Thomismus leistete, legen wir zunächst seine Auffassung von Philosophie dar, um sodann zeigen zu können, wie er diese in sein veröffentlichtes Werk und die Gestaltung des von ihm gegründeten Instituts übersetzte.

NEUSCHOLASTISCHE PHILOSOPHIE

In seiner Enzyklika *Aeterni Patris* vom 4. August 1879 empfahl Papst Leo XIII. »bei gleichzeitig ausdrücklicher Aufforderung, jedes weise Denken, jede gelungene Erfindung und jede nützliche Entdeckung, woher auch immer diese stammten, wohlwollend und anerkennend aufzunehmen«, in den katholischen Lehranstalten die Philosophie des hl. Thomas »zur Verteidigung und Ehrung des katholischen Glaubens, zum Wohl der Gesellschaft und zum Gedeihen aller Wissenschaften« zu erneuern.

Am 25. November 1880 ergreift er die Initiative, indem er an Kardinal Dechamps, den Erzbischof von Mecheln, schreibt und ihn auffordert, mit Zustimmung der Bischöfe einen eigenen thomistischen Lehrstuhl an der Universität Löwen zu schaffen. Löwen war nämlich zu jener Zeit die einzige vollständige katholische Universität, die außer der theologischen Fakultät auch eine juridische, eine geisteswissenschaftliche, eine medizinische und eine naturwissenschaftliche Fakultät besaß. Der Papst selbst hatte sie aus seiner Zeit als Nuntius in Belgien von 1843 bis 1846 in guter Erinnerung. Ganz bewußt stellt er seine Anfrage nun im Begleitschreiben zur Enzyklika. Gleichzeitig begründet er sie mit der politischen und religiösen Situation in Belgien. Seit 1878 sind hier die Liberalen, d. h. damals Freidenker und Antiklerikale, an der Macht. Sie beschließen 1879 ein Gesetz, das die Katholiken »loi du malheur« nennen. Dieses Gesetz verfügt die Entfernung des religiösen Unterrichts aus den Lehrplänen aller öffentlichen Volksschulen und Gymnasien. Nachdem der Papst auf Betreiben der Bischöfe selbst in diese heftig geführte Protestkampagne eingreift, bricht Belgien 1880 sogar die diplomatischen Beziehungen zum Hl. Stuhl ab. Leo XIII. schreibt dazu: »Diese zügellose Freiheit im Denken und in den Äußerungen, die derzeit in Belgien herrscht, hat die perversesten Ansichten aufkommen lassen, und in den öffentlichen Schulen finden sich Lehrer, die sich mit einer Dreistigkeit ohnegleichen dafür stark machen, den christlichen Geist in den Seelen der Jugendlichen zum Erlöschen zu bringen und dafür die Samen der Gottlosigkeit zu säen ... Aus diesem Grund ist es entscheidend, daß den jungen Menschen an der Löwener Universität die Waffen einer gesunden Philosophie mitgegeben werden und das Rüstzeug gegen die Urheber dieser perversen Ansichten bereitgestellt wird.« Darüber hinaus kann man hoffen, daß aus den Kreisen der Universität die künftigen Gestalter des Landes erwachsen; »diese werden niemals das Wohl des Volkes besser gewährleisten und das Gedeihen der Gesellschaft nachhaltiger fördern als dann, wenn in das öffentliche Leben der Geist eindringt, der von der christlichen Philosophie ausreichend genährt und zutiefst geprägt worden ist.«[1]

Am 31. Juli 1882 bestimmten die belgischen Bischöfe Désiré Mercier, damals noch Professor am Seminar in Mecheln, in Löwen – gemäß den Wünschen des Papstes – einen Kurs über die »haute philosophie selon saint Thomas« zu halten. Mercier begab sich zunächst nach Rom. Hier stimmte Leo XIII. seiner Designation zu und verlieh ihm den Titel eines Doktors der Theologie. Sodann wurde am 27. Oktober in Anwesenheit des Rektors, der Professoren und zahlreicher Persönlichkeiten der neue Kurs mit großer Feierlichkeit inauguriert.

So wie Mercier sie versteht, muß die Philosophie, die er zu unterrichten hat, »neu-scholastisch« sein, wobei der besondere Akzent auf der Vorsilbe »neu« liegt. Um nun ihr Selbstverständnis zu umreißen, kann man vier Charakteristika unterscheiden. Das erste von ihnen definiert sie in ihrem Wesen, die anderen drei hingegen bestimmen sie in ihren Bezügen zum religiösen Glauben, zur Geschichte und zu den Wissenschaften.

PHILOSOPHIE UND FREIE FORSCHUNG

Für Mercier ist Philosophie zunächst kein Gegenstand des Unterrichts, sondern eine Suche nach Wahrheit. Sie verlangt von der Seite des Suchenden her radikale Ernsthaftigkeit. Hat der Philosoph auch auf unvoreingenommene Weise

---

[1] RNS 1 (1894) 81f.

die Wahrheit, ja die ganze Wahrheit zu suchen, so besitzt er doch das Recht, für sich die unbedingte *Freiheit des Denkens* in Anspruch zu nehmen; er kann voranschreiten, ohne sich um die Konsequenzen kümmern zu müssen, d. h. ohne Sorge um ein unmittelbares Resultat von ökonomischer, moralischer oder religiöser Relevanz.

Von den ersten Sätzen seiner Antrittsvorlesung an verbindet Mercier daher mit dem Begriff Philosophie die Forderung nach »der entschlossenen Ausübung der Freiheit des Denkens«.[2] Innerhalb des geistigen Klimas der Zeit hatte dieser kühne Anspruch begreiflicherweise eine andere Resonanz als die Ängste vor einer willkürlichen und zum bloßen Recht degenerierten Freiheit, wie sie im Brief des Papstes ausgedrückt waren. Ganz offensichtlich bringt Mercier hier in dem, was er auf seine Wesenheit hin charakterisiert, etwas Neues zur Sprache.

Freilich resultiert der Zustand der Philosophie am Ende des 19. Jahrhunderts für Mercier genauso wie für Leo XIII. aus der Französischen Revolution. Diese setzte im Gefolge des Protestantismus und der aufklärerischen Scheinphilosophie den Anspruch auf absolute personale Unabhängigkeit faktisch durch. Im Namen der Freiheit des einzelnen und der Gesellschaft sollte das Joch jeder Autorität, im besonderen aber dasjenige der Kirche, gebrochen werden. Nach der Restauration von 1815 zeichneten sich sodann zwei entgegengesetzte geistige Strömungen ab: Die einen huldigten »den Theorien von der Emanzipation der Freiheit und den ersten Versuchen einer unbegrenzten Freiheit als sicheren Anzeichen einer Epoche des Fortschritts«;[3] die anderen hingegen, entsetzt über das hinterlassene Trümmerfeld der Revolution, mißtrauten der Vernunft und suchten ihre Zuflucht im Glauben und in der Tradition, d. h. sie bekannten sich zum Fideismus und zum Traditionalismus.

Nach Mercier hatte gerade Belgien mehr als andere Länder die Folgen der Französischen Revolution zu tragen. Blieb dieses Land aufs Ganze gesehen auch tief mit dem römisch-katholischen Glauben verbunden, so wurde es zugleich dennoch von der neuen Freiheit hinweggerissen. 1830 hatte es sich durch eine Revolution die nationale Unabhängigkeit erobert und daraufhin die liberalste Verfassung Europas gegeben. Der Staat trennte sich von der Kirche und verwahrte sich gegen jeglichen Einfluß des Klerus auf seine eigene Domäne. Allerdings verpflichtete er sich, die konstitutionell verankerte Meinungs-, Presse-, Versammlungs-, Unterrichts- und Kultfreiheit zu respektieren. Diese Freiheit wußten auch die belgischen Bischöfe zu schätzen. Im Namen der Unterrichtsfreiheit schufen sie 1834 eine ihrer Autorität unterstellte Universität und verteidigten ihr Recht, akademische Grade zu verleihen. Mit der Berufung auf die Freiheit der Kultausübung beanspruchten sie zugleich das Recht, auch in den öffentlichen Schulen religiöse Bildung betreiben zu können. Natürlich durfte die Kirche nicht in Staatsangelegenheiten eingreifen und mußte zudem allen Andersdenkenden jene Freiheiten zugestehen, die sie selbst forderte. Andernfalls hätte sie die Inkonsequenz der liberalen Parteien geteilt. Denn diese »liberalen Freidenker«, die

---

[2] *Discours*, 5.
[3] *Le bilan*, 6.

Ungläubigen, nahmen sich das Recht heraus, nach ihrem Gutdünken zu handeln, vor allem die Kirche zu bekämpfen, »Irrtümer« zu verbreiten sowie offen antiklerikal zu sein. Und sie ließen sich dieses Recht auch nicht nehmen. So schufen sie als Gegenstück zur katholischen Universität in Löwen eine »freie Universität« in Brüssel, die sie »dem freien wissenschaftlichen Fortschritt« weihten. Das Wort »Freiheit« hatte in diesem Zusammenhang eine doppelte Bedeutung: Es bedeutete Autonomie in bezug zum Staat und Ablehnung jedes religiösen Dogmas.

Auf dem Hintergrund dieser komplexen Situation, in der positive und negative Elemente nahe beieinander lagen, forderte nun Mercier für seine philosophische Forschung innerhalb der Universität eine vollkommene »liberté de pensée«, d. h. eine Unabhängigkeit der reinen Suche nach Wahrheit gegenüber jeder Inanspruchnahme von außen. Verglichen mit der Enzyklika kann man bezüglich dieser Forderung zwar nicht von einer Abweichung sprechen, aber man muß dennoch einen deutlich unterschiedlichen Akzent anerkennen, der sich aus einer wesentlich günstigeren Bewertung der Zielvorstellungen der modernen Welt ergibt.

PHILOSOPHIE UND RELIGIÖSER GLAUBE

Ist die philosophische Forschung auch frei gegenüber dem religiösen Glauben? Die Enzyklika verlangte, daß Vernunft und Glaube »freundschaftlich geeint« werden sollten. In dieser Einheit müßte der Glaube eine positive Rolle spielen, sofern er der rationalen Argumentation vorausginge (»fide praeeunte«) und sie leitete, »indem er ihr den Ort der Wahrheit als freundlichen Stern (quasi sidus amicum) anzeigte«. Diese Freundschaft von Glaube und Vernunft wurde auch im Titel der Enzyklika ausgesprochen: »de philosophia christiana«.

Mercier versuchte nachweislich, den religiösen Empfehlungen der Enzyklika aus ganzer Seele eines Gläubigen nachzukommen. Vor allem fühlte er nämlich in sich den Ruf zum Apostolat. Selbst seine Arbeit als Professor stand für ihn im Zeichen dieses Apostolats. Doch wenn er auch den Glauben zum primären und subjektiven Motiv seines ganzen Handelns nahm, ließ er ihn deshalb ebenso positiv in die Bestimmung des Wesens der Philosophie einfließen? Obwohl er keine eigene Studie dem Verhältnis von Glaube und Vernunft gewidmet hat, so geben uns trotzdem einige Texte über seine Antworten zu dieser Frage Auskunft. Die Entwicklung, die diese Texte anzeigen, klärt uns am besten über die Originalität seiner schließlich erreichten Position auf.

Schon 1882 erklärt er in seinem *Discours d'ouverture*, daß die Philosophie, die er unterrichten werde, nämlich die des hl. Thomas, sich an zwei charakteristischen Zügen wiedererkennt, deren erster in der »Einheit von Vernunft und christlichem Glauben besteht«. Obwohl er dabei der Enzyklika nahe bleibt, so ist er hier doch weniger nuanciert als diese, da er nicht die Autonomie der Vernunft in Hinblick auf ihre Methode, ihre Prinzipien und ihre Argumente anspricht. Er stellt vielmehr »die abgetrennte Wissenschaft« und »die sich selbst überlassene Philosophie« auf der einen Seite »der christlichen Philosophie als Krönung der menschlichen Wissenschaften kraft der Erleuchtungen aus der Weisheit Gottes«

auf der anderen Seite entgegen. In einem Stil, in dem nahezu lyrische Akzente von den formalen Präzisierungen abheben, schreibt er: »Der hl. Thomas wollte die christliche Seele nicht verstümmeln. Es ist dieselbe Seele, die dem geoffenbarten Wort glaubt und die nach dem Verständnis der Wahrheit dürstet. Würde die Vernunft den lebensspendenden Strahlen des Christentums einfach unterworfen, so würde sie zur Verkümmerung und zur Sterilität verurteilt. Sie zum Glauben zu nötigen, ohne ihr zu gestatten, im Dienste ihrer Glaubensinhalte ihre ganze angeborene Kraft zu entfalten, hieße sie daran hindern, den großen Wind einzuatmen, der auf den höchsten Spitzen weht, wo die Einsichten des Geistes mit den Erleuchtungen, die aus dem Bereich der Weisheit Gottes stammen, zu einem einzigen Strom zusammenfinden. Der Doctor aus Aquin war stets Christ und Philosoph zugleich. Wenn er sich vor dem Glauben, auf den er getauft worden war, niederwarf, so tat er es, um den durchdringenden Blick seines Geistes in ihn eintauchen zu lassen; und wenn sich umgekehrt ein Problem der Philosophie vor ihm aufrichtete, so geschah dies unter der Vormundschaft seines Glaubens, der mit Vorsicht die Umwege verfolgte. Durchlaufen Sie diese breite Enzyklopädie, die man die zwei Summen nennt, und Sie werden den hl. Thomas sehen, wie er einmal philosophisch unsere Dogmen befragt und wie er dann wieder, mit der Glaubensfackel in der Hand, in die dunkelsten Tiefen des menschlichen Wissens vordringt, dabei aber immer und überall vollkommen er selbst bleibt, ein christlicher Philosoph und ein philosophierender Christ.«[4] Die moralische Notwendigkeit der Offenbarung unterstreichend, schließt Mercier: »Die praktisch unerläßliche Voraussetzung für jede gesunde Philosophie ist, daß sie im berechtigten Sinn dieses Wortes eine christliche Philosophie ist.«[5]

Leider präzisiert er hier weder, was in seinen Augen der legitime Sinn des Wortes ist, noch, welches ihm die weniger legitimen Bedeutungen davon zu sein scheinen.

Wenige Jahre später, als er bereits die Schwierigkeiten erfahren hatte, die in der gebildeten Welt nicht nur der Philosophie begegnen, sondern auch den Wissenschaften, wenn sie von Christen betrieben werden, bestimmte er die Beziehungen zwischen Vernunft und Glaube auf neue Weise. Er hatte begriffen, daß Ende des 19. Jahrhunderts das wichtigere Problem in der Trennung zwischen Kirche und Welt der Gebildeten bestand – in einer derart tiefen Trennung, daß aufgrund der durch Positivisten und Szientisten bis in die Massen hinein verbreiteten Vorurteile eine Wiederannäherung unmöglich erschien. In vielen Kreisen herrschte »die *vorgefaßte Idee,* daß ein katholischer Gelehrter schon von vornherein im Besitz der Theorien ist, für die er eintritt, und daß die Wissenschaft in seinen Händen nichts anderes sein kann als eine Verteidigungswaffe für seinen Glauben. Es sieht in den Augen einer großen Zahl von Leuten so aus, als sei der Glaubende unvermeidlich in seine Dogmen, die ihn beengen, verstrickt und als müsse er, um seinem Glauben treu zu bleiben, auf die desinteressierte Liebe und auf die freie

---
[4] *Discours,* 6f.
[5] Ebd. 33.

Kultur der Wissenschaft verzichten. Jede Veröffentlichung, die die Handschrift eines Gläubigen trägt, wird für ein Kapitel der Apologetik gehalten, für ein Plädoyer ›pro domo‹, das nicht die Ehre einer objektiven und unparteiischen Überprüfung verdient.«[6] Wenn aber dies die größte Schwierigkeit der Zeit ist, dann löst man sie bestimmt nicht dadurch, daß man der philosophischen Forschung eine apologetische Absicht unterschiebt bzw. a fortiori erklärt, daß sie die einzig gute Weise sei, in der vorgegangen werden müsse. Die einzig wahre Lösung besteht vielmehr darin, daß man die Philosophie um ihrer selbst willen betreibt, d. h. daß man »die Wahrheit ohne Interesse sucht, und zwar die ganze Wahrheit, ohne sich um ihre Konsequenzen zu kümmern«.[7] Nur so wird man auch den Nichtgläubigen Respekt abgewinnen. Zweifellos muß die Kirche als Verwalterin der göttlichen Offenbarung über sie wachen: »Sie weist den Irrtum auf, dessen Akzeptierung mit der von Gott geoffenbarten Wahrheit unverträglich wäre«, aber »sie selbst unterrichtet positiv weder Wissenschaften noch Philosophie«, »sie spricht niemals von Autorität in wissenschaftlichen Belangen«; außerdem »ist die geoffenbarte Lehre für den Philosophen und für den Gebildeten keinesfalls ein Zustimmungsmotiv, d. h. eine direkte Quelle von Erkenntnissen, sondern ein Schutz, eine negative Norm: In dem Augenblick, in dem der christliche Philosoph zu seinen Untersuchungen schreitet, kann er daher in aller Freiheit die Natur oder sein Gewissen befragen und der Führung der Vernunft folgen.«[8]

PHILOSOPHIE UND GESCHICHTE

Ist die Philosophie eine persönliche, freie und unabhängige Suche nach der Wahrheit, folgt dann daraus, daß jeder, der philosophiert, ans Werk gehen muß, als könne ihm niemand vor ihm oder um ihn herum helfen? Die Philosophie gibt es seit 25 Jahrhunderten, kann man da, ja muß man da nicht dem Rechnung tragen, was bereits verwirklicht worden ist? Wie aber soll man dann das Hören auf die anderen mit der persönlichen und freien Forschung verbinden? Technischer formuliert: Welche Beziehungen bestehen zwischen Philosophie und Geschichte der Philosophie? Wie vermag eine lebendige Philosophie ihre eigene Geschichte zu nützen?

Mercier konnte diese Frage nicht vernachlässigen, zumal er doch den Auftrag erhalten hatte, eine bestimmte Philosophie, nämlich die des hl. Thomas, zu unterrichten und zur gleichen Zeit »jedes weise Denken und jede nützliche Erfindung aufzugreifen, egal woher beides käme«.

Seine Ansicht kann man folgendermaßen zusammenfassen: Er hält zunächst daran fest, daß die Philosophie eine persönliche Forschung ist. Gleichzeitig gesteht er auch als etwas Evidentes zu, daß der individuelle Forscher sich von der

---

[6] *La philosophie*, 11.
[7] Ebd. 13.
[8] *Logique*, 35.

Geschichte anweisen lasse und mit anderen zusammenarbeite. Aber in der Geschichte gibt es nicht »eine Philosophie für sich, ein vollendetes, unveränderliches Monument des menschlichen Geistes, im Schatten dessen sich die Menschheit in Frieden ausruhen könnte oder woran sie die Gewißheit knüpfen könnte, je nach ihrem Verlangen stets die wahre Lösung zum Rätsel der Dinge zu finden«.[9] Es gibt vielmehr Systeme der Philosophie im Plural. Diese können aber nicht alle wahr sein, da sie einander widersprechen. Sie können allerdings auch nicht alle falsch sein, da die totale Absurdität in den menschlichen Geist ebenfalls nicht eindringt. Folgt daraus die Verzweiflung über die Vernunft oder die Aufforderung zur Skepsis? Oder muß man mit Victor Cousin sagen, daß alle philosophischen Systeme wahr seien, aber nicht vollständig wahr, sondern halb wahr und halb falsch, d. h. soll man am besten keines zurückweisen und auch keines annehmen, es sei denn zur Inventarisierung und mit starken Reserven? Dies wäre der Eklektizismus, den Mercier definiert als »Versuch, die Philosophie durch Geschichte zu ersetzen, bzw. die persönliche Reflexion durch das künstliche Fortfahren im Fusionieren von philosophischen Systemen«.[10] Soll man etwa, wie auf den französischen Universitäten, in der Philosophie zwei Teile unterscheiden, auf der einen Seite die Systeme der Vergangenheit, über die man frei diskutieren darf, da dies zu nichts verpflichtet, und auf der anderen Seite eine Sammlung von unberührbaren Thesen, die man »philosophie générale« nennt und der man sich aus Angst vor einer möglichen Gefährdung der moralischen Fundamente der Gesellschaft blind unterwirft? Nein, es gibt nicht zwei Ordnungen der Forschung: »die Philosophie spalten bedeutet, ihren Sinn nicht zu verstehen«.[11] Ist es schließlich ratsam, auf Anraten der Enzyklika hin eine Philosophie anzunehmen, nur weil sie jahrhundertelang aufgegriffen worden ist, und dafür andere Philosophien abzulehnen, nur weil sie eine vergängliche Existenz besaßen? Dieses Argument ist, obgleich nicht ohne Bedeutung für ein vorsichtiges Urteil, ebenfalls völlig ungenügend. Denn wie groß auch immer die Zahl der Denker, auf die sich eine Lehre beruft, sein mag, die menschliche Autorität ist, philosophisch gesehen, niemals gewichtiger als das schwächste ihrer Argumente.

Nach Mercier gilt es, sich für alle Systeme zu interessieren, sie souverän zu würdigen und in jedem von ihnen den wahren Inhalt vom Irrtum zu unterscheiden, der darin vermischt ist. Innerhalb der einander folgenden Systeme »muß man besonders auf diese Abweichung den Finger legen; denn gerade hier befindet sich die Spalte, durch die jener Tropfen Wasser eindringt, der früher oder später die Auflösung des Systems herbeiführen wird«. Und Mercier fügt mit leisem Humor hinzu: »Sind die irrenden Systeme der Philosophie einmal analysiert, und zwar sowohl im historischen Umfeld, das sie hervorgebracht hat, als auch aus den Ursachen, die zu ihrem Ruin geführt haben, so bilden sie, weitab von einer Aufforderung zum Skeptizismus, angesichts ihrer Sukzession eine Art Illustration der Gesetze des geistigen Handelns. Eine Beschäftigung mit ihnen bringt als prak-

---

[9] *Le bilan*, 320.
[10] Ebd. 9.
[11] Ebd. 321.

tische Schule der Logik wesentlich mehr als eine abstrakte Beschäftigung mit den acht aristotelischen Syllogismusregeln. Man darf sogar mit allem Recht sagen, daß die Geschichte der Irrtümer des menschlichen Geistes für die Logik das ist, was die Pathologie und die Klinik für die Psychologie und die Hygiene sind.« Mercier schließt: »Es empfiehlt sich daher, die geschichtliche Betrachtung der Systeme in einem unabhängigen persönlichen Geist anzulegen und hier dasjenige zu ernten, was die Vernunft für gut hält, bzw. im oben angedeuteten Sinn aus dem Nutzen zu ziehen, was die Vernunft durch eine kritische Studie der Entwicklung [der Systeme] als Irrtum ablehnt, um so die Wahrheit besser zu erkennen, die jener als Abirrung anzeigt.«[12]

Wir werden später den Modus untersuchen, dessen sich nach Mercier der Geist bedient, um unterscheiden zu können, was die Vernunft in einem philosophischen System gutheißt oder ablehnt. Vorerst betrachten wir den Geschichtsbegriff, zu dem wir gelangt sind. Mercier liebt es, Pascal zu zitieren: »Die Menschheit ist wie ein einziger Mensch, der sich in der Abfolge der Jahrhunderte erhält.« Er schließt daraus, daß das philosophische Forschen letztlich ein einziges ist. Das Ergebnis desselben ist für ihn daher vergleichbar mit einem grandiosen Monument, zu dem jede Denkergeneration einen Stein beigetragen hat. Von Aristoteles, »dem größten Genie, das die Menschheit je gekannt hat«, entworfen, wurde dieses Denkmal durch die Araber und die mittelalterlichen Denker im Abendland ausgebaut. Leider »verdeckte es die Renaissance mit einer scheußlichen Pfuscherei und entstellte es in vielen Teilen durch burleskes Beiwerk; doch in dem Maße, in dem umsichtige Arbeiter geduldig den überflüssigen Mörtel abnahmen, kam wieder der solide Stein des ursprünglichen Werkes ans Licht, und zahlreich sind heute die Arbeiter, die die Arbeit an diesem Jahrhundertwerk wieder aufnehmen und fortsetzen wollen«.[13]

Dieses Geschichtsbild scheint dem der Enzyklika bis auf einen wesentlichen Punkt, der von Historikern übersehen wurde, zu entsprechen. Der Philosoph, der für Mercier über allen anderen stehe, ist Aristoteles – ein Denker also, auf den die Enzyklika nicht einmal eine Anspielung gemacht hat. Der hl. Thomas steht erst an zweiter Stelle, und sein Verdienst liegt darin, daß er Aristoteles aufgenommen und vervollkommnet hat. Auch in seinen Vorlesungen und in seinen Veröffentlichungen bezieht sich Mercier stets auf Aristoteles. Er zitiert ihn zum Beweis seiner wichtigsten Thesen, und er tut dies auf Griechisch mit Übersetzung. Gewiß zitiert er auch Thomas, und zwar lateinisch ohne Übersetzung. Doch er läßt diesen selten allein und für sich selbst zu Wort kommen. Vielmehr spricht er aus Gewohnheit gleich von »Aristoteles und dem hl. Thomas«. Selten verwendet er den Begriff »Thomismus«. Lieber greift er den Ausdruck »scholastischer Peripatos« auf, obwohl dieser Formulierung die sprachliche Eleganz abgeht. Darüber hinaus ist der Philosoph, den er am vehementesten bekämpft, Descartes. Denn Descartes war es, der die von Aristoteles eröffnete Tradition unterbrochen und die Entwicklung des modernen Denkens eingeleitet hat.

---

[12] Ebd. 319, 321.
[13] Ebd. 323f.

Mercier stellte den geschichtlichen und logischen Zusammenhang der Systeme seit Descartes in seinem Werk *Les origines de la psychologie contemporaine*, erschienen 1897, auf meisterhafte Weise dar. Dieses Buch ist eines der bemerkenswertesten, das er verfaßt hat. Es verdient auch heute noch gelesen zu werden. Eindringlich bezeugt es seine reichhaltige historische Kenntnis und seinen Scharfsinn. Gleichzeitig veranschaulicht es seine Präferenz für den Aristotelismus und Thomismus. Schließlich gestattet es ihm, die »Neu-Scholastik« als Wiedererweckung der besten Philosophie, die leider jahrhundertelang verkannt war, vorzustellen. Allerdings legt er, um bei der Wahrheit zu bleiben, diese Präferenzen für den Aristotelismus nicht so dar, daß man diese von vornherein für gerechtfertigt halten könnte: Die Geschichte der Philosophie als solche beweist außerdem gar nichts, sie erbringt lediglich eine Bestätigung für etwas, wenn sie von einer bestimmten Geschichtsphilosophie präjudiziert ist, d. h. letztlich von einer Idee dessen, was im strengsten Sinne eine wahre Philosophie ist und sein soll.

PHILOSOPHIE UND WISSENSCHAFT

Die streng begriffene Idee von Philosophie leitet zur letzten Charakteristik derselben über: zur Philosophie als Wissenschaft. Diese Feststellung entspricht der Tradition; man liest sie bereits bei Aristoteles. Zugleich ist sie aber auch ambivalent, weil der Begriff der »Wissenschaft« seit der Renaissance immer ausschließlicher auf jene bestimmten Wissenschaften angewendet wurde, die sich auf die erfahrbaren Gegenstände richten. Die Philosophie ist nicht Wissenschaft in der Weise wie die vielen Wissenschaften. Sie ist in erster Linie Metaphysik.

Es scheint, daß sich Mercier dieser Ambiguität des Wissenschaftsbegriffs sehr bewußt war. In fast provozierender Weise behauptet er daher, daß die Metaphysik eine Wissenschaft sei und daß sie in eminentem Sinne wissenschaftlichen Charakter besitze. Für ihn ist sie die natürliche Ergänzung und Vollendung der Einzelwissenschaften. Mehrere seiner Äußerungen dienen zweifellos dazu, die Sensibilität seiner Zeit in diesem Punkt zu frappieren. Denn in den universitären Kreisen entwickelte sich um 1880 ein eigener Forschergeist. Man assistierte der Entwicklung der neuen Wissenschaften auf hohem Niveau. Gemäß der damaligen Mentalität bekannte man sich aber auch zu einem Kult der Wissenschaften und stellte sich schließlich vor, daß die Wissenschaft bald alle Probleme lösen und die menschliche Existenz mittels ihrer technischen Anwendungen mit Wohltaten bereichern werde. Dieser Szientismus ging jedoch Hand in Hand mit einer verallgemeinerten Ablehnung der ganzen metaphysischen Spekulation, die man als Untersuchung der immateriellen Wesen verstand. In Anschluß an eine detaillierte Erhebung der Lehrprogramme für Philosophie in Deutschland und Frankreich am Ende des Jahrhunderts mußte Mercier daher feststellen, daß die Metaphysik niemanden mehr interessierte, die Professoren nicht und die Studenten nicht. Man unterrichtete sie nirgends mehr. In dieser Situation hoffte er nun, von neuem darlegen zu können, daß die Philosophie, sprich: die Metaphysik, sich als natürliche Ergänzung der Wissenschaft von selbst ergibt.

Seine Argumentation war folgende: Das, was sich unserer Erkenntnis am Anfang anbietet, ist die Gegebenheit der Erfahrung. Diese nehmen wir zunächst als ungeteiltes und ungeordnetes Ganzes auf. Erst aufgrund einer längeren Abfolge von Analysen und Synthesen bemühen wir uns, eine zugleich genauere und vollständigere Erkenntnis zu gewinnen. Nach einer deskriptiven, komparativen und induktiven Betrachtung, die bereits von den Wirkungen zu den Ursachen fortschreitet, sucht der Geist sodann nach dem Gemeinsamen, das den einzelnen wahrgenommenen Gegebenheitsgruppen zukommt. Dieses gemeinsame intelligible Objekt wiederum nimmt er als Ausgangspunkt und trachtet die Wirkungen von den Ursachen sowie die Konsequenzen von Prinzipien her zu verstehen. Schon in seinem spontanen Vollzug übt das Denken ja die doppelte Tätigkeit der Analyse und der Synthese aus. Die Einzelwissenschaften nehmen es auch darin auf, allerdings jeweils in ihrem begrenzten Gebiet und auf methodische bzw. reflektierte Art und Weise. Demgegenüber verfolgt die Metaphysik die tiefste Form der Analyse. Mittels einer vernünftigen Intuition stößt sie bis zu den letzten Ursachen vor und gibt dann in synthetischer Weise Rechenschaft über die Ergebnisse, die sie analytisch erlangt hat.

Die zeitgenössische Wissenschaft hat zweifellos den ersten Weg der Wissenschaft bemerkenswert gut bestritten, sie hat aber den zweiten verkannt. »Eine sich selbst überlassene Analyse erzeugt leicht ein engstirniges Gehabe des Geistes, eine instinktive Abscheu also vor allem, was das beobachtbare Faktum übersteigt, ja Tendenzen, wenn nicht gar Theorien des Positivismus. Nun ist aber die Wissenschaft keine bloße Akkumulation von Fakten, sie ist vielmehr ein System, das die Fakten samt ihren gegenseitigen Relationen umfaßt, sie ist somit kein Aggregat von Atomen, sie ist ein Organismus.«[14]

Eine spiritualistische Philosophie verfällt dem entgegengesetzten Fehler: Sie übt sich vorwiegend in der Synthese, vernachlässigt aber die Analyse. Häufig begnügt sie sich mit Ergebnissen von anderen, d. h. sie hält sich an die »bereits fertige Wissenschaft« und unterwirft deren Resultate einer Kontrolle durch metaphysische Prinzipien, »um daraus Konsequenzen daraufhin zu *deduzieren,* ob man sie aufgreifen soll, wenn sie orthodox sind, oder ob man sie ächten und *zurückweisen* soll, wenn sie mit Irrtum behaftet sind«.[15] Im Gegensatz dazu sollte der Philosoph auf den Daten aus erster Hand, die er beobachtet und analysiert, aufbauen und an einer »noch zu realisierenden Wissenschaft« mitwirken, so daß die synthetische Sicht, die er gewinnt, den Fakten entspringt oder sie zumindest respektiert.

Die Philosophie ist die natürliche Fortsetzung der Einzelwissenschaften. Diese beginnen mit der Auslegung der beobachtbaren Fakten: »die Philosophie kommt nach ihnen, sie profitiert von ihren gewonnenen Resultaten, sie versucht sie besser zu verstehen, indem sie sie an einfachere und folglich auch evidentere Prinzipien anknüpft, sie bestätigt ihre Gewißheit durch eine tiefere Reflexion,

---

[14] *La philosophie,* 16.
[15] Ebd. 15.

und sie erreicht schließlich innerhalb aller menschlichen Erkenntnisse eine Ordnung logisch-subordinierender Art, die sodann der sowohl treue als auch sichere Ausdruck der Gesamtheit der bekannten Dinge ist ... Wie sollte sie da keine Wissenschaft sein, wenn sie die Resultate der Wissenschaft, d. h. die Einzelwissenschaften, zu den ihrigen macht?«[16]

Aristoteles hatte den lebendigen Bezug zwischen den Wissenschaften und der Metaphysik erkannt. Er war auch gleichzeitig »das gewaltigste metaphysische Genie« und »ein Gelehrter, der vielleicht niemals mehr seinesgleichen gefunden hat«.[17] Aus diesem Grund zieht ihn Mercier jedem anderen Philosophen vor. Allerdings stützt sich die Synthese, die er schuf und die im Mittelalter aufgenommen wurde, auf eine Wissenschaft, die noch im embryonalen Zustand war. Vor dem 18. Jahrhundert »ging die Beobachtung kaum über die natürlichen Informationen der Sinne hinaus; der Geist versuchte den Mangel an Fakten durch Hypothesen zu ergänzen, deren Verdienst oft nur in der Genialität bestand und deren Erprobung keinen Wert hatte«. Heute hingegen »konstituieren sich neue Wissenschaften, die Geologie, die Mineralogie, die Kristallographie; die Chemie ist erneuert; die Physik verbessert sich, und in gewissen Teilen von ihr, etwa in der Optik, scheint sie sich zu vollenden; die Biologie der Zellen und die Histologie haben in die Geheimnisse des Organismus Licht gebracht; die Paläontologie, die vergleichende Anatomie sowie die Embryologie gestatten Einblicke in die Verbindungen von vegetativem und animalischem Bereich; der Mensch ist in nahezu allen Äußerungen seines Handelns untersucht: die Philologie, die Linguistik und die Geschichte analysieren seine Werke; die Gehirnphysiologie und die experimentelle Psychologie, in ihren verschiedenen Formen, durchdringen die Organisation und den Ablauf seines sinnlichen Lebens; die Psycho-Physik wendet experimentelle Methoden zur genauen Bestimmung seines Bewußtseinsinhaltes an; von all diesen Leistungen der Analyse setzen sich die Synthesen ab; das wunderbare Gesetz von der Äquivalenz der Kräfte in der Natur und von der Konstanz der Energie im Universum [ist aber] Zeuge [für den] wissenschaftlichen und philosophischen Fortschritt unseres Jahrhunderts. Armselig wäre ein Metaphysiker, der angesichts dieser Leistungen und Fortschritte verzweifeln oder um die Zukunft fürchten würde!«[18]

Die enge Beziehung, die Mercier zwischen Philosophie und Erfahrungswissenschaften setzt, wirft Licht auf seine Vorstellung von der Philosophiegeschichte. Am Anfang, bei Aristoteles, wirkten Metaphysik und Wissenschaft in der Untersuchung eines einzigen Gegenstandes, nämlich der erfahrbaren Gegebenheit, zusammen. Respektierten auch die mittelalterlichen Denker diese lebendige Einheit, so taten sie doch leider wenig für den Fortschritt der Wissenschaften. Dieser Mangel führte nicht von ungefähr zur Dekadenz der Scholastik. Mit Descartes installiert sich ein Dualismus: Auf der einen Seite wird die Metaphysik, abgeschnitten von den Erfahrungswissenschaften, eine rein spekulative Betrachtung

---

[16] *Le bilan*, 321, 322.
[17] *Les origines*, 415, 451.
[18] *Le bilan*, 324, 325.

der immateriellen Gegenstände, und sie übersetzt sich, wie die Geschichte zeigt, in völlig vergangene Systeme, die keine Basis mehr haben; auf der anderen Seite täuscht der positivistische Empirismus Treue zur Beobachtung und zur Analyse vor; in Wirklichkeit entstellt er sie, »er hält sehr bald die aufsteigende Bewegung der Analyse zu den Ursachen und zu den Zielen der Phänomene auf, er verbietet die Untersuchung jeglicher Realitäten außerhalb der aktuellen und unmittelbaren Beobachtung sowie die Suche nach dem Absoluten, das er das ›Unerkennbare‹ nennt«,[19] kurz: er wird phänomenalistisch und agnostisch. Die große Lehre der Geschichte läßt sich somit in einem Satz zusammenfassen: Ohne Wissenschaften keine lebendige Metaphysik, ohne Metaphysik keine vollständigen Wissenschaften. Heute gilt es, dank des großartigen Fortschritts der Wissenschaften, die von Aristoteles begonnene säkulare Arbeit wiederaufzunehmen: »die Philosophie durch die Wissenschaft zu befruchten und gleichzeitig die Wissenschaften zu den Höhen der Philosophie zu erheben«.[20] Genau diese Arbeit bezeichnet Mercier aber als Ziel der »neu-scholastischen« Philosophie. Dieser Arbeit widmet er auch all seine Kräfte mit Begeisterung und Treue.

Die Erneuerung der Scholastik durch die Vereinigung mit den Wissenschaften – dies scheint in der Tat die beste Charakteristik der Originalität Merciers zu sein. Bevor wir dies jedoch an seinem Werk verfolgen, merken wir an, daß sich das Neue, das er befürwortet, immer wieder unwillkürlich in Bildern aus dem Lebensbereich ausdrückt: So gilt es, die alte Theorie von Aristoteles und Thomas »zu verjüngen«, »zu befruchten« und »zu beleben«. Von daher gesehen bemerkt man allerdings, daß man eigentlich und letztlich nicht Gefahr laufen kann, diese alte Theorie zu entstellen bzw. sie mehr oder weniger tief zu modifizieren. Man kommt vielmehr zu dem paradoxen Schluß, daß die neuen Gegebenheiten, deren Entdeckung der Philosophie den Charakter einer suchenden »Forschung« verleihen, riskieren, ohne Auswirkung auf die Synthese selbst zu bleiben.

In seiner Antrittsvorlesung 1882 bekräftigt Mercier: »Unsere Philosophie ist nur in den großen Zügen zur Vollendung gekommen, es braucht nichts anderes, als ihr den Elan ihrer ersten Jugend wiederzugeben.«[21] 1890 sagt er noch deutlicher: »Glaubt Ihr, daß es an den großen Synthesen der scholastischen Philosophie noch viel zu verändern gibt? Meint Ihr, daß jemals – um konkrete Beispiele zu nehmen – neue Fakten die metaphysischen Theorien des Aristoteles über Potentia und Actus, über Substanz und Akzidenzien, über die Ursachen, über das Finalitätsprinzip im Inneren des Seins der Natur umstoßen könnten? Ich für meinen Teil glaube es nicht, und das, was ich bisher von den Einzelwissenschaften ersehen konnte, überzeugt mich absolut vom Gegenteil.« Und er erläutert: »Zweifellos stehen die Fortschritte der Philosophie nicht immer im direkten Zusammenhang mit der Summe des Materials, das die Erfahrung akkumuliert; der geistige Scharfsinn zählt mehr als die bunte Anhäufung von Fakten; ebenso derjenige, der die Natur zu befragen und zu verstehen weiß; er zieht vielleicht

---

[19] *Discours*, 14.
[20] *Rapport*, 21.
[21] *Discours*, 26f.

einen besseren Teil aus einer landläufigen Beobachtung als aus anderen zahlreichen Analysen. Nichtsdestoweniger bleibt die geduldige Betrachtung der Fakten die natürliche Voraussetzung für den Fortschritt des Denkens; sie ist auch die einzige Sorge des Großteils der gegenwärtigen Gelehrten. Wenn wir somit wollen, daß die Philosophie ihre Herrschaft in der Führung der Denker gewinnt, so bedeutet dies, daß wir die Wissenschaften lieben und pflegen müssen. Solange wir uns hinter unserem deduktiven Unterricht verstecken [und] solange wir dem Einwand des Wissenschaftlers nur geflügelte Worte aus der allgemeinen Metaphysik oder alte Formeln entgegenhalten können, deren Sinn ihm nicht zugänglich ist, so können wir wohl, wie ich [natürlich] will, den Schatz treu bewahren, der uns überliefert wurde, doch dann haben wir noch nichts für die Wiedergewinnung der Gebildeten getan, für die Fortentwicklung und Verbreitung unserer philosophischen Überzeugungen.«[22]

Folgern wir nicht übereilt, daß der Rückgriff Merciers auf die Wissenschaften lediglich aus einer pädagogischen Sorge gerechtfertigt sei. Es ist für ihn vielmehr notwendig, auf einer grundlegenderen Ebene den *Sinn* der vollständigen und genauestmöglichen Auslegung der universalen Ordnung freizulegen, d. h. der Philosophie sowie des Weges, der zu ihr führt. Und anerkennen wir prinzipiell, daß die Beziehungen der Philosophie zu den Wissenschaften Probleme schaffen, genauso wie ihre Beziehungen zum religiösen Glauben und zur Geschichte.

DAS PHILOSOPHISCHE WERK MERCIERS

Wie setzt Mercier die Vorstellung von Philosophie, deren wichtigste Eigenschaften wir dargelegt haben, in seinem Werk um? Wie realisiert er seinen Plan, die Philosophie des Aristoteles dank der modernen Wissenschaften zu erneuern, und zwar derart, daß sie siegreich gegenüber dem zeitgenössischen Denken besteht?

Mercier hat keine systematische Philosophie verfaßt. Doch neben seinen zahlreichen Studien, die in verschiedenen Zeitschriften erschienen sind, publizierte er *Les origines de la psychologie contemporaine*. Darüber hinaus verdankt man ihm in der Sammlung der »Kurse«, die ein vollständiges Programm der Philosophie bieten sollten, die vier ersten Bände mit den Titeln *Logique, Métaphysique générale ou Ontologie, Psychologie* und *Critériologie générale ou Théorie générale de la certitude*. Diese Werke, die zusammen 2500 Seiten ausmachen, interpretieren sich gegenseitig. Es ist daher interessant, sie alle zu konsultieren. Sie bilden jedoch nicht organische Teile eines einzigen Werkes. Alle enthalten Wiederholungen, jedes von ihnen genügt sich selbst und ist eher dazu bestimmt, für sich allein verstanden zu werden. Sie geben den mündlichen Unterricht Merciers wieder und bieten daher eine angenehme, wenn nicht sogar ungezwungene Lektüre. Man fühlt sich in ihnen von der Strenge des Denkers genauso verführt wie von der Kunst des Pädagogen. Man braucht sie nur zu überfliegen, um überrascht zu sein

---

[22] *La création*, 7, 8, 10f.

von der Menge der Zitate und der Auseinandersetzung mit modernen Autoren, von den gelegentlich lang ausgeführten Beispielen aus den mathematischen, physikalisch-chemischen, biologischen, physiologischen und psycho-physischen Wissenschaften. Mercier ist es offensichtlich gelungen, sich um den Preis einer harten Arbeit mit dem Geist und den Methoden der Wissenschaften soweit vertraut zu machen, daß er in diesen Bereichen eine breite und beneidenswerte Kenntnis erwarb. Zugleich bleibt aber auch seine Treue zu Aristoteles und zum hl. Thomas unübersehbar, und gerade sie ist es, die ihn nicht daran hindert, in wichtigen Punkten Neues zu denken.

Wir werden nicht versuchen, die vier Kurse zusammenzufassen, wir hoffen jedoch, daß wir in ihnen mehr Klarheit finden als in seinen Gelegenheitswerken oder in seinen programmatischen Reden, und zwar bezüglich dessen, was seine originellste Intuition ausmacht, nämlich die Einheit von Philosophie und Wissenschaften. Gleichzeitig werden wir die neuen Elemente herausheben, die er einführt, um den Herausforderungen seiner Zeit antworten zu können.

Logique

Fragt man danach, was in den Augen Merciers die Notwendigkeit der Einheit der Philosophie und Wissenschaften rechtfertigt, so empfiehlt es sich, als erstes Werk seine *Logique* zu konsultieren. Dieses hat letztlich die Absicht, zu definieren, was Wissenschaft ist, anzuzeigen, welche die Teile sind, in die sie sich aufteilt, und die Form der wissenschaftlichen Konstruktion selbst zu studieren. Bleiben wir zunächst bei der Frage nach der wissenschaftlichen Methode: Wendet die Philosophie eine eigene Methode an oder geht sie in derselben Methode wie die Wissenschaften vor?

Diese Frage muß präzisiert werden, da es unter den Einzelwissenschaften solche gibt, die formal genannt werden, d. h. deduktiv und abstrakt sind, und solche, die aus der Erfahrung stammen, d. h. induktiv und konkret sind. Nach Mercier fußen diese Bezeichnungen, ohne rigoros zu sein, auf dem, was den *hervorstechenden* Charakter der zwei Typen von Wissenschaften ausmacht, nämlich die »Synthese« für den ersten und die »Analyse« für den zweiten. Die einen gehen vom Einfachen zum Zusammengesetzten, vom Allgemeineren zum weniger Allgemeinen, die anderen gehen den umgekehrten Weg. Doch alle erhalten ihre ersten Begriffe durch Analyse der sinnlichen Gegebenheiten, und alle zielen letztlich darauf ab, das Komplexe vom Einfachen her zu verstehen.

In den formalen Wissenschaften, in der Arithmetik etwa, erfolgen die Definitionen durch Synthesen. Besitzt der Geist die grundlegenden Begriffe der Einheit, der Zahl, der ersten Zahl, der geraden und ungeraden Zahl, so definiert er ohne Rückgriff auf die Erfahrung oder eine Analyse die Zahl drei: die erste ungerade Zahl. Wie die Definitionen, so erfolgen auch die Beweise mit Hilfe einer Synthese.

In den Erfahrungswissenschaften hingegen entstehen die Definitionen und Beweise durch eine Abwechslung von Analysen und Synthesen. Nur aufgrund ihrer Weite »hat die für die Bildung der positiven Wissenschaften unabdingbare

Arbeit des Zergliederns über sie die Meinung aufkommen lassen, daß ihre Methode [bloß] analytisch sei«.[23]

Das analytische Vorgehen dieser Wissenschaft heißt Induktion. Es verläuft in drei Schritten: in der Beobachtung, in der Hypothese und in der Verifikation. Letztere bildet den Nerv des induktiven Vorgehens, denn sie verlangt wiederholte Beobachtungen, Proben und Gegenproben, die mit verschiedenen Methoden durchgeführt werden, Anzeigen von Konkordanz, von Differenz und von begleitenden Variablen sowie den Rekurs auf Versuche, um eine Wesenseigenschaft und mittels dieser das Wesen selbst eines Seienden und, im Gefolge davon, das Gesetz von dessen Handeln bestimmen zu können.

Der Wissenschaftler zweifelt nicht an der Rechtmäßigkeit seines Vorgehens. Er verkündet die Gesetze der Natur auf kategorische Weise und gesteht ihnen eine unbedingte Anerkennung zu. In seinen Augen sind diese Gesetze nicht bloße Wahrscheinlichkeiten, die Gegenstand einer konditionierten Zustimmung wären, die sie je nach der Zahl der Beobachtungen, welche die Hypothesen bekräftigen, täglich sicherer machte. Das logische Gesetz der Induktion besteht vielmehr in folgendem Prinzip: »Das Antreffen einer angemessenen Zahl von Elementen und variablen Kräften in ein und derselben harmonischen und persistenten Systemkombination ist durch zufällige Koinzidenzien nicht zu erklären, es findet seinen zureichenden Grund vielmehr nur in einer natürlichen Inklination der Körper, die diese Kombination realisieren. Der Ausdruck ›natürliche Inklination‹ resümiert die fundamentale Theorie der aristotelischen Philosophie, die besagt, daß die Substanzen, von denen wir Äußerungen und Wirkungen wahrnehmen, nicht nur irgendwelche Handlungsprinzipien sind, die indifferent irgendwelche Resultate produzieren, sondern daß sie von einer inneren Inklination bestimmt sind, die sie dazu bringt, eine Weise des Seins oder ein jedem von ihnen *eigentümliches* Handeln auszudrücken; diese Weise des Seins oder Handelns ist eine *Eigenschaft* der Substanz, sie offenbart deren spezifische Natur.«[24]

Nach der Arbeit der Induktion, die vom Faktum zum Gesetz fortschreitet, geht der Wissenschaftler zur Deduktion über: Er erklärt jetzt durch die Ursachen die beobachteten Fakten. Bei diesem Schritt geht er wie in den rational-formalen Wissenschaften vor. Er übt nunmehr die Wissenschaft im eigentlichen und aristotelischen Sinn des Wortes aus. Aristoteles selbst hatte nämlich zwar die Notwendigkeit der Induktion und das logische Fundament ihres Werkes »erkannt«, man versteht aber leicht, daß er noch keinen fruchtbaren Gebrauch von ihr machen konnte. »Die physischen Objekte sind ausgedehnt und daher meßbar; die physischen Phänomene wickeln sich außerdem in meßbaren Zeiten ab: Die quantitative Messung steht somit an der Basis der Erfahrungswissenschaften. Deshalb war auch die Entdeckung der Meßinstrumente ein entscheidender Faktor im Fortschritt der positiven Wissenschaften. Aristoteles und die Männer des Mittelalters hatten jedoch weder ein Uhrpendel, um mit Genauigkeit die Zeit zu messen, noch eine genaue Waage, um die Materie zu wiegen, noch ein Thermometer,

---

[23] *Logique*, 299.
[24] Ebd. 318f.

um die Temperatur zu bestimmen, noch ein Barometer, um den atmosphärischen Druck zu beurteilen, noch ein Teleskop, um den Himmel zu beobachten, noch ein Mikroskop schließlich, um in den inneren Bereich der Materie und die organischen Gewebe einzudringen.«[25] Es bleibt demnach der modernen Zeit vorbehalten, die volle Bedeutung der induktiven Methode zu erkennen und sie mit Erfolg in den positiven Wissenschaften anzuwenden.

Die formalen und positiven Wissenschaften verwenden, wie wir sagten, letztlich ein und dieselbe Methode: die induktiv-deduktive bzw. die analytisch-synthetische. Dasselbe Vorgehen bestimmte jedoch schon die unmittelbare Erkenntnis. Und nicht weniger bestimmt es die Philosophie. Mercier behauptet dies auch, allerdings ist die Rechtfertigung, die er dafür angibt, überraschend kurz: »Die Philosophie ist die Wissenschaft in ihrem fortgeschrittenen Stadium: Ihre Methode ist daher diejenige der Wissenschaft.« Auf welche Weise aber? In derjenigen der formalen oder in derjenigen der positiven Wissenschaften? »Die Philosophie als Wissenschaft des Seins im Ganzen, des *gesamten Seins,* umfaßt gleichzeitig die ideale und die empirische Ordnung. Analytisch übersteigt sie die eine wie die andere, um sodann darüber auf synthetische Weise Rechenschaft zu geben.«[26] In jedem ihrer Teile gelangt sie durch Analyse zu nicht definierbaren Gegenständen: zur Substanz, zu Potenz und Akt, zum Einen, zur Zahl, zur Wahrheit, zum moralisch Guten, zum Sein der Vernunft. Daraufhin bildet sie eine umfassende Synthese. Diese wiederum konstituiert im formalen und strikten Begriff die vernünftige Weisheit, d. h. die Philosophie. Die Analyse hat hier die Funktion einer »Erweiterung«; sie zeigt »das logische Vorgehen vom Zusammengesetzten zum Zusammensetzenden, von der Wirkung zur Ursache, vom Mittel zum Zweck, von der Konsequenz zum Prinzip an«.[27] Die Synthese beschreibt den umgekehrten Weg.

Was kann man von der *Logik* Merciers behalten? Zunächst, daß sich in ihr eine fest verankerte Homogenität zwischen Philosophie und Wissenschaften findet. Sodann, daß sich die wissenschaftliche Induktion aus einem Appell an das Wesen der Natur rechtfertigt und daß deshalb die positiven Wissenschaften der Philosophie bedürfen, um sich als Wissenschaften konstituieren zu können. Andererseits hat diese Logik keine vergleichbare Notwendigkeit für die formalen Wissenschaften erbracht. Darüber hinaus zeigt sie nicht, warum von ihr aus gesehen die Philosophie im Bezug zu den Erfahrungswissenschaften stehen muß, um lebendig und fruchtbar zu sein.

Psychologie

Das Werk, aus dem man das Verhältnis Philosophie – Erfahrungswissenschaft besser ersieht, ist die *Psychologie.* In ihr wird der Mensch untersucht. Mercier hätte ihr daher lieber den Namen »Anthropologie« gegeben, aber zu seiner Zeit

---

[25] Ebd. 330f.
[26] Ebd. 371f.
[27] Ebd. 376.

war dieser Name jenen Wissenschaften vorbehalten, die sich mit der Naturgeschichte der menschlichen Rassen befaßten: Etymologisch gesehen ist die Psychologie die Untersuchung der Seele als des Lebensprinzips der Lebewesen, doch der Gebrauch des Wortes engte die Bedeutung ein und reservierte sie für den Menschen. Beim Menschen wiederum beschränkt sich die Psychologie nicht nur auf den Bereich des Bewußten. Sie nimmt den Menschen vielmehr als ganzen, d. h. den Menschen in allen Äußerungen seines Lebens. So hat sie sowohl das organische als auch das empfindende und geistige Leben des Menschen zum Gegenstand.

Die Beobachtung, die den ersten Schritt zur Forschung markiert, überwindet dank der Wissenschaft die alltägliche Erkenntnis. Dabei geht es ihr nicht nur um den gesunden und erwachsenen Menschen, sondern ebenso um das Kind, um den Kranken, um den geistig Abnormen, um den Wilden, um den Entfremdeten, um den Entarteten; des weiteren versucht man die analoge Anwendung von Tierbeobachtungen auf den Menschen, und nicht zuletzt wendet man Verfahren an, die, wie etwa hypnotische Suggestionen im Menschen, eine Art Sezierung des Geistes erlauben und zu einer detaillierten Erkenntnis der psychischen Kräfte führen, die aufgrund ihrer natürlichen Komplexität der unmittelbaren Beobachtung nicht zugänglich sind. Schließlich gelangt man durch die Induktion von den Äußerungen zu den psychischen »Vermögen« und zur »Seele«. Diese Prinzipien bilden bereits »metaphysische Entitäten«. Doch nicht nur sie, auch schon die »Kräfte« bzw. »das Empfindungsvermögen« der Seele sind metaphysische Größen, und die Weisen sprechen davon ohne Scheu.

Um ein Beispiel zu nehmen: Mercier präzisiert den aristotelischen Begriff des organischen Lebens, indem er vom landläufigen Lebensbegriff ausgeht: vom Leben als einer Bewegung ohne sichtbare äußerliche Verursachung. Von da aus geht er zum wissenschaftlichen Begriff: Dazu zieht er die Morphologie der Zelle (Protoplasma und Zellkern) sowie die Physiologie derselben im Hinblick auf die wichtigste Funktion ihres Daseins heran. Sodann untersucht er die Charakteristika der Organismen, um die harmonische Koordination der anatomischen Teile und die Anordnung ihrer verschiedenen Funktionen auf ein einziges Ziel hin sowie die Erhaltung des Subjekts und seiner Gattung kennenzulernen. So kommt er schließlich zum philosophischen Lebensbegriff: Das Leben ist eine spezifische Eigenschaft jener Seienden, die sich in kontinuierlicher und nach innen gewandter Weise bewegen. Das Lebewesen bewegt sich also kontinuierlich. Speziell die Ernährung konstituiert eine nicht unterbrochene Bewegung zwischen Angleichung und Absetzung. Im Unterschied zum bloßen Körper bewegt sich das Lebewesen aber auch nach innen hin, d. h. es handelt auf sich selbst zu, seine Aktivität zielt auf es selbst, es ernährt sich, es entwickelt sich, und es verbleibt in sich.

Die Struktur und die Organisation der Funktionen eines Lebewesens verlangen freilich eine erklärende Ursache. Nichts gestattet jedoch, die Behauptung aufzustellen, daß diese Ursache positiv die physisch-chemischen Kräfte der unbeseelten Natur hinter sich lasse. Man muß sie folglich materiell, d. h. dem Determinismus unterstellt nennen. Anderseits muß sie aber auch die harmonische Anordnung und die verblüffende Komplexität der Elemente erklären, die einen »Organismus« konstituieren. Insofern kann sie nichts anderes sein als die Anwesenheit eines festen Prinzips, das notwendig auf ein innerliches Ziel des Organismus, d. h. zu dessen Erhaltung, hindrängt und die Konvergenz aller Kräfte bestimmt, über die es zur Realisierung dieses Zieles verfügt. So gesehen muß man aber schließen, daß ein derart organisiertes Seiendes keine bloße Gruppierung von Atomen und Kräften darstellt, sondern eine »Substanz«, die von einer »natürlichen« Tendenz getrieben wird, die Bedingungen ihrer Organisation zu realisieren und zu erhalten, eine einheitliche Substanz also, die zusammengesetzt ist aus Materie und einem spezifischen substantiellen Prinzip, das man »Seele« oder Prinzip des Lebens nennt.

Das Beispiel, das wir gewählt haben, ist kein einmaliges. Nach genau dem gleichen Modus untersucht Mercier auch das sinnliche oder animalische und sogar das geistige oder vernunftgemäße Leben. Dazu verwendet er zum Zwecke der Beobachtung die damals neu entstehende Wissenschaft der Psycho-Physiologie. Darin erblickt er nämlich den Beweis für die Unhaltbarkeit des cartesianischen Dualismus sowie des Monismus, der entweder den Geist materialisiert oder die Materie spiritualisiert. »Wenn man jedoch mit Aristoteles und allen scholastischen Lehrern zugesteht, daß der Mensch eine zusammengesetzte Substanz aus Materie und immaterieller Seele ist, daß die höheren Funktionen zu den niedrigen Funktionen in einem realen Abhängigkeitsverhältnis stehen; daß es beim Menschen keinen einzigen innerlichen Vollzug gibt, der nicht sein physisches Korrelat hätte, keine Idee ohne Bild, keinen Willen ohne empfindbare Emotion, so bietet auch das konkrete Phänomen, das sich dem Bewußtsein präsentiert, den Charakter eines zugleich psychologischen und physiologischen Komplexes; es hängt von der Einfühlung des Bewußtseins und von der sowohl biologischen als auch physiologischen Beobachtung ab; kurz, der Anlaß zu einer psycho-physiologischen Wissenschaft ist unbedingt gegeben.«[28] Fügen wir noch hinzu, daß Mercier dort, wo ihm diese Wissenschaft nicht mehr hilft, nämlich bei der Bestimmung der eigentümlichen Charakteristika des intellektuellen Erkennens und des Wollens, einzig auf die Einfühlung zurückgreift. Doch selbst diese setzt er mit beachtlicher Gekonntheit ein, wie unter anderem seine Analyse des freien Aktes bezeugt.[29]

Métaphysique générale ou Ontologie

In seinem Kurs *Métaphysique générale ou Ontologie* stellt sich das Problem des Verhältnisses von Philosophie und Wissenschaften nicht, oder zumindest stellt es sich nicht in derselben Weise wie in den Spezialgebieten der Philosophie, in der Kosmologie oder der Psychologie. Freilich findet man auch hier die Aufforderung, sich an die Erfahrung zu halten, aber die Erfahrung ist hier eine schon verallgemeinerte Erfahrung, nicht jene klar umrissene, die in den Wissenschaften gefordert ist. Im Hinblick auf das Formalobjekt scheint die Metaphysik zudem mehr den mathematischen als den positiven Wissenschaften zu entsprechen.

---

[28] *Les origines,* 456f.
[29] *Psychologie,* Bd. II, 103–154.

Doch das, was Mercier erarbeitet, hebt sich dennoch sehr deutlich von den abstrakten Theorien ab, die man aus den Handbüchern kennt. Gleichzeitig enthält es einige originelle Feststellungen, darunter vor allem die folgenden zwei:

Die erste betrifft den spezifischen Gegenstand der Metaphysik. Für Mercier ist dieser die Substanz der erfahrbaren Dinge. Diese wiederum ist seit dem ersten Erwachen des Geistes erkannt worden. Doch in diesem frühen Stadium tritt sie noch in einem konfusen, ungenauen, nicht wesentlichen und sterilen Begriff auf. Alles, was wahrgenommen wird, ist lediglich dies, daß es ein subsistierendes Ding gibt, d. h. »ein in sich Stehendes«, »ein Ding in sich«. Durch eine Analyse und durch Differenzierung dieser Vorstellung eliminiert das Denken mit der Zeit die zufälligen Bestimmungen und findet sich schließlich vor dem ersten Subjekt jeglicher Attribution, vor der ersten Substanz. Dieser Begriff ist nun im Unterschied zu demjenigen, von dem man ausging, der treffendste, genaueste und fruchtbarste. Er bildet die Auslegung für den primären Sinn des Seins. Demnach befaßt sich die Metaphysik auch nicht mit dem Sein im allgemeinen, sofern dieses ja auch das Sein des Denkens einschließt, das Gegenstand der Logik ist; vielmehr richtet sie sich auf die konkrete, individuelle und existierende Substanz. Sie untersucht also die Gegenstände der Erfahrung, soweit sie Substanzen sind. Die Substanz konstituiert ihr Formalobjekt.

So gesehen unterscheidet sich die Substanz von den Akzidenzien: Sie wird unabhängig von ihnen begriffen, obwohl umgekehrt diese ohne sie nicht erkannt werden können. Innerhalb von ihr unterscheidet die Vernunft jedoch auch die »Essenz« oder die Washeit der Substanz und die »Existenz«, d. h. die Auszeichnung, die im wirklichen Sein dieser Essenz besteht und das »Realsein« ausmacht. Gemessen an dieser Auszeichnung bildet die Essenz lediglich »das Mögliche«. Die Eigenschaften der Unveränderlichkeit, Ewigkeit und Notwendigkeit bei möglichen Essenzen verlangen daher auch keinen Rekurs auf Gott, da sie sich ganz einfach einer Abstraktion verdanken, die sie herausgebildet hat. Um allerdings festzusetzen, daß innerhalb der endlichen Seienden die Unterscheidung zwischen Substanz und Akzidenzien sowie zwischen Essenz und Existenz reell ist, bedarf es eines Beweises. Dieser wiederum erfolgt a priori durch eine Konfrontation der Begriffe, ohne Berücksichtigung der Erfahrung.

In der Auseinandersetzung mit den Positivisten, mit den Szientisten und mit Kant bemüht sich Mercier um die Klarlegung, daß sich die Philosophie nicht, wie diese meinen, mit einem Objekt beschäftigt, das keinen Bezug zur Erfahrung hat und ein »Unerkennbares« wäre. An der Wurzel dieses Agnostizismus stellt er nämlich ein Vorurteil oder eine Verwechslung fest. Er gesteht zwar ohne Umschweife zu, daß der Gegenstand der Metaphysik nicht in derselben Weise erkennbar ist wie der Gegenstand der positiven Wissenschaften. Er beruft sich auch nicht auf eine höhere Intuition, die dem dritten Abstraktionsgrad entspräche. Doch er unterscheidet direkt abstrakte Begriffe, die positiv, spezifisch und unmittelbar sind, und negative Begriffe, d. h. solche, die von der Negation in derselben Weise Gebrauch machen wie analoge und transzendente Begriffe. Selbst die materielle Substanz ist nur über den Weg der Negation und der Analogie bekannt: »Wir wissen, daß sie *ist*, daß sie in der komplexen Realität, unter der sie sich darbietet, auf andere Körper und auf uns wirkt, doch abgesehen von diesen Attributen des *Seins* [und] des *Wirkens,* die wir der *positiven* und *unterscheidenden* Form entnehmen, welche wir den Dingen der Natur zuschreiben, was wissen wir über die körperliche Substanz im allgemeinen? Was ist uns über die verschiedenen Substanzen der Natur bekannt? Weil wir die Substanz den Akzidenzien gegenüberstellen und weil wir, um ihre innerste Konstitution zu begreifen, den Zusammenhang von Konstanz und Instabilität des materiellen Körpers zu verstehen versuchen, entzieht sich uns von diesem Augenblick an die positive Realität; wir sind dadurch auf Repräsentationen beschränkt, die uns nicht so sehr sagen, was ein Ding ist und wie es ist, sondern was es nicht ist und worin es sich von dem unterscheidet, was wir aus der Realität kennen.«[30] Der Physiker oder der Mathematiker setzt bei positiven, spezifischen und unmittelbaren Begriffen an. Sobald sie nun »darauf aus sind, ihre Wissenschaft für den einzigen Typ von menschlicher Erkenntnis zu halten, werden sie zu dem Schluß genötigt sein, daß eine andersartige geistige Repräsentation nicht mehr den Namen *Erkenntnis* verdiene. Der Gegenstand der Metaphysik wird für sie *unerkennbar.* Tatsächlich ist er es auch innerhalb der willkürlichen Bedeutungsbegrenzung, die sie dem Akt des Erkennens geben.«[31] Erst wenn man dieses »ärgerliche Mißverständnis« zerstreut hat, kann man sagen, daß sich die aristotelische Metaphysik genauso wie die Wissenschaften auf die Erfahrung stützt, daß sie sich aber in den Begriffen, die sie verwendet, von den Wissenschaften unterscheidet.

Wenn aber die Metaphysik keinen anderen Gegenstand besitzt als das substantielle Sein der sinnlich erfahrbaren Dinge, so muß man auch sagen, daß es keine Spezialwissenschaft für immaterielle Seiende gibt. Wir haben weder eine Definition noch Prinzipien, die sich spezifisch auf derartige Seiende anwenden ließen. Das, was die neuzeitlichen Denker »spezielle« Metaphysik nennen, ist lediglich eine angewandte Metaphysik, d. h. eine Ausweitung der ersten Philosophie. Will man die Existenz einer Ursache unendlicher Substanzen beweisen, so kann man deren Natur lediglich mittels einer Synthese von negativen und analogen Begriffen bestimmen, deren positiven und spezifischen Inhalt man wiederum den sinnlichen Dingen entnimmt. Man darf sich von daher gesehen auch nicht wundern, daß verschiedene Fragen der Theodizee unbeantwortet bleiben. Man denke diesbezüglich – unter anderem – nur an das Problem einer Versöhnung des unendlichen göttlichen Wissens, das sogar die Zukunft einschließt, mit der Freiheit der menschlichen Taten. »In dieser heiklen Frage heißt es, das Unvermögen der menschlichen Vernunft einzugestehen«; keine der Lösungen, die man diesbezüglich zu geben versucht hat, scheint den Geist zu befriedigen, und »man erkennt auch keine Hoffnung auf eine befriedigendere Lösung«.[32]

Eine andere originelle Feststellung Merciers betrifft die ontologische Wahrheit als transzendentale Eigenschaft des Seins. Mercier definiert sie als Konformitätsbezug einer aktuell präsentierten Sache zum Denken mit einer typischen Idee

---

[30] *Les origines,* 415.
[31] Ebd. 408.
[32] *Traité élémentaire,* Bd. II, 110.

dieser Sache. Diese typische Idee ist die Idee, die im Geist bereits vorhanden ist und die wir aus der Erfahrung gewonnen haben. Sie ist also keine göttliche und vom menschlichen Denken unabhängige Idee. Jene, die derartiges vertreten und von Mercier »Idealisten« genannt werden, da sie an Platon anschließen, »begehen [nämlich] einen methodischen Fehler, sofern sie analytische und ontologische Ordnung verwechseln«.[33] Jedenfalls kann die Wahrheit erst nach dem Beweis der Existenz eines schöpferischen Geistes als Eigenschaft angesehen werden, die allem Sein auf aktuelle Weise zugehört. In der generellen Metaphysik hingegen muß man sich mit der Aussage begnügen, daß jedes Seiende wahr sein »kann«, d. h. daß es imstande ist, eine Konformität in unserem Geist zu erzeugen.

Diese These wird Konsequenzen für die Kriteriologie haben, wie wir im folgenden sehen werden.

Critériologie générale ou Théorie générale de la certitude

Die *Kriteriologie* ist Merciers bekanntestes Werk. Zugleich stellt sie, zumindest in bestimmter Hinsicht, seinen originellsten Entwurf dar. Auf den ersten Blick scheint sie tatsächlich kaum eine Beziehung zur ursprünglichen Vision, nämlich Philosophie und Wissenschaft zu versöhnen, zu haben. Bei näherer Betrachtung stellt man jedoch fest, daß sie jenes Problem anspricht, das die wesentliche Neuheit der sogenannten neuzeitlichen Philosophie ausmacht und dessen Lösung bei Kant und den Positivisten die legitimen Ansprüche des menschlichen Geistes auf die rein wissenschaftliche Erkenntnis einengte. Wenn Mercier im Gefolge dazu die Erkenntnis auch unter dem Aspekt der »Gewißheit« in den Blick nimmt und von daher die Kriteriologie an die Psychologie bindet, so ist das, was er anstrebt, aber dennoch die »Wahrheit«. Sie bildet das letzte Ziel des Geistes und die oberste Bedingung der Wissenschaft. Insofern stellt die Kriteriologie auch die natürliche Vervollständigung der Logik dar. Mit dieser Absicht, das Wahrheitsproblem zu stellen, versucht Mercier offenkundig die alte Philosophie des Aristoteles zu erneuern und ihr bei den Modernen Gehör zu verschaffen. Aber kommt er damit nicht unmittelbar dazu, sie zu verändern?

Die prinzipielle Schwierigkeit besteht auch im Fall der kriteriologischen Frage darin, das Problem korrekt zu stellen, d. h. es ernsthaft als wahres Problem einzubringen, ohne die Lösung, die man eventuell beitragen könnte, bereits präjudiziert zu haben. Nach Mercier ist dies nur unter zwei Bedingungen möglich:

Erste Bedingung ist, daß das kritische Problem nur im Bereich der Reflexion gestellt und damit auch gelöst werden kann. Das Problem betrifft demnach nicht die Existenz der »spontanen« Gewißheiten. Denn man reduziert die Debatte auf nicht signifikante Ebenen, wenn man lediglich zeigen wollte, daß jeder Mensch mehr oder weniger gewisse Überzeugungen besitze. Selbst der Skeptiker gesteht ja zu, daß er im Besitz gewisser Überzeugungen ist, d. h. daß er etwa »Bewußtseinszustände« habe, deren zumindest phänomenale Existenz absolut unzweifelhaft sei. Dies sind aber erst die Anlässe des eigentlichen Problems. Daher stellt sich

---

[33] *Métaphysique*, 214.

dieses einzig im Zuge »reflektierter und frei gewollter« Erkenntnisse; es taucht in dem Moment auf, in dem man auf die spontanen Intentionalitäten achtet und sich fragt, ob man sie rechtfertigen und ob man jene von ihnen, die wahr sind, von denen unterscheiden kann, die es nicht sind.

Die zweite Bedingung betrifft direkt den Begriff der Wahrheit. Man geht das kritische Problem ganz falsch an, wenn man sich mit Descartes und Kant den Geist als eine Art inhaltsleeren Behälter vorstellt bzw. ein reflektierfähiges »Subjekt« und ihm gegenüber ein »Objekt«, ein Ding an sich oder eine für sich seiende Wirklichkeit annimmt, die darauf wartet, geformt zu werden. In diesem Fall läge nämlich das Problem darin, sicherzustellen, ob im Erkenntnisakt das Subjekt zum Objekt, die Idee zur Realität konform ist. Ein solches Problem ist jedoch ohne Sinn. Denn das Subjekt ist lediglich durch seine Akte erkennbar; und das Objekt ist, sofern es »für sich« ist oder nicht wahrgenommen wird, für uns so, als wäre es nicht, d. h. es ist ein Nichts an Erkennbarkeit; zwischen diesen beiden Bezugspunkten gäbe es für uns keine Vergleichsmöglichkeit. Die Wahrheit unserer Erkenntnisse, die logische Wahrheit kann somit nicht in deren Konformität mit dem Sein für sich bestehen, sondern einzig in der Konformität mit der ontologischen Wahrheit. Nun ist aber die Wahrheit, wie man aus der Metaphysik weiß, ein Bezug, und ein Bezug ist wiederum nur mittels eines vernünftigen Aktes möglich. Die ontologische Wahrheit ist außerdem ein Bezug zwischen zwei Repräsentationen derselben Sache, besser: zwischen dem objektiven Sichzeigen einer Sache und der vollständigen oder partiellen Repräsentation derselben. Sie ist daher lediglich aufgrund zweier Wahrnehmungsakte möglich. Sie ruht im objektiven Bezug zwischen den Gegenständen dieser beiden Akte, zwischen dem Repräsentierbaren und dem Repräsentierenden. Somit findet man schließlich die Wahrheit nirgends anders als im Urteil, und der Geist ist der Urteilende, d. h. der Richter, der die Einheit oder Nichteinheit von Subjekt und Objekt ausspricht. Um wahr zu sein, muß der logische Bezug, welchen das Urteil nennt, konform mit dem Bezug der ontologischen Wahrheit sein.

Sind diese beiden Bedingungen erfüllt, wie läßt sich dann das Erkenntnisproblem stellen?

Ausgangspunkt ist, auf dem Wege der Reflexion die Legitimation der spontanen Urteile erfragen zu wollen. Nun erhält aber jedes Urteil einen formalen Aspekt, nämlich den Bezug zwischen Subjekt und Prädikat, und einen materiellen Aspekt, d. h. die beiden Glieder, zwischen denen der Geist den Bezug herstellt. Das Urteil ist folglich »ein virtuell doppelter Akt: an erster Stelle spricht es ausdrücklich die Beziehung zwischen den beiden Gliedern, dem Prädikat und dem Subjekt an; an zweiter Stelle hingegen bestätigt es durch die Inanspruchnahme der Kopula ›sein‹ die Realität des Subjekts und folglich auch des Prädikats, das es diesem entnimmt«.[34]

Von hier aus ergeben sich zwei Probleme: Das eine betrifft die Objektivität des Bezugs der beiden Glieder, das zweite hingegen die objektive Realität der Glieder. Um in die Behandlung dieser beiden Probleme richtig hineinzukommen, emp-

---

[34] *Critériologie*, 39.

fiehlt es sich, in der allgemeinen Kriteriologie sich auf unmittelbare Urteile zu beschränken, deren Gewißheit nicht von denjenigen anderer Urteile abhängt. Außerdem teilen sich alle unsere Urteile in zwei Gruppen: Die erste enthält die Urteile der idealen Ordnung, deren Wert von der Existenz kontingenter Dinge unabhängig ist, die zweite umfaßt dagegen die Urteile der realen Ordnung, deren Wert formal abhängig ist von der Existenz kontingenter Dinge. Die unmittelbaren Urteile der ersten Gruppe sind die Prinzipien und Axiome, d. h. die Urteile »aus dem Gebiet der Notwendigkeit«; diejenigen der zweiten Gruppe bilden die unmittelbaren Erfahrungs- und Intuitionsurteile, d. h. die Urteile »aus dem Gebiet der Kontingenz«.

In welcher Ordnung sollen nun die beiden Probleme erörtert werden? Nach Mercier empfiehlt es sich, mit dem zuerst Genannten zu beginnen, mit demjenigen also, das die Objektivität des vom Urteil hergestellten Bezuges angeht, denn dieses Problem stellt sich für jedes Urteil, sei es aus der idealen oder aus der realen Ordnung, während das zweite, das sich nur für Urteile der realen Ordnung ergibt, lediglich beantwortet werden kann, wenn man es auf der Antwort zum ersten abstützt.

Tatsächlich behandelt Mercier das erste Problem nur anhand der idealen Urteile. Die Reflexion auf diese zeigt, daß das Ziel der Urteilssynthese die objektive Evidenz der Identität, d. h. des notwendigen Zusammenhangs der Urteilsglieder ist. Nur wenn wir diese Identität oder notwendige Zusammengehörigkeit nicht sehen, verweigern wir unsere Zustimmung. Stimmen wir hingegen zu, so tun wir es im Bewußtsein, von nichts anderem als von der Evidenz dazu motiviert zu sein. Die Objektivität dieser Urteile ist von da aus begründet. Sie ist konform mit der ontologischen Wahrheit. Was sodann ihr formales Objekt anbelangt, so verdanken sich die idealen Urteile diesbezüglich nicht der Erfahrung. Diese vermag ihnen nicht einmal einen Beitrag zur Zustimmung zu geben.

Mit der Untersuchung der idealen Urteile meint Mercier den Positivismus zurückgewiesen zu haben, der die Originalität der Urteile auf dem Gebiet der Notwendigkeit verkannt hat. Mit der Rechtfertigung derselben durch eine »objektive« Evidenz glaubt er aber auch dem Kantianismus überlegen zu sein, den er als »Subjektivismus« bezeichnet, ohne die Bezeichnung »transzendental« zu beachten. Schließlich ist er überzeugt, daß er alle Urteile gerechtfertigt hat, nicht nur die idealen Urteile. Er vermerkt sogar ausdrücklich, »daß es nicht schwer sei zu sehen, daß die aufgestellte These auch auf die Erfahrungsurteile anwendbar sei, da in den einen oder anderen dieser Urteile die Synthese von Prädikat und Subjekt von identischer Natur« sei.[35]

Sind die idealen Urteile aber hinreichend gerechtfertigt? In der Kriteriologie vernachlässigt Mercier – ohne daß man daraus schließen darf, daß er sie leugnet – eine wertvolle Anmerkung, die er in der Metaphysik gemacht hat: daß nämlich die Unabhängigkeit der idealen Urteile von der Erfahrung nicht bedeutet, daß sie absolut sind. In der *Métaphysique générale* liest man: »Alle Wahrheit ist bedingt von der Anwesenheit der beiden Glieder, zwischen denen ein Bezug der Identität,

---

[35] Ebd. 201.

der Zusammengehörigkeit oder des Widerspruchs entsteht, sei dies in der Natur oder sei dies im Denken. Doch diese Bedingung ist nicht immer *ausgedrückt.* Weil es sich nämlich um Bezüge zwischen transzendentalen oder sehr allgemeinen Gliedern handelt, kann die ausdrückliche Nennung der von ihnen vorausgesetzten Bedingung ungestraft unterbleiben, da sie dieselbe ist, unabhängig davon, welches die aufeinander bezogenen Glieder sind; sie ist demnach von allen identisch begriffen, d. h. geistig von allen in einem identischen Sinn zugrunde gelegt. Diese mit-intendierte Bedingung, die man nicht wahrnimmt, beurteilt man nun zu Unrecht als etwas Inexistentes und meint zudem, daß der Bezug absolut sei. Das ist eine Illusion. Denn der Ausdruck ›2 + 2 sind 4‹ bedeutet: *Vorausgesetzt, daß* 2 + 2 *und* 4 *in der Natur oder im Denken durch den Geist gegeben sind, ergibt sich die Identität von* 2 + 2 *und* 4. Ein Ganzes, egal durch welche Teile es zusammengesetzt ist, ist identisch mit der Summe seiner Teile, *sobald es gegeben ist.* Im Gegensatz dazu sind im Fall von partikulären [Urteils-]Gesetzen die Verifikationsbedingungen komplexer und verlangen folglich ausdrücklich genannt zu werden, um weder der Zweideutigkeit noch dem Irrtum Raum zu lassen. Aber in Wirklichkeit sind sowohl die allgemeinen als auch die partikulären Gesetze hypothetisch.«[36]

Diese Anmerkung gestattet ein besseres Verständnis davon, daß die Lösung des ersten kriteriologischen Problems keinen *absoluten* Stellenwert der idealen Urteile garantiert bzw. daß sie, wenn man so will, deren Wert *lediglich* für genau begriffene, d. h. gedachte Objekte gewährleistet. Die »Wahrheit« derselben ist bedingt durch den Wert ihrer Glieder. Diese aber, sind sie fiktiv, imaginär oder irreal? Haben sie einen anderen Wert als denjenigen, repräsentierende Größen zu sein, wie es der Phänomenalismus und Idealismus meint, oder besitzen sie, wie im Gegensatz dazu der Realismus will, eine »objektive Realität«, einen »Wert in sich«, der unabhängig ist vom logischen Sein, das sie präsentieren, einen nicht direkt existentiell, sondern »noumenal« gegebenen Wert also, der angibt, was realisiert oder wenigstens realisierbar ist, und der die existierenden oder möglichen Seienden in der Natur gegenüber den Seienden im reinen Denken nennt? Dieses ist das zweite kriteriologische Problem.

Die Probe auf die objektive Realität unserer Begriffe umfaßt zwei Schritte, die untereinander wie die Prämissen eines Syllogismus verbunden sind.

Beim ersten Schritt greift Mercier auf die aristotelische Abstraktionstheorie zurück, allerdings wendet er sie hier als reflektierende Kontrolle der unmittelbaren Erfahrungsurteile an. Die Reflexion zeigt dabei, daß der Gegenstand unserer Begriffe materiell identisch ist mit demjenigen unserer Anschauungen. Die abstrakten Begriffe des »Seins«, der »Substanz« und der »Handlung« sind nämlich mit den individuellen Bestimmungen so innerlich verbunden, daß die Schwierigkeit bei unserer näheren Betrachtung nicht darin besteht zu verstehen, daß der durch die Anschauungen wahrgenommene Gegenstand wirklich gegeben ist oder wirklich handelt, sondern daß es in uns zwei kognitive Akte gibt, die aufeinander nicht reduzierbar sind. Die logische Wahrheit des Erfahrungsurteils gründet

---

[36] *Métaphysique,* 210f.

somit genauso wie diejenige des idealen Urteils auf der Erkenntnis einer objektiven Identität, d. h. auf der Identität innerhalb des Bezuges der ontologischen Wahrheit.

Auf diesen Schritt, der als Maior eines Syllogismus anzusehen ist, fügt sich ein zweiter an, der als Minor dient: »Die sinnlichen Formen verdanken sich der objektiven Realität.« Das Bewußtsein bestätigt uns, daß wir in unseren Anschauungen passiv sind. Wenn aber nun diese Eindrücke kontingent sind, so entstehen sie und entwickeln sie sich, um sodann wieder abzunehmen und zu verschwinden. Das heißt aber, daß sie eine aktive Ursache voraussetzen, die nicht sie selbst sind, etwas von unseren Anschauungen Unabhängiges also, kurz ein »reales« Objekt.

Man hat sich oft gefragt, warum sich Mercier nicht mit dem ersten der beiden Schritte begnügt hat. Es scheint, daß sein Motiv folgendes war: Der erste Schritt genügt nach seiner Ansicht nicht, den Phänomenalismus zurückzuweisen. Er legt zwar zweifellos klar, daß das Objekt unserer Begriffe ebenso gültig ist wie dasjenige der Anschauungen, er zeigt aber nichts darüber hinaus. Außerdem sind die Anschauungen, selbst wenn sie auf ihren subjektiven Charakter reduziert worden sind, nichts anderes als kontingente Fakten: Nun setzt aber jede Gewißheit Notwendigkeit voraus, die Unmöglichkeit eines Widerspruchs: »Gewiß sein, zu denken und zu existieren, bedeutet nicht nur, eine Intuition der innerlichen Manifestation eines phänomenalen Objektes zu haben, es heißt vielmehr, zu *urteilen*, daß es von dieser phänomenalen Objektivität eine reale Existenz gibt; sagen wir besser, es gilt zu urteilen, daß es ausgehend von der Gegebenheit einer bewußten Wahrnehmung, an der sich das Urteil inspiriert, *notwendig* ist, daß das objektive Glied des Bewußtseins ein reell Korrespondierendes habe. Um sicher zu sein, genügt es tatsächlich nicht, bloß zu wissen, ob eine Sache ist, sondern man muß davon überzeugt sein, daß sie *nicht anders sein kann,* als sie ist. Die Gewißheit des elementaren Faktums, sei es auch das Faktum des Denkens selbst, hat somit als unabdingbare Voraussetzung die Bekräftigung einer höheren Notwendigkeit für die bestimmten Seienden: Es ist notwendig, daß das, was ich erkenne, real ist.«[37]

Der genauere, wenn auch komplexe Sinn dieses zweiten Schrittes scheint von hier aus klarer zu werden. Auf der einen Seite akzeptiert man, daß im Dialog mit dem Phänomenalismus die innere Erfahrung gegenüber der äußeren Erfahrung privilegiert wird: Man reduziert letztere auf eine rein subjektive Impression, die übrigens von niemandem bezweifelt wird und die zu den Komponenten des kritischen Problems gehört. Auf der anderen Seite fordert man aber auch, daß jede Erfahrung unter idealen Prinzipien reflektiert wird: unter dem Identitätsprinzip für die innere Erfahrung, unter dem Kausalitätsprinzip für die äußere Erfahrung. Denn nur um diesen Preis erhält man eine Gewißheit, die ihres Namens würdig ist, d. h. eine »Wahrheit« innerhalb der Ordnung des Realen.

Nach der Rechtfertigung sowohl der idealen Prinzipien als auch der Prinzipien der Erfahrungswissenschaften genügt es, den deduktiven Prozeß zu legitimieren,

---

[37] *Les origines,* 330f.

um den Wert der Wissenschaft zu etablieren, und zwar der Wissenschaft im aristotelischen Sinn des Wortes mit ihren drei großen Teilen: der Physik, der Mathematik und der Metaphysik. Es scheint freilich, daß die Fakten selbst dabei vernachlässigt werden. Und tatsächlich, die reine Faktizität kommt nicht zu Wort. Denn sie beansprucht auf unwiderstehliche Art unsere spontane Zuwendung, sie bildet aber nicht das direkte Objekt der Wissenschaft, es sei denn »akzidentellerweise«. Die Erfahrung als solche ist die Wurzel und die Quelle unserer Erkenntnisse, sie liefert sozusagen das Material, aber keinesfalls den Anlaß oder die Basis für eine wahrhafte Gewißheit. Wahrheit gibt es lediglich im geistigen Urteil, und dieses hat wiederum stets eine Notwendigkeit oder die Unmöglichkeit eines Widerspruchs zum Gegenstand.

Erfaßt man nun mit einem Blick das philosophische Werk Merciers, so wie wir es aus seinen Kursen entnommen haben, so nimmt man die Inspiration, der es sich verdankt und die mit dem Ausdruck »neuscholastische Philosophie« bezeichnet wird, besser wahr.

Obwohl Mercier die Notwendigkeit einer Vereinigung von Philosophie und Wissenschaften verkündet, greift er auf die positive Wissenschaft allerdings nur in einem Gebiet zurück, nämlich in der Psychologie. Doch überall wendet er als ersten Schritt die Analyse an. Freilich versteht er auch sie nicht immer im engen Sinn als Beobachtung von *Fakten* und als Induktion von partikulären Gesetzen, sondern häufig im weiteren Sinn. So bedeutet sie etwa in der Metaphysik Klarlegung von ursprünglich undeutlichen Begriffen, progressive und methodische Aufklärung, vorangetriebene Induktion mittels fundamentaler Prinzipien; in der Kriteriologie läuft sie unter Forderung nach einer reflektierten und gebührend untersuchten *Evidenz*, unter Ablehnung von Vorurteilen, willkürlichen Hypothesen, überstürzten Synthesen und selbst von unwiderstehlichen spontanen Zuwendungen. Der Appell an die positiven Wissenschaften, sich mit Blick auf die Scholastik zu erneuern, erscheint von daher gesehen weniger als eine eindeutige und rigorose Vorschrift, sondern vielmehr als Inanspruchnahme eines Paradigmas, als eine exemplarische Weise des wissenschaftlichen Vorgehens. Denn gerade in diesen Wissenschaften hat sich die Analyse am offenkundigsten als Wurzel des Fortschritts erwiesen.

Andererseits hält Mercier aber auch daran fest, daß das fundamentale Gesetz der reflektierenden Vernunft »die Suche nach der Einheit des Wissens« ist.[38] Er stimmt daher Aristoteles zu, wenn er weder de facto noch de iure Philosophie und Wissenschaften jemals trennte. Er selbst unterscheidet sie freilich, doch dies aufgrund der bloßen faktischen Notwendigkeit. Das Wissen ist nämlich derartig groß geworden, daß es heute kein einzelner Wissenschaftler erfassen kann. Außerdem beeilt er sich hinzuzufügen, daß man nur das zu einer Einheit machen soll, was man gut zu unterscheiden gewußt hat. Einzelne Autoren haben im Anschluß an Merciers Kursprogramme, wo er die Analyse im engsten Sinne vorstellt, gemeint, daß er unter dem Titel »neu-scholastische Philosophie« beabsich-

---

[38] *Logique,* 373.

tigt habe, gleichzeitig Wissenschaften und Philosophie zu betreiben. Sein philosophisches Werk sowie seine Kurse belegen aber, daß dem nicht so ist: Für ihn sind Philosophie und Wissenschaften so weit verschieden, als sie *die Analyse verschieden anwenden,* doch sie treffen einander im letzten Ziel, das sie verfolgen, nämlich das Wissen im eigentlichen Sinn des Aristoteles zu kennen, d. h. die *synthetische Sicht* der universalen Ordnung.

DIE GRÜNDUNG DES INSTITUT SUPÉRIEUR DE PHILOSOPHIE

Wie seine Werke bezeugen, verstand Mercier seine Kurse nicht als dogmatische Unterweisungen von endgültig erhaltenen Wahrheiten oder von einer »abgeschlossenen Wissenschaft«, sondern als stets unvollkommene Suche, als Beitrag zu einer »noch zu machenden Wissenschaft«, in der das scholastisch-peripatetische Denken mit der Wissenschaft und dem Denken der Gegenwart konfrontiert ist.

Vom ersten Augenblick an hatte sein Kurs über die »haute philosophie selon saint Thomas« einen beachtlichen Erfolg. 1882 hatte er 89 Hörer (36 Kleriker und 53 Laien) der insgesamt 1558 Studierenden an der Universität mit ihren fünf Fakultäten. Schon 1887 kletterte die Hörerzahl auf 161 (60 Kleriker und 101 Laien) von 1757 Studenten im Gesamten. Das Thema seines Kurses wechselte jedes Jahr. So konnte man ihn öfters verfolgen. Die Studenten waren alle an einer der fünf Fakultäten inskribiert. Hier erhielten sie jeweils eine erste Einführung in die Philosophie. Mercier hingegen lud zu persönlicher Arbeit ein. Ab 1885 erreichte er die Schaffung eines Lizenziats und eines Doktorats »en philosophie thomiste«. Die Lizenziatsprüfung betraf zwar lediglich die Materie der ersten beiden Kurse, doch es war klar, daß die genaue Kenntnis eines philosophischen Gebietes auch die Kenntnis aller anderen voraussetzte. Beim Doktorat war unter anderem verlangt, daß der Kandidat bereits ein Doktorat an einer Fakultät erworben hatte, daß er eine Dissertation mit Imprimatur vorlegte und öffentlich 20 Thesen verteidigte. Von 1885 bis 1895 erhielten 23 Studenten das Lizenziatsdiplom und neun das Doktorat.

Im Jahr 1888 gründete Mercier die »Société philosophique de Louvain«, in der sich die Schüler trafen, die von seinem fortgeschrittenen Unterricht profitiert hatten. Ziel dieser Einrichtung war es, eine Gelegenheit zu bieten, die erlernten Kenntnisse zu vervollständigen und alle jene anzusprechen, die sich für das Studium der Philosophie interessierten.

Mercier träumte schon sehr bald davon, dem ihm anvertrauten Unterricht eine breitere Entfaltungsmöglichkeit zu verschaffen. Von seiner Seite her berief auch Leo XIII. Mercier regelmäßig nach Rom. Er legte darauf Wert, die Entwicklung des von ihm gegründeten Unternehmens aus der Nähe zu verfolgen. Er informierte sich über die Zahl der Hörer, über die erreichten Resultate und über künftige Projekte. Im April 1887 studiert und approbiert er sogar persönlich einen »Vorentwurf zur Organisation eines Instituts für höhere philosophische Studien«. Er empfiehlt ihn sodann den Bischöfen und stimmt aus eigener Initiative einer Prälatur für Mercier zu. Die Bischöfe wiederum nehmen die Wünsche des Papstes mit Ehrerbietung auf, stoßen sich aber an den finanziellen Problemen. Ein Breve des Papstes vom 15. Juli 1888 verlangt sodann die Einrichtung neuer Kurse »in der Weise, daß aus diesen verschiedenen Vorlesungen, die sinnvoll untereinander verbunden und ordnungsgemäß zusammengestellt sein mögen, ein Institut für thomistische Philosophie auf eigener Existenzgrundlage entstehe«.[39] Am 11. September 1889 bestimmt der Papst über Vermittlung des Staatssekretariats für die Gründung zweier Lehrkanzeln die Einkünfte aus einem Kapital von 150.000 francs-or. Außerdem fordert er die Bischöfe auf, Mercier zum Vorsitzenden des neuen Instituts zu machen, und erteilt den Auftrag, die nötigen Mittel für die Ausführung der päpstlichen Stiftung zu organisieren. Die Bischöfe kommen seiner Aufforderung nach. Daraufhin approbiert ein neues Breve des Papstes am 8. November 1889 feierlich ihre Entscheidungen.[40] Dieses Dokument bildet zugleich den offiziellen Gründungsakt des Institut Supérieur de Philosophie. Von diesem Tag an besteht das Institut freilich erst virtuell in der Person seines Vorsitzenden. Seine Gründung ist jedoch das gemeinsame Werk Leos XIII. und Merciers, und wie man zu betonen weiß, vor allem das Werk der Kühnheit, der Zähigkeit und der Umsicht Merciers sowie des Zukunftsvertrauens, der Kraft und der jugendlichen Dynamik des fast achtzigjährigen Papstes.

Es war Mercier vorbehalten, die effektive Realisation des Instituts durchzuführen. Unter den zahlreichen Problemen, die er zu bewältigen hatte, sind vor allem die vier folgenden zu nennen:

Das erste und grundlegendste betraf die Studienprogramme. In diesen verkörperte sich ja das Ziel und der Geist der Institution. Für Mercier, so hieß es, besteht das menschliche Wissen in zwei wesentlichen, einander ergänzenden Vorgangsweisen, in der Analyse und in der Synthese. Die Philosophie kann daher nicht rein synthetisch oder deduktiv sein. Sie muß vielmehr eine Suche sein, d. h. sie muß die Arbeit der Analyse leisten und sich die Errungenschaften der Erfahrungswissenschaften aneignen. Da sich nunmehr die Wissenschaften derartig vervielfacht haben, »ist es nötig, daß die Gemeinschaft die Unzulänglichkeit des isolierten Forschers ergänzt und daß sich die Analytiker und Synthetiker zusammenfinden, um in ihrem täglichen Umgang und in ihrem gemeinsamen Handeln ein Milieu zu schaffen, das der harmonischen Entfaltung der Wissenschaft und der Philosophie entspricht«.[41] Man sah deshalb in den Programmen des Instituts vor, daß in einem vierjährigen Zyklus alljährlich ein Teil der speziellen Philosophie gemeinsam mit der entsprechenden Gruppe von analytischen Wissenschaften unterrichtet wurde: die Kosmologie, die von den unbelebten Körpern handelt, gemeinsam mit den mathematischen und physikalischen Wissenschaften; die Psychologie, die sich mit den lebenden Wesen vom rein vegetativen Leben bis zum Menschen befaßt, gemeinsam mit den biologischen Wissenschaften; die Kriteriologie oder die Wissenschaftstheorie gemeinsam mit der Geschichte der philoso-

---

[39] RNS 1 (1894) 78f., 82f.
[40] Ebd. 79f., 83f.
[41] *Rapport*, 21.

phischen Systeme, besonders mit der Geschichte der griechischen und arabischen Philosophie, um die Ursprünge der Scholastik zu erklären; die Moralphilosophie und das Naturrecht schließlich gemeinsam mit den Sozialwissenschaften, der Ökonomik und der Politologie.[42] Für Mercier mußten diese Kurse außerdem speziell Kurse des Instituts sein. Natürlich, so meint er, gibt es auch wissenschaftliche Kurse an den Universitäten, »aber oft begreifen diese zu viel oder zu wenig: *zu viel* in dem Sinne, daß sich der professionelle Unterricht in einer Unzahl von Fakten und technischen Details verliert, um die sich die Philosophie nicht kümmern muß; *zu wenig*, sofern der professionelle Unterricht oft die Beobachtung der Fakten als Endziel hat, während von unserem Gesichtspunkt aus die Fakten lediglich ein Mittel und Ausgangspunkt für die Erkenntnis der Ursachen und der allgemeinsten Gesetze sind und sein können«.[43]

Das zweite Problem lag darin, dem Institut eine konstante Schüleranzahl zu garantieren. Natürlich konnten sich die Studenten der verschiedenen Fakultäten an diesem inskribieren wie seinerzeit am Kurs der »haute philosophie selon saint Thomas«, doch es konnte zweifellos nur eine kleine Gruppe erwartet werden, die über mehrere Jahre dem gesamten Kursprogramm folgen würde. Deshalb träumte Mercier von 1891 an von der Gründung eines universitären Seminars, an dem sich die Studenten auf die Theologie durch mindestens drei Jahre Philosophie am Institut vorbereiten. Er erhält dafür die Zustimmung der Bischöfe und eine enthusiastische Unterstützung von seiten Leos XIII., der am 27. Juli 1892 an ihn persönlich ein Breve richtet.[44] Der Papst erklärt sich auch damit einverstanden, daß die neue Gründung seinen Namen trägt. Zur Präsidentschaft des Institut Supérieur de Philosophie gesellt sich damit für Mercier von 1892 an das Amt der Leitung des Séminaire Léon XIII.

Das dritte Problem, von Natur aus zwar verschieden, aber deshalb nicht weniger herrschend, war dasjenige der Unterkünfte, in denen die beiden Institutionen untergebracht werden sollten. Mercier appellierte an die Großzügigkeit der Gläubigen. Dadurch erwarb er ein Wohnhaus sowie ein großes Grundstück, auf dem er den Bau der Instituts- und Seminargebäude in Auftrag gab. Baubeginn war 1892, die Institutsgebäude waren 1894, diejenigen des Seminars 1897 vollendet. Für das Institut hatte man neben den Vorlesungs- und Konferenzräumen auch eine Bibliothek sowie Laboratorien für Physik, Chemie und experimentelle Psychologie vorgesehen.

Letztes, aber nicht geringstes Problem war die Stellung des Instituts innerhalb der Universität. Mercier plante, daß das Institut sich nach dem Vorbild der Fakultäten einer gewissen Autonomie erfreuen und daß sein Präsident von sich aus den Bischöfen die zu ernennenden Professoren vorschlagen solle, um einen gemeinsamen Geist des Lehrkörpers zu gewährleisten, der im Essentiellen, vor allem aber bezüglich der Natur der Philosophie einheitlich sein mußte. Durch drei Jahre hindurch, von 1890 bis 1893, tappte man jedoch herum: Der Rektor

---

[42] *La création*, 12.
[43] *Rapport*, 25.
[44] L. De Raeymaeker: *Le Séminaire*, 14f.

der Universität fürchtete, nachdem er von den Plänen Merciers erfahren hatte, daß dieser unter dem Schutz seiner Autorität und unter der Führung der Philosophie eine »École des hautes études« schaffen wolle, die rein der Forschung gewidmet sei, im Gegensatz also zur traditionellen Universität, die dadurch auf den Rang einer reinen Berufsschule reduziert würde. Es gelang ihm auch, die Unabhängigkeit des Instituts zu beschneiden. Dieses wurde eine der zwei Sektionen einer neuen Einrichtung, die »Études supérieures libres« genannt wurde und deren zweite Sektion für die orientalische Philologie sowie für die Linguistik bestimmt war. Doch im Juli 1893 erreicht Mercier die Ernennung von vier Professoren, die alle aus seinen ehemaligen Schülern ausgewählt sind. Am 7. März 1894 betont ein Breve Leos XIII. die Genugtuung über die Vollendung des Werkes, besonders die Schaffung der neuen Lehrstühle und die Gründung des »ans Institut angeschlossenen« Seminars, und setzt zugunsten des letzteren »Verfügungen, die dessen Stabilität und Wirkungsmöglichkeiten besser garantieren müssen und ihm den Rang sichern werden, der ihm zusteht«.[45]

So schien es, daß 1894 alle Probleme, die mit der Gründung des Instituts zusammenhingen, grundsätzlich gelöst waren. Fügen wir noch hinzu, daß Mercier im selben Jahr eine Zeitschrift gründete, nämlich die *Revue néo-scolastique* (ihr heutiger Name ist *Revue philosophique de Louvain*). Durch sie und durch die Reihe der *Cours de philosophie* vermochte sich die wissenschaftliche Ausstrahlung des Instituts und insbesondere seines Gründers im Ausland auf breiter Basis durchzusetzen.

Aus überschwenglicher Freude über das glückliche Gelingen und aus ungetrübter Zuversicht für die Zukunft veranstaltete man am 2. Dezember 1894 eine grandiose Festveranstaltung zu Ehren Merciers, an der Leo XIII., vertreten durch seinen Staatssekretär, Kardinal Rampolla, sowie der Apostolische Nuntius, die belgischen Bischöfe und zahlreiche Persönlichkeiten geruhten, anwesend zu sein. Man überreichte Mercier ein Porträt, das ein namhafter Künstler gemalt hatte.

In Wirklichkeit stand aber das Werk Merciers am Vorabend einer harten Probe, an der es zu zerbrechen drohte. Man muß über sie reden, weil sie unabhängig von allen Personalfragen das Wesen der Philosophie betraf und auf ihre Weise die Besonderheit des Unternehmens von Mercier offenbar machte.

Das Institut mußte seine Statuten der Studienkongregation in Rom unterbreiten. In dieser Zeit verstand man nun aber hier die thomistische Erneuerung nicht als Forschung im Dialog mit den Wissenschaften und mit dem zeitgenössischen Denken, sondern mehr als Rückkehr zum hl. Thomas. Das Ideal, das man vor Augen hatte, war der Unterricht, wie er an der Universität Gregoriana gegeben wurde. Zugleich wandte man sich gegen die Rolle, die Mercier in seinen Programmen den Einzelwissenschaften einräumen wollte. Man verpflichtete lieber die Philosophie auf die Theologie. Mercier kannte diese Ansicht. Er schrieb 1890: »Die Offenbarung war vollständig von Anfang an; sie wurde uns nicht als philosophisches System gegeben, das der Arbeit des Menschen zur Vervollkommnung im Lauf der Generationen überantwortet ist ... Die wissenschaftliche Untersu-

---

[45] RNS 1 (1894) 286–291.

chung der geoffenbarten Lehre ist daher *deduktiv,* deshalb überrascht es auch nicht, daß an die Theologie gewöhnte Geister gelegentlich dazu neigen, die eigenen Methoden der ihnen vertrauten Studien auf das Gebiet der Wissenschaften oder der Philosophie zu übertragen ... Von daher stammt bei mehreren der Unsrigen die Tendenz, sich in überstürzten Synthesen zu gefallen, die vielleicht hitzige Kämpfer der Tagespolemik verführen, bei Spezialisten aber, welche an die minutiöse Bestimmung der Fakten gewohnt und sich der mit den Analysearbeiten verbundenen Längen bewußt sind, ein Gefühl innerer Konfusion oder Geringschätzung hervorrufen.«[46]

Die Kongregation korrigierte jedenfalls die Statuten, die ihr unterbreitet worden waren. Sie schrieb enzyklopädische Kurse zum Schaden der fortgeschrittenen Kurse für Spezialfragen vor, sie beanstandete die Bedeutung, die den wissenschaftlichen Gebieten beigemessen wurde, und vor allem wunderte sie sich darüber, daß man den hl. Thomas in einer anderen Sprache als in Latein lehren konnte. Deshalb schrieb sie auch in Artikel 15 der Statuten, die sie am 15. Juli 1895 herausgab, die Verwendung des Latein, außer in Kursen über Naturwissenschaften und Geschichte, vor.

Diese Entscheidung war für das Institut katastrophal, denn sie konnte nur dazu führen, die Laienstudenten zum Auszug zu veranlassen. Sie bedeutete den Ruin des Unternehmens von Mercier. Doch trotz Ärger über die Einwände, die in Rom vorgebracht wurden, und über die vorgeschlagenen Lösungen, unter anderem über die, die Kurse zu verdoppeln und sie lateinisch für die Kleriker und französisch für die Laien zu halten, wurde die Entscheidung eingehalten. Sie wurde sogar auf feierliche Weise am 6. Februar 1896 durch ein päpstliches Breve – das letzte übrigens, das für das Institut bestimmt war – wiederholt. »Unser ausdrücklicher Wille«, schreibt der Papst, »war, daß in den Statuten der Gebrauch des Latein vorgeschrieben werde, und Wir wollen, daß alle Professoren genauso wie alle Studenten davon in Kenntnis gesetzt würden, daß es gegen diese Entscheidung in keiner Weise eine Einspruchsmöglichkeit gibt. Wie nämlich könnten die Studenten sich auf seriöse und solide Art dem Studium des hl. Thomas und der Scholastiker widmen, ihre unsterblichen Werke, die in Latein geschrieben sind, durchnehmen, wenn sie diese Sprache nicht kennen?« Den Einwänden entgegnend fügt der Papst hinzu: »Was die Laien betrifft, die Wir ebenfalls von Herzen zu einer vollständigeren philosophischen Bildung führen wollen, so soll der Gebrauch der lateinischen Sprache, weit entfernt davon, sie aus den Vorlesungen der thomistischen Schule zu entfernen, sie vielmehr einbinden, wenn sie ernsthaft den Erwerb der Wissenschaft und deren ehrenhafte Vorteile anstreben. Stoßen sie vorerst auch noch auf gewisse Schwierigkeiten, so werden sie diese bald überwunden haben, wie das Beispiel der Studenten beweist, die in großer Zahl aus Ländern mit verschiedenen Sprachen nach Rom kommen, um sich dem Studium der Wissenschaften zu widmen, die nach wie vor in Latein gelehrt werden.«[47] In Wirklichkeit ging die Zahl der Laien am Institut in besorg-

---

[46] *La création,* 5f.
[47] RNS 3 (1896) 200–205.

niserregender Weise zurück. 1896 folgten nur mehr zwei oder drei regelmäßig den Kursen. Ein Jahr später war es sogar nur mehr einer.

Die Statuten von 1895 blieben, einschließlich Artikel 15, bis 1905 in Kraft. Doch Ende 1897 wurde der Präfekt der Studienkongregation, Kardinal Mazzella, durch Kardinal Satolli ersetzt. Dieser stand der Weise, wie man in Löwen die thomistische Renaissance verstand, sehr wohlwollend gegenüber. Er nahm es daher auch auf sich, daß der Artikel 15, ohne die Statuten zu verändern, milde ausgelegt wurde. Am 11. Februar 1898 schreibt er Mercier: »Ich glaube, daß Ihr den Geist dieses Artikels nicht verlaßt, wenn Ihr die folgende Methode anwendet, die, wenn ich richtig informiert bin, annähernd jene ist, die Ihr früher eingehalten habt. Daß sich nämlich die Professoren in ihrem Unterricht für jedes Gebiet der Philosophie an die Exposition und an die Analyse eines Textes des hl. Thomas, ich meine des lateinischen Textes, halten mögen ... Was die Entfaltung des persönlichen Denkens des Professors anbelangt, im Hinblick auf alles, was die wissenschaftliche Prüfung der Fakten, aus denen die Gesetze und die Prinzipien ersehen werden, was die Diskussion der modernen Systeme und was die Abwehr der aus den Wissenschaften oder der Philosophie stammenden Einwände betrifft, ist es sehr sinnvoll, daß an einem Institut wie an jenem von Löwen alle diese Ausführungen in der Volkssprache vorgetragen werden.«[48]

Die Interpretation gestattete, die Krise des Instituts für praktisch überwunden anzusehen. Doch sie hatte noch keinen offiziellen Charakter. Kardinal Satolli sprach weder im Namen des Papstes noch im Namen der Studienkongregation. Auch schrieb er seinen Brief nicht an die Bischöfe oder an den Rektor, sondern direkt an Mercier. Schließlich äußerte er darin seine persönliche Meinung, und zwar im Gegensatz zu den offiziellen Entscheidungen seines Vorgängers und des Papstes selbst. Dennoch erkannten die belgischen Bischöfe den Brief nach langem Zögern im Juli 1899 an. Und von diesem Augenblick an kehrten auch die Laien wieder ans Institut zurück. Im Studienjahr 1899/1900 zählte man bereits 14 Laien und 33 Kleriker.

Der Papst scheint über diese eingetretene Lösung informiert gewesen zu sein. In einer Ansprache für belgische Pilger, die von Professoren des Instituts angeführt wurden, erklärte er im Jahr 1900 auf diskrete und diplomatische Weise: »Ich bin glücklich darüber, an Eurer Spitze Professoren des Institut Supérieur de Philosophie zu sehen, das durch mich an der Universität Löwen gegründet wurde ... Die höheren Studien, die Mercier leitet, dienen nicht nur den Klerikern, sondern auch den Laien, die gekommen sind, um die Philosophie des hl. Thomas zu studieren, sogar noch nach der Erlangung anderer Grade ... Das ist der Grund, warum Wir trotz Unserer Ansicht, daß die Philosophie des hl. Thomas in Latein studiert werden muß, bestimmt haben, daß die Kurse in Französisch gegeben werden sollen. Ich will es, und ich wünsche das Glück ›meines‹ Instituts.«[49]

Die Krise des Instituts hatte fast drei Jahre gedauert. Für Mercier war sie ein wahrer Kreuzweg. Man versteht, daß er in den folgenden Jahren bei der Erinne-

---

[48] L. De Raeymaeker: *Mercier*, 139.
[49] RNS 8 (1901) 84, 85.

rung an die notwendige Öffnung auf die Wissenschaften und die moderne Philosophie hin mit fast leidenschaftlichem Ton hinzufügte: »Und damit unser Denken die Aufmerksamkeit jener erwecke, die uns umgeben, sprechen wir ihre Sprache. Ob man dies bedauert oder nicht bedauert, es zählt nicht: Faktum ist, daß sich unsere Generation vom Latein als Wissenschaftssprache abgewandt hat. Deshalb bedeutet, die Philosophie in Latein zu schreiben, freiwillig darauf zu verzichten, sich bei einem Großteil unserer Zeitgenossen verständlich zu machen.«[50] Und Mercier zögert nicht, diese »Neuerung« auch für den Grundkurs der Seminarien zu empfehlen.[51]

Vom Ende des Jahrhunderts an hat sich das Werk Merciers, nachdem es die Kritiken überstanden hatte, gut etabliert und konnte sich nun in der von seinem Gründer angewiesenen Richtung entfalten. Seit 1893 wird Mercier von vier seiner alten Schüler treu unterstützt: von Deploige, De Wulf, Nys und Thiéry. Alle vier wurden ausdrücklich im päpstlichen Breve vom 7. März 1894 genannt. Sie waren erfüllt von Pionierleidenschaft und teilten das Ideal Merciers. Nys war Priester, die anderen drei waren Laien. Allerdings bereiteten sich Deploige und Thiéry bereits als Professoren auf das Priestertum vor und wurden am 31. Dezember 1896 geweiht. Ihre Aufgabe ist für jeden von ihnen, gemäß der Auffassung Merciers, den Thomismus in einer speziellen Richtung zu erneuern, und zwar in der Richtung jener Universitätsstudien, die sie vor den Kursen über die hohe Philosophie des hl. Thomas gehört hatten.

Simon Deploige (1868–1927) ist Doktor der Rechte und der »philosophie ès lettres«. Er beschäftigt sich viel mit politischen und sozialen Fragen. 1911 veröffentlicht er sein Buch *Le conflit de la morale et de la sociologie*. Darin umreißt er den Beitrag, den die Sozialwissenschaften für das Naturrecht leisten können. Fünf Jahre früher, 1906, folgt er Mercier als Vorstand des Instituts. Auf seinem Spezialgebiet wird er übrigens seit 1903 von Maurice Defourny (1878–1953) unterstützt, der nach seiner Dissertation über *La sociologie positive – Auguste Comte* erster Lehrstuhlinhaber für Geschichte der Sozialtheorien wird.

Auch Maurice De Wulf (1867–1947) ist Doktor der Rechte und der »philosophie et lettres«. Sein Interesse gilt zunächst der Philosophie der Kunst, doch auf Einladung Merciers wird er einer der Pioniere in der Erforschung der mittelalterlichen Philosophiegeschichte.

Désiré Nys (1859–1927) studierte Naturwissenschaften. Er hörte in Leipzig beim berühmten Professor Ostwald. 1888 legte er seine Dissertation *Le problème de la cosmologie* vor. Ihm wird daraufhin die Philosophie des unorganischen Seins übertragen. Zugleich hat er das Laboratorium für Physik und Chemie, das am Institut gegründet wurde, zu organisieren. Seit der Gründung 1892 ist er auch Direktor des Séminaire Léon XIII. Nach dem Weggang Merciers wird er 1906 sogar mit der Gesamtleitung desselben betraut.

Armand Thiéry (1868–1955), Doktor der Rechte und der Naturwissenschaften (Physik und Mathematik), studierte zwei Semester in Bonn und vier Semester in

---

[50] *Le bilan*, 327.
[51] *Traité élémentaire*, Bd. I, 1–5.

Leipzig bei Wundt. Er schuf in Löwen das erste Laboratorium für experimentelle Psychologie. Mit seinem Mitarbeiter Albert Michotte van den Berck (1881–1965), der ab 1905 die Lehrbefugnis hatte, gilt er als Gründer der gegenwärtigen Fakultät für Psychologie und Pädagogik.

Erwähnen wir schließlich unter den Mitarbeitern Merciers auch Léon Noël (1878–1953), der nach einem Jahr Studium an der philosophischen Fakultät den gesamten Lehrplan des Instituts absolvierte und der erste war, der mit seiner Dissertation *La conscience du libre arbitre* (1899) den Grad eines akkreditierten Lehrers an der École Saint Thomas d'Aquin erhielt. 1905 supplierte er für Mercier die Psychologievorlesungen. Schließlich folgte er 1928 Deploige als Präsident des Instituts nach.

Als Mercier 1906 Erzbischof von Mecheln wurde, vertraute er sein Institut dieser Schülerschaft an, die er gebildet und die unter seiner Leitung an seiner Arbeit mitgewirkt hatte. Die pastoralen Sorgen beanspruchten von nun an seine ganze Kraft. Doch die neue Würde, mit der er bekleidet wurde, und das Ansehen, das er sich während des Ersten Weltkrieges erwarb, trugen zur Ausstrahlung seines Werkes erheblich bei.

BIBLIOGRAPHIE

1. *Werke*

a) Vollständiges Werkverzeichnis:
RNSP 28 (1926) 250–258.
Desmet-Verteneuil, L. (Hg.): Le Cardinal Mercier (1851–1926), Bru 1927, 341–372.

b) Auswahl:
Discours d'ouverture du cours de philosophie de saint Thomas, Lv 1882.
La création d'une École supérieure de philosophie à l'Université de Louvain. But et plan d'organisation. Leçon d'ouverture faite le 20 octobre 1890, in: Science catholique 5 (Arras 1890).
Rapport sur les études supérieures de philosophie, présenté au Congrès de Malines le 9 septembre 1891, Lv 1891 (^{2}1898).
Psychologie, 2 Bde. (^{1}1892), P/Lv ^{6}1903/04.
Logique, (^{1}1894), P/Lv ^{4}1905.
Métaphysique générale ou Ontologie, (^{1}1894), P/Lv ^{4}1905.
La philosophie néo-scolastique, in: RNS 1 (1894) 5–18.
Les origines de la psychologie contemporaine, Lv 1897 (^{3}1925).
Critériologie générale ou Théorie générale de la certitude, (^{1}1885), P/Lv ^{3}1899.
Le bilan philosophique du XIXe siècle, in: RNS 7 (1900) 5–32, 315–329.
Préface, Introduction à la philosophie et notions propédeutiques, psychologie, critériologie, métaphysique, théodicée, logique, philosophie morale, in: *Traité élémentaire* de philosophie à l'usage des classes, hg. von Professoren des Institut supérieur de Philosophie, 2 Bde. (^{1}1905), Lv ^{5}1920.

c) Übersetzungen ins Deutsche:
Psychologie, 2 Bde., dt. L. Habrich, Kempten 1906/07 (^{2}1923).
Der Modernismus. Zwei Kundgebungen, hg. W. Benzler, Kö 1908.
Die Pflichten des Ehelebens, dt. B. Bahlmann, Kevelaer 1910 (^{3}1913).
Priesterwürde und Priesteramt, dt. A. Sleumer, Dülmen 1910 (^{2}1922).
Stille Stunden des Priesters, dt. A. Sleumer, Limburg 1911 (^{2}1922).
Tue dies und Du wirst leben! Ein Hirtenbrief, dt. J. Glassen, Kevelaer 1913.
Vaterlandsliebe und Ausdauer. Hirtenbrief, Weihnachten 1914, Lausanne 1915.

Predigt des Kardinal Mercier bei der Feier des Belgischen Nationalfestes in der Domkirche »Sainte Gudule« zu Brüssel am 21. Juli 1916, Lausanne 1916.

2. *Literatur*

Aubert, R.: Les conversations de Malines. Le Card. Mercier et le Saint-Siège, in: Bulletin. Classe des Lettres. Académie Royale de Belgique, 5. Serie/53 (1967) 87–159.
–: Un projet avorté d'une association scientifique internationale catholique au temps du modernisme, in: Archivum historiae pontificiae 16 (1978) 223–312.
Beauduin, E.: Le Cardinal Mercier, Tournai/P 1966.
Boudens, R.: Le Saint-Siège et la crise de l'Institut supérieur de Philosophie à Louvain 1895–1900, in: Archivum historiae pontificiae 8 (1970) 301–322.
De Raeymaeker, L.: Le Cardinal *Mercier* et l'Institut supérieur de Philosophie de Louvain, Lv 1952.
–: *Le Séminaire* Léon XIII de 1892 à 1942, Lv 1942.
Desmet-Verteneuil, L. (Hg.): Le Cardinal Mercier, Bru 1927, 373–376.
Dubly, H. L.: Le Cardinal Mercier, Lille 1927.
Gade, J. A.: The life of Cardinal Mercier, NY 1934.
Laveille, A.: Le Cardinal Mercier, P 1926.
Lenzlinger, J.: Kardinal Mercier, St. Gallen 1929.
Seeholzer, H.: Kardinal Mercier, Zü 1924.
Simon, A.: Le Cardinal Mercier, Bru 1960.
Tambuyser, R.: L'érection de la chaire de philosophie thomiste à l'Université de Louvain (1880–1882), in: RPL 56 (1958) 479–509.
Van Riet, G.: L'Épistémologie thomiste, Lv 1946, 135–210.

GEORGES VAN RIET

Der spanisch-portugiesische Raum
Die Iberische Halbinsel

SPANIEN

Mehr noch als im Falle anderer Länder muß die Entstehung der Neuscholastik in Spanien vor dem Hintergrund der politischen Ereignisse gesehen werden. Von allem Anfang an stand hier die Neuscholastik auf der Seite jenes Lagers, das Spaniens Rolle als Vormacht und Bollwerk des Katholizismus erhalten wollte. Im Sinne jener Tradition, die bis ins »siglo d'oro« zurückreichte und Hauptträgerin der Gegenreformation war, kämpfte sie gegen alles, was nicht katholisch war. Sie wurde dadurch zum philosophisch-theologischen Sprachrohr solcher gesellschaftlicher Kräfte, die an der verheerenden Selbstimmunisierung der katholisch-spanischen Kultur interessiert waren: des begüterten, einflußreichen und moralisch nicht immer einwandfreien Klerus, des mit Privilegien überhäuften Adels und der kirchentreuen Landbevölkerung. Ihr Feind war hingegen jede geistig-gesellschaftliche Strömung, die durch die Neuzeit, unabhängig von der Kirche, hervorgebracht worden war. Diese fand ihre konkrete politische Gestalt in der »Partei« der Liberalen, die vor allem in den großen Städten und unter den gebildeteren Bevölkerungsschichten starken Anhang besaß. Ihr Ziel war die Reform Spaniens zugunsten der Ideale der Aufklärung sowie die Öffnung auf das übrige Europa hin. Dies bedeutete unter anderem auch eine rigorose Trennung von Kirche und Staat.

Wer sich vor Augen hält, daß die spanische Kultur aus ihrer spezifischen Einheit mit dem Katholizismus geradezu lebte, ihre höchste Entfaltung erfuhr und jahrhundertelang ihre Identität gewann, der begreift, daß die Forderung nach der Trennung von Kirche und Staat ein Konfliktpotential entzündete, das bis ins 20. Jahrhundert nicht mehr bewältigt werden konnte. Denn in dieser Forderung wurde für einen größeren Teil der Spanier der Lebensnerv ihrer ganzen Kultur berührt. Mit ihr standen sämtliche Plausibilitäten auf dem Spiel. In ihr ging es um alles oder nichts. Und deshalb verwundert es auch nicht, daß sich in Gestalt des »konservativen« und des »liberalen« Lagers nicht nur zwei Parteien begegneten, sondern »zwei Spanien«. Ja, es überrascht nicht einmal, daß sich diese beiden Lager einen unerbittlichen Kampf lieferten, der im 19. Jahrhundert noch in der

Wiedereinführung der Inquisition, in der Neubeanspruchung der ehemaligen Besitzungen oder in der Verteidigung alter Sonderrechte einerseits und in der Aufhebung von Klöstern, in der Vertreibung der Jesuiten, in der Aberkennung der Besitztümer bzw. der Rechte und in der Brüskierung der römischen Kurie andererseits bestand, im 20. Jahrhundert jedoch in einem blutigen Bürgerkrieg enden sollte. Dieser Konflikt war durch Konkordate, die übrigens im 19. Jahrhundert erst relativ spät ausgehandelt (ab 1851) und selbst dann noch laufend gebrochen wurden, nicht zu lösen.

Vor diesem ernsten Hintergrund entstand nun die spanische Neuscholastik. Angesichts des bereits erwähnten Umstandes, daß sie nämlich eindeutig auf der Seite des konservativen Lagers Position bezog, liegt es auf der Hand, daß sie – sieht man von Ceferino González (1831–1895), ihrem überragenden Protagonisten, ab – vorwiegend apologetisch bestimmt war. Dies traf freilich für einen großen Teil der gesamten Neuscholastik des 19. Jahrhunderts zu, hier in Spanien ging die Apologetik jedoch unmittelbarer als in anderen Ländern Europas dazu über, mehr als bloß akademische Angelegenheit zu sein. Dabei waren die Scholastiker am Beginn des Jahrhunderts für ihre Aufgabe, Kirche und Tradition zu verteidigen, denkbar schlecht gerüstet. Längst war die Blütezeit der Barockscholastik vorbei. Die scholastische Philosophie als solche blieb zwar am Leben, brachte jedoch keine nennenswertere Leistung mehr hervor, sondern erstickte im Gegenteil in wirklichkeitsfremden Scholastizismen. Auch die Theologie erreichte bei weitem nicht mehr das Niveau, das sie früher, etwa in der Schule von Salamanca, eingenommen hatte. Die Folge war ein schlecht gebildeter Klerus, der in keiner Weise dazu imstande war, den liberalen Strömungen, die vor allem aus Frankreich reichlich in Spanien eindrangen, zu begegnen.

Diese Situation veränderte sich in erster Linie unter dem Einfluß der Dominikaner. Wie in Italien waren dafür wiederum die Anweisungen des Ordensgenerals Tomás de Boxadors (1703–1780) ausschlaggebend. Sein Brief vom 30. April 1757 über den »thomisticae doctrinae cultus« innerhalb des gesamten Dominikanerordens bildete die Grundlage für wiederholte Studienreformen »ad mentem S. Thomae« während des gesamten 19. Jahrhunderts. Auch Spanien machte in diesem Punkt keine Ausnahme. Noch 1871 bekräftigte das spanische Generalkapitel die Anweisungen Boxadors'. Damit verbunden war bereits Ende des 18. Jahrhunderts die Übernahme des von Boxadors selbst in Auftrag gegebenen Handbuches *Summa philosophica ad mentem Angelici Doctoris S. Thomae Aquinatis* (6 Bde., Rom 1777, ²1783, ³Bologna 1857–1859; verkürzt unter dem Titel *Compendium Summae Philosophiae*, Rom 1837) von Salvatore Roselli OP (1722–1784). Dieses durchaus selbständige und gegenüber anderen damals gängigen Handbüchern mehr an Thomas selbst orientierte Werk erschien bereits 1788 (sechsbändig) in Madrid. Von hier aus gewann es auf alle kirchlichen Lehranstalten Spaniens einen beträchtlichen Einfluß, der uns mehrfach bezeugt wird. Neben den *Institutiones Philosophiae* (Valencia 1800–1801) von François Jacquier (1711–1788) war es während der Regierungszeit Ferdinands VII. das am meisten verwendete Schulbuch. Es wurde in gekürzter Form wiederholt neu aufgelegt und diente sogar als Vorlage für zwei weitere Manualien, die über die Ordenshäuser der Dominikaner hinaus Bedeutung erlangen sollten: für die *Philosophia Sancti Thomae Aquinatis auribus hujus temporis accomodata*... (3 Bde., Valencia 1817–1820) des Maiorikaners Felipe Puigserver OP (1745–1821), die vor 1834 sehr verbreitet gewesen sein und zumindest teilweise zwei Auflagen erlebt haben muß, und für das zweibändige Werk *De vera ac salubri philosophia libri X*... (Gerona 1852/53) von Antonio Sendil OP (1780/81–1861). Alle diese Werke leisteten einen ersten Beitrag dazu, das Niveau der theologischen Studien zu heben und die spanische Scholastik aus ihrer damaligen Erstarrung zu neuem Leben zu erwecken.

Im außerakademischen Bereich wurde man auf diese Erneuerung der Scholastik erstmals durch die *Cartas críticas* ([¹1811ff.] 4 Bde., Cadiz 1824) von Francisco Alvarado OP (1756–1814) aufmerksam. Alvarado, der sich selbst »El Filósofo Rancio« nannte, was schwer übersetzbar ist – es heißt soviel wie »der ranzige Philosoph« –, schrieb diese *Cartas* zum größten Teil im Exil in Portugal (in Tavira). Nur zwei davon entstanden in Sevilla. Dies kam nicht von ungefähr, denn Alvarado benützte die thomistische Philosophie vor allem dazu, gegen die geistigen und gesellschaftlichen Strömungen, gegen die »afrancesados«, die Liberalen, die Jansenisten, die Freimaurer, die französischen Staatsphilosophen und die neuzeitlichen Denker insgesamt, zu kämpfen. Für die Zeit der liberal gesinnten französischen Regierung mußte er daher Spanien verlassen. Doch dies schadete ihm in seinen Kreisen nicht. Ganz im Gegenteil, diese Tatsache trug, abgesehen vom glänzenden Stil, in dem er schrieb, zweifellos zum großen Erfolg seiner Briefe bei. Dabei erschrickt man heute, wenn man liest, was Alvarado verteidigt hat. Das war nichts Geringeres als die Erneuerung der Inquisition, die Stärkung der absolutistischen spanischen Monarchie und die strenge Befolgung der aristotelischen Physik. Dazu kamen noch ein arroganter Ton und eine geistige Enge, die ihresgleichen suchen müssen. Man mag dies beurteilen, wie man will, es steht jedoch historisch fest, daß Alvarado mit seinen *Cartas* die Entstehung der Neuscholastik entscheidend gefördert hat. Man erkannte darin nämlich einmal mehr die Möglichkeit, die scholastische Philosophie als Abwehrmittel gegen die neuzeitlichen Errungenschaften einsetzen zu können.

Nach Auskunft von M. Menéndez y Pelayo muß sodann der asturianische Jesuit José Fernández Cuevas (1816–1864) eine wichtige Rolle gespielt haben. Sein 1856–1858 in Madrid erschienenes Handbuch *Philosophiae rudimenta ad usum academicae iuventutis* (3 Bde.) gilt für Menéndez y Pelayo sogar als eigentliches Startzeichen für die spanische Neuscholastik. Das entspricht sicherlich nicht den Tatsachen. Trotzdem darf dieses der suarezianischen Jesuitentradition folgende Werk aber als ein Manifest dafür angesehen werden, daß die Neuscholastik um die Jahrhundertmitte begann, sich auch außerhalb des Dominikanerordens durchzusetzen. Außerdem dokumentiert es, daß »Neuscholastik« in Spanien genausowenig wie sonst in Europa einfach mit »Neuthomismus« identifiziert werden darf.

Weitere Etappen in der Geschichte der spanischen Neuscholastik bilden das Auftreten von Ceferino González und die Übersetzung einzelner Werke italienischer Thomisten. Zur Persönlichkeit und zum Werk von González wird im folgenden Ausführliches zu finden sein. Hier darf es daher genügen, auf den Kreis hinzuweisen, den González ab 1871 in Madrid um sich gebildet hat. Diesem Kreis, den er geistig führte und philosophisch unterwies – seine *Filosofía elemental* (Madrid 1873) entsteht aus diesen Unterweisungen –, gehörten nicht nur Philosophen und Theologen, sondern auch Wissenschaftler aus anderen Gebieten und Männer des öffentlichen Lebens an. Mehrere von ihnen waren Mitglieder der 1857 gegründeten Real Academia de Ciencias Morales y Politicas. Durch sie gewann die Neuscholastik Bedeutung für das gesamte wissenschaftliche und politisch-gesellschaftliche Leben in Spanien. Für unsere Thematik sind vor allem drei Persönlichkeiten von Wichtigkeit: Alejandro Pidal y Mon (1846–1916), ein gemäßigter konservativer Parlamentarier, der eine allseits (sogar von Papst Leo XIII.) gelobte Biographie und Darstellung des *Santo Tomás de Aquino* (Madrid 1875) herausgab; Antonio Hernández Fajarnés (1851–1907), Inhaber eines philosophischen Lehrstuhls an der Universität Madrid und Verfasser mehrerer Werke, die bereits den Einfluß des Löwener Instituts erkennen lassen; und ganz besonders Juan Manuel Ortí y Lara (1826–1904), Verfasser zahlreicher, häufig neu aufgelegter Handbücher und vieler Aufsätze in den von ihm geleiteten Zeitschriften *La Ciudad de Dios* (nach wenigen Jahrgängen eingestellt) und *La Ciencia Cristiana* (1877ff.), Professor für Metaphysik in Madrid und Verfechter einer integralistischen Scholastik, die als Heilmittel gegen alle »Mißstände« der modernen Zeit eingesetzt wird.

Ortí y Lara leitet zu den genannten Übersetzungen italienischer Neuscholastiker über. War er selbst kein origineller Geist, wovon nicht zuletzt seine Handbücher zeugen, die im Grunde zusammengestellte Auszüge aus den Werken von Sanseverino, Liberatore, Taparelli d'Azeglio, González, Mendive oder Urráburu darstellen, so erwarb er sich doch Verdienste durch die Vermittlung seiner italienischen Gesinnungsgenossen nach Spanien. Gemeinsam mit Gabino Tejado wirkte er an der spanischen Herausgabe von Taparellis *Saggio teoretico di diritto naturale appoggiato sul fatto* (4 Bde., Madrid 1866–1868) und an der Veröffentlichung von Sanseverinos *Philosophia christiana cum antiqua et nova comparata* in seiner Heimat mit. Doch dies waren nicht die einzigen Übersetzungen. Den spanischen Scholastikern wurden auch die Werke von Giuseppe Prisco, Giovanni Maria Cornoldi und Liberatore zugänglich (Zigliaras *Compendium* erschien erst 1901 bis 1904). Auffällig dabei ist, daß vor allem rechtsphilosophische Untersuchungen das Interesse anzogen. So wurden z. B. von Taparelli neben dem genannten *Saggio* auch der *Corso elementare del naturale diritto* (Paris 1875) und das *Esame critico degli ordini rappresentativi nella società moderna* (Madrid 1867) übertragen. Doch wie auch immer: Es steht jedenfalls fest, daß die Italiener genauso wie in Portugal (durch F. S. Rondina und G. Sinibaldi), in Belgien (durch A. Lepidi) und in Frankreich (durch G. Ventura di Raulica) an der Vorbereitung sowie am Erfolg der Enzyklika *Aeterni Patris* von 1879 in Spanien beteiligt waren.

Aeterni Patris und der Thomismus im allgemeinen fanden im katholischen Lager allerdings nicht nur einhellige Aufnahme. Auf der einen Seite standen die Bischöfe, die (wie in den übrigen Ländern) der päpstlichen Empfehlung zugunsten des hl. Thomas freudig zustimmten. Ein beeindruckendes Beispiel dafür ist der Erzbischof von Valencia, Kardinal Antolín Monescillo y Viso (1811–1897). Er verfügte in seinem großen Diözesanseminar (es war das zahlenmäßig stärkste von ganz Spanien) die strenge Befolgung der Enzyklika. Zu diesem Zweck berief er den gelehrten und unternehmungslustigen Kanoniker Niceto Alonso Perujo (1841–1890), der bereits seit Jahren zum Thomismus neigte. Perujo gelang es auch, das erzbischöfliche Seminar zu einem Zentrum thomistischer Renaissance zu organisieren. Unter seiner persönlichen Leitung erschien zwischen 1880 und 1883 eine zwölfbändige Ausgabe der *Summa theologiae*. 1883 folgte ein *Lexicon philosophico-theologicum*, das über Valencia hinaus weit verbreitet war. Auf der anderen Seite gab es aber auch engagierte Katholiken, denen die Entscheidung für den Thomismus bzw. für die Scholastik keine Begeisterung entlockte, weil sie in ihren Augen der spanisch-christlichen Tradition in ihrem ganzen Reichtum nicht gerecht zu werden schien. Wichtigster Exponent dieser Richtung war kein Geringerer als Marcelino Menéndez y Pelayo (1856–1912). Genauso wie sein Zeitgenosse, der Engländer Henry Newman, war er zu sehr klassisch gebildeter Humanist, als daß er sich auf eine einzige Linie der Tradition hätte festlegen können. Wie besonders die 1881 öffentlich geführte Auseinandersetzung mit dem Dominikaner Joaquín Fonseca (1822–1890) beweist, der ein unbedingter Verteidiger von *Aeterni Patris* war, fühlte sich Menéndez y Pelayo so sehr der gesamten spanischen Tradition seit dem Mittelalter – die er wohl wie kaum einer seiner Zeitgenossen kannte – verpflichtet, daß er bei aller Hochachtung des hl. Thomas der päpstlichen Empfehlung nicht Folge leisten wollte.

In engem Zusammenhang mit *Aeterni patris* sind jedoch die drei folgenden Philosophen zu sehen: An erster Stelle der katalonische Domherr und Seminarlehrer von Solsona, Antonio Comellas y Cluet (1832–1884). Er besaß trotz seines scholastischen Standpunktes, zu dem er sich in Anschluß an die Enzyklika vor allem in seiner *Introducción a la filosofía, ó sea doctrina sobre la dirección al ideal de la ciencia* (Barcelona 1883) bekannte, einen überraschend offenen Geist. Da er mehrere Sprachen beherrschte, gewann er einen profunderen Zugang zu den übrigen europäischen Philosophien als die meisten anderen Neuscholastiker. Aus diesem Grunde gelangte er auch (ähnlich wie González) zu einer differenzierteren Beurteilung einiger moderner Theorien. Vor allem Hegels Dialektik fand bei ihm Anerkennung. Nicht von ungefähr wurde er von Menéndez y Pelayo ob seiner geistigen Offenheit mit Jaime Balmes verglichen. Es war daher niemand geeigneter als er, den damals in Spanien grassierenden Theorien des amerikanischen Positivisten Draper zu begegnen. John William Draper (1811 bis 1882), ursprünglich Emigrant aus England und von Beruf Chemiker, der in New York als Hochschullehrer tätig war, hatte in seinem Buch *Conflict between Religion and Science* (London 1874) einen unüberbrückbaren Gegensatz zwischen Glauben und Wissen konstatiert und deshalb die katholische Kirche bezüglich ihrer Dogmatik heftig angegriffen. Dieses Werk erschien 1885 in Madrid bereits zum zweiten Mal in spanischer Übersetzung. Kirchlicherseits mußte daher reagiert werden. Und dies geschah auch in reichlichem Maße: Ortí y Lara gab Cornoldis Schrift *La storia del conflitto fra religione e la scienza di Guglielmo*

Draper discussa (¹1877, Bologna 1879) auf spanisch heraus und fügte noch eine eigene Schrift, *La Ciencia y la Divina Revelación* (Madrid 1878), hinzu. Joaquín Rubió y Ors (1819–1899), ein bedeutender Gelehrter und vielseitiger Schriftsteller aus Barcelona, verfaßte sein Buch *Los suspuestos conflictos entre la religión y la ciencia, ó sea, la obra de Draper ante el tribunal del sentido común, de la razón y de la historia* (Madrid 1881), und Miguel Mir y Noguera (1841–1912), ebenso bedeutender wie umstrittener Historiker aus der Gesellschaft Jesu, publizierte ein vielbeachtetes und in andere Sprachen übersetztes Werk mit dem Titel *Armonía entre la ciencia y la fé* (Madrid 1881, ³1892). Überragend war jedoch die *Demonstración de la armonía entre la religión católica y la ciencia* (Barcelona 1880) von Comellas y Cluet. Im Unterschied zu den anderen Werken war diese *Demonstración* philosophisch klarer durchdacht und beschränkte sich nicht nur auf reine Polemik, obwohl sie, wie der Titel schon sagt, gegenüber Draper das genaue Gegenteil vertrat.

Im Kampf gegen Draper profilierte sich weiters der Jesuit José Mendive (1836–1906). Sein Buch *La religión, vindicada de las impesturas racionalistas* (Madrid 1883), das sich mit diesem auseinandersetzte, war aber nicht das, was Mendive für die spanische Neuscholastik bedeutend machte. Viel wichtiger wurde er durch seine beiden Handbücher, die fast die gesamte Philosophie umfaßten: die *Institutiones philosophiae scholasticae ad mentem Divi Thomae ac Suarezii* (7 Bde., Valladolid 1882) und die *Institutiones theologiae dogmatico-scholasticae* (6 Bde., Madrid 1883). Diese umfangreichen Werke, die das Ergebnis langjähriger Lehrtätigkeit bilden, lagen bis tief ins 20. Jahrhundert hinein an zahlreichen Seminarien Spaniens dem kirchlichen Unterricht zugrunde. Genauso wie die *Philosophiae rudimenta* von Cuevas hielten sie sich an die suarezianische Variante der Scholastik.

Bleibt schließlich noch Juan José Urráburu SJ (1844–1904) zu nennen. Er ist neben González wohl der international bekannteste spanische Neuscholastiker des 19. Jahrhunderts geworden. Als einziger bedeutender Neuscholastiker seiner Zeit lehrte er auch in Frankreich (in Saint-Acheul, Poyanne) und in Rom. Im Zuge der Reformierung des Philosophiestudiums an allen römischen Lehranstalten zugunsten des Thomismus wurde er 1878 an die Gregoriana berufen. Hier lehrte er bis 1887. Nach Spanien zurückgekehrt – zuletzt lebte er vor allem in Oña und Salamanca – publizierte er seine beiden monumentalen Werke *Institutiones philosophicae* (8 Bde., Valladolid 1890–1900) und *Compendium philosophiae scholasticae* (5 Bde., Valladolid 1902–1904). In beiden Werken, die wahrhaft umfassende scholastische Enzyklopädien darstellen, versucht er eine vermittelnde Stellung zwischen Suarez und Thomas einzunehmen. Nach seiner Überzeugung überwiegt im Falle dieser beiden Schulhäupter die Übereinstimmung gegenüber der Diskrepanz. Vielleicht wurden Urráburus Darlegungen gerade wegen dieser versöhnlichen Einstellung zu einer Art Resümee der gesamten spanischen Neuscholastik des 19. Jahrhunderts. Überragen sie auch nicht an spekulativer Kraft, verfallen sie vielmehr den Vorurteilen der vorangehenden Scholastik gegenüber den Anliegen der modernen Philosophie und erschöpfen sie sich auch über weite Strecken in rein scholastizistischen Spitzfindigkeiten, so ist es ihnen doch gelungen, in einer präzisen Sprache und in einem klaren Aufbau sichtbar zu machen, daß das scholastische Denken in der Lage ist, die Auseinandersetzung mit anderen philosophischen Systemen bestehen zu können.

PORTUGAL

In Portugal verlief die geschichtliche Entwicklung der Beziehungen zwischen Kirche und Staat ähnlich wie in Spanien. Auch hier bekämpften sich hinter den politischen Repräsentanten zwei Lager: das liberal-freimaurerische Lager einerseits, das sich in die Nachfolge des bedeutenden Staatsmannes Marqués de Pombal (1699–1782) stellte, und das konservativ-absolutistische Lager andererseits, das auf die Unterstützung eines dekadenten Klerus rechnen konnte, dem es in erster Linie um die Erhaltung seiner Privilegien ging. Anders als in Spanien trat jedoch die Beruhigung der Situation schon relativ bald ein. Obwohl 1832 die Liberalen endgültig den Sieg errangen, kam es bereits seit 1835/36 zu Verhandlungen mit dem Hl. Stuhl. So konnte die Kirche ab 1848 wieder dazu übergehen, ihre Institutionen neu zu organisieren. Zehn Jahre später durften sogar die Jesuiten zurückkehren, die man 1833 zum zweiten Mal ausgewiesen hatte.

An den höheren Bildungsanstalten des Landes spiegelte sich die Vorherrschaft des liberalen Lagers insofern wider, als Eklektizismus, Rationalismus, Empirismus, Sensualismus und Materialismus ihren Einzug hielten. Die scholastische Tradition wurde in die Seminarien und Ordenshäuser, soweit sie nicht aufgehoben waren, zurückgedrängt. Gegen Ende des Jahrhunderts setzte sich dann vor allem der Positivismus unter der Führung des nachmaligen Präsidenten der Republik (ab 1910) Teófilo Braga (1843–1924) landesweit durch. Wie nicht anders zu erwarten, blieb von diesen Strömungen besonders die bedeutendste Universität des Landes, Coimbra, nicht verschont. Die einst so wichtige Hochburg der Scholastik wurde schon unter dem Marqués de Pombal auf die Ideale der Aufklärung hin ausgerichtet. Pombal vertrieb 1759 die Jesuiten und merzte in den Statuten der Universität von 1772 jede Möglichkeit aus, die eine Wiederkehr der Scholastik denkbar gemacht hätte. Das philosophische Lehrbuch, das er vorschrieb, waren die *Institutiones logicae in usum tironum scriptae* von Antonio Genovesi (1713–1769), die 1773 in Coimbra auf Lateinisch publiziert wurden und bis 1850 insgesamt zehn Auflagen erlebten. Im 19. Jahrhundert änderte sich an dieser Situation wenig. 1885 entzog sich sogar die theologische Fakultät der kirchlichen Jurisdiktion und schloß sich dem Verband der übrigen Fakultäten an. Das konnte sie auf die Dauer freilich auch nicht retten. Im Zuge der positivistischen Bildungsreform unter T. Braga wurde sie schließlich 1910 aufgelöst.

Diese Situation war für eine mögliche Entfaltung der Neuscholastik begreiflicherweise äußerst ungünstig. Vor *Aeterni Patris* läßt sich de facto auch kein nennenswerter Ansatz in Richtung Erneuerung der mittelalterlichen Philosophie feststellen. Die Übersetzung einiger Werke des spanischen Philosophen Jaime Balmes (1810–1848) durch João Vieira (*O Critério*, Porto 1875, ²1877; *Filosofia Fundamental*, 4 Bde., Porto 1876) und José Simões Dias (*Curso de Filosofia*

Elementar, 2 Bde., Porto 1878) ändern an diesem Tatbestand wenig, zumal Balmes nicht als neuscholastischer Denker im strengen Sinn betrachtet werden kann. Bemerkenswert ist lediglich das zweibändige Handbuch *Compendio de philosophia theorica e practica para uso da mocidade portugueza na China* des italienischen Jesuiten Francesco Saverio Rondina (1827–1897), das 1869 und 1870 in Macao publiziert wurde. Dieses Werk, das für das Kolleg-Seminar San José in Macao verfaßt wurde, doch schon kurze Zeit später in Lissabon und Porto in Gebrauch war, stellt das erste portugiesische Handbuch neuscholastischer Prägung dar. Rondina bekennt ausdrücklich, daß er sich beim Verfassen dieses Textes nicht nur an Thomas, Suarez oder Goudin, sondern ebensosehr an Sanseverino, González, Tongiorgi, Taparelli d'Azeglio und Liberatore gehalten habe, also an zeitgenössische scholastische Autoren. Vor allem die *Institutiones philosophicae* von Liberatore dürften für seine Ausführungen eine wichtige Vorlage gewesen sein.

Nach der Veröffentlichung von *Aeterni patris* (am 31. August 1879 wurde die Enzyklika auf portugiesisch in *O Progresso Católico* veröffentlicht; am 15. Oktober erschien der erste portugiesische Kommentar dazu von Francisco Teixeira de Aguilar e Azevedo) war es der Bischof von Coimbra D. Manuel Corrêa de Bastos Pina (1830–1913), der als erster die Initiative ergriff und an seinem Seminar einen Lehrstuhl für thomistische Philosophie errichtete. Als Lehrstuhlinhaber berief er Luís Maria da Silva Ramos (1841–1921), einen aktiven Mann, der umgehend (schon 1880) eine philosophisch-wissenschaftliche Akademie zu Ehren des hl. Thomas von Aquin in Coimbra ins Leben rief. Diese Akademie veranstaltete ab 1883 regelmäßig Vorträge zur thomistischen Lehre. Vor allem aber war sie entscheidend an der Gründung der Zeitschrift *Instituições Christãs* beteiligt, die 1883 bis 1893 herauskam und die sich von ihrer ersten Nummer (am 5. Januar 1883) an in den Dienst des von *Aeterni Patris* empfohlenen Erneuerungsprozesses des geistigen Lebens stellte (1893 löste sie sich selbst auf, da sie ihre Anliegen im *Correio Nacional* bereits für angemessen genug vertreten sah).

Nachfolger von Luís M. da Silva Ramos wurde 1886 der italienische Monsignore Giacomo Sinibaldi (1856–1928), ein Schüler des Jesuiten Giovanni Cornoldi (1822–1892), der einen großen Einfluß auf Leo XIII. ausübte. Sinibaldi wurde zum Verfasser des klassischen neuscholastischen Lehrbuches in Portugal. Es erschien 1891/92 in Coimbra unter dem Titel *Elementos de Philosophia* in zwei Bänden auf portugiesisch (Bd. I lag bereits 1889 in lateinischer Sprache vor). Dank seiner wiederholten Neuauflagen (Bd. I ^{5}1927; Bd. II ^{4}1916) gewann es großen Einfluß. Es wurde nicht nur in Portugal selbst, sondern auch in Brasilien und in den Kolonien zum philosophischen Handbuch für Seminarien und höhere Schulen. Sogar in Rom wurde man darauf aufmerksam. Leo XIII. lobte es ausdrücklich in einem Brief vom 2. Dezember 1884. Sinibaldi verfuhr in seinem Werk weniger eklektisch, als es F. S. Rondina in seinem *Compendio* getan hat (das er übrigens erst nach der ersten Auflage seiner *Elementos* gelesen haben dürfte). Es bemühte sich um einen engeren Anschluß an Thomas selbst.

Was Sinibaldi für die Diözese Coimbra war, das war Martins Capela (1842 bis 1910) für die Diözese Braga. Der hiesige Bischof D. Antonio José de Freitas

Honorato (1820–1898) berief Capela 1896 als Philosophielehrer ans Seminar von Braga. Dieser (obwohl ursprünglich Historiker) hatte damals bereits 16 Jahre Philosophieunterricht an verschiedenen Lehranstalten in Ermesinde, Braga und Viana do Castelo hinter sich. Richtungsmäßig ist er am ehesten der Schule Sanseverinos zurechenbar, dessen Werke ihm durch italienische und spanische Jesuiten nahegebracht worden waren. Capela tritt weniger durch große Werke in Erscheinung als vielmehr durch allgemein beachtete Reden, durch kürzere Artikel in Zeitschriften und Tageszeitungen sowie durch seinen gezielten Einsatz für die Verbreitung des Thomismus in ganz Portugal (vgl. *De Sapientia*, Porto 1898; *Opportunidade da Philosophia thomista em Portugal*, Vianna 1892). Als einer der ersten portugiesischen Neuscholastiker suchte er auch Anschluß an die großen Zentren der Neuscholastik in Löwen und in Rom. 1904 erschien seine Übersetzung von Merciers Kurs über Ontologie und Metaphysik.

In dieser Richtung wirkte auch Manuel Antonio Ferreira Deusdado (1860 bis 1918), einer der wichtigsten Gegner des portugiesischen Positivismus. Als Schüler von Désiré Mercier in Löwen war er bestrebt, die Scholastik in Verbindung mit der neuzeitlichen Philosophie zu erneuern. Dabei dachte er nicht zuletzt an den Positivismus selbst. Ferreira Deusdado war aber kein Philosoph im strengen Sinn. Für sein Land spielte er vielmehr als Diplomat und Erzieher eine wichtige Rolle. Das Ansehen, das er sich über seine öffentliche Stellung erwarb, hat zweifellos zum (allerdings relativ bescheidenen) Erfolg der Neuscholastik in Portugal beigetragen. Ihm verdanken wir nicht zuletzt die erste eingehende Aufarbeitung der portugiesischen thomistischen Tradition. Sie erschien in Gestalt zweier Artikel in Merciers *Revue néo-scolastique* (5 [1898] 305–325, 429–450) unter dem Titel: *La philosophie thomiste en Portugal* (seit 1978 liegt eine von P. Gomes ergänzte und überarbeitete portugiesische Neuausgabe vor: *A Filosofia Tomista em Portugal*, Porto 1978).

BIBLIOGRAPHIE

de Andrade, A. A.: A sorte de São Tomás de Aquino na Filosofía Portuguesa, in: Filosofía 9 (1956) 39–64.
Benito y Durán, A.: Menéndez y Pelayo y el tomismo, in: A. V.: L'Enciclica Aeterni Patris, Bd. III, R/Vat 1981, 348–356.
Cárcel Ortí, V.: La enciclica »Aeterni Patris« en el Seminario Conciliar central de Valencia (España), in: A. V.: L'Enciclica Aeterni Patris, Bd. III, R/Vat 1981, 317–334.
Cardoso, B.: A Filosofia Neo-escolástica no Seminario de Coimbra, in: Estudios 45 (1967) 410–420.
Ceñal, R.: La filosofía española en la segunda mitad del siglo XIX, in: RF(M) 15 (1965) 403–444.
da Cruz Pontez, J. M.: Martins Capela e o renacimiento tomista em Portugal no século XIX, in: RPF 32/1 (1976) 63–90.
–: Martins Capela. O escritor o professor de filosofia tomista através das notas inéditas do seu »Diario«, in: Bracara Augusta 31 (Braga 1977) 93–137.
–: I primi riflessi dell'Enciclica »Aeterni Patris« nella rinascita del Tomismo in Portogallo, in: A.V.: L'Enciclica Aeterni Patris, Bd. III, R/Vat 1981, 370–383.
Chiappini, G.: Marcelino Menéndez y Pelayo e il tomismo, in: A.V.: L'Enciclica Aeterni Patris, Bd. III, R/Vat 1981, 335–347.

Ferreira Deusdado, M. A.: A Filosofía Tomista em Portugal (¹1898), Porto 1978 (neu hg. P. Gomes); franz. in: RNS 5 (1898) 305–325, 429–450.
Fraile, G.: Historia de la Filosofía española desde la Ilustración, Ma 1972.
Heredia Soriano, A.: La filosofía »oficial« en la España del siglo XIX, 1800–1833, in: La Ciudad de Dios 185 (1972) 225–282, 496–542.
Herrero, J.: Los orígines del pensamiento reaccionario español, Ma 1973.
Huerga, A.: Precursores de la Aeterni Patris: el Cardenal Juan Tomás de Boxadors (1703–1780), in: A.V.: L'Enciclica Aeterni Patris, Bd. II, R/Vat 1981, 199–218.
Menéndez y Pelayo, M.: Historia de los heterodoxos españoles Bd. III, Ma 1881, 694–831.
Narciso, E. I.: La Summa philosophica di Salvatore Roselli e la rinascita del Tomismo, R 1966.
Valverde, C.: Los católicos y la cultura española, in: R. Garcia Villoslada (Hg.): Historia de la Iglesia en España, Bd. V (hg. V. Cárcel Ortí), Ma 1979, 475–573.
Walz, A.: Sguardo sul movimento tomista in Europa nel secolo XIX fino all'Enciclica Aeterni Patris (¹1943), in: A.V.: Gaetano Sanseverino nel primo centenario della morte, R 1965, 139–178.

HEINRICH M. SCHMIDINGER

Ceferino González (1831–1894)

ÜBERBLICK ZUR PHILOSOPHIE IN SPANIEN IN DER ZWEITEN HÄLFTE DES 19. JAHRHUNDERTS

Die philosophische Bewegung in der zweiten Hälfte des 19. Jahrhunderts ist reicher und vielfältiger als die der ersten, dennoch gibt es keinen hervorragenden Denker von wirklicher Originalität und Bedeutung.

Jaime Balmes (1810–1848) wurde zwar viel gelesen und sehr geschätzt, aber es fanden sich keine Nachfolger seiner Ideen. Er mußte sogar von toleranten und offenen Denkern wie z. B. von Fray Ceferino González härteste Kritik über sich ergehen lassen, da sein Werk nicht als streng scholastisch angesehen wurde. Donoso Cortés (1809–1853) rief wohl eine kleinere Schule ins Leben, die am traditionellen Denken anknüpfte, sie war jedoch nur von kurzer Dauer. Auch ihr trat Ceferino González als einer der wirksamsten Kritiker des Traditionalismus entgegen, indem er nachdrücklich auf die Fähigkeit des menschlichen Geistes verwies, mit Gewißheit metaphysische Wahrheiten zu erkennen.

In Katalonien bestand noch immer die einflußreiche Schule des sogenannten »sentido común«, die von schottischen Denkern beeinflußt war (Reid, Hamilton). Aus ihr sind einige bedeutende Namen hervorgegangen wie Ramón Martí de Eixalá (1808–1857) und Francisco Javier Llorens y Barba (1820–1872). Letzterer war ein großer Vertreter des christlichen Spiritualismus, von welchem der wichtigste moderne Humanist Spaniens, nämlich Marcelino Menéndez y Pelayo (1856–1912), sehr beeinflußt wurde. Im Süden Spaniens, besonders in Sevilla, gab es dank des Werkes von Professor José Contero Ramírez (1791–1857) einen gewissen Einfluß des Hegelianismus. Unter den Schülern von Ramírez befanden sich neben anderen zwei bedeutende Persönlichkeiten, Francisco Pi y Margall (1824–1901) und Emilio Castelar (1832–1899), die später beide nacheinander das Amt des Präsidenten der ersten Republik (1873) übernommen haben.

Aber die philosophische Richtung, die sich merkwürdigerweise am stärksten ausbreitete, war die des deutschen Idealisten Karl Christian Krause (1781–1832), eines heute wenig bekannten und kaum geschätzten Denkers. Es war Julián Sanz del Río (1814–1869), ein junger Spanier, der, nachdem er in Heidelberg mit großem Eifer Krauses Werk studiert hatte, sich der Aufgabe widmete, dieses in Spanien zu verbreiten und Anhänger dafür zu finden. Dieser »krausismo« war wiederum eine nebulose Weltanschauung, eine Art »Panentheismus«, der Erkenntnistheorie, Metaphysik, Naturphilosophie, Anthropologie, Moral, Politik, Ästhetik und Religion zumal umfaßte. Sei es wegen der Schwierigkeit und Obskurität sowohl der Schriften Krauses als auch derjenigen von Sanz del Río, sei es wegen der gewissen Neuartigkeit dieses Denkens oder sei es, weil man Krause zu einem Aushängeschild gegen das katholische Denken machte, sicher ist jedenfalls, daß sich in Spanien eine große und breite Bewegung unter dem Namen »krausismo« durchsetzte. Später ging daraus eine sogenannte »Institución libre de Enseñanza« (1876, Freie Lehrkonstitution) hervor, eine Art Universität, die einen entscheidenden ideologischen, wissenschaftlichen, literarischen sowie politischen Einfluß in Spanien im 19. und 20. Jahrhundert hatte. Die Reaktion der Katholiken auf den »krausismo« war intensiv und heftig. So kam es, daß der »krausismo« und die Erwiderung, die er hervorrief, Phasen neuer ideologischer Auseinandersetzungen von großer Heftigkeit und Härte zur Folge hatten. Durch sie wiederum trat einer der entscheidendsten Momente in der ideologischen Konfrontation zwischen den »zwei Spanien« ein: zwischen dem liberalen und europäisierten Spanien, welches das Modell der großen katholischen Tradition ablehnte und Säkularisierung sowie Rationalismus verlangte, und dem Spanien, das weiterhin nach den Werten der jahrhundertelangen katholischen Tradition leben und handeln wollte.[1] Erst im letzten Viertel des 19. Jahrhunderts hatte sich der »krausismo« erschöpft. Seine ehemaligen Anhänger gingen bezeichnenderweise zum Neokantianismus und Positivismus über.

Aus der christlich inspirierten Philosophie hingegen entwickelte sich ein spiritualistisch-eklektisches Denken. In diesem Zusammenhang verdient besonders Antonio Cánovas del Castillo (1828–1897) erwähnt zu werden, der es während vieler Jahre auf einmalige Weise verstand, die Staatspolitik mit Mäßigung und Gleichgewicht zu lenken. Die scholastische Philosophie lag zu Beginn der zweiten Hälfte des 19. Jahrhunderts jedoch noch in einem Zustand kläglichen Verfalls. Erst der Dominikaner Ceferino González, auf den wir jetzt zu sprechen kommen, gibt den ersten Anstoß zu einer fruchtbaren Erneuerung der Scholastik, deren Folgen bis zum II. Vatikanischen Konzil andauern, nachher aber ihre Wirkung wieder verlieren.[2]

BIOGRAPHISCHE UND BIBLIOGRAPHISCHE DATEN

Ceferino González wurde am 28. Januar 1831 im spanischen Fürstentum Asturien geboren. Zu dieser Zeit herrschten vorerst harte politische, wenig später

---

[1] Zu Sanz del Río und zum Krausismus in Spanien vgl. V. Cacho Viu: *La Institución libre de Enseñanza*, Ma 1962; D. Gómez Molleda: *Los reformadores de la España contemporánea*, Ma 1966; P. Jobit: *Les éducateurs de l'Espagne contemporaine*, P 1936.

[2] Bezüglich der allgemeinen Darstellungen der Philosophie in Spanien vgl. R. Ceñal: *La filosofía española*.

auch kriegerische Auseinandersetzungen. Schon 1844 trat er in den Predigerorden in Ocaña (Toledo) ein. 1848 legte er seine Gelübde ab und brach unmittelbar darauf zu den Philippinischen Inseln auf, damals noch eine spanische Kolonie, wo die Dominikaner die »Universidad de Santo Tomás« von Manila innehatten. An dieser Universität absolvierte er seine Studien in Philosophie und Theologie. Nachdem er 1854 zum Priester geweiht worden war, unterrichtete er bereits selbst zwischen 1857 und 1866 in diesen beiden Bereichen als Professor. Aus Gesundheitsgründen mußte er jedoch in seine Heimat zurückkehren und war sodann bis 1871 Rektor an der »casa de estudios«, die zum Orden in Ocaña gehörte. Danach lebte er drei Jahre lang in Madrid und übte einen nachhaltigen philosophischen Einfluß auf eine Gruppe junger Denker aus, auf die wir noch zurückkommen werden.

Papst Pius IX. wollte ihn schon damals zum Bischof von Tuy und Málaga ernennen. Ceferino González erreichte, daß die Ernennung nicht zustande kam. Doch am 5. Juli 1875 designierte ihn der Papst endgültig zum Bischof von Córdoba. In dieser Diözese erwarb er sich besondere Verdienste um die Erhöhung des kulturellen Niveaus des Klerus und um die Bewältigung zahlreicher sozialer Probleme, die in den andalusischen Provinzen akut herrschten. 1883 wurde er zum Erzbischof von Sevilla ernannt, zwei Jahre später zum Kardinal-Erzbischof von Toledo, dem Sitz des Primas von Spanien. Wenig später mußte er wiederum aus gesundheitlichen Gründen nach Sevilla zurückkehren. Dort blieb er bis 1889, bis er endgültig seine Ämter niederlegte und sich nach Madrid zurückzog, wo er am 29. November 1894 starb.

Man muß darauf hinweisen, daß die philosophische Ausbildung in der Studienzeit von González sehr mangelhaft war. Das wissenschaftliche und didaktische Niveau ließ damals überhaupt sowohl in Spanien als auch in den Kolonien sehr zu wünschen übrig. Umso bemerkenswerter, daß sich González während seines Aufenthaltes auf den Philippinen mit großem Interesse den Naturwissenschaften widmete. In einem seiner wichtigsten Werke, *Estudios sobre la Filosofía de Santo Tomás* (3 Bde., Manila 1864), das er in Manila geschrieben hat, findet man daher u. a. zeitgenössische kosmologische Theorien, die der Offenbarungstheologie und Philosophie des hl. Thomas von Aquin gegenübergestellt werden. Ebenso entdeckt man Hinweise auf die Phrenologie von Gall, den Animismus von Stahl usw. In diesen Jahren auf den Philippinen veröffentlichte González außerdem einige kurze Arbeiten über Naturphänomene: *Los temblores de tierra* (1857, Die Erdbeben), *La electricidad atmosférica y sus principales manifestaciones* (1857, Die atmosphärische Elektrizität und ihre Hauptmerkmale). Wenn diese Studien auch keinen großen Wert darstellen, da es ihnen aufgrund der schlechten Bedingungen an wissenschaftlicher Präzision mangelt, so deuten sie doch an, worin seine persönlichen Interessen und Anliegen bestanden.

Aus dem direkten und kontinuierlichen Studium des Werkes des hl. Thomas von Aquin ging das bereits angeführte Buch *Estudios sobre la Filosofía de Santo Tomás* hervor. Man kann mit Recht sagen, daß von diesem die spanische Erneuerung des Thomismus ausging. Vier Jahre später brachte er ein anderes neuscholastisches Werk heraus: *Philosophia elementaria ad usum academicae ac praesertim ecclesiasticae iuventutis* (3 Bde., Madrid 1868). Der letzte Band ist ein kurzer Abriß über die Geschichte der Philosophie. Wie der Titel es schon andeutet, wurde das Buch mit der Absicht geschrieben, als Lehrtext in den Seminarien und religiösen Ausbildungsstätten zu dienen, und in der Tat wurde es in mehreren kirchlichen Studienzentren übernommen. Für die Laien, die nicht Latein lesen konnten, schrieb und veröffentlichte er eine Zusammenfassung dieses Werkes auf spanisch unter dem Titel *Filosofía elemental* (2 Bde., Madrid 1873, Elementarphilosophie), das viele Neuauflagen erlebte. Inzwischen hatte er sich auch mit der Geschichtsphilosophie intensiv auseinandergesetzt und eine Serie wichtiger Artikel zu diesem Thema in der Zeitschrift *La Ciudad de Dios* veröffentlicht (1870). Zwischen 1878 und 1879 erschien sein dreibändiges Werk *Historia de la Filosofía* (Geschichte der Philosophie), das kurz darauf (1890–1891) ins Französische übersetzt wurde und das in Spanien bis in die Anfänge des 20. Jahrhunderts das klassische und umfassende Lehrbuch in dieser wichtigen Materie bleiben sollte.

Als er bereits von seinen bischöflichen Aufgaben zurückgetreten war, widmete er die letzten Jahre seines Lebens einer Frage, die zur damaligen Zeit in katholischen Kreisen für sehr viel Unruhe sorgte, nämlich der Frage nach der Übereinstimmung von biblischer Überlieferung, vor allem der Genesis, und naturwissenschaftlicher Erkenntnis, die sich als widersprüchlich zu den traditionellen religiösen Glaubensvorstellungen erwiesen hatte. Ergebnis dieses Unternehmens ist ein voluminöses Werk, das den Titel *La Biblia y la Ciencia* (2 Bde., Madrid 1891, Die Bibel und die Wissenschaft) trägt. Es ist in apologetischer Absicht geschrieben. Wegen des hohen Ansehens des Autors wurde es aber viel gelesen.

Fügen wir an die Liste der Hauptwerke von González noch einen Hinweis auf Artikel und Studien zu verschiedensten Themen, wie z. B. zum kritischen Dialog mit den Krausisten, zur Unfehlbarkeit des Papstes, zum materialistischen Positivismus, zur Frage nach dem prähistorischen Menschen, zur Sprache und Einheit der menschlichen Rasse, zur Geschichte des »Colegio Mayor de Santo Tomás« von Sevilla, sowie auf einige kurze Biographien des Bischofs Osio de Córdoba (3. und 4. Jahrhundert) und von Pedro de Soto OP (Theologe des 16. Jahrhunderts) usw. an, so haben wir bereits einen ausreichenden Einblick in die reichhaltige geistige Tätigkeit dieser Persönlichkeit, deren Bedeutung und Wichtigkeit wir jetzt noch eingehender darlegen wollen.[3]

ERNEUERER DER SCHOLASTIK

Alle Historiker und Kommentatoren der Zeit der thomistischen Renaissance im 19. Jahrhundert sind sich darin einig, Ceferino González den ersten Platz unter jenen Persönlichkeiten einzuräumen, die in Spanien an der Restauration der scholastischen Philosophie mitgearbeitet haben. Das Urteil unseres angesehensten

---

[3] Alles, was man an biographischen und bibliographischen Daten über González weiß, findet sich bei F. Díaz de Cerio: *Un cardenal*. Gut informiert auch (allerdings nicht in dieser Vollständigkeit) G. Fraile: *Ceferino González*.

Kritikers Marcelino Menéndez y Pelayo darf hier für viele andere stehen: »Unter all den modernen Werken ist dieses Buch [*Estudios sobre la Filosofía de Santo Tomás*] die beste Darstellung der scholastischen Philosophie, die ich je gelesen habe. Es ist weniger umfassend als das von Kleutgen und von Sanseverino, aber es gibt die Ideen der Schule besser wieder als das erste, und es ist weniger streng scholastisch als das zweite, das derselbe P. Ceferino in einem anderen seiner Werke als ›nimis scholasticum‹ bezeichnet. An philosophischem Wissen übertraf ihn der eine oder andere, aber soweit ich es beurteilen kann und angesichts dessen, was ich von P. Ceferino gehört und was ich in seinen Büchern gelesen habe, bin ich der Meinung, daß er ein höheres metaphysisches Talent besaß als alle anderen Neoscholastiker.«[4] (In ähnlicher Weise äußern sich so unterschiedliche Autoren wie A. Walz OP,[5] R. Aubert,[6] Ortí y Lara,[7] E. Hocedez[8] u. a.)

Weshalb kommt nun aber González zu dieser herausragenden Stellung, die man ihm zuspricht? Während der ersten Hälfte des 19. Jahrhunderts hat die scholastische Philosophie in Spanien nur einige Lehrbücher für den Gebrauch in Seminarien hervorgebracht, die mehr oder weniger armselig blieben oder sich auf Grundzüge beschränkten. Selbst unter den Geistlichen wurde die Scholastik geringgeschätzt. Ein so gelehrter Mann wie Francisco Javier Caminero, Studienrat von Valladolid, gewählter Bischof von León, Mitglied der königlichen Akademie für Moral- und Politikwissenschaft, schrieb 1870: »Respektable Philosophen unserer Zeit, ehrwürdige Priester und mächtige religiöse Vereinigungen haben es sich zur Aufgabe gemacht, das Ansehen der thomistischen Philosophie wiederherzustellen, indem sie diese als katholische Philosophie bezeichneten. Die Gegner der katholischen Theologie sind mit dieser Bezeichnung sehr einverstanden, da sie die Übereinstimmung und die geistige Verwandtschaft des Katholizismus mit der scholastischen Philosophie zum Ausdruck bringt, und sie sind ziemlich sicher, daß diese mit der Zeit untergehen wird, so daß sie niemand wieder zum Leben erwecken, sondern höchstens ihren Leichnam galvanisieren wird.«[9]

---

[4] *Apostillas*, 385.
[5] »Der Anteil der Dominikaner an der thomistischen Restauration basiert im vergangenen Jahrhundert auf zwei Säulen: auf der spanischen, die nie zusammenbrach, und auf der italienischen, die sich nach einer kurzen Unterbrechung in der napoleonischen Zeit rasch wieder aufrichtete« (*Il tomismo*, 307).
[6] »In Spanien z. B. war P. González ein tatkräftiger Pionier, dessen Einfluß auch außerhalb seines Landes bedeutend war« (*Aspects divers*, 21).
[7] »Sollte sich eines Tages unserer Heimat der Friede zuwenden, der aus der moralischen und religiösen Ordnung stammt, treu beachtet von allen, und sollte mit dem Frieden ein Erblühen der Künste und der Wissenschaften sowie, im Gefolge dazu, der Erziehung einsetzen, die jene vermittelt und vervollkommnet, so kann P. Ceferino González gebührenderweise an der Spitze jener Erneuerungsbewegung stehen, durch die Vernunft und Glaube, Religion und Philosophie gefordert werden« (*Estudios sobre la filosofía de Santo Tomás, por el muy R. P. Fray Ceferino González del Sagrado Orden de Predicadores*, in: El Pensamiento Español am 22. Januar 1866).
[8] »Nach und nach setzte sich der Thomismus in Europa durch. Unter den wichtigsten Protagonisten dieser Restauration ragt P. Ceferino González (1831-1894) hervor, dessen wichtigste Werke zwischen 1864 und 1879 erschienen. Man verdankt ihm die ›Estudios sobre la Filosofía de Santo Tomás‹ 1864, ein Werk von hohem Rang, außerdem eine ›Philosophia elementaria‹, . . .« (Hocedez Bd. II, 186).
[9] In: Revista de España 2 (1870) 124f.

Diese Worte spiegeln deutlich die allgemeine Geringschätzung, die man für die scholastische Philosophie empfand, wider. Doch ernsthafte Versuche einer Wiederherstellung hatten bereits mit dem Jesuiten José Fernández Cuevas (1816 bis 1864) begonnen, der unter anderen Werken ein bemerkenswertes scholastisches Lehrbuch, von Suarez inspiriert, mit dem bescheidenen Titel *Philosophiae rudimenta* 1858 veröffentlicht hatte. Als jedoch die *Estudios sobre la Filosofía de Santo Tomás* (1864) von González erschienen, wurde das metaphysische Denken der Scholastik neu belebt und ein Dialog begonnen, der in polemischem, aber aufrichtigem Stil geführt wurde und sich mit den modernen und einflußreichen Philosophien im damaligen Spanien sowie mit den Denkern von Kant bis Gall, von Descartes, Leibniz und Locke bis hin zu Reid, de Bonald, Cousin u. a. befaßte. Dieser Dialog konnte nicht einfach ignoriert werden.

Ceferino González kannte das Werk des Thomas von Aquin sehr gut und war davon überzeugt, daß dessen Metaphysik für die Darstellung und Klärung der schwierigen Fragen bezüglich Gottes, der Welt und des Menschen ewig gültig sein werde. Gleichzeitig glaubte er, daß die moderne Philosophie den Vorstellungen des Thomismus gegenübergestellt werden müßte und daß aus dieser Konfrontation eine effiziente Kritik entstehen würde, die sowohl ihre Licht- als auch ihre Schattenseite aufdecken könnte: »Den Geist und die allgemeinen Tendenzen der Philosophie des ›Santo Doctor‹ darzulegen, die Wahrheit und die Erhabenheit seiner Ideen für die Lösung von allen großen Problemen der Wissenschaft klarzumachen und diese Lösung mit der vorhandenen Lösung der rationalistischen und antichristlichen Philosophie zu vergleichen und dann vor allem und insbesondere den wahrhaften Sinn seiner Lehren festzuhalten und zu bestätigen – dies ist der dominierende Gedanke und Gegenstand, den wir uns zum Ziel gesetzt haben, als wir diese *Estudios sobre la Filosofía de Santo Tomás* schrieben.«[10]

González war sich der Schwierigkeiten bewußt, welche die scholastische Sprache für die Menschen des 19. Jahrhunderts darstellen würde.[11] Aus diesem Grund hegte er sogar die Absicht, ein kurzes Wörterverzeichnis, in dem er die echte Bedeutung der scholastischen Fachausdrücke erklären wollte, herauszugeben.[12] Kam es auch nicht dazu, so nahm er jedenfalls das Unternehmen in Angriff, die thomistischen Vorstellungen bezüglich der Probleme der Wahrheit und der Gewißheit, des Seins und des Wesens, des Guten und des Bösen, des Pantheismus und des Kreatianismus, des Geistes und der Materie, der Ideen und der Einsicht, des Zieles des Menschen und seiner Freiheit, des Ursprungs, der Bestimmung und der Grenze der Macht usw. den Menschen des 19. Jahrhunderts wieder in überzeugender und klarer Zusammenschau neu darzulegen. Nach wie vor erstaunlich ist, daß er dabei alles, was die natürliche Theologie betrifft, ausläßt. Seine Begründung: »Abgesehen davon, daß seine [des Thomismus] Ideen allgemein bekannt sind, ist es für jedermann leicht, sie für sich selbst kennenzulernen, indem man die ersten Quaestiones der *Summa theologica* liest oder im ersten

---

[10] *Estudios*, S. XIV.
[11] *Philosophia* (⁷1894), Bd. I, 4.
[12] So berichtet F. Díaz de Cerio: *Un cardenal*, 87.

Buch der *Summa contra Gentiles* nachschlägt.«[13] Aus gutem Grund vermeidet er die physikalischen Fragen, da er anerkennt, daß der hl. Thomas das Weltbild des Aristoteles nur wiederholt. Außerdem meint er, daß die Naturwissenschaften seither um so vieles weitergekommen sind, daß die bewundernswerten Fortschritte der letzten Jahrhunderte »zu negieren bedeuten würde, hartnäckig die Augen vor den Tatsachen zu verschließen«.[14]

Er scheut sich aber deshalb nicht, selbst den Gegnern der Scholastik die Lehren des hl. Thomas vorzustellen als »eine Philosophie, die der Betrachtungen eines Wissenschaftlers würdig ist, als eine Philosophie, die vorteilhaft den Vergleich mit so vielen philosophischen Systemen besteht, die bereits auf der literarischen Bühne erschienen und verschwunden sind, als eine Philosophie, die schließlich als einzige imstande ist, die metaphysischen und moralischen Erkenntnisse zu erneuern und sie auf den guten Weg der Vernunft, des guten Sinnes und der christlichen Philosophie zurückzuführen«.[15]

Trotz seiner bedingungslosen Treue zum hl. Thomas ist ihm klar, daß es nicht möglich ist, eine starre und integralistische Restauration des Thomismus zu fordern. Er schließt sich daher den Theorien des hl. Thomas wie den Lehren eines großen Meisters mit dem Wunsch an, daß diese die allgemeingültigen wären, »aber wenn wir so sprechen, beziehen wir uns nur auf das Wesen und die Substanz derselben, denn es ist unmöglich in Abrede zu stellen, daß die Terminologie, die Bedingungen der Methode und die literarischen Formen unseres Jahrhunderts nicht die gleichen sind wie die des 13. Jahrhunderts«.[16] Ferner wagt er vorsichtig zu schreiben, daß »man der Philosophie des hl. Thomas noch etwas hinzufügen kann. Auch wenn ich der Meinung bin, daß die Summe der Irrtümer, die von der modernen Philosophie seit drei Jahrhunderten gelehrt und verbreitet wurden, die Summe der von ihr neu entdeckten Wahrheiten übersteigt, glaube ich trotzdem gleichzeitig, daß die Jahrhunderte nicht spurlos an den Wissenschaften vorbeigegangen sind, genausowenig wie an den Menschen und an den Völkern.«[17] In der Schlußfolgerung zu seinen *Estudios* schreibt er noch entschlossener: »Wenn wir meinen, daß es gut sei, die Philosophie des ›Santo Doctor‹ an den Universitäten einzuführen, so behaupten wir weder noch wünschen wir uns, daß dies auf eine absolute oder ausschließliche Weise geschehe. Diese Philosophie ist nicht nur in bezug auf den Stil, die Darlegungsmethode und die literarische Form verbesserungswürdig, sie kann vielmehr, was ihren Kern betrifft, noch entwickelt und vervollkommnet werden, indem sie in Verbindung mit der modernen Philosophie gebracht wird, deren verschiedene Richtungen und Schulen zum Teil große Theorien, glänzende Verfahren sowie Ideen und Gedanken hervorgebracht haben, die sich sehr gut eignen würden, die philosophische Lehre des hl. Thomas weiterzuentwickeln und zu vervollständigen.«[18]

---

[13] *Estudios,* Bd. I, S. XV.
[14] Ebd. S. XXXVf.
[15] Ebd. Bd. III, 527.
[16] Ebd. Bd. I, S. XXV.
[17] Ebd. S. XXVIf.
[18] Ebd. Bd. III, 526f.

Der hl. Thomas dient in diesem Sinne sogar als Beispiel eines gesunden Eklektizismus: »Diejenigen, die uns bis zum Ende folgen wollen, werden selbst zu der Überzeugung kommen, daß die Philosophie des hl. Thomas nicht nur der erhabenste Ausdruck jenes Denkens ist, das wir das peripatetisch-christliche nennen, sondern daß es auch, obgleich peripatetisch in bezug auf die Methode, wirklich eklektisch in bezug auf den zentralen Gehalt der Lehre selbst ist.«[19]

Dieser Wunsch nach Annäherung und Vermittlung führt González aber zu widersprüchlichen Behauptungen, die sich heutzutage niemand mehr zu schreiben trauen würde. So behauptet er z. B., daß die thomistische Philosophie nicht nur aristotelisch, sondern auch platonisch und außerdem von Kirchenvätern, von Anselm und Bonaventura beeinflußt sei. Sie sei eben die christliche Philosophie. Dem kann man zweifellos zustimmen. Aber dann ist man überrascht, wenn man folgendes liest: Diese ist jene, »die später zum Teil von Malebranche, Pascal und der schottischen Schule gelehrt wurde und die bis in unsere Tage über die Vermittlung von Fénelon, Bossuet, Leibniz, Rosmini, Balmes, Raulica und sogar von Cousin fortgesetzt wurde, in dessen Werken, abgesehen von seinen rationalistischen und pantheistischen Behauptungen, auf jeder Seite deutliche Reminiszenzen an den hl. Thomas und eine bemerkenswerte Verwandtschaft mit dessen Lehren zu finden sind.«[20] Solch unterschiedliche Denker unter dem Einfluß des hl. Thomas zu sehen ist sicher unzulässig.

Trotz alledem steht fest, daß die Studien, die González über die tiefgreifendsten metaphysischen Probleme erarbeitet hat, wesentlich ernster zu nehmen sind als vieles von dem, was im 19. Jahrhundert sonst über die scholastische Philosophie geschrieben wurde. Auf jeden Fall besaß er eine wirkliche metaphysische und philosophische Begabung, die damals nicht gerade häufig war. Deswegen ist es durchaus berechtigt, wenn A. Walz OP über ihn schrieb: »Als treuer Schüler des hl. Thomas, gleichzeitig aber auch als offener Geist für die Probleme seiner Zeit, im religiösen Bereich nicht weniger als im sozialen, philosophischen und wissenschaftlichen, tritt Ceferino González als einer der entscheidendsten Vorläufer der offiziellen Restauration des Thomismus auf, die von Leo XIII. durchgeführt wurde. Die Resonanz, welche die Lehre dieses ehrenwerten Sohnes Spaniens fand, hatte zur Folge, daß die Wirkung seines Denkens sich nicht nur auf die spanischsprechenden Gebiete und auf kirchliche Kreise beschränkte, sondern auch in anderen Ländern und in weiten intellektuellen Kreisen Anklang fand.«[21]

STELLUNG GEGENÜBER DER MODERNEN PHILOSOPHIE

Bei all seiner Treue zum hl. Thomas blieb González frei genug, die modernen Philosophien zu studieren und zu überdenken. Sein wichtigstes philosophisches Werk, die *Estudios sobre la Filosofía de Santo Tomás*, schrieb er, wie schon

---

[19] Ebd. Bd. I, 7.
[20] Ebd. S. XIX.
[21] *Il tomismo*, 312f.

erwähnt, in Manila. Dort stand erwartungsgemäß nur eine beschränkte Anzahl von Büchern zur Verfügung, was er selbst in der *Einleitung* (S. XXI) beklagt. Ausdrücklich weist er darauf hin, daß er sich deshalb dazu gezwungen sah, Beschränkungen vorzunehmen, und zwar »grundsätzlich in jenem Teil, der Systeme und Autoren vergleicht, im Unterschied [zur Behandlung jener Autoren], die ich direkt aus ihren Werken kenne, weil ich ein Feind davon bin, daß Systeme, Doktrinen und Autoren aus Zitaten von anderen oder aus Exzerpten, die nicht immer exakt sind, beurteilt werden«.[22] Mit seiner Rückkehr nach Spanien konnte er seine direkte Lektüre von Philosophen wieder aufnehmen und zudem mit einer besseren Bibliographie arbeiten. In seiner *Historia de la Filosofía* wiederholt er, daß er nicht von Sekundärliteratur abhänge, sondern vom direkten Studium der Autoren.[23] Allein schon der Umstand, daß er es unternahm, zu einer Zeit eine Geschichte der Philosophie zu schreiben, als diese Wissenschaft noch in den Anfängen steckte und kaum kritische Ausgaben, Originaltexte oder bibliographische Repertorien vorhanden waren, zeigt nicht nur seinen ungewöhnlichen Sinn für die Errungenschaften und für die Entwicklung des menschlichen Denkens, sondern auch das Maß seiner intellektuellen Redlichkeit. Außer Zweifel bleibt freilich, daß sich mit dieser Philosophiegeschichte die Absicht verband, den Studierenden – d. h. vor allem den Anwärtern für das Priesteramt – ein brauchbares allgemeinbildendes Hilfsmittel an die Hand zu geben, das ihnen eine Kenntnis dessen ermöglichen sollte, was man im Laufe der Jahrhunderte auf der Suche nach der Wahrheit entdeckt hatte, sofern »die Handlungen der Menschen ihren Überzeugungen entspringen, die Taten Ausdruck und Resultate ihrer Ideen sind und die Geschichte der Völker und der Nationen, der Staaten und der Individuen den Verlauf der Geschichte und die Weiterentwicklungen des menschlichen Denkens repräsentiert«.[24]

Seine Bewertung der geschichtlichen Abfolge von Denkern und Systemen ist vorsichtig optimistisch, denn obwohl es – wie er sagt – berechtigt ist, daß man angesichts so vieler widersprüchlicher Theorien – einschließlich einiger absurder –, wie sie zu allen Zeiten geschrieben wurden, versucht ist, skeptisch zu werden, so ist es zugleich auch wahr, zu sagen: ». . . wenn man bis zum Grunde der Dinge vordringt, wenn man durch die Kämpfe und ewigen Widersprüche der philosophischen Systeme hindurch deren Ergebnisse und Resultate mit forschendem und klarem Blick beobachtet, so ist es nicht schwierig, sich davon zu überzeugen, daß man mit demselben Recht, mit dem jemand nicht ganz ohne Grund sagen kann, daß die Geschichte der Philosophie die Geschichte der Irrtümer des menschlichen Geistes sei, behaupten darf, daß die Geschichte der Philosophie die Geschichte der Fortschritte und der Entwicklung des menschlichen Geistes sei . . . Die philosophischen Systeme, zumindest die, die einen höheren historischen und wissenschaftlichen Stellenwert besitzen, hinterlassen fast immer mehr oder weniger tiefe Spuren im menschlichen Geist und in der Gesellschaft, und wenn sie,

---

[22] *Estudios*, Bd. I, S. XXI.
[23] Vgl. *Historia*, Bd. I, S. XXXVII.
[24] Ebd. S. XVIII.

nachdem sie einige Zeit über diese regiert haben, nachlassen und dem Anschein nach vergehen, so lassen sie immer noch Ideen, Richtungen und bestimmte Tendenzen zurück, das also, was wir intellektuelle Ablagerungen bzw. latente, aber trotzdem lebendige und noch wirksame Kräfte nennen könnten, die durch viele andere mehr oder weniger wichtige Faktoren der fortschreitenden Evolution der Wissenschaft, der Gesellschaft und des menschlichen Geistes im allgemeinen repräsentiert werden.«[25]

Eine derart offene Einstellung eines Scholastikers war im 19. Jahrhundert nicht häufig anzutreffen. Sie zeigt, daß bei Ceferino González ein geistiger Weitblick herrschte, der an Größe demjenigen vieler seiner Zeitgenossen überlegen war. Sein modernes Konzept der Geschichte der Philosophie, z. T. angelehnt an Hegel, verdient daher in jedem Fall beachtet zu werden: »Die hegelianische Geschichtsauffassung sollte nicht gänzlich und in allen ihren Aspekten abgelehnt werden, schon gar nicht ihre Anwendung auf die Geschichte der Philosophie. Denn weder sollte diese eine systematische und apriorische Konstruktion der reinen Vernunft sein, welche die historische Wirklichkeit der Tatsachen aufhebt und für nichtig erklärt, noch sollte sie eine rein empirische Aufzählung von philosophischen Systemen werden; vielmehr sollte sie den Zusammenhang der einen mit der anderen, ihre gegenseitige Wirkung und Gegenwirkung, den Einfluß der jeweiligen Umwelt und die Herkunft der Doktrinen untersuchen, differenzieren und bestimmen sowie die Gesetzmäßigkeiten, die den Tatsachen zugrunde liegen, und die vernunftgemäße Folge in den historischen Folgen analysieren und aufzeigen.«[26] Es ist klar, daß Kardinal González damit jeglichen Idealismus überwindet, ohne dabei andererseits dem positivistischen und soziologischen Empirismus zu verfallen wie so viele nachfolgende Geschichtsschreiber der Philosophie.

Die zeitgenössische Philosophie kennt González ziemlich genau. Kurz zusammengefaßt stellt er durchaus objektiv den Kantianismus, den Deutschen Idealismus, den französischen Eklektizismus, den Materialismus, den Traditionalismus usw. mit den verschiedenen Schulen, die aus diesen Philosophien hervorgingen, dar. Vollkommen richtig sieht er z. B., daß »die wichtigsten Errungenschaften und philosophischen Richtungen jenes Denkens, das diese Periode charakterisiert und formt, die wir der neuesten Philosophie zurechnen, abgesehen von der christlichen Philosophie, direkt oder indirekt auf die Philosophie Kants zurückzuführen sind«.[27] Er untersucht daher, inwieweit Fichte und Schelling Nachfolger von Kant sind. Hegel, mit dem er erwartungsgemäß in vielem nicht übereinstimmt, nennt er trotzdem »eines der größten Genies unseres Zeitalters«[28] und meint zu seinem System, daß es, »obwohl es das Nichts zur Grundlage macht und die Leugnung Gottes zur Folge hat, erstaunliche Enthüllungen über den Bereich und den Reichtum der menschlichen Vernunft enthält«.[29] Er kennt übrigens auch die Hegelianer der Linken und der Rechten; er zitiert Feuerbach als einen Philoso-

---

[25] Ebd. S. XIV.
[26] Ebd. S. XXIXf.
[27] Ebd. 257f.
[28] Ebd. 304.
[29] Ebd.

phen, der die Theologie durch die Anthropologie ersetzen wollte;[30] Strauß als den »Gründer der kritischen Schule«[31] usw. Bezüglich des Materialismus kennt und zitiert er Vogt, Littré, Moleschott, Virchow, Tyndale, Huxley, Jacquot, Burmeister, Bois-Reymond und sogar Dühring. Hingegen taucht der Name Marx nicht ein einziges Mal auf, obwohl im selben Jahr, in dem der dritte Band der *Historia de la Filosofía* (1879) erschien, in Madrid die spanische sozialistische Arbeiterpartei mit marxistischer Inspiration gegründet wurde. Das ist ein Indiz dafür, daß man damals noch nicht die Wichtigkeit des marxistischen Gedankengutes erkannte, die dieses im Laufe der Jahre auf der ganzen Welt erhalten sollte.

Es stimmt, daß Ceferino González in seinen Urteilen niemals seine religiöse und thomistische Grundhaltung verleugnete. Auf der ersten Seite seines Prologs zur *Historia de la Filosofía* kommentiert und übernimmt er den Satz von Pico della Mirandola: »Philosophia quaerit, Theologia invenit, Religio possidet veritatem.« Ferner hatte er keine Bedenken zu verkünden, daß die »Ankunft Jesu Christi das Zentrum der universellen Geschichte des Menschen ebenso wie den zentralen Punkt der Geschichte der Philosophie ausmacht«.[32] Deswegen kann man sich manchmal des Eindrucks nicht erwehren, daß die *Historia de la Filosofía* in apologetischer Absicht zugunsten der scholastischen Philosophie und vor allem des Christentums selbst geschrieben ist. Der tiefste Grund dafür dürfte wiederum der sein, daß die Katholiken in Spanien damals in einer permanenten Polemik mit jenen Gegnern standen, die sich vor allem aus dem Bereich der Wissenschaft, der Philosophie und der Kultur zusammenfanden und die Kirche um ihr Ansehen bringen und zerstören wollten.

Es kann nach all dem bisher Gesagten nicht überraschen, daß dieses Werk dem Urteil von Joaquín Iriarte SJ zufolge als »die erste gute Geschichte der Philosophie, die wir hervorgebracht haben und die alle vorhergehenden in den Schatten stellt«, bezeichnet wird.[33]

BEDEUTUNG ALS LEHRER

Ceferino González war zunächst Professor für Theologie und Philosophie an der Universidad de Santo Tomás in Manila und in dem dominikanischen Colegio in Ocaña (Toledo). Seine Funktion als Lehrer übte er aber am nachhaltigsten während seines Aufenthaltes in Madrid in den Jahren 1871 bis 1875 aus, bis er zum Bischof von Córdoba ernannt wurde. Er lebte in Madrid in einem kleinen Kloster in der Calle de la Pasión. Dort traf er sich dreimal wöchentlich mit einer Gruppe junger Laien, die sich vorbereiteten, in das öffentliche Leben zu treten. Zu diesen gehörten unter anderen der Marquis Luis Pidal y Mon und sein Bruder Alejandro, die später sehr einflußreiche katholische Politiker werden sollten,

---

[30] Ebd. 309.
[31] Ebd. 311.
[32] Ebd. S. XXXII.
[33] *Nuevos pensares*, Ma 1963, 75.

Enrique Pérez Hernández, der sehr jung starb, Antonio Hernández Fajarnés, später Professor und Rektor der Universität von Saragossa und Autor einiger philosophischer Werke, Eduardo de Hinojosa, ein militanter Katholik zu jener Zeit, Juan Manuel Ortí y Lara, der herausragendste Philosoph dieser Gruppe, Professor an der Universität von Madrid, der jedoch ein starr- und engdenkender Scholastiker war, der jeder Erneuerung feindselig gegenüberstand, weiters der Jurist Francisco Fernández Brieva y Salvatierra, ein Hellenist und Historiker, Carlos María Perier, ein Publizist und Soziologe, der später Jesuit wurde, Narciso de Heredia, der Graf von Llobregat u. a.

Diesen jungen Laien eröffnete González den Weg zum Verständnis der Philosophie des hl. Thomas und anderer Denker auf jenem hohen Niveau, das für ihn immer bezeichnend war. Guillermo Fraile versichert uns, daß die beiden Bände seiner *Filosofía elemental* genau »den Lektionen, die er einer Gruppe von Jugendlichen im Pasión-Kloster (Madrid) erteilte«, entsprechen würden.[34] Das Ziel des damaligen Dominikaners bestand zweifellos darin, eine Gruppe von geistig gebildeten Laien dafür vorzubereiten, sich – gestützt auf das christliche Gedankengut und eine Logik der Wirklichkeit – dem weitverbreiteten kulturellen und politischen Einfluß des Positivismus, des Krausismus, des Materialismus und des Traditionalismus entgegenzustellen.

DIE PHILOSOPHIE DER GESCHICHTE

Es ist allgemein bekannt, daß im 19. Jahrhundert ein großes Interesse dafür bestand, »las razones de la historia« (die Gesetze der Geschichte) oder das, was man als Geschichtsphilosophie bezeichnete, kennenzulernen. Nach der gigantischen Leistung Hegels konnte man nicht umhin, die Frage aufzuwerfen, ob es tatsächlich möglich sei, die Gesetze der Geschichte rational zu erfassen. Bekanntlich gab es Philosophen, die dies für möglich hielten und daher den Versuch wagten, geschichtliche Prophezeiungen zu bieten. Man denke an Marx und Donoso Cortés.

Auch Ceferino González, als Kind seiner Zeit, wollte sich mit diesen Studien auseinandersetzen. Er tat dies 1870 in einer umfassenden Arbeit mit dem Titel *La Filosofía de la Historia*.[35] Trotz seiner damaligen administrativen Pflichten hatte er Zeit gefunden, sich über die vielen historischen Studien, die in jener Zeit veröffentlicht wurden, zu informieren. Er zitiert in seinen Werken immerhin Jones, Colebrooke, Willkins, Hodgson, Max Müller, Lasson, Lenormant, Frank, Burnouf, Chezy, Pauthier, die Brüder Schlegel, Weber, Max Duncker, Champol-

---

[34] *Ceferino González*, 481.
[35] Zum erstenmal erschienen, in der Form von Artikeln, in der Zeitschrift *La Ciudad de Dios* 3 (1870) 187–203, 249–264, 335–345, 412–420. 1873 wurden diese Artikel gemeinsam mit anderen Arbeiten über »Die Unsterblichkeit der Seele und ihre Bestimmungen« bzw. über »Der materialistische Positivismus« in einem einzigen Band von Alejandro Pidal y Mon herausgegeben. Wir zitieren nach dieser Ausgabe. Die Untersuchung über die Philosophie der Geschichte ist in dieser erheblich erweitert worden.

lion, Rosellini, Wilkinson, Lepsius, Brugsch, De Rougé, Mariette, Rask, Curtius, Pichet, Bergmann, Biot, Rémusat, Movers, Levy, De Vogué. Viele von ihnen waren in erster Linie Erforscher der alten Kulturen, denen er allerdings, ähnlich wie anderen Geschichtsschreibern, das Verdienst zugesteht, sich nicht mit der reinen Aufzählung dessen abgefunden zu haben, was wir die bloß äußerlichen Fakten nennen könnten, sondern daß dank ihnen »die Geschichtsschreibung der Moderne, außer sich zu erweitern, auch philosophisch wurde«.[36] Die philosophische Reflexion über die Tatsachen führt zu einem tieferen Verständnis eben der Geschichte selbst, denn Geschichtsphilosophie bedeutet eine »systematische und wissenschaftliche Verallgemeinerung der Menschheitsgeschichte«[37] oder, was dasselbe ist, eine Suche nach einigen Konstanten, die den Prozeß selbst und den menschlichen Fortschritt erklären würden. Damit konstituiert sich zwar keine Wissenschaft im strengen Sinn, aber doch ein wahrer Fortschritt der Erkenntnis.[38]

Nach González steht fest, daß die Gesetze der Geschichte nicht a priori festgelegt werden können – zweifellos nimmt er hier Bezug auf Hegel –, sondern erst nach der »genauen und gewissenhaften Untersuchung der Tatsachen«.[39] Und selbst dann ist dies nur auf ungewisse Weise möglich, da die eigentliche Grundlage der ganzen Geschichte »die göttliche Vorsehung und die menschliche Freiheit«[40] sind. Denn niemand kann diese beiden grundlegenden Triebkräfte der Geschichte erfassen, auch wenn sie noch so sehr als reell angenommen werden müssen. So sah es bereits der hl. Augustinus und nach ihm jeder, der sich vorurteilsfrei mit der Geschichtswissenschaft befaßte. Dem Geschichtsphilosophen bleibt es überlassen, die realen Tatsachen als mehr oder weniger »klare und offensichtliche Spuren oder Verkörperungen der Vorsehung in ihrer Beziehung zum freien Willen des Menschen, der ja letztlich der unmittelbare Ausführende der Geschichte ist«,[41] zu analysieren und zu interpretieren. Diese Betrachtung und Deutung sollte allerdings so universal wie nur möglich in bezug auf Völker, Rassen, Epochen sowie auf geschichtliche Manifestationen menschlichen Schaffens sein: Kunst, Gewerbe, Religion, Politik, Moral, Wissenschaft, soziale Einrichtungen usw. Keine Frage, daß man angesichts der immensen Schwierigkeit dieses Vorhabens in einer ernsthaften Geschichtsphilosophie die Grenzen der Wahrscheinlichkeit kaum überschreiten kann.[42]

Unter Voraussetzung dieser Prinzipien überprüft González sodann kritisch einige Versuche, die »razones de la historia« zu erklären. Er wählt dazu die von Vico, Herder, Cousin, Krause und Bossuet. Die Theorie von G. B. Vico (1668 bis 1744) – ziemlich verbreitet im Spanien des 19. Jahrhunderts – scheint ihm nicht akzeptabel, unter anderem deswegen, weil sie a priori formuliert worden ist »und nicht den historischen Tatsachen entspricht, ja diese sogar völlig entstellt oder

---

[36] Ebd. 6.
[37] Ebd. 8.
[38] Ebd. 9.
[39] Ebd. 11.
[40] Ebd.
[41] Ebd. 22.
[42] Ebd. 23.

außer acht läßt und nur deren systematische Form sowie deren wissenschaftliches Erscheinungsbild festhält«.[43] J. G. Herder (1744–1803) gesteht in seinen *Ideen zur Philosophie der Geschichte der Menschheit* (1791) dem natürlichen Handeln einen übermäßigen Einfluß zu, ebenso setzt er eine unbestimmte Vervollkommnung des Menschen voraus – ohne zu konkretisieren, um welche Vervollkommnung es sich dabei handelt – und ist zudem, so meint González, ein übermäßiger »Europäist« und ein Semimaterialist, der das Eingreifen Gottes nicht berücksichtigt. Bei der Darlegung der historischen Theorie der eklektischen Schule, deren wichtigster Vertreter Victor Cousin (1792–1867) ist, wiederholt González den Vorwurf einer apriorischen Konstruktion, weiters prangert er die Versuche an, die experimentelle Methode durch die psychologische Methode zu ersetzen, Ereignisse entstellen zu wollen, den historischen Prozeß zum Fatalismus zu verdammen, dem Bösen keinen Platz einzuräumen usw.

Nach der Analyse dieser Geschichtsphilosophien war eine Erörterung der hegelianischen Theorie zu erwarten. Da jedoch das Denken Krauses einen so starken Einfluß bei den spanischen Intellektuellen hatte, sah sich González gezwungen, vorerst dessen Philosophie zu kommentieren. In einem kurzen Überblick zur krausistischen Theorie, die »von ihren Anhängern *panentheistisch* genannt wird«, kommt er zu dem Schluß, daß diese eine Mischung aus Rückständen hegelianischen Gedankengutes und aus hochtrabender, eigenmächtiger Synthese darstellt, wie sie für die romantische Philosophie typisch ist. Deshalb analysiert er sie bis ins Detail hinein, um gerade dadurch die Eigenmächtigkeit, die Widersprüchlichkeit und die Simplifizierung der Tatsachen des »krausismo« sichtbar werden zu lassen.

González schließt sich nach dieser Kritik an Vico, Herder und Krause aber auch nicht J. B. Bossuet (1627–1704) an, denn dieser befindet sich im anderen Extrem, insofern er dem Einfluß der göttlichen Vorsehung auf den Verlauf der Geschichte zu viel Raum bietet, womit er die Rolle der menschlichen Freiheit übermäßig einschränkt.

Schließlich, als er nicht mehr umhin kann, beschäftigt er sich noch mit Hegel (1770–1831). Von diesem distanziert er sich, weil »es ihm bei all seiner offensichtlichen Einfachheit und Universalität immer, wegen der immensen Leere, die das Fehlen einer konkreten, expliziten und bestimmten Auffassung vom endgültigen menschlichen oder persönlichen Schicksal mit sich bringt, oder besser gesagt, wegen der mehr oder weniger ausdrücklichen Verleugnung dieses persönlichen Schicksals, an Zuverlässigkeit und Wahrheit mangelt«.[44] In der Folge kritisiert er sehr energisch die Hegelsche Theorie über den Staat.

All diesen Versuchen, den Logos der Geschichte zu erklären, stellt er die christliche Offenbarung entgegen, die für ihn die einzige Möglichkeit bietet, dem Fortschritt einen zusammenhängenden und begründenden Sinn zu geben. Mit ihr betont er die menschliche Freiheit und Verantwortung sowie die menschliche Würde und Brüderlichkeit. Darüber hinaus akzeptiert er ein providentielles Han-

---

[43] Ebd. 34.
[44] Ebd. 146.

deln Gottes, sofern es durch die menschlichen Möglichkeiten die Ziele seiner Vorsehung herbeiführt. »Mit einem Wort: Das Erscheinen des Christentums auf Erden repräsentiert und umschließt den zentralen Punkt der Geschichte.«[45] Wir können übereinstimmend mit Díaz de Cerio hinzufügen, daß in den Theorien des Kardinals Ceferino González »der Mensch der Geschichte nicht völlig ausgeliefert und ihr gegenüber machtlos ist, daß er aber auch nicht absoluter Herr der Geschichte ist; sondern daß er sich als das Geschöpf, das er ist, immer seiner Abhängigkeit von Gott als dem Herrn der Geschichte bewußt sein muß«.[46]

DIE BIBEL UND DIE WISSENSCHAFT

Im Jahre 1889 trat Kardinal González, wie erwähnt, endgültig von seinem Amt in der Diözese Sevilla zurück und widmete seine letzten Jahre, die ihm verblieben, noch einmal dem Studium. In den wissenschaftlichen Kreisen dieser Zeit glaubte man offensichtliche Widersprüche zwischen den Entdeckungen der Geologie, Astronomie, Paläontologie usw. und den ersten Kapiteln der Genesis zu erkennen, die damals auf seiten der Katholiken noch immer als streng historisch und von Mose geschrieben aufgefaßt wurden. Viele Katholiken wandten sich daher dem Studium der Naturgeschichte, der Geologie, der Zoologie, der Ethnologie usw. zu, um Übereinstimmungen zwischen wissenschaftlichen und biblischen Aussagen zu finden, vor allem bei Themen wie: Ursprung des Universums, Aufscheinen der Gestirne, Erschaffung des Menschen und dessen Bestehen auf der Erde, Einheit der menschlichen Gattung, Sintflut u. a. González wollte nun in diese Diskussionen eingreifen. Er schrieb deshalb ein umfassendes und reich dokumentiertes Werk in zwei Bänden mit dem Titel *La Biblia y la Ciencia* (Die Bibel und die Wissenschaft). Schon im Prolog macht er darauf aufmerksam, daß es notwendig ist, sich über Interpretationsweisen und exegetische Methoden verschiedener Epochen klarzuwerden. Außerdem sei es erforderlich, ohne Angst vor dem Neuen die Fortschritte der Natur- und Geschichtswissenschaften anzuerkennen, um gerade die Bibel tiefer und besser zu verstehen, denn nicht die Forschung für sich allein, sondern die Forschung nach der Wahrheit ist das Wichtige. Die katholischen Priester müßten begreifen lernen, daß gerade die Naturwissenschaften viel Neues für einen Dialog mit Ungläubigen beibringen.

Dies vorausgesetzt, bringt das Werk von González zuverlässig und umfassend alle damals diskutierten großen Themen zur Sprache. Erneut überrascht seine wissenschaftliche Bildung, die von den letzten physikalischen oder chemischen Entdeckungen bis hin zum Darwinismus, von Daten der Geschichte bis zu den polygenen Theorien, von der Kenntnis der Keilschrift bis hin zum Wissen um die vorkolumbianischen Kulturen Amerikas reicht. Es ist freilich nicht nötig zu sagen, daß viele der Theorien, die unser Autor angibt, heute überholt sind. Doch in der damaligen Zeit hatte es noch keinen Entwurf mit Berücksichtigung derart

---

[45] Ebd. 131.
[46] *Un cardenal*, 160.

verschiedener literarischer Gebiete gegeben, der ein ganz neues Licht auf das Verständnis dessen warf, was Gott uns durch die Bücher der Bibel mitteilen wollte. Letztlich bedarf es keines Friedensschlusses zwischen Wissenschaft und Theologie, da beide verschiedene und sich ergänzende Wissenschaften sind, mit verschiedenen Objekten und verschiedenen Methoden. Das Verdienst von Kardinal González besteht vor allem in seiner Öffnung für die vielfältigen wissenschaftlichen Erkenntnisse, die neue exegetische Interpretationen verlangen.[47]

BIBLIOGRAPHIE

1. *Werke*

a) Vollständiges Werkverzeichnis:
Díaz de Cerio, F.: Un cardenal filósofo de la Historia. Fr. Zeferino González O. P. (1831–1894), R 1969.

b) Auswahl:
Estudios sobre la Filosofía de Santo Tomás, 3 Bde., Manila 1864.
Philosophia elementaria, 3 Bde., Ma 1868.
Filosofía elemental, 2 Bde., Ma 1873.
Estudios religiosos, filosóficos, científicos y sociales, 2 Bde., Ma 1873.
Historia de la Filosofía, 3 Bde., Ma 1878–1879.
La Biblia y la Ciencia, 2 Bde., Ma 1891.

c) Übersetzung ins Deutsche:
Die Philosophie des hl. Thomas von Aquin, 3 Bde., dt. K. Nolte, Rb 1885.

2. *Literatur (Auswahl)*

Aubert, R.: *Aspects divers* du neo-thomisme sous le pontificat de Léon XIII, in: Aspetti della cultura cattolica nell'età di Leone XIII. Atti del Convegno Bologna 1960, R 1961, 133–227.
Ceñal, R.: La filosofía española en la segunda mitad del siglo XIX, in: RF(M) 15 (1956) 403–444.
Colunga, A.: El autor de »La Biblia y la Ciencia«, in: CTom 43 (1931) 145–168.
Díaz de Cerio, F.: *Un cardenal* filósofo, a.a.O. 1. a).
Fraile, G.: El P. *Ceferino González* y Díaz Tuñón, in: RF(M) 15 (1956) 466–488.
González, A.: Tradición y Modernidad en el pensamiento filosófico de Fr. Zeferino González O. P. 1831–1894, in: Revista de Estudios Políticos 202 (Juli/August 1975) 155–204.
Iriarte, J.: Legado historiográfico del Cardenal Zeferino, in: RF 162 (1960) 247–260.
Larrañaga, V.: El Cardenal Zeferino González y Su Santidad León XIII, in: Estudios Bíblicos 7 (1948) 77–114.

---

[47] Dieses Urteil gibt einer der Begründer der modernen Exegese, J. M. Lagrange OP, in seinem Buch *Loisy et le modernisme*, Juvisy 1932, ab, indem er schreibt: »Ich griff nach dem damals neu erschienenen Buch des Kardinal González, einem Theologen, der zugleich Philosoph ist – dies ist man im Orden des hl. Dominikus in einem –, über *La Biblia y la Ciencia*. Welch tiefes Gespür für die Notwendigkeit des Fortschritts! Welch eine Sicherheit im Unterscheiden zwischen Dogma und wechselnd-fließenden Meinungen! Dieser offene Geist eines *conquistador* [spanisch im Original] ist sehr verschieden von der hartnäckigen Routine jener anderen, die heute noch nicht die Offenheit und den Fortschritt akzeptieren und sogar weniger als damals (als Kardinal Ceferino González seine Werke geschrieben hat) akzeptieren« (75f.). Eine detaillierte Untersuchung über das bibeltheologische Werk von González findet sich in: A. Colunga: *El autor de »La Biblia y la Ciencia«*, in: CTom 43 (1931) 145–168.

Menéndez Pelayo, M.: *Apostillas* a los »Estudios sobre la Filosofía de Santo Tomás por el P. Fray Zeferino González«, in: M. Menéndez Pelayo: OC (Edición Nacional) Abt. Varia II, 333-385.
Pérez Delgado, E. / Mestre, V. / Carpintero, H.: El concepto de Psicología en Zeferino González, in: Studium 24/2 (1984) 317-345.
Vázquez de Mella, J.: El P. Zeferino y la filosofía cristiana, in: J. Vázquez de Mella: OC Bd. III, Ma 1931, 3-13.
Walz, A.: *Il tomismo* dal 1800 al 1879, in: Angelicum 20 (1943) 300-326.

CARLOS VALVERDE

Lateinamerika

CHRONOLOGISCH-BEGRIFFLICHE ERLÄUTERUNGEN

In diesem Beitrag versuche ich die geschichtlichen Belege und Fakten darzustellen, welche die lebendige Anwesenheit der traditionellen und offiziellen Philosophie der katholischen Kirche in der geistigen Entwicklung der lateinamerikanischen Länder während des 19. Jahrhunderts dokumentieren. Dazu erweist es sich als notwendig, innerhalb dieses Abschnitts des christlichen lateinamerikanischen Denkens verschiedene Phasen zu unterscheiden, die zwar deutlich voneinander abgesetzt sind, aber dennoch alle (wenn auch nicht mathematisch genau) in die Zeit zwischen 1800 und 1900 fallen. Konkret möchte ich vier Denkformen unterscheiden, die trotz einer gewissen inneren Homogenität mit folgenden zeitlichen Abschnitten zusammenfallen:

a) 1780–1814: die letzte Phase der Kolonial-Scholastik;
b) 1815–1840: die völlige Auflösung des scholastischen Erziehungswesens und Denkens;
c) 1841–1880: die rein apologetische (sprich: ausschließlich defensive) Phase des christlichen Denkens;
d) 1881–1910: das Erwachen der Neuscholastik.

Ich muß freilich zugeben, daß es wohl möglich ist, jede dieser Phasen durch wichtige Unterschiede zu charakterisieren, daß es andererseits aber nicht möglich ist, bei einer so großen Zahl von Ländern, die unter den Begriff »Lateinamerika« fallen, absolut genaue und übereinstimmende Zeitpunkte festzulegen. Diesbezügliche Ausnahmen müssen vor allem im Fall von Brasilien – dieses Land unterscheidet sich politisch-kulturell sehr stark von den übrigen Nationen des südamerikanischen Kontinents –, im Fall der Inselgruppe der Dominikanischen Republik, die Ende des 18. Jahrhunderts von Spanien an Frankreich abgetreten und während des ganzen 19. Jahrhunderts von zahlreichen Invasionen und Kriegen heimgesucht wurde, sowie im Falle von Cuba und Puerto Rico, die bis 1898 spanisch waren, gemacht werden. Nur so ist es möglich, die von mir getroffene Periodisierung durchzuhalten und gleichzeitig – bei aller Relativierung – von einer einheitlichen scholastischen Philosophie im 19. Jahrhundert im lateinamerikanischen Raum zu sprechen.

Was die Begriffsbestimmung anbelangt, so sind die Begriffe »Scholastik« und »Neuscholastik« in einem weiten und eher blassen Sinn zu nehmen. Dies soll freilich nicht zu jener Übertreibung führen, die bei den Historikern der lateinamerikanischen Denkgeschichte gar nicht so selten ist, daß nämlich »Scholastik« jede Philosophie, die vor der Unabhängigkeit an den spanischen Universitäten unterrichtet wurde, bzw. alle Formen des katholischen Denkens bezeichnen darf, die sich in Lateinamerika bis zur Mitte des 19. Jahrhunderts entwickelt haben. Ich nenne hier »Scholastik« diejenige Philosophie, die sich, abgesehen von gewissen Anpassungen, im Geist, in der Methodologie, in den Fragestellungen und in den grundlegenden Theorien der Barockscholastik, die während des 16. und 17. Jahrhunderts auf der Iberischen Halbinsel geblüht hat, entfaltete. Diese Philosophie führte in Amerika verschiedene Namen (»Segunda Escolástica«, Escolástica moderna«, »Escolástica colonial«) und ist im dritten Jahrzehnt des 19. Jahrhunderts ohne weiteren Einfluß und ohne eine näher feststellbare Fortsetzung völlig verschwunden. Ich betrachte daher als neuscholastische Philosophie jene philosophische Bewegung, die seit der zweiten Hälfte des 19. Jahrhunderts in Anspruch nahm, das wesentlichste Verlangen des menschlichen Geistes überhaupt sowie das Grundanliegen der Philosophie des hl. Thomas von Aquin und anderer Lehrer der scholastischen Tradition neu belebt zu haben.

DIE LETZTE PERIODE DER KOLONIAL-SCHOLASTIK (1780–1814)

Um 1780 setzt als Folge eines Zusammenspiels verschiedener Ursachen an einigen Lehranstalten der gebildeteren Oberschicht Lateinamerikas – im Rahmen der Ausdrucksformen, theoretischen Schemata und pädagogischen Vorstellungen, die in den Kolonialgebieten das Sagen hatten – eine leichte Belebung des philosophischen Denkens ein. Unter den Ursachen dieser philosophischen Renaissance sind vor allem folgende hervorzuheben: das Drängen der Regierungen in Spanien und Portugal auf eine Modernisierung des Unterrichtswesens mit der Konsequenz zahlreicher Pläne und Versuche zu einer Reorganisation der Universitäten und Lehrpläne; weiters die Annäherung einiger Professoren und Gelehrter an den Geist und die Problemstellungen der Moderne aufgrund der Werke von Benito Jerónimo de Feijóo OSB (1676–1764; *Teatro Crítico Universal*, 8 Bde., 1726–1740; *Cartas Eruditas*, 5 Bde., 1741–1760), des »Lugduensers«, d. h. des Erzbischofs von Lyon Antoine de Malvin de Montazet (1712–1788; *Institutiones philosophicae*, 5 Bde., 1784), von Fortunato da Brescia OFM (gest. 1754; *Philosophia sensuum mechanica methodice tractata* [nach der Ausgabe von 1756 zahlreiche spanische Übersetzungen]), von Theodoro d'Almeida (1722–1803; *Recreación Filosófica o Diálogo de la Filosofía Natural* [portugiesisch im Original, zahlreiche spanische Neuauflagen und Ergänzungen bis 1841]) und von François Jacquier (1711–1788; *Institutiones Philosophiae* [zwischen 1766 und 1815 mehr als zehn spanische Ausgaben]) u. a., die häufig als Lehrbücher bzw. als Nachschlagewerke dienten; sodann die den Professoren auferlegte Verpflichtung, gleichzeitig mit der von ihnen vertretenen Lehre auch noch andere Theorien vorzutragen; und schließlich die Bewältigung der schweren Probleme, die sich im Anschluß an die Aufhebung des Jesuitenordens im Unterrichtswesen ergaben.[1]

Diese Neubelebung der Philosophie, die sich vor dem Hintergrund des ideologisch, religiös, sozial und politisch geführten Kampfes zwischen dem Geist der Moderne einerseits und der institutionalisierten geistigen Tradition der katholischen Kirche andererseits abspielt, wirft viele Interpretations- und Klassifizierungsprobleme auf. Denn es vertreten etwa dieselben Denker, die als kategorische Antischolastiker und als Anhänger der modernen Philosophie angesehen werden wollen, Theorien und Ideen, die ausgerechnet jene Weltanschauung ausmachen, die die Scholastik zu sichern versuchte. Oder es besteht für einige andere Denker die Antischolastik allein darin, daß der Primat der diskursiven Vernunft geleugnet wird. Schließlich finden sich in mehreren Fällen typisch moderne Ideen vertreten, die allerdings in scholastischer Form zum Ausdruck kommen.

Um hier klar zu sehen und verschiedene Typen von Philosophie unterscheiden zu können, empfiehlt es sich, die Ausgangspositionen zu beachten, von denen aus der ideologische Kampf, der hinter jeder theoretischen Initiative stand, geführt wurde. Wir finden prinzipiell zwei Positionen: Auf der einen Seite stehen jene geistigen Kräfte, die sich – von beachtlicher Animosität getragen, aber ohne größeren Einfluß, da sie als relativ kleine Gruppe außerhalb der offiziellen Lehranstalten tätig sein müssen – im Namen der Vernunft, der Freiheit, der Natur, des Fortschritts oder eines anderen Prinzips und unter Ausschluß von Offenbarung und Transzendenz offen gegen die Lehre der katholischen Kirche stellen; auf der anderen Seite hingegen befinden sich diejenigen Denker, welche sich innerhalb ihres Kreises mit der Stellung des katholischen Glaubens gegenüber dem Geist der Moderne und gegenüber den von ihm getragenen Institutionen auseinandersetzen. Die in diesen Disput einbezogenen Denker erklären sich als Katholiken. Unter ihnen gibt es wiederum zwei Lager: die als »rancios« zu bezeichnenden *Scholastiker,* die rigoros argumentieren bzw. an den Lehrformeln, am spekulativen Habitus sowie an traditionellen Theorien hängen, und jene Philosophen, die

---

[1] Für das direkte Studium dieser Zeit besitzen wir fünf grundlegende Arten von Quellen:
 a) Die spärlichen Manuskripte der Kurse, die von den Professoren abgehalten wurden. Sie sind spärlich, weil sie zahlenmäßig im Lauf der Zeit stark zurückgingen – man bevorzugte Texte aus Europa – und weil wir bei vielen von ihnen lediglich die Überschrift oder eine Referenz besitzen, die auf ihre Existenz schließen lassen.
 b) Die gedruckten Texte (meist von europäischen Autoren), die den Kursen als Leitfaden zugrunde lagen.
 c) Die »Karten« (»tarjas«) oder Blätter (meist gedruckt), auf denen die Thesen oder philosophischen Meinungen angegeben wurden, die von den Schülern bei öffentlichen Veranstaltungen und bei Examina diskutiert und vertreten werden mußten.
 d) Die »Klausurbücher« (»Libros de Claustros«) mit den Protokollen der Sitzungen der Professoren, aus denen die verschiedenen theoretischen Standpunkte und andere Aspekte des universitären Lebens ersichtlich sind.
 e) Die Verordnungen der Kolonialbehörden, die das universitäre Leben betrafen, sowie die Berichte, welche von diversen Kommissionen oder einzelnen Personen im Auftrag der Kolonialbehörden zum selben Thema verfaßt wurden.

sich entweder selbst als Eklektiker oder aber als *die Modernen* und als Antischolastiker verstehen, und das sowohl was die Form als auch den Inhalt ihrer Theorien anbelangt. Aber es ist nicht der Begriff »Moderne«, sondern die Bezeichnung »eklektisch«, die für unseren Zusammenhang aufschlußreich ist. »Eklektisch« bzw. »Eklektiker« besitzt zu dieser Zeit nämlich eine dreifache Anwendung: Erstens nennt man Eklektiker einen Denker, der sich nicht auf eine (thomistische, scotistische, suarezianische...) Schule festlegt, sondern Problemstellungen und Problemlösungen verschiedener Schulen akzeptiert. Zweitens ist ein Eklektiker – dies ist die häufigste Ansicht – jemand, der die logischen, anthropologischen, metaphysischen und ethischen Theorien der Scholastik mit der Methode und den Erkenntnissen der modernen Naturwissenschaften zu vereinen sucht. Drittens schließlich sieht man als Eklektiker einen Denker an, der dem rationalistisch-wissenschaftlichen Geist gegenüber offen ist sowie dessen Zielsetzungen, Prinzipien und Methoden akzeptiert, diese seine Haltung aber gleichzeitig für vereinbar hält mit den Lehren des Christentums. In dieser letzten Hinsicht reduziert sich der Unterschied zwischen »Eklektikern« und »Modernen« freilich nur mehr auf den Grad der Radikalität, der seinerseits wiederum von den sozio-kulturellen Umständen bzw. vom subjektiven Temperament und Geschmack abhängt.

Das letzte, das man bedenken sollte, wenn man die philosophischen Richtungen dieser Zeit unterscheiden will, ist die Tatsache, daß sich die Scholastik nach drei Jahrzehnten Vorherrschaft bei fast allen Gebildeten zu einer Art »forma mentis« verfestigt hat. Daher wurden viele wissenschaftliche Neuerungen und geistige Positionswechsel, so einschneidend sie auch gewesen sein mögen, assimiliert und nahezu automatisch in dieser Form zum Ausdruck gebracht. Deshalb blieb auch häufig das Neue oder das »Moderne« eines Gedankens durch die traditionelle Darstellungsweise verdeckt. Ich werde somit in dieser Untersuchung als Scholastiker jene betrachten, die im oben genannten Sinne vorbehaltlos solche sein wollen, während ich die »Eklektiker« jenen Gruppen von Denkern zuordne, die unter die ersten beiden Bedeutungen von »eklektisch« fallen.

In dieser letzten Phase läßt sich nun die Anwesenheit und der Einsatz einiger bedeutender Hochschullehrer nachweisen, die sowohl unmittelbar persönlich als auch vermittelt durch ihre Schüler einen beträchtlichen Einfluß auf das Denken ihrer Zeit ausgeübt haben. Man kann zwar gleichzeitig – verglichen mit anderen Phasen der Kolonial-Scholastik – kein philosophisches Werk von nennenswerter Qualität anführen, aber eine Belebung des scholastisch-philosophischen Denkens – wenngleich schon mit defensiver Ausrichtung – ist an zahlreichen Hochschulen in ganz Lateinamerika dennoch unübersehbar. Man braucht nur die Quellen heranzuziehen, die ich in der Anm. 1 angegeben habe. (Diese Arbeit ist bis zur Stunde noch von niemandem wirklich in Angriff genommen worden.) Ich führe dazu folgendes an:

Die immer noch kraftvolle Präsenz der Kolonial-Scholastik ist erwiesen durch den hartnäckigen Widerstand, der seitens aristotelischer, thomistischer, scotistischer und suarezianischer Richtungen an vielen Universitäten, Kollegien und Seminarien den empirischen, sensualistischen oder materialistischen Ideen von Condillac, Helvetius, Destutt de Tracy, Holbach u. a. entgegentritt. Dazu gesellt sich eine – häufig kaum vom Geist geleitete – globale Opposition gegen alles, was rationalistisch oder empiristisch ist. So verhält es sich jedenfalls – obwohl noch keine dokumentarisch belegte Analyse vorliegt – in Venezuela, Kolumbien, Ecuador, Bolivien, Peru, Chile und Cuba.[2] Auch in Mexiko ist dieses Phänomen festzustellen. Hier zeigt neben anderen Autoren besonders Fray Juan de S. Anastasio (1745?–1810?), von dem verschiedene Werke erhalten sind, die zwischen 1773 und 1816 veröffentlicht wurden, eine solide scholastische Denkweise. Daneben ist D. Miguel Hidalgo y Costilla (1753–1811) zu nennen, der bekanntlich Seele und Führer in der ersten Zeit des Unabhängigkeitskampfes war.[3] Sein scholastisches Denken steht den Modernen allerdings offener gegenüber. In Guatemala ist die Universität von San Carlos der Ort, an dem sich der Kampf zwischen »Scholastikern«, »Eklektikern« und »Modernen« abspielt. Dieser wird nach besonders hitzigen Auseinandersetzungen von den stark reaktionären Scholastikern wie Juan de Terrasa und Luis de Escoto verloren.[4] Vielleicht zeigt sich das Blühen der Scholastik in der Zeit, um die es jetzt geht, aber am deutlichsten am Río de la Plata, im Colegio de S. Carlos von Buenos Aires. Mit mehr oder weniger großem spekulativen Geschick, aber mit der ausdrücklichen Absicht, im Rückgriff auf die Scholastik den Unsicherheiten und Herausforderungen ihrer Zeit zu begegnen, wirkt an diesem Studienzentrum eine bemerkenswerte Gruppe von Philosophen, unter denen wiederum Mariano Medrano (1767–1851), Diego Estanislao Zabaleta, Valentín Gómez (1774–1840?), Narciso Agote und Francisco Sebastiani (1765–1823) besonders zu nennen sind. Sie alle besitzen während der ersten Jahrzehnte der Unabhängigkeit Argentiniens einen bedeutenden Einfluß. Außerdem sind sie die Lehrer von zahlreichen Persönlichkeiten, die sich zwar vom scholastischen Denken entfernen, für das Geschick des Landes aber bis zur Jahrhundertmitte eine große Rolle spielen.[5]

Viel mehr noch als die akademische Lebenskraft der scholastischen Philosophie ist die Permanenz und Lebenskraft einiger ihrer Themen und fundamentalen Ideen während der ersten Jahrzehnte des 19. Jahrhunderts im allgemeinen Bewußtsein auffallend. Eine dieser Ideen, deren Einfluß sich im Inhalt und in den Formulierungen zahlreicher Unabhängigkeitserklärungen spanischer Kolonien widerspiegelt, ist die These bezüglich des Wesens und des Ursprungs der Souveränität im Volk. Ihr Einfluß ist in zahlreichen, die Unabhängigkeit der spanischen Kolonien rechtfertigenden Schriften nachweisbar. Sie entstammt vor allem der spanischen Tradition und wird in erster Linie von der suarezianisch-jesuitischen Schule verteidigt. Die letzten drei Könige der Bourbonen verbannen sie hingegen

---

[2] Vgl. C. Parra: *Filosofía*, 54ff., 104ff., 174ff.; G. Hernández de Alba: *Crónica*, Bd. II, 186, 190, 243ff.; J. M. Pacheco: *La Ilustración*, 93–103; F. Barreda: *La vida*, 281ff.; A. Salazar Bondy: *La Filosofía*, 24ff.; M. Kempff Mercado: *La Filosofía*, 527–536.
[3] Vgl. O. Robles: *Breve nota sobre Fray Juan de San Anastasio y su glosario escolástico*, in: Anuario de Filosofía del Seminario de Investigaciones Filosóficas de la Facultad de Filosofía y Letras 1 (Mexiko 1943) 91; B. Navarro: *Cultura Mexicana Moderna en el s. XVIII*, Mexiko 1964, 203ff.; A.V.: *Estudios*.
[4] J. Mata Gavidia: *Panorama*; J. Tate Lanning: *La Ilustración*; ders.: *La Universidad*.
[5] G. Furlong: *Nacimiento y Desarrollo*, 359ff., 397, 421ff.

von allen Lehranstalten, was freilich nichts daran ändert, daß sie sich in der spanischen Seele festsetzt. Bis in die Formulierungen hinein liegt sie einer großen Zahl der ersten Urkunden zugrunde, die die Unabhängigkeit der spanischen Kolonien rechtfertigen.[6]

In Brasilien verläuft die philosophische Entwicklung in dieser Zeit ganz anders als im spanischsprachigen Teil Amerikas. Die Institutionalisierung des Philosophieunterrichts und dessen Pflege fanden während der Kolonialzeit bei den Portugiesen weit weniger Beachtung als bei den Spaniern. Obwohl es bereits gegen Ende des 16. Jahrhunderts in Brasilien einige höhere Schulen gab, die von der Kirche gegründet und geleitet wurden – in erster Linie von den Jesuiten –, existierten in diesem Land vor 1920 doch keine wirklichen Universitäten. Deshalb konnte die scholastische Philosophie die Kultur der herrschenden Klassen hier auch nicht tiefgehend formen. Die Vertreibung der Jesuiten 1759 und die antischolastische Reform der Lehrpläne an der Universität von Coimbra – an der die einflußreichsten Familien der portugiesischen Kolonien ausgebildet wurden – sowie an allen anderen Lehranstalten des portugiesischen Imperiums, gleichzeitig auch die intensiven Bemühungen um die Laisierung und die Vertiefung der regalistischen Denkweise in Theorie und Praxis – dies alles noch mit großer Zähigkeit beschleunigt durch den fast allmächtigen Marqués de Pombal, den obersten Minister von José II. von Portugal – führten zudem zwangsläufig zu einer Staatskirche, die sich auf religiös-politischem Gebiet zu einem willigen Werkzeug des »aufgeklärten« Staates wandelte und hinsichtlich der Philosophie zu einer Auslöschung der Kolonial-Scholastik vor dem Beginn des 19. Jahrhunderts. Als sich 1808 das portugiesische Königshaus in Rio de Janeiro etablierte und als sich 1822 Brasilien von Portugal unabhängig machte, wurde das philosophische Denken von einem verschwommenen spiritualistischen Eklektizismus beherrscht, in dem sich Positionen der alten Scholastiker sowie Maine de Birans und Degérandos mit Ideen von Locke, Condillac, Montesquieu, Rousseau und Cabanis zusammenfanden. Der Aufenthalt von Juan VI. von Portugal mit seinem von Franzosen bzw. »afrancesados« dominierten Hof während zwölf Jahren in Rio bedeutete außerdem die endgültige Einführung des nach-aufklärerischen französischen Gedankengutes und die Verbreitung des eklektischen Spiritualismus, der vom dritten Jahrzehnt an mehr als vierzig Jahre das brasilianische Denken beherrschen sollte. Man kann daher in dieser ersten Periode nicht von der Existenz einer scholastischen Philosophie in Brasilien sprechen.[7]

Das, was zahlreiche offizielle und akademische Quellen aus dieser Zeit als »dekadenten Zustand« der Philosophie überhaupt beschreiben, ist gleichzeitig ein Hinweis auf den beachtlichen Verlust an Lebenskraft, der die Kolonial-Scholastik angesichts der Herausforderung, die die Gesellschaft damals durchlebte, heimsuchte. Diese Scholastik zeichnete sich fast ausschließlich durch ihre Beharrlich-

---

[6] J. M. Echeverría: *Las ideas*, 279ff.; G. Furlong: *Nacimiento y Desarrollo*, 614; C. Stoetzer: *The Scholastic Roots*.
[7] J. Cruz Costa: *Esbozo*, 21ff.; A. Gómez Robledo: *La Filosofía*, 27ff.; F. Arruda Campos: *Tomismo*; A. Paim: *História*; A. Villaça: *O Pensamento*; A. Crippa: *As Ideias*; U. Borges de Macedo: *A Libertade*, 44ff., 73ff., 121ff.; G. A. Büttner-Lermen: *O Pensamento*, 98ff.; R. Azzi: *A influencia*.

keit in der Weitergabe eines Lehrsystems aus, das sie – zumindest was die grundlegenden Inhalte betrifft – als endgültig erreicht und zum Ausdruck gebracht ansah. Die Größe oder Bedeutungslosigkeit der einzelnen Philosophen zeigt sich daher hier an ihrer größeren oder geringeren Fähigkeit, die traditionellen Fragestellungen und Problemlösungen abgestimmt auf die Erfordernisse der Zeit zu vertiefen und zu aktualisieren. Jene Denker, die eine derartige Fähigkeit nicht besaßen und sich darauf beschränkten, ihr Lehrsystem in syllogistischer Argumentationsform zu wiederholen, nannte man »Repetenten von unverständlichen Formeln«, »Ausleger von abstraktem Plunder« bzw. »komplette Ignoranten der neuen Erkenntnisse«.[8] Vor allem gegen diese rein repetierende und geistig verschlossene Einstellung richteten sich die zahlreichen Reformen der Lehrpläne, die seit dem Ende des 18. Jahrhunderts – nach der Vertreibung der Jesuiten und der Beschlagnahme ihrer Besitzungen für öffentliche Erziehungseinrichtungen – von der spanischen Krone an den Universitäten verordnet wurden. Das konkrete Ergebnis dieser Reformen war wiederum die Beschleunigung der Zerstörung des scholastischen Denkens mit seiner Methode und seiner Systematik. Die leidenschaftliche und anhaltende Kritik, der die akademische Scholastik ausgerechnet von der Seite jener ausgesetzt war, die selbst aus ihr hervorgegangen waren und sich nun außerhalb der Universitäten geistig betätigten, ist freilich sowohl ein Zeichen für die Schwäche als auch ein Zeichen für die weitere Existenz und den sozialen Einfluß der Scholastik.[9] Doch an der vollkommenen Auslöschung derselben in der darauffolgenden Zeit konnte dies nichts ändern.

DER BEGINN DER NEUSCHOLASTIK

Die beiden Phasen des christlichen Denkens in Lateinamerika, die gemäß der anfangs festgelegten Abgrenzungen auf die soeben beschriebene Periode folgen, sind nicht Gegenstand dieses Artikels. Es ist jedoch wichtig, darauf hinzuweisen, daß aus der näheren Untersuchung dieser beiden Phasen keinerlei Zusammenhang der lateinamerikanischen Neuscholastik mit der Kolonial-Scholastik hervorgehen würde, die nur 60 Jahre zuvor untergegangen war. Die Neuscholastik wurde vielmehr in den letzten Jahrzehnten des 19. Jahrhunderts direkt aus Europa importiert. (Ungefähr in die gleiche Zeit fallen die Bemühungen einiger Laien, die – zum großen Teil die christliche Tradition anerkennend und sich als Christen bekennend – versuchten, die nachmittelalterliche europäische Philosophie systematisch aufzuarbeiten und anhand einiger, wenn auch unsicherer Darstellungen die Gedanken von Kant, Hegel, Leibniz, Descartes und anderer Denker in die gebildeten Kreise Lateinamerikas einzuführen.) Dazu kam freilich, daß die apologetischen Bemühungen der christlichen Schriftsteller schon einige Zeit

---

[8] Vgl. die Jahrgänge 1803 und 1804 der *Gaceta de Guatemala;* siehe zudem: F. Barreda: *La vida*, 301ff.
[9] J. Tate Lanning: *La Ilustración*, Kap. 6; vgl. die Jahrgänge 1791 bis 1794 des *Mercurio Peruano*, der die Zeitschrift des liberalen Lagers war.

das Desiderat einer systematischen und umfassenden christlichen Denkform beschwören, die dem positivistischen und liberalen Naturalismus, von dem die damalige Epoche beherrscht wurde, die Stirn bieten konnte. Dieses Desiderat bildete zweifellos einen fruchtbaren Boden für die Aufnahme der Neuscholastik.

In der Zeit, die wir jetzt beschreiben (1880–1910), ist die Neuscholastik im geistigen Leben Lateinamerikas allerdings weder sehr verbreitet noch von tieferem Einfluß. Häufig besteht sie lediglich als Projekt oder als »desideratum«. Konkret vertreten, als »doctrina« entwickelt bzw. tiefgreifend und kohärent vermittelt wurde sie hingegen nur an wenigen Orten. Noch bescheidener ist die Zahl der Werke, die diese Richtung hervorbrachte. Nicht selten ist die »Doctrina Escolástica« oder »Doctrina Tomista« im Munde ihrer Vertreter und Förderer wenig mehr als ein Name, der zwar feierlich ausgesprochen wird, um die katholische Kirche im Besitz einer Philosophie zu zeigen, die imstande ist, den christlichen Glauben vernunftgemäß zu sichern, der aber von denselben Lobrednern in seinen grundlegenden Prinzipien nicht genauer erklärt werden kann. Als Symptom dafür, daß hier das Desiderat gegenüber der tatsächlichen Wirkung überwiegt, mag die Tatsache gelten, daß die Einführung der Neuscholastik anläßlich der Gründung einiger katholischer Universitäten (etwa in Mexiko, Chile und Kolumbien) wohl die Ausrichtung dieser neuen Institutionen auf die Lehrautorität des Doctor Angelicus hin bedeutete, daß deshalb aber nicht wirklich philosophische Fakultäten eingerichtet wurden – ja manchmal nicht einmal halbwegs vollständige Philosophiekurse.[10] Auch der Umstand, daß viele der Betreiber der Neuscholastik selbst keine bedeutenderen Philosophen waren, ist bezeichnend.[11] Schließlich muß als wichtiges Kriterium bei der Aufnahme der Neuscholastik in Lateinamerika, trotz einiger Erklärungen in Richtung theoretischer Weite und Aufgeschlossenheit,[12] die starke Betonung des Doktrincharakters genannt werden, der für die Philosophie damals kennzeichnend war. Die doktrinäre Haltung, die dazu diente, die geistige Position der Katholiken gegenüber den undurchsichtigen spiritualistischen Strömungen scharf abzugrenzen, war immer wieder ein Hindernis im Dialog mit den zeitgenössischen Philosophien, deren Einführung in Lateinamerika zu dieser Zeit begann.

Das philosophische Leben, das Ende des Jahrhunderts sowohl geistig als auch gesellschaftlich gesehen vom positivistischen Wissenschaftsglauben beherrscht war, zog sich an den Universitäten, an den höheren öffentlichen Schul- und Lehranstalten in die juridischen Fakultäten bzw. in die Rechtsschulen zurück. Außerhalb dieser Institutionen beschränkte es sich auf die Seminarien und Studienzentren der Kirche. Auf diese akademischen »Loci« muß man daher zurückgreifen, wenn man die ersten Schritte der Neuscholastik in Lateinamerika erforschen will.

---

[10] Vgl. die ersten drei Artikel der *Revista Universitaria* 1 (Santiago 1978). Sie sind den ersten 90 Jahren der Pontificia Universidad Católica de Chile gewidmet.

[11] M. López: *Nuestro pensamiento*, 77; A. Caturelli: *La Filosofía*, 178f.; C. Láscaris-Conneno: *Desarrollo*, 91.

[12] Vgl. z. B. R. M. Carrasquilla im Vorwort zu P. Vallet: *Lecciones de Filosofía según el espíritu del Angélico Doctor San Tomás de Aquino* (aus dem Lateinischen von G. Rosas), Bogotá 1889.

Überraschenderweise ist es in Brasilien, wo man zu einem für Lateinamerika frühen Zeitpunkt und noch dazu aus der Hand eines Laien ein bemerkenswertes philosophisches Werk findet, das eindeutig thomistisch inspiriert und aufgebaut ist und sich bewußt an einige Pioniere der Neuscholastik, wie z. B. an Matteo Liberatore und Ceferino González, hält. Ich beziehe mich auf die *Liçoes de Filosofía Elementar Racional e Moral* von José Soriano de Souza (1833–1895), die 1879 in Recife im Verlag Livraria Academia erschienen. De Souza, der Arzt war und später an der Universität von Löwen zum Doktor der Philosophie promoviert wurde, arbeitete als Professor an der Rechtsschule von Recife. In seinem Werk, in dem er seiner Zeit die Philosophie als dringendes Anliegen nahelegt, wirft er mit großer Genauigkeit die Problematik der Beziehung zwischen Glauben und Vernunft auf. Ohne seine Gesprächspartner und Gegner zu nennen – was seinem Gedankengang einen gewissen zeitlosen Charakter gibt –, polemisiert de Souza mit Denkern, die versuchen, eine weltliche Ordnung auf der Grundlage einer vollkommen sich selbst genügenden Vernunft ohne Gott zu errichten. Am heftigsten wendet sich seine Argumentation gegen die Hauptlinie der rationalistischen Tradition, die er als »cartesianisch-cousin'sche Philosophie« bezeichnet. Sein Neuthomismus, der in einigen Punkten dem Traditionalismus nahekommt, hat jedoch nicht Schule gemacht. Es bedurfte der direkten Initiative der kirchlichen Hierarchie, bis ganz gegen Ende des Jahrhunderts der Neuthomismus wiedererstand. Im Jahre 1908 gründeten die Benediktiner unter der Leitung von Miguel Kruze OSB in São Paulo die philosophische Fakultät von San Benito, die drei Jahre später der katholischen Universität von Löwen angeschlossen wurde.[13]

In Argentinien gewann das neuscholastische Denken seinen größten Aufschwung. Hier hielt es sich auch beharrlich. Die Protagonisten dieser Bewegung sind alle auf die eine oder andere Weise mit der Universität von Córdoba, der traditionsreichsten Universität des Landes, verbunden. Vor allem durch das Studium des spanischen Philosophen Jaime Balmes (1810–1848), das intensiv betrieben wurde, war der Boden für die Neuscholastik hier gut vorbereitet. (Balmes, der selbst kein Neuscholastiker im strengen Sinne war, spielt übrigens bei der Entstehung der Neuscholastik in ganz Lateinamerika eine wichtige Rolle.) Die Initiative dazu ging von Fray Mamerto Esquiú (1826–1883), dem Bischof von Córdoba, aus, der im Anschluß an die Italiener Carlo Maria Curci und Giovanni María Cornoldi die Neuscholastik als Mittel betrachtete, um die Möglichkeit einer streng rationalen Metaphysik gegenüber dem Positivismus zu verteidigen. Zu den Neuscholastikern im engeren Sinne dürfen sodann folgende Personen zählen: Jacinto Ríos (1842–1892), David Luque (1828–1892), Uladislao Castellano (1834–1900) und Nemesio González (1866–1929). Ohne selbst Philosophen zu sein, trugen aber auch Pablo Julio Rodríguez (1831–1912), Juan Mamerto Garro (1847–1927) und Manuel E. Río (1872–1912) wesentlich zur Konsolidie-

---

[13] F. Arruda Campos: *Tomismo*, 92ff.; A. Gómez Robledo: *La Filosofía*, 158ff.; A. Paim: *História*, 162ff.; A. C. Villaça: *O Pensamento*, 108ff.; U. Borges de Macedo: *A Libertade*, 138ff.

rung der Bewegung bei. Einen gewissen Abschluß erreichte dieser Prozeß freilich erst in den dreißiger Jahren dieses Jahrhunderts.[14]

In Chile muß Francisco Ginebra (1839–1907) als Begründer des Neuthomismus genannt werden. Er war viele Jahre hindurch der Lehrstuhlinhaber für Philosophie am Colegio de San Ignacio in Santiago. Sein Werk *Elementos de Filosofía* (1885) diente viele Jahre hindurch an zahlreichen Kollegien der spanischsprachigen Länder als Lehrbuch.[15]

Einer der großen Förderer der Neuscholastik in Amerika war sodann der Kolumbianer Rafael María Carrasquilla (1857–1930). Seine *Lecciones de Metafisica y Etica*, die 1914 erschienen und später auch für den Mittelschulunterricht neu überarbeitet wurden, stellten ebenfalls ein wichtiges Lehrbuch dar, das bis in die zweite Hälfte unseres Jahrhunderts Verwendung fand. Aber mehr als wegen seiner philosophischen Schriften verdient Carrasquilla wegen seines organisatorischen Einsatzes zugunsten des Thomismus genannt zu werden. Am Colegio Mayor del Rosario, einer der ältesten Universitäten Kolumbiens, die schon im 17. Jahrhundert mit dem Ziel gegründet wurde, das Denken des hl. Thomas zu verbreiten, wirkte er zuerst als Professor und danach, von 1891 bis zu seinem Tod, als Rektor. Dank seiner Persönlichkeit und seiner weitreichenden kulturellen Initiativen gewann die Neuscholastik in Kolumbien und darüber hinaus hohes Ansehen. Ein weiterer Vertreter des kolumbianischen Neuthomismus ist der Priester Joaquín Gómez Otero. Er lehrte schon 1878 auf seinem Lehrstuhl am Seminar von Bogotá eine streng thomistische Metaphysik.[16]

Wie langsam und unsicher sich die Neuscholastik in Lateinamerika Ende des 19. Jahrhunderts durchsetzte, läßt sich schließlich gut an den Ländern Mittelamerikas ersehen. Nachdem sich das kirchliche Leben hier trotz der liberalen Revolution einigermaßen stabilisiert hatte, bemühte man sich, die kirchlichen Studien gemäß den Anweisungen Leos XIII. zu organisieren. Dazu setzte man Kleriker ein, die in Europa ausgebildet worden waren. Sie sollten das neuscholastische Gedankengut über die Zeitschriften und über den Unterricht an den Schulen und Seminarien verbreiten. Aber aus verschiedenen Gründen sollten diese immer wieder unterbrochenen Aktionen erst im bereits fortgeschritteneren 20. Jahrhundert nachhaltigen Erfolg haben. Dabei zeichnete sich besonders der aus Guatemala stammende Manuel Francisco Vélez aus. Er war Professor am Colegio de Infantes und an der Universidad de S. Carlos in Guatemala und der Autor zweier Werke: *Lecciones de Lógica* (1882) und *Lecciones de Ideología* (1884). Außerdem arbeitete er als Publizist an der Zeitschrift *El Católico* in El Salvador mit. Er verstand es meisterhaft, die grundlegenden Thesen der neuscholastischen Philosophie mit großer Genauigkeit darzulegen. Leider fanden seine philosophischen Fähigkeiten durch seine Ausweisung aus Guatemala und (Jahre danach) durch

---

[14] A. Caturelli: *La Filosofía*, Kap. 1 und 8.
[15] E. Molina: *La Filosofía en Chile en la primera mitad del s. XX*, Santiago 1953, 11; F. Astorquiza-Pizarro: *Bio-Bibliografía*, 78.
[16] M. López: *Trayectoria del Pensamiento Granadino a través del Colegio del Rosario*, Medellín 1956 (masch. Diss.), Tl. IV, Kap. 5.

seine Ernennung zum Bischof einer anderen mittelamerikanischen Diözese ein Ende. Zur selben Zeit werden auch die Studien an den Seminarien von El Salvador und Costa Rica »im Sinne der scholastischen Lehre« reorganisiert. Im Seminar von Costa Rica finden die *Institutiones seu elementa philosophiae christianae cum antiqua et nova comparata* (Neapel 1865–1870) von Gaetano Sanseverino (1811–1865) Eingang. Allerdings handelt es sich dabei um ein Resümee, das einer der Professoren (Juan de Dios Trejos) noch dazu traditionalistisch färbte. Zwischen 1891 und 1903 unterrichten hier sodann drei Priester, die im Ausland ihre philosophischen Grade erworben haben (in Rom und in Löwen unter der Leitung von D. Mercier). Doch erst 1906 kann dank der in Trier ausgebildeten Paulisten, die aus Österreich und Deutschland stammten, eine Stabilisierung erreicht werden. In El Salvador versucht Juan Bertis (gest. 1899) die scholastische Lehre, die er in einem sehr weiten Sinne versteht, bekannt zu machen. Zu diesem Zweck werden im Seminar von Zeit zu Zeit feierliche akademische Veranstaltungen durchgeführt, bei denen die »tesis de Filosofía Cristiana« in thomistischer Auslegung vorgetragen wird.[17]

Die neuscholastische Bewegung ist somit Anfang des 20. Jahrhunderts im Begriff, sich in fast allen lateinamerikanischen Ländern durchzusetzen. Es fehlen ihr jedoch noch mehr als zwanzig Jahre, um als eine der großen Erneuerungskräfte der lateinamerikanischen Philosophie wirken zu können. Dies soll jedoch Gegenstand eines späteren Beitrages sein.[18]

BIBLIOGRAPHIE

Arruda Campos, F.: *Tomismo* e Neotomismo no Brasil, São Paulo 1968.
Astorquiza-Pizarro, F. (Hg.): *Bio-Bibliografía* de la Filosofía en Chile desde el s. XVI hasta 1980, Santiago 1982.
A.V.: *Estudios* de Historia de la Filosofía en México, Mexiko 1963.
Azzi, R.: *A influencia* do pensamento liberal no clero Brasileiro 1789–1824, in: Síntese 31 (1984) 27ff.
Barreda, F.: *La vida* intelectual en el Virreinato de Perú, BA 1937.
Borges de Macedo, U.: *A Libertade* no Império. O pensamento sobre la libertade no imperio brasileiro, São Paulo 1977.
Büttner-Lermen, G. A.: *O Pensamento* Filosófico na Formacao Brasileira no Brasil Colonia, in: Reflexao 30 (Campinas 1984) 98ff.
Caturelli, A.: *La Filosofía* en la Argentina actual, Ba 1971.
Crippa, A.: *As Ideias* filosóficas no Brasil. Séculos XVIII y XIX, São Paulo 1978.
Cruz Costa, J.: *Esbozo* de una história de las ideas en el Brasil, Mexiko 1957.
Echeverría, J. M.: *Las ideas* escolásticas y el inicio de la Revolución Hispanoamericana, in: Revista Montalbán. 5 (Caracas 1976) 279ff. (große Bibliographie).
Furlong, G.: *Nacimiento y Desarrollo* de la Filosofía en el Río de la Plata 1526–1810, BA 1952.
Gómez Robledo, A.: *La Filosofía* en el Brasil, Mexiko 1946.
Hernández de Alba, G.: *Crónica* del muy ilustre Colegio Mayor de Nuestra Señora del Rosario en Santa Fe de Bogotá, 2 Bde., Bogotá 1940.

---

[17] C. Láscaris-Conneno: *Desarrollo*, 93, 129, 324; vgl. die Zeitschrift *El Católico* 61 (San Salvador 1882) vom 30. Juli; J. Bertis: *Ciencia y Literatura. Recopilación de Artículos*, San Salvador 1941.
[18] Vgl. dazu meinen Beitrag über die lateinamerikanische Neuscholastik des 20. Jahrhunderts im vorliegenden Band.

Kempff Mercado, M.: *La Filosofía* en Latinoamérica, in: H. J. Störig: Historia Universal de la Filosofía, Santiago 1961, Appendix.
Láscaris-Conneno, C.: *Desarrollo* de las ideas filosóficas en Costa Rica, San José 1983.
López, M.: *Nuestro pensamiento* filosófico en el siglo XIX, in: Revista de la Facultad de Filosofía y Letras de la Pontificia Universidad Bolivariana 3 (Medellin 1957).
Mata Gavidia, J.: *Panorama* filosófico de la Universidad de San Carlos a fines del siglo XVIII, Guatemala / San Carlos 1949.
Pacheco, J. M.: *La Ilustración* en el Nuevo Reino, Caracas 1975.
Paim, A.: *História* das Ideias Filosóficas no Brasil, São Paulo 1984.
Parra, C.: *Filosofía* universitaria venezolana, Caracas 1934.
Salazar Bondy, A.: *La Filosofía* en el Perú, Wash 1954.
Stoetzer, C.: *The Scholastic Roots* of the Spanish American Revolution, NY 1979.
Tate Lanning, J.: *La Ilustración* en la Universidad de San Carlos, Guatemala / San Carlos 1978.
–: *La Universidad* en el Reino de Guatemala, Guatemala / San Carlos 1977.
Villaça, A. C.: *O Pensamento* Católico no Brasil, Rio 1975.

MANUEL DOMÍNGUEZ-MIRANDA

Der angelsächsische Raum
Das Echo der Scholastik-Renaissance in Großbritannien und Nordamerika

An der Entstehung der Neuscholastik haben sich die englischsprachigen Länder kaum beteiligt. Das liegt nicht etwa daran, daß die angelsächsischen Denker dem metaphysischen Spekulieren der Philosophen auf dem europäischen Festland seit jeher skeptisch gegenüberstanden, sondern an der spezifischen Situation der katholischen Kirche in diesen Ländern. Sowohl in Großbritannien, das seit der Unionsakte von 1800 mit Irland verbunden war, als auch in den Vereinigten Staaten von Amerika (inklusive dem englischsprachigen Teil Kanadas) bildeten die Katholiken während des 19. Jahrhunderts eine Minderheit, die sich wohl rasch vergrößerte, alles in allem aber eine sehr unvollkommen organisierte religiöse Gemeinschaft darstellte. In Großbritannien erreichten die Katholiken erst 1829 (unter dem Druck der irischen Reformbewegung von Daniel O'Connell) die rechtliche Gleichstellung gegenüber den Anglikanern. So konnten sie erst zu dieser Zeit wieder damit beginnen, ihre Kirche mit allen Strukturen aufzubauen. Amerika hingegen war während des 19. Jahrhunderts noch dabei zu entstehen. Die großen Einwanderungswellen, die ständigen Neuerschließungen im Mittleren Westen und nicht zuletzt der Bürgerkrieg stellten die jungen Diözesen von Mal zu Mal vor unerwartete Herausforderungen. Auch dies erschwerte den organisatorischen Konsolidierungsprozeß der Kirche. Angesichts dieser Umstände verwundert es nicht, daß der gesamte angelsächsische Raum in Rom als Missionsgebiet betrachtet und damit den Kompetenzen der Propaganda Fide unterstellt wurde. (England erhielt erst 1850 eine eigene Diözesanstruktur. In den USA geschah dies zwar schon 1789 mit der Errichtung der Diözese von Baltimore, die zuständige Stelle für amerikanische Angelegenheiten in Rom blieb jedoch weiterhin die Propaganda Fide.)

Diese Umstände allein waren für die Pflege der Wissenschaften unter kirchlicher Patronanz schon ungünstig genug. Es kamen aber noch erschwerende Faktoren hinzu: Abgesehen davon, daß überhaupt erst kirchliche Lehranstalten zu gründen waren, entstanden – ausgelöst durch die irischen Auswanderungswellen – schwerwiegende soziale Probleme, deren Lösung den ganzen Einsatz der

Bischöfe forderte. Die damit verbundenen politischen Schwierigkeiten taten ein übriges dazu, daß die Maßnahmen zugunsten des Ausbildungswesens auf das Notwendige beschränkt wurden. Daneben ist nicht zu übersehen, daß der Großteil der Katholiken von der Landbevölkerung gestellt wurde. Obwohl sich auch dies während des 19. Jahrhunderts änderte, erklärt nicht zuletzt dieser Umstand, warum die Pflege der Philosophie innerhalb der Kirche keinen vorrangigen Platz einnahm. Es gibt aber noch näherliegende Gründe für den relativ bescheidenen Erfolg der Neuscholastik. Dafür müssen die Länder im einzelnen betrachtet werden.

Beginnen wir mit *Großbritannien* und *Irland*. Verheerende Auswirkungen für die Anteilnahme der Kirche am wissenschaftlichen Dialog der Zeit hatte hier das Verbot für Katholiken, an den staatlichen bzw. interkonfessionellen Universitäten (Queen's Colleges) zu studieren. Nicht einmal in Oxford und Cambridge durfte ein Katholik seine akademischen Grade erwerben. In Irland erging dieses Verbot bereits 1850. England folgte diesem Schritt unter Kardinal Henry Edward Manning (1808–1892), einem engen Freund von Papst Pius IX. Sein Gegenspieler John Henry Newman (1801–1890) versuchte sowohl 1864 als auch 1867 auf die Abschaffung dieses Verbotes hinzuwirken. Er scheiterte jedoch an der ultramontanen Gesinnung Mannings. Erst 1895 war es Katholiken wieder erlaubt, staatliche Universitäten zu besuchen.

Gleichzeitig erwiesen sich die kirchlichen »Ersatzinstitutionen« als Fehlschläge. Die katholische Universität Dublin hatte nicht einmal dreißig Jahre Bestand, als sie 1879 in der Royal University of Ireland aufging. Aus der Biographie Newmans, der 1851 als Rektor an sie berufen wurde, sind die Ursachen hierfür bekannt. Die niedrige Hörerzahl (insgesamt 150 Studenten, davon allein 100 für Medizin), die finanziellen Probleme und vor allem der Boykott durch mehrere Bischöfe verurteilten das Projekt von vornherein zum Scheitern (Newman verließ Dublin bereits 1858). Noch tragischer verlief die Geschichte des Catholic University College von Kensington, das Kardinal Manning 1874 ins Leben rief. Es mußte schon 1882 wieder geschlossen werden und erwarb sich dadurch für die Geschichte der katholischen Universitäten nicht einmal eine periphere Bedeutung. So bestanden die von den Bischöfen betriebenen höheren Lehranstalten nur mehr aus Diözesanseminaren. Die bekanntesten unter ihnen waren das englische Kolleg in Rom, das 1818 neu eröffnet wurde, das Seminar von Maynooth in Irland und das College von Saint-Edmund, in dem die Seminaristen der Diözesen Westminster und Southwark ausgebildet wurden. Sie alle fühlten sich der damals von Pius IX. und Leo XIII. geförderten ultramontanen Bildungspolitik verpflichtet.

Die Neuscholastik stieß aber nicht nur auf organisatorische Schwierigkeiten. Es gab auch katholische Kreise, die sich mit der ausschließlichen Rückkehr zur mittelalterlichen Theologie und Philosophie aus prinzipiellen Gründen nicht anfreunden konnten. Zu diesen Kreisen zählte in erster Linie die aus der sogenannten »Oxford-Bewegung« stammende Gruppe von Konvertiten, deren überragender Exponent Newman war. Die geistige Erneuerung, um die es dieser Reformbewegung ging, zielte nicht bloß auf das philosophische Denken des

13. Jahrhunderts. Sie beabsichtigte vielmehr ein neues Leben der *gesamten* kirchlichen Existenz aus einer neuen Entdeckung des Urchristentums und der *ganzen* christlichen Tradition. Nicht die Rückkehr zu einer bestimmten geistigen Epoche oder zu einer spezifischen Denkform stand also im Vordergrund, sondern ein reformatorisches Anliegen, das die Kirche als ganze betraf. Darüber hinaus war das Denken vieler Mitglieder der Oxford-Bewegung zutiefst humanistisch geprägt. Das bedeutete, daß es im Sinne der großen abendländischen Humanisten um geistige Weite, um Vermeidung selbstverordneter Abkapselung, um Hinwendung zum konkreten Menschen, um die Erkenntnis der Geschichtlichkeit, um die Bewahrung der lebendigen Sprache gegenüber rein abstraktem Spekulieren usw. bemüht war, um geistige Eigenschaften somit, die der Neuscholastik der damaligen Zeit nicht eigen waren. Newman ist geradezu der exemplarische Vertreter eines solchen humanistischen Denkertyps. Seine Reserven gegenüber der Neuscholastik, die in seinen Briefen anläßlich seines Romaufenthaltes von 1846 anklingen, haben hierin ihren eigentlichen Ursprung. Sie lassen sich nicht auf seine Auseinandersetzungen mit Kardinal Manning bzw. auf die Kontroversen mit George Talbot und Charles Kingsley wegen seiner Mitarbeit an der Zeitschrift *The Rambler* (gegründet 1848) zurückführen. Auch seine positive Stellungnahme zu *Aeterni Patris* in einem persönlichen Brief an Leo XIII. vom 14. Dezember 1879 ist im Zusammenhang seines gesamten Denkens zu bewerten. Sie impliziert keinesfalls seine Bekehrung zur Neuscholastik.

Eine Ausnahme innerhalb des Oxford-Kreises bildete William George Ward (1812–1882), den man gelegentlich sogar als Gründer der englischen Neuscholastik bezeichnet hat. In der Tat war seine Lehrtätigkeit in Saint-Edmund, die er nach seiner Konversion 1845 dank der Intervention von Kardinal Nicholas Wiseman (1802–1865) bis 1858 ausüben konnte, vom Geist der Scholastik geprägt. Das Werk *On Nature and Grace* (London 1860), das den Vorlesungen von Saint-Edmund entwachsen ist, zeugt davon. Aber nicht nur dieses eine Buch, auch die zahlreichen Artikel, Pamphlete, Glossen und Rezensionen, die er in der Zeitschrift *Dublin Review* (gegründet 1836) zwischen 1867 und 1882 publiziert hat – sie erschienen gesammelt in zwei Bänden 1884 in London unter dem Titel *Essays on the Philosophy of Theism* –, ordnen sich in das von Rom favorisierte scholastische Denken ein. Daraus erklärt sich seine begeisterte Unterstützung des *Syllabus* und der Enzyklika *Quanta cura* Pius' IX. von 1864 sowie des Unfehlbarkeitsdogmas des I. Vatikanischen Konzils ebenso wie sein Kampf gegen jede Art von Liberalismus (seine konkreten Gegner waren I. Döllinger, J. B. H. Lacordaire und Ch. de Montalembert). Allerdings ist Wards Scholastik nicht »rein«. Seine Auseinandersetzung mit dem Empirismus und vor allem mit J. St. Mill (1806 bis 1873) treibt ihn auf Problemstellungen zu, die nicht eigentlich scholastisch sind. Konkret äußert sich dies an der Frage, wie der Mensch zu wahrer Erkenntnis gelangen kann. Unter dem Einfluß der schottischen Schule einerseits und L. Ollé-Laprunes (1839–1898) andererseits beantwortet sie Ward im Sinne des Intuitivismus. Das heißt, sowohl die Erkenntnis Gottes als auch die Erkenntnis der moralischen Werte erfolgt durch Intuitionen. Ja sogar der Umgang mit der gegenständlichen Wirklichkeit geschieht bis zu einem gewissen Grad mit Hilfe von subjektiven Intuitionen. Das diskursive Denken wird in seiner Bedeutung nicht geleugnet, es erfährt jedoch eine deutliche Entwertung.

Zweifellos hat diese Entfernung von den Prinzipien der scholastischen Philosophie dazu beigetragen, daß man im Zusammenhang mit der englischen Neuscholastik des 19. Jahrhunderts nicht den Namen Ward, sondern die Namen Thomas Morton Harper und John Rickaby liest. Harper (1821–1893) und Rickaby (1847 bis 1927) waren beide Jesuiten. Gemeinsam lehrten sie (zumindest zeitweise) an der »ältesten und berühmtesten Lehr- und Erziehungsanstalt der Gesellschaft Jesu in England« (L. Koch), in Stonyhurst (gegründet 1592, neu eröffnet 1794). Hier in Stonyhurst verfaßten sie auch die wichtigsten Beiträge zur englischsprachigen Neuscholastik vor der Jahrhundertwende: Harper sein dreibändiges Werk *The Metaphysics of the Schools* (London 1881–1884) und Rickaby seine beiden Handbücher *The first principles of knowledge* (London 1888, ³1896) und *General Metaphysics* (London 1890, ²1900). Die Bücher von Rickaby bilden Teile der *Stonyhurst Philosophical Series,* die von Richard F. Clarke SJ unter dem Titel *The Manuals of Catholic Philosophy* herausgegeben wurden.

Im Unterschied zu Ward schrieben die beiden Jesuiten ihre Abhandlungen bereits nach der Veröffentlichung von *Aeterni Patris* (1879). Sie hatten daher das eindeutige Ziel, zum scholastischen Denken selbst zurückzufinden. Das bedeutet freilich nicht, daß sie die moderne Philosophie unberücksichtigt gelassen hätten. Vor allem die Handbücher von Rickaby (die übrigens sehr einfach und verständlich geschrieben sind) veranschaulichen, daß auch diese Darlegung der Schulphilosophie in der Auseinandersetzung mit der Neuzeit, besonders mit Kant, Hume, Spencer, Mill u. a., steht. Der Akzent liegt aber dennoch auf dem Bemühen, die mittelalterliche Philosophie vorzustellen und bekannt zu machen. Um dies zu sehen, genügt ein kurzer Blick in Harpers *Metaphysics of the Schools.* Hierbei handelt es sich mehr um eine Geschichte als um eine Aktualisierung der Schulphilosophie. Vorrangig geht es beiden sodann um die Verteidigung des Realismus gegenüber den neuzeitlichen Erkenntnistheorien, die einfach mit »Skeptizismus« und »Subjektivismus« identifiziert werden. Zu diesem Zweck führt Rickaby sogar einen eigenen Traktat über Erkenntniskritik ein. Dies ist insofern erwähnenswert, als die scholastischen Handbücher bis dahin die Erkenntnistheorie unter dem Abschnitt »Logik« behandelten. Interessant ist auch, daß Rickaby die Unmöglichkeit der neuzeitlichen Gnoseologie mit dem Nachweis begründet, daß deren Voraussetzungen die Vernunft zu einem in sich selbst widersprüchlichen Unterfangen degradieren würden. Was schließlich die metaphysische Position von Harpers und Rickabys Werken anbelangt, so läßt sich diese – wie es der Tradition der Jesuiten entsprach – als suarezianisch bezeichnen.

Harper und Rickaby sind die einzigen englischen Neuscholastiker, die auch außerhalb ihres Landes eine gewisse Bekanntheit erreichten. Von den anderen Mitarbeitern der *Stonyhurst Philosophical Series* (Richard F. Clarke, Joseph Rickaby, Bernard Boedder, Michael Maher, Charles Devas, Leslie J. Wolker, George H. Joyce) kennt man zumindest in der Sekundärliteratur nur mehr die Namen. Bei P. Coffey, Professor für Logik und Metaphysik in Maynooth (Irland), dem Verfasser einer zweibändigen *Science of Logic* (London 1921), einer doppelbändigen *Epistemology* (London 1917) und einer *Ontology* (London 1914), findet man allenfalls noch den Vermerk, daß seine Werke »excellent books« gewesen seien und seine Auseinandersetzung mit Kant ein hohes Niveau erreicht habe.

Auch jenseits des Atlantiks, in den *Vereinigten Staaten* von Amerika und im englischsprachigen Teil *Kanadas,* war die kirchlich organisierte Pflege der Philosophie auf die Seminarien und Colleges beschränkt. Das war angesichts der Situation der katholischen Kirche dieser Länder im 19. Jahrhundert, die eine typische Aufbausituation darstellt, gar nicht anders möglich. Philosophie wurde nur im Rahmen des Dringlichsten betrieben. Dies aber bedeutete, daß sie nur soweit von Interesse war, als sie für ein Theologiestudium an den Priesterseminarien ausreichte. In der Regel fand ein solcher Bedarf mit einem Zeitraum von einem Jahr sein Auslangen. Erst nach dem dritten Nationalkonzil von Baltimore 1884 wurde ein Biennium vorgeschrieben.

Wie in Großbritannien waren es auch hier in erster Linie die Ordensgemeinschaften, die den Philosophieunterricht gestalteten. Unter dem ersten Bischof der USA, John Carroll (1735–1815), entstanden 1791 das erste College in Georgetown und 1792 das erste Seminar in Baltimore. Georgetown wurde den Jesuiten, St. Mary in Baltimore den aus Paris vertriebenen Sulpizianern anvertraut. Im Lauf des 19. Jahrhunderts folgten St. Louis, Mt. St. Mary in Emmitsburg, Notre Dame in Indiana, St. John, die spätere Fordham University in Manhattan, Mt. St. Mary in Cincinnati und St. Francis in Milwaukee. Die Lehrer, die an diesen Lehranstalten wirkten, unterrichteten zwar scholastische Philosophie, wie uns Charles A. Hart in seinen Studien zur Neuscholastik mitteilt (vgl. die Bibliographie), diese Scholastik war aber alles andere als authentisch. Sie besaß vielmehr eine starke Affinität zum Cartesianismus, zum Ontologismus und zum Eklektizismus des 18. Jahrhunderts. Eine Änderung in diesem Punkt führte erst *Aeterni Patris* herbei. Davor herrschte wenig Bewußtsein über die Eigenständigkeit des scholastischen Denkens. Der Dominikaner Edward G. L. Van Becelaere, der von 1873 an in St. Louis englische Thomismuskurse gab, der Jesuit Ludwig Jouin (1818–1899), der seine Vorlesungen an der Fordham University in einem zweibändigen Handbuch (*Elementa Philosophiae*) publizierte, sowie in Kanada Msgr. Desaulniers (St. Hyacinth College, St. Michael's College – Toronto) und Cornelius O'Brien (St. Dunstan's College – Halifax) mit seiner *Philosophy of the Bible* (1876) bildeten Ausnahmen. Die eigentliche Geburtsstunde der amerikanischen Neuscholastik ist nicht vor 1880 anzusetzen. Sie fällt eher mit der Gründung der Catholic University of America in Washington D. C. 1884/1887 zusammen. Die an ihr eingerichtete »school of philosophy« stand von allem Anfang an im Dienste der Vorgaben von *Aeterni Patris*.

Anders als in Großbritannien trugen in den USA einige Zeitschriften zur Verbreitung der Neuscholastik bei. An erster Stelle ist hier auf die *Quarterly Review* von Orestes Brownson (1803–1876) hinzuweisen. Brownson war selbst kein Neuscholastiker (vgl. dazu A. Maurer: *Orestes Brownson,* Bd. I dieses Werkes, 729 bis 736), wies in seinen Artikeln jedoch schon vor 1879 auf die Bedeutung des hl. Thomas für die Auseinandersetzung mit der zeitgenössischen Philosophie hin. Weiters sind die Zeitschriften *Catholic World* und *American Catholic Quarterly Review* zu nennen, die nach 1880 entschieden für die Renaissance der Scholastik eintraten und diese u. a. gegen die Angriffe der *Princeton Review* verteidigten. Schließlich spielten die *American Ecclesiastical Review* und das *Catholic University Bulletin* eine wichtige Rolle. Vor allem das letztgenannte *Bulletin* wurde zum Publikationsorgan fast aller damaligen Neuscholastiker.

Die Namen dieser Philosophen sowie deren Werke zählt Charles A. Hart in seinem Artikel *Neo-Scholastic Philosophy in American Catholic Culture* (17–24) auf. Ich darf darauf verweisen, daß es mir nicht möglich war, Näheres über diese Denker in Erfahrung zu bringen bzw. deren Werke einzusehen. Soviel ich erkennen kann, ist die Frühphase der amerikanischen Neuscholastik aber selbst in den USA und in Kanada völlig unerforscht. Zumindest stößt man (trotz zahlreicher Anfragen bei Fordham, in St. Louis, Québec und Toronto) auf keine Literatur zu diesem Thema. Man darf vermuten, daß diese frühe Neuscholastik keine überragende Leistung hervorgebracht hat, die über das bloße Einführen und Bekanntmachen der scholastischen Philosophie, allenfalls über das Abgrenzen derselben gegenüber modernen Philosophien hinausgegangen wäre. Jedenfalls ist kein nachhaltigeres Echo festzustellen.

BIBLIOGRAPHIE

Collins, J.: A Quarter Century of American Philosophy, in: NSchol 25 (1951) 46–80.
Davis, H. F.: Newman and Thomism, in: Newman-Studien 3 (1957) 157–169.
Hart, Ch. A.: Neo-Scholastic Philosophy in American Catholic Culture, in: Ch. A. Hart (Hg.): Aspects of the New Scholastic Philosophy, NY 1932, 10–31.
–: Twenty-five Years of Thomism, in: NSchol 25 (1951) 3–45.
Marchal, L.: William George Ward, in: DThC Bd. 15/2 (1950) 3511–3519.
Masson, P.: Newman et l'encyclique Aeterni Patris, in: A.V.: L'Enciclica Aeterni Patris, R/Vat 1981, Bd. III, 387–399.
Perrier, J. L.: Revival of Scholastic Philosophy in the 19th Century (^{1}1909), NY ^{2}1948.
Stopp, F. J.: Kardinal Newman und die Idee der Universität, in: Newman-Studien 2 (1954) 146–161.
Thureau-Dangin, P.: La renaissance catholique en Angleterre au XIXe siècle, 3 Bde., P 1899–1906.
–: Le Catholicisme en Angleterre au XIXe siècle, P 1909.
Van Riet, G.: L'épistémologie thomiste. Recherches sur le problème de la connaissance dans l'école thomiste contemporaine, Lv 1946 (^{2}1950), 108–120.
Ward, W.: William George Ward and the Oxford Movement, Lo 1889.
–: William George Ward and the Catholic Revival, Lo 1893.
Watzlawik, J.: Leo XIII and the New Scholasticism, Cebu City (Philippines) 1966, 66–75.

HEINRICH M. SCHMIDINGER

Osteuropa

Das Schicksal der Scholastik im ostslawischen Raum

Im Jahre 1817 wurde die vom Kiewer Metropoliten Petrus Mogila gegründete »Kiewo-Mogilanische Akademie« geschlossen. Was dies für die Geschichte der Scholastik und überhaupt der katholischen Theologie im ostslawischen Raum bedeutete, wird erst aus der Betrachtung der Tätigkeit und Wirkungsgeschichte dieser Akademie ersichtlich.

Im Jahre 1596 schloß ein Teil der orthodoxen Kirche der Ukraine, deren westlich vom Dnjepr gelegene Gebiete damals zum Königreich Polen gehörten, die Union von Brest-Litowsk mit der katholischen Kirche. Um die Ausbreitung der Union wirksamer bekämpfen zu können, beschloß der Metropolit von Kiew, Petrus Mogila, ihr mit ihren eigenen Waffen zu begegnen. Die Jesuiten hatten in jener Zeit im Kampf gegen die Reformation in Polen durch die Gründung von Kollegien große Erfolge erzielt. 1645 gelang es ihnen sogar, eine Niederlassung in Kiew zu gründen und im folgenden Jahr dort ein Kolleg zu errichten, das sich aber nur zwei Jahre halten konnte.[1] Diese Waffe wollte sich Mogila auch im Kampf gegen die Union zunutze machen. So gründete er 1632 in Kiew noch als Archimandrit des Kiewer Höhlenklosters das nach ihm benannte Mogilanische Kolleg (ab 1701 Akademie) nach dem Vorbild der Kollegien und Akademien im Westen.

Mogilas Kolleg war die erste höhere Lehranstalt im gesamten ostslawischen Raum (Ukraine, Weißrußland und Rußland). Bis dahin hatte es dort nur die sogenannten »Bruderschaftsschulen« gegeben. Gegen Ende des 16. Jahrhunderts hatten sich in einigen wichtigeren Städten (Kiew, Lemberg, Wilna u. a.) »Bruderschaften« gebildet zwecks Abwehr des feudalen und auch religiösen Druckes (nicht nur seitens der katholischen Kirche, sondern auch seitens der Orthodoxie). Als Gegengewicht zum kirchlichen Bildungsmonopol errichteten sie nebst Bibliotheken, Buchhandlungen, Druckereien u. ä. auch Schulen. In diesen wurde der

---

[1] A. Sydorenko: *The Kievan Academy*, 166.

Unterricht in der jeweiligen Muttersprache oder auch in der kirchenslawischen Sprache erteilt. In der Philosophie folgte man Aristoteles.[2]

Durch den weiteren Ausbau der Kiewer Bruderschaftsschulen schuf Petrus Mogila sein Kolleg. Die Professoren ließ er in westlichen Schulen ausbilden, auch Studenten des Kollegs wurden oft zur weiteren Ausbildung nach Polen gesandt. So kam es, daß das Kiewer Kolleg die lateinische Sprache und die scholastische Methode übernahm, während die Bruderschaftsschulen der griechisch-slawischen Tradition treu blieben.[3] Die nach Polen entsandten Studenten eigneten sich gute Kenntnisse der polnischen philosophischen Literatur an und brachten Aufzeichnungen philosophischer Kurse aus Polen mit.

Bis zur ersten Hälfte des 18. Jahrhunderts gab es in Kiew noch keine Lehrbücher der Philosophie. Jeder Professor arbeitete seinen eigenen philosophischen Kurs aus und diktierte ihn den Studenten.[4] Die Unterrichtsfächer waren in der ersten Zeit des Kollegs: Kirchenslawisch, Griechisch, Latein und Polnisch, dazu kamen Grammatik, Rhetorik, Poetik, Philosophie, Arithmetik, Geometrie, Astronomie, Musik und Theologie. Unterrichtssprache war meistens Latein. Im 17. Jahrhundert hatte das Kolleg acht Klassen, später wurde ihre Zahl bis auf 20 erhöht. Dementsprechend kamen an neuen Lehrfächern hinzu: Hebräisch, Deutsch, Französisch, Geschichte, Geographie, Naturgeschichte, Architektur, Ökonomie und Medizin. Im Jahre 1792 belief sich die Zahl der Studierenden auf 1234.[5]

Die Geschichte der Mogilanischen Akademie bildet gegenwärtig in der Sowjetunion den Gegenstand eingehender Forschungen. 1982 erschien in Kiew eine bibliographische *Beschreibung der Rhetorik- und Philosophiekurse,* die in den Jahren 1635–1817 in der Mogilanischen Akademie gehalten wurden und deren Handschriften in der Akademie der Wissenschaften der Ukrainischen Sowjetrepublik aufbewahrt werden.[6] Eine vorläufige Analyse eines Teiles der dort angezeigten Philosophiekurse ergab, daß im 17. Jahrhundert die Mehrzahl der Professoren verschiedene Varianten einer Synthese von christlichem Neuplatonismus und Aristotelismus ausarbeitete. Im 18. Jahrhundert machten sich dann mehr und mehr auch Elemente der frühen Aufklärung bemerkbar.[7]

Die philosophischen Traktate bestanden gewöhnlich aus drei Teilen: Logik, Naturphilosophie und Metaphysik. Einige Fragen der Ethik wurden teils in der Logik, teils in der Naturphilosophie behandelt.[8] Die Herausgeber der *Beschreibung . . .* geben in der Einleitung zu ihrem Werk eine kurze allgemeine Charakteristik der Kurse über Logik und Naturphilosophie, die hier auszugsweise wiedergegeben sei: Den Logikkursen ging gewöhnlich ein kurzer Traktat »Dialektik« voraus, in welchem in gedrängter Form der wesentliche Gehalt der Logik darge-

---

[2] L. B. Piljavec: *Ideologija,* 186f.
[3] A. Sydorenko: *The Kievan Academy,* 159.
[4] I. S. Zachara: *Akademija,* 227f.
[5] Bol'šaja Sovetskaja Enciklopedija (Große Sowjet-Ezyklopädie), Bd. XII, Moskau 1973, 89.
[6] J. M. Stratij u. a.: *Opisanie.*
[7] Ebd. 7.
[8] I. S. Zachara: *Akademija,* 231.

legt wurde (deswegen manchmal »kleine Logik« genannt, die oft schon in der Rhetorik behandelt wurde). Dialektik und Logik folgten in ihrem Aufbau den drei »Operationen des Intellekts«: Begriff, Urteil, Schluß. Im Zusammenhang mit der Lehre vom Begriff wurden gewöhnlich u. a. die zehn aristotelischen Kategorien, die Prädikamente, Prädikabilien und Postprädikamente behandelt, der Porphyrische Baum und die Lehre von den Universalien. Im Zusammenhang damit wird oft die Lehre Platons einer Kritik unterzogen. In der Abhandlung über das Urteil behandelt man meist die Lehre von den Zeichen und von der Bedeutung. Der dritte Teil der Logik enthält die Lehre vom Syllogismus.[9]

Ausführlicher ist in der Einleitung zur *Beschreibung* ... die Wiedergabe der naturphilosophischen Konzeptionen, offenbar wegen gewisser Anklänge an einzelne Thesen des dialektischen Materialismus. Die Materie wird als Substrat der Naturdinge und ihrer Veränderungen gesehen; den Kiewer Professoren wird bescheinigt, daß sie versuchen, die Trennung von Materie und Form zu überwinden und die Materie als Ursache und receptaculum der aus ihr eduzierten Formen zu verstehen. Besondere Bedeutung wird von den sowjetischen Autoren in den Kursen der Kiewo-Mogilanischen Akademie (im folgenden mit der Abkürzung »KMA« bezeichnet) der Lehre von der Homogenität der Materie der Erde und der Himmelskörper beigemessen wie auch der Lehre von der Anfanglosigkeit und Unzerstörbarkeit der Materie. Bei einigen Autoren der KMA ist auch schon eine (kritische) Darlegung der cartesianischen Auffassung von der Materie zu finden. In der Lehre von der Kausalität versuchen die Kiewer Professoren eine Synthese der neuplatonischen und aristotelischen Konzeption. Daraus ergebe sich dann ein Widerspruch zwischen der Leugnung der göttlichen Vorherbestimmung der »causae secundae«, der deistischen Behauptung ihrer Unabhängigkeit von Gott einerseits, und andererseits der pantheistischen Tendenz, ihre Handlungen und das Wirken der Erstursache zu einer einheitlichen Ganzheit zu integrieren.

Was die Lehre vom Kontinuum betrifft, folgten die Professoren der KMA Aristoteles, Descartes und Leibniz. Ihre Auffassung vom Raum unterschied sich im allgemeinen nicht von den in der spätmittelalterlichen Philosophie vorherrschenden peripatetischen Vorstellungen. Sie unterschieden zwischen äußerem und innerem Raum. Bei manchen Autoren weist der Raum eine noch kompliziertere Struktur auf. In ähnlicher Weise ist in den Kursen der KMA eine komplizierte, aus dem Mittelalter ererbte hierarchische Struktur der Zeit zu finden. Darin sind einige »materialistische« Elemente enthalten, die sich in ihrer Weiterentwicklung der neuzeitlichen Wissenschaft näherten, wie z. B. die Lehre vom Zusammenhang der Zeit mit der Bewegung materieller Körper. Fast in allen Kursen wird die heliozentrische Lehre von Kopernikus besprochen. Im 17. Jahrhundert ist meistens nur kurz die Rede davon, während im 18. Jahrhundert schon Argumente zugunsten des Heliozentrismus diskutiert werden. Die meisten Autoren weisen jedoch den Heliozentrismus als mit der Heiligen Schrift unvereinbar zurück.

In den Traktaten der Professoren der KMA über die belebte Materie heben die

---

[9] J. M. Stratij u. a.: *Opisanie*, 9f.

sowjetischen Autoren die Auffassung hervor, daß das Leben in allen seinen Erscheinungsformen den natürlichen Gesetzmäßigkeiten unterworfen ist.[10] »Betrachtet man den Gehalt der philosophischen Konzeptionen der Professoren der KMA, kann man sagen, daß sie stets unterwegs waren von einer strengeren Gefolgschaft gegenüber einem scholastisierten und neuplatonisierten Aristotelismus in Richtung der Suche nach möglichen Übergängen zu neuzeitlichen Konzeptionen.«[11]

Stratij, Litwinow und Andruško geben keine zusammenfassende Charakteristik der Behandlung der Metaphysik durch die Professoren der KMA, wie sie dies für die Logik und Naturphilosophie getan haben. Deswegen sei hier die Beschreibung des die Metaphysik behandelnden Teiles der Philosophievorlesungen eines der berühmtesten Vertreter des frühen Kollegs, Innokentij Giesel, wiedergegeben. Sie findet sich, zum größten Teil aus dem Lateinischen ins Russische übersetzt,[12] in dem Werk *Beschreibung*... der drei genannten Autoren. Giesel war ein zur Orthodoxie bekehrter Protestant deutscher Abstammung, geboren um 1600, gestorben 1683.[13] Er erhielt seine Ausbildung im Kiewo-Mogilanischen Kolleg. Anschließend setzte er seine Studien im Ausland fort. 1645 wurde er zunächst Professor, später Rektor des Kollegs. Hier ein Auszug aus der Vorlesungsniederschrift eines seiner Studenten: Sie behandelt in Traktat I die Dialektik, in Traktat II die Logik; Traktat III trägt die Überschrift »Tractatus in libros meteororum Aristotelis«. Darauf folgt IV »Tractatus metaphysicus. De natura metaphysicae; deque passionibus et divisionibus entis«. Dann kam in russischer Übersetzung eine Inhaltsangabe dieses Traktats:

»1. Frage: Über die Natur der Metaphysik: Der Name der Metaphysik und ihre Bedeutung – Der Gegenstand der Metaphysik – Über die Erscheinungsweisen des Seienden – Wie viele Erscheinungsweisen oder Attribute des Seienden gibt es? – Über das Eine, erste Erscheinungsweise des Seienden – Über die Wahrheit, zweite Erscheinungsweise des Seienden – Über das Gute, dritte Erscheinungsweise des Seienden.

2. Frage: Über die verschiedenen Unterteilungen des Seienden: Über das Wesen und die Existenz – Über die Individuation – Über die Subsistenz (Substanz?) – Über die Kohärenz der Akzidentien – Über die Potenz und den Akt – Über die passive Potenz – Was ist die Möglichkeit des reellen Seienden?

3. Frage: Über das Verhältnis Gottes zu den Geschöpfen: Was ist die transzendentale Relation und wodurch unterscheidet sie sich von der prädikamentalen?

---

[10] Ebd. 8f.
[11] Ebd. 9.
[12] Nur wenige Passagen sind im Lateinischen wiedergegeben, der Großteil der Beschreibungen ist aus dem Lateinischen ins Russische übersetzt. Die Übersetzung ist nicht immer zuverlässig. Wie der Herausgeber selber vermerken, standen sie vor der schwierigen Aufgabe, Termini übersetzen zu müssen, für die es im Russischen noch kein Äquivalent gibt (J. M. Stratij u. a.: *Opisanie*, 9). Daß dies nicht immer glückte, ist z. B. an der Wiedergabe von »ens rationis« mit »racional'naja suščnost'« (ebd. 157) zu ersehen.
[13] S. Tyszkiewicz: *Moralistes*, 35.

Disput: Über Gott und die Engel

1. Frage. Über Gott: Ist der Satz ›Gott existiert‹ selbstevident oder ist er beweisbar? – Welche genera entsprechen Gott und welches ist seine höchste Differenz? – Über die göttlichen Attribute im allgemeinen – Über die Einfachheit Gottes – Über die Unveränderlichkeit und Ewigkeit Gottes – Über die Einheit und Vollkommenheit Gottes – Über das Wissen Gottes – Über den göttlichen Willen.

2. Frage. Über die Engel: Über die Existenz der Engel – Gibt es in den Engeln substantielle Komposition? – Sind die Engel unannihilierbar? – Über die Zahl der Engel und den spezifischen Unterschied untereinander – Muß das Denken der Engel seine Substanz selbst sein? – Bedarf der Engel der Bilder zum Denken? – Woher bezieht der Engel die intelligiblen Bilder? – Erkennt der Engel das Zukünftige? – Erkennt der Engel die Geheimnisse des Herzens? – Über die Sprache der Engel – Stellen die Engel Vergleiche an, machen sie Untereinteilungen und Schlüsse? – Haben die Engel einen Willen? – Über die räumliche Existenz der Engel – Welche Möglichkeiten haben die Engel in bezug auf die Körper? – Über die Hierarchie, die Vollkommenheit und Würde, die Vergeltung und Aussöhnung der Engel.

Abgeschlossen 1647.«[14]

Giesel ist auch bekannt durch polemische Schriften gegen die Union und gegen die Jesuiten. Seine ethische Lehre ist in seinem Werk *Der Friede des Menschen mit Gott* enthalten, das auf weite Strecken wie »eine Kopie irgendeines katholischen Lehrbuches der Moral erscheint«.[15]

Was die theologische Arbeit der KMA anbelangt, ist zu bedauern, daß sich niemand fand, der eine ähnliche Bestandsaufnahme vorgenommen hätte, wie sie Stratij, Litwinow und Andruško für das Gebiet der Philosophie gaben. Wie A. Palmieri, der vor dem Ersten Weltkrieg fast ein Jahr lang in Rußland Bibliotheken und Archive durchforschte, mitteilt, warten in den Bücherschränken verschiedener Bibliotheken reichhaltige Bestände auf Auswertung.[16] Immerhin ist die Quellenlage für den Bereich der Theologie insofern günstiger, als die theologischen Werke oft polemischen Charakter hatten, sei es gegen den Katholizismus und die Union, sei es später auch gegen den Protestantismus. Nur veröffentlicht konnten sie ihrer Bestimmung gerecht werden.

Ihrem Grundanliegen getreu, die katholische Kirche mit ihren eigenen Waffen zu bekämpfen, eignen sich die Kiewer Theologen nicht nur die Methode, sondern weitgehend auch Inhalte der scholastischen Theologie an. Was die Methode betrifft, werden die einzelnen Glaubenswahrheiten zunächst aus der Heiligen Schrift aufgewiesen, danach durch die Lehre der Väter und berühmter Theologen erhärtet, worauf noch eine Argumentation »ex ratione theologica« und gegebenenfalls auch eine philosophische Argumentation folgen. Zum Schluß werden

---

[14] J. M. Stratij u. a.: *Opisanie*, 164f.
[15] S. Tyszkiewicz: *Moralistes*, 36.
[16] A. Palmieri: *Theologia Dogmatica*, S. XXIII, 153.

noch die Objektionen, die gegen die betreffende These vorgebracht werden könnten, gelöst. Der auf diesem Wege erworbene geistige Besitz wurde noch durch häufige »disputationes sabbativae, menstruae ac finales« gefestigt.[17] Überhaupt stellt die Ausbildung in der Disputationskunst eines der wesentlichsten Ziele des Logikunterrichts dar.[18]

Die Kiewer Theologen rühmen sich, dem hl. Thomas zu folgen. Sie scheuen sich auch nicht, ihn gelegentlich »Doctor Angelicus« zu nennen. Auch andere namhafte Scholastiker werden häufig zitiert: Autoren wie Caietanus, Molina, Hurtado, Suarez, De Lugo u. a. Jedoch handelt es sich dabei, nach Palmieri, um eine mehr indirekte Bekanntschaft, vermittelt durch zweit- und drittrangige Autoren. So konnte es geschehen, daß sie selbst in Fehler verfielen, die sie an katholischen scholastischen Autoren geißelten, wie z. B. die Behandlung gewisser lächerlicher, sogar frivoler Fragen (ob Gott mit körperlichen Augen gesehen werden kann, wo die Engel erschaffen wurden, ob der Sohn Gottes auch eine Eselsnatur hätte annehmen können ...).[19]

Was die inhaltliche Seite der in der KMA gehaltenen Theologiekurse anbelangt, sei hier als Beispiel die Systematik angeführt, die den Werken von Josef Voltschansky (Rektor der KMA 1721–1727, dann Erzbischof von Moskau 1742 bis 1745) zugrunde liegt: »1. De Deo uno et trino; 2. De Deo Trino in personis; 3. De Angelis; 4. De homine in statu innocentiae; 5. De Incarnatione Dei; 6. De Sacramentis; 7. De tribus virtutibus theologicis; 8. De ultimo fine hominis et actibus humanis; 9. De peccatis; 10. De gratia.«[20]

Von besonderer Bedeutung ist die Tatsache, daß manche der Kiewer Professoren trotz ihrer scharf polemischen Einstellung zur katholischen Kirche an manchen spezifisch katholischen Lehren festhalten. Viele verteidigen energisch die Unbefleckte Empfängnis der Gottesmutter und die Konsekration der eucharistischen Gaben durch die Einsetzungsworte.[21] Wo sie hingegen katholische Positionen angreifen, stützen sie sich auch auf die lateinische Patristik (Augustinus, Hieronymus u. a.) und haben keine Bedenken, selbst aufgrund katholischer Konzilien (die Konzilien vom Lateran und von Trient) zu argumentieren.[22] Schließlich ist noch bemerkenswert, daß oft scharf antikatholische Autoren Anleihen bei katholischen Theologen machen. Petrus Mogila selbst ist Autor einer ausführlichen Glaubenslehre, der *Confessio orthodoxa orientalis Ecclesiae,* die die Approbation von vier orientalischen Patriarchen und vom Konzil zu Jerusalem von 1672 erhielt und der fast der Rang einer orthodoxen Bekenntnisschrift zukommt. Im dritten Teil, in welchem er die Tugendlehre darlegt, »folgt er, von den Sünden handelnd, fast überall der Lehre des hl. Petrus Canisius«.[23] Ähnliches gilt auch in der Folge für zahlreiche Autoren bis in die Zeit nach der Schließung der KMA.

---

[17] Ebd. 159.
[18] J. M. Stratij u. a.: *Opisanie,* 10.
[19] A. Palmieri: *Theologia Dogmatica,* 156f.
[20] Ebd. 155.
[21] Ebd. 154.
[22] Ebd. 158.
[23] S. Tyszkiewicz: *Moralistes,* 34.

Der Einfluß der KMA auf das im Entstehen begriffene Schulwesen, auf das gesamte kulturelle und, in Anbetracht der engen Bindung von Kirche und Staat, auch politische Leben Rußlands war überaus groß. 1687 wurde in Moskau nach dem Kiewer Modell eine weitere Akademie gegründet, die »Slawisch-Griechisch-Lateinische Akademie«. Es war natürlich, daß diese bald unter den Einfluß ukrainischer Gelehrter geriet. Dasselbe gilt für eine Reihe weiterer Schulen, die alsbald in den verschiedenen Städten nach dem Kiewer Modell gegründet wurden.

Unter den ehemaligen Studenten der KMA verdienen besondere Erwähnung Stefan Jaworskij (1658–1722) und Feofan Prokopovič (1681–1736), die beide eine hervorragende Rolle in der Kirchenpolitik Peters des Großen (1672–1725) spielten. Stefan Jaworskij hatte seine Ausbildung zunächst in der KMA erhalten und setzte darauf seine Studien an westlichen Hochschulen fort (Wilna, Lemberg u. a.). Als 1700 der Patriarch Adrian von Moskau starb, verhinderte Peter eine Neuwahl in der Absicht, der russischen Kirche eine neue Verfassung zu geben, und ernannte Stefan Jaworskij zum Patriarchatsverweser. Nach Einführung der synodalen Verfassung der Kirche 1721 ernannte Peter den konservativ eingestellten Jaworskij zum Präsidenten des Synods, um die konservative Opposition zu beruhigen. Trotzdem blieb Jaworskij ein Gegner der petrinischen Unterwerfung der Kirche unter die Staatsgewalt und legte diese seine Überzeugung in der erst nach Peters Tod 1728 veröffentlichten antiprotestantischen Streitschrift *Kameň very* (Fels des Glaubens) nieder, mit welcher er dem Eindringen protestantischer Lehren in die russische Kirche einen Riegel vorschieben wollte.

Von ganz anderer Art war Feofan Prokopovič. Auch er war Absolvent des Kiewer Kollegs, auch er setzte darauf seine Studien im Westen fort, zunächst in Polen, wo er zur katholischen Kirche übertrat und Mönch des Basilianerordens wurde, und anschließend im Griechischen Kolleg Sant'Atanasio in Rom. »Dann aber führte ihn ein negatives Romerlebnis einerseits zur Orthodoxie zurück, andererseits zu lebhaften Kontakten mit protestantischen Theologen.«[24] 1707 bis 1711 Professor und später Rektor der KMA, setzt er sich in seiner wissenschaftlichen Tätigkeit zum Ziel, die Herrschaft der Scholastik und überhaupt der katholischen Theologie zu brechen,[25] wobei er reichlich Anleihen bei protestantischen Theologen macht (so z. B. in der Lehre von der Rechtfertigung, von der Heiligen Schrift und Tradition u. a.). 1715 holt ihn Peter der Große nach Petersburg, um sich seiner bei der kirchlichen Reform zu bedienen. Feofan ist Autor des *Duchovnyj Reglament* (Geistliches Reglement),[26] durch welches das Patriarchat abgeschafft und die oberste Leitung der Kirche einem Kollegium (eine Art Kirchenministerium), dem Hl. Synod, übertragen wurde. In Glaubensdingen war der Synod eine autoritativ entscheidende Bischofssynode, die dem Präsidenten unterstand, in den übrigen Dingen wurde sie von einem Regierungsbeamten, dem

---

[24] G. Stöckl: *Russische Geschichte von den Anfängen bis zur Gegenwart*, St ²1965, 378f.
[25] A. Palmieri: *Theologia Dogmatica*, 162.
[26] Der russische und lateinische Text findet sich in: *Petri I, Russorum Imperatoris ordinatio ecclesiastica anno 1720 confecta et a cunctis Russiae episcopis subscripta, die autem 25 Ianuarii 1721 promulgata*, in: Mansi (Hg.): *Sacrorum Conciliorum nova et amplissima collectio*, Bd. XXXVII, P 1905, col. 1–100.

»Oberprokuror«, einem Laien, geleitet. 1718 setzt Peter gegen den Widerstand seitens kirchlicher Kreise die Ernennung von Prokopovič zum Bischof von Pleskau durch. 1725 wird er Erzbischof von Nowgorod und erreicht damit die höchste geistliche Würde im damaligen Rußland.[27]

Die ganze zweite Hälfte des 17. Jahrhunderts hatte sich die scholastische Philosophie in der Ukraine noch in aufsteigender Richtung entwickelt, wenngleich sich schon Einflüsse der neuzeitlichen Philosophie bemerkbar machten. Das gleiche gilt für die Moskauer Akademie. Mit Prokopovič ändert sich die Lage. In der Zeit nach Peter dem Großen gewann bald die traditionalistische, bald die protestantisierende Richtung die Oberhand. Unter Katharina II. (1762–1796) setzten sich die Protestantisierenden vollends durch. 1759 beschließen die Kiewer Professoren, in Hinkunft die Theologie nach Prokopovič zu lehren.[28] Moskau folgt ihrem Beispiel. Auf philosophischem Gebiet macht sich ein verstärkter Einfluß der Aufklärung und des Rationalismus bemerkbar. »Fast gleichzeitig geht man im Theologieunterricht vom Aquinaten zu Feofan über und in der Philosophie vom Aristoteles der Scholastik zu Wolff – das Lehrbuch von Baumeister wird für lange Zeit obligatorisch und allgemein benützt ... Es entsteht die Herrschaft der lateinisch-protestantischen Scholastik. Die Schule bleibt bei der lateinischen Sprache, die Unterrichtsmethode und der Schulbetrieb ändern sich nicht.«[29]

Einen weiteren Schritt in dieser Entwicklung bedeutete die Gründung der Moskauer Universität 1755. Die geistlichen Hochschulen verloren dadurch ihr Monopol auf dem Gebiet des philosophischen Unterrichts. Auch in der Universität dominierte zuerst Wolff, später, gegen Ende des Jahrhunderts, die Aufklärung und die Enzyklopädisten.

Eine völlig neue Situation brachte die Reorganisation des gesamten Hochschulwesens einschließlich der geistlichen Akademien im Russischen Reich zu Beginn des 19. Jahrhunderts. Zunächst wurden die schon bestehenden Universitäten reorganisiert. Außer der Moskauer Universität bestand schon seit 1579 eine mit Universitätsrechten ausgestattete Akademie in Wilna (das seit der dritten Teilung Polens 1795 unter russischer Herrschaft stand). Diese besaß eine philosophische und eine theologische Fakultät und wurde bis zu ihrer Auflösung 1773 vom Jesuitenorden geleitet. Sie wurde 1802 zur Universität erhoben. Dazu kamen an Neugründungen 1802 die Universität Tartu (Estland) und 1804 die Universitäten von Charkow und Kanzań. Im gleichen Jahr wurde in Petersburg ein Pädagogisches Institut gegründet, das erst 1819 zur Universität erhoben wurde. 1832 wurde wegen des polnischen Aufstandes die Universität von Wilna geschlossen und an ihrer Stelle die Universität von Kiew neu geschaffen. Ihre theologische Fakultät wurde zu einer selbständigen (katholischen) Geistlichen Akademie umgestaltet und nach Petersburg verlegt. Dort existierte sie bis zur Revolution und diente zur Ausbildung des katholischen Klerus des lateinischen Ritus. Der Ausbildung des griechisch-katholischen (unierten) Klerus diente die Geistliche

---

[27] Bol'šaja Sovetskaja Enciklopedija (Große Sowjet Enzyklopädie), Bd. XXI, Moskau 1975, 67.
[28] M. Jugie: *Theologia dogmatica*, 593.
[29] Prot. Georgij Florowskij: *Puti russkago bogoslovija* (Wege der russischen Theologie), P 1937, 104.

Akademie von Lemberg, das seit der ersten Teilung Polens (1733) unter österreichischer Herrschaft stand. Doch blieb der kulturelle Einfluß dieser Akademie infolge der konfessionellen Barriere im Osten und der Sprachbarriere im Westen hauptsächlich auf den lokalen Bereich beschränkt.

Nach dem Vorbild der Universitäten wurden zu Beginn des 19. Jahrhunderts auch die Geistlichen Akademien reorganisiert oder neu errichtet. 1808 wurde die Geistliche Akademie von Petersburg gegründet. Ihr folgte nach Beendigung des ersten Kurses unter Heranziehung der dort ausgebildeten Professoren die Reorganisation der schon bestehenden Akademie von Moskau (mit Sitz in Sergiew Posád, dem heutigen Zagorsk). 1817 wurde die Kiewo-Mogilanische Akademie geschlossen und für die Zeit ihrer Reorganisation zum theologischen Seminar herabgestuft. Am 28. September (nach altem Stil, entspricht dem 10. Oktober neuen Stils) 1819 wurde sie dann als Akademie neuen Typs feierlich wiedereröffnet.[30] Schließlich wurde nach einem längeren Zeitraum 1842 noch die Akademie von Kanzań gegründet. Diese vier Akademien waren bis zur Revolution die hauptsächlichsten Stätten theologischer Forschung und dienten zugleich der Ausbildung von Lehrkräften für die Priesterseminare.

Was den Inhalt der theologischen Lehre zu Beginn des 19. Jahrhunderts anbelangt, so war der protestantische Einfluß immer noch sehr stark. Sogar ein vom berühmten Moskauer Metropoliten Filaret (Drozdow) abgefaßter Katechismus (1823) enthielt manche protestantische Elemente. Ein radikaler Umschwung trat 1836 auf Befehl des Oberprokurors des Hl. Synod N. A. Protasow ein. Dieser setzte eine Rückkehr zur Patristik und zu den Bekenntnisschriften des 17. Jahrhunderts (wie z. B. die *Orthodoxa Confessio* von Petrus Mogila) durch. Metropolit Filaret mußte seinen Katechismus von protestantischen Elementen säubern, und die antiprotestantische Streitschrift *Kameń very* (Fels des Glaubens) von Stefan Jaworskij wurde neu aufgelegt. In der theologischen Arbeit wurde die spekulative Theologie aufgegeben, und die positive Theologie erhielt den Vorrang. Dies ergab sich auch aus der Notwendigkeit der Auseinandersetzung mit Andersgläubigen, nicht nur Protestanten und Katholiken, sondern auch mit Angehörigen des innerrussischen Schismas (»Raskol«).[31]

Die Gründung der Universitäten rief einen gewaltigen Aufschwung des Studiums der Philosophie hervor. Da man bei der Besetzung der Lehrstühle weitgehend auf Professoren aus Deutschland zurückgreifen mußte, war es natürlich, daß die Romantik und der Idealismus, besonders unter dem Zaren Alexander I. (1801–1825), einen gewaltigen Einfluß erlangten. Bald begann jedoch die Regierung der Philosophie mit Mißtrauen zu begegnen. Unter dem Eindruck des Dekabristenaufstandes, des Umsturzversuches einer Gruppe von Offizieren nach dem Tod Alexanders 1825, begann die Regierung, allenthalben »schädliche Einflüsse« zu wittern und die philosophische Arbeit zu behindern. Zeitweilig wurde die Philosophie gänzlich aus der Universität verbannt.

---

[30] V. Askočenskij: *Istorija Kievskoj Duchovnoj Akademii* (Geschichte der Kiewer Geistlichen Akademie), St. Petersburg 1863, 36f., 4of.
[31] M. Jugie: *Theologia dogmatica*, 605ff.

Deswegen verbreitete sich die Kenntnis der Philosophie, insbesondere die Kenntnis des Deutschen Idealismus, auf viel wirksamere Weise auf dem Wege äußerst lebendiger Diskussionen in Studentenzirkeln. Zuerst war es Schelling, dann Hegel, die eine wahre Begeisterung auslösten.[32] Dabei handelt es sich nicht um eine einfache Hegelrezeption, vielmehr um eine schöpferische Reaktion auf den Idealismus. Es scheint nicht zu kühn zu sein, wenn man sagt, daß erst in dieser Reaktion auf den Idealismus eine »russische Philosophie« entsteht, während wir es bislang nur mit einer »Philosophie in Rußland« zu tun hatten. Zwar endet diese erste philosophische Begeisterung um die Mitte des Jahrhunderts in einem jähen Bruch nicht nur mit Hegel, sondern mit aller theoretischen Philosophie und Metaphysik und in der zeitweiligen Herrschaft des Nihilismus, Materialismus und Positivismus, jedoch nehmen auch diese Formen von Philosophie gewisse charakteristische Züge an und stellen zudem nur eine relativ kurze Durchgangsphase dar, auf welche am Ende des 19. und zu Beginn des 20. Jahrhunderts eine neue Blütezeit der idealistischen Philosophie folgt. Es genügt hier Namen zu nennen wie W. Solowjow, N. Losskij, N. Berdjajew, S. Bulgakow, P. Florenskij, S. Frank, L. Karsawin u. a. Und selbst der marxistische dialektische Materialismus, der sich mit seiner Betonung der Dialektik ebenfalls als Nachfahre Hegels erweist, nimmt auf russischem Boden gewisse charakteristische Züge an.

Am Ende unserer Darstellung sei nicht als These, sondern als noch weiter zu verifizierende Vermutung und Anregung zu weiterer Forschung folgender Ausblick zur Diskussion gestellt. Wir sahen, daß Rußland zweimal einen mächtigen Einbruch westlicher Philosophie erlebte: im 17. Jahrhundert in der Rezeption der katholischen Scholastik und zu Beginn des 19. Jahrhunderts im Eindringen des Deutschen Idealismus. Von der Philosophie der Aufklärung und der Enzyklopädisten, die in der zweiten Hälfte des 18. Jahrhunderts Eingang fand, können wir hier absehen, da sie weder sehr in die Tiefe drang noch auch weite Verbreitung erfuhr und weil – wie der berühmte Historiker der russischen Literatur A. Pypin bemerkt – in der damaligen russischen Gesellschaft nicht so sehr das Verständnis als vielmehr das Renommee der französischen Philosophie verbreitet war.[33] Es ist nun bemerkenswert, daß die Scholastik, sei es in ihrer katholischen, sei es in ihrer protestantischen Form, trotz der mächtigen Förderung, die sie seitens der kirchlichen wie auch seitens der staatlichen Obrigkeit erfuhr – Peter der Große bevorzugte bei der Besetzung der Bischofssitze und anderer einflußreicher Stellen Absolventen der KMA wegen ihrer Offenheit dem Westen gegenüber –, immer mehr an Boden verlor, während sich der Deutsche Idealismus trotz der Behinderung seitens der Regierung wie ein Lauffeuer unter der studierenden Jugend ausbreitete und die durch ihn ausgelöste philosophische Bewegung unbeschadet die Krise der sechziger und siebziger Jahre des 19. Jahrhunderts überstand. Eine erste

---

[32] Eine sehr lebendige Beschreibung der enthusiastischen Atmosphäre in diesen Zirkeln siehe bei D. Tschižewskij: *Hegel*, 164–174.
[33] *Vestnik Evropy*, 1895, 5,327.

Erklärung dafür, daß sich die Scholastik nicht auf Dauer durchsetzte, mag wohl darin gelegen sein, daß ihre Rezeption an einem »peccatum originale« litt, da sie polemischen Charakter hatte: Sie erfolgte, um die Union mit ihren eigenen Waffen zu schlagen. Es war nicht ihr innerer Gehalt, sondern die Effizienz der Scholastik, die für ihre Rezeption ausschlaggebend wurde. Sicher hatte diese Rezeption auch ihre positive Bedeutung. Die Scholastik trug mächtig zur Entwicklung eines logisch disziplinierten wissenschaftlichen Denkens bei. Infolge des polemischen Charakters ihrer Rezeption blieb die Scholastik jedoch gewissermaßen ein Fremdkörper in der religiösen Kultur des ostslawischen Raumes.

Dazu kommt ein Weiteres: der überwiegend aristotelische Charakter der Scholastik. Nicht als ob das neuplatonische Element gänzlich in ihr fehlte, aber es überwiegt bei weitem der Aristotelismus. Umgekehrt ist in der Tradition des byzantinischen Christentums, das im ostslawischen Raum, auch in Kiew, vorherrscht, der Aristotelismus zwar nicht gänzlich abwesend, es überwiegt jedoch bei weitem das neuplatonische Erbe; die Areopagitiken bildeten seit dem 14. Jahrhundert die Lieblingslektüre der Ostslawen.[34] Vom Neuplatonismus führt jedoch der Weg über die protestantische Mystik, besonders über Jakob Böhme, auch zur Romantik und zum Deutschen Idealismus. Als dieser dann zu Beginn des 19. Jahrhunderts in Rußland und in der Ukraine Eingang fand, wurde er nicht als Fremdkörper empfunden. Es war vielmehr, als ob zwei Ströme, die, aus gemeinsamer Quelle entsprungen, getrennt durch die Jahrhunderte dahingeflossen waren, wieder zusammengefunden hätten.

Die Scholastik hingegen verlor 1817 mit der Schließung der KMA, deren Bedeutung seit der Gründung der Moskauer Universität stetig zurückgegangen war, ihre Hauptstütze. »Die scholastische Theologie gerät« – wie A. Palmieri feststellt – »im 19. Jahrhundert gänzlich in Vergessenheit.«[35] Ihr Tod ist jedoch im Lichte obiger Ausführungen ein Tod, der uns vielleicht vieles zu sagen hat.

BIBLIOGRAPHIE

Jugie, M.: *Theologia dogmatica* christianorum orientalium, Bd. I, P 1926.
Palmieri, A.: *Theologia Dogmatica* Orthodoxa (Ecclesiae Graeco-Russicae) ad lumen catholicae doctrinae examinata et discussa, Bd. I: Prolegomena, Fi 1911.
Piljavec, L. B.: *Ideologija* bratskogo dviženija na Ukraine i v Belorussii (konec XVI – pervaja polovina XVII v.) (Die Ideologie der Bruderschaftsbewegung in der Ukraine und Weißrußland [Ende des XVI. und Anfang des XVII. Jahrhunderts]), in: Istoričeskie tradicii filosofskoj kul'tury narodov SSSR i sovremennost' (Die historischen Traditionen der philosophischen Kultur der Völker der UdSSR und die Gegenwart), Naukova Dumka Kiew 1984.
Stratij, J. M. / Litwinow, B. D. / Andruško, V. A.: *Opisanie* kursov filosofii i ritoriki professorov Kievo-Mogiljanskoj Akademii (Beschreibung der Philosophie- und Rhetorikkurse der Professoren der Kiewo-Mogilanischen Akademie), Naukova Dumka Kiew 1982.
Sydorenko, A.: *The Kievan Academy* in the Seventheenth Century, Ottawa 1977.

---

[34] D. Tschižewskij: *Hegel*, 147.
[35] A. Palmieri: *Theologia Dogmatica*, 172.

Tschiżewskij, D. (Hg.): *Hegel* bei den Slaven (^{1}1934), Da ^{2}1961.
Tyszkiewicz, S.: *Moralistes* de Russie, R 1951 (Pontificium Institutum Orientalium Studiorum).
Zachara, I. S.: Kievo-Mogiljanskaja *Akademija* i pol'skaja kul'tura konca XVII – načala XVIII v. (Die Kiewo-Mogilanische Akademie und die polnische Kultur vom Ende des 17. bis zum Anfang des 18. Jahrhunderts), in: Istoričeskie tradicii . . ., a.a.O. (L. B. Piljavec), 225–233.

Gustav A. Wetter

Ost- und Südosteuropa

Im 19. Jahrhundert kam es bei manchen europäischen Völkern zu einer nationalen Besinnung. Diese bewirkte, daß auch auf dem Gebiet der Philosophie nationale Strömungen entstanden. Nicht zuletzt die christliche Philosophie war davon unmittelbar betroffen. Die scholastische Philosophie, die bis dahin oft die einzig nennenswerte Denkrichtung darbot, verlor entweder an Bedeutung (wie in Ungarn und in Böhmen) oder vermischte sich mit einer national ausgerichteten Bewegung (wie z. B. im polnischen Messianismus). Deshalb ist es für eine Darstellung der scholastischen Philosophie im 19. Jahrhundert wichtig, auch das geistige Umfeld zu kennen, das die genannte Entwicklung philosophisch reflektiert hat.

POLEN

In Osteuropa besaß das christliche Denken während des 19. Jahrhunderts vor allem in Polen eine herausragende Stellung. Geschichtlich gesehen war die scholastische Philosophie praktisch die einzige, die seit der Gründung der Krakauer Universität (1364) bis zum Ende des 18. Jahrhunderts an den Hochschulen gelehrt wurde. 1593 rief man, ausgehend von der Universität in Krakau, die Akademie von Zamość ins Leben. Darüber hinaus gründeten die Jesuiten, die 1565 von Kardinal Hosius nach Polen geholt wurden, bereits im 16. Jahrhundert zwölf Kollegien. Zu den Jesuitengründungen zählten auch Wilna (1578) und Lemberg (1661). Erst nach der Aufhebung des Jesuitenordens (1773) setzte eine Schwächung der scholastischen Philosophie ein. Zu dieser Zeit stand aber bereits der Katholizismus als solcher unter äußerem Druck. Dieser wurde vor allem durch drei geistige Strömungen bewirkt, die unter den gebildeten Bevölkerungsschichten Fuß faßten: durch die Freimaurerei, durch die Aufklärungsphilosophie (besonders Voltaires, Condillacs und Rousseaus) und durch die Lehren von Locke, Hume und Kant. Dazu kamen realpolitische Umstände. Die preußische, österreichische und russische Unterdrückung während der Jahre 1795–1918 ging an der Philosophie nicht spurlos vorüber. Im Gegenteil, die Niederwerfung des polnischen Aufstandes von 1830/31 begünstigte entscheidend den sogenannten polnischen Messianismus, eine katholisch-philosophische Bewegung, die sowohl theistische als auch spiritualistische und rationalistische Elemente in ihr Denken integrierte.

Grundsätzlich waren es aber drei Richtungen, die den geistigen Umwälzungen philosophisch Rechnung trugen:

1. Der Kantianismus: Auf Kant wies bereits 1799 der Arzt Jedrzej Śniadecki hin. Bedeutende Kantianer waren dann aber J. H. Abicht (1762–1816) in Wilna und M. W. Voigt (1765–1830) in Krakau.

2. Der Positivismus: Diese Richtung, die auf den Astronomen Jan Śniadecki (1756–1830) zurückgeht und bereits vor A. Comte geschaffen wurde, kam erst nach 1863 durch J. Ochorowicz (1850–1917), A. Mahrburg (1860–1913), A. Świętochowski (1848–1938) und F. Krupiński (1836–1898) zur Wirkung. Sie stellt eine Reaktion auf den Messianismus im besonderen und auf den Katholizismus im allgemeinen dar. Gelegentlich wird sie als »Warschauer Positivismus« bezeichnet. Ende des 19. Jahrhunderts erlosch dieser Positivismus allmählich.

3. Der Messianismus: Als Vorläufer dieser Bewegung gelten S. Staszic (1755 bis 1826), Staatsmann, Erzieher und sozialer Organisator, H. Kollataj (1750 bis 1812), ebenfalls Staatsmann und Reformator der Krakauer Akademie, und K. Brodziński (1791–1835). Eigentlicher Anreger zum Messianismus war dann aber J. M. H. Wroński (1778–1853), der auch den Begriff »Messianismus« 1827 in einem Brief an Papst Leo XII. prägte. Die Grundidee dieser Ideologie besteht darin, daß jede Nation, ganz besonders aber die polnische, eine von der Vorsehung bestimmte Mission zu erfüllen hat (der Gedanke eines slawischen Papstes taucht bereits hier auf). »Nation« (narod) hat dabei keinerlei rassistische Komponente, da sie nicht genetisch bedingt ist. Kein Volk (plemie) ist von Haus aus Nation. Dazu bedarf es vielmehr einer Assimilationskraft, die viele (auch völkisch verschiedene) Menschen zu einer Ganzheit und geistigen Einheit verbindet. Ein Nationalitätsbewußtsein läßt sich sodann nicht aufzwingen. Es entsteht stets im Einzelnen als eine Neuschöpfung bzw. als Eingebung Gottes. Man kann es nur freiwillig annehmen. Daher ist echte Nationalität geradezu eine Voraussetzung für den Frieden aller Menschen. Freilich bedarf es zu einem solchen friedvollen Zusammenleben der Nationen einer Nation, die gegenüber den anderen eine Messias-Rolle übernimmt. Diese wiederum ist der polnischen Nation eigen. Sie wird auch eine Union aller christlichen Bekenntnisse in einer wahrhaft »katholischen Kirche« schaffen, in der neben allen gesellschaftlichen Problemen sogar der Konflikt zwischen Glauben und Wissen bzw. zwischen Religion und Wissenschaft gelöst sein wird. Neben Wroński sind vor allem Mickiewicz, Towianski, Cieszkowski, Krasinski, Slowacki und Norwid wichtige Vertreter des Messianismus gewesen.

Die katholischen Denker sind von den soeben genannten nicht sehr leicht abgrenzbar. Vor allem unter den Messianisten gab es eine Reihe von überzeugten Katholiken. Dennoch lassen sich einige Denker anführen, die weder den drei aufgezählten Richtungen noch der Neuscholastik im engeren Sinne zuzuordnen sind. Genannt seien: A. Trzciński (1749–1823), K. Surowiecki OFM (1754–1824), J. K. Szaniawski (1764–1843), A. Dowgird (1776–1835), P. Przeczytański (1750 bis 1817), M. Jakubowicz (1785–1853), J. Gołuchowicz (1797–1858), F. Bochwic (1799–1856), I. Holowiński (1800–1855), J. Dmowski SJ (1799–1879), F. Koslowski (1803–1872), J. Chwalibóg (1808–1841), W. Serwatowski (1810–1891), A. Tyszynski (1811–1880), E. Sulicki (1826–1884) und S. Pawlicki (1839–1916). Ihr gemeinsames Anliegen ist die Verteidigung von entscheidenden Inhalten der christlichen Philosophie: der grundsätzlichen Einheit von Philosophie und Religion, der Erkennbarkeit und Beweisbarkeit Gottes durch die Vernunft, der Unsterblichkeit der Seele usw. Daher finden sie sich auch alle in einer mehr oder weniger stark akzentuierten Frontstellung gegenüber der Aufklärungsphilosophie (vor allem gegenüber Kant) und dem Deutschen Idealismus. Allerdings geschieht dies nicht wie im Falle der Neuscholastik in einer engen oder fast ausschließlichen Bindung an Thomas von Aquin oder einen der anderen scholastischen Lehrer, sondern unter Bezugnahme auf unterschiedlichste Quellen: etwa auch der Mystik oder allgemein verbreiteter religiöser Literatur.

Doch kommen wir zur Neuscholastik selbst. Eine erste wichtige Gestalt ist hier Piotr Semenenko (1814–1886), der Gründer des Resurrektionistenordens. Nach einem abenteuerlichen Leben, das ihn am polnisch-russischen Krieg von 1830/31 teilnehmen ließ und in die Emigration nach Frankreich zwang, wo er der Geheimorganisation der Carbonari angehörte, fand er erst 1835 unter dem Einfluß von Bohdan Jański zum katholischen Glauben. In Rom studierte er Theologie und wurde Priester. Obwohl er mit dem Messianismus sympathisierte – 1850 erschien in Paris sein Werk *Towianski et sa doctrine;* posthum kam 1892 das Buch *Wyższy poglad na historje Polski* (Eine höhere Sicht auf die Geschichte Polens) heraus; er maß der polnischen Nation eine wichtige weltgeschichtliche Rolle bei –, fand sein Denken schon bald in die Nähe des hl. Thomas. Lange vor der Enzyklika *Aeterni Patris* forderte er die Rückkehr zum Denken des hl. Thomas. Auch die Enzyklika *Rerum novarum* hat er geistig vorweggenommen. Semenenko war ein selbständiger Denker, vielleicht der bedeutendste polnische Apologet seines Jahrhunderts. Seine Eigenständigkeit drückte er z. B. in seiner Wahrheitsdefinition aus. Er bestimmte nämlich Wahrheit als das, »was ist, wenn es so ist, wie es sein soll«. Mehrere seiner philosophischen Abhandlungen erschienen in der Zeitschrift *Przegląd Poznanski* (Philosophische Rundschau) zwischen 1859 und 1863.

Eine Annäherung an Thomas fand auch Eleonora Zamięcka (1819–1869). Wie Semenenko gewann sie dem Messianismus viel Positives ab. Als katholische Denkerin, die ihr Hauptwerk bewußt unter den Titel *Zarysy filozofji katolickiej* (Abriß der katholischen Philosophie) (1857) setzte, bekämpfte sie leidenschaftlich das Denken Kants, Fichtes, Hegels und Schellings. Außerdem stiftete sie die Zeitschrift *Pielgrzym* (1842–1847) zur Förderung der christlichen Philosophie. Die katholische Kirche bedeutete ihr die Garantie für die Objektivität der Erforschung der Wahrheit. Neben Thomas war Bossuet für sie eine wichtige Autorität.

Als Pionier der Neuscholastik in Polen selbst (Semenenko wirkte in Italien) muß sodann Marjan Morawski SJ (1845–1901) genannt werden. Er hatte in Krakau ab 1881 den Lehrstuhl für Theologie, seit 1892 hingegen den für Philosophie inne. Hier gründete er die Zeitschrift *Przegląd Powszechny* (Allgemeine Rundschau), und hier begegnete er einem anderen Thomisten: Maurycy Strazsewski (1848–1921). Wegen seiner großen Begabung für klare Darstellungen und wegen seiner umfangreichen Kenntnis der alten und neuen Philosophie hatte er mit seinen Publikationen großen Erfolg. Bemerkenswert ist seine Schrift *Filozofja i jej zadanie* (Die Philosophie und ihre Aufgaben) (Lwów 1877). In dieser forderte er nämlich bereits zwei Jahre vor *Aeterni Patris* eine Neubegründung und Vertiefung der Scholastik. Seine übrigen Werke fanden mehrere Auflagen: *Celowość w naturze* (Zielstrebigkeit in der Natur) (Krakau 1887, ³1901); *Podstawy etyki i prawa* (Grundlagen der Ethik und des Rechts) (Krakau 1891, ³1908) und *Wieczory nad Lemanem* (Krakau 1896, ⁴1906; dt.: *Abende am Genfer See. Grundzüge einer einheitlichen Weltanschauung*, 1911).

Weitere Neuscholastiker des 19. Jahrhunderts sind schließlich noch Karol Niedzialkowski (1846–1904), Ignacy Skrochowski (1847–1912) und Michal Debicki (1853–1911). Sie erlangten jedoch keine größere Bedeutung. Einflußreicher wurden erst wieder die Vertreter zur Zeit der Jahrhundertwende. Hier muß zuerst Kazimierz Wais (1856–1934) angeführt werden. Er hatte bei Mercier und Gutberlet studiert und später an der Universität Lemberg christliche Philosophie gelehrt. Seine zahlreichen Werke sind vorwiegend Darstellungen seiner neuscholastisch geprägten Weltanschauung. Sie nehmen aber auch zu aktuellen Fragen Stellung, so etwa zum Darwinismus, zum Spiritismus, zum Hypnotismus usw. Als wichtigste Titel seien genannt: *Psychologja*, 4 Bde., Warschau 1902/03; *O rozwoju gatunków* (Von der Entwicklung der Arten), Lwów 1907; *O zwierzecem pochodzeniu czlowieka* (Vom tierischen Ursprung des Menschen), Lwów 1911; *Czy i jaki jest Bog?* (Wer und wie ist Gott?), Przemyśl 1911; *Spirytyzm*, Lwów 1922; *W obronie scholastyki* (Zur Verteidigung der Scholastik), Lwów 1910; *Scholastyka i neoscholastyka*, Lwów 1922.

Neben Wais war Franciszek Gabryl (1866–1914) von großer Bedeutung für die katholische Philosophie. Er lehrte in Krakau. 1897 gründete er die Zeitschrift *Przegląd Filozoficzny* (Philosophische Rundschau). Auf seine Initiative entstand auch das Warschauer Institut für Philosophie. Seine Werke sind: *O kategorjach Aristotelesa* (Von den Kategorien des Aristoteles), Krakau 1897; *Logika formalna*, Krakau 1899; *Noetyka*, Krakau 1900; *Dwa Swiaty* (Zwei Welten), Krakau 1907; *Filozofja przyrody* (Naturphilosophie), Krakau 1910; und *Logika ogolna* (Allgemeine Logik), Krakau 1912.

BÖHMEN

In Böhmen konnte die Philosophie aufgrund verschiedener geistesgeschichtlicher und politischer Umstände keine Tradition entwickeln, die irgendeiner westeuropäischen vergleichbar gewesen wäre. Die literarische Tradition stand zwar schon früh in Verbindung mit dem Humanismus Petrarcas, aber die tschechische Reformation fand wenig Freude an Kunst und Wissenschaft. Sie rezipierte den Humanismus daher nur teilweise. Erst im Zuge der Gegenreformation wurde das Land wieder in die katholische Kultur einbezogen. Die Jesuiten übernahmen für 300 Jahre die Führung. Im 19. Jahrhundert kam es, besonders unter dem Einfluß Deutschlands, zu einer eigenständigen Entwicklung der tschechischen Philosophie. Die von den Jesuiten eingebürgerte Scholastik verlor dadurch an Bedeutung. Erst gegen Ende des 19. Jahrhunderts setzte eine Rückbesinnung auf das mittelalterliche Erbe ein. Vorher aber beherrschten vor allem vier Richtungen die philosophische Kultur:

1. Die Herbartianer: Sie standen in der Tradition von Johann Friedrich Herbart (1776–1841), dem bedeutenden Psychologen und Pädagogen, versuchten aber dessen Lehre auch mit anderen Philosophien, etwa von Leibniz, Newton, Mill, Schopenhauer u. a., zu vermitteln. Die wichtigsten Exponenten unter ihnen sind F. Čupr (1821–1882), J. Durdík (1837–1902) und F. Čada (1865–1918).

2. Die Anhänger des Deutschen Idealismus: Vor allem die Philosophie Hegels und Schellings fand im osteuropäischen Raum einen fruchtbaren Boden. Ihre Inhalte ließen sich sowohl mit der Denkform verschiedenster kultureller Traditionen als auch mit den diversen nationalen Bestrebungen gut vermitteln. Böhmen machte hier keine Ausnahme. Wichtige Namen in diesem Zusammenhang sind F. Palacký (1798–1876), M. Klácel (1808–1882), A. Smetana (1814–1851), K. S. Amerling (1807–1884) und J. E. Purkyně (1787–1869).

3. Die Schule Masaryks: Thomas G. Masaryks (1850–1937) Wirkung setzt zwar erst im 20. Jahrhundert ein, aber seine Philosophie ist geistig im letzten Jahrhundert tief verwurzelt. Obwohl er einerseits zum Positivismus neigte, wurde er andererseits stark durch das Werk Dostojewskijs bestimmt. So verband er den westlichen Positivismus mit dem religiösen Glauben des Ostens. Aus seinem christlichen Glauben entsprang auch seine christliche Grundforderung nach der »Gottesähnlichkeit«. Auf ihr basiert sein religiöser (national gefärbter) Sozialismus. Unter seinen Schülern ragt besonders F. Drtina (1861–1925) hervor, der allerdings das positivistische Anliegen Masaryks fallenließ.

4. Die katholische Philosophie: Hier ist vor allem Bernard Bolzano (1781 bis 1848) und sein Kreis von epochaler Bedeutung. Im ersten Band dieses Werkes findet sich über diesen Zweig der tschechischen Philosophie ein eigener Beitrag von J. Berg, H. Ganthaler und E. Morscher. Darauf darf verwiesen werden.

Die Erneuerung der thomistischen Philosophie erfolgt nicht vor den achtziger Jahren. Erste Ansätze dazu gehen von folgenden Persönlichkeiten aus: von Josef Pospíšil (1845–1926) und seinem Werk *Philosophie nach den Prinzipien von Thomas von Aquino* (Brünn 1883–1887), von Pavel Vychodil (1862–1938) und seiner *Apologie des Christentums* (Prag 1896), von Eugen Kadeřávek (1840–1922) und seinen zahlreichen Lehrbüchern sowie nicht zuletzt von Josef Kratochvil (1882 bis 1940). Doch dessen Werke gehören bereits dem 20. Jahrhundert an.

UNGARN

Auch Ungarn bot zunächst im Lauf seiner Geschichte wenig günstige Voraussetzungen für eine gedeihliche Entfaltung der Philosophie. Erst im 16. Jahrhundert machen einige Lehrer an den neugegründeten protestantischen Hochschulen von sich reden. Sie sind vor allem Aristoteliker. Neuere Bahnen betrat J. Csere von Apacza (1625–1659), der sich nach einem Hollandaufenthalt teilweise der Philosophie von Descartes und von Petrus Ramus anschließt. Seine *Ungarische Enzyklopädie* (Ultrajekti 1655) und seine *Ungarische Logik* (Karlsburg 1645) zeugen davon. Nach Csere beherrschten wiederum Aristoteles und die Scholastik die Philosophie in Ungarn. Im 19. Jahrhundert änderte sich dies unter dem Einfluß Kants (St. Márton [1760–1831], S. Carlowszky [gest. 1821], Köteles [1770–1831], P. Sarváry [1765–1846]), Hegels und Schellings (G. Aranka [1737–1817], L. Schedius [1768–1817], L. Tarczy [1807–1881], K. Taubner [1809–1850] und J. Erdelyi [1814–1868]) sowie von Comte, Spencer und Wundt. Einen Synkretismus, den er selbst allerdings »Konkretismus« nannte, vertrat C. Horwath (1804–1884). Eine Vermittlung von Positivismus und Kritizismus unternahm Karl Böhm (1846 bis 1911).

Der Neuthomismus ist im wesentlichen erst ein Werk des 20. Jahrhunderts. Seine Initiatoren gegen Ende des 19. Jahrhunderts sind János Kiss (1858–1930), Professor für Philosophie an der theologischen Fakultät in Budapest, Gründer der Thomas-Gesellschaft (1898) sowie Organisator der Zeitschrift *Bölcseleti Folyóirat* (Zeitschrift für Philosophie) (1886), und Ottokár Prohászka (1858–1927), der Bischof von Stuhlweißenburg, der weniger als Denker, dafür aber als einflußreicher Kirchenpolitiker der Neuscholastik zum Durchbruch verhalf.

SÜDOSTEUROPA

Die scholastische Philosophie, die auf das kulturelle Leben der Kroaten und Slowenen großen Einfluß ausgeübt hat und nur bei diesen Völkern auch im 19. Jahrhundert von wirklicher Bedeutung war, reicht in ihrer Tradition weit in die Geschichte zurück. Die einzelnen Philosophen wirkten aber aus verschiedenen Gründen sehr oft außerhalb ihrer Heimat. Deshalb werden sie in den Darstellungen der Philosophiegeschichte meistens nicht als kroatische oder slowenische Denker angegeben. Dies gibt mir Anlaß, jeweils noch einen kurzen Blick in die fernere Vergangenheit zu werfen.

Kroatien

Die ersten Namen philosophischer Autoren finden sich bei den Kroaten ab dem 15. Jahrhundert. Es ist jedoch anzunehmen, daß die historische Forschung noch frühere Spuren philosophischer Tätigkeit entdecken wird, da die Klosterschulen, in denen auch Philosophie doziert wurde, schon früher existierten. So gab es bereits Ende des 12. Jahrhunderts dreißig benediktinische Klosterschulen, die sowohl Ordensleute als auch Laien ausbildeten. Die kroatischen Dominikaner pflegten vom Ende des 13. Jahrhunderts an die thomistische Philosophie besonders in ihren Zentren Dubrovnik (hier wirkte R. Zamanja [1587–1647] und von hier aus wurde das Illyrische Kolleg in Sant'Angelo am Monte Gargano in Apulien gegründet) und Zadar, wo ihre Schule 1553 mit anderen Hochschulen in Europa gleichgestellt wurde. In Zadar besaßen auch die Franziskaner seit 1260 ein Studienzentrum. Das franziskanische Bildungshaus von Zagreb datiert hingegen erst auf das Jahr 1670. In Lepoglava gründet der Orden der Pauliner im 17. Jahrhundert eine Hochschule mit dem Recht, philosophische Grade zu verleihen. Bleiben noch die Jesuiten zu nennen: Sie boten ihren philosophischen Unterricht vor allem in Dubrovnik (ab 1749), dann aber auch in Zagreb, Požega und Varaždin. Nach der Auflösung des Ordens wurden diese Schulen meist von Weltpriestern übernommen. Kaiserin Maria Theresia gründete in Zagreb eine christliche Hochschule mit einer theologischen, juridischen und philosophischen Fakultät. Schließlich sind noch drei Kollegien im Ausland zu nennen: das Collegium Illyrico-Hungaricum Bononiense in Bologna (1553), das Collegium Illiricum in Loreto (1580) und das Collegium Croaticum Viennense in Wien (1624).

Es würde den Rahmen dieses Beitrages sprengen, wenn ich alle kroatischen Ordensleute und Denker aufzählen würde, die vor dem 19. Jahrhundert als Philosophen hervorgetreten sind und weit über ihre Heimat hinaus bekannt wurden. Ich möchte aber doch wenigstens die berühmtesten Namen aufzählen: Marko Marulić (1450–1524), den Gründer der kroatischen Philosophie und Verfasser der berühmten Schrift *De institutione bene vivendi* (Venedig 1506); Juraj Dragišić OFM (1450–1520), besser bekannt unter dem lateinischen Namen Georgius Benignus de Salviatis, ein Protagonist des florentinischen Humanismus, Lehrer der Söhne von Lorenzo de Medici sowie von Guidobaldo Montefeltro, Verteidiger von Pico della Mirandola, Savonarola und Reuchlin und schließlich Verfasser der *Logica nova secundum mentem Scoti et B. Thomae Aquinatis* (1480, mehrere Auflagen); die Dominikaner Grgur (Natalius) Budisaljić (gest. 1550), Augustin Nalješković (= Stephanus A. Nalius; gest. 1527), Klement Ranjina (= Clemens Araneus; 1482–1550), Petar Dragojević-Gozeus (1493–1564) und Ambrozije Ruljica-Gozeus (1563–1632), V. Nikša-Gozeus (1549–1610), die alle zahlreiche Kommentare zu den Werken der Scholastiker schrieben und auch außerhalb Kroatiens wirkten; vor allem aber Rugjer Josip Bošković SJ (1711–1787), einen der berühmtesten Universalgelehrten seiner Zeit, der Newton und Leibniz durchaus ebenbürtig war, in einigen Aspekten sogar die Relativitätstheorie vorwegnahm, eine originelle Atomtheorie entwarf und mit vielen anderen Anregungen bis in unser Jahrhundert hinein Physiker und Philosophen beschäftigte.

Doch kommen wir zur Scholastik des 19. Jahrhunderts: Diese geht in ihren Wurzeln bereits ins 18. Jahrhundert zurück. In dieser Zeit war die scholastische Tradition überhaupt die einzige philosophische Richtung von Bedeutung. Gepflegt wurde sie vor allem in den Schulen. Daher tragen fast alle Veröffentlichungen den Charakter von Lehrbüchern. Die bekanntesten lateinischen Werke unter ihnen stammen von Andrija Dorotić (1761–1837), Filip Varešanin OFM (seine Theodizee erscheint 1808 in Zadar), Rafo Barišić (1796–1863; Professor in

Turin) und Ivan Jurić. Es gab aber auch Werke in kroatischer und italienischer Sprache, so z. B. die *Propedeutica filosofica ad uso dei ginnasi italiani* (Triest 1855) von Djuro Pulić (1816–1883) oder die *Logika ili misloslovje* (Zagreb 1868) von Vinko Pacel (1825–1869). Pacel veröffentlichte sogar ein kroatisches Wörterbuch zur Philosophie.

Interessante Persönlichkeiten, die zur kroatischen Neuscholastik zu zählen sind, sind sodann: Ante Petrić (1829–1908). Er befaßte sich vorwiegend mit der Ästhetik. Sein Buch *Sloboda i udes* (Freiheit und Geschick) (Zadar 1885) wurde über Kroatien hinaus bekannt. Gjuro Arnold (1854–1941), ein Schüler von Lotze, der zunächst sogar eine eigene Monadologie aufbauen wollte, kam erst später zur Neuscholastik. Seine Bücher *Monizam i kršćanstvo* (Monismus und Christentum) (1909) und *O psihologiji bez duše* (Über die Psychologie ohne Seele) (1898) sowie seine *Logik* (1888) und *Psychologie* (1893) zeugen aber von dieser Bekehrung. Als Schüler von Kleutgen, Tongiorgi und Palmieri ragt Josip Stadler (1843 bis 1918) hervor. Auch ihm verdanken wir ein mehrbändiges Lehrbuch. Gemeinsam mit Stadler lehrte Antun Kržan (1835–1888) an der theologischen Fakultät in Zagreb. Er war Naturphilosoph, der das Problem der Entstehung des Menschen mit neuscholastischen Denkkategorien lösen wollte. Bleibt noch Ante Bauer (1856–1937) zu nennen, der spätere Erzbischof von Zagreb. Seine philosophischen Schwerpunkte lagen in der Ontologie und in der Naturtheologie. Seine Werke, die oft apologetisch bestimmt sind, leiten in Kroatien ein neues kritisches Denken innerhalb der Neuscholastik ein.

Slowenien

Seit dem 11. Jahrhundert entstanden auf slowenischem Boden etwa 35 Klöster verschiedener Orden. Sie alle bildeten Orte, an denen Philosophie gepflegt wurde. Davon zeugen die erhaltenen Handschriften vom 12. bis zum 15. Jahrhundert. Meist handelt es sich freilich um Abschriften der klassischen Werke, doch gelegentlich auch um Kommentare. Vom 14. Jahrhundert an studierten zahlreiche Slowenen an den Universitäten Paris, Bologna, Ferrara, Siena, Padua, Salzburg, Wien, Ingolstadt und Würzburg Philosophie. Wie die Kroaten beteiligten sich auch slowenische Philosophen an der Verbreitung des Humanismus. Allerdings wirkten diese mehr in Österreich als in Italien. Ein wichtiges Werk stellen in diesem Zusammenhang die *Commentarii in Parvuli Philosophiae naturalis* (Hagenau 1513) von Matija Hvale (Qualle) dar. Dieses von Joachim von Watt (Vadianus) als »opus tante artis« betitelte Buch ist nicht nur die älteste gedruckte Schrift eines slowenischen Philosophen, sondern zugleich ein Höhepunkt der humanistischen Literatur der damaligen Zeit.

Die Handschriften, die sich in den slowenischen Bibliotheken (etwa in Ljubljana), aber auch in der Hofbibliothek in Wien finden und die aus den aufgelösten Klöstern bzw. aus dem Laibacher Jesuitenkolleg (1597–1779) stammen, bekunden, daß zwischen dem 16. und 19. Jahrhundert die Scholastik in allen ihren Strömungen vertreten war. Sind uns die Verfasser dieser Handschriften auch nicht alle bekannt, so steht doch fest, daß die Jesuiten in Ljubljana vorwiegend dem Thomismus und Suarezianismus, die Franziskaner in Trsat, Sveta Gora bei Görz, Klanjec usw. hingegen dem Scotismus zuneigten.

Neben der scholastischen Tradition gab es in Slowenien auch noch eine andere bedeutende philosophische Richtung, die zumindest genannt sein soll. Ein bewußt nichtscholastischer Denker war bereits Jakob Štelin (Jacopo Stellini, 1688–1770), Professor für Moralphilosophie in Padua. Er versuchte die Naturgesetze auf das Gebiet der Moral auszudehnen. Seine *Opera omnia* (4 Bde., Padua 1778/79) zeugen auch vom Einfluß G. B. Vicos. Ein wichtiger Vertreter der Aufklärung, der in Olmütz, Brünn und Wien lehrte und dessen Werke große Verbreitung hatten, war sodann Franc Samuel Karpe (1747–1806). Seine Metaphysik tendierte zu Leibniz und Wolff. Er lehnte daher Kant ab. Naturphilosophisch war er von Bošković geprägt. Darüber hinaus ging es ihm aber um eine große Synthese der gesamten europäischen Philosophie. Von Bošković sind weiters A. Radescini (1746–1804) und A. Ambschel (1749–1821) beeinflußt. Schließlich muß noch Jožef Peter Alkantara Mislej (1761–1840), Privatgelehrter und Arzt in Wien, erwähnt werden. Er versuchte nämlich eine Art »mathesis universalis« zu entwerfen. Sein Werk trägt daher die Überschrift *Grundriß einer Totalgrundmathesis* (3 Bde., Wien 1818–1830). In dieser Protomathematik, die übrigens den qualitativen Merkmalen der Wirklichkeit ebenso Rechnung tragen will wie den quantitativen, wird Gott einbezogen. Allerdings hängt Gott mit der Schöpfung nicht einfach kontinuierlich zusammen. Hier setzt Mislej vielmehr eine Vermittlung zwischen Endlichkeit und Unendlichkeit an. Diese findet er im Gottmenschen, in Christus. Daher erfüllt seine Protomathematik auch die Funktion einer Theodizee, einer christologischen Kosmologie und einer Soteriologie.

Eine Entfaltung der Neuscholastik setzt bei den Slowenen Ende des 19. Jahrhunderts ein. Erster bedeutender Philosoph dieser Richtung war der Theologe und Philosoph Frančišek Lampe (1859–1900), der vorwiegend in Ljubljana wirkte. Seine Werke finden sich zu einem großen Teil in den Zeitschriften *Duhovni pastir* (Der geistige Hirte) ab 1886 und *Dom in Svet* (Heim und Welt) ab 1888. Letztere wurde von ihm selbst gegründet. Diese Artikel erschienen 1887 bis 1889 gesammelt unter dem Titel *Apologetični razgovori ali pot do resnice* (Apologetische Gespräche oder Der Weg zur Wahrheit) in zwei Bänden. Sie zeigen genauso wie sein Buch *Uvod v modroslovje* (Einführung in die Philosophie) (1887) seine kritische Stellung zur modernen Philosophie und sein Bekenntnis zum Aristotelismus. Darüber hinaus wurden seine Werke grundlegend für die Terminologie der slowenischen Philosophie. Leider blieben mehrere von ihnen unvollendet.

Erwähnenswert ist weiters Evgen Lampe (1874–1918), ein Theologe, der in *Dom in Svet* Abhandlungen über den *Dekadentismus* (1899), über *Nietzsche* (1900) und über *Kant* (1904), aber auch über politische, literarische und kulturgeschichtliche Themen schrieb. Dadurch kam er ebenso zu einer Auseinandersetzung mit den slowenischen Denkern J. E. Krek und A. Ušeničnik (1902, 1910).

Größte Bedeutung für das katholische Leben und Denken in Slowenien hatte jedoch der Görzer Theologe und spätere Bischof der Insel Krk, Anton Mahnič (1850–1920). Er ist vor allem als Kulturphilosoph und allgemeiner Schriftsteller hervorgetreten. 1888 gründete er die Zeitschrift *Rimski Katolik* (Römischer Katholik), die bis 1896 erschien. Als Bischof von Krk erneuerte er dieses Periodicum 1903 unter dem Titel *Hrvatska straža* (Kroatische Wache). Beide Male war das Ziel die Erneuerung der christlichen Philosophie im Sinne von *Aeterni Patris* (1879). Wie die Enzyklika richtete auch Mahnič den Blick über die Philosophie hinaus auf die Gesellschaft, die mit Hilfe der christlichen Prinzipien reformiert werden sollte. Deshalb tragen viele seiner Veröffentlichungen pädagogische, sozialkritische und politische Überschriften. Sie bekämpfen alle Extreme, die durch die Neuzeit hervorgebracht wurden: Rationalismus, Materialismus, Liberalismus usw. Unter seiner Inspiration standen nicht zuletzt die katholischen Versammlungen von Ljubljana 1892, 1900, 1906, 1913 und 1923, an deren erster auch die slowenische »katholisch-nationale Partei« gegründet wurde, die eine Organisation des gesamten gesellschaftlichen Lebens nach katholischen Wertmaßstäben befürwortete. Bekannt wurde schließlich Mahničs Ästhetik, die trotz thomistischer Grundinspiration platonisch-augustinische Komponenten herausstellte. Unter dem Titel *Več luči* (Mehr Licht) hat A. Ušeničnik 1912 seine ästhetischen Aufsätze gesammelt.

Zeitweise unterrichtete auch der große soziale Denker und Organisator Janez Evangelist Krek (1865–1917) in Ljubljana thomistische Philosophie. Sein eigentliches Anliegen war freilich die politische, kulturelle und soziale Neugestaltung des slowenischen Volkes – ein Ziel, das er schon während seines Theologiestudiums in Wien (1888–1892) verfolgte. Doch immerhin ist es bemerkenswert, daß Krek dieses Anliegen mit dem scholastischen Gedankengut für vereinbar hielt. 1892–1897 schuf er auf der Basis dieser Überzeugung die Grundlagen für die christlich-soziale Organisation in Slowenien und wirkte als Journalist in diesem Sinne. 1897 und 1907 wurde er als Abgeordneter ins Parlament nach Wien entsandt. Während all dieser Jahre engagierte er sich nicht nur als Publizist, sondern auch als aktiver Organisator von Vereinen, Genossenschaften, Zeitschriften usw. Die Zahl seiner Reden wird auf 3000, die seiner Artikel auf doppelt so viel geschätzt. Sein größtes Werk ist wohl sein *Socializem* (1901). Es stellt vor allem eine Geschichte des Sozialismus dar, ist aber auch das Programm seiner Grundanschauung. Die 1916 erschienene Schrift *Die Slowenen* (im Diderichs Verlag in Jena publiziert) fiel unter die österreichische Zensur, obwohl es keine separatistischen Tendenzen vertrat.

Zuletzt muß noch Franz Kovačič (1867–1939) genannt werden. Er war Professor für Philosophie an der theologischen Hochschule von Maribor (Marburg), publizierte mehrere Artikel in den Zeitschriften *Dom in Svet*, *Rimski Katolik* und *Katoliški Obzornik* (Katholische Rundschau) und gründete 1897 selbst die wissenschaftliche Vierteljahresschrift *Voditelj v bogoslovnih vedah* (Führer in theologischen Wissenschaften). Neben zahlreichen historischen Abhandlungen steht sein Buch *Obča metafizika ali ontologija* (Allgemeine Metaphysik oder Ontologie), das 1905 erschien und 1929 eine neue Auflage erlebte. Seine *Kritika ali noetika* kam 1930 heraus. Beide Werke sind thomistisch orientiert.

BIBLIOGRAPHIE

Alexander, B.: Geschichte der ungarischen Philosophie, in: Palles Lexikon Bd. XII.
Bednarski, A. F.: P. Adamo Giacinto Woroniecki O. P., pioniere della rinascita del Tomismo, in: A.V.: L'Enciclica Aeterni Patris, Bd. III, R/Vat 1981, 400–405.
Eborowicz, W.: L'Encyclique »Aeterni Patris«, source d'inspiration pour le thomisme polonais. Mgr. Kazimierz Kowalski, évêque ordinaire de Chelmno, in: A.V.: L'Enciclica Aeterni Patris, Bd. III, R/Vat 1981, 406–417.
Erdelyi, J.: Die Philosophie in Ungarn, Bp 1885.
Gabryl, F.: Polska filozofvja religijna w wieku XIX (Religiöse polnische Philosophie im 19. Jahrhundert), Warschau 1913/14.
Harapin, J. T.: Razvitak filozofije kod Hrvata (Die Entwicklung der Philosophie bei den Kroaten), in: Croatia Sacra 11/12 (Z 1943) 153–172.
Hetenyi, J.: Grundriß einer Geschichte der ungarischen Philosophie, Bp 1837.
Kos, M.: Srednjeveški rokopisi v Sloveniji (Mittelalterliche Handschriften in Slowenien), Lj 1931.
Koudelka, V. J.: San Tommaso d'Aquino in Boemia, in: A.V.: Tommaso d'Aquino nel suo settimo centenario, Bd. II, Na 1976, 348–353.
Kühne, W.: Die Polen und die Philosophie Hegels, in: D. Tschizevskij (Čiževskij) (Hg.): Hegel bei den Slawen, (^{1}1934), Da ^{2}1961, 7–143.
Kwiatkovski, F.: S. Thomas et philosophia scolastica a P. Semenenko C. R. novo modo exposita et ampliata, Albano 1938.
Libelt, K.: Filozofja i Krytika, Poznan ^{2}1874.
Litoslawski, W.: Der Messianismus im polnischen Volk, in: ZPhF 4 (1949) 421–427.
Podrecca, A.: Della Patria de Jacopo Stellini e del suo sistema morale – Memoria, Pv 1871.
Smolikowski, P.: Historya Zgromadzenia Zmartwychwstania Panskiego (Geschichte des religiösen Lebens in Polen), 4 Bde., Krakau 1892–1896.
Sodnik, A.: Izbrani filozofski spisi (Ausgewählte philosophische Schriften), Lj 1975.
von Struwe, H.: Filozofja polska w ostatniem dziesiecioleciu (Die polnische Philosophie im letzten Jahrzehnt) 1894–1904, Warschau 1907.
–: Historja logiki jako teorji poznania w Polsce (Geschichte der Logik und der Erkenntnistheorie in Polen), Warschau 1911, bes. 134–536.
–: Wstep do filozofji (Einführung in die Philosophie), Warschau ^{3}1903 (umfangreiches bibliographisches Material).
Ueberweg, F. / Oesterreich, T. (Hg.): Grundriß der Geschichte der Philosophie, Bd. V (^{12}1928) 289–334, 348–357.
Urbančič, J.: Poglavitne ideje slovenskih filozofov. Med sholastiko in neosholastiko (Hauptideen der slowenischen Philosophen. Zwischen Scholastik und Neuscholastik), Lj 1970.
Ušeničnik, A.: Anton Mahnič in filozofija sv. Tomaža Akvinskega (A. Mahnič und die Philosophie des hl. Thomas von Aquin), in: Čas 16 (1922) 121–130, 212–220.
Valašek, E.: Josephus Kratochvil: il pioniere della filosofia moderna in Cecoslovacchia, in: A.V.: L'Enciclica Aeterni Patris, Bd. III, R/Vat 1981, 418–421.
Zimmermann, St.: Historijski razvitak filozofije u Hrvatskoj (Die historische Entwicklung der Philosophie in Kroatien), Z 1929.

JOSEPH HLEBŠ

Zweiter Teil

ÜBERGANG

Die Enzyklika »Aeterni Patris«
und die weiteren päpstlichen Stellungnahmen zur christlichen Philosophie

Die thomistische Renaissance, die sich in den diversen Ländern zwar mit unterschiedlichem Erfolg, aufs Ganze gesehen aber während des Vierteljahrhunderts des Pontifikats Leos XIII. mit ständig wachsender Lebenskraft durchsetzte, erhielt zweifellos ihren entscheidenden Anstoß durch die Enzyklika *Aeterni Patris* vom 4. August 1879. Sie hat sich jedoch, wie aus den vorhergehenden Kapiteln ersichtlich ist, bereits vor der Jahrhundertmitte – speziell in Italien – abzuzeichnen begonnen, als es für eine gewisse Anzahl jener, die eine Rückkehr zur Philosophie des hl. Thomas empfahlen, noch häufig um eine mehr oder weniger eklektische Philosophie ging, in die unterschiedlich stark dosierte Elemente einflossen, die von Suarez, der cartesianischen Richtung, dem Ontologismus oder Rosmini stammten. Es fehlte allerdings, selbst außerhalb des Dominikanerordens, auch an reinen Thomisten nicht. Dies war vor allem im Kreis von Perugia der Fall, der von Msgr. Gioacchino Pecci inspiriert wurde.[1] Dieser war bereits in seiner Jugendzeit durch einzelne seiner Lehrer am Collegio Romano, besonders durch die Brüder Sordi und durch Taparelli d'Azeglio, in den authentischen Thomismus eingeführt worden. Während der langen Jahre seines Episkopats in Perugia befaßte er sich hingegen immer intensiver mit dem fundamentalen Problem des 19. Jahrhunderts, d. h. mit der Beziehung zwischen Kirche und moderner Gesellschaft bzw. mit der Restauration einer auf christlichen Prinzipien gegründeten Gesellschaft angesichts der liberalen und sozialistischen Ideologien. Dabei enthüllte ihm nun die Lektüre der Veröffentlichungen Taparellis und der Artikel der *Civiltà Cattolica*, die übrigens in Perugia, wie wir wissen, viele Abonnenten hatte, die Fruchtbarkeit der Sozialphilosophie des hl. Thomas. Diese vermochte seine aristotelische Grundhaltung den Bedürfnissen des 19. Jahrhunderts eher anzunähern als die Systeme, welche Suarez und dessen Schüler im absolutistischen Klima des 16. und 17. Jahrhunderts erarbeitet hatten. Gleichzeitig begriff Pecci immer besser, daß jeder Teil des thomistischen Systems mit allen anderen in

---

[1] Siehe o. S. 120.

einer Synthese verbunden ist und daß daher an der Basis dieser Sozialphilosophie eine Metaphysik, eine Psychologie und eine Epistemologie stehen, von denen man nicht absehen kann. Hilfreich gefördert wurde er in dieser Erkenntnis durch seinen Bruder Giuseppe Pecci, einen überzeugten Thomisten, der nach den Unruhen von 1848, deren Opfer die Jesuiten waren, die Gesellschaft Jesu verlassen hatte und nach Perugia übersiedelt war.

Anläßlich des I. Vatikanischen Konzils zeigte Kardinal Pecci sein persönliches Interesse an der Verbesserung der philosophischen Ausbildung des Klerus durch die Kirche. Gemeinsam mit seinem Freund Kardinal Riario Sforza, dem Erzbischof von Neapel, einem überzeugten Thomisten, betrieb er die Verurteilung des Ontologismus, der sich in Italien keine geringe Anzahl von Anhängern bewahrt hatte. Mit ihm zusammen erarbeitete er eine lange Stellungnahme gegen dieses System und unterbreitete diese Pius IX.[2] Die Unterbrechung des Konzils im Anschluß an die Besetzung Roms verhinderte jedoch, daß dieser Plan ausgeführt wurde. Nachdem Kardinal Pecci am 20. Februar 1878 zum Papst gewählt worden war, griff er ihn einige Jahre später wieder auf.

Mehrere Indizien deuten darauf hin, daß die Frage der thomistischen Erneuerung unter den kirchenpolitischen Sorgen, die (wie z. B. die römische Frage, der Kulturkampf usw.) Leo XIII. bald beschäftigen sollten, von den ersten Wochen an einen wichtigen Stellenwert besaß. Kaum acht Tage nach seiner Wahl beauftragte er bereits den Kardinalvikar, am Seminario San Apollinare in Rom eine philosophische Akademie mit dem Ziel zu installieren, das persönliche Studium der Seminaristen zu fördern. Außerdem entsandte er seinen Bruder Giuseppe in die vorbereitende Kommission, die diese neue Initiative organisieren sollte. Dieser wiederum setzte sich dafür ein, daß in den 1. Artikel des Statuts ein vollständiges Bekenntnis zur Lehre des hl. Thomas aufgenommen wurde.[3]

Am 21. April 1878 veröffentlichte Leo XIII. seine erste Enzyklika *Inscrutabili Dei*,[4] die das grundsätzliche Programm seines Pontifikats umreißt. Er stellt dieser »falschen Gesellschaft«, die sich im Laufe der vergangenen Jahrhunderte etabliert hatte, die wahre christliche Gesellschaftsordnung entgegen, deren Wiedererrichtung er vorantreiben möchte, und er hebt, ohne allerdings weiter darauf zu insistieren, die Rolle der Philosophie innerhalb dieser Restauration hervor, »von der zum großen Teil die wahre Ausrichtung der anderen Wissenschaften abhängt und die, weitab davon, die göttliche Offenbarung umstoßen zu wollen, sich im Gegenteil daran erfreut, dieser den Weg zu ebnen und sie gegen ihre Angreifer zu verteidigen, so wie es der große Augustinus und der Doctor Angelicus sowie alle anderen Lehrer der christlichen Weisheit durch ihr Beispiel und ihre Werke gelehrt haben«.[5] Freilich wird in dieser ersten öffentlichen Verlautbarung Thomas von Aquin nicht als ausschließlicher Lehrer präsentiert, doch in persönlichen

---

[2] J. D. Mansi: *Sacrorum conciliorum nova et amplissima collectio*, Bd. LIII (1927) col. 603–608; M. Maccarrone: *Il Concilio Vaticano I*, Bd. I, Pv 1966, 187, 377, 471.
[3] F. Vistalli: *Il cardinale Cavagnis*, Bergamo 1913, 200–203.
[4] ASS 10 (1878) 97–115; eine Liste der zeitgenössischen Kommentare bietet J. Schmidlin: *Papstgeschichte*, Bd. II (1934) 394 Anm. 3.
[5] ASS 10 (1878) 590.

Gesprächen verhehlte der neue Papst nicht, welche seine Intentionen waren. So schrieb etwa der florentinische Historiker Cantù nach einer Audienz, die ihm kurze Zeit nach der Wahl des neuen Papstes gewährt worden war, an Msgr. Dupanloup: »Wir sprachen über die Notwendigkeit, die philosophischen und theologischen Studien aufzuwerten, und er klagte, daß es an den Mitteln fehlte. Er bestand auf der Notwendigkeit, sich an den hl. Thomas zu halten, während Gioberti, Rosmini und andere untergehen.«[6] Antonio Stoppani, einem als überzeugtem Rosminianer bekannten Geistlichen, gegenüber erklärte Leo XIII., indem er implizit den Italiener Thomas von Aquin dem »italianissimo« Rosmini entgegenhielt: »Wir stehen vor der Notwendigkeit, unsere Schule wiederherzustellen: eben die *italienische Schule*.«[7] Wenig später, im September 1878, teilte er dem Bischof von Lecce bezüglich eines der wichtigsten Pioniere des Neuthomismus um die Jahrhundertmitte mit: »Ich wünsche von ganzem Herzen, das philosophische Handbuch Sanseverinos in den Seminarien einführen zu lassen.[8] Dieser unermüdliche Arbeiter, diese Zierde des neapolitanischen Klerus, hat erfolgreich darauf hingearbeitet, die Philosophie in ihre wahre und gediegene Form, wie sie vom hl. Thomas unterrichtet worden war, zu bringen. Wir freuen uns darüber, daß seine Werke bereits im Seminar von Lecce verwendet werden, und Wir hegen den Wunsch, daß man in allen Seminarien die Methode und die Lehre des Doctor Angelicus befolgen wird.«[9] Man darf annehmen, daß auch noch andere Bischöfe diesen Wunsch zu hören bekamen.

Der neue Papst begnügte sich aber nicht mit Absichtserklärungen. Gleich nach Ende des akademischen Jahres hielt er den Kardinalvikar an, darauf zu achten, daß am römischen Seminar das gebräuchliche Handbuch des Cartesianers Banelli entweder durch die Zusammenfassung des Handbuches von Sanseverino, die Signoriello herausgegeben hatte, oder durch die *Summa philosophica in usum scholarum* des Dominikaners Zigliara, des bekanntesten Thomisten im Konvent von S. Maria sopra Minerva,[10] abgelöst werde.

An die Gregoriana beeilte sich der Papst, aus Tirol den Jesuiten Joseph Kleutgen, der sich seit 1860 mit seiner *Philosophie der Vorzeit vertheidigt* als treuer Schüler des hl. Thomas einen Namen gemacht hatte, als Studienpräfekt zu berufen.[11] Anläßlich der Wiederaufnahme der Vorlesungen im Herbst 1878 erklärte der Rektor während einer Audienz, zu der er gemeinsam mit den Professoren

---

[6] Nicht datierter Brief (aus den ersten Monaten des Jahres 1878) im Ms. Paris, Bibliothèque Nationale, n. a. fr. 24.678, f°. 213.

[7] Berichtet in einem Brief an einen Freund, in dem Stoppani bezüglich des Ausdrucks »scuola italiana« noch in Klammern hinzufügt: »Er sagte dies mit einer sehr bedeutungsvollen Betonung« (vgl. A. Stoppani: *Nel XX anniversario della morte. Lettere di A. Stoppani al P. Cesare Maggioni*, Mi 1911).

[8] Zu Sanseverino siehe o. S. 80f. Er hatte 1862 in fünf Bänden seine *Philosophia christiana cum antiqua et nova comparata* und 1864, in Zusammenarbeit mit zwei seiner besten Schüler, die *Elementa philosophiae christianae* publiziert.

[9] Zit. in: J. Keller: *Life and Acts of Pope Leo XIII*, NY 1879, 325f.

[10] Vgl. F. Vistalli, a. a. O. Anm. 3, 203; zu den Gärungen, die diese Entscheidung auslöste, vgl. ebd. 203–209; bezüglich Tommaso Maria Zigliara siehe o. S. 119f.

[11] Siehe o. S. 146.

empfangen wurde – offensichtlich spürend, daß jetzt ein neuer Wind wehte –, daß man von nun an »den hl. Thomas als Richtlinie und, um es klar zu sagen, als Vorschrift des Unterrichts nehmen« werde. In seiner Antwort[12] wiederholte Leo XIII. einmal mehr, daß es sein größter Wunsch sei, die thomistische Philosophie wiederhergestellt zu sehen. Darüber hinaus erinnerte er daran, daß die Konstitutionen der Gesellschaft Jesu die Befolgung des hl. Thomas in der Philosophie und Theologie vorschreiben und daß diese Vorschrift für die Gregoriana, an der Seminaristen und Ordensleute aus allen Teilen der Welt ausgebildet würden, besonders wichtig sei. De facto allerdings ließen sich an der Gregoriana trotz der Beteuerung Cardellas und trotz einiger Umbesetzungen von Lehrstühlen – vor allem trotz der Abberufung von Tongiorgi – kaum entscheidende Änderungen in der Unterrichtsgestaltung der Professoren feststellen. Schenkt man C. Besse Glauben,[13] der noch einige Zeitzeugen konsultieren konnte, so hat Leo XIII. auf Rat seines Bruders Giuseppe verfügt, daß an der Gregoriana ein freier Kurs für thomistische Philosophie angeboten werde, der für alle Studenten der verschiedenen kirchlichen Lehranstalten zugänglich sein müsse. Diesen Kurs habe er sodann G. M. Cornoldi übertragen, einem der wichtigsten Vorreiter für den Neuthomismus in dieser Zeit, dem es wenige Jahre früher aufgrund seines thomistischen Übereifers sogar dafürstehen sollte, allen Unterricht in der Gesellschaft Jesu zu verbieten. Es scheint aber, daß diese Auskunft von Besse nicht den Tatsachen entspricht.[14]

Bei der ersten Kardinalsernennung im April 1879 zählt man unter vier Repräsentanten der kirchlichen Wissenschaften, die neben ehemaligen Nuntien oder residierenden Bischöfen erhoben wurden, zwei Philosophen, die für ihre thomistische Ausrichtung bestens bekannt waren: den Bruder des Papstes, Giuseppe Pecci, und den korsischen Dominikaner Zigliara, auf den der Papst große Hoffnungen setzte, weil er in ihm eine mögliche Zentralgestalt für die Entwicklung der Restauration der wahren Philosophie innerhalb der Kirche sah.[15]

Einen Monat später ging in Rom das Gerücht um, daß eine Säuberung im Professorenkollegium der Gregoriana beschlossen sei. Einer der Regenten des französischen Seminars in Rom schrieb in diesem Sinne an einen Mitbruder: »Fünf Professoren des Collegio Romano sind in diesen Tagen abgelöst worden.

---

[12] Der Text der Ansprache Cardellas und jener der Antwort des Papstes findet sich in: CivCatt Serie 10 / Bd. 8 (1878) 736–741; über die Papstaudienz selbst vgl. L. Malusa: *Cornoldi*, 278 Anm. 67.

[13] *Deux centres*, 17.

[14] Zu G. M. Cornoldi (1822–1892), der markantesten Gestalt der dritten Generation des Neuthomismus in der Gesellschaft Jesu, und über sein Wirken in der Accademia filosofico-medica di S. Tommaso d'Aquino in Bologna vgl. bes. L. Malusa: *Cornoldi*. Malusa, der die Angaben von Besse als nicht immer vertrauenswürdig entlarvt, stellt fest, daß Cornoldi in seinen *Appunti cronologici*, immerhin als primär Betroffener, keine Erwähnung eines Kurses macht, den er im Winter 1878/79 an der Gregoriana gehalten haben soll (260–262). Zweifellos liegt hier eine Verwechslung mit jenen Kursen vor, die Cornoldi in den folgenden Jahren, nach seiner Berufung nach Rom durch den Papst 1880, abgehalten hat.

[15] Dabei hing er allerdings einer Illusion nach, da dieser, wie ein guter Beurteiler, A. D. Sertillanges (in: *Le christianisme et les philosophies*, Bd. II, P 1941, 553) meinte, als »guter Logiker, doch ohne moderne Kultur« nicht den nötigen Weitblick besaß.

Der Wille des Hl. Vaters, der Wille Gottes. Sie werden nach Wiederbeginn des Schuljahres nicht mehr unterrichten, weil sie nicht genügend Thomisten waren.«[16]

Daneben begann noch ein anderes Gerücht zu kursieren: In einer Depesche des französischen Botschafters in Rom vom 8. April liest man bezüglich der angekündigten Ernennung Zigliaras zum Kardinal: »Der Titel für die Auszeichnung, die ihm übertragen werden wird, ist die Konformität seiner Ansichten bezüglich der scholastischen Fragen gemäß der Methode des hl. Thomas von Aquin mit denen des Hl. Vaters. Der Papst hat den starken Wunsch, dieser Lehre einen großen Anstoß zu geben, und er beabsichtigt, der neuen Bekräftigung der thomistischen Lehre eine eigene Enzyklika zu widmen.«[17]

Leo XIII. zögerte einige Zeit, bis er sich dazu entschloß, über die Rückkehr zum Thomismus ein so offizielles Dokument wie eine Enzyklika zu veröffentlichen. Im Juni 1878 antwortete er Cornoldi, der ihn drängte, voranzuschreiten und die verstockten Widerstandsnester auszuheben, an denen er sich in mehreren römischen Kreisen stieß, daß vorsichtig vorgegangen werden müßte und daß man zweifellos zwei Jahre brauchen werde, um die Situation zu verändern. Er fügte jedoch hinzu, daß er sich trotzdem vorstelle, bald ein Dokument herauszugeben, allerdings ein relativ bescheidenes, »una circolare, una ordinazione forse«.[18] E. Soderini,[19] dessen Information – wie man weiß – oft aus erster Hand stammt, behauptet, daß Leo XIII. durch drei glühende Propagandisten des Thomismus, mit denen er seit langer Zeit in direkter Verbindung stand, d. h. seinen Bruder Giuseppe, Matteo Liberatore und Msgr. Salvatore Talamo, dazu ermutigt wurde, sich laut und deutlich zu äußern.

Wie dem auch sei, es scheint jedenfalls Msgr. Talamo eine entscheidende Rolle im Entstehungsprozeß von *Aeterni Patris* gespielt zu haben. Als Schüler Sanseverinos und Signoriellos sowie als Professor am Seminar von Neapel seit 1869 beschränkte er sich nicht bloß darauf, die Thesen des Doctor Angelicus einfach zu wiederholen, sondern er bemühte sich wie seine Lehrer, das Denken desselben so aufzunehmen, daß eine Synthese erarbeitet werden konnte, die imstande war, auf die neuen Probleme der modernen Philosophie zu antworten.[20]

Dieser *Neu*-Thomist wurde von einem Philosophen, der nicht unter dem Verdacht stand, ein Sympathisant der Neuscholastik gewesen zu sein, nämlich durch Gentile, als »einzig ernstzunehmender und tiefsinniger Exponent dieser Richtung« in Italien bezeichnet.[21] Leo XIII. berief ihn erst Ende Juni nach Rom, damit er den Lehrstuhl für Rechtsphilosophie von Giuseppe Pecci nach dessen Ernen-

---

[16] Brief von P. Eschenbach am 16. Mai 1879 (Archives de la Congrégation du Saint-Esprit in Paris, Nr. 72).
[17] Archives du Ministère des Affaires Étrangères de Paris, Correspondance diplomatique, Rome, Bd. 1065.
[18] Brief Cornoldis an seinen Provinzial, in dem er von der Audienz vom 5. Juni 1878 berichtet. Zit. in: P. Dezza: *Alle origini*, 107; vgl. L. Malusa: *Cornoldi*, 258f. und *Anm. 17*.
[19] *Leone XIII*, Bd. I (1932) 282, vgl. 283 Anm. 1.
[20] Zu Msgr. Salvatore Talamo (1844–1932) vgl. V. Londo: *Talamo*; A. Piolanti: *Talamo*.
[21] *Origini della filosofia contemporanea in Italia*, Bd. III/1, Messina 1921, 162f.

nung zum Kardinal übernehme. Der Papst kannte jedoch seine Schriften, vor allem die drei Vorträge, die während der Jahre 1875 und 1876 in der neapolitanischen Zeitschrift *La Scienza e la Fede* und 1877 gesammelt in einem Buch mit dem Titel *Il rinnovamento del pensiero tomista e la scienza moderna*[22] erschienen waren, das Msgr. Antonio Piolanti als »ausdrücklichstes und klassischestes Programm des 19. Jahrhunderts«[23] bezeichnet hat. In diesem Werk verkündet er einen Thomismus, der für die Errungenschaften der modernen experimentellen Wissenschaften aufgeschlossen ist und sein Ideal einer »christlichen Philosophie« entfaltet, d. h. einer wahrhaften Philosophie, die auf dem Einsatz der menschlichen Vernunft beruht, gleichzeitig aber nicht nur nicht im Widerstreit mit dem Glauben steht, sondern von diesem wertvolle Anleitungen erhält.[24] Tatsächlich findet man in der Enzyklika eine ganze Reihe von Ideen und Gesichtspunkten aus dem Buch von Msgr. Talamo. Man hat daher allen Grund zu der Annahme, daß dieses Werk eine der inspirierenden Hauptquellen der Enzyklika war.[25] Trotzdem scheint Talamo an der Redaktion des Dokumentes nicht unmittelbar beteiligt gewesen zu sein, genausowenig wie Cornoldi, von dem zwar ebenfalls einzelne Gedanken in *Aeterni Patris* aufgenommen wurden, der jedoch zum Zeitpunkt der Ausarbeitung der Enzyklika noch nicht nach Rom berufen worden war.[26] Damals wie in der Zeit seither sind viele Namen genannt worden. Man fand in den Aufzeichnungen Liberatores einen Entwurf der Enzyklika,[27] und man nahm mit Recht an, daß Kleutgen gleichermaßen beauftragt war, eine erste Skizze zu erstellen.[28] Genauso wurden Zigliara[29] und Giuseppe Pecci[30] ins Spiel gebracht. Schließlich hatte man gehofft, daß die Öffnung des Vatikanischen Archivs für das Pontifikat Leos XIII. Licht in diese Problematik bringen und eine Rekonstruktion der Entstehungsphasen von *Aeterni Patris* gestatten würde, wie dies Msgr. G. Antonazzi bezüglich der Enzyklika *Rerum novarum* möglich war;[31] doch leider wur-

---

[22] Dieses Werk wurde mit einer Einführung von Msgr. A. Piolanti als erster Band der neuen Reihe *Classici del Tomismo* (R/Vat 1986) neu herausgegeben.
[23] *Talamo*, 29.
[24] »Wenn der Philosoph feststellt, daß er zu Schlüssen kommt, die den Inhalten des Glaubens widersprechen, so weiß er, daß er sich getäuscht hat, und beginnt seine rein rationale Forschungsarbeit von neuem.«
[25] Msgr. A. Piolanti (*Talamo*, 94f.) machte auf das Zeugnis des Dominikaners M. Cordovani aufmerksam, der mit Talamo gut befreundet war und dessen Vertrauen genoß. Anläßlich der Neuauflage von *Il rinnovamento del pensiero tomista* 1927 schrieb dieser: »Als die große Enzyklika Leos XIII. über den Thomismus erschien, gingen viele Lehren dieser Vorträge [Talamos] in das bedeutende Dokument ein.« Bezüglich der Mitarbeit Talamos an anderen Dokumenten Leos XIII. vgl. M. Cordovani: *Commemorazione di Mons. S. Talamo*, in: Acta Pontificiae Academiae S. Thomae Aquinatis et religionis, R 1934, 188–206.
[26] Vgl. L. Malusa: *Cornoldi*, 254.
[27] Vgl. F. Lakner: *Kleutgen und die kirchliche Wissenschaft Deutschlands im 19. Jahrhundert*, in: ZKTh 57 (1933) 161–214, hier 199.
[28] Ebd. 199 Anm. 74; vgl. P. Dezza: *La preparazione dell' enciclica Aeterni Patris*, in: A. Piolanti (Hg.): *Aeterni Patris*, Bd. I, 51–65, hier 58.
[29] Vgl. A. Walz: *Sguardo sul movimento tomista nel secolo XIX fino all' Enciclica Aeterni Patris*, in: Aquinas 8 (1965) 351–379, hier 375ff.
[30] Vgl. C. Basevi: *Leone XIII*, 529.
[31] *L'enciclica »Rerum Novarum«, testo autentico e redazioni preparatorie dei documenti originali*, R 1957.

den diese Hoffnungen enttäuscht: bis heute wenigstens fand man nichts, was in diesem Punkt Klarheit geschaffen hätte.[32] Msgr. Piolanti ist der Ansicht,[33] daß nach dem gegenwärtigen Stand der Dokumentation Msgr. Gabriele Boccali[34], der viele Jahre Mitarbeiter Kardinal Peccis in Perugia war und wenig später den Auftrag erhalten sollte, die Accademia di S. Tommaso d'Aquino zu errichten, den endgültigen Text redigiert haben dürfte. Dieser hat möglicherweise das von Liberatore vorgelegte Schema überarbeitet. Doch wer unter den wichtigsten Mitarbeitern des Papstes auch immer am Verfassen der Enzyklika beteiligt gewesen sein mag, eines kann als sicher angenommen werden: Der Papst mußte – wie es auch bei seinen anderen Enzykliken der Fall war – einerseits seinen Mitarbeitern genaue Anweisungen geben, d. h. ihnen das darlegen, was er im Dokument ausgedrückt finden wollte; andererseits mußte er aber auch aufmerksam die Entwürfe, die ihm vorgelegt wurden, durcharbeiten und bis in die kleinste Formulierung diskutieren, damit er zu einem Text kam, der seinem Denken genau entsprach.[35]

Wie stellte sich nun das Dokument dar, das Anfang August 1879 veröffentlicht wurde?
Der Papst beginnt damit, daß er die Intervention des kirchlichen Lehramtes im Bereich der Philosophie rechtfertigt und darauf hinweist, daß die Päpste angesichts der Tatsache, »daß sich der Geist der Gläubigen häufig durch die Philosophie und durch eitle Spitzfindigkeit täuschen läßt«, immer der Meinung waren, um der Verteidigung des Glaubens willen vor allem über den Unterricht der Philosophie wachen zu müssen. Deshalb hält er es für nützlich, wenn er unter den gegenwärtigen Umständen eine ganze Enzyklika »dem Wesen eines philosophischen Unterrichts [widmet], der gleichzeitig die Vorgaben des Glaubens und die Würde der menschlichen Wissenschaften respektiert«. In der Tat, so fährt er fort, »blickt man auf das Böse der Zeit, in der wir leben, erfaßt man denkend den Stand der Dinge, seien sie öffentlich oder privat, so wird man mühelos entdecken, daß die Ursache sowohl für die Übel, die uns bedrücken, als auch für die, die uns bedrohen, in dem besteht, was an irrigen Meinungen über die göttlichen und menschlichen Dinge von den philosophischen Schulen nach und nach in alle Schichten der Gesellschaft übergegangen ist und es geschafft hat, sich von einer sehr großen Zahl von Geistern annehmen zu lassen«. Man beachte bereits hier

---

[32] Vgl. dazu die Erklärung von A. Piolanti, in: *La lettera del Cardinal L. Parocchi sul tomismo*, in: Doctor communis 38 (1985) 151–180, hier 170 Anm. 25: »Mit der Erlaubnis von Paul VI. durfte ich das geheime Archiv Leos XIII. betreten, das damals, 1974, noch geschlossen war. Die wenigen Unterlagen, die dort bezüglich dieses Themas aufbewahrt sind, gestatten es nicht, festzustellen, wer der Verfasser des historischen Dokumentes ist.« Vgl. auch A. Piolanti: *Talamo*, 92 Anm. 199.
[33] Ebd. 91–95.
[34] Über Gabriele Boccali (1843–1892), der zum persönlichen Sekretär Leos XIII. schon am Tag nach dessen Wahl ernannt wurde, vgl. C. Weber: *Quellen und Studien zur Kurie und zur Vatikanischen Politik unter Leo XIII.*, Tü 1973, 94–96, 118, 122f.
[35] In diesem Sinne ist auch die Mitteilung des französischen Botschafters zu verstehen: »Seine Heiligkeit hat daran bereits seit vielen Monaten gearbeitet« (Archives du Ministère des Affaires Étrangères, Correspondance diplomatique, Rome, Bd. 1066, 13. August 1879).

die Perspektive des Papstes, die über einen rein intellektuellen Gesichtspunkt in der Wahrheitssuche von vornherein hinausweist und sich von einer sozialen Sorge bestimmen läßt, indem sie die praktischen Konsequenzen einer schlechten Philosophie für die Gesellschaft aufzeigt.

Anschließend hebt der Papst, wobei er gleichzeitig an den unverzichtbaren Charakter des Glaubenslichtes erinnert, das Licht der Vernunft hervor. Breit beschreibt er die dreifache Rolle der Philosophie angesichts des christlichen Glaubens und der Theologie, nämlich: zunächst das zu vermitteln, was man die »praeambula fidei«, die Grundlagen des Glaubens, nennt, d. h. konkret die Existenz Gottes und einzelne seiner Eigenschaften zu beweisen bzw. die Glaubwürdigkeitszeichen zu erörtern, die eine vernünftige Zustimmung zu der von der Kirche dargebotenen Offenbarung rechtfertigen; sodann der Theologie einen wissenschaftlichen Charakter zu geben, d. h. die verschiedenen Glaubenswahrheiten zu systematisieren und zu versuchen, diesen eine klarere Deutung zu geben; und schließlich die Glaubenswahrheiten zu unterstützen, indem sie die Einwände, die ihr von den Rationalisten entgegengebracht werden, abwehrt. In dieser dreifachen Funktion muß sich die menschliche Vernunft, sofern sie sich mit Wahrheiten beschäftigt, die auch die übernatürliche Ordnung betreffen, allerdings ihrer Schwäche bewußt sein »und sich über alle Maßen geehrt fühlen, daß sie zugelassen ist, bei den überirdischen Wissenschaften die Dienste einer Dienerin auszuüben«. Im anderen Fall, »wenn es sich um jene Lehrbereiche handelt, welche die Vernunft aus ihren eigenen natürlichen Kräften erfassen kann, so ist es richtig, innerhalb dieser Bereiche der Philosophie ihre Methode, ihre Prinzipien und ihre Argumente zu belassen, vorausgesetzt freilich, daß sie niemals die Verwegenheit besitzt, sich der göttlichen Autorität zu entziehen«. Dieser letzte Punkt, wonach die freie geistige Forschung im Glauben eine äußerliche Kontrolle finden kann und finden muß, ist breit kommentiert. Offensichtlich bezieht sich die Enzyklika hier auch auf die von Msgr. Talamo in seinem obengenannten Werk entwickelten Ideen.

Auf den folgenden Seiten zeigt der Papst anhand der Geschichte der Philosophie die Bestätigung seiner theoretischen Ansichten. Nachdem er sich zuerst bei den Apologeten und beim Werk des hl. Augustinus aufhält, kommt er zum Mittelalter und zitiert dort eine lange Erklärung von Sixtus V., der bezüglich des hl. Thomas und des hl. Bonaventura der Meinung war, daß sie einen wahren Höhepunkt des christlichen Denkens gebildet hätten. Doch dann fährt Leo XIII. fort: »Unter allen scholastischen Lehrern strahlt in einem unvergleichbaren Glanz ihr Fürst und Lehrer Thomas von Aquin, der, wie Cajetan bemerkt, durch seine tiefe Verehrung für die heiligen Lehrer, die ihm vorausgegangen sind, in gewisser Weise die Weisheit aller geerbt hat.«[36] Daraufhin entfaltet er die besonderen

---

[36] Laut der Enzyklika »sammelte Thomas ihre Lehren wie die verstreuten Glieder desselben Körpers, er vereinigte sie, er ordnete sie in einem wunderbaren Werk und bereicherte sie derart, daß man ihn selbst mit vollem Recht als den ausgezeichneten Verteidiger und als Ehre der Kirche ansieht«. Es liegt hier freilich eine völlige Mißachtung der Vielseitigkeit der mittelalterlichen Scholastik, d. h. der historischen Scholastik, vor. Die Erkenntnis dieser geistigen Vielseitigkeit innerhalb des Rahmens der fundamentalen Prinzipien der »philosophia perennis« ist eine Errungenschaft der späteren

Qualitäten, die man in der Philosophie des hl. Thomas findet: Zunächst bietet dieser eine zusammenhängende Synthese der zerstreuten Lehren aller vorausgegangenen Lehrer. Weiters behandelt er mit Schärfe, Klarheit und Gründlichkeit alle Teilgebiete der Philosophie, also nicht nur einen ihrer Bereiche wie etwa die Psychologie oder die Theodizee, sondern die Gesamtheit der philosophischen Probleme. Drittens führt die thomistische Philosophie alles auf fundamentale Prinzipien, auf Prämissen zurück; deshalb »ermöglichen die Tragweite dieser Prämissen und die unzählbaren Wahrheiten, die sie keimhaft enthalten, den Lehrern der späteren Jahrhunderte ein breites Feld nützlicher Entfaltungen«. Schließlich hat der hl. Thomas in besonders differenzierter Weise jenes schwierige Problem gelöst, vor das der Christ sich seit jeher gestellt sah, nämlich die Rechte der Vernunft mit der Transzendenz des Glaubens zu versöhnen: »Im selben Zuge, in dem er, wie es sich gehört, Glaube und Vernunft vollkommen unterscheidet, verbindet er diese beiden durch die Bande einer gegenseitigen Freundschaft: So bewahrt er jeder [der beiden Seiten] ihre Rechte und schützt ihre Würde derart, daß die Vernunft auf den Flügeln des hl. Thomas bis zum Gipfel der menschlichen Erkenntnis getragen wird, ja kaum höher steigen kann, und daß der Glaube seitens der Vernunft kaum zahlreichere und wirkungsvollere Hilfen erhält als jene, die der hl. Thomas ihm verschafft hat.«

Diese besonderen Auszeichnungen der Philosophie des hl. Thomas erklären, warum dieser im Laufe der Jahrhunderte eine derartig große Autorität genossen hat. Leider folgte aber auf diese verdienten Erfolge während der letzten Jahrhunderte ein zunehmender Abfall von der thomistischen Philosophie. »Man assistierte einer Vervielfältigung von unterschiedlichen und sogar widersprüchlichen philosophischen Systemen, die in einzelnen Ländern selbst den Geist der katholischen Philosophen nicht verschonen ... Das Erbe der alten Weisheit verschmähend, trachteten sie mehr danach, das schöne Gebäude neu zu bauen, anstatt es zu vergrößern und zu vollenden; ein zweifellos unkluger Plan.« In dieser wichtigen Textstelle, die seine Geisteshaltung charakterisiert, anerkennt der Papst einerseits, daß das schöne Gebäude nicht einfach das bleiben soll, was es war, sondern daß es vervollkommnet werden kann, und er meint, daß dies ein gutes Anliegen wäre; gleichzeitig liest man aber auch von der Existenz eines philosophischen »Patrimoniums«, das von Generation zu Generation weitergegeben werde, während die modernen Philosophen im Gegensatz dazu der Ansicht sind, daß es zum Wesen der Philosophie gehöre, jederzeit die Ausgangspunkte in Frage zu stellen, um sie im Lichte der Vernunft neu zu prüfen und in einer persönlichen Aneignung neu zu entdecken.

Nach diesem Ausdruck des Bedauerns über die Abkehr vom thomistischen System, die sich allmählich durchgesetzt hat, stellt Leo XIII. mit Freude fest, daß

---

historischen Forschungen, die Leo XIII. 1879 noch nicht in ihrer Tragweite erahnen konnte. Er meinte offensichtlich noch, daß die Differenzen zwischen den scholastischen Doctores nur in Detailfragen gegeben seien, obwohl z. B. die Unterschiedlichkeit von bonaventurianischer und thomistischer Psychologie, die Behauptung der »distinctio realis« zwischen »essentia« und »existentia« durch den hl. Thomas bzw. die Leugnung dieser »distinctio« als »realis« bei Suarez oder schließlich die spezifische Denkform eines Duns Scotus fundamentale Differenzen sichtbar machen.

eine Gegenreaktion im Kommen ist, und spielt, ohne Namen zu nennen, auf die ersten Anstrengungen des Neuthomismus an. Er legt sodann die Gründe dar, deretwegen er sich wünscht, daß die Bischöfe den Unterricht einer thomistischen Philosophie an ihren Seminarien wieder einführen sollten: zunächst, weil die ordentliche Ausbildung der katholischen Jugend und besonders der künftigen Priester eine bedeutende Sache in sich ist; weiters, weil die Gegner der Kirche den Glauben zumeist auf der Ebene der Vernunft angreifen und es daher entscheidend ist, daß man auf derselben Ebene antworten kann; drittens, weil eine hohe Gefahr besteht, daß die Familie und die Gesellschaft einer Verseuchung durch irrige Ansichten ausgesetzt werden; schließlich fügt der Papst noch ein letztes Argument an: »Alle menschlichen Wissenschaften haben Grund, einen realen Fortschritt zu erhoffen und sich eine wirksame Hilfe aus der Restauration zu erwarten, die Wir für die philosophischen Wissenschaften vorgeschlagen haben« – alle Wissenschaften, also nicht nur die sogenannten Humanwissenschaften, sondern ebenso »die Naturwissenschaften selbst, die heute derart hoch geschätzt werden und die, gekrönt mit so vielen Entdeckungen, auf allen Seiten eine grenzenlose Bewunderung auslösen: eben diese Wissenschaften würden, fern davon, etwas zu verlieren, ganz besonders aus einer Erneuerung der alten Philosophie Nutzen ziehen«. Diese letzte Feststellung bot dem Papst schließlich Anlaß, kurz auf die gegenseitigen Beziehungen von Philosophie und Wissenschaften einzugehen. In diesem Punkt muß man zweifellos (neben anderem) den Einfluß jener Gedanken anerkennen, die damals gerade von Cornoldi in seiner Accademia filosofico-medica von Bologna und in seiner Zeitschrift *La Scienza Italiana* entwickelt wurden.[37]

Bevor Leo XIII. die Enzyklika beschließt, fügt er noch eine wichtige Präzisierung an: Wenn er auch dazu auffordere, zum hl. Thomas zurückzufinden, so verstehe es sich gleichzeitig, daß, »wenn man bei den scholastischen Lehrern eine allzu subtil behandelte Frage findet, eine unbedachte Feststellung oder etwas, was mit bewiesenen Theorien späterer Jahrhunderte nicht in Einklang steht, das mit einem Wort jedes Wertes enthoben wurde, Wir in keiner Weise beabsichtigen, dieses unserem Jahrhundert zur Nachahmung zu empfehlen«. Er endet daraufhin mit einigen praktischen Ratschlägen, vor allem mit jenem, der fruchtbar war und keimhaft die ganze Bewegung der historischen Forschung enthielt, welcher die thomistische Erneuerung Raum geboten hat: »Um zu vermeiden, daß man schlammiges Wasser anstelle des reinen trinke, achtet darauf, daß die Weisheit des hl. Thomas an ihren eigenen Quellen geschöpft wird – oder wenigstens von jenen Wassern, die, aus derselben Quelle entsprungen, nach dem einmütigen und sicheren Zeugnis der Doctores noch rein und klar fließen«, sprich: von den unmittelbaren Kommentatoren.

---

[37] Es ist wahrscheinlich, daß einer der Gründe, deretwegen Leo XIII. die Rückkehr zur Philosophie des hl. Thomas empfahl, darin lag, daß diese – von Aristoteles inspiriert, der bekanntlich gleichzeitig Wissenschaftler und Philosoph war – ihm das zu ermöglichen schien, was viele Gebildete dieser Zeit als große Aufgabe der katholischen Denker des 19. Jahrhunderts ansahen, nämlich die Harmonisierung der fundamentalen Thesen der christlichen Anthropologie mit den neuen Erkenntnissen der Psychologie und Medizin zu erreichen, die damals gerade voll im Aufblühen waren.

Dieses kurze Resümee gestattet uns, den Standpunkt zu umschreiben, den der Papst eingenommen hat. Wenn es ihm auch zunächst um die Ausbildung der jungen Kleriker ging, so hatte er doch unbestritten weiter gesteckte Ziele und beabsichtigte eine Erneuerung des philosophischen Denkens überhaupt auf der Basis des Thomismus. Und dies nicht etwa, um der Theologie ein adäquates Instrumentarium an die Hand zu geben: Tatsächlich ist in der Enzyklika kaum von der thomistischen Theologie, wohl aber vom philosophischen System des hl. Thomas die Rede. Leo XIII. war kein speziell spekulativer Geist. Auch erscheint er für die Philosophie weit weniger leidenschaftlich engagiert als sein Bruder Giuseppe. Dennoch war er ein gebildeter und verständiger Mann, der viel nachgedacht und die unheilvollen Lasten erkannt hat, die für das christliche Denken entstehen, wenn es sich nicht auf eine solide philosophische Basis stellen kann, die nicht bloß kritisch ist und alles bezweifelt wie viele der modernen Systeme, sondern die gleichzeitig eine konstruktive und schöpferische Synthese darstellt, welche sowohl in den Augen der Vernunft gerechtfertigt ist als auch mit dem Glauben der Kirche in Einklang steht. Er hoffte, mit Hilfe des Thomismus auf die geistige Anarchie, die sich vor ihm breitmachte, und gegen die verheerenden Folgen des Individualismus für den auf sich selbst gestellten menschlichen Geist reagieren zu können. Dafür nahm er sogar die Gefahr des Anscheins in Kauf, mit Autorität ein philosophisches System vorzuschreiben,[38] was übrigens nicht nur im Hinblick auf das Wesen der philosophischen Forschung widersprüchlich ist, sondern auch paradox erscheint angesichts der Tatsache, daß eines der Ziele des Thomismus der Kampf gegen den Traditionalismus von de Bonald und Lamennais war, der bis zum Ende des 19. Jahrhunderts unter den Katholiken noch sehr verbreitet war. Genau dies stellt auch ein Historiker des 19. Jahrhunderts fest, indem er »auf den realen und kausalen Bezug zwischen der traditionalistischen romantischen Bewegung, die zwischen 1800 und 1880 das katholisch-französische [ich füge an: europäische] Denken beeinflußt hat, und der Rückkehr des Thomismus« hinwies und hinzusetzte: »Diese Bewegung, die stärkste geistige Bewegung innerhalb der katholischen Gesellschaft, verlangte von Natur aus danach, eine Autorität nicht nur in der Religion, sondern auch in der Philosophie zu suchen und die Rechte der individuellen Vernunft in klare Schranken zu weisen.«[39]

---

[38] Man kann sogar sagen, daß die Enzyklika auf doppelte Weise eine Philosophie autoritativ vorschreibt, weil es einmal der Papst ist, der ein philosophisches System nahelegt, und weil zum anderen der hl. Thomas für die Katholiken eine philosophische Autorität zu werden scheint, welche die theologische Autorität der Konzilien und anderer dogmatischer Erklärungen ergänzt. Es ist interessant festzustellen, daß Cornoldi in seinem autorisierten Kommentar zur Enzyklika (*La riforma della filosofia promossa dall' Enciclica »Aeterni Patris«*, 1879 in der CivCatt, 1880 als Buch in Bologna publiziert) »sich dessen bewußt ist, daß die Weise, in der die von der Enzyklika vertretene Philosophie präsentiert wird, der herrschenden Vorstellung von Philosophie in seiner Zeit widerspricht« (L. Malusa: *Cornoldi*, 275f.).

[39] Foucher, 269 (vgl. 8f.); L. Malusa (*Cornoldi*, 264f.) macht auf den »gemäßigten Traditionalismus« der Enzyklika aufmerksam, der den Wert der Scholastik u. a. »in der Garantie durch eine lange Erfahrung« erblickt.

Diese Überlegung führt uns dazu, ausgehend von der Tatsache der antirevolutionären Gesinnung des traditionalistischen Denkens, unsere Aufmerksamkeit auf einen Aspekt zu lenken, den ich bereits angesprochen habe, nämlich auf den sozial-restaurativen Charakter, den die Rückkehr zum Thomismus für Leo XIII. hatte. Im Unterschied zu einem reinen Philosophen interessierte er sich primär nicht für die philosophische Forschung um ihrer selbst willen, sondern für die – in seinen Augen unerläßliche – Unterstützung, die sie seinem großen Plan leisten könne, der sich nicht von demjenigen seines Vorgängers Pius' IX. unterschied, nämlich der Restauration der christlichen Gesellschaft nach christlichen Prinzipien. Besser als Pius IX. begriff Leo XIII., weil er selbst ein Intellektueller war, sehr rasch, daß die christliche Erneuerung der Gesellschaft nur über die Erneuerung des christlichen Denkens[40] möglich sei und daß es vergeblich wäre, wenn man versuchte, eine integrale christliche Gesellschaftsordnung zu errichten – dies wird Gegenstand der folgenden Enzykliken von *Immortale Dei* und *Libertas praestantissimum* bis zu *Rerum novarum* sein –, ohne zunächst an der Basis eine strenge Denkdisziplin zu haben, die allen katholischen Lehranstalten vorgeschrieben würde. Anders gesagt: Die thomistische Initiative Leos XIII. besaß zwar sicherlich eine philosophische Zielsetzung, sie ging jedoch über das, was man den Thomismus der Professoren nennen könnte, weit hinaus, weil der Papst davon überzeugt war, daß – um mit Jacques Maritain zu sprechen – »das Problem der christlichen Philosophie und dasjenige einer christlichen Politik nur die spekulative und die praktische Seite ein und desselben Problems bilden«.[41]

Kurz: Die thomistische Erneuerung, wie Leo XIII. sie wollte, ist nicht nur ein Ereignis im Empyreum der reinen Philosophen, man muß ihre Motive vielmehr auch auf der »politischen« Ebene – im höchsten Sinne dieses Wortes – suchen bzw. in den Spuren einer Politik, die in der Wiedererrichtung der christlichen Gesellschaftsordnung,[42] d. h. einer Gesellschaft, die dem christlichen Ideal nachkommt, und zugleich einer »sozialen Ordnung«, die momentan durch die Revo-

---

[40] In seinem Vortrag *I grandi temi dell'enciclica* am Kongreß zur ersten Hundertjahrfeier der Enzyklika (in: B. d'Amore [Hg.]: *Aeterni Patris*, 49–70) betonte J. de Finance den Intellektualismus Leos XIII., der sich in »der Überzeugung von der entscheidenden Wichtigkeit der Ideen als Ursprung und Maß der Handlung« (55) äußert.

[41] J. Maritain: *De Bergson à Thomas d'Aquin*, P 1974, 134. Es ist nicht unwesentlich zu wissen, daß zwei der glühendsten, bahnbrechenden Verfechter des Neuthomismus, nämlich die Jesuiten Taparelli d'Azeglio und Liberatore, beide Spezialisten für Sozialphilosophie waren.

[42] Dieser Aspekt, der in pastoralen Sorgen wurzelt, wurde vor allem von C. Basevi: *Leone XIII* (bes. 552, 530), hervorgehoben. Basevi fordert dazu auf (496), *Aeterni Patris* in der Perspektive der beiden vorangehenden Enzykliken *Inscrutabili* (21. April 1878), in welcher der Papst die großen Linien seines pastoralen Programms vorzeichnete, und *Quod Apostolici muneris* (28. Dezember 1878), in der er die soziale und politische Weltlage analysierte, zu sehen: »Diese drei ersten Enzykliken bilden eine Einheit, in der ein breit angelegter pastoraler, sozialer und kultureller Plan zur Reform der christlichen Gesellschaft herausbildet, die er erneuern und neu beleben will; wir können auch sagen, daß sie eine Definition eines *status quaestionis* auf ethischem, sozialem und philosophischem Gebiet [erarbeiten], um von diesem aus eine *civitas christiana*, eine spezifisch christliche Gesellschaft und Kultur errichten zu können.« Vgl. im selben Sinne G. Perini: *Dall'Aeterni Patris*, 621f.; G. Siri: *Il momento storico nel quale nacque l'enciclica »Aeterni Patris«*, in: A. Piolanti (Hg.): *Aeterni Patris*, Bd. I, 30–40 (bes. 38: »Der Bezug zwischen Aeterni Patris und Rerum Novarum ist für mich offensichtlich«); vgl. *Aeterni Patris*, Bd. VI: *Morale e diritto nella prospettiva tomistica*.

lutionäre aller Art gefährdet wird, den einzigen Ausweg aus den Übeln der modernen Welt erblickt. Wie viele zeitgenössische Neuscholastiker sah Leo XIII. in der Restauration des Thomismus einen Aspekt von »sozialer Verteidigung«, ein Heilmittel gegen Lehren, die sowohl im Familienleben als auch auf gesellschaftlicher und politischer Ebene die traditionellen Werte unterwanderten. Ich beschränke mich darauf, eine entscheidende Passage der Enzyklika zu zitieren: »Zweifellos werden sich die Familie und die bürgerliche Gesellschaft eines vollkommeneren Friedens und einer größeren Sicherheit erfreuen, wenn man an den Universitäten und Schulen eine gesündere und mit den Unterweisungen der Kirche übereinstimmendere Lehre verbreiten würde, eine Lehre, wie man sie in den Werken des hl. Thomas findet. Das, was uns der hl. Thomas über die wahre Natur der Freiheit lehrt, die in unseren Tagen zur Willkür degeneriert, über den göttlichen Ursprung aller Autorität, über den Gehorsam, der höheren Autoritäten gebührt, über die gegenseitige Liebe, die unter den Menschen herrschen muß, das, was er uns über diese und andere analoge Themen mit einer gewaltigen, unüberwindlichen Kraft sagt, [dies sollte neu zur Geltung kommen,] damit alle diese Grundsätze des neuen Rechts, die voll von Gefahren sind, zugunsten einer guten Ordnung und eines allgemeinen Wohls aufgelöst werden.« Der »konservative« Aspekt der thomistischen Restauration wurde bereits von einer anerkannten Autorität in dieser Frage, von Eduardo Soderini, gesehen, der Leo XIII. persönlich sehr nahestand und der nicht nur als Historiker, sondern auch als Geschichtsquelle zu betrachten ist, weil er zweifellos eine Reihe seiner Ansichten vom Papst selbst erhalten hat. Soderini anerkennt,[43] daß der Papst tatsächlich von diesem Anliegen bewegt war, das übrigens auch in späteren Dokumenten, in denen er auf einer Rückkehr zum Thomismus insistiert, durchscheint.[44] Derartige Überlegungen skandalisieren gewisse Philosophen, denen jeder historische Sinn abgeht und die – im reinen Ideenhimmel schwebend – nicht zugestehen können, daß solche Anliegen die philosophischen Entscheidungen Leos XIII. hätten bestimmen können. Sie vergessen dabei, daß, wenn die Ideen auch zum Teil die Welt leiten, die Welt ihrerseits die Ausarbeitung dieser Ideen unvermeidlich beeinflußt.

Muß man deshalb noch weitergehen und die jüngst vertretene These des kanadischen Soziologen Pierre Thibault[45] akzeptieren, derzufolge bei vielen Neuthomisten mehr oder weniger bewußt und bei Leo XIII. ausdrücklich die thomistische Philosophie nicht nur als ein theoretisches Fundament einer christlichen

---

[43] *Leone XIII*, Bd. I (1932) 281.
[44] Zitieren wir diesbezüglich z. B. den Brief *Iampridem* vom 15. Oktober 1879 (ASS 22 [1879] 225f.), in dem es um die Reorganisierung der Accademia Romana di S. Tommaso geht: »Überlegung und Erfahrung haben Uns verstehen lassen, daß man den fürchterlichen Krieg, den man derzeit gegen die Kirche und die menschliche Gesellschaft führt, mit Gottes Hilfe nicht leichter und schneller beenden kann, als wenn man dank philosophischer Studien überall auf die verborgenen Prinzipien der Wissenschaft und des Handelns zurückkommt. Dies ist der Grund, warum die Erneuerung einer gesunden und gediegenen Philosophie in allen Gebieten das Entscheidende in dieser Frage darstellt.«
[45] *Savoir et pouvoir*. Vgl. die Besprechung dieses Buches durch É. Poulat in: Archives de sciences sociales des religions 37 (1974) 5–22, bes. 18.

Politik, sondern darüber hinaus als Prinzip einer klerikalen Politik betrachtet worden sei? Nach Thibault ist die Wiederbelebung des Thomismus im 19. Jahrhundert wesentlich durch einen klerikalen Machtwillen getragen worden und hat dem Papst als (kirchlich eingesetztes) strategisches Mittel gedient, um seine alte geistige Macht über die irdischen Gesellschaften innerhalb einer liberalistisch bestimmten Welt neu zu errichten. Zwischen einem theokratischen System, das nicht mehr vertretbar gewesen wäre, und der liberalen These von der »Religion als Privatsache«, die im Namen der Theorie von der notwendigen Trennung zwischen Kirche und Staat vertreten wurde, hätte Leo XIII. in der thomistischen Theorie von der »indirekten Macht« einen Anhaltspunkt gesehen, der ihm gestatten sollte, den römischen Einfluß im laizistischen Europa zurückzugewinnen. Trotz ihrer historischen Schwächen – und diese sind groß – scheint mir an der These Thibaults nicht alles falsch zu sein. Schon allein die Tatsache, daß in Rom die Kampagne für die Rückkehr zum Thomismus weit mehr von den Condottieri des integralistischen Ultramontanismus, die um die Verfassergruppe der *Civiltà Cattolica* zu suchen sind, getragen wurde als von den gelehrten Professoren der Minerva, muß zweifellos zum Nachdenken Anlaß geben. Und daß Leo XIII. von einer »neuen Christenheit« geträumt hat, die zwar sicherlich nicht mehr die mittelalterliche gewesen wäre, sich aber doch an denselben Prinzipien orientiert hätte, erscheint ziemlich klar. Trotzdem muß man sich auch unbedingt dessen bewußt sein, daß dieses Projekt nicht von einem klerikalen Machthunger geleitet war, sondern – wie ich bereits oben ausführte – von wesenhaft pastoralen Sorgen, die freilich darauf abzielten, für den Katholizismus das seit dem 18. Jahrhundert verlorene Einflußgebiet zurückzugewinnen.[46]

Ein letztes Wort noch, das im Hinblick auf spätere Kontroversen nicht ohne Bedeutung ist: Muß der Thomismus, den Leo XIII. als ideale Philosophie präsentiert, als »christliche Philosophie« verstanden werden? Dieser Ausdruck, der damals gängig war – Talamo verwendet ihn wiederholt,[47] das Handbuch Sanseverinos trägt bekanntlich den Titel *Philosophia christiana cum antiqua et nova comparata* –, findet sich nirgends im Text der Enzyklika. Er steht allerdings im Titel derselben: »De philosophia christiana«, auf den Kopien, die den Bischöfen zugesandt wurden, und in zahlreichen späteren Auflagen. George Van Riet konnte aber am Ende einer detaillierten Untersuchung[48] festhalten, daß dieser Titel in der allerersten Auflage des päpstlichen Dokumentes nicht aufscheint. Dennoch darf man auch nicht übersehen, daß Leo XIII. nicht nur den später angefügten Titel nicht in Abrede stellte, sondern ihn auch selbst »in Dokumenten [verwendete], in denen nichts die Authentizität jemals in Zweifel gezogen hat«.[49]

---

[46] Étienne Gilson sprach im Zusammenhang mit der Enzyklika *Aeterni Patris* von »einer apostolischen Verwendung der Philosophie als Hilfsmittel im Einsatz für das Wohl der Menschheit« (*Le philosophe et la théologie*, P 1960, 203).
[47] Vgl. A. Piolanti: *Talamo*, bes. 49–54; vgl. außerdem zur häufigen Verwendung des Ausdrucks in dieser Zeit ebd. 49 Anm. 5. In Frankreich erschienen damals bereits seit mehreren Jahren die *Annales de philosophie chrétienne*.
[48] *Le titre*.
[49] Ebd. 49f.

Darüber hinaus zeigten verschiedene Kommentatoren, daß man im Text der Enzyklika alle notwendigen Elemente zur Definition der christlichen Philosophie findet.[50]

Die Enzyklika *Aeterni Patris* war nicht – und zwar bei weitem nicht – das erste päpstliche Dokument zugunsten des Thomismus,[51] doch es war wohl mit Sicherheit das am meisten entfaltete, das ausschließlichste und außerdem jenes, das am meisten auf der *philosophischen* Bedeutung des Thomismus beharrte. Im Lauf der folgenden Jahre widmete sich Papst Leo XIII., sei es durch gelegentliche Äußerungen[52] oder sei es durch eine Serie ganz konkreter Maßnahmen,[53] systematisch der Aufgabe, das Programm, welches er in der Enzyklika vorgezeichnet hatte, zu verwirklichen.

Seine Nachfolger haben ihm bei verschiedenen, mehr oder minder offiziellen Anlässen ein nachhaltiges Echo verschafft. Beginnen wir mit Pius X., von dem in der offiziellen Traueransprache am 22. August 1914 als besonderes Verdienst hervorgehoben wurde, daß er »die Lehre des hl. Thomas energisch gefördert«

---

[50] Vgl. bes. J. Owens: *La filosofia cristiana de la »Aeterni Patris«*, in: Revista de Filosofia UIA 13 (1980) 229–246; J. de Finance, a. a. O. *Anm.* 40, 61–65.

[51] Vgl. z. B. J. J. Berthier: *S. Thomas Aquinas »Doctor Communis« Ecclesiae*, Bd. I: *Testimonia Ecclesiae*, R 1914; sowie die gedrängte Darstellung von J. Maritain im Anhang von : *Le Docteur Angélique*, P 1930, 197–203.

[52] Angefangen von den drei bedeutungsvollen Briefen an den Bischof von Vigevano (11. September 1879), an zwei Redemptoristen (4. Oktober 1879) und an Kardinal De Luca, den Präfekten der Studienkongregation (15. Oktober 1879), während der ersten Monate nach dem Erscheinen der Enzyklika. Vgl. die Texte in CivCatt Serie 10 / Bd. 10 (1879) 230–232, 345–352; als Kommentar siehe C. Basevi: *Leone XIII*, 526–528. Zum ersten Jahrestag der Enzyklika am 4. August 1880 erklärte das Breve *Cum hoc sito* (ASS 13 [1880] 56–59) den hl. Thomas zum Patron der katholischen Lehranstalten und verwies an die Motive, die den Papst dazu bewogen hatten, in diesem »das vollkommenste Modell [zu sehen], das die Katholiken in den verschiedensten Gebieten der Wissenschaften sich setzen können«. Zu den persönlichen Eigenschaften des heiligen Lehrers kommt die Tatsache, »daß seine Lehre so weit ist, daß sie wie ein Meer die ganze Weisheit enthält, die von den Alten zufließt. Alles, was an Wahrem gesagt worden ist, alles, was von den heidnischen Philosophen, den Vätern und den Lehrern der Kirche sowie von den vortrefflichen Menschen, die vor ihm gelebt haben, weise disputiert wurde, das hat er nicht nur vollständig gekannt, sondern er hat es vermehrt, vervollkommnet und es mit einem derartigen Scharfsinn dargelegt, daß er jenen, die ihm folgen wollen, lediglich das Vermögen des Nachahmens übriggelassen zu haben scheint und gleichzeitig die Möglichkeit genommen hat, ihm gleich zu werden. Und es ist auch noch dies bedenkenswert: Seine Lehre antwortet, weil sie mit Prinzipien von breiter Anwendungsmöglichkeit gebildet und ausgerüstet ist, nicht nur auf die Herausforderungen einer Zeit allein, sondern aller Zeiten und sie eignet sich [schließlich] besonders dazu, die dauernd neu entstehenden Irrtümer zu besiegen.« Einige weitere Dokumente führt A. Lobato an, in: *Santo Tomás de Aquino en el Magistero de la Iglesia desde la »Aeterni Patris« a Juan Pablo II*, in: A. Piolanti (Hg.): *Aeterni Patris*, Bd. III, 7–28, hier 16 Anm. 19.

[53] Zu nennen sind vor allem die Reorganisierung der Accademia Romana di S. Tommaso d'Aquino unter der Führung von Msgr. Talamo (15. Oktober 1879), die Gründung der »Leonina« genannten kritischen Neuausgabe der Werke des hl. Thomas (10. Januar 1880), die Ernennung neuer Professoren an der Gregoriana (vor allem von V. Remer und L. Billot), am Appollinare und am Propagandakolleg, die Erhebung Kardinal Zigliaras zum Präfekten der Studienkongregation, die Gründung und die wiederholte Förderung des Institut Supérieur de philosophie, das in Löwen durch Msgr. Désiré Mercier ins Leben gerufen wurde, usw. Bezüglich dieser Maßnahmen vgl. verschiedene Hinweise in: R. Aubert: *Aspects divers*, 157–163, 172ff; L. Malusa: *Cornoldi*, 249–399.

habe.⁵⁴ Wenige Monate nach seiner Wahl bestätigte er in seinem Apostolischen Schreiben *In praecipuis laudibus* vom 3. Januar 1904 an die Accademia Romana di S. Tommaso, daß einer der Hauptfaktoren des Ruhmes von Leo XIII. darin bestehe, »vor allem anderen und mit all seinen Kräften die Lehre des hl. Thomas wiederhergestellt zu haben«.⁵⁵ In der Enzyklika *Pascendi* greift Pius X. sodann für sich selbst mit Nachdruck die von Leo XIII. verfügten Richtlinien für die Seminare und die katholischen Fakultäten auf: »Was die Studien anbelangt, so wollen und verfügen Wir, daß die scholastische Philosophie den heiligen Wissenschaften zugrunde gelegt wird . . ., und wenn Wir die scholastische Philosophie vorschreiben, so verstehen Wir darunter – das ist entscheidend – die Philosophie, die an den Doctor Angelicus gebunden ist. Wir erklären daher, daß alles, was von Unserem Vorgänger in dieser Sache verordnet wurde, vollständig in Kraft bleibt, und sofern dies notwendig sein sollte, ordnen Wir dies von neuem an, Wir bestätigen es und verfügen, daß es unbedingt befolgt werde. Die Bischöfe mögen dies in den Seminarien, wo es vergessen worden sein sollte, vorschreiben und Gehorsam verlangen. Diese Vorschreibungen richten sich auch an die Superioren der religiösen Institute. Und die Professoren mögen wissen, daß eine Abkehr vom hl. Thomas, vor allem in metaphysischen Fragen, nicht ohne großen Schaden erfolgen kann. Auf dieser philosophischen Grundlage sei ein sicheres theologisches Gebäude errichtet!«⁵⁶ Diese Richtlinien wurden nahezu wörtlich im Apostolischen Schreiben *Sacrorum antistitum* vom 1. September 1910 an die Bischöfe und Generaloberen der Orden übernommen.⁵⁷ Kurz vor seinem Tod, im Motuproprio *Doctoris Angelici* vom 29. Juni 1914,⁵⁸ das zwar nur an die italienischen Bischöfe gerichtet war, in seiner Tragweite aber schon damals als wesentlich weitreichender angesehen wurde,⁵⁹ mußte der Papst auf seine Verfügungen zurückkommen, um sie zu präzisieren und um ihre Bedeutung klarer zu machen. Mit Bezug auf den soeben zitierten Text hält er fest: »Weil Wir sagten, daß die Philosophie von Thomas von Aquin *vor allem* [*praecipue*] zu befolgen sei, ohne zu sagen, daß sie *ausschließlich* befolgt werden müsse, kam es, daß mehrere glaubten, Unseren Willen auszuführen oder ihm zumindest nicht zu widersprechen, wenn sie ohne genauere Unterscheidung, nur um sich daran zu halten, einfach etwas übernehmen, was ein anderer der scholastischen Doctores in der Philosophie gelehrt hat, selbst wenn dies in Widerspruch zu den Prinzipien des hl. Thomas stand. Darin haben sie sich schwer getäuscht. Stellen Wir den hl. Thomas als höchsten Führer der scholastischen Philosophie hin, so ist es ganz klar, daß Wir wollen, daß man

---

⁵⁴ AAS 7 (1914) 430. Schon in der Zeit, als Msgr. Sarto Generalvikar von Treviso war, leistete er seinen Beitrag zur Restauration des Thomismus (vgl. I. Tolomio: *Alle origini del neotomismo a Treviso*, in: A. V.: *Vetera novis augere. Studi in onore di Carlo Giacon*, R 1982, 35–58, bes. 40–48, 54–58.
⁵⁵ ASS 36 (1903/04) 467.
⁵⁶ ASS 40 (1907) 640.
⁵⁷ AAS 2 (1910) 655–680; das Zitat von *Pascendi* findet sich 656f.
⁵⁸ AAS 6 (1914) 336–341.
⁵⁹ Deshalb führte z. B. J. Maritain in seinem klassischen Buch *Le Docteur Angélique*, a. a. O. Anm. 51, im Anhang unter dem Titel »Trois documents pontificaux« dieses Motuproprio zwischen den Enzykliken *Aeterni Patris* und *Studiorum ducem* (144–253) an.

dies vor allem im Hinblick auf die von ihm gelehrten Prinzipien versteht, die das Fundament bilden, auf dem diese Philosophie ruht.« Ein wenig später präzisiert er: »Eine so wunderbare Hinterlassenschaft an Weisheit, die er selbst, nachdem er sie von den Alten übernommen hatte, durch die Kraft seines nahezu engelgleichen Genies vervollkommnet und erweitert hat und die er dazu verwendete, die heilige Lehre im menschlichen Geist vorzubereiten, darzulegen und zu fördern, will weder der gesunde Verstand vernachlässigt wissen noch die Religion als an irgendeiner Seite vermindert dulden. Sollte daher die katholische Wahrheit einmal dieser mächtigen Stütze beraubt sein, dann wäre es sinnlos, wenn man zur Verteidigung derselben Hilfe bei einer Philosophie suchte, deren Prinzipien entweder vermischt sind mit den materialistischen, monistischen, pantheistischen bzw. sozialistischen Irrtümern und mit den verschiedenen Formen des Modernismus oder diesen jedenfalls nicht widersprechen. Deshalb dürfen die entscheidenden Punkte der Philosophie des hl. Thomas nicht in die Klasse jener Meinungen gereiht werden, über deren Inhalt man in diesem oder einem anderen Sinn streiten kann, sondern müssen genau als jene Fundamente betrachtet werden, auf denen sich die ganze Wissenschaft der natürlichen und göttlichen Dinge grundgelegt findet; und sollte man sie verkürzen oder in irgendeiner Weise verändern, so folgte daraus mit Notwendigkeit die Konsequenz, daß die in den heiligen Wissenschaften Studierenden nicht einmal mehr die Bedeutung der Worte erhielten, in denen die von Gott geoffenbarten Dogmen durch das Lehramt der Kirche verkündet werden. Aus diesem Grunde wollten Wir, daß alle die, die im Unterricht der Philosophie und der heiligen Theologie arbeiten, darauf hingewiesen würden, daß auch nur die Entfernung um einen Schritt vom hl. Thomas, vor allem was die Metaphysik anbelangt, nicht ohne großen Schaden erfolgen könne. Und hiermit erklären Wir einmal mehr, daß nicht nur diese dem hl. Thomas kaum folgen, sondern auch solche vom heiligen Lehrer weit abkommen, die in ihren Auslegungen das pervertieren oder völlig mißdeuten, was in seiner Philosophie die Prinzipien und die großen Thesen konstituiert. Sollte die Lehre irgendeines Autors oder eines Heiligen je von Uns oder von Unseren Vorgängern mit besonderem Lob empfohlen worden sein, und zwar derart, daß sich mit dem Lob die Einladung und Verfügung verband, diese wieder aufzunehmen und sie zu verteidigen, so versteht es sich von selbst, daß sie in dem Maße empfohlen wurde, in dem sie mit den Prinzipien des hl. Thomas von Aquin in Einklang steht oder diesen in keiner Weise widerspricht.« In Konsequenz dazu schrieb der Papst schließlich allen kirchlichen Lehranstalten Italiens die *Summa theologiae* des Aquinaten als Lehrbuch vor.

Mit dem Ziel, näher zu erläutern, was unter den »principia et maiora pronuntiata« des Doctor Angelicus zu verstehen ist, wurden kaum einen Monat später, am 27. Juli 1914, seitens der Studienkongregation die berühmten 24 thomistischen Thesen veröffentlicht.[60] Sie sind von Guido Mattiussi, dem Nachfolger von

---

[60] AAS 6 (1914) 383–386; zur Bedeutung des Dokumentes vgl. P. Dezza: *La S. Congregazione*, 680–683. Unter den verschiedenen zeitgenössischen Kommentaren vgl. bes.: E. Hugon OP: *Les 24 thèses thomistes*, P 1918 (auf Wunsch Benedikts XV. verfaßt); G. Mattiussi SJ: *Le XXIV tesi della filosofia di S. Tommaso d'Aquino approvate dalla S. Congregazione degli Studi*, R 1917.

Louis Billot an der Gregoriana, redigiert worden, der sich seinerseits an jenem sechsbändigen Philosophiekurs[61] inspirierte, welcher zwischen 1907 und 1913 von den Jesuiten in Norditalien herausgegeben worden war, und hier besonders, was die metaphysischen Lehren um das Thema »Akt und Potenz« anbelangt, die das Herzstück des Dokumentes bilden, an den Anmerkungen von Gioacchino Ambrosini.[62]

Diese verschiedenen Interventionen Pius' X. zeigen, daß, wenn er in erster Linie wegen seiner Sorge um die Ausbildung des Klerus und wegen seiner Beunruhigung über die Abirrungen der Theologie im Zusammenhang mit der Modernismuskrise[63] die Vorgaben seines Vorgängers akzentuiert hat, es vor allem die thomistische *Philosophie* ist, die er im Unterricht an den Seminarien und katholischen Universitäten autoritativ vorschreiben wollte.

Die übertriebene Ausschließlichkeit der 24 Thesen, die zahlreiche Proteste auslöste, vor allem in der Gesellschaft Jesu (in der Suarez überzeugte Anhänger besaß), wurde von Benedikt XV. ein wenig gemildert. Die Studienkongregation präzisierte nämlich, daß »omnes illae XXIV theses philosophicae germanam S. Thomae doctrinam exprimunt, eaeque proponantur veluti tutae normae directivae«,[64] was bedeutete, daß sie nicht mehr vorgeschrieben waren. Doch diese Präzisierung hinderte Benedikt XV. nicht daran, bei mehreren Gelegenheiten während seines kurzen Pontifikats die unvergleichliche Stellung, die dem hl. Thomas zukommt, zu bestätigen, wobei er allerdings nicht näher ausführte, ob er mehr die Philosophie oder die Theologie vor Augen hatte: so im Motuproprio, das er am 31. Dezember 1914 an die Accademia Romana di S. Tommaso richtete;[65] so in einem Breve vom 17. November 1918 an den General der Dominikaner anläßlich der Publikation der *Summa contra Gentiles* durch die leoninische Kommission;[66] und so in der Enzyklika *Fausto appetente* zum 700. Todestag des hl. Dominikus am 29. Juni 1921.[67] Man muß auch den Canon 1366 des *Codex*

---

[61] Über G. Mattiussi (1852–1925), einen der Protagonisten des Integralismus in Italien unter Pius X., vgl. La Scuola cattolica 53/1 (1925) 406–408; und L. Bedeschi (Hg.): *Centro studi per la storia del Modernismo. Fonti e Documenti*, Bd. IV, Urbino 1975, 73–75, 86, 217–231 (bes. 220f. Anm. 6).

[62] Vgl. C. Giacon: *Il »Cursus forojuliensis« e le XXIV tesi del tomismo specifico*, in: A. Piolanti (Hg.): Aeterni Patris, Bd. III, 157–194; ders.: *Per una prima genesi delle XXIV tesi del tomismo specifico*, in: Doctor Communis 24 (1981) 175–193; ders.: *Postille sulle tesi del tomismo specifico*, in: Doctor Communis 25 (1982) 349–356.

[63] Zu den strenger kirchlich ausgerichteten Überlegungen Pius' X. auf diesem Gebiet vgl. G. Perini, a. a. O. *Anm.* 42, 635f.

[64] AAS 8 (1916) 156f. (Das Ergebnis dieser Entschärfungen durch die Kongregation am 22. und 24. Februar wurde am 25. Februar vom Papst bestätigt.) Vgl. auch den Brief der Kongregation vom 18. Januar 1917 an den Jesuitengeneral J. Ledochowski (vom Papst am 19. März bestätigt), in dem präzisiert wird, daß nicht jede der 24 Thesen verbindlich vorgeschrieben sei (vgl. ZKTh 42 [1918] 234).

[65] AAS 7 (1915) 5–7: »Scholasticorum ratio seu methodus ... mirifice accommodata est ad illustrandam veritatem ac tuendam atque huius disciplinae Thomas, propter divinam quamdam vim et facultatem ingenii, facile princeps habetur.«

[66] AAS 10 (1918) 479–480. Der Papst bestätigt die Verfügungen von Leo XIII. und Pius X.: »ipsius philosophiae studium ad principia et rationem Aquinatis omnino exigendum est.«

[67] AAS 13 (1921) 329–335. Vgl. 332: »Thomae doctrinam Ecclesia suam propriam edixit esse, cum demque Doctorem, singularibus Pontificum praeconiis honestatum, magistrum scholis catholicis dedit et patronum.«

Iuris Canonici von 1917 anfügen, in dem diesmal ausdrücklich von der Philosophie die Rede ist: »Philosophiae rationalis et theologiae studia ... professores omnino pertractent ad Angelici Doctoris rationem, doctrinam et principia, aeque sancte teneant.«

Schon zu Beginn seines Pontifikats am 1. August 1922 bekräftigte Pius XI. in seinem Apostolischen Schreiben zur Bildung des Klerus *Officiorum omnium* in Bezugnahme auf die Initiative Leos XIII. zugunsten des Thomismus, daß »selbst wenn dieser nicht der überaus weise Urheber vieler Dokumente und beachtenswerter Einrichtungen gewesen wäre, diese allein für seinen unsterblichen Ruhm genügen würde«.[68]

Im darauffolgenden Jahr, zum 600. Jahrestag der Kanonisation des hl. Thomas von Aquin, fand Pius XI. Gelegenheit, auf dieses Thema in einer Enzyklika zurückzukommen, die das Datum vom 29. Juni 1923 trägt und deren erste Worte ihren Inhalt bereits resümieren: *Studiorum ducem*.[69] Darin spricht er sowohl vom Heiligen, aber auch vom Denker, der »sich eines Ansehens von übermenschlicher Intelligenz und Wissen erfreue« und der es verdient, »nicht nur Doctor Angelicus, sondern auch Doctor Communis oder allgemeiner Lehrer der Kirche genannt zu werden, da die Kirche sich seine Lehre zu eigen gemacht, ja sogar in etlichen Dokumenten aller Art bestätigt hat«.[70] Gewiß, der Papst bezieht sich zunächst auf das Beispiel, das Thomas von Aquin für die Theologen darstellt,[71] doch auf den folgenden Seiten hält er sich bei dessen philosophischem Beitrag mit seinen diversen Aspekten auf und erinnert eindringlich an die Erklärung Pius' X.: »Sich vom Aquinaten abwenden, vor allem in Metaphysik, geht nicht ohne großen Schaden ab.«

Am Schluß fügt der große Gebildete, welcher Pius XI. war, eine wichtige Nuance bezüglich der übertriebenen Exklusivität seines Vorgängers an: Auf den Canon 1366 des *Codex Iuris Canonici* anspielend, der den Philosophie- und Theologieprofessoren vorschreibt, sich »an der Methode, der Lehre und den Prinzipien des Doctor Angelicus« zu inspirieren, meint er: »Sie mögen aber, die einen von den anderen, nicht mehr verlangen, als die Kirche, die Mutter und Lehrerin aller, von allen fordert. Denn in Fragen, über die innerhalb der katholischen Schulen die anerkanntesten Autoren verschiedene Meinungen haben und entgegengesetzte Ansichten vertreten, darf nichts daran hindern, daß man jener Meinung folgt, die einem die wahrscheinlichste zu sein scheint.«[72]

Neben diesem feierlichen Dokument könnte man noch gut Passagen aus den zahlreichen Ansprachen Pius' XI. nachlesen, in denen er die Vortrefflichkeit des

---

[68] AAS 14 (1922) 454.
[69] AAS 25 (1923) 310–326.
[70] Ebd. 314.
[71] Dies ist auch der Aspekt, der im Vordergrund der Konstitution *Deus scientiarum Dominus* vom 24. Mai 1931 zu finden ist, welche die kirchlichen Fakultäten neu organisierte: Nachdem dank der Heiligen Schrift und der Tradition die Glaubenswahrheiten geoffenbart worden waren, »earum veritatum natura et intima ratio ad principia et doctrinam S. Thomae investigentur et illustrentur« (Artikel 29; AAS 23 [1931] 253).
[72] AAS 15 (1923) 324. Vgl. dazu G. Perini, a.a.O. Anm. 42, 640.

Thomismus rühmt und dazu veranlaßt, in die Schule des Doctor Angelicus zu gehen.[73]

Zur Zeit der Thronbesteigung Pius' XII. schien der Sieg des Neuthomismus erreicht. Darin liegt zweifellos der Grund, warum dieser es zu Beginn seines Pontifikats nicht für notwendig erachtete, wie seine Vorgänger auf der Stellung, die dem hl. Thomas innerhalb des katholischen Unterrichtswesens gebührt, insistieren zu müssen.[74] Weil sich aber nach dem Krieg unter dem Einfluß der Rückkehr zu den patristischen Quellen einerseits und der existentialistischen Philosophien andererseits eine Gegenbewegung zur Scholastik breitmachte, hielt er es für dringlich, bei wiederholten Gelegenheiten an die offizielle Haltung der Kirche bezüglich des Thomismus zu erinnern. So geschah es vor allem in der Enzyklika *Humani generis* vom 12. August 1950,[75] in einer Ansprache, die er am 17. Oktober 1953 an der Gregoriana hielt,[76] und in einer Rede an den vierten internationalen Thomistenkongreß,[77] in der er festhielt: »Wir zögern nicht zu sagen, daß die berühmte Enzyklika *Aeterni Patris* ..., in der Unser unsterblicher Vorgänger Leo XIII. die katholisch Gebildeten an die Einheit der Lehre im Unterricht des hl. Thomas erinnert hat, ihren vollständigen Wert behält.« Man muß aber gleichzeitig feststellen, daß es einerseits wohl die Anwendung der Philosophie in der Theologie ist, die in erster Linie die Aufmerksamkeit Pius' XII. auf sich gezogen haben dürfte, daß er andererseits aber nach dem Beispiel seines Vorgängers und sogar noch deutlicher als dieser einen gewissen Pluralismus zugelassen hat, solange die wesentlichen Prinzipien nicht aufs Spiel gesetzt wurden.[78]

Beim II. Vatikanischen Konzil haben wir zwar gewiß keinen Bruch, zumindest aber ein Umdenken innerhalb der Position des kirchlichen Lehramtes vor uns. Zweifellos hat das Konzil zweimal darauf hingewiesen, daß der hl. Thomas einen Platz im Unterricht an den Seminarien behalten müsse, nämlich in der Erklärung über die christliche Erziehung[79] und im Dekret über die Priester.[80] Doch abgesehen davon, daß es sich hierbei um Texte zweiten Ranges handelt, wird man feststellen, daß es im Dekret über die Priester die Verwendung des hl. Thomas für die spekulative Theologie ist, die in Frage steht. Im vorangehenden Paragraphen

---

[73] Vgl. D. Bertetto: *S. Tommaso nei discorsi di Pio XI*, in: A. Piolanti (Hg.): *Aeterni Patris*, Bd. II, 213–227.
[74] Man vgl. dennoch die Rede an die Seminaristen von Rom nach seiner Wahl (AAS 31 [1939] 246ff.) und die Rede an das Generalkapitel der Dominikaner 1946 (in: *Discorsi e Radiomessaggi*, R/Vat 1941–1959, Bd. VIII, 244–246).
[75] AAS 42 (1950) 573: Hier findet man den Ausdruck »philosophia perennis«; wenig vorher qualifiziert Pius XII. die thomistische Philosophie als »patrimonium iamdudum a superioribus christianis aetatibus traditum« (571), d. h. mit einem Ausdruck, der eine Erinnerung an *Aeterni Patris* wachruft.
[76] *Discorsi e Radiomessaggi*, Bd. XV, 408–410.
[77] Ebd. Bd. XVII, 225f.
[78] Vgl. dazu die Beobachtungen von G. Perini: *Continuità ed evoluzione delle disposizioni della Chiesa sul ruolo della dottrina di S. Tommaso nelle scuole cattoliche*, in: Seminarium 29 (1977) 604–673, hier 648–651, die allerdings diesen Freiraum nicht zu groß sehen wollen.
[79] Vgl. das Dekret *Gravissimum Educationis* Nr. 10. Der Text, der den Konzilsvätern zunächst ohne Nennung des hl. Thomas vorgelegt wurde, enthält dann doch die Anfügung: »Ecclesiae doctorum, praesertim S. Thomae Aquinatis, vestigia praemendo«.
[80] Vgl. *Optatam totius* Nr. 16.

(Nr. 15), in dem es um die philosophischen Disziplinen geht, ist lediglich vom »patrimonio philosophico perenniter valido« die Rede, ohne daß der hl. Thomas genannt würde.[81] Mehrere Konzilsväter waren bei der öffentlichen Sitzung darüber bestürzt,[82] andere hingegen freuten sich über dieses Schweigen. Ja, Kardinal Léger meinte sogar: »Gaudeo textum non nimis ponderose immorari in doctrina S. Thomae... Vae Ecclesiae unius doctoris!«[83] Patriarch Maximos IV. fügte hinzu: »Warum dem thomistisch-philosophischen Denken in der Kirche diese Stellung geben? Es stellt nur ein Stadium innerhalb der Entwicklung des philosophischen Denkens dar.«[84] Obwohl schließlich fast 450 Änderungsvorschläge eingebracht wurden, die verlangten, den hl. Thomas explizit zu nennen, trug die Kommission diesen doch keine Rechnung, weil sie in der Minderheit blieben. Man übersehe aber nicht, daß die Kongregation für christliche Erziehung dreimal, nämlich 1970, 1972 und 1976, auf den verpflichtenden Charakter der thomistischen Prinzipien – im weitesten Sinn verstanden – hinwies.[85]

Paul VI. bestätigte während des Konzils und danach mehrere Male die unvergleichliche Stellung, die der Lehre des hl. Thomas in der Kirche zukommen müsse. Zwei Dokumente sind dazu besonders wichtig: die Ansprache vor den Teilnehmern des sechsten internationalen Thomistenkongresses vom 10. September 1965[86] und vor allem der Brief *Lumen Ecclesiae* anläßlich des 700. Todestages des hl. Thomas von Aquin an den Ordensgeneral der Dominikaner vom 20. November 1974.[87] Im ersten dieser beiden Dokumente, das der deutlich philosophischen und nicht der theologischen Perspektive zuzuordnen ist, erinnert der Papst »an den bleibenden Wert der thomistischen Metaphysik«, sofern diese »die konkrete historische Situation des Denkers durchbricht, der sie als natürliche Metaphysik des menschlichen Geistes aufgedeckt und dargelegt hat«. Doch obwohl er mit Pius XII. betont, daß das Werk des hl. Thomas »eine sichere Norm für den heiligen Unterricht« ist, so präzisiert er ebenso, daß es in der Kirche auch andere Lehrer des Denkens, allen voran den hl. Augustinus, gegeben hat. Und wenn die Kirche den hl. Thomas auch als »Doctor Communis« bezeichnet und seine Lehre zur Basis des kirchlichen Unterrichts erhoben hat, »so wollte das Lehramt der Kirche weder aus ihm einen ausschließlichen Lehrer machen noch jede seiner Thesen vorschreiben, noch die legitime Verschiedenheit der

---

[81] Vgl. G. Baldanza: *Il problema della filosofia in »Optatam totius«*, in: Seminarium 22 (1970) 269–301.
[82] So z. B. Kardinal Ruffini, der bedauerte, daß man sich so »zaghaft und nahezu ängstlich« ausgedrückt habe (*Acta synodalia SS. Concilii oecumenici Vaticani secundi*, Bd. III / Tl. VII, 706). Vgl. auch die Intervention von Kardinal Bacci (ebd. 712).
[83] Ebd. 709.
[84] Ebd. 900.
[85] Vgl. P. Dezza: *La S. Congregazione*. Man beachte auch, daß der neue *Codex Iuris Canonici* die bedeutende Stellung des hl. Thomas innerhalb des Theologieunterrichts anspricht (Can. 252 § 3: »S.Thomas praesertim magistro«).
[86] *Insegnamenti di Paolo VI*, R/Vat 1963–1977, Bd. III, 445–449.
[87] AAS 66 (1974) 673–702: Im Jahr des 700. Todestages hielt Paul VI. mehrere Reden, in denen er auf Thomas von Aquin und sein Werk zu sprechen kam. Diese Reden sind in der Zeitschrift Rassegna di letteratura tomistica 9 (1977) 574f. (Nr. 1625–1637) und 11 (1979) 354 (Nr. 1169–1175) verzeichnet.

Schulen und Systeme ausschließen und noch weniger die gerechte Freiheit der Forschung abschaffen«. Was den Brief *Lumen Ecclesiae* anbelangt, der zwar keinen so eminenten Charakter wie die Enzyklika *Aeterni Patris* besitzt, jedoch ein Jahrhundert später eine neue Lesung derselben durch das kirchliche Lehramt darstellt,[88] betont auch er, abgesehen vom bleibenden Wert der Lehre und der philosophischen Methode des hl. Thomas, die Tatsache, daß dieser »kein in sich abgeschlossenes Denksystem errichten, sondern im Gegenteil eine für Bereicherungen und kontinuierliche Fortschritte empfängliche Lehre erarbeiten wollte: Das, was er selbst tat, als er die Beiträge der antiken und mittelalterlichen Philosophie und jene ziemlich bescheidenen [Erkenntnisse] der Wissenschaft aus der Antike aufgriff, kann sich jederzeit mit allen wahrhaft wertvollen Elementen, welche die Philosophie oder die Wissenschaft, selbst die fortgeschrittenste, beibringt, wiederholen.« Paul VI. präsentiert somit den katholischen Denkern von heute »die vom hl. Thomas verfolgte Methode bei der Arbeit der Konfrontation und Vermittlung« der Resultate der modernen Wissenschaften als Modell und fordert die heutigen Thomisten auf, das *aggiornamento* des scholastischen Erbes »in jener weiten Perspektive, die das II. Vatikanische Konzil angezeigt hat«, fortzusetzen und nicht in der Vergangenheit stehenzubleiben. Man findet hier die Sorge um den »Dialog«, der Paul VI. so teuer war, eine Sorge, die bei seinen Vorgängern offensichtlich nicht so markant gegeben war.

BIBLIOGRAPHIE

1. Die wichtigsten Verlautbarungen des Hl. Stuhles seit Leo XIII.

Enzyklika »Aeterni Patris«: ASS 12 (1879) 97–115; DS 3135–3140.
Enzyklika »Pascendi«: AAS 40 (1907) 593–605; DS 3475–3500.
Motuproprio »Doctoris Angelici«: AAS 6 (1914) 336–341.
Decretum S. Congregationis Studiorum »Theses approbatae philosophiae thomisticae«: AAS 6 (1914) 336–383–386; DS 3601–3624.
Codex Iuris Canonici (1917) § 1366.
Enzyklika »Studiorum ducem«: AAS 15 (1923) 309–326; DS 3665–3667.
Enzyklika »Humani generis«: AAS 42 (1950) 561–577; DS 3875–3899.
Decretum »Optatam totius«: AAS 58 (1966) 713–727.
Epistola »Lumen Ecclesiae«: AAS 66 (1974) 673–702.

Die deutschsprachigen Übersetzungen der Verlautbarungen des Hl. Stuhles wurden seit 1878 unter dem Titel *Epistolae encyclicae / Sämtliche Rundschreiben* im Herder Verlag Freiburg i. Br. lat./dt. veröffentlicht. Seit 1946 finden sich die Übersetzungen in der Herderkorrespondenz. Zum II. Vaticanum vgl. die Ergänzungsbände des LThK.

---

[88] Vgl. dazu R. Spiazzi: *Parallelismo tra l'enciclica »Aeterni Patris« e la lettera »Lumen Ecclesiae« di Paolo VI*, in: A. Piolanti (Hg.): *Aeterni Patris*, Bd. I, 122–160. Der Autor arbeitet sowohl die Ähnlichkeiten als auch die Differenzen der beiden Dokumente heraus und stellt mit Bedauern fest, daß im Unterschied zur Enzyklika Leos XIII. »der Brief *Lumen Ecclesiae* nicht die Aufmerksamkeit geweckt hat, die ihm zugestanden wäre, bzw. in den katholischen Schulen kein neues Interesse für den hl. Thomas erregen konnte«.

2. *Literatur (Auswahl)*

d'Amore, B. (Hg.): Tommaso d'Aquino nel I Centenario dell'enciclica »*Aeterni Patris*«, R 1981.
Aubert, R.: *Aspects divers* du néo-thomisme sous le pontificat de Léon XIII, in: G. Rossini (Hg.): Aspetti della cultura cattolica nell'età di Leone XIII, R 1961, 133–227.
–: *Le contexte historique* et les motivations doctrinales de l'encyclique »Aeterni Patris«, in: B. d'Amore (Hg.): *Aeterni Patris*, 15–48.
Basevi, C.: *Leone XIII* y la redacción de la »Aeterni Patris«, in: Scripta theologica 11 (1979) 491–531.
Besse, C.: *Deux centres* du mouvement thomiste: Rome et Louvain, P 1902 (erstmals erschienen in: Revue du clergé français am 1. und 15. Januar 1902).
Dezza, P.: *Alle origini* del neotomismo, Mi 1940.
–: *La S. Congregazione* per l'Educazione cattolica e l'autorità dottrinale di S. Tommaso, in: Seminarium 29 (1977) 674–698.
Londo, V.: Riccordo di Mons. *Talamo,* in: Christus 1 (1952) 229–305.
Malusa, L.: Neotomismo e intransigentismo cattolico. Il contributo di G. M. *Cornoldi* per la rinascita del Tomismo, Mi 1986.
Perini, G.: *Dall'Aeterni Patris* al Concilio Vaticano II: Le directive del Magistero sulle dottrine di S. Tommaso, in: Scripta theologica 11 (1979) 619–658.
Piolanti, A.: La filosofia cristiana in Mons. Salvatore *Talamo* ispiratore della »Aeterni Patris«, R/Vat 1986.
– (Hg.): Atti dell' VIII Congresso Tomistico Internazionale. L'Enciclica *Aeterni Patris,* 8 Bde., R/Vat 1981/82.
Schmidlin, J.: *Papstgeschichte* der neuesten Zeit, 4 Bde., Mü 1933–1939.
Soderini, E.: Il pontificato di *Leone XIII,* 3 Bde., Mi 1932/33.
Thibault, P.: *Savoir et pouvoir*. Philosophie thomiste et politique cléricale au XIXe siècle, Québec 1972.
Van Riet, G.: *Le titre* de l'encyclique »Aeterni Patris«. Note historique, in: RPL 80 (1982) 35–63.

ROGER AUBERT

Modernismus und Antimodernismus

Das Denken der bedeutendsten Modernisten: A. Loisy, G. Tyrrell, E. Buonaiuti u. a.

Die Geschichte der katholischen Kirche im 19. und 20. Jahrhundert prägt ein ständiges Ringen um das Verhältnis zur modernen Welt und die Bewahrung der Überlieferung. Die damit verbundenen Probleme bestimmen besonders auffallend die beiden Pontifikate Leos XIII. (1878–1903) und Pius' X. (1903–1914): Zwischen Theologie und Kirche bricht ein Konflikt auf, der als »Modernismusstreit« in die Kirchengeschichte eingegangen ist.

Noch unter dem Eindruck der Herausforderung durch die Aufklärung als eine ausschließlich der Vernunft, Philosophie und Natur verpflichtete Epoche stehend, in der und seit der sich eine autonome Weltlichkeit in ununterbrochener Entfaltung befindet, war die Theologie des 19. Jahrhunderts zunächst getragen »von dem Geiste und der inneren Haltung des *Selbstdenkertums*«.[1] In der Mitte des 19. Jahrhunderts erfolgt eine umfassende Veränderung des Denkens, seiner Strukturen und Möglichkeiten; damit wandeln sich auch die Weise, die Struktur und der Stil der Theologie. »Es erlischt das Licht der Genialität und entspannt sich der hohe Tonus des Gedankens ...«[2] An die Stelle des selbstdenkend theologischen Spekulierens tritt die Verpflichtung auf die scholastische Tradition, vor allem auf die Lehre des Thomas von Aquin. Die theologische »Blütezeit« der Tübinger Schule ist vorüber; allein J. H. Newmans (1801–1890) Theologie zeigt noch die schöpferische Kraft, die die eigenständigen, genialen Entwürfe der Vergangenheit hervorbrachte. Die Neuscholastik hat sich durchgesetzt. In einer Zeit der spannungsreichen Absonderung, der verneinenden Haltung gegenüber der ganzen Moderne wird für viele Theologen und die katholische Kirche die »Treue zum überlieferten Gedankengut ... zum sichernden Wahrheitsindex«.[3] Freilich darf man »diese restaurative, auf Sicherung der Tradition ... ausgerichtete Tendenz der Neuscholastik nicht [als bloße] Repristination des Überkommenen

---

[1] B. Welte: *Strukturwandel*, 386.
[2] Ebd. 395.
[3] G. Söhngen: *Neuscholastik*, 924.

[interpretieren]; im Rahmen des abgesicherten geistigen Raumes konnte sich ... auch das theologische Denken zu konstruktiven Entwürfen erheben, wie dies ... die monumentale Denkleistung eines *M. J. Scheeben* (1835–1888) bezeugt«.[4] Andererseits wäre aber ohne die vorbereitende und begleitende Wirksamkeit des zunehmenden Einflusses dieses der Tradition verpflichteten Systems der Konflikt »Modernismus« zwischen Kirche und Theologie nicht denkbar.

DAS ERSCHEINUNGSBILD DES MODERNISMUS IN FRANKREICH, ENGLAND UND ITALIEN

Der Begriff »Modernismus« als solcher besagt zunächst nur eine besondere Zuwendung von Theologie und geistigem Leben auf das Zeitnahe und Neuartige; ein derartiger Modernismus ist eine normale Erscheinung in der Geistes- und Theologiegeschichte.

Erst an der Wende vom 19. zum 20. Jahrhundert erfährt der Terminus durch einige vor allem in Frankreich, England und Italien auftretende theologische Strömungen, die sich eine historisch-evolutionistische Deutung des Christentums zum Ziel setzen, eine inhaltlich-materiale Füllung. Dabei ist »Modernismus« vorerst keine Selbstbenennung der betroffenen Theologen, sondern eine von der nichtfachlichen Öffentlichkeit benutzte Sammelbezeichnung, die Pius X. in der Enzyklika *Pascendi dominici gregis* (1907) aufgreift, um diese theologische Richtung im ganzen zu verurteilen.

Der Papst versucht, ein aus Prinzipien modernistischen Denkens abgeleitetes System freizulegen und zusammenzustellen, um sodann dessen Unvereinbarkeit mit dem katholischen Glaubensverständnis aufzuzeigen. Seine Vorwürfe, die in den einzelnen Vertretern des Modernismus nicht immer eindeutig zu belegen sind oder in der dort dargestellten Reinheit auftreten, richten sich gegen den Agnostizismus, der eine sichere Wahrheitserkenntnis verneint oder auch die Erkennbarkeit einer übersinnlichen Wirklichkeit bestreitet, gegen den Immanentismus, der in der Religion ausschließlich ein vitales Lebensphänomen sieht, das dem Bedürfnis nach dem Göttlichen entspringt und im Gefühl für das Göttliche besteht, gegen den Symbolismus, der die religiösen Wahrheitsaussagen und Dogmen als bloße Symbole und Projektionen des religiösen Gefühls bezeichnet, und gegen den Evolutionismus, der die Wandelbarkeit der Dogmen parallel zu der des wandelbaren religiösen Gefühls postuliert.

Selbst eingegrenzt auf diesen Terminus technicus des päpstlichen Rundschreibens, der den Modernismus so entschieden als Gegensatz zur katholischen Glaubenslehre definiert, ist es außerordentlich schwer zu fassen, was der Modernismus beabsichtigt. Der Einfluß nachkantianischer Philosophie, einer problematischen Symboltheorie, eines antiintellektualistischen pragmatischen Denkens und der modernen historischen Kritik des 19. Jahrhunderts bewirkt mit kirchengeschichtlichen Hintergründen die Undurchsichtigkeit der Geschichte und des

---

[4] W. Dantine / E. Hultsch: *Dogmenentwicklung*, 310.

Wesens des Modernismus; dadurch erscheint er eher als eine Richtung oder Tendenz denn als eine Summe genau festgelegter Lehrsätze.

Die Modernisten selbst verstehen ihre theologischen Meinungen zunächst nicht als ein aus Prinzipien ableitbares System, empfinden sich nicht als innerkirchliche Sondergruppe. Erst im Protest gegen die dogmatische Fixierung und Verurteilung ihrer Anliegen durch *Pascendi* erkennen sie die sachliche und inhaltliche Verknüpfung und Einheit ihrer nach außen so mannigfaltig erscheinenden Ideen.[5] Nach G. Tyrrell, einem ihrer Hauptvertreter, hat Pius X. »das zu einem bestimmten Bewußtsein seiner selbst gebracht, was vorher nur ein sehr unbestimmtes Streben nach einer verständigeren und auf tiefere Bildung gegründeten Auslegung des Katholizismus gewesen war. In seinem Bemühen, ihn zu verdammen, hat er ihm einen Namen gegeben, ihn zur Partei zusammengeschlossen und ihm viele Anhänger und Sympathien ... gewonnen«.[6] Aus dieser Erkenntnis erwächst ein Selbstbewußtsein, verbunden mit einem Solidaritätsgefühl, das die Modernisten veranlaßt, ihre theologischen Auffassungen zu systematisieren. »›Modernismus‹«, definiert Tyrrell, »heißt Glauben an den Katholizismus; aber es heißt auch Glauben an die moderne Welt. Und dieser Glaube ist in beiden Fällen so tief, daß er es mit ruhiger Zuversicht unternehmen kann, kritisch zu sein bis zum Ende.«[7] Mit Recht spricht Tyrrell nicht von christlichem, sondern dem katholischen Glauben, dem sich der Modernist verpflichtet fühlt; denn der Modernismus »ist nicht die katholische Parallele, sondern die katholische Antithese zur liberalen Theologie des Protestantismus; ... die entschiedene Betonung der ›ekklesiologischen‹, d. h. auf die Kirche als Gegenstand theologischer Reflexion bezogenen Thematik ist ... ein besonders deutliches Anzeichen dafür«.[8] Dieses bei Tyrrell auf einen Begriff gebrachte modernistische Selbstbewußtsein zeigt deutlich, daß die theologische Bewegung an der Wende zum 20. Jahrhundert aus dem Versuch entsteht, den »alten Glauben« mit der »neuen Zeit« auszusöhnen, den Glauben vor den Fragen der Gegenwart verantwortet auszusagen. Doch die Anstrengung um diese Aussöhnung, die die Modernisten in dem Bestreben um die Vermittlung zwischen den Gegensätzen von Offenbarung und Geschichte, Wahrheit und Bewußtsein, Gnade und Natur, Kirche und Welt, Gott und Mensch konkretisieren wollen, muß mißlingen. Denn dadurch, daß sie dem von der einen natürlichen, in Entwicklung befindlichen Wirklichkeit der Welt und des Geistes beeindruckten Menschen eine diesem Zustand völlig angemessene Religiosität zu vermitteln suchen, ist jegliche Spannung dieser für das Verständnis der christlichen Glaubenslehre so notwendigen Gegensätze aufgehoben.

Läßt sich der Modernismus auf dieses Grundanliegen – den Versuch einer Aussöhnung zwischen Glauben und moderner Welt, die mühsame Suche nach Erneuerung in Theologie und Praxis der katholischen Kirche – reduzieren, so präsentiert er sich doch in einer Vielzahl von Ausprägungen: ausgehend von

---

[5] Vgl. R. Schaeffler: *Wechselbeziehungen*, 82–85; ASS 40 (1907) 593–650, bes. 595f.
[6] G. Tyrrell: *Scylla und Charybdis*, S. V.
[7] Ebd. S. XII.
[8] R. Schaeffler: *Wechselbeziehungen*, 85.

ungleichen kulturellen, religiösen und politischen Voraussetzungen, sowohl regional verschieden in Frankreich, England und Italien als auch inhaltlich differenziert in einen sozialen bzw. kirchenpolitischen und spezifisch »religiösen« Modernismus mit seinen bezeichnenden Elementen der spirituellen Erfahrung und des religiösen Erlebens. Weil diese Bewegung so vielgestaltige Reformbestrebungen auf den Gebieten der Religionsphilosophie und Soziallehre, der Apologetik, der Bibelwissenschaften, der Dogmengeschichte und der politisch-sozialen Aktion in sich vereinigt, gibt es bis heute keine präzise, alle Nuancen modernistischen Denkens umfassende Definition: Alle zeitgenössischen und bis in die Gegenwart unternommenen Bemühungen einer Begriffserklärung scheitern an dem »Schillernden« des Begriffs und Phänomens selbst.[9] Deshalb ist es von Vorteil, diese geistes- und theologiegeschichtliche Erscheinung an ihren markantesten Vertretern zu studieren.

Frankreich

Vorzüglichstes und bedeutendstes Zentrum der durch den Modernismus verursachten Krise war Frankreich. Bei Theologen und Laien wuchs das Bedürfnis, die neuesten Errungenschaften der Religionswissenschaften in den Dienst des traditionellen Glaubens zu stellen oder diesem Glauben selbst einen neuen Ausdruck zu verleihen. Davon zeugen z. B. die Priestertagungen in Reims (1896) und in Bourges (1900), das Infragestellen des Positivismus durch den Philosophen H. Bergson (1859–1941), die Diskussion M. Blondels (1861–1949) zwischen dem Glauben und der Philosophie der Neuzeit in *L'Action* (1893).

Inspiriert vom Nachkantianismus, beeindruckt von der »Lebensphilosophie« Bergsons und Blondels Philosophie der Aktion, die den Gegensatz von Freiheit und Notwendigkeit zu überwinden, die menschliche Aktivität und das Sein als eine dynamisch-dialektische Einheit zu fassen sucht, wehren sich Philosophen wie etwa L. Laberthonnière gegen den scholastischen Intellektualismus und postulieren eine die »Kräfte des Herzens« und die konkreten Lebensvollzüge einschließende Lehre. In Konsequenz erstreben sie im religiösen Bereich einen »moralischen Dogmatismus«, der die moralische Gewißheit nicht aus theoretischen Argumenten, sondern aus der Tat selbst rechtfertigen will, und eine »Immanenzapologetik«, die den Ursprung religiöser Wahrheit allein in die Bedürfnisse des Subjekts und den des übernatürlich-gnadenhaften Geschehens in die Natur selbst verlegt. Unter dem Einfluß eines religiösen Symbolismus Schleiermacherscher Herkunft sowie eines Evolutionismus Hegelscher und Spencerscher Prägung ist für diese Denker nicht mehr die Annahme unwandelbarer Vorstellungen und festgefügter Formeln in der Theologie bestimmend und verpflichtend, sondern Anpassung an die sich ständig ändernden Bedingungen des geistigen Lebens und die dem Fortschritt unterworfenen Verhältnisse der modernen Welt.[10]

---

[9] Vgl. R. Scherer: *Modernismus*, 513–516; vgl. hierzu auch die Übersicht verschiedener Definitionsversuche zum »Modernismus« bei J. Rivière: *Modernisme*, 2009–2047.
[10] Vgl. R. Aubert: *Modernismus*, 583.

Gleichzeitig entdecken junge Theologen die Bibelkritik. Sie stellen fest, daß die deutsche nichtkatholische Wissenschaft unter Anwendung der Prinzipien historischer Kritik auf die Schriftzeugnisse und die Geschichte der Ursprünge des Christentums gewisse traditionelle Interpretationen bezweifelt. Der Exeget, der sich in dieser Zeit besonders um die Durchsetzung der historischen Kritik als wahrer theologischer Methode zur Erforschung der christlichen Wahrheit im katholisch-französischen Raum mühte, war *Alfred Loisy* (1857–1940; 1889–1893 Professor für Bibelwissenschaft am Institut Catholique).

Unzufrieden mit der traditionellen katholischen Dogmatik, Patristik und Exegese, vertieft sich Loisy in das Studium der neueren protestantischen, vorwiegend rationalistischen Bibelkritik und Schriftauslegung sowie der Kirchen- und Dogmengeschichte. Dabei gelangt er zu der Überzeugung, daß die katholische Theologie nicht nur in der Kenntnis der Glaubensquellen, wie der Bibel und Tradition, sondern auch in der Erfassung der wichtigsten Dogmen weit hinter der protestantischen Forschung, der modernen Wissenschaft überhaupt, zurückgeblieben, in veralteten Formeln erstarrt und unzureichend ist. Sie muß durch neue Methoden von Grund auf erneuert werden und neue Impulse von außen wie von innen, vorzüglich aus den Reihen katholischer Theologen, erhalten, wenn die Kirche nicht allen ihren Einfluß auf die moderne Welt verlieren will; dabei gilt es, »die Tradition mit der gesunden Kritik [zu] versöhnen und die Klugheit des Theologen mit der Aufrichtigkeit des Gelehrten [zu] verbinden, ohne die eine der anderen zu opfern«.[11] Um diesen Anspruch der Erneuerung und des Umdenkens in der theologischen Wissenschaft selbst erfüllen zu können, setzt Loisy auf die historisch-kritische Methode: Er ist überzeugt, daß die historische Erforschung der Schrift der notwendige und einzig mögliche Weg zur Erkenntnis der Glaubenswahrheit ist und allein den absoluten Anspruch des Christentums und der katholischen Kirche neu begründen wird und rechtfertigen kann. Loisy übersieht aber, daß er »in dem zunächst durchaus berechtigten Versuch, dem Ernst einer wissenschaftlich geläuterten Geschichtsbetrachtung auch innerhalb des geschichtlichen Selbstverständnisses des kirchlichen Glaubens Rechnung zu tragen, ... die geschichtlichen Glaubensgrundlagen bedingungslos der Kritik [der] Wissenschaft« ausliefert, einer Wissenschaft, »die sich gerade gegenüber der ›heiligen Geschichte‹ gar bald ideologisch verfälscht und verabsolutiert hatte zu einem gefährlichen Historizismus«.[12]

Die Prinzipien, die Loisy für seine Methode zur Erforschung der christlichen Wahrheit bereits in *La critique biblique* (1892) und *La question biblique et l'inspiration des Écritures* (1893) entwickelt, finden ihre Anwendung in *L'Évangile et l'Église* (1902), angeregt von A. von Harnacks *Das Wesen des Christentums* (1902) und konzipiert als eine historische Apologie des Christentums und der Kirche. Hier wehrt sich Loisy vor allem gegen die Enteschatologisierung der

---

[11] A. Loisy: *Histoire*, 2.
[12] J. B. Metz: *Einführung*, S. IX; vgl. zur »historisch-kritischen Methode«. A. Loisy: *Études*, 97–122, 139–169; vgl. die Darstellung dieser Methode in ihrer Anwendung auf die Wahrheit des Christentums, exemplifiziert an *L'Évangile et l'Église*, bei D. Bader: *Erforschung der christlichen Wahrheit*.

Botschaft Jesu durch Harnack, der die Mitte des Evangeliums in der Botschaft vom barmherzigen Vatergott und im kindlichen Verhältnis der Seele zu ihm erkennt und glaubt, das eschatologische Weltbild vom kommenden Reich als unwichtige Schale vom Kern des Evangeliums trennen zu können, und bestimmt dagegen die Verkündigung der Gottesherrschaft als das Zentrum des Evangeliums: Denn eine solche Bewegung wie das Christentum läßt sich nicht durch eine einzige Idee erklären.[13]

Will Harnack den Menschen, der im Grunde immer derselbe bleibt, d. h. ein zeitloses Subjekt, als Adressaten des Evangeliums sehen, wendet sich nach Loisy das Evangelium an den ganzen Menschen, der zu jeder Zeit dem geschichtlichen Wandel unterworfen ist. Das, was wahrhaft evangelisch im heutigen Christentum ist, ist nicht das, was sich niemals verändert hat, sondern das, was ungeachtet aller äußeren Veränderungen von dem von Jesus gegebenen Impuls herkommt. Die Wahrheit des Christentums ist deshalb nur in der Geschichte zu finden. Um die fortdauernde Gültigkeit dieser Wahrheit zu sichern, beruft Loisy die Evolutionstheorie als letzte Erklärungsgröße. Mit der Entwicklungsidee ersetzt er das Bild des unangreifbaren Schatzes, wie es die traditionelle Theologie verwendet, durch das des Keimes, der lebt, wächst und seine ihm innewohnenden Kräfte und Möglichkeiten entfaltet.[14]

Loisys Versuch, die natürliche Wirklichkeit der Geschichte mit den Ansprüchen des christlichen Glaubens zu versöhnen, hebt jegliche Spannung zwischen beiden auf. Die Geschichte berührt den Glauben nicht, sie stellt nur natürliche Tatsachen fest; der Glaube dagegen ist eine höhere Erfahrung, die keiner Tatsachen bedarf. Weil Loisy die biblische Geschichte mit ihren Fakten im natürlichen Bereich beläßt, kann er sie auch nicht als objektive Heilsgeschichte ausweisen. In Konsequenz ist der Glaube an keine »übernatürliche« Geschichte als normative Autorität gebunden, sondern allein in die Kreativität der Innerlichkeit des je neuen Glaubensaktes verwiesen. Das, was sich als geschichtliches Faktum darstellt, ist nur Ausdruck dieses subjektiven Glaubensaktes. So gesehen kann ausschließlich der Glaube dem biblischen Geschehen Sinn geben; diese Sinngebung erfolgt entsprechend den sich ändernden Zeitverhältnissen immer wieder neu und schafft so eine Vielzahl subjektiv möglicher Glaubenserfahrungen, die durch das Fortschreiten der Geschichte zusammengehalten wird.[15]

Hier stellt sich das Problem, welche Bedeutung Kirche und Dogma in dieser Konzeption zukommt. Harnack erkennt in der Institution Kirche den Abfall vom Evangelium, das er als etwas Innerliches bestimmt; deshalb betrachtet er Dogma,

---

[13] Vgl. A. von Harnack: *Christentum*, 18, 49, 92; A. Loisy: *Évangile*, S. IXf., XIIff., XXIXf., XXXIIff., 35, 94f.; *Mémoires*, Bd. II, 154, 159f., 167, 362; vgl. hierzu auch É. Poulat: *Histoire*, 89; J. Hulshof: *Wahrheit*, 89–107.

[14] Vgl. A. Loisy: *Évangile*, 99, 204; vgl. hierzu auch *Évangile*, S. XXVI–XXIX, 154, 169; J. Hulshof: *Wahrheit*, 109ff. Der Begriff »Leben« kehrt immer wieder, verbunden mit dem der »Dynamik«: Bewegung (mouvement), Veränderung (changement), Anpassung (adaption); vgl. hierzu auch J. Hulshof: *Wahrheit*, 109ff.

[15] Vgl. A. Loisy: *Autour*, 42ff., 119ff.; *Mémoires*, Bd. I, 471f.; *Évangile*, XIIf., XXXf.; vgl. hierzu auch J. Hulshof: *Wahrheit*, 117–120.

Kult und Hierarchie als Auswüchse der Religion. Darauf entgegnet Loisy: »Jesus kündigte das Reich Gottes an, und die Kirche ist gekommen. Sie kam und erweiterte die Form des Evangeliums, die unmöglich erhalten werden konnte, wie sie war, seitdem Jesu Aufgabe mit dem Leiden abgeschlossen war.«[16] Obwohl die Kirche ein geschichtlich kontingentes Phänomen im Leben der christlichen Glaubensbewegung ist, kann die Entstehung der Kirche keinen Bruch in der Geschichte des Christentums bedeuten: Aufgrund des Bildes der naturhaft-biologischen Evolution ist das Wesen des Christentums in jeder Stufe seiner Entwicklung zu finden, nicht nur in den Anfängen.[17]

Wenn auch Loisy die Kirchengründung durch Jesus verneint, die Kirche selbst als kontingentes Phänomen bestimmt, hält er dennoch gegen Harnack fest, daß sie ein konstitutives Element im Wesen des Christentums ist. Weil der Glaube eben nicht in der reinen Innerlichkeit entsteht, sondern dort, wo der Mensch den tiefen Grund der Welt und der Geschichte erfährt, bedarf der einzelne der vermittelnden Funktion der Institution; denn die Kirche als religiös-soziale Einrichtung besitzt gerade für die religiöse Erfahrung des einzelnen »transzendente Bedeutung«, gilt sogar als Bedingung einer intimen religiösen Erfahrung.[18]

Daraus leitet Loisy die Notwendigkeit der Kirche für das Evangelium ab, präziser gesagt: »der Zweck des Evangeliums ist der Zweck der Kirche geblieben«.[19] Auch wenn die Kirche die Form einer weltlichen Macht angenommen hat, »hat sie immer etwas anderes sein wollen ... Die gegenwärtige Situation ist jedoch ein Vermächtnis der Vergangenheit«.[20] Hier zeigt sich, daß die Notwendigkeit der Kirche, die Loisy postuliert, im Gegensatz zum traditionellen Glauben, der die Notwendigkeit der Kirche ganz konkret von Christus und dem Christusereignis herleitet, allein aus historischen und soziologischen Faktoren resultiert.

Was Loisy über die Kirche sagt, gilt auch für die Dogmen. Sie besitzen ihren Ursprung nicht direkt im Evangelium, stehen aber auch nicht im Widerspruch zu ihm. Innerhalb der geschichtlichen Entwicklung war die Formulierung von Dogmen sogar notwendig: Sie sind ihr erwachsen als Notwendigkeit für die Kirche, das Evangelium zu schützen und weiterzutragen. »Der Historiker sieht in ihnen eine durch mühsame theologische Gedankenarbeit erworbene Interpretation religiöser Tatsachen. Mögen die Dogmen auch ihrem Ursprung und Wesen nach göttlich sein, so sind sie doch nach Bau und Zusammensetzung menschlich. Es ist undenkbar, daß ihre Zukunft nicht ihrer Vergangenheit entsprechen sollte. Die Vernunft hört nicht auf, dem Glauben Fragen zu stellen, und die traditionellen Formeln sind einer fortwährenden Interpretationsarbeit unterworfen, in der ›der Buchstabe, der tötet‹, wirksam kontrolliert wird ›durch den Geist, der lebendig macht‹ (2 Kor 3,6).«[21] Deshalb unterscheidet Loisy zwischen der unveränder-

---

[16] A. Loisy: *Évangile*, 153.
[17] Vgl. ebd. S. XXVI–XXIX, bes. S. XXIX.
[18] Vgl. ebd. 152–168.
[19] A. Loisy: *Evangelium*, 114 (= *Évangile*, 155).
[20] Ebd. 118 (= *Évangile*, 162).
[21] Ebd. 142 (= *Évangile*, 201).

lichen Form der Wahrheit, konkret: zwischen dem »materiellen Sinn« der dogmatischen Formeln und ihrer »eigentlich religiösen und christlichen Bedeutung«. Daraus folgert er, daß nur »die Wahrheit ... unveränderlich [ist], aber nicht ihr Bild in unserem Geiste. An diese unveränderliche Wahrheit wendet sich der Glaube durch Vermittlung der Formel, die notwendigerweise unvollständig, verbesserungs- und daher auch wandlungsfähig ist.«[22]

Es ist zuzugeben, daß Loisy durchaus ein legitimes Anliegen bewegt: Er will den Widerspruch »zwischen der unanfechtbaren Autorität, die der Glaube für das Dogma beansprucht, und der Veränderlichkeit, der Relativität..., die der Kritiker unweigerlich in der Geschichte der Dogmen und den dogmatischen Formeln feststellen muß«,[23] lösen und beides harmonisieren; doch gleichzeitig lehnt er die Inspiration der Heiligen Schrift als solche ab und deutet das Christentum insgesamt als Interpretation religiöser Tatsachen, die keinen bleibenden und verbindlichen, sondern nur einen der jeweiligen Zeit angepaßten, veränderlichen religiösen Sinn beinhalten können. Dieses Denken prägt Loisys geistige Entwicklung: Er wächst immer mehr in die Rolle des Einheitsstifters zwischen Religion und Wissenschaft hinein. Am Ende seines Lebens versteht er sich dann als Religionsphilosoph und Prediger einer Menschheitsreligion, die alle üben, die sich »[dem Ideal] des Wahren, Guten und Schönen« weihen, als ein »Apostel« einer sozialethischen Mystik und als »Künder einer neuen, die ganze Geistesgeschichte der Menschheit umfassenden Katholizität..., [wodurch er der Menschheit] den Ausweg aus allen Nöten und Gefahren [weisen wollte], den er zu sehen glaubte, den Weg der Wahrheit, der Gerechtigkeit und der Liebe«.[24]

Nicht nur die Kontroversen um Bibelfrage und Dogmengeschichte, die sich vor allem in der Person des Exegeten Loisy konzentrierten, erregten die Welt katholischer Intellektueller. Hatte sich die von M. Blondel angeregte Diskussion um die Erneuerung der Apologetik durch die philosophische Immanenzmethode, die Religion und Christentum als Erfüllung des innersten Strebens der Menschen zeigen und damit beweisen will, am Ende der neunziger Jahre beruhigt, so ließ sie der Schüler Blondels, *Lucien Laberthonnière* (1860–1932; 1905–1913 Leiter der *Annales de philosophie chrétienne*; Begründer der »Association d'études religieuses«), wieder aufleben. Inspiriert von Blondels Kritik des »Extrinsezismus«, ausgehend von L. Ollé-Laprunes Philosophie, nach der der Konflikt zwischen Glauben und Wissen allein in der personalen Erfahrung, dem dialektischen Denken unerreichbar, überstiegen werden kann,[25] entwickelt er in leidenschaftlicher Frontstellung gegen die Neuscholastik eine die reine Innerlichkeit aufrufende Immanenz-Apologetik. Ausgangspunkt dieses Denksystems ist der Mensch und seine Bedürfnisse; am menschlichen Leben läßt sich erheben, daß der Mensch auf die Übernatur, auf die im Christentum gegebenen Erfüllungen und Antworten angelegt ist. Menschliche Frage und göttliche Antwort, menschliche Verwiesen-

---

[22] Ebd. 147 (= *Évangile*, 208).
[23] Ebd. 145f. (= *Évangile*, 205).
[24] F. Heiler: *A. Loisy*, 174; vgl. hierzu auch A. Loisy: *Religion*, 230, 233, 235.
[25] Vgl. R. Aubert: *Modernistische Krise*, 327 Anm. 21.

heit und übernatürliche Entsprechung bilden hier das Grundschema. »Die Aufnahme und Annahme des Christentums geschähe somit, weil es innerlich erwartet und gefordert wird, und nicht bloß, weil es sich äußerlich aufdrängt.«[26] So gesehen müßte man nicht »eine Lehre, die uns von oben und außen, ohne inneres Verhältnis zu uns, aufgedrängt worden wäre, und die wir nur passiv zu verzeichnen hätten«, annehmen, sogar »ertragen, wie ein Gewicht«.[27] Hier werden nun »die Dogmen selbst ... zu Ereignissen, und zwischen dem, was wir sind, und diesen Ereignissen besteht ein Zusammenhang. Sie sind daher von uns aus erklärlich und erklären zugleich, was aus uns werden soll.«[28] Sie besitzen nicht mehr abstrakten Charakter, sondern sind Ausdruck des Lebens Gottes und des Lebens des Menschen in seinem Verhältnis zu Gott. »Das Übernatürliche erscheint daher auch nicht mehr als etwas, was sich der Natur nur äußerlich anreiht, sich nur neben oder über sie lagert. Es erscheint vielmehr als etwas, was die Natur durchdringt und in sie gleichsam innerlich einströmt. Es ist nicht ein Wesen, eine Gewalt, eine Wahrheitsordnung neben einer anderen: es ist Gottes Leben selbst, das bis ins Herz unseres Lebens eindringt und uns bis in die tiefste Tiefe unseres Seins erleuchtet.«[29]

Édouard Le Roy (1870–1954; 1921 Nachfolger H. Bergsons als Professor für Philosophie am Collège de France) betrachtet wie Bergson, durch dessen »Lebensphilosophie« er von der Mathematik zur Philosophie geführt wurde, die Intuition als ein dem Intellekt überlegenes Erkenntnismittel. Sie ist nicht bloße passive Wahrnehmung, sondern aktiv-schöpferisch; sie verbindet sich zusammen mit alltäglichem, wissenschaftlich experimentierendem, selbst wissenschaftlich-theoretisierendem Handeln und anderen Faktoren zu einer »pensée-action«. Alltagsdenken und Wissenschaft basieren größtenteils auf Konventionen, deren »Wahrheit« nicht in irgendeiner Übereinstimmung mit unabhängigen Tatsachen besteht, sondern im Gelingen einer Praxis zu sehen ist. So versteht Le Roy nicht allein wissenschaftliche Theorien, sondern die Gesamtheit der wissenschaftlichen Aktivitäten als schöpferisches Unternehmen, das den Gegenstand aus der ungeformten Materie des Gegebenen durch rein konventionelle Abgrenzung der Tatsachen konstituiert mit dem pragmatischen Ziel, die menschlichen Bedürfnisse zu erkennen und ihre Befriedigung zu ermöglichen.[30]

Mit der gleichen pragmatischen Einstellung diskutiert Le Roy religiöse bzw. theologische Fragen, insbesondere den Begriff des Wunders und die Dogmen. Zwar steht das Wunder der Natur nicht entgegen, so doch dem als Konvention bewährten Wissen von Natur; ähnlich verhält es sich auch mit den Dogmen der Kirche: sie widersprechen dem positiven Wissen, haben keinen transzendenten Wahrheitsgehalt, ihr Sinn zielt auf einen praktisch-moralischen. »Ich bin«, erklärt Le Roy in *Dogme et critique* (1907), »durchaus einverstanden, wenn man behauptet, das Dogma richte sich an die Vernunft und verlange eine Beipflich-

---

[26] J. Schnitzer: *Modernismus*, 82; vgl. hierzu auch P. Neuner: *Religiöse Erfahrung*, 272–276, bes. 275.
[27] J. Schnitzer: *Modernismus*, 89.
[28] Ebd.; vgl. hierzu auch P. Neuner: *Religiöse Erfahrung*, 274ff.
[29] J. Schnitzer: *Modernismus*, 90f.
[30] Vgl. O. König: *Dogma*, 242–282, bes. 249–252.

tung des Verstandes. Es kommt alles darauf an, zu wissen, in welcher Sprache das Dogma sich an die Vernunft wendet und welche Art von Beipflichtung des Verstandes es fordert. Darauf habe ich geantwortet, es sei in der Sprache der praktischen Handlung formuliert und verlange eine Beipflichtung moralischer Ordnung.«[31] Diese Konzeption, die den Dogmen einen wesentlich ethisch-praktischen Wert beimißt, sie als Regeln moralischen und religiösen Handelns bestimmt und folglich als der Veränderung unterworfene Produkte der religiösen Erfahrung betrachtet, kritisiert die klassische Auffassung der Dogmen als rein intellektuell-begriffliche Formeln, die heute ihre ursprüngliche Bedeutung verloren haben. Nach Le Roy muß und kann der Christ das Dogma nur so beweisen, indem er es lebt.

England

In der Zeit, in der sich A. Loisy aus der Öffentlichkeit zurückzog, öffnete sich in England ein neues Zentrum der modernistischen Bewegung, das sich in seinem Erscheinungsbild von Frankreich und Italien abhob. Die Katholiken bildeten in England eine Minderheit; die Zahl der Intellektuellen unter ihnen war entsprechend gering, infolgedessen auch die der Modernisten, die überwiegend aus diesem Kreis hervortraten. Trotz dieser zahlenmäßig kleinen Gruppe modernistischer Intellektueller übten gerade die englischen Modernisten weit über die Landesgrenzen hinaus, besonders auf Italien, einen bedeutenden Einfluß aus.

Von hier aus wirkte *Friedrich Freiherr von Hügel* (1852–1925), der »Laienbischof der Modernisten«, wie ihn P. Sabatier nannte, weil er den reformerischen Bestrebungen der bedeutendsten Modernisten seine Sympathie und selbstlose Unterstützung zuteil werden ließ: Stets versuchte er, die diversen modernistischen Strömungen in Frankreich, England und Italien, die reformkatholischen in Deutschland mäßigend zusammenzuhalten, aber auch zwischen ihnen und der kirchlichen Autorität zu vermitteln. In seinem Denken verband von Hügel tiefen Glauben mit wissenschaftlicher Ehrlichkeit, Offenheit gegenüber der modernen Kultur und der protestantischen Theologie mit katholischer Kirchlichkeit. Doch sah er stets sein Ideal darin, »nicht nur ein einfach Ding [zu] leben und [zu] schaffen: die ehrliche Wissenschaft, sondern ein komplexes, kostspieliges und trostvolles Ding: die ehrliche Wissenschaft in und mit einer tiefen und in der Geschichte verankerten Religion, in und mit einem lebendigen Katholizismus«.[32]

Der wohl nennenswerteste Vertreter des englischen Modernismus war *George Tyrrell* (1861–1909), der neben Loisy auf dem Gebiet der Fundamentaltheologie und Religionsphilosophie den Titel »Vater des katholischen Modernismus« verdiente. »Unter einem Modernisten [versteht Tyrrell] einen Christen irgendeiner Kirche, der der Überzeugung ist, daß die wesentlichen Wahrheiten seiner Religion und die wesentlichen Wahrheiten der modernen Gesellschaft durchaus eine

---

[31] É. Le Roy: *Dogme*, 90; vgl. hierzu auch O. König: *Dogma*, 253–260.
[32] F. von Hügel: *Selected Letters 1896–1924*. Edited with a Memoire by Bernhard Holland, Lo 1927, 123 (zit. nach R. Aubert: *Modernistische Krise*, 461f.).

Synthese eingehen können.«³³ Diese von Tyrrell in *Christianity at the Cross-Roads* (1909) gegebene Definition verweist mit aller Deutlichkeit auf das modernistische Grundanliegen: das Ringen um eine Synthese zwischen Modernität und Religion, präziser gesagt, um eine Synthese zwischen der Treue zur katholischen Kirche und der Bejahung moderner Kultur und wissenschaftlicher Freiheit.

J. H. Newmans These in seinem *Essay in Aid of a Grammar of Assent* (1870): »Non in dialectia placuit Deo salvum facere populum suum«, erschüttert den Thomisten Tyrrell in seiner scholastischen Sicherheit. Beeinflußt vom Denken Blondels, Laberthonnières, Loisys, vor allem dem von Hügels, sowie der Kenntnis der protestantischen Bibelforschung bricht Tyrrell mit der scholastischen Philosophie: An die Stelle der Spekulation setzt er die Erfahrung. Er wehrt sich gegen den Intellektualismus in der Theologie, der sich anmaßt, durch spekulative Konstruktionen über Gott reden zu wollen. Bereits in einem frühen Artikel über die Hölle, in dem er die Absurdität und Grausamkeit der traditionellen Höllenauffassung scharf kritisiert, kommt er zu der Erkenntnis, daß der Mensch während seines Lebens keine angemessene Vorstellung des Ewigen haben, der endliche Geist seinem Wesen nach das Absolute nicht fassen kann. Deshalb fordert er die Aufgabe jeglichen Rationalismus: Der Mensch muß aus seiner Mitte »jeden Rest des rationalistischen Sauerteigs entfernen, den [er] aus früheren und primitiveren Zeiten mitgebracht [hat], als der Glaube mehr Zügelung als Ansporn benötigte«.³⁴ Durch die als notwendig erkannte Unterscheidung zwischen Offenbarung und Theologie, Leben und Theorie, Glaubenserfahrung und Glaubensformulierung, »Lex orandi« und »Lex credendi« gelangt Tyrrell schließlich zu einem antiintellektualistischen Glaubensverständnis.

Tyrrell definiert Offenbarung als eine übernatürlich gegebene Erfahrung von Wirklichkeiten, von Gott gewirkt, Theologie dagegen als die natürliche, vorläufige und fehlbare Analyse dieser Erfahrung.³⁵ Obwohl Tyrrell Offenbarung als Phänomen, das sich überall in der Geschichte des Geistes präsentiert, bestimmt, weist er die christliche Offenbarung als die Offenbarung schlechthin aus, als »Werk der inspirierten Ära des Ursprungs«, als »prophetisch nach Form und Gehalt«, als Unwandelbares gegen jede Entwicklung;³⁶ Theologie dagegen ist Veränderung. Mit Recht ist die biblische Offenbarung »als allein klassisch und normgebend, als der Maßstab, an dem alle Äußerungen des Geistes und alle Offenbarungen in der Kirche zu prüfen sind, betrachtet worden«.³⁷ Deswegen dominiert die Offenbarung im Leben der Kirche, die Theologie übt nur eine untergeordnete, dienende Funktion aus.

Wenn auch die biblische Offenbarung das Entscheidende in der Geschichte der Menschheit bleibt, so ist Gott doch »nahe und nicht fern, innen und nicht außen,

---

³³ R. Aubert: *Modernistische Krise*, 460.
³⁴ A. Vidler: *The Modernist Movement in the Roman Church*, C 1934, 151f. (zit. nach B. Greco: *Ernesto Buonaiuti*, 33).
³⁵ Vgl. G. Tyrrell: *Scylla und Charybdis*, 258, 287, 293, 356f., 417; vgl. hierzu auch M. D. Petre: *Autobiography*, Bd. II, 185.
³⁶ Vgl. B. Greco: *Ernesto Buonaiuti*, 34.
³⁷ G. Tyrrell: *Scylla und Charybdis*, 356f.

im Herzen seiner Schöpfung, im Mittelpunkt des menschlichen Geistes, im Leben eines jeden, und noch mehr im Leben aller«.[38] Deshalb kann jeder Mensch die Offenbarung Gottes wahrnehmen. In dieser Bestimmung von Offenbarung und Theologie kommt bereits das zum Ausdruck, was den Modernisten den Vorwurf des Immanentismus eintrug.

Das Gemeinsame aller Religionen ist nach Tyrrell die »religiöse Idee«, primär eine Triebkraft, die im Gefühl eines Bedürfnisses nach dem Absoluten besteht. Erst sekundär erwachsen dann dieser allgemeinen religiösen Idee verschiedenste begriffliche Gehalte als sich entfaltende Einkleidungen eben dieser Idee. Entsprechend der religiösen Idee zeigt sich in jeder Religion eine irgendwie geartete Offenbarung: Diese präsentiert sich weniger als sachhaltige Aussage denn als innere Erfahrung des Menschen. Diese Erfahrung drängt unter dem »Schock« des göttlichen Eindrucks auf eine Neugestaltung der Lebenspraxis: Das Gefühl des Mystischen gilt es ebenso zu verbessern wie die menschliche Existenz. Dabei müssen die je neugewonnenen Ausdrucksmöglichkeiten dieser Offenbarungserfahrung auf ihre Funktion im Leben hin geprüft werden.[39] Dies bedeutet für das Gott-Welt-Verhältnis: Im Gegensatz zur traditionellen Theologie, die Gott als zugleich verborgen und offenbar, transzendent und immanent, absolut und als Moment der Geschichte, theozentrisch und anthropozentrisch zu fassen sucht, bleibt bei Tyrrell Gott als der Transzendente für die menschliche Erkenntnis unerreichbar; alles, was der Mensch von Gott weiß, erwächst aus dem, was seine Humanität und sein religiöses Gefühl ihm vermitteln können. Für Tyrrell ist Gott jedem Menschen schon immanent offenbar in einer allgemeinen Religiosität der Menschheit, die im Christentum keine neue Dimension, sondern nur eine Intensivierung erhält. Diese immanente Geoffenbartheit Gottes im Menschen wird nicht geglaubt, sondern erfahren; deshalb ist sie auch unabhängig von Lehramt und Lehrsätzen.[40] Diese Auffassung erwächst aus Tyrrells kritischer Haltung gegenüber der traditionellen Theologie, von der er überzeugt ist, daß sie die Vermittlungsfunktion des kirchlichen Lehramtes so stark betont, daß jede Immanenz in der Verbindung zwischen Gott und Mensch geleugnet wird.

Italien

Es muß kaum verwundern, daß sich gerade in Italien der Wunsch nach Erneuerung deutlicher artikulierte als anderswo: Hier regiert der römische Zentralismus am augenfälligsten, beherrscht die Neuscholastik eindeutig die theologische Wissenschaft, prägt die Abwehr alles »Modernen« die Haltungen der Menschen in Kirche, Staat und Gesellschaft. Diese Situation und die damit verbundene Forderung nach Reformen machten die italienischen Intellektuellen überaus empfänglich für die geistigen Ideen der französischen und englischen Modernisten sowie der deutschen Reformkatholiken; auch während der Krise

---

[38] Ebd. 443.
[39] Vgl. B. Faupel: *George Tyrrell*, 280–295, bes. 281–288.
[40] Vgl. ebd.

blieben französische, englische und deutsche Denker einflußnehmend auf die italienischen Modernisten, die zu treuen Anwälten und Verfechtern des modernistischen Gedankengutes wurden.[41]

Die markanteste, aber nicht typischste Gestalt[42] des spezifisch »religiösen« Modernismus in Italien war *Ernesto Buonaiuti* (1881–1946; 1915–1932 Professor für Kirchengeschichte an der Universität in Rom; Herausgeber der Zeitschriften *Rivista storico-critica delle scienze teologiche* [1905–1910], *Ricerche religiose* [1925ff.], *Religio* [ab 1934]), der mit großem Engagement die Bestrebungen und Hoffnungen der Modernisten unterstützte.

Für den »Charismatiker« unter den Modernisten ist diese Reformbewegung ein Protest gegen den »razionalismo teologico« der Neuscholastiker und die »burocrazia sacramentale« der Kurie, »eine ehrliche und kräftige Anstrengung, die ursprünglichen christlichen Erwartungen wieder zu beleben«.[43] »Modernismus« heißt für ihn Beseitigung von Auswüchsen und parasitären Elementen in Religion und Kirche, vor allem aber Besinnung auf die ursprünglichen Dimensionen der christlichen Botschaft: Eschatologie, charismatische Struktur und Gemeinschaftscharakter der Kirche.[44]

Buonaiuti versucht in seiner Theologie eine lebendige Synthese des ethisch-religiösen Denkens Zarathustras, der Propheten Israels, teilweise griechischer Philosophen und verschiedener christlicher Strömungen: Paulus, Augustinus, Joachim von Fiore, Thomas von Aquin; zugleich stützt er sich auf Loisys konsequente Eschatologie in der Deutung des Neuen Testament, Blondels Immanenz-Apologetik, Le Roys pragmatische Erfassung des Dogmas. Vor allem Tyrrells Gedanke von der Gesamtheit der Glaubenden, dessen Idee vom fundamental demokratischen Charakter der Kirche, dessen Unterscheidung zwischen Institution und Gemeinschaft prägen entscheidend Buonaiutis Kirchenbild.[45]

Buonaiuti versteht das tiefe Leben des menschlichen Geistes als inneres Erlebnis des Göttlichen im Menschen. Um aber jeden religiösen Subjektivismus zu vermeiden, bestimmt er Kirche als »vita associata«, als charismatische Gemeinschaft, als Leben in Gemeinschaft und Solidarität mit den Mitmenschen, damit sie Quelle der Lehrwahrheit sein kann. Durch intensive Studien über das Neue Testament und die altchristliche Literatur definiert er in der Auseinandersetzung mit A. von Harnack das Wesen des Christentums als »eine Ausnahmeethik, die auf dem Grund eines klaren Glaubens an den himmlischen Vater steht, von einer soteriologischen Erfahrung belebt wird und in eine optimistische Eschatologie mündet«;[46] daran gilt es die ganze Entwicklung der christlichen Überlieferung zu prüfen.

Buonaiuti ist vorzüglich ein religiöser Reformer, der durch Rückgriff auf die

---

[41] Vgl. R. Aubert: *Modernistische Krise*, 467–474.
[42] Vgl. ebd. 469 Anm. 5.
[43] E. Buonaiuti: *Modernismo*, 17; vgl. hierzu auch B. Greco: *Ernesto Buonaiuti*, 47.
[44] Vgl. B. Greco: *Ernesto Buonaiuti*, 45–49, bes. 47.
[45] Vgl. V. Vinay / H. Goetz: *Buonaiuti*, 419–423, bes. 422.
[46] E. Buonaiuti: *Il lieto annuncio*, 107; vgl. hierzu auch V. Vinay / H. Goetz: *Buonaiuti*, 422f.

urchristlichen Ideale seine Kirche, die ihn verstoßen hat, erneuern will – in der Hoffnung, daß alle Menschen von diesem Geist ergriffen würden.[47]

Neben diesem spezifisch »religiösen« Modernismus entwickelte sich ein politisch geprägter, dessen Initiator *Romolo Murri* (1870–1944; Gründer der christlich-demokratischen Partei Italiens; Gründer der Zeitschriften *Vita nuova* [1895 bis 1897], *Cultura sociale* [1898–1902], *Rivista di cultura* [1903–1907]) war: Sein Ziel ist ein politisch-sozialer Katholizismus. In *Una crisi d'anime nel Cattolicesimo* (1907) analysiert er die historische Entwicklung der Modernismuskrise und der ihr notwendigerweise erwachsenen Reformbestrebungen: Er kommt zu der Erkenntnis, daß die offizielle Theologie die Unmöglichkeit einer Aussöhnung zwischen Glauben und Wissenschaft verursacht. Dennoch prophezeit er für die Zukunft einen Menschen, »der ... in seiner Seele Demokratie, Wissenschaft und christlichen Glauben harmonisch vereinigen wird«.[48]

Das Problem »Modernismus«, das sich so vielgestaltig präsentiert, ist im Grunde kein neues: Es ist der in der jahrhundertelangen Geschichte der Kirche nie ganz abwesende, dem Wesen katholischen Denkens eigene Wunsch zu versuchen, die Tradition mit der jeweiligen geschichtlichen Situation auszusöhnen. Bei dem von den Modernisten erstmals so deutlich artikulierten und so intensiv erstrebten Versöhnungsversuch darf nicht vergessen werden – auch wenn ihn die katholische Kirche verurteilte –, daß er ein typisch katholischer Versuch war, durch Erneuerung des eigenen Denkens einen Ausgleich zwischen theologischer Vergangenheit und Gegenwart zu schaffen. Dabei formierte sich der Modernismus weniger in einer einheitlichen Bewegung als in sporadischen Ausbrüchen, die aber gerade in ihrer Uneinheitlichkeit und Bruchstückhaftigkeit »von der Faszination des Gedankens an eine mit dem modernen Bewußtsein gänzlich ausgesöhnte Christlichkeit bestimmt waren«.[49] Dabei erweist er sich als Protest gegen das Bestehende und als Forderung nach radikaler Erneuerung, gleichzeitig aber auch als ein Spiegel der herrschenden Zustände in der katholischen Kirche und Theologie des ausgehenden 19. Jahrhunderts.

BIBLIOGRAPHIE

1. *Werke*

A) Alfred Loisy

a) Vollständige Bibliographie:
Poulat, É. (Hg.): Alfred Loisy: Sa vie – son œuvre, par A. Houtin et F. Sartiaux, manuscrit annoté et publié avec une Bibliographie de Loisy et un Index Bio-Bibliographique, P 1960, 303–324.

b) Auswahl:
Histoire du canon de l'Ancien Testament, P 1890 (Ndr. F 1971).

---

[47] Vgl. V. Vinay / H. Goetz: *Buonaiuti*, 423.
[48] B. Greco: *Ernesto Buonaiuti*, 39.
[49] L. Scheffczyk: *Wirkungen*, 51.

Études bibliques (¹1894), P ³1903.
L'*Évangile* et l'Église (¹1902), P ⁴1908 (Ndr. F 1973).
Autour d'un petit livre, P 1903.
Choses passées, P 1913 (Ndr. F 1973).
La *Religion,* P 1917 (Ndr. F 1971).
Mémoires pour servir à l'histoire religieuse de notre temps, 3 Bde., P 1930/31.

c) Übersetzung ins Deutsche:
Evangelium und Kirche, dt. J. Grière-Becker, Mü 1904.

B) LUCIEN LABERTHONNIÈRE

a) Vollständige Bibliographie:
Beillevert, P. (Hg.): Laberthonnière, l'homme et l'œuvre, P 1972, 243–276.

b) Auswahl:
Essais de philosophie religieuse, P 1903.
Le réalisme chrétien et l'idéalisme grec, P 1904 (Ndr. F 1976).

C) ÉDUARD LE ROY:

a) Vollständige Bibliographie:
Études philosophiques 10 (1955) 207–210.

b) Auswahl:
Qu'est-ce qu'un dogme?, in: LQ 63 (1905) 495–526.
Dogme et critique, P 1907.
La pensée intuitive, 2 Bde., P 1929/30.
Introduction à l'étude du problème religieux, P 1944.

D) GEORGE TYRRELL

a) Vollständige Bibliographie:
Loome, T. M.: A Bibliography of the Printed Works of George Tyrrell (1861–1909), in: Heythrop Journal 10 (1969) 280–314; 11 (1970) 161–169.
–: Liberal Catholicism. Reform Catholicism. Modernism. A Contribution to a New Orientation in Modernist Research, Mz 1979, 218–227.

b) Auswahl:
Lex Orandi; or, Prayer and Creed, Lo 1903.
Through Scylla and Charybdis; or, The Old Theology and the New, Lo 1907.
Christianity at the Cross-Roads, Lo 1909.

c) Übersetzungen ins Deutsche:
Zwischen *Scylla und Charybdis,* dt. E. Wolff, Jena 1909.
Das Christentum am Scheideweg, hg. F. Heiler, Mü/Bas 1959.
Mensch und Welt in der Parapsychologie, dt. H. Bender / I. Strauch, H 1960.

E) ERNESTO BUONAIUTI

a) Vollständige Bibliographie:
Ravà, M.: Bibliografia degli scritti di E. Buonaiuti, Fi 1951.
–: Aggiunte alla Bibliografia di E. Buonaiuti, in: Rivista di storia e letteratura religiosa 6 (1970) 235–239.

b) Auswahl:
Lettere di un prete modernista, R 1908.
Il lieto annuncio, in: Ricerche religiose 1 (1925) 105–117.
Il *Modernismo* Cattolico, Parma 1943.
Storia del Cristianesimo, 3 Bde., Mi 1942/43.
Pellegrino di Roma. La generazione dell'esodo, R 1945.

c) Übersetzungen ins Deutsche:
Geschichte des Christentums, 2 Bde., dt. H. Markum, Be 1957.
Die exkommunizierte Kirche, hg. E. Benz, Zü 1966.

2. *Literatur über den Modernismus*

Aubert, R.: *Modernismus,* in: Sacramentum Mundi Bd. III (Fr/Bas/W 1969) 581–591.
–: Die *modernistische Krise,* in: HKG(J) Bd. VI/2 (1973) 435–500.
Bader, D.: Der Weg Loisys zur *Erforschung der christlichen Wahrheit,* Fr 1974.
Dantine, W. / Hultsch, E.: Lehre und *Dogmenentwicklung* im Römischen Katholizismus, in: C. Andresen (Hg.): Die Lehrentwicklung im Rahmen der Ökumenizität, Gö 1984, 289–423.
Faupel, B.: Die Religionsphilosophie *George Tyrrells,* Fr 1976.
Gisler, A.: Der Modernismus, Ei 1912.
Greco, B.: Ketzer oder Prophet? Evangelium und Kirche bei dem Modernisten *Ernesto Buonaiuti* (1881–1946), Zü/Kö/Gü 1979.
von Harnack, A.: Das Wesen des *Christentums* (Lei $^{1-5}$1900), hg. R. Bultmann, B 1950 (als Lizenzausgabe im Siebenstern-Verlag, Mü 1964).
Heiler, F.: Der Vater des katholischen Modernismus: *A. Loisy* (1857–1940), Mü 1947.
Hulshof, J.: *Wahrheit* und Geschichte. Alfred Loisy zwischen Tradition und Kritik, Essen 1973.
Klein, P.: Alfred Loisy als Historiker des Urchristentums, Bo 1977.
König, O.: *Dogma* als Praxis und Theorie. Studien zum Begriff des Dogmas in der Religionsphilosophie Maurice Blondels vor und während der modernistischen Krise (1888–1908), Gr 1983.
Kübel, J.: Geschichte des katholischen Modernismus, Tü 1909.
Marlé, R. (Hg.): Au cœur de la crise moderniste. Le dossier inédit d'une controverse. Lettres de M. Blondel, H. Brémond, F. v. Hügel, A. Loisy etc., P 1960.
Metz, J. B.: *Einführung,* in: M. Blondel: Geschichte und Dogma, Mz 1963, S. VII–XIII.
Neuner, P.: *Religiöse Erfahrung* und geschichtliche Offenbarung. Friedrich von Hügels Grundlegung der Theologie, Mü 1977.
Petre, M. D.: *Autobiography* and Life of George Tyrrell, 2 Bde., Lo 1912.
Poulat, É.: *Histoire,* dogme et critique dans la crise moderniste, P/Tournai 1962.
Ranchetti, M.: Cultura e riforma religiosa nella storia del Modernismo, Tn 1963.
Reardon, B. M. G.: Roman Catholic Modernism, Lo 1970.
Rivière, J.: *Modernisme,* in: DThC Bd. X (1929) 2009–2047.
–: Le modernisme dans l'église. Étude d'histoire religieuse contemporaine, P 1929.
Schaeffler, R.: Die *Wechselbeziehungen* zwischen Philosophie und katholischer Theologie, Da 1980.
–: Der »Modernismus-Streit« als Herausforderung an das philosophisch-theologische Gespräch heute, in: ThPh 55 (1980) 514–534.
Scheffczyk, L.: *Wirkungen* des Modernismus auf Theologie und Kirche, in: A. Langner (Hg.): Katholizismus und philosophische Strömungen in Deutschland, Pa 1982, 43–58.
Scherer, R.: *Modernismus,* in: LThK Bd. VII (^{2}1962) 513–516.
Schnitzer, J.: Der katholische *Modernismus,* B 1912.
Söhngen, G.: *Neuscholastik,* in: LThK Bd. VII (^{2}1962) 923–926.
Vidler, A. R.: A Variety of Catholic Modernists, C 1970.
Vinay, V. / Goetz, H.: *Buonaiuti,* in: TRE Bd. VII (1980) 419–423.
Weinzierl, E. (Hg.): Der Modernismus. Beiträge zu seiner Erforschung, Gr/W/Kö 1974.
Welte, B.: Zum *Strukturwandel* der katholischen Theologie im 19. Jahrhundert, in: B. Welte: Auf der Spur des Ewigen. Philosophische Abhandlungen über verschiedene Gegenstände der Religion und der Theologie, Fr 1965, 380–409.

IRMINGARD BÖHM

Die Enzyklika »Pascendi« und der Antimodernismus

Wie ein roter Faden durchzieht der Kampf gegen den Modernismus die Regierungstätigkeit von Papst Pius X. (1903–1914). Bereits im Jahr seiner Papstwahl ließ er fünf Schriften von Alfred Loisy auf den Index der verbotenen Bücher setzen und durch das Hl. Offizium verwerfen.[1] Im darauffolgenden Jahr warnte Pius in seiner Enzyklika zum Gregorius-Jubiläum (Papst Gregor I. starb 604) die Katholiken vor den neuen theologischen Strömungen, 1907 richtete er eine sehr eindringliche Ermahnung an die Bischöfe von Frankreich und Italien gegen die Neuerungen in der Theologie unter den jungen Klerikern,[2] schließlich bezeichnete er im Konsistorium vom 17. April 1907 die neuen Theologen als »Rebellen«, die mit Hinterlist Irrtümer verbreiten und ein bedingungsloses Angleichen an den Zeitgeist vertreten. Es konnte daher nicht überraschen, daß Pius am 3. Juli 1907 das Dekret *Lamentabili* des Hl. Offiziums veröffentlichte, in dem er 65 Sätze modernistischer Autoren als häretisch verurteilte.[3] Die meisten dieser Sätze stammen aus den Büchern von Loisy *L'Évangile et l'Église* und *Autour d'un petit livre*, die übrigen aus Schriften von Tyrrell, Le Roy, E. Dimnet und A. Houtin. Am 25. August 1907 wurden die Ordinarien in einer Instruktion angewiesen, von diesen Thesen »angesteckte« Theologieprofessoren von den Seminarien zu entfernen und denen, die nicht im Herzen die Neuerungen ablehnten, die Weihe zu verweigern. Vierzehn Tage später wurde die große Enzyklika *Pascendi dominici gregis* vom 8. September 1907 veröffentlicht, ein relativ ausführlicher Traktat über die Irrtümer des Modernismus sowie deren Widerlegung, vermutlich aus der Feder von Kardinal Billot SJ und Pater Johannes B. Lemius OMI.[4] Sie bildete die Grundlage der Bekämpfung des Modernismus.

Am 18. November 1907 verhängte Pius in einem Motuproprio die ihm reser-

---

[1] J. Schmidlin, *Papstgeschichte*, Bd. III, 140.
[2] ASS 29 (1896/97) 321ff.; ASS 29 (1896/97) 582ff.
[3] ASS 40 (1970) 470; DS 3401–3466.
[4] DS 675.

vierte Exkommunikation über alle, die dem Dekret widersprachen und der Enzyklika den Gehorsam verweigerten.[5] Auch in der Folgezeit hat Pius kaum eine Rede gehalten oder ein Schreiben verfaßt, in denen er nicht vor der »Pest« des Modernismus warnte, ja auf der Jahresmedaille vom 29. Juni 1908 ließ er sich als Besieger der modernistischen Hydra mit der Enzyklika in der Hand darstellen.[6] Den Höhepunkt der päpstlichen Maßnahmen bildete das Motuproprio vom 1. September 1910 *Sacrorum antistitum*, in dem er die schon befohlenen Maßnahmen wiederholte und außerdem eine Eidesformel zur Abschwörung aller modernistischen Irrtümer vorlegte. Dieser Eid wurde von allen Professoren, Kanonikern, Pfarrern, Benefiziaten sowie Beamten der bischöflichen Kurie gefordert und war durch Unterzeichnung eines Formulars zu bekräftigen. Nur die Theologieprofessoren der staatlichen Universitäten waren von dieser Eidespflicht entbunden, wie Pius in einem Breve an Kardinal Fischer von Köln bestätigte, allerdings forderte er die Professoren zu einer freiwilligen Eidesleistung auf.[7]

Wie heftig der Kampf gegen den Modernismus geführt wurde, ist auch aus der Borromäus-Enzyklika *Editae saepe Dei* vom 26. Mai 1910 zu entnehmen, die den hl. Karl Borromäus als Vorbild für alle Bischöfe im Kampf gegen die Ketzerei hinstellte. Gemeint war wohl der Modernismus, der Protestantismus wird nur am Rande erwähnt.[8] Diese erbitterte Auseinandersetzung mit den modernistischen Autoren führte zu deren heftigem Widerstand. Hat sich Alfred Loisy nach seiner Indizierung im Jahre 1903 noch zu einer Unterwerfung bereit erklärt, so richtete er drei Wochen nach Erscheinen der Enzyklika *Pascendi dominici gregis*, nämlich am 29. September 1907, ein Schreiben an Kardinalstaatssekretär Merry del Val, in dem er eine Unterwerfung entschieden ablehnte.[9] Am 7. März 1908 wurde Loisy namentlich und persönlich vom Hl. Offizium exkommuniziert. In seinem weiteren Lebensweg entfernte sich Loisy zunehmend von Theologie und Christentum, widmete sich mehr einem positivistischen Agnostizismus und reduzierte die Religion auf den Sinn für das Heilige. 1909 wurde er Professor für Religionsgeschichte am Collège de France, wo er bis 1927 wirkte. 1930 erschienen seine *Memoires*, in denen er seine Abkehr vom katholischen Glauben bereits vor dem Zeitpunkt des Erscheinens von *L'Évangile et l'Église* datierte. Sein Verbleiben in der katholischen Kirche sei in der Hoffnung auf eine größere Effizienz seines reformerischen Wirkens gegründet gewesen.[10] 1916 hat er übrigens noch einmal die Gemüter der Katholiken erhitzt, weil er in seiner Schrift *La Guerre et la Religion* die theologisch und konfessionell begründete Kriegshetze als Bankrotterklärung des christlichen Glaubens deutete und zu einer neuen Religion der Humanität aufrief. 1940 starb Loisy im Alter von 83 Jahren.

Weniger im Rampenlicht der Öffentlichkeit war der Lebensweg von George Tyrrell. Er war im Alter von 18 Jahren aus der anglikanischen Kirche zur katholi-

---

[5] ASS 40 (1907) 723.
[6] J. Schmidlin, *Papstgeschichte*, Bd. III, 154.
[7] Ebd. 157.
[8] AAS 2 (1910) 367.
[9] R. Aubert: *Loisy*, 177.
[10] Ebd. 178.

schen übergetreten, wurde Mitglied der Gesellschaft Jesu und Professor für Moraltheologie. Seine Abkehr von der traditionellen Theologie hat sich im Jahre 1903 vollzogen, als er die Entwicklungslehre J. H. Newmans abzulehnen begann. Für Newman verhält sich das in der Auseinandersetzung mit den Zeitströmungen und Irrlehren gewachsene Gebäude von Dogmen zum Kern der christlichen Botschaft wie ein ausgewachsener Baum zu seinem Samen, das bedeutet, er bewahrt seine innere Identität. In einem aufsehenerregenden Artikel über die Hölle[11] sind Tyrrells von einem theologischen Agnostizismus bestimmten Auffassungen von den Glaubensartikeln über die Eschatologie deutlich geworden, die zu einer gänzlich neuen Sicht der Beziehung zwischen Offenbarung, Theologie und Geschichte führten. Am 1. Januar 1906 erschien im *Corriere della Sera* ein Brief, in dem Tyrrell die Konsequenzen aus seinem veränderten Glaubensverständnis radikal formulierte: Der Glaubensverlust ist dann nicht als unmoralisch anzusehen, wenn Glauben nur Zustimmung zu einem dogmatischen System bedeutet. Er unterscheidet zwischen dem kollektiven religiösen Unterbewußtsein des Volkes Gottes und dem bewußt formulierten Geist und Willen der regierenden Schicht der Kirche.[12] Wer mit dem formulierten Ausdruck des Glaubens nicht zufrieden ist, muß nicht auch mit der Sache selbst unzufrieden sein.«[13] Als Tyrrell als Autor dieses Artikels ausfindig gemacht wurde, wurde er aus der Gesellschaft Jesu ausgeschlossen und suspendiert. Daß diese Unterscheidung von dogmatischen Formulierungen und kollektivem religiösem Unterbewußtsein für ihn keine Spitzfindigkeit, sondern durch seine innerste Überzeugung gedeckt war, läßt sich aus seinen wiederholten, aber vergeblichen Bemühungen, privat die Messe feiern zu dürfen, entnehmen. Zur Enzyklika *Pascendi dominici gregis* nahm er in zwei Artikeln in der *Times* in sehr scharfen Worten Stellung (30. September und 1. Oktober 1907): »Es wird ihn [= den Reformkatholiken] der Gedanke mit aufrichtiger Trauer erfüllen, daß die Kirche heute infolge dieser Kundgebung unwiederbringlich eine der günstigsten Gelegenheiten versäumt hat, die Heilbringerin der Welt von heute zu werden.«[14] Drei Wochen später, am 22. Oktober 1907, wurde über Tyrrell die große Exkommunikation verhängt. Am 15. Juli 1909 starb er. Selbst seine Begräbnisfeier war noch Gegenstand antimodernistischer Disziplinierung: Henri Bremond, ein Freund von Tyrrell, wurde suspendiert, weil er in Zivil am Grab die Totengebete gesprochen hatte.[15]

Mit dieser kurzen Darstellung der Lebenswege der beiden einflußreichsten modernistischen Autoren sollte die Unerbittlichkeit des Kampfes sichtbar gemacht werden.

---

[11] *A perverted Devotion,* in: Weekly Register 1899.
[12] O. Schroeder, *Aufbruch und Mißverständnis,* 127.
[13] Ebd. 128.
[14] So die deutsche Übersetzung des Artikels in der Zeitschrift *Das 20. Jahrhundert,* Mü 1907, 512 (zit. nach O. Schroeder: *Aufbruch und Mißverständnis,* 144).
[15] P. Neuner, »*Modernismus*«, 261.

DIE ENZYKLIKA »PASCENDI DOMINICI GREGIS«

Das wichtigste Dokument im Kampf gegen den Modernismus war, wie schon erwähnt, das Lehrschreiben *Pascendi dominici gregis* vom 8. September 1907. Die Enzyklika versucht, die von verschiedenen theologischen Einzeldisziplinen herkommenden Theologien zu einem System zusammenzufügen, das so, wie es die Enzyklika darstellt, von keinem Modernisten vertreten wird. Das erwähnt auch die Vorrede des Schreibens ausdrücklich. Der Verfasser der Enzyklika sieht nämlich darin einen raffinierten Kunstgriff der Modernisten, daß sie ihre Lehre nicht systematisch darlegen, sondern voneinander getrennt und in Einzelabhandlungen, weil sie so den Eindruck erwecken können, sie seien sich ihrer Überzeugung noch unsicher. Es ist das Ziel dieses Lehrschreibens, den Modernisten ihre Maske herunterzureißen, denn länger zu schweigen wäre Sünde, weil sich nun die Feinde der Kirche im eigenen Haus befinden und durch eine zur Schau getragene Sittenstrenge eine Täuschung über ihre wahre Absicht umso leichter möglich ist.[16]

Den Ausgangspunkt der Darlegung des modernistischen Systems stellt der *Agnostizismus* dar, die philosophische Lehre, daß die Erkenntnismöglichkeit der menschlichen Vernunft auf das Gebiet der Phänomene beschränkt ist und daß eine philosophische Erkenntnis Gottes und seiner Existenz daher nicht möglich ist. Aus diesem Agnostizismus leiten die Modernisten, so beschreibt es die Enzyklika, die Forderung ab, daß alle Wissenschaft und alle Geschichte a-theistisch sein müsse. Für den Antimodernismus bedeutet diese Forderung nicht nur ein methodisches Prinzip der wissenschaftlichen Forschung, sondern eine philosophische Vorentscheidung, die sich gegen die Grundlagen des christlichen Glaubens richtet und daher für jeden Theologen unannehmbar ist. Diese philosophische Vorentscheidung gilt es im Kampf gegen den Modernismus zu entlarven.

Gegen diese polemische Darstellung der Arbeitsweise von Wissenschaft haben sich die modernistischen Autoren heftig gewehrt. So schreibt Loisy in den *Simples réflexions*: »Was die Enzyklika als historischen Atheismus qualifiziert, ist nicht eine logische Ableitung, sondern das Resultat einer Erfahrung: Weder in der Welt noch in der Geschichte ist Gott dazwischengetreten wie ein Individuum, das von Zeit zu Zeit in kapriziöser Weise die Verkettung der natürlichen und menschlichen Phänomene unterbricht. Die Idee einer ähnlichen Dazwischenkunft scheint philosophisch unbegreiflich.«[17]

Außer dem Agnostizismus nennt die Enzyklika als Grundlage der modernistischen Lehre das Prinzip der »*vitalen Immanenz*«. Gemeint ist damit die Überzeugung der Modernisten, daß an die Stelle der Erkenntnis Gottes durch den Verstand die Gotteserfahrung im religiösen Gefühl trete. In diesem Gefühl ist Gott dem Menschen immanent, in ihm steckt eine dynamische Kraft, in der alle Ausdrucksformen der Religion ihren Ursprung haben. Durch die Ausgestaltung der verschiedenen Ausdrucksformen der Religion entstehen Kirchen, Dogmen und

---

[16] Lat.-dt. Ausgabe der Enzyklika, 7.
[17] A. Loisy: *Simples réflexions*, 170 (zit. in: J. Beßmer: *Philosophie und Theologie*, 54).

Sakramente. Das besagt, daß diese im Bedürfnis des Menschen und in seiner religiösen Sehnsucht ihren Ursprung haben und somit nicht unmittelbar von Gott eingesetzt sind. Nach der Darstellung des Lehrschreibens aber wollen die Modernisten dennoch an einem göttlichen Ursprung der Formen der Religion festhalten: Gott hat indirekt bei der Entfaltung der Ausdrucksformen des religiösen Gefühls gewirkt, was mit dem Prinzip einer »göttlichen Permanenz« ausgedrückt werden soll.

Die Sicherheit, die dieses religiöse Gefühl dem Glaubenden vermitteln kann, übertrifft weit jene, die aus der Wissenschaft kommt. »Leugne einer gleich den Rationalisten diese Erfahrung, so komme es daher, sagen sie, daß sich ein solcher nicht in jene moralische Verfassung versetzen wolle, welche erfordert ist, um jene Erfahrung zu erzeugen. Diese Erfahrung aber macht den, der sie erlangt hat, eigentlich und so recht zum Gläubigen.«[18]

Dieses religiöse Gefühl schlummert im Unterbewußtsein (subconscientia).[19] Aber beim Anblick von überragenden Persönlichkeiten der Geschichte und geheimnisvollen Naturereignissen erwacht es. In diesem Gefühl tut sich Gott selber kund, es ist der Ort der Offenbarung Gottes. Aufgabe der menschlichen Vernunft ist es, aus den primären Erfahrungen des religiösen Gefühls sekundäre Sätze des Glaubens zu formulieren, denn der religiöse Mensch »müsse seinen Glauben denken«.[20] Werden diese sekundären Sätze schließlich vom kirchlichen Lehramt festgelegt, so bilden sie das Dogma.

Sehr ausführlich stellt die Enzyklika die Entstehung der Kirche, der Dogmen und der Sakramente in der Sicht der Modernisten dar, die sie als »Phantasien der modernistischen Schule« qualifiziert. Die Kirche ist aus dem Bedürfnis des religiösen Gefühls, sich mitzuteilen, entstanden. Dieses Mitteilungsbedürfnis und der Drang nach der Kollektivität bilden den Ursprung der Kirche. Eine göttliche Einsetzung wird damit radikal in Frage gestellt. Auch die Dogmen sind nichts anderes als Symbole und Hilfsmittel, die einzig den Zweck haben, es dem Gläubigen zu ermöglichen, »daß er sich von seinem Glauben Rechenschaft gibt«.[21] Dies bedeutet, daß die Dogmen sich nach der Entwicklung des religiösen Gefühls und nach dem jeweiligen historischen Bewußtsein auszurichten haben.

Damit ist ein Begriff eingeführt, der in der Auseinandersetzung mit dem Modernismus eine Schlüsselposition einnimmt: »*Entwicklung*«, die »Quintessenz« der modernistischen Lehre.[22] Über die Entwicklung der Religion schreibt die Enzyklika: »Die Urform des Glaubens war roh und bei allen Menschen gleich, da sie aus der Natur und dem Leben des Menschen selbst entsteht.«[23] Die vitale Entwicklung brachte den Fortschritt, der sich in der Darstellung des Lehrschreibens in einer zweifachen Art und Weise vollzog: durch die geistige und sittliche

---

[18] Lat.-dt. Ausgabe der Enzyklika, 24.
[19] DS 3477.
[20] Lat.-dt. Ausgabe der Enzyklika, 19.
[21] Ebd. 21.
[22] Das lateinische Wort »evolutio« geben wir mit »Entwicklung« wieder, entsprechend der dt. Ausgabe von *Evangelium und Kirche* von Loisy.
[23] Lat.-dt. Ausgabe der Enzyklika, 52.

Verfeinerung des Menschen und durch Ausklammern der äußeren Bestimmung des Menschen, etwa durch Familie oder Stamm. »Für den Fortschritt im Glauben sind die gleichen Ursachen zu nennen, wie sie oben zur Erklärung seines Ursprungs angeführt wurden. Dazu kommen noch einige außerordentliche Männer (wir nennen sie Propheten; der vorzüglichste unter ihnen war Christus); denn diese hatten in ihrem Leben und in ihren Reden etwas Geheimnisvolles an sich, das der Glaube der Gottheit zuschrieb; zudem wurden ihnen neue, vorher nie dagewesene *Erfahrungen* zuteil, wie sie eben dem religiösen Bedürfnisse ihrer Zeit entsprachen. – Der Fortschritt im Dogma kommt hauptsächlich davon her, daß es gilt, Hemmnisse des Glaubens zu überwinden, Feinde zu besiegen, Einwendungen zu widerlegen. Hinzuzufügen ist noch ein gewisser beständiger Trieb, das, was in den Glaubensgeheimnissen enthalten ist, besser zu durchdringen. So ist es, um andere Beispiele zu übergehen, mit Christus geschehen. Jenes göttliche Etwas (divinum illud qualecunque), das der Glaube an ihm annahm, wurde allmählich und stufenweise so erweitert, daß man ihn schließlich für Gott hielt. – Zur Entwicklung des Kultes führt besonders die Notwendigkeit, sich den Sitten und Überlieferungen der Völker anzupassen; ebenso auch das Bedürfnis, sich die Macht zunutze zu machen, die gewisse Handlungen durch die Gewohnheit erlangt haben. – Endlich entsteht für die Kirche eine Ursache der Entwicklung aus dem Umstande, daß sie sich mit den geschichtlich gegebenen Verhältnissen sowie mit den öffentlich eingeführten Formen weltlicher Regierungen zurechtfinden muß.«[24]

In diesem Verständnis von Entwicklung erkennt die Enzyklika das philosophische Konzept der historisch-kritischen Methode. Zwar drängen die Bedürfnisse des Menschen nach Fortschritt und Veränderung, aber damit die Grenzen der Überlieferung nicht überschritten werden, steht der fortschreitenden Kraft eine beharrende entgegen. Die Entwicklung ist somit das Ergebnis des Widerstreites zweier Kräfte in der Geschichte, der »konservativen« Kraft der Tradition, repräsentiert durch die Autorität, und der »progressiven«, die in den Bedürfnissen der jeweiligen historischen Situation ihre Grundlage hat. Diese Bedürfnisse werden zunächst von einzelnen Menschen entdeckt und artikuliert. Allmählich gelingt es, mehrere Menschen von der Notwendigkeit einer Veränderung und eines Fortschritts zu überzeugen und die Autorität durch moralischen Druck zu einem Kompromiß zu nötigen.[25] In der Kirche stellt die Hierarchie die beharrende Kraft dar, die zum Fortschritt drängende sind die Laien.

Für die Enzyklika bedeutet dieses Modell von Entwicklung die philosophische Grundlage der historisch-kritischen Methode. »Der Historiker hat die Dokumente zu durchforschen, sorgfältig die verschiedenen Konjunkturen zu erkunden, die die Kirche durchgemacht hat, die inneren und äußeren Notwendigkeiten, die sie zum Fortschritt treiben, die Hindernisse, die ihr den Weg zu versperren drohten, kurz, alles zu würdigen, was Auskunft geben kann über die Art, in der sich in

---

[24] Zit. nach J. Beßmer: *Philosophie und Theologie*, 95.
[25] ASS 40 (1907) 624, Übersetzung des Verfassers.

ihr das Gesetz der Entwicklung bestätigt hat.«²⁶ Die andere Grundlage sieht das Lehrschreiben in dem schon mehrfach erwähnten Agnostizismus, also in der Forderung, daß die Heilige Schrift immanent mit den Methoden der Philologie zu interpretieren sei. So kommt die Enzyklika zu dem Urteil, alles werde »a priori entschieden, und zwar nach einem Apriorismus, der voller Häresien steckt«.²⁷

Für die Autoren des Lehrschreibens erhebt sich hier die Frage, wie diese Art von Exegese bei Katholiken so viel Anklang finden kann. Die Antwort der Enzyklika lautet: »Zunächst das enge Bündnis, daß die Geschichtsschreiber und die Kritiker dieser Art unter sich geschlossen haben, wobei sie alle nationalen und religiösen Gegensätze ausschalten. Dann aber die große Unverfrorenheit, mit der einer von ihnen etwas schwätzt, die anderen ihm sofort Beifall spenden und sagen, das sei ein Fortschritt der Wissenschaft... Wer ihm nicht beistimmt, den bezeichnen sie als unwissend.«²⁸ Beendet wird dieser Abschnitt mit dem polemischen Urteil über die neuere modernistische Exegese: »Infolge der Vorherrschaft der Irrenden und infolge der unvorsichtigen Zustimmung der Unbedachten hat sich eine verdorbene Atmosphäre gebildet, die alles durchdringt und sich wie die Pest weiter ausbreitet.«²⁹

Ein weiteres Kapitel des Lehrschreibens ist dem modernistischen Verständnis von *Apologetik* gewidmet, die das Ziel hat, »einen noch nicht Glaubenden dahin zu bringen, daß er zu der Erfahrung über die katholische Religion gelangt, die nach den Modernisten die einzige Grundlage des Glaubens bildet«.³⁰ Wenn es gelingt, die vitale Kraft des Katholizismus aus dem Lauf der Geschichte aufzuzeigen und die Widersprüche, die innerhalb der Schrift und der Dogmen bestehen, als Form von Lebenskraft erscheinen zu lassen, dann kann der Zugang zu dieser religiösen Erfahrung erschlossen werden. Dazu das Urteil der Enzyklika: »Sie geben sich alle Mühe, den Menschen zu überzeugen, in ihm selbst, in den tiefsten Tiefen seiner Natur und seines Lebens liege das Verlangen und das Bedürfnis nach einer Art Religion verborgen, nicht nach irgendwelcher, sondern gerade nach einer solchen, wie es die katholische ist.«³¹ Eine Begründung der Apologetik aus den Sehnsüchten und Bedürfnissen des Menschen heraus lehnt der Antimodernismus ab. Sie ist dazu angetan, »alle Religion vollständig zu vernichten«.³²

Im letzten Abschnitt nimmt die Enzyklika zu den Reformwünschen der modernistischen Autoren Stellung und bezeichnet sie als »schrankenlose Neuerungssucht«. Vor allem die Forderung nach einer Abkehr von der scholastischen Philosophie und die Begründung der spekulativen Theologie aus der Dogmengeschichte stoßen auf Unverständnis. Die Enzyklika schließt mit einer Zusammenfassung und Wiederholung aller vorgebrachten Vorwürfe: »Hätte sich jemand die

---

[26] Ebd. 626.
[27] Lat.-dt. Ausgabe der Enzyklika, 67.
[28] ASS 40 (1907) 626.
[29] Ebd.
[30] Lat.-dt. Ausgabe der Enzyklika, 73 (zit. nach O. Schroeder: *Aufbruch und Mißverständnis*, 109–114).
[31] Ebd. 79.
[32] Ebd. 79.

Aufgabe gestellt, die Quintessenz aller Glaubensirrtümer, die es je gegeben hat, zusammenzutragen, so hätte er es nicht besser machen können, als es die Modernisten getan haben.«[33] Die Entwicklung der Neuzeit wird als eindeutige Abwärtsentwicklung hingestellt: »Der Protestantismus war der erste Schritt; dann folgt der Modernismus; das Ende ist der Atheismus.«[34]

Als Gründe, die zu diesen modernistischen Lehren geführt haben, sind nach der Darstellung des Lehrschreibens zwei zu nennen: »Vorwitz und Stolz«.[35] Unkenntnis der theologischen Tradition und der neuscholastischen Philosophie allein kann als Erklärung für die Vielzahl der Irrtümer nicht ausreichen, es bedarf dazu des Hochmutes und der Überheblichkeit. »Ganz gewiß ist der Stolz der sicherste Weg zum Modernismus ... Und der Anfang dieses Weges wird dort gesetzt, wo jemand anfängt, Widerwillen gegen diese scholastische Methode zu empfinden.«[36] Daher wird als Kampfmittel gegen die Modernisten empfohlen, deren Stolz zu brechen und sie auf gänzlich unbedeutende Ämter und Posten zu versetzen. Als konkrete Maßnahme schärft der Papst den Bischöfen neuerdings ein, nur die scholastischen Ansichten der katholischen Theologie an den Fakultäten und Seminarien zuzulassen. »Wer die Modernisten lobt oder ihr Fehlverhalten entschuldigt, wer die Scholastik, die Kirchenväter oder das kirchliche Lehramt bemängelt oder der kirchlichen Autorität in irgendeinem ihrer Vertreter den Gehorsam verweigert und wer in der Geschichte oder in der Archäologie oder der Exegese Neuerungen sucht«, ist aus dem Dienst zu entlassen.[37]

Schließlich sollen Aufsichtsbehörden und amtliche Zensoren in ausreichender Anzahl eingesetzt werden, die geeignet sind, alle theologischen Schriften zu überwachen und, wenn sie es für notwendig erachten, deren Veröffentlichung zu unterbinden.

Diese Darstellung des Inhalts der Enzyklika und die Zitate aus diesem Lehrschreiben dokumentieren die unüberwindliche Kluft, die das neuscholastische Verständnis von Theologie von dem der modernistischen Autoren trennt, und die kämpferische Atmosphäre, in der die Konfrontation zwischen Modernismus und Antimodernismus erfolgte.

Offenkundig wurde der Bruch im Verständnis von Theologie und Kirche bereits im Dekret *Lamentabili sane exitu* vom 3. Juli 1907, dem *neuen Syllabus*, der ohne systematischen Zusammenhang 65 Sätze reprobierte. Die Sätze 1 bis 8 richten sich gegen das kirchliche Lehramt und die Verbindlichkeit seiner Entscheidungen, die Sätze 9 bis 19 beschäftigen sich mit der Grundlage der modernistischen Exegese. Die Sätze 20 bis 26 behandeln das Verhältnis von Glaube und Offenbarung, die Sätze 27 bis 38 die Christologie von Alfred Loisy, die Sätze 39 bis 51 das Sakramentenverständnis der Modernisten. Die Sätze 52 bis 56 beziehen sich auf das Kirchenverständnis wieder vor allem von Loisy (Satz 52 etwa wieder-

---

[33] Ebd. 83.
[34] Ebd. 87.
[35] Ebd. 89.
[36] Ebd. 93.
[37] Ebd. 103.

holt den sehr bekannten Satz von Loisy: »Im Sinne Christi lag es nicht, die Kirche als eine Gesellschaft zu begründen, die eine lange Reihe von Jahrhunderten hindurch auf Erden bestehen sollte; vielmehr stand nach der Meinung Christi das Himmelreich zugleich mit dem Weltende unmittelbar bevor«). Die Sätze 57 bis 65 schließlich beschreiben den Gegensatz zwischen der Unwandelbarkeit der Glaubenslehre und dem Entwicklungsverständnis der Modernisten.

Sowohl das Dekret *Lamentabili* mit seiner losen Aneinanderreihung von Sätzen als auch die Enzyklika *Pascendi dominici gregis,* die ein modernistisches System charakterisierte, das so, wie es in diesem Schreiben dargestellt wird, ja von niemandem vertreten wurde, führten zu einer Unsicherheit in der Frage, wer denn nun von den antimodernistischen Maßnahmen überhaupt betroffen sei. Zahlreiche Stellungnahmen, vor allem aus dem deutschen Sprachgebiet, bemühten sich um eine Begrenzung der Verbindlichkeit der Enzyklika und der in ihr festgelegten Maßnahmen. So schrieben die deutschen Bischöfe in einem gemeinsamen Hirtenschreiben vom 10. Dezember 1907: »Nichts liegt uns ferner als kleinliche Bevormundung und engherzige Freiheitsbeschränkung. Es ist nicht nur unsere Aufgabe, Offenbarungswahrheiten treu zu bewahren, sondern auch mit fortschreitender Erkenntnis sie zu erfassen und darzulegen.«[38] Mit dieser Auslegung aber war Pius X. keineswegs einverstanden. Er lobte vielmehr den Theologieprofessor A. Michelitsch, der in seinem Kommentar zum Syllabus und zur Enzyklika beide zu »Ex-cathedra«-Entscheidungen erklärte.[39]

Aus dem Bestreben, den Kampf gegen die Modernisten so umfassend wie nur möglich zu führen, entsprang schließlich auch das Motuproprio *Sacrorum antistitum* vom 1. September 1910, mit dem die Eidesleistung als Kampfmittel gegen den Modernismus eingeführt wurde. Zu diesem Zeitpunkt waren ja die führenden Modernisten schon längst exkommuniziert oder verstorben, oder sie hatten der katholischen Kirche den Rücken gekehrt. An den Anfang dieser Eidesformel wird das Bekenntnis zur Erkennbarkeit Gottes aus der Natur und zur Beweisbarkeit seiner Existenz gestellt: »An erster Stelle bekenne ich, daß Gott, aller Dinge Ursprung und Ziel, mit dem natürlichen Lichte der Vernunft durch die geschaffenen Dinge, d. h. durch die sichtbaren Werke der Schöpfung, als die Ursache durch die Wirkungen mit Sicherheit erkannt und somit auch bewiesen werden kann.«[40] Mit diesem Satz wird die Definition des I. Vatikanischen Konzils, daß Gott mit dem natürlichen Licht der menschlichen Vernunft aus den geschaffenen Dingen mit Gewißheit erkannt werden kann, mit dem Zusatz versehen, daß Gottes Existenz auch bewiesen werden kann. Gemeint ist damit wohl ein Beweis, der von den sichtbaren Phänomenen auf den Grund für diese Wirklichkeit schließt, wie das in den bekannten Gottesbeweisen der Theologia naturalis gelehrt wird. Mit der Festlegung der Gottesbeweise auf Erkenntnis der Ursache aus den Wirkungen sollen aber nicht jene Wege der Gotteserkenntnis, die von der Seele des Menschen ausgehen, mißbilligt werden, aber die Lehre der Modernisten

---

[38] Zit. bei P. Neuner: »*Modernismus*«, 259.
[39] Ebd. 259.
[40] Übersetzt in: J. Beßmer: *Philosophie und Theologie,* 529.

vom intuitiven Erkennen Gottes durch ein religiöses Gefühl wird dem Wortlaut des Motuproprio nicht gerecht.[41] Auch der Weg zu Gott über die Annahme, daß er für das praktische Leben der Menschen von Nutzen sei, ist in dieser Formulierung nicht enthalten, wie antimodernistische Kommentatoren lehren. Gemeint ist damit die Lehre vom Postulat der praktischen Vernunft bei Immanuel Kant, auf die sich u. a. das italienische Programm der Modernisten, eine Reaktion auf die Enzyklika *Pascendi,* bezogen hat.[42] Daß im Konzilsdekret *Dei filius* der Zusatz »demonstrari posse« in der Endfassung weggelassen wurde, hat seinen Grund vor allem in der Rücksichtnahme auf jene katholischen Autoren, die gelehrt haben, daß jeder Gotteserkenntnis eine Idee Gottes in der menschlichen Gesellschaft oder eine angeborene Idee vorausliege. An der Möglichkeit von philosophischen Gottesbeweisen haben die Konzilsväter des I. Vaticanums sicher nicht gezweifelt. Aber es kam ihnen mehr darauf an, den Menschen als ein Wesen zu kennzeichnen, das auf Gott hingeordnet ist und das deshalb auch ein Adressat der übernatürlichen Offenbarung sein kann. Von dieser das theologische Menschenverständnis betreffenden Aussageabsicht des Konzils war in der Folgezeit der Akzent auf die philosophischen Gottesbeweise verschoben worden. Die Festlegung der Philosophie, die an theologischen Fakultäten gelehrt wurde, auf den Neuthomismus, wie sie in der Enzyklika *Aeterni Patris* vom 4. August 1879 erfolgte, hat diese Akzentverlagerung entscheidend bewirkt. Diese Betonung der äußeren Wege der theologischen Erkenntnis ist auch Inhalt des zweiten Punktes des »Antimodernisteneides«. Der Eidleistende nimmt die äußeren Beweise der Offenbarung an und anerkennt sie als sichere Zeichen für den göttlichen Ursprung der christlichen Religion. Sie sind der Verstandeskraft aller Menschen höchst angemessen und damit auch für den Zeitgenossen zugänglich. Eine Glaubensbegründung aus den religiösen Erfahrungen des Menschen und seinen Sehnsüchten wird damit überflüssig gemacht. So wird der Glaube vor dem Wechselspiel der Gefühle und Erlebnisse bewahrt. Für Katechese und Homilie hat das durchaus Berechtigung, für die wissenschaftliche Theologie jedoch nicht.

Die folgenden Sätze des Antimodernisteneides handeln von der Kirche, von der Unwandelbarkeit der Glaubenslehre, von der Exegese und der Dogmengeschichte. Dem Inhalt nach sind sie eine thesenartige Zusammenfassung der Enzyklika *Pascendi dominici gregis*. Eine Darlegung des Antimodernismus ist sicher unvollständig, wenn sie nicht auch die Einzelmaßnahmen erwähnt, die gegen die Modernisten und gegen des Modernismus verdächtigte Theologen ergriffen wurden: 1906 wurde Umberto Benigni, ehemaliger Professor für Kirchengeschichte, Unterstaatssekretär der Kongregation für außerordentliche Angelegenheiten. Als solcher konnte er die Jurisdiktion der Bischöfe umgehen und eine Geheimorganisation aufbauen, die durch Bespitzelungen und Denunziationen eine weltweite Aktivität entfaltete. Er zeichnete unter zwölf verschiedenen Decknamen, benützte einen Geheimcode für die internen Briefe und mobilisierte ungefähr 1000 Mitarbeiter. Pius X. wußte von den Tätigkeiten dieses »Sodalitium Pianum« (SP), ja er

---

[41] Ebd. 529.
[42] Ebd. 73.

lobte seinen Eifer. Erst Benedikt XV. machte dem Klima der Bespitzelung und geheimen Überwachung ein Ende. In seiner Antrittsenzyklika *Ad beatissimi Apostolorum* vom 1. November 1914 rief er zur Anerkennung der kirchlichen Lehrautorität auf, er wiederholte die Verurteilung des Modernismus durch seinen Vorgänger, aber er rief auch auf zur Mäßigung bei den theologischen Auseinandersetzungen.[43] 1921 wurde das »Sodalitium Pianum« aufgelöst, Benigni selbst schloß sich den Faschisten an.[44]

DIE FOLGEN DES ANTIMODERNISMUS

Was die Darstellung des Modernismuskonflikts schwierig gestaltet, ist die Tatsache, daß auf der einen Seite eine Reihe von Theologen stand, die ihre Theorien und Hypothesen veröffentlichten, die untereinander in einer ziemlich losen Kommunikation standen, und auf der anderen Seite ein System war, das sich als Abwehrsystem gegenüber ihren Kritikern und Reformern verstand. Das bedeutet, daß der Konflikt sich immer auf der philosophisch-theologischen und auf der juridisch-disziplinären Ebene ereignete und diese Ebenen teils mit Absicht und teils durch Ungeschick vermischt und gegeneinander ausgespielt wurden.

Die auch nach der Beendigung des Streites noch andauernde Unfähigkeit, diese Ebenen auseinanderzuhalten, stand einer inhaltlichen Aufarbeitung und Bewältigung des Konfliktes noch lange im Weg. Erst im Anschluß an das II. Vatikanische Konzil ist in der katholischen Kirche ein Klima entstanden, das eine differenzierte Beurteilung und Erforschung dieses Konfliktes ermöglichte.

1. *Unterschiede im Verständnis von Wissenschaft:* Für die Antimodernisten war das neuzeitliche Verständnis von Wissenschaft unannehmbar. Das methodische Prinzip der wissenschaftlichen Erkenntnisweise, die Phänomene und Ereignisse so zu erklären, daß dabei übernatürliche Ursachen ausgeklammert werden, wird als eine gegen den christlichen Glauben gerichtete Weltanschauung interpretiert. Die Säkularisierung, wie sie dem Wissenschaftsverständnis der Neuzeit zugrunde liegt, wird mit dem Säkularismus verwechselt, der jeden transzendenten Urgrund der Welt leugnet. Diese Verwechslung führte zu einer massiven Abwehrhaltung gegenüber allen neueren wissenschaftlichen Methoden und Erkenntnissen und zur Entwicklung eines katholischen Sonderverständnisses von Wissenschaft. Es besteht darin, daß jede Wissenschaft als ein im Dienst der Kirche stehendes Instrument aufgefaßt wird. Dieses *integralistische* Wissenschaftsverständnis lehnte jeden Autonomieanspruch gegenüber Kirche und Theologie ab, was noch lange das Verhältnis von Theologie und Wissenschaft belastet hat.

2. *Die Ablehnung von Geschichtlichkeit:* Die Antimodernisten sehen im Geschichtsverständnis der modernistischen Autoren eine grundlegende Ablehnung des Wahrheitsanspruchs des christlichen Glaubens. Diese Furcht hinderte

---

[43] AAS 6 (1914) 576–578; DS 3625f.
[44] E. Weinzierl: *Antimodernismus Pius' X.*, in: E. Weinzierl (Hg.): *Der Modernismus*, Gr/W/Kö 1974, 252.

sie, die Ergebnisse der historischen Forschung zu akzeptieren und in die Exegese des Alten und Neuen Testamentes einzubeziehen und die Wandlungen im Verständnis von Glauben und Glaubensinhalten im Laufe der Kirchengeschichte in ihrer ganzen Tragweite richtig einzuschätzen. Kirchengeschichte behandelte nur die Historie der Institutionen. Ein theologisches Verständnis von Geschichte und Geschichtlichkeit blieb dem neuscholastischen Denken fremd. Erst allmählich fand die Auseinandersetzung mit der protestantischen Exegese und dem biblischen Verständnis von Heilsgeschichte Eingang in die katholische Theologie. Erschwert wurde dieser Zugang sicher noch durch das Fortschrittspathos der Modernisten und die damit verbundene Abwertung der Tradition.

3. *Die Bedeutung von Erfahrung für Theologie und Glaube:* Die neuscholastische Konzeption der Begründung von Glaube und Theologie hat die Glaubwürdigkeit der christlichen Offenbarung vor allem durch äußere Kriterien wie Wunder und Prophezeiungen sowie durch Historizität aufgewiesen. Der inneren Erfahrung des Menschen kam keinerlei Bedeutung zu, vielmehr wurde ihr mit Hinweis auf die Wankelmütigkeit des Gemütes und aus Furcht vor Subjektivismus mit größter Vorsicht begegnet. Dementsprechend war der Glaubensbegriff der Neuscholastik intellektualistisch und voluntaristisch, der Bereich von Gemüt und Gefühl blieb ausgeblendet und bedeutungslos. Erst in der Auseinandersetzung mit der Psychologie und ihren einzelnen Schulen wurde die Bedeutung der Psyche für den glaubenden Menschen erkannt. Der neuscholastischen Theologie allerdings fehlte das Instrumentarium, der Herausforderung durch die Psychologie wirksam begegnen zu können.

4. *Autorität und Macht:* Ein weiterer grundlegender Streitpunkt war die Interpretation der Entstehung von Autorität und Macht in der Kirche. Für die traditionelle Theologie waren alle dogmatischen Auseinandersetzungen nur von der Alternative Wahrheit oder Irrtum gekennzeichnet. Verknüpfungen von theologischem Anspruch mit gesellschaftlichen Interessen, die Unterscheidung zwischen historisch bedingtem Weltbild und Formulierungen einerseits und persönlicher Glaubenserfahrung andererseits sowie die Kenntnis von Strukturen und Konflikten, die in allen menschlichen Gemeinschaften wirksam sind, wurden als Relativierung der Autorität der Kirche beurteilt, und so fehlte der katholischen Theologie noch lange die Möglichkeit, ein Kirchenverständnis zu formulieren, das der Vielfalt der kirchlichen Vorgänge entsprach.

Wer heute auf den Antimodernismus zurückblickt, wird vieles von dem nicht mehr nachvollziehen können, was an Positionen in diesem Konflikt formuliert wurde. Mehr noch aber als an den inhaltlichen Aussagen wird er sich an der Art und Weise stoßen, wie dieser Konflikt ausgetragen wurde und welche Mittel dabei eingesetzt worden sind.

BIBLIOGRAPHIE

1. Primärquellen

Decretum »Lamentabili« vom 3. Juli 1907: DS 3401–3466; ASS 40 (1907) 470ff.
Enzyklika »Pascendi dominici gregis«: DS 3475–3500; ASS 40 (1907) 593–650; lat.-dt. Ausgabe der Enzyklika, Fr 1908.
Motuproprio »Sacrorum antistitum«: DS 3537–3550; AAS 2 (1910) 669ff.

2. Sekundärquellen

Aubert, R.: Neue Literatur über den Modernismus, in: Concilium 2 (1966) 246–249.
–: Alfred *Loisy,* in: H. J. Schultz (Hg.): Die Wahrheit der Ketzer, St 1968, 172–183, 349–357.
–: Die Theologie während der ersten Hälfte des 20. Jahrhunderts, in: H. Vorgrimler / R. von der Gucht (Hg.): Bilanz der Theologie im 20. Jahrhundert, Bd. II, Fr/Bas/W 1969, 7–14.
Bedeschi, L.: La Curia Romana durante la crisi modernista, Parma 1968.
Beßmer, J.: *Philosophie und Theologie* des Modernismus. Eine Erklärung des Lehrgehaltes der Enzyklika Pascendi, des Dekretes Lamentabili und des Eides wider den Modernismus, Fr 1912.
Gerber, U.: Katholischer Glaubensbegriff, Gü 1966.
Hoch, A.: Papst Pius X. Ein Bild kirchlicher Reformtätigkeit, Lei 1907.
Köhler, O.: Bewußtseinsstörung im Katholizismus, Fr/Bas/W 1972.
Lill, R.: Der Kampf der römischen Kurie gegen den »praktischen« Modernismus, in: E. Weinzierl (Hg.): Die päpstliche Autorität im katholischen Selbstverständnis des 19. und 20. Jahrhunderts, Sa/Mü 1970.
Mercier, D. J.: Der Modernismus. Zwei Kundgebungen, Kö 1908.
Michelitsch, A.: Der biblisch-dogmatische Syllabus Pius' X., Gr 1908.
Neuner, P.: »*Modernismus*« und kirchliches Lehramt. Bedeutung und Folgen der Modernismusenzyklika Pius' X., in: StZ 189 (1972) 249–262.
–: Religiöse Erfahrung und geschichtliche Offenbarung. Friedrich von Hügels Grundlegung der Theologie, Mü/Pa/W 1977.
–: Religion zwischen Kirche und Mystik. Friedrich von Hügel und der Modernismus, F 1977.
Pfleger, K.: Die modernistische Krise, in: Hochl. 54 (1961) 128–141.
Schmidlin, J.: *Papstgeschichte* der neuesten Zeit, Bd. III, Mü 1963.
Schroeder, O.: *Aufbruch und Mißverständnis.* Zur Geschichte der reformkatholischen Bewegung, Gr/W/Kö 1969.
Schwaiger, G. (Hg.): Aufbruch ins 20. Jahrhundert. Zum Streit um Reformkatholizismus und Modernismus, Gö 1976.
Vidler, A. R.: The modernist movement, in: The Roman Church, C 1934.

FRANZ PADINGER

Die geschichtliche Erforschung der mittelalterlichen Philosophie und die Neuscholastik

Philosophiegeschichtliche Studien werden wir nach unserem heutigen Verständnis nur dann »Forschung« nennen, wenn sie ihre Grundlage mit historisch-kritischer Methode sichern. Philosophisch geht es natürlich um die überlieferte Lehre, um die Einsichten und Sichtweisen, die sie vermitteln kann, darüber hinaus um das Verstehen des Prozesses, in dem die Philosophie geschichtlich konkret wird. Aber das geht ins Leere ohne die Vorarbeit historischer Kritik. Zu ihr gehören die Sichtung und Sicherung des überlieferten Bestandes; die Feststellung authentischer Texte; das Bemühen um deren Verständnis aus ihren eigenen Voraussetzungen, vorweg den sprachlichen, literarischen und institutionellen; der Nachweis ihrer Quellen; ihre Einordnung nicht nur in die Ideengeschichte, sondern in die intellektuelle Kultur ihrer Zeit überhaupt. Die historisch vorliegende Doktrin begreift man erst, wenn man die Frage begriffen hat, auf welche sie die Antwort ist – und diese Frage ist nicht notwendig die unsere. Erst dann läßt sich vergleichen und urteilen, kritisieren oder auch akzeptieren, wird die Überlieferung philosophisch fruchtbar.

Für die Neuscholastik, welche der *Philosophie der Vorzeit* (Kleutgen) exemplarischen Rang gibt, wird die kritische Scholastikforschung Folgen haben. Freilich gilt auch umgekehrt: Im Zeitalter der Hochschätzung methodischer Historie wird die Neuscholastik der Erforschung jener Epoche entscheidende Impulse geben, auf die sie sich programmatisch bezieht. Hier gibt es eine Wechselwirkung, und sie ist besonders interessant, wenn die Spannung von Forscher und Philosoph in derselben Person ausgetragen wird. Nicht unbeachtlich ist ferner, daß der historische Aufweis des philosophischen Ranges der Scholastik dem Philosophen, der aus deren Tradition denkt, eine bessere Wirkungschance außerhalb der »Schule« eröffnet.

Oft genug gibt es jedoch ein Nebeneinander philosophischer und gelehrter Arbeit, und philosophiegeschichtlich bedeutsame Leistungen der letzteren Art sind vielfach von Nichtphilosophen, vor allem von Theologen, erbracht worden. Es ist ja so, daß die mittelalterliche Philosophie sich in Zusammenhang mit der

Theologie entfaltet hat – auch wenn sie sich gelegentlich von ihr absetzte – und daß gerade ihre bedeutendsten Vertreter sich primär als Theologen verstanden; ihre wichtigsten philosophischen Gedanken finden sich im Kontext theologischer Werke, deren kritische Bearbeitung dann auch dem Historiker der Theologie zukommt. Freilich braucht der Theologe als Interpret auch philosophische Kompetenz, wie umgekehrt der Philosophiehistoriker nicht ohne theologische Kenntnisse auskommt. Die Forschung muß interdisziplinär betrieben werden.

Das gilt in noch höherem Maße für die Erarbeitung der Grundlagen überhaupt. Handschriftenforschung und Editionen verlangen philologische Kompetenzen; dabei konnte sich die Scholastikforschung nicht, wie die antike Philosophiegeschichte, auf eine entwickelte Philologie stützen, sie hat diese für ihren Bereich selbst entwickeln müssen. Zusätzlich verlangt die Untersuchung der historisch so wichtigen Übersetzungsliteratur die Mitarbeit des klassischen Philologen, des Arabisten, des Judaisten. Auch die Wissenschaftsgeschichte ist gefordert: »Scholastik« ist zugleich der Name einer Wissenschaftskultur. Man kann eine Vielzahl historischer Disziplinen benennen – die philosophiegeschichtliche Forschung findet sich zunehmend eingebettet in eine interdisziplinäre Mediaevistik, die auch andere Erkenntnisinteressen als die philosophischen bedient und von ihnen bewegt wird.

Dieses Forschungsgebiet ist noch überschaubar, zumindest für die an ihm Beteiligten, aber doch sehr komplex und nicht in allen Teilen der Philosophie spezifisch zugehörig. Unter der Frage nach seiner Bedeutung speziell für die Neuscholastik – es ist die Frage, wie diese Forschung unmittelbar für ein traditionsbezogenes Denken fruchtbar wird – ist die Forschungsgeschichte nicht auszubreiten, sondern in wesentlichen Zügen zu charakterisieren.

ANFÄNGE DER SCHOLASTIKFORSCHUNG

In Hegels *Vorlesungen über die Geschichte der Philosophie*[1] findet sich der Satz: »Es ist nun keinem Menschen zuzumuten, daß er diese Philosophie des Mittelalters aus Autopsie kenne, da sie ebenso umfassend als dürftig, schrecklich geschrieben und voluminös ist.« Das Vorurteil, das sich hier kundgibt, ist Erbe des Humanismus, für den die Sprache der Scholastik barbarisch, und der Aufklärung, für die ihr Denken durch Unfreiheit gekennzeichnet war. Dieses Vorurteil nicht nur Hegels hat bis in unser Jahrhundert kräftig gewirkt und auch der Neuscholastik zu schaffen gemacht. Immerhin gibt es das Mittelalter nicht nur in der Erinnerung, sondern in der umfangreichen Hinterlassenschaft gedruckter und ungedruckter Werke, welche die Bibliotheken füllen. Es bleibt ein historisches, mindestens antiquarisches Interesse bestehen.

Ihm verdanken wir das Werk, mit dem man einhellig unsere Forschungsgeschichte beginnen läßt; es erscheint bereits 1819 in Paris, dessen Universität ihre Rolle als Zentrum der hochscholastischen Blüte schwerlich vergessen kann:

---

[1] G. W. F. Hegel: Suhrkamp Theorie-Werkausgabe, Bd. XIX (F 1971) 541.

Amable Jourdain, *Recherches critiques sur l'âge et l'origine des traductions latines d'Aristote*. Es ist die Bearbeitung einer Preisaufgabe, die bezeichnenderweise von der Académie des Inscriptions et Belles-Lettres gestellt war. Dieses Werk, schon 1831 ins Deutsche übersetzt und 1845 vom Sohn Charles Jourdain bearbeitet, blieb für ein Jahrhundert grundlegend.

In Paris erscheinen danach wenige, aber beachtliche Werke, die quellenmäßig-methodisch gearbeitet sind. Ihr Inspirator ist der so einflußreiche Victor Cousin (1792–1867), dessen eklektizistische Neugier das Mittelalter nicht ausläßt. Er selbst trägt 1838 *Ouvrages inédits d'Abélard* dazu bei, denen 1849–1859 zwei Bände *Petri Abaelardi opera* folgen. Der wichtigste Forscher dürfte Jean-Barthélemy Hauréau (1812–1896) sein, der als Handschriftenkonservator der Bibliothèque Nationale zahlreiche ungedruckte Materialien erschließen konnte. Er schrieb ferner die erste Gesamtdarstellung der mittelalterlichen Philosophiegeschichte: *De la philosophie scolastique* (1850), die er später zu einer großen *Histoire de la philosophie scolastique* (3 Bde., 1872–1880) ausbaute. Hier ergab sich ein Gesamtbild, das über die Grenzen des lateinischen Bereichs hinaus durch das berühmte Buch von Ernest Renan, *Averroès et l'averroïsme* (1852), erweitert wurde.

Hauréaus Buch von 1850 war wieder die Bearbeitung einer Preisaufgabe, diesmal der Académie des sciences morales et politiques, welche ausdrücklich die »Philosophie« des Mittelalters, in Abhebung von allem Theologischen, dargestellt haben wollte. Für Hauréau heißt das, jenen Entwicklungen nachzugehen, in denen sich eine unabhängige, von dogmatischem Inhalt abzulösende Rationalität geltend macht. Soweit dies in der Scholastik geschieht, hat sie als Vorgeschichte der neuzeitlichen Emanzipation der Vernunft, ja der Revolution philosophischen Sinn, unabhängig von ihren Doktrinen, von denen Hauréau wenig hält und deren Darstellung auch nicht befriedigt. In dieser Sicht wird, wie schon für Cousin, zum wesentlichen Inhalt der Scholastik der Universalienstreit, in dem als fortschrittlicher Part der Nominalismus erscheint. Die philosophische Wertung führt zu einer Verengung, und die letztere wurde von jenen Philosophiehistorikern weitgehend mitgemacht, welche die erstere teilten.

Allerdings braucht eine negative Wertung den historischen Forschungseifer nicht einzuschränken. Das zeigt sich bei C. Prantl, *Geschichte der Logik im Abendland,* deren Bände II–IV (1861–1870) die Logik im Mittelalter behandeln. Angesichts eines Materials, dessen Umfang er unterschätzt hatte und dessen Relevanz – die erst die jüngste Entwicklung der Logik hat erkennen lassen – er nicht begriff, steigerte sich eine Abneigung gegen seinen Forschungsgegenstand, die sogar zu Fehlurteilen führte. Gleichwohl hat er die Quellen eines umfangreichen Gebietes erschlossen und so ein Grundbuch für spätere Forschung geschaffen. Trotz seiner Fehler ist es der erste außerfranzösische Beitrag zu unserem Forschungsgebiet von dauernder Bedeutung.

DER EINSATZ DER NEUSCHOLASTIK – THEOLOGISCHE FORSCHUNGEN

Die Neuscholastik bedeutete eine neue Wertung des mittelalterlichen Denkens. Durch die Wiederherstellung eines Philosophieverständnisses, welches nicht mehr die Ablösung von jeder religiösen Glaubensüberzeugung verlangte, sondern im Gegenteil ein positives Verhältnis zur Theologie für geboten hielt – bei Wahrung des Eigenstandes rationaler Philosophie –, wurde die Scholastik zur klassischen Epoche. Aber das Verhältnis zu dieser ist nicht »historisch« – schon gar nicht durch historische Forschung – vermittelt, sondern wirkungsgeschichtlich: Man nimmt den Faden einer Tradition auf, die nie völlig unterbrochen war und deren Dokumente nicht erst ausgegraben werden müssen. In der Theologie, genauer im kirchlichen Unterricht ist die Scholastik nie ganz vergessen, und die Wendung zur »Philosophie der Vorzeit« wird von einer mit ihr verbundenen Theologie begleitet, welche die Klassiker der Hochscholastik in ihrer nachtridentinischen Verarbeitung gegenwärtig hatte. Gegenüber der sich zersplitternden Philosophie der Neuzeit erscheint die Scholastik, einschließlich der bis ins 17. Jahrhundert wirkenden Schulmänner und Schulen, als relative Einheit, sowohl stilistisch als auch doktrinell. So sieht es etwa Kleutgen: Die Klassiker – er bezieht sich auf Thomas von Aquin, Duns Scotus und Suarez – sind für ihn Repräsentanten dieser globalen Einheit, und die Lehrunterschiede werden minimalisiert. Die verschiedenen scholastischen Systementwürfe kann man als Varianten der Lösung derselben Aufgabe ansehen.

Naturgemäß ergibt sich daraus ein historisches Interesse, diese Varianten in ihrer Abfolge näher kennenzulernen. Solchem Interesse dient die dreibändige *Geschichte der Philosophie des Mittelalters* von Albert Stöckl (1864–1867), an Umfang noch übertroffen durch das Werk von Carl Werner: *Die Scholastik des späteren Mittelalters* (5 Bde., 1881–1887); *F. Suarez und die Scholastik der letzten Jahrhunderte* (2 Bde., 1861); *Thomas von Aquin* (3 Bde., 1889). Baeumker charakterisiert diese Werke als »umfängliche Reproduktionen der in manchem Folianten niedergelegten Systeme«, die aber »wenigstens eine äußere Kenntnis derselben« böten.[2] Aber er fährt fort:[3] »Lange Referate über die verschiedenen Systeme, verbunden mit einer lobenden oder tadelnden Zensur, wie etwa *Stöckl* sie bot, waren keine Geschichte. Statt lebendiger Ströme und Unterströmungen sah man ein gleichmäßiges Grau abstrakter Theorie, von dem sich einzelne abweichende Erscheinungen wie paradoxe Ausnahmen abhoben.« Dieses Urteil schließt nicht aus, daß solche Referate nützlich sind; aber sie zählen nicht zur Forschung.

Für deren Legitimation und Ausbreitung im katholisch-kirchlichen Bereich hat auch die Enzyklika *Aeterni Patris* (1879) Bedeutung. Sie proklamiert ja nicht nur die Maßgeblichkeit des Thomas von Aquin, sondern anerkennt generell die Bedeutung der Philosophie für die Kirche, beruft sich auf deren Geschichte im christlichen Bereich und den Reichtum der Tradition, die nicht nur durch Tho-

---

[2] C. Baeumker: *Selbstdarstellung*, 11.
[3] Ebd. 12.

mas, unbeschadet seines Vorrangs, vertreten ist. Nicht nur das Resultat, sondern der Entstehungsprozeß wird erinnert; das läßt sich als Aufforderung an die kirchengeschichtliche Forschung verstehen, sich um diese Tradition zu bemühen. Ferner geht es um Sicherung der Texte; Autorität verlangt Authentizität. Die Gründung der »Commissio Leonina« für die Edition der Werke des Thomas von Aquin erfolgt 1880. Ein Nebenpunkt sei noch erwähnt: Soweit es der Enzyklika um Vergegenwärtigung eines scholastischen Denkens geht, wird dies in einer wissenschaftlichen Welt, die ihre Vergangenheit durch Forschung vergegenwärtigt, nicht ohne Forschung gelingen; in einer geisteswissenschaftlichen Fakultät kann sich der »Neuscholastiker« schwerlich anders als durch gelehrte Leistung Anerkennung verschaffen, die ihm dann auch als Philosophen – oder auch der von ihm durch Forschung vergegenwärtigten Philosophie – Gehör verschafft.

Zunächst sind es im katholischen Bereich nicht die Philosophen, sondern die Theologen, welche grundlegende Forschungsleistungen erbringen. Gleich am Anfang steht ein Großunternehmen von exemplarischem Rang, die historisch-kritische Edition der Werke Bonaventuras. Träger ist der Franziskanerorden, der schon 1877 ein Forschungsinstitut für diesen Zweck gründet, das Collegium S. Bonaventurae in Quaracchi bei Florenz.[4] Der erste Präfekt, P. Fidelis a Fanna (1838–1881), hatte schon 1874 die »Ratio« der Neuausgabe vorgelegt: Sie sollte auf der vollständigen Auswertung der handschriftlichen Überlieferung beruhen; nicht nur der Text, auch der historische Kontext war zu erarbeiten und kritisch zu verwerten. Was das heißt, mag man daran absehen, daß Fidelis a Fanna, ohne technische Hilfsmittel, mehr als 400 Bibliotheken aufgesucht und über 50.000 Handschriften untersucht und beschrieben hat, und das in einem Zeitraum von rund zehn Jahren. Aufgrund dieser unglaublichen Leistung konnte sein Nachfolger Ignatius Jeiler (1823–1904) die Ausgabe 1882–1902 in zehn Bänden vollständig vorlegen, ausgestattet mit ausführlichen Prolegomena, mit Quellennachweisen und erläuternden Scholien sowie mit sehr hilfreichen Indices. Der Zugang zum authentischen Bonaventura war erschlossen.

Fidelis a Fanna hatte seine historisch-kritische Arbeit für »nutzbringender« erklärt als die Abfassung eigener theologischer Werke, da diese auch im besten Falle nicht an die lehramtliche Autorität heranreichen, welche die Werke eines Kirchenlehrers besitzen.[5] Das damit unterstrichene kirchlich-theologische Interesse blieb für die Ausgabe selbst nicht ohne Wirkung; wo sie erläutert, bemüht sie sich weniger um die individuelle Originalität Bonaventuras, sondern sucht ihn eher mit dem Thomismus zu harmonisieren, der als kirchliche Norm galt. Faktisch tritt jedoch die Eigenbedeutung der franziskanischen Tradition innerhalb der kirchlichen Theologie – wie in der Spiritualität – hervor, und deren historischer Erforschung wird sich das Kolleg von Quaracchi hinfort mit bedeutender Energie zuwenden.

Unter dem Gesichtspunkt lehramtlicher Autorität kommt der Commissio Leonina für die Edition der Werke des Thomas von Aquin der erste Rang zu. Aber

---

[4] M. Grabmann: *Bonaventurakolleg*, 50–64.
[5] Vgl. ebd., 54f.

sie stand von Anfang an unter ungünstigen Auspizien. Man begann mit der Edition von Aristoteles-Kommentaren (ab 1882), brach dann auf Drängen Papst Leos XIII. die Reihe ab, um die *Summa theologiae* herauszubringen als das wichtigste Werk überhaupt. Die ersten Bände (ab 1888) bieten aber nur einen aus wenigen römischen Handschriften verbesserten Traditionstext, auf der Grundlage der *Editio Piana* von 1570, entsprechen also nicht den Maßstäben historischer Kritik. Clemens Baeumker hat das schon 1890 in einer Rezension gerügt.[6] Erst die späteren Bände der Edition (ab Bd. VIII) erfüllen alle kritischen Forderungen. Freilich ging die Arbeit dann sehr langsam voran, rund ein halbes Jahrhundert brauchte man allein für die beiden Summen. Die Herausgeber – ab 1904 Constantin Suermondt (1887–1953), dem 1930 sein Neffe Clemens Suermondt (bis 1953) folgte – strebten ein perfektes Werk an, aber es gelang ihnen nicht die Organisation kollegialer Zusammenarbeit.

Es ist erstaunlich, daß gerade die kritischen Suermondts in einer Replik auf Baeumkers Rezension, die freilich erst 1930 (!) veröffentlicht wurde,[7] die unzulänglichen Anfangsbände der Leonina in Schutz nahmen: Von grundsätzlicher Bedeutung ist dabei das Argument, der »Traditionstext« sei durch Jahrhunderte Träger der Autorität des Thomas gewesen, sei daher »objektiv« hoch zu werten. Das ist natürlich richtig, rückt aber die Textausgabe in die Wirkungsgeschichte des Thomismus. Dazu paßt, daß man dem Text der *Summa theologiae* den klassischen Kommentar des Cajetan, der *Summa contra Gentiles* den des Silvester da Ferrara beidruckt. Gerade die Sonderstellung des Thomas von Aquin als lehramtlich eingeschärfte Autorität scheint es schwerer zu machen, sich zu seinem Werk historisch-kritisch zu verhalten. Das gilt natürlich weit mehr für die Interpretation als die Edition, die den Weg der »Historisierung«, wie wir sehen werden, bis zu Ende gehen wird.

Vorläufig – in den letzten Jahrzehnten des 19. Jahrhunderts – ist vor allem Pionierarbeit zu leisten. Die bedeutendsten Forscher sind der Dominikaner Heinrich Denifle (1844–1905) und der Jesuit Franz Ehrle (1845–1934). Beide kamen 1880 nach Rom. Denifle wurde 1883 Unterarchivar des Hl. Stuhles, Ehrle arbeitete an der Vatikanischen Bibliothek, deren Präfekt er 1895–1914 war, blieb aber in der Forschung tätig, auch als Kardinal (seit 1922).

Denifle ist Kirchengeschichtler in breitem Sinne, mit einem Schwerpunkt auf der Universitätsgeschichte, die für das Verständnis der Scholastik unentbehrlich ist; seine monumentale Ausgabe des Chartulars der Universität Paris[8] ist sicher die wichtigste Quellenpublikation aus diesem Bereich. Besonderes Interesse wandte er auch der Mystik zu; die wichtige Entdeckung lateinischer Schriften Meister Eckharts ist ihm zu verdanken. Aber dies ist nur ein Fund unter vielen, für deren Veröffentlichung Denifle mit Ehrle zusammen das *Archiv für Literatur-*

---

[6] Nachgedruckt in: C. Baeumker: *Studien und Charakteristiken*, 115–121 (ursprünglich in: Archiv für Geschichte der Philosophie 5 [1890]).

[7] Cl. Suermondt: *Le texte Léonin de la I^a Pars de S. Thomas. Sa révision future et la critique de Baeumker*, in: A. V.: Mélanges Mandonnet Bd. I, P 1930, 19–50 (darin 31–43 ein Beitrag von Const. Suermondt aus dem Jahr 1891!).

[8] H. Denifle und E. Chatelain: *Chartularium Universitatis Parisiensis*, 4 Bde., P 1889–1897.

und Kirchengeschichte des Mittelalters gründete, dessen sieben Bände 1885–1900 erschienen. Zu diesem hat Ehrle nicht wenige, hauptsächlich literargeschichtliche Arbeiten beigesteuert. Sein Schwerpunkt liegt eher bei der Hochscholastik; es geht um die Durchforschung des Umfeldes der großen Scholastiker, dessen Dokumente zum größten Teil in den Handschriften verborgen liegen. Was dabei zutage treten kann, zeigt Ehrles frühe Entdeckung eines »Augustinismus«, der sich in kritischer Reaktion gegen den Aristotelismus des Thomas von Aquin geltend macht.[9] Diese Untersuchungen machen in der Scholastikforschung Epoche. Mit ihnen beginnt eine differenziertere Sicht der mittelalterlichen Philosophiegeschichte sich abzuzeichnen, die eine reichere Vielfalt an Themen, an Richtungen und Auseinandersetzungen ausweist als die einlinige Sicht der Tradition oder gar Haureaus. Ehrle wird später, in dem 1925 veröffentlichten Buch über Peter von Candia,[10] eine ähnliche Pionierleistung für die Spätscholastik vorlegen. Die Literargeschichte erweist sich als der Schrittmacher für ein historisches Verständnis, das den Epochen und ihren Vertretern ihr eigenes Recht gibt.

Ehrle hat freilich, so noch 1918 in der Schrift *Die Scholastik und ihre Aufgaben in unserer Zeit,* gerade im Aristotelismus der Scholastik, wie er bei Thomas am vollkommensten ausgebildet ist, mehr als eine historische Größe gesehen. Sie war für ihn die normative Gestalt christlichen Denkens, und auch die historische Forschung bekommt letztlich von daher ihr Richtmaß, wenn sie den Prozeß der Ausbildung, der Durchsetzung und auch der Verdeckung dieser normativen Gestalt verfolgt. Ehrle denkt auch als Forscher aus dem Geist der Enzyklika *Aeterni Patris;* für ihn, wie für Denifle, ist die gelehrte Arbeit primär kirchlicher Dienst.

DIE NEUORIENTIERUNG DER PHILOSOPHIEGESCHICHTE DES MITTELALTERS: CLEMENS BAEUMKER UND ZEITGENOSSEN

Die theologiegeschichtliche Quellenforschung hatte begonnen, das Bild der mittelalterlichen Scholastik zu verändern; es war zu erwarten, daß die Philosophiegeschichte diese Forschung aufnahm. Das mittelalterliche Denken zeigte sich reicher, mannigfaltiger und lebendiger, als die bisherigen Darstellungen erkennen ließen. Dieser Befund stellte eine Herausforderung für die Historiker der Philosophie dar, die bisher vernachlässigte Periode auf dem methodischen Niveau zu behandeln, das für die Antike längst verbindlich war. Zugleich lag es im Interesse der Scholastikforschung, die spezifisch philosophischen Aspekte ihres Gegenstandes eigens bearbeitet zu sehen; eine beträchtliche Anzahl Theologen finden wir an der philosophiehistorischen Arbeit beteiligt. Es versteht sich ferner, daß auch

---

[9] *John Peckham über den Kampf des Augustinismus und Aristotelismus in der zweiten Hälfte des dreizehnten Jahrhunderts,* in: ZKTh 13 (1889) 172–193; *Der Augustinismus und Aristotelismus gegen Ende des dreizehnten Jahrhunderts,* in: Archiv für Literatur- und Kirchengeschichte des Mittelalters 5 (1889) 603–635.
[10] *Der Sentenzenkommentar Peters von Candia, des späteren Pisanerpapstes Alexander V.* (= FrS Bh. 9), Mr 1925.

das neuscholastische Interesse an der »Vorzeit« zu einer Forschung motivieren konnte, welche deren Kenntnis beträchtlich erweitert. So sind es verschiedene Motive und Einstellungen, die wir bei den Hauptvertretern der philosophischen Mittelalterforschung finden. Drei von ihnen, die durch Werk und Wirkung herausragen, sollen exemplarisch charakterisiert werden: Clemens Baeumker (1853 bis 1924), Pierre Mandonnet OP (1858–1936), Maurice De Wulf (1867–1947).

Clemens Baeumker, seit 1883 Philosophieprofessor in Breslau – später in Bonn (1900), Straßburg (1903) und München (1912) –, hatte mit Arbeiten zur antiken Philosophie begonnen, die ihn als klassisch-philologisch kompetenten Forscher ausweisen. Was ihn am Mittelalter anzog, war vornehmlich – wie er selbst berichtet[11] – das »objektive« Bedürfnis, das unzulängliche Bild einer Periode aufzuhellen, die sowohl »organische Weiterbildung der griechischen Philosophie« als auch »nicht auszuschaltende Voraussetzung des neuzeitlichen Denkens« war. Dabei wandte er seine Aufmerksamkeit Bereichen zu, die von einer theologisch oder neuscholastisch-systematisch bestimmten Sicht ungenügend beachtet waren: Es ging um den mannigfach bewegten, durch eine Vielfalt von Prozessen der Auseinandersetzung um die Probleme der Zeit und ihre Lösungen charakterisierten Untergrund, aus dem die großen Entwürfe der Hochscholastik erwachsen, durch den sie aber auch bedingt sind. Zunächst kommt es auf die Einzelforschung an, Erschließung der Quellen und deren Analyse; die Gesamtschau, die sich Baeumker nach dem Muster von E. Zellers Werk über die griechische Philosophie vorstellt, wird erst danach möglich sein.

Einzelforschungen lassen sich inhaltlich nicht global kennzeichnen, aber man kann – mit Baeumker selbst[12] – zwei Schwerpunkte nennen: Einmal hat er als erster die Bedeutung der Artistenfakultät untersucht und hervorgehoben, die seit dem 13. Jahrhundert in wörtlichem Sinne die Grundlage aller Studien bildete; zum anderen hat er, neben dem Aristotelismus und Augustinismus, das beständige Fortwirken einer platonisch-neuplatonischen Unterströmung herausgearbeitet, die auch die aristotelische Scholastik mitgeprägt hat. Hier waren Neuentdeckungen zu machen, etwa die einer »Lichtmetaphysik«, welche nicht bloß metaphorisch, sondern ontologisch das Licht, das von Gott kommt, zum weltgestaltenden Prinzip macht; oder die einer »südwestdeutschen« Schule platonisierender Denker, denen der bedeutende Dietrich von Freiberg zuzurechnen ist und die unter dem Einfluß des Albertus Magnus stehen und ihrerseits den Boden für Meister Eckhart bilden. Nicht die Entdeckung allein, sondern ihre ideengeschichtliche Verarbeitung ist Baeumkers Leistung. Sein umfangreichstes Buch über Witelo (1908), zunächst eine Edition von Kapiteln aus dessen *Perspectiva* sowie eines ihm fälschlich zugeschriebenen Traktates über die Intelligenzlehre, enthält eine Fülle von Analysen; nach Baeumkers Worten ein »ungefüger Wald«, »aus dem übrigens schon manche haben Holz schlagen können«.[13]

---

[11] *Selbstdarstellung*, 11.
[12] Ebd. 13.
[13] Ebd. 15.

Die letztere Bemerkung weist auf eine Breitenwirkung Baeumkers hin, die freilich nicht nur seinen eigenen Schriften zukommt. Wesentlich kam sie durch die Gründung einer eigenen Publikationsreihe zustande, die *Beiträge zur Geschichte der Philosophie des Mittelalters*. Sie geschah bereits 1891, und bis zu Baeumkers Tod lagen 24 umfangreiche Bände mit über 100 Faszikeln vor. Ohne je ein Monopol zu besitzen, wurde die Reihe alsbald eine Art Zentralorgan der philosophiegeschichtlichen Mittelalterforschung in Deutschland. Das lag vor allem an ihrem wissenschaftlichen Ansehen: Baeumker achtete als Herausgeber sorgfältig auf die Qualität der Texteditionen und Untersuchungen, vor allem in methodischer Hinsicht. Das trug wiederum dazu bei, die verbindliche Geltung historisch-kritischer Maßstäbe für die Scholastikforschung durchzusetzen. In diesem Sinne hat Baeumker »Schule« gemacht, weit über seinen unmittelbaren Wirkungskreis hinaus. Unter den Autoren, die in den *Beiträgen* veröffentlichten, wie auch den Herausgebern, mit denen sich Baeumker verband, finden sich die Namen fast aller in der Scholastikforschung ausgezeichneten deutschen Zeitgenossen, älterer und jüngerer. Auch historisch arbeitende Theologen waren dabei, unter den Mitherausgebern Franz Ehrle und Martin Grabmann, der nach Baeumkers Tod die Leitung übernahm.

Martin Grabmann (1875–1949), der nicht Schüler von Baeumker, sondern von Denifle und Ehrle war, ragt aus diesem Kreis durch die Fülle seiner Forschungsarbeiten heraus, die fast durchwegs auf Handschriften beruhen. Sie beginnen mit der *Geschichte der scholastischen Methode* (2 Bde., 1909–1911), Schwerpunkte sind dann die Geschichte des Aristotelismus, Thomas von Aquin und die Thomistenschule, auch die Entwicklung bei den Artisten einschließlich der Sprachlogik und der spekulativen Grammatik, die er eigentlich entdeckt hat. So sind seine Funde von großer philosophiegeschichtlicher Bedeutung. Aber Grabmanns Grundorientierung ist deutlich verschieden von der Baeumkers, so wenn er die »scholastische Methode« in seinem Hauptwerk (Bd. I, 36f.) definiert: Die Philosophie kommt darin nur vor in »Anwendung auf die Offenbarungswahrheiten«, um die systematische Darstellung der Heilswahrheit zu ermöglichen. Grabmann macht seine andere Interessenrichtung auch als Herausgeber der *Beiträge* geltend, in deren Titel seit Band XXVIII hinter »Philosophie« der Zusatz »und Theologie« erscheint; in der Folgezeit halten die theologischen Werke den philosophiegeschichtlichen die Waage.

Gleichwohl hat Grabmann eine Zeitlang (1913–1918) einen Lehrstuhl für christliche Philosophie in Wien innegehabt, zu dessen Übernahme er eine Antrittsvorlesung hielt mit dem Titel: *Der Gegenwartswert der geschichtlichen Erforschung der mittelalterlichen Philosophie* (veröffentlicht 1913). In diesem charakteristischen Zeitdokument sieht Grabmann einen Gegenwartswert »mehr geschichtlicher Art« schon in der richtigeren und gerechteren Sicht des Mittelalters. Für denjenigen, »der zur patristisch-scholastischen Philosophie sich inhaltlich bekennt«, also den katholischen Philosophen, soll die Forschung »eine verlässige Führung und Orientierung für die Darstellung seines philosophischen Systems« geben. Grabmann ist überzeugt, daß sich »der sachliche Gegenwartswert« in der Auseinandersetzung mit der Philosophie der Gegenwart offenbaren und bewähren wird. Insbesondere gilt: »Der Aufstieg zur Metaphysik wird über aristotelisch-scholastisches Gelände führen müssen.«[14]

Grabmann steht hier deutlich näher bei Ehrle als bei Baeumker, dessen einschlägige Äußerung in seiner *Selbstdarstellung* von 1921 durchaus anders klingt: Er sieht die Forschungsaufgabe von vornherein philosophisch: »War mir doch die Philosophie in erster Linie Problemgeschichte und ihre vornehmste Aufgabe die, die Ausgestaltung der sachlichen Probleme selbst aus dem historischen Geschehen hervorleuchten zu lassen« (19). Geschichte hat »Selbstwert als historische Entwicklung des menschlichen Geistes«, und aus dessen Lebenskontinuität heraus hat »geschichtliche Arbeit zugleich auch sachlich-systematische Bedeutung« (10). Das gilt dann aber nicht nur für die Beschäftigung mit den großen Denkern, sondern auch für die Untersuchung der »Nebenströme«.

Für den philosophischen Gedanken hat die Philosophiegeschichte, so Baeumker weiter (10), doppelten Wert: als »Rettung« – sie bewahrt die großen Gedanken, die »Bauelemente einer philosophia perennis«, und hält sie lebendig; und als Kritik – nämlich »gegenüber einem in autoritärer Befangenheit verharrenden sklavischen Nachbeten«, »sie lehrt auch das am höchsten Geschätzte in seiner historischen Bedingtheit begreifen. Sie stellt dadurch den Bestrebungen einer bloßen unselbständigen Repristination, die über eine bloße Exegese des Überkommenen und seine stets erneute Nutzanwendung nicht hinausgelangt, einen Damm entgegen und lenkt durch die vergleichende und ableitende Behandlung den Blick stets wieder auf die sachlichen Probleme selbst zurück.« Das sind recht deutliche Worte, die sich unzweifelhaft gegen eine Neuscholastik der (meist) thomistischen Kompendien wenden, die zugleich geschichtsfremd und gegenwartsblind waren. Von seiner eigenen Philosophie, die er nur mündlich vorgetragen und nie veröffentlicht hat, erfahren wir durch seine *Selbstdarstellung* (20–28): Gewiß geht es ihm um »organische Fortentwicklung« der Tradition, aber in den Begriffen seiner Gegenwart, in Auseinandersetzung besonders mit Kant, aber auch Zeitgenossen wie Lotze und Külpe. Seine »objektivistische« Erkenntnistheorie, von der aus er zu einem »kritischen Realismus« kommt, der dann zu einer »kritischen Metaphysik« ausgebaut wird – er spricht von einem metaphysisch-ethischen Idealismus, der den theistisch-teleologischen Grundgedanken einschließt –, hat mit einem Thomismus rein gar nichts und mit Neuscholastik nur in einem sehr weiten Sinne zu tun.

Baeumkers philosophische Einstellung zur Philosophiegeschichte bestätigt deren sachliche Verbindlichkeit, aber der normative Begriff der Scholastik weicht einem historischen, der ihre Einheit nicht mehr an der »Synthese« – von der man bei den großen Denkern, vor allem Thomas von Aquin, sehr wohl sprechen kann – festmacht, sondern durch den Besitz eines »Gemeingutes« als Grundlage gegeben sieht, von dem aus sie ihre charakteristische Physiognomie gewinnt. Baeumker kann dann ein Gesamtbild der mittelalterlichen Philosophie entwerfen, das die geschichtliche Einheit dieser Periode zugleich als differenzierte Mannigfaltig-

---

[14] *Gegenwartswert*, 91ff.

keit eines lebendigen Prozesses zeigt.¹⁵ Es ist dieses Gesamtbild, welches nun die verengte Vorstellung von Cousin und Hauréau definitiv verdrängt, und dies vor allem, weil es Resultat kritisch gesicherter Quellenforschung ist.

Für die Anerkennung der in Baeumkers Sinn geleisteten Forschung außerhalb des katholischen Bereichs ist bezeichnend, daß für das maßgebliche Handbuch der Philosophiegeschichte, *Ueberweg's Grundriß der Geschichte der Philosophie*, 1915 die 10. Auflage des zweiten Bandes über die patristische und scholastische Philosophie dem mit Baeumker verbundenen Matthias Baumgartner übertragen wird, schließlich die 11. (letzte) Auflage dem Baeumker-Schüler Bernhard Geyer. Diese mit hoher wissenschaftlicher Perfektion gearbeitete Zusammenfassung des Forschungsstandes darf man als eine Art Abschluß jener Phase betrachten, die durch Baeumker bestimmt ist. Das Mittelalter hat einen gesicherten Platz in der allgemeinen Philosophiegeschichte bekommen.

GESCHICHTE UNTER NORMATIVEN BEGRIFFEN: CHRISTLICHER ARISTOTELISMUS UND SCHOLASTISCHE SYNTHESE PIERRE MANDONNET UND MAURICE DE WULF

Mandonnet ist französischer Dominikaner, 1891–1918 Professor der Kirchengeschichte in Freiburg (Schweiz), danach teils in Paris, teils im Ordenshaus Le Saulchoir tätig, das damals in Kain bei Tournai war. 1899 erschien sein großes Werk über Siger von Brabant, kurz nachdem Baeumker erstmals einen Text dieses Philosophen publiziert hatte.¹⁶ Freilich hatte Baeumker den Sinn dieses Textes völlig mißverstanden, was Mandonnet in der zweiten Auflage seines Werkes, die 1909–1911 in den *Philosophes Belges* von De Wulf erschien, zu heftigen Angriffen benutzte. Aber es ging Mandonnet nicht nur um gelehrtes Detail; sein Werk greift ein Grundproblem der Auffassung des 13. Jahrhunderts, der Epoche der Hochscholastik, auf.

Der Augustinismus, den Ehrle in der konservativen Reaktion auf Thomas von Aquin fand, ist für Mandonnet die traditionelle Doktrin der vorthomistischen Denker bis Bonaventura, welche die Unterscheidung von Theologie und Philosophie zwar kennen, aber nicht vollziehen. Sie denken in der platonischen Linie, in welcher religiöse Momente nie klar abgetrennt sind. Eine neue Lage entsteht durch das Eindringen des Aristotelismus, der durch immer zahlreichere Neuübersetzungen aus dem Arabischen und Griechischen bekannt wird; bedrohlich ist die Gefahr eines neuen Paganismus, der als wissenschaftliche Weltsicht erscheint. Dieser Gefahr sind nun Albertus Magnus und Thomas von Aquin dadurch begegnet, daß sie einen christlichen Aristotelismus entwickelten, eine mit dem

---

[15] *Die christliche Philosophie des Mittelalters*, in: P. Hinneberg (Hg.): *Die Kultur der Gegenwart*, Lei/B ²1913, 338–431. In der ersten Auflage von 1909 hieß sein Titel: *Die europäische Philosophie des Mittelalters*. Vgl. auch: C. Baeumker: *Geist und Form der mittelalterlichen Philosophie* (¹1907), in: *Studien und Charakteristiken*, 58–100.

[16] C. Baeumker: *Siger von Brabant: Die Impossibilia. Eine philosophische Streitschrift aus dem 13. Jahrhundert* (= BGPhMA Bd. II/6), Mr 1898.

Glauben übereinstimmende, aber von der Theologie klar unterschiedene, in sich selbständige rationale Philosophie. Dieser tritt nun mit Siger von Brabant eine Richtung entgegen, welche in der Nachfolge des Averroes und seiner Aristoteles-Interpretation dessen Philosophie als autonomes und abgeschlossenes rationales System übernimmt; selbst den Widerspruch zum Glauben nimmt dieser lateinische Averroismus in Kauf. In dem Richtungsstreit, den wir um 1270 beobachten, sehen wir dann Thomas von Aquin in einem Zweifrontenkrieg: im Angriff gegen den lateinischen Averroismus, in Verteidigung gegen den reaktionären Augustinismus.

Mandonnets Kennzeichnung der streitenden Richtungen ist von der späteren Forschung in manchem korrigiert, sein Gesamtbild des Konflikts im wesentlichen bestätigt worden. Für Mandonnet war wichtig, daß sich in der Krise christlicher Intellektualität der christliche Aristotelismus des Thomas, der Thomismus also, als die entscheidende Kraft zu deren Bewältigung erwies, und zwar gerade dadurch, daß er als Philosophie auftrat. Darin kann man den geschichtlichen Nachweis für die normative Rolle sehen, welche der thomistischen Philosophie – oder einer solchen »ad mentem divi Thomae« – zugesprochen wird; und man darf wiederholen, daß diese Rolle ihr nicht zukommt, weil sie »christlich«, sondern weil sie »Philosophie« ist. Mandonnet gehörte später, nämlich bei den Gesprächen über »christliche Philosophie« in Juvisy 1933, zu denjenigen, welche den Begriff ablehnten.

Es liegt auf der Hand, welche Bedeutung die historische Legitimation des Thomismus für eine neuscholastische Orientierung hat. Umgekehrt wirken von da aus Impulse auf die historische Forschung zurück: Der Thomismus kann durch sie gewinnen. Mandonnet selber gibt das Beispiel durch zahlreiche Arbeiten, deren Schwerpunkt im Umkreis des Thomismus liegt. Seit seiner Übersiedlung nach Le Saulchoir entwickelt sich dieses Studienhaus zu einem wichtigen Zentrum sowohl des Thomismus als auch der historischen Forschung. Mandonnet beginnt dort 1921 die Publikationsreihe der *Bibliothèque thomiste* mit vorzugsweise historischen Arbeiten und ferner ab 1924 das Rezensionsorgan *Bulletin thomiste*, das historisch kompetente Mitarbeiter haben wird. Der Thomismus wird zunehmend durch eine historische Lektüre des Thomas vermittelt.

Diese Entwicklung liegt noch in der Zukunft, als Maurice De Wulf an der Universität Löwen studiert, wo Mercier sein Lehrer wird. Dessen Neuscholastik ist seine philosophische Basis. Mercier gibt ihm auch den Anstoß, sich auf das historische Studium der mittelalterlichen Philosophie zu konzentrieren. Der junge De Wulf geht 1892 zur Orientierung nach Berlin und Paris, schon 1893 erhält er einen Lehrauftrag und gehört 1894 zu den ersten Professoren, die Mercier für das in diesem Jahr gegründete Institut Supérieur de Philosophie beruft. Die historische Forschung erhält damit ihren institutionellen Platz in einem führenden Zentrum der Neuscholastik.

De Wulfs Beitrag zur dringlichen Aufgabe der Quellenerschließung durch handschriftliche Forschungen ist beachtlich. Zeugnis davon geben vor allem die 15 Bände der Reihe *Les Philosophes Belges*, die er 1901 beginnt; von ihm selbst finden sich darin Editionen des Aegidius von Lessines und des Gottfried von

Fontaines. Aber sein Hauptinteresse gilt der Gesamtschau des Mittelalters, und sein Hauptwerk ist seine *Histoire de la philosophie médiévale,* deren erste Auflage 1900 erscheint. Sein erstes Ziel war dabei, die neuen Forschungsergebnisse in die Gesamtschau einzuarbeiten; so sind bereits Baeumkers und Mandonnets soeben erschienene Arbeiten zu Siger von Brabant verwertet. Im Sinne dieser Zielsetzung wird jede Neuauflage dem Forschungsstand angepaßt, was ein immer wieder neues Durcharbeiten des Ganzen erfordert; dabei vergrößert sich der Umfang bis zu drei Bänden in der 6. Auflage (1934, 1936, 1947). Gelegentlich wird auch die monographische Darstellung der einzelnen Denker durch Rückgriff auf die Quellen ergänzt.

Man kann in der wissenschaftlichen Verläßlichkeit der monographischen Darstellung den unbezweifelbaren Wert von De Wulfs Werk sehen. Ihm selbst kam es auf »Geschichte« an, und das ist für ihn nicht nur die problemgeschichtliche Verkettung, die Baeumker fesselte; es ist der Gesamtprozeß, in welchem sich jene geradezu physiognomische Einheit der »Scholastik« herausbildet, welche für die Neuscholastik das Resultat der Epoche und den Bezugspunkt ihrer Orientierung bildet. »Scholastik« ist für De Wulf aber kein historischer, sondern ein normativer Begriff und sogar ein inhaltlich bestimmter: Die »scholastische Philosophie« ist ein Ensemble von Doktrinen, dessen Elemente im geschichtlichen Prozeß aufgefunden und ausgearbeitet werden. Sie fügen sich zusammen zu der »scholastischen Synthese«, die im 13. Jahrhundert gelingt; Thomas von Aquin ist ihr hervorragendster Vertreter (wiewohl De Wulf die Synthese nicht schlechthin mit dem Thomismus identifiziert). Die Folgezeit bringt den Verfall und die Auflösung der Synthese – die Kenntnis von deren Ursachen ist für den Neuscholastiker nicht minder wichtig als diejenige der Ursachen des Aufstiegs.

Nach diesem Verständnis von »Scholastik« werden Denker, die nicht in die normative Linie einzuordnen sind, zu »Antischolastikern«. Diesen wird schon Johannes Scotus Eriugena zugerechnet – die Scholastik fängt also mit der Antischolastik an! –, ebenso die Pantheisten der Schule von Chartres, erst recht die Averroisten, später die meisten Renaissancephilosophen. Dazwischen gibt es »Abweichler«, deren Devianz milder beurteilt wird; dazu zählen etwa Roger Bacon und Ramón Llull, Meister Eckhart und Nikolaus von Kues. Man könnte denken, daß bei dieser Wertung der Gesichtspunkt der christlichen Orthodoxie eine Rolle spielt, zumal De Wulf (in der ersten Auflage) aus seinem Bekenntnis kein Geheimnis macht. Aber es ist durchaus eine philosophische Position, die den Blick leitet, und er findet dann die Grundlage seines Urteils objektiv vorgegeben. Auch ist die »Scholastik« weit genug begriffen, um die Verschiedenheit der Schulen, den Streit der Richtungen zuzulassen.

Die rigorose Fassung seines Grundkonzepts hat De Wulf in späteren Auflagen gemildert, unter dem Eindruck der Kritiken in der sechsten Auflage aufgegeben, die übrigens durch die Einfügung »synthetischer« Kapitel zwischen die mehr monographischen Teile bemerkenswert ist. Der Begriff der Scholastik wird nun historisch gefaßt, aber festgehalten wird an einem »patrimoine doctrinal commun« (Bd. I, S. VI), das sich im geschichtlichen Prozeß herausbildet und eine strikt historisch erkennbare Realität ist; De Wulf nähert sich dem Baeumkerschen

Begriff des »Gemeingutes«. Dennoch kann er auch 1934 seine ursprüngliche Konzeption nicht für illegitim halten. Sie bleibt wichtig als Dokument einer neuscholastischen Auseinandersetzung mit der Historie, die hinsichtlich der wissenschaftlichen Qualität dem kritischen Anspruch voll genügt.

FORTGANG UND WACHSTUM DER GRUNDLAGENFORSCHUNG

Martin Grabmann hat 1926 in einem Aufsatz über *Forschungsziele und Forschungswege auf dem Gebiet der mittelalterlichen Scholastik und Mystik*[17] berichtet. Es ist eine Art Zwischenbilanz, welche eindrucksvoll die Erfolge handschriftlich begründeter Arbeit vorführt. Noch eindrucksvoller ist, was in Fortführung dieser Arbeit zu tun bleibt. Es fehlt selbst bei den großen Scholastikern – Albertus Magnus, Duns Scotus oder Ockham – an vertretbaren Texten; literargeschichtliche Fragen, auch elementare der Autorschaft oder der Chronologie, harren der Aufklärung; Quellenstudien, wichtig für die Interpretation, fehlen vielfach; es fehlen Hilfsmittel der Forschung, etwa Repertorien der Autoren und ihrer Werke – die Liste dringlicher Desiderata ist lang. Hier finden sich Aufgaben für Generationen von Forschern oder auch Forschergruppen, die auf lange Frist zusammenarbeiten müssen.

Alle diese Arbeiten sind für die Philosophiegeschichte wichtig, aber nicht alle sind deren Teil. Was Grabmann im Auge hat, ist eher Grundlagenforschung zu nennen: Fortsetzung der Arbeit, die von Ehrle und Denifle auf breiter geschichtlicher Basis begonnen worden ist. Die Theologie steht im Vordergrund, aber andererseits erstreckt sich das Interesse auch über die Theologie hinaus, so auf die Institutionengeschichte oder die Wissenschaftsgeschichte, die damit verbunden ist; Pierre Duhems Hauptwerke lagen damals schon vor.[18] Es ist eigentlich das intellektuelle Leben des lateinischen Mittelalters insgesamt, einschließlich der unmittelbaren Quellen im arabisch-jüdischen Bereich, dessen Zeugnisse in dieser Grundlagenforschung aufzuarbeiten sind. Das weist in die Richtung interdisziplinärer Mediaevistik, was freilich erst allmählich hervorkommt. Selbstverständlich bleibt der Schwerpunkt im theologischen, damit auch im katholisch-kirchlichen Bereich, aber zunehmend beteiligen sich Forscher außerhalb solcher Bindung.

Grundlagenforschung solcher Art verlangt Kontinuität. Ihr Fortschritt verbreitert die Basis unseres Wissens, zugleich mit dem Zuwachs an Erfahrung im Umgang mit der Überlieferung verfeinern sich die Methoden, wird der kritische Anspruch strenger. Der Forschungsprozeß vollzieht sich als »Wachstum«, und seine Stabilisatoren sind institutionalisierte Langzeitvorhaben, die über Generationen gehen.

Von Anfang an spielten die *Editio Leonina* und mehr noch das Franziskanerkolleg von Quaracchi, das eine bedeutende Produktivität entfaltete, eine solche

---

[17] Vgl. Bibl.
[18] *Le système du monde. Histoire des doctrines cosmologiques de Platon à Copernic*, 5 Bde., 1913–1917; *Études sur Léonard de Vinci*, 3 Bde., P 1906–1913.

Rolle; des letzteren Aufgabe der *Summa* des Alexander von Hales[19] gab gleich ein Beispiel des methodischen Fortschritts kritischer Arbeit. In der Zwischenkriegszeit – man könnte von einer zweiten Phase unserer Forschungsgeschichte sprechen – beginnen langfristig angelegte neue Unternehmen, deren Früchte freilich erst nach dem Zweiten Weltkrieg zur Reife kommen. So richtet der Franziskanerorden eine »Commissio Scotistica« ein, welche unter Leitung von P. Ephrem Longpré (1890–1965), später unter P. Karl Balić (1899–1977), die kritische Edition der Werke des Duns Scotus vorbereitet. Das Erzbistum Köln gründet 1931 das Albertus-Magnus-Institut in Bonn, unter Leitung von Bernhard Geyer, für die Albertus-Edition. Jetzt treten auch außerkirchliche Träger auf: Die Heidelberger Akademie der Wissenschaften beginnt die Ausgabe des Nicolaus Cusanus,[20] die (damalige) Notgemeinschaft der deutschen Wissenschaft eine solche der deutschen und lateinischen Werke Meister Eckharts,[21] bei denen jeweils Forscher verschiedener Institutionen herangezogen werden. So ist es auch bei dem internationalen Unternehmen des *Aristoteles Latinus,* das die wichtigste Quelle der Scholastik zugänglich machen will; es steht unter Auspizien der Union Académique Internationale. Endlich gehört hierher der Anfang einer Ausgabe des Averroes, die zunächst von der Mediaeval Academy of America betreut wird.[22]

Wachstum der Forschung zeigt sich in der Zunahme von Publikationsreihen und der Zentren, die der Grundlagenforschung Raum geben. Vom Studienhaus der Dominikaner Le Saulchoir, der *Bibliothèque thomiste* und dem *Bulletin thomiste* war bereits die Rede. Paris wird jetzt ein wichtiges Zentrum, wesentlich durch Étienne Gilson. Er initiiert das Jahrbuch der *Archives d'histoire doctrinale et littéraire du moyen-âge* (seit 1926) und die Reihe der *Études de philosophie médiévale* (seit 1930), und wie zuvor bei Baeumkers *Beiträgen* sammelt sich um diese Organe ein Kreis von Forschern.

Eine wesentliche Erweiterung brachte die Gründung neuer Zentren für Forschung und Lehre in Nordamerika. Die schon genannte Mediaeval Academy of America entstand 1925 in Cambridge (Mass.) als ein Gelehrtenverein. Dabei war De Wulf beteiligt, der seit 1915 regelmäßig Gast amerikanischer Universitäten war. Charakteristisch sind die interdisziplinäre Orientierung dieser Einrichtung, die auch in ihrer Zeitschrift *Speculum* maßgeblich ist, und eine besondere Akzentuierung der Wissenschaftsgeschichte; deren bedeutender Vertreter Charles Homer Haskins[23] war Mitgründer.

Eine führende Stellung gewann als Lehr- wie als Forschungsstätte das 1929 in

---

[19] *Summa Fratris Alexandri,* 4 Bde., Quaracchi 1924–1948.
[20] Als erster Band der *Opera omnia Nicolai de Cusa* erschien: *De docta ignorantia,* hg. E. Hoffmann / R. Klibansky, Lei 1932; in der begleitenden Reihe: *Cusanus-Texte* war schon 1929 Heft I erschienen mit der Predigt: *Dies sanctificatus,* hg. R. Klibansky.
[21] Die erste Lieferung der Ausgabe der lateinischen Werke von Meister Eckhart unter der Leitung von J. Koch erschien St 1936; die der deutschen unter der Leitung von J. Quint im selben Jahr.
[22] Veröffentlichung des Planes für ein *Corpus Commentariorum Averrois in Aristotelem* in: Speculum 6 (1931) 412–427; die ersten Bände erschienen erst ab 1949, später wurde das Vorhaben an die Union Académique Internationale abgegeben.
[23] Wichtige Werke: *Studies in the History of Mediaeval Science,* Cambridge (Mass.) 1924; *The Renaissance of the twelfth Century,* Cambridge (Mass.) 1927.

Toronto gegründete Institute of Mediaeval Studies, das sich seit 1939 »Pontifical« nennen durfte. Gilson war nicht nur an der Gründung maßgeblich beteiligt, sondern hat ihm jahrzehntelang einen wesentlichen Teil seiner Arbeitskraft gewidmet. Die seit 1939 jährlich erscheinenden *Mediaeval Studies* sind an Bedeutung den Pariser *Archives* vergleichbar. – Ein ähnliches, interdisziplinär konzipiertes Institut d'Études médiévales wurde für das französische Kanada 1931 von den Dominikanern in Ottawa gegründet, später nach Montreal transferiert; auch von diesem wurde eine Publikationsreihe herausgebracht.

Einen eigenen Schwerpunkt setzt schließlich der Franziskanerorden mit dem Franciscan Institute in St. Bonaventure (N. Y.), das seit 1943 spezifisch in der Scholastikforschung arbeitet, bevorzugt im Bereich der späteren Franziskanerschule; hier wirkte der deutsche Gilson-Schüler Philotheus Böhner für eine neue Wertung Wilhelm Ockhams, und man nahm dessen kritische Edition zu einem künftigen Ziel.[24]

Die Bedeutung solcher Institutionen liegt natürlich nicht nur in der punktuellen Arbeit. Sie stabilisieren die Disziplin, bringen sie zu Ansehen und Geltung, bekommen so Ausstrahlung. Der einzelne Forscher, der nicht in institutionellen Zusammenhängen arbeitet, wird davon betroffen und gestärkt. Was einem »Alleinarbeiter« dann möglich ist, zeigt die in den dreißiger Jahren begonnene kritische Ausgabe des Anselm von Canterbury, die von dem Geyer-Schüler Franziskus S. Schmitt OSB allein in Angriff genommen und zum Abschluß gebracht wurde.[25] Der Fortschritt der Grundlagenforschung hatte inzwischen viele der Hilfsmittel bereitgestellt, die Grabmann gefordert hatte, die Voraussetzungen für eine grenzüberschreitende Verbreitung der Forschung waren zunehmend gegeben. Etwa in den fünfziger Jahren wird die mittelalterliche Philosophiegeschichte »international« im extensivsten Sinne des Wortes sein. Das zeichnet sich in der Zwischenkriegszeit schon ab, ebenso wie die interdisziplinäre Bedeutung der Grundlagenforschung innerhalb der Mediaevistik.

Dennoch ist das entscheidende Charakteristikum dieser zweiten Phase der Forschungsgeschichte nicht Kontinuität und Wachstum, sondern die Auseinandersetzung um die philosophische Auffassung der historischen Erkenntnis, und diese wiederum ist von erheblicher Bedeutung für die »Neuscholastik«: Sie erfährt einen Prozeß der Transformation, der bestimmte ihrer Gestalten verdrängt und verschwinden läßt. Die entscheidende Rolle in diesem Prozeß spielt Étienne Gilson.

ÉTIENNE GILSON: EIN NEUER ZUGANG ZUM »GEIST DER MITTELALTERLICHEN PHILOSOPHIE«

Anders als die bisher genannten Forscher hat sich Étienne Gilson (1884–1978) nie an Handschriftenforschung beteiligt. Er hat die gelehrte Arbeit hochgeschätzt,

---

[24] Diese Edition, umfassend *Opera philosophica et theologica*, erschien in 6 u. 10 Bänden 1967–1986.
[25] Anselm von Canterbury: *Opera omnia*, 6 Bde., hg. F. S. Schmitt, Seckau/R/Edinburgh 1938–1961; Neudruck in zwei Bänden St 1968. Zur Editionsgeschichte vgl. die *Prolegomena seu ratio editionis* von F. S. Schmitt im ersten Band des Neudrucks.

in entscheidender Weise gefördert und sie stets zur Grundlage seiner eigenen Arbeit genommen. Diese jedoch gilt der Interpretation, die sich nicht mit der Feststellung begnügt, »was gesagt ist«, sondern erkundet, »wovon eigentlich die Rede ist«: Ursprung und Sinn der Doktrin stehen in Frage. Die Antwort ist aber nicht in einer philosophischen Beurteilung, sondern in der geschichtlichen Wirklichkeit selbst zu suchen; das unterscheidet den Historiker der Philosophie vom Philosophen.

Für diese Einstellung ist Gilson der Schulung durch die Sorbonne verpflichtet, aber von Scholastik hat er dort nichts gelernt. Das mag ein wenig verwundern, wo doch seit 1906 dort ein »Cours d'histoire des philosophies médiévales« eingerichtet war, den François Picavet (1851–1921) wahrnahm. 1905 war dessen *Esquisse d'une histoire générale et comparée des théologies et philosophies médiévales* erschienen, mit dem charakteristischen Plural im Titel: Picavet sah im Mittelalter eine Vielfalt geistiger Strömungen, in denen antikes Denken nachwirkte, neuzeitliches vorbereitet wurde; die religiöse Orientierung – islamisch, jüdisch oder christlich – wirkte sich dahin aus, daß die Systementwürfe neuplatonische Struktur annahmen: Nicht Aristoteles, sondern Plotins Geist hat das Mittelalter bestimmt. Freilich gilt das Mittelalter ihm insgesamt nur als Vorstufe des wissenschaftlichen Zeitalters, und es ist wohl diese positivistische Auffassung, welche das Werk Picavets rasch vergessen ließ.

Gilson erwähnt ihn nicht.[26] Zugang zur Scholastik findet er auf der Suche nach den mittelalterlichen Voraussetzungen von Descartes. Das Ergebnis sind die Doktorthesen von 1913: *La liberté chez Descartes et la théologie* und der *Index scolastico-cartésien;* später folgen eine kommentierte Ausgabe des *Discours de la méthode* (1925) sowie *Études sur le rôle de la pensée médiévale dans la formation du système cartésien* (1930). Schon aufgrund seiner ersten Arbeiten wird Gilson Professor, zuerst in Lille und Straßburg (1919), dann in Paris (1921) als Nachfolger von Picavet, schließlich (1932) am Collège de France; er hat sehr bald die Position, welche ihm die wirksame Förderung der Mittelalterforschung ermöglicht. Wirksamer waren aber seine Publikationen, deren einige in Neuauflagen ganz umgestaltet wurden. Das gilt schon für *Le Thomisme* (1919), das erst in der 4. Auflage (1941) seine gültige Gestalt bekam; aber die 5. und 6. Auflage brachten wieder Ergänzungen und Änderungen. Es folgen 1921 *Études de philosophie médiévale,* 1922 die Übersicht *La philosophie au moyen-âge,* deren 2. Auflage (1944) fast ein neues Buch ist – die englische Übersetzung von 1954 stellt wiederum eine Neufassung dar, mit erweitertem wissenschaftlichem Apparat. 1924 erscheint *La philosophie de saint Bonaventure,* 1929 die *Introduction à l'étude de saint Augustin,* beide bald ins Deutsche übersetzt. 1932 bringen die Gifford-Lectures *L'Esprit de la philosophie médiévale;* im gleichen Jahr sammelt er Studien zum Verhältnis literarischer Bildung und scholastischer Wissenschaft in *Les idées et les lettres.* 1934 ist sein Thema *La théologie mystique de saint Bernard,* 1938 sind es *Héloïse et Abélard,* 1939 *Dante et la philosophie.* Einen Höhe-

---

[26] Wenigstens nicht in seiner intellektuellen Autobiographie, in der er seine Sorbonne-Studien charakterisiert: *Le philosophe,* 27–48.

punkt stellt die mehr philosophische als historische Synthese *L'être et l'essence* (1948) dar; sie gibt Zeugnis von der Weise, wie Gilson seine metaphysische Position aus der historischen Orientierung begründet. Noch zu nennen sind die Bücher des Jahres 1952: *Les métamorphoses de la cité de Dieu*, die das philosophische Scheitern der säkularisierten Idee des Gottesstaates zeigen, und *Jean Duns Scot*, die große Scotus-Interpretation, von der Gilson einschränkend im Vorwort sagt, sie bringe nur »die Gedanken eines Lesers . . ., der Scotus mit der Feder in der Hand gelesen hat und dabei nur darauf bedacht war, ihn zu verstehen«.

Das trifft nicht nur für dieses Buch, sondern für lange Partien seiner Werke zu, die bisweilen Paraphrasen der behandelten Texte sind. Diesem Verfahren liegt jedoch ein methodisches Prinzip von großer Tragweite zugrunde: Der Historiker hat den Gedanken in dem Zusammenhang aufzusuchen, in dem ihn sein Autor entwickelt und darstellt; er muß sich vom Text und dessen Sichtweise leiten lassen, um zu verstehen, was der Autor eigentlich im Blick hat. Man mag solche Forderung nur für eine hermeneutische Trivialität halten, dieser Anschein verliert sich jedoch angesichts der Folgen, die sich bei Gilson daraus ergeben.

Die Descartes-Studien haben zunächst klargemacht, daß alle geschichtlichen Vorgaben von dessen Metaphysik in der Scholastik liegen. Die griechische Philosophie, besonders Aristoteles, wurde von der Scholastik nicht nur rezipiert, sondern auch transformiert und ist in dieser Transformation Grundlage des neuzeitlichen Denkens geworden. Geschichtlich ausschlaggebender Faktor war das Christentum: Mit seiner neuen Weltsicht ändert sich die Ausgangslage für das philosophische Denken. Insbesondere wird die Theologie, also die begriffliche Ausarbeitung von Inhalt und Weltsicht des Glaubens, die Dienste der Philosophie in Anspruch nehmen. Das bedeutet keine Überfremdung, vielmehr bringen die neuartigen Erfahrungen und Anforderungen eine Bereicherung der philosophischen Erkenntnis, einen Gewinn an Rationalität. In erster Linie gilt das für die Metaphysik, aber nicht nur für sie.

Gerade die großen Philosophen des Mittelalters waren von Haus aus Theologen, und sie haben ihre bedeutenden philosophischen Gedanken in ihren theologischen Hauptwerken entwickelt. Das schließt keineswegs die Eigenständigkeit der Philosophie aus. Es ist vielmehr die bedeutende Leistung der »Aristoteliker« Albert und Thomas, diese herausgearbeitet zu haben; ihre Theologie »bedient« sich einer Philosophie, die sich rein rational begründet und rechtfertigt, und das gilt auch für ihre grundlegenden metaphysischen Positionen. Hier liegen deshalb die Wurzeln des neuzeitlichen Verständnisses einer autonomen Rationalität; das 13. Jahrhundert ist die entscheidende Epoche. Gleichwohl bleibt auch für Albert und Thomas gültig, daß ihr Philosophieren theologisch motiviert und inspiriert ist. Aber die Theologie ist selbst ein rationales Unternehmen, und wie dies ausfällt, wird davon abhängen, wie man die Rationalität als solche einschätzt. Die Suche nach Glaubenseinsicht setzt die Suche nach Vernunfteinsicht in Gang. Deshalb lassen sich Philosophie und Theologie zwar »dogmatisch« trennen, aber nicht »historisch«. Historisch betrachtet haben wir es mit einer »christlichen Philosophie« zu tun.

Folgerichtig stellt Gilson den Thomismus, nämlich die Philosophie des Thomas von Aquin, in der theologischen Ordnung dar. Das bringt ihm prompt die Kritik ein, diese Darstellungsart gehe gegen Thomas selbst, der sich hinreichend über die der Philosophie eigenen Ordnungsstrukturen äußert. Aber das beeindruckt Gilson nicht: Er folgt dem Text und dem Kontext, wie er ihn vorfindet. Ebenso verfährt er dann bei Bonaventura, bei dem es keinen Eigenstand der Philosophie gibt, sondern sie gänzlich in den Dienst der Bemühung um das Zentrum des Glaubens tritt; sie muß dann christozentrisch verstanden und so auch dargestellt werden. Den Einwand, daß es sich dann gar nicht mehr um Philosophie, sondern um Theologie handle, lehnt Gilson als unhistorischen Dogmatismus ab; auch der Philosophiebegriff selbst muß hingenommen werden, wie er geschichtlich vorliegt. Gegenüber dem Thomismus ist der Augustinismus, auch in der franziskanischen Version Bonaventuras, eben eine »andere« christliche Philosophie.

Die Einheit der mittelalterlichen Philosophie, der sie belebende »Geist«, kommt durch die Orientierung an der christlichen Aufgabe zustande. In den *Gifford-Lectures* sucht Gilson zu zeigen, wie die mittelalterliche Metaphysik durch die biblische Selbstaussage Gottes bewegt wird, er sei »der Seiende« (»sum qui sum«, Ex 3,14); gerade als »Exodus-Metaphysik« gelingen ihr die tiefsten Erkenntnisse, und zwar, man muß es wieder betonen, als philosophische, rein rational ausgewiesene.

Gilsons Auffassung von der »christlichen Philosophie« ist vielfach angegriffen worden, besonders in dem Streit um diesen Begriff, der Anfang der dreißiger Jahre in Frankreich losbrach. Soweit der Streit systematischen Charakter hatte – Gilson hat sich damals auch in diesem Sinne mehrfach geäußert –, gehört er in die Geschichte der Neuscholastik, nicht in die Forschungsgeschichte. Für diese ist aber wichtig, daß Gilson seine Position wesentlich historisch begründete; die christliche Philosophie ist für ihn eine unleugbare Tatsache.

Das hermeneutische Prinzip, sich von Text und Kontext leiten zu lassen, wie sie vorliegen, hat weitere Folgen. Wenn die mittelalterlichen Denker einig sind im Glauben, so sind ihre Theologien doch verschieden, und das kann an nichts anderem liegen als an der Verschiedenheit ihrer Philosophien. Es gibt keine »scholastische Synthese«, die allen gemeinsam wäre oder zu der sie beitrügen; es gibt nicht einmal ein »Gemeingut«, an dem alle teilhaben, wenn damit Lehrinhalte gemeint sein sollen. Der Aristoteles des Thomas ist sehr verschieden von dem des Ockham; der genaue Leser entdeckt eine Folge individuell geformter Konzepte höchst unterschiedlicher Prägung. Natürlich spielt für deren Unterschiedlichkeit der kulturelle Kontext eine wichtige Rolle, und von hier aus wird Gilsons breites Interesse an der Grundlagenforschung und der interdisziplinären Arbeit verständlich. Bei den großen metaphysischen Systementwürfen ist es jedoch die Verschiedenheit der Grundeinsicht, die sie einander entgegenstellt. Der ausgezeichnete Fall ist der Gegensatz von Thomas und Duns Scotus. Beide entwerfen eine Metaphysik des Exodus, mit ausdrücklicher Berufung auf das »Qui sum«, aber sie widersprechen einander schon in der Bestimmung des ersten Begriffs, des »Seienden«; ist es für Scotus die »Washeit«, welcher das Sein zukommen kann, so für Thomas das durch den Akt des Seins, das Sein selbst

Bestimmte. Das ergibt zwei unvereinbare, auf jeder Stufe der Analyse miteinander neu in Gegensatz geratende Metaphysiken. Der Historiker kann sie nur als gleichermaßen legitime Formen »christlichen« Philosophierens hinnehmen. Der Philosoph Gilson wird allerdings sich entscheiden: Er optiert – er selbst braucht diesen Ausdruck – für den Thomismus.

Obwohl das eine »philosophische« Option ist, hat sie mit Historie zu tun. Gilson hat die mittelalterliche Philosophiegeschichte als einen lebendigen Prozeß gezeigt, der durch Individualitäten vermittelt wird; er hat deren Motive und Fragen ebenso ernst genommen wie ihre Antworten und damit den »Selbstwert« (Baeumker) dieses Philosophierens deutlich gemacht. Die metaphysischen Systeme rücken wieder in den Mittelpunkt, aber sie werden nun anders gelesen: nicht unter normativen Vorgaben, nicht aus wirkungsgeschichtlicher, sondern aus ihrer je eigenen Perspektive. Genaue »historische« Lektüre des Thomas hat Gilson in dessen Denken den Gedanken aufdecken lassen, in dem er nun die sublimste Fassung der Exodus-Metaphysik erblickt, den des Seins als »esse ipsum« oder »actus essendi«, aber die »perfectio omnium perfectionum« meint.

Das geht gegen den Schulthomismus, der die Realdistinktion von »essentia« und »existentia« oder von Sosein und Dasein lehrt – gegen Geist und Buchstabe des Thomas selbst, für den das Sein nicht bloß »positio extra causas« ist, sondern die alle Vollkommenheit vermittelnde Schöpfertätigkeit Gottes enthält. Sein wird nicht, wie das Wesen, vom Begriff beherrscht; seine Dynamik kann nur im dynamischen Prozeß des Geistes präsent werden, und in diesem ist es Quelle der Wahrheit. Vom Seienden eröffnet sich der Zugang zum Sein, das in diesem als »ipsum esse« wirkt und so sich dem Ursprung, dem Schöpfergott, »der da ist«, zu nähern gestattet wie kein anderer Ansatz. Alle anderen Philosophien bleiben »essentialistisch«: In einer vergleichenden Darstellung der Hauptgestalten der Metaphysik, in *L'être et l'essence,* zeigt Gilson das historisch auf. Aber der Essentialismus ist nicht einfach falsch, seine großartigen Entwürfe – wie etwa der des Duns Scotus – verdienen Bewunderung. Nur dringt die thomistische Perspektive tiefer, und daher ist für sie zu »optieren«. Für den späten Gilson wird der Thomismus zu »der« christlichen Philosophie, wie das in seiner *Introduction à la philosophie chrétienne* von 1960 der Fall ist.

Wichtig ist, daß dieser Thomismus eben nicht wirkungsgeschichtlich, sondern durch historische Forschung vergegenwärtigt ist. Diese deckt den ursprünglichen Gedanken auf, den die Tradition weitgehend verdeckt hat, und ermöglicht eine neue Unmittelbarkeit. Daraus resultiert jedoch nicht eine andere Art Neuthomismus, der wieder eine Vermittlung wäre: Die Unmittelbarkeit zu Thomas wird als unmittelbare Gegenwärtigkeit seiner Grundeinsichten erfahren.

Man fragt sich bei diesem Ergebnis, ob es dazu des Aufwandes historischer Forschung bedarf. Gilson weist selbst darauf hin, daß die Entdeckung des authentischen Seins- und Gottesbegriffs des Thomas einigen Thomisten zu verdanken sei, die unter dem Eindruck der Philosophie Bergsons standen.[27] Doch ist es erst die historische Forschung, welche den Zugang zum Text methodisch

---

[27] Ebd. 187.

sichert, und erst sie liefert die Kriterien für die Authentizität. Deshalb ist für den Thomismus der historische Zugang zu Thomas von Aquin, wie Gilson ihn exemplarisch vorführt, von ausschlaggebender Bedeutung. Die Lehrbücher, die für den Philosophieunterricht in kirchlichen Einrichtungen bestimmt sind, werden sich verändern; historisch orientierte Arbeiten bekommen philosophisches Gewicht; systematische Studien zu Thomas sind zugleich zu mediaevistischer Korrektheit in der Textinterpretation verpflichtet. Der Thomismus löst sich aus der Kontinuität der Schultradition, er stellt sich auf der Basis historischer Vergegenwärtigung wieder her.

Aber er sieht dann anders aus. Wenn Gilson die metaphysische Grundeinsicht des Thomismus für überzeitlich gültig, ja unübertreffbar hält, so hebt er damit diesen Kern aus den geschichtlichen Bedingtheiten heraus, unter denen Thomas denkt, etwa denen der aristotelischen Naturwissenschaft und Kosmologie. Der vorliegende Gesamtkomplex kann aber nicht repristiniert werden; er bleibt wichtig als der bisher einzige und somit exemplarische Fall einer Philosophie – und Theologie –, die unter den Bedingungen ihrer Zeit die metaphysischen Grundeinsichten fruchtbar macht. Natürlich muß demgemäß der Zugang zu Thomas auf dem Weg über die historische Kenntnis dieser Bedingungen gesucht werden, wie es dann exemplarisch in den Einführungen von M.-D. Chenu[28] und später von J. A. Weisheipl[29] geschieht. Aber wenn der metaphysische Kern aus der Historie so herausgehoben wird, wie Gilson es tut, so fragt sich, ob er nicht unter veränderten Bedingungen intellektuellen Lebens auf ganz andere Weise fruchtbar gemacht werden müsse als jener des Aristotelismus und eines fortgeschriebenen Neuthomismus. Der letztere bleibt nur noch als eine Möglichkeit unter anderen, die erst auszuloten wären.

Eine letzte systematische Konsequenz zieht Gilson aus seinem Ansatz der »christlichen Philosophie«. Wie die Entstehung, so hängt die Zukunft seines »Kernthomismus« von der Theologie ab; genauer: von einem Interesse der Theologie an einem metaphysischen Gottesverständnis. Das scheint sich gleichsam negativ zu bewahrheiten, als mit der Abnahme des metaphysischen Interesses der Theologie, die nach dem II. Vatikanischen Konzil zu beobachten ist, auch der Thomismus an Bedeutung abnimmt. Aber die Theologie, wenigstens die kirchlich-katholische, die für Gilson allein zählt, kann nicht aus der Kontinuität ihrer Geschichte heraustreten; sie kann nicht umhin, sich auch auf Thomas zu beziehen – wenn nicht als Norm, so doch als exemplarische Gestalt der Ausarbeitung ihres metaphysischen Interesses. Mindestens die historische Erinnerung gehört ihr wesentlich zu.

Wenn Gilson eine Art absoluter Normativität des (seines) Thomismus als Ergebnis seiner historischen Arbeit ansah, so war die tatsächliche Wirkung eher die Historisierung des Thomismus: die Rücknahme der Normativität auf die

---

[28] *Introduction à l'étude de Saint Thomas d'Aquin*, P 1950 (dt.: *Das Werk des hl. Thomas von Aquin*, Gr/W/Kö 1960).
[29] *Friar Thomas d'Aquino: His Life, Thought and Works*, NY 1974 (dt.: *Thomas von Aquin. Sein Leben und seine Theologie*, Gr/W/Kö 1980).

Exemplarität. Diese gilt dann freilich nicht nur für den christlichen Bereich; Gilsons Thomas-Interpretation, die sich als historisch zutreffend durchgesetzt hat, gibt ihm auch in einer immanent verstandenen Philosophiegeschichte ersten Rang. Es gilt überhaupt für Gilsons Darstellung des Mittelalters, daß sie die philosophische Originalität der Epoche und ihrer Denker immanent deutlich macht, unabhängig von dem Leitgedanken der »christlichen Philosophie«. Es hat also gute Gründe, daß Gilson zu weltweitem Ansehen und entsprechender Wirkung kam; er wurde zur maßgeblichen Gestalt der zweiten Phase der philosophiegeschichtlichen Mittelalterforschung.

DIVERGENTE INTERPRETATION UND RÜCKGANG AUF DIE GRUNDLAGENFORSCHUNG

So bedeutend Gilsons Werk und Wirkung waren, hat er doch nie eigentlich die mediaevistische Szene beherrscht. Neben ihm und unabhängig von ihm stehen bedeutende Leistungen, und es gibt auch markierte Gegenpositionen.

Zu den ersteren zählt ein entscheidender Fortschritt in der Interpretation der thomistischen Metaphysik durch die Arbeiten von Cornelio Fabro (geb. 1911)[30] und L.-B. Geiger OP[31] zur Partizipationslehre des Thomas. Die Auffassung beider Autoren blieb kontrovers, und die Debatte kam nie zum Abschluß, aber die Originalität des Thomas, auch gegen Aristoteles, trat deutlicher hervor. Aus dieser Diskussionslage ergab sich ein starker Anreiz zur Bemühung um eine neue Thomas-Interpretation, die in den ersten beiden Nachkriegsjahrzehnten zahlreiche Arbeiten hervorrief; viele davon stehen am Übergang von historischer Erkundung zu philosophisch-systematischer Auswertung, durchaus im Sinne des historisch begründeten Thomismus Gilsons. In Deutschland setzt diese Phase später ein; erst 1953 verwertet eine Studie von L. Oeing-Hanhoff (1923–1986) die – meist französischsprachige – Literatur zur »Seinsphilosophie« des Thomas.[32] Im Deutschen wird man später die Absetzung vom Traditionsthomismus durch die Neuprägung »thomasisch/thomanisch« ausdrücken; man will mehr Authentizität, aber verzichtet zugleich auf Normativität. Die Gesamtrichtung dieser Arbeiten zielt nicht auf einen Neuthomismus, sondern eher auf eine Vergegenwärtigung des Thomas, die nicht wesentlich anders als bei sonstigen Klassikern der Philosophie gemeint ist – es sei denn, man begründet einen schlechthinnigen Vorzug des Thomas mit Gilson aus dem Gedanken der »christlichen Philosophie«.

Dieser Gedanke freilich war von Anfang an umstritten, und eine markierte Gegnerschaft hat nie aufgehört. Als ihren hartnäckigsten Repräsentanten darf man wohl Fernand Van Steenberghen nennen, den Nachfolger De Wulfs auf dessen Löwener Lehrstuhl. Sein Hauptwerk gilt Siger von Brabant und setzt die For-

---

[30] *La nozione metafisica di partecipazione secondo S. Tommaso d'Aquino*, Mi 1939 (²Tn 1950).
[31] *La participation dans la philosophie de S. Thomas d'Aquin*, P 1941.
[32] *Ens et unum convertuntur. Stellung und Gehalt des Grundsatzes in der Philosophie des hl. Thomas von Aquin* (= BGPhMA Bd. XXXVII/3), Mr 1953.

schungen Mandonnets fort, allerdings mit erheblichen Korrekturen.[33] Sie führen zu einem Gesamtbild der Philosophiegeschichte des 13. Jahrhunderts, das er in vielen Publikationen vertritt.[34] Sein Anspruch ist, aus dem Philosophieverständnis heraus, das die Epoche selbst besitzt, dies Gesamtbild zu zeichnen.

Natürlich leugnet Van Steenberghen nicht die christliche Inspiration des mittelalterlichen Denkens. Aber der Begriff einer »christlichen Philosophie« ist dem ganzen Zeitalter fremd, auch einem Bonaventura. Dieser ist primär Theologe, und als solcher bezieht er sich auf eine eigenständige Philosophie, die er benutzt, aber nicht ausarbeitet. Sie ist aber auch kein »Augustinismus«, selbst wenn augustinische Elemente in ihr vorkommen; vielmehr handelt es sich um einen »eklektischen Aristotelismus«, wie ihn die Mehrzahl seiner Zeitgenossen, deren Interesse primär theologisch ist, voraussetzt. Es ist das Verdienst eines Albert und noch mehr eines Thomas, diese eigenständige Philosophie systematisch ausgebaut, ihre Eigenbedeutung im Verhältnis zur Theologie ausgearbeitet zu haben. Dabei gibt die Theologie nicht mehr als Anregungen; es sind authentisch philosophische Motive, die zu der höchst originalen Synthese des Thomas führen. Aus diesem Grunde ist Thomas befähigt, dem radikalen, im Effekt heterodoxen Aristotelismus, der sich unter Führung des Siger von Brabant nach der Jahrhundertmitte herausbildet, auf dessen eigener Ebene zu begegnen (die Bezeichnung »Averroismus« wird als sachlich unzutreffend von Van Steenberghen abgelehnt). So erscheinen in dieser Deutung die Heterodoxen im Grunde als Träger des gleichen Impulses, der bei Thomas orthodox eingeordnet ist; das rechtfertigt Dante, wenn er Siger an der Seite von Thomas im Paradies auftreten läßt. Wenn sich die konservative Reaktion gegen den Aristoteles des Thomas dann philosophisch auf Augustinus beruft, kann man von einem Neo-Augustinismus sprechen.

Van Steenberghens Auffassung der Epoche der Hochscholastik ist nüchternhistorisch begründet, und das gilt auch für das zugrunde gelegte Philosophieverständnis, das seine Deutungsperspektive leitet. Aus ihr ergibt sich klar, warum Thomas der erste Rang unter den Denkern der Epoche gebührt. Aber ein Thomismus, welcher dem Philosophieverständnis des Thomas folgt, wird sich nicht »historisch« verhalten dürfen, sondern um kritische Aneignung bemüht sein. Van Steenberghen hat selbst wichtige Lehrstücke des Thomas philosophisch kritisiert,[35] und zugleich bekennt er sich entschieden zu einem »Neothomismus« im Sinne einer zeitgenössischen Fortschreibung der thomistischen Philosophie.

Wie man sieht, ist der Gegensatz zwischen den Positionen, die einerseits durch Gilson, andererseits durch Van Steenberghen repräsentiert sind, beträchtlich; die Auffassungen von der Philosophie sind sogar – bei gemeinsamen christlichen

---

[33] F. Van Steenberghen: *Siger de Brabant d'après ses œuvres inédites*, 2 Bde. (= Les Philosophes Belges, Bd. XII–XIII), Lv 1931–1942; Neufassung: *Maître Siger de Brabant* (= Philosophes médiévaux, Bd. XXI) Lv/P 1977.

[34] Zusammenfassend: *La philosophie au XIIIe siècle* (= Philosophes médiévaux, Bd. IX), Lv/P 1966, (dt.: Die Philosophie im 13. Jahrhundert, Pa 1977).

[35] *Dieu caché. Comment savons-nous que Dieu existe?* Lv 1961 (^{2}1966; dt. Pa 1966); *Le problème de l'existence de Dieu dans les écrits de S. Thomas d'Aquin* (= Philosophes médiévaux, Bd. XXIII), P/Lv 1980.

Überzeugungen und Zielen – konträr. Die Diskrepanz zeigt sich auf der Ebene der historischen Interpretation und wird durch diese legitimiert. Hier ist es nicht leicht, die Verschiedenheit der Perspektiven nach richtig und falsch zu beurteilen. Bei ihrer Wahl spielen legitime Optionen eine Rolle, die man schwer diskutieren, noch schwerer bestreiten kann. Will man weiterkommen, so scheint sich eher zu empfehlen, auf die unstrittige Basis zurückzugreifen, also die historisch-kritische Grundlagenforschung, und von deren Ausbau Beiträge zur Lösung der Streitigkeiten und größere Sicherheit der Einsicht zu erwarten. Wer die Erneuerung der Scholastik wünscht, der müßte hier ansetzen.

Das sagt programmatisch der Titel *Scholastica ratione historico-critica instauranda,* unter dem 1950 in Rom ein Kongreß stattfand, auf dem der Präsident der Commissio Scotistica, Karl Balić, die ersten beiden Bände der kritischen Edition des Duns Scotus vorstellte. Den Veranstaltern lag natürlich daran, nicht nur ihre eigene Arbeitsweise, sondern auch den Denker, dem sie ihre Arbeit widmeten, öffentlich zur Geltung zu bringen. Grundlagenforschung ist breit angelegt; wer sie fruchtbar machen will, wird der einseitigen Konzentration auf den Thomismus widerstreben, die bei den philosophischen Interpretationen der Zeit zu finden war. Scotus wird dann einen Platz neben Thomas haben, in der Theologie wie in der Philosophie. Man wird ihm diesen sichern, wenn man auf die »Instauration« der Scholastik insgesamt abstellt.

Das Ergebnis kann bei solchem Ansatz nicht eine Wiederbelebung der Neuscholastik (oder mehrerer Neuscholastiken) sein, sondern nur, was eben diese Forschung zu leisten vermag: Vergegenwärtigung der scholastischen Hinterlassenschaft, Bemühung um den Sinn ihrer Aussagen, Klärung ihres Werdeprozesses und ihrer Problemverarbeitung, kurz: jene Philosophiegeschichte, die als fernes Ziel schon Baeumker vorschwebte. Vielleicht wird man ihre philosophische Bedeutung etwas anders sehen als dieser, nämlich mehr unter dem Gesichtspunkt des Exemplarischen. Gegenüber normativen Absichten bedeutet der Rückgang auf die historisch-kritische Forschung jedoch eine »Historisierung«, auch für den Thomismus. Damit einher geht aber eine gewaltige Ausweitung der Forschung, welche die folgenden Jahrzehnte kennzeichnet.

AUSWEITUNG DER FORSCHUNG UND DER PERSPEKTIVEN

Die Grundlagenforschung schreitet zwar nicht gleichmäßig, aber kontinuierlich fort. Das liegt vor allem an den Langzeitunternehmen, die in der Zwischenkriegszeit schon begonnen waren. Soweit sie im Zweiten Weltkrieg aufgehalten wurden, nehmen sie die Arbeit in der Nachkriegszeit wieder auf. Seit den fünfziger Jahren beginnen sich die Früchte zu zeigen: Die großen Editionen legen fertige Bände vor, zwar in langsamem Rhythmus, dafür aber in hoher kritischer Qualität. Die Publikationsreihen setzen sich fort, die Anzahl kritisch gesicherter Texte und historisch erkundeter Quellen nimmt kontinuierlich zu.

Auch die Hilfsmittel für die Forschung werden verbessert. Eine besondere Rolle spielt die Entwicklung von fotografischen Reproduktionstechniken. Neu ist ihr systematischer Einsatz. In den Forschungszentren entstehen in großem Umfang Filmotheken, welche für die jeweiligen Vorhaben die Dokumentation der handschriftlichen Überlieferung sammeln. Die alte Forderung, kritische Editionen müßten auf vollständiger Handschriftenkenntnis beruhen, wird erfüllbar, ihre Erfüllung kann verlangt werden. Durch den Mikrofilm ist es möglich, an beliebigem Ort Handschriftentexte zu studieren – eine wichtige Voraussetzung für die Ausbreitung von Forschung.

Um 1960 setzt eine Welle von fotomechanischen Nachdrucken selten gewordener, vor allem frühneuzeitlicher Buchausgaben ein. Darunter sind zahlreiche scholastische Quellentexte, von denen es noch keine kritischen Editionen gibt. Selbstverständlich gibt es damit nichts Neues für die Forschung, aber der Gewinn an Verfügbarkeit der vorläufig unentbehrlichen Textausgaben ist beachtlich. Beachtlich ist aber auch, daß diese meist kommerziell betriebenen Unternehmen einen Markt finden; es gibt offenbar eine hinreichende Zahl von Forschern, welche die Nachdrucke benutzen, und von Bibliotheken und Zentren, welche ihre Interessen bedienen. Diese Interessen wiederum sind nicht allein auf die scholastischen Klassiker, sondern mediaevistisch breit auf die Gesamtentwicklung gerichtet.

Neue Zentren entstehen: Als erstes mit spezifisch philosophiegeschichtlicher Zielsetzung das Thomas-Institut, das Josef Koch (geb. 1885) 1950 an der Universität Köln gründet. Dort beginnen im gleichen Jahr interdisziplinäre »Mediaevistentagungen«, deren Beiträge ab 1962 in der Reihe *Miscellanea mediaevalia* erscheinen. 1954 gründet Michael Schmaus (geb. 1897) das Martin-Grabmann-Institut in München, mit theologiegeschichtlicher Aufgabenstellung. 1956 folgt das Centre De Wulf–Mansion in Löwen für antike und mittelalterliche Philosophiegeschichte. Dort wird 1958 ein erster Internationaler Kongreß für mittelalterliche Philosophie veranstaltet, auf dem die Société internationale pour l'étude de la philosophie médiévale (S.I.E.P.M.) gegründet wird. Diese Gesellschaft bringt ab 1959 ein *Bulletin* heraus, das über die weltweite Forschung, über alte und neue Zentren und besonders über neue Vorhaben unterrichtet.

Forschungszentren, die sich meist an bestehende philosophische, philologisch-historische oder theologische Institutionen anlehnen, entstehen weltweit, meist mit speziellen Aufgaben befaßt: so in Polen (Warschau, Krakau), wo man die Philosophie des 15. Jahrhunderts auf dem Gebiet des heutigen Polen erforscht; in Dänemark (Kopenhagen), zur Edition eines *Corpus philosophorum Danicorum medii aevi,* das unsere Kenntnis der Sprachphilosophie wesentlich bereichert; in Spanien (Madrid, Barcelona u. a.), mit besonderem Schwerpunkt auf der arabischen Philosophie; in den Niederlanden (Nijmegen, Leiden), mit Akzent auf dem Gebiet von Logik und Semantik. Selbstverständlich gibt es Neugründungen ebenso in Deutschland, Frankreich, Italien und Nordamerika, nicht zuletzt auch im kirchlichen Bereich. Sogar in Japan gibt es seit 1955 ein Thomas-Institut in Kyoto, und schon seit 1951 eine Gesellschaft für mittelalterliche Philosophie mit eigener Zeitschrift, den *Studies in mediaeval thought,* und regelmäßigen Kongressen. Von besonderer Bedeutung ist, daß auch nahöstliche Zentren in den Umkreis abendländischer Aufmerksamkeit gelangen: Kairo – mit der Edition des arabischen Ibn Sina (Avicenna) –, Beirut und Jerusalem. Auf den internationalen Kongressen, welche die S.I.E.P.M. seit 1958 im Fünfjahresabstand veranstaltet, trifft man Forscher aus 40 und mehr Nationen.

Kongresse, Tagungen und Kolloquien, seien sie von Zentren oder Gesellschaften veranstaltet, werden zu wichtigen Elementen des wissenschaftlichen Austauschs. Ihre Ergebnisse schlagen sich in Sammelbänden nieder, und diese vormals eher seltene Publikationsform gewinnt an Bedeutung. Im glücklichen Falle kann man an ihnen den Forschungsstand ablesen, wie etwa bei den »Festschriften« zu den Jubiläen des Duns Scotus (1965), des Bonaventura (1974) und des Thomas von Aquin (1974). Die regelmäßig wiederkehrenden Kongresse lassen in ihrer Abfolge nicht nur den Fortschritt, sondern den Wandel des Interesses und der Perspektiven erkennen.

Dieser Wandel betrifft weniger die grundsätzliche Orientierung; es handelt sich darum, daß unzulänglich Gesehenes, wenig Erforschtes neu ins Licht gerückt wird und die Aufmerksamkeit auf sich zieht. Die gewachsene Zahl der Forscher sucht unbebaute Felder; sie findet sie etwa im Spätmittelalter, in Nebengestalten und Nebenströmungen, in Randgebieten (oder was früher dafür gehalten wurde). Es kommt hinzu, daß ein heutiges philosophisches Interesse bisher Unbeachtetes als bedeutend erkennen läßt oder an Bekanntem neue Aspekte eröffnet. Auch interdisziplinäre Gesichtspunkte können in diesem Sinne wirken. Historisch und sachlich dürften drei Bereiche hervorzuheben sein:

Einmal ist es die spätscholastische Naturphilosophie, deren Kenntnis besonders durch Anneliese Maier[36] vorangebracht wurde. Hier spielen natürlich wissenschaftsgeschichtliche Interessen hinein, aber der Vorgang, wie aus der aristotelischen Physik das wurde, was seit Galilei und Descartes »Physik« heißt, ist philosophisch nicht minder wichtig. Er ist es auch unter der Frage nach der »Neuzeit«, und dabei ist ausschlaggebend, wie die Natur metaphysisch gesehen wird. Dieser Forschungsbereich hat sich als ein solcher von aktueller Bedeutung erwiesen.[37]

Zum anderen hat die moderne Logik in der von Prantl verachteten und unverstandenen scholastischen Logik eine Leistung erkennen gelehrt, die erst jetzt gewürdigt werden kann. Sie kennt noch nicht die Formalisierung, hat aber als Theorie der logischen Formen ein Niveau, das nun ihre genaue Erforschung zu einer spezialistischen Aufgabe macht. Historisch interessierte Logiker finden hier Problemlösungen von exemplarischer Bedeutung, die in sich diskussionswürdig sind.

Zum dritten hat die »linguistische Wende« der zeitgenössischen Philosophie Folgen für ein besseres Verständnis der mittelalterlichen Sprachphilosophie gehabt. Nicht nur die spekulative Grammatik der Dänen, auch und besonders die in der Logik Wilhelm Ockhams und seiner »Schule« enthaltene Semantik wurde

---

[36] Zusammengefaßt in: *Studien zur Naturphilosophie der Spätscholastik*, 5 Bde., R 1949–1956; *Ausgehendes Mittelalter, Gesammelte Aufsätze zur Geistesgeschichte des 14. Jahrhunderts*, 3 Bde., R 1964–1977.
[37] Hier ist exemplarisch zu nennen: H. Blumenberg: *Die Legitimität der Neuzeit*, F 1966; *Die Genesis der kopernikanischen Welt*, F 1975.

aufgedeckt. Selbst die moderne »Semiotik« fand in den mittelalterlichen Theorien Interessantes. Man fand damit einen wichtigen methodischen Aspekt der Scholastik, dessen Bedeutung man auch bei den Klassikern wie Thomas von Aquin, gerade auch in der Metaphysik, nachging. Es gibt »analytische« Auseinandersetzungen mit scholastischen Positionen, die höchst kritisch sind, sie aber doch philosophisch ernst nehmen.

Den genannten drei Bereichen ist gemeinsam, daß sie unter Perspektiven aktuellen philosophischen Interesses die Forschung angezogen haben und auch aktuell fruchtbar gemacht werden. Aber die Perspektiven sind jeweils ganz verschieden, sowohl untereinander als von den traditionellen der Scholastikforschung. Sie verlangen spezialistische Orientierung, und sie fügen sich nicht ohne weiteres in ein Gesamtbild des Mittelalters ein. Nun korrespondiert die Ausbildung von Spezialistentum der Ausweitung der Mittelalterforschung, wie umgekehrt die neuen äußeren Formen der Kooperation – Zentren, Kongresse, Sammelpublikationen – Kompensationsformen angesichts des Auseinandertreibens spezialistischer Interessen sind. Sie zeigen an, daß das Bewußtsein der Einheit der Forschung und ihres Gegenstandes nicht verloren ist, aber das Gesamtbild hat sich wieder geändert.

Als eine zusammenfassende Darstellung, welche repräsentativ für diese dritte Phase philosophiegeschichtlicher Mittelalterforschung steht, kann man die *Cambridge History of Later Mediaeval Philosophy* von 1982[38] ansehen. Charakteristischerweise ist das ein Sammelwerk mit internationalen Autoren – Spezialisten ihrer Bereiche –, nicht ganz gleichmäßig gearbeitet. Die klassischen Linien der Umrißzeichnung Baeumkers sind noch erkennbar; aber die Gewichte werden anders verteilt. Am meisten gilt das für die Spätzeit: Sie ist nicht Abstieg oder Verfall, sondern Verschiebung der Interessen, Hinwendung zu neuen Problemen. Die Einheit der Periode wird nun vage; ihr Zusammenhang ist der eines Netzwerks mit Unregelmäßigkeiten im Muster. Man ist nicht mehr ganz sicher, was eigentlich »Philosophie im Mittelalter« bedeutet.

Dies ist kein negatives Ergebnis, sondern die herausfordernde Zwischenbilanz einer fortschreitenden Forschung, welche sich auf eine Vielheit von Perspektiven eingelassen hat. Als Forschungsgegenstand ist das Mittelalter keineswegs weniger interessant geworden. Unter den vielen Perspektiven bleibt aber nach wie vor auch jene gültig, in welcher sich die Klassiker und insbesondere Thomas von Aquin als die Meister einer »Synthese« zeigen, in der Glaube und Wissen oder besser: Theologie und Philosophie zu einer Ordnungseinheit gefügt werden, die eine exemplarische Gestalt christlicher Intellektualität darstellt. Nach wie vor ist diese Perspektive auch wichtig, nicht nur für die christliche Tradition, sondern auch für das Interesse anderer Traditionen – jene der Japaner etwa und der Araber. Aber es ist nicht so, daß aus der historischen Vergegenwärtigung eine Neuscholastik, ein Neuthomismus erzeugt werden könnten. Hier muß schon, im Sinne Gilsons, eine Option eintreten, und Gilson hat wohl auch darin recht, daß sie mit theologischen Motiven zusammenhängt.

---

[38] *The Cambridge History of Later Mediaeval Philosophy. From the Rediscovery of Aristotle to the Desintegration of Scholasticism 1100–1600*, hg. N. Kretzmann / A. Kenny / J. Pinborg, C 1982.

Die heutige Theologie hat nach allem, was sich öffentlich zeigt, kein Interesse an einem metaphysischen Gottesverständnis und an einer Ontologie, die ein solches ermöglicht. Ihr Interesse an der Scholastik ist nur noch historisch. Das kommt symptomatisch in der Veränderung des Erscheinungsbildes der *Editio Leonina* zum Vorschein, die in den fünfziger Jahren auf neue Grundlagen gestellt wurde. Die »alte« *Leonina* war ein Werk der Neuscholastik, in der äußeren Erscheinung monumental, Zeugnis der Gegenwart gültiger Tradition. Die »neue« *Leonina* tritt dagegen als Forschungserzeugnis auf, mit dem Anspruch auf höchste kritische Perfektion, aber nicht mehr im monumentalen Format; der Text wird »historisch« präsentiert, und das kommt schon im Gebrauch einer »mittelalterlichen« Orthographie zum Ausdruck, auch wenn diese natürlich normalisiert und somit von zweifelhafter Authentizität ist. Offensichtlich ist diese Ausgabe auf esoterischen Gebrauch und nicht auf aktuelle Wirkung angelegt. In dieser »Historisierung« ist Thomas vergegenwärtigte Vergangenheit, nicht Gegenwart.

Die mittelalterliche Philosophiegeschichte ist nicht mehr auf eine Neuscholastik bezogen. Die Forschung hat ihr aber einen anerkannten Platz einerseits in der allgemeinen Philosophiegeschichte, andererseits in der Mediaevistik gesichert. Ihre Gegenwartsbedeutung hat sie jetzt aus diesen Kontexten.

BIBLIOGRAPHIE

Über die Forschungsgeschichte unterrichtet materialreich das Sammelwerk:
Van Steenberghen, F.: Introduction à l'étude de la philosophie médiévale (Philosophes médiévaux, Bd. XVIII), Lv/P 1974.
Die Wirkung der historischen Forschung auf die Neuscholastik wird vom Standpunkt des Verfassers aus berücksichtigt.

Wichtige Einzelschriften dazu:
Baeumker, C.: *Selbstdarstellung,* in: R. Schmidt (Hg.): Die deutsche Philosophie in Selbstdarstellungen, Bd. II, Lei 1921, 1–30.
—: *Studien und Charakteristiken* zur Geschichte der Philosophie insbesondere des Mittelalters (=BGPhMA Bd. XXV), Mr 1927.
Ehrle, F.: Die Scholastik und ihre Aufgaben in unserer Zeit, Fr ¹1918.
Grabmann, M.: Der *Gegenwartswert* der geschichtlichen Erforschung der mittelalterlichen Philosophie, W/Fr 1913.
—: Forschungsziele und Forschungswege auf dem Gebiet der mittelalterlichen Scholastik und Mystik, in: ders.: Mittelalterliches Geistesleben, Bd. I, Mü 1926, 1–49.
—: Das *Bonaventurakolleg* zu Quaracchi in seiner Bedeutung für die Methode der Erforschung der mittelalterlichen Scholastik, in: ders.: Mittelalterliches Geistesleben, Bd. I, Mü 1926, 50–64.
—: Clemens Baeumker und die Erforschung der Geschichte der mittelalterlichen Philosophie, in: C. Baeumker, *Studien und Charakteristiken,* 1–38.
Gilson, É.: *Le philosophe* et la théologie, P 1960.
—: Les recherches historico-critiques et l'avenir de la scolastique, in: A. V.: Scholastica ratione historico-critica instauranda, R 1951, 131–142.

Zur gegenwärtigen Sicht der Forschung:
Kluxen, W.: Leitideen und Zielsetzungen philosophiegeschichtlicher Mittelalterforschung, in: A. V.: Sprache und Erkenntnis im Mittelalter, Bd. I (= Miscellanea mediaevalia, Bd. XIII/1), B 1981, 1–16.

WOLFGANG KLUXEN

Quaracchi –
Der franziskanische Beitrag zur Erforschung des Mittelalters

VORAUSGREIFENDE GESCHICHTLICHE ASPEKTE, DIE ZUR GRÜNDUNG DES INSTITUTS SAN BONAVENTURA IN QUARACCHI BEITRUGEN

Das Italien des 19. Jahrhunderts war von Umwälzungen, politischen Unruhen und dem Streben nach staatlicher Eigenständigkeit geprägt. Diese politischen Machtkämpfe, denen aufkommende nationale und antiklerikale Ideen zugrunde lagen, erschütterten die katholische Kirche schwer und wurden sowohl für den Welt- als auch für den Ordensklerus Gegenstand harter Auseinandersetzungen.

Von diesen Vorgängen keineswegs verschont geblieben, verlor der Franziskanerorden durch den Eingriff staatlicher Macht mehr und mehr an Einfluß.[1] Den folgenschwersten Schlag erlitt er im Zuge der Säkularisation, in deren Verlauf viele Klöster enteignet, wertvolle Buchbestände der gut ausgestatteten Bibliotheken beschlagnahmt und ordenseigene Schulen eingezogen wurden.[2] In der Folge ging der Ordensnachwuchs drastisch zurück, die aufgelösten Gemeinschaften zerstreuten sich, und jeder suchte ein Unterkommen, sei es im Ausland oder in der Heimat selbst. Damit schwand die Möglichkeit, den einstigen kulturellen Stand aufrechtzuerhalten, Studien der Wissenschaft zu betreiben und mit der rasch voranschreitenden Entwicklung auf allen Ebenen Schritt zu halten. Der Franziskaner Agostino Gemelli (1878–1959) beschreibt die triste Lage folgendermaßen: »Man merke wohl! Das Sinken des Kulturstandes drohte den Franziskanern gerade zu einer Zeit, da der Stand des Volksunterrichtes vor allem durch die Schulpflicht, zugleich aber auch durch die Tages- und Propagandapresse, die Konferenzen, die Wahlen, durch den beschleunigten Lebensrhythmus stieg, der in der neuen Kultur durch die Maschinen bestimmt wurde.«[3]

Mit der Designierung von P. Bernhardin von Portogruaro (1822–1895) zum Generalminister des Franziskanerordens (1869) sollte jedoch eine entscheidende

---

[1] A. Gemelli: *Franziskanertum*, 325.
[2] R. Aubert: *Licht und Schatten*, 625.
[3] *Franziskanertum*, 326.

Wende eintreten.[4] Er versuchte die Gemeinschaften zu ihrer ursprünglichen Aufgabe und Bestimmung zurückzuführen, gleichzeitig aber die Pflege philosophisch-theologischer Studien wieder aufzunehmen. Primär war diesen Studien die Erforschung der mittelalterlichen Franziskanerschule vorbehalten, die mit der kritischen Ausgabe der *Opera omnia* des hl. Bonaventura von Bagnoreggio ihren Anfang nahm.[5]

Die Gründe, die den Generalminister zu diesem Vorhaben bewogen, waren vielgestaltig: Mitbestimmend war gewiß die 600-Jahr-Feier des hl. Bonaventura (1874), dringlicher aber der Umstand, den Anforderungen der Zeit zu entsprechen. Konkret hieß das, mit den modernen wissenschaftlichen Methoden das mittelalterliche Schrifttum zu erforschen.[6] Nur so konnten sich die Franziskaner den Anschuldigungen gegenüber, die sie von seiten einiger Thomisten trafen, rechtfertigen und ihre Lehrer überzeugend verteidigen. »Ja, sie mußten ihre Philosophen rechtfertigen und ihr geistiges Erbe verteidigen, besonders als einige Thomisten, die die Kundgebung Leos XIII. falsch erklärten, den Wert jeder anderen Strömung der Scholastik, die nicht die des hl. Thomas von Aquin sei, auf ein Mindestmaß zurückführten und den sel. Duns Scotus in gleicher Weise wie Wilhelm Occam als einen gefährlichen Vorläufer der Reformation und des Idealismus betrachteten.«[7]

Weiters wurde P. Bernhardin von Portogruaro in seiner Intention (Wiederaufnahme der Studien) bestärkt, als Papst Leo XIII. 1879 in der Enzyklika *Aeterni Patris* zur Erneuerung der scholastischen Tradition des Mittelalters aufrief. Im Rundschreiben verweist der Papst auf Thomas von Aquin, dessen Lehre er als Ausgangspunkt der Erneuerung versteht.[8] Die Enzyklika *Aeterni Patris* »spricht aus der Tradition; diese aber soll belebt werden, um den Problemen der modernen Welt gerecht werden zu können«.[9]

DIE GRÜNDUNG DES COLLEGIO DI SAN BONAVENTURA IN QUARACCHI

Um den Plan ausführen und die Studien in rechter Weise betreiben zu können, mußten zunächst geeignete Räumlichkeiten gefunden werden. Die Ordensleitung entschied sich für Quaracchi (Ad Claras Aquas), ein altes Landhaus fünf Kilometer westlich von Florenz.[10] Nach dem Ankauf des geschichtlich nicht uninteressanten Gebäudes (Villa Ruccelai) wurde dort eine Druckerei errichtet und die bestehende Bibliothek erweitert. Die Nähe Quaracchis zu Florenz war außerdem vorteilhaft, weil sich in den dort befindlichen Bibliotheken wichtige Handschrif-

---

[4] H. Holzapfel: *Handbuch*, 565.
[5] Vgl. A. Gemelli: *Franziskanertum*, 326.
[6] M. Grabmann: *Bonaventurakolleg*, 64.
[7] A. Gemelli: *Franziskanertum*, 343.
[8] O. Köhler: *Lehramt*, 316.
[9] Ebd. 317.
[10] R. Boving: *Kunstgeschichte*.

ten zur franziskanischen Geschichte und Scholastik befanden.[11] 1877 nahm Quaracchi die ersten Konventsmitglieder auf, »die mit einem würdigen Werk eine herrliche Studienüberlieferung wiedereröffneten«.[12] Das Studienhaus wurde nach dem Autor der Erstveröffentlichung Collegio di San Bonaventura benannt.

Von den ersten Männern, die mit der neuen Aufgabe in Quaracchi betraut wurden, verdienen P. Fidelis a Fanna (1838–1881) und P. Ignatius Jeiler (1823 bis 1904) besondere Erwähnung.[13] Ihnen oblag die Verantwortung für die Edition der kritischen Bonaventura-Ausgabe, die wohl zum beachtenswertesten Werk der Forschungsstätte zählt.

Der ersten erfolgreichen Edition folgten weitere Veröffentlichungen von Vertretern der Franziskanerschule, die mit kritischem Textapparat versehen wurden.[14] Außer den philosophischen und theologischen Studien wurden im Collegio di San Bonaventura bis heute Studien zur Ordensgeschichte, zur franziskanischen Spiritualität und allgemein das Ordensleben betreffende Literatur publiziert. Zu den bedeutendsten Aufträgen zählen dabei neben den *Opera omnia* Bonaventuras die *Summa theologica* des Alexander von Hales und die Ausgabe der Werke des Johannes Duns Scotus. Das Institut veröffentlicht weiters in den *Analecta Franciscana* Ordenschroniken und andere historische Texte.[15] Die *Bibliotheca Franciscana Scholastica Medii Aevi* beinhaltet theologisches Schrifttum mittelalterlicher Franziskaner.[16] Auf Literatur mit aszetisch-mystischem Charakter beschränkt sich die *Bibliotheca Franciscana Ascetica Medii Aevi*.[17] 1916 erschien die Ausgabe der *Libri IV Sententiarum* des Petrus Lombardus, die inzwischen eine dritte Auflage erfuhr.[18] Nennenswert ist sodann das *Spicilegium Bonaventurianum*, eine Auslese von verschiedensten Beiträgen, die sich auf ordensgeschichtliche Studien, textkritische Untersuchungen u. a. beziehen.[19] Berichtet wird über diese Erforschungen des Franziskanerordens im *Archivum Franciscanum Historicum*, das im Unterschied zum offiziellen Amtsblatt des Ordens, den *Acta Ordinis fratrum minorum*, wissenschaftlichen Zwecken dient.[20] Schließlich ist unter den zahlreichen Editionen die dritte Auflage der *Annales Minorum* zu erwähnen, jener Ordensgeschichte, die Lukas Wadding (1588–1657) begonnen hat und die aufgrund ihrer ausführlichen Genauigkeit an Bedeutung für die Forschung nicht verloren hat.[21]

---

[11] M. Grabmann: *Bonaventurakolleg*, 56.
[12] A. Gemelli: *Franziskanertum*, 335.
[13] Vgl. M. Grabmann: *Bonaventurakolleg*, 51.
[14] Ebd. 64.
[15] M. A. Luján: *La colección Analecta Franciscana (1885–1970)*, in: A.V.: *San Bonaventura*, 377–399.
[16] I. Brady: *The Series Bibliotheca Franciscana Scholastica (1903–1968)*, in: A.V.: *San Bonaventura*, 413–420.
[17] A. Calufetti: *La Bibliotheca Franciscana Ascetica Medii Aevi (1904–1977)*, in: A.V.: *San Bonaventura*, 421–436.
[18] I. Brady: *The Three Editions of the Liber Sententiarum of Master Peter Lombard (1882–1977)*, in: A.V.: *San Bonaventura*, 400–411.
[19] A. Calufetti: *Lo Spicilegium Bonaventurianum (1963–1976)*, in: A.V.: *San Bonaventura*, 552–561.
[20] P. Péano: *L'Archivum Franciscanum Historicum et ses 70 années d'existence (1908–1977)*, in: A.V.: *San Bonaventura*, 448–488.
[21] B. Pandžić: *Gli Annales Minorum di Luca Wadding*, in: A.V.: *San Bonaventura*, 656–666.

Trotz einiger Unterbrechungen und Krisen wurde die Tätigkeit in Quaracchi nie ganz eingestellt. Eine Änderung erfolgte, als nach Jahren der Unentschlossenheit 1971 das Forschungsinstitut nach Grottaferrata bei Rom verlegt wurde.[22] Die Umdisponierung geschah nicht nur der Überschwemmungskatastrophe wegen, die sich 1966 ereignete, noch allein wegen der ungünstigen klimatischen Verhältnisse (Feuchtigkeit); wesentlicher trugen wirtschaftliche Gründe und die vorteilhafte Lage des Gebäudekomplexes zum Entschluß bei, Grottaferrata als zukünftige Stätte der Forschungsarbeit zu wählen. Was vorher Florenz für Quaracchi bedeutete, das sollte nunmehr für Grottaferrata Rom sein (Grottaferrata liegt 24 Kilometer südöstlich von Rom).

DIE BEDEUTENDSTEN EDITIONEN DES
COLLEGIO DI S. BONAVENTURA

Bereits 1870 beauftragte P. Bernhardin von Portogruaro kompetente Gelehrte des Ordens mit den vorbereitenden Studien zur Neuausgabe des Gesamtwerkes des Doctor Seraphicus.[23] Er betraute mit dieser Aufgabe offiziell P. Fidelis a Fanna, der für die leitende Funktion geeignet schien, da er über die nötige Sachkenntnis verfügte. Er galt als erfahrener Paläograph, der »sich spekulativ in die Theologie des hl. Bonaventura eingearbeitet und 1870 auch eine gründliche Monographie über die Lehre des hl. Bonaventura von der päpstlichen Unfehlbarkeit veröffentlicht hatte«.[24] Innerhalb von fast acht Jahren besuchte er mit einigen Mitbrüdern an die 400 Bibliotheken im europäischen Raum.[25] Dabei untersuchte er mit seinen Helfern das gesamte Handschriftenmaterial, spezifisch das Bonaventura zugesprochene Schrifttum. »Schließlich hat der weitschauende rastlose Forscher nicht bloß die Werke Bonaventuras, sondern die gesamte Franziskanerscholastik und die Geschichte des Franziskanerordens in den Bereich seiner Untersuchungen und handschriftlichen Kollektaneen gezogen.«[26] Neben der Forschungsarbeit verfertigte er die Programmschrift *Ratio novae collectionis operum omnium sive ineditorum Seraphici Doctoris S. Bonaventurae*, in welcher er auf die Bedeutung der Edition aufmerksam machte und die methodische Vorgangsweise erörterte. Noch während der umfangreichen Vorarbeit wurde auf Drängen des Generalministers mit der Zusammenstellung der Texte und den Vorbereitungen zur Drucklegung begonnen.[27] P. Fidelis a Fanna erlebte das Erscheinen des ersten Bandes nicht mehr; er starb 1881 infolge der übergroßen Anstrengungen, denen er sich ausgesetzt hatte. Als nachfolgender Präfekt setzte P. Ignatius Jeiler

---

[22] C. Schmitt: *Le transfert à Grottaferrata (1971)*, in: A.V.: San Bonaventura, 292–296.
[23] I. Brady: *The Edition of the Opera of Saint Bonaventura (1882–1902)*, in: A.V.: San Bonaventura, 352–376.
[24] Vgl. M. Grabmann. *Bonaventurakolleg*, 51.
[25] Ebd.
[26] Ebd. 54.
[27] Vgl. A. Gemelli: *Franziskanertum*, 334.

das Werk fort.²⁸ Er versah die kritisch untersuchten Texte mit Prolegomena und Scholien und führte das beachtenswerte Unternehmen nach zwanzigjähriger intensiver Forschungsarbeit (1882–1902) zu Ende.

Nach der Edition der Werke Bonaventuras dachte man daran, die *Summa theologica* des Alexander von Hales zu edieren.²⁹ Die Bearbeitung des Opus gestaltete sich aufgrund großer Textunterschiede, die zwischen den Handschriften und den Druckausgaben bestanden, als schwierig.³⁰ Der erste Band erschien 1924, dem in Abständen weitere drei folgten. Anfangs stießen die Franziskaner in Quaracchi auf heftige Kritik anerkannter Fachleute, da sie die Autorenfrage zu wenig berührt hatten. Demnach war der Doctor irrefragabilis nicht der alleinige Verfasser der *Summa*.³¹ Die Berichtigung in den *Prolegomena* (1948) durch P. Victorin Doucet (1899–1961) stellte den angegriffenen guten Ruf des Instituts wieder her.³² Die Arbeit an der *Summa theologica,* von der bis jetzt vier Bände vorliegen, trug zweifellos zum besseren Verständnis anderer mittelalterlicher Lehrer bei.

Die Edition des unvollendeten Werkes des Johannes Duns Scotus (1265/66 bis 1308), des Begründers der jüngeren Franziskanerschule, wurde 1927 beim Generalkapitel zu Assisi beschlossen. Jahre vorher hatten sich Gelehrte des Ordens mit dem bedeutenden Theologen des Mittelalters beschäftigt, von dessen Werk es zahlreiche Handschriften gibt und das oftmals gedruckt wurde. Dabei standen nicht entwicklungsgeschichtliche Untersuchungen im Mittelpunkt, sondern vorerst die spekulative Verteidigung gegenüber Angriffen und Zuweisungen sowohl von katholischer wie auch von nichtkatholischer Seite.³³ Aus der anfänglichen theologisch-dogmatischen Diskussion erwuchs allmählich die Frage nach der Echtheit der Quellen. P. Fidelis war es, der für eine kritische Ausgabe des scotistischen Werkes die Fundamente legte; denn bei den Bibliotheksbesuchen (1871 bis 1881) berücksichtigte er handschriftliches Textmaterial zum Werk von J. D. Scotus, zu dem später ein Katalog erstellt wurde. Neben anderen befaßte sich auch P. Parthenius Minges (1861–1926) mit der Philosophie des Franziskanerlehrers.³⁴

Nach kleineren Beiträgen, die in Zeitschriften publiziert wurden, und aufgrund der Aktualität einer gediegenen Scotus-Edition, die auf die Initiative von P. Ephrem Longpré (1890–1965) zurückzuführen ist, wurde 1927 die Scotus-Kommission gebildet, die bis 1938 in Quaracchi weilte.³⁵ Während der neuerlichen Materialsuche und der Auswertung der erfaßten Texte wurden eine Biographie erstellt und Konzeptionen ausgearbeitet, die die kritische Ausgabe bestimmen sollten. Erschwert wurde die Arbeit in der Frage, welche Texte als echt oder

---

[28] L. Oliger: *Jeiler.*
[29] I. Brady: *The Summa Theologica of Alexander of Hales (1924–1948)*, in: A.V.: *San Bonaventura*, 437–449.
[30] Vgl. M. Grabmann: *Bonaventurakolleg*, 61.
[31] Vgl. I. Brady: *The Summa . . .*, a.a.O. Anm. 29, 444.
[32] Ebd. 447.
[33] Vgl. A. Gemelli: *Franziskanertum*, 344f.
[34] J. Cambell: *La Section Scotiste (1927–1938)*, in: A.V.: *San Bonaventura*, 498–522.
[35] Ebd. 499f.

als unecht anzusehen sind, und in der Aufgabe, von jenen Schriften, die nur Abweichungen aufwiesen, die besten für die endgültige Textfassung auszuwählen und in rechter Weise zu bearbeiten. Zeitweilig war sich die Leitung der Sektion in der Methodenfrage uneinig, die sich zwischen P. Ephrem Longpré, der die Schriften nach chronologischer Sichtweise beurteilte, und P. Karl Balić (1899–1977) zu entscheiden hatte. Balić verfocht die Methode der vergleichenden Textanalyse; dabei sollten unter dem Aspekt der *inhaltlichen* Betrachtung und Bewertung die einzelnen Handschriften den verschiedenen Schulen zugeordnet werden.[36] 1939 wurde die Commissio Scotistica nach Rom verlegt, wo nach der Klärung der Methodenfrage mit der Edition des Hauptwerkes von Scotus, der *Ordinatio*, begonnen wurde. Gegenwärtig kann die Arbeit an den *Opera omnia* nur unter schwierigen Bedingungen fortgesetzt werden, da immer wieder neue, scheinbar unlösbare Probleme im Werk viele Lücken offen lassen. Die Franziskaner betreiben derzeit sowohl im Studienhaus St. Bonaventure (New York) als auch in Rom wissenschaftliche Untersuchungen zum scotistischen Werk.

Wenn auch die wissenschaftlichen Leistungen der Franziskaner von zeitbedingten Tendenzen geprägt sind und gewisse Mängel aufweisen, da sich der Stand der Forschung immer wieder ändert und die fortschreitende Entwicklung der wissenschaftlichen Mittel und Erkenntnisse neue Perspektiven eröffnet, Irrtümer aufdeckt und Korrekturen notwendig macht, so mindert das nichts an der Bedeutung ihrer Tätigkeit. Ihnen darf darüber hinaus das Verdienst zugesprochen werden, einer einseitigen Entwicklung der aufkommenden Neuscholastik Einhalt geboten zu haben. Als Papst Leo XIII. Thomas von Aquin zum unbestrittenen Höhepunkt der mittelalterlichen Scholastik erklärte und die thomistische Tradition als Grundlage seiner neuen Geisteshaltung anbot, die das Abendland vor dem Verfall bewahren und zu neuer Blüte bringen sollte, stellte der Franziskanerorden diesem Ansinnen die Lehrer der mittelalterlichen Franziskanerschulen zur Seite. Die dabei entstandenen Editionen entsprangen aber nicht der Absicht, sie zum Gegenstand polemischer Auseinandersetzungen zu machen, sie sollten vielmehr beweisen, daß es eine eigenständige franziskanische Scholastik gab, die zu Unrecht in Vergessenheit geraten war und die nun über den italienischen Raum hinaus sowohl innerhalb als auch außerhalb des Ordens Beachtung finden sollte.

Im Zusammenhang mit den Werkausgaben darf weiters nicht übersehen werden, daß zuvor die kritische Methode häufig unbekannt war und es sich hier folglich um eine umwälzende Neuerung im Bereich des wissenschaftlichen Arbeitens handelte. Abschließend sind noch die Handschriften zu erwähnen, welche erstmals in großem Umfang erfaßt und registriert wurden und in Verbindung mit den edierten Werken die Basis für weiterführende Forschungsarbeiten bilden.

---

[36] Ebd. 512–518.

BIBLIOGRAPHIE

Aubert, R.: *Licht und Schatten* der katholischen Vitalität. Ordensleute und Weltklerus, in: HKG(J) Bd. VI/1 (1971) 650–662.
Auweiler, E.: Quaracchi 1877–1927, in: NSchol 1 (1927) 105–118.
A.V.: Il Collegio *San Bonaventura* di Quaracchi. Volume commemorativo del Centenario della fondazione (1877–1977), Grottaferrata 1977 (= AFH 70 [1977]).
Boving, R.: Zur *Kunstgeschichte* der Villa »Lo specchio«, jetzt Collegio di S. Bonaventura in Quaracchi, in: FrS 11 (1927) 79–86.
Distelbrink, B.: De ordine chronologico IV Librorum »Commentarii in Sententias« S. Bonaventurae, in: Collectanea Franciscana 41 (1971) 288–314.
Ehrle, F.: Die neue Schule des hl. Bonaventura, in: StML 25 (1883) 15–28.
Gemelli, A.: Das *Franziskanertum*, dt. H. Dausend, Lei 1936.
Grabmann, M.: Das *Bonaventurakolleg* zu Quaracchi in seiner Bedeutung für die Methode der Erforschung der mittelalterlichen Scholastik, in: M. Grabmann: Mittelalterliches Geistesleben, Bd. I, Mü 1926, 50–64.
Holzapfel, H.: *Handbuch* der Geschichte des Franziskanerordens, Fr 1909.
Köhler, O.: Das *Lehramt* und die Theologie. Die Enzyklika *Aeterni Patris*, in: HKG(J) Bd. VI/2 (1973) 316–320.
Lampen, W.: Die theologischen Ausgaben des Bonaventurakollegs zu Quaracchi, in: FrS 14 (1927) 339–345.
Longpré, E.: De editione operum omnium Ioannis Duns Scoti relatio, Quaracchi 1937.
Mencherini, S.: Il Collegio di Quaracchi (¹1927), Fi 1929.
Meneghin: Il Padre Fedele da Fanna dei Frati Minori 1838–1881, Vicenza 1940.
Mignes, P.: Skotistisches bei Richard von Mediavilla, in: TThQ 99 (1917/18) 60–79 und 100 (1919) 269–304.
Oliger, L.: P. Ignatius *Jeiler* in Quaracchi, in: FrS 11 (1924) 50–61.
Sabatelli, G.: Il Collegio di S. Bonaventura di Quaracchi ai Colli Albani, in: Osservatore Romano vom 24. April 1971.

MATHIAS KÖCK

Schulrichtungen neuscholastischer Philosophie

Seit den Anfängen der Neuscholastik stand die Rückbesinnung auf den hl. Thomas von Aquin im Vordergrund. Er galt als der bedeutendste, daher entscheidend richtungweisende Denker der scholastischen Tradition; zu deren Neubelebung mußte man vor allem auf ihn zurückgreifen. Dies betont auch mit allem Nachdruck die Enzyklika Leos XIII., *Aeterni Patris* (1879), ebenso eine Reihe weiterer Dokumente der Kirche.[1]

Wenn man unter Thomismus die grundsätzlich wichtigsten Lehrgehalte bei Thomas versteht, so ist die ganze Neuscholastik, philosophisch und theologisch, Thomismus oder Neuthomismus.[2] Wenn man aber unter Thomismus im engeren Sinn das schulmäßige Lehrsystem versteht, das später von Thomas her entwickelt wurde, so stehen ihm andere Schulrichtungen scholastischer Philosophie gegenüber, besonders Scotismus und Suarezianismus, die in der Neuscholastik wieder auflebten und zu innerscholastischen Kontroversen führten. Heute macht man zumeist den Unterschied: »thomistisch« meint das Lehrsystem dieser Schulrichtung, »thomanisch« dagegen die ursprüngliche Lehre des hl. Thomas selbst. Nochmals in einem engeren, weniger zutreffenden Sinn nennt man Thomismus, nämlich in der speziellen Frage nach der Mitwirkung Gottes im Wirken der Geschöpfe, die Lehre von Dominicus Bañez OP (Banezianismus, von strengen Thomisten, besonders Dominikanern vertreten) im Gegensatz zu Luis de Molina SJ (Molinismus, dem zumeist die Jesuiten folgten). Auf diese Sonderfrage, die dem theologischen Gnadenstreit des 17. Jahrhunderts zugrunde lag und in der Neuscholastik von neuem aufbrach, gehen wir nur ein, soweit sie auf philosophische Positionen zurückgeht.

Wir verstehen hier unter Thomismus eine scholastische Schulrichtung neben anderen, die sich auch – mehr oder weniger – auf Thomas berufen. Träger und

---

[1] Vgl. ASS 12 (1879) 97–115; AAS 6 (1914) 383–386; 8 (1916) 156f.; 15 (1923) 309–329 u. a.
[2] Vgl. die in der Bibliographie angeführten Werke von C. Giacon, O. H. Pesch, G. Söhngen, H. M. Schmidinger.

Vertreter dieser Schulrichtungen waren vor allem, aber nicht ausschließlich, die großen Orden aus ihrer jeweiligen Tradition. Dominikaner, auch Benediktiner u. a. waren strenge Thomisten, Jesuiten waren zumeist Suarezianer, und Franziskaner nahmen z. T. die scotistische Lehre wieder auf. Ohne auf einzelne Philosophen einzugehen, die gesondert behandelt werden, sollen hier nur die Grundzüge neuscholastischer Schulrichtungen in geschichtlichem und systematischem Überblick aufgezeigt werden.

GESCHICHTLICHE ENTFALTUNG

1. *Thomismus* im engeren Sinn einer philosophisch-theologischen Schulrichtung geht nicht allein auf Thomas selbst zurück, sondern auch auf seine Kommentatoren, besonders in der Spätscholastik des 16. und 17. Jahrhunderts: Silvester Ferrariensis (1468–1528), Thomas de Vio Caietanus (1469–1534), Dominicus Bañez (1528–1604), Johannes a S. Thoma (1589–1644) u. a. In ihrem Gefolge wurde der Thomismus zunehmend als Schulsystem entwickelt und verfestigt. Hauptträger dieser durchgehenden Tradition war vor allem der Dominikanerorden. Ein bedeutender Vertreter dieses Thomismus wurde im 18. Jahrhundert, also lange vor der Neuscholastik, Salvatore Roselli OP (1722–1784), dessen *Summa philosophica* (1777) in Italien und Spanien mehrere Neuauflagen erlebt und breiten Einfluß gewinnt. Andere Lehrbücher thomistischer Philosophie gehen darauf zurück, bringen aber nur eine knappere, schulmäßige Zusammenfassung, wie die Handbücher von Filippo Puigserver OP (Valencia 1817) und Antonio Sendil OP (Verona 1852), oder entwickeln die Lehre weiter, so besonders Tommaso Zigliara OP (später Kardinal) in seiner *Summa philosophica* (Rom 1876). All das wirkt schon stark in den Neuthomismus ein, der besonders von Italien ausging und seine bedeutendsten Vertreter in Gaetano Sanseverino (1811–1865, Kanoniker in Neapel) und Matteo Liberatore SJ (1810–1892, Professor in Neapel, Mitbegründer der *Civiltà Cattolica*) hatte; durch sie wurde Neapel – neben Rom, Piacenza u. a. – zu einem Ursprungsort neuthomistischen Denkens in Italien.

Zu weiteren Studienzentren thomistischer Philosophie wurden: in Rom das Thomas-Kolleg OP, aus dem 1909 das Collegium Angelicum hervorging; das Collegium Anselmianum OSB, das 1867 wiedererrichtet und zur Ausbildungsstätte des ganzen Benediktinerordens ausgeweitet wurde; ferner die Universitäten in Mailand, Freiburg (Schweiz) und Löwen (Belgien), wo 1893 durch den späteren Kardinal Désiré Mercier (1851–1926) das Institut Supérieur de Philosophie gegründet wurde. Dort wurde als systematisches Lehrbuch die *Philosophia Lovaniensis* (1885–1900) herausgegeben, später weitergeführt, besonders durch Louis De Raeymaeker und Ferdinand Van Steenberghen. Dazu kamen die Studienanstalten der französischen Dominikaner in Le Saulchoir (seit 1905) und der deutschen Dominikaner, die Albertus-Magnus-Akademie in Walberberg (bei Bonn) (seit 1926).

Zu den bedeutendsten Vertretern des Thomismus im deutschen Raum gehören Gallus M. Manser OP (1866–1950, Professor in Freiburg/Schweiz), besonders durch sein Werk *Das Wesen des Thomismus* (1932), und Joseph Gredt OSB (1863–1940, Professor am Anselmianum in Rom), der nach dem lateinischen Lehrbuch (1899) das deutsche Werk *Die aristotelisch-thomistische Philosophie* (2 Bde., 1935) herausgab, ein Standardwerk des Neuthomismus.

Im französischen Raum gewinnen Antonin Gilbert Sertillanges OP (1863 bis 1948), Réginald Garrigou-Lagrange OP (1877–1964), besonders aber Étienne Gilson (1884–1978) und Jacques Maritain (1882–1973) bedeutenden Einfluß. Beide, Gilson und Maritain, lebten und lehrten lange Zeit in Amerika (USA und Kanada) und haben dadurch auch dort den Neuthomismus entscheidend gefördert. In gewissem Gegensatz zum traditionellen Thomismus steht der Belgier Joseph Maréchal SJ (1878–1944, Professor in Löwen), der in dem großen Werk *Le point de départ de la métaphysique* (6 Bde., 1922ff.) durch transzendentale Reflexion im Sinne Kants die Metaphysik im Geiste des Thomas von Aquin neu begründen will, dadurch schulbildend wirkt und einen entscheidenden Einfluß auf neueres thomanisch-metaphysisches Denken, auch im deutschsprachigen Bereich und darüber hinaus, erreicht.

In Italien hatte der Neuthomismus auch unter Jesuiten eine starke Tradition: schon durch Matteo Liberatore SJ (1810–1892), Giovanni Maria Cornoldi SJ (1822–1892), später in Guido Mattiussi SJ (1862–1925), Paolo Dezza SJ (geb. 1901) u. a. Auch trat Cornelio Fabro CCS (geb. 1911) mit bedeutsamen Veröffentlichungen thomistischer Philosophie wie durch kritische Auseinandersetzung mit der suarezianischen Seinsauffassung bei L. Fuetscher und P. Descoqs hervor.

2. Dem Thomismus im engeren Sinn steht vor allem der *Suarezianismus* als Schulrichtung, auch in der Neuscholastik, gegenüber. Die Jesuiten sind durch die Konstitutionen des hl. Ignatius von Loyola an die »doctrina scholastica divi Thomae« gehalten,[3] haben dies aber seit jeher nie im Sinne des strengen Schulthomismus verstanden, sondern, wenn auch an Thomas orientiert, sich größere Freiheit des Denkens gewahrt.[4] So gingen schon Pedro da Fonseca SJ (1528 bis 1599), Gabriel Vasquez SJ (1549–1604), Luis de Molina SJ (1536–1600) und besonders der »Doctor eximius« Francisco Suarez SJ (1548–1617) eigenständige Wege. Suarez nimmt in seinen *Disputationes metaphysicae* (2 Bde., 1597) das philosophische Erbe der gesamten Scholastik, vor allem von Thomas her, auf, aber schon in Auseinandersetzung mit Scotismus und Nominalismus. Sein System der Metaphysik gewinnt breitesten Einfluß und wird zur vorherrschenden Schulphilosophie an katholischen wie an protestantischen Universitäten des 17. und 18. Jahrhunderts.[5] Erst recht wurde an den damals zahlreichen Kollegien (Gymnasien und Universitäten) des Ordens suarezianische Philosophie gelehrt. Diese Tradition wurde erst durch die rationalistische Schulphilosophie des 18. Jahrhunderts verdrängt; selbst der Jesuit Sigismund von Storchenau (1713–1797, Professor in Wien) lehrt Philosophie fast völlig auf leibniz-wolffscher Grundlage. Dazu

---

[3] *Constitutiones Societatis Jesu* Nr. 464.
[4] Schon durch die Constitutiones wird, wenn die Zeiten es erfordern, auch »alius doctor studentibus utitior« zugelassen (vgl. 466).
[5] Die *Disputationes metaphysicae* wurden in Köln 1600, allein in Deutschland 1600–1630 fünfmal neu aufgelegt.

kam die Aufhebung des Jesuitenordens (1773), dann der geistige Umbruch durch Kant und den Idealismus. Nach der Wiederzulassung des Ordens (1814) dringt er wieder im Geistesleben der Zeit vor und bringt die philosophische Tradition von Suarez her von neuem zur Geltung.

Die Kollegien und Studienanstalten der (neuen) Gesellschaft Jesu waren zumeist Zentren suarezianischer Philosophie (und Theologie). So die Päpstliche Universität Gregoriana in Rom, die aus dem einstigen Collegium Romanum SJ hervorgegangen war und 1824 wieder den Jesuiten zur Betreuung übertragen wurde. Schon Joseph Kleutgen SJ (1811–1883), einer der ersten und bedeutendsten Vorkämpfer der Neuscholastik, der 1843–1874 und nochmals 1878–1880 an der Gregoriana lehrte und das Werk *Philosophie der Vorzeit* (2 Bde., 1863) verfaßte, war nicht strenger Thomist, sondern mehr suarezianisch geprägt. Diese Tradition war sowohl im deutschen wie auch im spanischen Raum besonders wirksam. An der Gregoriana in Rom lehrte aus demselben Geist u. a. der Spanier Juan José Urráburu SJ (1844–1904, Professor in Spanien, Frankreich und Rom), der vielbändige, äußerst gründliche, lateinisch verfaßte Lehrbücher scholastischer Philosophie herausgab, die weltweit bekannt und verwendet wurden. Erst viel später, etwa seit 1920, setzte sich unter gewissem kurialem Druck nach den 24 *Thesen* thomistischer Philosophie von 1914, auch unter dem Einfluß entschiedener Thomisten unter den Jesuiten, besonders in Italien, an der Gregoriana als der Päpstlichen Universität die Schuldoktrin des Thomismus durch.

Das Studienhaus der deutschen Jesuiten war in Maria Laach (1863–1871), nach ihrer Verbannung aus Deutschland – und zeitweiligem Exil in England (Ditton Hall) – das Ignatiuskolleg in Valkenburg/Holland (seit 1884). Dort entsteht, im Titel noch bezugnehmend auf das einstige Maria Laach, das Gesamtwerk *Philosophia Lacensis*, worin vor allem Tilmann Pesch SJ (1836–1899) *Logik* (1888/1900), *Psychologie* (1896/98) und *Naturphilosophie* (1897) behandelt, in beachtlicher Aufgeschlossenheit für neuere Wissenschaft und Philosophie. Theodor Meyer SJ (1821–1913) bearbeitet das *Naturrecht* (1885/1900) und Joseph Hontheim SJ *Philosophische Gotteslehre* (*Theodizee*, 1893), dies alles noch im wesentlichen auf der Grundlage suarezianischer Metaphysik. Als Ergänzung dieser lateinischen Werke verfaßt Alfons Lehmen SJ das deutsche *Lehrbuch der Philosophie auf aristotelisch-scholastischer Grundlage* (3 Bde., 1898ff.). Dazu kommen in Valkenburg: Viktor Cathrein SJ (1845–1931) mit seiner *Moralphilosophie* (1890f.) und Heinrich Pesch SJ (1854–1926) mit dem *Lehrbuch der Nationalökonomie* (1914–1926), beides bedeutsame und grundlegende Werke. Auch in Frankreich wirkt noch die suarezianische Tradition; ihr letzter großer Vertreter ist Pedro Descoqs SJ (1877–1946), der die sehr gründlich und scharfsinnig ausgearbeiteten *Praelectiones theologiae naturalis* (1932/35) herausgibt.[6]

Auch im Berchmanskolleg in Pullach bei München, seit 1925 philosophisches Studienhaus der deutschen Jesuiten (seit 1971 in München), herrschte noch mehr suarezianisches Denken vor. Aus ihm ging eine Reihe lateinischer und deutscher

---

[6] Durch Jahrzehnte ein maßgebliches Werk; erst durch W. Brugger: *Summe* (1979, mehr thomistisch orientiert) überholt.

Lehrbücher hervor, von J. de Vries (Erkenntnislehre), A. Willwoll (Psychologie), M. Rast (Philosophische Gotteslehre) u. a. Erst später kommt, z. T. unter dem Einfluß J. Maréchals, ein mehr thomistisch orientiertes Denken zur Geltung, besonders bei J. B. Lotz und W. Brugger.[7]

Ein Zentrum suarezianischer Philosophie war die theologische Fakultät der Universität Innsbruck, die 1857 wiedererrichtet und den Jesuiten übergeben worden war.[8] Die geistige Ausrichtung stammte aus Rom; alle Professoren der ersten Generation hatten an der Gregoriana studiert, wo damals u. a. J. Kleutgen lehrte. Suarezianische Philosophie wird deutlich repräsentiert durch Max Limbourg (1841–1920) in seiner *Metaphysik* (1883) und später durch Joseph Donat (1868 bis 1946) in der *Summa philosophiae christianae,* die seit 1910 in acht Bänden, alle philosophischen Fächer umfassend, herauskam und in zahlreichen Neuauflagen durch Jahrzehnte als Lehrbuch weltweit verbreitet war und verwendet wurde. Dieselbe geistige Prägung tritt – noch schärfer – in den kritischen Auseinandersetzungen mit dem strengen Thomismus hervor, besonders bei Johann Stufler (1865–1952), Lorenz Fuetscher (1894–1935) und Joseph Santeler (1888 bis 1968), theologisch auch in Ludwig Lerchers (1864–1937) Lehrbuch der Dogmatik. Suarezianischer Geist wirkte in Innsbruck bis in die fünfziger und sechziger Jahre entscheidend nach.

Diese Suarezianer waren aber durchaus an Thomas orientiert; nicht gegen ihn, sondern gegen den engeren Thomismus war ihre Kritik gerichtet. Thomas, nicht Suarez, war der zentrale Bezugspunkt. Thomas, nicht Suarez, wurde beständig studiert und kommentiert, aber aus suarezianischer Schultradition kritisch interpretiert. Über Suarez entstand keine bedeutsame Studie; er blieb hinter der Autorität des Thomas weit zurück, bestimmte aber den geistigen Hintergrund.

3. Weniger geschlossen tritt der *Scotismus* als Schulrichtung der Franziskaner auf, weil in ihrer Ordenstradition der hl. Bonaventura (1221–1274) aus der frühen Franziskanerschule nicht minder in Ansehen steht als Johannes Duns Scotus (1266–1308), der »Doctor subtilis«, der kritisch spekulativ das augustinische Gedankengut der Franziskaner mit dem Aristotelismus verband und gegenüber Thomas und dem Thomismus manche Eigenlehren vertrat. Zwar ging der Scotismus im Spätmittelalter z. T. bald in den Nominalismus Wilhelms von Ockham (um 1300–1349) und seiner Schule über, der den englischen Empirismus vorbereitet. Aber nicht Nominalismus, sondern Scotismus war durch Jahrhunderte die vorherrschende Schulrichtung des Franziskanerordens (nicht sosehr der Konventualen und der Kapuziner). Er erfährt in der Neuscholastik eine gewisse Wiedererweckung, fast ausschließlich durch Franziskaner.

Das bedeutendste Studienzentrum der Franziskaner war (seit 1877) das Bonaventura-Kolleg in Quaracchi (bei Florenz), seit 1971 in Grottaferrata. Dazu kam seit 1933 das Collegium Antonianum in Rom, das Franciscan Institute in New York, in Deutschland das Studienhaus in Werl (Westfalen) u. a. In Quaracchi

---

[7] Von beiden zahlreiche Publikationen (gesondert behandelt).
[8] Vgl. E. Coreth: *Philosophie;* H. Pohl: *Das Institutum Philosophicum Oenipontanum,* in: ZKTh 80 (1958) 184–192.

wurden die Werke des hl. Bonaventura (12 Bde., 1882–1902), die *Summa theologica* des Alexander Halensis (4 Bde., 1924ff.) und Werke anderer Scholastiker des Mittelalters (seit 1903) herausgegeben, außerdem in Rom eine kritische Ausgabe der Werke von Duns Scotus (seit 1950) und in New York eine kritische Ausgabe der Werke Wilhelms von Ockham (seit 1967) in Angriff genommen.

Hauptvertreter eines philosophischen Scotismus wurden Deodat de Basly (1863–1937), der in Frankreich und in Rom lehrte, und Parthenius Minges (1881 bis 1926), in Quaracchi und in München tätig; beide verfaßten bedeutsame Werke über die Philosophie und Theologie des Duns Scotus.

4. Von der päpstlichen Kurie in Rom wurde jedoch der eigentliche Thomismus deutlich bevorzugt und machtvoll gefördert. Für andere Schulrichtungen der Scholastik war es ein schwerer Schlag, der als Verurteilung und Diskriminierung erschien, als die römische Studienkongregation 1914 die 24 *Thesen* als verbindlich erklärte,[9] worin spezifisch thomistische, sonst aber umstrittene Lehrmeinungen festgelegt wurden. Auf vielfachen Einspruch, vor allem der Jesuiten, die suarezianischer Tradition folgten, wurden von Papst Benedikt XV. (1917) diese Thesen auf »tutae normae directivae«[10] reduziert, wobei »keinem die Verpflichtung, alle Thesen anzunehmen, auferlegt« werde, wenn sie nur den hl. Thomas als »ducem et magistrum in theologia et philosophia« anerkennen; im übrigen stehe es frei, überlieferte Lehrmeinungen zu vertreten und »disputare de quibus possit soleatque disputari«.[11] Papst Pius XI. nimmt nochmals zu dieser Frage Stellung, ohne die Lehr- und Meinungsfreiheit innerhalb der scholastischen Philosophie zu beschränken.[12] So lebte die Vielheit scholastischer Schulrichtungen fort, bis eine christliche, der scholastischen Tradition verpflichtete Philosophie sich immer mehr mit anderen und grundsätzlicheren Fragen als innerscholastischen Kontroversen konfrontiert sah.

SYSTEMATISCHE DIFFERENZEN

Wenn auf diesem geschichtlichen Hintergrund die systematisch wichtigsten Differenzen aufgezeigt werden sollen, so muß zuvor betont werden, daß sämtliche Schulrichtungen scholastischer Philosophie in grundsätzlichen Fragen einig sind. Weit mehr als das, was sie trennt, verbindet sie. Hier nur in Stichworten gesagt: Realismus der Erkenntnis, aus der Erfahrung abstraktive, auch metaphysische Begriffsbildung und transzendente Erkenntnis; die Möglichkeit der Metaphysik im Sinne einer philosophischen Wissenschaft vom »Seienden als Seienden« (ens qua ens), daher von grundsätzlich allem, was ist (omne ens), und seinen Seinsbestimmungen (unum, verum, bonum); Erkenntnis Gottes als des absoluten, transzendenten und personalen Seinsgrundes (ens a se, esse in se subsistens) und

---

[9] AAS 6 (1914) 383–386.
[10] AAS 8 (1916) 156f.
[11] Papst Benedikt XV. an P. General W. Ledochowski SJ am 19. März 1917 (vgl. ZKTh 42 [1918] 202f.).
[12] Enzyklika *Studiorum ducem*, in: AAS 15 (1923) 309–329.

des freien Schöpfers der Welt; Geistigkeit der menschlichen Seele, ihre Funktion als Wesensform des Leibes (anima forma corporis), ihre Freiheit, Personalität und Unsterblichkeit; daher im Wesen (der »Natur«) des Menschen, also ontologisch begründete Ethik, sowohl Individual- als auch Sozialethik. Schon durch diese Grundpositionen hebt sich die scholastische Philosophie von vielen anderen, gerade im 19. und 20. Jahrhundert vertretenen Denkrichtungen ab und tritt als gewisse Einheit christlichen Philosophierens auf. Aber in diesem Rahmen bestehen doch erhebliche Differenzen, deren ontologisch-metaphysisch bedeutsamste Aspekte hier kurz und mit gebotener Vereinfachung der subtilen Kontroversen zusammengefaßt werden sollen.

1. *Sein und Wesen.* Das endliche Seiende ist durch Sein (esse) und Wesen (essentia) oder Dasein (Existenz) und Sosein (Essenz, Quiddität) konstituiert. Dies ist allgemein scholastische Lehre; in dieser Differenz gründet die Kontingenz: Nichts (außer Gott) existiert notwendig aufgrund seines Wesens. Aber in der näheren Bestimmung der beiden Elemente und ihres Verhältnisses gehen die Lehrmeinungen weit auseinander. Die strengen Thomisten vertreten eine reale Unterscheidung (distinctio realis) zwischen Sein und Wesen. Dies bestreiten die Suarezianer und setzen einen nur gedanklichen oder begrifflichen Unterschied, der aber in der Kontingenz oder Nicht-Notwendigkeit der Existenz seinen Grund hat (distinctio rationis cum fundamento in re, auch distinctio virtualis genannt). Die Scotisten wieder sprechen von einem formalen Unterschied, der in der Sache selbst gründet (distinctio formalis ex natura rei). Darüber gingen Diskussionen durch Jahrhunderte, auch und von neuem in der Neuscholastik.

Dabei wurde oft zu wenig bedacht, daß die beiden Elemente, um deren Unterscheidung es geht, völlig verschieden aufgefaßt werden. Thomanisch verstanden sind Sein (esse) und Wesen (essentia) konstitutive Prinzipien des endlichen Seienden (ens finitum), die sich als Akt und Potenz zueinander verhalten. Das Sein (als actus essendi) ist das Prinzip reiner Positivität und Aktualität, reiner Seinswirklichkeit und -vollkommenheit (perfectio essendi); es kann darum nicht der Grund eigener Beschränkung im endlichen Seienden sein. Daher ist das Wesen (essentia) das bestimmt begrenzende Prinzip, welches das Sein zu dieser spezifisch beschränkten Wesensgestalt bringt. Es ist die Potentialität endlicher Wesenheit, welche die Aktualität des Seins sowohl aufnimmt als auch begrenzt und durch sie verwirklicht wird. Wenn Sein und Wesen (in diesem Sinn) das endliche Seiende real konstituieren, müssen sie dessen reale Prinzipien, und wenn verschieden und funktional entgegengesetzt, dann real verschieden (real distinkt) sein. Dies ist die Lehre des Thomas von Aquin, wenn sich auch bei ihm noch nicht ausdrücklich die Realdistinktion findet.

Ihr widersprechen Scotisten und Suarezianer. Die Scotisten führen eine Formaldistinktion, die Suarezianer eine Virtualdistinktion ein. In beiden Fällen ist es nur ein gedanklicher oder begrifflicher Unterschied, der insofern in der Sache begründet ist, als sie kontingent ist, also existieren kann oder auch nicht. Sein (esse) und Wesen (essentia) werden nicht mehr – wie Akt und Potenz – als real konstitutive Prinzipien aufgefaßt, sondern nur als gedanklich-begriffliche Aspekte, unter denen wir das Seiende, wenn auch in seiner endlich-kontingenten

Wirklichkeit begründet, auffassen. Sein (esse) wird zum bloßen Dasein (existentia), einem »Zustand« faktischer Wirklichkeit, in den das zuvor in seinem Was-Sein (essentiell, quidditativ) schon voll bestimmte Seiende versetzt wird. Daß in dieser Sichtweise eine Realdistinktion nicht mehr möglich und sinnvoll sein kann, ist selbstverständlich. Doch schließen sich beide Sichtweisen nicht aus, sondern ergänzen einander, wie erst in der neueren Scholastik klarer erkannt wurde.

2. *Analogie des Seins.* Ontologisch grundlegend, besonders für die Gotteserkenntnis bedeutsam ist die scholastische Lehre von der Analogie des Seins oder des Seienden (ens), die vor allem Thomas entwickelt hatte. Ihr widerspricht in etwa die scotistische Lehre von der Univozität des Seinsbegriffs. Damit scheint aber nur die letzte Sinneinheit oder Eindeutigkeit gemeint zu sein, die noch im abstraktesten und formalsten Seinsbegriff bestehen bleibt, auch im analogen Seinsbegriff gewahrt wird und enthalten ist. Doch kann der allgemeinste, allumfassende Begriff des Seins nicht anders als analog sein, weil er nicht durch anderes, was nicht Seiendes wäre (also nicht unter seinen Begriff fällt), fortbestimmt werden kann, sondern sich selbst fortbestimmen, in seiner Bedeutung abwandeln muß. Insofern geht die Analogie unseres Denkens und Sprechens jeder univoken Festlegung voraus.

Wichtiger wurde in der neuscholastischen Diskussion die Frage um die genauere Auslegung der Analogie. Die strengen Thomisten vertraten im Gefolge von Cajetan[13] die Proportionsanalogie, die Suarezianer, schon seit Suarez selbst, die Attributionsanalogie. Proportionsanalogie (analogia proportionalitatis) bedeutet die Ähnlichkeit (nicht Gleichheit) der Verhältnisse, besonders des endlichen Seienden zu seinem Sein (Differenz) und des göttlichen Wesens zu seinem Sein (Identität), auch der Verschiedenheit substantiellen und akzidentellen Seins wie der Stufenordnung der Seinswirklichkeit im materiellen, lebendigen und geistigen Sein. Die Attributionsanalogie (analogia attributionis) betont dagegen das Verhältnis der Abhängigkeit (dependentia) des einen vom anderen. Ontologisch kommt dem endlichen Seienden nur in (kausaler) Abhängigkeit von Gott Sein zu: Gott ist das Analogatum primarium, das endliche und geschaffene Seiende das Analogatum secundarium. Umgekehrt in der Erkenntnisordnung, weil wir nur in Abhängigkeit von der Erfahrung des endlichen Seienden Gott erkennen und von ihm sprechen können; insofern ist das endliche Seiende unserer Erfahrungswelt das Analogatum primarium, Gott das Analogatum secundarium. Auch erkennen wir die Substanz nur aus ihren Akzidentien, also das ontologisch Primäre aus dem Sekundären.

Weiter ist aber in der Proportionsanalogie eine eigentliche und uneigentliche Analogie (analogia propria et impropria), in der Attributionsanalogie eine innere und äußere Analogie (analogia interna et externa) zu unterscheiden, wenn es sich um Seinsgehalte oder -bestimmungen handelt, die den Analogaten im eigentlichen Sinn (sensu proprio), daher innerlich (interne) zukommen und von ihnen ausgesagt werden, oder nur in übertragenem Sinn eine symbolisch-metaphorische Aussage gemacht wird. Im inneren und eigentlichen Sinn können von Gott nur

---

[13] Von diesem vgl. bes.: *De nominum analogia* (1498).

reine Seinsgehalte oder Seinsvollkommenheiten ausgesagt werden, die keine Begrenzung enthalten oder voraussetzen (perfectiones purae), nicht aber begrenzte Seinsgehalte (perfectiones mixtae), die schon begrifflich begrenzt, daher auf endliches Seiendes beschränkt sind. Diese Unterscheidungen wurden erst in der Neuscholastik entwickelt und führten zur Erkenntnis, daß die Analogie eigentlicher Proportion die Analogie innerer Attribution nicht ausschließt, sondern voraussetzt und einschließt, wie umgekehrt die Analogie innerer Attribution eine eigentliche Proportion begründet und enthält. Darin kamen die Schulmeinungen zumeist überein, wenn auch die Priorität der einen oder anderen Auslegung der Analogie vertreten wurde. Thomas selbst begründet die Analogie in einem Verhältnis kausaler Abhängigkeit (causa ad effectum), scheint also eher die Attributions- als die Proportionsanalogie nahezulegen.

3. *Materie und Form.* Thomas übernahm die aristotelische Lehre von der Konstitution des materiellen Seienden durch Materie (ὕλη, materia) und Form (μορφή, forma). Mit Materie ist nicht das konkrete Material, sondern das völlig unbestimmte, formlose Substrat einer »materia prima« als des konstitutiven Prinzips alles materiell Seienden gemeint. Diese Materie wird durch die substantielle Wesensform (forma substantialis) zu einem solchen, spezifisch bestimmten Ding; akzidentelle Formbestimmungen kommen hinzu. Das heißt aber, wie strenge Thomisten lehren, daß z. B. der Mensch allein durch die bestimmungslose »materia prima« und die spezifische »forma substantialis« des Menschseins konstituiert ist. Es ist die Lehre von der Einzigkeit der Wesensform (unicitas formae substantialis).

Dagegen stehen schwere Bedenken, die schon Duns Scotus und in seinem Gefolge Scotisten und Suarezianer erhoben. Es ist die Frage nach der Einheit oder Vielheit der Formen (pluralitas formarum). Besteht z. B. der Mensch nur aus »materia prima« und der »forma substantialis« des Menschseins, d. h. der »anima intellectiva«, die allein »forma corporis humani« ist? Oder gehen in das leibliche Lebensgeschehen des Menschen nicht schon bestimmte Dinge ein, die wir als Nahrungsstoffe aufnehmen, die ihre chemisch-physikalische Eigenart bewahren und gerade dadurch zum Aufbau und zur Erhaltung des Lebensprozesses beitragen? Die Lehre von der Mehrheit der Formen stammt von den Scotisten, sie wurde von vielen Suarezianern übernommen. Wird dadurch aber nicht die substantielle Einheit des Menschen in Frage gestellt?

Dazu wird man auf dem Hintergrund aller Kontroversen sagen müssen, daß eine formal oder qualitativ bestimmende von einer substantiell konstitutiven Funktion zu unterscheiden ist. Die materiellen Stoffe, die in das leibliche Leben eingehen, behalten ihre physikalisch-chemische Eigenart, also die qualitative Bestimmtheit, die sie zuvor hatten; sie werden aber »überformt« durch die substantielle Form z. B. des Menschen, sie verlieren also ihre substantielle Eigenständigkeit und werden in die höhere Ganzheit menschlichen Seins und Lebens aufgenommen. In dieser Richtung dürfte, trotz aller Probleme, der alte Widerstreit der Lehrmeinungen überwindbar sein.

4. *Individuation.* Nach streng aristotelisch-thomanischer Lehre, der die Thomisten folgen, ist die substantielle Wesensform an sich allgemein, noch nicht

individuell bestimmt; Prinzip der Individuation ist (nach Thomas) die »materia prima quantitate signata«. Erst dadurch, daß die substantielle Form in die Materie eingeht, und zwar in die erste, formal noch völlig unbestimmte Materie, insofern sie aber schon durch Quantität »bezeichnet« (signata) ist, also den Möglichkeitsgrund räumlich-zeitlicher Erstreckung bildet, gewinnt sie ihre Individualität in diesem einzelnen und einmaligen Seienden.

Diese Lehre wirft viele Probleme auf (die hier nicht diskutiert werden können). Kann die Individualität, somit auch die einmalig individuelle Personalität des Menschen, allein durch die Materie, das niedrigste Seinsprinzip, erklärt werden? Was heißt es, daß die substantielle Wesensform allgemein ist und erst nachträglicher Individuation bedarf? Wird hier nicht die allgemeine, als spezifische Wesenheit (essentia specifica) begrifflich-abstrakt faßbare Bestimmtheit vorschnell als real und substantiell konstitutive Wesenform (forma substantialis) angesetzt? Liegt hier nicht immer noch ein vom griechischen (platonischen wie aristotelischen) Denken überkommener Primat des Allgemeinen vor dem Einzelnen vor? Und was heißt »materia prima quantitate signata«? Auch wenn man darunter das gesamte Raum-Zeit-Gefüge der Welt versteht, in dem das einzelne Seiende seinen einmaligen Ort hat und seine konkrete Individualität erhält, bleiben viele schwerwiegende Fragen offen.

Schon *Duns Scotus,* dem die Scotisten folgten, hat die Individualität anders und höher bewertet. Er nahm deshalb ein eigenes, über die spezifische Wesensform hinausgehendes, diese konkret-individuell fortbestimmendes Seinsprinzip an, das er »haecceitas« (Dieses-Sein) nannte. Was dies ist, worin es besteht und wodurch es begründet ist, bleibt ungeklärt. Suarez dagegen vertritt die Meinung, der die Suarezianer zumeist folgten, daß das reale und aktuell existierende Seiende wesenhaft durch sich selbst (per se) einmaliges Individuum ist. Wie immer man zu dieser Frage stehen mag, jedenfalls bahnt sich darin nicht nur eine christliche Höherbewertung individuellen Personseins, sondern auch der Individualismus neuzeitlichen Denkens (Rationalismus und Aufklärung) an.

5. *Mitwirkung Gottes.* Ein Problem, das zu besonders heftigen Auseinandersetzungen zwischen Thomisten und Suarezianern führte, war die alte Frage nach dem Mitwirken (concursus oder cooperatio) Gottes beim Wirken des geschaffenen Seienden. Diese Frage hatte schon im 16. und 17. Jahrhundert den »Gnadenstreit« zwischen Dominicus Bañez OP (1528–1604) und Luis de Molina SJ (1536 bis 1600) und deren Anhängern, Bañezianern (auch Thomisten im engsten Sinn genannt, besonders Dominikanern) und Molinisten (besonders Jesuiten), ausgelöst. Diese Kontroverse lebte in der Neuscholastik wieder auf. Dieses spekulativ schwierige und differenzierte Problem kann hier nur in seinen Grundlagen angedeutet werden. Ein Akt, auch ein freier Akt eines endlichen, also geschaffenen Seienden, ist eine neu gesetzte Seinswirklichkeit, deren Hervorbringung der schöpferischen Mitwirkung Gottes bedarf. Diese besteht, so lehren die Bañezianer, in einem vorausgehend realen und aktuellen Einfluß Gottes, der »praemotio physica«, die das endliche Seiende zur Setzung des Aktes ermächtigt. Dann ist sie aber folgerichtig »praedeterminatio physica«, die den Akt in seiner Eigenart vorausbestimmt. Wird dadurch nicht jegliche Freiheit des Geschöpfes aufgehoben?

Dies ist der zentrale Einwand, der immer wieder dagegen erhoben wurde. Auf alle subtilen Unterscheidungen, etwa zwischen »concursus praevius« und »concursus simultaneus« u. a., die das Problem zu lösen versuchen, gehen wir nicht ein. Bei aller Anerkennung des Mitwirkens, auch der Vorsehung und des gnadenhaften Wirkens Gottes wollen die Molinisten die echte Freiheit der Selbstentscheidung und -bestimmung des Geschöpfes wahren. Muß also Gott nicht vorauserkennen, wie sich das Geschöpf aus eigener Freiheit selbst entscheiden wird, mehr noch: wie es sich unter allen nur möglichen (vielleicht nie verwirklichten) Umständen entscheiden würde? Es ist die Erkenntnis der »futurabilia« oder »conditionata futura«. Um diese Erkenntnisweise zu erklären, vertreten die Molinisten ein »mittleres Wissen« (scientia media), das gleichsam in der »Mitte« steht: Einerseits erkennt Gott in begreifendem Wissen sein eigenes Wesen und alles, was notwendig damit gegeben oder dadurch ermöglicht ist, also auch alle Möglichkeiten endlichen Seins (scientia simplicis intelligentiae). Andererseits erkennt Gott alles real existierende, endliche und kontingente Seiende, insofern es vom schöpferischen Wirken Gottes abhängt (scientia visionis). Dazwischen steht nach molinistischer Lehre die »scientia media«, worin Gott auch alle freien Akte des Geschöpfes, die es unter bestimmten Bedingungen setzen wird oder setzen würde, mit Sicherheit vorausweiß. Erst aufgrund dieses Wissens ist unter Wahrung der vollen Freiheit des Geschöpfes eine Mitwirkung Gottes möglich. Wie und wodurch Gott dies weiß, was der Erkenntnisgrund der »scientia media« ist, konnte niemals voll geklärt werden. Ebensowenig wie der Bañezianismus kann der Molinismus überzeugen. Die einen betonen mehr die Allmacht göttlichen Wirkens, die anderen mehr die Freiheit des Menschen. Wie sich beide zueinander verhalten, bleibt ein Geheimnis, weil wir die Unendlichkeit der Erkenntnis Gottes und die Allmacht seines Wirkens nicht begreifend durchschauen.[14]

Diese Kontroverse lebte in der Neuscholastik wieder auf. Der bedeutendste Vorkämpfer gegen die thomistisch-bañezianische Lehre war der Innsbrucker Professor Johann Stufler SJ (1865–1952). In einer Reihe von (lateinisch und deutsch verfaßten) Arbeiten sucht er – ein gründlicher Thomaskenner – nachzuweisen, daß die »praemotio physica«, erst recht die »praedeterminatio physica« nicht von Thomas her belegt werden können, sondern seiner Lehre geradezu widersprechen. Dadurch geriet Stufler in heftige, z. T. recht polemisch geführte Auseinandersetzungen mit dem Görzer Theologieprofessor F. Zigon, dem französischen Dominikaner R. Martin OP, dem Professor in Löwen N. Balthasar, später mit M. Benz OSB.[15] Stufler war bis zuletzt überzeugt, recht behalten und die Thomisten – von Thomas her – widerlegt zu haben. Wie dem auch sei, die Kontroversen flauten ab.

Es kam, etwa um die Mitte des Jahrhunderts, die Zeit, als innerscholastische Auseinandersetzungen zurücktraten und die scholastische – oder eine der klassisch-scholastischen Tradition verpflichtete – Philosophie sich immer mehr dem

---

[14] Vgl. W. Brugger: *Summe*, bes. 350–59, 388–95.
[15] Zu diesen Diskussionen vgl. E. Coreth: *Philosophie*, 160ff.; F. Lakner: *Dogmatische Theologie*, 127ff.

neueren Denken und seinen Problemen öffnete. Dadurch hat sie zwar an Geschlossenheit des scholastischen Systems verloren, weithin auch Verunsicherung erfahren, aber neue Belebung, Vertiefung und Problemoffenheit gewonnen. Derart christlich-philosophisches Denken hat vor allem die metaphysische Dimension zu bewahren und – auch in unserer Zeit – zu entfalten. Das ist Anliegen der Gegenwart und Aufgabe der Zukunft.

BIBLIOGRAPHIE

1. Werke (Auswahl)

de Basly, D.: Écoles catholiques du b. Duns Scot et du S. Thomas, R 1907.
–: Capitalia opera b. Ioannis Duns Scoti, 2 Bde., Le Havre 1908/11.
–: Scotus docens. Synthèse philosophique, in: La France franciscaine 17 (Lille 1934) 47–147.
Brugger, W.: Summe einer philosophischen Gotteslehre, Mü 1979.
Cathrein, V.: Moralphilosophie, 2 Bde., Fr 1890/91 (^{6}1924).
–: Philosophia moralis, Fr 1893 (^{15}1929).
–: Der Sozialismus, Fr 1890 (^{16}1923; in elf Sprachen übersetzt).
–: Die katholische Moral, Fr 1907.
–: Recht, Naturrecht und positives Recht, Fr 1901 (^{2}1909).
–: Die Einheit des sittlichen Bewußtseins der Menschheit, 3 Bde., Fr 1914.
–: Die Grundlage des Völkerrechts, Fr 1918.
De Raeymaeker, L.: Metaphysica generalis, 2 Bde., Lv 1931/32 (^{2}1935).
–: Philosophie de l'être. Essai de synthèse métaphysique, Lv 1947 (^{3}1970).
–: Le Cardinal Mercier et l'Institut Supérieur de Philosophie, Lv 1952.
–: Einführung in die Philosophie (Philosophia Lovaniensis) (^{1}1948), dt./hg. M. Roesle, Ei 1949.
Descoqs, P.: Institutiones metaphysicae generalis, P 1925.
–: Praelectiones theologiae naturalis, 2 Bde., P 1932/35.
Dezza, P.: I Neotomisti italiani del secolo XIX, 2 Bde., Mi 1942/44.
–: Metaphysica generalis, R 1945.
–: Alle origini del Neotomismo, Mi 1940.
Donat, J.: Die Freiheit der Wissenschaft, I 1910 (^{3}1925, mehrere Übersetzungen).
–: Summa philosophiae christianae, 8 Bde., I 1910–1922 (einzelne Bände bis 1953 acht- bis zwölfmal aufgelegt).
–: Index generalis 1929.
Fabro, C.: La nozione metafisica di partecipazione secondo S. Tommaso d'Aquino, Mi 1939.
–: Circa la divisione dell' essere in atto e potenza secondo San Tommaso, in: DT(P) 42 (1939) 529–552.
–: Neotomismo e Neosuarezianismo: una battaglia di principi, in: DT(P) 44 (1941) 168–215.
Fuetscher, L.: Die Möglichkeit der Metaphysik bei Kant und in der Scholastik, in: ZKTh 54 (1930) 493–517.
–: Die ersten Seins- und Denkprinzipien, I 1930.
–: Akt und Potenz. Eine kritisch-systematische Auseinandersetzung mit dem neueren Thomismus, I 1933.
Geiger, L. B.: La participation dans la philosophie de S. Thomas d'Aquin, P 1942 (^{2}1953).
–: Le problème de l'amour chez S. Thomas d'Aquin, P 1952.
–: Philosophie et spiritualité, 2 Bde., P 1963.
Gredt, J. A.: Elementa philosophiae aristotelicae-thomisticae, 2 Bde., R 1899/1901 (^{12}1959).
–: De cognitione sensuum externorum, R 1913 (^{2}1924).
–: Die aristotelisch-thomistische Philosophie, 2 Bde., Fr 1935.
Gutberlet, K.: Lehrbuch der Philosophie, 6 Bde., Mr 1878–1884 (^{4}1904–1913).
–: Lehrbuch der Apologetik, 3 Bde., Mr 1888–1894 (^{4}1910–14).
–: Der Mensch, sein Ursprung und seine Entwicklung, Pa 1896 (^{3}1911).
–: Der Kampf um die Seele, Mz 1899 (^{2}1903).

Hontheim, J.: Institutiones theodicaeae, Fr 1893.
Kleutgen, J.: Philosophie der Vorzeit, 2 Bde., Mr 1860–1863 (^{2}I 1878 u. ö.).
Lehmen, A.: Lehrbuch der Philosophie auf aristotelisch-scholastischer Grundlage, 3 Bde., Fr 1898ff. (Bd. I ^{3}1909; Bd. II–III ^{2}1905).
Limbourg, M: De distinctione essentiae ab existentia theses quattuor, Rb 1883.
–: Quaestionum metaphysicarum libri quinque, I 1883 (^{2}1884; im Umfang reduziert ^{3}1893).
–: Quaestionum dialecticarum libri tres, I 1886.
Manser, G. M.: Das Wesen des Thomismus, Fri 1932.
–: Das Naturrecht in thomistischer Beleuchtung, Fri 1944.
–: Angewandtes Naturrecht, Fri 1947.
Maréchal, J.: Le point de départ de la métaphysique, 5 Bde.: Bd. I–III: Bruges/P 1922/23 (Bru/P ^{3}1944); Bd. IV: Bru/P 1947; Bd. V: Lv 1924 (P ^{2}1949).
Meyer, Th.: Institutiones iuris naturalis, 2 Bde., Fr 1885/1900.
Minges, P.: Compendium theologiae dogmaticae, 3 Bde., Mü 1901f. (^{2}Rb 1921/23).
–: Ioannis Duns Scoti doctrina philosophica et theologica, 2 Bde., Quaracchi 1930.
Pesch, T.: Institutiones philosophiae naturalis, 2 Bde., Fr 1880 (^{2}1897).
–: Institutiones logicales, 3 Bde., Fr 1888–1890.
–: Institutiones psychologiae, 3 Bde., Fr 1896–1898.
–: Die großen Welträtsel. Philosophie der Natur, 2 Bde., Fr 1883–1884.
Puigserver, F.: Philosophia Sancti Thomae Aquinatis auribus huius temporis accomodata, Valencia 1817 u. ö.
Rast, M.: Theologia naturalis in usum scholarum, Fr 1939.
–: Welt und Gott. Philosophische Gotteslehre, Fr 1952.
Roselli, S.: Summa philosophica ad mentem Angelici Doctoris S. Thomae Aquinatis, R 1777 (^{3}1857/59 u. ö.).
–: Compendium Summae philosophicae, R 1837.
Santeler, J.: Der kausale Gottesbeweis bei Herveus Natalis, I 1930.
–: Intuition und Wahrheitserkenntnis, I 1934.
–: Hat Aristoteles den Platonismus überwunden? in: ZKTh 58 (1934) 161–196.
–: Der Platonismus in der Erkenntnislehre des hl. Thomas von Aquin, I 1939.
–: Die Grundlegung der Menschenwürde bei I. Kant. Eine systematisch-kritische Studie, I 1962.
Sendil, A.: De vera salubri philosophia libri X, 2 Bde., Verona 1852.
Stufler, J.: Divi Thomae doctrina de Deo operante in omni operatione naturae creatae praesertim liberi arbitrii, I 1923.
–: Gott, der Beweger aller Dinge. Ein neuer Beitrag zum Verständnis der Konkurslehre des hl. Thomas von Aquin, I 1936.
Van Steenberghen, F.: Erkenntnislehre (Philosophia Lovaniensis) (^{1}1950), dt./hg. M. Roesle, Ei 1950.
–: Ontologie (Philosophia Lovaniensis) (^{1}1952), dt./hg. M. Roesle, Ei 1953.
de Vries, J.: Critica, in usum scholarum, Fr 1937 (^{2}1954, ^{3}Ba 1964).
–: Denken und Sein. Ein Aufbau der Erkenntnistheorie, Fr 1937.
–: Die Erkenntnistheorie des dialektischen Materialismus, Mü 1958.
–: Grundbegriffe der Scholastik, Da 1980.
–: Grundfragen der Erkenntnis, Mü 1980.
Willwoll, A.: Seele und Geist. Ein Aufbau der Psychologie, Fr 1938, ^{2}1952.
–: Psychologia metaphysica, in usum scholarum, Fr 1938, ^{2}1952.
Urráburu, J. J.: Institutiones philosophiae, 8 Bde., Valladolid 1890–1900.
–: Compendium philosophiae scholasticae, 5 Bde., Ma 1902–1904.
Zigliara, T.: Summa philosophica in usum scholarum, R 1876 u. ö.

2. *Literatur* (Auswahl)

A.V.: Atti dell' VIII Congresso Tomistico Internazionale (Studi Tomistici 10–17), 8 Bde. (zum 100jährigen Jubiläum der Enzyklika »Aeterni Patris« 1879), R/Vat 1981–1983.
Bogliolo, L.: La filosofia cristiana. Il problema, la storia, la struttura (^{1}1959), R 1986.
Brugger, W.: Philosophisches Wörterbuch, Fr 1945 (^{17}1985).
Coreth, E.: Die *Philosophie* an der Theologischen Fakultät Innsbruck 1857–1957, in: ZKTh 80 (1958) 142–183.
Dettloff, W.: Skotismus, in: LThK Bd. IX (1964) 824–827.

Dezza, P. / Riesenhuber, K. / Santinello, G.: Neoscolastica e Neotomismo, in: EF Bd. IV (1967) 979–988.
Eloduy, E.: Suarez, in: LThK Bd. IX (1964) 1129–1131 (Lit.).
Giacon, C.: La seconda scolastica, 3 Bde., Mi 1944–1950.
–: Le grandi tesi del Tomismo, Mi 1945.
–: Tomismo, in: EF Bd. IV (1967) 505–510 (Lit.).
Hamman, A.: Neuscholastik, in: RGG Bd. IV (1960) 1433–1437 (Lit.).
Koch, L.: Jesuitenlexikon, Pa 1934.
Lakner, F.: Kleutgen und die kirchliche Wissenschaft Deutschlands im 19. Jahrhundert, in: ZKTh 57 (1933) 161–214.
–: Die *Dogmatische Theologie* an der Universität Innsbruck 1857–1957, in: ZKTh 80 (1958) 101–141.
Ledochowski, W.: De doctrina S. Thomae magis magisque in Societate fovenda, in: ZKTh 42 (1918) 205–253.
Lyttkens, H.: Thomismus, in: RGG Bd. VI (1962) 868–870 (Lit.).
Masula, L.: Neotomismo e Intransigentismo cattolico. Il contributo di G. M. Cornoldi per la rinascita del Tomismo, Mi 1986.
Mattiussi, G.: Le 24 tesi della filosofia di S. Tommaso, R 1917.
Muck, O.: Die transzendente Methode in der scholastischen Philosophie der Gegenwart, I 1964.
Pesch, O. H.: Thomismus, in: RGG Bd. X (1965) 157–167 (Lit.).
Philipp, W.: Neuthomismus, in: RGG Bd. IV (1960) 1439–1443 (Lit.).
Pirri, P.: La rinascita del Tomismo a Napoli nel 1830, in: CivCatt 80/1 (1929) 229–244, 422–433; 80/2 (1929) 31–42.
Rossi, G. F.: Le origini del neotomismo, Pia 1957.
Schmidinger, H. M.: Neuscholastik, in: HWP Bd. VI (1984) 770–774 (Lit.).
–: Neuthomismus, in: HWP Bd. VI (1984) 779–782 (Lit.).
Söhngen, G.: Neuscholastik, in: LThK Bd. VII (1962) 923–926 (Lit.).

EMERICH CORETH

Dritter Teil
20. JAHRHUNDERT

Der französischsprachige Raum
Die dritte Scholastik in Frankreich

Unter »Scholastik« seien hier die Lehrsysteme verstanden, die an den verschiedenen kirchlichen Lehranstalten angewandt wurden, sich an den hl. Thomas hielten und auf ähnliche Fragestellungen antworteten.[1] Nach einer Darlegung des Erbes, vor dem sich das katholische Denken in Frankreich zu Beginn des 20. Jahrhunderts fand, werden wir zunächst die Zentren des scholastischen Unterrichts beschreiben, sodann uns den Zeitschriften zuwenden, die von diesen Zentren ausgingen, und schließlich die Persönlichkeiten nennen, die besonders herausragen. Unsere Untersuchung wird ungefähr beim Jahr 1950 enden. Von diesem Zeitpunkt an versucht das kirchliche Unterrichtswesen nämlich einen neuen Geist zu finden, indem es mit Hilfe der Phänomenologie mehr der Geschichte Rechnung trägt und sich dabei weit in jenen Bereich vorwagt, der von den Humanwissenschaften eröffnet, vom wissenschaftlichen Thomismus aber übergangen wurde.

DAS ERBE

Traditionalismus und Ontologismus

Die thomistische Erneuerung wurde in Frankreich durch politische Umstände begünstigt. Vor allem der Ultramontanismus nützte ihr viel.[2] Zu Beginn des 19. Jahrhunderts, unter dem Einfluß F. de Lamennais' und seines *Essai sur l'indifférence religieuse* (1817–1823), setzte sich im katholischen Denken eine Überzeugung durch, die das Bewußtsein des Individuums für etwas Äußerliches hält und

---

[1] Vgl. F. Ehrle: *Die Scholastik und ihre Aufgaben in unserer Zeit* (¹1918), hg. F. Pelster, Fr 1933, Kap. 1.
[2] R. Aubert: *Aspects divers du néo-thomisme sous le pontificat de Léon XIII*, in: A.V.: *Aspetti della cultura cattolica nell'età di Leone XIII*, R 1961, 134.

die Offenbarung in ein universales Bewußtsein integriert. Die Wahrheit für den einzelnen wird dadurch an eine »raison générale« verwiesen, die ihrerseits zum sozialen Gemeinwesen gehört und von den Anfängen der Menschheit bis heute weitergegeben wird. Diese Fragestellungen, die für den Traditionalismus entscheidend sind,[3] favorisierten das katholische Engagement für die Restauration.

Die *Annales de philosophie chrétienne*, die 1830 durch A. Bonnetty gegründet wurden, unterstützten den Traditionalismus. Doch die traditionalistische Gefährdung eines personalen Verständnisses von Religion stieß auf den Widerstand Roms. 1855 mußte sich A. Bonnetty unterwerfen.[4] (Er starb 1879.) Aber auch der Eklektizismus und der Ontologismus stellten sich gegen den Traditionalismus. Für Victor Cousin, den Eklektiker, war der hl. Thomas ein authentischer Philosoph. Der Ontologismus hingegen versuchte der individuellen Vernunft gerecht zu werden. Indem er jedoch einen personalen »intellectus agens« nahezu leugnete, förderte er paradoxerweise, wie der Traditionalismus, eine Veräußerlichung des Glaubens. Am 18. September 1861 stellte sich Rom daher auch gegen ihn.[5] Der Mittelweg »schien so für die Philosophie immer mehr im Rückgriff auf den Thomismus zu liegen«.[6] Der Eklektizismus förderte diese Ansicht.

Die Enzyklika »Aeterni Patris«

In seiner Enzyklika *Aeterni Patris* (1879) verherrlicht Leo XIII. den hl. Thomas und besteht darauf, daß er studiert werde. Nach R. Aubert[7] findet die Enzyklika eine weithin gute Aufnahme. Man geht auf die Quellen zurück, und man restauriert ein einheitliches System. L. Foucher verweist zudem auf »den realen, kausalen Zusammenhang zwischen der traditionalistisch-romantischen Bewegung ... und der Rückkehr zum Thomismus ... Diese Bewegung, die damals die stärkste unter den ideellen Strömungen der katholischen Gesellschaft war, führte natürlicherweise dazu, nicht nur in der Religion, sondern auch in der Philosophie eine Autorität zu suchen und die Rechte der individuellen Vernunft streng einzugrenzen.«[8] Das geistig-wissenschaftliche Projekt verdoppelt sich dadurch zu einem gesellschaftlichen. Schon für *Aeterni Patris* gewinnt die Rückkehr zum Thomismus einen »Charakter sozialer Verteidigung«.[9]

---

[3] Vgl. Foucher 237; M. A. Chastel: *L'Église et les systèmes de philosophie moderne*, P 1952, 152–154; H. de Lubac: *Proudhon et le christianisme*, P 1945, 118–120.
[4] Vgl. E. Dublanchy: *Bonnetty*, in: DThC Bd. II/1 (1932) 1020–1026.
[5] Vgl. A. Fonck: *Ontologisme*, in: DThC Bd. XI/1 (1931) 1047f.
[6] Foucher 193.
[7] R. Aubert: *Aspects divers ...*, a.a.O. Anm. 2, 156.
[8] Foucher 265.
[9] R. Aubert: *Aspects divers ...*, a.a.O. Anm. 2, 152; vgl. L. Malusa: *Neotomismo e intransigentismo cattolico*, Mi 1986, 420–491.

DIE THOMISTISCHE ERNEUERUNG UND DAS UNTERRICHTSWESEN

Ende des 19. Jahrhunderts ist das französische Bildungswesen auf die staatlichen Universitäten hin ausgerichtet. Die katholischen Institute entstehen erst ab 1875. Wenden wir uns daher zuerst diesen beiden Arten von Institutionen zu und achten wir danach auf das, was sich in den Seminaren und Scholastikaten tat.

Die staatlichen Universitäten

Die Universitäten reagieren auf *Aeterni Patris* nur hier und dort. L. Ollé-Laprune, Lehrer an der École Normale Supérieure und militanter Katholik, ist über die päpstliche Verlautbarung erfreut. Sie kommt seinem Hang zum Traditionalismus und seinen Interessen für historische Studien entgegen.[10] Demgegenüber bemüht sich L. Brunschvicg als Rationalist, der während des ersten Drittels des 20. Jahrhunderts die Philosophie an der Sorbonne beherrscht, die Enzyklika anzuschwärzen.[11]

Die katholischen Institute

Das kirchliche Unterrichtswesen ist von diesen Auseinandersetzungen nicht frei, zumal es den Kontakt mit den staatlichen Einrichtungen nicht verlieren will.[12] Zu Beginn geht es in den »Instituts catholiques« allerdings mehr darum, die hohe geistige Stellung der Christen in der antiklerikalen Gesellschaft bekanntzumachen als ein geschlossenes Lehrsystem zu entwickeln.[13] Am 8. Oktober 1899 sieht sich Leo XIII. daher veranlaßt, eine neue Enzyklika für Frankreich zu schreiben.[14] Er bedauert darin den Subjektivismus, der im Unterricht eine zu große Rolle spiele.[15] In dieser Kritik äußert sich die Angst der französischen Neuscholastik vor den Gedanken M. Blondels in seinem Werk *L'Action* (1893).

»Das bedeutendste Zentrum des Thomismus in dieser Zeit stellt die Schule von Paris dar, die sich um Msgr. M. d'Hulst und um das Institut catholique bildet.«[16] Die Professoren des Institut catholique (A. de Broglie, A. Farges, J.-M. Vacant, E. Peillaube, P. Rousselot, J. Gardair, F. X. Maquart) schreiben zunächst in den *Annales de philosophie chrétienne*. Nach dem Tod Bonnettys

---

[10] Vgl. APhC 32 (1895) 194.

[11] L. Brunschvicg: *Le progrès de la conscience dans la philosophie occidentale*, Bd. II, P 1927, 529.

[12] E. Lecanuet: *L'Église en France sous la troisième République*, Bd. IV: *La vie de l'Église sous Léon XIII*, P 1930, 477.

[13] A. Baudrillart: *Les universités catholiques de France et de l'étranger*, P 1909, 80. Baudrillart erklärt auch die Entstehung des Namens »Institut catholique«.

[14] Publiziert am 1. Oktober 1899 in der Revue du clergé français (225–244).

[15] Ebd. 231f. Neben dem Kantianismus (»dem aus dem Ausland kommenden und auf protestantischen Ursprung zurückgehenden theoretischen Skeptizismus«) ist mit dieser Anspielung auch an den Traditionalismus und Romantizismus gedacht, die beide im Denken Cousins, Ollé-Laprunes und Blondels Eingang gefunden haben sollen. Vgl. dazu A. Leclerq: *Le mouvement catholique kantien en France à l'heure présente*, in: KantSt 6 (1902) 300–363; C. Besse: *La récente encyclique au clergé de France. La philosophie chrétienne en France*, in: Revue du clergé français 22 (1900) 449–477, hier 466.

[16] R. Aubert: *Aspects divers...*, a.a.O. Anm. 2, 192.

wird diese Zeitschrift von X. Roux geleitet. 1894 übernimmt sie J. Guien. Ab 1895 steht Ch. Denis dieser Revue vor, die sich von nun an in den Dienst thomistischer Erneuerung (E. Domet de Vorges) stellt. Das Interesse konzentriert sich jetzt vor allem auf gesellschaftliche Fragen. M. Blondel gibt in ihr seine *Lettre sur les exigences de la pensée contemporaine* und L. Laberthonnière seine Artikel über *Le dogmatisme moral* heraus.[17] Von 1905 an ist Laberthonnière selbst Herausgeber der *Annales*.

Die Instituts catholiques von Lille, Toulouse, Lyon und Angers richten sich nach den Pariser Institutionen, haben jedoch weniger Einfluß. Sie alle bieten Kurse über das Denken des hl. Thomas an.[18] Ihre wichtigsten Lehrer sind in Lille: J. Didiot, P. Delatte[19] und Msgr. J. A. Chollet; in Toulouse: M. M. Gorce und M. T. Coconnier, der Gründer der *Revue thomiste*; in Lyon: E. Blanc; in Angers: Msgr. Kernaeret und Msgr. L. C. Bourquard.

Die Seminare und Scholastikate

Die thomistische Erneuerung wird von *Aeterni Patris* vor allem im Hinblick auf die Priesterausbildung gewünscht und bestätigt. Die Diözesanseminare, die vorwiegend von den Sulpizianern und Lazaristen geleitet werden, richten sich nach dieser päpstlichen Anweisung. Innerhalb der einzelnen Orden ist die Situation jedoch sehr unterschiedlich. Jeder Orden besitzt sein offizielles theologisches Vorbild. So ist es etwa nicht selbstverständlich, daß ein Franziskaner gegen Bonaventura die Partei der Thomisten ergreift.[20]

J. B. Lacordaire wurde aus Begeisterung über die *Summa theologiae* Dominikaner. Er gilt auch als Erneuerer des Dominikanerordens in Frankreich.[21] Dennoch ging die Rückkehr zum hl. Thomas langsam vor sich.[22] Nach und nach errichtete man Studienzentren, zunächst das von St. Maximin (Var), das 1862 seinen kirchenrechtlichen Status erhielt und das H. A. Montagnes, M. F. Cazes, P. L. Melizan, M. B. Lavaud, J. Messaut, F. Valette, M. M. Labourdette und M. J. Nicolas zu Lehrern hatte, sodann das von Flavigny (Paris), das 1865 gegründet wurde, aufgrund des Férry-Grévy-Gesetzes aber bis 1894 im Exil in Corbara (Korsika) geführt werden mußte, und schließlich in Belgien das Zentrum Saulchoir von Kain, wo man so berühmte Persönlichkeiten wie A. Gardeil, P. Mandonnet, M. D. Roland-Gosselin, A. D. Sertillanges, M.-D. Chenu, A. J. Festugière und Th. Philippe findet.

---

[17] Blondel in: APhC 131 (1895/96) 337–347, 467–482, 599–616; 132 (1896) 131–147, 225–267, 337–350; Laberthonnière in: APhC 136 (1898) 531–562; 137 (1898/99) 27–45, 146–171.
[18] Vgl. R. Jacquin: *L'accueil reçu en France par l'encyclique »Aeterni Patris«*, in: A.V.: *L'Enciclica Aeterni Patris*, Bd. III: *Suoi riflessi nel tempo*, R/Vat 1981, 284–287.
[19] Vgl. A. Savaton: *Dom Paul Delatte*, P 1954, 53–62.
[20] P. de Martigues: *La scolastique et les traditions franciscaines*, P 1888, bes. 5–9.
[21] Vgl. M.-D. Chenu: *Le Saulchoir. Une école de théologie*, Étiolles 1937, 30.
[22] Vgl. A. Walz: *Il tomismo dal 1800 al 1879*, in: Angelicum 20 (1943) 300–326, hier 307; Kardinal Pitra schreibt am 22. August 1879 an den Abt von Solesmes, Dom Couturier, daß »die Dominikaner [über die Enzyklika] nur mäßig erfreut sind. Es fehlt an einer klaren Anordnung, und außerdem verbleibt alles im Allgemeinen und Vagen« (zit. in: R. Jacquin: *L'accueil reçu en France ...*, a.a.O. Anm. 18, 293).

Die Benediktiner unterwarfen sich *Aeterni Patris* aus religiösen Gründen. Dom P. Delatte, ein bedeutender Thomist, bekannte, deshalb Thomist zu sein, »weil er dadurch in erster Linie Sohn der Kirche sei«.[23]

Bei den Jesuiten in Frankreich ist die Lehre stark vom Ontologismus J. P. Martins[24] und von Suarez[25] geprägt. Die Enzyklika *Aeterni Patris* wird daher nur allmählich aufgenommen. Die Zeitschrift *Études*[26] druckt den Text derselben erst einige Monate nach der Veröffentlichung ab. Und in den Scholastikaten wird sie aufgenommen, ohne daß man deshalb die suarezianische Tradition verläßt. Die Geschichte dieser Scholastikate ist allerdings auch wegen der diversen Ausweisungsgesetze so verwirrt. Die theologische Ordenshochschule der Provinz Lyon, die zuerst in Laval eingerichtet wird, muß nach England, genauer nach Ore-Place, nahe von Hastings, verlegt werden. Nach Fourvière kommt sie erst 1927/28 zurück.[27] Die Jesuiten von Toulouse gehen hingegen bis 1896 zum Studium nach Spanien, nach Uclès. Anschließend findet man sie für das Philosophicum in Gemert in Holland und für das Theologicum in Enghien in Belgien. Auch aus der Champagne kommt man in diese Ordenshäuser.[28] In Enghien lehren übrigens Leute wie P. Galtier, F. Prat, H. Pinard de la Boulleye, J. P. Bonsirven. Die »Province de France« übersiedelt ihr Noviziat von Paris nach Cambridge (hier lehren J. V. Bainvel und J. Lebreton), das Philosophicum gemeinsam mit den Ordensbrüdern von Lyon nach Jersey (wo L. Billot, P. Descoqs, P. A. Valensin und A. Marc wirken)[29] und das Theologicum nach Ore-Place (zu L. de Grandmaison). Die Provinz der Champagne folgt dem Beispiel von Toulouse. 1919–1921 wird das toulousische Scholastikat von Vals errichtet. An diesem lehren B. Romeyer und A. Etcheverry Philosophie.

WISSENSCHAFTLICHE GESELLSCHAFTEN

Das 20. Jahrhundert übernimmt als die beiden wichtigsten wissenschaftlichen Gesellschaften die Société de St. Thomas, die 1884 durch M. d'Hulst in Paris

---

[23] A. Savaton: *Dom Paul Delatte*, a.a.O. Anm. *19, 102.*
[24] In einem Schreiben vom 6. Januar 1850 an P. Maillard, den Provinzial von Lyon, untersagt der Jesuitengeneral Johannes Roothaan, daß weiterhin ontologistische Thesen in der Gesellschaft Jesu gelehrt werden. Dies geschieht zur selben Zeit, in der sich das Hl. Offizium mit A. Rosmini und dessen angeblichem Ontologismus befaßt.
[25] Vgl. unten den Abschnitt über P. Descoqs; trotzdem richtet sich die theologische Tradition des Jesuitenordens auch deutlich nach dem hl. Thomas aus (vgl. dazu G. Filograssi: *La teologia dogmatica nella »Ratio Studiorum« della Compagnia di Gesù*, in: A.V.: *La Compagnia di Gesù e le scienze sacre*, R 1942, 13–44.
[26] Vgl. P. Pra: *St. Thomas d'Aquin et l'encyclique »Aeterni Patris«*, in: Études 25 (1880) 481–494. Die Études publizieren den Text von *Aeterni Patris* jedoch im September 23 (1879) 321–353. Vgl. Näheres bei R. Jacquin: *L'accueil reçu en France* ..., a.a.O. Anm. *18, 288.*
[27] Schon im Mai 1898 war das Scholastikat einmal in Fourvière untergebracht (vgl. Lettre de Fourvière [Mai 1898] 1).
[28] Vgl. J. Hemery: *Cinquante ans de scolasticat. Enghien 1887–1934*, in: Lettres de Vals (1937) 135–145.
[29] Vgl. H. Bremond: *Philosophie et théologie*, in: Lettres de Jersey (1931) 135–145.

gegründet wurde und streng thomistisch gesinnten Laien offen war, und die Académie pour l'étude de St. Thomas, die 1880 von Msgr. Germain in Coulance ins Leben gerufen wurde, allerdings nur Priestern vorbehalten blieb. 1923 konstituierte sich die Société thomiste mit dem Ziel, den Thomismus durch die Förderung von Publikationen zu unterstützen. Sie tat dies in der *Bibliothèque thomiste* und im *Bulletin thomiste*.[30] Dieser Société gehörten u. a. P. Mandonnet, M. D. Roland-Gosselin, J. Destrez, J. Maritain und Beaussart an. Diese fühlten sich »einig mit den Anleitungen des Hl. Stuhles«, indem sie auf der Lehre des hl. Thomas bestanden.

DIE ZEITSCHRIFTEN

Die Zeitschriften, die die neuscholastische Bewegung unterstützten, teilen sich grundsätzlich in zwei Gruppen: in jene Periodica, die an Universitäten erscheinen, und in jene, die von Ordenshäusern getragen werden. Bei den ersteren steht die Absicht im Vordergrund, die wissenschaftliche Auseinandersetzung an den öffentlichen Hochschulen mitzugestalten. Letztere hingegen sind von dem Bemühen geprägt, dem rechten Glauben auch wissenschaftlich nachzukommen. Neben dieser groben Einteilung ist es allerdings schwer, einheitliche Merkmale für alle diese Zeitschriften anzugeben. Die Ursache dafür liegt bereits in der Tatsache, daß sich einzelne Periodica deutlich voneinander absetzen. So z. B. die *Revue de métaphysique et de morale* von der *Revue des sciences philosophiques et théologiques* bzw. von der *Revue néo-scolastique*.[31] Dann aber hatte fast jede Institution ihre eigene Revue. Jede von diesen wiederum versuchte, ihr besonderes Anliegen einzubringen. So ging es etwa den Zeitschriften der Dominikaner vorwiegend darum, die Erneuerung des Thomismus im Lichte ihrer spanischen Tradition und mit Hilfe historischer Analysen zu betreiben. Demgegenüber setzten sich die Jesuiten für eine spekulative Vertiefung des Gesprächs mit der modernen Zeit ein.

Den beiden genannten Gruppen von Zeitschriften »vorgelagert« sind die *Annales de philosophie chrétienne* (APhC), die bereits genannt wurden. Obwohl diese der thomistischen Renaissance positiv gegenüberstanden, gerieten sie schon zu Beginn des 20. Jahrhunderts in den Verdacht, den »Modernismus« zu unterstützen.[32] Hatte bereits die Verteidigung des »ralliement« von Kirche und republikanischer Verfassung durch Ch. Denis (1895) die Kritik Roms heraufbeschworen und 1903 die Indizierung der Veröffentlichungen desselben nach sich gezogen,[33] so führten die fundamentaltheologischen Positionen der Nachfolger von Denis, M. Blondel und L. Laberthonnière, zur endgültigen Verurteilung der als »moder-

---

[30] Vgl. BThom 1 (1923) 5.
[31] Vgl. RMM 16 (1908) Supplément (15).
[32] Vgl. *Esquisse d'une apologie philosophique du christianisme dans les limites de la nature et de la révélation*, in: APhC 134 (1897) 369–410, 550–601, 694–735; 135 (1897/98) 54–94, 198–244, 435 bis 476, 613–644; 136 (1898) 94–118.
[33] Vgl. den Brief seiner Unterwerfung in: APhC 147 (1903/04) 461f. und die Darlegung seines Glaubensbekenntnisses auf den folgenden Seiten (463–472).

nistisch« eingestuften Zeitschrift.³⁴ Blondels differenzierte Stellungnahme zur Enzyklika *Pascendi* vom 8. September 1907, die L. Billot SJ und J. Lemius, der Generalprokurator der Maristen, verfaßt hatten,³⁵ tat dazu ein übriges. Am 16. Mai 1913 wurden die APhC vom Jahrgang 1905 an auf den Index gesetzt. Das gleiche Schicksal erlitten zwei Bücher von Laberthonnière: *Le Témoignage des martyrs* (Paris 1906) und *Sur le chemin du catholicisme* (Paris 1907). Die Unterlagen für das Verurteilungsdokument dürften Mitglieder der Action Française beschafft haben. Diese Organisation hatte M. Blondel nämlich 1909 in seinem Artikel *La semaine sociale de Bordeaux et le monophorisme* angegriffen.³⁶ Politische und religiöse Gesichtspunkte scheinen sich hier vermischt zu haben.

Universitäre Periodica

Wie schon erwähnt, bemühen sich jene Zeitschriften, die von universitären Institutionen getragen werden, um einen offenen Dialog mit den zeitgenössischen Wissenschaften. Dies bedeutet, daß es ihnen in erster Linie darum geht, genaue Informationen über die sie betreffenden Wissenschaften zu erhalten. Gleichzeitig bringt dies aber auch die Forderung mit sich, einerseits den neuen wissenschaftlichen Erkenntnissen Rechnung zu tragen und andererseits den kirchlichen Standpunkt bewahren zu müssen. Je nachdem, welcher dieser beiden Aspekte mehr im Vordergrund steht, ist eine Zeitschrift eher wissenschaftlich-kritisch oder apologetisch orientiert.

An erster Stelle ist die *Revue d'histoire et de littérature religieuses* (RHLR) zu nennen (Paris 1886–1922; 1908/09 unterbrochen). Ihr Hauptgebiet war die Geschichte des Christentums von seinen Anfängen im Judentum bis heute. Berühmtester Mitarbeiter der RHLR war kein Geringerer als Alfred Loisy. Durch ihn wurde sie in die Modernismuskrise hineingezogen.

Konservativer eingestellt ist die *Revue de philosophie* (RevPhil) des Institut catholique von Paris (1900–1940; ab 1955–1966 unter dem Namen *Recherches de philosophie*). Obwohl es ihr darum ging, »Wissenschaftler und Philosophen zur Zusammenarbeit zu bringen«, hielt sie sich doch streng an die aristotelische Methodologie, da Aristoteles nach ihrer Ansicht bereits »mit sicherer Hand die allgemeinsten Konturen«³⁷ der später gewonnenen Erkenntnisse vorgezeichnet hat. Nicht von ungefähr wurde die RevPhil 1925 vom Vatikan dazu ermuntert, ihren bisherigen, seit der Gründung durch E. Peillaube eingeschlagenen Weg beizubehalten und ähnlich wie der hl. Thomas die aristotelische Philosophie in den Dienst der Kirche zu stellen.³⁸ Autoren wie R. Garrigou-Lagrange und A. Gardeil

---

[34] Vgl. M. Blondel / L. Laberthonnière: *Correspondance philosophique*, hg. C. Tresmontant, P 1961, 187–220.
[35] Vgl. J. Rivière: *Qui rédigea l'encyclique Pascendi?*, in: BLE 47 (1946) 143–161.
[36] Dieser Artikel erschien unter dem Pseudonym »Testis« zwischen November 1909 und November 1910 in den APhC.
[37] RevPhil 1 (1900) 1f.
[38] Vgl. den *Brief* von Kardinal Gasparri an E. Peillaube, der in RevPhil 32 (1925) 342–344 publiziert wurde.

verfaßten vor allem in den Jahren 1927/28 Beiträge, die dieser Anweisung Folge leisteten. Eine offenere Scholastik kam dann aber in den Auseinandersetzungen zwischen F. X. Maquart und J. Maréchal (1925–1930) bzw. zwischen P. Descoqs und C. Fabro (1938) – letztere unter der Direktion von Ch. Eyselé – zum Ausdruck. Mit der Zeit trat die RevPhil sogar in eine intensive Beschäftigung mit der zeitgenössischen Philosophie (z. B. Bergsons und Brunschvicgs) ein.

Ähnlich aufgeschlossen bemühte sich das *Bulletin de littérature ecclésiastique* (BLE) zu sein, das vom Institut catholique in Toulouse herausgegeben wurde (1899ff.). Geistig geprägt wurde es von Msgr. P. H. Batiffol,[39] einer bedeutenden Persönlichkeit, die stets den Dialog mit der modernen Zeit suchte. Er war seit 1892 Sekretär der *Revue Biblique,* er arbeitete am *Bulletin critique* und an den *Cahiers de la Quinzaine* mit, und er gründete nicht zuletzt die *Bibliothèque de l'enseignement de l'histoire ecclésiastique* sowie die *Études d'histoire du dogme*. Leider wurde seine Darstellung des eucharistischen Dogmas auf den Index gesetzt. Er verließ deshalb Toulouse. Das BLE bemühte sich aber, in seinem Geist weiterzuwirken. 1905 erschien eine Debatte über das »Dogma« zwischen M. Blondel, L. de Grandmaison und E. Le Roy. Schwerpunkt war jedoch die positive Theologie. Ab 1909 kamen die berühmt gewordenen »chroniques« heraus, d. h. groß angelegte Berichte über zeitgenössische Tendenzen der Forschung.[40] Unter den Redakteuren derselben befindet sich P. F. Cavallera SJ, der Mitbegründer der *Revue d'ascétique et de mystique* sowie des *Dictionnaire de spiritualité*.

Als Pendant zur RevPhil publizierte das Institut catholique in Paris ab 1905 die *Revue pratique d'apologétique* (RPA; seit 1921 *Revue d'apologétique;* seit 1939 *Nouvelle revue d'apologétique*). Ihr erster Herausgeber war A. Baudrillart (bis zu seinem Tod 1942).[41] Als Ziel setzte sie sich die Aufgabe, »das Werk der Apologetik in praktischem, wissenschaftlichem und katholischem Geist« durchzuführen. Gegenüber der RevPhil orientierte sie sich nicht an der aristotelischen Wissenschaftstheorie. Sie war vielmehr bestrebt, die einzelnen Wissenschaften in ihrem autonomen Selbstverständnis ernst zu nehmen. »Apologetik« verstand sie zudem nicht rein negativ. Wichtiger waren ihr geistige Beiträge, die den Glauben »nicht durch Negationen, sondern durch Bestätigungen unterstützten«.[42] E. Dumoutet zeigte sich im Januarheft von 1939 außerdem davon überzeugt, »daß das beste Argument für den Katholizismus, die beste Apologetik also, immer noch der Katholizismus in seinem Wesen und in der Einheit seines Dogmas sei«.[43]

Bleibt noch die *Revue des sciences religieuses* (RSR) zu nennen, die seit 1920 (mit Unterbrechung 1940–1947) an der Faculté de théologie von Straßburg

---

[39] Für dessen Biographie vgl. L. Saltet: *Monseigneur Pierre Batiffol,* in: BLE 30 (1929) 7–18, 49–62, 126–141; siehe ebenso: Revue d'histoire de l'Eglise de France 15 (1929) 126–129, 278–280.
[40] BLE 1 (1909) 1.
[41] Alphonse Baudrillart (1859–1942) war Oratorianer. Seine große Leistung lag in der Geschichtsschreibung (vgl. sein Werk über *Philippe V,* 5 Bde., P 1890–1901). 1921 wurde er Bischof und 1935 Kardinal. Große Verdienste erwarb er sich auch um die katholischen Universitäten Frankreichs.
[42] RPA 1 (1905/06) 3–5.
[43] RPA 68 (1939) 9 und 2.

erschien. Sie ersetzte das *Bulletin d'ancienne littérature et d'archéologie chrétienne*.[44] Auch sie bemühte sich um die Gesamtheit der kirchlichen Wissenschaften und um regelmäßige Berichte über neueste Forschungstendenzen. In den Anfängen war J. Rivière ihr wichtigster Mitarbeiter.[45]

Die Zeitschriften der Dominikaner

Unter den zahlreichen Periodica, die in Beziehung zum Dominikanerorden stehen, sind vor allem die folgenden drei zu nennen:

Die *Revue thomiste* (RThom): Sie erscheint erstmals zu Beginn des Jahres 1893. Ihr Direktorium hat seinen Sitz zunächst sowohl in Fribourg (hier unter M. T. Coconnier und P. Mandonnet) als auch in Paris (unter A. D. Sertillanges und A. Gardeil). Die RThom darf als die erste französische Revue gelten, die sich in den Dienst von *Aeterni Patris* stellt. Obwohl sie auch apologetische Ziele verfolgt und ihrem Namen entsprechend vor allem zu Thomas von Aquin selbst zurück will, den sie in seinem gesamten Werk erschließt und unabhängig von seinen Kommentatoren (Cajetan, Silvester da Ferrara, Capreolus u. a.) interpretiert, geht es ihr dennoch auch um die Fragen der Gegenwart. Thomas wird nicht nur wörtlich, sondern ebensosehr »secundo intentionaliter« ausgelegt.[46] 1908 übersiedelt die Direktion der RThom nach Toulouse, wo H. A. Montagnes die Nachfolge des plötzlich verstorbenen M. T. Coconnier übernimmt. Ab 1921 figuriert sodann die École de théologie St. Maximin von Toulouse als Herausgeberin. Sie arbeitet allerdings weiterhin mit anderen Zentren zusammen: mit den katholischen Universitäten von Toulouse und Fribourg sowie mit dem Angelicum in Rom. Unter P. Aune werden 1930 auch Geistliche aus anderen Orden und sogar Laien als Autoren zugelassen. M. Blondel, J. Maritain, A. Forest, R. Jolivet u. a. schreiben daraufhin in der RThom mit.

Im Zuge der Neuformulierung des dominikanischen *Ordo Studiorum* 1907 entsteht die *Revue des sciences philosophiques et théologiques* (RSPhTh). Sie erscheint ab 1908 im Scholastikat von Saulchoir de Kain. Ihr besonderes Charakteristikum ist die Konzentration auf den thomistischen Intellektualismus, den sie dem Modernismus – globaler ausgedrückt: dem »Pragmatismus« – gegenüberstellt. In einer Zeit, in der dieser Intellektualismus von allen Seiten angegriffen wird und das katholische Denken weder auf die Ansprüche der Lebensphilosophien noch auf die Forderungen der kritischen Systeme vorbereitet ist, versuchen die Professoren von Le Saulchoir, »in aller Offenheit für die Realität und für die Komplexität der gestellten Probleme, vereinseitigende Antworten und simplifizierende Lösungen« im Sinne des hl. Thomas zurückzuweisen.[47] Die RSPhTh ist allerdings in ihren Anfängen zu stark »in die Grenzen der innerkirchlichen Pro-

---

[44] Diese Zeitschrift hatte leider nur eine kurze Lebensdauer von 1911 bis 1914 (aufgrund des Ersten Weltkrieges).
[45] Vgl. das *In memoriam*, in: RSR 21 (1947) 3f., 10–16.
[46] Vgl. die Grundsatzartikel in: RThom 1 (1893) 1–7; 17 (1909) 5–37: *Notre programme*, von H. A. Montagnes; 26 (1921) 5–29: *Le thomisme*, von M. Maggliolo.
[47] Vgl. M.-D. Chenu: *Le Saulchoir*, a.a.O. Anm. 21, 36.

blemstellungen eingespannt«.⁴⁸ Sie verkennt vor allem die sozialen und politischen Fragen. Erst später entfaltet sie ein reges Interesse für die legitime Vielfalt der theologischen Methoden und Themenstellungen.

Nicht zuletzt ist auf das *Bulletin thomiste* (BThom) hinzuweisen, das ab 1923 von der Société thomiste ins Leben gerufen wird. Obwohl dieses BThom vorwiegend als bibliographisches Periodicum bekannt ist, das insbesondere Forschungsberichte und Rezensionen veröffentlicht, so ist doch auch seine ursprüngliche Absicht zu beachten, nämlich im Sinne des Lehramtes das Denken des hl. Thomas zu verbreiten und der heutigen Gesellschaft eine Hilfe zu bieten, ihrem drohenden Zerfall entgegenzuwirken.⁴⁹ 1965 bis 1969 erscheint das BThom nicht. Ab 1969 wird es unter dem Namen *Rassegna di letteratura tomistica* am Angelicum in Rom neu ediert.

Die Zeitschriften der Jesuiten

1910 gibt die Gesellschaft Jesu die *Recherches de science religieuse* (RSR) heraus. Nachdem sich das ebenfalls von den Jesuiten publizierte Periodicum *Études*⁵⁰ nur mäßig für die von Rom empfohlene thomistische Erneuerung eingesetzt hat, versuchen nun die RSR einen Mittelweg: »Der Geist, der uns beseelen soll, ist der Geist der vollkommenen Unterwerfung unter die Lehren der katholischen Kirche, gleichzeitig aber auch der Geist der unbedingten Treue zu den bewährten Methoden der Wissenschaften.«⁵¹ Allerdings war die Treue zur Wissenschaft, wie die Modernismuskrise und vor allem das Schicksal der APhC bewiesen, nur beschränkt möglich. Daher konzentrierten sich die RSR vorwiegend auf historische Studien. Geistig geprägt wurden sie durch ihre Herausgeber und Mitarbeiter. Erster Direktor war L. de Grandmaison, der schon 1903 ein eigenes Organ für die neuesten Forschungen der positiven Theologie geplant hatte. Als es 1910 zu den RSR kam, bestimmte seine geistige Offenheit den Kurs derselben. Unter seiner Direktion erschienen von P. Rousselot *Les yeux de la foi* (1910) und von J. Maréchal die *Studien zur Psychologie der Mystik* (1912). Auf Grandmaison folgte 1927 J. Lebreton, der genauso wie während der Jahre 1905 bis 1910 in der *Revue pratique d'apologétique* weithin anerkannte »Bulletins« zur Geschichte der urchristlichen Kirche verfaßte. Diese spezielle Aufgabe nahm dann ab 1947 J. Daniélou wahr. Als Direktor der RSR hingegen beerbte ihn schon ein Jahr vorher H. de Lubac.

Neben den RSR gewannen die *Archives de philosophie* (ArPh), die seit 1923 in Paris erscheinen, großen Einfluß. Ihre Leiter waren vor allem J. Souilhé und (ab 1952) B. Romeyer. Unter ihren Mitarbeitern findet man berühmte Namen: J. de Tonquédec, P. A. Valensin, G. Picard, P. Descoqs, A. Marc und H. Bremond. Nicht zu vergessen sind M. Jousse, der ein eigenes Heft über *Le style oral*

---

⁴⁸ Ebd. 38–40.
⁴⁹ Vgl. BThom 1 (1923) 2–5.
⁵⁰ Ursprünglich hieß diese Zeitschrift *Études religieuses, historiques et littéraires*. 1897 wurde sie einfach *Études* genannt.
⁵¹ RSR 1 (1910) 1.

publiziert, und R. Jolivet, der alle zwei Jahre an den bibliographischen Bulletins mitwirkt. Insgesamt versuchen die ArPh der Scholastik »ad mentem S. Thomae« treu zu sein. Dabei richten sie sich allerdings – der Tradition des Jesuitenordens entsprechend – mehr nach der suarezianischen Interpretation des Thomismus. Gleichzeitig vermeiden sie jegliche Ausschließlichkeit. Es geht ihnen vielmehr darum, ihren Lesern Materialien zu vermitteln, die einer eigenständigen Arbeit nützlich sein sollen. Ab 1945 wird ArPh die *Bibliothèque des archives de philosophie* angefügt. Deren erster Band, *L'existence d'après K. Jaspers,* wird von J. de Tonquédec bereitgestellt.

Die Nachschlagewerke

Noch ein Wort zu den großen Lexika: Das berühmteste unter ihnen wurde das *Dictionnaire de théologie catholique* (DThC), das von A. Vacant gegründet und organisiert wurde. A. Vacant, Professor am Diözesanseminar von Nancy (er starb 1901 im Alter von 49 Jahren), wurde durch seine Untersuchungen über den Glaubensakt bekannt. Für das DThC zog er die *Theologische Realenzyklopädie* als Vorbild heran. Absicht seines *Dictionnaire* war die »Darstellung der katholischen Lehren, ihrer Beweise und ihrer Geschichte«. Zugleich sollte die Berücksichtigung der allgemein menschlichen Erkenntnis dem Fortschritt der Theologie dienen. Der erste Faszikel erschien 1899, der letzte 1950. Herausgeber nach Vacant waren E. Mangenot (gest. 1922) und E. Amann (gest. 1948).

Die zunehmende Bedeutung der historischen Forschung ließ bald noch andere Lexika entstehen: 1903 gab der Verlag Letouzey das *Dictionnaire d'archéologie chrétienne et de liturgie* heraus; 1905 begann beim selben Verlag die Publikation des *Dictionnaire d'histoire et de géographie ecclésiastique,* das A. Baudrillart begonnen hatte und gegenwärtig unter der Leitung von R. Aubert steht; ebenfalls 1909 erschien beim Verlag Beauchesne das *Dictionnaire apologétique de la foi catholique,* das 1928 abgeschlossen wurde (1931 erhielt es einen Supplementband); seit 1932 kommt ebenfalls bei Beauchesne das *Dictionnaire de spiritualité* heraus, ein Ergänzungswerk zum DThC, das von den Jesuiten von Enghien geleitet wird; schließlich ist das Lexikon *Catholicisme* zu nennen, das wiederum bei Letouzey von 1948 an ediert wird und eine gestrafftere Information über die Themen des katholischen Glaubens bieten möchte.

DIE WICHTIGSTEN AUTOREN

Wir wenden uns nun den wichtigsten Exponenten der französischen Neuscholastik zu. Dabei beschränken wir uns auf jene Denker, die im folgenden nicht in eigenen Kapiteln vorgestellt werden. Diese Denker sind auch dadurch charakterisiert, daß sie in irgendeiner (mehr oder weniger engen) Beziehung zu Rom stehen. Das gilt geographisch, das gilt aber auch geistig, sofern diese Scholastiker um jenen Thomismus bemüht sind, der durch die päpstlichen Dokumente klar definiert ist. Dies bringt wiederum einen gewissen Hang zum Intellektualismus mit sich. Das Hauptproblem ist bezeichnenderweise die Beweisbarkeit der Existenz Gottes. Doch zugleich schafft eine neue Lektüre des hl. Augustinus einen spürbaren Ausgleich. Politisch gesehen stehen schließlich die Scholastiker zu Beginn des Jahrhunderts der Action Française nahe.

Unsere Einteilung sei dieselbe, die wir soeben bei den Zeitschriften zugrunde gelegt haben: Zuerst behandeln wir die Dominikaner, danach die Jesuiten. Am Schluß fügen wir jedoch noch jene Autoren an, die versuchten, die Scholastik aus ihrem allzu engen Rahmen ausbrechen und in den Kontakt mit der Gegenwartsphilosophie treten zu lassen.

Die Dominikaner

Ambroise Gardeil

Gardeil wurde am 29. März 1859 in Nancy geboren und starb am 2. Oktober 1931 in Paris. Als Lehrer in Corbara auf Korsika lehrte er zunächst die »Loci theologici«. Später, ab 1889, kommentierte er die *Summa theologiae* des hl. Thomas. 1892 wirkte er an der Gründung der RThom mit. Im gleichen Jahr wurde er zum Rektor von Corbara ernannt. Er behielt diese Stelle während der ganzen Zeit, in der im Dominikanerorden um die Neugestaltung der *Ratio Studiorum* gerungen wurde.[52] 1911 allerdings gab er den Unterricht auf und ließ sich in Paris nieder.

Theologisches Hauptanliegen Gardeils ist die Bestimmung des Verhältnisses von Natur und Gnade. Dies drückt sich vor allem im Titel seines letzten Werkes aus: *La structure de l'âme et l'expérience mystique* (Paris 1927), klingt aber schon im 1903 (in Paris) erschienenen Buch *Les dons de l'Esprit saint et les saints dominicains* an. Voraussetzung für die Bewältigung dieser Aufgabe ist eine richtige Methode. Um sie ringt Gardeil in allen seinen Schriften.[53] Wichtigste Inspirationsquelle wird ihm dabei das Werk *De locis theologicis* von Melchior Cano (1509–1560), dessen Neubearbeitung er für unbedingt notwendig hält.[54] Eine rational vertretbare theologische Methode erklärt jeden ihrer Schritte aus dessen nächstliegender Ursache, achtet allerdings darauf, daß sie sich an das hält, »was die Scholastiker das ›per se‹ nannten, d. h. an jene Relationsgesetze, die beim Vorliegen eindeutig und formal definierter Gesichtspunkte Folgerungen zulassen«.[55] Diese Methode teilt sodann das, was sie denkt, ein. Deshalb unterscheidet Gardeil bereits beim Glaubensakt zwölf verschiedene Aktmomente. Dazu muß allerdings gesagt werden, daß er hier der Forderung nach Methode mehr Rechnung trägt als der einfachen Wahrheit des gelebten Glaubens.[56] Er verfällt sogar

---

[52] Gardeil selbst bereitete die neue *Ratio Studiorum* vor; vgl. RSPhTh 40 (1956) 662–669. Der hier veröffentlichte Text datiert auf das Jahr 1901.
[53] Zur Bibliographie von Gardeil siehe BThom 8 (1931) 78*–92*, vervollständigt in: H. D. Gardeil: *L'œuvre théologique du P. Ambroise Gardeil*, Étiolles 1956, 175.
[54] Vgl. *La notion du lieu théologique*, in: RSPhTh 2 (1908) 51 73, 246–276, 484–505, hier 51–53.
[55] Ebd. 53.
[56] Vgl. P. Harent: *Foi*, in: DThC Bd. VI/1 (1924) 174.

mitunter der Gefahr, seine Überlegungen in Definitionsfragen zu erschöpfen. Nicht von ungefähr erscheint ihm »die scholastische Theologie als eine legitime Forderung der Offenbarung«.[57] Beispiele für die Anwendung seiner Methode bieten die Artikel *Acte, Appétit, Béatitude, Bien, Crédibilité, Don du Saint-Esprit* und *Fruits de l'Esprit Saint* im DThC, die vor allem den geistigen Lebensvollzug zum Thema haben. Leo XIII. ermunterte Gardeil in seiner Enzyklika *Divinum illud munus* (1897) zu diesen spekulativen Forschungen auf dem Gebiet der Spiritualität.[58]

In seinen Artikeln über die *Action*[59] legt Gardeil den bruchlosen Übergang von der Reflexion über die Methode zu spirituellen Themenstellungen dar. Er kommentiert dazu die *Summa theologiae* I/II mit den Quaestiones über das letzte Ziel des menschlichen Lebens, über die Güter der Glückseligkeit und über das Wesen der Glückseligkeit.[60] Seine Grundüberlegung ist folgende: Die Vernünftigkeit des menschlichen Handelns ergibt sich aus seinem letzten Gegenstand, d. h. aus »Gott«. Die dem Wollen eigentümliche Ursache ist dieser Gegenstand als Ziel. Gott aber ist dieses Ziel als Freiheit, obgleich er »die höchste Forderung des menschlichen Handelns [darstellt], jenes Handelns also, das Gott gegenübersteht«. Denn das Streben des Menschen würde sich nicht vollenden, wenn ihm Gott nicht entgegenkäme. Gardeil vertritt deshalb aber keinen »Voluntarismus«. Die Freiheit hat nämlich für ihn lediglich »den Wert einer Konsequenz«. »Es ist das Ziel, das in erster Linie den Willen bestimmt; die Freiheit ist ein Instrument zur Wahl der Mittel.« Das Ziel, das letztlich nur ein einziges sein kann, ist außerdem eine Realität, d. h. »etwas real Erstrebtes«: »Die ewigen Güter sind keine Chimären. Die Handlung fordert sie.«[61] Ist nun die Liebe »die prädestinierte Handlungsform, in der wir uns unseren letzten Gegenstand [d. h. Gott] aneignen«, so darf dies nicht im »neo-scotistischen« Sinne (Blondels) verstanden werden, demgemäß bereits das reine appetitive Verlangen Liebe ist, sondern im thomistischen Sinne, nach dem die Liebe die höchste Vollendung des »intellectus« bildet.[62]

Mit deutlicher Distanzierung von der übrigen »philosophie de l'action« entfaltet Gardeil seinen Intellektualismus in den Schriften *La crédibilité et l'apologétique* (1908), *Le donné révélé et la théologie* (1910) und *La structure de l'âme et l'expérience mystique* (1927). Bei jedem der hier behandelten Themen betrachtet er das Übernatürliche vor dem Hintergrund des Natürlichen: Den Glaubensakt analysiert er mit Hilfe einer Psychologie der naturhaften menschlichen Handlung; das Dogma setzt er in Beziehung zu unserer Sprache und deren Bedingungen; und die mystische Erfahrung begreift er aus einer dem Geist innewohnenden Möglichkeit. Davon ausgehend gelangt er schließlich zu Augustinus und dessen Lehre von

---

[57] Vgl. *La notion du lieu théologique*, a.a.O. Anm. 54, 54.
[58] Vgl. A. Huerga: *P. Garrigou. Maestro de la Vida interior*, in: Teologia espiritual 8 (1964) 463–486, hier 471; das päpstliche Schreiben findet sich in: ASS 29 (1896/97) 644–658.
[59] RThom 6 (1898) 125–138; 7 (1899) 24.
[60] RThom 6 (1898) 125f.; 7 (1899) 24.
[61] Vgl. RThom 6 (1898) 126, 291, 128, 269, 294.
[62] RThom 7 (1899) 447, 455, 460.

der Erfahrung des Übernatürlichen in der Selbstreflexion des Geistes.[63] Doch auch jetzt bringt er den hl. Thomas ins Gespräch, sofern dieser für ihn »den etwas ätherischen Spiritualismus des hl. Augustinus mit dem irdischen Standpunkt«[64] vermittelt hat.

Gardeils Kritik an der »philosophie de l'action«, die übrigens heftige Reaktionen auslöste (besonders von seiten L. Laberthonnières und M. Blondels),[65] beruht letztlich auf seinem Unvermögen, im Seinsakt auch eine Dynamik zuzulassen. Er versteht diesen mit Hilfe einer Metaphysik, die außerstande ist, die Verschiedenheit der konkret vollzogenen Seinsakte zu begreifen. Kein Wunder, daß er gesteht, H. Bergsons Denken nicht mehr nachvollziehen zu können. Für ihn fällt die konkrete menschliche Handlung unter den Begriff des »actus secundus«, der gegenüber dem »actus primus« einer Substanz nichts Wesentliches mehr beibringt.[66] Das Einheitliche, das vor aller Differenz Kommende, bedeutet ihm allemal mehr als das Einmalige und Differenzierende, obwohl er dann dieses grundlegend Erste, um das es ihm geht, das »ens primum motum«,[67] rein formal begreift als das, was die Behauptung und den nichtwidersprüchlichen Wahrheitsanspruch eines Urteils ermöglicht. R. Garrigou-Lagrange wird diese Thesen noch weiter entwickeln.

Pierre Mandonnet

Im Anschluß an *Aeterni Patris* verstand P. Mandonnet seine Aufgabe darin, zum ursprünglichen Werk des hl. Thomas zurückzufinden. Geboren wurde er am 26. Februar 1858 in Beaumont (Cantal). 1882 tritt er bereits als Diakon in das Noviziat der Dominikaner von Belmonte (Spanien) ein. Sofort zeigt sich sein leidenschaftliches Interesse für die Geschichte seines Ordens. Nach seinen Studien wird er zunächst für zwei Jahre nach Corbara (Korsika) geschickt, findet aber dann seine eigentliche Wirkungsstätte an der theologischen Fakultät von Fribourg, wo er vor allem Kirchengeschichte lehrt. 1909 verschlechtert sich sein Gesundheitszustand. Er wird in den Konvent von Bellevue (Paris) versetzt, von wo aus er auch oft nach Le Saulchoir kommt. Hier läßt er sich sogar 1927 nieder. Und ebenda stirbt er am 4. Januar 1936.

Das Werk von Mandonnet ist weder als spekulativ noch als »spirituel« zu bezeichnen. Es ist vielmehr das eines Historikers. Zwei seiner Arbeiten ragen

---

[63] Vgl. R. Garrigou-Lagrange: *La structure de l'âme et l'expérience mystique*, in: RSPhTh 40 (1956) 652–656.

[64] Vgl. A. Gardeil: *La structure de l'âme et l'expérience mystique*, P 1927, S. XVII und XIV; siehe dazu H. D. Gardeil: *L'œuvre...*, a.a.O. Anm. 53, 123–127.

[65] Die Position Gardeils spielt in der Modernismus-Debatte eine Rolle. Kritisch mit seiner Position setzen sich Laberthonnière (in: APhC 157 [1908/09] 411–416) und Bernard de Sailly alias Blondel (in: APhC 165 [1912/13] 27–53, 137–184, 359–397) auseinander. Leider antwortet Gardeil nicht auf diese Kritik. Zum Ganzen siehe R. Aubert: *Le problème de l'acte de foi. Données traditionnelles et résultats des controverses récentes*, Lv ⁴1969, 393–435.

[66] Vgl. den Artikel *Acte premier et acte second*, in: DThC Bd. I/1 (1903) col. 337.

[67] Vgl. zur erkenntnistheoretischen Position Gardeils vor allem H. D. Gardeil: *L'œuvre...*, a.a.O. Anm. 53, 55–59, 173–178; außerdem A. Gardeil: *De la méthode dans le problème réel*, in: RSPhTh 28 (1939) 178–204.

besonders hervor.⁶⁸ Das erste ist *Siger de Brabant et l'averroïsme latin au XIIIe siècle* gewidmet (1. Teil, Fribourg 1899, 2 Bde. Louvain 1911). Er legt darin das Leben und das Werk Sigers aufgrund von Quellen dar. Mitunter läßt er sich freilich zu »kühnen, ja sogar waghalsigen« Schlüssen hinreißen, da er allzusehr »der Versuchung einer systematischen Konstruktion« erliegt.⁶⁹ Doch gleichzeitig damit erneuert er dennoch das Studium des hl. Thomas. Dessen authentische Werke katalogisiert er – darin besteht sein zweites großes Werk – 1909/10 in der RThom unter dem Titel *Des écrits authentiques de St. Thomas d'Aquin*.⁷⁰ 1921 folgt die gemeinsam mit J. Destrez erarbeitete *Bibliographie thomiste*.⁷¹

Reginald Garrigou-Lagrange

R. Garrigou-Lagrange, geboren 1877 in Auch, wollte ursprünglich Mediziner werden. Er trat aber 1897 ins Noviziat der Dominikaner von Amiens ein. Bei der Lektüre des Buches *L'homme* von E. Hello hatte er plötzlich begriffen, »daß die Lehre der katholischen Kirche die absolute Wahrheit über Gott, über das innerliche Leben, über den Menschen, seinen Ursprung und seine übernatürliche Bestimmung« enthalte.⁷² Seine Ausbildung wurde sodann von A. Gardeil bestimmt.⁷³ Unter dessen Anweisung las er die *Summa theologiae* und deren wichtigste Kommentatoren. 1904 hörte er an der Sorbonne Vorlesungen von H. Bergson und V. Brochard. Hier traf er auch mit J. Maritain zusammen. Ein Jahr später lehrte er bereits Philosophiegeschichte in Kain (besonders Leibniz und Spinoza). 1909 sandte ihn der Ordensgeneral P. Cormier als Professor ans Angelicum nach Rom. In dieser Funktion unterrichtete er neun Jahre lang den Traktat »De revelatione«, kommentierte aber auch häufig die *Summa,* las über mystische Theologie und erläuterte den Metaphysik-Kommentar des hl. Thomas. Die letzten Jahre seines Lebens verbrachte er zurückgezogen und fern des akademischen Lebens.⁷⁴ Bei seinem Tod 1964 war er weithin nicht nur als Wissenschaftler, sondern auch als Seelsorger bekannt.⁷⁵

---

⁶⁸ Die Bibliographie von Mandonnet findet sich in: A.V. (= Bibliothèque thomiste) (Hg.): *Mélanges Mandonnet,* Bd. I, P 1930, 7–17.
⁶⁹ Vgl. M.-D. Chenu: *Le Père Pierre Mandonnet 1858–1936,* in: BThom 14 (1936) 693–697, hier 694.
⁷⁰ Diese Artikel wurden verbessert und gesammelt 1910 in Fribourg herausgegeben. Zum selben Thema erschienen auch: *Chronologie des questions desputées de St. Thomas d'Aquin,* in: RThom 23 (1918) 266–287, 340–371; *Chronologie sommaire de la vie et des écrits scripturaires de St. Thomas d'Aquin,* in: RThom 32 (1927) – 34 (1929) insgesamt 8 Artikel.
⁷¹ Erschienen 1921 in der Bibliothèque thomiste (Bd. I) in Paris und neu aufgelegt 1960 von M.-D. Chenu. Mandonnet ist übrigens sowohl einer der Gründer dieser Bibliothèque thomiste als auch des BThom, von denen die Bibliographie thomiste eine Art Vorläuferin darstellt.
⁷² Zit. in M. R. Cagnelet: *L'œuvre du P. Garrigou-Lagrange. Itinéraire intellectuel et spirituel vers Dieu,* in: Angelicum 42 (1965) 7–31, hier 9f.
⁷³ Vgl. R. Garrigou-Lagrange: *Lettres de jeunesse au P. A. Gardeil (1903–1909),* in: Angelicum 42 (1965) 137–194.
⁷⁴ Seine Bibliographie erschien in: Angelicum 42 (1965) 200–272 (hg. B. Zorcolo); vgl. außerdem: I. Colosio: *Il P. Maestro Reginald Garrigou-Lagrange. Ricordi personali di un discepolo,* in: Rivista di ascetica e mistica 9 (1964) 226–240.
⁷⁵ Vgl. J. H. Nicolas: *In memoriam. Le P. Garrigou-Lagrange,* in: FZPhTh 78 (1964) 390–395, hier 393.

Seine spirituellen Kurse beginnen 1917 mit einer Studie über den hl. Johannes vom Kreuz. Ab 1919 arbeitet er auch an der Zeitschrift *Vie spirituelle* mit, die in Toulouse erscheint. Seine großen Bücher zu Themen der Spiritualität gewinnen auf die damalige Zeit einen prägenden Einfluß. Ihre Titel sind: *Perfection chrétienne et contemplation* (1923), *L'amour de Dieu et la croix de Jésus* (1929), *La Providence et la confiance en Dieu: fidélité et abandon* (1932) und schließlich – als eine Art Zusammenfassung – *Trois âges de la vie intérieure* (1938).[76] Allein schon diese Überschriften verweisen auf die grundlegende Aussage: Das Sich-Loslassen der Seele vor Gott reinigt und führt zur »visio beatifica«.[77] Seine früheren Schriften beherrscht allerdings noch ein anderes Anliegen, nämlich die Präzisierung des Verhältnisses von Askese und Mystik. Obwohl er deren Unterschied betont, sofern der »Mensch wahrhaft der Urheber jener Handlung ist, durch die Gott ihn bewegt«, so hält er dennoch fest, »daß die vollkommene Erfüllung des christlichen Lebens wenigstens in einzelnen Formen passiv empfangene Läuterungen voraussetzt, die der mystischen Ordnung angehören«.[78] In dieser Ansicht folgt Garrigou-Lagrange dem hl. Johannes vom Kreuz, den er im Lichte des hl. Thomas interpretiert.

Das theologische Werk hat in seinen Anliegen das spirituelle vorzubereiten. Nach *De revelatione* muß die Apologetik vom Glauben getragen sein, um richtig zu sein. Nun ist aber der Glaube ein Geschenk der Gnade. Folglich ist die Apologetik selbst ein Gnadengeschenk. Aus diesem Grunde gibt es auch keinen wichtigeren Traktat als den über die Gnade. Garrigou-Lagrange entfaltet diesen Gedanken in *La prédestination des saints et la grâce. Doctrine de St. Thomas comparée aux autres systèmes théologiques* (1935). Diese Schrift ist bereits im Artikel *Prédestination* des DThC (1934) enthalten.[79] Die Prädestination nämlich gehört zur Gnade: »In Gott ... folgt die Erwählung, die der Vorherbestimmung vorausgeht, der Liebe nach, sofern [diese] seine schöpferische und erhaltende Liebe jene [Gnade] in uns einformt, ohne daß sie bei uns Würdigkeit für die Liebe zur Bedingung machen würde«.[80] Außerdem löst sich das Problem der Prädestination in der »Versöhnung der beiden Prinzipien: dem der liebenden Erwählung und dem des für alle möglichen Heils. Einerseits kann nichts besser sein, als von Gott geliebt und unterstützt zu sein. Andererseits verlangt Gott aber niemals das Unmögliche.«[81]

Garrigou-Lagrange anerkennt hier freilich das Mysterium. Gleichzeitig ist er aber überzeugt davon, daß die menschliche Vernunft »capax Dei« ist. Sein philosophisches Werk läßt dem Geheimnis sogar ein wenig Platz. 1946 gibt er sein

---

[76] Vgl. M. B. Lavaud: *Le P. Garrigou-Lagrange. In memoriam*, in: RThom 64 (1964) 184–192.
[77] Nach A. Huerga: *P. Garrigou...*, a.a.O. Anm. 58, 472 ist Garrigou-Lagrange durch Gardeil Thomist geworden. Zur Mystik habe er hingegen durch seinen Lehrer P. Arintero, einen guten Kenner des hl. Johannes vom Kreuz, gefunden (ebd. 483–485).
[78] Vgl. M. B. Lavaud: *Le P. Garrigou-Lagrange. Maître spirituel. Témoignage d'un disciple et ami*, in: Vie spirituelle 111 (1964) 237–254, hier 243–245. Sein Werk über die Vorsehung folgt dem Buch *Abandon à l'amour de Dieu* (^{1}1861) des Jesuiten Jean-Pierre Caussade (1675–1751).
[79] DThC Bd. XII/2 (1934) 2935–3022.
[80] Ebd. 3004f.
[81] Vgl. *La prédestination des saints et la grâce*, P 1935, 9f.

Buch *Synthèse thomiste*[82] heraus, das eine Zusammenfassung der Lehre des hl. Thomas und seiner wichtigsten Kommentatoren sein will. Unter den zeitgenössischen Kommentatoren sucht man übrigens J. Maréchal vergebens. Dafür findet man L. Billot. Was die Alten anbelangt, so liest man Cajetan und Johannes a S. Thoma, Suarez hingegen entdeckt man nicht. Jedenfalls findet die Philosophie für Garrigou-Lagrange ihren Höhepunkt im Dienst an der Theologie. Sie dient dieser darin, daß sie uns auf der einen Seite das Übernatürliche rational näherbringt, auf der anderen Seite aber auch das Übernatürliche als solches sichtbar macht. Bei der konkreten Durchführung dieses Dienstes denkt Garrigou-Lagrange naheliegenderweise an die aristotelische Philosophie. Dafür zahlt er allerdings den Preis, daß er eine wirkliche Geschichte des Dogmas aus den Augen verliert.

Wie Gardeil bekennt sich Garrigou-Lagrange zum »Primat des Seins vor dem Werden«.[83] Bereits auf der Ebene der logischen Prinzipien dominiert nach seiner Ansicht das Identitätsprinzip. Folglich kann »die fundamentale Wirklichkeit nicht im Werden liegen«. Das, was zum Existieren kommt, ist nicht das Existieren selbst. Freilich »hat das Werden seinen Platz, einen zwar niedrigen, aber immerhin reellen«. Doch dies erklärt Garrigou-Lagrange nicht mehr.[84] Er löst das Problem des Werdens vielmehr durch einen Hinweis auf das Mysterium Gottes.

In *Dieu, son existence, sa nature* (1814) geht es ihm um die Widerlegung der »agnostischen Antinomien«. Nach einer etwas überheblichen Betrachtung der Problemgeschichte[85] legt dieses Werk die Beweisbarkeit der Existenz Gottes dar. Es wendet sich dabei gegen jede Kritik, die »im Namen einer von den Phänomenen oder vom Werden ausgehenden Philosophie erhoben wird«. Als Ausgangspunkt gilt: »Das Identitäts- bzw. Nichtwiderspruchsprinzip wird als das für den Gottesbeweis entfernteste Fundament erscheinen, das Prinzip vom zureichenden Grund hingegen als das nächste und das Kausalitätsprinzip sogar als das unmittelbar naheliegendste ... Jedenfalls muß die fundamentale Wirklichkeit das ... *ipsum esse subsistens* sein, und dieses ist konsequenterweise von der Welt wesenhaft unterschieden.« Diese These impliziert »eine abstrahierende Intuition des intelligiblen Seins und der ersten Seinsgesetze«.[86] Im Anschluß daran erläutert Garrigou-Lagrange die »quinque viae« des hl. Thomas. Im zweiten Teil des Buches befaßt er sich schließlich mit den Eigenschaften Gottes. 1920 erscheint dieser Teil als eigenes Buch: *Perfections divines*.

Das erste Werk, *Le sens commun* (1909), ist von der Auseinandersetzung mit E. J. Le Roy und H. Bergson beherrscht. Wie A. Gardeil vermutet Garrigou-Lagrange vor allem bei Le Roy eine Reduzierung der menschlichen Erkenntnis

---

[82] P 1946. Dieses Buch nimmt mehrere Passagen aus dem Artikel *Thomisme* im DThC Bd. XV/1 (1946) 823–1023 auf.
[83] Vgl. *Le réalisme du principe de finalité*, P 1932, 11. Für Garrigou-Lagrange wurzelt die Effizienzursächlichkeit in der Finalitätsursächlichkeit.
[84] Ebd. 32.
[85] *Dieu, son existence, sa nature*, P 1914, 43–53. Hier wird auch Blondel behandelt.
[86] Ebd. 106.

auf die reine Sinnlichkeit. Dies bedeutet für ihn aber eine »Negation des ontologischen Fundamentes der Dogmen«. Er kritisiert daher den »Nominalismus« von Le Roy, den er in eine enge Verbindung mit den Modernisten bringt. In der dritten Auflage 1922 fügt er noch grundsätzlich und abschließend zum Thema »sens commun et dogme« hinzu: Die Beziehung der beiden ist durch jene »traditionelle Philosophie garantiert ..., die sich zur völligen Unveränderlichkeit der ersten Prinzipien der Vernunft und der Wirklichkeit oder des *Seins* bekennt und die stets die Existenz Gottes, des stets mit sich selbst identischen Ersten Seienden, vertritt.«[87]

Für den Modernismus besitzt die Offenbarung eine praktische Bedeutung. Für die Scholastik hingegen ist das Dogma ein Wert in sich selbst. Dieser ist nicht auf das Wohl der Menschen hin finalisiert. Prinzipiell muß nach Garrigou-Lagrange jede Autonomie des Denkens bestritten werden. »Gott ist Gott, und ... wir, für uns selbst, sind ein Nichts.« Allein diese Position ist für ihn »realistisch und theologisch«.[88]

Mit dem Tod von Garrigou-Lagrange tritt der letzte dominikanische »Scholastiker« ab. Unter dem Einfluß von P. Mandonnet sucht der Orden seine eigene geistige Tradition neu zu entdecken. M.-D. Chenu und Y. Congar sind die wichtigsten Exponenten dieser Erneuerung. Unter ihrem Einfluß geht die ganze Kirche dem II. Vatikanischen Konzil entgegen.

Der Scotismus

Die franziskanische Schule ist nur wenig von ihren Quellen abgewichen. Ihre Handbücher sind im Geiste Bonaventuras und Duns Scotus' verfaßt.[89] Die kritische Bonaventura-Ausgabe wurde 1902 vollendet. Als bedeutendster Verteidiger des Scotismus ist Déodat de Basly zu nennen, der 1908 und 1911 zwei Bände über die franziskanischen Lehren herausgibt. 1928 folgt sein Hauptwerk *Assumptus homo*, das die scotistische Christologie zu erneuern sucht, die allerdings die Menschlichkeit Christi zuungunsten seiner Göttlichkeit hervorhebt.

Die Jesuiten

Louis Billot

Der am 12. Januar 1845 in Sierck (im Moselgebiet) geborene L. Billot tritt bereits als Priester in die Gesellschaft Jesu ein. Von 1871 bis 1879 unterrichtet er in Laval Exegese. Nach kurzer Zeit unterbricht er diese Jahre durch seine Tätigkeit als Prediger in Paris. Nach 1879 lehrt er Dogmatik am Institut catholique von Angers, am Scholastikat von Jersey (1882) und schließlich (ab 1885) an der

---

[87] *Le sens commun*, P⁴ 1936, 14.
[88] Ebd. S. XII–XIV.
[89] So z. B. G. Casanova: *Cursus philosophicus ad mentem D. Bonaventurae et Scoti*, 3 Bde., Ma 1894.

Gregoriana in Rom. 1911 wird er zum Kardinal erhoben.[90] Sein Engagement in der Action Française zwingt ihn jedoch, diese Würde 1927 wieder abzulegen.[91] Er stirbt am 18. Dezember 1931 in Galloro bei Rom.

Billot findet bei Thomas »die Leitideen, die seinen Weg lenken, die fruchtbaren Prinzipien, welche er durchdringt und mit einer seltenen intuitiven Begabung entfaltet«.[92] Seine spekulative Theologie entwickelt er ohne Bezugnahme auf die Probleme der Gegenwart und der Geschichte. Er liebt die Lehrer des 13. Jahrhunderts, die er deutlich von den Vertretern der »zweiten Scholastik« unterscheidet. Letzteren folgt er allerdings in der Gnaden- und Prädestinationslehre. Originell ist dabei seine ontologische Bestimmung der Person Jesu Christi: »Das Sein gehört zum innerlichen Grund seiner Person in der Weise, daß es verweist; [in der konkreten Realität] vollendet sich diese geheimnisvolle Einheit des *esse proprium* und der ersten Substanz.«[93] Im Falle Christi ist das Sein nicht geschaffenes Sein. Außer dieser Bestimmung verfaßt Billot bemerkenswerte Beiträge zur Frage der »Relationen« in Gott. Wichtigstes Werk dazu ist: *De Deo Uno et Trino. Commentarium in primam partem S. Thomae* (Rom ^{7}1926). Nicht übersehen werden kann schließlich seine These über die Ungläubigen: In seinen Augen gibt es einfach zahllose Menschen, die unfähig sind, verantwortungsbewußte Erwachsene zu werden.[94]

Joseph de Tonquédec

Tonquédec (geb. 1868 in Morlaix, gest. 1962 in Paris) ist lange Zeit hindurch Redakteur bei der Zeitschrift *Études*. Hier schreibt er über P. Claudel (1817), G. K. Chesterton (1920), K. Jaspers (1945). Darüber hinaus verfaßt er thomistische Abhandlungen zur Epistemologie (1929), zur Kosmologie (1956) und zur Psychologie (1962). Seine Werke, die besonders klar, aber ein wenig kurz gehalten sind, zeigen sich gut informiert. Sie zitieren E. Meyerson, G. Bachelard, M. Planck und L. de Broglie. Berühmt wurden seine Auseinandersetzungen mit H. Bergson (*Sur la philosophie bergsonienne*, 1936) und M. Blondel (*Immanence. Essai critique sur la doctrine de M. Blondel*, 1913). Vor allem die Polemik gegen Blondel erstreckt sich über Jahre. Noch 1950 bekämpft er die Blondel-Deutung von H. Bouillard.[95] Dabei wird sowohl sein übertriebener Intellektualismus als auch seine Nähe zur Action Française sichtbar.

---

[90] Vgl. J. Lebreton: *Son éminence le cardinal Billot*, in: Études 129 (1911) 514–525.
[91] Er gehorchte dem Papst, zog aber aus seiner persönlichen Überzeugung die Konsequenz (vgl. Études 210 [1932] 491f.); eine einseitig lobende Darstellung von Billot findet sich bei H. Le Flosh: *Le Cardinal Billot. Lumière de la théologie*, P 1947 (verfaßt 1932 mit eindeutiger Gegenposition zu einer demokratischen Idee – im Sinne des Front populaire).
[92] J. Lebreton: *Billot*, in: Cath. Bd. II (1949) 61–63.
[93] D. Foucher: *La notion de personne d'après Capreolus et Billot*, in: RThom 56 (1956) 659–687, hier 685.
[94] Seine rassistischen Artikel erschienen von 1919 bis 1922 in den Études.
[95] Vgl. H. Bouillard: *L'intention fondamentale de M. Blondel et la théologie*, in: RSR 23 (1949) 321–402; eine Replik erschien in: RSR 24 (1950) 98–105; siehe außerdem L. Jugnet: *Traditionnel et moderne. Le Père de Tonquédec*, in: La pensée catholique 84 (1963) 24–43, hier 37 Anm. 33.

Pedro Descoqs

Auch P. Descoqs (geb. am 2. Juni 1877 in Plomb [Manche]) unterrichtet wie Louis Billot am Scholastikat von Jersey. Hier entfaltet er seine Talente als Bibliothekar.[96] Um 1910 fängt er an, sich für Ch. Maurras zu interessieren. Er schreibt über ihn in den *Études* und den APhC, wobei er dessen Zweideutigkeit sowie die Fragwürdigkeit von dessen Gründung, der Action Française, hervorhebt. Dennoch fasziniert ihn Maurras: Dieser »incroyant et athée« weist für ihn auf die wahre organisatorische Verfassung der Kirche hin. Diese ist keineswegs die Demokratie, sondern eine Ordnung, welche die Mittelmäßigkeit jener überwindet.[97] In dieser Sicht gibt es jedoch kein Mysterium mehr. Die Kirche erschöpft sich darin, politisches Instrument zu sein. Deshalb ist es nach Descoqs nicht möglich, daß sich das Christentum mit den Ansichten Maurras' verständigen könnte – und zwar weder in theoretischer noch in praktischer Hinsicht. Allenfalls kurzfristige Kooperationen scheinen ihm sinnvoll zu sein.

Diese Position von Descoqs rief eine verheerende Kritik Blondels hervor, der dazu unter dem Pseudonym »Testis« in den APhC schrieb: »Sie trennen die Praxis zu radikal von der Theorie.«[98] Doch Descoqs ließ sich nicht beirren. Er verwies nicht nur auf die Dunkelheit des Glaubens, sondern meinte auch: »Die soziale Lehre der von Testis angegriffenen Monarchisten ... ist identisch mit einem großen Teil der katholischen Soziallehre«.[99] Im selben Jahr 1910 veröffentlichen die *Études* einen Brief von Pius X.,[100] in dem die Zeitschrift *Sillon* verurteilt wird – eine Zeitschrift, die jene Katholiken um sich scharte (darunter Freunde Blondels), die für die Demokratie eintraten. Descoqs hatte den *Sillon* sogar unterstützt, jetzt aber unterwarf er sich.[101] Ein Jahr später gab er seine in den *Études* und den APhC erschienenen Artikel als Buch heraus. Die Verurteilung der Action Française 1926 ließ dann aber diese Diskussion verstummen.

1924 gibt Descoqs in der *Bibliothèque des archives de philosophie* den *Essai sur l'hylémorphisme* heraus. Nach seiner Ansicht sind Materie und Form noch nicht genügend als Prinzipien der substantiellen Veränderung durchdacht. Er fordert daher eine neue Lektüre des hl. Thomas. Dabei stößt er jedoch viel weniger auf Thomas als auf Suarez. Die Werke *Institutiones metaphysicae generalis* (1924), *Thomisme et suarézianisme* (1926)[102] und *Thomisme et scolastique* (1927)[103] geben davon Zeugnis. In ihnen polemisiert er gegen die Kritiker der suarezianischen Tradition. Im selben Geist sind die zwei Bände der *Praelectiones theologiae naturalis* (1932–1934), die Zusammenfassung *Schema theologiae naturalis* (1941) und *Autour de la crise du transformisme* (1944) verfaßt.

---

[96] Vgl. G. Picard: *In memoriam. Le P. Pierre Descoqs*, in: ArPh 18 (1949) 134.
[97] Vgl. *A travers l'œuvre de Maurras*, in: Études 120 (1909) 153–186, 330–346, 593–641; 121 (1909) 602–628, 773–786; *Monophorisme et Action Française*, in: APhC 159 (1910) 225–251.
[98] APhC 159 (1909/10) 5–21, 162–184, 245–278, 372–392, 449–471, 561–592; 160 (1910) 225–251.
[99] Ebd. 160 (1910) Zitat 239 und 228.
[100] 125 (1910) 106–127.
[101] Vgl. Études 123 (1910) 6/8–685. Diese Unterstützung des *Sillon* beweist die politische Wendigkeit von Descoqs (hierin das genaue Gegenteil zu Billot).
[102] ArPh 4 (1926) 82–192.
[103] ArPh 5 (1927) Cahier 1.

Descoqs meint nicht, daß seine suarezianische Denkform der päpstlichen Empfehlung zugunsten des hl. Thomas widerspricht. Er ist vielmehr mit seinem Ordensgeneral W. Ledochowski und dessen Brief vom 8. Dezember 1916 darin einig, daß man im Detail auch andere Wege als der hl. Thomas verfolgen könne. Ein solches Detail ist die Realdistinktion von Wesen und Sein. Descoqs hält diese im Sinne des hl. Thomas für richtig, er begründet die »distinctio realis« jedoch auf nicht-thomistische Weise. Ähnlich verfährt er bezüglich der Eigenschaften Gottes. Thomas hat in seinen Augen auch geirrt, etwa in der Frage der »immaculata conceptio«. Warum sollte er sich dann nicht gegebenenfalls auch in der Metaphysik geirrt haben?

Besonders diskutiert wird die Besonderheit von Suarez in den beiden Aufsätzen *Thomisme et suarézianisme* bzw. *Thomisme et scolastique*. Im Zentrum steht wieder die »distinctio realis«. Descoqs meint, daß er sie mit suarezianischen Kategorien viel realer denken könne als die Neuthomisten, die sie zu einer bloß vom Verstand unternommenen Unterscheidung herabsetzen. Er verfolgt sodann die Konsequenzen seiner Überlegungen bis in die Inkarnationstheologie hinein.

Charles Boyer

Ch. Boyer (geb. am 4. Dezember 1884 in Pradelles [Haute-Loire], gest. am 23. Februar 1980 in Rom) war vor allem Philosophielehrer am Scholastikat in Vals und an der Gregoriana. Längere Zeit hindurch betätigte er sich als Sekretär der Accademia Romana di S. Tommaso. Deren Zeitschrift *Doctor Communis* gab er von 1934 an heraus. Unter seiner Leitung erschienen bereits die Akten des ersten internationalen Thomistenkongresses 1930.

Sein *Cursus philosophiae*, der 1935 erschien, gibt in bemerkenswerter Klarheit und Übersichtlichkeit einen Einblick in den Gesamtaufbau der Philosophie.[104] Daneben verfaßte er mehrere theologische Traktate: *De trinitate, De verbo incarnato, De gratia* und *De deo creante et elevante*.

Wichtig wurden jedoch seine Schriften zu Augustinus. Erwähnt seien *Augustin* (1920, neu ediert 1947 und 1965), *Christianisme et néoplatonisme dans la formation de St. Augustin* (1920) und *L'idée de vérité dans la philosophie de St. Augustin* (ebenfalls 1920).[105] Er vertritt darin die These, daß Augustinus noch vor der Lektüre von Plotin zum Christentum gefunden habe. Außerdem hält er die Denkformen von Augustinus und Thomas für vereinbar. Er stimmt in diesem Punkt mit Gilson überein. Auch die 1932 publizierte Schrift *Essai sur la doctrine de St. Augustin* weist in diese Richtung. Boyer geht sogar so weit, daß er in einer Polemik gegen das Werk *Surnaturel* von H. de Lubac Augustinus ganz in den Thomismus hineinzieht.[106]

---

[104] Vgl. G. Giannini: *Un maestro: P. Charles Boyer SJ*, in: Filosofia e vita 1 (1960) 56–59.
[105] Vgl. G. Giannini: *Il contributo dal Padre Boyer alla migliore conoscenza di San Agostino*, in: Doctor Communis, Sonderband (1986) zum Thema *Agostino e Tommaso*. Siehe auch von Boyer selbst den Artikel *Le sens d'un texte de St. Thomas*, in: Gr. 5 (1924) 424–443.
[106] In: Gr. 28 (1947) 394f. Vgl. dazu, was H. de Lubac in seiner Ausgabe der *Lettres de Mr. Étienne Gilson au père de Lubac*, P 1986, 87 Anm. 10, meint.

Erneuerung des Thomismus

Régis Jolivet

Msgr. Régis Jolivet hat sein Leben lang in Lyon gelebt. Geboren wurde er am 8. November 1891. Im Jahre 1914 erhielt er die Priesterweihe. Nach dem Krieg unterrichtete er zuerst an der theologischen Fakultät und anschließend am Institut catholique. Hier legte er seine erste, nicht publizierte These über den *Réalisme cartesien* (1921) vor. Publiziert wurden dafür die Werke *La notion de substance. Essai historique et critique sur le développement des doctrines d'Aristote à nos jours* (Paris 1929) und *Problème du mal chez Augustin* (Paris 1936). Mehrere wissenschaftliche Gesellschaften (vorwiegend italienische) wählten ihn zum ordentlichen Mitglied. 1963 wurde er zum päpstlichen Hausprälaten ernannt. Sein Tod fiel in das Jahr 1966.

Das Werk Jolivets ist enorm groß.[107] Immer wieder kreist es aber um Augustinus und die Metaphysik. Zu Augustinus veröffentlicht er nicht nur neben dem bereits genannten Buch die Schriften *Le néoplatonisme chrétien* (1932) sowie *L'illumination* (1934), sondern auch mehrere Übersetzungen und Werkausgaben (1939 und 1961). Besonders beeindruckt ist er vom existentiellen Denken des hl. Augustinus, das abstrakte Spekulationen vermeidet. Für ihn bleibt der Bischof von Hippo »stets auf die einfachen irdischen Verhältnisse bedacht, voll von konkreter Psychologie«. Unter seinem Einfluß befaßt er sich (ab 1946) mit dem Existentialismus Kierkegaards und Sartres.

Bemerkenswert ist seine Fassung des Substanzbegriffes. Er geht dazu vom »Cogito« des Subjekts aus. In diesem vermutet er nämlich den Archetyp der Substanz, sofern es sich in allen psychologischen Zuständen durchhält. Doch deshalb schließt er die objektive Substanz nicht aus. Im Gegenteil, er setzt diese als die innere Wesensmitte jedes Seienden an. Zu ihr gelangt man über die Phänomene. Das Problem ist nur, wie man die Objektivität der Substanz eines Seienden fassen kann. In *Le thomisme et la critique de la connaissance* (Paris 1933) hält Jolivet fest, daß es entscheidend ist, das Sein (»esse«) als Gabe an das Denken zu verstehen. Das Sein ist niemals eine bloße Funktion des Denkens. Dieser »thomistische« Realismus zielt somit keineswegs darauf ab, die Existenz von denkunabhängigen Seienden zu beweisen, sondern darauf, »den Seinswert der intellektuellen Erkenntnis selbst« zu bekräftigen. Derart argumentieren auch *L'intuition intellectuelle et le problème de la métaphysique* (1934), der Traktat *Métaphysique* (1941) und *Le Dieu des philosophes et des savants* (1956).

In *L'homme métaphysique* (1958) kommt Jolivet auf die Verbindung zwischen Reflexion und Existenz zurück. »Die Metaphysik erscheint uns in ihrem tiefsten und umfassendsten Sinn als bleibende Anstrengung der Menschheit, um unter verschiedensten Ausdrücken des Seins, des Denkens und des Wertes, historisch und individuell verschieden erlebt, auf unterschiedlichsten Ebenen das Absolute

---

[107] Eine vollständige Bibliographie findet sich in: A.V.: *La philosophie et ses problèmes. Recueil d'études de doctrine et d'histoire offerts à Mgr. R. Jolivet*, Ly 1960, 2–8.

zu erreichen, das uns seinerseits von innen her durch seine schöpferische Tätigkeit zur Metaphysik drängt« (115). Das metaphysische Problem aber ist religiös. Es wurzelt in unserer Existenz und entspringt der Erfahrung, daß es überhaupt etwas gibt. Zu lösen ist dieses Problem letztlich über die Substanz, das »In-sich« eines Seienden. Die Substanz ist nämlich das, was sich von sich selbst her gibt. Sie ist Ausdruck des Sich-Schenkens des Seins.[108] Jolivet erläutert diesen Gedanken auch in seiner Schrift *Cogito. De Rosmini à Lachelier* (Paris 1954). Wie der Titel schon sagt, steht hier wieder die Substantialität des »Cogito« im Vordergrund. Um in dieser Frage den Solipsismus zu vermeiden, weist der *Essai sur le problème et les conditions de la sincérité* (Lyon 1950) auf das Phänomen der Intersubjektivität hin.

Aimé Forest

Forest gehört zu den weniger bekannten katholischen Denkern. Dennoch ist er einer der zukunftsweisenden Erneuerer der thomistischen Philosophie. Geboren wurde er am 18. Februar 1898 in Roman. Er war korrespondierendes Mitglied des Institut de France und Lehrer in Montpellier. In Limoges starb er im Jahr 1983. Sein wichtigstes Anliegen bestand in der Versöhnung von Thomismus und Subjektivitätsphilosophie. Schon seine Dissertation *La structure métaphysique du concret selon St. Thomas d'Aquin* (Paris 1931), die unter dem Einfluß von Gilson steht, weist in diese Richtung. Lange Zeit war er vom französischen Idealismus so fasziniert, daß er sogar den Thomismus von den Anliegen der »philosophie de l'esprit« her begriff.[109] Zwar verfaßte er vorwiegend meditative Werke,[110] d. h. er schrieb keine thomistischen Traktate im engeren Sinn, doch seine Bücher zeugen von großer spekulativer Tiefe. Immer wieder ging es ihm dabei darum, den thomistischen Realismus mit den Forderungen der Reflexionsphilosophie zu vermitteln. »Sein« und »Geist« mußten in ein richtiges Verhältnis gebracht werden: »Wenn die Metaphysik die Suche nach dem Grundlegenden ist, so erscheint sie zunächst als Enthüllung des Selbstseins und als Begreifen des Subjekts in seinem Vollzug, aus welchem wir wiederum die wahrhafte Tragweite unserer Beziehung zum Sein erfassen.«[111]

Wichtig für Forest wurde sodann die Einsicht, daß das Denken aus einer Beschenkung heraus lebt. Gegenstand dieser Beschenkung ist das Sein als Gabe. Mit Bernhard von Clairvaux sieht Forest die Erfüllung des Denkens in der Liebe. Zum Sein gehört für ihn daher auch die Schönheit. Denn wie diese hat es sein Wesen darin, daß es sich selbst gibt.[112]

---

[108] Vgl. S. Breton: *L'itinéraire philosophique de Mgr. Jolivet ou la fidélité créatrice*, in: A.V.: *La philosophie...*, a.a.O. Anm. 107, 9–19, hier 12f.
[109] Vgl. bes. *Thomisme et idéalisme*, in: RNSP 37 (1934) 317–336.
[110] *Consentement et création*, P 1943; *La vocation de l'esprit*, P 1953; *L'avènement de l'âme*, P 1978.
[111] *Orientations actuelles de métaphysique*, in: RPL 6 (1951) 655–682, hier 656.
[112] Vgl. P. Fontan: *Le réalisme spirituel de Mr. A. Forest*, in: RThom 56 (1956) 283–299; P. Masset: *A. Forest, une métaphysique spirituelle*, in: Études philosophiques 39 (1984) 289–309; J. Moreau: *A. Forest et l'idéalisme métaphysique*, in: Études philosophiques 38 (1984) 311–319.

Joseph de Finance

J. de Finance de Clairbois (geb. am 30. Januar 1904 in La Canourgue) trat 1921 in die Gesellschaft Jesu ein. Nach seiner Ausbildung in Vals, die übrigens von der suarezianischen Tradition getragen war, von der er sich später distanzierte, wurde er hier an seiner Ausbildungsstätte auch Philosophielehrer. Seine Dissertation behandelte *L'être et l'agir dans la philosophie de St. Thomas* (1939, 1945 als Buch in Paris erschienen). Eine weitere These trug den Titel *Le cogito cartésien et la réflexion thomiste* (Paris 1945). 1953 publizierte er sein berühmtes Werk *Existence et liberté*. Darin ging es ihm darum, vom ontologischen Vorrang des Willens vor der Vernunft ausgehend eine Ethik zu entfalten. Seit 1955 lehrte de Finance an der Gregoriana in Rom. Hier publizierte er seine Kurse: *Ethique générale* (1956), *Essai sur l'agir humain* (1962) und *L'affrontement de l'autre. Essai sur l'altérité* (1973). Daneben erschienen aber auch selbständige Veröffentlichungen wie etwa *Connaissance et l'être. Traité ontologique* (Paris 1966) und *Citoyen de deux mondes. La place de l'homme dans la création* (Paris 1980).

Das Werk von de Finance ist, wie man sieht, der Verbindung von Metaphysik und Ethik gewidmet.[113] Wie Thomas versteht er das Sein als »actus«, nicht nur als Begriff. Richtungsmäßig bekennt er sich jedoch zum belgischen Neuthomismus, der auf J. Maréchal zurückgeht. Offen grenzt er sich daher von den »Seins«-Deutungen P. Geigers und B. Romeyers ab.

In *L'être et l'agir* ist der Dynamismus des Geistes für de Finance zunächst ein Phänomen des »intellectus«. Doch bald schon zeichnet sich ab, daß diesem Dynamismus eine andere Ordnung zugrunde liegt. Sie wird mittels einer reflexiven Analyse eruiert. »Die Spannung zwischen der stets bestimmten und begrenzten Idee und dem Akt des Denkens, von der die reflexive Analyse zeugt..., ist die Antwort auf die innere Spannung zwischen den Grenzen eines Wesens einerseits und den unendlichen Möglichkeiten des verwirklichenden Actus desselben andererseits innerhalb eines jeden Seienden« (S. VI). Die Schrift über das *Cogito cartésien* setzt bei dieser These an, erblickt aber die Erfüllung des Seinsaktes überhaupt in der Freiheit: »Die Freiheit ist wesenhaft die Herrschaft eines Geistes, der sich seiner höheren Finalität bewußt ist, über alles, was sich ihm als nur begrenzte Anteilhabe an diesem Ziel bekundet« (178). Natürlich ist dies nicht ganz »thomistisch«. Aber für de Finance gibt es einen Fortschritt innerhalb des Thomismus. Nach seiner Ansicht ist dieser dort geboten, wo das etwas intellektualistische Erbe des Aristoteles überwunden und die Seinstheorie des hl. Thomas bis in ihre Konsequenzen hinein verfolgt werden muß.[114]

Im Gegensatz zu A. Gardeil betont de Finance auch die Bedeutung des »actus secundus«, d. h. des unmittelbaren Existenzaktes. »Existieren« bedeutet für ihn

---

[113] Vgl. C. Desjardins: *La contribution du P. de Finance à la philosophie morale*, in: Sciences ecclésiastiques 18 (1966) 65–95.
[114] Vgl. *Valeurs et tâches actuelles du thomisme*, in: Aquinas 3 (1960) 136–150, hier 148. In der Zwischenzeit ist nachgewiesen worden, daß Thomas selbst seinen Intellektualismus zugunsten ethischer Fragestellungen abgeschwächt hat. Siehe dazu H. M. Manteau-Bonamy: *La liberté de l'homme selon St. Thomas d'Aquin*, in: AHDL 53 (1979) 7–34.

nämlich, daß sich etwas eine Wesenheit gibt: »Existieren heißt nicht nur: gesetzt sein, sondern gleich ursprünglich: sich setzen.« Im geistigen Sein sind es sowohl die Erfahrung mit der Affirmation als auch die Erfahrung mit der Liebe, die dem Geist sein Wesen erschließen. Zu jeder Existenz gehört eine Essenz. Das gilt auch für Gott.

Damit ist schließlich die Realdistinktion zwischen Wesen und Existenz angesprochen, an der de Finance unbedingt festhält. Wie Thomas begreift er Wesen und Existenz vom Vollzug des »actus essendi« her. In ihm vermitteln sie sich zum konkreten Seienden.

Um die Jahrhundertmitte fängt das katholische Denken in Frankreich an, die intellektualistisch orientierte Scholastik zurückzulassen. Bemerkenswerterweise tut es dies aber, indem es das thomistische Seinsverständnis tiefer erfaßt. Über das »esse« des hl. Thomas findet es zum Dialog mit den modernen Philosophien, die sich dem konkreten Menschen, seiner Geschichte, seiner gesellschaftlichen Bestimmtheit usw. zuwenden. Erscheint als erster Partner der Existentialismus, so dürften jetzt die Humanwissenschaften im allgemeinen diese Funktion übernommen haben. Die Probleme, auf die der Modernismus hingewiesen hat, sind damit wieder dringlich geworden.

PAUL GILBERT

Pierre Rousselot (1878–1915)

BIOGRAPHIE

Pierre Rousselot wurde am 29. Dezember 1878 in Nantes geboren. Er wuchs im strengen Glauben seiner Familie auf. Der Erziehung durch die Jesuiten in Le Mans folgte im Alter von 16 Jahren der Eintritt in das Noviziat im Exil (Canterbury, England). Im Jahre 1908 wurde er zum Priester geweiht und erwarb den Doktorgrad für Philosophie an der Sorbonne. Nachdem er 1909 an das Institut catholique berufen wurde, entwickelte er seine berühmte Lehre vom Glaubensakt. Die Anstrengung der Lehrtätigkeit, das dritte Probejahr und der Krieg verhinderten jedoch die Publikation seiner Gedanken. Nach der Einberufung zum Militärdienst fand er, einem unvernünftigen Befehl gehorchend, am 25. April 1915 in Eparges den Tod; sein Grab ist unbekannt.

Trotz seines frühen Todes schuf Rousselot die Grundlage für ein radikales Neudenken der thomistischen Synthese. Während die Seminarausbildung den Wert des begrifflichen Wissens überbetonte, drängte das säkularisierte Denken den wissenschaftsgläubigen Determinismus allmählich zugunsten eines verjüngten Idealismus und Intuitionismus Bergsonscher Prägung zurück. Der Modernismus wiederum führte zu einer Relativierung von festen Begriffen und dogmatischen Sätzen. Er machte damit auf die Gefahren aufmerksam, die aus einer Berufung auf das bloße Gefühl, einen Dynamismus oder die Intuition erwachsen können. Alle diese drei Formen stellten für Rousselot jeweils einen einseitigen Zugang zur Realität dar. Obwohl er von Blondels Ansichten, speziell von der zentralen Bedeutung Christi, stark angezogen war, schreckte er doch davor zurück, den Primat einem letztlich irrationalen Willen zuzuschreiben. Seine eigene Interpretation des hl. Thomas legte im Gegenzug dazu jenen Dynamismus frei, der dem intellektuellen Wissen selbst innewohnt. Wo der hl. Thomas das Universum eines Aristoteles, das in seinem Wesen dem endlichen Geist begreifbarer ist, mit seiner Teilhabe-Metaphysik plotinischer Prägung, bei der von einer existentialistisch verstandenen dynamischen Rückkehr des Geistes zu seinem Ursprung auszugehen ist, synthetisiert, sahen die meisten Interpreten fast nur die aristotelische Komponente und verteidigten daher die Möglichkeit einer rein begrifflichen Erkenntnis des Seins. Rousselot brach jedoch mit dieser alten Interpretation, um statt dessen einerseits die platonisch-plotinischen Elemente bei Thomas in den Vordergrund zu rücken und um andererseits den Vorrang des Urteils vor dem Begriff festzuhalten.

So großartig diese Entdeckung auch war, Rousselot erwies sich selbst als sein unnachgiebigster Kritiker. Innerhalb von sechs Jahren verwarf er zweimal die Synthese, die ihm vorschwebte. Noch kurz vor seinem jähen Tod war er dabei, einen neuen Entwurf zu erarbeiten.[1]

DIE SYNTHESE VON 1908

Platonische Erneuerung

Die Neuthomisten überwanden den Konzeptualismus des Suarez, indem sie eine Ordnung des Seins jenseits des Wesens annahmen. Rousselot radikalisierte ihre Position, indem er noch einen Vorrang der existentiellen vor der essentiellen Ordnung annahm. In einem kühnen Entwurf beschrieb er den endlichen Intellekt im Hinblick auf sein letztes Ziel, die intuitive Schau Gottes, d. h. des unendlichen Seins, an dessen Fülle alle Wesen teilhaben. Es gibt demnach für ihn in allen geistigen Geschöpfen ein natürliches Verlangen, ihre jeweils erste Ursache in diesem Sein zu erfahren. Dieses Verlangen des Geistes findet weder durch die Kenntnis einer Zweitursache noch durch eine Darstellung des Absoluten in einer endlichen Vorstellung Befriedigung. Solange der Geist das Sein empfängt und deswegen die Potentialität in sich einschließt, strebt er als endlicher Geist nach der unendlichen Fülle dieses höchsten Aktes, nach der Vereinigung mit dem Sein.

Diese Definition des menschlichen Intellekts als »capax Dei« relativiert alle Formen des rationalen Denkens. Die »ratio«, das menschliche Verstehen unter den Bedingungen der Körperlichkeit, kann die dem »intellectus« vorbehaltene Vollendung lediglich »nachahmen« oder »abbilden«. »Necessitas rationis est ex defectu intellectus« (IST 73, 58, 59). Analog dieser Relativierung vom Zielpunkt her ergibt sich aber auch eine Relativierung der »ratio« von ihrem Ausgangspunkt her. Der unendliche Gott durchdringt in geistiger Weise die ganze Realität, sogar die »materia prima«, da alles an seinem Sein teilhat. Eine unbestimmte »absolute Natur«, welche durch rationale Abstraktion erkannt wird, repräsen-

---

[1] Die wichtigsten Werke Rousselots (vgl. Bibliographie) werden im Text mit folgenden Abkürzungen geführt:
AS = Amour spirituel et synthèse aperceptive.
EE = L'Etre et l'esprit.
IST = L'Intellectualisme de saint Thomas.
MT = Métaphysique thomiste et critique de la connaissance.
PA = Pour l'histoire du problème de l'amour au Moyen-Age.
Y = Les yeux de la foi.
Die Angaben beschränken sich auf ein Minimum. Zu einer genaueren Dokumentation vgl. J. McDermott: *Love*.

tiert somit nicht mehr in adäquater Weise die Realität. Vielmehr sind die materiellen Einzelwesen selbst Realität; jedes von ihnen trägt zum Reichtum und zur Erkennbarkeit seiner Art bei. Da ein Wissen über diese materiellen Einzelwesen allein über den Weg einer Reflexion auf den rationalen Abstraktionsprozeß gewonnen wird, macht diese Dualität alle abstrakten Begriffe »analog«. Der daraus resultierende fundamentale Nominalismus der thomistischen Erkenntnislehre erlaubt einen theologischen Pluralismus und eine mögliche Neufassung der Dogmen.

Mit dieser Teilhabe-Metaphysik hängt Rousselots Auffassung von der Liebe zusammen. Dieser Lehre zufolge gehören die Konflikte zwischen der Liebe zu Gott und der Selbstliebe lediglich der Welt der Erscheinungen an. Sie haben ihre Ursache in der »Gabelung« des durch die Materialität verstellten menschlichen Geistes. Anstatt die Kontinuität zwischen dem Sein und den an diesem Sein Teilhabenden zu erkennen, hält der Verstand an begrifflichen Abstraktionen fest. Aufgrund dessen kommt es zu einem Nebeneinander, ja sogar zu einem Gegeneinander von Gott und Mensch. In Wahrheit schließt authentische Selbstliebe aber die Liebe zu Gott als Quelle alles Guten ein. Eine in diesem Sinne richtig verstandene Liebe zum eigenen Ich erhebt die Person notwendig über die Grenzen des Individuellen hinaus und führt sie zu einer Vereinigung mit dem unendlichen Gott. Von diesem höheren Standpunkt aus gesehen verschwinden alle Dualismen, und es enthüllt sich die volle Bedeutung der begrenzten Teilhabe des Geschöpfes am unendlichen Leben Gottes.

Aristotelische Elemente

Geringer ins Gewicht fallend als die von Platon ausgehenden Anregungen, aber dennoch nachweisbar sind jene Texte, welche einerseits den Wert von Begriffen, d. h. die Möglichkeit absoluter Urteile auf der Basis klar definierter Prinzipien der Vernunft betonen und andererseits an der unumstößlichen Wahrheit der Dogmen festhalten. Zu diesen offensichtlichen Widersprüchen treten zwiespältige Aussagen über die zentralen Begriffe der Totalität und des »Seins«. Obwohl der »intellectus« von seiner Macht her gesehen wird, alles (»tout«) zu werden, schwankt die Bedeutung dieses »alles«. So wird es einmal als Totalität der endlichen Welt verstanden, dann aber meint es auch Gott selbst, wie er im Zustand glückseliger Schau wahrgenommen werden wird. Das »Sein« selbst bezieht sich demnach in gleicher Weise auf das Ganze der Welt wie auf Gott. Tatsächlich läßt sich an vielen Texten Rousselots der Nachweis führen, daß seine Argumentation einmal in die eine und dann wieder in die andere Richtung weist. Dies ist der Fall, obwohl die endliche Welt aus individuellen Entitäten besteht, aus deren Zusammenhang sie hervorgeht, der unendliche Gott jedoch von all diesen Formen der Teilhabe an ihm nicht tangiert wird. Rousselot war sich des Unterschiedes zwischen den Teilen und der Teilhabe natürlich bewußt, trotzdem gebrauchte er etwa Beispiele für eine zusammengesetzte Totalität, in der die Teile dem Wohl des Ganzen dienen (der Arm dem Kopf, der Bürger der Stadt), und versuchte damit zu zeigen, wie sich eine individuelle Person Gott als ihrer vorausgehenden Totalität unterordnet. Dazu heißt es noch: »Was der hl. Thomas von den *Teilen* sagt, das denkt er noch mehr von den *Teilhabenden*« (PA 12).

Diese Sprünge aus einem Bezugssystem in ein anderes sind nicht zufällig. Rousselot postuliert im Universum eine zweifache Finalität, die sich im Menschen wiederfindet. Die erste liegt in jener Einigung mit Gott, die den geistigen Geschöpfen möglich ist. Die zweite hingegen erweist sich aus der Nachahmung Gottes, die für alle Geschöpfe Gültigkeit hat, ob sie nun geistiger Natur sind oder nicht. Diese Form der Nachahmung stellt eine erkennbare Einheit her, die am Sein Gottes teilhat. Rousselot sieht zwischen beiden Gesichtspunkten keine absolute Unverträglichkeit: »pars non dividitur contra totum« (IST 29f.). Mag auch der Anschein eines Widerspruches zurückbleiben, er wird auf jeden Fall durch die Erhebung des Menschen in die übernatürliche Ordnung vollständig überwunden, die in einer dynamischen Teilhabe am göttlichen Leben besteht, welche sich in der glückseligen Schau vollendet.

Rousselot führt tatsächlich eine doppelte natürliche Ordnung ein. Die erste entnimmt er dem Aristotelismus: Die materielle Welt setzt sich aus Teilen zusammen, die einander ergänzen und dadurch die Grundlage für gültige rationale Abstraktionen abgeben. Die zweite hingegen stammt aus dem Platonismus, der in der Weise umgestaltet wird, daß eine dynamische Teilhabe der einzelnen Seienden am unendlichen Sein gedacht werden kann. Zwischen Platon und seinem Schüler gibt es nach Rousselot keinen absoluten Gegensatz. Er weist daher auf platonische Elemente im Denken des Aristoteles hin: Obwohl die aristotelische Seele die Form des Körpers ist, erreicht sie das Ideal ihrer Natur und ihres Handelns nur in der Trennung von diesem. Eine der Natur gemäße Lebensführung bedeutet, im Einklang mit dieser Welt zu leben, zugleich schließt menschliches Glück Teilhabe am Göttlichen ein. Doch erst durch die christliche Offenbarung wird der stumme Appell der aristotelischen Natur nach etwas Transzendentem klar genug, um philosophisch zureichend erfaßt werden zu können. Die Gnade setzt nämlich – derartiges überschreitet die aristotelische Philosophie – die dynamische Bewegung der Natur voraus, sie verstärkt und garantiert die Möglichkeit ihrer Erfüllung.

Der ursprüngliche Adam

Das Nebeneinander zweier Philosophien sichert deren Vereinbarkeit keineswegs. Wenn alles Seiende, sogar die »materia prima«, auf die Erkennbarkeit in Gott ausgerichtet ist, an dessen Unendlichkeit es teilhat, ist dann nicht die Grundlage für den von der aristotelischen »ratio« vorausgesetzten Abstraktionsprozeß unterlaufen? Die Erkennbarkeit der materiellen Wirklichkeit ergibt sich aus dem Netz der Beziehungen innerhalb der materiellen Welt, in der jeder Teil zur Verstehbarkeit jedes anderen beiträgt. Wenn nun aber diese Welt, die sich durch interne Beziehungen konstituiert, potentiell auf Unendlichkeit angelegt ist, wie kann sich dann ein endlicher Geist anmaßen, das Ganze oder auch nur einen Teil davon zu begreifen? »Die Bedingung für das vollständige Begreifen eines Teiles wäre mit dem Besitz der absoluten Einheit des Ganzen identisch« (IST 18).

Tatsächlich hatte Rousselot aber kein bloßes Nebeneinander im Sinn. Dazu mußte freilich das aristotelische System gewissen »Deformationen« unterzogen werden, bevor ihm innerhalb der neuen Synthese sein rechtmäßiger Platz zugewiesen werden konnte. Rousselot ging im Hinblick darauf von einer begrenzten Welt aus, von einem harmonischen, dem Menschen zugänglichen Ganzen, das in seiner zeitlichen Entfaltung und in allen Einzelheiten allerdings nicht von diesem, sondern höchstens von einem Engel überblickt werden könnte. Wenn eine Reihe potentiell unendlich ist, sind begriffliche Abstraktionen der Relativierung und dem Widerspruch unterworfen. Ist eine Reihe jedoch begrenzt, so können solche Abstraktionen a priori reale Möglichkeiten werden. Rousselot postuliert nun als metaphysisches Prinzip einer solchen Begrenzung für den Menschen die ganzheitliche, sinnlich-geistige Intuition eines ursprünglichen Adam, die jede Einzelheit des materiellen Seins durchdringt. So wie sinnliche Eigenschaften auf ein aufnehmendes Organ bezogen sind, so ist die gesamte materielle Wirklichkeit auf den Menschen bezogen. Alles Seiende wiederum existiert nur insoweit, als Gott es erkennt. Da Gott aber als reiner Geist keine Sinneserkenntnis hat, muß die endlich-materielle Wirklichkeit in der Weise, wie sie existiert, durch den Menschen vermittelt werden. Gott versteht sie allein im und durch den menschlichen Geist. Weil also die Einheit der Welt nicht erst a posteriori aus einer Vielheit endlicher bewußter Wesen begründet werden kann, ist ein ursprünglicher Adam notwendig, der die Einheit der Welt sichert und deren Realität Gott und den Engeln vermittelt.

Dieser »Adam« sorgt somit für ein natürliches Prinzip der Einheit des materiellen Universums. Zugleich ist er sich in seinem endlichen Bewußtsein der weiter ausschöpfbaren Potentialität innerhalb der Ordnung des »esse« bewußt. So wird eine Vermittlung der rationalen mit der teilhabenden natürlichen Ordnung ermöglicht. Mehr noch, da Rousselot diesen Adam faktisch mit Jesus Christus identifiziert, wird der Unterschied zwischen der natürlichen, auf Teilhabe beruhenden und der übernatürlichen Ordnung minimalisiert. Und diese »sakramentale« Sicht der Wirklichkeit, die Vereinigung von Unendlichem und Endlichem, von Materie und Geist, ist im Denken Rousselots so stark verwurzelt, daß er niemals die Möglichkeit jener Intuition, welche die unendliche Vielzahl der konkreten Erfahrungen umschließt, in Frage stellt. Wirkliche Schwierigkeiten entstanden für ihn auf ganz anderen Gebieten.

Das Verhältnis von Vernunft und Wille

Als Schüler des hl. Thomas hat Rousselot den Voluntarismus entschieden abgelehnt. Er maß die Ränge der geistigen Fähigkeiten an ihrem Vermögen, die unendliche Sehnsucht des Menschen, in den beseligenden Besitz Gottes zu gelangen, zu befriedigen. Von daher gesehen wurde der Wille, das Vermögen des Strebens nach etwas, der Vernunft, der Fähigkeit des Begreifens, untergeordnet. Die Vernunft besitzt Gott unmittelbar, der Wille hingegen erfreut sich erst nachträglich eines Gutes, das er bereits besitzt. Das Leben des Menschen auf dieser Erde ist nun aber weit von der Vollkommenheit der Vernunft entfernt. Die Materialität, das Leben in Sünde, die Gnade und die Notwendigkeit moralischer Entscheidungen kehren die Prioritäten häufig um. In vielen entscheidenden Fällen, z. B. in Fragen des Glaubens, des konnaturalen Wissens oder bei praktischen Entscheidungen, übt der Wille die Herrschaft über die Vernunft in ihren rationalen Vollzügen aus.

Der richtige Gebrauch der Freiheit auf Erden ist die Voraussetzung für die Gnade der unmittelbaren Schau Gottes. Rousselot erklärt die Möglichkeit von Freiheit, indem er seine Vorstellung von der doppelten natürlichen Ordnung heranzieht und dabei einige alte Probleme in dieser Frage löst. Bestünde die Freiheit darin, daß der Wille jene geistige Vorstellung (»species«) auswählte, die ihn am Ende »informiert«, dann könnte die Vernünftigkeit dieser Wahl in Frage gestellt werden. Denn was bewegte den Willen dazu, diese oder jene Vorstellung gegenüber allen anderen auszuwählen? Wenn irgendeine endliche Vorstellung rational ganz bestimmend werden könnte, wäre der Wille determiniert. Mit Thomas will Rousselot die Übereinstimmung des praktischen Urteils mit der Wahl aufrechterhalten, damit weder die Kontinuität im Sein zerstört noch der Wille einem notwendigen Determinismus unterworfen wird. Deswegen zieht er es vor, Freiheit als »das Vermögen, über ein Urteil zu urteilen« (libertas in arbitrium) (IST 206), zu definieren. Die Ordnung des Verstandes (ratio) mit ihrer klaren Differenzierung der einzelnen Vermögen und endlichen Vorstellungen gibt keinen zwingenden Maßstab für eine Wahl ab. Erst in der Überschreitung dieser Begrenzung kann ein Urteil über die Vorstellung gefällt werden.

Die dynamische Ordnung erklärt auch das Rätsel von Zufall und Notwendigkeit: Wenn unser Geist allgemeingültigen Gesetzen gehorcht, dann verbleibt kein Raum für Zufall und Freiheit; wenn hingegen Zufall und Freiheit existieren, dann haben diese Gesetze keinen Anspruch auf Allgemeingültigkeit. Rousselot bejaht nun allgemeingültige Gesetze, weil sie uns erlauben, den ursächlichen Zusammenhang der Dinge zu verstehen. Es bleibt uns aber nach seiner Ansicht zugleich verborgen, weshalb unterschiedliche Kausalreihen konkret-existentiell zusammentreffen. Nur Gott kann als absolute Freiheit jenseits aller rational erfaßbaren Notwendigkeit den Zusammenhang von Ursache und Wirkung begründen und gleichzeitig relativieren (IST 111f.).

Die klare Unterscheidung von Vernunft (intellectus) und Wille (voluntas) findet sich auch in Rousselots traditioneller Analyse des Glaubensaktes. Da die Vernunft keine direkte Einsicht in die behaupteten Sätze hat, können allein Zeichen der Glaubwürdigkeit verhindern, daß ein Glaubensakt unmoralisch ist. Die letzte Gewißheit des Glaubens übersteigt jedoch alle erkennbaren Zeichen von Glaubwürdigkeit, da der Wille, der vom Versprechen eines ewigen Lebens angezogen wird, die Vernunft dazu bewegt, in ihr selbst eine Zustimmung auf höchste Gewißheit hin zu vollziehen. Offensichtlich nimmt die natürliche Vernunft dazu die Zeichen dieser Glaubwürdigkeit in der statischen, natürlichen Ordnung der Dinge wahr, während die Gnade den Willen dynamisch auf eine übernatürlich-transzendente Ordnung bezieht, auf welche die Vernunft ihrerseits durch den Willen hingewiesen wird.

Es gibt dennoch Schwierigkeiten mit Rousselots zweiseitigem Naturverständnis. Darf nämlich das Übernatürliche einfach dazu herangezogen werden, etwas zu erklären, was sonst als Widerspruch erscheint? Und ist, weiter gefragt, die dynamisch-natürliche Ordnung in erster Linie auf die Vernunft oder den Willen abgestimmt? Das höchste Ziel, der vernünftig-geistige Besitz Gottes, und die Fähigkeit, ein Urteil (vernünftig) zu beurteilen, sprechen für eine vernunftgemäße Bestimmtheit. Auf der anderen Seite ergeht der Aufruf zum Glauben an den Willen, und Freiheit, verstanden als Urteilskraft über Urteile, erfordert ebenfalls die Aktivierung des Willens. Wenn jedoch Gott, die Wahrheit selbst, als die Vollendung einer vernünftigen Dynamik angesehen wird, ist er dann nicht als das Ziel dieser Bewegung beides: das Gute und das Wahre? Wie können dann aber Vernunft und Wille nach den Kriterien ihrer formalen Objekte sinnvoll unterschieden werden?

Die Phase des Übergangs

Obwohl Rousselot 1908 keine weiteren Versuche unternahm, die Struktur der geistigen Bewegung des Menschen zu erklären, zogen ihn dennoch Studien über den Einfluß der Empfindungen auf die Wahrnehmung bei Kant sowie Maréchals Artikel über Mystik in ihren Bann.[2] Maréchal betonte die Rolle des Urteils für die Konstituierung von Objektivität. Seine Verbindung von Behauptung (Affirmation) und Vorstellung enthielt jedoch ein subjektives Interesse, d. h. eine emotionale Färbung. Jede Seinsaffirmation, wie immer sie auch strukturiert sein mag, geschah für ihn als Vorwegnahme der höchsten Schau des absoluten Seins, auf welche die Vernunft als absolut Wahres und absolut Gutes ausgerichtet ist. Daraus ergibt sich die »Antinomie«, daß die Vernunft einerseits auf sinnliche Vergegenwärtigung angewiesen ist, andererseits aber eine »natürliche Sehnsucht« nach der »visio beatifica« besitzt, die sie als Vernunft in die Gefahr bringt, sich selbst zu verlieren, wenn sie mit dem unendlichen Objekt in Berührung kommt. Maréchal löst diese Antinomie durch die Berufung auf die übernatürliche, intuitive Schau, in der die unmittelbare Präsenz Gottes nicht zerstörerisch wirkt, sondern die Seele in ihrer Individualität bewahrt. Rousselot war seinerseits gleichfalls auf natürliche Antinomien gestoßen: Der Mensch unternimmt für ihn vergeblich den Versuch, die Totalität des Seins aus Wesensbegriffen abzuleiten; gelänge ihm hingegen eine reine Selbstintuition, so würde die materielle Welt verschwinden, und der einzelne Mensch würde entindividualisiert zu einem »Engel-Menschtum«. Das Ergebnis dieser Überlegungen über die dynamische Ordnung der Natur, das Rousselot im Jahre 1910 emphatisch vertritt, besteht jedenfalls darin, daß er die Seele über ihre Selbstgegenwart hinaus auf Gott hinordnet. Dies aber hat wiederum zur Folge, daß der Mensch stärker denn je auf die Gnade verwiesen wird.

---

[2] J. Maréchal: *A propos du sentiment de présence chez les profanes et les mystiques,* in: Revue des questions scientifiques 64 (1908) 527–563; 65 (1909) 219–249, 376–426.

DIE SYNTHESE VON 1910

Die Struktur der Vernunft

Ist die Struktur der Gedankenführung von 1908 auch jetzt noch erkennbar, so haben sich die Gewichte doch drastisch verschoben. Die bisher durchgehaltene Unterscheidung von »ratio« und »intellectus« spielt nun keine Rolle mehr. Das gesamte Denken ahmt Gott nach, in dem Denken und Liebe identisch sind. Schreibt Rousselot z. B. der Erkenntnis der Engel auch einen hohen Perfektionsgrad zu, so faßt er die reinen Geister dennoch eher als Seiende auf, die in lebendiger Dynamik auf Gott gerichtet sind, denn als statische Besitzer eines formalen Wissens. Ihre wahre Natur besteht in der Liebe zu Gott. Was für einen Engel gilt, gilt aber ebenso für den Menschen. »Jede Form von Erkenntnis wird von einer Liebe getragen« (AS 225, 229). Der Schein rationaler »Objektivität« hingegen stammt aus einem gewohnheitsmäßigen Abgelenktsein von unserer »tief verwurzelten gefühlshaften Verfaßtheit« (AS 227; EE 567).

Die ursprüngliche Liebe der Seele kann mit Begriffen nicht zureichend beschrieben werden, da sie auf ihrem Weg zum unendlichen Gott jeglichen Begriff ständig transzendiert. So wird das Denken durch die »species expressa« des »intellectus passivus« zu einer dynamischen Einheit von Wissendem und Gewußtem in der »species impressa« des »intellectus agens« geführt. Ein Begriff ist somit nichts anderes als ein »unvollkommenes« sekundäres Produkt (EE 566) der ursprünglichen Einsicht, zu deren glühender, mit Liebe erfüllter Atmosphäre er zurückbezogen werden muß, wenn man seine Bedeutung verstehen will.

Um dies in thomistischen Begriffen auszudrücken, beruft sich Rousselot auf die Vorstellung einer konnaturalen Erkenntnis, d. h. einer Erkenntnis, die unmittelbar aufleuchtet, wenn ein Objekt beurteilt wird nach der Entsprechung zwischen ihm und dem für es zuständigen Sinn. Noch 1908 verstand Rousselot diese konnaturale Erkenntnis als intellektuelle, nicht diskursive Vermittlung zwischen konkreten Urteilen und rational ausdrückbaren, grundlegenden moralischen Prinzipien. Doch schon 1910, nachdem die Unterscheidung von »ratio« und »intellectus« weggefallen ist, bringt er diese Erkenntnis in Verbindung mit der erwartungsvollen Ausgerichtetheit der Seele auf Gott; in Entsprechung dazu wird allen vernünftigen Wahrnehmungsarten von Gegenständen ein gefühlhaftes, rational nicht erklärbares Moment zugeschrieben.

Die Rettung des Begriffs

Mit der Einführung des affektiven Moments in den Bereich der Erkenntnis und mit der Beziehung aller Erkenntnis auf das intuitiv erfaßbare Urbild in Gott, dem »bonum« und »verum« jedes geschaffenen Geistes, nähert sich Rousselot freilich dem Pragmatismus und Voluntarismus. Der rationale Begriff in der Spannung zwischen überbegrifflicher Unendlichkeit Gottes und »Unendlichkeit der Unerschöpflichkeit« der Materie (AS 234f., 225, n. 1, 239) steht zugleich in der Gefahr einer totalen Relativierung.

Begriffliche Abstraktionen können weder die Unendlichkeit Gottes noch die Diesheit (»haecceitas«) individueller, materieller Substanzen adäquat zum Ausdruck bringen. Dennoch bleibt Rousselot darauf bedacht, »diese relative Vollkommenheit, die der Begriff ist« (MT 490), zu retten. Denn ohne eine begriffliche Grundlage wäre alle Spekulation leer. Es würde nichts mehr bleiben, was uns zu seiner Transzendierung aufforderte. Deshalb behält der ursprüngliche Adam seinen Platz, und die Engel sind weiterhin Urbilder, von denen her sich der Wert der Begriffe bemißt. Die zentrale Rolle spielt jetzt allerdings »der Sinn für das Ich« (AS 231–233).

Jeder Mensch versucht, Erkenntnis von sich selbst zu gewinnen. Solange er jedoch an seinen Körper gebunden ist, entgleitet ihm dieser wissende Selbstbesitz, und dieser Mangel endet im Unvermögen, den fraglichen Gegenstand mittels Begriffen vollständig erfassen zu können. »Die Wahrnehmung des jeweils *gegenwärtigen* Ich ist der Begriff des Gegenstandes in seiner *Essenz*« (AS 239). Würde der Mensch sich selbst besitzen, so würde er auch in einer umfassenden und sympathetischen Intuition die ganze Welt der Gegenstände sogar in allen Einzelheiten erkennen. Doch tiefer als die Liebe zum eigenen Selbst ist die Sehnsucht nach Gott, denn in ihr besitzt der Mensch wirklich sich selbst. Beide Formen der Liebe müssen nicht im Gegensatz zueinander stehen, denn beide entspringen einer »einzigen Wurzel« (AS 232). »Der geschaffene Geist ›findet‹ sich selbst in dem Maße, in dem er Gott ›findet‹« (AS 232; MT 504).

Man kann nicht bei der Klarheit der Begriffe stehenbleiben, etwa bei »Licht des Seins« oder »Evidenz der Prinzipien«. Die kalte Konsistenz der *wahrnehmenden Zusammenschau* wird einzig durch die lebendige Kraft der *bewußten Synthese* gehalten: Das Sein verdeckt nur unvollkommen den Geist; wenn sich die Seele in ihrem Objekt verloren glaubt, bleibt sie in ekstatischer Weise bei sich selbst und ihrem Gott (AS 240).

Das Argument a posteriori

Neben dieser apriorischen Argumentation macht sich Rousselot Maréchals Einsichten zu eigen, um eine aposteriorische Rechtfertigung seiner Position zu entwickeln. Mit diesem meint er, daß der grundlegende Ausdruck jedes wahren Urteils die Form »Dies ist ein Seiendes« hat. In diesem ursprünglichen Urteil ist nun ein zweifacher Dualismus enthalten. Nicht nur die Materie gibt dem Wesen seine spezifische Individualität und ist damit verantwortlich für die Unterscheidung von Natur und Subjekt, sondern es unterscheidet sich auch das Wesen seinerseits von der Existenz, insofern jedes Urteil impliziert, daß »Seiendes existiert«. Jenseits dieses Dualismus behauptet das Urteil aber auch eine Identität von Natur und Subjekt und damit eine Identität von Wesen und Existenz. Setzt nämlich die Materie zwar dem menschlichen Geist eine unerschöpfliche Unendlichkeit entgegen, so impliziert andererseits die behauptete Identität von Subjekt und Natur einen reinen Geist, der imstande ist, in diese Verbindung von Subjekt und Natur jenseits der Materie eine Unendlichkeit an Geistigkeit einzubringen (MT 496). Was sodann den weiteren Gesichtspunkt, d. h. die Einheit der Wesenheit und der Existenz, anbelangt, so kann er nur durch den Beweis eines unendlichen Gottes gerechtfertigt werden.

Wichtig für das Denken Rousselots ist somit die Verbindung von behaupteter Sache, reinem Geist und Gott. Demnach ist der Begriff des »Dinges« (»ens concretum quidditati materiali«) der naturhafte Ausdruck der nach dem Besitz ihrer selbst und nach Gott strebenden Seele insofern, als die behindernde Materie die Seele dazu zwingt, mit weniger als der angestrebten ganzheitlichen Schau zufrieden zu sein. Obwohl diese unzureichende Schau, die »Synthesis aller unserer Vorstellungen« (AS 238), als Abstraktion wesentlich unvollkommen ist, da sie der Verschiedenheit von Natur und Subjekt unterworfen ist (MT 476, 486, 489), wird sie durch ihre Notwendigkeit innerhalb der grundlegenderen Aufwärtsbewegung zu Gott gerechtfertigt. Wenn aber das Bindeglied zwischen Endlichem und Unendlichem, zwischen kategorial Erfaßbarem und Transzendentem, als notwendig erkannt wird, dann muß auch einem Begriff objektive Gültigkeit zugesprochen werden. Rousselot räumt schließlich noch die Möglichkeit ein, dem an sich unbezweifelbaren Existenzurteil die Gültigkeit abzusprechen, aber eine solche Handlung käme einer Leugnung der eigenen Natur gleich. Erst der Akt der Behauptung der Existenz stiftet nämlich naturhaftes Sein, weil er die erste Tat des Geistes angesichts der Realität darstellt (MT 505f.). Diesen Akt leugnen hieße schlechthin alles leugnen. Wird er jedoch als Ausgangspunkt in eine totale Reflexion einbezogen, so hat diese Reflexionsmethode Erfolg, sofern sie im Voraussetzen von nichts alles voraussetzt (MT 508).

Der Glaubensakt

Nun lösen sich viele scheinbare Antinomien im Akt des Glaubens auf. Der Glaube erwächst aus innerer Gnade und einem äußeren Zeichen; er ist frei und absolut gewiß. Um diese Aspekte zu vereinigen, vertraut Rousselot auf die aktive, synthetische Kraft der Vernunft. Schon in der natürlichen Ordnung existiert ja ein umkehrbarer Vorrang zwischen der Wahrnehmung eines Verweises oder Zeichens und der Aufstellung des Gesetzes, das durch dieses Zeichen ausgedrückt wird. Beide werden zugleich verstanden. Ebenso erlaubt die Gnade dem Gläubigen, im Zeichen eine höhere Intelligibilität zu erkennen. In ähnlicher Weise definieren sich Freiheit und Gewißheit wechselseitig. Insoweit die Vernunft zu Gott strebt und dadurch dem Sein als solchem zuneigt, kann die übernatürliche Liebe deren Erweiterung und Verwandlung hervorrufen, so daß der Gegenstand als übernatürlicher erkannt wird. Rousselot erkennt damit die Notwendigkeit eines von Gott gegebenen Zeichens an, durch das die naturhafte Ordnung von der übernatürlichen Wahrheit Zeugnis ablegt und durch das die Vernunft in die Lage versetzt wird, sich der so geoffenbarten Liebe anzuvertrauen. Danach ist man frei, die Weite dieser Gnade, welche die Bedeutung des natürlichen Zeichens erleuchtet, anzunehmen oder abzulehnen, um Gott damit die Ehre zu geben oder sie ihm zu versagen. So gesehen erweist sich der Akt des Glaubens, sofern er auf dem Zeugnis der natürlichen Ordnung gründet, als gleichermaßen vernünftig und frei.

Der Mensch sieht auf der einen Seite ein Gut, auf das hin er sich ausrichtet. Dadurch kleidet er sich in eine neue Natur (die ihn sehen läßt). Dies ist die Ordnung des Willens. Auf der anderen Seite sieht der Geist etwas, das er als einen Hinweis interpretiert und woraus er eine Wahrheit folgert (die ihn leben läßt). Dies ist die Ordnung der Vernunft (Y 457f.).

»Die Synthese kann nicht in die synthetisierten Bestandteile aufgelöst werden« (Y 475; MT 490; AS 239). Diese Synthese, die durch die Affirmation der existentiellen Ordnung hervorgerufen wird, übersteigt eine rationale Analyse und öffnet den Menschen in seinem Wesen auf das Geheimnis des sich selbst offenbarenden Gottes.

Das Verhältnis von Natürlichem und Übernatürlichem

Die statische Ordnung der Natur, die einem Verstehen des Seienden (ens) zugänglich ist, sorgte bei Rousselot bis 1910 für ein gewisses, wenn auch abstraktes Wissen von Gott, dem Endziel des geschaffenen Geistes. Die übernatürliche Ordnung war davon insoweit unterschieden, als sie zur glückseligen Schau führte und dadurch eine Teilnahme am Leben Gottes gewährte (Y 456; EE 570, n. 1). Seit dem Jahre 1910 jedoch nimmt die dynamische Natur-Ordnung die zentrale Stelle ein. Die Abstraktionen des Verstandes können nur noch vorübergehend die Seele zufriedenstellen. Sogar die Vollendung der reinen Geister besteht von jetzt an in einem glühenden ekstatischen Wissen, in dem die Liebe Gottes und die Liebe zu Gott in einem erfahren werden (AS 232). Die übernatürliche Ordnung bedeutet somit eine Erweiterung der natürlichen. Allein im Hinblick auf die übernatürliche Ordnung kann letztlich sogar von einer metaphysischen Teilhabe gesprochen werden. Denn die Erbsünde hat eine Unausgeglichenheit »ex parte subjecti« bewirkt, die es unmöglich macht, daß das mit der Existenz der Seele vorgegebene Ziel je erreicht wird. Als »vulneratus in naturalibus« kann der Mensch daher nicht länger durch die natürliche Wahrheit allein befriedigt werden (DF 81):[3] Die Vernunft bedarf vielmehr der Gnade, um die ihr zukommende Vollendung zu erlangen, denn »die geistige Begierde nach Gott, von der Gnade geheilt und umgewandelt, ist mit der Bejahung des Seins im Wissen des Glaubens vollkommen identisch« (Y 463). »Wenn der Glaube nicht wahr ist, ist auch die Vernunft trügerisch und die Realität widersprüchlich« (Y 457). Entsprechend gewinnt die Rolle Jesu Christi größeres Gewicht. Er verkörpert das »sakramentale Prinzip«, das die leibliche Natur mit Gnade ausstattet und die geschwächte Natur festigt, so daß »omnia in ipso constat« (Kol 1,17; DF 121).

Das Verhältnis von Vernunft und Wille

Zweifellos ist es schon die statische Natur-Ordnung, die es Rousselot erlaubt, rational gesehen den Vorrang der Vernunft vor dem Willen zu behaupten und an der Unterscheidung derselben festzuhalten. So wird es ja auch in der Lehre des

---

[3] Die Abkürzung DF bezieht sich auf: *De fide et dogmatismo*. Diese Aufzeichnungen aus den Jahren 1909–1910 wurden in *Les yeux de la foi* angeführt.

I. Vaticanums vorausgesetzt, derzufolge das Wissen von Gott nicht von der Aktivität des Willens abhängt (EE 579, n. 1; MT 506). Jenseits der Materie, in den reinen Geistern, »fallen vollkommenes Denken und absolute Freiheit ineins« (AS 233). Weil die Engel, die »ganz von Liebe durchdrungen sind«, nicht frei sind wie wir, sondern bezüglich der Natur-Ordnung unfehlbar (EE 570, n. 1), muß ihre Freiheit im augustinischen Sinne verstanden werden: Sie können nur das wählen, was sie sollen. Die menschliche Einheit von Vernunft und Willen in der dynamischen Ordnung findet allerdings widersprüchliche Kennzeichnungen, und zwar einmal mehr in Richtung auf den Willen, dann wieder in Richtung auf die Vernunft. Auch wird der spontane Antrieb der Seele einerseits als natürlicher, nicht als freier angesetzt, andererseits kann er aber auch vom Einfluß der Gnade her verstanden werden (MT 505). Bei aller Koinzidenz von Vernunft und Willen bleibt weiters eine Unterscheidung der Vermögen im Glauben vorausgesetzt (Y 449–451). Schließlich kann sich, obwohl der erste Glaubensakt immer von der übernatürlichen Liebe begleitet ist, der (intellektuale) Habitus des Glaubens durchhalten, auch wenn diese Liebe schon erloschen ist (Y 242, n. 3, 246, 450, n. 460, n. 2). Auf solche Weise glauben die Teufel, insofern sie von Gott natürlich angezogen, doch im Bereich des Übernatürlichen von Gott persönlich zurückgewiesen werden (Y 475; DF 82). Die Freiheit des Willens entsteht offensichtlich aus dem ins Übernatürliche erhobenen Dynamismus des Geistes. Wie kann diese dynamische Bewegung dann aber als Einheit, ja als Koinzidenz von Vernunft und Willen auch in der natürlichen Ebene begriffen werden? Hier zeigt sich eine tiefer liegende Schwierigkeit: Solange die geistigen Wesen eine Potentialität besitzen, die die Unterscheidung von Vernunft und Wille begründet, sind sie der Sünde fähig. Wie aber ist ihr Verhältnis zu Gott definiert, wenn sie keine solche Potentialität mehr besitzen?

Die Unterscheidung von Person und Natur bezüglich der Teufel, die in dieser Frage interessant wäre, ist leider noch nicht näher erklärt worden. Sonst repräsentiert »Person« die Differenz zwischen der materiellen Individualität und deren Natur (MT 484–486, 501f.). Diese Bedingung ist jedoch nur schwer auf die Engel und den dreipersonalen Gott anzuwenden (MT 493, n. 1). Sind die Engel deswegen Personen, weil sie in ihren »transzendentalen Relationen« (AS 230) Ähnlichkeit mit Gott haben, in dem »Person« gleich »Relation« ist (MT 493, n. 1; IST 87, n. 1)?

Eine Vorlesung über Nächstenliebe (1910–1911) veranlaßt Rousselot dazu, die Person, den einzigen existentiellen Adressaten der Gnade, zweifach als »apex mentis« und als »apex voluntatis« zu verstehen. Zugleich stellt er aber zwei grundlegende Voraussetzungen in Frage. Zunächst: Impliziert Maréchals Verständnis der grundlegenden Affirmation nicht einen Dualismus, der in Wahrheit aus einer fundamentalen, vorbegrifflichen Affirmation folgt? Zweitens: Stellt das »Engel-Menschtum« nicht einen unerreichbaren Wunschtraum menschlicher Selbstverwirklichung dar? Wenn sich Mensch und Materie wechselseitig bedingen, ist dann die Materie als Potentialitätsprinzip nicht identisch mit der mangelnden Selbstverwirklichung des Subjekts selbst? Muß dann aber noch von einer prästabilisierten Harmonie ausgegangen werden, die im Bewußtsein des ursprünglichen Adam enthalten war? Werden unsere Seele, unsere Humanität und die Welt nicht wirklich erst durch unsere Antwort auf den Ruf Gottes wiederhergestellt? In der folgenden Zeit überdenkt Rousselot erneut seine Lösungen, um die Gültigkeit des Begriffes angesichts solcher Fragen aufrechtzuerhalten.[4]

DER LETZTE ENTWURF

Die Beschaffenheit der Realität

Da das Bewußtsein des Menschen an die materielle Welt gebunden ist, steht sein natürliches Bewußtsein nicht allein. Die Menschheit und die Welt als ganze kommen jeweils im Einzelnen zum Bewußtsein. Die »Unvollständigkeit« der Materie spiegelt die Unvollständigkeit der Seele. Das »Anderssein« der Materie gegenüber der Vernunft verhindert die letzte geistige Klarheit. Die Seele ist durch sie in Antinomien befangen. Wagt sie eine Affirmation, so bewegt sie sich auf eine undifferenzierte Einheit mit dem Absoluten zu. Nur die »visio beatifica« und die Auferstehung des Leibes verhindern diese Auflösung des Bewußtseins. Somit befähigt allein die Gnade, die hier und jetzt den Existenzakt erhöht, der im fundamentalen Vollzug der Seele bekräftigt wird, den Menschen dazu, Sinn in seiner Welt zu finden. In der Wirksamkeit der Gnade widerfährt ihm eine »sublatio alteritatis«. Das Anderssein wird durch die Gnade anerkannt, erfaßt, erhoben und bewahrt – ein Vorgang, den man am besten als »Aufhebung« bezeichnen kann.

Um die Bedeutung der »sublatio alteritatis« zu beleuchten, beschreibt Rousselot den Zustand des paradiesischen, des gefallenen und des erlösten Menschen. Das Paradies repräsentiert den Idealzustand, wie er von Gott gewollt war. »Deificabile prius intenditur quam naturale.« Die Gnade stattet die Natur mit der Kraft aus, sich ohne die Möglichkeit des Irrtums und der Enttäuschung zu vollziehen und zu entwickeln. In diesem Zustand ist »der Verstand ein Glaube auf niedrigerer Stufe ... der Glaube ist nicht aufzufassen als ein mit Ornamenten geschmückter Verstand«. Der »übernatürliche« Verstand des Menschen kann »mit Sicherheit« und »ohne einen externen Botschafter« bis zum Wissen der Trinität vordringen. Die Körperlichkeit des Menschen fordert allerdings einige Elemente einer äußeren Offenbarung sowie eine Verwurzelung im Sozialen.

Der Fall des Menschen in die Sünde stiftete Unordnung im Zusammenspiel von Gnade und Natur. »Das Sein ist durch den Fall der ursprünglichen Natur zwar fragmentarisiert, die Natur hat sich jedoch in den Teilen bewahrt.« Die begriffliche Erkenntnis ist also nicht völlig verlorengegangen; die Möglichkeit der Erkenntnis besteht auch in der gefallenen Welt fort. Die Synthese von Mensch und den Wissenschaften, die im »Sein« erreichbar ist, wird jedoch aufgrund falscher »intentio animi« des Menschen verfehlt. Da der Mensch deshalb mit der

---

[4] Der folgende Abschnitt stellt auf der Basis von Rousselots privaten Aufzeichnungen und späten Publikationen den Versuch einer Synthese dar. Vgl. J. McDermott: *Love,* 239–290.

Totalität seines Lebens hier und jetzt keinen Sinn verbinden kann, läuft er Gefahr, die Ordnung der Wesen auf dem Gebiet des Wissens und Handelns zu mißbrauchen und falsch einzuschätzen. Denn das Subjekt kann ebensowenig vom Objekt wie das »Sein« vom Wesen abgetrennt werden.

Die von der Gnade angebahnte Erlösung ahmt den paradiesischen Zustand nach, indem sie die zerbrochenen Stücke wieder zusammenfügt. Die Gnade muß allerdings von nun an mit der Hilfe einer äußeren Autorität, mit Jesus Christus und seiner Kirche, arbeiten. Die Spannungen und das Leid gehen in diesem gegenwärtigen Zustand auf das Fehlen einer vollkommenen Übereinstimmung von Glaube und Vernunft zurück, aber das Wachstum im Glauben und in der Gnade bewirkt dennoch gleichzeitig eine größere Einigkeit im Subjekt. Eine »Wiedergeburt der Vernunft« wird in dem Maße bewirkt, als der Glaube die Vernunft dazu anleitet, die Bedeutung der Trinität, der Gottheit Jesu Christi und der Erbsünde klarer zu sehen.

Während ein bloß subjektives Streben nicht dazu imstande ist, die mit der Materie gegebenen Widersprüche aufzulösen, läßt die Gnade den Menschen erkennen, was in der übernatürlichen Ordnung geschieht. Jesus Christus, der Sohn Gottes, ist mehr als ein von außen kommender Herold; er enthält die Wahrheit des ganzen Universums in sich selbst. Die Individualität eines Menschen ist niemals nur Individualität für sich. Vielmehr wird sich in jedem Menschen die Menschheit ihrer selbst bewußt, und in der Menschheit wiederum wird sich Gott seiner Welt bewußt. Obwohl der ursprüngliche Adam als Hypothese der natürlichen Ordnung abgewiesen wurde, kommt Jesus Christus jetzt innerhalb der übernatürlichen Ordnung dieselbe Funktion zu. Er weist die Ausdehnung der materiellen Welt in ihre Schranken, so daß die fundamentale Zustimmung des Menschen wesentlich von der Gnade bewirkt werden kann. Darüber hinaus garantiert er die Bedeutung der Materie in Gottes Weltordnung; diese kann von nun an nicht mehr völlig in Geistigkeit aufgelöst werden. Die »visio beatifica« und die Auferstehung des Leibes ergänzen einander als Wahrheiten des Dogmas, und das sakramentale Verständnis des Universums wird bewahrt.

Freiheit und Personalität

Der Glaube verlangt eine Antwort aus der Freiheit. Rousselot unterscheidet klar zwischen der »voluntas ut natura« und der »voluntas rationalis«, die begrifflichen Vorstellungen folgt. Da die ursprüngliche konnaturale Liebe, durch die das Subjekt auf Gott und die Welt bezogen ist, allem Wissen zugrunde liegt, kann sie nicht blind sein. Ein Moment von Vernünftigkeit ist in diesem Wollen eingeschlossen, durch das das Subjekt sein objektivierbares Selbst frei annehmen kann. Jenseits der Wechselwirkung der Vermögen besteht der lebendige Akt des Freiheitsvollzuges, das einheitliche »Denken-Handeln«, in welchem das Subjekt sein objektivierbares Selbst frei annehmen kann, der Anziehung folgend, die Gott auf es ausübt. In diesem Zusammenhang spricht Rousselot von einem doppelten Ich oder häufiger von einer Beziehung zwischen Natur und Person. Die Trinität, in der sich jede Person zur anderen als Subjekt verhält und jede mit der anderen zu einer Natur geeint ist, ist das Vorbild für die Einheit in der Verschiedenheit. Im Menschen ist die Person, die Einheit des Denken-Handelns, mit der Natur sowohl geeint als auch von ihr unterschieden; sie ist im Hier und Jetzt verwurzelt, aber sie überschreitet ebenso die bloße Individualität. Die Person ist der Freiheitspol, der dazu aufgerufen ist, seine Natur zu akzeptieren und in Liebe den Anruf Gottes anzuerkennen, der »mit mir zusammenarbeitet, damit ich ›Ich‹ zu mir sage«. Indem man sich selbst annimmt, erkennt man die Existenz Gottes an und ebenso seine Einigung mit anderen in Christus. Darin besteht das »Wagnis« des Lebens, dessen Annahme sinnvoll ist, dessen Ablehnung aber zum Verlust des Sinns überhaupt führt. Die Person entpuppt sich sowohl als Relation als auch als Punkt der endgültigen, individualisierenden Freiheit.

Gegen Ende seines Lebens kämpfte Rousselot mit dem zentralen Geheimnis der menschlichen Freiheit und göttlichen Allmacht, wie sie sich in ihrer Objektivität innerhalb des göttlichen Erlösungsplanes in Jesus Christus zeigen. Alle Elemente für eine Lösung waren verfügbar, doch der Tod machte die Aussicht auf eine endgültige Synthese zunichte. Sterbend hinterließ Rousselot anderen das Vermächtnis, seine sakramentale Vision zu entfalten.

BIBLIOGRAPHIE

1. Werke

a) Vollständiges Verzeichnis:
McDermott, J. M.: *Love* and Understanding. The Relation of Will and Intellect in Pierre Rousselot's Christological Vision, R 1983, 303–308.

b) Auswahl:
L'Intellectualisme de saint Thomas (^{1}1908), P ^{3}1936.
Pour l'histoire du problème de l'amour au Moyen-Age, Mr 1908.
Quaestiones de conscientia, P 1937.
Amour spirituel et synthèse aperceptive, in: RevPhil 16 (1910) 225–240.
L'Etre et l'esprit, in: RevPhil 16 (1910), 561–574.
Les yeux de la foi, in: RSR 1 (1910) 241–259, 444–475.
Métaphysique thomiste et critique de la connaissance, in: RNSP 17 (1910) 476–509.
L'Espirit de saint Thomas d'après un livre récent, in: Études 128 (1911) 614–629.
Remarques sur l'histoire de la notion de foi naturelle, in: RSR 4 (1913) 1–36.
Intellectualisme, in: Dictionnaire apologétique de la foi catholique, Bd. II/2, 1066–1081.
La Grâce d'après saint Jean et saint Paul, in: RSR 18 (1928) 87–104.
Note sur le développement du dogme, in: RSR 38 (1950) 113–120.
Théorie des concepts par l'unité fonctionnelle suivant les principes de saint Thomas, in: ArPh 23 (1960) 573–607.
Petite théorie du développement du dogme, in: RSR 53 (1965) 355–390.
Idéalisme et Thomisme, in: ArPh 42 (1979) 103–126.

c) Übersetzung ins Deutsche:
Die Augen des Glaubens, dt. A. Mantel / H. U. v. Balthasar, Ei 1963.

2. Literatur

a) Ausführliches Verzeichnis:
McDermott, J. M.: Love and Understanding, a.a.O. 1. a).

b) Auswahl:
Arango Puerta, G.: Deseo Natural de Ver a Dios, Bogotá 1973.
Aubert, R.: Le Problème de l'acte de foi (^{1}1945), Lv ^{3}1958, 451–511.
de Broglie, G.: L'Illumination des signes de crédibilité par la grâce. Un point controversé de la théologie du P. Rousselot, in: RSR 53 (1965) 495–521.
De Wulf, J.: La Justification de la foi chez saint Thomas d'Aquin et le P. Rousselot, P 1946.
Geiger, L.-B.: Le Problème de l'amour chez saint Thomas d'Aquin, P 1952.
Kunz, E.: Glaube – Gnade – Geschichte, F 1969.
Marty, E.: Le Témoignage de Pierre Rousselot S. J. (1878–1915) d'après ses écrits et sa correspondance, P 1940.
McDermott, J.: *Love* and Understanding, siehe 1. a).
–: Sheehan, Rousselot, and Theological Method, in: Gr. (in Druck).
Potter, B.: Les yeux de la foi après Vatican II, in: NRTh 106 (1984) 177–203.
Scott, F.: Maurice Blondel and Pierre Rousselot, in: NSchol 36 (1962) 330–352.
Sheehan, T.: Pierre Rousselot and the Dynamism of the Human Spirit, in: Gr. 66 (1985) 241–267.
Tiberghien, P.: A propos d'un texte de P. Rousselot, in: MSR 10 (1953) 96–103.
Van Riet, G.: L'Épistémologie thomiste, Lv 1946, 301–313.

JOHN M. MCDERMOTT

Joseph Maréchal (1878–1944)

Joseph Maréchal, geboren 1878 in Charleroi (Belgien), wurde 1895 Jesuit und öffnete innerhalb der Neuscholastik des 20. Jahrhunderts neue Horizonte. Nach seiner Grundausbildung in Philosophie hielt er ein Studium der Naturwissenschaften für notwendig. Er wandte sich der Psychologie und als deren Voraussetzung der Biologie zu; den Abschluß bildete seine Dissertation vom Jahre 1905. Dann lehrte er seine jungen Mitbrüder Biologie; diese Tätigkeit setzte er auch während seiner theologischen Studien fort (von 1905 bis 1909, 1908 Priesterweihe). Schon vor 1904 fand er zu Thomas von Aquin hin, dessen echtes Denken er von den schulmäßigen Vereinfachungen zu befreien bestrebt war. Zur selben Zeit trat auch Kant in seinen Gesichtskreis. Nachdem er das letzte Jahr seiner Ordensausbildung in Österreich verbracht hatte, besuchte er vom Oktober 1910 ab ein Semester lang mehrere Universitätsstädte in Deutschland. Nach 1910 beschäftigte er sich mit der Psychologie, vor allem der der Religion, die er seit 1919 in seinen Vorlesungen weiterzugeben hatte. Besonders bedeutungsvoll sind seine Arbeiten über die Psychologie der Mystik, die in zwei Bänden (1924 und 1937) zusammengefaßt sind. Darin spielt die Ausrichtung des Menschengeistes auf die unmittelbare Schau Gottes eine auch für seine Philosophie entscheidende Rolle.

Aus der hiermit skizzierten geistigen Entwicklung erwuchs sein philosophisches Hauptwerk *Le point de départ de la métaphysique. Leçons sur le développement historique et théorique du problème de la connaissance,* das in sechs »cahiers« geplant war. Das erste umfaßt die antike und mittelalterliche Kritik der Erkenntnis *De l'antiquité à la fin du moyen âge* (1922, ³1943). Das zweite Heft stellt die Auseinandersetzung mit dem Rationalismus und dem Empirismus vor Kant dar (1923, ³1944). Das dritte Heft entwickelt *La critique de Kant* (1923, ³1944); es führt in einem meisterhaften Nachvollzug durch die drei großen Kritiken. Wegen einiger Schwierigkeiten, besonders das Zusammenspiel von Verstand und Willen betreffend, konnte das fünfte Heft erst 1926 (²1949) erscheinen; es ist der stattliche Band *Le thomisme devant la philosophie critique,* der das Kernstück des gesamten Werkes bildet. Noch länger ließ das vierte Heft auf sich warten, das wichtige Darlegungen beträchtlichen Umfanges über die idealistischen Systeme enthält: *Le système idéaliste chez Kant et les postkantiens* (1947). Das sechste Heft, das Maréchals eigenes Denken auf die ihm eigene Weise entwickeln sollte, wurde nie veröffentlicht; darin wollte er sich von der kantischen Grundeinstellung lösen, von der her und auf die hin sein fünftes Heft bestimmt ist. Einen gewissen Einblick in das so Geplante vermitteln Artikel von 1927 und 1929; sie handeln von der Erkenntnisdynamik und von Abstraktion oder Intuition. Ergänzend trägt der Abriß der Geschichte der modernen Philosophie zur Klärung bei, der allerdings über den ersten Band von der Renaissance zu Kant nicht hinauskam: *Précis d'histoire de la philosophie moderne* (1933).

Seine Lehrtätigkeit, die Psychologie und Geschichte der Philosophie umfaßte, übte Maréchal in Eegenhoven und Löwen aus, bis er 1935 zu dozieren aufhörte. Beim Abschied empfahl er seinen Studenten den ständigen Umgang mit dem Aquinaten, der erst zum tieferen Verstehen der modernen Philosophie befähige. Im Jahre 1938 ehrte ihn die Königliche Akademie von Belgien mit ihrem Preis für Philosophie. Seine immer bedrohte Gesundheit wurde allmählich schwächer. In seinen letzten Jahren überfiel ihn eine gewisse Melancholie, die ihn fürchten ließ, er habe nicht alles gegeben, was er konnte und sollte. Gegen Ende 1944 ging er in die Ewigkeit ein.

Sein beherrschendes Problem ist die Objektivation oder die Objektivität des menschlichen Erkennens, vermöge der es zum an sich Seienden vorzudringen vermag, statt auf die Erscheinung-für-uns des Seienden beschränkt zu bleiben. Dabei entwickelt er nicht eine Erkenntnistheorie, sondern eine Erkenntnismetaphysik, die daher die Tatsache der Objektivität so sichert, daß sie diese aus deren letzten Gründen begreift. In die angestrebte Tiefe geleitet ihn Thomas von Aquin, dessen Denken er sich aus innerster Überzeugung verpflichtet weiß, indem er es aus einer weitverbreiteten Erstarrung im Buchstaben befreit und die ihm innewohnende Bewegung in Gang bringt. Näherhin geht er auf den Ursprung der Probleme zurück, wodurch er ein tief eindringendes Verstehen erreicht. Dazu trägt die lebendig mitvollziehende Entwicklung des geschichtlichen Zusammenhanges bei, der das vom Aquinaten erreichte Ergebnis von dessen Werden her durchleuchtet. Darüber hinaus führt die Begegnung mit der modernen Philosophie, deren Fragestellungen und Antworten einerseits durch das thomanische Erbe geläutert oder über Einseitigkeiten und Irrgänge erhoben werden. Andererseits jedoch wird jenes Erbe durch das moderne Denken befruchtet und nach seiner inneren Dynamik aufgeschlossen, was die Gemeinsamkeit des beiderseitigen Weges hervortreten läßt. Damit wird das bloße Widerlegen durch das Auswerten der positiven Anregungen überwunden; man denkt nicht mehr gegen die Moderne, sondern mit ihr, was dem Aufnehmen und Fortführen ihrer Ansätze gleichkommt und dem Ganzen der Wahrheit näherbringt.

Die hier skizzierte Haltung bewährt sich vor allem an Kant, dessen denkerischen Entwurf Maréchal auf das höchste schätzt. Die Auseinandersetzung mit Kant ist auch deshalb geboten, weil er wie kaum ein anderer bezüglich der menschlichen Erkenntnis Bahnbrechendes geleistet hat, obwohl wesentliche Vorbehalte anzumelden sind. Seine Hauptfrage nach der Möglichkeit der Metaphysik sucht er im Durchgang durch die Möglichkeit von Mathematik und Naturwissenschaft zu beantworten. So kommt er zu der umfassenden Frage nach der Möglichkeit des menschlichen Erkennens überhaupt. Als Lösung erarbeitet er die Synthese der von Rationalismus und Empirismus gewonnenen Wahrheitsmomente, die sich in den synthetischen Urteilen a priori verdichtet. Im Gegensatz zum Rationalismus sind diese Urteile synthetisch, indem sie die Erkenntnis erweitern; und im Gegensatz zum Empirismus sind dieselben Urteile a priori, weil sie mit Notwendigkeit und Allgemeinheit ausgestattet sind. Solche Urteile sind nach Kant einzig dadurch möglich, daß die »kopernikanische Wende« vollzogen wird, daß sich nämlich nicht die Erkenntnis nach den Gegenständen richtet, sondern die Gegenstände sich nach der Erkenntnis richten. Letzteres ist aber einzig bezüglich der Dinge als Erscheinung-für-uns, nicht aber bezüglich der Dinge-an-sich möglich, wobei das a posteriori empfangene Empfindungsmaterial durch die im Subjekt a priori vorgezeichneten Formen gestaltet wird. Damit sind Mathematik und Naturwissenschaft durch ihr Einschränken auf das Ding als Erscheinung möglich, während die Metaphysik, die dem Ding-an-sich zugeordnet ist, der theoretischen Möglichkeit entbehrt. So kommt Kant zum transzendentalen Idealismus: Idealismus, weil unser Erkennen nicht über die Erscheinung-für-uns hinausreicht; transzendental, weil diese Grenzziehung aus dem Rückgang auf die ermöglichenden Bedingungen unseres Erkennens im menschlichen Subjekt hervorgeht, der »transzendentale Methode« genannt wird. Nun fragt es sich, ob diese Methode kraft ihrer innersten Eigenart zu dem von Kant entwickelten Ergebnis führt.

Zusammen mit dem Kant der theoretischen Vernunft hat Maréchal denjenigen der praktischen Vernunft im Blick, wobei der Satz aus der Vorrede zur zweiten Auflage der *Kritik der reinen Vernunft* eine ganz entscheidende Rolle spielt: »Ich mußte das Wissen aufheben, um zum Glauben Platz zu bekommen« (B XXX). Damit tritt an die Stelle der theoretischen Metaphysik die praktische. Während jene bei der Tatsache der Wissenschaft ansetzt, geht diese vom Urfaktum des sittlichen Imperativs aus. Dessen schlechthinnige Unbedingtheit umfaßt über den Menschen hinaus alle Geistwesen, weshalb er nicht nur für uns, sondern an sich Geltung hat. Die darin liegende Pflicht verlangt von uns, all das anzunehmen, was erst deren Erfüllung ermöglicht, nämlich Freiheit, Unsterblichkeit und Dasein Gottes. Da sie aber das Wissen nicht erreicht, bleiben sie für uns lediglich Postulate der praktischen Vernunft, denen der von dieser vollzogene Glaube entspricht. Also wird die Metaphysik des Wissens durch die des Glaubens ersetzt.

Mit dieser Zweiheit, die Kant für endgültig hält, hat er eine Aufgabe gestellt, für die schon J. G. Fichte eine entsprechende Lösung gesucht hat. Er ist bestrebt, die Einheit der beiden Bereiche zu finden, indem er der sittlichen Tathandlung den Primat gibt und von ihr das Wissen ableitet. Durch ihn angeregt, zielt auch Maréchal auf die Einheit von Wissen und Wollen hin; näherhin entdeckt er das dem Wissen innewohnende Streben, das jenem den Zugang zum An-sich und folglich zur theoretischen Metaphysik eröffnet. Damit verbindet sich das Ergänzen und Vertiefen der apriorischen Bedingungen, die im menschlichen Subjekt das Erkennen ermöglichen. Zu den reinen Anschauungen der Sinnlichkeit und den reinen Begriffen oder Kategorien des Verstandes tritt das Sein, auf das die Vernunft ausgerichtet ist.

Statt des Seins trägt die Vernunft nach Kant die drei Ideen (Welt, Seele, Gott) in sich, die nur eine regulative, nicht aber eine konstitutive Bedeutung haben. Sie sind nämlich leere Entwürfe, die unser Erscheinungswissen auf die in ihnen angedeuteten Ganzheiten hinordnen, sie sind aber nicht imstande, das Erkennen der ihnen zugeordneten Gegenstände zu vermitteln. Letzteres hat seinen Grund im Fehlen der die Ideen erfüllenden Anschauung, die intellektuell sein müßte, weil es im Bereich der Vernunft oder der Metaphysik um das An-sich geht. Daher bleibt die theoretische Vernunft bezüglich der Metaphysik »problematisch«, insofern sie über deren leeren Entwurf nicht hinausgreift oder nicht entscheiden kann, ob den drei Ideen Wirklichkeit-an-sich zukommt.

Sobald jedoch die Vernunft bis zum Sein als ihrem tiefsten Grund verinnerlicht wird, überschreitet sie die Erscheinungen oder das Für-uns, indem sie zu dem in ihnen sich meldenden An-sich vordringt. Wie unsere Formulierung andeutet, werden die Erscheinungen nicht ausgeschaltet, sondern als Erscheinungen des in ihnen Sich-Zeigenden begriffen, so daß im Für-uns das An-sich aufleuchtet. Die Bindung des An-sich an das Für-uns erweist unsere Vernunft als Menschen-Vernunft, die als solche dem Verstand und der Sinnlichkeit eingesenkt ist. Da im Für-uns aber wahrhaft das An-sich hervortritt, wird in der Menschen-Vernunft die Vernunft schlechthin offenbar, zu deren Wesen keineswegs die Verhaftung an Verstand und Sinnlichkeit gehört.

Demgemäß hat auch die Menschen-Vernunft nicht lediglich die oben beschriebene Ordnungsfunktion innerhalb des Erscheinungswissens; vielmehr greift sie vermöge des ihr innewohnenden Seins auf das allen Erscheinungen zugrundeliegende An-sich aus, wodurch ihr ein ihr eigener Bereich zukommt. Von der Vernunft her sind auch Verstand und Sinnlichkeit vom Sein durchformt, weshalb sie nicht ganz und gar auf das Für-uns beschränkt sind, sondern bereits in ihnen das An-sich bemerkbar wird. Darauf weist der Aquinate hin, wenn er die »vis cogitativa« des Menschen von der »vis aestimativa« des Tieres abhebt (*Summa theologiae* I, q. 78, a. 4 ad 5). Weil also das Sein bis in die Sinnlichkeit hineinreicht, zeichnet sich ein Vorgang der Verinnerlichung ab, der vom äußersten Außen zum innersten Innen führt. Daher gelangen wir zum Sein durch die Verinnerlichung, die gewöhnlich »Abstraktion« heißt. Sie macht die intellektuelle Anschauung oder Intuition überflüssig, die Kant für die Erfüllung der Vernunft oder der Ideen fordert. Freilich geschieht in jener Verinnerlichung ein entferntes Teilnehmen an der intellektuellen Anschauung oder an dem Vollzug, der den übermenschlichen Geist auszeichnet.

Auf dem Hintergrund des bisher Gesagten läßt sich Maréchals Stellungnahme zu den unsere Erkenntnis ermöglichenden Bedingungen verstehen, die nach Kant a priori, nämlich vorgängig zu jedem Empfangen von Eindrücken, dem menschlichen Subjekt innewohnen. Diese Bedingungen ermöglichen einzig das Erfassen von Erscheinungen, die durch sie mit-konstituiert werden, indem sie das Empfindungsmaterial bzw. die von der Sinnlichkeit hervorgebrachten Anschauungen durchformen. Bezüglich des An-sich der Dinge sind jene Bedingungen also verdeckend, statt ent-deckend zu wirken, wodurch sie den transzendentalen Idealismus begründen. Sie beschränken unser Erkennen unter Verlust des An-sich auf das bloße Für-uns oder verflüchtigen das Objekt im Subjekt.

Diese Folgerungen ergeben sich jedoch nur dann, wenn das Sein als die oberste und alle anderen Bedingungen durchdringende Bedingung ausfällt und somit die Vernunft nach ihrem innersten Wesen nicht ins Spiel kommt. Im Gegensatz zu Kant arbeitet Maréchal gerade das Sein als die oberste Bedingung heraus, wodurch er die Vernunft in ihrem vollen Umfang zur Auswirkung bringt. Damit erweist sich die apriorische Ausstattung des menschlichen Erkennens als ent-deckend, weshalb sie den transzendentalen Realismus begründet. Demnach legen wir nicht Strukturen in das Gegebene hinein, sondern lesen diese aus dem Gegebenen heraus, indem wir mit Thomas das »intus legere«, das Lesen in den Erscheinungen, vollziehen. Aus dieser Sicht deutet Maréchal mit Recht die Formalobjekte, die nach der Scholastik die Seelenvermögen konstituieren oder ihnen a priori eingeschrieben sind, so, daß sie den apriorischen Bedingungen Kants nahekommen.

Hier drängt sich die weitere Frage auf, warum man überhaupt solche Formalobjekte oder apriorische Bedingungen zwischen das Subjekt und das Objekt dazwischenschaltet, anstatt ohne derartige Zwischengebilde auf die Gegenstände selbst hinzublicken. Das hat seinen Grund darin, daß unser Erkennen abstraktiv, nicht aber intuitiv ist, also nicht mit einem Griff den Gegenstand ausschöpft, sondern ihn durch das Zusammenwirken mehrerer Teilzugriffe allmählich erfaßt. Mit den Teilzugriffen sind nämlich verschiedene Aspekte gegeben, von denen jeder einem anderen Seelenvermögen zugeordnet ist. Diese aber unterscheiden sich nach den ihnen eingezeichneten Formalobjekten, die sie jeweils aus dem Gegenstand herausheben oder unter dessen Gesichtswinkel sie den Gegenstand darstellen. Ohne die Ausrichtung auf solche Formalobjekte gäbe es keine verschiedenen Seelenvermögen und damit kein abstraktives Erkennen und schließlich überhaupt kein Erkennen, weil die entdeckende Kraft der Seelenvermögen ausfiele. Außerdem ist zu beachten, daß die vielen Formalobjekte oder apriorischen Bedingungen ineinandergreifen und zum Aufbau des Gesamtapriori beitragen, das der Mensch den Gegenständen entgegenhält. Indem diese in jenes eintreten, werden sie ebenso durch Analyse in ihre Teilaspekte zerlegt, wie sie auch durch Synthese wieder in ihrer Einheit aufgebaut werden. So treten in ihrer sinnlich erfahrenen Gestalt die zunächst darin verborgenen Momente der Wesenheit und des Seins hervor. Damit wird die innere Struktur des Dinges sichtbar, und es prägt sich auf die Weise des Urteils aus, in dem sich das Erkennen vollendet. Das Urteil tritt an die Stelle der Intuition des übermenschlichen Geistes und kommt durch das Aufschließen der Dingstruktur mittels des menschlichen Gesamtapriori zustande. Daher setzt Maréchal mit Kant beim Urteil an, dessen Auslegung den Weg in die Metaphysik bereitet, wodurch er die kantische Grenzziehung überwindet. Dabei zeigt sich, daß das Urteil nicht wie bei Kant lediglich in der Verbindung von Begriffen besteht, sondern die Affirmation des von Kant vergessenen Seins vollzieht, die sich als das mehr oder weniger ausdrückliche »ist« darstellt. Nach allem verdanken wir Maréchal die wichtige Einsicht, daß beim Überwinden Kants dessen apriorische Bedingungen nicht zu beseitigen, sondern bis zum Sein hin zu vertiefen sind, wobei deren Nähe zu den Formalobjekten der Scholastik zum Vorschein kommt.

Dasselbe gilt von Kants transzendentaler Methode, nämlich vom Zurückführen unseres Erkennens auf dessen ermöglichende Bedingungen im menschlichen Subjekt. Vor Maréchal war die Meinung allgemein verbreitet, daß sie vom transzendentalen Idealismus untrennbar und deshalb mit dessen Ablehnung zu verwerfen sei. Wie aber Maréchal entwickelt hat, geht es wiederum um das Vertiefen bis zum Sein hin. Dazu kommen wir von selbst, wenn wir das Urteil als Affirmation oder als Vollzug des »ist« sehen lernen. In diese Tiefe geleitet uns die transzendentale Methode selbst, indem sie durch die sinnlich anschauliche Gestalt, die von der Einigungskraft (vis cogitativa) entworfen wird, zu der darin sich ver- und zugleich entbergenden Wesenheit und zu dem darin wiederum sich ver- und zugleich ent-bergenden Sein führt, was dem Fortschreiten durch den Verstand (ratio) zur Vernunft (intellectus) gleichkommt. Weil Kant nur die beiden ersten Schritte entfaltet, den dritten aber nicht erreicht, hat er jene Methode nicht ausgeschöpft oder nicht bis zu deren letztem Grund durchlaufen. Demnach ist die Wurzel des transzendentalen Idealismus nicht die Methode als solche, sondern einzig deren unvollständige Anwendung, die mit dem Ausfallen des Seins auch die beiden ihm vorausgehenden Stufen in das bloße Für-uns hineinbannt. Der Grund für diese Unvollständigkeit liegt in der oben aufgezeigten unzureichenden Betrachtung des Urteils. Diese Zusammenhänge hat Maréchal neu herausgearbeitet, womit er zu der richtungweisenden Aussage kam, daß die Begründung des transzendentalen Realismus keineswegs das Verzichten auf die transzendentale Methode verlangt, sondern lediglich deren Auswerten bis zu den letzten in ihr vorgezeichneten Folgerungen, also bis zu dem in der Vernunft enthüllten Sein, erfordert.

Damit vermochte Maréchal die von der Scholastik überlieferte Metaphysik durch deren transzendentale Grundlegung zu bereichern. Hierbei kommt es darauf an, im »ens univocum« das »ens analogum« zu entdecken. Mit anderen Worten ist der Nachweis zu führen, daß das im »ist« des Urteils aufleuchtende Sein nicht nur die abstrakteste Formel des innerweltlichen Seienden ist (ens principium numeri), sondern das Sein, das auch dem Überweltlichen zugrunde liegt oder alles schlechthin umfaßt (ens analogum). Das hier gemeinte Sein wird allein dann sichtbar, wenn, scholastisch gesprochen, sich im Urteil immer schon der Durchbruch von der Totalabstraktion zur Formalabstraktion ereignet. Erstere hebt aus den einzelnen Seienden das Seiende im allgemeinen heraus, das noch das aus Träger und Form zusammengesetzte Ganze (totum) widerspiegelt; letztere hingegen greift aus den Seienden das Sein als die Form (forma) oder den Akt heraus, durch die sie als Seiende konstituiert oder bestimmt sind.

Tiefer geschaut ist in der Total- ständig die Formalabstraktion enthalten, weil das Seiende (ens) nach Thomas vom Seinsakt genommen ist (sumitur ab actu essendi: *De veritate* q. 1, a. 1) und deshalb auch einzig im Hinblick auf diesen als solches verstanden werden kann. Nun begegnet uns im innerweltlichen Bereich immer nur das einem Träger mitgeteilte Sein oder das Sein als Seiendes, womit die Gefahr gegeben ist, daß man das von jedem Träger losgelöste Sein selbst oder das Sein als Sein vergißt und sogar für unmöglich hält. Wer dieser Gefahr erliegt, nimmt der Formalabstraktion ihren metaphysischen Tiefgang, wodurch sie zu einer nur begrifflichen Zergliederung des durch die Totalabstraktion gewonnenen Seienden im allgemeinen verkümmert.

Was nun die transzendentale Grundlegung der überlieferten Metaphysik betrifft, so setzt sie die unverkürzte Formalabstraktion voraus, also das Vordringen zum Sein selbst, das nicht wesentlich auf einen von ihm verschiedenen Träger angewiesen ist. Da nämlich die Metaphysik nichts anderes als die volle Entfaltung des Seins selbst ist, wird sie in jedem Urteil implizit oder auf die Weise des Vorgriffs mitvollzogen. Folglich widerspricht deren explizite Leugnung dem im Urteil jederzeit implizit Mitvollzogenen. Daher schließt das Urteil als seine es ermöglichende Bedingung die implizite Metaphysik ein, in der die explizite Metaphysik untilgbar vorgezeichnet ist, was Maréchal klar gesehen und entschieden herausgearbeitet hat. Wie ein Blick auf Heidegger lehrt, findet die »Vergessenheit des Seins« in diesen Verknüpfungen ihren Anlaß. Maréchal überwindet diese so, daß er die Metaphysik ähnlich wie Heidegger auf die Offenbarkeit des Seins selbst zurückführt.

Die transzendentale Besinnung auf das Sein selbst als den ermöglichenden Grund des Urteils oder auf die in diesem mitvollzogene unverkürzte Formalabstraktion kann von zwei Ansatzpunkten ausgehen. Der eine ist die im Urteil immer wieder geschehende Setzung oder Affirmation des An-sich, also des Gegenstandes in seiner vom Bewußtsein unabhängigen Wirklichkeit. Das Freilegen des ermöglichenden Grundes solcher Setzungen läßt uns zur Offenbarkeit des Seins selbst gelangen. Diesen Weg beschreitet Maréchal in seiner Untersuchung *Le thomisme devant la philosophie critique* nicht, weil er möglichst nahe bei Kant bleiben will.

Daher setzt er nicht beim transzendenten, sondern beim immanenten Gegenstand an; während Kant uns von ersterem ausschließt, richtet er unser Erkennen ganz auf letzteren hin. Er bewegt sich in der innersubjektiven oder intentionalen Spannung zwischen dem Subjekt und dem Objekt und kommt nicht zu dem realen Gegenüber zwischen dem Erkennenden und dem Erkannten. Maréchal aber unternimmt es zu zeigen, wie in der intentionalen Spannung das reale Gegenüber enthalten oder jene Spannung einzig aus diesem Gegenüber zu verstehen ist. Der entsprechende Nachweis erwächst für Maréchal aus der dynamischen Auffassung des menschlichen Erkennens, in der sich die Einheit der theoretischen Vernunft mit der praktischen auswirkt. Dabei treten das dem Erkennen innewohnende Streben zur Wahrheit und so die Finalität hervor, die alle endlichen Gegenstände immer schon auf den einen unendlichen Urgrund be-ziehen und damit deren Objektivierung voll-ziehen.

Genauer gesprochen findet auch bei Kant eine Objektivierung und damit das Überwinden des Subjektivismus statt. Insofern nämlich dieselben apriorischen Bedingungen allen Menschen innewohnen, kommt dem davon bestimmten Erkennen stets auch Geltung für diese alle zu. Darin geschieht die Kommunikation des jeweils Erkennenden mit sämtlichen menschlich Erkennenden. Darüber geht Maréchal hinaus, weil er die Objektivierung meint, die für alle Erkennenden, also auch für die übermenschlich Erkennenden und sogar für den unendlich Erkennenden Geltung hat. Hierin geschieht die Kommunikation des jeweils menschlich Erkennenden mit allen Erkennenden überhaupt, also auch mit den übermenschlich und sogar mit dem göttlich Erkennenden. Infolgedessen muß wenigstens die oberste apriorische Bedingung, nämlich das Sein, allen Erkennenden überhaupt innewohnen; denn das Sein ermöglicht, daß überhaupt Wahrheit erreicht wird, während mit dessen Bindung an die Wesenheit und die sinnliche Gestalt nur die menschliche Weise der Wahrheit gegeben ist.

Diese Weise prägt sich als das Urteil aus, worauf wir bereits hingewiesen haben. Darin sind der einzelne und dessen Wesenheit als Subjekt und Prädikat durch die Kopula »ist« miteinander geeint. Diese greift als Aussage über das logische Verbinden hinaus, weil sich die prädikative Synthese in der veritativen vollendet. Dabei geht es um die Übereinstimmung des Ausgesagten mit dem an sich Seienden oder um das Entdecken des An-sich im Für-uns. Diesen Zusammenhang eröffnet das »ist«, insofern es das Bestehen schlechthin meint, also nicht nur für mich oder für den Menschen, sondern für jeden Erkennenden, auch für den unendlichen Geist. Folglich wirkt sich darin das allumfassende Sein aus, das mit der letzten metaphysischen Tiefe zusammenfällt, in die also das Urteil immer schon hineinreicht. Indem es so in das Grenzenlose ausgreift, schreitet es über die Grenzen des Erkannten wie des Erkennenden hinaus. Hiermit verwirklicht sich die Dynamik, die in der Wahrheit und im Streben nach ihr angelegt ist und ohne die sie nie zustande käme; denn das bloße Ab-bilden genügt nicht. Das eingesehen und durchgeführt zu haben erhebt Maréchal über die gängige Neuscholastik, der er eine neue, vertiefte Ausrichtung gegeben hat.

Das volle Entfalten der angedeuteten Dynamik setzt bei dem für das Urteil wesentlichen Unterschied zwischen der prädikativen und der veritativen Synthese an. Wie jene durch diese ermöglicht wird, so findet diese in jener ihren Ausdruck. Ihre Zweiheit ist damit gegeben, daß unser Erkennen kein intellektuelles Anschauen ist. Den Bezug der prädikativen Synthese zur veritativen hat Kant in seiner »transzendentalen Deduktion« entwickelt. Deren Ergebnis gibt die zusammenfassende Formulierung wieder: »Die Bedingungen der Möglichkeit der Erfahrung überhaupt sind zugleich Bedingungen der Möglichkeit der Gegenstände der Erfahrung« (B 197). Dadurch wird aber »die Wahrheit« als »Einstimmung mit dem Objekt« (B 197) allein insofern erreicht, als der Gegenstand nach seiner Formung durch die apriorischen Bedingungen des Subjekts genommen wird. Damit fällt der Versuch der Verwurzelung im An-sich in das Für-uns zurück, und zwar deshalb, weil Kant das menschliche Subjekt nicht überschreitet oder nicht zum Sein selbst gelangt und so die mit diesem gegebene Dynamik verfehlt.

Im Gegensatz dazu findet Maréchal in der prädikativen Synthese immer schon deren wesentlichen Bezug zur veritativen oder den wesentlichen Bezug des immanenten Gegenstandes zum transzendenten. Dabei kommt es immer auf die »Einstimmung« (Kant) mit dem transzendenten Objekt an, das durch das immanente nicht verdeckt, sondern entdeckt oder dem Erkennenden gegenwärtig gemacht wird. So leuchtet im Für-uns das An-sich auf, wobei beider Verhältnis eine große

Schwingungsbreite aufweist. Solange die Wahrheit nicht verschwindet, öffnet sich im Für-uns wenigstens ein geringes An-sich; und solange die Wahrheit menschlich bleibt, ist das An-sich stets an ein gewisses Für-uns gebunden oder wird nie das reine An-sich erreicht. Das hier skizzierte Ineinander hat seinen Grund darin, daß das menschliche Subjekt zum Sein selbst hin überschritten wird und zugleich das Sein an dasselbe Subjekt gebunden bleibt. Das ist damit gleichbedeutend, daß wir einerseits das Sein selbst wahrhaft erreichen und andererseits es doch nicht unmittelbar schauen, sondern zu ihm einzig im Spiegel des menschlichen Subjekts oder durch dessen Verinnerlichung bis zum letzten Grund gelangen. Die Spannung zwischen der Art, wie sich das Sein selbst uns zeigt, und der Art, wie es in sich selbst west, prägt sich in der Dynamik aus, die von der einen Art zu der anderen hintreibt.

Zum Verstehen dieses Zusammenhanges gilt es die wesentlich in ihm enthaltene Ausrichtung auf die ihm entsprechenden Ziele zu beachten. Unter diesen hebt sich das letzte Ziel von den vor-letzten ab, wobei diese den Weg zu jenem bereiten. Doch sind auch umgekehrt diese von jenem bestimmt, weshalb sich die Anziehungskraft des letzten Zieles in den vor-letzten auswirkt und in diesen stets jenes erstrebt wird oder diese als Durchgangsmomente, als Stationen auf dem Weg zu jenem durchlaufen werden. Nach einer gängigen Formel ist das Letzte immer schon das Erste; das Letzte in der Ausführung ist das Erste in der Ausrichtung, oder das Letzte in der Verwirklichung ist das Erste in der Vorzeichnung.

Nun ist es für Maréchal entscheidend, daß die damit aufgewiesene Verknüpfung vom Menschen nicht erdacht, sondern als jene reale Gegebenheit vorgefunden wird, die den gesamten Bereich des Strebens kennzeichnet oder ohne die es überhaupt kein Streben gäbe. Damit stellt sich auch die unserem Erkennen eigene Dynamik als ein Geschehen der Realordnung dar, das die Objektivierung nicht nur für uns, wie sie Kant vertritt, sondern an sich leistet. Das aber schließt die volle Auswirkung des Seins selbst ein, die erst und allein mit der angedeuteten Dynamik gegeben ist. Das in der Art, wie es sich uns im Urteil zeigt, noch sich selbst entfremdete Sein strebt darüber zu jener Gestalt seiner selbst hinaus, in der es ganz es selbst, ganz Sein ist. Dieses letzte Ziel wird einzig in der grenzenlosen Fülle des subsistierenden Seins selbst erreicht, das nach dem oben Gesagten in allen vor-letzten Zielen am Werk ist oder ihnen von seiner Anziehungskraft mitteilt. Wer ohne die Erkenntnisdynamik auskommen will, wird entweder das Sein selbst verlieren oder es mit dem subsistierenden Sein identifizieren. Allein die Dynamik unterscheidet das Sein selbst sowohl von der Art, wie es sich uns anfänglich zeigt, als auch von dem subsistierenden Sein, zu dem es als seiner Erfüllung hinstrebt. Das in die Art, wie es sich uns zeigt, ganz eingeschlossene Sein wäre nicht mehr wahrhaft Sein; und das Sein selbst, das restlos mit dem subsistierenden Sein zusammenfiele, würde unser menschliches Erkennen nicht ermöglichen, sondern zerstören.

»Ipsum esse subsistens« ist für den Aquinaten dasselbe wie »esse divinum« (*Summa theologiae* I, q. 3, a. 4 ad 1 und q. 4, a. 2 ad 3). Das Sein ist erst als das subsistierende ganz es selbst, weil jede Bindung an einen Träger, der als vom Sein verschiedener notwendig endlich ist, das Sein verendlicht oder auf nur einige

Weisen-zu-sein einschränkt. Also einzig als das ab-solute oder von jedem Träger los-gelöste ist das Sein auch in dem Sinne ab-solut, daß es alle Weisen-zu-sein in sich vereinigt. Diese grenzenlose oder unendliche Fülle ist nach Thomas das göttliche Sein, in dem alles endlich Seiende gründet. Demnach treibt die vorstehend entwickelte Dynamik unaufhaltsam zum göttlichen Sein hin. Darauf verweist der Aquinate ausdrücklich: »Ultimus finis appetitur in omni fine« ist gleichbedeutend mit »appetere Deum implicite«, woraus schließlich erwächst, daß der Mensch »ipsum Deum explicite appetat« (*De veritate* q. 22, a. 2). Mit dem Streben ist das Erkennen auf denselben Weg gestellt: »Omnia cognoscentia cognoscunt implicite Deum in quolibet cognito« (*De veritate* q. 22, a. 2 ad 1). Danach wird beim Erkennen jedweden Gegenstandes diese ganze Dynamik auf implizite Weise durchlaufen oder kommt dessen Erkennen allein dadurch zustande, daß er als Station auf dem Weg zum subsistierenden oder göttlichen Sein vollzogen wird. Anders ausgedrückt ist seine Objektivierung oder Setzung als Wirklichkeit an sich einzig als Teilnehmen an der unendlichen Wirklichkeit des subsistierenden oder göttlichen Seins möglich. Zusammenfassend: Das Abheben des immanenten Gegenstandes vom Bewußtsein spiegelt das Abheben des transzendenten Gegenstandes und schließlich die das Bewußtsein übersteigende Bewegung zum subsistierenden oder göttlichen Sein wider.

Wenn das subsistierende oder göttliche Sein als das letzte Ziel unserer Erkenntnisdynamik erreicht wird, bleibt es immer noch von dieser geprägt, obwohl es zugleich über diese hinausgreift. Wir dringen wahrhaft zum subsistierenden Sein vor, jedoch auf die mit jener Dynamik gegebene Art, nicht auf die Art, die das Sein als das subsistierende mit sich bringt. Insofern sich aber das Sein uns als das subsistierende öffnet, schimmert in jener Art notwendig diese durch. Nun ist die in der Erkenntnisdynamik liegende Art von unserem durch Verinnerlichung des Subjekts geschehenden oder nicht-intuitiven Erkennen bestimmt. Der Art hingegen, die das Sein als das subsistierende mit sich bringt, ist offenbar das intuitive Erkennen oder das unmittelbare Schauen zugeordnet. Infolgedessen schimmert in unserem mittelbaren oder nicht-intuitiven Erkennen des subsistierenden Seins dessen unmittelbares Erkennen oder Schauen durch. In einem besonders tiefsinnigen Kapitel seiner *Summe wider die Heiden* spricht Thomas sogar davon, daß das »sciendi desiderium naturaliter omnibus substantiis intellectualibus inditum« keineswegs bei dem nicht-intuitiven Erkennen des subsistierenden Seins zur Ruhe kommt; vielmehr »incitatur magis ad divinam substantiam videndam« (*Summa contra Gentiles* III,50). Demnach findet die Erkenntnisdynamik darin ihre Erfüllung, daß sie sich selbst übersteigt und auf geheimnisvolle Weise in das Schauen einmündet.

Auf dieser Stufe seiner Darlegungen kommen Maréchal seine Studien über die Psychologie der Mystik zu Hilfe. Diese erhebt den Menschen nämlich schon in diesem Leben zu einem Schauen der Herrlichkeit Gottes, das als Vorspiel der seligen Gottesschau des Jenseits auftritt. Dazu kommt die Erkenntnisdynamik nicht. In ihr sind lediglich eine letzte Offenheit und ein verborgenes Verlangen enthalten, weil das subsistierende Sein als ihr letztes Ziel erst darin auf die ihm ganz gemäße Weise zugänglich wird. Die Erfüllung von Offenheit und Verlangen aber erwächst nicht aus der Dynamik selbst, sondern kann dem Menschen einzig aus Gottes freier Initiative oder als Gnade zuteil werden. Unsere Aussage wird der Dynamik gerecht, insofern sie einerseits diese nicht in Schauen auflöst und andererseits doch ihre Offenheit für das Schauen zur Geltung bringt. Damit stimmt die vom Neuplatonismus herkommende Sicht des Aquinaten zusammen: »Inferior natura in suo summo attingit aliquid infimum superioris naturae« (De veritate q. 15, a. 1), was vom Menschen im Hinblick auf den reinen Geist gesagt ist.

Wie aus dem Dargelegten hervorgeht, ist bei Maréchal mit dem Erkenntnisproblem die Gottesfrage auf das engste verknüpft. Sein Weg zu Gott weist ein ausgesprochen transzendentales Gepräge auf; denn er steigt zu Gott als dem letzten ermöglichenden Grund des menschlichen Erkennens auf. Der Weg zu ihm wird sogar jedesmal beim Erkennen eines Gegenstandes implizit durchlaufen. Folglich entfaltet sich der Gottesbeweis nicht als ein Vorgang, der zum Erkennen des Endlichen nachträglich und äußerlich hinzugefügt wird; vielmehr besteht er in der ausdrücklichen Explikation des ständig implizit Geschehenden. Dabei ist im Erkennen das Streben am Werke, das von dem im Erkennen des Seienden mit-vollzogenen Sein selbst zum subsistierenden Sein als der einzig vollen Wirklichkeit des Seins hingetrieben wird. Wie wir entwickelt haben, gäbe es ohne diese implizit durchlaufene Dynamik und ohne den Ausgriff auf das subsistierende Sein kein Erkennen der Wahrheit. Wer diesen Zusammenhang unvoreingenommen durchdenkt, weiß, daß bei Maréchal von Schauen Gottes oder Ontologismus keine Rede sein kann. Wollen wir seinen Weg der Mittelbarkeit genauer kennzeichnen, so ist er als Gottesbeweis aus der Finalursächlichkeit zu deuten.

Zugleich schaltet man das wirkursächliche Denken keineswegs aus. Vielmehr wird es auf seine Wurzel zurückgeführt, indem sich uns der Urfall der Kausalität öffnet. Hierbei bringen wir nicht ein anderweitig rein formal gerechtfertigtes Kausalprinzip an die von uns erkannten Gegenstände heran; im Gegenteil schenken uns diese selbst die Ureinsicht in jenes Prinzip dadurch, daß das Urteil deren innere Gründe bis zum innersten Grund hin aufleuchten läßt. Anders ausgedrückt wird das Seiende für das Sein transparent, von dem es mit absoluter Notwendigkeit abhängt. Wenn es ein Seiendes gäbe, das nicht im Sein selbst und letztlich im subsistierenden Sein gründet, so wäre entweder das Sein nicht die alles umfassende Fülle, oder das Seiende wäre ohne Sein, also nicht ein Seiendes. Das Sein selbst wäre nicht die allumfassende Fülle, wenn ein Seiendes das ihm zukommende Sein entweder aus sich selbst oder aus einer anderen Quelle empfinge. Und das Seiende wäre ohne Sein oder nicht ein Seiendes, wenn es nichts aus der absoluten Fülle empfangen hätte, obwohl alles, was dem Seienden zukommt, einzig aus ihr stammen kann. Das Seiende muß also absolut vom Sein abhängen, weil sonst das Sein weder wahrhaft das Sein noch das Seiende wirklich ein Seiendes wäre. Insofern alles dem Seienden zukommende Sein aus dem Sein selbst und namentlich aus dem subsistierenden Sein hervorgeht, kehrt zu diesem das in das Seiende eindringende Begreifen notwendig zurück.

Hier zeichnet sich der Kreislauf ab, in dem sich das wirkursächliche Absteigen im finalursächlichen Aufsteigen vollendet. Jede der beiden Weisen der Ursächlichkeit schließt die andere ein, weshalb auch in Maréchals transzendentaler oder finalursächlicher Sichtweise die wirkursächliche enthalten ist. Der angedeutete Kreislauf wird sogar im Erkennen jedes Seienden immer schon implizit mitvollzogen, woraus dessen explizites Vollziehen erwächst. Demnach gelangen wir durch Gott zu Gott, nämlich durch den implizit zum explizit erreichten Gott. Er ist der erste und der letzte; er kann einzig dadurch der letzte sein, daß er wesentlich der erste ist. Näherhin bringt der hier gemeinte Kreislauf den ganzen Menschen ins Spiel, insofern daran alle Stufen der Verinnerlichung von der Sinnlichkeit über den Verstand bis zur Vernunft beteiligt sind und so der Weg vom äußersten Außen bis zum innersten Innen durchlaufen wird. Zugleich erreicht diese Bewegung Gott als ihr letztes Ziel nur insoweit, als sich zusammen mit dem Wissen das Lieben zu Gott hin öffnet und durch seine Hingabe die Vorbehalte wegräumt, die der vollen Entfaltung des Wissens widerstreiten. Demnach geschieht der Gottesbeweis als die bis zum Ende durchgeführte Auslegung der innersten Struktur des Menschen, der sich allein in diesem Rückgang ganz als er selbst verwirklicht.

Blicken wir von unserem Ergebnis her auf Kants Kritik der Gottesbeweise zurück, so finden wir, daß Maréchal deren Berechtigung genau erkannt hat. Die Gottesbeweise, wie sie Kant vorlagen, krankten nämlich alle daran, daß sie sich vom welthaften Seienden zu Gott als dem höchsten Seienden erhoben, wobei das schon zuvor durch formale Überlegungen geklärte Kausalprinzip den Aufstieg ermöglichte. Zum Sein selbst, an dessen Fülle jedes welthafte Seiende teilnimmt und das in Gott als dem subsistierenden Sein seine Urwirklichkeit innehat, waren jene vorkantischen, im Rationalismus befangenen Denker nicht vorgedrungen, weshalb ihnen auch die mit dem Sein gegebene Dynamik unzugänglich blieb. Daher fehlte ihren Gottesbeweisen die zuinnerst bewegende Kraft des Seins; die darin liegende Schwäche hat Kant scharfsinnig durchschaut, ohne aber deren Wurzel freilegen zu können. Im Gegensatz dazu ist Maréchal zu der Dynamik des Seins vorgestoßen, die sowohl den Rationalismus als auch Kant überwindet und in der ebenso das wahrhaft fundierte Kausalprinzip enthalten wie der Aufstieg zu Gott vorgezeichnet ist.

Mit der eben skizzierten Problematik kehren wir zu der Leitfrage zurück, von der Kants *Kritik der reinen Vernunft* ausgeht, nämlich zu der Frage nach der Möglichkeit der synthetischen Urteile a priori. Diese Urteile sind synthetisch, weil sie die Erkenntnis erweitern, und sie müssen a priori sein, da sie notwendig und allgemeingültig sind, wozu die Synthese a posteriori sich nie erheben kann. Kant rechtfertigt solche Urteile, indem er sie auf das Ding als Erscheinung-für-uns einschränkt. Zu ihnen gehört auch das Kausalprinzip, das also nicht das Ding-an-sich erreicht und folglich nichts zur Erkenntnis Gottes, der einzig im Bereich des An-sich anzutreffen ist, beitragen kann. Maréchal greift diese Fragestellung auf, wobei er es unternimmt, den Weg vom »ens principium numeri« zum »ens analogum« oder metaphysicum zu bahnen. Während der erste Sinn des »ens« nicht über die Welt oder den Bereich möglicher Erfahrung (Kant) hinausführt oder in das »ens univocum« eingeschlossen bleibt, umfaßt das »ens analogum« die gesamte Wirklichkeit, indem es zum Überwelthaften gelangt und in diesem das Welthafte gründet. Im analogen Sein wurzeln schon nach Thomas von Aquin die »principia prima« oder die obersten Grundsätze, in denen die Auslegung dessen, was das Sein ist, ihren Niederschlag findet und die daher nicht nur relativ oder für uns, sondern absolut oder für alles überhaupt gelten. Damit sind sie schlechthin allgemein und notwendig, indem sie zugleich unser Erkennen erweitern, weil sie die im Sein implizit enthaltene grenzenlose Fülle zu ihrer Explikation hinführen.

Wie Maréchal klar gesehen hat, hängt alles vom Durchbruch zum analogen Sein ab, das man meist allzu selbstverständlich aus der höchst abstraktiven Kraft unseres Geistes herleitet. Obendrein wird oft das Abstrahieren als bloßes Weglassen von konkretisierenden Merkmalen verstanden, wodurch man aber den Bereich nicht überschreitet, bei dem man angesetzt hat, sondern nichts weiter als dessen abstrakte Gestalt gewinnt. In unserem Fall kommt man mit dieser Methode allein zur unbestimmtesten Fassung des »ens principium numeri«, gelangt aber nicht in den anderen Bereich des »ens analogum«. Dazu ist die Abstraktion als Verinnerlichung erforderlich, die von der zunächst gegebenen Ebene zu der tieferen, ihr zugrundeliegenden und sie ermöglichenden Ebene vordringt, die also in unserem Falle vom »ens principium numeri« zum »ens analogum« hinabsteigt. Damit jedoch dieser Übergang nicht ein leeres Gedankenspiel sei, muß er in der Struktur unseres menschlichen Wirkens vorgezeichnet, ja bereits implizit vollzogen vorgefunden werden. Anders ausgedrückt muß sich der Übergang zum »ens analogum« als der ermöglichende Grund erweisen, ohne den menschliches Wirken nicht geschehen könnte. Da es aber tatsächlich und ständig geschieht, zeigen sich jener Übergang und damit das »ens analogum« als etwas unabweisbar wirklich Geschehendes bzw. Vollzogenes. Hier tritt wieder der neue Durchbruch hervor, vermöge dessen Maréchal dem »ens analogum«, den Ansatz Kants zu Ende führend, seine transzendentale Unterbauung gegeben hat.

Damit ist zugleich die transzendentale Klärung und Sicherung der synthetischen Urteile a priori oder der »principia prima« erreicht, da sie ja nichts anderes als die Auslegung des »ens analogum« sind. Näherhin zeichnen sich darin zwei Aspekte ab. Einerseits lassen sich die obersten Grundsätze nicht durch bloßes Analysieren abstrakter Begriffe gewinnen, denen keine weitere Rechtfertigung zuteil wird. Andererseits lassen sie sich aber auch nicht allein daraus entnehmen, daß sie unser Tun ermöglichen, ohne daß ihre Notwendigkeit innerlich einsichtig wird. Über die erste Einseitigkeit kommt die Neuscholastik nicht hinaus, soweit sie die transzendentale Denkweise ablehnt; in der anderen Einseitigkeit bleibt Kant stecken, weil er wegen der Vergessenheit des Seins dessen erhellende Kraft nicht zur Verfügung hat. Maréchals Antwort sieht die beiden Aspekte in ihrer inneren Durchdringung, wodurch er bei den Prinzipien deren transzendentale Gründung mit deren innerer Einsichtigkeit verbindet.

Da dem Menschen als »Geist in Welt« die intellektuelle Anschauung des Seins versagt ist, kann er dazu einzig durch die beim Seienden ansetzende abstraktive Verinnerlichung gelangen, die uns das Sein als den ermöglichenden Grund des Seienden und namentlich des menschlichen Wirkens enthüllt. Dabei leuchtet das Sein nur allmählich oder in den Schritten auf, die jene transzendentale Ermöglichung verlangt. Wir haben es also nie abgeschlossen vor uns, sondern müssen im transzendentalen Rückgang immer neu darum ringen. Indem wir aber das leisten, nehmen wir an dem Licht teil, das mit dem Sein wesentlich gegeben ist und alles durchstrahlt, was in seinen Bannkreis tritt. Daher sind auch die obersten Grundsätze von innen her durchlichtet oder in ihrer Notwendigkeit einsichtig. So vollziehen wir sie in einem Sehen oder Einsehen, das zwar nicht intellektuelle Anschauung ist, uns aber einen Abglanz von ihr schenkt. Insofern wir nicht die intellektuelle Anschauung haben, schöpfen wir ständig aus der transzendentalen Rückkehr; und insofern wir durch diese wahrhaft zum Sein gelangen, vermögen wir die Prinzipien mit Einsicht zu vollziehen. Wer sich vom transzendentalen Rückgang trennt, verfällt entweder dem Intuitionismus oder dem Rationalismus; wer hingegen nicht zum Sein gelangt, verfehlt die innere Notwendigkeit der obersten Grundsätze und kommt über deren äußere Notwendigkeit nicht hinaus. So hat Kant zwar die Notwendigkeit der synthetischen Urteile a priori für die Ermöglichung des menschlichen Erkennens erreicht, konnte aber nicht deren innere Notwendigkeit, nämlich die in sich notwendige Verknüpfung der Urteilsglieder untereinander, klären.

Genauer erläutert seien die vorstehend aufgezeigten Zusammenhänge einzig am Kausalprinzip, das in ihnen enthalten und immer schon implizit mitvollzogen ist. Mit dem Entdecken des analogen Seins wird nämlich die mit und in ihm gesetzte Dynamik sichtbar, die nach dem oben Entwickelten von seiner anfänglich vorgefundenen Gestalt unaufhaltsam bis zum subsistierenden Sein als dem unüberbietbaren Endpunkt oder letzten Ziel hindrängt. In diesem Drängen zeigt sich die Abhängigkeit des im Seienden stets seiner grenzenlosen Fülle entfremdeten Seins von dem Sein, das mit derselben Fülle eins, also ganz mit sich identisch oder ganz es selbst ist. Das dem Seienden mitgeteilte oder von ihm partizipierte Sein, das zunächst im Urteil aufleuchtet, kann es nicht ohne das subsistierende Sein oder allein durch dieses geben. Die hier auftretende Abhängigkeit prägt sich von der transzendentalen Denkweise her finalursächlich aus, schließt aber als ihre Wurzel die Wirkursächlichkeit ein, wie wir bereits sahen. Unsere Darlegungen arbeiten heraus, wie Maréchals Seinsdynamik den Urfall von Kausalität in sich trägt; er ist der grundlegende Gehalt des Kausalprinzips, das für ihn unbedingt und schlechthin allgemein gilt. Alle anderen Fälle der Kausalität sind davon abgeleitet und schöpfen daraus ihre Kraft. Sie sind bedingt und nicht schlechthin allgemein, insofern sie auf ein Teilgebiet beschränkt sind und eine Ursache durch eine andere höhere Ursache ersetzt werden kann.

Das eigentlich metaphysische Kausalprinzip fällt mit Maréchals Seinsdynamik zusammen, ja drückt sie nur auf die Weise des Prinzips aus. Suchen wir die Eigenart des darin geschehenen Aufstiegs weiter zu verdeutlichen. Einerseits ist er diskursiv geprägt, weil er sich von einer Stufe zu einer anderen erhebt, von dem Sein, das wir im Seienden vorfinden, zum subsistierenden Sein, wobei die transzendentale Rückführung und die Einsicht in das Kausalprinzip die Vermittlung leisten. Andererseits sind die beiden Stufen nicht einander gleichgeordnet; vielmehr ist das dem Seienden innewohnende Sein dem subsistierenden Sein untergeordnet und auf dieses hingeordnet. In jenem ist der Aufstieg zu diesem vorgezeichnet, weshalb dieses in jenem auf die Weise der Vorzeichnung enthalten ist. Anders ausgedrückt gehört zu jedem endlichen Seienden die Seinsdynamik als das, was es zuinnerst konstituiert. Die im Seienden implizierte Dynamik wird also vom menschlichen Vollziehen lediglich expliziert, nicht aber als etwas gänzlich Neues hinzugefügt. Wie diese Andeutungen zeigen, geht es hier um einen Diskurs, der etwas Überdiskursives in sich trägt, um ein Einsehen, das wie bei den ersten Prinzipien einen Abglanz der geistigen Anschauung des übermenschlichen Geistes darstellt. Um dem überdiskursiven Moment in unserem diskursiven Aufstieg zum subsistierenden Sein gerecht zu werden, sprechen wir von Erfahren und vom erfahrenden Diskurs. Dabei können das Erfahren und das Diskursive auf sehr verschiedene Weise zusammenspielen. Bald überwiegt das Erfahren, das dem Diskurs vorausgeht oder aus ihm als dessen reife Frucht hervorgeht; bald überwiegt der Diskurs, vor allem in der Wissenschaft, die aber stets aus dem Erfahren schöpft. Im Erfahren kehren wir zu Maréchals Vorspiel der seligen Gottesschau zurück, das zur Konstitution des menschlichen Erkennens gehört und erst die Seinsdynamik zum Abschluß bringt.

Das Schaffen Maréchals, das sich im Rahmen der Neuscholastik entfaltet, greift weit über diese hinaus, wie seine überaus fruchtbare Wirkungsgeschichte des näheren zeigt. An die Stelle des Weitergebens von überliefertem Lehrgut tritt ein ursprüngliches Philosophieren, das aus den lebendig gespürten Fragen die Antworten entwickelt, dabei aber als Lebensbewegung die Begriffe mit ihrer Logik wie ein Knochengerüst in sich trägt. Zugleich wird das Geisteserbe des Aquinaten in seiner Tiefe erweckt und so die fruchtbare Begegnung mit dem modernen Denken ermöglicht. Hieraus erwächst eine umfassende Synthese des abendländischen Ringens um die Wahrheit, wodurch das christliche und namentlich das katholische Philosophieren auf eine neue, ihm gemäße Basis gestellt und ihm der weiteste Entfaltungsraum bereitet wird. Der Durchbruch durch das allzu lange ängstlich gehütete Getto bahnt sich an und gelingt schon auf weite Strecken. Eine früher ungewohnte Freiheit des Forschens setzt sich durch und führt zu Ergebnissen, die in die Zukunft weisen. Im einzelnen hat Maréchal durch das Entdecken des Seins mit der ihm innewohnenden Dynamik in Thomas die Auseinandersetzung mit dem Seinsdenken Heideggers und mit der Existenzphilosophie vorbereitet. Weit vorgedrungen ist er beim Aneignen der transzendentalen Methode sowie bei der Einheit von Wissen und Streben. Den damit gewonnenen transzendentalen Realismus hat er durch wesentliche Grundzüge des transzendentalen Idealismus bereichert. Zugleich eröffnete er einen fruchtbaren Zugang zu Gott, dessen impliziter Mitvollzug in allem Erkennen die Transzendenz Gottes durch seine Immanenz ergänzt. Aufs Ganze gesehen geht von Maréchal ein Klima aus, in dem das christlich-katholische Denken mehr als vor ihm wahrhaft Philosophieren sein kann und einen ernstzunehmenden Beitrag zum Ringen der Gegenwart zu bieten hat.

BIBLIOGRAPHIE

1. Werke

a) Umfassendes Verzeichnis:
A. V.: Mélanges Joseph Maréchal, Bd. I: Œuvres, Bru/P 1950, 47–65.

b) Auswahl:
Le point de départ de la métaphysique. Leçons sur le développement historique et théorique du problème de la connaissance, 5 Bde. (Cahiers):
  Bd. I: De l'antiquité à la fin du moyen âge: la critique ancienne de la connaissance, Bruges/P 1922 (^{2}Lv/P 1927, ^{3}Bru/P 1943).
  Bd. II: Le conflit du rationalisme et de l'empirisme dans la philosophie moderne, avant Kant, Bruges/P 1923 (^{2}Bru/P 1942, ^{3}1944).
  Bd. III: La critique de Kant, Bruges/P 1923 (^{2}Bru/P 1942, ^{3}1944).
  Bd. IV: Le système idéaliste chez Kant et les postkantiens, Bru/P 1947.
  Bd. V: Le thomisme devant la philosophie critique, Lv/P 1926 (^{2}Bru/P 1949).
Études sur la psychologie des mystiques (^{1}1908–1930), 2 Bde., Bru/P 1924/1937 (Bd. I ^{2}1938).
Le dynamisme intellectuel dans la connaissance objective, in: RNSP 28 (1927) 223–226.
Au seuil de la métaphysique: abstraction ou intuition?, in: RNSP 31 (1929) 27–52, 121–147, 309–342.
Précis d'histoire de la philosophie moderne, Bd. I: De la renaissance à Kant, Lv 1933 (^{2}Bru/P 1951).
L'aspect dynamique de la méthode transcendentale chez Kant, in: RNSP 42 (1939) 341–384.

c) Übersetzungen ins Deutsche:
Ueber die morphologische Entwicklung der Chromosomen im Keimbläschen des Selachiereies, in: Anatomischer Anzeiger 25 (Je 1904) 383–398.
Ueber die morphologische Entwicklung der Chromosomen im Teleostierei, in: Anatomischer Anzeiger 26 (1905) 641–652.
Der dynamische Gesichtspunkt in der Entwicklung des kantischen transzendentalen Idealismus, in: E. Wingendorf (Hg./dt.): Das Dynamische in der menschlichen Erkenntnis, Bd. II, Bo 1940.

2. Literatur

a) Ausführlicheres Verzeichnis bis 1950:
A. V.: Mélanges, a.a.O. 1. a) 65–71.

b) Auswahl und Ergänzung:
Aleu, J.: De Kant a Maréchal. Hacia una metafisica de la existencia, Bar 1970.
A. V.: Mélanges Joseph Maréchal, 2 Bde., Bru/P 1950.
Baciero, C.: Maréchal y el dinamismo objetivante de la inteligencia, in: Revista de Filosofia Méxicana 1 (1968) 19–47.
Bérubé, C.: Dynamisme psychologique et existence de Dieu chez Jean Duns Scot, J. Maréchal et B. Lonergan, in: Antonianum 48 (1973) 5–45.
Bradley, D. J. H.: Transcendental critique and realist metaphysics, in: Thom. 39 (1975) 631–667.
Burns, J. P.: Spiritual dynamism in Maréchal, in: Thom. 32 (1968) 528–539.
–: Maréchal's approach to the existence of God, in: NSchol 42 (1968) 72–90.
Calambrogio, G.: Comprensione e giustificazione del primo principio nel pensiero del Padre Joseph Maréchal, in: Teoresi 25 (1970) 25–87, 161–233.
Casula, M.: Maréchal e Kant, R 1955.
–: La deduzione dell'affermazione ontologica del Maréchal, in: Aquinas 2 (1959) 354–389.
Cavaliere, L.: Introduzione al pensiero di Giuseppe Maréchal, Triest 1979.
Coulson, G.: Maréchal. La pasión metafisica, BA 1974.
Darós, W. R.: Lo a-priori en la teoría tomista del conocimiento según J. Maréchal, in: Pensamiento 36 (1980) 401–423.
Dirven, E.: De la forme à l'acte. Essai sur le thomisme de Joseph Maréchal S. J., P/Bruges 1965.
–: Justification de la métaphysique. A propos de la correspondance entre Blondel et Maréchal, in: ArPh 31 (1968) 556–585.
Hayen, A.: L'Intentionnel selon saint Thomas (^{1}1942), Bruges ^{2}1954 (Vorwort von J. Maréchal).

–: Un interprète thomiste du kantisme: le P. Joseph Maréchal, in: Revue Internationale de Philosophie 8 (1954) 449–469.
Holz, H.: Transzendentalphilosophie und Metaphysik, Mz 1966.
Isaye, G.: Joseph Maréchal, in: M. F. Sciacca (Hg.): Les grands courants de la pensée mondiale contemporaine / Portraits, Bd. II, Mi 1964, 991–1032.
Javier, B.: J. Maréchal's metaphysics of intellectual dynamism, in: Modern Schoolman 42 (1964/65) 375–397.
Koll, H. J.: Die Methode der Transposition bei J. Maréchal, Fr 1967 (phil. Diss.).
Kowalewski, M.: Przedmiotowosc Poznania wujeciu J. Maréchala (L'objectivité de la connaissance, d'après J. Maréchal), in: Collectanea theologica 28 (1957) 259–302.
Landolt, E.: La fondazione d'una scienza del conoscere, or ontologia razionale, secondo il Maréchal, in: Teoresi 12 (1957) 254–279.
Lebacqz, J.: Le rôle objectivant du dynamisme intellectuel. Le problème et la solution du P. Maréchal, in: RevPhil 63 (1965) 235–256.
Liverziani, F.: Dinamismo intellettuale ed esperienza mistica nel pensiero di Joseph Maréchal, R 1974.
–: Maréchal ed Husserl, in: Tommaso nel suo settimo centenario (= Atti del Congresso internazionale Roma-Napoli 17–24 aprile 1974), Bd. VI: L'essere, Na 1977, 524–530.
Lotz, J. B.: Zur Thomas-Rezeption in der Maréchal-Schule, in: ThPh 49 (1974) 375–394.
Marie de la Croix, Sr.: La pensée du P. Joseph Maréchal, in: NRTh 93 (1971) 963–987.
Muck, O.: Die transzendentale Methode in der scholastischen Philosophie der Gegenwart, I 1964.
Muschalek, G.: Verinnerlichung der Gotteserkenntnis nach der Erkenntnislehre Joseph Maréchals, in: ZKTh 83 (1961) 129–189.
Outumuro, M. R.: Maréchal en España. El punto de partida de la metafisica, in: Veridad y Vida 18 (1960) 163–170.
Pafumi, A.: Joseph Maréchal e l'interpretazione finalistica del kantismo, in: Teoresi 12 (1957) 85 bis 114.
Pfaffelhuber, M.: Die Kant-Rezeption bei Maréchal und ihr Fortwirken in der katholischen Religionsphilosophie, Fr 1970.
Pires, C.: O finalismo realista de J. Maréchal, in: RPF 13 (1957) 125–157.
Pithod, A.: Joseph Maréchal: recuerdo en el vigésimo aniversario de su Muerte, in: Sapientia 20 (1965) 37–39.
Poncelet, A.: La méthode historico-théorique de J. Maréchal, in: Bijdragen 20 (1959) 242–266.
Savignano, A.: Psicologismo e giudizio. Filosofia in M. Heidegger – X. Zubiri – J. Maréchal, Pv 1976.
–: Joseph Maréchal filosofo della religione, Perugia 1978.
–: Attualità del pensiero religioso di Joseph Maréchal, in: Cultura e Scuola 20 (R 1981) 129–140.
Verhaak, C.: De invloedsfeer van Joseph Maréchal. Een sector van katholieke wijsbegeerte in de twintigste eeuw, in: Bijdragen 30 (1969) 436–448.
Wingendorf, E.: Das Dynamische in der menschlichen Erkenntnis, 2 Bde., Bo 1939/40.

JOHANNES BAPTIST LOTZ

Die französischsprachige Maréchal-Schule: L. Malevez, A. Grégoire, J. Defever, G. Isaye, J. Javaux, E. Dirven u. a.

In seinen *Cahiers du point de départ de la métaphysique* (1922–1947) arbeitete Joseph Maréchal (1878–1944) nicht ausdrücklich einen Gottesbeweis aus. Er hinterließ jedoch eine Anmerkung, die sich im ersten Band der *Mélanges Joseph Maréchal* (1950, 370) findet, und zwar im Zusammenhang mit den »passages du *Cahier V* d'où peut ressortir une preuve de l'existence de Dieu«. Die Durchführung dieses Beweises hat sich vor allem – nicht ausschließlich – die Maréchal-Schule französischer Sprache zur Aufgabe gemacht, deren wichtigste Vertreter belgische Jesuiten und zum größten Teil Professoren an den Ordenshochschulen von Löwen, Heverlee und Eegenhoven waren.

Von 1927 an unternahm Charles Lemaître (1883–1957), Ordinarius für Philosophie in Namur, den Versuch, die »quarta via« des hl. Thomas im Lichte des Maréchalschen Ansatzes zu interpretieren. In einer Auseinandersetzung mit früheren Interpretationen und Kritiken legte er seine Lesart mit dem Anspruch vor, daß sie gegenüber jeder anderen die Texte des Doctor Angelicus wortwörtlich nehme. Außerdem erschien ihm der vierte Beweis nicht nur als der radikalste, sondern auch als jene Schlußfolgerung, zu der uns die anderen Gottesbeweise letztlich immer hinführten. Im Mittelpunkt seiner Durchführung steht der Begriff der Seinsstufe, die ihrerseits wesenhaft relativ bestimmt ist, sofern zwischen der Idee einer Seinshierarchie und der Idee eines höchsten Seienden, das mit dem Vollkommenen und Absoluten, d. h. mit Gott identisch ist, eine unlösbare Verbindung besteht. Zweifellos ist diese Idee eines höchsten Seienden dem unendlichen Geist nicht ausdrücklich gegenwärtig, wenn er seine konkreten Behauptungen aufstellt, doch sie ergibt sich notwendig aus den objektiven Möglichkeitsbedingungen eines vollzogenen Urteils. Wird sie auch nicht unmittelbar festgestellt, so ist sie doch mit Notwendigkeit feststellbar. Das Unendliche, das Vollkommene bzw. das höchste Seiende ist jedoch kein formales Objekt der menschlichen Vernunft, da es an sich selbst keine Seinsstufen duldet. Das Sein, das sich als Gegenstand der Vernunft darbietet, ist diesem gegenüber für unzählige Abstufungen empfänglich. Es tendiert lediglich zur Unbegrenztheit hin, sofern jede Grenze

Nichtsein bedeutet. Das unendliche Sein ist aber auch nicht Gegenstand einer Intuition bzw. Bestandteil einer angeborenen Idee. Es stellt vielmehr den konstituierenden Möglichkeitsgrund unserer Urteile dar und nichts sonst. Durch es wird die Vernunft seitens des letzten Zieles in Bewegung gesetzt. So gesehen bildet es die dynamische Synthese, kraft derer unsere Urteile Relationen und Bewegungen herstellen bzw. das sind, was sie sind. Daraus wiederum wird klar, daß das Urteil jedesmal dann, wenn es sich auf eine begrenzte Wirklichkeit behauptend bezieht, diese als einen bestimmten Seinsgrad setzt und gleichzeitig etwas jenseits der Seinsgrade Stehendes anspricht, das nicht unmittelbar gegeben ist. Von daher gesehen, daß nämlich im Kern eines jeden Urteils, welches unmittelbar durch eine Erfahrung ausgelöst wird, eine Bezugnahme vorliegt, die ihm seinen Erkenntniswert verleiht, ist es unmöglich, im Ziel dieser Bezugnahme ein bloß chimärisches Ideal zu sehen. Bildet es das Prinzip aller Erkenntnis, so kann ihm selbst die Erkennbarkeit nicht abgehen. Letzteres wäre der Fall, wenn dieses Ziel keine Objektivität besäße. Auch kann sich in diesem höchsten Ziel kein Widerspruch finden, da jede Seinsstufe auf ein Höchstmaß an Sein verweist, sofern es wirklich Höchstmaß ist. Wäre dieses Höchstmaß nun in sich widersprüchlich, so wäre die Realität trotz Denken nicht mehr denkbar. An sich selbst objektiv und widerspruchsfrei, existiert schließlich das Vollkommene notwendig. In diesem einen Fall kann die Legitimität des Schlusses von der Ordnung der begrifflichen Möglichkeit auf diejenige der Existenz nicht beargwöhnt werden. Er bedeutet hier keinen Rückfall in die alten Überschwenglichkeiten des ontologischen Arguments, da uns das höchst Vollkommene an sich selbst und in seiner Positivität unüberwindbar verborgen bleibt. Es wird lediglich gesagt, daß die Tatsache von Seinsstufen einzig und allein im Hinblick auf ein absolut höchstes Sein konzipierbar ist. Diese Bezugnahme wiederum setzt um eben dieser Konzipierbarkeit willen die Nichtwidersprüchlichkeit des höchsten Seins voraus. Nun ist aber dieses nur dann auch das zuhöchst Erkennbare, wenn es existiert. Folglich existiert das höchste und vollkommene Sein. Die unmittelbare Reflexion des Denkens auf seine eigene ontologische Dynamik also, die Unbegrenztheit des actus als actus sowie die notwendige logische Verknüpfung von Möglichkeits- und Wirklichkeitsbehauptung bezüglich des Absoluten – dies sind die Determinanten der »quarta via« des hl. Thomas in der Lektüre von Ch. Lemaître.

Einige Jahre nach der Studie von Lemaître, genau 1938, legt der junge Theologe Léopold Malevez (1904–1973) aus Maréchalscher Perspektive eine detaillierte Auseinandersetzung mit dem Denken von Karl Barth vor. Der dritte Abschnitt dieser Arbeit, die den Titel *Théologie naturelle* trägt, erscheint uns heute als eine der gehaltvollsten und persönlichsten Darlegungen der Maréchalschen Philosophie. Speziell fällt auch auf, daß Malevez aus seiner Diskussion mit K. Barth hinsichtlich der onto-theologischen Kontamination unberührt hervorging, ganz im Unterschied zu manch anderen Maréchal-Schülern, die mitunter den Zweideutigkeiten der Sprache über das unendliche Objekt erliegen.

Als Ausganspunkt wählt Malevez – darin hält er sich treu an den hl. Thomas – die Anerkennung eines unbegrenzten Apriori innerhalb unseres Geistes. Dieses unbegrenzte Apriori des Geistes offenbart sich ausschließlich in der Form des

Urteils, sofern diese die Beziehung unserer Denkinhalte zur absoluten Wirklichkeit sichtbar macht und darüber hinaus eben diese Denkinhalte als solche durch die genannte Beziehung überhaupt sein läßt. Weiters ist dieses unbegrenzte geistige Apriori dynamisch und tendenziell zu verstehen: als eine auf das Absolute hin gerichtete Kraft, die von vornherein alle unsere partikulären Denkakte bestimmt und sich in der Konstitution eines jeden derselben ausdrückt, setzt und bestätigt. Das deutet weder auf etwas Platonisches noch auf etwas Cartesianisches hin; außerdem werden alle Formen von Innatismus und Ontologismus zurückgewiesen. Tatsächlich verleiht das geistige Apriori, sobald es eine Wesenheit an deren Bezug zum Absoluten über sich selbst hinausweisen läßt, dieser keinen auch nur irgendwie gearteten idealen Inhalt, der implizit bereits besessen würde. Etwas zum Absoluten in Beziehung setzen bedeutet noch nicht, dieses darzustellen. Es geht vielmehr einzig und allein darum, das Endliche innerhalb der Stoßkraft jenes dynamischen Prinzips zu sehen, das uns zum Unendlichen führt. Freilich bleibt unsere Vernunft mit ihren Anschauungen und Begriffen im engen Rahmen des räumlich und zeitlich Wirklichen verhaftet und an die materiellen Wesenheiten verwiesen, die lediglich räumlich und zeitlich existieren können. Doch aufgrund ihres angeborenen Strebens, das sich in jeder Form des Denkens aufdecken läßt, enthüllt sie gleichzeitig ihre ursprüngliche Wesensverwandtschaft mit der Ordnung des actus purus, d. h. mit dem unendlich vollkommenen Sein. Verhält es sich nun aber so, daß die Vernunft das Absolute in all ihren Vollzügen sucht und in Anspruch nimmt, könnte man dann nicht sagen, daß es hier um den rein subjektiven Besitz einer Unendlichkeit seitens der Vernunft geht? Ist das Absolute mehr als ein Ideal, das sich die Vernunft selbst gibt? Stellt Gott eine Wirklichkeit dar, die unserem subjektiven Unendlichkeitsempfinden vorhergeht und objektiv von diesem unabhängig ist? Zweifellos gewährt uns unsere geistige Dynamik auf die Unendlichkeit hin keine unmittelbare Evidenz der Wirklichkeit des Absoluten, sie veranlaßt uns aber, mit logischer Stringenz und unter Gefahr des Selbstwiderspruchs das Absolute im expliziten Rahmen der Reflexion eigens zu setzen. Tatsächlich konstituiert unsere aktive Beziehung der Anschauungen auf das absolute Sein, das jedem objektiven Denken zugrunde liegt, eine authentische Behauptung dieses Seins. Es ist nicht möglich, daß wir das Absolute als nicht in sich selbst existierend denken oder als reines Vernunftideal vorstellen, das unser Geist anstrebte, ohne es je zu erreichen. Das bedeutet aber, daß das Denken in seinem Wesen die Setzung der Realität des Absoluten ist und daß eine Leugnung derselben einer Selbstzerstörung gleichkäme. Besteht darüber einmal Klarheit, so bleibt weiter zu beweisen – was nicht evident ist –, daß die notwendige Setzung des unendlichen Seins auch die Setzung dieses Seins als transzendenter Größe, als Vernunft und Liebe bzw. als höchster Personalität beinhaltet.

L. Malevez kam in der Folge noch öfters auf diesen Maréchalschen Gedankengang zurück. Vor allem hinsichtlich der Frage der Gotteserkenntnis, der Frage eines Strebens nach Gott und der Frage der Ungeschuldetheit des Übernatürlichen war dies immer wieder geboten.

Im Jahre 1939 publizierte Auguste Grégoire (1890–1949) seinen Theodizee-

Kurs, den er den jungen Jesuiten im Scholastikat von Löwen gelehrt hatte. Dieses Buch mit dem Titel *Immanence et Transcendance* stellt sowohl ein klassisches als auch ein selbstkritisches Werk des thomistischen Denkens dar. Seine Besonderheit besteht jedoch vor allem in der pädagogisch zugänglich gemachten Darlegung der Maréchalschen Gedanken. In jenem Teil, der dem Kausalitätsprinzip gewidmet ist, welches nach seiner Ansicht übrigens den eigentlichen Vollzug der Vernunft ausdrückt, unternimmt er die Bestimmung der objektiven Erkenntnisbedingungen. Gleichzeitig geht es ihm dabei um den Nachweis, daß der Bezug zu Gott, zum unendlichen Sein und zum actus purus, weder dem Erkenntnishorizont äußerlich ist noch einem erkannten Objekt einfach angefügt wird, sondern ein konstitutives Element jeder Erkenntnis bildet. Das heißt: Im Anschluß an Maréchal versucht er zu beweisen, daß die Behauptung des Absoluten logisch notwendig ist, sofern sie in jedem Erkenntnisakt impliziert ist. Seine ersten Beweisschritte sind sodann folgende: 1. Die Reichweite der Vernunft ist absolut unbegrenzt. Daraus folgt, daß jenes Objekt, welches dieser Reichweite adäquat entspricht, einzig das unbegrenzte Sein sein kann, welches zugleich das letzte Ziel des Willens ist. 2. Das letzte Ziel des vernunftbegabten Subjekts kann so nur im unbegrenzten Sein liegen. Diese Behauptung erhält ihre Notwendigkeit aus der Tatsache, daß sie in jedem Erkenntnisakt mit impliziert ist. 3. Jener Vernunftsakt, der das Denkobjekt als solches setzt, ist der Akt des Urteils. Allerdings enthüllt auf dieser gnoseologischen Ebene die behauptete Objektivität noch nicht ihre ontologische Tragweite; sie zeigt lediglich den erkenntnisimmanenten Gegensatz zwischen erkennendem Subjekt und erkanntem Objekt an. Genauso wird zu Beginn des Gedankenganges nur das Subjekt als unmittelbare Bedingung für eine objektive Erkenntnis angenommen. Die Argumentation nimmt so gesehen den gleichen Ausgangspunkt wie Kant. Doch dann besteht die Minor dieses Beweisganges in der Erkenntnis, daß der Urteilsakt seinen Gegenstand in einen Bezug zur absoluten Einheit des Denkens und zum absolut letzten Ziel des erkennenden Subjekts bringt. Der Schluß ist von hier aus gesehen nicht mehr umgehbar: Der Bezug zum Absoluten, die Relation zum absolut unbegrenzten Sein, d. h. die Partizipationsbeziehung, ist ein innerlich-konstituierendes Element für das Objekt als solches, und deshalb ist die Setzung des Absoluten notwendig aufgrund einer logischen Notwendigkeit. Die dem Denken immanenten Bedingungen erscheinen damit als die Bedingungen des auf Objektivität zielenden Denkens. Genauer besehen ist es die Beziehung zum Absoluten, besser: zur Realität des Absoluten, ohne die wiederum die genannte Beziehung ein Nonsens wäre. Dieses absolut unbegrenzte Sein schließlich, das jeglicher Begrenzung enthoben und folglich der actus purus selbst ist, an dem alle begrenzten Seienden partizipieren, und das weiters adäquater Gegenstand der Vernunft und letztes Ziel des Willens ist – dieses Sein entspricht in der Tat dem, was wir meinen, wenn wir von Gott sprechen.

Es blieb Gaston Isaye (1903–1984) vorbehalten, den Gedankengang Maréchals in seiner ganzen Strenge neu aufzunehmen und kritisch alle seine Implikationen zu erläutern. G. Isaye bekannte sich allerdings nicht nur als Schüler Maréchals, sondern auch als Schüler von Pierre Scheuer SJ (1872–1957). Er wußte, was er diesen beiden Männern verdankte, deren Werke, wie er sagte, »se complètent admirablement«. Von Scheuer übernahm er die Grundlagen seiner Metaphysik des »Ich« als dem ersten konkreten Prinzip und als (wenn auch nicht adäquater) aktiver Identität der Realität und der Vernunft. Maréchal hingegen verschaffte ihm vor allem die Analyse des geistigen Dynamismus sowie seinen Gottesbeweis. Beides arbeitete er ebenso genau wie minutiös aus. Zuletzt sah sich Isaye sogar veranlaßt, zur Abwehr verschiedener Einwände gegenüber einem mißverstandenen Maréchalschen Denken – dessen Ausdruck vielleicht tatsächlich nicht immer frei von Ungenauigkeiten ist – den Gottesbeweis mit noch mehr Schärfe durchzuführen, gewisse Hilfsbegriffe deutlicher zu explizieren und mehrere übriggebliebene Zweideutigkeiten auszuräumen. Daraus ergab sich eine Analyse von großer geistiger Kraft.

Indem Maréchal seinen Gedankengang an demjenigen Kants anknüpft, obwohl er gleichzeitig meint, in der Metaphysik des hl. Thomas eine tragfähige Theorie zu haben, die Kants Schwierigkeit lösen könne, wählt er nach Isaye seinen Ausgangspunkt in zwei unbestreitbaren Errungenschaften des Kantschen Denkens. Die erste betrifft das Apriori der Vernunft. Kant hatte dieses Apriori gegen den radikalen Empirismus Humes bekräftigt. Für Maréchal ist dasselbe Vernunft-Apriori aber nicht ohne den Vollzug eines zielgerichteten Strebens zu sehen, dessen letztes Ziel das absolute Sein ist. Das bedeutet, daß er einerseits über Kant hinausgeht, ihn andererseits aber auch widerlegt. Zugleich bedeutet dies, daß die thomistische Theorie des Formalobjekts der Vernunft wiedergefunden wird: Die Vernunft erscheint sowohl so, wie sie sich aufgrund ihrer Natur notwendig vollziehen muß, als auch so, wie sie sich in ihren konkreten Akten, die durch die unendliche Vielfalt der Erfahrungsobjekte veranlaßt werden, a priori konstituiert. Die zweite Errungenschaft, die Maréchal Kant verdankt, betrifft die Bestimmung der Verschiedenartigkeit von Intelligiblem und sinnlich Wahrnehmbarem. Das Sein als Sein und als Gegenstand der Vernunft ist das urteilsmäßig in Anspruch Genommene als solches. Alle metaphysischen Begriffe haben diese Eigentümlichkeit. Das sinnlich Wahrnehmbare hingegen kann nicht von einer Urteilsbehauptung im engeren Sinne her verstanden werden, und deshalb vermag eine metaphysische Aussage nicht aus einer wissenschaftlichen oder vorwissenschaftlichen Meinung abgeleitet zu werden. Umgekehrt ist aus einer metaphysischen These auch keine wissenschaftliche Theorie beziehbar. G. Isaye ist jedenfalls von der großen Tragweite dieser beiden fundamentalen Annahmen überzeugt.

Doch wenn Maréchal auch in Übereinstimmung mit dem hl. Thomas diesen beiden Punkten der Kantschen Position zustimmte, so hatte er sich dennoch mit dem Agnostizismus derselben auseinanderzusetzen, der sich besonders in den drei wesentlichen Einwänden gegen die traditionelle Metaphysik äußert. G. Isaye faßt diese wie folgt zusammen:

Der erste Einwand bezieht sich auf die transphänomenale Verwendung der Kausalitätskategorie. Nach Kant sind »Begriffe ohne Anschauung leer«. Es bedarf daher, damit eine Kausalität erkannt werde, (für Kant) im Bereich der Sinnlichkeit eines korrespondierenden Schemas zu dieser Kategorie: genauer einer nicht umkehrbaren Sukzession von Phänomenen. Handelt es sich nun aber bei der Ursache um etwas Metaphysisches oder gar Göttliches, so finden wir in der Sinnlichkeit kein korrespondierendes Schema mehr: Selbst wenn ein Phänomen der prognostizierten Wirkung entspräche, hätten wir trotzdem keine zwei Phänomene mit irreversibler Sukzession. Schließlich kann es hier keine Deduktion geben, da die Metaphysik niemals von dem abgeleitet werden kann, was stets im ausschließlich phänomenalen Bereich bzw. in der Ordnung der Phänomenverknüpfungen verbleibt.

Der zweite Einwand kritisiert den unbegründeten Ausschluß eines »processus ad infinitum« in der Reflexion auf die Kausalität. Für Kant enthält die vierte Antinomie eine These, die vielleicht wahr ist, die aber problematisch bleibt. Tatsächlich basiert die Theorie in der traditionellen Metaphysik, nach der die Zwischenursachen, gleichgültig wie groß deren Anzahl ist, einzig und allein aufgrund des aktuellen Einflusses der ersten Ursache wirken – zumindest was die »per se« untergeordneten Ursachen, »in ipsa causatione«, betrifft – letztendlich auf einer Intuition. Diese Intuition wiederum macht klar, daß im Falle eines unendlichen »regressus«, d. h. im Falle der Abwesenheit einer ersten Ursache, die Zwischenursachen nicht mehr ihre Wirkung ausüben könnten. Nun kann aber Kant diese Intuition nicht annehmen, da er für sie keine zwingende Erklärung findet.

Der dritte Einwand schließlich entdeckt in jedem Gottesbeweis das heimliche Mitwirken des ontologischen Arguments. Betrachtete man auch die beiden ersten Einwände als widerlegt und sähe man die Existenz einer ersten Ursache für bewiesen an, so müßte man jetzt doch begründen, warum diese Ursache unendlich sei. Genügte es zu diesem Zwecke nicht, angesichts der Tatsache, daß wir von den Wirkungen innerhalb des endlichen Seins ausgegangen sind, der ersten Ursache jene Vollkommenheit zuzuschreiben, die wenigstens der Vollkommenheit aller endlichen Wirkungen zusammengenommen entspräche? Doch selbst wenn diese Vollkommenheit gewaltig gesteigert würde, so implizierte sie noch nicht notwendig die Unendlichkeit. Deshalb erscheint die Behauptung der Existenz eines unendlichen Seins gleichzeitig als transzendentale Illusion, die eine Vernunftidee mit rein regulativer Funktion hypostasiert, und als möglicherweise unbewußte, aber sicherlich irreführende Anerkennung des ontologischen Arguments.

Die Ausführungen Maréchals konnten nicht ohne eine Widerlegung dieses dreifachen Einwandes erfolgen. G. Isaye bemerkt, daß Maréchal im Anschluß an den hl. Thomas zu diesem Zwecke von einer ersten unmittelbaren Evidenz ausgeht: vom Faktum der Selbstreflexion. »Intellectus intelligit se intelligere.« Hierin liegt eine Intuition vor, genauer die Intuition jener realen Aktivität, die in uns mit der Selbstreflexion bzw. mit dem Urteil gegeben ist. An die erste unmittelbare Evidenz fügt sich sodann eine zweite an, nämlich: In der Vernunft herrscht eine Finalität. Auch dies ist intuitiv gegeben: Das Urteil als reale Aktivität bezieht die Vernunft auf ein Gut. Diese Aktivität des Erkennens, die ihrerseits als Gut der Vernunft angestrebt wird, kann als »subjektives Ziel« bezeichnet werden: »finis quo intenditur«. Damit nun aber hierin wirklich ein Gut für die Vernunft gegeben ist, muß diese Aktivität in einer urteilsmäßigen Behauptung der Wahrheit bestehen, die das Reale als etwas Objektives und als etwas vom Urteilsakt Unabhängiges setzt. Wenn also die Vernunft ihr eigenes Gut als »finis quo« sucht und ein wahres Urteil anstrebt, so strebt sie gleichzeitig einen Vollzug an, der sie selbst in Beziehung zur objektiven und von der Erkenntnis unabhängigen Realität bringt. Darin wird der »finis quo« erst konstituiert. Was das Objekt seinerseits betrifft, so stellt es ebenfalls ein Gut bzw. ein Ziel dar. Seine objektive Unabhängigkeit ist wesentlich für die Wahrheit des Urteils. Folglich gehört sie zu dem vom Urteil angestrebten Gut und zu dem von der Vernunft intendierten »finis quo«. So gesehen ist das Objekt für die Vernunft das »objektive Ziel«: »finis qui intenditur«.

Dieser Gedankengang, der intuitiv die urteilende Aktivität sowie die Finalität der Vernunft aufdeckt, umgeht bereits die Falle des ersten Kantschen Einwandes. Wir haben daher das Kausalitätsprinzip nicht unberechtigterweise sozusagen ins Leere hinein eingesetzt, sondern vielmehr unsere Abhängigkeit von einem realen Ziel, dem »finis qui«, anerkannt.

Mit jedem Urteil sucht die Vernunft nun aber ein letztes Ziel. Diese Einsicht führt Maréchal nach Isaye zunächst zur Ausschließung eines »processus ad infinitum«. Es ist möglich, daß ein Ziel deshalb gesucht wird, weil in ihm ein anderes angestrebt wird. Ist dies jedoch bei jedem von der Vernunft angestrebten Ziel der Fall? Oder muß demgegenüber nicht ein – bzw. mehrere – letztes (letzte) Ziel (Ziele) angenommen werden, das (die) um seiner (ihrer) selbst willen angestrebt wird (werden)? Tatsächlich gehört jedes Streben nach einem Ziel für die Vernunft zum Vollzug ihrer selbst. Folglich kann man, gleichgültig wie zahlreich die Ziele für den Vollzug der Vernunft sein mögen, einen indefiniten Regreß ausschließen, da nur ein – oder mehrere – angestrebtes (angestrebte) erstes (erste) Gut (Güter) imstande ist (sind), die Vernunft von sich selbst her anzuziehen. Die anderen Güter ziehen die Vernunft nur an, weil das letzte Ziel – bzw. die letzten Ziele – sie anzieht (anziehen), aus keinem anderen Grund. Damit ist der zweite Kantsche Einwand widerlegt.

Freilich kann man jetzt immer noch an der Einzigkeit dieses letztlich um seiner selbst willen gewollten Zieles zweifeln. Doch diese Einzigkeit des letzten Zieles wird später, gemeinsam mit dessen Unendlichkeit, bewiesen werden; sie kann aber jetzt schon aus dem Faktum ersehen werden, daß die natürliche Finalität der Vernunft unbedingt eine ist.

Welches ist nun aber dieses letzte Ziel? Die Vernunft ist ein strebendes Vermögen. Ihr letztes Ziel kann offensichtlich nicht weniger Umfang haben als die Form ihres Strebens, denn wenn das letzte Ziel eine Grenze besäße, die die Form nicht hätte, so fände das Streben kein Ende. Gleichzeitig bedeutete nichts anzustreben, überhaupt nicht zu streben. Nicht danach zu trachten, etwas zu beurteilen, hieße daher für die Vernunft, nicht danach zu trachten, etwas festzustellen, nichts zu suchen bzw. jede konkrete Feststellung unmöglich zu machen, sofern jede konkrete Feststellung einer Frage antwortet und eine neue eröffnet. Um die Weite des letzten Zieles bestimmen zu können, muß man sich daher die Weite der Form des Strebens klarmachen. Dies wiederum geschieht in zwei Schritten.

»Vor jedem Beweis der Existenz eines transzendenten Gottes«, so schreibt Maréchal, »haben wir ein Bewußtsein um die Unbegrenztheit der ratio entis transcendentalis ... um die Unbegrenztheit des formalen Objekts unseres Denkens.« In der Tat besteht die reale Form, die den realen Vollzug der Vernunft bestimmt, in jener Form, die der Vernunft kraft ihres Wesens eigen ist und deren Spur notwendig in jedem konkreten Vernunftakt zu finden ist. Diese Spur wiederum, die allen konkreten Akten gemeinsam ist, repräsentiert das formale Objekt der Vernunft. Wird dies gefunden, so kann zugleich die reale Form des realen Vernunftstrebens gefunden werden. Nun ist aber das adäquate Formalobjekt der Vernunft nichts anderes als das Sein als solches, d. h. das von jeder Grenze befreite Sein. In jedem Urteil entdeckt die Reflexion mittels einer unmittelbaren Erfahrung, abgesehen von der Synthese von Subjekt und Objekt, den Anspruch, das Sein selbst zu erreichen. Wir ersehen daraus, daß wir gleichzeitig unseren Urteilsakt und das Faktum erkennen, daß das Sein feststellbar ist. Und dies führt wiederum zu der Einsicht, daß das Feststellbare als solches das Sein als Sein ist. Dabei ist zweifellos jede Urteilsbehauptung auf etwas Begrenztes bezogen, doch diese Begrenzung geht auf die Bestandteile des Urteils zurück, nicht auf die Behauptung des Seins selbst. Diese übersteigt nämlich jederzeit virtuell den konkreten Fall, und zwar gerade deshalb, weil dieser Fall ein begrenzter ist. Würde man dies leugnen, so würde man sagen, daß das adäquate Formalobjekt der Vernunft begrenzt ist. Hat man aber ein Bewußtsein dieser Grenze als Grenze, so hat man sie auch schon virtuell überstiegen. Etwas Begrenztes als Begrenztes setzen heißt implizit anerkennen, daß das übersteigende Vernunftstreben angesichts eines Begrenzten nicht befriedigt ist und diese Unbefriedigtheit gerade aufgrund einer Grenze eintritt. Nur im Unbegrenzten kann sie vollkommen befriedigt sein.

Den zweiten Beweisschritt beschreibt Maréchal folgendermaßen: »Das Unbegrenzte, die Universalität ohne Grenze ... das ens transcendentale ... trägt unverkennbar den Zug des Göttlichen.« Sieht das Streben der Vernunft wirklich von jeder Grenze ab, so kann das Ziel dieses Strebens vollkommen erfüllt und nicht weniger umfassend sein als die Form des Strebens. Folglich enthält auch das letzte Ziel keine Grenze. Konkret bedeutet dies, daß das letzte Ziel dem Bereich der Wirklichkeit angehört. Es ist das Sein selbst, das als Objekt urteilsmäßig feststellbar ist. Es ist nicht reines Abstraktionsprodukt. Das Absehen von jeder Grenze reduziert sich daher auch nicht einfach auf eine bloße Abstraktion von diesem. Es folgt vielmehr notwendig, daß der »finis ultimus«, welcher das unendliche Sein sein soll, jenes unbegrenzte Sein ist, das wir Gott nennen. Bei diesem Schluß handelt es sich keineswegs um einen Übergang vom abstrakten Begriff zum Realen, denn das Formalobjekt der Vernunft, das sich in allen Vollzügen derselben gleichermaßen ausdrückt, bekundet die reale Form des realen Strebevermögens der Vernunft. Diese reale Form ihrerseits enthüllt sodann jenes letzte reale Ziel, das den vernünftigen Dynamismus in Bewegung setzt.

Der Maréchalsche Gedankengang führt somit über die Feststellung eines letzten unbegrenzten Zieles zu der Konsequenz, daß Gott existiert. Gelangt man zur notwendigen Setzung einer letzten »causa finalis«, so kann man auch nach Isaye unmittelbar auf die Existenz dieser Ursache schließen. Doch Maréchal arbeitet in diesem seinem Versuch, den Agnostizismus Kants zu widerlegen, d. h. genauer gesagt: (den dritten Einwand betreffend) den Einfluß des ontologischen Arguments zu entkräften, noch einen weiteren Gedankengang aus, der zeigen soll, daß das letzte unendliche Ziel mehr ist als nur ein nicht aktuell existierendes Vernunftideal. Hauptinhalt dieser Überlegung ist folgender: Das unendliche Sein ist möglich; oder anders gesagt: es ist in sich selbst nicht widersprüchlich; deshalb existiert das unendliche Sein.

Und wirklich: Nicht nur unsere begrenzte Vernunft erkennt im unendlichen Sein keinen Widerspruch, es enthält ihn tatsächlich nicht. Ein Widerspruch ist nämlich durch das Formalobjekt der Vernunft ausgeschlossen: Das Sein als Sein kann keinen Widerspruch enthalten, da es ansonsten das Nichts enthielte. Nun kann aber unsere Vernunft nicht das Nichts anstreben. Sie vermag weder darauf aus zu sein, an sich selbst widersprüchlich zu werden, noch darauf, eine widersprüchliche Handlung zu setzen (»finis ultimus quo«), oder gar darauf, ein widersprüchliches Sein als real zu behaupten und dieses gleichzeitig im Hinblick auf ein widersprüchliches letztes objektives Ziel (»finis ultimus qui«) zu sehen. Gott als letztes objektives Ziel der Vernunft kann daher nicht an sich selbst widersprüchlich sein. Freilich ist es denkbar, daß wir ein konkretes Verlangen haben, das sich auf etwas Absurdes richtet. Doch ein derartiges Verlangen kann nur infolge von irrenden Urteilen entstehen, die das Absurde als Möglichkeit erachten. Ohne einen derartigen Irrtum zeigt der Gegensatz zwischen dem Formalobjekt des Strebens und dem Absurden die Unmöglichkeit eines derartigen Verlangens. Die Argumentation Maréchals basiert jedoch nicht auf einem Verlangen, das aus einer irrigen oder zweifelhaften Behauptung erwüchse. Die Behauptung, welche die Vernunft im Einklang mit ihrem grundlegenden Streben aufstellt, kann nämlich nicht irrig sein, weil sie das ausdrückt, was die Natur der Vernunft selbst ausmacht, und deshalb kann das letzte unbegrenzte Ziel, das aufgrund der Natur das Vernunftstreben notwendigerweise verlangt und dank der philosophischen Erörterung thematisiert wird, nichts in sich Widersprüchliches sein.

Von hier aus gesehen folgt, daß das unendliche Sein existiert, sofern es in sich selbst keinen Widerspruch darstellt. Ein solcher Schluß läßt sich nicht aus einer bloßen Begriffsanalyse gewinnen, wie dies im klassischen ontologischen Argument geschieht, denn nach Ansicht von G. Isaye hat Maréchal, ausgehend von einer realen Selbsterfahrung der Vernunft, mittels eines aposteriorischen Arguments die Nichtwidersprüchlichkeit des unendlichen Seins bewiesen.

Der Maréchalsche Gedankengang hat demnach im Nachweis bestanden, daß die natürliche Dynamik, die den Vollzug des Denkens möglich macht, dazu führt, im objektiven Denken als solchem, d. h. in seinen konstituierenden und notwendigen Komponenten, sowohl eine begrenzende als auch eine dynamische Komponente anzuerkennen, wobei die letzte als Übersteigen von Grenze zu verstehen ist. In dieser Anerkennung erkennt man aber zugleich als These und Antithese, deren Synthese sich notwendig ergibt, und zwar nicht im Zuge der Behauptung eines bloßen idealen Grenzpunktes, sondern einer realen Bedingung von Möglichkeit überhaupt, das reale unendliche Sein an.

Dies ist, schematisch wiedergegeben, der Maréchalsche Gedankengang, wie er von G. Isaye neu gelesen und ausgelegt wurde. Glücklicherweise beschränkte sich Isaye aber nicht auf eine bloße kommentatorische Tätigkeit. Sein ursprünglich persönlicher Beitrag hat sich wesentlich in eine etwas andere Richtung entwikkelt, obwohl diese gegenüber derjenigen der Werke Maréchals und Scheuers stets komplementär geblieben ist. Vom methodologischen Standpunkt aus gesehen hat Isaye zunächst den Gebrauch der Retorsion generalisiert, um *jedes* primäre Erkenntnisprinzip zu verteidigen, sofern es eine dem Urteilsakt innewohnende apriorische Notwendigkeit ist, eine Notwendigkeit genauer, der sich ein Kritiker selbst faktisch nicht entziehen könnte, sofern er im Vollzug seiner Behauptung die Wahrheit anerkennen müßte, die er widerlegen wollte, und dabei seinen Einwand angesichts des Selbstwiderspruchs, den jener im Hinblick auf den Behauptungsakt enthielte, aufheben würde. Isaye hat die aristotelische Retorsionsmethode sorgfältig erörtert und die historischen Ursprünge sowie die vielen Anwendungsmöglichkeiten aufgezeigt, die es ihm übrigens auch erlaubten, dem Maréchalschen Beweis eine unangreifbare Gestalt zu geben.

Weiters hat ihn stets das Grundlagenproblem der deduktiven und experimentellen Wissenschaften interessiert. Die Retorsionsmethode ermöglichte ihm, diesen eine kritische Rechtfertigung zu verschaffen. Schon die sinnliche Erkenntnis enthält eine gewisse Anzahl von *apriorischen* Notwendigkeiten, die an die Sinnlichkeit als solche gebunden sind. Diese lassen sich *in einem Dialog* mittels der Retorsion gegen jeden Einwand von außen verteidigen, indem sie selbst angewendet werden. Auf die deduktiven Wissenschaften sei hier nicht näher eingegangen – wobei allerdings nicht übersehen werde, daß Isaye eine gute mathematische Ausbildung besaß –, es sei lediglich erwähnt, daß Isaye von Maréchal die Analyse der drei Stufen der experimentellen oder induktiven Wissenschaften übernommen hat: der Stufe der sinnlichen Erfahrung, der Stufe der Induktion von Gesetzen und der Stufe der Bildung von synthetisierenden Theorien. Doch er geht viel weiter, indem er für jede dieser Stufen eine kritische Rechtfertigung bietet, die Maréchal selbst für unmöglich gehalten hat, und dies, ohne die transzendentale Methode jemals wirklich aufzugeben. Dadurch gewann er schließlich die Möglichkeit, für die Induktion jene kohärente Rechtfertigung zu erbringen, die von den Wissenschaften seit langem vergeblich gesucht worden war.

Nicht zuletzt gestattete ihm seine Reflexion auf die wechselseitigen Beziehungen zwischen Wissenschaften und Metaphysik – die keinen »circulus vitiosus« enthalten – eine ausdrückliche Antwort auf die von Maréchal gestellte Frage nach einer Philosophie der Natur. Indem er sich auf eine (metaphysische) Induktion besonderer Art berief, konnte er aufzeigen, wie eine metaphysische Interpretation des Sinnlichen durchzuführen ist, die zugleich allen Vorgaben der Wissenschaft und den strengen kritischen Forderungen der Philosophie Rechnung trägt. Der Weg zu einer rationalen Kosmologie, den man seit Kant für versperrt hielt, wurde so mit Hilfe der transzendentalen Methode, d. h. mittels einer kritischen Rechtfertigung der metaphysischen Induktion, weit geöffnet.

Obwohl in erster Linie Fachmann in Philosophiegeschichte, hat auch Joseph Defever (1899–1964) im Jahr 1953 der Problematik des realen Gottesbeweises ein

Buch gewidmet, das von Maréchal inspiriert wurde. Darin stellt er seinen Beweisgang im Sinne der Erkenntniskritik dar. Erst in einem Appendix zeigt er die substantielle Identität seiner Position mit derjenigen des Maréchalschen Denkens auf. Den Ausgangspunkt bildet ein unwiderlegbares Faktum: die Erfahrung der Vernunft, die sich selbst erfaßt, indem sie das sinnliche Objekt erkennt. Die Kritik Kants und die Phänomenologie werden so gleich zu Beginn überwunden. Die Analyse erhellt sodann innerhalb dieser Erfahrung die Abhängigkeit vom realen Objekt, der Zielursache der geistigen Erkenntnis. Unter diesem Gesichtspunkt ist der Wert des deduktiven Vorgehens gesichert. Deshalb kann an dieser Stelle auch der Beweis der Existenz Gottes einsetzen, indem gezeigt wird, daß der Urteilsakt auf die Behauptung einer einzigartigen Existenz zielt, die das letzte Ziel darstellt und in der lebendigen Identität von Sein, Erkenntnis und Liebe besteht. Bedeutet jedes begrenzte Objekt eine Begrenzung unseres Erkenntnisaktes, so transzendiert demgegenüber die letzte Zielursache jegliche auch nur erdenkliche Grenze. Die Erkenntnis Gottes erfolgt sodann auf analoge und existentielle Weise. Auf jeder Stufe seiner Überlegung versucht J. Defever den Gegensatz zu entschärfen, der allzu häufig zwischen Denken und realem Objekt errichtet wird, indem er nachdrücklich auf die Realität des Vernunftaktes selbst hinweist. Dieser reale Urteilsakt besitzt ein letztes Ziel, das ein einzigartiges Existierendes ist. Deshalb zeigt das Streben nach Gott als letztem Ziel unmittelbar dessen Existenz an. G. Isaye, der Defevers Werk gewürdigt hat, bestritt nicht den Wert dieser Überlegung, er merkte jedoch an, daß Maréchal, wenn er auch ebenso gedacht hatte, dennoch nicht versäumte, zuallererst die Möglichkeit eines letzten unendlichen Zieles zu beweisen: Das letzte Ziel des beweisbaren Urteilsaktes besteht darin, daß dieser Gott als Möglichkeit positiv setzt; nun ist aber das Unendliche positiv möglich, folglich existiert es. Darin, daß die Möglichkeit analysiert wird oder nicht, scheinen sich Defever und Maréchal zu unterscheiden.

Als Schüler und enger Vertrauter von Maréchal hat auch der langjährige Inhaber des philosophischen Lehrstuhles in Namur und Liège, Jean Javaux (1904 bis 1987), die wesentlichen Aussagen seines Denkens veröffentlicht, wobei er seine Vorlesungen, die sehr unterschiedlich verfaßt worden waren, entsprechend heranzog. Der Wert seiner Darlegung besteht nicht zuletzt darin, daß er mehrere unveröffentlichte Briefe und Aufzeichnungen Maréchals mitteilt und überhaupt die persönlichen Gespräche einfließen läßt, um Licht in die Maréchalsche Philosophie zu bringen. In diesem Sinne unternimmt Javaux nach der Darlegung des moralischen und des kosmologischen Gottesbeweises eine Aufarbeitung des metaphysischen Beweises, indem auch er von dem Faktum ausgeht, daß innerhalb unserer Vernunft das natürliche Verlangen nach einer Schau des unendlich-unbegrenzten Seins gegeben ist. Von dieser Veranlagung her gesehen löst sich das Problem der Objektivation: Das Wahre als Eigenschaft der Anwesenheit der Wirklichkeit in der Vernunft bildet für diese ein Gut. Bleibt dennoch die Frage: Existiert das vollkommene Sein, das zu schauen Ziel des natürlichen Verlangens unserer gesamten geistigen Aktivität ist? Die positive Antwort auf diese Frage gründet sich darauf, daß die Existenz eines natürlichen Verlangens nach dem unendlichen Sein innerhalb der Vernunft gleichzeitig die Existenz dieses ersehnten unendlichen Seins fordert. Das Besondere am Gedankengang von Javaux besteht nun darin, daß er diese Forderung durch zwei sorgfältig voneinander unterschiedene, aber dennoch komplementäre Argumente untermauert. Diese Art von Argumentation findet sich zwar auch bei Maréchal selbst, Javaux führt sie jedoch so durch, daß er ihren Unterschied deutlich herausarbeitet. Das erste Argument basiert auf den Phänomenen der notwendigen Kohärenz des Bewußtseins in seiner Dynamik. Es wird als transzendentale Reflexion durchgeführt, d. h. auf der Seite des Subjekts wird – zumindest formal – die primäre Möglichkeitsbedingung für die Erkenntnis der Existenz des Denkens und seines Objekts erblickt. Sodann wird, ausgehend von der Existenz des Bewußtseins, die erkenntnisimmanente Möglichkeit eines unendlichen Seins erwiesen. Schließlich erfolgt die Feststellung einer aktuellen Wirklichkeit derselben auch im Hinblick auf den von der Erkenntnis unabhängigen Bereich. In der Tat handelt es sich hier um das einzige Sein, das nur als existierendes möglich ist. Das zweite Argument ist auf der Struktur des Urteils gegründet, dank dessen sich ein Objekt manifestiert und darüber hinaus sich das Einwirken des unendlichen Seins in den endlichen Seienden und in der Erkenntnis enthüllt. Es zeigt eine reale, fundamentale und beständige Abhängigkeit der begrenzten Seienden gegenüber dem vollkommen Existierenden auf. So offenbart seine Analyse letztlich, daß der Bezug zum Unbegrenzten ein wesenhaftes und notwendiges Element für die Konstitution eines Objektes ist, sofern dieses gedacht wird, und zugleich seine Existenz manifestiert. Diese beiden Argumente sieht Javaux schließlich als die zwei Seiten – eine formelle und die tendenzielle – ein und desselben Dynamismus der Vernunft.

Unsere Darstellung der wichtigsten Vertreter der französischen Maréchal-Schule sei mit dem 1965 fertiggestellten, synthetischen Werk von Edouard Dirven (geb. 1925), Philosophieprofessor in Kimwenza (Zaïre), abgeschlossen. Dirven bemüht sich, den durchgehenden Gedanken zu finden, der das ganze Werk Maréchals beherrscht. Er meint ihn in der Bestimmung des Übergangs von der Form zum Akt gefunden zu haben, d. h. im Begriff jenes spezifischen Dynamismus, der gleichzeitig die Philosophie Kants bestätigt und überwindet und darüber hinaus das Herzstück des Gottesbeweises bildet. In einer historischen und streng kritischen Analyse reiht er sodann folgende Charakteristika der Maréchalschen Theorie aneinander: »eine besondere Interpretation des Kantianismus, ein Rekurs auf ein Absolutes als Horizont des Denkens, eine Dynamik, welche die Entfaltung der Erkenntnis trägt, die gegenseitige Ergänzung von Vernunft und Wille, die Integration des actus purus als Möglichkeitsbedingung jeder aktuellen Wirklichkeit in die theoretische Vernunft und die reale Objektivität jedes Urteils über ein Objekt«.

Obwohl das Werk Maréchals im Rahmen der Grenzen der seinerzeitigen Kant-Lektüre und der kirchlichen Situation seiner Zeit zu sehen ist, behält es trotzdem eine universelle Tragweite. Nach E. Dirven hat Maréchal gezeigt, daß eine transzendentale Kritik stets die Aufdeckung von metaphysischen Voraussetzungen enthält, daß sie vollkommen verständlich und fruchtbar erst im Hinblick auf die reflexive Vernunftdynamik wird und daß sich die metaphysischen Probleme, die sich durch die Kritik ergeben, einzig im Urteilsakt, der ein Sein behauptet, lösen lassen. Auf diese Weise gelang Maréchal der Beweis, daß wir gezwungen sind, ein absolutes Sein als Grund unserer vernunftbegabten und strebenden Existenz anzunehmen. An diesem Beweis unterscheidet auch Dirven mehrere Stufen, wobei er vor allem auf der kontinuierlichen Wechselwirkung von effizienter und finaler Kausalität beharrt. Zu Beginn stellt man die Realität eines Werdens (Strebens) in Richtung auf ein Ziel fest. Dieses Ziel ist dem Werden innerlich eingeprägt: Die Dynamik und das Ziel sind korrelativ. Sie können nicht unabhängig voneinander existieren. Die Form des Werdens gestaltet sich vom Ziel her. Wie nun dieses Ziel ein unbegrenztes transzendentes Sein ist, so besitzt das Werden von Anfang an ein unbegrenztes Ausmaß, das in seiner Dynamik bewahrt bleibt. Doch der Charakter der »Realität« des Werdens – damit gehen wir von der Finalursache zur Effizienzursache über – erklärt sich nur aufgrund der Voraussetzung und der Setzung einer apriorischen Bedingung, die es begründet und ihm gegenüber die Funktion eines Prinzips besitzt. Sofern das Werden unbegrenzt ist, muß auch diese Bedingung ihrerseits den Charakter der Unbegrenztheit haben. Und dieser Charakter der Unbegrenztheit kommt ihr nicht nur als »potentia«, sondern auch als Realität zu, welche die reale Kraft des Werdens ermöglicht. Die Notwendigkeit, Gott als effiziente Ursache setzen zu müssen, ist hiermit klargemacht. Genauso wie schließlich eine Korrelation zwischen der Form des Werdens und seines Zieles besteht, gibt es auch eine notwendige Korrelation zwischen dem ersten Prinzip aller Bewegung und dem letzten Ziel derselben. Daraus folgt – kehrt man von der Effizienz- zur Finalursache zurück –, daß das Ziel etwas Reales ist, sofern das Prinzip etwas absolut Reales sein muß angesichts der Tatsache, daß die Bewegung ihrerseits den Charakter der Realität hat. Ziel unserer Erkenntnis ist Gott, und zwar nicht als abstrakte Größe, sondern als Grund des Ursprungs und des Zieles unseres Werdens, d. h. als Finalitätsursache.

Blickt man nun auf die verschiedenen Repräsentanten der französischsprachigen Maréchal-Schule zurück, so kann man die große Fruchtbarkeit des geistigen Anstoßes, den sie durch Maréchal erhalten hat, nicht verkennen. Unsere Untersuchung, die sich auf den Gottesbeweis konzentriert hat, der ein wesentliches, aber nicht das ausschließliche Thema dieser Schule ist, hat hoffentlich auch die wichtigen Nuancen klargemacht, welche die verschiedenen Exegeten des Maréchalschen Denkens kennzeichnen. Man darf freilich nicht überrascht sein, daß es möglich war, mehrere Einwände gegen Maréchal und seine Schüler zu erheben. So geschah es vor allem durch die Ordensmänner P. Descoqs, M. Roland-Gosselin und W. De Petter bzw. durch die beiden Domherren G. Van Riet und F. Van Steenberghen. Es hieß etwa, Maréchal hätte dem Kantschen Apriori zugestimmt und den Wert der phänomenalen Objektivität nicht genügend beachtet. Er hätte sich zu stark an die Aktivität des Subjekts gehalten. Er hätte die abstrakte Unendlichkeit des Seins als Sein und die Unendlichkeit Gottes verwechselt. Er hätte nicht Unendliches und Unbestimmtes unterschieden, ja sogar bedenkenlos vorausgesetzt, was er eigentlich erst beweisen wollte. Er sei nicht frei von Agnostizismus und Ontologismus... Alle diese Schwierigkeiten und andere noch dazu sind lang analysiert und besonders durch G. Isaye, wie mir scheint, widerlegt worden.

Man sollte aber, so glauben wir, nach der Aufforderung von Maréchal selbst mehr den Forderungen einer Philosophie der Person Rechnung tragen; man sollte, ebenfalls im Anschluß an seinen Hinweis, besser zeigen, daß die Erkenntnis Gottes weniger eine »Beschlagnahme des Absoluten« als vielmehr eine »Beschlagnahme durch das Absolute« ist; und man sollte schließlich alle Zweideutigkeiten einer zu »onto-theologisch« ausgerichteten Sprache vermeiden.

Unter den Maréchal-Anhängern war es vor allem André Hayen (1906–1988), der sich von den allgemein akzeptierten Positionen der Schule distanzierte, auf der Effizienzursächlichkeit insistierte, im Gegenzug aber, dank einer unmittelbaren Hinwendung zu den Texten des hl. Thomas, einigen Äußerungen Maréchals erst ihre wirkliche Kraft verlieh. Indem er z. B. ohne Zweideutigkeit feststellte, daß das Ideal, wonach die geistige Aktivität strebt, eine weitere Vervollkommnung dieser Aktivität selbst und nicht etwa Gott ist, zeigte er nachdrücklich, daß zur Erreichung Gottes nichts Geringeres notwendig sei als ein Perspektivenwechsel, d. h. eine Umkehr der Betrachtung der Zielursache des dynamischen Prozesses zu jener der spekulativen Voraussetzung desselben. Schon für Maréchal drängt sich die Existenz Gottes unserer zustimmenden Erkenntnis als objektive Möglichkeitsbedingung der subjektiven Vollendung unserer Vollzüge, als »fin dernière objective« und nicht als prospektive Forderung auf, d. h. genauer als »regressive« logische Bedingung dieser Forderung. Indem nun André Hayen darauf besonders hinweist, legt er nahe, den konstitutiven Einfluß des Absoluten in unserem Sein anzuerkennen und auf das In-Anspruch-Nehmen des Absoluten zu verzichten, um das ursprüngliche In-Anspruch-genommen-Sein der Vernunft durch das Absolute erkennen zu können.

Es ist angesichts der Nationalität von Maréchal nicht erstaunlich, daß seine wichtigsten französischsprachigen Schüler Belgier waren. Man kann aber seinen nicht zu unterschätzenden Einfluß auch bei mehreren Franzosen feststellen, obwohl es uns gleichzeitig übertrieben schiene, diese als Mitglieder seiner Schule zu bezeichnen. Wir nennen unter den Jesuiten nur André Marc (1892–1961), Jean-Marie le Blond (1899–1973), Joseph de Finance (geb. 1904) und Henri de Lubac (geb. 1896), dessen Schrift *Sur les chemins de Dieu* (1956) einen tiefen Einfluß Maréchalscher Gedanken bezeugt.

BIBLIOGRAPHIE

Borboux, J.: L'objectivité de la connaissance d'après le P. Maréchal, in: Studia Catholica 6 (1929–1930) 50–74.
De Craene, A. M.: L'Engagement à l'Etre. Essai sur la signification de la connaissance, Bruges 1941.
Defever, J.: La preuve réelle de Dieu. Étude critique, Bru/P 1953.
–: La preuve transcendante de Dieu, in: RPL 51 (1953) 527–540.
–: L'idée de Dieu et l'existence de Dieu, in: RPL 55 (1957) 5–57.
Dirven, E.: De la forme à l'acte. Essai sur le thomisme de J. Maréchal, P/Bruges 1965.
–: Justification de la métaphysique. A propos de la correspondance entre Blondel et Maréchal, in: ArPh 21 (1968) 556–585.

Grégoire, A.: In Memoriam. Le Père Joseph Maréchal (1878–1944), in: NRTh 62 (1945) 695–703.
—: Immanence et Transcendance: Questions de Théodicée, Bru/P 1939.
Hayen, A.: Le Père Joseph Maréchal (1878–1944), in: A.V.: Mélanges J. Maréchal, Bd. I, Bru/P 1950, 3–21.
—: Un interprète thomiste du kantisme: le P. Joseph Maréchal, in: Revue Internationale de Philosophie 8 (1954) 449–469.
—: Saisie de l'Absolu ou saisie par l'Absolu, in: Les Sciences et la Sagesse (Congrès de Bordeaux 1950), 47–50.
Isaye, G.: Joseph Maréchal, in: M. F. Sciacca (Hg.): Les grands courants de la pensée mondiale contemporaine, 3. Tl./Portraits, Bd. II, Mi 1964, 991–1032.
—: La finalité de l'intelligence et l'objection kantienne, in: RPL 51 (1953) 42–100.
—: La justification critique par rétorsion, in: RPL 52 (1954) 205–233.
—: La métaphysique et les sciences, in: NRTh 83 (1961) 719–751.
—: Une métaphysique »intérieure« et rigoureuse, in: NRTh 79 (1957) 798–815.
Javaux, J.: Prouver Dieu?, Tournai 1968.
—: Une affirmation raisonnée de Dieu, P 1974.
—: Prouver Dieu? Actualité de la pensée du P. Joseph Maréchal, in: NRTh 102 (1980) 364–385.
—: Maréchal (Joseph), in: Dictionnaire de Spiritualité, Bd. X (1980) 321–325.
Leclerc, M.: Métaphysique de l'affirmation et sciences de la nature. L'épistémologie de Gaston Isaye S.J., in: NRTh 108 (1986) 715–738.
Lemaître, Ch.: La preuve de l'existence de Dieu par les degrés d'être, in: NRTh 54 (1927) 321–339, 436–468.
Malevez, L.: Théologie dialectique, théologie catholique et théologie naturelle, in: RSR 28 (1938) 385–429, 527–569 (bes. 540–566).
—: Maréchal (Joseph), in: DThC, Tables générales 2 (1967) 3095f.
—: L'espirit et le désir de Dieu, in: NRTh 69 (1947) 3–31.
—: La gratuité du surnaturel, in: NRTh 75 (1953) 561–586, 673–689.
Marie de la Croix, Sr.: La pensée du P. Joseph Maréchal, in: NRTh 93 (1971) 963–987.
Moleski, M. X.: Retorsion: the Method and Metaphysics of Gaston Isaye, in: International Philosophical Quarterly 17 (1977) 59–83.
Poncelet, A.: La méthode historico-théorique de J. Maréchal, in: Bijdragen 20 (1959) 242–266.
Troisfontaines, R.: Le choix de J.-P. Sartre, P 1945.

HUBERT JACOBS

Antonin-Dalmace Sertillanges (1863–1948)

BIOGRAPHIE

Antonin-Dalmace (mit dem Taufnamen: Gilbert) Sertillanges stammt aus Clermont-Ferrand, der Heimatstadt von Blaise Pascal und von Teilhard de Chardin. Hier wurde er am 17. November 1863 geboren. Mit zwanzig Jahren trat er 1883 in den Dominikanerorden ein. Da die Dominikaner damals aber in Frankreich selbst kein eigenes Noviziat unterhalten durften, verbrachte Sertillanges seine erste Ordenszeit in Belmonte in Spanien. Sein Philosophie- und Theologiestudium absolvierte er hingegen in Corbara auf Korsika. Hier unterrichtete er auch 1890 und 1892 Theologie. Dazwischen unterwies er dasselbe Fach in Amiens. 1883 wurde er von seinem Orden nach Paris berufen, um zunächst als Sekretär der *Revue thomiste* und anschließend als Administrator der *Revue Biblique* zu wirken. Seine philosophische Laufbahn begann im Jahr 1900. In diesem Jahr erhielt er den Lehrstuhl für Moralphilosophie am Institut catholique in Paris. Diese Aufgabe sollte er 22 Jahre lang wahrnehmen. 1918 wurde er zum Mitglied des Institut de France ernannt. Wegen Unstimmigkeiten mit seinen kirchlichen Vorgesetzten mußte er 1923 seinen Lehrstuhl verlassen. Zunächst wurde er an die École Biblique in Jerusalem geschickt, wo er wieder Theologie lehrte. Auf Jerusalem folgten die Ordensschule Ryckholt in Holland (1924–1928) und das Zentrum Le Saulchoir in Belgien (1928–1939), wo er neben Theologie auch christliche Gesellschaftslehre und Rhetorik unterrichtete. Erst am 5. November 1939, nach 17 Jahren, wurde sein öffentliches Redeverbot dank des persönlichen Einsatzes von Papst Pius XII. aufgehoben. An eine Rückkehr auf einen Lehrstuhl war jedoch aus Altersgründen nicht mehr zu denken. Soweit es die Kriegsereignisse zuließen, arbeitete Sertillanges noch an der Herausgabe der *Revue des Jeunes* in Paris mit. Am 26. Juli 1948 starb er in Sallanches im Alter von 85 Jahren.

Aus dem reichhaltigen Werk von Sertillanges (vgl. dazu die Bibliographie) wähle ich für meine Darstellung seines Denkens das Hauptwerk *Thomas d'Aquin* (2 Bde., Paris 1910). Auch dieses Werk werde ich aber nicht als Ganzes behandeln, sondern mich darauf beschränken, das Problem der Begründung des Sittlichen im Gedankengang von Sertillanges darzulegen. Dieses Thema spielte zu seiner Zeit genauso wie heute eine große Rolle. Sertillanges leistete dazu damals einen entscheidenden Beitrag.

DIE ORDNUNG DES VERSTANDES

Der Streit um das Wesen der Sittlichkeit durchzieht die ganze Philosophiegeschichte. Rationalismus und Voluntarismus nehmen in ihrer Frontstellung verschiedene Spielarten ein. Vor über einem halben Jahrhundert ging die wichtigste Herausforderung in diesem Punkt von Henri de Bergson (1859–1941) und seiner Lebensphilosophie aus. Innerhalb dieser wurde das Sittliche primär als eine voll entfaltete Erscheinung des Biologischen verstanden. Der Thomismus mit seiner Akzentuierung des Verstandes als konstituierender Basis des sittlichen Handelns schien damit in die Schranken gewiesen zu sein. Kann jedoch der *élan vital* das Wesen der Sittlichkeit befriedigend erklären?[1]

Sertillanges nahm die Herausforderung an und setzte sich mit ihr auseinander – in völlig unpolemischer und fairer Weise. »Der Vitalismus nimmt in dem Lebewesen eine *besondere Lebenskraft* an, die mit den physikalisch-chemischen Tätigkeiten zusammenarbeitet, sie umfaßt und umschließt und nach Bedarf ihnen auch widersteht. Man hat gesagt: ›Das Leben ist die Gesamtheit der Funktionen, die dem Tod widerstehen‹, oder: ›Das Leben ist die Gesamtheit der vitalen Eigentümlichkeiten, die den physikalischen Eigentümlichkeiten widerstehen.‹ Nun hat die Erfahrung immer mehr erwiesen, daß eine jede Erscheinung des organischen Lebens, wenn man sie genau und in ihrer besonderen Wesenheit betrachtet, sich auf kosmische Gesetzmäßigkeiten zurückführen läßt. Die Selbsttätigkeit der äußeren Bewegung ist nur grober Schein, der sich bei der Untersuchung in eine Verbindung von chemisch-physikalischen Vorgängen auflöst. Der Gedanke, als ob die Seele den Arm erhebe und die Beine durch eine eigene Tätigkeit in Bewegung setze, ist nicht viel anders als der Gedanke jener Menschen, die beim Anblick der ersten Lokomotive meinten, sie sei durch ein im Innern verborgenes Tier bewegt.«[2]

Die erste Klippe im gedanklichen Nachvollzug des *élan vital* taucht bereits auf, wenn man die Frage stellt: Wann arbeitet er mit den physikalisch-chemischen Tätigkeiten zusammen, und nach welchem »Bedarf« widersteht er ihnen? Jahrzehnte später hatte Johannes Messner in den ersten Auflagen seines Standardwerkes *Das Naturrecht*[3] dasselbe Problem, als er Sittlichkeit mit Triebrichtigkeit umschrieb. Was ist mit jenen menschlichen Akten wie Enthaltsamkeit, Fasten usw., die ganz ohne Zweifel eine Triebversagung darstellen, aber von keinem Menschen als unsittlich angesehen werden?

---

[1] Vgl. dazu: H. de Bergson: *Les deux sources de la morale et de la religion* (^{1}1932), P ^{15}1933, 103.
[2] Alle Zitationen aus *Thomas d'Aquin* von Sertillanges sind im folgenden der deutschen Übersetzung *Der heilige Thomas von Aquin*, dt. R. Grosche, Hellerau/Lei 1928, entnommen. Das eben angeführte Zitat befindet sich S. 528.
[3] J. Messner: *Das Naturrecht. Handbuch der Gesellschaftsethik, Staatsethik und Wirtschaftsethik*, (^{1}1950) B ^{7}1984.

Setzen wir einmal – nur als thomistisches Gedankenspiel – voraus, der *élan vital* wäre so etwas wie eine *Entelechie,* die »wüßte«, was man tun soll, wieviel davon und was man unterlassen soll. Bei den nicht geistbegabten Lebewesen funktioniert sie, wenigstens *ut in pluribus*. Wie ist die Situation aber beim Menschen? Kann sich der Mensch sozusagen mit geschlossenen Augen auf eine *Entelechie* verlassen? Die Erfahrung zeigt: Nein! Wo hat aber dann der Mensch jenen Kriterienraster, der ihm anzeigt, wann was zu tun ist und wieviel davon?

Sertillanges geht als Anhänger des Thomas von Aquin davon aus, daß Gott die Welt »in Ordnung« geschaffen hat und in ihr den Menschen, der durch »Teilnahme am göttlichen Sein« seine Spezifikation als höchstes Lebewesen erfahren hat. Die Teilnahme am göttlichen Sein besteht in der Begabung mit Verstand und freiem Willen. Der Verstand seinerseits ist in der Lage, die von Gott geschaffene Ordnung zu erkennen, mit Hilfe seines freien Willens zu bejahen und als Sollordnung für sich und sein Handeln auszusprechen. Mit anderen Worten: Die *lex aeterna* spiegelt sich im Verstand wider als *lex naturalis,* die ihrerseits aus den Naturstrebekräften seiner eigenen Menschennatur ablesbar ist, sicher jedenfalls, was die Grundstrebekräfte betrifft: Selbsterhaltung, Arterhaltung und Leben gemäß dem Verstand *(ut veritatem cognoscat de Deo et ut in societate vivat)*. Sertillanges hat in seinem Kapitel »Die Entkörperung der Idee« die notwendige Rolle des *intellectus agens* so beschrieben: »Jede Erkenntnislehre muß, damit die ›Ernährung‹ des Einen durch das Andere möglich wird, eine Verwandtschaft zwischen dem erkennenden Subjekt und dem zu erkennenden Objekt annehmen. Das Wirkliche muß, damit es ohne Zerstörung in uns *Idee werden* kann, schon in gewisser Weise *Idee sein.* Das ist es nach der thomistischen Auffassung in der von uns dargelegten Weise. Das Wirkliche ist der ›Abstieg‹ einer Idee in die reine Empfänglichkeit des Stoffes. Es kommt aus der Idee, verwirklicht die Idee und ist die Idee selbst, die durch verschiedene Vorgänge für – sich – bestehend und individuell geworden ist. Allein wenn das ideale Wesen der Dinge so ›verkörpert‹ ist, besitzt es nicht mehr die Merkmale der Allgemeinheit, der Notwendigkeit und der Transzendenz, die es zum Gegenstand der geistigen Erkenntnis zu machen vermögen. Es ist der Ausdehnung, der Zahl, der Bewegung und der Zufälligkeit überantwortet. Wenn es mit seinen eigentlichen Merkmalen im Geiste wieder aufleben soll, so muß das Wirkliche mit Hilfe irgendeines Mittels, wenn es in uns eintritt, auf seinen Ursprung zurückgeführt werden, muß sich ›entkörpern‹ und den Weg, den es beim Abstieg in die *Vereinzelung* zurückgelegt hat, nun in die entgegengesetzte Richtung zurückgehen. Die bei der Erzeugung eines Wesens verwirklichte Vereinzelung ist gewissermaßen eine ›Herabziehung‹ einer Idee in einen Stoff *(agens facit formam esse in materia)*; wenn man erkennen will, muß man die Idee wieder ›herausziehen‹ oder ›abziehen‹ (abstrahieren).«[4] Hier haben wir also die saubere Anwendung der thomistischen Erkenntnis- und Universalienlehre auf dem Gebiet des für die Ethik unverzichtbaren »tätigen Verstandes«, der ja von Thomas als ein von Gott abgeleitetes Licht *(lumen derivatum a Deo)* bezeichnet wird. »Wir müssen also in der Seele selbst

---

[4] *Thomas von Aquin,* a.a.O. Anm. 2, 628.

neben der Fähigkeit des reinen Empfangens, kraft der sie sich den Dingen anpaßt und die Eindrücke der Dinge in sich aufnimmt, noch ein *Umformungs-Vermögen* annehmen, mit Hilfe dessen die schon bei den sinnlichen Kräften anhebende ›Entkörperung‹ des Wirklichen im Geiste vollendet und dadurch jene ideale Angleichung ermöglicht wird, in der die geistige Erkenntnis besteht.«[5] An die Stelle eines sicher genial erdachten vitalen Schwunges, der als Erklärungsgrund für sittliches Verhalten angenommen werden könnte, setzt Sertillanges den Verstand, der die Kraft hat, »den sinnlichen Bildern die Wirksamkeit jener transzendenten Ordnung mitzuteilen, zu der er selbst gehört«.[6]

Zentrale Bedeutung kommt dem *Urteil* zu. Die bloße Wahrnehmung »setzt« nichts, sondern »spiegelt« bloß. »Das Urteil dagegen enthält das Sein; es sagt: das *ist*, oder: das *ist so* ... Durch das Urteil erschaffen wir Sein im Inneren unserer Seele (anima, in quantum de rebus judicat, non patitur a rebus, sed magis quodammodo agit).«[7] Die Tatsache, daß Innen- und Außenwelt in ständiger Verbindung miteinander sind, schafft für Sertillanges eine neue »Handhabe für das Sein« mit weittragenden Folgen, »denn sie schließt in Hinsicht auf die geistige Erkenntnis ein Stück Subjektivität ein, das dem Subjektivismus den Weg abzuschneiden vermag. Die Wahrheit ist nicht direkt eine Beziehung von uns zu den Dingen, sondern eine Beziehung *von uns zu uns selbst* – in Übereinstimmung einer Gleichung mit den Dingen.«[8]

Unter Einschluß alles dessen, was Sertillanges an Lehre des Thomas über den freien Willen und die Leidenschaften rekonstruiert hat, worauf wir hier im einzelnen nicht eingehen können, findet *Wahrheit* ihren Prüfstein im menschlichen Handeln. Der Mensch ist Mensch durch seine Vernunft; die menschliche Tätigkeit als solche ist also eine vernünftige Tätigkeit. Sittlichkeit kann es nur geben in Übereinstimmung mit dem – seinerseits wieder – recht geleiteten Verstand, d. h. mit dem von der *lex aeterna* in der *lex naturalis* erkennbaren Bestand an Grundwahrheiten, die dem Menschen »ins Herz geschrieben« sind.[9]

»Die eigentlich *menschliche* Tätigkeit ist diejenige, die die Vernunft ausführt oder leitet ... Diejenige, die sie leitet, gibt ihr den Namen der ›praktischen Vernunft‹, und diese hat eine doppelte Bedeutung: sie organisiert die äußere Umwelt, um sie für uns verwendbar zu machen, und sie regiert die Innenwelt, die in gewissem Sinne auch Außenwelt ist, in Hinsicht auf die selbsttätig bewegende Kraft.«[10] Der thomistische Optimismus in der Annahme, daß Gott die Welt in Ordnung geschaffen hat und daß der Mensch teilhat an der Erkenntnis dieser Ordnung, kommt hier voll zum Zug. Sehr nahe an Hegels These »Was vernünftig ist, ist wirklich«, aber eben doch in einem völlig anderen Gesamtbild argumentiert Sertillanges: »Die *Natur* ist Vernunft, da sich in ihr Zielstrebigkeit offenbart, da die *Formen*, die Ergebnis und Mittel ihrer Zielstrebigkeit sind, wesensmäßig

---

[5] Ebd. 630.
[6] Ebd. 631.
[7] Ebd. 649.
[8] Ebd. 650.
[9] Röm 2,15.
[10] *Thomas von Aquin*, a.a.O. Anm. 2, 781.

Idee sind, und da das in den Dingen verkörperte Bild des ersten Erkennbaren ihre Seinsform ist. Wenn es andererseits ausgemacht ist, daß der Mensch an dieser alles durchdringenden, alles leitenden Vernunft Anteil hat, so vermag er dieser Vernunft bei der Verwirklichung ihres Werkes auch zu helfen. Seine eigenen Zwecke werden, wenn sie vernünftig sind, einen Teil der Zwecke der Natur bilden; wenn sie es nicht sind, werden sie zwar ein Grund der Unordnung sein, aber vielleicht auf einem anderen Wege doch wieder in die Ordnung eingefügt. Auf jeden Fall hat der Mensch, insoweit er Vernunft ist, einen Einfluß auf die Natur und darum auch auf jenes Stück Natur, das er in sich selbst trägt, das er selbst ist, so daß sich also hieraus das gute Handeln ergibt.«[11]

Kein Zweifel, daß Sertillanges in unseren Tagen diese Gedanken nochmals überlegt hätte. Denn in einer der Zerstörung preisgegebenen »Natur« wird eben das Ausmaß der Unvernunft deutlicher sichtbar als in der Natur, die als »in Ordnung« aus der Hand des Schöpfers hervorgegangen gesehen wird. »Jenes Stück Natur«, für das der Mensch »in sich selbst« zuständig ist, kann nach einer Entgleisung wieder in rechte Bahnen gebracht werden, wenn es denn wahr ist, daß Gott auch auf krummen Zeilen gerade schreiben kann. Was aber ist, wenn die Unvernunft massenhafte Unordnung zum irreversiblen Dauerzustand macht?

Sertillanges bringt an anderer Stelle ein bemerkenswert kurzes Kapitel über das *Übel*, welches er sofort in die »Sphäre des Nicht-Seins« verweist.[12] »Das Übel ist also keine eigentliche Naturwirklichkeit; es ist kein Sein.«[13] Es ist ein »Mangel«. Wiewohl Sertillanges zugibt, daß das Übel das Kreuz der Philosophen ist, besteht er darauf, daß das Übel »seinen beängstigenden Charakter nicht in der Metaphysik« hat.[14] Die Behauptung der »Wirklichkeit« des Übels ist ein metaphysischer Irrtum.[15] Wir wollen die dualistischen Erklärungsversuche beiseite lassen, aber der Hinweis auf das »Ausscheren« der Sekundärursachen aus der gerechten Ordnung sei uns gestattet – und diese *sind* Wirklichkeiten. Sozusagen philosophie-extern darf man noch auf die Existenz des »Fürsten dieser Welt« verweisen, der in den Büchern des Neuen Testamentes durchaus als Wirklichkeit dargestellt wird.

Die Betrachtung auch des moralischen Übels erfolgt bei Sertillanges ebenso kühl vom hohen Standpunkt des Metaphysikers aus wie die des physischen Übels. »Seinsmäßig steht es mit dem moralischen Übel genauso wie mit dem physischen. Das physische Übel greift unsere Substanz an; das moralische verändert die aus unserem *freien Handeln* folgenden Beziehungen: in beiden Fällen handelt es sich um Mißklang und Mißgestaltung, um den Mangel und das Fehlen von Sein. Der Mensch muß, um moralisch zu sein, um sich gemäß seiner Natur sowohl nach innen wie nach außen zu entfalten, in der Ordnung des Guten bleiben; wenn er das Böse tut, vermindert er sich selbst und hört in dem Maße auf, er selbst zu sein: er ›beraubt‹ sich, wenn er sich zu bereichern glaubte. Das

---

[11] Ebd. 781f.
[12] Ebd. 94.
[13] Ebd. 95.
[14] Ebd. 98.
[15] Ebd. 404.

moralische Übel ist also ebensowenig positiv wie das physische; es ist das Nicht-Sein der Tätigkeit, wie das andere das Nicht-Sein der Substanz ist.«[16]

Aus der Sicht des Metaphysikers ist dem allen beizupflichten; aus der Sicht des Ethikers ist einiges zu ergänzen: Das *bonum apparens,* das Scheingut, vermag den geschwächten Verstand hereinzulegen, die Leidenschaften vermögen die Urteilskraft zu trüben usw. Und nochmals: Aus der Sicht des Theologen ist »das Böse« als vorhandene Realität in der Welt ins Kalkül zu ziehen. Dies alles gehört ins Umfeld dessen, was Sertillanges unbestreitbar richtig vom Wesen der sittlich guten menschlichen Handlung gesagt hat. Der menschliche Verstand ist nicht nur rezeptiv, sondern auch aktiv; er *transformiert* die Erkenntnis in verpflichtende Sollenssätze. »Mit der Welt verflochten durch die Tätigkeiten unseres Körpers, können wir nach dieser inneren, von uns erfaßten Form auf die Welt einwirken und, wenn man so sagen darf, die Erde formen nach unserem Bild.«[17]

Wie aber kommt es, daß der Mensch die Erde nicht geformt, sondern weitgehend verformt hat?

Die thomistische Weltsicht von Sertillanges stellt hohe Ansprüche an den Menschen. Weil die Seele *quodammodo omnia* ist, sollte der Mensch, um sittlich richtig zu handeln, das Bild der Gesamtordnung habituell im (Hinter-)Kopf haben. All sein Tun sollte sich in die Gesamtordnung einfügen. Von Natur aus ist also der Mensch als Mensch das Gegenteil des »Spezialisten«. Sittliches Handeln ist die *recta ratio agibilium.* Richtiges Handeln eines Handwerkers, Künstlers, Technikers dagegen ist (nur) die *recta ratio factibilium.* Dabei ist selbstverständlich vorausgesetzt, daß Handwerker, Künstler und Techniker nicht aufhören, *Mensch* zu sein. Es sieht so aus, als ob hier ein wichtiger Erklärungsgrund für ein Spezialproblem unserer Zeit liegt. Durch die ungeheure Explosion an Wissen auf allen Gebieten und Spezialbereichen ist der Mensch veranlaßt, in tausend Einzelbereichen Richtiges zu *machen,* das sich aber der Gesamtordnung offensichtlich zu entziehen droht. Der Mensch hat keine Zeit mehr, Mensch zu sein, keine Zeit zur Reflexion der *recta ratio agibilium.* Wie mir scheint, ist dieses Problem seit den Tagen, in denen Sertillanges seine Gedanken niedergelegt hat, ins Ungeheure angewachsen.

Es erscheint sinnvoll, in einem Band, der die christliche Philosophie im 20. Jahrhundert beschreibt, jenes Thema zu bedenken, das Sertillanges als Schlußkapitel mit »Die Zukunft des Thomismus« überschrieben hat. Er stellt sich die Frage, in welcher Richtung der gegenwärtige Thomismus seine Arbeiten anzustellen hat. Dies ist vor allem deswegen notwendig, weil gerade die vorher angedeuteten Probleme unserer Zeit durch einen Beitrag der thomistischen Philosophie in den Griff genommen werden könnten. Nach Sertillanges ist der Thomismus gekennzeichnet »durch das ängstliche Bemühen, allen Gegebenheiten der Erfahrung gerecht zu werden, alle wirklichen Gedanken aufzunehmen, sie in ein Gefüge zu bringen und je nach der Notwendigkeit durcheinander zu ›begrenzen‹,

---

[16] Ebd. 408.
[17] Ebd. 782.

und so für jeden Moment einer immer sich entwickelnden Wissenschaft ein höchstes Maß von Gleichgewicht und umfassender Richtigkeit zu erlangen«.[18]

Das Ordnungsdenken des Thomas von Aquin geht aus von der »vereinheitlichenden Zusammenschau. Das bedeutet nicht eine äußerliche *Anhäufung* aller möglichen Gedanken; denn das sind gerade äußerste Gegensätze ... Die thomistische ›Zusammenschau‹ ist ... etwas Lebendiges, indem jedes Glied unter dem Einfluß der ›Leit-Idee‹ steht und den Zwecken des Ganzen dient.«[19]

Thomas suchte immer die *ganze* Wahrheit. »Die Gegner, wie Averroes, gaben sie ihm genauso gut wie alle andern; die Philosophen zweiten Ranges nicht weniger als die Riesen des Geistes. Wenn er die Meinung eines anderen anführt, so sieht er es als seine erste Pflicht an, sie zu verstehen und in dem besten Sinne zu deuten, und das kommt ihm schließlich selbst zugute. Bei seinen Untersuchungen geht er mit einer unendlichen Vorsicht vor, denn er weiß, daß die Übertreibung der Wahrheit sie zu einem Irrtum macht. Er sieht nicht bloß mit seinen eigenen Augen, sondern auch mit denen der anderen, und ist immer begierig, alles zu sehen und nichts zu opfern. Jede Frage in ihrer Ordnung, jeden Gedanken auf seiner Ebene und jeden Zug in dem richtigen Verhältnis zu lassen.«[20] Das Prinzip also, das die thomistische Philosophie für die Aufarbeitung heutiger Probleme anbietet, lautet: Einheit in der auseinander driftenden Welt, Offenheit und Fairneß als Methode, Lernenkönnen auch vom Gegner und von dem, der (vermeintlich oder wirklich) nicht zur ersten Garnitur zählt. »Jedes große philosophische System hat gewissermaßen ein doppeltes Leben: ein *ewiges*, unveränderliches und ein *zeitliches*, je nach der geistigen Lage der Zeit sich veränderndes Leben. Das ewige Leben eines Systems ist das, was das System in seinem tiefsten Grund konstituiert und von den anderen Systemen unterscheidet; es ist das, was aus ihm eine jener *Haltungen* macht, die man gegenüber der Wirklichkeit und dem Leben einnehmen kann. *Diese Haltung ändert sich nicht.* Unter diesem Gesichtspunkt gibt es nicht zwei Arten, Thomist zu sein. Man muß das Ganze annehmen oder ablehnen ... Allein es gibt auch ein zeitliches Leben der Systeme, und in dieser Hinsicht gibt es unendlich viele Arten, in denen man Thomist sein kann; jeder Mensch und jeder Zustand in der Entwicklung dieses Menschen, erst recht jedes Zeitalter und jede Geisteslage wird ihre eigene Art haben müssen.«[21] Das bedeutet für Sertillanges konkret:

1. daß wir den Vorgängern für ihre Arbeit dankbar sein müssen, sei es, daß wir ihrer Lehre zustimmen, sei es, daß wir sie ablehnen. Gerade dann aber, wenn wir sie widerlegen wollen, sind wir zu noch eingehenderen Untersuchungen verpflichtet;

2. daß wir *alle* Stimmen hören und *alle* Systeme durchforschen, um das Wahre aus ihnen herauszuholen, um dann erst die »Zusammenschau« zu vollziehen. Und gerade das wird angesichts der Fülle und des täglichen Anwachsens des

---

[18] Ebd. 829.
[19] Ebd.
[20] Ebd. 850.
[21] Ebd. 832f.

Wissens immer schwieriger. Deshalb ist für den Philosophen der letzte Hinweis von besonderer Bedeutung:

3. daß wir, wenn eines von den früheren Systemen *als Ganzes* uns eine wahre Schau der Dinge zu enthalten scheint, darangehen festzustellen, was an ihm *endgültig* und was *vergänglich* ist.

Vielleicht bedarf diese Gegenüberstellung heute einer kleinen Wendung: Wir müssen uns darauf besinnen, daß es in der unübersehbaren Masse an Wissen einen Grundstock an Erkenntnissen gibt, der für die Menschen aller Zeiten von größerer Bedeutung ist als der quantitativ größere Rest. Wir müssen vor allem darauf achten, daß diese Grundwahrheiten von der Materialfülle des übrigen Wissens nicht verschüttet werden und in Vergessenheit geraten. Von dieser Warte aus gesehen müßte dem Thomismus eine Zukunft gesichert sein.

BIBLIOGRAPHIE

1. Werke

a) Ausführliches Verzeichnis:
Pradines, M.: Notice sur la vie et les œuvres du R. P. Antonin Sertillanges, P 1951.

b) Auswahl:
Les sources de la croyance de Dieu, P 1905.
Socialisme et christianisme, P 1905.
Saint Thomas d'Aquin, 2 Bde., P 1910 (^{2}1947).
La philosophie morale de St. Thomas d'Aquin, P 1914.
L'Église, 2 Bde., P 1917.
La vie intellectuelle, P 1921.
Les grandes thèses de la philosophie thomiste, P 1928.
Catéchisme des incroyants, P 1930.
Le christianisme et les philosophies, 2 Bde., P 1939/41 (Bd. I ^{3}1956; Bd. II ^{2}1954).
Henri Bergson et le catholicisme, P 1941.
La philosophie de Claude Bernard, P 1944.
L'idée de création et ses retentissements en philosophie, P 1945.
Le problème du mal, 2 Bde., P 1939/51.

c) Übersetzungen ins Deutsche:
Der heilige *Thomas von Aquin,* dt. R. Grosche, Hellerau/Lei 1928 (Kö/Olten ^{2}1954).
Katechismus der Ungläubigen, dt. H. Ledochowski, 5 Bde., Gr 1934/35 (Bd. I ^{2}1937).
Verkünder des Wortes, dt. M. Machhausen, Sa 1936.
Die Wunder der Kirche. Die Ewigkeit in der Zeit, dt. B. Büchelmeier, Pa 1937.
Das Leben des Geistes, dt. H. Broemser, Mz 1951 (^{2}1956).
Im Tode vom Leben umfangen, dt. U. Schütz, Fr/Bas/W 1965.

2. Literatur

Daujat, J.: Le R. P. Sertillanges, in: La France catholique, 1948 (August).
Descoqs, P.: St. Thomas et le thomisme, in: ArPh 10 (1934) 595–643, bes. 604f.
Moos, M. F.: Un maître de la vie spirituelle: Le T. R. P. Sertillanges O. P., in: Vie spirituelle 80 (1949) 607–623.
Pradines, M.: a.a.O. 1. a).
de Urmeneta, F.: Características del tomismo según Grabmann y Sertillanges, in: CTom 77 (1950) 227–236.

FRANZ-MARTIN SCHMÖLZ

Jacques Maritain (1882–1973)

DAS LEBEN

Jacques Maritain wurde am 18. November 1882 in Paris geboren. Er stammte aus einer Familie mit republikanischer Gesinnung und protestantischer Konfession. Sein Vater Paul war Advokat und enger Mitarbeiter des bedeutenden Politikers Jules Favre (1809–1880). Er heiratete dessen Tochter Geneviève, die Mutter von Jacques Maritain. Der junge Maritain erhielt seine Ausbildung am Lycée Henri IV. Hier schloß er Freundschaft mit Ernest Psichari, einem Enkel Renans (1823–1892), der später, von der Zeit der religiösen Unsicherheit an bis hin zur Konversion zum Katholizismus, eine Rolle spielte. Im Jahre 1900 schrieb sich Maritain an der Sorbonne ein, wo er Philosophie studierte. Während das allgemeine geistige Klima damals von Relativismus und Skeptizismus geprägt war, herrschte an der Universität der Positivismus. Unter den Professoren, die hier einen gewissen Einfluß auf Maritain ausübten, ist Félix Dantéc zu nennen. Auch er war Positivist. Doch außerhalb der Universität fand der junge Student noch andere geistige Anregungen. 1901 begegnet er Charles Péguy (1873–1914), der eben mit dem Vertrieb seiner berühmten *Cahiers de la Quinzaine* begonnen hatte. Im selben Jahr lernte er während einer sozialistischen Veranstaltung auch Raissa Oumançoff, seine spätere Frau, kennen. Raissa, die später soviel Raum im geistigen und religiösen Leben Maritains einnahm, war zu dieser Zeit Atheistin, gehörte aber einer frommen Familie russischer Juden an, die nach Frankreich emigriert war. Sie selbst war 1883 in Rostow am Don geboren worden.

Diese Jahre waren für Maritain entscheidend. Auf Anraten von Péguy verfolgt er gemeinsam mit Raissa und seinem Freund Psichari am Collège de France, der Gegeninstanz zur Sorbonne, die Vorlesungen von Henri Bergson (1859–1941). Im Unterricht Bergsons finden diese drei Studenten ein Vertrauen ins Leben, in die Wahrheit und in höhere Ideale. Raissa beschreibt in ihrem Buch *Les grandes amitiés* (1949) die Faszination, die von den Vorlesungen Bergsons ausging, und die entscheidende Rolle, die sie für die spirituelle Entwicklung von ihr selbst und ihrem Mann gehabt haben. Dieses Buch ist übrigens auch die wichtigste biographische Quelle für das Leben Maritains. Zudem gibt es Zeugnis von einer Bekehrung, die sich in den Anfängen des Jahrhunderts nicht nur bei den Maritains, sondern auch unter anderen Intellektuellen abgespielt hat.

1904 treten Jacques und Raissa Maritain in Verbindung mit Léon Bloy (1846 bis 1917). Aus dieser Verbindung entsteht eine enge Freundschaft und ein geistiger Dialog, der zwei Jahre später, am 11. November 1906, zur katholischen Taufe des Ehepaares Maritain sowie der Schwester Raissas, Vera, führt. Diese drei Konvertiten verwirklichen mit der Zeit eine einzigartige Form von monastischem Gemeinschaftsleben, das dem Studium und der Verbreitung des Denkens des hl. Thomas sowie der geistigen Betreuung intellektueller Kreise gewidmet ist.

Zunächst bleibt Jacques Maritain allerdings noch dem Bergsonianismus nahe. Im Juni 1905 erhält er seine »agrégation« für Philosophie. Anschließend verbringt er zwei Jahre mit seiner Frau in Heidelberg. Hier studiert er Biologie. Erst nach seiner Rückkehr kommt er mit P. Clérissac zusammen, der ihn in den Thomismus einführt. 1913 erscheint sodann sein Buch *La Philosophie Bergsonienne*, das zu einem Manifest der thomistischen Erneuerung in Frankreich wird. Unterdessen bricht der Erste Weltkrieg aus. Seine beiden engsten Freunde, Ernest Psichari und Charles Péguy, fallen an der Front. Maritain selbst beginnt seine Vorlesungen über Geschichte der modernen Philosophie am Institut catholique in Paris. Gleich nach dem Krieg setzt auch seine politische Tätigkeit ein, die sich vorerst vor allem im Umfeld der Action Française abspielt. Maritain trennt sich jedoch von dieser Bewegung, nachdem sie durch Pius XI. verboten wurde. Ab 1928 ist die Zeit vor allem durch eine starke geistige Produktivität geprägt. Zugleich werden Beziehungen in alle Welt geknüpft. Das Haus Maritain in Meudon wird zu einem Treffpunkt zahlreicher Intellektueller und Studierender. Hier entstehen direkt »thomistische Zirkel«. Selbst die Freundschaft mit Nikolai Berdjajew (1874–1948) nimmt hier ihren Anfang. Gleichzeitig breitet sich das Echo auf die Werke Maritains in der ganzen Welt aus. Er selbst unternimmt zahlreiche Reisen nach Nordamerika, England und Rom. Außerdem beteiligt er sich an großen Kongressen, wie etwa an der berühmt gewordenen Tagung der Société Française de Philosophie über den Begriff der christlichen Philosophie, bei der auch Étienne Gilson (1884–1978), Émile Bréhier (1876–1952) und Maurice Blondel (1861–1949) sprachen. Schließlich fällt in diese Periode die Publikation einiger fundamentaler Werke Maritains, etwa von *Les Degrés du Savoir* (1932) und *Humanisme intégral* (1936), sowie der politischen Stellungnahmen zum spanischen Bürgerkrieg und zur Besetzung Äthiopiens durch Italien.

Von 1940 bis 1960 lebt Maritain fast ohne Unterbrechung in Nordamerika, wo er zuerst Kurse an der Universität in Toronto gibt. Anschließend läßt er sich in New York nieder. Erneut wird sein Haus zum Treffpunkt zahlreicher Intellektueller, jetzt allerdings vor allem emigrierter französischer Wissenschaftler. Sodann lehrt Maritain an der Universität von Princeton und an der Columbia University. Seine 1943 in Yale gehaltenen vier Vorträge über Erziehung und Studiengestaltung erscheinen auch als Buch unter dem Titel *Education at the crossroad* (1943). Für zwei Jahre wird der amerikanische Aufenthalt unterbrochen, als General De Gaulle ihn 1946 als Botschafter Frankreichs an den Vatikan entsendet. Maritain verzichtet auf diese Mission allerdings schon 1948. Er kehrt nach Amerika zurück, obwohl er Frankreich häufig besucht.

Am 4. November 1960 stirbt Raissa Maritain in Paris. Ihre Schwester Vera, die mit dem Ehepaar Maritain gelebt hatte, starb schon ein Jahr früher in Princeton. Endgültig nach Frankreich zurückgekehrt, zieht sich Maritain zu den Kleinen Brüdern des Charles de Foucauld in Toulouse zurück. 1970 wird er sogar Mitglied dieser Gemeinschaft. Unterdessen publiziert er das Tagebuch Raissas, ein Lebenszeugnis reicher mystischer Erfahrung, und sein letztes Buch, das heftige Polemiken auslöste: *Le Paysan de la Garonne* (1969). Knapp nach seinem 80. Geburtstag stirbt er in Toulouse am 28. April 1973.

FUNDAMENTALE PERSPEKTIVEN UND WESENTLICHE ANKNÜPFUNGSPUNKTE

Als Philosoph war Maritain ein treuer Schüler des hl. Thomas. Wie er zu sagen pflegte, war er jedoch kein Neuthomist, sondern ein Denker, der Thomas liest und auslegt bzw. in eine Sprache übersetzt, die der eigenen kulturellen Erfahrung mehr entspricht, und Probleme entfaltet, die wohl zentral für den hl. Thomas waren, die aber dennoch auch heute von Relevanz sind. Dabei denkt er in erster Linie an ethisch-politische Themen. Doch die wesentlichen Berührungspunkte zwischen seinem Denken und demjenigen des hl. Thomas erstrecken sich deshalb nicht weniger in grundsätzlich metaphysische und anthropologische Dimensionen. Sie betreffen vielmehr die Probleme um den Primat der Existenz, um die grundlegende und entscheidende Rolle der intellektuellen Intuition, um die zahlreichen Stufen des Erkennens, um die methodologische Funktion des »distinguo«, um den Bezug von Individualität und Personalität sowie um die Erarbeitung eines »integralen Humanismus« als Modell für ein »geschichtlichkonkretes« Ideal einer »neuen Christenheit«.

In der philosophischen Auseinandersetzung um den Primat der Existenz vor der Essenz, wie sie von Heidegger und Sartre gefordert wurde, spricht sich Maritain nicht so sehr für den Primat der Existenz, sondern für den des Existierenden aus, für die konkrete Realität des Seienden also, angesichts dessen allerdings unsere intellektuelle Intuition imstande ist, das Sein als erstes Fundament unserer metaphysischen Erkenntnis zu erfassen. In diese Theorie vom Primat des Konkreten und der Intuition bringt er sodann, bei aller Treue zum thomistischen Denken, einen Bergsonschen Akzent ein, und zwar vor allem dort, wo er mit einer stark suggestiven Sprachkraft die psychischen Prozesse und die theoretische Vernunft beschreibt. Weiters entfaltet er im Anschluß an die primäre Setzung der Intuition eine Gnoseologie, die sich die Struktur des Erkennens nach Analogiemuster zurechtlegt. Im Gegensatz zur Kantschen Dichotomie und der szientistischen Monotypie postuliert er verschiedene Grade des Wissens. Mit dieser Theorie geht es ihm keineswegs darum, Brüche oder Polaritäten zu beschwören, sondern vielmehr um ein wirksames Mittel zur Sichtbarmachung der Einheit. »Distinguer pour unir« wird schließlich sein methodologisches Kriterium, das er auf jeden Aspekt der Kultur und des Lebens überhaupt anwendet, und zwar nicht nur auf dem Gebiet der Theorie, sondern auch in praktischen und sozialpolitischen Belangen.

Ein typisches Beispiel für dieses »distinguer pour unir« gibt Maritain anläßlich einer Unterscheidung von Personalität und Individualität innerhalb des menschlichen Subjekts. Erstere ist für ihn Zentrum des intellektuellen Bewußtseins und der Freiheit, letztere hingegen Träger der materiellen Bestimmung, biologische und psychologische Bedingungsinstanz. Vorrang hat die Personalität, allerdings nur in Anerkennung der Sphäre des Individuellen. Keine Frage, daß diese vereinigende Unterscheidung weitreichende Folgen für die Ethik hat und dadurch auch fundamentales Kriterium für die politischen Perspektiven Maritains wird. Sie weist einerseits zurück auf das Modell des »humanisme integral«, der den Menschen als Person ins Zentrum sowohl des ethisch-politischen als auch des einzeln-familiären Lebens stellt und als integraler Humanismus in der organischen Vereinigung mit der Transzendenz Gottes die wahre Ganzheitlichkeit des Menschen erfüllt sieht. Andererseits stützt sie sich auf eine spezifische Beurteilung der Gegenwart und der Geschichte: Das Mittelalter gilt als Epoche der christlichen Sakralität; die Neuzeit hingegen ist die Zeit der Trennung und der integralen Immanenz; die jetzt beginnende Zeit kann zum Zeitalter der fruchtbaren Unterscheidung werden, d. h. konkret zu einer nichtsakralen Gesellschaft von Laien führen, die sich jedoch von den Prinzipien des Christentums her inspiriert.

Allen diesen zentralen Punkten im Denken Maritains, die wir thesenhaft angeführt haben, entsprechen jeweils seine Veröffentlichungen: Den ersten beiden Punkten ist der *Court traité de l'existence et de l'existant* (Paris 1947) gewidmet, dem dritten hingegen das Werk *Distinguer pour unir, ou les degrés du savoir* (Paris 1932). Die Unterscheidung zwischen Individualität und Personalität findet ihre erste Formulierung in *Trois réformateurs: Luther, Descartes, Rousseau* (Paris 1925). Die drei Reformen auf religiösem (Luther), philosophischem (Descartes) und politischem (Rousseau) Gebiet sind nach diesem Buch in die Irre gegangen, weil sie die Unterscheidung zwischen Individuum und Person verkannt haben. Für die politische Ausrichtung Maritains ist sodann das Werk *Humanisme intégral: problèmes temporales et spirituels d'une nouvelle chrétienté* (Paris 1936) wichtig.

Wie schon gesagt, blieb das Denken, abgesehen von einer ersten Phase, die unter dem Zeichen Bergsons stand und die eher für die Geschichte seiner Ausbildung als für sein philosophisches Werk von Interesse ist, ziemlich konstant thomistisch orientiert. Die weiteren Phasen und Wandlungen sind daher nicht so sehr von spekulativen Gesichtspunkten als vielmehr von politischen und – in gewisser Weise – kirchlichen Situationen bestimmt. In den ersten Jahren nach der Konversion überwiegt die harte Polemik gegen das moderne Denken. Zudem spielt die Annäherung an die Action Française, so gemäßigt sie auch war, eine nicht zu verkennende Rolle. Ausdruck dafür bieten die Abhandlungen *Antimoderne* (Paris 1922) und das bereits genannte Buch *Trois réformateurs* sowie einige Werke, die thomistische Themen auslegen. Das dominante Charakteristikum der Neuzeit besteht für Maritain im subjektivistischen Individualismus. Dieser wiederum beruht nach seiner Ansicht auf einem Mißverständnis. Er begründet im Individuum das unbeschränkte gesellschaftliche Stimmrecht, die Gleichheit der Rechte und die Freiheit der Meinungsäußerung. Die Person wird in der individualistischen Gesellschaft, wie sie in der Renaissance und vor allem in der Reformation entstand, jedoch sich selbst überlassen. Sie erhält keine »soziale Absicherung«, die sie unterstützte und förderte. Ja das »freie« Individuum geht sogar so weit, daß es die Person mit seinen partikularistischen Forderungen auf religiösem, spekulativem und moralisch-politischem Gebiet ins Verderben treibt.

Die Zeit zwischen der Abkehr von der Action Française 1926 und der allmählichen Distanzierung von der konservativen Grundeinstellung kurz vor dem Zweiten Weltkrieg stellt jene zentrale spekulative Phase im Denken Maritains dar, in der es neben der Vertiefung und neuen Entfaltung thomistischer Positionen nicht mehr nur um Polemik, sondern auch um einen konstruktiven Beitrag zur Problematik der Gegenwart ging. In diesen Zusammenhang gehören außer *Distinguer pour unir* die Werke *De la philosophie chrétienne* (Paris/Bruges 1933); *Du régime temporal de la liberté* (Paris/Rom 1933); *Sept leçons sur l'être et les principes de la raison speculative* (Paris 1934); *Frontières de la poésie et autres essais* (Paris 1935); *La philosophie de la nature. Essai critique sur ses frontières et son objet* (Paris 1935) und *Science et sagesse, suivi d'éclaircissement sur la philosophie morale* (Paris 1935). 1936 erscheint der bereits zitierte *Humanisme intégral*. In den folgenden Jahren folgt eine ganze Reihe von politischen Arbeiten mit konkretem Anlaß. Sie sind bereits auf dem Hintergrund des sich abzeichnenden Zweiten Weltkrieges zu lesen.

Die amerikanische Zeit dauert praktisch bis 1960. Auch diese Phase war von reichem Schaffen und von religiöser Selbstfindung bestimmt. Für das philosophische Denken wichtig wurde die Abhandlung *Christianisme et démocratie* (New York 1945). Sie hatte einen entscheidenden Einfluß auf die demokratischen Grundsatzprogramme der katholischen Bewegung nach dem Krieg. 1943 erschien die bereits genannte Sammlung *Education at the crossroad* (New Haven 1943). Ein Jahr später lag auch bereits eine geistige Autobiographie unter dem Titel *De Bergson à Thomas d'Aquin: Essais de métaphysique et de morale* (New York 1944) vor. Nach dem Ende des Krieges beteiligte sich Maritain an zahlreichen brennenden Fragen. Genannt seien: *Court traité de l'existence et de l'existant* (Paris 1947); *La personne et le bien commun* (Paris/Bruges 1947); *La signification de l'athéisme contemporain* (Paris 1949); *Man and the State* (Chicago 1951); *Neuf leçons sur les notions premières de la philosophie morale* (Paris 1951); *Approches de Dieu* (Paris 1952); *Creative Intuition in Art and Poetry* (New York 1953); *On the Philosophy of History* (New York 1957); *Le philosophe dans la cité* (Paris 1960); *La philosophie morale. Examen historique et critique des grands systèmes* (Paris 1960).

Die letzten Jahre Maritains, von seiner Rückkehr nach Frankreich bis zu seinem Tod, sind auf der einen Seite geprägt durch seinen Eintritt bei den Kleinen Brüdern des Charles de Foucauld, auf der anderen Seite aber auch von seiner kämpferischen Anwesenheit innerhalb der postkonziliaren Auseinandersetzungen. Dokument dieses letzten Einsatzes ist das umfangreiche und heftig diskutierte Buch *Le Paysan de la Garonne* (Paris/Bruges 1969). Darin bekennt sich Maritain zum Geist des Konzils, doch er stellt sich klar gegen oberflächlich progressistische Deutungen desselben. Diesem Werk vorausgegangen waren *Dieu et la permission du mal* (Paris 1965) und *Le mystère d'Israël et autres essais* (Paris 1965). Das letzte Werk erschien drei Jahre vor seinem Tod: *De l'Eglise du Christ. La personne de l'Eglise et son personnel* (Paris 1970).

Das Werk Maritains ist, wie man sieht, sehr umfangreich. Wir haben lediglich das für den philosophischen Gesichtspunkt Wichtigste angeführt und die entscheidendsten politischen und religiösen Stellungnahmen hinzugenommen. Es bleibt uns jetzt nur noch der Hinweis auf Abhandlungen, die Maritain gemeinsam mit seiner Frau Raissa verfaßte. In der Regel handelt es sich dabei um Werke religiösen oder ästhetischen Inhalts. Unter ihnen sind *Situation de la poésie* (Paris 1938), *Liturgie et contemplation* (Paris 1959) und *La contemplation sur les chemins: Notes sur le »Pater«* (Paris 1962) die bemerkenswertesten. Nach dem Tod seiner Frau besorgte Maritain die Herausgabe ihrer spirituellen und mystischen Schriften, die gemeinsam mit dem bereits genannten Buch *Les grandes amitiés* (Paris 1949) als biographische Quelle unerläßlich sind. Die gesammelten Schriften, die 1963 in Paris erschienen, tragen den Titel *Journal de Raissa*.

Trotz der gewaltigen Größe seines Werkes gelangt Maritain doch zu einer einheitlichen Aussage, wenn man daran festhält, daß sie die Antwort eines Gläubigen und eines von Thomas inspirierten Philosophen ist, der auf die wichtigsten Probleme der Philosophie einerseits und auf die kulturellen, politischen und kirchlichen Situationen bzw. Ereignisse, deren Zeuge und Protagonist er war, andererseits antwortete. Diese Einheit hält sich sogar gegenüber den Unterschieden in seinen historischen Urteilen bzw. in seinen politischen Stellungnahmen durch.

Nach dieser Darlegung der zentralen Themen und der diversen Entwicklungsphasen des Maritainschen Denkens wenden wir uns einigen wichtigen Theorien zu, in denen der bezeichnendste und eigentümlichste Beitrag Maritains liegt.

DIE INTELLEKTUELLE INTUITION UND DIE SPIRITUALITÄT

Mit Hinweis auf den hl. Thomas schreibt Maritain: »Als Fundament der metaphysischen Erkenntnis setzt dieser eine intellektuelle Intuition jener geheimnisvollen Wirklichkeit an, die sich unter dem Wort ›Sein‹ verbirgt. Diese enthüllt sich uns – worum uns die Götter beneiden – als nicht begrenzbarer Gegenstand einer Wissenschaft, sobald wir, veranlaßt durch das einfachste Seiende, den Akt des Existierens in den ihm eigenen Normen herausheben, dieses siegreiche Sichdurchsetzen, mittels dessen jedes ›Seiende‹ über das Nichts triumphiert.«[1] Es geht also um »die Intuition des Seins in ihren reinsten und grundlegendsten Eigenschaften sowie in ihrer typischen und vorrangigen geistigen Dichte, um die Intuition des Seins ›secundum quod est ens‹ (*In Metaph. Arist.* IV, lect. I)«.[2]

---

[1] *Court traité de l'existence et de l'existant*, P ²1964, 37.
[2] Ebd.

Es genügt, diese Sätze zu lesen, um sofort die Bemühung Maritains zu erkennen, eine alte Theorie in eine Terminologie zu übersetzen, die sowohl dem Empfinden als auch dem spekulativ-praktischen Interesse der Gegenwart nahe ist. Zudem haben wir es hier mit einer Sprache zu tun, die unmittelbar in die konkrete Existenz hineinzieht. In diesem Sinne gibt etwa Maritain kurz vor den zitierten Texten sogar so etwas wie eine Beschreibung der metaphysischen Empfindung, die das Entstehen des geistigen Aktes und dessen Entfaltung begleitet: »Dies ist das Sein, das Sein, wie es ergriffen und wahrgenommen wird am Höhepunkt einer abstrahierenden Intuition, einer eidetischen und intensiven Inblicknahme, die so erhellend und rein ist, einzig weil der Geist in seinen Tiefen durch den Akt der Existenz der Dinge geweckt und erleuchtet wurde und sich so weit erhob, daß er diesen erfahren und ihn in sich selbst mit derselben intelligiblen Integrität vernehmen konnte, die auch dessen Stimme eigen ist.«[3]

Der Rahmen des Gedankengutes erweitert sich noch, wenn wir darauf achten, wie Maritain die Wege beschreibt, die zu einer solchen Intuition führen. Grundsätzlich nimmt er eine Vielheit von Wegen an. Bedingt ist diese Vielheit durch die Pluralität der existentiellen und geschichtlichen Voraussetzungen, die alle verschiedene Seinszugänge schaffen. So kann z. B. die Klarheit »eines souveränen Geistes, der auf seine leuchtende Kraft, auf die Grundlage eines besonderen und reinen Körpergefühls sowie auf eine lebendige und ausgeglichene Empfindsamkeit zurückgreift, wie dies beim hl. Thomas der Fall gewesen zu sein scheint«, Voraussetzung sein. Voraussetzung kann aber auch »eine unmittelbare Einsicht in die Realität des Ich« sein, die begleitet ist von großer Freude oder Angst. Zum Sein führt nicht zuletzt der Vollzug einer fundamentalen Entscheidung bzw. die tragische Erfahrung mit etwas, was schicksalhaft über einen hereinbricht. »... wesentlich ist [sodann aber], daß ein Schritt gesetzt wird, durch den in einer authentischen geistigen Intuition der Sinn des Seins, [genauer:] der wertbehaftete Sinn der Implikationen des Existenzaktes freigelegt wird. Das Entscheidende besteht demnach darin, *gesehen zu haben,* daß die Existenz kein bloßes empirisches Faktum ist, sondern der erste Gegenstand für den Geist, dem sie ein unendliches Feld an Wahrnehmbarkeit eröffnet, kurz daß sie die erste und über den Geist hinausreichende Quelle der Erkenntnis ist.«[4]

Für diesen Schritt bleibt der hl. Thomas ein zuverlässiger und insofern ein allgemeiner Lehrer (Doctor Communis). Dies verlangt aber keineswegs ein Bekenntnis zum Thomismus als Schule. Vielmehr betont Maritain im Anschluß an den eben zitierten Text: »Es genügt nicht, Philosophie zu lehren, nicht einmal thomistische Philosophie, um diese Intuition zu erlangen. Hier handelt es sich um ein Glück bzw. um eine Gabe oder vielleicht sogar um ein Verfügtsein zum Licht.«[5] Die innere Disponiertheit und das Verfügtsein werden von ihm aber als die prädestinierten Voraussetzungen für den Aufstieg zum Sein angegeben.

Den theoretischen Rahmen für die Rede von der intellektuellen Intuition bil-

---

[3] Ebd. 37–38.
[4] Ebd. 38f.
[5] Ebd. 41.

den zumindest seitens der modernen Philosophie die Psychologie und die Ästhetik. Eine Intuition gilt dieser als Phänomen, das keine theoretische Relevanz besitzt. Sogar die Vernunft in ihrem klassischen Verständnis wird von ihr im Hinblick auf die Intuition als psychologisches, emotionales und ästhetisches Phänomen behandelt. Somit befindet sich der Punkt, an dem sich klassisch-thomistisches und modern-gegenwärtiges Denken treffen bzw. auseinandersetzen, genau hier, wo es um die Beurteilung der Intuition und der Vernunft geht.

Wie bereits erwähnt, war Maritain am Collège de France Schüler von Bergson. Hatte er sich auch von diesem distanziert, so hinterließen dessen Vorlesungen doch ihre Spuren. Besonders im thomistischen Intuitionsbegriff entdeckt Maritain etwas, was auch Bergson hätte sagen können, und dies obwohl der höchste Vollzug der Vernunft bei ihm gerade mit dem »élan vital« so stark verbunden war. Bergson legte für ihn jedoch eine spekulative Haltung an den Tag, die ihn mit dem hl. Thomas verbindet. Maritain meint damit ihre jeweilig spezifische Ausrichtung auf die äußerliche Erfahrung, ihre Ablehnung einer bloß nach innen gerichteten Sichtweise und ihr Forschen im Lichte eines dynamisch angelegten Geistes.

»Die Intuition«, so beobachtet Maritain, »ist eine Intuition aus dem Existieren, die uns keine Wesenheit erschließt. *Das, was* wir sind, wissen wir mittels der Phänomene und mittels unserer Handlungen, aus dem Fluß unseres Bewußtseins. Je mehr wir uns auf das innere Leben einstellen, umso besser entziffern wir dieses erstaunliche Fließen, das uns geboten wird, und umso mehr erfahren wir, daß wir über das Wesen unseres Ichs in Unkenntnis gelassen sind. Die Subjektivität *als Subjektivität* ist begrifflich nicht eingrenzbar, sie ist ein undurchdringbarer Abgrund, undurchdringbar für einen Ausdruck, für einen Begriff oder eine Darstellung, aber auch für eine Wissenschaft, welche auch immer diese sei, Selbstanalyse, Psychologie oder Philosophie. Wie sollte sich dies auch anders verhalten, wo doch jede Realität, die durch Begriffe, Ausdrücke oder Darstellungen erfaßt wird, als Objekt und nicht als Subjekt erkannt ist? Die Subjektivität als solche entzieht sich ›per definitionem‹ dem, was wir von uns selbst mittels Erkenntnis wissen.«[6] Bekanntlich leugnet Thomas, daß die Seele sich anders erkennt als über ihre eigenen Vollzüge. Er erschließt sie daher aus der konkreten Aktivität des Subjekts bzw. reflektiert auf sie, indem er sie in der Ausübung ihrer Möglichkeiten betrachtet. Ebenso ist Bergsons Verständnis der Subjektivität bestimmt durch eine Sicht des Denkens, das in Bewegung bzw. in Spannung ist aufgrund der nicht faßbaren Dynamik der Intuition. Auch wenn das Ich in sich selbst dabei einen Inhalt erfährt, so bleibt dieser Inhalt doch ein unmittelbares Datum des Bewußtseins, etwas Gegenwärtiges, das intuiert, aber nicht dargestellt werden kann, ein sinnbildliches Element der Intuition. Gewiß, sowohl für Maritain als auch für Thomas ist dieses Intuieren etwas Vernünftiges und nicht ein bloßer Lebensvollzug, dennoch bleibt auch ihre Vernunft von ihrer Wurzel her gesehen ein Vollzug des Lebens, der sich selbst nicht kraft irgendeiner Vermittlung, sondern mittels

---

[6] Ebd. 112f.

Intuition erfaßt. Auch ihre Vernunft ist engstens verbunden mit der ursprünglichen und lebendigen Kraft der Subjektivität.

Für ein postcartesianisches bzw. postkantianisches Denken, das einen kritischen Anfang fordert, ist die intellektuelle Intuition des hl. Thomas ein unkritisches Postulat. Maritain nennt sie noch dazu ausdrücklich ein »Verfügtsein zum Licht«. Damit stellt sich die Theorie von der intellektuellen Intuition entschieden außerhalb des neuzeitlichen und gegenwärtigen Denkens. Wer sich aber die Position des hl. Thomas mit alldem, was ihr wesentlich ist, zu eigen machen will, muß nach Maritain eine Entscheidung von moralischer Tragweite treffen. Zuvor bedarf er aber noch einer natürlichen und lebendigen Gesundheit seiner Wahrnehmungskraft, einer Gesundheit, die ihn dazu fähig macht, das Sein in jenem Existenzakt zu hören, zu sehen und zu ergreifen, durch den jedes einfache Seiende den »siegreichen Anstoß [verwirklicht], der es über das Nichts triumphieren läßt«. Er muß somit die Stimme des Seins vernehmen. Aus dieser »Stimme« gilt es sodann aber auch, sobald das Sein am Existierenden aufleuchtet und im Licht seiner Intelligibilität beschrieben wird, eine neue Sprache zu erarbeiten. Genauer gesagt: Es kommt darauf an, die Sprache an ihre ursprüngliche Quelle zurückzuführen und dadurch in uns selbst eine »neue Zeugung« des »geistigen Wortes« zu bewirken: »Wo die Schöpfung neuer Worte der Vernunft ihre Unterstützung durch Gewohnheit und durch eine bereits erworbene Sicherheit raubt, dort zwingt sie diese, sich ausschließlich an jene Quelle der Lebenskraft zu halten, aus der die Idee aktiv den Bildern und Phantasiegebilden sowie der Erfahrung des Lebens selbst entspringt.«[7]

Die Führung bei alldem muß für Maritain jedoch der Vernunft belassen bleiben: Denn »es ist ein äußerst naiver Irrtum, zu glauben, daß die Subjektivität keine vernünftige Struktur besitze, und dafür den Vorwand anzuführen, daß ihre Tiefe unauslotbar sei, bzw. in ihr jede Natur aufzulösen, um sie so zum nichtigen Abgrund einer bloßen und willkürlichen Freiheit zu reduzieren«.[8] Demgegenüber »fordert die Subjektivität der Person als ihr innerstes Privileg die Vermittlung von Vernunft und Liebe«.[9] »Noch vor jeder Ausübung der Wahlfreiheit und als deren Voraussetzung steht als tiefster Anspruch der menschlichen Person jener, mit *dem anderen* in einer vernunftgemäßen Einheit und mit *den anderen* in einer empfindenden Einheit zu kommunizieren.«[10] Die intellektuelle Intuition ist ihrerseits die Bedingung für jede authentische Kommunikation, die als Dialog »in veritate« geführt wird. Eine derartige Kommunikation spielt sich jedoch immer auf der Ebene der Vernunft ab, die in der Liebe ihr Wesen findet, ohne daß sie sich deshalb in emotionelle Unsicherheit verlieren würde.

Die Philosophie Maritains stellt von diesen Gedanken über die intellektuelle Intuition her gesehen einerseits eine neue Begehung des Weges der klassischen Philosophie dar, andererseits bietet sie aber auch einen Ausweg aus der radikalen Unsicherheit und Verwirrung des modernen Denkens. Man könnte nahezu eine

---

[7] *Sept leçons sur l'être*, P 1934, 21.
[8] *Court traité*, a.a.O. Anm. 1, 132.
[9] Ebd.
[10] Ebd. 134.

Analogie zwischen seiner Position (»contemplation sur la route«) und seiner Ortsbestimmung des Vernunftaktes innerhalb der Masse der Phänomene herstellen: Beide Male handelt es sich um ein Für-sich-Sein angesichts einer Verlorenheit ins vielfältig Unbestimmte bzw. um eine Vertikale auf dem Hintergrund der bloßen Horizontalität.

INDIVIDUALITÄT UND PERSONALITÄT

Die Unterscheidung »Individuum – Person« ist ein weiterer zentraler Punkt im spekulativen Denken Maritains, der vor allem auch für seine ethisch-politische Position große Bedeutung hat. Von vornherein gestattet z. B. diese Theorie die Unterscheidung »zwischen einer Sozialphilosophie, die sich auf die Würde der menschlichen Person beruft, und jeder anderen Sozialphilosophie, die sich um den Primat des Individuums und das Wohl des Einzelnen anlegt«.[11] Ihrem Wesen nach ist diese Unterscheidung metaphysisch. Auch sie basiert auf der thomistischen Position. Vor Maritain hatten sie schon R. Garrigou-Lagrange (1877–1964) und M. B. Schwalm (1860–1908), später besonders E. Welty (1902–1965) vertreten. Bei Maritain selbst taucht sie historiographisch gesehen erstmals in seinem Buch *Trois réformateurs* auf. Darin vertritt er die These, daß der moderne Individualismus seine Wurzeln außer in der Renaissance vor allem in der lutherischen Konzentrierung auf das Subjekt habe. Diese Konzentrierung löse jegliche gemeinschaftliche Dimension für die innerliche Erfahrung auf, sie verlange aber gleichzeitig die Rettung eines Ich, welches das glaubende Vertrauen an den Willen Gottes ablehnt. »Was ist der moderne Individualismus? Ein Betrug, ein Quidproquo: Die Exaltierung der Individualität, die sich als Personalität tarnt und zugleich eine Verkümmerung der authentischen Personalität bedeutet.«[12]

Die Person ihrerseits ist eine vollständige individuelle Substanz, die eine geistige Natur besitzt und »sui iuris« Herrin ihrer Handlungen ist. Sie verkörpert eine Autonomie im authentischen Sinn dieses Wortes. Gleichzeitig trägt sie ein göttliches Zeichen an sich und ist der Ort, an dem eine Welt von geistigen und moralischen Werten Wirklichkeit hat. Dadurch ist sie nicht ein Teil des Universums, sondern eine unerfaßbare und unverletzbare Einzelheit. Nur sie setzt sich selbst ihre eigenen Ziele. Und nur sie bewahrt sich jenseits der Welt der Phänomene ihre Konstanz, wenn sie mit ihrer Freiheit in diese eingreift. Denn sie beherrscht den phänomenalen Bereich. Sie transzendiert ihn nicht nur moralisch gesehen, sondern auch bezüglich der Zeit aufgrund ihrer Unsterblichkeit. Maritain erinnert in diesem Zusammenhang an die berühmte Formel des hl. Thomas: »Persona significat id quod est perfectissimum in tota natura« (*Summa theologiae* I, q. 29, a. 3. Dieser Text wird in der Interpretation von Cajetan interpretiert).

Der Ausdruck »Individuum« bezieht sich demgegenüber sowohl auf die Men-

---

[11] *La personne et le bien commun*, P/Brouges ²1964, 9.
[12] *Trois réformateurs: Luther, Descartes, Rousseau*, P 1925, 19.

schen als auch auf die Tiere und Pflanzen, kurz auf alles, was in sich selbst Einheit hat. Um dieses auszudenken, greift Maritain erneut auf die aristotelisch-thomistische Metaphysik zurück. Mit ihrer Hilfe gelingt es ihm, die Verbundenheit von Materie und Individuum zu erklären. Die Materie ist in dieser Hinsicht das Prinzip der Individualisierung und damit der Teilung. Von ihr aus gesehen sind wir als Individuen »Fragmente der Materie, ein Teil dieses Universums, zweifellos etwas Einziges, doch [deshalb immer noch] Teil, Ort des Zusammentreffens von Kräften und Einflüssen psychischer, ethnischer, atavistischer, ererbter, ökonomischer und geschichtlicher Art, deren Gesetzen wir unterliegen«.[13] Während sich die Person auf die »Subsistenz« der menschlichen Seele stützt, wurzelt das Individuum in der Materie. Als Person sind wir gegenüber der Wirklichkeit frei, als Individuum jedoch unterliegen wir der Vielheit ihrer Bedingungen.

Das Individuum ist folglich Teil, es stellt eine determinierte Quantität dar. Überträgt man nun ihm die entscheidende Rolle innerhalb des gesellschaftlichen Lebens, so endet es als Teil, der unfähig ist zu einer authentischen und geistigen Autonomie, damit, daß es zum bloßen Bestandteil der sozialen Totalität wird. Von hierher rühren alle Rechtfertigungen der Despotie, wie sie das neuzeitliche Denken in drei charakteristischen Formen geboten hat: für die Monarchie bei Hobbes, für die Demokratie bei Rousseau und für den Vorsehungs- bzw. Gott-Staat bei Hegel.

Wir haben uns zur Erläuterung der Unterscheidung von Individuum und Person auf ein frühes Werk Maritains bezogen, das den drei Reformatoren Luther, Descartes und Rousseau gewidmet ist, doch die hier geäußerten Gedanken bleiben auch in der weiteren Entwicklung des Maritainschen Denkens fundamental. So finden wir sie etwa neu formuliert im wichtigen Werk *La personne et le bien commun*, dessen erste Edition 1946 erfolgte. Hier ist zu lesen: »Nach Ansicht des Doctor Angelicus hat die Individualität ihre Wurzel in der *Materie*, sofern diese verlangt, daß innerhalb des Raumes eine Position eingenommen wird, die sich von einer anderen unterscheidet. Die Materie ihrerseits ist eine Form des Nicht-Seins, eine bloße empfangende Potentialität und ein Wandlungsprinzip der Substanz, ein Verlangen nach Sein.«[14] Und Maritain fährt fort: »Man könnte sagen, daß in jedem von uns die Individualität, sofern sie in mir alles ausgrenzt, was die anderen Menschen sind, ein Prinzip der Einengung des *Ego* ist, das stets bedroht und doch zugleich begierig ist darauf, *für sich zu nehmen*, und daß sie in einem durch den Geist beseelten Körper auf die Materie zurückgeht.«[15] Demgegenüber »hat die Personalität nichts mit der Materie zu tun, wie die Individualität der körperlichen Wesenheiten, sie reicht vielmehr in die tiefsten und höchsten Dimensionen des Seins; die Personalität besitzt als Ursprung den Geist, sofern dieser als derselbe der konkreten Existenz angehört und sie dennoch überschreitet; metaphysisch gesehen ist die Personalität, wie die thomistische Schule mit

---

[13] Ebd. 29.
[14] *La personne et le bien commun*, a.a.O. Anm. 11, 29.
[15] Ebd. 30f.

gutem Grund sagt, die ›Subsistenz‹ – jene letzte Vollendung, durch welche das Werk der Schöpfung sie gegenüber der gesamten Existenzordnung bezüglich ihres Wesens so auszeichnet, daß die Existenz, die sie empfängt, *ihre* Existenz und *ihre* Vollendung ist –; die Personalität ist also die ›Subsistenz‹ der geistigen Seele, die der menschlichen Zusammensetzung verliehen wird; und sofern es in meiner Substanz ein Zeichen bzw. ein Siegel gibt, das sie in die Lage versetzt, ihre eigene Existenz zu besitzen und frei zu vollenden, so bezeugt sie in uns die Freigebigkeit und das Überborden des Seins, das seinerseits vom Geist, genauer: vom inkarnierten Geist abhängt, und das in den geheimnisvollen Tiefen unserer ontologischen Struktur eine Quelle von dynamischer Einheit bzw. von Einheitsstiftung aus dem Inneren heraus darstellt.«[16]

Es ist gar keine Frage, daß unter dem Mantel einer lebendigen modernen Sprache der Begriff der »materia signata« als Prinzip der Individuation einerseits und derjenige der »subsistentia« der geistigen Seele andererseits die Säulen des Personalismus von Maritain abgeben. Hinzuzufügen ist noch, obwohl dies schon im Bisherigen impliziert ist, der Begriff des σύνολον, d. h. der unauflöslichen Einheit von Seele und Leib, Personalität und Individualität. Individuum und Person sind nämlich keine von außen kommenden Draufgaben, die sich beliebig trennen ließen. Maritain greift daher bewußt auf die Theorie des σύνολον zurück: »Es gibt in mir keine Realität, die als meine Person bezeichnet werden könnte. Es geht vielmehr um dasselbe Sein, das in einer Hinsicht Individuum und in einer anderen Hinsicht Person ist.«[17]

Was die thomistischen Quellen anbelangt, auf denen sich Maritain mit seiner Theorie bezüglich der Beziehung »Personalität – Individualität« abstützt, so sind sie vorwiegend theologischer Natur. Fundamental ist in diesem Zusammenhang die Quaestio XXX »De pluritate personarum in divinis« aus dem ersten Teil der *Summa theologiae*. Dieser Text kommt unter anderem auch auf die Verschiedenheit von Person und Individuum zu sprechen. Die Definition der Person in ihrer berühmten Formulierung »Persona significat id quod est perfectissimum in tota natura« findet sich sodann in der unmittelbar vorhergehenden Quaestio »De personis divinis«. Dem Bezug »Person – Individuum« ist schließlich auch ein Teil der *Quaestio de potentia* gewidmet. Darüber hinaus fehlt es natürlich nicht an Anspielungen an anderen Orten. Die thomistische Analyse ist allerdings einerseits von der trinitätstheologischen Frage und andererseits vom metaphysischen Problem des Individualisierungsprinzips bestimmt. Die Annäherung von Person und Individuum gibt es zwar bei Thomas, sie wird aber nicht vertieft und erhält außerdem nirgends den dialektischen Stellenwert, den ihr Maritain beimißt. Noch schwieriger ist es, bei Thomas die sozialen Implikationen zu finden, die Maritain im Anschluß an Schwalm, Garrigou-Lagrange und Welty aus der Unterscheidung »Person – Individuum« zieht.[18] Bezüglich dieser ethisch-politischen

---

[16] Ebd. 33f.
[17] Ebd. 36.
[18] Vgl. M. B. Schwalm: *Leçons de Philosophie sociale*, in: ders.: *La société et l'Etat*, P 1937; R. Garrigou-Lagrange: *La Philosophie de l'Être et le bien commun*, P ⁴1936; E. Welty: *Gemeinschaft und Einzelmensch*, Sa/Lei 1935.

Konsequenzen sammelt Maritain daher verschiedene Texte aus dem thomistischen Werk und interpretiert diese sodann in seiner personalistischen Sicht, die ihrerseits wiederum das Herz seines konkret-geschichtlichen Programms ist.

»HUMANISME INTÉGRAL«

Maritains bekanntestes Werk ist *Humanisme intégral*. Darin gipfelt nicht nur die Entwicklung seines Denkens, hierin findet sich auch einer der wichtigsten geistigen Bezugspunkte für die katholische Intelligenz in der Zwischenkriegszeit und in den ersten Jahren nach dem Krieg. Stecken wir zunächst das spekulative Umfeld dieses Humanismus »de l'engagement« ab. Maritains Überlegungen ordnen sich nämlich in die breite Bewegung, besser: in das verbreitete Interesse der ersten Jahrzehnte unseres Jahrhunderts für den Humanismus ein, obwohl sein Begriff von Humanismus eine andere Bedeutung erhält als jener, der aus der philosophischen Tradition bekannt ist. Für die besagte Zeit hört der Humanismus auf, eine Rückkehr zum klassischen Ideal zu sein. Er wird sich vielmehr des geschichtlichen Werdens bewußt. Dieses Werden wiederum ist in der Regel nicht als rigoroser dialektischer Prozeß gesehen, und die »humanitas« deutet nicht mehr auf eine bereits erfüllte formale Realität hin, sondern auf die geschichtliche Existenz des Menschen. Zentral wird jetzt der Begriff der Person, sofern diese sich einerseits nicht in der Zeit auflöst, andererseits aber doch in ihr verwurzelt bleibt. Der Humanismus tendiert so dazu, sich als Personalismus darzustellen.

Maritain verdanken wir den Hinweis darauf, daß zwar der Humanismus eine metaphysische Auffassung des Menschen voraussetzt, daß er aber nicht von sich aus eine Metaphysik ist. Der Humanismusbegriff ist von seiner geschichtlichen Dimension nicht zu trennen, genauso wie er nicht ohne Bezug auf eine Kultur und eine Gesellschaft zu denken ist. Weil es verschiedene Kulturen und Gesellschaften gibt, kommt es auch zu verschiedenen Arten von Humanismus. Charakteristik des gegenwärtigen Humanismus ist so gesehen die Tatsache, daß er zum Träger gesellschaftlicher Ideale wurde: der Menschenwürde, der Freiheit, der Gerechtigkeit, der Solidarität. Zugleich versucht er jedoch, diese Ideale in einem philosophischen Horizont zu denken, wo die Metaphysik *keinen* Platz mehr hat. Die Folge davon ist, daß diese großen Werte den Mangel ihrer spekulativen Begründung dadurch überwinden, daß sie sich selbst zu Mythen der bürgerlichen oder der kollektivistischen Ordnung erheben. Dadurch wird der gegenwärtige Humanismus aber zu einem *inhumanen Humanismus,* und die ihm innewohnende Dialektik enthüllt sich als *Tragödie des Humanismus.*

Der wahre Humanismus ist *integral*. Dieser verankert die großen humanistischen Werte in der metaphysischen Theorie des Menschen, wie sie von der klassisch-christlichen Tradition erarbeitet wurde. Er vertritt in diesem Sinne ein theozentrisches Verständnis der Wirklichkeit. Dadurch erst wird der Rahmen der Werte vollendet, d. h. integral. Darüber hinaus wird integraler Humanismus *theozentrisch,* sofern er als authentischer Humanismus die Stellung des Menschen an der Wertskala der klassisch-christlichen Tradition bemißt, die als ihre höchste Spitze Gott selbst hat. Nur wenn der Mensch das Zentrum des Universums in Gott erblickt, erlangt er die höchstmögliche Größe, die einer Kreatur zusteht. Ein solcher Humanismus ist keine ästhetische Ausflucht in Wirklichkeitsfremde, er ist vielmehr realistischer als jeder andere, da er seine religiösen Wurzeln entdeckt. Dabei wird er gleichzeitig zu einem *heroischen Humanismus*. Denn die moralische Tapferkeit deutet auf eine Begegnung zwischen dem Menschen und Gott hin. Sie ist eine göttliche Kraft, die sich im Menschen offenbart. Durch sie müssen die Wahrheiten des Christentums integriert werden, die der Humanismus zwar trägt, die in ihm allein aber nicht ihren vollkommenen Ausdruck finden, da sie immer einen Bezug zur Transzendenz offenbaren.

Diese Integrierung ist für Maritain Aufgabe der Christenheit nach den Weltkriegen. Dabei darf es jedoch nicht um den *integralen Spiritualismus* des Sacrum Imperium des Mittelalters gehen. Denn dieses Ideal war an eine bestimmte historische Situation gebunden, zu der es kein Zurück gibt. Das Ideal von heute besteht demgegenüber in einer *neuen Christenheit, die nicht mehr sakral, sondern profan ist*, d. h. in einer Christenheit, die die christlichen Werte in die zeitlichen Strukturen der Welt einbringt, ohne daß sie deshalb die Übernatürlichkeit der Religion und das Lehramt der Kirche durch diese konditionierte.

Diese bemerkenswerte Perspektive hat für fast zwei Jahrzehnte den katholischen Widerstand gegen den Faschismus und die Hoffnung auf die Errichtung eines christlichen Europa genährt. Doch abgesehen von diesem speziellen Aspekt: Maritains »humanisme intégral« macht auch rein theoretisch gesehen auf einige Probleme des Bezuges zwischen Humanismus und Geschichte aufmerksam. Sein Humanismus lokalisiert sich schließlich in jedem Fall in der Spannung zwischen der jeweiligen Auffassung des Menschen und der geschichtlichen Situation. Die übergeschichtlichen Werte, die der Mensch trägt und die seine Größe ausmachen sowie die Wurzel seines Heroismus bilden, können verschiedene Typen von Gesellschaft und daher auch verschiedene Arten von Humanismus hervorbringen. Die Freiheit z. B. tritt in ganz anderer Weise im gegenwärtigen anthropozentrischen Humanismus als innerhalb des theozentrischen Humanismus auf. Aber selbst theozentrischen Humanismus gibt es nicht nur einen. Deshalb ist die Freiheit für den christlichen Humanismus des Mittelalters nicht dieselbe wie für den christlichen Humanismus von heute, der vor der Aufgabe steht, dem Drama des atheistischen und liberalen Humanismus zu begegnen. Das Problem der Beziehung zwischen Idee und Existenz, zwischen Substanz und Temporalität, zwischen Wert und Geschichte tritt somit hier in einer ganz speziellen Hinsicht auf.

Einen Ansatz zur Lösung und zur Klärung der Komplexität dieses Problems findet Maritain in der Goldenen Regel der thomistischen Methodologie: »distinguer pour unir«. In der unüberbrückbaren und konfliktträchtigen Gegenüberstellung der Werte der Transzendenz einerseits und einer in sich geschlossenen Geschichtlichkeit andererseits ermöglicht sie eine klare Unterscheidung der beiden Bereiche, der ihnen entsprechenden Zugänge und der auf sie zielenden Intentionalitäten. Das »distinguer« beläßt der zeitlich-geschichtlichen Wirklichkeit ihre Autonomie. Gleichzeitig verhindert es aber auch deren Abkapselung von dem, was jenseits von ihr ist. Somit geht es um eine Autonomie des Irdischen in

Unterschiedenheit, nicht in Losgelöstheit von der Transzendenz. Dadurch wiederum ist es der christlichen Botschaft möglich, die irdische Wirklichkeit, die Institutionen und die Gesellschaften, zu durchwirken, ohne daß sie diese deshalb mit Sakralität bemänteln müßte.

HUMANISMUS UND PERSONALISMUS

Der personalistische Charakter des integralen Humanismus von Maritain liegt auf der Hand. Besonders deutlich zeigt er sich allerdings in Maritains Insistieren auf der Setzung der menschlichen Person als Zentrum von ethischen und politischen Theorien. Die metaphysische Distinktion zwischen Person und Individuum wurde in diesem Zusammenhang bereits eingebracht. Sie ermöglicht von vornherein eine Sozialphilosophie, die sich auf die Würde der Person stützt und von jeder anderen Sozialtheorie absetzt, die den Primat des Individuums und des Privatwohls behauptet. Denn als Individuum ist der Mensch auf das Wohl der sozialen und politischen Gesellschaft orientiert, als Person hingegen ist er selbst das Ziel, auf das hin Gesellschaft und Staat gerichtet sind, da nur die Person in autonomer und bewußter Weise dazu in der Lage ist, ihr eigenes Ziel und das Ziel der ganzen Wirklichkeit auf Gott hin zu realisieren.

Das Christentum hat an der »moralischen und hierarchischen Einrichtung der Stadt« festgehalten und sie bekräftigt. Sogar den Sklavenstand hat es aus dieser Perspektive geduldet. Wird jedoch Gott als Quelle der Macht und Referenzpunkt anerkannt, so verringert sich die Möglichkeit jeder willkürlichen Ausübung der Macht. Die ungerechten Gesetze sind dann keine Gesetze mehr, und ihnen zu gehorchen ist keine Pflicht mehr. Zugleich sind sowohl Regierende als auch Regierte als Personen (nicht als Individuen) zum selben übernatürlichen Ziel berufen, zur selben »Gemeinschaft der Heiligen«. Alles Recht der Gesellschaft findet dadurch seine Grundlage in der Gerechtigkeit, die Personen verbindet und nicht eine Interessengemeinschaft von Individuen etabliert. »Disons que la Cité chrétienne est aussi forcièrement *antiindividualiste* que forcièrement *personaliste*.«[19]

Eine weitere Verdeutlichung des Personalismus von Maritain erwächst aus dem Urteil, das er über den Personalitätsbegriff Kants abgibt. Bei diesem ist es aufgrund des Mangels »der kosmischen Ethik« des hl. Thomas und aufgrund der Abwesenheit einer objektiven Instanz in der Tat so, daß die Autonomie der Person zum absoluten Wert wird. Der Mensch ist für Kant nicht mehr Teil des Ganzen, sofern er Individuum ist, sondern nur mehr Person. Personalität hört demnach auf, Vollendung der Individualität zu sein. Sie wird ausschließlich an sich selbst anerkannt, was wiederum dazu führt, daß sie von ihrer ontologischen Wurzel abgetrennt ist und daß die daraus entspringende Ethik zum reinen Formalismus degeneriert. Anders als Kant begründet Maritain seinen Personalismus mit der Metaphysik des hl. Thomas bzw. im Kontext einer sowohl rationalen als

---

[19] *Trois réformateurs*, a.a.O. Anm. 12, 32.

auch gläubigen Theologie. Die Position Maritains unterscheidet sich daher auch deutlich vom Singularismus Kierkegaards. Sein Personalismus ordnet sich in eine fest gegründete objektive Ordnung ein, die dem Menschen eine sichere und harmonische Erfahrung seiner selbst gestattet.

Sicherheit und Harmonie in der menschlichen Selbsterfahrung bedeuten für Maritain aber nicht Absonderung vom konkreten und sicheren Leben, keine irenische Isolation. Der Personalismus Maritains dringt vielmehr auf einen Einsatz in der geschichtlichen Situation. Festigkeit und Harmonie sind metaphysisch und religiös garantiert, in einem ontologischen, kosmischen und theologischen Rahmen verankert, innerhalb dessen sich der Mensch bewegt. Gerade dadurch bieten sie die Voraussetzung für einen offenen und weiten Geist, der ein lebendiges Engagement im konkreten Leben geradezu fordert. Die Verbindung dieser beiden Aspekte, eine klare theoretische Sicht einerseits und eine lebhafte Beteiligung an den Angelegenheiten der geschichtlichen Situation andererseits, hebt den Maritainschen Personalismus von jedem anderen ab. Zudem begründet er sich anhand der thomistischen Metaphysik, was wiederum andere Personalismen radikal ablehnen, die sich auf rein politische und soziale Polemik beschränken.

Beschließen wir unsere Erörterung des Maritainschen Personalismus mit einem Hinweis auf einige ihm eigentümliche Inhalte ethisch-sozialer Art sowie auf deren geschichtlichen Hintergrund. Zählen wir zunächst als wichtigste Themen folgende auf: die Autonomie des Irdischen sowie dessen Bezug zum rein Geistigen; das neue Zeitalter der christlichen Kultur; der irdische Auftrag des Christen; das geschichtlich-konkrete Ideal einer neuen Christenheit; der Pluralismus; das geistige Leben innerhalb der Gesellschaft; die Reintegration der Massen; die zu errichtende brüderliche Gemeinschaft und das demokratisch-politische Handeln, das die neue geschichtliche Stunde fordert. Wiederholen wir sodann, daß alle diese Probleme über die Unterscheidung von Personalität und Individualität gelöst und nicht nur zur konkreten historisch-politischen Situation, sondern vor allem auch zum christlichen Auftrag innerhalb der Welt in Beziehung gesetzt werden. Fügen wir darüber hinaus hinzu, daß das personalistische Programm einen ankündigenden, in die Zukunft weisenden Charakter besitzt. Es hat eine prophetische Dimension, die jedoch niemals im Unwirklichen mündet. Das Denken Maritains befindet sich stets in der Spannung zwischen Absetzung von der Zeit und Einsatz in der Zeit. Anders wäre sein politischer und pädagogischer Beitrag nicht beachtenswert.

Betrachten wir schließlich noch den konkret-politischen Beitrag aus der Nähe. Gerade hier erweist sich der Personalismus als Lebensprinzip des ganzen politischen Handelns. Für Maritain findet die Politik ihre Erfüllung, wenn sie Ausdruck eines personalen Lebens wird. Natürlich gibt es auch eine technische Rationalisierung der Politik, die zu den Auswüchsen des Machiavellismus führen kann, doch auf die Dauer gesehen führt dieser Weg nicht weiter. Denn diese Rationalisierung rein technischer Art garantiert nur einen unmittelbaren Erfolg. Ein weiterreichender Erfolg hingegen ist einzig durch eine moralische Rationalisierung möglich. »Dies bedeutet aber die Anerkennung der wesenhaft menschlichen Ziele des politischen Lebens sowie der mit diesen verbundenen tiefsten

Beweggründe: der Gerechtigkeit, des Rechts, der gegenseitigen Brüderlichkeit; es bedeutet aber auch eine ununterbrochene Anstrengung dafür, daß die gestaltenden und bewegenden Strukturen des politischen Systems dem allgemeinen Wohl, der Würde der Person und dem Sinn für brüderliche Liebe dienen.«[20] Die Demokratie ist für Maritain »eine rationale, auf dem Recht gegründete Gestaltung der Freiheit«, die als einziger Weg die Rationalisierung des politischen Lebens und die moralische Rationalisierung überhaupt garantiert. »Die Demokratie trägt in einem zerbrechlichen Boot die irdische Hoffnung der Menschheit, fast würde ich sagen: die biologische Hoffnung derselben. Gewiß, dieses Boot ist zerbrechlich. Wir stehen auch gewiß erst am Anfang unserer Erfahrung. Und zweifellos haben wir für die Fehler und moralischen Irrwege schwer bezahlt und tun es immer noch ... Trotzdem ist die Demokratie der einzige Weg, auf dem die zukunftsträchtigen Kräfte der Menschheit hindurchmüssen.«[21] Es ist bezeichnend, daß Maritain diese prophetischen Aussagen gerade in bezug auf die Politik macht. Man darf aber deshalb nicht meinen, daß eine prophetische Aussage nur durch einen politischen Niedergang bedingt wäre. Nein, auch ein geordnetes politisches Leben bedarf notwendig des Prophetischen als Spannungsmoment. Selbst die Demokratie braucht die Anwesenheit des Prophetischen. Wie jede andere politische Gemeinschaftsform muß sie »inspirierte Diener« oder »Propheten aus dem Volk« haben, d. h. Personen, die »die dynamische Kraft [repräsentieren], die das politische Leben aufrechterhält«. Diese sind ein »wesentlicher Faktor«, der »weder in einer Konstitution verzeichnet noch in einer Institution verkörpert ist«, weil er als etwas »Personales und Kontingentes ... seine Wurzeln in einer freien Veranlassung hat«.[22]

MORALPHILOSOPHIE

Der Moralphilosophie hat Maritain ausdrücklich zwei Werke gewidmet: *Neuf leçons sur les notions premières de la philosophie morale* im Jahre 1951 und *La philosophie morale. Examen historique et critique des grands systèmes* im Jahre 1960. Zahlreiche Beiträge zur Moral finden sich aber auch in *Distinguer pour unir, ou les degrés du savoir* (1932), *De la philosophie chrétienne* (1933) und *Science et sagesse, suivi d'éclaircissement sur la philosophie morale* (1935).

Maritain fügt die Moralphilosophie in die Problematik des *praktischen Wissens* ein, das sich vom spekulativen unterscheidet, sofern sich dieses auf die Wirklichkeit in ihrer Gegenwart beschränkt, während es das praktische Wissen mit Finalitäten zu tun hat, welche die unmittelbare Gegenwart der Wirklichkeit überschreiten und das menschliche Handeln ausrichten und werten sollen. Reine Wissenschaft genügt diesbezüglich nicht mehr. Hier muß die Wissenschaft in die Weisheit integriert werden. Denn es kommt hinzu, daß das moralische Handeln

---

[20] *L'Homme et l'État*, P ³1965, 52f.
[21] Ebd. 53f.
[22] Vgl. *Humanisme intégral*, in: OC Bd. VI, 481–485, sowie im besonderen: *L'Homme et l'État*, a.a.O. Anm. 20, 129–136.

auch die spezifische Situation berücksichtigen muß, in der die vorerst nur *spekulativ vorgenommene Praxis* situiert werden soll. Der Mensch lebt ja nicht unter idealen Gleichgewichtsbedingungen, sondern in einer existentiellen Situation mit Grenzen und unvorhersehbaren Wechselfällen. Deshalb muß die philosophische Reflexion auf das moralische Handeln ebenso die Komplexität der geschichtlich-existentiellen menschlichen Wirklichkeit *adäquat* in Rechnung stellen. Für den Christen geschieht dies im Licht der geoffenbarten Wahrheiten (Sündenfall, Erlösung . . .).

Aus dieser Überlegung heraus folgt eine breite Forschungsarbeit. Um die Verschiedenheit der Situationen und der Voraussetzungen zu kennen, müssen zahlreiche Wissenschaften herangezogen werden, so etwa die Psychologie, die Psychoanalyse, die Soziologie, die Geschichtswissenschaft usw. Sind deren Resultate einmal gesammelt und überlegt, so ist eine Interpretation derselben im Lichte der klassischen Lehre vom Menschen sowie der theologischen Anthropologie geboten. Eine rein rationale Ethik ist nämlich für Maritain unmöglich. Sie muß für ihn in jedem Fall mit der Komplexität der historischen, existentiellen und theologisch bestimmten Situation vermittelt werden. Die Moralphilosophie als solche ist zwar etwas Naturhaftes, aber etwas Naturhaftes, das seine Grenzen anerkennt und sich eingesteht, daß es andere Erkenntnisquellen heranziehen muß, um dem menschlichen Leben in einer adäquaten Weise gerecht zu werden und es in wirksamer Weise auf das Gute ausrichten zu können.

Für die Moralphilosophie greift Maritain nicht weniger als sonst auf die wesentlichen Einsichten seiner spekulativen Philosophie zurück: Sofern die Moral auf die Wirklichkeit in ihrer Konkretheit zu achten hat, sucht sie eine Versöhnung zwischen rationaler Norm und existentieller Lage, d. h. sie betont einerseits die regulative Bedeutung des idealen Modells und appelliert andererseits aber auch an den Einsatz des Willens. Die existentielle Lage wiederum, in der die menschlichen Möglichkeiten sich realisieren, ist sowohl durch die Grenzen rein natürlicher Art als auch durch die Folgen der Sünde bestimmt. Kein Wunder, daß Maritain von daher gesehen die Kantsche Begründung der Moral in der reinen Autonomie des Subjekts ablehnen muß. Doch dies geschieht nicht etwa bloß im Hinblick auf die heilsgeschichtliche Situation, sondern vorher schon im Blick auf die ontologische und kosmische Dimension des Menschen. Die absolute Autonomie der moralischen Intentionalität ist demnach unmöglich, weil die moralischen Normen nicht als rein formale Prinzipien (kategorische Imperative) eruierbar sind, sondern nur auf dem Hintergrund eines ontologischen Zusammenhanges, der sie seinerseits in die objektive Harmonie und Finalität des Universums einordnet.

Das Freiheitsproblem ist mit diesen Überlegungen engstens verknüpft. Maritain unterscheidet darin eine *Wahlfreiheit* oder einen *liberum arbitrium* von einer *Freiheit aus Autonomie* oder einer *Freiheit in Entwicklung*. Die erste besteht in der Abwesenheit von notwendigem Zwang und impliziert insofern eine freie Entscheidung. Die zweite hingegen ist die Freiheit in ihrem Vollzug, die Freiheit in ihrer Selbstverwirklichung, die Freiheit im positiven Sinn, die Freiheit unterwegs zu ihrer Vollendung. Offenkundig ist die erste Freiheit jene, die das moralische Urteil nach sich zieht, die Verantwortung und die Pflicht zum kämpfenden Einsatz für eine zunehmende Befreiung. Die zweite Freiheit widerspricht dieser nicht, sondern macht deren positive Motive explizit. Freisein bedeutet in jedem Fall »sich wahr machen«, d. h. ohne Zwang in uns das Gute des Seins realisieren, und zwar in Harmonie mit allen Wesen, in denen sich dieses artikuliert. Freiheit ist so gesehen niemals eine »libertas indifferentiae«, d. h. bloße Möglichkeit, dieses oder jenes ohne Motiv wählen zu können, sondern willentliches Streben nach dem erkannten und gewollten Guten. Dieses Streben wiederum findet letztlich seine Gesetzmäßigkeit im ontologisch-metaphysischen Kontext des gesamten Seins.

Natürlich sind die Probleme der christlichen Theologie, wie etwa das Problem des Verhältnisses von Freiheit und Gnade oder das Problem der Gleichzeitigkeit von menschlicher und göttlicher Handlungsinitiative, im Denken Maritains gegenwärtig. Sie betreffen sowohl sein Verständnis vom einzelnen, im Gewissen gründenden Willen als auch seine Interpretation der Geschichte im Hinblick auf die Vorsehung und das Faktum der »Zulassung des Bösen«. Doch die Aufmerksamkeit Maritains richtet sich auch auf das moralische Leben der Nichtglaubenden. Die Anerkennung des Guten als Guten ist für ihn auch (als intellektuelle Anerkennung) möglich, wenn das Gute in sich selbst ohne Bezug zu Gott erkannt worden ist, ja sogar dann, wenn Gott geleugnet wird. Kommt auch die Kraft, das Gute zu vollbringen, letztlich von Gott, so ist dies bei der Anerkennung des Guten nicht notwendig gefordert.

DER PÄDAGOGISCHE BEITRAG

Das pädagogische Denken Maritains findet seinen besten Ausdruck in seinem Werk *Education at the crossroad* (1943), das in seiner französischen Ausgabe, *L'éducation à la croisée des chemins* (Paris 1947) mit einer Einleitung von Charles Journet versehen wurde. Die personalistische Perspektive wird hier mit Bezugnahme auf *De magistro* des hl. Thomas eingebracht. Im Lichte dieser Perspektive bezieht Maritain Stellung gegenüber einem pädagogischen Atavismus, der den innerlichen Reichtum des Menschen zerstört. Gleichzeitig warnt er aber auch vor einem exzessiven Gebrauch der Psychologie und Soziologie für das pädagogische Handeln. Sein Einsatz gilt dem Primat einer »liberalen« Erziehung (im strengen Sinn dieses Begriffs, d. h. als Hinführung zu einer Personalität mit Berücksichtigung der konkreten Realität, ohne Absinken in einen bloßen Funktionalismus). Von hier aus sieht er den Hauptfehler der zeitgenössischen Erziehung in folgendem: im Verkennen der wahren Ziele; im Sichversteifen auf falsche oder partielle Ziele; im Verselbständigen des Handelns zu einem Selbstzweck bzw. in dessen Ausrichtung bei bloßer Gelegenheit; im Soziologismus; im abstrakten Intellektualismus; in einem rein atavistischen Voluntarismus; in der falschen Hoffnung, allen alles anerziehen zu können.

Angesichts der gegenwärtigen Krise ist es nach Maritain notwendig, eine erneuerte christliche Paideia einzuführen, die vom Primat des Geistigen und von einer weitherzigen Öffnung auf das Soziale geprägt ist. Wesentliches Element dieser Erziehung ist daher die Heranbildung des denkerischen Vermögens. Das bedeutet keineswegs die Vermittlung einer Denktechnik, nein, hier geht es vielmehr um die Hinführung zu einer ehrfürchtigen Disposition auf das Denken (den »logos«) und zur Bereitschaft für das entsprechende Verhalten nach dem Spruch des Gewissens, das seinerseits das Denken mit einem Sinn für die Kontemplation bereichert. Erziehung zielt somit darauf ab, Ehrerbietung und Opferbereitschaft für die Wahrheit zu schaffen und zugleich die Ablehnung der reinen Berechnung oder der sophistischen Listigkeit bzw. des bloß nachgebenden und standpunktlosen Irenismus zu gewährleisten.

In diesem Zusammenhang muß nun auf eine andere wichtige Theorie Maritains hingewiesen werden: auf die Theorie der *Stufen des Wissens*. Durch sie wird die Univozität des Erkenntnisbegriffes aufgehoben und zugleich darauf aufmerksam gemacht, daß es innerhalb der Erkenntnis der Wahrheit verschiedene Grade gibt, die jeweils angeben, wie nahe die Erkenntnis ihrer eigentlichen Erfüllung ist. Keine Frage, daß diese Theorie Konsequenzen für die Praxis hat. Denn wenn es auch angesichts der Wahrheit keine Rechtfertigung für einen Pluralismus gibt, so kann andererseits doch niemand behaupten, daß er in der Wahrheit sei. Die Einsicht in die jeweilige Graduiertheit unserer Erkenntnis gegenüber der Wahrheit erklärt nun diese Tatsache nicht nur, sondern richtet darüber hinaus die Erziehung darauf aus, daß sie in den einzelnen nicht bloß Klarheit und Übersicht bezüglich ihres Standes verschafft, sondern ihnen auch bewußt macht, daß jede Person ihre geschichtlich-existentiellen Grenzen hat. Erziehung zielt somit nicht mehr nur darauf ab, im Lichte der Vernunft ein tragfähiges tugendhaftes Leben (Entscheidung für die Wahrheit, moralische Beständigkeit, Askese) zu vermitteln, sondern ebensosehr darauf, eine kluge Disponiertheit für das Konkrete und ein Bewußtsein um die eigene Bedingtheit mitzugeben. Vor allem letzteres weckt sodann auch das Interesse für die verschiedenen Lebensvorstellungen der Kulturen, für die verschiedenen menschlichen Erfahrungen und für die verschiedenen Ausdrucksformen.

Absolut gesehen müßten sich Theorie und Praxis versöhnen. Die Praxis würde sich in diesem Fall darauf reduzieren, ein reiner Ausdruck der Theorie zu sein. Sie fiele mit dieser zusammen, wie dies in Gott der Fall ist. Der absolute Idealismus würde recht behalten. Maritain lehnt jedoch diesen perfektionistischen Optimismus, der auf Identität setzt, ab. Er hält es mit dem Bewußtsein um die Grenze, das die Unterscheidung von Theorie und Praxis von der konkreten Wirklichkeit her nötig macht und zur Weisheit führt. Die menschliche Handlung muß wohl rational bestimmt sein, doch dies bedeutet nicht, daß sie im konkreten Fall vollständig rationalisierbar wäre. Deshalb muß die Erziehung zur Rationalität verbunden sein mit der Erziehung zur Weisheit. Der qualitative Sprung zwischen Theorie und Praxis, das Merkmal jedes nicht absoluten Geschöpfes, verlangt die Einbeziehung jenes ganzen Komplexes von pädagogischer Erfahrung, der sich einem bloßen Vorschriftskanon entzieht und genau zu dem führt, was man Weisheit nennt, eine »discretio«, die ihrerseits nur durch ein geläutertes Wirklichkeitsverständnis, Empfindungsvermögen und Geschmacksurteil durchführbar ist.

Die klassische griechische Paideia war eine Erziehung zum kritischen Selbstbewußtsein und zur Selbstbeherrschung (ἐνκρατεῖα). Die christliche Paideia Maritains ist ebenfalls Erziehung zur Beherrschung seiner selbst, doch gleichzeitig ist sie Erziehung zur Erkenntnis der Grenze und zur Anerkennung der Unableitbarkeit des Praktischen aus dem Theoretischen. Dadurch ist sie nicht bloß praktische, sondern ebensosehr metaphysische Theorie, kurz Weisheit. Eben dadurch öffnet sie sich aber auf einen Dialog mit den vielen anderen Lösungen, ohne daß sie dadurch freilich in einen rein ästhetischen Irenismus bzw. in eine bloße tautologische Verkündigung des eigenen Standpunktes verfiele, der vielleicht wahr, aber deshalb noch nicht vermittelbar wäre. So findet in der Paideia Maritains die radikale Kritik ihre Grenze, und außerdem erfüllt sich die ἐνκρατεῖα nur in dem Bewußtsein, daß ein ethischer Intellektualismus lediglich ein rationales Ideal ist, das nicht der konkreten Realität entspricht.

Zum Erziehungsdenken Maritains gehört auch ein Wissen um die Pluralität der Sphären und um die daraus erwachsenden Spannungen zwischen denselben, in denen sich ein christlicher Humanismus konkretisiert. So gehorcht etwa die Bildung eines Menschen für die politische Ordnung in einer geteilten Stadt anderen Kriterien als eine Erziehung zur *Agape*, die sich wesentlich höhere Werte setzt und gerade Teilung, Trennung und Zerreißung überwindet, obwohl sie gleichzeitig die konkrete Siutation anzuerkennen vermag. Richtet sich nun die Erziehung, z. B. auf der politischen Ebene, nach den übernatürlichen christlichen Zielen aus, so gründet sie sich auf die *Liebe* und auf das *Kreuz*. Die Bildung zum harmonischen und aktiv zu erhaltenden Gleichgewicht wird dadurch Bildung zum Heroismus. Zugleich wird das Ideal einer Rationalisierung des Gemeinschaftlichen zu einem Verlangen nach einer innerlich gewachsenen Gemeinschaft, das angesichts des Unterwegsseins des Menschen sowohl mit Genugtuung als auch mit Leid rechnet. Kurz: das griechische Ideal dramatisiert sich und verwandelt sich in das Ideal des heiligmäßigen Heroismus. Der Erziehungsgedanke Maritains ist bei allem Zugeständnis der Notwendigkeit eines Ideals, das antizipiert und überwirklich sein muß, stets bereit, das Leid einzubeziehen und damit die konkrete Wirklichkeit anzuerkennen.

Die heutige Pädagogik befindet sich für Maritain am Scheideweg (»at the crossroad«), ob sie sich einem soziologischen Szientismus bzw. einem Pragmatismus nach der Art Deweys verschreibt oder ob sie die große klassisch-christliche Tradition wiederaufnimmt, d. h. bereit ist, die griechische Paideia auf den Glauben hin transparent zu machen.

PHILOSOPHISCHE UND RELIGIÖSE KONTEMPLATION

Das Thema »Kontemplation« beschäftigt sowohl den Philosophen als auch den geistlichen Schriftsteller Maritain. Wie andere Autoren unterscheidet auch er die mystische Kontemplation, wie sie in die Philosophie Eingang gefunden hat, von derjenigen, die das monastisch-cönobitische Leben bis heute prägt. »Per amorem cognoscimus« wiederholt er mit Gregor dem Großen (*Moralia* X,8,13), denn Kontemplation ist ein Erkenntnisakt, in dem spekulative Anstrengung von der »geheimnisvollen Erkenntnis, die die Liebe schenkt«, ersetzt wird. Für Maritain ist Kontemplation nicht an einen kontemplativen Orden im engeren Sinn gebunden, er hält sie auch im allgemeinen Leben in der Welt, das keine äußerlichen Formen und Ordensregeln hat, für möglich. Sie besitzt ihre atypischen, geheimnisvollen und verborgenen Gestalten. Wie die Dichtung nicht nur auf Leute eingeschränkt werden kann, die Verse schreiben, so blüht die Kontemplation auch außerhalb der Institutionen, die das kanonische Recht erfaßt.

Wir entnehmen diese Überlegungen vor allem dem Text *La contemplation dans le monde*, der in *Le Paysan de la Garonne* aufgenommen wurde. Darin wiederum findet sich ein breiter Abschnitt, der der »contemplation sur les chemins«, der Kontemplation auf den Straßen, gewidmet ist. Dieser Ausdruck »contemplation sur les chemins« spielte im Leben des Ehepaares Maritain eine große Rolle: Raissa plante, unter diesem Titel ein ganzes Werk zu verfassen, und Jacques Maritain selbst fand ihn in der Programmformel der Kleinen Brüder von Toulouse wieder: »Contemplation sur la route«.

Beschränken wir unsere Erörterung auf das Verhältnis von philosophischer und religiöser Kontemplation. Erstere ist das Ziel einer Untersuchung, die das Sein in seinem Grund erreicht. Sie bildet den letzten Vollzug eines geistigen Unternehmens. Die religiöse Kontemplation besteht demgegenüber im Empfangen einer göttlichen Handlung. Freilich gibt es in beiden Fällen das Moment des Disponiertseins auf ein Empfangen, doch im ersten Fall überwiegt die intellektuelle Aktivität, während im zweiten Fall das Sichüberlassen an die Gegenwart einer uns übersteigenden Wirklichkeit dominiert. Der Übergang von der einen in die andere Kontemplation zeigt sich besonders deutlich und klar am kontemplativen Leben, das von der Welt abgesondert ist. Der kontemplative Mensch führt ein Leben in Sammlung und Abgeschiedenheit. Dies erleichtert ihm grundsätzlich schon ein philosophisches Denken, das ontologisch und kosmisch ausgerichtet ist. Denn fern aller belastenden Nöte der Existenz gelangt ein solcher Mensch zu jener Loslösung vom allzu Konkreten, die notwendig ist für einen vollkommen entfalteten Aufstieg zum Sein. In die Erfüllung seines geistigen Strebens und in den verinnerlichten Genuß der theoretischen Kontemplation fügt sich die religiöse Kontemplation bruchlos ein, indem sie jene als sicheren Halt übernimmt (aufhebt) und transfiguriert. Doch jetzt kehrt sich die Richtung dieses Erkenntnisprozesses um, sofern es nun die Person gewordene Wahrheit selbst ist, die sich jenem eröffnet, der sie in Liebe sucht und auf eine liebevolle Antwort aus Gnade hofft. Gleichzeitig zeichnet sich im kontemplativen Leben die Erfüllung dessen ab, was das innerste Ziel der menschlichen Erkenntnis ist.

Der Unterschied zwischen philosophischer und religiöser Kontemplation verdeutlicht sich aber noch mehr, wenn man letztere in jener atypischen Form betrachtet, die Maritain die Kontemplation »sur la route« nennt. Auch sie bildet eine authentische Kontemplation, obwohl sie den Vollzug des Sichsammelns nicht innerhalb einer Institution erbringt. Sie ist »ein stilles Gebet, das auf die Vereinigung mit Gott zielt«. Ihr Ausgangspunkt ist die unmittelbar gegebene Erfahrung, sie setzt keine Vorbereitung und keine Grundlegung durch eine geistige Erkenntnis im klassischen Sinne voraus. In der Kontemplation »sur la route« bleibt jeglicher philosophische Aspekt vielmehr im Hintergrund. Maritain selbst hat, wenngleich er selbst gleichzeitig konkrete Erfahrungen als Philosoph und als kontemplativer Mensch machte, den Bezug »Philosophie – Contemplation sur la route« nicht spekulativ vertieft. In *Le Paysan de la Garonne* spricht er vielmehr davon, daß die »Kontemplation innerhalb der Welt« ihm nicht unmittelbar aus seiner geistigen Arbeit erwachsen sei: »Ich war jemand, der immer zurückblieb, ein Arbeiter auf dem Gebiet des Intellekts, der deshalb dennoch dem Glauben ausgesetzt war, gewisse Dinge wirklich zu leben, weil sie mein Geist ein wenig begriff, und meine Philosophie ging darüber hinweg.«[23] Die »Kontemplation innerhalb der Welt« begegnete ihm als Philosophen vor allem im Zeugnis seiner Frau Raissa und seiner Schwägerin Vera, die »inmitten der Leiden eines äußerst bewegten Lebens ohne Unterlaß der kontemplativen Betrachtung treu blieben, stets der Liebe zu Christus geweiht, der Liebe zu seinem Kreuz, dem Werk, das Er ... unsichtbar unter Menschen vollbringt«.[24] Es genügt, das Tagebuch von Raissa zu lesen, um eine breite Dokumentation dieses Lebens zu finden.

ÄSTHETIK

Die Ästhetik Maritains ist vor allem in seinen beiden Werken *Art et scolastique* (1920) und *Creative Intuition in Art and Poetry* (1953; *L'intuition créatrice dans l'art et la poésie*, 1966) dargelegt. Im ersten der beiden Bände geht es im wesentlichen um die Bestimmung des Bezuges zwischen Kunst und Schönheit. Wie der hl. Thomas versteht auch Maritain das Schöne als das, was den Sinnen gefällt: »id quod visa placet«. Dieser Genuß, der in der sinnlichen Erfahrung beginnt und sich auf harmonische Weise in der geistigen Freude vollendet, wird nicht durch Abstraktion, sondern durch einen unmittelbaren Anblick erwirkt. Der Genuß ist unmittelbar, rein und ursprünglich. Und er ist geistig, sofern der Intellekt im schönen Bild, das er genießt, in eine ontologische Dimension gelangt, die ihm das »Leuchten der Form« erschließt. Die Schönheit ist so gesehen ein Transzendental im scholastischen Sinn des Wortes. In ihrer Transzendentalität wiederum ist sie nicht eingrenzbar durch irgendwelche Kanons, Modelle oder Typologien. Sie ist vielmehr selbst die konstituierende Form, der Ursprung der formenden Kraft. Ihre wahre Natur offenbart sich daher in der Kunst, die ihrerseits das Erwirken von Form ist und nach der Ausdrucksweise des platonischen *Symposions* »die Schönheit zeugt«.

Ermöglicht wird diese »Zeugung« durch die aktive Fügsamkeit des Künstlers gegenüber einer tiefreichenden Intuition, die ihrerseits mit der Stellung desselben als Interpreten der Wirklichkeit in ihrer ontologischen Ursprünglichkeit verbunden ist. Maritain erkennt damit auf der einen Seite das kreative und subjektive Moment der Kunst an, auf der anderen Seite jedoch distanziert er sich von der

---

[23] *Le Paysan de le Garonne*, P 1966.
[24] Ebd.

romantischen und idealistischen Ästhetik und verankert die Kreativität im einmaligen Bezug des Künstlers zu den ontologischen und metaphysischen Dimensionen, die durch die Schönheit ohne begriffliche Vermittlungsinstanzen erschlossen werden. Nicht die Kunst als reine schöpferische Phantasie oder als bloßes Werk des Genies also, sondern die Kunst als Vermögen der praktischen Vernunft steht im Vordergrund. Dieses Vermögen schließlich ist praktisch, insofern es die Handlung ist, die das Kunstwerk hervorbringt, und es ist Vernunft, sofern es geistiger Akt bzw. ontologische Intuition ist. Ausdrücklich heißt es: »Poesie ist Ontologie«.

Diese Grundgedanken der Maritainschen Ästhetik finden sich auch im Buch *L'intuition créatrice*. Im Unterschied zum ersten Werk spricht hier innerhalb der thomistischen Spekulation einiges aus der Philosophie Bergsons mit. Daraus erwachsen für die Themenstellung der Ästhetik interessante Perspektiven. So z. B. hinsichtlich der Poesie: Deren Ursprung sieht Maritain jetzt in einer geistig-intuitiven Erleuchtung, durch die der Geist des Dichters in eine innerliche Einheit mit dem einzelnen Seienden kommt, genauer: mit einem konkreten sinnlichen Seienden, das imstande ist, den Geist zu wecken und zu einer schöpferischen Tat zu veranlassen. Einerseits also wird wieder die ontologische Basis betont, andererseits aber auch die schöpferische Subjektivität anerkannt. Hinter dieser Ansicht steht zudem eine spezifische Auffassung von Vernunft. Deren Leben erfüllt sich nicht in der rein begrifflichen Erkenntnis, sondern verlangt darüber hinaus die Berücksichtigung ihres unbewußten und vorbewußten Handelns. Maritain weist damit ähnlich wie Bergson auf einen vorbewußten geistigen Zustand hin, aus dem die Vernunft erst entspringt. Er nennt diesen »die einheitliche Wurzel der Vermögen der Seele«. Ihm verdanken sich sowohl das reflexiv-begriffliche Bewußtsein als auch die poetische Intuition. Im Hinblick auf ihn sind beide Formen der Erkenntnis zwar formal unterschieden, doch zugleich in ihrer Lebenskraft auf eine gemeinsame Wurzel verwiesen. Naheliegenderweise schlägt Maritain von hier aus eine Brücke zu seiner Theorie der intellektuellen Intuition. Diese erhält von der schöpferischen Intuition des Künstlers her neue Bestimmungen.

Um abschließend die Ästhetik Maritains, die den Versuch einer Synthese zwischen thomistischer und moderner Kunstphilosophie unternimmt, richtig beurteilen zu können, empfiehlt sich noch ein Blick auf die Ansicht, die Maritain bezüglich der modernen Kunst vertritt. Maritain unterhielt bekanntlich zahlreiche Bekanntschaften mit namhaften Künstlern, vor allem mit Malern und Dichtern. Daher ist es bemerkenswert, daß er unter den vielen Aspekten der modernen Kunst, die einen Protest gegen die Vernunft suggerieren, lediglich eine Opposition gegen die abstrakte Vernunft bzw. gegen eine rein intellektualistische Kunstauffassung erblickt. Positiv gewendet heißt dies für Maritain, daß auch die gegenwärtigen Kunstwerke das Zeugnis einer »schöpferischen Intuition« sind, die ontologischen Ursprungs ist und vom vorbewußten geistigen Bereich her ihren Anfang nimmt.

Schließlich unterscheidet Maritain drei fundamentale Tendenzen unter den modernen Künstlern: Eine Gruppe, die sich am stärksten an die schöpferische

Intuition hält, wie sie aus den Tiefen unserer Seele entspringt (Baudelaire, Rouault, Chagall, Debussy); weiters eine Gruppe, die diesem Ideal bereits ferner steht, aber dennoch versucht, sich von jedem vorgeschriebenen Kanon freizuhalten, und so in die Abstraktion gelangt (Maritain denkt vor allem an Picasso); und schließlich eine Gruppe, die dem Maritainschen Ideal entgegengesetzt ist und dahin tendiert, in narzißtischem Selbstgenuß bzw. in surrealistischer Phantasie titanenhafte und irrational bestimmte Werke zu schaffen (diese ihm fernstehende Gruppe ortet Maritain um Rimbaud, Gide und Mallarmé). Doch selbst der zuletzt genannten Gruppe konzediert Maritain einen Geist der Wahrhaftigkeit. Außerdem befindet sich für ihn an der Wurzel jedes künstlerischen Schaffens ein »Element des Wahnsinns«. Aber dies verfolgt Maritain nicht mehr. Denn mehr als die Ästhetik der Gegenwart interessieren ihn die Kunstwerke seiner Zeitgenossen selbst.

BIBLIOGRAPHIE

1. *Werke*

A) Gesamtwerk

Œuvres complètes, 15 Bde., Fri/P 1982ff. (Bd. XIV: Gemeinschaftswerke mit Raissa Maritain).
Bisher erschienen:
  Bd. I: 1906–1920 (1986).
  Bd. III: 1924–1929 (1984).
  Bd. IV: 1929–1932 (1983).
  Bd. V: 1932–1935 (1982).
  Bd. VI: 1935–1938 (1984).
  Bd. X: 1952–1959 (1985).
Die einzelnen Werke werden im Text genau angeführt.

B) Übersetzungen ins Deutsche

a) Werke von Jacques Maritain:
Der Künstler und der Weise. Briefwechsel mit J. Cocteau, dt. M. S. Dahmen, hg. K. Eschweiler, Au 1927.
(Gemeinsam mit Raissa Maritain): Vom Leben des Gebetes, dt. Th. Michels, Au 1928.
Antimodern, dt. F. Damaris, hg. K. Eschweiler, Au 1930.
Von der christlichen Philosophie, dt. B. Schwarz, Sa 1935.
Gesellschaftsordnung und Freiheit, dt. O. / Th. Happak-Metzler, Luzern 1936.
Religion und Kultur, dt. J. Niederehe, Fr 1936.
Die Zukunft der Christenheit, dt. W. Imhof, Ei 1938.
Der Thomismus und der Mensch in der Zeit, dt. K. Holzamer, hg. Älterenbund von Neudeutschland, Kö 1942.
Von Bergson zu Thomas von Aquin, dt. E. M. Morris, C (Mass.) 1945.
Christentum und Demokratie, dt. F. Schmal, Au 1949.
(Gemeinsam mit Raissa Maritain): Situation der Poesie, dt. W. Warnach, Dü 1950.
Christlicher Humanismus, dt. W. Gebauer / R. Ketteler, Hei 1950.
Die Menschenrechte und das natürliche Gesetz, dt. M. J. Giesen, Bo 1951.
Erziehung am Scheideweg, B/H 1951.
Die Stufen des Wissens oder: Durch Unterscheiden zur Einung, dt. H. Broemser, hg. K. Holzamer, Mz 1954.
Wege zur Gotteserkenntnis, dt. H. / W. Kühne, Colmar 1955.

Amerika, Land der Hoffnung, dt. J. Laubach, Mz 1959.
Wahrheit und Toleranz, dt. Dominikaner der Albertus-Magnus-Akademie Walberberg, Hei 1968.
Der Bauer von der Garonne, dt. J. Wild, Mü 1969.

b) Werke von Raissa Maritain:
Der Engel der Schule. Thomas von Aquin, dt. A. Kraus, Sa 1935.
Die großen Freundschaften, dt. B. Schlüter / G. G. Meister, Hei 1954.

2. *Literatur*

A) Ausführlichere Verzeichnisse

Bars, H.: Maritain en notre temps, P 1959 (Literatur bis 1958).
Callagher, D. / J.: The Achievement of Jacques and Raissa Maritain: A Bibliography 1906–1961, NY 1962.
Viotto, P.: Per una filosofia dell'educazione secondo J. Maritain, Mi 1985 (Bibliographie bis 1985).

B) Auswahl

a) Sammelwerke:
A.V.: Hommage à Jacques Maritain, son œuvre philosophique, in: La Nouvelle Relève, Bd. II, Montreal 1942.
–: Maritain, in: Thom. Bd. V, Wash 1943.
–: J. Maritain, in: A Ordem 35 (Rio 1946) Sonderband.
–: J. Maritain, son œuvre philosophique, in: RThom 48 (1948) Heft 1–2.
–: J. Maritain, in: The Commonweal 60 (1954) Heft 10.
–: J. Maritain, in: Recherches et débats du Centre catholique des Intellectuels Français 19 (1957) Sonderband.
–: J. Maritain, in: Humanitas 22 (Bre 1967) Sonderband.
–: L'ultimo Maritain, in: Humanitas 27 (Bre 1972) Sonderband.

b) Auswahl:
de Castro Sarria, O.: Die politische Lehre von J. Maritain und die Problematik einer christlichen Politik, Mü 1971 (Phil. Diss.).
Cottier, G.: L'etica marxista nella filosofia morale di J. Maritain, in: A.V.: Maritain e Marx, Mi 1968, 92–107.
de Finance, G.: La philosophie de la liberté chez Maritain, in: Recherches et débats 19 (1957) 95–116.
Padellaro, N.: Maritain. La filosofia contro la filosofia, Bre 1953.
Pavan, A.: La formazione del pensiero di Jacques Maritain, Pv 1967.
Possenti, V.: Una filosofia per la transizione. Metafisica, persona e politica in J. Maritain, Mi 1984.
Reiter, G.: Intuition und Transzendenz. Die ontologische Struktur der Gotteslehre bei Jacques Maritain, Mü/Sa 1967.
Rossi, E.: Il pensiero politico di J. Maritain, Mi 1965.
Steinkamp, H.: Der Personalismus in der Sozialphilosophie J. Maritains, Bo 1967 (Phil. Diss.).
Viotto, P.: Per una filosofia dell'educazione secondo J. Maritain, a.a.O. 2. A).

Armando Rigobello

Étienne Gilson (1884–1978)

SEIN LEBEN[1]

Étienne Gilson wurde am 13. Juni 1884 in Paris geboren. Seine erste Schulausbildung erhielt er am Diözesanseminar Notre-Dame-des-Champs, wo er die Klassiker studierte und sich dem Studium der Literatur, Musik und Religion widmete. Um Philosophie zu studieren, wechselte er zum Lycée Henri IV, von dem er das Baccalauréat ès lettres-philosophie erhielt. Von 1903–1904 leistete er sodann in der Normandie seinen Militärdienst ab.

Im Jahre 1904 schrieb er sich in der Sorbonne ein, wo er 1905 seine Licence, 1906 sein Diplôme d'études supérieures der Faculté des Lettres und 1907 seine Agrégation für den Lehrberuf vom Ministère d'Instruction Publique erhielt. Seine Lehrer an der Sorbonne waren u. a. Léon Brunschvicg, Frédéric Rauh, Emile Durkheim, Lucien Lévy-Bruhl, Marcel Mauss und Victor Delbos. Während seiner Studienzeit am Lycée Henri IV hörte er auch Vorlesungen Bergsons am Collège de France. Bergsons Philosophie war für ihn eine Offenbarung. Zum ersten Mal begegnete er einem großen Metaphysiker. Als Thema seiner Dissertation an der Sorbonne wählte er auf Rat Lévy-Bruhls hin den scholastischen Hintergrund Descartes'. Innerhalb von fünf Jahren schrieb er seine zwei sich ergänzenden Thesen, die unter den Titeln *La liberté chez Descartes et la théologie* (1913) und *Index scolastico-cartésien* (1913) erschienen. Während dieser Jahre unterrichtete er auch hintereinander an fünf Lycées: in Bourg-en-Bresse, in Rochefort, in Tours, in Saint-Quentin (Orléans) und in Angers. Während er in Angers lehrte, verteidigte er erfolgreich seine Thesen und bereitete sich so auf den Lehrberuf an der Universität vor.

Gilsons Forschungsarbeit über Descartes' scholastische Vorgänger brachten ihn dazu, erstmals die Werke des hl. Thomas und anderer mittelalterlicher Theologen zu lesen. Bis dahin hatte er gar keine Kenntnis der scholastischen Philosophie. Als er 1913 an die Universität von Lille berufen wurde, kam für ihn die

---

[1] Zu Gilsons Leben und Denken im allgemeinen vgl. L. K. Shook: *Gilson*. Eine vollständige Bibliographie bis 1978 findet sich in M. McGrath: *Gilson*.

Gelegenheit hinzu, Vorlesungen über den hl. Thomas zu halten. Im selben Jahr begann er sich mit dem Denken des hl. Bonaventura zu beschäftigen. Während dieses Studiums der mittelalterlichen Meister gewann er die Überzeugung, daß die zu seiner Zeit allgemein akzeptierte Ansicht (von Victor Cousin und Octave Hamelin vertreten), wonach in der wahren Philosophie Descartes unmittelbar auf die antiken Philosophen folge, falsch war, täuschte sie doch vor, daß es zwischen Descartes und den antiken Philosophen keine anderen Philosophen mehr gegeben hätte. Gilson kam nun im Gegenteil zu der damals unerwarteten Erkenntnis, daß die Philosophie im Mittelalter geblüht hatte und daß Descartes dieser in vielerlei Hinsicht verpflichtet war. Was ihn aber noch mehr überraschte, war der extreme Niedergang der Metaphysik von der Scholastik bis zum Cartesianismus.

Die Kriegsjahre von 1914 bis 1918 unterbrachen Gilsons Lehrerkarriere. Er diente als Sergeant, zweiter Leutnant und erhielt 1915 die Croix de guerre. Das Jahr darauf wurde er Gefangener und blieb dies bis zum Ende des Krieges. Während seiner Gefangenschaft studierte er jedoch Englisch, Deutsch und Russisch und verfolgte weiterhin das Studium der Werke Bonaventuras. Am Ende des Krieges kehrte er nach Lille zurück und nahm seine unterbrochene Lehrtätigkeit wieder auf. Kurze Zeit später wechselte er an die Universität von Straßburg, wo er die erste Ausgabe seines Buches *Le thomisme* (1919) veröffentlichte. Von 1921 bis 1932 lehrte er sodann an der Sorbonne und an der École pratique des Hautes-Études in Paris. Im Jahre 1926 begann er, zusammen mit Gabriel Théry OP, die jährlich erscheinende Zeitschrift *Archives d'histoire doctrinale et littéraire du moyen âge* zu veröffentlichen.

Im selben Jahr unternahm er die erste von vielen kurzen Reisen nach Kanada, wo er in Montreal eine Vorlesung über den hl. Thomas und die franziskanische Theologie hielt. Im Sommer desselben Jahres lehrte er an der Universität von Virginia und im Herbst an der Harvard-Universität. Nach Harvard kam er auch im Herbst 1927 und 1928. Seine erste kurze Reise nach Toronto unternahm er 1927. Dort plante er, zusammen mit den Basilianer-Patres des St. Michael's College, die Gründung eines Instituts für mittelalterliche Studien. Dieses Institut wurde 1929 offiziell eröffnet.

Von 1929 bis 1940 hielt Gilson Vorlesungen sowohl in Paris als auch in Toronto. 1932 wurde er am Collège de France auf den Lehrstuhl für Mittelalterliche Philosophiegeschichte berufen. In dieser Zeit reiste er ausgiebig durch Europa und Amerika und sprach über viele Themen der Philosophie und deren Geschichte. Seine Gifford-Vorlesungen in Aberdeen (im Jahre 1931/32) wurden veröffentlicht unter dem Titel *L'esprit de la philosophie médiévale* (1932, ²1944) und seine William-James-Vorlesungen in Harvard 1936 unter dem Titel *The Unity of Philosophical Experience* (1937).

Während des Zweiten Weltkrieges lebte Gilson in Paris, gab Vorlesungen am Collège de France und revidierte einige seiner früheren Bücher über den hl. Thomas, den hl. Augustinus und den hl. Bonaventura. Er bestritt auch seine Antrittsvorlesung anläßlich seiner Berufung an das Institut catholique de Paris über die Geschichte der Spiritualität. Nach dem Krieg wurde er für die San-Francisco-Konferenz 1945, für die UNESCO in London 1946 und für die Hague-Konferenz

1948 zum Mitglied der französischen Delegation ernannt. 1947 war er für einen Zeitraum von zwei Jahren Conseilleur oder Senator der französischen Republik. Ebenfalls 1947 erhielt er eine seiner größten Ehrungen: seine Berufung an die Académie Française. 1952 trat er den Kardinal-Mercier-Lehrstuhl in Löwen an (*Les métamorphoses de la cité de Dieu*), und 1955 gab er in Washington D. C. die Mellon-Vorlesung (*Painting and Reality*). Von der deutschen Regierung wurde er 1956 mit dem Orden »Pour le mérite für Wissenschaften und Künste« ausgezeichnet.

Gewöhnlich hielt Gilson während des Winters Vorlesungen in Europa und Amerika und lebte im Sommer in seinem Haus in Vermenton, in seinem geliebten Burgund. Später zog er in ein kleineres Haus in die Nähe von Cravant. Er machte oft Urlaub in Norditalien, besonders in Venedig, wo er für die Fondazione Cini Vorlesungen gab. Er starb am 19. September 1978 in Auxerre.

HISTORIKER DER MITTELALTERLICHEN PHILOSOPHIE

Gilsons Lehrer an der Sorbonne waren Positivisten, die mehr an Philosophiegeschichte als an philosophischer Spekulation interessiert waren. Darüber hinaus lehrten sie eine neutrale Philosophie, die unberührt war vom religiösen Glauben. Sie gaben Gilson jedoch eine gute Lehre in der Handhabung der historischen Methode für die Geschichte der Philosophie mit. Daher war es nur natürlich, daß er seine Doktorthese über ein geschichtliches Thema schrieb: »Der Einfluß der Scholastik auf Descartes«. Das führte ihn dazu, die Werke der Scholastiker zu lesen, auch die des hl. Thomas von Aquin.

Thomas von Aquin

Gilson empfand eine unmittelbare Sympathie für das Denken des hl. Thomas. Es war für ihn daher eine willkommene Gelegenheit, Vorlesungen über den Thomismus halten zu können. Diese Vorlesungen führten 1919 zur Veröffentlichung seiner ersten Ausgabe von *Le thomisme. Introduction au système de S. Thomas d'Aquin* – einer Arbeit, die er während der Jahre korrigierte und verbesserte, bis 1965 die sechste und endgültige Ausgabe erschien.

In den letzten Ausgaben dieses Buches präsentierte Gilson den Thomismus als ein wesentlich theologisches Denken, das jedoch eine streng rationale Philosophie in den Dienst christlicher Weisheit stellt. Die Theologie des hl. Thomas, so Gilson, ist die eines Philosophen, aber seine Philosophie ist ebenso die eines Heiligen. Sein christlicher Glaube zerstört nicht die Rationalität seiner Philosophie, sondern erlaubt dieser vielmehr, sich vollkommener zu entwickeln. Wie die Gnade die Natur nicht zerstört, sondern sie heilt und vervollkommnet, so ermöglicht der transzendente Einfluß des Glaubens auf die Vernunft eine reichere und tiefere philosophische Weisheit. Dabei ist sich der hl. Thomas sehr wohl des formalen Unterschieds zwischen Theologie und Philosophie bewußt, aber er sieht beide aufs engste miteinander verbunden. In seinen theologischen Arbeiten bringt er sie daher in eine bewundernswerte Einheit. Die Philosophie kommt so als Dienerin des Glaubens in den Bereich der Theologie. In Worten des hl. Thomas: Benützt der Theologe die Vernunft, so verwandelt er das Wasser der Philosophen in den Wein der Theologie.[2] Er gefährdet dadurch die Rationalität der philosophischen Argumente nicht, denn er gründet sie nicht auf die Zeugnisse des Glaubens, sondern auf die Offenbarkeit jener ersten Prinzipien, welche allen Geistwesen gemeinsam sind.

Nach dem bisher Gesagten überrascht es nicht, daß Gilson weniger in den philosophischen *Opuscula* bzw. in den *Aristoteles-Kommentaren* als vielmehr in den theologischen Werken, besonders in den beiden *Summen,* nach den tiefsten und ursprünglichsten philosophischen Ansichten des hl. Thomas sucht. Er schreibt: »Die *Aristoteles-Kommentare* des hl. Thomas sind für uns sehr wertvolle Dokumente, deren Verlust sehr bedauerlich gewesen wäre. Wären sie aber verlorengegangen, so würden uns immer noch die beiden *Summen* das Persönlichste und Tiefste seiner Philosophie bieten. Hätten wir hingegen den Verlust der theologischen Werke des hl. Thomas zu beklagen, wären wir dann über seine Philosophie durch die *Aristoteles-Kommentare* allein ebenso gut unterrichtet?«[3]

Als Historiker fühlt sich Gilson außerdem verpflichtet, die Philosophie des hl. Thomas entsprechend der theologischen Reihenfolge der beiden *Summen* darzustellen, in denen Gott vor den Kreaturen betrachtet wird, statt der philosophischen Anordnung zu folgen, welche mit den Kreaturen beginnt und bei Gott aufhört. Er räumt zwar die Möglichkeit ein, die thomistische Philosophie auch in der streng philosophischen Reihenfolge zu rekonstruieren, meint aber, daß sie dann nicht mehr die Philosophie des geschichtlichen Thomas sei. Um der Geschichte treu zu bleiben, muß man dessen Philosophie auf ihrem historisch-theologischen Hintergrund sehen. Das schmälert keineswegs die Rationalität dieser Philosophie: »Die thomistische Philosophie ist eine Synthese von streng beweisbaren Wahrheiten. Als Philosophie ist sie auch durch die bloße Vernunft legitimierbar.«[4]

Den Kern der thomistischen Philosophie findet Gilson in einer neuen Seinsmetaphysik. Diese machte es Thomas möglich, die philosophische Vorstellung von Gott und damit auch die ganze Naturphilosophie und Anthropologie zu erneuern, was wiederum einen tiefgreifenden Einfluß auf die Struktur der traditionellen Moral hatte. Unter seinen Händen erfuhren demnach sowohl Theologie als auch Philosophie eine tiefgreifende Reformation. Gott wird jetzt verstanden als der subsistierende Akt des Seins selbst (»ipsum esse subsistens«). Seine Substanz oder Essenz ist nichts anderes als sein Sein selbst. Das stimmt überein mit Exodus 3,14, wo der Eigenname Gottes lautet: Er Der Ist. Die Kreaturen wiederum sind endliche Teilhaber an der unendlichen, göttlichen Existenz. Ein Geschöpf besteht aus einem »Akt des Existierens« (»esse«) und seiner Essenz, die jenen Akt begrenzt und ihn in eine gegebene Spezies einordnet. Der Kern eines jeden

---

[2] Thomas: *Expositio super librum Boethii de Trinitate* 2, 3 ad 5.
[3] *Le thomisme*, 15.
[4] Ebd. 33.

geschaffenen Seienden (»ens«) ist ein Akt des Existierens (»actus essendi« oder »esse«), durch den dieses Seiende lebt und auf endliche Weise das göttliche Sein nachahmt. Das »esse« des Geschöpfs besitzt einen radikalen Primat vor seiner Wesenheit (seinem Was-Sein), da das Geschöpf ohne das »esse« nichts wäre. Gilson schreibt: »So gesehen bildet der ›actus essendi‹ das Herz oder, wenn man will, die Wurzel der Wirklichkeit. Er stellt das Prinzip der Prinzipien der Wirklichkeit dar.«[5] Die Vorgänger und Zeitgenossen des hl. Thomas entwarfen Theologien des Wesens; er hingegen war revolutionär, sofern er Theologie und Philosophie in die Richtung des »esse« entwarf.

Entsprechend den beiden Prinzipien des Seins und des Wesens im geschaffenen Seienden beschreibt Thomas zwei Akte des Geistes: das Verstehen und das Urteilen. Der erste Akt (»intelligentia indivisibilium«) besteht im Begreifen eines unteilbaren Wesens, etwa eines Menschen oder eines Steines. Der zweite Akt hingegen, den Thomas »compositio« und »divisio« nennt, ergreift das Sein des Dinges selbst, wie z. B. im Urteil: »Sokrates ist«. Aber auch in einem erweiterten Urteil, wie etwa in: »Sokrates ist ein Mensch«, wird das Sein begriffen, wenn auch weniger unmittelbar. Im Widerspruch zu Jacques Maritain besteht Gilson jedoch darauf, daß der hl. Thomas keine intellektuelle Seinsintuition beschwor, ein besonderes intellektuelles Licht also, das eine metaphysische Erfahrung des Seins auslösen sollte.[6] Die einzigen Intuitionen des Seins, die Thomas einräumt, sind lediglich die sinnlichen Intuitionen oder Wahrnehmungen der Dinge. Begriffe dieser Seienden bilden wir demgegenüber durch Abstraktion. Der allgemeinste dieser Begriffe ist der des Seienden (»ens«) bzw. der Begriff dessen, was Sein (»esse«) hat. Wir haben jedoch keine intellektuelle Intuition vom Sein als solchen: »Man hat eine Intuition von Dingen, die kraft ihres *Seins* sind, vom ›actus essendi‹ könnte man hingegen nur eine [Intuition] dessen besitzen, was er selbst nicht ist.«[7]

Auf das Buch *Le thomisme* folgte ein Buch über die Morallehren des hl. Thomas unter dem Titel *Saint Thomas d'Aquin* (1925). Gilson veröffentlichte es in der Reihe *Les moralistes chrétiens*. Dieses Buch besteht aus Übersetzungen verschiedener Thomas-Texte zum Thema Moral, denen jeweils ein Kommentar angefügt wird. Gilson betont dabei von Anfang an, daß die Moral des hl. Thomas von seiner Metaphysik nicht zu trennen ist. Grundlegend erörtert er sodann die Lehre vom höchsten Gut als Schlüssel der gesamten Struktur der Moral. Weiters behandelt er die menschlichen Akte, gute und böse, die Leidenschaften, die Tugenden und die Laster, das Gesetz, die Barmherzigkeit und die politischen Handlungsnormen. Schließlich betont er den Humanismus des hl. Thomas und zeigt dabei, daß das gesamte Griechentum, vor allem aber Aristoteles, im Thomismus seine Erfüllung und Vollendung findet.

---

[5] Ebd. 175.
[6] Ebd. 187.
[7] É. Gilson: *Propos sur l'être*, 11.

Bonaventura

Eines der ersten Bücher Étienne Gilsons war Bonaventura gewidmet.[8] Er fühlte sich zu dem Franziskaner nicht nur wegen der Schönheit seines Stils und der Strenge seines philosophischen Denkens hingezogen, sondern auch, weil Bonaventura für ihn den Gipfel der christlichen Mystik des Mittelalters und die vollkommenste Synthese derselben darstellte. Im übrigen hielt er sich an das, was die Päpste von Thomas und Bonaventura sagten, als sie diese zwei Quellen der Nahrung und des Lichtes für die Kirche nannten: »duas olivas et duo candelabra in domo Dei lucentia«.[9] In beiden sah er christliche Philosophen, die ihre Philosophie innerhalb einer Theologie entfalteten und nach der Ordnung der Theologie anlegten. Die Philosophie des hl. Bonaventura ist deshalb kein »thomisme manqué«, sondern eine genuine christliche Weisheitslehre. Bonaventura war auch kein Aristoteliker, sondern vielmehr ein authentischer Anhänger des hl. Augustinus. Wohl respektierte er Aristoteles als Meister der Wissenschaften, doch Platon als Meister der Weisheit schätzte er höher. Augustinus wiederum stellte er sowohl als Meister der Wissenschaften als auch der Weisheit über beide. Deshalb übernahm er zwar auch viele aristotelische Begriffe, wie etwa den von Materie und Form, von Akt und Potenz oder vom Wissen durch Abstraktion. Doch tiefgehender reflektierte er Augustinus und besonders das, was dieser über die Selbsterkenntnis der Seele, über Gott und über die Erkenntnis durch göttliche Erleuchtung sagte.

Gilsons Ansichten über die Philosophie Bonaventuras wurden von Maurice De Wulf und Pierre Mandonnet angegriffen. De Wulf behauptete, daß die scholastische Synthese im 13. Jahrhundert ihren Gipfel im Thomismus erreicht habe. Er betrachtete Bonaventura als einen vorausgehenden oder anfänglichen Thomisten, dessen augustinisch-neuplatonisches Denken auf das frühe Mittelalter zurückgehe. Für ihn zwang dieser dem Augustinismus den Aristotelismus auf, was in einen Eklektizismus mündete, in welchem aristotelische Theorien und fremde Ideen eingeschlossen waren. Erst mit Thomas von Aquin sei die scholastische Synthese in ihrer ganzen Fülle und Kraft erschienen. Später allerdings sprach De Wulf von Thomas und Bonaventura als von zwei Philosophen, die zu einer gemeinsamen Tradition gehörten.[10]

In bezug auf Bonaventura stimmte auch Mandonnet nicht mit Gilson überein. Er weigerte sich, Bonaventura überhaupt einen Philosophen zu nennen, weil es ihm mißlungen sei, Theologie und Philosophie zu trennen. Bonaventura war für Mandonnet vielmehr ein neuplatonischer Augustinist. Kein Schüler von Augustinus könne aber Philosoph genannt werden.[11]

Die Kontroversen über Gilsons Interpretationen kamen erneut in den dreißiger und vierziger Jahren auf, als ein Streit über die Gültigkeit des Begriffs der »christlichen Philosophie« ausbrach. Diese Diskussion soll später behandelt werden.

---

[8] *Bonaventure.*
[9] Ebd. 396. Gilson bezieht sich auf die Päpste Sixtus V. und Leo XIII.
[10] *Introduction; Notion.*
[11] *Compte-rendu,* 50–54.

Augustinus

Nachdem Gilson seine Bücher über die zwei großen mittelalterlichen Meister, Thomas und Bonaventura, geschrieben hatte, war es fast unvermeidlich, daß er auch ein Buch dem hl. Augustinus widmen würde, da diesem ja beide auf jeweils eigene Weise verpflichtet waren. Gilsons *Introduction à l'étude de saint Augustin* (1929) untersucht Augustinus anhand von dessen eigenen Schriften. Dadurch läßt sie den Geist seines Denkens von ihm selbst her sprechen. Die Form des Buches folgt sodann dem Weg der Seele zu Gott. Die Hauptstationen dieser Reise bestehen in der Suche nach Gott durch die Vernunft, den Willen und die Kontemplation der Werke Gottes. Bei dieser Erläuterung der philosophischen Prinzipien betont Gilson auch, daß die eigene Erfahrung des hl. Augustinus dessen Philosophie mitgeformt habe. Darüber hinaus stellt er klar, daß Augustinus dem Neuplatonismus tief verpflichtet war. Immerhin konzedierte er den Platonikern, »verstanden und gelehrt zu haben, daß das geistige Prinzip aller Dinge notwendig und gleichursprünglich Grund ihrer Existenz, Licht ihrer Erkennbarkeit und Gesetz ihres Lebens ist«.[12] Die plotinische Philosophie der Illumination war für ihn daher vereinbar mit der Bibel, besonders mit Joh 1,9: Wir kennen die Wahrheit im göttlichen Licht, nicht in dem Sinne, daß wir die göttlichen Ideen selber schauen, sondern insofern wir von ihnen abhängig sind und die Wahrheit nur in ihrem Licht sehen. Wörtlich heißt es dazu in der Bibel: ». . . in ihm leben wir, bewegen wir uns und sind wir« (Apg 17,28). Angesichts dieser Überzeugungen überrascht es nach Gilson nicht, daß Augustinus die Vorstellung eines Wissens durch Abstraktion fremd war. Sie erlangte im Mittelalter erst durch die neue Entdeckung des Aristoteles Geltung. So gesehen verwundert es auch nicht, daß eine der größten Unruhequellen für die mittelalterliche Nachfolge des Augustinus der Versuch war, die aristotelische Abstraktionsmethode mit der augustinischen Illuminationslehre zu verbinden.[13]

Augustinus begriff Gott, wie alle christlichen Philosophen, als Sein aus sich selbst (»idipsum esse«). Er wollte darunter aber verstanden wissen, daß Gott ewig und unveränderlich ist. Insofern ist Gott für ihn die Wahrheit schlechthin, denn die Wahrheit ist unveränderlich. Für Gilson enthüllt dieser Gottesbegriff eine Metaphysik, die fundamental verschieden ist von der des hl. Thomas.[14]

F. Van Steenberghen kritisierte an Gilsons Augustinus-Buch, daß es das augustinische Denken als Philosophie darstellt. Van Steenberghen selbst meinte zum augustinischen Denken: Es ist eine ungeheure Theologie, deren Ziel es ist, die Offenbarung tiefer und tiefer zu ergründen. Philosophie ist im Denken Augustins lediglich im Prinzip vorhanden, sie ist nicht eigens wissenschaftlich organisiert.[15] Gilson gab zu, daß das augustinische Denken keine Philosophie im gewöhnlichen Sinne sei. Denn wahre Philosophie setzte für Augustinus voraus, daß man sich einer übernatürlichen Ordnung überantworte, damit der Wille durch Gnade frei

---

[12] *Saint Augustin*, 104.
[13] Ebd. 116f.
[14] Ebd. 26–28, 71, 286.
[15] *Augustin*, 125.

gemacht und der Geist durch Offenbarung erleuchtet werde.[16] Da er aber eine modifizierte plotinische Methode anwende, biete er eine philosophische Interpretation des Christentums, die man »une métaphysique de l'expérience« nennen könne. Gilson beharrt also darauf, daß Augustinus ein wirklicher Philosoph war, da er, obwohl er vom Glauben geleitet wurde, sich nicht auf diesen berief, wenn es darum ging, philosophische Wahrheiten zu beweisen.[17]

»Augustinisme Avicennissant«

Eine der Entdeckungen Gilsons in der mittelalterlichen Philosophiegeschichte war die Anwesenheit eines »Augustinisme Avicennissant«.[18] Darunter verstand Gilson die Verbindung der augustinischen Lehre von der göttlichen Erleuchtung mit Avicennas Verständnis vom »intellectus agens«, wie sie bei einigen Meistern des 13. Jahrhunderts, etwa bei Wilhelm von Auvergne und einigen Franziskanern, auftrat. Der »intellectus agens«, der bei Aristoteles als das eigentliche Licht unserer Erkenntnis beschrieben wird, ist für den islamischen Philosophen Avicenna kein Vermögen der Seele, sondern eine von ihr getrennte vernünftige Substanz, die alle Menschen erleuchtet. Augustinische Denker nun, die versuchten, die Illuminationslehre ihres Meisters zu deuten, setzten den aristotelischen »intellectus agens« mit Gott gleich. Der hl. Thomas kritisierte dieses Verständnis der menschlichen Erkenntnis und damit implizit auch die augustinische Illuminationslehre. Er sprach dem Menschen die Fähigkeit ab, die absolute Wahrheit aus natürlichen Kräften unmittelbar erkennen zu können.

Gilson faßt den Unterschied zwischen dem thomistischen und dem augustinischen Erkenntnisbegriff folgendermaßen zusammen: »Beim hl. Thomas erhält der Mensch von Gott alles, was er auch beim hl. Augustinus von ihm erhält, jedoch nicht auf die gleiche Weise. Bei Augustinus vergibt Gott nämlich seine Gaben derart, daß gerade die Unzulänglichkeit der Natur diese zwingt, sich wieder auf ihn zurückzuwenden; bei Thomas hingegen teilt Gott seine Gaben durch die Vermittlung einer stabilen Natur aus, die in sich selbst einen ausreichenden Grund für alle ihre Handlungen enthält – göttliche Subsistenz als selbstverständlich vorausgesetzt. Also ist es die Einführung in das philosophische Problem einer *Natur,* die ausgestattet ist mit Hinlänglichkeit und Wirksamkeit, welche Thomismus und Augustinismus trennt. Diese Lehre beunruhigte die Augustinisten, da sie den Geschöpfen eine gefährliche Selbstgenügsamkeit zu verleihen schien. Dem hl. Thomas gestattete sie jedoch, die jeweiligen Bereiche des Natürlichen und Übernatürlichen, der Vernunft und des Glaubens, ja der Philosophie und der Theologie mit äußerster Präzision zu definieren.«[19]

---

[16] *Saint Augustin,* 311.
[17] Ebd. 316–319.
[18] *Pourquoi saint Thomas,* 80–127.
[19] Zit. bei L. K. Shook: *Gilson,* 397.

Glaube und Vernunft

Die Beziehung von Glaube und Vernunft bzw. von Theologie und Philosophie beschäftigte Gilson während seines ganzen Lebens. In dem Buch *Reason and Revelation in the Middle Ages* (1938) skizzierte er die wichtigsten geistigen Strömungen der mittelalterlichen Denker, die sich mit diesem Thema befaßten. Er war sich dabei natürlich bewußt, daß seine Einteilungen der Originalität einzelner Denker Gewalt antun würden. Trotzdem verteidigte er die generelle Angemessenheit dieser Klassifizierung. Und so unterschied er folgendermaßen:

Die erste Gruppe oder Richtung sucht die Weisheit in der christlichen Offenbarung, während sie den Wert der menschlichen Vernunft und Philosophie bestreitet oder doch zumindest enorm schmälert. Im frühen Christentum sind Tertullian und Tatian gute Beispiele für diese Haltung, im Mittelalter der hl. Bernhard und der hl. Petrus Damiani. Auch die franziskanischen Spiritualisten gehören zu dieser Gruppe. Eine zweite Gruppe verbindet den religiösen Glauben mit rationaler Spekulation, hält jedoch am Primat des Glaubens und an der Ansicht von der reinen »ancilla«-Rolle der Vernunft, die einzig dem Verständnis des Glaubens dient, fest. Gilson nennt diese zweite Gruppe die augustinische Familie. Ihr Ausgangspunkt ist der Glaube, und die Belohnung für den Glauben ist Erkenntnis. Augustinus formte das griechische Ideal der philosophischen Weisheit um, indem er den christlichen Glauben vor die rationale Spekulation setzte und damit den Glauben zum unerläßlichen Tor zur Philosophie machte. Anselm von Canterbury ist das leuchtendste Beispiel dieser Gruppe, zu ihr gehören aber auch Roger Bacon und Raimundus Lullus.

Als entgegengesetztes Extrem zu dieser Familie sieht Gilson Averroes und seine lateinischen Nachfolger, besonders Siger von Brabant und Boethius von Dacia. Diese Meister der Künste in Paris verteidigten eine rein philosophische Weisheit, in welcher der Glaube keine Rolle spielte und die bei Gelegenheit zum Glauben sogar in Widerspruch stehen konnte. Sie verschrieben sich zwar nicht der Lehre des Averroes, wonach die Vernunft als Quelle der absoluten Wahrheit über dem Glauben steht. Denn wann immer ein Konflikt zwischen den Lehren des Glaubens und den Schlußfolgerungen der Philosophen auftrat, erkannten sie die Wahrheit auf seiten des Glaubens an. Aber sie lehrten gleichzeitig als natürliche Schlußfolgerungen philosophische Theorien, die den Lehren des Glaubens widersprachen, so z. B. die Ewigkeit der Welt und die Einheit des Intellekts für die Menschheit als solche. Da sie nicht den Anspruch erhoben, daß ihre heterodoxen philosophischen Theorien wahr seien, kann man sie nicht beschuldigen, eine doppelte Wahrheit vertreten zu haben, nämlich eine, die zur Philosophie, und eine andere, die zur Theologie gehört, welche beide in Widerspruch zueinander stehen können. Gilson fand keinen mittelalterlichen Denker, der diese Absurdität vorgeschlagen hätte.[20] Er sah selbst die lateinischen Averroisten als Philosophen, welche loyal zu den Lehren des Aristoteles und seines Kommentators Aver-

---

[20] *Reason and Revelation*, 58; *La doctrine*, 50–69; *Boèce de Dacie*.

roes standen und trotzdem dem Christentum treu blieben. Erst spätere Mitglieder der Averroistenfamilie geben Grund, die Ernsthaftigkeit ihres religiösen Glaubens anzuzweifeln.[21]

Die Tatsache, daß Dante Siger von Brabant einen Platz im *Paradiso* einräumte, in dem Zirkel der weisen Männer, die vom hl. Thomas gepriesen werden, hat verschiedene Interpretationen erfahren. Nach Ansicht Gilsons benutzte Dante Siger als Symbol für eine reine Philosophie, während er gleichzeitig seine eigene Sympathie für Averroes dadurch ausdrückte, daß er die weltliche und die geistliche Ordnung, die Kirche und den Staat, trennte.[22] Gilson akzeptierte nicht die Theorie Van Steenberghens, die besagt, daß Siger sich mit der Zeit zu den thomistischen Lehren hin entwickelt habe, denn diese Theorie basierte auf einer Arbeit, die Van Steenberghen Siger zuschrieb, die Gilson aber nicht als authentisch ansah.[23] Seit dem Aufkommen dieser Diskussion ist die Unechtheit dieser Arbeit allgemein anerkannt worden; doch eine kürzlich entdeckte Schrift Sigers hat Van Steenberghens Theorie wieder Gewicht verliehen.[24] Unglücklicherweise wurde diese Entdeckung zu spät gemacht, so daß Gilson sie nicht mehr in Betracht ziehen konnte.

Laut Gilson hatte der hl. Thomas mit seiner Lösung des Problems von Glaube und Vernunft großen Erfolg. Wohl hatte er Vorgänger, die seinen Lösungsversuch formuliert hatten, z. B. Maimonides, Bonaventura und den hl. Albert, aber es blieb dennoch ihm überlassen, klar zwischen Offenbarung und Vernunft, Theologie und Philosophie zu unterscheiden und zugleich deren innige Harmonie zu zeigen. Bei Thomas hat die Philosophie ihre eigene Integrität und Unabhängigkeit; sie wird nicht hergeleitet von Glaubenssätzen, sondern baut auf ihre eigenen Prinzipien. Der Glaube seinerseits bleibt aber ein sicherer Wegweiser für die rationale Wahrheit und eine unfehlbare Warnung vor philosophischem Irrtum. Die Offenbarung, besonders was die Trinität, die Inkarnation und die Erlösung betrifft, übersteigt alle Grenzen der menschlichen Vernunft. Für diese religiösen Wahrheiten können keine Vernunftgründe angegeben werden; sie werden einfach auf das Wort Gottes hin angenommen. Es gibt andere geoffenbarte Wahrheiten, wie die Existenz Gottes und seine wesentlichen Attribute, die mit der natürlichen Vernunft erkannt werden können. Diese Wahrheiten sollten strenggenommen aber notwendige Voraussetzungen des Glaubens genannt werden und nicht Glaubenssätze. In all seinen Abhandlungen über den Glauben und die Vernunft unterscheidet Thomas diese beiden immer wieder, aber er trennt sie nie. Vielmehr sieht er beide »zu einer organischen Einheit zusammenwachsen, sofern sie beide der gleichen göttlichen Quelle entspringen«.[25]

---

[21] *Reason and Revelation*, 61–63.
[22] *Dante*, 298–325.
[23] F. Van Steenberghen: *Siger de Brabant*, Bd. II, 728–732; vgl. É. Gilson: *Dante*, a. a. O. Anm. 22.
[24] Siger von Brabant: *Les Quaestiones*.
[25] *Reason and Revelation*, 84.

Duns Scotus

Zu den großen mittelalterlichen Denkern, denen Gilson eines seiner wichtigsten Bücher (1952) widmete, gehört Johannes Duns Scotus.[26] Das ist bemerkenswert, denn obwohl Gilson Duns Scotus' berühmte Subtilität und dialektische Kraft bewunderte, bekannte er gleichzeitig, daß er in einem scotistischen Universum nicht leben könne. Er fühlte sich heimisch in der existentiellen Welt des hl. Thomas, aber nicht in der essentialistischen Welt eines Scotus. In diesem sah er einen Theologen, der seine Theologie mit Hilfe einer Metaphysik aufbaut, in der die Essenz die Hauptrolle spielt und die im Innersten mit dem Denken des Platonismus übereinstimmt. In der scotistischen Synthese ist für ihn die Existenz nicht wirklich verschieden von der Essenz, sondern vielmehr eine Modalität derselben. Jede Wesenheit hat eine ihr angemessene Form des Seins: Geschaffene Wesenheiten haben eine endliche Seinsweise, Gott allein hat eine unendliche Seinsweise. Unendlichkeit – Scotus begreift diese als positives Attribut – ist die höchste Perfektion Gottes, die ihn von jedem anderen Seienden trennt. Genau wie bei Thomas ist so gesehen auch bei Scotus Gott einzigartig in seinem reinen Existenzakt. Die göttliche Unendlichkeit bei Scotus spielt eine analoge Rolle zu dem, was Thomas unter »esse« versteht.[27]

Gilson zeigt auch den Einfluß Avicennas auf die scotistische Philosophie, obwohl er zugleich illustriert, wie Scotus als Theologe dem avicennischen Determinismus entgeht, indem er Gott als unendliches Sein begreift. Aufgrund seiner unendlichen Transzendenz über die Kreaturen ist Gott diesen gegenüber frei. Ihre Kontingenz und Freiheit ist eine Widerspiegelung der göttlichen Freiheit.[28]

Neben seinen Studien über einzelne mittelalterliche Philosophen verfaßte Gilson auch zwei hervorragende Geschichten der mittelalterlichen Philosophie als ganzer: *La philosophie au moyen âge* (1922) und *The History of Christian Philosophy in the Middle Ages* (1955). Das letztere Werk ist nicht nur eine Übersetzung des ersten. Es ist philosophischer ausgerichtet und läßt daher Abschnitte wie den über die »Belles-Lettres« weg. Weniger bekannt sind Gilsons Geschichtswerke über moderne Philosophie. Neben seinen Arbeiten über Descartes schrieb er noch zwei umfangreiche Beiträge in zwei Büchern, die er herausgab, nämlich in: *Modern Philosophy: Descartes to Kant* (1963) und *Recent Philosophy: Hegel to the Present* (1966).

CHRISTLICHE PHILOSOPHIE

Gilson kam zum Begriff christlicher Philosophie durch seine historischen Studien über das mittelalterliche Denken. Im Zuge derselben suchte er nach einem Begriff, der die allgemeine Grundlage und den Geist der mittelalterlichen Philosophie ausdrückte. Der Begriff »christliche Philosophie« schien ihm den Sinn dieser

---

[26] *Duns Scot.*
[27] Ebd. 388.
[28] Ebd. 646; vgl. *Avicenne.*

historischen Realität in angemessener Weise zu vermitteln. Er fand nämlich im Mittelalter keine einheitliche Philosophie, die »Scholastik«, »scholastische Synthese« oder sogar »geistiges Allgemeingut« genannt werden konnte – gemäß den Ausdrücken, die De Wulf benutzt hatte, um die mittelalterliche Philosophie zu beschreiben.[29] Vielmehr fand er einen philosophischen Pluralismus vor, dessen einzige Einheit in seiner christlichen Inspiration lag. Daher seine Schlußfolgerung: »Waren diese Lehren auch verschieden als Philosophien, da ihr gemeinsamer Aristotelismus ihre fundamentalen Differenzen nur schlecht verdecken konnte, so bildeten sie doch eine Einheit durch den christlichen Geist, der sie beseelte. Was sie an Einheit besaßen, kam ihnen, was die Form anlangt, von der aristotelischen Methodik her, die sie alle anwendeten, was jedoch den tieferen Inhalt betrifft, so kam er ihnen mehr von der Religion als von der Philosophie zu. Ein bereits vergessener Begriff bietet sich hier von selbst an, um dies fassen zu können, nämlich: der Geist der mittelalterlichen Philosophie war derjenige der ›christlichen Philosophie‹.«[30]

Dieser vergessene Begriff, den Gilson nun aufgreift, war tatsächlich von patristischen und mittelalterlichen Theologen benutzt worden, allerdings in einem ganz anderen Sinne. Augustinus hatte ihn gebraucht, um die christliche Weisheit von der der Heiden abzugrenzen. Er verstand darunter einfach die »christliche Religion«.[31] Bonaventura benutzte ihn im gleichen Sinne.[32] Gilson gab dem Terminus die neue Bedeutung einer definitiven Methode oder einer bestimmten Art des Philosophierens, nämlich der des Christen. Er schreibt: »Ich nenne daher christliche Philosophie jede Philosophie, die bei aller genauen Unterscheidung der beiden Ordnungen die christliche Offenbarung als unabdingbare Hilfe für die Vernunft ansieht.«[33] Gilson denkt bei dieser Bestimmung nicht an eine abstrakte Wesensdefinition, sondern an die Beschreibung einer konkreten historischen Realität. Man muß festhalten, daß die christliche Philosophie die natürliche und übernatürliche Ordnung formal trennt, so daß sie Vernunft und Glauben bzw. Philosophie und Theologie nicht vermengt. Für sie gehört es zum Wesen der Philosophie, daß sie im Lichte der natürlichen Vernunft fortschreitet, während es zum Wesen der Theologie gehört, im Lichte der Offenbarung zu gehen. Gilson räumt freilich ein, daß es ebensowenig eine christliche Philosophie wie eine christliche Physik oder Mathematik geben kann, wenn Philosophie nur in sich selbst, d. h. in ihrer formalen Natur betrachtet wird als eine Philosophie, die von den existentiellen Bedingungen abstrahiert, in die sie geboren ist und in denen sie wächst. Wenn Philosophie aber konkret betrachtet wird als ein Weg zum Wissen, dann kann sie offen sein für das Übernatürliche, und das letztere kann einen positiven Einfluß auf die Arbeit des Philosophen ausüben. Natürlich darf der

---

[29] A. a. O. Anm. 10.
[30] Le philosophe, 194f.
[31] Augustinus: Contra Julianum Pelagianum IV, 14, 72, in: MPL 44, 774; ders.: De vera religione V, 8, in: MPL 34, 126.
[32] Bonaventura: Sermo de sancto padre nostro Francesco 2, in: Opera omnia, Bd. IX, Quaracchi 1901, 578f.
[33] L'esprit, 32f.; Christian Philosophy.

christliche Glaube nicht als ein konstitutives Element in die Philosophie eingehen, was etwa der Fall wäre, wenn man in einer philosophischen Beweisführung einen Glaubenssatz als Prämisse zuließe. Der Glaube kann aber dem Philosophen neue Einsichten anbieten, die dieser dann rational nachweisen und zum Teil zu seiner Philosophie machen kann. Daher ist christliche Offenbarung weit davon entfernt, die Rationalität der Philosophie zu zerstören. Vielmehr erhebt sie deren Rationalität und macht sie zu einer besseren Philosophie.

Diese Erkenntnisse gewann Gilson bei seinen Studien zum mittelalterlichen Hintergrund der cartesianischen Philosophie. Descartes übernahm scholastische Ideen, wie die Existenz eines höchsten Seins, den schöpferischen Ursprung des Universums oder die unendliche, freie und personale Unsterblichkeit, welche man in der griechischen Philosophie nicht finden kann. Diese Ideen waren jedoch alle geoffenbarte Wahrheiten, die von mittelalterlichen Theologen als rational beweisbar gelehrt wurden. Nicht aus der griechischen Philosophie, sondern aus der mittelalterlichen Theologie gingen sie in die moderne Philosophie ein. Wenn das aber zutrifft, dann verdankt die Philosophie ihre Entwicklung in beträchtlichem Maße ihrem Kontakt mit der christlichen Theologie.

Gilson mußte seine Idee von der christlichen Philosophie freilich gegen die Kritik vieler seiner Kollegen verteidigen. Auf einem Treffen der Société Française de Philosophie 1931 wurde dieser Begriff debattiert. Emile Bréhier kritisierte ihn als Widerspruch in sich selbst. Er argumentierte, daß Philosophie das Produkt autonomer Vernunft sei und daß sie deshalb den Einfluß der Offenbarung nicht zulassen dürfe.[34] Jacques Maritain ergriff Gilsons Partei. Er ging das Thema von seiten der Theorie, nicht von seiten der Geschichte an. Dabei unterschied er zwischen der Form der Spezifizierung und der Form der Ausübung, d. h. zwischen der Natur und ihrer existentiellen Situation. Der Natur nach, so behauptete er, ist Philosophie rein vernünftig, aber in ihrer historischen Form, wie sie tatsächlich von den Philosophen ausgeübt wird, kann sie christlich sein.[35]

Fernand Van Steenberghen legte Gilsons Begriff zur Last, daß er eine Art Spekulation zwischen Philosophie im strengen Sinne und Theologie einführe.[36] Gilson erwiderte, daß er nicht die geringste Absicht gehabt habe, ein solch hybrides Monster zu erfinden. Formal sehe er Philosophie und Theologie immer als getrennte Wissenschaften, die ihre eigenen Prinzipien und Objekte haben. Auf der formalen Ebene könne es daher keine Verbindung der beiden geben.[37] Der Begriff der christlichen Philosophie lasse sich jedoch auf eine Philosophie anwenden, wenn man ihre bestimmte kulturelle und historische Gestalt berücksichtige. Er benenne dann einen bestimmten Zustand, in welchem sich eine Philosophie befindet, sobald sie sich selbst dem Glauben unterworfen habe. Dieser Begriff habe also zwar keine Bedeutung für den Philosophen, der seine Disziplin lediglich

---

[34] *Philosophie chrétienne?*
[35] *Philosophie chrétienne*, 27–61.
[36] *La IIe journée*, 595. Van Steenberghen akzeptiert den Begriff »christliche Philosophie« nur im weiten, nicht im strengen Sinn. Vgl. *XIIIe siécle*, 533–536.
[37] *Christianisme*, 131.

in sich selbst sieht, er sei jedoch bedeutungsvoll für den Geschichtsschreiber der Philosophie und besonders für den christlichen Geschichtsschreiber und Denker.[38]

Gilson fügte hinzu, daß Philosophie nicht aufhört, Philosophie zu sein, wenn sie in einer christlichen Form existiert, genausowenig wie die menschliche Natur oder Vernunft ihren formalen Charakter verliert, wenn sie durch die Gnade erhöht wird: »Die Philosophie ist nicht *mehr* Philosophie, wenn sie eher heidnisch als christlich ist; sie ist dann lediglich eine verdunkelte Philosophie. Umgekehrt ist die Philosophie nicht *weniger* Philosophie, wenn sie christlich und nicht heidnisch ist; sie ist sie dann nicht nur trotzdem, sondern sie ist sie besser«.[39]

Später fand Gilson Bestätigung für seinen Begriff der christlichen Philosophie in der Enzyklika *Aeterni Patris* (1879) von Papst Leo XIII., welche er, wie er bekennt, in den dreißiger Jahren noch nicht gelesen hatte.[40] Nachdem er zwölf Jahrhunderte Spekulation von den Kirchenvätern bis zu den mittelalterlichen Meistern skizziert hatte, pries der Papst deren Weise des Philosophierens als die bestmögliche, denn sie verbinde das Studium der Philosophie mit dem Gehorsam gegenüber dem christlichen Glauben.[41] Gebrauchte allerdings der Papst den Terminus »christliche Philosophie« in seiner Enzyklika nicht ausdrücklich, so tat er dies dafür ausdrücklich im Titel, den er ihr ein Jahr später in einem Apostolischen Brief gab.[42]

Mit dieser Vorstellung von christlicher Philosophie fühlte sich Gilson auch berechtigt, von christlichen Philosophien des Mittelalters zu sprechen, z. B. von der christlichen Philosophie des hl. Augustinus, des hl. Bonaventura und des hl. Thomas. Philosophierten diese Theologen nicht ausreichend, kreierten sie nicht neue philosophische Begriffe und zeigten sie nicht neue philosophische Wahrheiten, die in das Erbe des westlichen Denkens Eingang fanden? Ihre Philosophien entsprangen allerdings ihrer Theologie und waren Dienerinnen des Glaubens; sie wurden nicht außerhalb der Theologie als autonome Philosophien entwickelt. Das trifft auch und vor allem für die thomistische Philosophie zu. Thomas schrieb lange Kommentare zu Aristoteles und philosophische Opuscula, aber seine tiefgehendste und originellste Philosophie findet man in seinen theologischen Schriften. Das, was Gilson als christliche Philosophie des hl. Thomas beschreibt, ist in Wirklichkeit Teil seiner Theologie, auch wenn jener Teil derjenige ist, den Thomas mit der Vernunft beweisen zu können glaubte. Gilson besteht somit darauf, daß alles in der thomanischen Philosophie grundlegend rational ist, obwohl es als Teil einer Theologie auftritt.[43]

War die christliche Philosophie des Mittelalters eine Schöpfung der Theologen und diente sie auch den Zwecken der Theologie, so muß deshalb nicht jede Philosophie sich in einer theologischen Umgebung entwickeln, um christliche

---

[38] Ebd. 116f.
[39] Ebd. 120.
[40] *Le philosophe*, 197.
[41] ASS 12 (1878/79) 97–115.
[42] ASS 13 (1879/80) 56–59. Vgl. É. Gilson: *The Church Speaks*, 29.
[43] *Le thomisme*, 7, 28; *Elements*, 282 Anm. 6.

Philosophie zu sein. Nach Gilson ist eine Philosophie vielmehr bereits dann christlich, wenn sie im christlichen Glauben lebt und diesem dient, sie braucht also nicht ausdrücklich Teil einer Theologie zu sein. Es gibt moderne Philosophen, die auf christliche Weise philosophieren, aber deshalb nicht vorgeben, Theologen zu sein. Das trifft auch für Gilson selbst zu. Er war der Autor vieler Schriften, die wohl streng philosophisch sind, die aber trotzdem unauslöschlich von seinem christlichen Glauben geprägt bleiben. Darüber hinaus bekunden sie einen geistigen Einsatz, der sich unbedingt in den Dienst Christi stellt.[44]

GILSON ALS CHRISTLICHER PHILOSOPH

Nach Gilson ist die Geschichte der Philosophie nicht trennbar von der Philosophie selbst. Sie ist vielmehr Teil der Philosophie, wie die Geschichte der Naturwissenschaften Teil der Naturwissenschaften ist. Man kann allerdings ein kompetenter Naturwissenschaftler sein, ohne viel über die Geschichte der Naturwissenschaften zu wissen, in der Philosophie jedoch kommt man nicht weit, wenn man nicht zuerst die Geschichte der Philosophie kennenlernt.[45] Die Geschichte der Philosophie ist eine reiche Quelle der philosophischen Reflexion. Gilson selbst liefert dafür den besten Beweis: Häufig kam er nur durch die Philosophiegeschichte zu seinen theoretischen Einsichten. Er gab zwar zu, daß dies nicht die direkte und beste Methode des Philosophierens sei,[46] für ihn selbst als geübten Historiker aber war sie zweifellos die angemessenste. Die direkte Methode, die er z. B. in seinen Büchern über die Kunst anwendete, ist hingegen diejenige, die zu den Dingen selbst geht. Gilson empfahl sie als Heilmittel gegen die Sterilität einer Scholastik, die dahin tendiert, sich mit Formeln und nicht mit der Realität selbst auseinanderzusetzen.

Obwohl die Geschichte der Philosophie die Philosophie nährt, wird sie selber nur bedeutsam im Licht der Philosophie. Für Gilson muß »die letzte Erklärung der Philosophiegeschichte die Philosophie selbst sein«.[47] Er hält daher die Philosophiegeschichte für mehr als nur für ein Wechselspiel von isolierten Meinungen. Philosophische Ideen haben nämlich eine eigene innere Verständlichkeit und Notwendigkeit, die dem Gang ihrer Geschichte zuvorkommen. So werden etwa aus einem Prinzip, das ein Philosoph aufstellt, Konsequenzen gezogen, sei es im Denken dieses Philosophen selbst oder sei es im Denken seiner Nachfolger.

Die Einheit philosophischer Erfahrung

Gilsons Buch gleichen Titels (1937) zielt im soeben angesprochenen Sinne darauf ab, die Geschichte der Philosophie als etwas philosophisch Bedeutsames darzulegen. Zu diesem Zweck untersucht es ein breites Spektrum mittelalter-

---
[44] Vgl. *Christianisme*, 142–168.
[45] *Unity*, S. VII.
[46] *L'être*, 22.
[47] *Unity*, 304.

licher und moderner Experimente und Erfahrungen der Philosophie und zieht Lehren daraus, die das Historische übersteigen. Eine der wichtigsten Erkenntnisse dabei ist die, daß keine Einzelwissenschaft dafür kompetent ist, metaphysische Probleme zu lösen oder metaphysische Lösungen zu beurteilen, da die Metaphysik jegliches Teilwissen übersteigt. Philosophen sind zwar geneigt, sich der Methode einer Einzelwissenschaft zuzuwenden, um ein philosophisches Problem zu lösen: Abaelard der Logik, Bonaventura der Theologie, Ockham der Psychologie, Descartes der Mathematik und Kant der Physik. Als Wissenschaftler wären sie auch völlig kompetent, wissenschaftsspezifische Probleme mit entsprechenden Methoden zu lösen. Als Philosophen aber sind sie zum Scheitern verurteilt, wenn sie die grundlegenden Begriffe und Methoden der Philosophie durch diejenigen einer Einzelwissenschaft ersetzen. Ihr Scheitern führt unweigerlich zu einer Periode des Skeptizismus. Allerdings (und das ist eine weitere Lehre aus der Philosophiegeschichte): »Die Philosophie begräbt immer ihre Leichenbestatter.«[48] Die Geschichte der Philosophie zeigt nämlich, daß der Mensch »vom eigentlichen Wesen her ein metaphysisches Lebewesen ist«. Es scheint, daß das Wesen seiner Vernunft ihn dazu drängt, erste Prinzipien und Ursachen seiner allgemeinen Erfahrungen zu suchen. Demokrit dachte, die erste Ursache in der Materie gefunden zu haben, Platon im Guten, Aristoteles im sich selbst denkenden Denken, Plotin im Einen, Kant im Moralgesetz, Schopenhauer im Willen, Hegel in der absoluten Idee und Bergson in der kreativen Dauer. In jedem dieser Fälle suchte ein Metaphysiker hinter und über die Erfahrungen hinaus nach dem letzten Grund aller realen und möglichen Erfahrungen. Doch jeder dieser Metaphysiker wählte als letzten Grund oder als erstes Prinzip aller Dinge einen Einzelaspekt des Seienden statt das Sein selbst. Gilson behauptet nun, daß »jeder Aspekt der Wirklichkeit und sogar der Unwirklichkeit notwendigerweise begriffen wird als Seiendes bzw. definiert wird in bezug auf das Sein«.[49] Es folgt daher für ihn mit Notwendigkeit, daß das Sein das erste Prinzip der Erkenntnis ist und daß keine Analyse der Wirklichkeit je vollständig sein wird, wenn sie nicht in einer Metaphysik kulminiert, die eine Wissenschaft vom Seienden als Seienden ist.

Sein und Wesen

Gilson entwickelt diese Überlegung in *L'être et l'essence* (1948), seinem tiefgründigsten metaphysischen Buch. Seine Methode bleibt dabei dieselbe: Sie besteht in einer Reflexion auf die geschichtlichen Erfahrungen der Philosophen. Das läßt das Buch als Philosophiegeschichte erscheinen, aber Gilson gibt seinen Lesern zu verstehen, daß »jede einzelne Zeile des Buches eigentlich philosophisch ist, wenn nicht in ihrer Form, so doch in ihrer Absicht«.[50] So stellt es das öffentliche Bekenntnis seiner eigenen »wandernden Suche nach der Wahrheit« dar.[51]

Gilson recherchiert also die Bemühungen der Philosophen von Parmenides bis

---

[48] Ebd. 306.
[49] Ebd. 313.
[50] *Being*, S. X; *L'être*, 351.
[51] *Being*, S. X.

Jean-Paul Sartre bezüglich der fundamentalen Frage der Metaphysik: »Was heißt es, zu sein oder zu existieren?« Und er meint dazu folgendes: Obwohl Parmenides am Beginn der westlichen Philosophie erkannte, daß das Sein das Objekt ist, das alle anderen einschließt und das folglich das erste Prinzip unserer Erkenntnis ist, lehrt uns die Geschichte, daß die Philosophen gewöhnlich das Sein ersetzt haben durch eine seiner vielen Formen und Arten. Aufgrund der Unbestimmtheit und Abstraktheit des Seins wandten sie sich von diesem ab und betrachteten als eigentlich wirklich etwas, was klarer und vollständiger erfaßt werden kann. So erschien das Sein, das mit Recht die Totalität der Realität bezeichnen sollte, oft als derart inhaltslos, daß es fast gleichgesetzt wurde mit dem Nichts.[52]

Eine Versuchung, der Avicenna und seine Nachfolger erlagen, war es, das Sein so zu interpretieren, daß es als das, was ist, ausgelegt wird, d. h. als das, was erfaßt werden kann in der Definition einer Wesenheit, etwa eines Menschen oder eines Pferdes. Für diese Philosophen ist somit die Wesenheit, als mögliches Seiendes, der Kern der Wirklichkeit; Existenz ist nur eine Art Addition oder eine bestimmte Form der Wesenheit, und ihre einzige Funktion ist es, ein reales Seiendes von einem bloß potentiell Seienden zu unterscheiden. Da sie weiters glaubten, daß die Existenz unserer Erkenntnis von dem, was ein Ding ist, nichts hinzufügt und auch nichts zum washeitlichen Begriff eines Dinges beiträgt, kann sie, nachdem sie einmal zur Kenntnis genommen worden ist, beiseite gelassen oder als uninteressant ausgeklammert werden. Die Existenz hat deshalb auch nichts zu tun mit den Unterscheidungen und Abstufungen in der Hierarchie der wirklich Seienden. Diese hängen nicht von der Tatsache ab, ob Dinge existieren, sondern davon, was sie sind. Dieser Gedankenrichtung folgend meinte schließlich Kierkegaard: Existiert eine Fliege, so existiert sie nicht mehr als Gott, und umgekehrt existiert auch Gott nicht mehr als sie.[53] Existenz ist ein rohes Faktum, welches notwendig ist, damit unser Denken ein reales Objekt hat; aber sie selbst ist kaum ein Gegenstand der Spekulation.

Gilson nennt Philosophien, die die Existenz auf diese Art neutralisieren, »ontologies de l'essence«. Sie lassen das rationale Wissen nämlich bloß auf das erstreckt sein, was das Objekt einer abstrakten Konzeption sein kann. Da sich nun die Existenz dieser Konzeptualisierung entzieht, liegt sie außerhalb des Bereiches des Verständlichen und Wißbaren. Wie soll dann die Existenz in ihrer Verschiedenheit von der Essenz noch in eine Metaphysik einbegriffen werden, die nach dem Wissen der Gesamtheit der Wirklichkeit trachtet?

Als Alternative empfiehlt Gilson die Metaphysik des hl. Thomas, in welcher die Existenz nicht nur etwas Verständliches, sondern sogar der Ursprung der Wirklichkeit und der Verständlichkeit der Essenz selber ist. Thomas betont oft den Primat der Existenz (»esse«) vor der Essenz, und zwar der Existenz als Aktualität von Form und Essenz und als das, wodurch ein Seiendes existiert.[54] Wenn aber dies der Fall ist, dann kann das Sein nicht erschöpfend auf das Was-

---

[52] *L'être,* 317.
[53] Ebd. 319.
[54] Vgl. Thomas: *Summa theologiae* I, q. 41, a. 1 ad 3; ders.: *Summa contra Gentiles* II, 54.

Sein oder auf die Essenz reduziert werden, es schließt vielmehr auch die Existenz ein. »Um die Wirklichkeit in ihrer Integrität zu erfassen, muß folglich das Sein in der Tragweite dieses Begriffs erkannt werden, d. h. als Gemeinsamkeit von Essenz und Existenz, da es innerhalb der Ordnung unserer Erfahrung kein Seiendes geben könnte, das nicht eine aktuell existierende Essenz und ein aufgrund der es definierenden Essenz erkennbares Existierendes wäre.«[55]

Schon Aristoteles wußte, daß das Sein in seiner höchsten Ausprägung kein Ding und keine Wesenheit ist, sondern ein Akt. Doch er identifizierte den höchsten Akt mit dem reinen Denken und dem absoluten Sein der »getrennten Substanzen« – den unbewegten Bewegern des aristotelischen Universums.[56] Der hl. Thomas löste demgegenüber eine geistige Revolution von immenser Bedeutung aus, als er erkannte, daß der höchste Akt des Seins der Existenzakt (»actus essendi«) ist. Dieser Akt wird nun laut Thomas nicht in einem washeitlichen Begriff, sondern in einem Existenzurteil von der Form: »x ist oder existiert« erkannt. Ein Urteil dieser Art bejaht nicht das Prädikat eines Subjektes, wie z. B. der Aussagetyp »x ist x«, denn Existenz ist nicht gleich Essenz. Es bejaht vielmehr nur die Existenz des Subjektes, indem es Existenz und Subjekt in Gedanken so vereint, wie sie in der Realität schon vereint sind.[57]

Obwohl Gilson also leugnet, daß die Existenz (»esse«) der Gegenstand einer auf Essentialität und Objektivität gerichteten Konzeption ist, so ist er doch der Überzeugung, daß sie in einem Urteil gewußt werde, sofern dieses der vollkommene Vollzug des Geistes ist. Er schreibt: »Eine Epistemologie, in der das Urteil und nicht die Abstraktion der Vollzug der höchsten Erkenntnis ist, wird notwendig zu einer Metaphysik verpflichtet, in der das ›esse‹ an höchster Stelle in der Ordnung der Wirklichkeit steht.«[58] Anders als Jacques Maritain beharrt er demnach auf der intellektuellen Erkenntnis des »esse« im Urteil gegenüber einer intellektuellen Intuition des Seins. Tatsächlich leugnet Gilson sogar, daß wir Intuitionen dieser Art besitzen. Wir haben nur sinnliche Intuitionen, durch die wir wahrnehmbare Dinge als Seiende wahrnehmen. Darüber hinaus besitzen wir in unseren Urteilen über diese Dinge »une expérience intuitive« ihrer Existenzakte.[59]

Gilson wurde vorgeworfen, daß er dem hl. Thomas einen Existentialismus aufgedrängt habe, den er selbst in der modernen Philosophie gefunden hätte. Gilson entgegnete diesem Vorwurf, daß ihn im Gegenteil das Lesen der Werke des Thomas dazu geführt habe, auch die Schriften Kierkegaards zu lesen und nicht umgekehrt.[60] Die thomanische Lehre ist in seinen Augen zudem Existentialismus in einem ganz anderen Sinne als der moderne. Der letztere ist eine Philoso-

---

[55] É. Gilson: *L'être*, 326.
[56] Aristoteles: *Metaphysik* 12, 7, 1072b13–30.
[57] É. Gilson: *L'être*, 289, 328.
[58] Ebd. 301; vgl. *Réalisme*, 213–239. Zur Übereinstimmung dieses Seinsbegriffs mit dem des hl. Thomas vgl. *L'être*, 351.
[59] *L'être*, 299; vgl. *Le thomisme*, 187f.; *Propos sur l'être*; *Réalisme*, 225. Zu Maritains Theorie von der Intuition vgl. *Sept leçons*, 52, und *Réflexions*, 5–40. Gilson verwendet in *Unity*, 314 den Ausdruck »the intellectual intuition of being«, doch dies ist im Sinne seiner sonstigen Äußerungen zu diesem Thema zu nehmen.
[60] *L'être*, 356.

phie ohne Essenz. Deshalb kommt es auch, daß ihm die Existenz letztlich so bedeutungslos und absurd erscheint. Die thomanische Lehre leugnet demgegenüber die Bedeutung der Essenz nicht. Sie denkt aus der Einheit von Existenz und Essenz. Deshalb könnte man sie einen Existentialismus nennen, »wie er verstanden werden sollte«.[61]

In einem Anhang zu *L'être et l'essence* legt Gilson kurz Heideggers Aussagen zur Metaphysik und zum Sein dar.[62] Er tut dies mit Respekt vor einem Philosophen, den er hochschätzt, und er tut es mit der Vorsicht, die gebührt, wenn man bekennt, daß man nur eine unvollkommene Kenntnis desselben habe. Er findet Heideggers Denken so tief in der deutschen Sprache verwurzelt, daß es ihm in Französisch kaum verständlich ist. Er sieht jedoch eine Ähnlichkeit zwischen Thomas von Aquin und Heidegger darin, daß beide ein Wissen des Seins jenseits des Wissens um die Essenz anstrebten, aber die Bedeutung von »Sein« scheint ihm in ihren jeweiligen Philosophien ziemlich verschieden zu sein. Heidegger differenziert zwischen »Sein« und »Seienden«, was im Französischen der Unterscheidung von »être« und »étant« gleichkommt und im Lateinischen der Unterscheidung von »esse« und »ens« entspricht. Er akzeptiert die traditionelle Vorstellung von der Metaphysik, die im 17. Jahrhundert von Christian Wolff als Ontologie beschrieben wurde und ein Diskurs über das Seiende ist, der sich nie zur Betrachtung des Seins erhebt. Daraus folgert Heidegger, daß er über die Metaphysik hinausgehen muß, um den Grund des Seienden im Sein zu finden. Gilsons Meinung nach ist es Heidegger aber nicht gelungen, eine präzise Bedeutung für das Wort »Sein« zu finden: ».. . er ›denkt dem Sein nach‹, er ›spricht vom Sein‹, er entfaltet das Sein in immer wieder neuen Kommentaren, wenn aber der Augenblick gekommen ist zu sagen, was das Sein sei, so schweigt er.«[63]

Im Thomismus ist es nicht nötig, über die Metaphysik hinauszugehen oder diese zu überwinden, um das Sein oder die Existenz (»esse«) zu erreichen. Metaphysik wird auch nicht im Sinne Heideggers verstanden, d. h. als eine Metaphysik, die das Sein selbst vergißt. Das Objekt der Metaphysik ist vielmehr das »ens inquantum ens«, wobei das »ens« als »habens esse« verstanden wird. In einer Metaphysik aber, in der das »ens« als das begriffen wird, was ein Zukommen des Seins besitzt, ist es unmöglich, an »das, was ist«, zu denken, ohne auch an das Sein selbst zu denken. So findet der Thomist die Existenz (»esse«) im »ens«, nicht außerhalb desselben. Und er findet sie als ersten Akt, durch den ein Ding existiert. Ohne das Geheimnis der Existenz antasten zu müssen, kann man dennoch sagen, daß sie als das aktive Prinzip verstanden werden kann, welches zusammen mit der Essenz jedes endliche Seiende ausmacht.

Am Ende der Metaphysik erreicht Thomas Gott, der der reine Existenzakt ist. Jenseits der Grenze des »étant« und der »Essenz« ist er das reine Ist (»Est«), so daß sein Name lautet: »Er Der Ist«. Was die göttliche Existenz ist (»quid est«),

---

[61] Ebd. 354; *Le thomisme*, 447f.; *Les philosophies existentielles;* bezüglich Sartre vgl. *L'être*, 357–364; über die Bedeutung und Rolle der Phanomenologie siehe ebd. 332 und *Painting*, 12–15.
[62] *L'être*, 365–378. Zum Verhältnis Gilson – Heidegger vgl. L. K. Shook: *Gilson*, 227f., 334f.
[63] *L'être*, 375.

bleibt völlig unbekannt (»penitus ignotum«). An diesem Punkt schließt sich Thomas somit Heideggers Schweigen an. Thomas allerdings zieht sich zurück, um zu beten, Heidegger, um Kommentare über Hölderlin zu schreiben.[64]

Methodischer Realismus

Eine der Kontroversen, in die Gilson in den dreißiger Jahren verwickelt war, betraf die Gültigkeit des kritischen Realismus, der von vielen Neuscholastikern vertreten wurde. Er veröffentlichte zwei Bücher gegen diese Vorstellung: *Le réalisme méthodique* (1936) und *Réalisme thomiste et critique de la connaissance* (1939).

Um die Scholastik zu erneuern und auf den modernen Stand zu bringen, dachten einige Neuscholastiker, die thomistische Lehre sollte im Lichte des cartesianischen allgemeinen Zweifels und der Kantschen Erkenntniskritik interpretiert werden. Diese Scholastiker nahmen an, was Gilson als idealistischen Zugang zur Epistemologie bezeichnete. Nach seiner Ansicht begannen diese mit ihren eigenen Gedanken in ihren eigenen Köpfen und versuchten dann, die Existenz einer äußeren Welt zu begründen. Das Wissen um die wirkliche, externe Welt, so glaubten sie, sollte gegründet sein auf einer kritischen Reflexion der internen Daten, die dem Geist unmittelbar gegenwärtig sind. Als Konsequenz sollte die Epistemologie der Metaphysik vorausgehen.

Gilson behauptete, daß diese Methode, eine realistische Theorie des Wissens zu etablieren, unthomistisch und völlig irrig sei. Wenn wir mit dem cartesianischen Cogito (»Ich denke«) beginnen, werden wir nie bei der Behauptung anlangen: »Dinge existieren«. Beginnen wir mit der Kantschen Kritik, so erreichen wir ebenfalls nie das Wissen vom Ding an sich, sondern nur von den Dingen, wie sie im Denken repräsentiert sind.[65] Gilsons Kritik richtete sich vorwiegend an die Adresse der Löwener Schule, konkret an Désiré Mercier und seinen Nachfolger Léon Noël. Laut Mercier basiert die Gewißheit über die Existenz einer äußeren Welt auf der inneren Welt des Denkens. Wie Descartes behauptet er, daß wir Eindrücke haben, die wir passiv erfahren, und daher muß es eine aktive Ursache geben, ein Nicht-Ich, welches diese Eindrücke hervorruft, und deshalb muß es eine reale, wahrnehmbare Welt geben, die außerhalb unseres Denkens liegt. Da Mercier dadurch einen Schluß vom Denken auf die Dinge einführt, ist sein Realismus mittelbar und steht im Gegensatz sowohl zum mittelalterlich-scholastischen als auch zum griechischen Realismus. Wie die Geschichte der nachcartesianischen Philosophie zeigt, endet ein solcher mittelbarer Realismus im Idealismus.[66] Noëls Realismus war unmittelbar, aber da er Kants Kritik benutzte, ging er vom »Ich« zu den Dingen, wie sie wahrgenommen werden, nicht aber zu den Dingen, wie sie an sich sind. Gilson behauptet nun, daß dies überhaupt kein

---

[64] Ebd. 377.
[65] *Le réalisme*, 73–86.
[66] Ebd. 18–32; vgl. D. Mercier: *Critériologie*.

authentischer Realismus sei, da er bei einer phänomenalen Welt ende, nicht aber bei einer wirklich-wirklichen Welt.[67]

Die betreffenden Neuscholastiker versuchten etwas zu vermeiden, was sie den naiven Realismus der mittelalterlichen und griechischen Philosophie nannten. Die modernen Philosophen, so glaubten sie, etablierten einen kritischen Realismus und gaben uns damit eine solide Basis für die Erkenntnisgewißheit bezüglich der Existenz einer äußeren Welt. Gilson antwortet, daß der scholastische Realismus alles andere als naiv sei. Er sei sich der idealistischen Positionen völlig bewußt und beziehe sie in seine Analyse der Erkenntnis mit ein: »Die Scholastik ist ein bewußter, reflektierter und gewollter Realismus, der allerdings nicht bei dem vom Idealismus aufgestellten Problem ansetzt, weil die Voraussetzungen dieses Problems notwendig den Idealismus selbst als Lösung desselben implizieren. Anders gesagt: Mag diese These zunächst auch überraschen, der scholastische Realismus steht nicht im Dienste des Erkenntnisproblems – vielmehr wird das Gegenteil wahr sein –, sondern die Wirklichkeit wird in ihm als vom Denken unabhängig angesehen, das ›esse‹ wird als vom ›percipi‹ unterschieden gesetzt, und zwar aufgrund seiner Vorstellung von dem, was Philosophie ist, und als Bedingung der Möglichkeit seiner selbst. Dies ist ein methodischer Realismus.«[68]

In seinem Buch *Réalisme thomiste* schließt Gilson in seine Kritik über den kritischen Realismus auch M. D. Roland-Gosselin, J. Maréchal, Ch. Boyer und andere mit ein. Nachdem er ihre verschiedenen Arten von kritischem Realismus überprüft hat, kommt er zu der Schlußfolgerung, daß die Erkenntniskritik im wesentlichen mit metaphysischem Realismus unvereinbar ist.[69] Dieser Realismus besagt nämlich, daß wir die äußere Realität, die verschieden ist vom Denken, unmittelbar begreifen. Wir können philosophisch über die Selbstverständlichkeit dieser Tatsache reflektieren, wir können sie aber nicht kritisieren, als ob der Beweis für diese Tatsache auf einem anderen Beweis, wie etwa dem von der Existenz des Denkens, basierte. Derartiges zu tun heißt einer idealistischen Methode folgen und im Idealismus enden.[70]

In bezug auf den »kritischen Realismus« stimmte Jacques Maritain mit Gilson im wesentlichen überein. Jedoch wollte er den Terminus erhalten, wobei er allerdings »kritisch« nicht im Kantschen Sinne verstand. Der Begriff sollte einfach andeuten, daß Philosophie nicht naiv ist, sondern eine Reflexion über die Erkenntnisse des »allgemeinen Menschenverstandes« erfordert.[71] Gilson erwiderte, daß der Terminus »kritisch« in diesem Falle keinen bestimmten Typus von Philosophie bezeichne. Dies sei jedoch beim historischen »kritischen Realismus« der Fall.[72]

---

[67] *Le réalisme*, 32–44; vgl. L. Noël: *Notes*.
[68] *Le réalisme*, 11.
[69] *Réalisme thomiste*, 156.
[70] Ebd. 49.
[71] *Les degrés*, 137–158.
[72] *Réalisme thomiste*, 38 Anm.

Kunst

Gilsons Interesse für die Kunst und für die Philosophie der Kunst begann schon sehr früh. Einer seiner ersten Artikel trägt den Titel *Art et métaphysique* (1916). Er spricht damit zwei Themen an, die ihn sein ganzes Leben beschäftigen sollten. Immerhin schrieb er auch drei hervorragende Bücher über die Kunst: *Painting and Reality* (1957), *Introduction aux arts du beau* (1963) und *Matières et formes* (1964). Gilson beabsichtigte mit diesen Büchern jedoch nicht eine thomistische Philosophie der Kunst. Obwohl er selbstverständlich den grundlegenden thomistischen Begriffen verpflichtet blieb, sind seine Bücher dennoch die Frucht seiner eigenen Reflexion über die Kunst. Er fand außerdem, daß Thomas auf diesem Gebiet nicht sehr erleuchtet war. Es schien ihm eher, daß der Doctor Angelicus zum Verständnis der schönen Künste wenig mitbrachte.[73] Thomas beschrieb die Kunst im allgemeinen als »recta ratio factibilium«, Gilson meinte aber, daß diese Formel nicht als eine Definition der Kunst genommen werden sollte, die deren eigentliche Wesenheit ausdrückt. Als eine Definition der Kunst wäre diese Formel für ihn einfach falsch gewesen, da sie die Kunst letztlich zu einer Angelegenheit des Geistes machen würde.[74] Deshalb wandte er sich gegen Maritain, als dieser die Kunst als etwas wesentlich Intellektuelles beschrieb und behauptete: »Die Kunst steht vollkommen im Bereich des Geistes.«[75] Laut Maritain bringt der menschliche Körper nur die Kunst des Geistes zur Ausführung. Er nimmt an ihr in keiner Weise teil. Wie so viele Kunstphilosophen heute versteht daher auch Maritain die Kunst als eine Art Erkenntnis. Dieses Erkennen ist zwar wesentlich kreativ und darauf gerichtet, Dinge herzustellen, aber es ist eben doch vorwiegend Erkenntnis. Aus diesem Grund nimmt Maritain als Ursprung der Kunst auch eine kreative Intuition parallel zur intellektuellen Intuition des Seins als Ursprung der Metaphysik an.[76]

Über diese Auseinandersetzung mit seinem Freund Maritain kam Gilson zu folgendem Kunstbegriff: Wie Maritain teilt er zunächst dem Erkennen in der Kunst eine primäre Rolle zu: »Es ist sicher, daß Erkenntnis eine künstlerische Produktion vom ersten Anfang bis zum Ende begleitet.«[77] Aber dann bezeichnet er die Kunst nicht eigentlich als eine Art von Erkenntnis; vielmehr ordnet er sie der Gruppe des Machens oder des Könnens zu. Kunst ist Fertigkeit oder Knowhow. Wie Thomas sagt: Kunst ist ein »habitus operativus« des Künstlers, eine Fähigkeit, Dinge herzustellen.[78] Und dieser »habitus« liegt nicht nur im Geist des Künstlers, sondern auch in seinen Händen, zumindest wenn es sich etwa um einen Maler oder Bildhauer handelt. Die Hände des Malers sind genauso kreativ wie sein Geist. Daher beginnt Kunst nicht mit der Erkenntnis allein, sondern auch mit den Händen des Künstlers. Zu der Art und Weise, wie die Kunst in den

---

[73] *Arts du beau*, 158.
[74] *Painting*, 32–36; vgl. Thomas: *Summa theologiae* I–II, q. 57, a. 4.
[75] *Art et scolastique*, 23.
[76] *Creative Intuition*, 134–141.
[77] *Painting*, 153.
[78] Thomas: *Summa theologiae* I–II, q. 57, a. 3; vgl. É. Gilson: *Painting*, 35 Anm. 27.

Händen des Künstlers liegt, sagt Gilson: »Die Kunst ist in der Handlung der Hand wie eine Seele im Körper.«[79] Wie der Körper am Leben und an den Aktivitäten der Seele teilhat, so haben auch die Körperglieder teil an der Kreativität der künstlerischen Erkenntnis. Was sodann die kreative Intuition als Ursprung der Kunst betrifft, so bestreitet Gilson, daß wir Intuitionen dieser Art erleben, genauso wie er leugnet, daß wir irgendwelche andere reine intellektuelle Intuitionen besitzen. Nur von Gott kann gesagt werden, daß er kreative Intuitionen besitzt. Wir haben sie nicht, weil wir keine reinen, intelligiblen Vorstellungen bilden können, die der Sinneserfahrung vorhergingen und fähig wären, ihre Objekte zu verursachen. Künstler schaffen ihre Werke nicht, wie Gott seine schafft. Sie müssen vielmehr in bezug auf ihre ursprüngliche Idee nach ihnen tasten, sie erfinden und völlig hervorbringen.[80]

Einige Philosophen schlagen als Wesen der Kunst den Ausdruck des Künstlers in seinem Kunstwerk oder den Wert des Kunstwerkes als Symbol vor. Obwohl Gilson zugibt, daß diese Kunsttheorien ein Korn Wahrheit enthalten, so bleibt er dennoch der Ansicht, daß das Wesen der Kunst woanders liegt.[81] Die Künste, so behauptet er, sind Wege, schöne Objekte herzustellen. Kunst kreiert neues Sein und neue Schönheit, deren Rechtfertigung in ihr selbst liegt und nicht in etwas anderem, wie z. B. in der Imitation der Natur. Daher glaubt er auch, daß nichtrepräsentierende Kunst repräsentierender Kunst überlegen ist. Der Künstler schafft etwas Neues in der Welt nicht wie Gott aus dem Nichts, sondern aus der Materie, die er vorfindet. So hat der Künstler teil an der Kreativität Gottes. Er zwingt der Materie eine Form auf. Die Vielfalt an Formen und Materie ist wiederum die Grundlage für die Unterscheidung der schönen Künste. In *Matières et formes* werden einige dieser schönen Künste im Detail betrachtet: so die Architektur, die Bildhauerei, die Malerei, die Musik, der Tanz, die Dichtung und das Theater.

Sprache

Eines der letzten Bücher Gilsons greift das Thema der Linguistik und der Sprachphilosophie auf.[82] In dieser Arbeit verbindet sich seine lebenslange Reflexion über die Sprache mit seiner Erfahrung als Mitglied der Académie Française, die dafür verantwortlich war, das französische *Dictionnaire* kontinuierlich auf den neuesten Stand zu bringen.

Als Kern des Geheimnisses der Sprache sieht Gilson die Beziehung zwischen den Worten und ihren Bedeutungen. Er schreibt: »Alle Konstanten der Sprachphilosophie sind für mich an dieses Geheimnis gebunden, das für mich undurchdringbar bleibt, das mir aber des Bekenntnisses würdig erscheint.«[83] Linguisten wie Saussure und Sapir würden die Sprache gern so behandeln, als hätte sie keine

---

[79] *Painting*, 32.
[80] *Arts du beau*, 90f.
[81] Ebd. 93–102.
[82] *Linguistique*.
[83] Ebd. 13.

Bedeutung. Ihr Ziel ist es nämlich, die Linguistik als eine rigorose Wissenschaft zu formulieren, die die Sprache in ihren physischen und meßbaren Aspekten beschreibt und philosophische Bindungen vermeidet. Gilson räumt zwar ein, daß dies als provisorischer Weg möglich sein könnte, er beharrt jedoch darauf, daß die Realität der Sprache nicht verstanden werden kann, ohne die Bedeutung mitzudenken. Denn die Bedeutung hat ihren Ursprung im menschlichen Geist, der ein außer-linguistischer und meta-physischer Faktor der Sprache ist.[84]

Andere Linguisten versuchen, die Bedeutung auf den reinen Wert oder auf den Sprachgebrauch zu reduzieren, so als ob sie in sich selbst verstanden werden könnte, ohne ein meta-linguistisches Element. Aber die Erfahrung zeigt, daß die Sprache und ihre Bedeutung zwei grundverschiedene Sachen sind. So ist z. B. der physische Aspekt der Sprache völlig verschieden von der Bedeutung, die sie vermitteln soll. Wir können eine Sprache hören und doch ihre Bedeutung nicht verstehen. Auch kann ein und dasselbe Wort mehrere, verschiedene Bedeutungen haben. Das zeigt, daß ein Wort und seine Bedeutung in zwei verschiedene Ordnungen gehören und daß sich die Vernunft in der Hervorbringung der Sprache als eine kreative Tätigkeit manifestiert.

Die Transzendenz des Denkens (»pensée«) über die Sprache ist also durch die Erfahrung bestätigt. Gilson weist darauf hin, daß ein Schriftsteller oder Redner sich oft dessen bewußt ist, daß seine Worte zur Vermittlung seiner Gedanken nicht ausreichen. Er versucht daher, neue und vielleicht bessere Worte zu finden, um das zu sagen, was er beabsichtigt. Darüber hinaus zeigt die Tatsache, daß wir unsere Gedanken einander mitteilen können – wie unvollkommen dies auch getan werden mag –, daß es einen gewissen Grad an Verständnis gibt, an dem physikalisch verschiedene Subjekte teilhaben. Deshalb muß es einen immateriellen Faktor in der Sprache geben, und dieser ist ihre Bedeutung. Die verstehbare Bedeutung, die wir unserem Nachbarn vermitteln wollen, wird allerdings von den materiellen, wahrnehmbaren Worten irgendwie getragen. Doch die relative Transzendenz des Denkens gegenüber der Sprache zeigt sich auch an der Tatsache, daß Gedanken, die in einer Sprache ausgedrückt werden, mehr oder weniger erfolgreich in eine andere übersetzt werden können. Übersetzung ist möglich, weil wir die meta-linguistische Fähigkeit der Vernunft besitzen. Die Existenz dieser Fähigkeit wird schließlich durch unseren Sprachgebrauch bewiesen, mit dem wir allgemeine Begriffe ausdrücken. Da jede physikalische Realität ein konkretes Einzelnes ist, deutet die Universalität in unserer Sprache darauf hin, daß sie ein meta-linguistisches Element beinhaltet.[85] Gilson schlägt nun vor, daß die Beziehung eines Wortes zu seiner Bedeutung analog zur Einheit von Seele und Körper verstanden werden kann. Wie die Seele den Körper belebt und doch eine Substanz mit ihm formt, so gibt die Bedeutung der Sprache Leben und formt doch eine innige Einheit mit ihr.[86]

Gilsons Suche nach dem Ursprung der Bedeutung in der Sprache folgt dem

---

[84] Ebd. 53.
[85] Ebd. 132, 152f., 161, 176, 277f.
[86] Ebd. 84.

Weg, den Thomas von Aquin markiert hat. Beginnend bei dem geschriebenen und gesprochenen Wort, führt der Weg zur inneren Rede, die Thomas als Zusammenhang von verbalen Bildern beschreibt, mit denen wir uns unsere Gedanken und Gefühle erzählen. Gedanken werden sodann klar und deutlich gemacht mit gesprochenen und ungesprochenen Worten, doch diese sind nicht selbst Gedanken. Denken und Verstehen sind Akte, die im tiefsten Inneren des Geistes stattfinden und ihren ursprünglichen Ausdruck in einem geistigen Wort oder Begriff finden, den Thomas »verbum cordis sine voce prolatum«[87] nennt. Hier liegt auch der ursprüngliche Ort der Bedeutung und des Verstehens, das wir in unserer inneren und äußeren Sprache ausdrücken. Thomas folgend vergleicht Gilson schließlich die Inkarnation des göttlichen Wortes (»Verbum«): Wie das gesprochene Wort (»vox«) das innere Wort offenbart, so hat das Fleisch das Ewige Wort geoffenbart.[88] Gemäß dieser Analogie spricht er auch von der Sprache als inkarniertem Denken oder vom Denken in seinem fleischlichen Zustand.[89]

Der Umfang dieses Artikels erlaubt nicht, Gilsons Verteidigung der Finalitätskausalität in der Philosophie des Lebens und der Evolution zu betrachten.[90] Seine Schriften über Politik, Literatur, Humanismus, Erziehung und Geistigkeit gehen ebenfalls über den Rahmen dieses Aufsatzes hinaus. Aber das hier Dargelegte soll doch deutlich gemacht haben, daß die hohe Qualität dieses breiten philosophischen Werkes Gilson zu den ersten der christlichen Philosophen des 20. Jahrhunderts gemacht hat.

BIBLIOGRAPHIE

1. Werke

A) Vollständiges Verzeichnis

McGrath, M.: Étienne *Gilson*. A Bibliography / Une Bibliographie, To 1982.

B) Auswahl

a) Philosophiegeschichtliche Werke:
La liberté chez Descartes et la théologie, P 1913.
Index scolastico-cartésien, P 1918.
Le thomisme: Introduction au système de saint Thomas d'Aquin (Str ¹1919), P ⁶1965 (ab der vierten Auflage mit dem Untertitel: Introduction à la philosophie de saint Thomas d'Aquin).
La doctrine de la double vérité, in: Études de philosophie médiévale, Str 1921, 51–75.
La philosophie au moyen âge, des origines patristiques à la fin du XIV siècle (¹1922), P ²1944.
La philosophie de saint *Bonaventure* (¹1924), P ²1943.
Saint Thomas d'Aquin (in: Les moralistes chrétiens), P 1925; unter dem Titel: Saint Thomas moraliste, P 1974.

---

[87] Thomas: *De veritate* 4,1; vgl. É. Gilson: *Linguistique,* 139–142.
[88] Thomas: *De veritate* 4,1 ad 6.
[89] *Linguistique,* 125 Anm. 1, 142 Anm. 17.
[90] *D'Aristote.*

Pourquoi saint Thomas a critiqué saint Augustin, in: AHDL 1 (1926) 5–127.
Avicenne et le point de départ de Duns Scot, in: AHDL 2 (1927) 89–146.
Introduction à l'étude de *saint Augustin* (¹1929), P ²1943.
Études sur le rôle de la pensée médiévale dans la formation du système cartésien, P 1930.
L'esprit de la philosophie médiévale (¹1932), P ²1948.
Reason and Revelation in the Middle Ages, NY 1938.
Dante et la philosophie, P 1939.
Le thomisme et *les philosophies existentielles*, in: La vie intellectuelle 13 (1945) 144–155.
Jean *Duns Scot*. Introduction à ses positions fondamentales, P 1952.
Les métamorphoses de la cité de Dieu, Lv 1952.
(Hg.): *The Church Speaks* to the Modern World. The Social Teaching of Pope Leo XIII, NY 1954.
Boèce de Dacie et la double vérité, in: AHDL 22 (1955) 81–99.
The History of Christian Philosophy in the Middle Ages, NY 1955.
Modern Philosophy: Descartes to Kant, hg. É. Gilson/T. Langan, NY 1963.
Recent Philosophy: Hegel to the Present, hg. É. Gilson/T. Langan / A. Maurer, NY 1966.

b) Systematische Werke:
Le *réalisme* méthodique, P 1936.
Christianisme et philosophie, P 1936.
The *Unity* of Philosophical Experience, NY 1937.
Réalisme thomiste et critique de la connaissance, P 1939.
L'être et l'essence (¹1948), P ²1962.
Being and Some Philosophers (¹1949), To ²1952.
Painting and Reality, NY 1957.
What is *Christian Philosophy?*, in: A. C. Pegis (Hg.): A Gilson Reader, NY 1957, 177–191.
Elements of Christian Philosophy, NY 1960.
Introduction à la philosophie chrétienne, P 1960.
Le *philosophe* et la théologie, P 1960.
Introduction aux *arts du beau*, P 1963.
Matières et formes. Poiétiques particulières des arts majeurs, P 1964.
Linguistique et philosophie. Essai sur les constantes philosophiques du langage, P 1969.
D'Aristote à Darwin et retour, P 1971.
Propos sur l'être et sa notion, in: San Tommaso e il pensiero moderno. Saggi (= Studi Tomistici 3), R 1975, 7–17.
Constantes philosophiques de l'être, P 1982 (posthum erschienen).

c) Übersetzungen ins Deutsche:
Der heilige Bonaventura, dt. Ph. Böhner, Lei 1929; dt. P. A. Schluter, Kö 1960.
Der heilige Augustinus. Eine Einführung in seine Lehre, dt. Ph. Böhner / T. Sigge, Lei 1930.
Die Mystik des heiligen Bernhard von Clairvaux, dt. Ph. Böhner, Wittlich 1936.
Christliche Philosophie von ihren Anfängen bis Nikolaus von Kues (gemeinsam mit Ph. Böhner), (¹1936/37), Pa 1952–1954.
Der Geist der mittelalterlichen Philosophie, dt. R. Schmücker, W 1950.
Dante und die Philosophie, dt. E. Sommer von Seckendorff, Fr 1953.
Heloise und Abälard, dt. S. und K. Thieme-Paetow, Fr 1955.
Johannes Duns Scotus. Einführung in die Grundgedanken seiner Lehre, dt. W. Detthof, Dü 1959.
Die Metamorphosen des Gottesreiches, dt. U. Behler, Mü 1959.
Malerei und Wirklichkeit, dt. O. Lause, Sa 1965.

2. Literatur

a) Ausführlicheres Verzeichnis:
Livi, A.: Bibliografia Gilsoniana, in: Doctor Communis 38 (R 1985) 381–390, bes. 389f.

b) Auswahl:
Bréhier, E.: Y a-t-il une *philosophie chrétienne?*, in: RMM 38 (1931) 133–162.
De Wulf, M.: *Introduction* à la philosophie néo-scolastique, Lv 1904.
–: *Notion* de la scolastique médiévale, in: RNSP 18 (1911) 177–196.

Echauri, R.: El pensamiento de Étienne Gilson, Pamplona 1980.
Mandonnet, P.: *Compte-rendu,* in: BThom 3 (1926) 50–54.
Maritain, J.: *Art et scolastique* (¹1920), P ³1930.
–: *Distinguer pour unir, ou Les degrés* du savoir, P 1932.
–: De la *philosophie chrétienne,* P 1933.
–: *Sept leçons* sur l'être, P 1934.
–: *Creative Intuition* in Art and Poetry, NY 1953.
–: *Réflexions* sur la nature blessée et sur l'intuition de l'être, in: RThom 68 (1968) 5–40; Ndr. in: J. Maritain: Approches sans entraves, P 1973, 264–284.
Mercier, D.: *Critériologie* générale ou théorie générale de la certitude (¹1899), Lv/P 1918.
Noël, L.: *Notes* d'épistémologie thomiste, Lv/P 1925.
Shook, L. K.: Étienne *Gilson,* To 1984.
Siger de Brabant: *Les Quaestiones* super Librum de Causis, hg. A. Marlasca, Lv/P 1972.
Van Steenberghen, F.: *La IIe journée* d'études de la société thomiste, in: RNSP 35 (1933) 539–554.
–: La philosophie de S. *Augustin* d'après les travaux du centenaire, in: RNSP 35 (1933) 106–126.
–: *Siger de Brabant* d'après ses œuvres inédites, 2 Bde., Lv 1931–1942.
–: La philosophie au *XIIIe siècle,* Lv/P 1966.

ARMAND MAURER

Das Löwener Institut im 20. Jahrhundert:
L. De Raeymaeker, F. Van Steenberghen u. a.

ZUR ALLGEMEINEN GESCHICHTE

Das Institut Supérieur de Philosophie in Löwen wurde 1889 durch Désiré Mercier gegründet, der bis 1906 sein Präsident war. Dank seines Engagements wurde das Institut, das 1893 seine endgültige Verfassung erhalten hatte, in kurzer Zeit zu einem äußerst einflußreichen und dynamischen Zentrum philosophischer Studien. Gegründet wurde diese Institution mit dem Auftrag, die philosophischen Theorien des hl. Thomas zu erforschen und zu vertiefen sowie sie in Beziehung zu den modernen Wissenschaften und zur zeitgenössischen Philosophie zu setzen. Die Richtlinien, die sich daraus ergaben und die Zukunft des Unternehmens prägen sollten, sind folgende: Vorrang der wissenschaftlichen Forschung; unbedingte Anerkennung der Wahrheit, von wem auch immer sie erkannt wird; prospektives Verständnis der Philosophie (d. h. Philosophie als noch zu leistende Aufgabe des Denkens, verbunden mit einem tief durchdachten Gespür für die Tradition); intensive historisch-kritische Erforschung der großen Philosophen, wobei dem hl. Thomas (hinsichtlich seiner Bedeutung für die geistige Tradition der katholischen Kirche und vor allem hinsichtlich seiner Bedeutung für die Philosophie innerhalb des abendländischen Denkens) ein besonderer Platz zukommt; Sorge um die Beziehung zwischen Philosophie und Wissenschaft (sowohl als Naturwissenschaft als auch als Geisteswissenschaft verstanden); besondere Beachtung der Frage nach dem Verhältnis zwischen Philosophie und christlichem Glauben, wobei die Philosophie als eine autonome rationale Erkenntnisweise begriffen wird (was gleichzeitig die Ablehnung einer »ausschließlich christlichen Philosophie« impliziert); Wille zum Dialog mit dem zeitgenössischen Denken; schließlich das Bestreben, die großen Probleme der Zeit mit all ihren geistigen, politischen und kulturellen Aspekten in die philosophische Reflexion einzubeziehen.

Mercier hatte 1888 die »Société Philosophique de Louvain« gegründet. Ebenfalls unter seiner Ägide entstand 1893 (erstmals erschienen 1894) die *Revue néoscolastique*,[1] die das Organ der philosophischen Löwener Schule bildete. Ihr Pro-

---

[1] Das erste Heft der Zeitschrift erschien im Januar 1894.

gramm erklärt der Titel: »Die großen Synthesen der mittelalterlichen Scholastik sollen der wissenschaftlichen Kritik unterworfen und mit den bewährten Erkenntnissen der zeitgenössischen Wissenschaft und Philosophie in Beziehung gebracht werden.«[2]

Am 8. Februar 1906 wurde Msgr. Mercier zum Erzbischof von Mechelen ernannt. Im Mai desselben Jahres folgte ihm Simon Deploige als Präsident des Instituts nach. Deploige war einer seiner ersten Mitarbeiter. Sein Bemühen bestand vor allem darin, das Werk Merciers weiterzuführen und zu konsolidieren, dessen Einfluß innerhalb und außerhalb der Universität zu erweitern und die wissenschaftliche Tätigkeit des Instituts in einem neuen Klima, das sich nach den Kriegsjahren 1914-1918 einstellte, wieder zu fördern. De Raeymaeker berichtet diesbezüglich in seinem Werk über die Geschichte des Instituts bis 1950:[3] »... zu Beginn handelte es sich darum, die thomistische Bewegung zu lancieren ... Mercier und seine Mitarbeiter der ersten Stunde hatten sich diesem Anliegen verpflichtet: ihre Werke, die breite Synthesen sein wollten, kamen dieser Aufgabe vollkommen nach und gestatteten es, die ersten Ziele zu erreichen. In der Folge kam es aber dem wissenschaftlichen Bestreben des Instituts darauf an, anderen Herausforderungen zu entsprechen, d. h. konkret die Lehre zu vertiefen und zu bestätigen, was wiederum lange und vielfältige Studien, ein kritisches und detailliertes Prüfen aller zur Debatte stehenden Lehrinhalte, spezialisierte Beweisführungen sowie ein nuanciertes und geduldiges analytisches Arbeiten erforderte.«[4]

Im Januar 1914 veröffentlichte Léon Noël, der 1905 zum »professeur agrégé« und 1911 zum ordentlichen Professor des Instituts ernannt worden war, eine bemerkenswerte »Bilanz«,[5] die einen sehr genauen und vollständigen Überblick über die Leistungen des Instituts in seiner ersten Phase, d. h. von der Gründung bis zum Beginn des Ersten Weltkrieges, gibt.

Deploige starb am 19. November 1927. Zu Beginn des Jahres 1928 wurde die Präsidentschaft des Instituts Léon Noël übertragen. Kurz nach seiner Ernennung führte dieser eine radikale Reform aller Studienprogramme im Geiste der ursprünglichen Ideen Merciers (die nie ganz realisiert worden waren) durch. Das Hauptgewicht dieser Reform lag darin, den Unterricht streng auf die Forschung hin auszurichten. Diese von Noël geschaffene Struktur bildet auch heute noch die Basis für die Studienprogramme des Instituts.

Während der Zwischenkriegszeit wurden die Vorlesungen der Universität Löwen, die bislang ausschließlich französisch gehalten worden waren, zunehmend auch in niederländischer Sprache angeboten. Dies hatte zur Folge, daß sich an der Universität eine französische und eine niederländische Sektion bildeten. Während seiner Präsidentschaft übernahm Noël am Institut die Organisation der Kurse in niederländischer Sprache. Er war jedoch nicht nur Organisator, sondern auch ein großer Inspirator. Obwohl er selbst in erster Linie auf dem Gebiet der

---

[2] RNS 6 (1899) 6.
[3] *Le Cardinal Mercier*.
[4] Ebd. 187.
[5] *Le bilan*.

Psychologie und der Erkenntnistheorie arbeitete, unterstützte und förderte er alle Forschungsgebiete des Instituts. Es ist vor allem ihm zu verdanken, daß die philosophische Forschung am Institut jenen streng wissenschaftlichen Charakter erhalten hat, der ihr bis heute eigen ist.

1938 gelang es Herman-Leo Van Breda, der an einer Dissertation über die Philosophie Husserls arbeitete, die Manuskripte des Gründers der Phänomenologie, denen in Deutschland die Vernichtung drohte, nach Löwen in Sicherheit zu bringen. Auf seine Initiative hin wurde 1939 am Institut ein Zentrum für phänomenologische Forschung unter dem Namen »Archives Husserl à Louvain«[6] gegründet. Er begann auch bald damit, den Nachlaß Husserls (*Husserliana*) zu publizieren.[7] Dies erklärt, warum seit jenen Jahren die Phänomenologie am Institut einen so großen Stellenwert besitzt. In den Jahren nach dem Zweiten Weltkrieg wurde der Dialog zwischen dem neuthomistischen und dem zeitgenössischen Denken denn auch in erster Linie ein Dialog mit der Phänomenologie (im weitesten Sinne genommen, d. h. auch die Existenzphilosophie phänomenologischer Prägung zählte hier dazu). Zu Beginn des Instituts hatte mehr der Dialog mit dem Positivismus und dem Idealismus, nach dem Ersten Weltkrieg hingegen, konkret nach der Überwindung des klassischen Positivismus, die Idealismusdebatte im Vordergrund gestanden.

1946 erhielt die Zeitschrift des Instituts den neuen Namen *Revue philosophique de Louvain*.[8] Zu dieser Namensänderung schrieb Noël (unter den Initialen L. N.) erklärend, »daß gegenwärtig das Wiederaufleben des mittelalterlichen Denkens sowie seine Anpassung an die zeitgenössische Wissenschaft und das zeitgenössische Denken weitgehend vollendete Tatsachen seien« und daß sich die »Löwener Schule« im Laufe der Jahre eine »physionomie propre« angeeignet und eine »tradition originale et caractéristique« begründet habe.[9]

Noëls Emeritierung erfolgte 1948. Mit der Präsidentschaft wurde daraufhin Louis De Raeymaeker betraut, der 1934 zum Professor ernannt worden war. Sein ständiges Bestreben war es, den Geist des Gründers des Instituts lebendig zu erhalten, die Forschung auf jede Weise zu fördern, das wissenschaftliche Potential des Instituts zu stärken, die Kontakte zu anderen Institutionen zu vermehren und die Stellung desselben innerhalb der internationalen philosophischen Fachwelt zu sichern. 1951 organisierte er ein Jubiläum aus Anlaß der 100. Wiederkehr des Geburtstages von Kardinal Mercier. Am 10. Oktober fand dazu in Anwesenheit des belgischen Königs eine akademische Feier statt, an die sich ein mehrtägiges Seminar mit dem Thema »Der Thomismus und die Philosophie von heute« anschloß.[10] Anläßlich dieses Jubiläums wurde auch ein eigener Lehrstuhl, die

---

[6] Am 24. Februar 1962 wurde dieses Zentrum unter der Bezeichnung »Husserl-Archief te Leuven – Archives Husserl à Louvain« neu als Gemeinschaftsinstitution konstituiert.

[7] Der Verlag Nijhoff (La Haye) gibt neben den *Husserliana* auch die Reihe *Phenomenologica* heraus, für die ebenfalls die Archives Husserl à Louvain und die diesen angeschlossenen Husserl-Archive federführend sind.

[8] Vgl. Bibl. 1. a).

[9] RPL 44 (1946) 5f.

[10] Vgl. Le Cardinal Mercier fondateur de l'Institut Supérieur de Philosophie à l'Université de Louvain, in: RPL 49 (1951) 653–747.

»Chaire Cardinal Mercier« gegründet. Erster Inhaber desselben war Étienne Gilson, der 1952 zehn Vorlesungen über »Die Metamorphosen des Gottesstaates« hielt.[11]

Im Jahre 1956 entstand am Institut eine neue Abteilung mit dem Namen »Centre De Wulf–Mansion. Recherches de philosophie ancienne et médiévale – De Wulf–Mansion Centrum. Navorsing over antieke en middeleeuwse filosofie«.

Nachdem die Bedeutung der arabischen Quellen für die Interpretation der mittelalterlichen Philosophien[12] erwiesen war, entschloß sich das Centre De Wulf–Mansion 1960, ein Forschungsfeld für die arabische Philosophie und die aus dieser hervorgegangenen lateinischen Übersetzungen zu eröffnen. 1965 gründete das Institut Supérieur einen Kurs für arabische Philosophiegeschichte,[13] 1967 einen Kurs zur Erläuterung arabischer philosophischer Texte und 1969 und 1970 zwei Grundkurse für die arabische Sprache.

Nachdem De Raeymaeker 1962 zum Prorektor der niederländischen Sektion der Universität ernannt worden war, sah er sich veranlaßt, seinen Lehrstuhl und seine Präsidentschaft im Sommer 1965 aufzugeben. Als Präsident folgte ihm Albert Dondeyne nach, der seit 1933 am Institut unterrichtete.

Zu diesem Zeitpunkt bahnte sich eine Entwicklung im akademischen Leben an, die zur Spaltung der Universität Löwen führen sollte. (Diese Entwicklung vollzog sich ihrerseits im Rahmen eines politischen Prozesses, der die Grundstrukturen des ganzen belgischen Staates betraf.) Am 19. November 1968 erschien ein neues Universitätsstatut, das gesetzlich festlegte, daß »die Universität aus einer französischen und einer niederländischen Sektion besteht, wobei jede von ihnen, [d. h. sowohl] die ›Université Catholique de Louvain‹ als auch die ›Katholieke Universiteit te Leuven‹, als autonome Einheit besteht«. Im Anschluß an dieses neue Statut stimmte am 4. Dezember 1968 der Institutsrat einstimmig einer Erklärung zu, derzufolge »das Institut auf akademischer Ebene in zwei autonome Institutionen geteilt wird: in das ›Institut Supérieur de Philosophie‹, das der ›Université Catholique de Louvain‹, und in das ›Hoger Institut voor Wijsbegeerte‹, das der ›Katholieke Universiteit te Leuven‹ angehört« (im folgenden werden für diese beiden Institute die Abkürzungen ISP und HIW verwendet). Mit der Verabschiedung eines Gesetzes durch das Parlament am 28. Mai 1970 wurde die Teilung endgültig vollzogen: Die beiden »Sektionen« von 1968 wurden

---

[11] É. Gilson: *Les métamorphoses de la cité de Dieu*, Lv/P 1952.

[12] Étienne Gilson: »Man wird solange keine richtige Interpretation der mittelalterlichen Philosophien erhalten, als man nicht ihrer Untersuchung eine solche der arabischen Philosophen vorausgehen läßt, die diese zwar zurückweisen, sich von ihnen aber gleichzeitig beeinflussen lassen (*L'étude des philosophes arabes et son rôle dans l'interprétation de la scolastique*, in: A.V.: *Proceedings of the sixth International Congress of Philosophy*, NY 1927, 596).

[13] Es handelte sich in Wirklichkeit um eine »re-création«. Als Mercier das Programm des Instituts organisierte, gab es an der Faculté de Philosophie et Lettres de l'Université bereits einen Kurs für Philosophiegeschichte, der jedoch nur zwei Teile besaß: die alte und die moderne Philosophie. Mercier erweiterte diesen Kurs um drei Gebiete: Geschichte der Ideen im Mittelalter (A. Cauchie), Zeitgenössische Philosophie (L. De Lantsheere) und Philosophische Werke der Araber und ihr Einfluß auf die scholastische Philosophie (J. Forget). (Diese Kurse finden sich im Programm von 1892–1893.)

(unter gleichem Namen) zwei neue Universitäten mit jeweils eigener »personnalité juridique«. Die katholische Universität Löwen erhielt außerdem einen neuen Ansitz: Louvain-la-Neuve. Dieser wurde am 2. Februar 1971 eingeweiht.[14] Die Übersiedlung begann im Juli 1972 und endete im September 1979. Das ISP richtete sich im Juli 1978 in Louvain-la-Neuve in einem Teil des »Collège Thomas More« ein.

Nach der Inkraftsetzung des »règlement organique« von 1968 wählten die französischen Mitglieder des alten »conseil universitaire« Georges Van Riet, der seit 1947 am Institut unterrichtete, zum Präsidenten des ISP. Er hatte dieses Amt bis 1977 inne und wurde 1982 emeritiert. Das Amt des Präsidenten des HIW behielt A. Dondeyne bis zu seiner Emeritierung 1971.

Im März 1973 wurde auf Anregung von Claude Troisfontaines (der seit 1967 am Institut unterrichtete) am ISP ein »Centre d'Archives Maurice Blondel« ins Leben gerufen. An diesem sind die Manuskripte und die Bibliothek Blondels aufbewahrt. Diese Institution ist unter der Leitung von Troisfontaines zu einem Zentrum der Blondel-Studien geworden. Etwa zur selben Zeit entstand dank der Hilfe von Van Breda am ISP ein »Centre d'études phénoménologiques«, das der Leitung von Jacques Taminiaux unterstand (der seit 1961 am Institut wirkte). Dieses Zentrum arbeitet sowohl mit dem »Husserl-Archief te Leuven« als auch mit dem Husserl-Archiv in Köln und Freiburg zusammen. Was das »Centre De Wulf–Mansion« anbelangt, so spaltete es sich 1968 in zwei Teile, die jedoch durch den Namen und die juridische Struktur von 1956 verbunden blieben.[15] Suzanne Mansion, die seit 1956 das Sekretariat des Zentrums leitete und seit 1959 auch am Institut unterrichtete, übernahm daraufhin die Direktion des französischen Teils, der seinerseits wiederum eine Sektion des ISP wurde.

Während der Jahre 1968–1980 verwandelte sich die Mehrzahl der »Seminare« des ISP in »Centres de recherche«. Ihr Verzeichnis entspricht den verschiedenen Forschungsschwerpunkten, die derzeit am ISP bestehen: Erkenntnistheorie, Metaphysik, philosophische Anthropologie, Ethik, soziale und politische Philosophie, Logik, Wissenschaftstheorie, philosophische Ästhetik, griechische, mittelalterliche, arabische, neuzeitliche und moderne Philosophie sowie phänomenologische Studien und Blondel-Forschungen. Zudem hat das Sekretariat der »Société Internationale pour l'Étude de la Philosophie Médiévale« seinen dauernden Sitz am ISP (verantwortlich dafür ist Christian Wenin, der seit 1960 am ISP lehrt). Seit 1984 wird das ISP, das bis dahin den Rang einer Fakultät innerhalb der Universität hatte, offiziell »Faculté des Sciences Philosophiques« (unter gleichzeitiger Beibehaltung seines alten Namens) genannt.

Die gegenwärtigen Abteilungen des HIW sind folgende: das De Wulf–Mansion Centrum, das Centrum Aristoteles Latinus, das Husserl-Archief, das Cen-

---

[14] Der Ansitz von Louvain-la-Neuve befindet sich innerhalb des Ortsgebietes von Ottignies-Louvain-la-Neuve, 25 km von Brüssel (Richtung Namur) entfernt. Die medizinische Fakultät sowie angeschlossene Studienzentren befinden sich in Woluwé-Saint-Lambert (im Stadtbereich von Brüssel).

[15] Auch dieses Zentrum (»Centre De Wulf–Mansion – De Wulf–Mansion Centrum«) ist eine rechtliche Institution ohne Gewinnabsichten.

trum voor Logica, Filosofie van de Wetenschappen en Taalfilosofie, Afdeling Metaphysica, Wijsgerige Anthropologie en Filosofie van de Cultur, Afdeling Ethiek en Wijsbegeerte van het Recht und das Centrum voor Metaphysica en Wijsgerige Godsleer.

PERSONEN UND WERKE

In der Geschichte des Instituts lassen sich vier Generationen unterscheiden: die ersten Mitarbeiter Merciers; jene, die ihre Karriere als Professoren zwischen 1905 und 1940 begannen (diese haben im allgemeinen die erste Generation noch gekannt); jene, deren Laufbahn zwischen 1940 und den Zeitpunkt der Trennung der beiden Institute fällt (diese hatten in der Regel die zweite Generation als Lehrer); und jene, die nach 1968 entweder an das ISP oder an das HIW berufen wurden. (Natürlich ist eine derartige Einteilung etwas künstlich, da in der Aufeinanderfolge der Generationen Kontinuität besteht. Andererseits ist sie insofern richtig, als sie drei Perioden mit verschiedener Prägung entspricht.)

1893 erreichte Mercier für das neugegründete Institut de Philosophie die Ernennung von vier Universitätsprofessoren, die seine Schüler gewesen waren und jetzt seine Mitarbeiter in diesen schwierigen und entscheidenden Jahren des Beginns werden sollten: Désiré Nys, Maurice De Wulf, Simon Deploige und Armand Thiéry. Zwei von ihnen, D. Nys und M. De Wulf, gaben zusammen mit Mercier den großen *Cours de Philosophie* heraus, dessen ersten Band Mercier bereits 1892 allein publiziert hatte. Dieser *Cours de Philosophie* wurde in den folgenden Jahren erweitert. Er erfuhr mehrere Neuauflagen.[16] Alle vier Mitarbeiter wirkten daran mit, die methodischen und inhaltlichen Schwerpunkte der »Löwener Schule« zu etablieren.

Désiré Nys (1859–1927) war damit beauftragt, jene Naturwissenschaften, die das Anorganische zum Gegenstand haben, mit Bezug zur philosophischen Kosmologie zu lehren. Er entwarf eine Kosmologie offener thomistischer Prägung, die aber gleichzeitig und prinzipiell den wissenschaftlichen Erkenntnissen der Zeit Rechnung trug. Sein Werk *Cosmologie* (^{1}1903, ^{4}1928)[17] basiert auf der Annahme, daß die kosmologischen Theorien des hl. Thomas nicht den »Irrtümern« der alten Physik verfallen sind und sich daher mit den bewährten wissenschaftlichen Ergebnissen gut in Einklang bringen lassen. Sowohl das mechanistische Weltbild als auch die Extremform des Energetismus Ostwalds (dessen Schüler er in Leipzig war) kritisierend, entwickelte er sodann eine Metaphysik der Natur, die in erster Linie auf dem Hylemorphismus aufbaut (dabei liefert ihm die Existenz einer Finalität der Welt das entscheidende Argument für die Lehre des Hylemorphismus). In seinem Werk über den Begriff der Zeit (*La notion de temps,* ^{1}1913, ^{3}1925) vertritt er die These von der Möglichkeit einer Existenz der Welt »ab aeterno«. Sein Buch über den Raum (*La notion d'espace,* ^{1}1922, ^{2}1930)

---

[16] Vgl. Bibl. 1. c).
[17] Man vgl. zum folgenden: Bibl. 2.

bekennt sich zu einem gemäßigten Realismus, der von einer Unterscheidung eines inneren und eines äußeren Ortes ausgeht.

Maurice De Wulf (1867–1947) war einer der Pioniere der Geschichte der mittelalterlichen Philosophie. Er spielte eine entscheidende Rolle in der immensen Forschungsarbeit, die ungefähr seit Beginn des Jahrhunderts begonnen hatte und – nach einer Formulierung von Léon Noël – darauf abzielte, die »gesamte mittelalterliche Philosophie aus dem Staub, in dem sie ruhte, zu exhumieren«.[18] Ihm verdanken wir die monumentale *Histoire de la philosophie médiévale* (3 Bde., ^{1}1900, ^{6}1947), die zum erstenmal die Zusammenhänge einer allgemeinen Philosophiegeschichte des Mittelalters aufzeigt und Interpretationsprinzipien zu derselben von entscheidender Tragweite erarbeitet. Seine Grundthesen besagen, daß im Mittelalter eine formal von der Theologie unterschiedene Philosophie mit autonomer Position bestand und daß während des ganzen Mittelalters eine allgemeine Lehre existierte, deren Hauptinhalte eine »objektivistische« und darüber hinaus »individualistische und pluralistische« Metaphysik bildete. De Wulf hat weiters mit der Reihe *Les Philosophes Belges* eine wichtige Sammlung philosophischer Texte des Mittelalters begründet, die bei seinem Tod bereits 15 Bände umfaßte und die er selbst mit eigenen Arbeiten über Gilles des Lessines und Godefroid de Fontaines bereichert hat. Man verdankt ihm nicht zuletzt eine *Histoire de la philosophie en Belgique* (1910). De Wulf war nicht nur Historiker; seine Lehrtätigkeit erstreckte sich weit über die mittelalterliche Philosophie hinaus und befaßte sich im besonderen auch mit dem Bereich der Philosophie der Kunst (diesem Gebiet widmete er sich in seinem Buch *Art et beauté*, ^{1}1920, ^{2}1943).

Simon Deploige (1868–1927), der Recht und Philosophie studiert hatte und vor seiner Berufung an das Institut de Philosophie Advokat war, wurde mit dem Gebiet der Moral- und Sozialphilosophie betraut. Er beschäftigte sich in seinen Schriften sowie in seiner praktischen Tätigkeit jedoch nicht nur mit Fragen moralischer und sozialer Natur, sondern auch mit konkreten politischen Problemen. 1923 wurde er Mitglied des belgischen Senats. Daraufhin mußte er auch unmittelbar viele politische Aufgaben wahrnehmen. Sein Hauptwerk im Bereich der Philosophie ist *Le conflit de la morale et de la sociologie* (^{1}1911, ^{4}1927). Deploige griff darin die Theorien des hl. Thomas über das menschliche Handeln und dessen Finalität sowie dessen Lehre von der Beziehung zwischen Individuum und Gesellschaft auf, trachtete aber – ganz im Sinne Merciers – vor allem danach, diese Theorien mit den zeitgenössischen Erkenntnissen zu konfrontieren. So erörterte er u. a. auch das Verhältnis von Soziologie und Moral. Dabei kam er zu folgendem Schluß: Dort, wo die Soziologie aus der Gesellschaft ein dem Individuum überlegenes Wesen macht, gerät sie in Konflikt mit den Grundlagen der Moral und muß daher kritisiert werden. Befreit sie sich jedoch von den sie belastenden positivistischen und relativistischen Voraussetzungen, so kann sie für die Moral zu einer äußerst nützlichen Partnerin werden. Denn wenn auch die Moral auf Forderungen der Vernunft gründet, die von universaler Tragweite sind, so muß sie doch ihre Regeln in vernünftiger Form den Umständen anpassen. Dabei

---

[18] *L'œuvre de M. De Wulf.*

kann sie durch die Soziologie über die Vielfalt der Umstände und über die Wirksamkeit der jeweiligen Methoden angesichts differenzierender Zusammenhänge aufgeklärt werden.

Armand Thiéry (1868–1955), der ebenfalls Recht und Philosophie, aber auch Naturwissenschaft studiert hatte, begab sich auf Anraten Merciers nach Deutschland (zunächst nach Bonn, dann nach Leipzig zu Wundt), um sich mit der experimentellen Psychologie auseinanderzusetzen, d. h. mit einer Wissenschaft, die sich zwar damals noch in den Anfängen befand, die von Mercier aber in ihrer Bedeutung bereits erkannt wurde. Nach seiner Rückkehr 1894 erhielt er den Auftrag, Kurse über Physik und physiologische Psychologie zu halten und ein Laboratorium für Psychologie einzurichten. In den folgenden Jahren veröffentlichte er eine Reihe von Studien, die Fragen der Psychologie, im besonderen der experimentellen Psychologie, betrafen. 1901 publizierte er seine *Psychologie naturelle* und zwischen 1905 und 1917 einen *Cours de physique expérimentale* in fünf Bänden. Er fand aber auch an anderen Themen, wie z. B. der Kunstphilosophie, Interesse. Eine seiner Studien (1898) war der Frage nach dem Wesen der Kunst gewidmet.

Maurice Defourny (1878–1953) kam zwar erst 1903 an das Institut, gehörte jedoch noch der »ersten Generation« desselben an. Er leitete den Kurs für Geschichte und Sozialtheorien (der damals gerade gegründet worden war) und den Kurs für Sozialökonomie (den er von Deploige übernahm). Sein Werk befaßt sich vorwiegend mit sozialer und ökonomischer Problematik, die er sowohl vom rein philosophischen als auch vom sozialwissenschaftlichen Standpunkt aus betrachtete. Wir verdanken ihm folgende sozialgeschichtliche Werke: *La sociologie positive. Auguste Comte* (1902), *Aristote. Études sur la »Politique«* (1932) und *Leçons choisies d'économie politique et sociale* (1932). Defourny spielte darüber hinaus eine große Rolle in der sozialen Bewegung Belgiens am Beginn des Jahrhunderts. Er war unter anderem der Sekretär der »Union Internationale d'Études Sociales« von Mecheln. Im Rahmen dieser Institution wirkte er aktiv an der Vorbereitung eines »Code Social« mit. Daneben publizierte er Studien zur Mitbestimmung im Betrieb, im Berufsleben und in der Wirtschaft. Seine Vorstellungen über die Gesellschaftsreform gingen dabei in Richtung korporativer Gesellschaftsstruktur.

Das herausragendste Werk dieser ersten Periode des Instituts ist der große *Cours de Philosophie* von Mercier, De Wulf und Nys. Es handelt sich hierbei um ein Werk der Synthese. Die Arbeiten der folgenden Generationen sind spezialisierter. Sie bemühen sich mehr um das kritische Anliegen. Sie sind deshalb freilich nicht weniger konstruktiv oder ärmer an wesentlichen philosophischen Einsichten. Was nun diese letzteren anbelangt, so scheint es angemessen, sie nach Sachgebieten geordnet vorzustellen.

Auf dem Gebiet der Metaphysik finden wir die Arbeiten von N. Balthasar, A. Dondeyne und F. Van Steenberghen.[19] Nicolas Balthasar (1882–1959) darf als der eigentliche Gründer der metaphysischen Löwener Schule angesehen werden.

---

[19] Bezüglich der Metaphysik siehe L. De Raeymaeker: *Soixante années*.

(Um genau zu sein, hat bereits Léon Becker [1867–1925], der von 1898 bis zu seinem Tod Theodizee-Kurse hielt, einen großen Einfluß auf seine Schüler ausgeübt; er hat jedoch fast nichts geschrieben.) Er trat sehr heftig gegen den Empirismus auf und vertrat für kurze Zeit eine Metaphysik der reinen Möglichkeit. Später erhielt seine Position jedoch eine offen existentielle Ausrichtung. Er beschäftigte sich im besonderen mit dem Wesen der metaphysischen Erkenntnis und versuchte, die transzendentale Stellung der Ideen des Seins zu erweisen, indem er von der Selbsterfahrung des Ich ausging, sofern sich dieses auf unmittelbare Weise seines geistigen Wertes bewußt ist. Seine Hauptwerke sind *L'Être et les principes métaphysiques* (1914), *La méthode en métaphysique* (1934) und *Mon Moi dans l'être* (1946).

Ihren systematischen Ausdruck findet die Metaphysik der Löwener Schule jedoch in den Abhandlungen von Luis De Raeymaeker (1895–1970) in seiner *Philosophie de l'être* (^{1}1947, ^{3}1970) und von Fernand Van Steenberghen (geb. 1904) in seiner *Ontologie* (^{1}1946, ^{4}1966). Zwischen diesen beiden Werken gibt es viele Berührungspunkte: Inspiriert durch das Denken des hl. Thomas enthalten beide eine zentrale Betrachtung über die Stellung und Struktur des endlichen Seins. Diese Betrachtung stützt sich auf die Antinomie zwischen dem absoluten Wert des Seins einerseits (der aus einer Analyse des Endlichen ersehen wird) sowie der für das Endliche charakteristischen Relativität der Seinsweise andererseits und führt zur Feststellung des unendlichen Seins, d. h. zu »dem absoluten Grund des gesamten Alls der Seienden«. Die Eigenschaften dieser absoluten Wirklichkeit wiederum erläutern sie mit Berufung darauf, die Existenz derselben bewiesen zu haben. Ihre Form der Analyse ist jedoch unterschiedlich. De Raeymaeker geht von einer Reflexion über die »grundlegende Struktur der menschlichen Erfahrung« aus und zeigt, wie diese Erfahrung eine Behauptung des Seins enthält, die ihrerseits »den Absolutheitscharakter des Seins« manifestiert. Van Steenberghen gelangt zu demselben Schluß, indem er sich auf eine erkenntnistheoretische Analyse des Seinsbegriffes stützt. In beiden Abhandlungen spielen dann wieder die Begriffe der Partizipation und der Analogie eine bedeutende Rolle. Auch sie sind jedoch im Lichte des Ausgangspunktes der jeweiligen Argumentation zu sehen.

Albert Dondeyne (1901–1985) gab 1933 bis 1971 (dem Jahr seiner Emeritierung) Kurse über spezielle Metaphysik und Theodizee. Er verfaßte auch zahlreiche Artikel zur metaphysischen Reflexion. Ein systematisches Werk zur Metaphysik hat er jedoch nicht hinterlassen. Er war mehr ein Mann des Dialogs. In einer ersten Phase fungierte vor allem der Idealismus als sein Gesprächspartner. In einer zweiten Phase, die zugleich die wichtigste seiner Laufbahn war, setzte er sich mit der Existenzphilosophie auseinander. Diese Begegnung findet zum Teil ihren Ausdruck in seinem Werk *Foi chrétienne et pensée contemporaine* (^{1}1951, ^{4}1969). Darin legt Dondeyne eine Lektüre der Philosophie des hl. Thomas vor, die den Beitrag des modernen Denkens von vornherein berücksichtigt. Diese Lektüre hebt vor allem den thomistischen »actus essendi« hervor. Über ihn versucht Dondeyne »das transphänomenale Sein der Phänomene« zu denken. In einer dritten Phase schließlich begegnet er der Philosophie von E. Lévinas. Bei ihm findet er jene Hinweise, die ihm für die Ausarbeitung eines metaphysischen Diskurses am geeignetsten erscheinen (vgl. *Un discours philosophique sur Dieu est-il encore possible?* [1974]). Ein großer Teil des Denkens von Dondeyne bewegt sich an den Grenzen zwischen Philosophie, Theologie und Kulturanalyse. Besonders das Gespräch zwischen christlichem Glauben und Kultur war ihm ein großes Anliegen. Das Buch *Geloof en wereld* (^{1}1961, ^{3}1963, franz. 1964), das er diesem Thema gewidmet hat, stieß auf großen Widerhall.

Den entscheidenden Beitrag zur Erkenntnistheorie lieferte Léon Noël (1878 bis 1953) mit seinen beiden Hauptwerken *Notes d'épistémologie thomiste* (1925) und *Le réalisme immédiat* (1938). Von der ersten Problemstellung der »Kriteriologie« Merciers ausgehend, verlagerte er diese von der psychologischen Ebene auf die Ebene der Kritik. Gleichzeitig erarbeitete er eine epistemologische Theorie, die sowohl einen kritischen als auch einen unvermittelten Realismus darstellt. Vom »Cogito« des Descartes ausgehend, begründet er eine Widerlegung der erkenntnistheoretischen Repräsentationstheorien und einen Beweis der unmittelbaren Anwesenheit des Realen im Bewußtsein. Dieses Bewußtsein jedoch ist sinnlich-intellektuell verfaßt, und zwar in der Weise, daß wir eine »intellektuelle Quasi-Intuition« von allem sinnlich Gegebenen haben. Der Intellekt erfaßt daher nach Noël zunächst das Konkrete selbst. Erst in einem zweiten Schritt gelangt er zum Begriff. Auch F. Van Steenberghen hat mit seinem Buch *Épistémologie* (^{1}1945, ^{4}1965), das als kritisches Prolegomenon zur Metaphysik konzipiert ist, zur epistemologischen Forschung des Instituts einen Beitrag geleistet.

Auf dem Gebiet der Moralphilosophie kam die bedeutendste Leistung von Jacques Leclercq (1891–1971). Sein Werk, das weit über den philosophischen Bereich hinausgeht, ist beachtlich. Leclercq war eine der großen Persönlichkeiten des belgischen Katholizismus in diesem Jahrhundert. In der Zwischenkriegszeit gründete und leitete er die Zeitschrift *La Cité Chrétienne*. Diese übte auf das ganze Land einen großen Einfluß aus. Er war vor allem ein geistlicher Lehrer und Schriftsteller. Gleichzeitig darf er als großer Moralist bezeichnet werden. Seine wesenhaft christozentrische Vorstellung von christlicher Moral hat er in seinen *Essais de morale catholique* (4 Bde., ^{1}1931–1938, ^{4}1953/55) dargelegt. Ein Teil seines Werkes ist sodann speziell der Moralphilosophie gewidmet: die *Leçons de droit naturel* (4 Bde., ^{1}1927–1937, 3–4 Auflagen) und die beiden Bücher *Les grandes lignes de la philosophie morale* (^{1}1946, ^{3}1964) bzw. *La philosophie morale de saint Thomas devant la pensée contemporaine* (1955). Zum Verhältnis von christlicher Moral und Moralphilosophie äußert er sich in *L'enseignement de la morale chrétienne* (^{1}1950, ^{2}1952). Darin zeigt er auf, daß es ein erstes Verständnis von christlicher Moral gibt, das noch nicht den Glauben miteinbezieht. Dieses findet seinen Nachweis durch die Analyse, die die Philosophie vom menschlichen Streben machen kann. Vor J. Leclercq wurde die Moralphilosophie am Institut von Pierre Harmignie (1855–1944) vertreten, dem man ein wichtiges Werk über »den administrativen Syndikalismus« sowie zahlreiche Studien zur Moral- und Sozialphilosophie verdankt.

Die Naturphilosophie wurde durch Fernand Renoirte (1894–1958) vollständig erneuert. Er trachtete nicht danach, den Einklang von wissenschaftlichen

Erkenntnissen und traditioneller Kosmologie zu erweisen, sondern im Gegenteil danach, die wissenschaftlichen Probleme von den philosophischen Problemen klar zu trennen. Dies erforderte eine »Kritik der Wissenschaften«. Diese bildet den Inhalt der beiden ersten Teile seiner *Éléments de critique des sciences et de cosmologie* (^{1}1945, ^{2}1947). Das Buch stellt daher eine Abhandlung zur Wissenschaftstheorie dar. F. Renoirte gilt als der Begründer dieser Disziplin am Institut, der heute eine so überragende Bedeutung beigemessen wird. Für ihn reduzierte sich schließlich die Naturphilosophie auf ein einziges Problem, nämlich die Möglichkeitsbedingungen der physikalischen Gegenstände, d. h. eine Dimension, die durch Raum und Zeit charakterisiert ist und das Phänomen des Wandels miteinschließt, festzusetzen. Im dritten Teil des Buches erläutert er den Hylemorphismus als Lösung dieses Problems.

Auch die Logik wurde während der Zwischenkriegszeit dank des Einsatzes von Robert Feys (1889–1961) grundlegend erneuert. Feys führte am Institut die formalisierte Logik ein (die man zu Beginn »Logistik« nannte). Seine Untersuchungen zur Logik von B. Russell, zur kombinatorischen Logik, zur Logik der natürlichen Deduktion und zur Modallogik haben dazu beigetragen, daß die neue Logik in Philosophiekreisen bekannt wurde. Darüber hinaus haben sie bei der Entfaltung der logischen Forschungen eine bedeutende Rolle gespielt. Feys veröffentlichte eine Abhandlung in niederländischer Sprache, die den Titel *Logistiek* (1949) trägt. Ebenfalls niederländisch schrieb er eine Geschichte der formalen Logik: *De ontwikkeling van het logisch denken* (1944). Außerdem war er Mitverfasser des ersten Bandes einer *Combinatory Logic* (1958, gemeinsam mit Haskell Curry). In den Bereich der formalistischen Logik gehört sodann ein Großteil des Werkes von Joseph Dopp (1901–1978). Ihm verdanken wir die *Leçons de logique formelle* (3 Bde., 1950), die den großen Vorteil haben, daß sie zugleich das Wesentliche der traditionellen Lehre vom »prädikativen Urteil« und eine Darstellung der modernen Logik für ein philosophisches Publikum bieten. Dazu kommen ein Werk über die *Logiques construites par une méthode de déduction naturelle* (1962) und die posthume Publikation eines Werkes von R. Feys, *Modals Logics* (1965) (das mehrere Teile enthält, die von Dopp selbst stammen).

Auf dem Gebiet der Philosophiegeschichte ragen die Werke von Mansion und Van Steenberghen heraus. Augustin Mansion (1882–1966, Domherr) war einer der Pioniere der modernen Aristoteles-Forschung. Seine *Introduction à la physique aristotélicienne* (^{1}1913, ^{2}1946) bleibt ein Klassiker. Dabei hat sich Mansion aber nicht nur mit Aristoteles, sondern auch mit den mittelalterlichen Übersetzungen und Kommentaren des Stagiriten befaßt. (Ab 1947 arbeitete er an der Publikation des *Aristoteles Latinus* unter der Leitung der »Union Académique Internationale« mit.) Fernand Van Steenberghen (geb. 1904) ist bis heute einer der wichtigsten Interpreten der mittelalterlichen Philosophie. Seine Werke über Siger von Brabant (*Siger de Brabant d'après ses œuvres inédites*, 2 Bde., 1931/42, *Les œuvres et la doctrine de Siger de Brabant*, 1938), zum Pariser Aristotelismus (*Aristote en Occident*, 1946) und zur gesamten Philosophie des Hochmittelalters (*La philosophie au XIIIe siècle*, 1966) haben einen entscheidenden Beitrag für unser heutiges Verständnis der philosophischen Auseinandersetzung im 13. Jahrhundert geleistet. Eines von Van Steenberghens Hauptinteressen galt der Klärung der Frage nach der Stellung der philosophischen Rationalität innerhalb des christlichen Denkens. Einzelne seiner Werke sind sodann der Philosophie des hl. Thomas gewidmet. Unter seinen letzten Werken findet sich eine Untersuchung, die in erschöpfender Weise »das Problem der Existenz Gottes in den Schriften des hl. Thomas von Aquin« behandelt. Van Steenberghen hebt darin vor allem jenen »metaphysischen Beweis« hervor, der »auf der ontologischen Ähnlichkeit der endlichen Seienden aufbaut«. Er sieht in ihm einen der beiden philosophischen Wege, die zur Affirmation einer einzigen unendlichen Ursache führen. Den anderen erblickt er in jenem Beweis, der das aktive Streben, das jedem endlichen Seienden eigen ist, zum Ausgangspunkt wählt. Was die moderne Philosophie betrifft, so sind besonders die Studie J. Dopps über die Entwicklung des Denkens Ravaissons (*Felix Ravaisson*, 1933) und die Werke von Franz Grégoire (1898–1977) über »die Ursprünge des Denkens von Karl Marx« (*Aux sources de la pensée de Marx*, 1947), über »das kommunistische Denken« (*La pensée communiste*, 1950–1953) und über das Hegelsche »System« (*Études hégéliennes*, 1958) erwähnenswert (Grégoire hat auch mehrere Studien zur Metaphysik und Religionsphilosophie herausgegeben).

In der Psychologie lieferte der Baron Albert Michotte Van den Berck (1881 bis 1965) den bedeutendsten Beitrag. Seine Werke über die experimentelle Psychologie nehmen einen hervorragenden Platz in der Geschichte dieser Disziplin ein. 1906 übernahm er das Laboratorium für experimentelle Psychologie, das Mercier an das Institut binden wollte (und das von A. Thiéry gegründet worden war), und machte es zu einem anerkannten Zentrum für wissenschaftliche Forschung. Seine Arbeiten befaßten sich mit Fragen der physiologischen Psychologie, mit der freiwilligen Wahl, mit den motorischen Reaktionen, mit den Lernprozessen und vor allem mit »der Wahrnehmung von Kausalität« (sein Hauptwerk, das der Darlegung seiner Forschungen auf diesem Gebiet gewidmet ist, trägt genau diesen Titel: *La perception de la causalité*, ^{1}1946, ^{2}1954). Auch Arthur Fauville (1894–1974) war auf dem Gebiet der Psychologie, speziell der pädagogischen Psychologie, tätig. Wir verdanken ihm ein Werk über die Psychologie des Kindes und des Jugendlichen (*Éléments de psychologie de l'enfant et de l'adolescent*, 1948).

Die dritte Generation der Löwener Schule hat die Bemühungen der zweiten weiter verfolgt, die Forschungsgebiete erweitert und ihre wissenschaftlichen Ansprüche erhöht. Besonders charakteristisch für diese Periode nach 1950 – innerhalb der Philosophie – ist die hohe Bewertung der Phänomenologie, der analytischen Philosophie und der Sprachphilosophie. Diese Entwicklung fand natürlich in den Forschungen des Instituts ihren Niederschlag. Wir müssen uns hier leider auf bloße Hinweise beschränken. Die Bibliographie soll über die wichtigsten Veröffentlichungen Aufschluß geben.[20]

Metaphysik und Erkenntnistheorie: Die Arbeiten von Georges Van Riet (geb. 1916), Suzanne Mansion (1916–1981), Joseph Rauwens (geb. 1917), Jozef Van de

---

[20] Zu jedem der angeführten Namen vgl. Bibl. 2.

Wiele (geb. 1923) und Jan Van der Veken (geb. 1932). Das Werk von Van Riet ordnet sich in die große Tradition des Rationalismus ein. Nachdem er ein erschöpfendes Werk der modernen thomistischen Erkenntnistheorie gewidmet hatte, entfaltete er seine eigenen Vorstellungen, die auf der Linie des kritischen Realismus liegen. Der Schlüssel zum Verständnis derselben bildet eine Theorie des Begriffs, nach der das abstrahierende Denken in der Lage ist, das Wirkliche adäquat zu erfassen, ohne dabei allerdings die Fülle des Konkreten vollständig auszuschöpfen. Van Riet hat auch zur Religionsphilosophie mehrere Arbeiten geschrieben. Seine Interpretation steht den Theorien, die in der Religion Irrationales am Werk sehen, entgegen. Für ihn ist die »Bedeutung der religiösen Inhalte« dem rationalen Denken zugänglich. Der Glaube betrifft nur die Zustimmung zur »Wahrheit« der religiösen Aussagen. – S. Mansion hat sich in erster Linie der Erforschung des aristotelischen Denkens gewidmet. Ihr Hauptwerk handelt vom Existenzurteil bei Aristoteles. Doch die historische Forschung ist für sie untrennbar mit sachlichen Fragestellungen verbunden. Ihre philosophische Reflexion konzentriert sich vor allem auf die sowohl epistemologische als auch metaphysische Problematik des Universalen, des Existenzurteils, der Beziehung von Essenz und Existenz und des Stellenwertes der Substanz.

Moral- und Sozialphilosophie: Arbeiten von Philippe Delhaye (geb. 1912), André Wylleman (geb. 1918), Franz De Smaele (geb. 1921), Jacques Étienne (geb. 1925), Guido Maertens (geb. 1929) und Urbain Dhondt (geb. 1930).

Phänomenologische Forschungen und philosophische Anthropologie: Arbeiten von Alphonse De Waelhens (1911–1981), von Antoon Vergote (geb. 1921), Jacques Taminiaux (geb. 1928) und Ghislaine Florival (geb. 1929). A. De Waelhens hatte in der Zeit nach dem Krieg eine Position von höchster Wichtigkeit in der europäischen philosophischen Auseinandersetzung inne, sofern er eine Verbindung zwischen deutscher und französischer Phänomenologie sicherte. Er entwarf eine eigene philosophische Anthropologie, die sich einerseits an der Phänomenologie (besonders Merleau-Pontys) orientierte, andererseits aber auch der Psychoanalyse Rechnung trug. Ab den sechziger Jahren bestand das wesentliche Anliegen seiner Forschung in der Verdeutlichung der philosophischen Implikationen der Psychoanalyse. – Das Werk A. Vergotes, das in erster Linie der Religionsphilosophie gewidmet ist, trägt entschieden den Erkenntnissen der Psychoanalyse Rechnung. Seine Publikationen, die sich zum Teil auf zentrale Aspekte der Psychoanalyse beziehen, haben viel dazu beigetragen, die Stellung der Psychoanalyse und deren Bedeutung für die Philosophie und das Verständnis der religiösen Erfahrung zu verdeutlichen. – Die philosophische Meditation von J. Taminiaux entfaltet sich im Rahmen eines eindrucksvollen Dialogs mit dem modernen deutschen Denken: dem Idealismus – vor allem Hegels – einerseits und der Phänomenologie – besonders Heideggers – andererseits. Der »Schnittpunkt« aller seiner Untersuchungen ist eine Reflexion über die Themen der Endlichkeit und des Überschreitens derselben: »eine Wachsamkeit für das, was nicht aufhört, über sie hinauszugehen«.[21] – G. Florival hat seine Forschung auf die Phänomeno-

---

[21] J. Taminiaux: *Le regard et l'excédent*, S. X.

logie des affektiven Bereichs der menschlichen Erkenntnis gerichtet. Seine Studie zu Marcel Proust ordnet sich in diese Perspektive ein.

Psychologie: Arbeiten von Gérard de Montpellier (1906–1987), Joseph Nuttin (geb. 1909) und Hector Haroux (1918–1973). G. de Montpellier war der Nachfolger von A. Michotte. Seine Untersuchungen, die rein experimentell begannen, haben sich über die Verhaltensforschung immer mehr Fragen philosophischer Natur genähert, so z. B. der Frage nach der Finalität oder der Frage nach dem Begriff von Natur. – J. Nuttin hat sich mit der Erarbeitung einer umfassenden und dynamischen Theorie der Personalität auseinandergesetzt.

Geschichte der antiken und mittelalterlichen Philosophie: Arbeiten von Gérard Verbeke (geb. 1910), Philippe Delhaye, Maurice Giele (1913–1966), Suzanne Mansion, Maurice Van Houtte (geb. 1919), Christian Wenin (geb. 1928), Guido Maertens und Urbain Dhondt. G. Verbeke veröffentlichte eine erschöpfende Untersuchung über die Entwicklung des Pneuma-Begriffs. In der Folge befaßte er sich in einem Großteil seiner Arbeiten mit den lateinischen Versionen der griechischen Aristoteles-Kommentare und mit lateinischen Aristoteles-Übersetzungen. – Die Veröffentlichungen von Ph. Delhaye haben u. a. Siger von Brabant, Godefroy de Saint-Victor, den hl. Bernhard, Petrus Lombardus, Bonaventura sowie verschiedene Aspekte der mittelalterlichen Philosophie und Theologie zum Thema.

Arabische Philosophie: Arbeiten von Simone Van Riet (geb. 1919). Ihr verdanken wir das gewaltige Unternehmen der kritischen Herausgabe des *Avicenna Latinus* (Édition critique de la traduction latine médiévale, unter der Schirmherrschaft der Union Académique Internationale; zwischen 1968 und 1987 sind sechs Bände erschienen).

Moderne und zeitgenössische Philosophie: Arbeiten von A. De Waelhens, Herman-Leo Van Breda (1911–1974), G. Van Riet, J. Van de Wiele, J. Taminiaux, C. Troisfontaines (geb. 1938), A. Léonard (geb. 1940).[22] (H.-L. Van Breda war, wie schon erwähnt, der Gründer des Husserl-Archivs und der Herausgeber der *Husserliana*.)

Philosophie der Wissenschaften: Arbeiten von Jean Ladrière (geb. 1921) und Herman Roelants (geb. 1937).

Sprachphilosophie: Arbeiten von Louis Van Haecht (1917–1985), J. Ladrière, Luce Fontaine-De Visscher (geb. 1922) und Wilhelmus De Petter (geb. 1930).

Religionsphilosophie: Arbeiten von G. Van Riet, A. Vergote, U. Dhondt, W. De Petter und J. Van der Veken.

Kunstphilosophie: Arbeiten von Eugénie De Keyser (geb. 1918), L. Van Haecht und J. Taminiaux.

Die Generation jener Wissenschaftler, die nach 1968 Berufungen erhielten, verfolgen die Arbeiten in diesen verschiedenen Richtungen weiter. Es ist jedoch nicht möglich, im Rahmen dieses Beitrages auf die Tätigkeit der letzten Jahre einzugehen.

---

[22] A. Léonard wurde erst 1974 mit einem Kurs betraut. Seine Arbeiten über Hegel können jedoch noch an den hier behandelten Zeitraum angeschlossen werden.

BIBLIOGRAPHIE

1. Publikationen des Instituts

a) Zeitschriften:
Revue néo-scolastique 1 (1894) – 16 (1909); Revue néo-scolastique de philosophie 17 (1910) – 43 (1940/45); Revue philosophique de Louvain (3. Serie) 44 (1946) – 68 (1969); Revue philosophique de Louvain (4. Serie) 69 (1970)ff.
Répertoire de la Philosophie 1 (1895ff). Ab 1934 erscheint als Supplement der Zeitschrift ein Répertoire Bibliographique. 1949 verselbständigt sich dieses Répertoire unter dem Titel: Société philosophique de Louvain. Répertoire bibliographique de la Philosophie. 1970 lautet der Titel: Répertoire bibliographique de la Philosophie, publié par l'Institut Supérieur de Philosophie de l'Université Catholique de Louvain.

b) Reihen:
Annales de l'Institut Supérieur de Philosophie, 1912–1924 (5 Bde.).
Chronique de l'Institut Supérieur de Philosophie, publiée par l'Union de St. Thomas, 1914–1923 (8 Nummern).
Bibliothèque de l'Institut Supérieur de Philosophie, 1897–1946 (30 Bde.).
Bibliothèque Philosophique de Louvain, 1946ff. (bis 1985 31 Bde.).
Leuvense Bibliotheek voor Philosophie, 1948ff.
Essais philosophiques, 1946ff. (bis 1984 10 Bde.).
Philosophica, 1946ff.
Chaire Cardinal Mercier, 1952ff. (bis 1965 10 Bde.).
Études de Psychologie, 1914–1946 (6 Bde.).
Studia Psychologica, 1954ff.
Aristote. Traductions et Études, 1912ff. (bis 1984 17 Bde.).
Corpus Latinum Commentariorum in Aristotelem Graecorum, 1957ff. (bis 1981 10 Bde.).
Aristoteles Latinus, 1961ff. (bis 1978 23 Bde.).
Avicenna Latinus, 1968ff. (bis 1983 5 Bde.).
Les Philosophes Belges. Textes et Études, 1901ff. (bis 1941 15 Bde.).
Philosophes Médiévaux, 1948ff. (bis 1986 26 Bde.).
Philosophes contemporains. Textes et Études, 1948ff. (bis 1969 16 Bde.).
Collection de Logique Mathématique, Série B, 1952–1965 (4 Bde.).
Cahiers du Centre de Logique, 1980ff. (bis 1986 6 Bde.).
Cahiers du Centre d'Études Phénoménologiques, 1981ff. (bis 1986 3 Bde.).
Centre d'Archives Maurice Blondel, 1972ff. (bis 1977 5 Bde.).
Bulletin de Philosophie Médiévale, hg. von der Société Internationale pour l'Étude de la Philosophie Médiévale am ISP, ab 6 (1964). (Bd. 1–5 erschienen 1959–1963 unter dem Titel: Bulletin de la Société Internationale pour l'Étude de la Philosophie Médiévale.)
Ancient and Medieval Philosophy. De Wulf–Mansion Centre, Series 1 (1978), Series 2 (1979): Henrici de Gandavo Opera omnia, hg. vom HIW.
Centrum voor Metaphysica en Wijsgerige Godsleer, hg. vom HIW (1977).

c) Kurse:
Traité élémentaire de philosophie à l'usage des classes, hg. von Professoren des Institut Supérieur de Philosophie, 2 Bde. (Autoren: D. Mercier, D. Nys, J. Forget, M. De Wulf) (^{1}1906), Lv ^{2}1926.
Cours de Philosophie, 7 Bde. (Bd. III in 2, Bd. VI in 3 und Bd. VII in 4 Halbbänden; Autoren: D. Mercier, M. De Wulf, D. Nys), Lv ^{1}1892–1922 (Bd. I ^{8}1933; Bd. II ^{7}1923; Bd. III ^{11}1923; Bd. IV ^{8}1923; Bd. V nie erschienen; Bd. VI 3 Bde. ^{6}1934–1947; Bd. VII/1 ^{4}1928; Bd. VII/2 ^{4}1928; Bd. VII/3 ^{3}1925; Bd. VII/4 ^{2}1930).
Cours publiés par l'Institut Supérieur de Philosophie, 7 Bde. (Bd. VI in 3 Halbbänden; Autoren: L. De Raeymaeker, F. Van Steenberghen, F. Renoirte, J. Dopp), Lv ^{1}1938–1965 (Bd. I ^{3}1947; Bd. II ^{4}1965; Bd. III ^{4}1966; Bd. IV ^{2}1973; Bd. V ^{2}1947; Bd. VII ^{3}1972; Übersetzungen in mehrere Sprachen).
Philosophia Lovaniensis. Grundriß der Philosophie in Einzeldarstellungen, hg. von Professoren des Institut Supérieur de Philosophie an der Universität Löwen, dt. Ausgabe der Bände I, II, III und VII sowie eines Teiles von Bd. V, übersetzt von M. Roesle, 5 Bde., Ei/Kö/Zü 1949–1969 (die

Verfasser der Bände sind: L. De Raeymaeker, F. Van Steenberghen, J. Dopp und F. Renoirte [gemeinsam mit D. Mercier]).

d) Bibliographien:
Université Catholique de Louvain, Bibliographie Académique (seit 1964: Bibliographia Academica): Bd. I (1834–1879), 1880; Bd. II (1834–1900), 1900; Bd. III/1 (1899–1901), 1901; Bd. III/2 (1901 bis 1903), 1904; Bd. III/3 (1903–1905), 1906; Bd. IV (1834–1908), 1908; Bd. V/1 (1908–1911), 1911; Bd. V/2 (1911–1913), 1913; Bd. VI (1914–1934), 1937; Bd. VII/1 (1934–1954), 1954; Bd. VII/2 (1934–1954), 1966; Bd. VII/3 (siehe Bd. XI); Bd. VII/4 (1934–1954), 1970; Bd. VIII (1954–1955), 1956; Bd. IX (1956), 1957; Bd. X (1957–1963), 1964; Bd. XI und Bd. VII/3 (1934–1954, 1956–1966), 1969; Bd. XII (1963–1968), 1972; Bd. XIII (1963–1968), 1975.
Katholieke Universiteit Leuven, Bibliographia Academica: Bd. XIV (1969–1975), 1980; Bd. XV (1976 bis 1977), 1979; Bd. XVI (1978–1979), 1981.

2. *Werke der einzelnen Autoren (soweit sie noch nicht im Text angeführt wurden)*

(Im Folgenden wird die *Bibliographie Académique* mit »Bibl. Acad.« abgekürzt. Zum Erscheinungsjahr vgl. 1. d)
Balthasar, N.:
Bibl.: Annua Nuntia Lovaniensia 8 (1953) 29–35; Bibl. Acad. Bd. VII/1 (298–301), Bd. VIII (14f.), Bd. X (35) und Bd. XII (30f.).
Becker, L.:
Bibl.: Bibl. Acad. Bd. III/2 (15), Bd. IV (6) und Bd. VI (5).
–: Le Cardinal Mercier fondateur de l'Institut Supérieur de Philosophie à l'Université de Louvain. La commémoration du centenaire de sa naissance, 1851–1951, Lv o. J. (1951).
Defourny, M.:
Bibl.: Bibl. Acad. Bd. III/2 (52), Bd. III/3 (29), Bd. V/1 (35), Bd. V/2 (24) und Bd. VI (181–184).
De Keyser, E.:
–: La signification de l'art dans les Ennéades de Plotin, Lv 1955.
–: Art et mesure de l'espace, Bru 1970.
Delhaye, Ph.:
Bibl.: Bibl. Acad. Bd. XIII (33–41).
–: Siger de Brabant. Questions sur la physique d'Aristote, Lv 1941.
–: Godefroy de Saint-Victor. Étude théologique, Lille 1951.
–: La conscience morale chez saint Bernard, Namur 1957.
–: Pierre Lombard, sa vie, ses œuvres, sa morale, Montreal 1960.
– (Gemeinsam mit L. Hamelin): S. Bonaventure, Breviloqium, Tl. 3: La corruption du péché. Introduction et notes, P 1967.
–: La conscience morale du chrétien. Supplément: Note annexe sur la liberté religieuse, Tournai 1964.
de Montpellier, G.:
Bibl.: Bibl. Acad. Bd. VII/4 (56f.) und Bd. XII (409).
–: Les altérations morphologiques des mouvements rapides, Lv 1935.
–: Conduites intelligentes et psychisme chez l'animal et chez l'homme (^{1}1946), Lv ^{2}1949.
–: Hasard, determinisme et finalité, in: Bulletin de la Classe des Lettres et des Sciences morales et politiques de l'Académie Royale de Belgique 59 (1973) 19–34.
–: La notion de nature en psychologie, in: ebd. 70 (1984) 188–205.
De Pater, W.:
Bibl.: Bibl. Acad. Bd. XIII (262f.), Bd. XIV (A/45), Bd. XV (28) und Bd. XVI (32f.).
–: Les Topiques d'Aristote et la dialectique platonicienne. La méthodologie de la définition, Fri 1965.
–: Taalanalytische perspektieven op godsdienst en kunst, Antwerpen 1970.
–: Theologische Sprachlogik, Mü 1971.
–: Reden von Gott. Reflexionen zur analytischen Philosophie der religiösen Sprache, Bo 1974.
Deploige, S.:
Bibl.: RNSP 30 (1928) 226–228.
De Raeymaeker, L.:
Bibl.: Bibl. Acad. Bd. VI (151f.), Bd. VII/2 (110–115), Bd. VIII (104f.), Bd. IX (97), Bd. X (390–394) und Bd. XII (262).

–: *Le Cardinal Mercier* et l'Institut Supérieur de Philosophie de Louvain, Lv 1952.
–: *Soixante années* d'enseignement de la métaphysique à l'Institut Supérieur de Philosophie de l'Université de Louvain, in: A.V.: Scrinium Lovaniense, FS É. Van Cauwenbergh, Lv 1961, 596–607.
De Smaele, F.:
Bibl.: Bibl. Acad. Bd. XII (265).
De Waelhens, A.:
Bibl.: A.V.: Qu'est-ce que l'homme? Philosophie/Psychoanalyse. Hommage à A. De Waelhens (1911–1981), Bru 1982, 9–21.
–: La philosophie de Martin Heidegger (^{1}1942), Lv ^{7}1971.
–: Une philosophie de l'ambiguïté. L'existentialisme de M. Merleau-Ponty (^{1}1951), Lv ^{4}1970.
–: Phénoménologie et vérité. Essai sur l'évolution de l'idée de vérité chez Husserl et Heidegger, P 1953.
–: La philosophie et les expériences naturelles, La Haye 1961.
–: La psychose. Essai d'interprétation analytique et existentiale (^{1}1971), Lv ^{2}1972.
–: Le Duc de Saint-Simon. Immuable comme Dieu et d'une suite enragée, Bru 1981.
De Wulf, M.:
Bibl.: RNSP 36 (1934) 41–63 und RPL 46 (1948) 445–447.
–: Introduction à la philosophie néo-scolastique, Lv/P 1904.
–: Philosophy and Civilization in the Middle Ages, Princeton/Lo/O 1922.
Dhondt, U.:
Bibl.: Bibl. Acad. Bd. XII (266) und Bd. XIV (A/41).
–: Zin en oorsprong van de ontologische vraagstelling bij Aristoteles (pro manuscripto), Lv 1959.
Dondeyne, A.:
Bibl.: RPL 83 (1985) 478–484.
–: Miscellanea Albert Dondeyne. Godsdienst filosofie. Philosophie de la religion, Lv/Gembloux 1974.
Dopp, J.:
Bibl.: RPL 76 (1978) 281f.; Bibl. Acad. Bd. VI (152f.), Bd. VII/2 (121), Bd. VIII (106), Bd. IX (98) und Bd. XII (266).
Étienne, J.:
Bibl.: Bibl. Acad. Bd. XII (55f.).
–: Spiritualisme érasmien et théologiens louvanistes. Un changement de problématique au début du XVIe siècle, Lv 1956.
Fauville, A.:
Bibl.: Bibl. Acad. Bd. VI (130–132), Bd. VII/2 (124–126), Bd. VIII (99) und Bd. XIII (384).
Feys, R.:
Bibl.: Bibl. Acad. Bd. XI und VII/3 (128f.), Bd. VIII (169f.) und Bd. XIII (384).
Florival, G.:
Bibl.: Bibl. Acad. Bd. XIII (270).
–: Le désir chez Proust. A la recherche du Sens, Lv/P 1971.
Fontaine-De Visscher, L.:
–: Phénomène ou structure? Essai sur le langage chez Merleau-Ponty, Bru 1974.
Giele, M:
Bibl.: Bibl. Acad. Bd. VII/2 (1929) Bd. X (474–477) und Bd. XII (286f.).
Grégoire, F.:
Bibl.: Ephemerides Theologicae Lovanienses 37 (1961) 403–408.
Harmignie, P.:
Bibl.: Bibl. Acad. Bd. VI (115–117).
–: L'Etat et ses agents. Étude sur le syndicalisme administratif, Lv 1911.
Haroux, H.:
Bibl.: Bibl. Acad. Bd. VII/2 (134), Bd. VIII (218), Bd. X (473f.), Bd. XII (295f.) und Bd. XIII (274).
Ladrière, J.:
Bibl.: Bibl. Acad. Bd. XI und VII/3 (150–155), Bd. XII (747–755, 968f.) und Bd. XII (316–318).
–: Les limitations internes des formalismes, Lv/P 1957.
–: L'articulation du Sens, 2 Bde., P 1970/1984 (Bd. I ^{2}1984).
–: Vie sociale et destinée, Gembloux 1973.
–: Les enjeux de la rationalité. Le défi de la science et de la technologie aux cultures, P 1977.

Leclercq, J.:
Bibl.: G. Morin: Introduction à l'étude de Jacques Leclercq, Gembloux 1973, 63–117.
Léonard, A.:
–: La foi chez Hegel, P 1970.
–: Commentaire littéral de la logique de Hegel, Lv/P 1974.
Maertens, G.:
Bibl.: Bibl. Acad. Bd. XIII (280), Bd. XIV (A/41), Bd. XV (27) und Bd. XVI (29).
–: Augustinus over de mens, Bru 1965.
Mansion, A.:
Bibl.: A.V.: Autour d'Aristote. Recueil d'études de philosophie ancienne et médiévale, Lv 1955, 41–44; und RPL 64 (1966) 668f.
Mansion, S.:
Bibl.: S. Mansion: Études aristotéliciennes, Louvain-la-Neuve 1984, S. XVIII–XXI.
–: Le jugement d'existence chez Aristote (^{1}1946), Lv ^{2}1976.
–: Études aristotéliciennes. Recueil d'articles, Louvain-la-Neuve 1984.
Michotte, A.:
Bibl.: A.V.: Miscellanea Psychologica Albert Michotte, Lv/P 1947, S. XXXIII–XL; und Bibl. Acad. Bd. IV (167), Bd. V/1 (43f.), Bd. V/2 (32f.), Bd. VII/4 (77f.), Bd. X (192f.) und Bd. XII (624).
– (Gemeinsam mit anderen Autoren): Causalité, permanence et réalité phénoménale, Lv/P 1952.
Noël, L.:
Bibl.: RPL 52 (1954) 403–415.
–: *Le bilan* de l'École de Louvain, in: Chronique de l'Institut Supérieur de Philosophie 1 (1914) 6–29, und in: Annales de l'Institut Supérieur de Philosophie 3 (1914) 600–627.
–: *L'œuvre de Monsieur De Wulf*, in: RNSP 36 (1934) 11–38.
–: La conscience du libre arbitre, Lv/P 1899.
–: Le déterminisme, Bru 1905.
Nuttin, J. R.:
Bibl.: Bibl. Acad. Bd. VII/2 (210–217), Bd. VIII (115f.), Bd. IX (105f.), Bd. X (412–414) und Bd. XII (442–452).
–: Psychoanalyse et conception spiritualiste de l'homme (^{1}1950), Lv/P ^{2}1955.
–: Tâche, réussite et échec. Théorie de la conduite humaine, Lv 1953.
– (Gemeinsam mit anderen Autoren): Perspectives in personality theory: Personality dynamics, NY 1956.
Nys, D.:
Bibl.: Bibl. Acad. Bd. II (370f.), Bd. III/1 (60), Bd. III/2 (65), Bd. III/3 (67), Bd. IV (198f.), Bd. V/2 (45) und Bd. VI (68f.).
Rauwens, J.:
Bibl.: Bibl. Acad. Bd. X (101f.) und Bd. XIII (285).
Renoirte, F.:
Bibl.: Bibl. Acad. Bd. VI (302), Bd. XI und VII/3 (200f.), Bd. VIII (153) und Bd. XII (777).
Roelants, H.:
Bibl.: Bibl. Acad. Bd. XII (354f.), Bd. XIV (A/47), Bd. XV (28) und Bd. XVI (33).
Taminiaux, J.:
–: La nostalgie de la Grèce à l'aube de l'idéalisme allemand, La Haye 1967.
–: Système de la vie éthique. G. W. F. Hegel. Présentation et traduction, P 1976.
–: *Le regard et l'excédent*, La Haye 1977.
–: Recoupements, Bru 1982.
–: Naissance de la philosophie hégélienne de l'Etat. Commentaire et traduction de la Realphilosophie d'Iena (1805–1806), P 1984.
Thiéry, A.:
Bibl.: Bibl. Acad. Bd. II (189f.), Bd. III/1 (33), Bd. III/2 (34), Bd. III/3 (36), Bd. IV (155–157), Bd. V/1 (40) und Bd. V/2 (29).
Troisfontaines, C.:
–: Maurice Blondel. Le lien substantiel et la substance composée d'après Leibniz. Texte latin (1893). Introduction et traduction, Lv/P 1972.
Van Breda, H.-L.:
Bibl.: Bibl. Acad. Bd. XI und VII/3 (232–234), Bd. XII (978), Bd. XIII (334, 393) und Bd. XIV (A/53).

–: De transcendenteel phenomenologische reductie in Husserls laatste periode (1920–1938), 3 Bde., Lv 1941.
Van de Wiele, J.:
Bibl.: Bibl. Acad. Bd. VIII (144), Bd. X (505), Bd. XII (372), Bd. XIV (A/44f.), Bd. XV (28) und Bd. XVI (32).
–: Zijnswaarheid en onverborgenheid, Lv 1964.
–: Nietzsche en het westerse denken, Lv 1976.
Van der Veken, J.:
Bibl.: Bibl. Acad. Bd. XIII (293), Bd. XIV (A/44), Bd. XV (27) und Bd. XVI (31f.).
Van Haecht, L.:
Bibl.: Bibl. Acad. Bd. VII/2 (245f.) und Bd. XVI (32).
–: Taalphilosophische beschouwingen, Lv 1947.
–: Inleiding tot de filosofie van de kunst, Assen 1978.
Van Houtte, M.:
–: La philosophie politique de Platon dans les »Lois«, Lv 1953.
–: La méthode ontologique de Platon, Lv/P 1956.
Van Riet, G.:
Bibl.: Bibl. Acad. Bd. VIII (120f.), Bd. X (424f.) und Bd. XII (383f.).
–: L'épistémologie thomiste (^{1}1946), Lv ^{2}1950.
–: Problèmes d'épistémologie, Lv/P 1960.
–: Philosophie et religion, Lv/P 1970.
Van Riet, S.:
Bibl.: Bibl. Acad. Bd. XII (384f.).
Van Steenberghen, F.:
Bibl.: Bibl. Acad. Bd. VI (44), Bd. VII/1 (349–356), Bd. VIII (20f.), Bd. X (55–58) und Bd. XII (85–88).
–: Dieu caché. Comment savons-nous que Dieu existe?, Lv/P 1961.
–: Introduction à l'étude de la philosophie médiévale, Lv/P 1974.
–: Le problème de l'existence de Dieu dans les écrits de S. Thomas d'Aquin, Lv 1980.
–: Études philosophiques, Longueuil (Québec) 1985.
Verbeke, G.:
Bibl.: Bibl. Acad. Bd. VII/2 (254f.), Bd. VIII (118), Bd. IX (107f.), Bd. X (415f.), Bd. XII (392–395), Bd. XIII (298f.), Bd. XIV (A/54–57), Bd. XV (31f.) und Bd. XVI (37).
Vergote, A.:
Bibl.: Bibl. Acad. Bd. VII/2 (255), Bd. VIII (140), Bd. X (478), Bd. XII (457–461), Bd. XIV (A/256–261), Bd. XV (194f.) und Bd. XVI (273f.).
– (Gemeinsam mit H. Piron und W. Huber): La psychoanalyse, science de l'homme (^{1}1964), Bru ^{4}1970.
–: Psychologie religieuse (^{1}1966), Bru ^{3}1969.
–: Interprétation du langage religieux, P 1974.
–: Het huis is nooit af. Gedachten over mens en religie, Antwerpen/Utrecht 1974.
–: Dette et désir. Deux axes chrétiens et la dérive pathologique, P 1978.
–: Religion, foi, incroyance. Étude psychologique, Bru 1983.
Wenin, Ch.:
Bibl.: Bibl. Acad. Bd. X (485–487) und Bd. XII (400–403).
Wylleman, A.:
Bibl.: Bibl. Acad. Bd. VII/2 (261), Bd. VIII (143), Bd. IX (127), Bd. X (472f.), Bd. XII (405f.), Bd. XIV (A/41f.) und Bd. XVI (29f.).

JEAN LADRIÈRE

Der deutschsprachige Raum
Einleitung

In den deutschsprachigen Ländern durchlief die neuscholastische Philosophie während des 20. Jahrhunderts eine ähnliche Geschichte wie in den anderen Sprachräumen. Im wesentlichen lassen sich auch hier drei Phasen unterscheiden:
1. Während der ersten Jahrzehnte wird die neuscholastische Tradition des 19. Jahrhunderts fortgesetzt. Im Vordergrund steht das Bemühen um die Neubelebung der hochmittelalterlichen bzw. spät- und barockscholastischen Philosophie. Diese wird im Anschluß an überragende geistige Autoritäten – vor allem an Thomas von Aquin und Suarez – neu systematisiert und erläuternd dargelegt. Das Verhältnis zum modernen Denken gestaltet sich hingegen zum überwiegenden Teil negativ. Die Apologetik gibt den Ton an. Mehrere Neuscholastiker zählen sogar zu den aktiven Betreibern der antimodernistischen Kampagne. Ganz im Sinne des integralistischen Thomismus, wie er etwa von G. M. Cornoldi, G. Mattiussi, L. Billot, P. J. Lemius u. a. betrieben wurde und sowohl in der Formulierung des *Antimodernisteneides* als auch in den 24 *Thesen* von 1914 (*Theses approbatae philosophiae thomisticae*, DS 3601–3624) seinen Niederschlag fand, verstehen auch diese Exponenten die Scholastik als Kampfmittel des katholischen Denkens gegen die Irrwege der modernen Kultur.

Ein markanter Vertreter dieser Art des scholastischen Denkens ist Ernst Commer (1847–1928). Commer wurde vor allem als Gegner von Herman Schell (1850–1906) bekannt, den er in mehreren Artikeln, dann aber besonders in seinem Buch *Herman Schell und der fortschrittliche Katholizismus* (Wien 1907, ²1908) heftig angriff. Seine thomistische Philosophie, die er bereits 1883 bis 1886 in seinem vierbändigen Werk *System der Philosophie* veröffentlichte und in dem 1886 (in Münster) von ihm gegründeten *Jahrbuch für Philosophie und spekulative Theologie* (seit 1914 *Divus Thomas*, herausgegeben in Fribourg) verbreitete, war von vornherein auch Bestandteil kirchenpolitischer Überlegungen. Wie wir seit den Modernismus-Forschungen von É. Poulat wissen, zählte Commer immerhin zu den Mitgliedern der antimodernistischen Geheimorganisation »Sodalitium Pianum«.

Freilich war nicht die ganze deutsche Neuscholastik der ersten Phase derart militant. Aus den weithin verbreiteten Handbüchern von Viktor Cathrein (1845 bis 1931), Konstantin Gutberlet (1837–1928), Tilmann Pesch (1836–1899), Joseph Donat (1868–1946) u. a. ist weder ein unmittelbar politischer noch ein antimodernistischer Hintergedanke ersichtlich. Aus ihnen spricht vielmehr eine reine Schulphilosophie. Diese Schulphilosophie wird mit dem vorrangigen Ziel betrieben, die Bildung von angehenden Theologen und katholisch gesinnten Wissenschaftlern auf eine sichere, glaubenskonforme Basis zu stellen. Im Vordergrund steht also weder die eigenständige Spekulation noch der Dialog mit der Zeit, sondern der Unterricht nach Maßgabe der päpstlichen Dokumente zu Bildungsfragen. Dementsprechend liegt der besondere Akzent der Bemühungen dieser Handbücher darauf, die zu behandelnden Materien übersichtlich, klar und verständlich darzulegen. Der Preis, der für diese Art des Philosophie-Betreibens bezahlt wird, ist allerdings der für reine Schulphilosophien prinzipiell übliche: Man entfaltet sich nur mehr systemimmanent, d. h. philosophische Dispute werden reine Binnendiskussionen, neue Erkenntnisse erschöpfen sich in der Erweiterung von Subtilitäten, und die Frage nach der existentiellen Relevanz des Gedachten tritt zunehmend in den Hintergrund.

2. Nach außen hin unterscheidet sich die zweite Phase der deutschen Neuscholastik von der ersten zunächst wenig. Wie gehabt werden dieselben Handbücher dem Unterricht zugrunde gelegt und in derselben Sprache, nämlich in Latein, vorgetragen. Auch noch Autoren, die diese zweite Phase bestimmen, verfassen zu Beginn ihre Traktate auf lateinisch. So verhält es sich mancherorts sogar bis in die fünfziger Jahre. Immerhin unternahm Papst Johannes XXIII. noch 1962 den Versuch, Latein als Unterrichtssprache für kirchliche Bildungseinrichtungen höherer Art zu erhalten.

Sowohl im Hinblick auf die Art und Weise des Philosophierens als auch bezüglich des Inhalts der jeweiligen scholastischen Philosophie tritt jedoch ein markanter Wandel ein. Dieser Wandel besteht grundsätzlich in der Öffnung des scholastischen Denkens auf die neuzeitliche und zeitgenössische Philosophie und Wissenschaft. Durch ihn schwächt sich die apologetische Gesinnung der einzelnen Vertreter deutlich ab. Obwohl nach wie vor der eigene katholische Standpunkt vertreten und verteidigt wird, geschieht dies nunmehr in einer positiven, d. h. aus einem Dialog heraus erwachsenen »Aus-ein-andersetzung«. Das moderne Denken wird plötzlich in seinem Anliegen ernst genommen und als etwas Positives akzeptiert. Die großen Philosophen der Neuzeit und der Gegenwart stehen mit einem Mal als mögliche Lehrer da, von denen man etwas annehmen und mit deren Hilfe man das eigene scholastische Denken vertiefen kann. Das Philosophieren, das spekulative Entwürfe wagt und die Scholastik durch neue Problemstellungen aufbricht, gewinnt gegenüber dem bloßen Verwalten und Erläutern einer überkommenen Philosophie die Oberhand. »Scholastik« ist jetzt nicht mehr identisch mit einem geschlossenen System. Sie entwickelt sich vielmehr zu einer Denk*form*, die prinzipiell offen bleibt für neue, noch nicht dagewesene Inhalte. Im Sinne von *Aeterni Patris* geht es daher nicht mehr bloß um das »tradere«, sondern ebensosehr um das nach vorne, in die Zukunft hinein offene

»augere«. Oder anders gesagt: Aus der reinen Schulphilosophie wird ein lebendiges Philosophieren, das sich den Problemen der Gegenwartsphilosophie stellt.

Großes Vorbild für die deutschsprachigen Neuscholastiker dieser Phase war das Institut Supérieur de Philosophie in Löwen. Hier stand die positive Auseinandersetzung mit der modernen Wissenschaft von Anfang an im Mittelpunkt. Im Unterschied zu anderen neuscholastischen Zentren, wo nichts dergleichen geschah, war das Löwener Institut daher imstande, die Anliegen Leos XIII. ins 20. Jahrhundert zu übertragen. Der weltweit feststellbare Impuls, der von ihm ausging, konnte allerdings in zweifacher Weise rezipiert werden: einmal in der Form der reinen *forschungsmäßigen Beschäftigung* mit den modernen Wissenschaften sowie der Beurteilung der Erkenntnisse derselben vom eigenen Standpunkt aus, dann aber auch in der Gestalt einer ausdrücklichen *Synthese* von scholastischem und modernem Denken. Das Löwener Institut entschied sich überwiegend für die erste Alternative. Es fand dabei vor allem in Italien Gefolgschaft, und zwar konkret an der Università Cattolica del Sacro Cuore in Mailand, wo deren Gründer, Agostino Gemelli (1878–1959), Forschungsstellen für empirische Wissenschaften einrichtete und selbst leitete. Die zweite Alternative der bewußten Synthese wurde hingegen, sieht man von den relativ einsamen Entwürfen Giuseppe Zambonis (1875–1950) in Italien und Juán Zaragüetas (1883–1975) in Spanien ab, vor allem der Weg der deutschen Neuscholastik. Zwar kam auch dazu der entscheidende Anstoß von außen, nämlich von der Philosophie des belgischen Jesuiten Joseph Maréchal (1878–1944), die den ersten ernsthaften Versuch unternahm, Thomas und Kant miteinander zu vermitteln. Doch dieser Anstoß löste im deutschen Sprachraum ein Echo aus, das in dieser nachhaltigen und vielfältigen Form nirgends sonst feststellbar ist, nicht einmal im französischen Raum, wo sich im Anschluß an Maréchal ebenfalls eine Schule bildete. Am eindrücklichsten dokumentiert sich dieses Echo an dem gewaltigen Erfolg, den die sogenannte »transzendentale Christologie« Karl Rahners (1904–1984) seit den fünfziger Jahren in fast allen theologischen Disziplinen erreichen konnte. Dieser Ansatz Rahners, der die katholische Theologie so epochemachend verändert hat, wurzelt im neuscholastisch-*philosophischen* Versuch, den Thomismus mit neuzeitlichen und zeitgenössischen Philosophien zu verbinden. Außer Rahner haben an diesem Versuch auch Johannes B. Lotz (geb. 1903), Walter Brugger (geb. 1904), Emerich Coreth (geb. 1919), Bernhard Welte (1906–1983) u. a. mitgewirkt.

Ein derartiges Echo war freilich nur möglich, weil von vornherein Voraussetzungen dafür bestanden. Diese Voraussetzungen wiederum haben vor allem zwei Männer geschaffen: Max Scheler (1874–1928) und Erich Przywara (1889–1972). Scheler, der in seiner mittleren Schaffensperiode eine ausdrücklich katholische Philosophie betreiben wollte, sah seine Partner aus der Tradition zwar weniger unter den Scholastikern aristotelisch-thomistischer Prägung als vielmehr unter den Vertretern des Augustinismus, seine Synthese von Phänomenologie (Wertphilosophie) einerseits und christlicher Tradition andererseits hat aber dennoch auch in Richtung Neuscholastik Wirkung gezeigt. Wohl nannten sich die von ihm inspirierten Denker nicht »Neuscholastiker«, weil sie sich nicht an Thomas oder Suarez orientierten und insofern von den »offiziellen« Neuscholastikern unterschieden. Sie dürfen aber in dem Sinne als »Neuscholastiker« bezeichnet werden, als sie die großen Repräsentanten der augustinisch-franziskanischen Tradition des Mittelalters in die zeitgenössische Philosophie übersetzen wollten. Namen wie Johannes Hessen (1889–1941), Oskar Bauhofer und Bernhard Rosenmoeller (1883–1974) gehören in diesen Zusammenhang.

Anders gestaltete sich die Wirkung Przywaras. Obwohl er nicht das Format eines Philosophen wie Max Scheler hatte und trotz seiner zahlreichen Publikationen zu Problemen und Persönlichkeiten der Philosophie weniger als Philosoph denn als interdisziplinärer Schriftsteller anzusehen ist, gelang es ihm doch, unter den katholischen Denkern ein neues geistiges Klima zu schaffen. Dank seiner Veröffentlichungen, die wohl auf der einen Seite einen entschiedenen katholischen Standpunkt bezogen, auf der anderen Seite aber doch gleichzeitig in einer offenen und konstruktiven Auseinandersetzung mit dem modernen Denken standen, wurde vielen christlich engagierten Philosophen wieder bewußt, was *Neuscholastik* im strengen Sinn des Wortes bedeutet, nämlich nicht nur Wiederholung der Tradition nach Maßgabe der antimodernistischen Direktiven, sondern fruchtbare Belebung der Tradition in der Begegnung mit der Zeit.

Dieses von Scheler und Przywara sowie von deren Schülern geschaffene »postmodernistische« Klima bildete die Grundlage für die zweite Phase der deutschsprachigen Neuscholastik. Es schuf die atmosphärischen Möglichkeitsbedingungen für den Dialog, der zwischen Scholastik und moderner Zeit stattgefunden hat. Dieser Dialog beschränkte sich freilich nicht auf die durch Maréchal initiierte Begegnung zwischen Thomas und Kant. Von Anfang an wurden auch andere Philosophen der Neuzeit und der Gegenwart in das neu-scholastische Gespräch einbezogen: Edith Stein (1891–1942) eröffnete die Auseinandersetzung mit Edmund Husserl (1859–1938) (*Husserls Phänomenologie und die Philosophie des hl. Thomas von Aquino,* 1929); Karl Rahner (*Geist in Welt,* 1939, ³1964), Johannes B. Lotz (*Das Urteil und das Sein,* 1938, ²1957) und Emerich Coreth (*Metaphysik,* 1961, ³1980) verbanden ihre thomistischen Transzendentalphilosophien mit den Einsichten der deutschen Idealisten und vor allem Martin Heideggers (1889–1976); Bernhard Welte unternahm einen Vermittlungsversuch mit Karl Jaspers (1883–1969) (*Der philosophische Glaube bei Karl Jaspers und die Möglichkeit seiner Deutung durch die thomistische Philosophie,* 1949); Theodor Steinbüchel (1888–1949) eröffnete in seiner Sozialphilosophie als erster den Dialog mit Ferdinand Ebner (1882–1931) (*Der Umbruch des Denkens,* 1936, ²1966); Bernhard Lakebrink (geb. 1904) arbeitete an einer Zusammenschau von Thomismus und Hegelscher Philosophie (*Hegels dialektische Ontologie und die Thomistische Analektik,* 1955); usw. Besonders zu erwähnen in diesem Zusammenhang sind nicht zuletzt die Bemühungen von Gustav Siewerth (1903–1963) (*Der Thomismus als Identitätssystem,* 1939) und des jungen Max Müller (geb. 1906) (*Sein und Geist,* 1940), die noch vor Rahner und Lotz die katholische Heidegger-Rezeption in Freiburg einleiteten.

Es konnte nicht ausbleiben, daß diese kühnen Vermittlungsversuche auf Widerspruch stießen. Und dieser Widerspruch kam nicht nur von Scholastikern strengerer Observanz (wie etwa M. Casula, B. Jansen, J. de Vries, G. Manser).

Unter den Kritikern fanden sich sogar Denker, die selbst Verfechter eines offenen Dialogs waren, so z. B. Erich Przywara, Gustav Siewerth und der Theologe Hans Urs von Balthasar (1905–1988). Sie sahen speziell in den Entwürfen der Maréchal-Schule Gefahren für die Theologie im besonderen und für das christliche Denken im allgemeinen. Denn die Synthese mit neuzeitlichen oder zeitgenössischen Philosophien bedeutete für sie auch die Übernahme der negativen Hypotheken, die diesen (von christlicher Warte aus betrachtet) anhafteten. Ein Verlust der metaphysischen Errungenschaften des hl. Thomas schien ihnen dabei ebenso zu drohen wie eine Funktionalisierung der Theologie durch die Anthropologie. Grundsätzlich vermißten sie zunehmend die Wahrung des spezifisch Christlichen gegenüber dem modernen Geist.

Bei aller Differenz trafen sich diese Kritiker in ihren Bedenken mit den bedeutenden französischen Thomisten Étienne Gilson (1884–1978) und Jacques Maritain (1882–1948). Auch deren Erneuerungsbemühungen um das thomistische Denken zielten nämlich nicht darauf ab, Synthesen mit dem modernen Denken einzugehen, sondern im Gegenteil darauf, das unterscheidend Thomistische in die wissenschaftliche und philosophische Gegenwartsdiskussion einzubringen.

Schließlich darf nicht übersehen werden, daß es auch während der zweiten Phase Neuscholastiker gab, die sich zwar nicht mehr auf die alten Kompendien von Cathrein, Gutberlet, Donat, Urráburu u. a. stützten, aber deshalb die neuen Wege der Vermittlungsversuche dennoch nicht mitmachten, sondern mehr danach trachteten, ihrem Thomismus bzw. Suarezianismus treu zu bleiben. Die Vertreter dieser Richtung bildeten keine Minderheit. Im Gegenteil, sieht man von der philosophischen Hochschule der Jesuiten in Pullach ab, die 1925 entstanden ist und bereits vor dem Zweiten Weltkrieg die Philosophie Maréchals rezipiert hat, so wurde bis in die fünfziger Jahre an den meisten kirchlichen Lehranstalten noch Scholastik in klassischer Form gelehrt (so etwa in Innsbruck, in Eichstätt, in Fribourg usw.). Erst in dieser Zeit begann sich die Philosophie von Rahner, Lotz, Coreth, Welte u. a. an den kirchlichen Hochschulen durchzusetzen. Für die Zeit davor ist eher ein Mann wie Gallus Manser OP (1866–1950) repräsentativ, der in Fribourg lehrte und Herausgeber der Zeitschrift *Divus Thomas* war. Sein Werk *Das Wesen des Thomismus* (1932, ³1949) ist ein klarer Versuch, die Philosophie des hl. Thomas in sich selbst, d. h. ohne Bezug zum modernen Denken, zu begreifen und zu vertreten. Obwohl um Vermittlung und Aktualisierung bemüht, weisen auch die zahlreichen und erfolgsträchtigen Bücher von Josef Pieper (geb. 1904) in diese Richtung. Ihre Absicht besteht ebenfalls in der Einbringung des unterscheidend Thomistischen in die Probleme der Gegenwart, nicht in der Synthese mit dem modernen Denken.

3. Seit ungefähr zwei Jahrzehnten ist die deutschsprachige Neuscholastik in eine letzte Phase eingetreten, die man gelegentlich schon das »Ende der Neuscholastik« genannt hat. Es steht jedenfalls fest, daß selbst die Anliegen der »liberaleren« Neuscholastik zunehmend an Attraktivität verloren haben. An zahlreichen Hochschulen hat sich darüber hinaus die Neuscholastik stillschweigend in andere Richtungen der Philosophie aufgehoben. Symptomatisch für diesen Wandel mag z. B. die Namensänderung der Zeitschriften *Scholastik* und *Divus Thomas* sein.

Während sich erstere ab 1966 einfach *Theologie und Philosophie* nennt, legt sich die letztere 1954 den Titel *Freiburger Zeitschrift für Philosophie und Theologie* zu. Beide Zeitschriften folgen damit dem Beispiel der Löwener *Revue néo-scolastique de philosophie,* die schon 1946 zur *Revue philosophique de Louvain* geworden ist.

Im wesentlichen scheinen mir drei Ursachen für diese Entwicklung verantwortlich zu sein:

a) Das Philosophieverständnis der Neuscholastik war das klassisch-abendländische, das sich trotz vieler Einbrüche bis ins 20. Jahrhundert erhalten hat und trotz aller Vorbehalte selbst bei Heidegger, Jaspers und anderen maßgebenden Philosophen noch bestimmend war. In diesem Verständnis galt die Philosophie als eine Wissenschaft, die allen Einzelwissenschaften vorhergeht, sie begründet und normiert, und darüber hinaus als eine Wissenschaft, die ihre eigenen, von keiner Einzelwissenschaft begünstigten Inhalte hat. Im Zuge der Identitätskrise der Philosophie, die schon im 19. Jahrhundert einsetzte und zunehmend den Einzelwissenschaften die seinerzeitigen Kompetenzen der Philosophie zuschob, geriet dieses Verständnis von Philosophie jedoch in die Krise. Der immer spürbarer werdende Kompetenzverlust der Philosophie mußte konsequenterweise jene Denkrichtungen am meisten treffen, die sich gerade dadurch auszeichneten, daß sie am traditionellen Philosophiebegriff festhielten. Die Neuscholastik zählte zweifellos zu diesen Richtungen.

b) Die Neuscholastik hatte seit ihrem Bestehen die historische Erforschung des mittelalterlichen Denkens kontinuierlich vorangetrieben. Es gebührt ihr sicherlich das große Verdienst, die mittelalterliche Philosophie und Theologie in ihrem Eigenwert, in ihrer Wichtigkeit für die gesamte europäische Kultur und in ihrer Bedeutung für die zeitgenössische Auseinandersetzung mit der Vergangenheit bewußt gemacht zu haben. Mit der Zeit wandten sich die historischen Erkenntnisse jedoch gegen das neuscholastische Selbstverständnis. Es wurde nämlich immer deutlicher, daß die Andersartigkeit des mittelalterlichen Denkens gegenüber dem neuzeitlich-gegenwärtigen tiefer war als vermutet. Daraus folgte, daß die von der aufgeschlosseneren Neuscholastik beabsichtigte Synthese von mittelalterlicher und moderner Philosophie unter einem fragwürdigen Titel stand. Denn der Anspruch auf die »Scholastik« ließ sich vom historischen Standpunkt her nicht mehr rechtfertigen.

c) Die moderne Philosophie – man denke etwa an die Sprachphilosophie, an die analytische Wissenschaftstheorie oder an alle Philosophien, die auf empirischen Wissenschaften aufbauen – unterscheidet sich von der traditionellen Philosophie nicht bloß im Inhalt, sondern bereits in der Methode. Die Differenz liegt also schon im Betreiben von Philosophie. Deshalb steht eine Synthese, die unter Umständen zwischen Thomas und Kant oder Thomas und Heidegger möglich gewesen sein mag, heute vor viel grundsätzlicheren Schwierigkeiten als vor 50 Jahren. Wie die jüngste Entwicklung an den philosophischen Einrichtungen von theologischen oder kirchlichen Institutionen zeigt, sind diese sogar praktisch unüberwindbar. Höchstens innerhalb von Teilbereichen, wie z. B. auf dem Gebiet der formalen Logik, scheinen Berührungspunkte möglich zu sein.

Das »Ende der Neuscholastik« ist vielleicht noch nicht an allen Lehrkanzeln für Philosophie eingetreten. Nach wie vor gibt es Lehrstühle, denen die besondere Pflege der scholastischen Philosophie – nicht nur aus historischem Interesse – anvertraut wird. Und natürlich ist nicht zu vermuten, daß die seinerzeitigen Protagonisten der neuscholastischen Bewegung ihre Überzeugungen heute einfach aufgegeben haben. Doch wie auch immer: Daß die Neuscholastik im deutschen Sprachraum die Bühne der philosophischen Auseinandersetzungen de facto verlassen hat, stellt für die gesamte Philosophie, die weiterhin eine spezifisch »christliche Philosophie« bzw. eine »Philosophie im Dienste des Glaubens« sein will, eine Herausforderung dar. Denn im Unterschied zu vielen heutigen sogenannten »christlichen Philosophien« oder »philosophischen Institutionen an theologischen Fakultäten«, die ihr Wirken häufig in reiner Formalistik oder in reiner Historik erschöpfen, besaß die Neuscholastik ein klares Bewußtsein hinsichtlich ihres Selbstverständnisses als »christliche Philosophie«. Sie hat dadurch der ihr nachfolgenden Philosophie ein Maß vorgegeben, das diese nicht mehr unterbieten darf. Mag es heute auch nicht mehr so leicht möglich sein, dieses Selbstverständnis um die Christlichkeit des eigenen Philosophierens begrifflich zu formulieren, so bleibt dies doch eine Aufgabe, die nicht zu vernachlässigen ist, wenn man sich nicht um seine Identität bringen will. Die Neuscholastik bleibt in diesem Punkt eine Herausforderung.

HEINRICH M. SCHMIDINGER

Erich Przywara (1889–1972)

»Der Mensch ist geschaffen dazu hin, zu loben, Ehrfurcht zu tun und zu dienen Gott, unserem Herrn, und mittels dessen heil zu machen seine Seele; und die andern Dinge über dem Antlitz der Erde sind geschaffen hin zum Menschen, und dazu hin, daß sie ihm helfen in der Verfolgung des Zieles, zu dem hin er geschaffen ist.«

In diesem »Prinzip und Fundament« der Exerzitien des hl. Ignatius von Loyola kommt die bestimmende Form für Leben und Werk des Jesuiten Erich Przywara unüberhörbar zur Sprache.

SEIN LEBEN

Am 12. Oktober 1889 wurde Erich Przywara in Kattowitz (Oberschlesien) als ältester Sohn einer Kaufmannsfamilie geboren. Der Vater Mathias Przywara stammte aus einer polnischen Bauernfamilie und wurde der Organisator der oberschlesischen Kaufmannschaft. Die Mutter Bertha, geb. Peiker, entstammte einer deutschen Beamtenfamilie aus Neiße. An diese »Gegensätze im Blut« hat sich Przywara im Alter ebenso erinnert wie an die »Gegensätze der Erde« in der industriellen und landschaftlichen, völkischen und religiösen Vielfalt seiner oberschlesischen Heimat. In Kattowitz besuchte er bis zum Abitur das humanistische Gymnasium, eine Schule, die keineswegs von katholischem Geist geprägt war. Als Primaner sang er in einem gemischten Chor unter Leitung von Professor Oskar Meister, der die klassische Polyphonie sowie Bach und Liszt pflegte. Rückblickend auf diese Zeit schrieb Przywara: »Dieses ›Musik als Form‹ ist die eigentliche ›Geburts-Erde‹ dessen, was ich später als ›Polarität‹, ›Spannungseinheit‹ und zuletzt als ›Analogie‹ zum Mittelpunkt meines Denkens nahm.«[1]

Das Jesuitengesetz vom 4. Juli 1872 hatte die Jesuiten vom gesamten Reichsgebiet ausgeschlossen und ihre Niederlassungen aufgelöst. So erklärt sich nicht

---

[1] *In und Gegen*, 13.

nur die Tatsache, daß Przywara seine gesamte Ausbildungszeit im Ausland zubrachte; es erscheint auch der Eintritt des 18jährigen in die Gesellschaft Jesu (2. Juni 1908 in Exaten, Holland) als Schritt von früher, großer Entschiedenheit.

Zu den politischen Nachwehen des Kulturkampfes kam in der Zeit seines Noviziates (1908–1910) und in der Zeit seiner philosophischen Studien in Valkenburg/Holland (1910–1913) der innerkirchliche Kampf gegen den Modernismus, gleichzeitig der Versuch, aus dem Getto auszubrechen und die Kirche in die Auseinandersetzung mit der zeitgenössischen Philosophie und Weltanschauung zu führen.

Später hat sich Przywara mit großer Dankbarkeit an die führenden Jesuitengestalten dieser frühen Jahre erinnert: Er verdanke die Methode seiner Theologie Alten und Neuen Bundes dem Exegeten Franz von Hummelauer, die Methode seiner Theologie des Evangeliums dem Novizenmeister J. B. Müller, seine Haltung zum Verhältnis von Kirche, Kultur und Staat seinem Lehrer Professor G. Gietmann. Am meisten aber verdanke er seinem Lehrer Josef Fröbes SJ, von dem er die Methode gelernt habe, »in reiner Sachlichkeit (ohne pastorale oder apologetische Neben-Absichten) jeden Autor (sei er noch so anti-christlich oder anti-religiös) ›besser verstehen zu wollen, als er sich selbst versteht‹ ... – um dann erst die Auseinandersetzung mit ihm zu beginnen«.[2]

Nun spielt gewiß die Methodenfrage im Werk Przywaras eine immer wiederkehrende Rolle, und es ist auch von vornherein wahrscheinlich, daß die (nicht unumstrittene) Methode sich in diesen frühen Studienjahren unter dem Einfluß bedeutender Lehrer gebildet hat. Umso mehr fällt auf, daß Przywara seine wichtigste und bekannteste Lehre – die von der analogia entis – an keiner Stelle auf seinen Lehrer Fröbes zurückführt. Freunde und Widersacher, ja auch Przywara selber waren bald der Meinung, er habe den Terminus »analogia entis« erst erfunden. J. Terán-Dutari hat in einer materialreichen Studie[3] einwandfrei nachgewiesen, daß Przywara in der Ontologie-Vorlesung von J. Fröbes im Studienjahr 1910/11 die Lehre von der analogia entis und den Terminus kennengelernt hat, und auch Fröbes hat nur vorgetragen, was sich in der Schultradition seit langem entwickelt hatte. Historisch genau ist die Feststellung von K. Rahner: »Durch ihn wurde ... die analogia entis aus einer kleinen scholastischen Spitzfindigkeit zur Grundstruktur des ›Katholischen‹.«[4]

Darum kann die Kenntnis des neuscholastischen Schulbetriebs an der Ordenshochschule das »Phänomen Przywara« nicht erklären. Vielmehr wurden die Lehrjahre vermutlich gerade durch jene Studien fruchtbar, die über den Rahmen des Üblichen hinausgingen oder sogar der allgemeinen Studienrichtung zuwiderliefen. Die Rezeption der bedeutendsten Werke, die für sein eigenes Lebenswerk entscheidend werden sollten, übte Przywara mit seiner Methode einer »immanenten Synthese«. In der Überzeugung, daß bei den wirklichen Denkern die letzten Aspekte in einem objektiv immanenten Bezug stehen, schrieb er sich z. B. aus

---

[2] Ebd. 8.
[3] J. Terán-Dutari: *Geschichte.*
[4] K. Rahner: *Laudatio,* 270.

Augustinus, der Deutschen Mystik, den Romantikern, Nietzsche, Scheler und Newman die von ihm so genannten »Kernstellen« heraus, d. h. nicht »Lesefrüchte« von subjektivem Interesse, sondern die wichtigsten Stellen von objektiver Bedeutung. Sodann ging es nicht um die Anordnung nach hineingetragenen Gesichtspunkten, sondern um das Aufspüren eines werkimmanenten Rhythmus.

Gleichzeitig bahnte sich in diesen Studienjahren der Weg zu den eigenen großen Werken an. Es entstand eine eigene philosophisch-theologische Gesamtdarstellung, handschriftlich in knappster Form und strengster Gliederung viele Bände umfassend, die noch nicht erforscht sind. Man darf vermuten, daß z. B. das frühe Studium der *Quaestiones disputatae* des Thomas von Aquin darin seinen ersten Niederschlag fand.

Von 1913 bis 1917 war Przywara Musikpräfekt am Kollegium »Stella Matutina« in Feldkirch (Vorarlberg). 1917–1921 machte er seine theologischen Studien wiederum in Valkenburg (Priesterweihe im August 1920). Nach Abschluß aller Studien versetzte ihn der Orden nach München an die Redaktion der *Stimmen der Zeit,* an denen er bis zum Verbot durch die Gestapo 1941 mitarbeitete.

Frühe Buchveröffentlichungen trafen den Kern der großen Fragen, die den deutschen Katholizismus nach dem Ersten Weltkrieg beschäftigten: Newman, Scheler und die geistige Krisis der Gegenwart. Daneben arbeitete er an vielen anderen Zeitschriften mit und entfaltete eine rege Vortragstätigkeit. In philosophisch-theologischen Kursen in Wyhlen (Baden) erarbeitete er 1924–1926 Grundlagen für das philosophische Hauptwerk *Analogia Entis* (1932), daneben in großen Exerzitienkursen die praktische Grundlage für seine Theologie der ignatianischen Exerzitien *Deus semper major* (1938). Er begegnete Barth, Buber, Husserl, Heidegger, Edith Stein und vielen anderen, begleitete die frühen Studien Karl Rahners und Hans Urs von Balthasars.

Die zwanziger Jahre blieben beherrscht von den großen Themen der Religionsbegründung und der Religionsphilosophie. In dichter Folge erschienen *Religionsphilosophie katholischer Theologie* (1927), *Das Geheimnis Kierkegaards* (1929), *Ringen der Gegenwart* (1929), *Kant heute* (1930) und schließlich als ein gewisser Abschluß der erste Band von *Analogia Entis* (1932).

In den folgenden Jahren bis zum Kriegsausbruch wandelte sich das Bild der Buchveröffentlichungen: Mehrere Bände mit geistlichen Liedern und Versen, die große *Augustinus*-Synthese (1934) und die mehrbändige Theologie der Exerzitien *Deus semper major* (1938) zeigen eine verstärkte Hinwendung zu Fragen christlicher Existenz, wie sie in der Zeit der nationalsozialistischen Herrschaft gefordert war. Buchtitel wie *Christliche Existenz* (1934), *Heroisch* (1936), *Crucis Mysterium. Das christliche Heute* (1939) vermitteln eine Ahnung von der Konzentration auf die radikale Auseinandersetzung.

Nach dem Verbot der *Stimmen der Zeit* war Erich Przywara von Kardinal Faulhaber mit der Altakademiker-Seelsorge beauftragt und hielt unter zunehmenden Gefahren und Schwierigkeiten Predigtzyklen und Vortragszirkel in München, Wien und Berlin. Daraus entstanden nach dem Krieg die großen theologischen Werke, vor allem *Alter und Neuer Bund* (1956).

Gegen Kriegsende ereignete sich auf Schloß Stolberg im Harz die dritte und für das Gesamtwerk vielleicht entscheidende Begegnung Przywaras mit den Kirchen der Reformation. War die Begegnung im Jahr des Reformationsjubiläums 1917 noch vornehmlich literarischer Art gewesen (aber für Przywaras Verständnis von Pantheismus und Theopanismus und den Folgen der Reformation für das deutsche Geistesleben von enormer Bedeutung), waren die Begegnungen Przywaras Ende der zwanziger Jahre mit Karl Barth und anderen Vorkämpfern der dialektischen Theologie Grund zu persönlichen Freundschaften und gleichzeitig scharfer prinzipieller Entgegensetzung geworden – so ergab der Aufenthalt auf Schloß Stolberg nicht nur die Möglichkeit zu ausgiebigen Gesprächen mit dem evakuierten Berliner Ober-Konsistorium der Deutschen Evangelischen Kirche, sondern auch zu einem ausgiebigen, vertieften Luther-Studium. So wurde die »Schlacht« des Luther-Kapitels in *Humanitas. Der Mensch gestern und morgen* (1952), einem Werk, das auf über 900 Seiten die zwanzigjährige Konkretisierung der systematischen Hauptwerke anstrebte, nicht nur Zeugin einer neuen Sicht Martin Luthers, die bis heute weder von der evangelischen noch von der katholischen Theologie voll eingeholt worden ist. Diese Begegnung mit Luther ereignete sich auch in einer Tiefe, deren Konsequenzen für die eigene philosophische und theologische Sicht voll auszuloten Przywara nicht mehr vergönnt war, weil seit dem Krieg – mit glücklichen Unterbrechungen – jede Arbeit überhaupt schwerster Krankheit abgerungen werden mußte. Gleichwohl veröffentlichte er nach 1945 noch 25 Bücher, verfaßte über 300 Zeitschriftenbeiträge und hielt viele Rundfunkvorträge.

Weder die geschichtliche Stunde noch das persönliche Geschick haben es Erich Przywara erlaubt, sein philosophisches Hauptwerk *Analogia Entis* von 1932 systematisch weiterzuführen. Dennoch wird man ihm keineswegs gerecht, wenn man sein Werk so darstellt, als sei es in philosophischer Hinsicht 1932 oder spätestens 1940 abgeschlossen. Die Endgestalt seiner Analogie-Lehre ist unter Vernachlässigung der typologischen Anthropologie *Mensch* (1959) und des Werkes *Logos* (1964) nicht darstellbar.

Wegen schwankender Gesundheit lebte Przywara nach dem Krieg auf dem Lande, zuletzt in Hagen bei Murnau/Obb. Dort starb er am 28. September 1972. Sein Grab ist auf dem Jesuiten-Friedhof in Pullach bei München.

SEIN WERK

»Als ich 1923 in meiner ›Religionsbegründung‹ in der Auseinandersetzung mit Scheler, und ab 1925 in der Auseinandersetzung mit Karl Barth den Ausdruck ›analogia entis‹ in die metaphysische und kontrovers-theologische Literatur einführte und dann zum Mittelpunkt meiner ›Religionsphilosophie‹ . . . und der philosophisch-theologischen Metaphysik machte . . ., wurde das leider nicht zum Ausgangspunkt einer fruchtbaren Kontroverse, sondern es wurde zum Ausgangspunkt einer grotesken Verzerrung . . .«[5]

---

[5] *In und Gegen*, 277f.

Damit wird schon deutlich: Przywaras Lehre von der analogia entis ist nicht als in sich ruhende Ausarbeitung eines philosophischen Systems entstanden, sondern als Instrument der Katholizität des Denkens für die Auseinandersetzungen in der Zeit. In diesen Kontroversen sieht Przywara in der Tat die Antwort des Katholizismus als das Heilmittel an, dessen die Zeit bedarf. Aber dieser Katholizismus ist nicht eine statische Größe ein für allemal, er schwingt vielmehr in einem dynamischen Wachstum oder – um ein Wort von Newman zu gebrauchen: »Meine Unwandelbarkeit hier unten ist, mich fortwährend zu wandeln.«[6]

Die Etappen dieses Weges sollen nun hier in einigen Strichen nachgezeichnet werden.

Polarität

»Was wir brauchen und was wir darum heute als unser Programm aufstellen, ist eine Philosophie des Ausgleichs, eines Ausgleichs nicht ›heute für immer‹, eines Ausgleichs vielmehr ›ins Unendliche weiter‹: Die Philosophie der Polarität, gleich weit entfernt von einer Philosophie ruhelosen Umschlags wie statischer Mitte, die Philosophie dynamischer Polarität.«[7] Dieses Programm trug Przywara 1923 auf der Herbsttagung des Katholischen Akademikerverbandes in Ulm vor.

Er versteht die Polarität von Liebe und Ehrfurcht, überhaupt ein System der Polarität im Sinne Newmans als das einzige Heilmittel gegen die Krankheiten des europäischen Denkens, das »die Allwirksamkeit Gottes nicht durch den ebenso echten Thomasstandpunkt der wahren Eigenwirksamkeit der Geschöpfe polarisiert«.[8] Damit ist der Gegner genannt und die wirksame Waffe gegen ihn erkannt. Der Gegner trägt das Janus-Antlitz von Identität und Widerspruch. Beide Extreme wollen sich absolut setzen und damit Gott gleich werden. Polarität heißt die heilsame Losung.

Aber bald zeigt sich auch die Unschärfe dieses Begriffs. Eine rein innerweltliche Polarität führt zur Trennung von Gott und vergötzt den Menschen. Eine unmittelbar in Gott verankerte Polarität aber beraubt den Menschen seiner gottgewollten Eigenständigkeit. Die Antwort kann darum immer weniger in einer voreiligen Harmonisierung liegen. Der Gegensatz ist ein Signum der Kreatürlichkeit überhaupt. Je ernster er genommen wird, desto mehr eröffnet sich dem unverstellten Blick in die Wirklichkeit aber auch die verborgene Einheit der Gegensätze. Diese kann nicht gemacht, gewollt, konstruiert werden. Sie ist Gegensatz-Spannung als Wandel im Rhythmus. Polarität als Spannungs-Einheit ruft zur Rückführung in das Geheimnis. Nur aus dem Mysterium kann sie Antwort geben auf die Fragen aus dem Abgrund der Gegensätze. »Polarität [ist] die tiefste Erkenntnis des Kreatürlichen als solchen, der tiefste Blick in sein Wesen als aufgerissene Frage, deren Antwort Gott ... ist.«[9]

Zwischen dem Abgrund einer ausweglosen Aporetik und dem Gefahrenpunkt

---

[6] *Newman,* Bd. V, 75.
[7] *Schriften,* Bd. II, 215.
[8] *Religionsbegründung,* 274.
[9] *Ringen,* 947.

einer gewaltsamen Konstruktion ist Polarität die Lösung als fließendes Strömen eines Wandels im Rhythmus. Aber wird dann nicht alle Inhaltlichkeit des Denkens aufgelöst in einen rein formalen Rhythmus? Rhythmisierung ist nicht Selbstzweck. Sie macht gefügig und geschmeidig für den größeren Dienst am Mysterium. Dahin zielt die Dynamik der Polarität: »Die Leidenschaft, mit der ab- und aufgeräumt, jegliche Systemmöglichkeit gebrochen und in das Joch der Relativität gebeugt wird, hat ihren Sinn nur daher, daß sie sich selber als Dienstgehorsam an dem Mysterium versteht, das ohne diese Auskehr nicht ansichtig werden könnte.«[10]

In der Mitte der zwanziger Jahre befindet sich das Werk Przywaras in einem merkwürdigen Dilemma. Da sind auf der einen Seite die frühen religiösen Schriften, als Einübung in den geschmeidigen, gefügigen Dienst. Da ist auf der anderen Seite die notwendige Begegnung mit den Bewegungen und Strömungen der Zeit. Innerhalb weniger Jahre ist Przywara durch viele Schriften und Vorträge bekannt geworden. Dreißig Jahre später kann er seine Methode mit der Formel »In und Gegen« umschreiben. Für das »In« steht dann die Methode Hermann Bahrs: »daß man vor jeder Kritik liebevoll einsteigen und untergehen muß«. Für das »Gegen« steht die Methode Theodor Haeckers: »daß man bis zur letzten Scheidung und Unterscheidung schreiten muß«.[11] Muß – wie sich sogleich zeigen wird – auch der Name Georg Simmel noch in diesem Zusammenhang genannt werden, dann dürfte es nicht mehr so leicht sein, Przywara einfach als »Scholastiker« zu verstehen, der eine eindeutige Entscheidung über »wahr« oder »falsch« wolle und dabei häufig den Unterschied zwischen der historisch-faktischen Meinung seines Gesprächspartners und seiner eigenen Typen-Zuordnung verkenne.

Man versteht jedoch die Ratlosigkeit der Kritiker, die von Przywara vielleicht fasziniert sind, aber noch nicht erkennen können, was er eigentlich anstrebt. Indem er seinen Kritikern gegenüber die Berechtigung dieser Frage zugibt, formuliert er zugleich das Ziel einer umfassenden philosophisch-theologischen Antwort als Auftrag aus der Begegnung mit Simmel. »Polarität« hatte sich in der Eigenart der Philosophie Simmels als »gegenständliche Aporetik der Gegebenheiten selber« erwiesen. Przywara sah darin die Größe Simmels und den »Schrei nach ihrer Überwindung durch eine alle Gebiete durchformende Metaphysik der analogia entis«.[12]

Da wir uns noch im Übergang von der (romantischen) Polarität zur Kernfrage nach dem Verhältnis zwischen Schöpfer und Geschöpf befinden, dürfen wir daran erinnern, daß die Fragestellung Przywaras und die von ihm erarbeitete Lösung erst auf dem Hintergrund der Zeit gerecht beurteilt werden können.

Im Unterschied zu Scheler etwa vermißt man im Werk Przywaras Spuren des Ersten Weltkriegs. Nur die Nachkriegszeit wird lebendig. In dieser Zeit empfinden die Katholiken ihren Inferioritätskomplex gegenüber dem Protestantismus und der ihm (freundlich oder feindlich) verbundenen Philosophie.

---

[10] H. U. von Balthasar, in: E. Przywara: *Schrifttum*, 6.
[11] *In und Gegen*, 7.
[12] *Schriften*, Bd. II, 354.

Die innerkatholische Auseinandersetzung ist scheinbar mit dem Tode Pius' X. ausgestanden. Jedoch ist die Auseinandersetzung zwischen Integralisten und Modernisten keineswegs beendet, weil es der Kirche nicht gelingen konnte, den Modernismus mit den Waffen des Integralismus zu überwinden. Vielleicht wird in späteren Zeiten Przywara gerade deshalb als einer der Überwinder des Modernismus gelten, weil er keineswegs Integralist war. Von den Auseinandersetzungen und Begegnungen mit Newman und Scheler an war seine Arbeit dem Verdacht ausgesetzt, er wolle die Hoffnungsträger seiner Zeit »umjesuitisieren« – ein Wortungeheuer, das die auf viele Seiten verteilten Neurosen erahnen läßt.

Przywara sieht seine Aufgabe darin, die verschiedenen Probleme jeweils in ihre letzte Tiefe zu führen. Das bedeutet: Falsche Philosophien und Weltanschauungen haben ihre Wurzel in einer falschen Theologie! Insofern ist die Philosophie auf das heilende und führende Licht der Offenbarung angewiesen. Andererseits gibt es eine (protestantische) Theologie mit vielen Irrtümern, die sich aus falschen philosophischen Voraussetzungen ableiten.

Abstrakt kann man Theologie und Philosophie als zwei verschiedene Wissenschaften und Erkenntniswege betrachten und darstellen. Konkret gibt es nur den Gegensatz zwischen dem katholischen Denken und den philosophisch-theologischen Systemen im Einflußbereich des Protestantismus.

Das »Ringen der Gegenwart« ist ein Ringen um das »Gottgeheimnis der Welt«.

Schöpfer und Geschöpf

Die Frage spitzt sich zu: Ist Gott *über* uns, oder ist Gott *in* uns? Oder ist auch diese Frage falsch gestellt und muß es heißen: Gott in uns *und* Gott über uns? Denn diese Frage, richtig gestellt, wird zum Maßstab, an dem gemessen sich viele Wege als Irrwege erweisen werden.

Dabei geht es Przywara in diesen Jahren nicht entscheidend um die historischen Gestalten selbst, sondern um die Bilder, die sich die Zeit von ihnen macht. Es geht z. B. nicht um den historischen Kant, sondern um »Kant heute«; es geht nicht um den ursprünglichen Luther, sondern um das Luthertum des deutschen Protestantismus.

Die Auseinandersetzung mit der Alleinwirksamkeitslehre: Zum Reformationsjubiläum von 1917 war in katholischen und evangelischen Veröffentlichungen die Kontroverse auf den einen Punkt der sogenannten Alleinwirksamkeit Gottes gebracht worden. Die Formel heißt: »Gott alles allein«. Przywara sieht darin »die Übersteigerung des ›Gott über uns‹, die Ausschließlichkeit der Transzendenz«.[13] Sie besagt nach Ernst Troeltsch, »daß alles Endliche ... lediglich existiert in der Kraft und Wirkung Gottes, und daß alle Spontaneität nur die Form ist, in der die Allwirksamkeit des einzigen produktiven und schaffenden Willens, nämlich des göttlichen, sich äußert«.[14]

---

[13] *Ringen*, 549.
[14] Ebd. 551.

Przywara hat später erkannt, daß diese »Alleinwirksamkeitslehre« nicht dem eigentlichen Luther entspricht. Geistesgeschichtlich schreibt er aber diesem Gottesbegriff eine ungeheure Wirkung zu, weil von ihm »im Grunde beide Gedankenreihen des neueren Geisteslebens abstammen, sowohl der Allgottgedanke Spinozas und Hegels wie die Menschenvergöttlichung Kants und Nietzsches«.[15] Darum unterzieht Przywara die so verstandene Alleinwirksamkeit Gottes einer radikalen Kritik. Sie reiße die Distanz zwischen Schöpfer und Geschöpf bis zum äußersten auf, Gott werde unerreichbar, die Welt leer von Gott. Ein beständiges Umschlagen von Transzendenz in Immanenz und umgekehrt sei die Folge. Fazit: Die Alleinwirksamkeitslehre ist nicht in der Lage, die Frage nach dem Verhältnis von Schöpfer und Geschöpf befriedigend zu beantworten; sie kann nicht einmal die innergeschöpflichen Gegensätze in eine Spannungs-Einheit bringen.

Przywara begnügt sich nicht mit dieser grundsätzlichen Kritik. Weil die Gegenposition in all ihren Spielarten das Denken der Zeit beherrscht, scheut er nicht die ungeheure Mühe, all die verschiedenen Erscheinungsformen zu sichten, zu prüfen, gegebenenfalls zu verurteilen und den wahren Kern zu retten. Er sieht darin die notwendige »Heilands-Aufgabe« des Katholizismus an seiner Zeit.

Zwischen Pantheismus und Theopanismus: Alle Wege, die von der Reformation ausgehen, sieht Przywara in das Dilemma führen, daß sie entweder in Pantheismus oder in Theopanismus führen. Für Pantheismus gebraucht er auch die Formel »Geschöpf alles allein«, für Theopanismus die Formel »Gott alles allein«. Den sonst nicht sehr gebräuchlichen Ausdruck Theopanismus hat er von Rudolf Otto übernommen, der ihn in einem Brief an Heiler geprägt hatte.

»Wenn wir nun zusammenfassen: Was haben wir anders gefunden, als daß der Ursprung der scheinbaren Gottesleugnung der neuzeitlichen Philosophie vielmehr ein ›Gott alles allein‹ ist? Ihr Atheismus oder Pantheismus nur Erscheinungsform eines ursprünglichen ›Theopanismus‹.«[16] Daß theopanistische und pantheistische Elemente oft so schwer zu scheiden sind, sich vermischen und ineinander umschlagen, liegt letztlich in ihrem Gemeinsamen, daß sie die Ablehnung des Gott-Menschen sind, weil sie das Eins von Gott und Mensch entweder für Gott allein oder für den Menschen allein wollen. Pantheismus als »die letzte Richtung des spätantiken Aristotelismus« will die »Menschenvergöttlichung...: es gibt keinen Gott-Menschen, weil der Mensch alles allein ist.« Theopanismus als »die letzte Richtung des spätantiken Plotinismus« aber führt zu »Geschöpfentwertung...: es gibt keinen Gott-Menschen, weil Gott alles allein ist«.[17] Es sind die entgegengesetzten Richtungen auf einseitige Transzendenz, die doch immer wieder ineinander umschlagen.

E. Przywara verweist auf einen wichtigen Text des Thomas von Aquin in *De veritate* q. 11, a. 1 corp., wo Thomas im Hinblick auf Sein, Streben und Erkennen je zwei Extremstandpunkte darstellt, nämlich eine Emanation allein von oben und eine absolute Evolution allein von unten. Thomas fährt fort: »Aber

---

[15] Ebd. 548.
[16] *Schriften*, Bd. II, 265.
[17] Ebd. 284.

diese beiden Standpunkte verfehlen die Wahrheit. Der erste Standpunkt nämlich schließt die naheliegenden Ursachen aus, indem er alle Wirkungen, die an den irdischen Dingen hervortreten, allein den ersten Ursachen zuschreibt... Auch der zweite Standpunkt läuft schließlich auf dieselbe Ungereimtheit hinaus... Und so muß man... in allen erwähnten Punkten einen mittleren Weg einhalten.«

Es zeigt sich also die Gefahr jeglichen Denkens in Geradlinigkeit, Direktheit, Unmittelbarkeit. Es verhärtet sich entweder zu einem letzten Titanismus, oder es verströmt sich zu einem letzten Aufgesogenwerden.

Aus diesen Beobachtungen zieht Przywara zwei sein Denken kennzeichnende Folgerungen. Seine erste These lautet: Das Gegeneinander von Extremstandpunkten zeigt an, wo die Lösung gesucht werden muß. Man muß zugeben, daß er diese richtige Erkenntnis bisweilen auf die apologetische Spitze getrieben hat. Dann werden philosophische und weltanschauliche Standpunkte so als extreme Gegensätze klassifiziert, daß sie einander aufheben *müssen*.

Der mittlere Standpunkt erringt so kampflos einen Scheinsieg, weil er glaubt, nachgewiesen zu haben, daß sich die Extremstandpunkte gegenseitig umbringen müssen. Nur gehorchen auch Extremstandpunkte nicht immer der Logik und leben in ihrer konkreten Mischform noch kräftig weiter, obwohl sie konsequenterweise längst tot sein müßten. – Es steht zu vermuten, daß sich der spätere Przywara über die Erfolglosigkeit solcher »Siege« keine Illusionen gemacht hat.

Vielleicht ist diese Darstellung aber auch nur die Karikatur des Kampfes um die Mitte zwischen den Extremen. In Wahrheit ist die Unmöglichkeit eines mittleren Standpunktes nur die Antriebsfeder für die Dynamik der richtigen Gegensatz-Spannung. Darum lautet die zweite These: Wenn eine geradlinige Richtung nicht in ihren Gegensatz abstürzen soll, muß sie von *vornherein* die ganze Spannungsweite und -breite der Gegensätze in eine spannungsreiche Gegensatz-Einheit bringen. Der junge Przywara tritt hier mit einem hochgespannten Sendungsbewußtsein auf das Schlachtfeld der sich gegenseitig bekämpfenden Richtungen und Bewegungen und verkündet mit den in einer Spannungseinheit gesehenen Thomas von Aquin und Newman die »tiefste Erfüllung wahrer Messiassendung des Katholizismus an das zerrüttete Geistesleben« und setzt »an die Stelle der Urkrankheit des neuzeitlichen ›Gott alles *allein*‹ die Urgesundheit des thomistischen ›Gott alles in *allem*‹: an Stelle des ›Gott über uns *oder* in uns‹ (in-Gott-aufgesogene Welt *oder* in-Welt-aufgelöster Gott) das große, lebensbefreiende ›Gott über uns *und* in uns‹«.[18]

Die katholische Antwort auf die Frage nach dem Verhältnis von Schöpfer und Geschöpf: Es wurde schon einmal betont, daß sich die Hauptlehre Przywaras – die von der analogia entis – nicht im luftleeren Raum eines reinen Denkens entwickelt hat und deshalb auch nicht ohne Blick auf die zeitgenössischen Auseinandersetzungen dargestellt werden kann. Andererseits müßte gezeigt werden, wie das Denken Przywaras im vertieften Studium der großen Wegbereiter selber erst zur Reife kommt. Das kann hier natürlich nur stichwortartig geschehen. An

---

[18] *Ringen*, 961.

erster Stelle ist Augustinus zu nennen. Sein Gottesbild bringt Przywara auf die Formel »Deus exterior et interior«. Gott ist »der je Innere« (Gott in uns) und »der je Äußere« (Gott über uns). Von daher stammen auch die Ausdrücke, die in den Analogie-Formeln Przywaras so wichtig werden: »in-über« und »über-in«.

Bei Thomas von Aquin findet Przywara die Eigenwirklichkeit des zu Gott hin offenen Geschöpfes. Die Causa-secunda-Lehre, die potentia oboedientialis, das Verhältnis von Natur und Gnade bringen Licht in viele Probleme.

Bei Newman finden sich die »Schönheit des Gegenstehens der Gegensätze«, das Überraschende und Unberechenbare der Analogie in der je größeren Unähnlichkeit, das »Wissen nicht nur von Dingen, sondern auch von ihren gegenseitigen und wahren Beziehungen«.

Der Rhythmus aber, der diese gesamte Auseinandersetzung mit den Fragen der Zeit aus katholischer Sicht durchzieht, ist zweifellos der ignatianische Rhythmus des »magis – je mehr«. Es ist das »je mehr« im Denken und Wollen des Menschen, der aber seinen Ruf und sein Ziel erhält von dem »je größeren« Gott, hin zur Werkzeuglichkeit des Dienstes.

Die analogia entis

Kein Begriff Przywaras ist so oft und so gründlich mißverstanden worden wie der der »analogia entis«. Wir haben deshalb versucht, die katholische Antwort auf die Fragen der Zeit so darzustellen, daß sich daraus zugleich eine Hinführung zum Verständnis der Analogia-entis-Lehre ergab. Unter Verzicht auf die Darstellung der Entwicklung und des Gesamtaufbaus[19] dieser Lehre gehen wir sogleich von ihrer Vollgestalt aus und versuchen, sie vor möglichen Mißverständnissen zu schützen.

Wir beginnen mit einer dreifachen These:[20]

1. In jeder noch so großen Ähnlichkeit zwischen Schöpfer und Geschöpf ist die jeweils größere Unähnlichkeit das Entscheidende.
2. Dieser Satz besagt allein die »durchgehende Struktur eines rein frei Faktischen«.
3. Dieser Rhythmus ist das Letzte in allem.

Daraus ergeben sich drei Folgerungen.

Ad 1. Da dieser Satz nach dem IV. Laterankonzil gerade auch jeden noch so übernatürlichen Bereich betrifft, ist er nicht »natürliche Theologie«.

Ad 2. Darum besagt er nicht ein Prinzip, aus dem etwas abgeleitet werden könnte, sondern die Rückführung in das Geheimnis.

Ad 3. Also ist er nicht der Rhythmus einer Dialektik, die in ein »versöhnend Drittes« geht.

Diese drei Thesen, die mit ihren Konsequenzen aus dem kurzen, aber inhaltsschweren Aufsatz *Um die analogia entis*[21] abgeleitet sind, bilden den unverrück-

---

[19] Vgl. dazu R. Schaeffler: *Wechselbeziehungen*, 42–59.
[20] B. Gertz: *Glaubenswelt*, 207f.
[21] *In und Gegen*, 277–281.

baren Ausgangspunkt dieser Darstellung. Przywara hat diese Klarstellung aus dem Jahre 1955 nie zurückgenommen. Methodisch nimmt deshalb diese Darstellung das zur Richtschnur, was Przywara einst für die Newman-Deutung forderte: »Für jede einzelne Frage ist letztlich entscheidend ihre letzte Fassung, aber mit gleichzeitiger Berücksichtigung des relativen Stellenwertes der früheren Fassungen.«[22]

Das Koordinaten-Kreuz der Analogie: Przywara geht aus von den zwei Teilen des Wortes »Analogie«. Er versteht unter »Logie« das »Zueinanderlesen zu einem Sinn im Wort«.[23] Das wird verständlich von dem Zusammenhang zwischen »Logos« und »legein« her. »Legein« bedeutet ursprünglich »›sammeln, zählen, auswählen‹ und so ›sich hineinlesen‹ zu einem ›verstehen‹ . . . Es ist . . . die Selbstzwecklichkeit, in der ›Sinn‹ und ›Sinn-Ausdruck‹ zueinanderstehen«.[24] Das »ana« in Ana-Logie kann eine doppelte Bedeutung haben. Es kann einmal als »ana« stehen und bedeutet dann: »über, nach, gemäß«. Dieses »ana« »verschwimmt aber in allen Zusammensetzungen mit ›anō‹ als ›oben‹ und ›hinauf‹, und wird endlich auch für ›wieder‹ gebraucht«.[25] Indem ich an einem Fluß entlanggehe bis zur höher gelegenen Quelle, gehe ich gleichzeitig »entlang« und »nach oben«, während der Fluß »von oben herab« kommt und mir damit gleichzeitig erlaubt, an seine Quelle »zurück« und »wieder« mit ihm abwärts zu gehen.[26] Damit erscheint ein doppelter Rhythmus. Einmal – im Sinne des »ana« – eine hin und zurück schwingende Bewegung auf waagrechter Ebene. Dann aber – im Sinne des »anō« – eine Rhythmik zwischen »über« und »in« oder, schärfer, zwischen »oben« und »unten«. So schneiden sich das »Waagrechte« und das »Senkrechte«. Folgerichtig zu diesen sich schneidenden Rhythmus-Richtungen steht mithin das letzte Formale von »Analogie« gleichsam im »Koordinaten-Kreuz« dieser Rhythmus-Richtungen:[27]

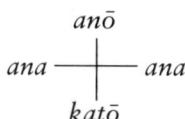

Es gibt also eine doppelte Analogie: eine waagrechte und eine senkrechte. Beide sind aufeinander angewiesen, doch ist die senkrechte von größerer Bedeutung. Denn die noch so geglückte Spannungseinheit der Gegensätze auf der waagrechten Ebene hat ja nicht ihren Sinn in sich selbst: Jeder der Gegensätze ist doch darauf angewiesen, daß er durch den dynamischen Komparativ auf seinen Ursprung und sein Ziel hin ausgerichtet werde. Darum ist »die Analogie in der ›Senkrechten‹ . . . letzte Form und Garant für die Analogie in der ›Waagrech-

---

[22] *Newman*, Bd. IV, 14.
[23] *Mensch*, 73.
[24] *Johannes*, 32.
[25] *Mensch*, 73.
[26] *Schriften*, Bd. III, 103f.
[27] *Mensch*, 73.

ten‹«, ohne daß deshalb die Waagrechte bedeutungslos würde. Das bedeutet: Die analogen Beziehungen stehen selber wieder in Analogie zueinander. So entwickelt Przywara »die Formel der letzten Analogie in der Analogie«. Sie lautet:

»*Analogie des ›anō-katō‹ in-über Analogie des ›ana‹*«: Przywara erläutert diese Formel mit zwei Sätzen: »Im ›über‹ dieser Formel ist ausgedrückt, daß die echte Rhythmik einer Einheit der Gegensätze (im ›ana‹ der Waagrechten) durch eine echte Rhythmik zwischen dem ›anō‹ und ›katō‹ (in der Senkrechten) bedingt ist. Im ›in‹ derselben Formel aber spricht sich aus, daß eine senkrechte Rhythmik sich klassisch verwirkliche im ›ana‹ des Schwingens der Einheit der Gegensätze in der Waagrechten«.[28]

Die Bedeutung dieser Formel liegt darin, daß in ihr erreicht ist, was mit dem Programm einer dynamischen Polarität angestrebt war, was aber eine Polaritätsphilosophie nicht zu leisten vermochte. Denn »Polarität« krankte immer daran, daß sie entweder in einer waagrechten Gegensatzeinheit sich vor Gott verschloß oder in einer senkrechten Polarität Gott und Geschöpf als »Pole« verstand, was sie jedoch nicht sind. Demgegenüber ist in dieser Formel ein Dreifaches voll gewahrt:

a) die waagrechte Spannungs- oder Gegensatz-Einheit;
b) die Dynamik eines Rhythmus nach oben;
c) die Offenheit für einen Rhythmus nach unten, ohne den eine wirkliche biblische Theologie des »Abstiegs« und damit des Kreuzes nicht möglich ist.

Die Bedeutung der Formel liegt ferner darin, daß sie verständlich macht, wieso Przywara überhaupt von innergeschöpflichen Analogien reden kann. Die Senkrechte hebt ja die Waagrechte nicht auf, sondern durchschneidet sie (nur und sogar!). Darum ist an dieser Stelle von der aristotelischen Analogie zu reden.

Nach Aristoteles ist dasjenige der Analogie nach eins, »was sich zueinander verhält wie ein anderes zu einem anderen *(allo pros allo)*«. Darum sieht Przywara z. B. darin, »daß es den Menschen nur gibt als Mann und Frau und dies in der Unergründlichkeit zwischen ›Anders‹ und ›Anders‹ durch und durch ... geradezu ... *das* Symbol der Analogie ... als Proportion zwischen ›Anders‹ und ›Anders‹«.[29]

Aristotelische Analogie betont also zunächst einfach die Gegensätzlichkeit des Anders zu Anders und damit die Waagrechte im Koordinaten-Kreuz der Analogie. Sodann betont sie die Mitte als die schwerste Mitte und läßt so den angestrengten Versuch ahnen, das grenzenlos Auseinanderfließende zu beherrschen. Trotzdem brechen die Grenzen immer wieder nach oben und nach unten auf. Diesen Ausbruch zu bannen, versucht das dritte Moment der aristotelischen Analogie: die Kyklophoria, der Kreisumschwung. Der Kreis ist das Zeichen der reinen Vollendung, die sich selbst genügt. So wird er zwar Ahnung eines allbewegenden Eros, Vorahnung des göttlichen Kreisumschwungs der Agape; innerhalb des aristotelischen Systems aber bleibt er der erbittertste Versuch, die Waagrechte zu retten und die Aufsprengung durch die Senkrechte zu verhindern.

---

[28] Ebd. 75f.
[29] Ebd. 43.

Hier setzt das Ringen Przywaras mit Aristoteles ein, indem er in der Mitte des Aristotelischen das »Kolobon« des Verstümmelten und des Torso aufdeckt, »daß eben hierin, wenn auch noch so wider Willen, das ›anō‹ aufspringt. Das Geheimnis Gottes offenbart sich im Geheimnis der auseinanderfallenden Geschöpflichkeit«.[30]

An dieser Stelle werden zwei Charakteristika im Werk Przywaras deutlich. Jetzt wird verständlich, warum seine Darstellung gegensätzlicher Systeme, Ansichten, Erfahrungen in eine oft uferlose Breite (des waagrechten »ana«) gehen; indem diese sich gegenseitig als »Torso« entlarven, springt, wenn auch wider Willen, die Flamme des »anō« auf. Verständlich wird zweitens, wie ein Denker, der mit solcher Vehemenz die Torsohaftigkeit inmitten des waagrechten »ana« entlarvt, mit unerbittlicher Konsequenz um die senkrechte Analogie des »anō« und »katō«, d. h. der je größeren Unähnlichkeit bei noch so großer Ähnlichkeit, kämpfen wird. Darum wird von der theologischen, »lateranensischen« Analogie ausführlich die Rede sein müssen. Denn die senkrechte lateranensische Analogie steht als innere Überwindung »in-über« der aristotelischen Analogie.

Die dritte Bedeutsamkeit der Analogie-Formel Przywaras liegt in der klaren Vorrangstellung der senkrechten Analogie. Diese erscheint »adventisch« in Heraklit, und sie erscheint als Fülle und Erfüllung im Neuen Testament.

Der adventische Spruch Heraklits »Der Weg hinauf und hinab ein und derselbe« findet seine Erfüllung in dem Christuswort bei Johannes: »Ich bin der Weg« (Joh 14,6). Dieser erfüllende »Weg« umfaßt als »Logos-Fleisch« auch das »katō« in sich. Denn »den, der keine Sünde gekannt, hat Er für uns zur Sünde gemacht« (2 Kor 5,21) und: »Christus ... ist für uns zum Fluch geworden« (Gal 3,13). Und darum sagt der Epheserbrief: »Dieses ›er stieg hinauf‹, was besagt es anderes, als daß er auch hinabstieg bis in das Je-Untere (*eis ta katōtera*) der Erde? Der da hinabstieg, er ist es, und der ›hinaufstieg‹ überan (*hyperanō*) alle Himmel, auf daß er das All erfülle« (Eph 4,9–10). Der heraklitische Rhythmus zwischen *anō* und *katō* ist also im Weg des Logos verschärft zu einem *hyperanō* und einem *katōtera,* in das Je-darüber-Hinaus und in das Je-Untere. Weil aber nach dem Kolosserbrief »alles ward durch Ihn und für Ihn erschaffen. Und Er ist vor allem und alles hat in ihm Bestand« (Kol 1,16f.), darum wagt es Przywara zu sagen, daß das Rhythmus-Gesetz zwischen *anō* und *katō* aus Christus und in Christus gilt für »alles-gesamt in den Himmeln und auf der Erde«.

Damit ist also das Rhythmus-Gesetz des *anō* und *katō* biblisch begründet und verschärft. Die Dynamik der senkrechten Analogie ist nach oben wie nach unten bis ins Letzte getrieben. »Anō und Katō als ›Ein und derselbe Weg‹ ... stehen damit selber im Rhythmus der Analogie: ›Anō in-über Katō‹«.

Damit ist das letzte Formale der Analogie erreicht. Die Formel zum Koordinaten-Kreuz aus senkrechter und waagrechter Analogie heißt jetzt: »*Anō in-über Katō in-über Ana*«.[31] So haben wir, indem wir die dreifache Bedeutsamkeit des Koordinaten-Kreuzes der Analogie tiefer zu verstehen suchten, »das Letzt-For-

---

[30] *Schriften,* Bd. III, 160.
[31] *Mensch,* 77.

male der Analogie« gefunden. Es ergibt sich dadurch, daß Przywara durch die waagrechte aristotelische Analogie des »Anders zu Anders« die lateranensische Analogie der je größeren Unähnlichkeit bei noch so großer Ähnlichkeit senkrecht hindurchschneiden ließ.

Die sogenannte »lateranensische Analogie« entwickelt Przywara aus dem Zusammenhang des zweiten Kapitels des IV. Konzils im Lateran (1215). Der entscheidende Satz lautet: »quia inter creatorem et creaturam non potest similitudo notari, quin inter eos maior sit dissimilitudo notanda« (DS 806). Przywara übersetzt ihn so: »weil zwischen Schöpfer und Geschöpf eine noch so große Ähnlichkeit nicht angemerkt werden kann, daß zwischen ihnen eine je immer größere Unähnlichkeit nicht angemerkt werden muß«.[32] Die Herkunft der ersten These über die analogia entis aus diesem Satz des IV. Laterankonzils springt sofort in die Augen. Es wird aber auch die Quelle möglicher Mißverständnisse deutlich. Indem das Konzil vom Verhältnis zwischen creator und creatura sprach und Przywara *dafür* den Ausdruck »analogia entis« wählte, konnte man die analogia entis als natürliche Theologie im Gegensatz zu heilsgeschichtlicher Offenbarungstheologie mißverstehen. Und wenn man dann noch aus »Analogie« nur »Ähnlichkeit« heraushörte, war das Mißverständnis vollkommen. Przywara hat vor allem in seiner großen Abhandlung *Die Reichweite der Analogie als katholischer Grundform*[33] versucht, eine Klarstellung herbeizuführen. In Anlehnung an diese Arbeit sollen Wesen und Bedeutung der lateranensischen Analogie dargestellt werden.

Das Konzil wendet sich gegen den Abt Joachim von Fiore. Denn: »Die Trinitätslehre des Abtes Joachim sieht die Einheit der Drei Göttlichen Personen in Identität zu der Form von Einheit, die die Kirche ist als Eins mit dem Vater und Sohn im Heiligen Geist.«[34] Joachim interpretiert die göttliche Einheit von der kirchlichen Einheit her, aber beide im Sinne der Identität! Damit enthält die Lehre des Joachim von Fiore also nicht nur einen Irrtum in der Trinitätslehre, sondern auch einen Irrtum über das Verhältnis zwischen Schöpfer und Geschöpf, und das gerade im Hinblick auf das in der Einheit der Kirche am höchsten begnadete Geschöpf. Und darum wird das Analogiegesetz des Konzils nicht ein Erkenntnismittel für die rechte Erkenntnis der Trinität werden, sondern die durchgehende Struktur des Verhältnisses zwischen (trinitarischem) Gott und (noch so begnadetem) Geschöpf darlegen.

Das IV. Laterankonzil wäre mißverstanden, wenn man aus seiner Entscheidung nur eine religionsphilosophische Antwort auf eine religionsphilosophische Frage heraushören wollte. Gewiß spricht es von Schöpfer und Geschöpf, aber nicht in dem Sinne, als sollten seine Sätze nur für eine natürliche Ordnung gelten, während in der Gnadenordnung andere Maßstäbe herrschten. Vielmehr geht das Konzil gerade auf die höchsten Begriffe der übernatürlichen Ordnung ein: »unum« (als Eins Gottes und Eins mit Gott) und »perfectio« (als Mitte des Her-

---

[32] *Schriften*, Bd. III, 253.
[33] Ebd. 247–301.
[34] Ebd. 251.

renwortes: »Seid vollkommen, wie euer himmlischer Vater vollkommen ist«). Und gerade für diese Ordnung der höchsten Nähe zu Gott wird »der unaufhebbare Unterschied zwischen Gott und Geschöpf« herausgestellt! So wird nach der Lehre des Konzils »gerade das Geheimnis des Eins zum und im Dreipersönlichen Gott (als das höchste und tiefste Geheimnis von Übernatur und Erlösung) zum Ort des formalsten Erscheinens der Distanz zwischen Gott-Schöpfer und Geschöpf«.[35]

Es ist für das Verständnis der Analogielehre von ganz entscheidender Bedeutung, daß man diese umfassende Reichweite der lateranensischen Entscheidung nicht aus den Augen verliert. Ohne Zweifel ist die Frage nach der Analogie des Seins ein Problem der philosophischen Erkenntnislehre und der philosophischen Metaphysik. Andererseits antwortet das Lateinkonzil dogmatisch auf die theologische Frage nach der höchsten übernatürlichen Einheit mit Gott. Es stellt sich also die Frage nach dem Verhältnis von kirchlicher Analogie und metaphysischer Struktur. Denn die Analogie-Formel des IV. Laterankonzils wollte ja nicht nur das Rhythmus-Gesetz für die Theologie darstellen; sie enthält auch nicht nur das Verhältnis-Gesetz zwischen kirchlich-autoritärer Entscheidung und kirchlich-theologischer Weisheit; sondern sie betrifft mit ihrem grundsätzlichen »Weil und Nicht-kann und Muß« das gesamte »Zwischen von Schöpfer und Geschöpf«.[36] Hier liegt offenbar ein Fragepunkt, der für das Verständnis von Przywaras Analogielehre von höchster Bedeutung ist. Kann man seine Analogielehre philosophisch übernehmen, ohne die strenge lateranensische Analogie gelten zu lassen? Muß man die Analogia-entis-Lehre als Einbruch natürlichen Denkens in die Theologie ablehnen? Muß man sie theologisch der analogia fidei unterordnen? Alle diese Fragen müssen nach der bisherigen Darlegung der Analogielehre Przywaras verneint werden. Und doch bedarf dieses Nein zu seiner Begründung noch der ausdrücklichen Klärung der Frage nach dem Verhältnis von Theologie und Philosophie in der Analogielehre und damit im Gesamtwerk Przywaras. Er selbst formuliert die Frage: »Ist Analogie theologische Form (›in der ...‹) oder philosophisches Prinzip (›aus dem ...‹)?«[37] Przywara lehnt eine Antwort ab, die sich ausschließlich für eine der beiden Möglichkeiten entscheiden würde. Analogie ist zugleich theologische Form und philosophisches Prinzip. Die Grundlage für dieses Zugleich gibt die Causa-secunda-Lehre des hl. Thomas. Denn einerseits weist »causa secunda« als Eigenwirklichkeit und Eigenwirksamkeit des Geschöpfes »in echter Notwendigkeit« über sich hinaus auf den Deus semper major: »also in einer Analogie nach oben als philosophischem Prinzip«. Andererseits erweist der Deus semper major gerade in seiner übernatürlichen Selbstmitteilung seine überragende Größe darin, daß er seine Geschöpfe zu Eigenwirksamkeit und Eigenwirklichkeit verselbständigt: »also in einer ›Analogie nach unten‹ als theologischer Form«.[38]

---

[35] Ebd. 253.
[36] Ebd. 385.
[37] Ebd. 297.
[38] Ebd. 298.

Analogie kann Strukturprinzip sein, weil nach dem Schöpferwillen alles aus der Analogie folgt und sich in Analogie hinein rückführt. Gegen Analogie als Ableitungsprinzip aber muß sich Przywara wehren, weil das einen Absolutheitsanspruch des Geschöpfes bedeuten würde. Für das in der potentia oboedientialis nach Gott hin offene Geschöpf gibt es bestenfalls die Erkenntnis der Analogie-Formel, wie sie Przywara zuletzt in dem »anō in-über katō in-über ana« erarbeitet hat. Und wenn er hinzufügt, daß sie nur innerhalb des gelebten Lebens Leben habe, so muß letztlich für eine Formel wie diese gelten, daß sie nur in einem Leben betender Hingabe Leben habe. Das gilt in der einen faktischen Ordnung der Erlösung für Philosophie und Theologie gleichermaßen.

»Philosophisches Prinzip, aus dem...« will darum nicht sagen, aus dem philosophischen Prinzip könne für den (über den nicht absoluten Bereich des Menschen hinausgehenden) Bereich des Absoluten etwas abgeleitet werden, sondern: die philosophisch betrachtete Eigenwirklichkeit des Geschöpfes ist gewissermaßen die *Basis* der nach oben offenen hin- und rückschwingenden Analogie, die hinweist auf die Souveränität des alles überragenden Gottes, »die nicht als ein handhabbares Prinzip ableitbar ist«.[39] »Prinzip, aus dem...« ist deshalb das Analogieprinzip, soweit es als Ausgangspunkt einer nach oben gerichteten dynamischen Bewegung gesichtet ist. Analogie als philosophisches Prinzip ist deshalb nicht subjektives Ableitungsprinzip der Philosophie, sondern objektives Strukturprinzip, das Ausgangs- und Endpunkt aller philosophischen Bemühung zu sein hat, wenn Philosophie mit ihrer kreatürlichen Potentialität Ernst macht. Darum muß Przywara sagen: »[Analogia entis] ist nicht Prinzip, in dem das Kreatürliche begriffen und daher handhabbar ist, sondern in dem es in seiner restlosen Potentialität unverkrampft schwingt.«[40] Das Letzte dieser geschöpflichen Potentialität ist aber jene potentia oboedientialis, die unmittelbar offensteht für das übernatürliche Wirken des Schöpfers an und in seinem Geschöpf. Und darum kann analogia entis sogar »Prinzip einer philosophisch-theologischen Metaphysik« sein, ohne daß man aus ihr theologische Geheimnisse ableiten oder auch nur diese auf sie auflösend zurückführen könnte. In der Rückführung auf das einzige Weltprinzip in einem ordo mysteriorum sieht Przywara die einzig mögliche Einheit von Philosophie und Theologie.

Diese Einheit bezeichnet er 1932 als »Form-Einheit von Philosophie und Theologie«.[41] Zum Verständnis dieser Formel ist auszugehen von der Vorläufigkeit rein philosophischer und von der Endgültigkeit theologischer Metaphysik. Das behaupten heißt nicht, beides miteinander zu verschmelzen oder durcheinanderzuwerfen. Das I. Vaticanum spricht ja ausdrücklich von einem »duplex ordo cognitionis non solum principio, sed objecto distinctus« (DS 3015) und von »propria principia«, »propria methodus« und »iusta libertas« (DS 3019). Und doch muß rein philosophische Metaphysik »vorläufig« bleiben.

»Vorläufig« muß zwar nicht »falsch« sein. Aber das eigene Objekt der Philo-

---

[39] Ebd.
[40] Ebd. 206.
[41] Ebd. 10.

sophie ist das Geschöpf. Indem das Geschöpf übernatürlich erhöhtes und erlöstes Bewußtsein (fides) und Sein (gratia) sein kann, wird Metaphysik erst »endgültig« durch Theologie – nicht als Theologie! Man wird also zunächst einmal sagen müssen: Vorläufige rein philosophische und endgültige theologische Metaphysik stehen so zueinander, daß die theologische Metaphysik dabei den Form-Primat hat.

Von hier aus tut Przywara den zweiten Schritt. Diese so gewonnene Einheit philosophisch-theologischer Metaphysik ist »Metaphysik unter einem letzten Form-Primat von Theologie, so sehr sie auch hier in keiner Weise formale Theologie sein kann«.[42]

Philosophie kann die Nicht-Unmöglichkeit von Offenbarung erweisen, aber sie kann nichts über deren Wirklichkeit sagen. Theologie spricht von der Wirklichkeit der Offenbarung, aber sie kann nicht deren Notwendigkeit beweisen. Und so wird das Denken unter das Zeichen des Kreuzes gestellt. Denn »das ›reinliche Denken‹ wird ›zu Paaren getrieben‹ zwischen ›Notwendigkeit ohne Wirklichkeit‹ und ›Wirklichkeit ohne Notwendigkeit‹. Und gerade so ist es Philosophie: Teilnahme an der Wahrheit, die Gott ist.«[43]

Das rührt an den Tiefengrund des Denkens von Erich Przywara. Der Schlüssel zu seinem Denken ist die Religiosität der ignatianischen Exerzitien. Und einen entscheidenden Punkt dieser Exerzitien nennt er mit dem Satz: »Alle Wahl, die ein Mensch trifft, ist nur so weit recht, als sie Auswirkung der Einen Wahl ist, die das Sein des Menschen ausmacht: allein Dienst und Lob Gottes, Unseres Herrn, in der Einen konkreten Ordnung der Erlösung und darin ewiges Heil meiner Seele.«[44] Auch die Philosophie eines Christen kann sich nicht außerhalb dieser Wahl vollziehen. Deshalb geht es eigentlich gar nicht mehr um ein allgemeines Verhältnis des Geschöpfes zu seinem Schöpfer, sondern allein um die konkrete Form »der Einen Ordnung der Menschwerdung und Erlösung«, und darum kann es »nur noch zwei konkrete Philosophie-Weisen geben ..., Philosophie des Menschen, der Ja sagt zu einer einzigen Ordnung der Menschwerdung und Erlösung, und Philosophie des Menschen, der Nein sagt«.[45] Es gibt gar nicht ein Gegenüber von christlicher und neutraler Philosophie. Auch und gerade Philosophie hat es mit dem »Logos des Lebens« aus dem ersten Johannesbrief zu tun. Er ist das entscheidende Kriterium, ob es in irgendeiner »Logie« Licht und Leben und entborgene Wahrheit gibt. Der auf- und absteigende Logos, von dem her sich das letzte Formale des »anō in-über katō« der lateranensischen Analogie ergab, ist auch das letzte Kriterium für Philosophie. Philosophie ist nur soweit echte, reine »Philosophie«, d. h. Liebe zur Weisheit, »lebendiges Eins mit der Weisheit des Logos, als sie im Tiefengrund ›Theo-Logie‹ des Theos Logos Jesus Messias ist«.[46]

---

[42] Ebd. 78.
[43] Ebd. 83.
[44] *Deus semper major*, Bd. I, 364.
[45] Ebd. Bd. II, 362f.
[46] *Logos*, 42.

BIBLIOGRAPHIE

1. *Werke*

a) Umfassendes Verzeichnis:
Przywara, E.: Sein *Schrifttum* 1912–1962, hg. L Zimny / H. U. von Balthasar, Ei 1963.

b) Auswahl:
John Henry *Newman,* Christentum. Ein Aufbau, 8 Bde., Fr 1922.
Religionsbegründung. Max Scheler – John Henry Newman, Fr 1923.
Das Geheimnis Kierkegaards, Mü/B 1929.
Ringen der Gegenwart. Gesammelte Aufsätze 1922–1927, 2 Bde., Au 1929.
Kant heute. Eine Sichtung, Mü/B 1930.
Humanitas. Der Mensch gestern und morgen, Nü 1952.
Christentum gemäß *Johannes,* Nü 1954.
In und Gegen. Stellungnahmen zur Zeit, Nü 1955.
Mensch. Typologische Anthropologie, Nü 1959.
Schriften, 3 Bde., hg. H. U. von Balthasar: Bd. I: Frühe religiöse Schriften, Ei 1962; Bd. II: Religionsphilosophische Schriften, Ei 1962; Bd. III: Analogia Entis. Metaphysik. Ur-Struktur und All-Rhythmus, Ei 1962.
Deus semper major. Theologie der Exerzitien (¹1938), W ²1964.
Logos, Dü 1964.

2. *Literatur*

A. V.: Erich Przywara 1889–1969. Eine Festgabe, Dü o. J. (1969).
Behn, S. (Hg.): Der beständige Aufbruch, FS E. Przywara, Nü 1959.
Gertz, B.: *Glaubenswelt* als Analogie. Die theologische Analogielehre Erich Przywaras und ihr Ort in der Auseinandersetzung um die analogia fidei, Dü 1969.
Mechels, E.: Analogie bei Erich Przywara und Karl Barth. Das Verhältnis von Offenbarungstheologie und Metaphysik, Neukirchen-Vluyn 1974.
Naab, E.: Zur Begründung der analogia entis bei Erich Przywara. Eine Erörterung, Rb 1987.
Rahner, K.: *Laudatio* auf Erich Przywara, in: K. Rahner: Gnade als Freiheit, Fr/Bas/W 1968, 266–273.
Schaeffler, R.: Die *Wechselbeziehungen* zwischen Philosophie und katholischer Theologie, Da 1980, 42–59.
Stertenbrink, R.: Ein Weg zum Denken. Die Analogia entis bei Erich Przywara, Sa 1971.
Terán-Dutari, J.: Die *Geschichte* des Terminus »Analogia Entis« und das Werk Erich Przywaras, in: PhJ 77 (1970) 163–179.
–: Christentum und Metaphysik. Das Verhältnis beider nach der Analogielehre Erich Przywaras, Mü 1973.

BERNHARD GERTZ

Die deutschsprachige Maréchal-Schule –
Transzendentalphilosophie als Metaphysik:
J. B. Lotz, K. Rahner, W. Brugger, E. Coreth u. a.

Denker, die sich um die Begründung metaphysischen Denkens durch transzendentalphilosophische Reflexion bemühen, wurden gelegentlich als »deutsche Maréchal-Schule« bezeichnet, weil sie entscheidend von Joseph Maréchal[1] und seinem Anliegen inspiriert sind. Dabei wird besonders an Karl Rahner, Johannes Baptist Lotz, Walter Brugger und Emerich Coreth gedacht.[2]

In den dreißiger Jahren wurde vor allem von K. Rahner und J. B. Lotz eine fruchtbare Synthese der durch Maréchal eingeleiteten Weiterführung von Kants transzendentalphilosophischem Vorgehen mit dem seinsphilosophischen Denken von M. Heidegger eingeleitet. Parallel dazu entwickelte sich die Auseinandersetzung mit dem transzendentalphilosophischen Denken Kants und des Deutschen Idealismus in schärferer Herausarbeitung des von Maréchal Begonnenen. Hier sind vor allem W. Brugger und E. Coreth hervorgetreten.

E. Simons und K. Hecker weisen darauf hin, daß diese Richtung gekennzeichnet ist durch eine Denkform, die K. Rahner als *transzendental-anthropologisch* bezeichnet. Sie wurde »erarbeitet in der Beschäftigung vor allem mit der Philosophie Heideggers und Kants, und zwar aus dem gerade in den dreißiger Jahren aufkommenden neuen Verständnis des Thomas von Aquin heraus, vor allem also einer neuen ›eigentlichen‹ Entdeckung der Metaphysik des Thomas. Initiator dieser Bewegung war ... J. Maréchal mit seinem fünfbändigen Werk *Le point de départ de la métaphysique* (Paris und Brüssel 1922ff.), der Kants kritische Philosophie als den Eckstein erkannte, an dem sich nicht nur philosophisch, sondern auch theologisch die Geister scheiden. Maréchal eröffnete nach dem Verschwinden des Denkens der Katholischen Tübinger Schule aus dem offiziellen kirchlichen Bewußtsein um die Mitte des 19. Jahrhunderts als erster wieder ein Gespräch zwischen der mittelalterlichen, vor allem thomanischen Philosophie

---

Dieser Beitrag entstand unter Mitwirkung von Mag. Klaus Rodler bei der Erstellung des Manuskripts, insbesondere der Literaturhinweise und des Anmerkungsapparats.

[1] Vgl. das Maréchal gewidmete Kapitel in diesem Band.
[2] Vgl. O. Muck: *Neuscholastik*.

und dem sogenannten Deutschen Idealismus. Dieses Gespräch hat inzwischen in Veröffentlichungen Rahners selbst wie auch seiner Studienfreunde Gustav Siewerth (etwa: *Thomismus als Identitätssystem,* Frankfurt 1939), Johannes Baptist Lotz (etwa: *Das Urteil und das Sein,* Pullach 1957) und Max Müller (etwa: *Sein und Geist,* Tübingen 1940) und auch bereits in einer neuen Schülergeneration (etwa Emerich Coreth: *Metaphysik,* Innsbruck ²1963, und: *Grundfragen der Hermeneutik,* Freiburg i. Br. 1969) seine Fruchtbarkeit erwiesen, und zwar ebenso hinsichtlich des Verständnisses der hohen scholastischen Tradition als auch, was die Erschließung der großen Transzendentalphilosophie für die Theologie angeht.«³

Für J. B. Lotz prägen drei Ereignisse das philosophische Milieu, in dem er seine Untersuchungen ansetzt: »Die Läuterung der transzendentalen Methode, das Entfalten der ontologischen Differenz und das Wiedergewinnen der unverfälscht thomanischen Sicht des Seins.

Das erste Ereignis ist unlösbar mit dem Namen *J. Maréchal* verbunden, der in seiner neuen Begegnung zwischen Kant und Thomas von Aquin den entscheidenden Durchbruch vollzogen hat. Im zweiten Ereignis wirkt sich die epochemachende denkerische Tat von *M. Heidegger* aus. Was das dritte Ereignis betrifft, so vereinigen sich in dem Gesamtergebnis die Beiträge einer ganzen Reihe von Forschern.«⁴ Gemeint ist hier die Wiederentdeckung des thomanischen Seinsverständnisses durch Forscher wie É. Gilson und wohl auch J. Maritain.

Nach Lotz entfaltet sich im Kraftfeld dieser drei Ereignisse und als ein wichtiger Schnittpunkt der sich daraus ergebenden Entwicklungslinien das Schaffen von K. Rahner. Das gilt aber wohl auch von Lotz selbst und von den ihm geistesverwandten Denkern, die hier darzustellen sind.

Die Bedeutung der Läuterung der transzendentalen Methode sieht K. Rahner als die »Rezeption eines Gedankens, die das aufnehmende ›System‹ so verwandelt, daß es ein neues und anderes wird. Die *Rezeption der transzendentalen Methode* bedeutet das Ende der ›Neuscholastik‹ im historischen Sinn des Wortes. Nicht als ob durch diese Rezeption die Substanz des Erbes der traditionellen Philosophie des Mittelalters (vor allem Thomas von Aquin) als falsch oder unwichtig verworfen würde. Davon kann natürlich aus den verschiedensten Gründen keine Rede sein. Aber diese transzendentale Wende bedeutet doch nicht bloß die Aufnahme eines neuen einzelnen Lehrstückes in ein sonst gleich bleibendes ›System‹, sondern eine Neukonzeption des Ganzen des ›Systems‹. Und in diesem Sinn kann man ruhig von einem Ende der Neuscholastik sprechen, so wie sie sich seit der zweiten Hälfte des 19. Jahrhunderts verstanden hat. Durch diese ›Kehre‹ hat die christliche Philosophie als erste kirchliche Disziplin jene größere notwendige Dialogfähigkeit gewonnen, die das II. Vaticanum der Kirche als ganzer in allen Bereichen der ›Welt‹ gegenüber zur Aufgabe und Pflicht gemacht hat.«⁵

---

³ E. Simons / K. Hecker: *Verstehen,* 219f.
⁴ *Seinsproblematik,* 136.
⁵ K. Rahner in der Vorrede zur englischen Ausgabe von O. Muck: *Methode* (zit. nach dem deutschen Originaltext, Rahner-Archiv, Innsbruck; vgl. K. Rahner: *Methode,* 1).

Diese Wandlung im System der Neuscholastik ist es wohl auch zum Teil, die manche Kritiker auf den Plan gerufen hat – Kritiker, die nicht nur, wie J. de Vries,[6] aus Bedenken gegenüber der Argumentation im einzelnen, sondern schon gegen den Ansatz als solchen auftreten, wie z. B. B. Lakebrink.[7]

Im deutschen Sprachraum ist es charakteristisch, daß die Fortführung von Gedanken Maréchals verbunden wird mit einer intensiven Auseinandersetzung mit dem Denken Martin Heideggers. Dies fügt dem transzendentalphilosophischen Ansatz Maréchals eine neue Dimension bei, die vor allem in Hinblick auf die Seinsphilosophie, den Neuzugang zum wiederentdeckten thomanischen Seinsverständnis, von grundlegender Bedeutung ist. So gibt es eine enge Verbindung – genauer: teilweise Überschneidung – der deutschen Maréchal-Schule und der Heidegger-Schule unter christlich orientierten Philosophen.[8]

Ein auffallender Zug der Vertreter der Maréchal-Schule ist es auch, daß viele von ihnen, wie Maréchal selber, Jesuiten sind. Allerdings ist zugleich zu beachten, daß Jesuiten sehr unterschiedlich zu dem Ansatz von Maréchal Stellung genommen haben – so daß wir auch Kritiker unter den Jesuiten finden: E. Przywara, B. Jansen, J. de Vries, A. Pechhacker, H. Ogiermann, A. Brunner.

Gelegentlich ist diese Kritik verbunden mit einer Kritik an der Seinsauffassung Heideggers oder auch an der als zu platonisierend eingeschätzten Seinsauffassung von Thomas, die wieder zur Geltung gebracht worden war. Vielleicht ist das auch verständlich aus der Tatsache, daß gerade unter den Jesuiten im deutschen Sprachraum zunächst ein an der Metaphysik von Suarez orientiertes Seinsverständnis vorherrschend gewesen ist, noch dazu in Verteidigungsstellung gegenüber dem Neuthomismus, der in den 24 *Thesen*[9] offizielle kirchliche Unterstützung in Anspruch genommen hat. An der im Geist von Suarez weitergeführten Scholastik hat man geschätzt, daß sie begrifflich deutlicher und weniger platonisierend ist – in diesem Sinne nüchterner und begründeter. Diese zunächst in den philosophischen Ausbildungsstätten der deutschsprachigen Jesuiten in Valkenburg und Innsbruck, zum Teil auch noch im Berchmanskolleg in Pullach bei München vertretene Haltung dürfte den Hintergrund bilden, auf dem für einige ein durch Maréchal nun deutlicher als begründet erwiesener Neuzugang zur Seinsauffassung von Thomas vorzuliegen schien. Andere hingegen sahen hierin den Neuvorstoß eines als überwunden betrachteten platonisierenden Denkens und beklagten, daß durch die Übernahme des Ansatzes von Kant jene erkenntnistheoretischen Grundlagen in Frage gestellt wurden, auf die man gemeint hat,

---

[6] Vgl. die Beiträge aus den dreißiger Jahren, so z. B. J. de Vries: *Bedeutung*, bis drei Jahrzehnte später ders.: *Zugang*, und ders.: *Fragen*.
[7] *Metaphysik*.
[8] Eine kurze Darstellung und Ansätze einer Auseinandersetzung insbesondere mit den deutschsprachigen Denkern, die von Maréchal bestimmt sind, finden sich bei H. Verweyen: *Voraussetzungen*, und K. Demmer: *Sein*. Ausführlichere Darstellungen, die Maréchal selbst und auch andere ihm folgende Denker einschließen und von den vorgenannten Arbeiten verwendet werden, sind O. Muck: *Methode*, und H. Holz: *Transzendentalphilosophie*.
[9] Vgl. in diesem Handbuch den Beitrag von E. Coreth über Schulrichtungen neuscholastischer Philosophie, 397–410.

seine Position gründen zu können. Das äußerte sich schon in den ersten Reaktionen auf Maréchal durch E. Przywara[10] und B. Jansen.[11]

So meint Przywara, sowohl bei Kant als auch bei Thomas einen *methodischen Transzendentalismus* zu finden, den Maréchal herausgestellt habe und der durch folgende drei Elemente charakterisiert sei: »Erstens den allgemeinen methodischen Zweifel als Ausgangspunkt, zweitens den aprioristischen Objektivismus als Theorie des Wesens von Erkenntnis, drittens den finalen Dynamismus als Weg der Rechtfertigung ihres Anspruchs auf Objektivität. Alle drei Bestandteile sind aber innerlich geformt durch einen systematischen Transzendentalismus, der bei Thomas ein Transzendentalismus *des Seins* ist, bei Kant hingegen ein Transzendentalismus *des Ich*«.[12] Als Bedenken hebt Przywara hervor, »daß der kritische Erkenntnisweg nicht durch die Sinnesgegebenheiten zu den Dingen unmittelbar geht, ... sondern allein über jene ›Mittelung‹ durch die Finalität unseres Erkennens zu Gott hin, die da ist ›formellement manifestée au sujet par l'analyse de ses propres exigences à priori‹ ... : ein Weg zur Objektivität der Dinge über ihre ewige Verbundenheit mit Gott in Gott ..., und ein solcher Weg in der Tiefe des erkennenden Ich«.[13] Das aber ist nach E. Przywara Ausdruck eines christlichen Platonismus im Sinne Augustins und Anselms, der im Thomismus als Schule überhaupt enthalten sei und der in Maréchal seine »entscheidende erkenntnistheoretische Begründung« erhalten habe.[14] Durch solchen Platonismus werde das Ergründen allgemein notwendiger Wesenheiten gegenüber einer Erforschung der konkreten Individualwelt ausgezeichnet; eine Erkenntnislehre vom Aufschwung zum ewigen Sein anstelle eines Durchdringens der Sinnesgegebenheiten; ein Weg zur Erkenntnis des Daseins Gottes über sein Wesen. Dem entspreche es, daß Maréchal in Thomas einseitig die platonisch-augustinische Seite betone.[15]

Auch B. Jansen beanstandet vor allem, daß nicht verständlich sei, wie auf dem von Maréchal eingeschlagenen Weg eine Begründung eines Realismus möglich sein könne. Das sei nicht möglich durch einen Schluß vom Apriori, in dem das Denken nur als Form ohne Inhalt gegeben sei. Dazu müsse man sich auf den abbildenden Charakter unseres Erkenntnisbildes stützen. Das sei durch eine Intuition des Verstandes möglich, vor allem hinsichtlich der Gegebenheiten des Bewußtseinsaktes. Weiters sei auch nicht ersichtlich, wie man rechtfertigen könne, daß den Zielen der apriorischen Ausrichtung Noumenalität zukomme.[16]

Die durch Maréchal eingeleitete Auseinandersetzung mit Kant hinsichtlich einer Begründung der Metaphysik hat eine entscheidende Bereicherung durch die Verbindung mit der Auseinandersetzung mit M. Heidegger erfahren. Einen wesentlichen Faktor stellt hier das Studium sowohl von J. B. Lotz wie auch von

---

[10] *Kant; Apriorismus.*
[11] *Methode.*
[12] *Kant*, 59 (Hervorhebungen vom Verfasser); vgl. *Apriorismus*, 11.
[13] *Kant*, 68; vgl. *Apriorismus*, 18.
[14] *Kant*, 69; vgl. *Apriorismus*, 19.
[15] Vgl. O. Muck: *Methode*, 136–138, und in diesem Band den Artikel über Przywara, 572–589.
[16] *Methode*; vgl. O. Muck: *Methode*, 149f.

K. Rahner in Freiburg im Breisgau um die Mitte der dreißiger Jahre dar – woher auch die Beziehung zu den anderen, die zur katholischen »*Heidegger-Schule*« gezählt werden, datiert, nämlich zu G. Siewerth, M. Müller und B. Welte.[17]

In der folgenden Darstellung sollen jene Denker behandelt werden – soweit ihnen nicht eigene Abschnitte in diesem Handbuch gewidmet sind –, die im deutschen Sprachraum den methodischen Ansatz Maréchals weiterentwickelt haben. Dabei soll die Aufmerksamkeit vor allem auf die methodische Begründung der Metaphysik gelenkt werden.

JOHANNES BAPTIST LOTZ

Johannes Baptist Lotz wurde am 2. August 1903 in Darmstadt geboren. Nach seinem Eintritt in den Jesuitenorden 1921 studierte er Philosophie und Theologie in Valkenburg, Rom und Innsbruck und erwarb bei seinen weiterführenden philosophischen Studien in Freiburg i. Br. (1934–1936) das philosophische Doktorat. Anschließend wurde er Dozent und bald Professor für Ontologie und für Geschichte der Philosophie an der in Pullach bei München eingerichteten philosophischen Hochschule der Jesuiten, die 1969 nach München verlegt wurde und an der er 1973 emeritierte. Zugleich übte er von 1952 bis 1985 jeweils im Wintersemester seine Lehrtätigkeit in Rom an der Gregoriana im Rahmen des Doktoratsstudiums für Philosophie aus. Eine Vielzahl von Veröffentlichungen entfaltet die ihn leitenden zentralen Gedanken in Hinblick auf Themen der Anthropologie, der Spiritualität und der Ästhetik. Sein Anknüpfen an den aufweisbaren Gegebenheiten menschlichen Lebens und das Zurückführen derselben auf ein Verständnis aus grundlegenden Seinsstrukturen ließen ihn auch als gesuchten Vortragenden wirken.

J. B. Lotz[18] geht es in erster Linie um eine Vertiefung der Seinslehre. Er möchte Heidegger gegenüber aufzeigen, daß die Seinsfrage nicht gelöst werden könne, wenn man nicht die Analyse des Seinsvollzugs des Menschen so weit verfolgt, bis das Sein vom subsistierenden Sein her verstanden wird. Nach J. B. Lotz wird bei diesem Nachweis die transzendentale Methode über die Grenzen hinausgeführt, die ihr Kant gesetzt hatte. Das Wesen dieser Methode wird dabei keineswegs aufgegeben, sondern erfüllt.

So legt Lotz den Nachdruck nicht auf eine erste Rechtfertigung der Geltung unserer Erkenntnis. Dadurch unterscheidet er sich schon in der Zielsetzung von Maréchal, der die Analyse der Erkenntnistätigkeit und die notwendige und berechtigte Beziehung der Erkenntnis auf das reale metaphysische Sein im Auge

---

[17] Die genannten Denker werden – abweichend von J. B. Lotz: *Maréchal-Schule* – nicht in diesem Artikel behandelt, da ihnen eigene Beiträge gewidmet sind und hier unter methodischer Rücksicht vor allem die Weiterführung von Maréchals transzendentalphilosophischer Begründung der Metaphysik verfolgt wird.
[18] Vgl. O. Muck: *Methode*, 179–197.

hat.[19] Für Lotz steht mehr das fundamental-ontologische Anliegen Heideggers im Vordergrund, nämlich den Sinn von Sein von einer Untersuchung des menschlichen Daseins her zu erhellen. Dazu dient Lotz die transzendentale Methode.

Lotz sieht das Wesentliche der *transzendentalen Methode* im Sinne Kants darin, daß sie auf die menschliche Erkenntnisart oder auf den Menschen als Erkennenden zurückgeht, um hieraus die Bedingungen der Möglichkeit für die Gegenstände als erkannte zu entfalten. »Die Eigenart des Menschen aber, insofern er ein Erkennender ist, wird nicht durch die Gegenstände bestimmt, sondern liegt deren Erkenntnis voraus und bestimmt umgekehrt diese. Daher handelt es sich bei der transzendentalen Methode um den *Rückgang auf* die apriorische Eigenart oder *die apriorischen Bedingungen des menschlichen Subjekts.*«[20] Das Transzendentale »sind die a priori, d. h. vorgängig zu aller Erfahrung dem Subjekt innewohnenden *Formen als Möglichkeitsbedingungen* von Erkenntnissen oder Urteilen, die a priori, d. h. unabhängig von jeder Erfahrung vollziehbar sind. Insofern die Methode sich von den Erkenntnissen oder Urteilen hierauf zurückbewegt und diese hieraus versteht, ist sie selbst transzendental.«[21]

Bei diesen apriorischen Formen handelt es sich nicht um ein psychologisches Apriori, das auch durch ein anderes ersetzbar wäre, sondern um ein *logisches Apriori*, das nicht durch ein anderes ersetzbar und für den Erkenntnisvollzug als solchen notwendig ist. Es konstituiert beides: das menschliche Subjekt, das ohne diese Formen gar kein Erkenntnissubjekt wäre, wie auch das Erkenntnisobjekt, die Gegenstände menschlichen Bewußtseins, die ohne diese Formen gar nicht als Gegenstände des Bewußtseins zustande kämen.[22]

Die objektive Gültigkeit apriorischer Begriffe und Urteile kann, insofern sie a priori sind, nicht durch die Erfahrung gerechtfertigt werden, sondern nur dadurch, daß sie sich aus dem konstitutiven logischen Apriori ergeben. Andernfalls wäre ja der Vollzug des Gegenstandsbewußtseins gar nicht möglich. Eine solche »Erklärung der Art, wie sich Begriffe a priori auf Gegenstände beziehen können« (B 117), nennt Kant ihre *transzendentale Deduktion*.[23]

Terminologisch bezeichnet Lotz die transzendentale Methode manchmal als »subjektive Methode«[24] und stellt sie der »objektiven Methode« gegenüber, die ihre Aufmerksamkeit dem Objekt schenkt und aus dessen Realität die Erkenntnis zu rechtfertigen sucht. Die transzendentale Methode hingegen führt die Erkenntnis auf das erkennende Subjekt zurück, insofern dieses die Wahrheitsbefähigung einschließt und so die Geltung der Erkenntnis und damit die Realität des erkannten Objekts erklärt.

Für Lotz erreicht die Frage nach den Möglichkeitsbedingungen der Erkenntnis in den apriorischen Formen des Subjekts nur die erste Stufe der Möglichkeitsbedingungen. Diese weisen weiter auf die absolute Realität zunächst des Subjekts

---

[19] Vgl. ebd. 179 und ebd. 1–98 die Ausführungen über J. Maréchal.
[20] *Methode,* 47.
[21] Ebd. 50.
[22] Ebd. 48f.
[23] Ebd. 67f.
[24] Ebd. 40–43.

und dann des Objekts als der zweiten Stufe der Möglichkeitsbedingungen. »Nunmehr besagt die transzendentale Methode den Rückgang auf die Möglichkeitsbedingungen der Erkenntnis, einerlei ob dieser schon bei den apriorischen Formen oder erst bei der darüber hinausliegenden absoluten Realität haltmacht.«[25] Diese *Weiterführung* ist notwendig und möglich, weil erst durch das Sein die Vernunft in ihrem innersten Kern verständlich wird. Das betrifft a) die Geltung der Erkenntnisse der Vernunft, b) den Unterschied von der Sinnlichkeit, c) das Verhältnis zur Sinnlichkeit. Weil jedoch das Sein nicht auf das Subjekt eingeschränkt ist, sondern Subjekt und Objekt übergreift, gibt es das Objekt in sein An-sich frei.[26] Nur vom Sein her ist die Vernunft zu verstehen. Damit aber ist sie grundsätzlich für das An-sich der Objekte offen.

Da Kant die Kategorien nicht weiter auf das *Sein* zurückführte, konnte er die Grenzen der bloßen Erscheinung nicht überschreiten.[27] Wird aber das Sein erreicht, »so ist die subjektive Methode von innen heraus immer schon die objektive und die Folgerungen Kants sind überwunden; *kraft des Seins erfassen wir durch das, was wir in die Dinge* [als erkannte] *hineinlegen, das, was* [an sich] *in ihnen liegt*«.[28]

So führt die subjektive Methode die Erkenntnis auf die Bedingungen im Subjekt zurück, ohne die nicht erklärlich wäre, daß das Subjekt eine Tätigkeit besitzt, welche Erkenntnis unter dem Gesichtspunkt des realen Seins des Objekts ist. Die objektive Methode aber führt die Erkenntnis – unmittelbar oder mittelbar über die Bedingungen im Subjekt – auf die Bedingungen im Objekt zurück, ohne die nicht erklärlich ist, daß wir gerade diese Objekte und nicht andere erkennen, unsere Erkenntnisfähigkeit gerade diesen bestimmten Erkenntnisakt setzt.

Lotz bringt die Unterscheidung der Methoden in Beziehung zur ontologischen Differenz und einer Unterscheidung von ontischer und ontologischer Methode. Die *ontische* Methode betrachtet das Seiende, ohne dessen Grund ausdrücklich zu entfalten. Die *onto-logische* Methode hingegen betrachtet das Seiende, insofern als dessen Grund (logos) das Sein ausdrücklich entfaltet wird. So bleibt die erste Methode im Seienden, während die andere zum Sein fortschreitet. Nun ist aber die Zurückführung des Seienden auf das Sein das Grundgesetz der Vernunft, des Logos. Wer darum das Sein und daraus das Seiende genauer verstehen will, muß auch die Natur der Vernunft untersuchen. Daraus folgt aber, daß die ontologische Methode mit der subjektiven oder transzendentalen zusammenfällt und dementsprechend die objektive mit der ontischen. Wie ferner das Sein der Grund des Seienden ist, so begründet auch die ontologische oder transzendentale Methode die ontische oder objektive.[29]

Aus diesen Hinweisen dürfte bereits verständlich werden, wie sich für Lotz die Fundamentalontologie Heideggers mit der transzendentalen Erkenntnismetaphysik Maréchals verbindet. Auch erklärt dies, warum sich Lotz für die Erkenntnis-

---

[25] Ebd. 53.
[26] Ebd. 43, 71f.
[27] Ebd. 67.
[28] Ebd. 43 (Hinzufügungen vom Verfasser).
[29] *Metaphysica*, 13.

metaphysik interessiert, wenn es um die Grundlegung der Ontologie und die Vertiefung des Seinsverständnisses geht. Das Bemühen um ein Seinsverständnis ist darum auch nicht Gegenstand einer isolierten Untersuchung, sondern gehört zur Erforschung dessen, wodurch Seiendes, das Gegenstand der Erkenntnis ist, zum Seienden wird und wodurch die Erkenntnis solcher Gegenstände verständlich wird. Die Methoden sind nicht Selbstzweck. Die transzendentale Methode soll das in jedem Objektbewußtsein vollzogene und es ermöglichende Verständnis entfalten und dadurch die Geltung der Erkenntnis klären. Die onto-logische Reflexion dient der Auslegung des Seinsverständnisses, das jede Erkenntnis von Seiendem trägt. Eine solche reflexive Auslegung braucht es gerade deshalb, weil wir keine intuitive Schau haben, die alles umgreift.[30]

Der Ansatzpunkt für die reflexive Auslegung des Seins liegt im *Urteil*, weil sich hier der menschliche, durch das Sein bestimmte Vollzug am deutlichsten ausprägt.[31] »Dem Urteil ist es nämlich eigen, *als seiend zu setzen,* indem es aussagt, daß etwas ist oder nicht ist.«[32] »Das Urteil erschöpft sich nicht in dem rein formalen Bejahen oder Verneinen, sondern umschließt die vorausgehenden Erfassungen, insofern diese im Urteil ihre Vollendung als Erkenntnis erfahren.«[33] Was nämlich in der *Einsicht*, die das Urteil fundiert, gesehen ist, findet seine *Ausdrücklichkeit* erst in dem dadurch fundierten Urteil.[34] Das soll wohl bedeuten, daß das, was in der Einsicht miterfaßt ist, erst durch die transzendentale Analyse des Urteilsvollzugs ausdrücklich wird. Und darum geht es in der Entfaltung des Seinsverständnisses.

Die Besinnung auf das Urteil zeigt, daß das Urteil zugleich Analyse und Synthese ist.[35] In der dreigliedrigen Struktur von logischem Subjekt, Prädikat und Kopula zeigt sich, daß das Wissen, durch das wir uns auf einen zu beurteilenden Gegenstand beziehen, noch nicht das enthält, was das Urteil erst durch Prädikat und Kopula zum Ausdruck bringt, nämlich das Was und das Sein des Einzelnen.[36] Damit also nach Lotz das Sein ausgesagt werden kann, muß das sinnlich in seiner Äußerlichkeit gegebene Einzelne auf sein Was hin überschritten und dieses Was selbst wieder als Weise des Seins aufgefaßt werden.[37] Hier fühlt man sich erinnert an die wiederkehrende Struktur des Erkennens, die B. J. F. Lonergan[38] herausarbeitet. Das Gegebene läßt uns sowohl Fragen stellen für das Verstehen (*was* das Betreffende sei) wie auch für die Reflexion (darüber, *ob* es auch so sei, wie man

---

[30] *Urteil*, 15.
[31] *Metaphysica*, 32.
[32] *Urteil*, 47.
[33] Ebd. Anm. 38.
[34] Vgl. *Urteil*, 47, 200ff.; *Metaphysica*, 34f.
[35] *Urteil*, 50.
[36] Ebd. 50f.
[37] Ebd. 51–57.
[38] B. J. F. Lonergan: *Insight;* vgl. O. Muck: *Methode*, 234–258, 237: Es findet sich eine allgemeine Struktur, sowohl in der direkten Erkenntnis als auch in dem auf die innere Erfahrung reflektierenden Erkenntnisprozeß. »In jedem von diesen beiden unterscheiden wir drei Ebenen: eine Ebene der Vorstellungen (presentations), eine Ebene des Verstandes (intelligence) und eine Ebene der Reflexion (reflexion)« (deutsche Übersetzung zit. nach O. Muck: *Methode*, 237; vgl. B. J. F. Lonergan: *Insight*, 272).

meint, es verstanden zu haben). Beide Arten von Fragen beansprucht das Urteil zu beantworten.

Das Urteil leistet aber nicht nur eine Analyse, ein Abheben des Was vom Einzelnen und des Seins vom Was – durch die Kopula wird zugleich auch in »prädikativer Synthese«[39] das Was mit der Einzelheit verbunden und in »veritativer Synthese«[40] diese Verbindung auf den Gegenstand bezogen. Dadurch wird das in der prädikativen Synthese Ausgedrückte auf den Gegenstand als von ihm gültig hingeordnet.[41] Durch dieses Setzen unterscheidet sich das Urteil von einem bloßen Vergegenwärtigen des Sachverhaltes. Von neueren Entwicklungen der Sprachanalyse liegt der Vergleich nahe mit dem lokutionären Akt und dem Sprechakt der Bejahung.

So führt die Untersuchung der Struktur des Urteils, das sich als durch den Bezug zum Sein gekennzeichnete und konstituierte Tätigkeit des Menschen erweist, zu einer Entfaltung des Verständnisses dieses Seins. »Das Seiende ist nicht das Sein und steht doch in der Beziehung zu ihm, daß es durch das Sein seiend ist. Entsprechend schreitet das Sein als solches einerseits wesenhaft über das Seiende *hinaus,* andererseits bleibt es ihm als dessen *Grund* verbunden.«[42] Das ist jene dem Sein eigene Transzendenz, die A. Grégoire als *Partizipation* bezeichnet und als Ineinander von »Immanenz« und »Transzendenz« verstanden hat.[43]

Nach Lotz besagt diese Transzendenz des Seins eine doppelte *Abhebung,* sowohl vom endlichen Subjekt als auch vom endlichen Objekt. Die Abhebung *vom endlichen Subjekt*[44] besagt, daß die Urteilssetzung nicht die ursprüngliche Setzung des Seins des Seienden ist,[45] wenn auch zugleich die Transzendenz des Seins, welche die Urteilssetzung in ihrer absoluten Geltung ermöglicht, uns gerade das An-sich-Gesetzte zugänglich macht. Die Abhebung *vom endlichen Objekt*[46] beinhaltet, daß der Horizont der Seiendsetzung eines endlichen Seienden nicht mit dessen eigenem Sein oder dem Sein der ihm übergeordneten Kategorie zusammenfällt,[47] sondern vielmehr einen überkategorialen Grund als Möglichkeitsbedingung fordert.[48]

Die Transzendenz des unbestimmten Seins, die von Lotz zunächst als Möglichkeitsbedingung des Urteils erwiesen wurde, setzt nach ihm das subsistierende Sein als Möglichkeitsbedingung voraus: Das Sein ist deshalb das schlechthin Umfassende und letzthin Begründende des Seienden, weil es, unabhängig von seiner Bezogenheit auf das Seiende, vor seiner endlichen Verwirklichung ursprüng-

---

[39] J. B. Lotz: *Urteil,* 58–62.
[40] Ebd. 58, 62–68.
[41] Ebd. 64.
[42] Ebd. 69.
[43] A. Grégoire: *Immanence;* vgl. O. Muck: *Methode,* 99–106.
[44] *Urteil,* 72–77.
[45] Ebd. 76.
[46] Ebd. 77–86.
[47] Ebd. 79.
[48] Ebd. 80, 86.

lich und von sich aus und in sich selbst eine andere, ihm letztlich allein angemessene unendliche Verwirklichung besitzt.[49]

Die Begründung für die subsistierende Weise des Seins als Möglichkeitsbedingung liegt in folgendem: Das Sein als Grund des wirklichen Seienden muß als Wirkliches selbst einzeln und nicht allgemein sein – als das alles Einzelne Begründende muß es aber doch das Allgemeinste sein. Soll daher Seiendes und sein Vollzug im Urteil überhaupt möglich sein, muß das das Seiende begründende Sein in einer einzelnen Verwirklichung des Seins gründen, die nicht durch ihre Unbestimmtheit allgemein ist, sondern dadurch, daß sie Grund von allem ist.[50] Das wird durch weitere Entfaltung der Bedingungen für die absolute Setzung des Urteils gezeigt.[51] So versteht Lotz das durch ihn entfaltete Seinsverständnis als Abhebung sowohl von Kant als auch von Heidegger. *Kant* war eine Metaphysik des Wissens nicht möglich, da er in der Analyse der Möglichkeitsbedingungen nicht zur konstitutiven Funktion des Seins vorgedrungen ist,[52] das Sein nicht in seiner überkategorialen Funktion gesehen hat.[53] Erst wenn das Apriori das des Seins ist, *verbirgt* es nicht den Gegenstand, sondern *enthüllt* ihn.[54]

Bei *Heidegger* schließt das an die Zeitlichkeit und Geschichtlichkeit gebundene Sein die Metaphysik aus oder erreicht sie zumindest nicht. Das kommt nach Lotz daher, daß Heidegger nur die der phänomenologischen Analyse zugängliche Öffnung der Transzendenz vollzieht, nicht aber die durch die Phänomene weiter auferlegte diskursive Erschließung des letzten Möglichkeitsgrundes dieser Transzendenz.[55] So ist für Lotz die *Transzendenz des Seins*, insofern sie die im Urteil bewußt vollzogene absolute Geltung des Urteils ermöglicht, im Urteil *miterfaßt*. Da das subsistierende Sein nicht Gegenstand einer unmittelbaren Schau des Urteilenden ist, kann es als Möglichkeitsbedingung des Urteils nur erschlossen werden, so daß dem Urteil nicht ein ausdrückliches Wissen darum zukommt, sondern nur eine *Antizipation* des subsistierenden Seins, als Vor-griff.[56]

Vergleicht man das Vorgehen von Lotz mit dem von Maréchal, so ergibt sich: Maréchal geht in seiner transzendentalen Kritik vom Aufweis des Dynamismus der Erkenntnisfähigkeit aus. Er bestimmt dessen Ziel durch Analyse des Urteils. So gelangt er zum Nachweis der notwendigen Beziehung jedes urteilenden Erkennens auf das Absolute des Seins. Verglichen damit geht Lotz direkt vom Urteilsvollzug aus und untersucht phänomenologisch dessen Strukturelemente. Von da aus erschließt er dann das absolute Sein als Möglichkeitsbedingung des Urteils. Erst ein weiteres Auslegen der Möglichkeitsbedingungen führt dazu, diesen Vorgriff auf das Absolute als Ausdruck und Folge eines Strebens nach dem Absoluten zu begreifen.

---

[49] Ebd. 98.
[50] Ebd. 94–100.
[51] Ebd. 100–108.
[52] *Methode,* 107.
[53] Ebd. 64f.
[54] *Apriori.*
[55] Vgl. *Heidegger; Ontologie; Grundspannung; Metaphysica,* 85, 152f., 174f.
[56] *Urteil,* 110–113.

Diesen Unterschied kennzeichnet Lotz selbst[57] so, daß er seinen Weg, die notwendige Beziehung des Erkennens auf das Absolute aufzuzeigen, als Aufweis des Absoluten als *Exemplarursache* bezeichnet, während es auf dem Weg von Maréchal als *Finalursache* aufgewiesen wird. Dabei schließen die beiden Ursächlichkeiten einander nicht aus, sondern ein. Der Weg, den Lotz einschlägt, benützt mehr die phänomenologische Analyse. Dadurch dürfte leichter der Zusammenhang zwischen den Möglichkeitsbedingungen und der direkten Intention der Erkenntnis, zwischen Setzung und Schau, ersichtlich sein, als wenn dieser – wie bei Maréchal – über den Gedanken vermittelt ist, daß der nächste Gegenstand der Erkenntnis Zwischenziel und deshalb begründet sei.

Durch das Vorgehen von Lotz wird zugleich auch eine zu einseitig formale Auffassung des Apriori vermieden und dem Berechtigten am Anliegen eines materialen Apriori Rechnung getragen. Denn wenn auch die inhaltliche Differenzierung der Erkenntnis von der Erfahrung abhängt, so enthalten gerade die durch die Ausrichtung auf das Sein ermöglichten Differenzierungen von Seienden Sinngehalte, die nicht Sinnesempfindungen sind, sondern das Produkt der Einsicht bzw. der Verarbeitung dieser Gegebenheiten durch die Vernunft. Der Unterschied zu Maréchal zeigt sich auch darin, daß Lotz die transzendentale Analyse nicht wie Maréchal in einem großen Schritt durchführt, sondern sie auf mindestens drei Etappen aufgliedert: Erstens der Aufweis der grundsätzlichen Möglichkeit berechtigten Urteilens. Das kann durch Retorsion[58] geschehen oder durch Aufweis der evidenten Grundlage im Rahmen einer Erkenntniskritik. Zweitens – und das ist der Hauptschritt – wird phänomenologisch der Sinn des Erkenntnisvollzugs erforscht, und es werden die darin zur Darstellung kommenden Momente des Seins aufgewiesen. Durch metaphysischen Diskurs wird dann weiter das subsistierende Sein als Möglichkeitsbedingung der aufgewiesenen Momente erschlossen. Drittens wird das durch das Sein ermöglichte Erkennen weiter auf seine Möglichkeitsbedingungen in Subjekt und Objekt hin entfaltet.

KARL RAHNER ALS PHILOSOPH

Karl Rahner, geboren am 5. März 1904 in Freiburg i. Br., war 1922 in die Gesellschaft Jesu eingetreten. Nach seinem philosophisch-theologischen Grundstudium in Valkenburg studierte er zusammen mit J. B. Lotz in Freiburg, wo zu dieser Zeit auch M. Müller, G. Siewerth und B. Welte bei Heidegger hörten. Hier hatte er Gelegenheit, sich mit dem Denken Heideggers wie auch des Deutschen Idealismus auseinanderzusetzen. Philosophisch einflußreich wurde seine in Freiburg in Hinblick auf Fragen der neuzeitlichen Philosophie erarbeitete Thomas-

---

[57] *Metaphysica*, 111f.
[58] Besonders von G. Isaye wurde der Ausdruck »Retorsion« (vgl. O. Muck: *Methode*, 115) für die indirekte Beweisführung verwendet, die bereits nach J. Maréchal (vgl. ebd. 77) ein wesentliches Element der transzendentalen Rechtfertigung der Seinsbejahung ausmacht.

Interpretation *Geist in Welt*. Grundlegend für sein Denken ist auch die für Vorträge bei den Salzburger Hochschulwochen ausgearbeitete Religionsphilosophie *Hörer des Wortes*.

1937 beginnt er in Innsbruck als Dozent für Theologie. Eine kriegsbedingte Unterbrechung führt ihn nach Wien. Nach einigen Jahren an der philosophischen Hochschule Berchmanskolleg in Pullach bei München kehrte er 1948 nach Innsbruck zurück und wirkte seit 1949 als Professor für Dogmatische Theologie. Durch seine reiche theologische Arbeit, die sich unter anderem in Tausenden von Veröffentlichungen niedergeschlagen hat, wie auch in seiner einflußreichen Beratertätigkeit am II. Vatikanischen Konzil hat er weltweit ausstrahlend gewirkt. Gegen Ende seiner aktiven Lehrtätigkeit als Professor war er noch drei Jahre in München und vier Jahre in Münster tätig. Am 30. März 1984 verstarb er, kurz nach seinem 80. Geburtstag, in Innsbruck, wo er seit 1982 die letzten Jahre seines Lebens verbracht hatte. Dort befindet sich nun auch das Karl-Rahner-Archiv.

K. Rahner hat das theologische Denken um die Mitte unseres Jahrhunderts entscheidend mitgeprägt. Eine Wurzel dieser Wirksamkeit war seine profunde Kenntnis der theologischen Tradition und der Quellen, zu deren Erschließung er selbst wesentlich beigetragen hat.

Sein theologisches Denken wurde stark bestimmt sowohl durch seinen Sinn für den konkreten Menschen mit seinen Erfahrungen und Anliegen als auch durch seinen philosophischen, transzendental-anthropologischen Ansatz. Er kommt vor allem in den oben erwähnten philosophischen Jugendwerken zum Ausdruck und ist gekennzeichnet von einer an Maréchals kritischer Weiterführung des transzendentalen Denkens inspirierten Auseinandersetzung mit dem Denken des Deutschen Idealismus. Diese Auseinandersetzung erhält ihre besondere Note durch Elemente eines von Heidegger gelernten existential-phänomenologischen Vorgehens. So greifen in den Gedankenführungen Rahners aristotelisch-thomistische Metaphysik, neuzeitliche Transzendentalphilosophie und Existenzanalyse unseres Jahrhunderts ineinander und ergänzen sich dank einer tiefen Einsicht in ihre systematischen Zusammenhänge.

Aufgabe dieser Darlegungen kann es nicht sein, die Fülle theologischer Impulse und Untersuchungen von K. Rahner zu verfolgen.[59] Hier soll lediglich die besondere Eigenart herausgearbeitet werden, in der Rahner die Impulse von Maréchal und die Anregungen von Heidegger aufgenommen und verarbeitet hat.

Worin sieht nun Rahner in seinen grundlegenden philosophischen Schriften[60] Ansatz und Weg einer sachgerechten Entfaltung der Philosophie?

In *Geist in Welt* stellt er sich der Frage, »wie das menschliche Erkennen nach Thomas Geist in Welt sein könne«.[61] Menschliches Erkennen geschieht zunächst in der Welt der Erfahrung, alles Metaphysische wird nur in und an der Welt erkannt. Bei Thomas findet das seinen Ausdruck in der Lehre von der Hinwen-

---

[59] Zu Person und Werk vgl. z. B. K. Lehmann: *Rahner*; K.-H. Weger: *Rahner*; H. Vorgrimler: *Rahner*.
[60] *Geist in Welt* und *Hörer des Wortes* werden, wenn nicht anders vermerkt, nach der jeweils ersten Auflage zitiert.
[61] *Geist*, S. XIV.

dung und dem dauernden Hingewandtsein des Intellekts auf die Erscheinung, also in der Lehre von der »conversio intellectus ad phantasma«.[62]

Wie ist trotz dieser »conversio« das Metaphysische dennoch offen? Eine Auseinandersetzung mit dieser Frage dient zugleich einer sachlichen Auseinandersetzung mit der zeitgemäßen »Frage nach der Möglichkeit von Metaphysik aufgrund einer Anschauung, die im Horizont von Zeit und Raum geschieht«.[63] Diese Fragestellung setzt sich mit Kants Beschränkung der theoretischen Vernunft auf Gegenstände möglicher Erfahrung in Raum und Zeit auseinander wie auch mit Heideggers Einbindung des Seins in jene Zeitlichkeit und Geschichtlichkeit, die menschliches Verhalten zum Sein kennzeichnen.

Die Frage nach der *Möglichkeit der Metaphysik* findet schließlich ihre Antwort in dem Nachweis, daß in der Erfahrungserkenntnis immer schon ein metaphysisches Seinsverständnis mitgesetzt ist, das die Erfahrung überhaupt erst ermöglicht und zugleich ein metaphysisches Verständnis des Menschen und seines geschichtlichen Verhältnisses zum überzeitlichen Absoluten beinhaltet. Denn in der Metaphysik wird »das Verständnis, das der Mensch immer schon von sich hat, weil er Mensch ist, zu sich selber gebracht«.[64] Sie ist »nur die reflexe Auslegung des eigenen Grundes jeder menschlichen Erkenntnis, der immer schon als solcher in ihr von vornherein mitgesetzt ist«.[65] Der Aufweis dieses Sachverhaltes ist selbst schon Metaphysik, da »die Reflexion auf das, was die Metaphysik möglich macht, schon selber Metaphysik« ist »und im Grunde schon das Ganze, was menschlicher Metaphysik zugänglich ist«.[66] Denn »Metaphysik ist nicht wie eine Einzelwissenschaft die Entdeckung von etwas, was man bisher noch nicht kannte, sondern das Erkennen dessen, was man immer schon kannte«.[67] »Metaphysik als Wissenschaft ist eigentlich nur dort, wo langsam und in weitausholender Arbeit das immer schon Bekannte in systematischer und streng begrifflicher Arbeit entwickelt wird, wo der Mensch in Begriffen sich die Metaphysik vorzustellen sucht, die er im voraus in seinem Sein und Handeln immer schon getrieben hat.«[68]

In *Hörer des Wortes* wird die im Menschen immer schon vollzogene Metaphysik für die Religionsphilosophie und Fundamentaltheologie ausgewertet. Sie wird dahingehend entfaltet, daß der Mensch als ein Wesen begriffen wird, das auf Gott hin offen ist und auf ein Wort Gottes horchen muß, das möglicherweise in der Geschichte an ihn ergeht. So wird die Erkenntnismetaphysik von *Geist in Welt* zu einer Anthropologie des Menschen vor Gott entfaltet. Die Offenheit des Menschen auf das Sein, die menschliches Erkennen überhaupt erst ermöglicht, verweist den Menschen auf Gott und darauf, ob Gott ihn anspricht.

Hörer des Wortes bringt die Ergebnisse von *Geist in Welt* systematisch straffer

---

[62] Ebd.
[63] Ebd. 13.
[64] Ebd. 17.
[65] Ebd. 283.
[66] Ebd. 290.
[67] *Hörer*, 40.
[68] Ebd. 43f.

und ohne den Apparat der Thomas-Interpretation zur Darstellung, muß aber deshalb zur Begründung häufig auf *Geist in Welt* zurückverweisen.

Wie bei Maréchal wird auch bei Rahner das Problem der Erkenntnis nicht als Problem der »*Brücke*« gesehen, sondern im Problem der *Objektivierung*, nämlich der Frage, wie die immanente Tätigkeit eines Seienden Erkenntnis eines anderen sein könne: »So ist für thomistische Erkenntnismetaphysik das Problem nicht darin, wie die Kluft zwischen Erkennen und Gegenstand durch irgendeine ›Brücke‹ zu überbauen sei: solche ›Kluft‹ ist ein bloßes Scheinproblem. Vielmehr ist das Problem darin, wie das mit dem Erkennenden identische Erkannte als anderes dem Erkennenden gegenüberstehen könne und wie es eine Erkenntnis geben könne, die ein anderes als solches hinnimmt. Es ist nicht eine Kluft zu ›überbrücken‹, sondern zu begreifen, wie sie überhaupt möglich ist.«[69] Im Gegensatz zu Maréchal wird – ähnlich wie bei Lotz – das Sein nicht erst am Ende einer transzendentalen Analyse der Erkenntnishandlung als deren Möglichkeitsbedingung gewonnen. Vielmehr wird es bereits an einer sehr frühen Stelle in der Abfolge der methodischen Schritte phänomenologisch in seiner Funktion für die Erkenntnis aufgewiesen. Ansatzpunkt ist dabei in *Hörer des Wortes* der menschliche Vollzug des Fragens. Darin besteht ein Unterschied zu Maréchal wie zu Lotz, bei denen das Urteil den Ansatzpunkt zur Analyse der transzendentalen Möglichkeitsbedingungen bietet, ja auch noch zu *Geist in Welt*, wo sich die Entfaltung des Seinsverständnisses auf die Analyse des Urteils stützt. Bei der Entfaltung der Möglichkeitsbedingungen wird jedoch nicht nur das Sein beachtet, sondern gleich auch wieder das erkennende Subjekt gesehen. Das führt zu einer bewußten Verbindung von formalontologischen und erkenntnismetaphysischen Aussagen – was von K. Rahner zugleich als Folge einer recht verstandenen Lehre von den transzendentalen Bestimmungen des Seienden aufgefaßt wird.

Für das fundamentalontologische Anliegen einer Grundlegung der Ontologie bedeutet das: Jeder Grundbegriff, der für das Begreifen von Seiendem seinem Sein nach erforderlich ist, muß auf das Seinsverständnis rückführbar sein, das sowohl die Erkenntnis ermöglicht als auch ein Selbstverständnis des Erkennenden einschließt. Jede formalontologische Betrachtung kann – wie in der zweiten Auflage von *Geist in Welt* noch deutlicher wird – nur wirklich »*ontologisch* durchgeführt werden, wenn sie sich selbst in ein erkenntnismetaphysisches Problem verwandelt. Wirklich ontologische Begriffe können nur in Einheit mit den entsprechenden erkenntnismetaphysischen Begriffen gewonnen werden.«[70] Von der Einsicht in diesen Zusammenhang macht Rahner methodisch Gebrauch sowohl in der Theologie als auch schon in der Entfaltung seiner philosophischen Gedanken.

Als Vollzug, der uns Zugang zum ursprünglichen Seinsverständnis gibt, sieht Rahner die *metaphysische Frage*. Es handelt sich dabei nicht um eine beliebige Einzelfrage, sondern um etwas, das in jeder Einzelfrage und jeder Aussage einschlußweise, sie ermöglichend, enthalten ist. Sie ist die »reflexe Artikulation jener im Grunde des menschlichen Daseins selbst waltenden Frage, der Seinsfrage«.[71]

---

[69] *Geist*, 46.
[70] Ebd. 332 (zit. nach der zweiten Auflage).
[71] Ebd. 72 (zit. nach der zweiten Auflage).

»Die metaphysische Frage nach dem Sein des Seienden als eines solchen ist der einzig mögliche Ausgangspunkt aller Metaphysik. Aus der Analyse dieser Frage also muß sich ergeben, was das Wesen des Seienden im allgemeinen sei und was das Wesen *des* Seienden im besonderen sei, das diese Seinsfrage in seinem Dasein notwendig stellt.«[72] Dabei kommt es darauf an, daß diese Frage einerseits *vom Menschen notwendig je schon gestellt* ist, andererseits wirklich Frage nach allem, dem Ganzen, dem Sein ist. Zu dieser Frage gehört auch die Möglichkeit einer Antwort. »Eine metaphysische ἐποχή der Seinsantwort gegenüber ist deshalb nicht möglich, weil zum Dasein des Menschen ständig und notwendig die Seinsfrage gehört und somit der Mensch ständig und notwendig das Woher einer Antwort und damit einschlußweise auch die Antwort auf die Seinsfrage selbst in seinem Dasein setzt.«[73]

Aus einem Bedenken der Bedingungen der Frage wird weiter aufgezeigt, daß »mit der Frage, was das Sein alles Seienden sei, schon ein vorläufiges Wissen um das Sein im allgemeinen ausgesprochen«[74] sein muß. Daraus ergibt sich aber für Rahner sowohl die grundlegende Beziehung zwischen Sein und Wissen, die in seinem Verständnis der transzendentalen Bestimmung der ontologischen Wahrheit ausgesagt wird, als auch die Endlichkeit des menschlichen Erkenntnissubjekts. »Da die Frage nach dem Sein überhaupt alles in Frage stellt, kann das in der Frage enthaltene Wissen das Gewußte als solches nicht als etwas vom Gefragten Verschiedenes wissen. Das gefragte Sein ist in all seiner Fraglichkeit immer auch schon ein gewußtes Sein ... Wenn aber so das Sein im selben Umfang und unter allen den Rücksichten, unter denen nach ihm in der Metaphysik gefragt wird, auch immer schon ein Gewußtes ist, dann ist damit implizite die grundsätzliche Erkennbarkeit alles Seins bejaht.«[75]

»Damit ist aber weiter gesagt, daß jedes Seiende als möglicher Gegenstand einer Erkenntnis von sich aus und kraft seines Seins, also *wesentlich,* eine innere Hinordnung auf eine mögliche Erkenntnis und so auf einen möglichen Erkennenden hat ... Wenn aber diese innere Hingeordnetheit alles Seienden auf eine mögliche Erkenntnis ein apriorischer und notwendiger Satz ist, so kann er es nur dadurch sein, daß Sein und Erkennen eine ursprüngliche *Einheit* bilden, weil anders diese Beziehung jedes Seienden von sich aus auf eine Erkenntnis höchstens eine faktische sein könnte, nicht aber eine mit dem Wesen des Seins schon gegebene Bestimmung alles Seienden ... Sein und Erkennen sind also deshalb korrelat, weil sie ursprünglich in ihrem Grunde dasselbe sind. Damit ist aber nichts weniger gesagt, als daß das Sein als solches in dem Maße, als es Sein ist, Erkennen ist, und zwar Erkennen in ursprünglicher Einheit mit dem Sein, also Erkennen des Seins, das der Erkennende selbst ist.«[76]

»Die Fragbarkeit des Seins zeigte nun das Sein als Beisichsein, als ursprüngliche Einheit von Sein und Erkennen. Die Fraglichkeit des Seins, desselben Seins

---

[72] *Hörer,* 48.
[73] Ebd. 46.
[74] Ebd. 50.
[75] Ebd. 51.
[76] Ebd. 51f.

scheint nun diese Bestimmung wieder aufzuheben.«[77] Das macht es nun nötig, die Einschränkung »in dem Maße, in dem es Sein ist«, ernst zu nehmen. Das erlaubt die Unterscheidung von Seinsweisen, die Wissen in begrenztem (endlichem) Maß oder überhaupt nicht (d. h. nur als Rezeptivität ohne Intentionalität) begründen. Da »nicht bloß die Fragbarkeit, sondern auch die Fraglichkeit des Seins zur Grundverfassung des Menschen gehört, weil der Mensch *fragen* muß, darum ist der Mensch auch nicht das absolute Bewußtsein, sondern gerade in seiner Metaphysik, also *als* ›transzendentales Bewußtsein‹ *endlicher* Geist«.[78]

Um diese Gedankenführungen und ihre Bedeutung richtig zu verstehen, muß beachtet werden, daß hier offenbar ein Rückgriff auf das zunächst entfaltete Seinsverständnis stattfindet, der zu weiteren Differenzierungen führt. Im Verlauf der Entfaltung bewußten Vollzugs in Hinblick auf seine Möglichkeitsbedingungen werden zunächst nur einige Gesichtspunkte ausdrücklich herausgestellt. Diese betreffen sowohl das Sein wie auch den Erkennenden bzw. Fragenden. Die Anwendung des so Entfalteten auf Gegebenheiten am Vollzug ist Anlaß zu weiteren Differenzierungen – z. B. zum Herausarbeiten von verschiedenen Typen von Anteilnahme am Sein und dementsprechend zu unterschiedlichen Weisen des Verhältnisses von Seiendem zu Wissen.

Beachtet Rahner in seiner Spekulation – z. B. beim Identifizieren von Sein und Wissen – zuwenig die Erfahrung, daß es etliche Seiende gibt, denen wir kein Wissen zusprechen können? Demgegenüber muß herausgestellt werden, daß Rahner *immer drei Gesichtspunkte zugleich* beachtet: erstens die *Phänomene,* die es von ihren Möglichkeitsbedingungen her zu verstehen gilt; zweitens *(formal-) ontologische Begriffe,* welche Strukturen metaphysischen Verstehens artikulieren; drittens onto-logische oder *erkenntnismetaphysische Strukturelemente,* welche für Rahner der Zugang zum Sinn der ontologischen Unterscheidungen sind und den Bezug der spekulativen Begriffe zur Phänomenalität des menschlichen Geistvollzugs herstellen. Durch die die Erfahrung verständlich machenden Zusammenhänge soll nicht das in der Erfahrung Feststellbare geleugnet oder beschrieben, sondern eben seinsmäßig erklärt, also dessen Platz in der allgemeinsten Struktur seinsmäßiger Zusammenhänge aufgezeigt werden. Dadurch soll die Erfahrung in Hinblick auf die Gesamtheit des Seienden oder auch in Hinblick auf die Gesamtheit menschlichen Lebens geortet werden. In diesem Sinn ist die Spekulation nicht Selbstzweck, sondern dient einem umfassenden, nicht nur auf eine partikuläre Perspektive menschlichen Lebens eingeschränkten Verständnis des Erfahrbaren. In dieser Verbindung von Phänomenologie und Spekulation, die in ihren metaphysischen Diskurselementen selbst rückgebunden ist an die Selbsterfahrung menschlichen Daseins, liegt wohl die philosophische Eigenart Rahners. Das ermöglicht es ihm in seinen theologischen Untersuchungen, die oft metaphysisch formulierten Gehalte der theologischen Tradition in ihrer Kraft, die menschliche Erfahrung zu erhellen, aufscheinen zu lassen – weshalb wohl auch seine Gedanken, trotz ihrer sprachlichen Schwierigkeit, soviel Widerhall gefunden haben.

---

[77] Ebd. 60.
[78] Ebd. 65.

WALTER BRUGGER

Was bei J. B. Lotz und K. Rahner der Einfluß von Heidegger an Spezifischem zur Modifikation und Weiterentwicklung von Gedanken Maréchals beigetragen hat, das war bei Walter Brugger seine scharfsinnig-logische Analyse der Gedankengänge, insbesondere in Auseinandersetzung mit Kant. Dadurch hat er zur Klärung der transzendentalphilosophischen Methodik und Beweisführung beigetragen.

Geboren am 17. Februar 1904 in Radolfszell am Bodensee, hat W. Brugger das Gymnasium in Konstanz besucht. 1924 ist er in die Gesellschaft Jesu eingetreten, hat in Pullach bei München Philosophie, in Innsbruck Theologie studiert und war 1929–1931 und wieder 1936–1937 als Repetitor der Philosophie in Rom am Germanicum tätig. Seine Lehrtätigkeit hat er 1937 in Poona, Indien, begonnen, wodurch auch sein religionsgeschichtliches Interesse geweckt wurde. Aus gesundheitlichen Gründen bald nach München zurückgekehrt, hat er sich der Vorbereitung des 1947 erschienenen und vielfach aufgelegten *Philosophischen Wörterbuchs* (17. Auflage 1985) gewidmet und zugleich in München Kontakt mit den Logikern des Britzelmeyer-Kreises gepflegt. Seit 1943 war er als Professor am Berchmanskolleg in Pullach und dann bis zu seiner Emeritierung 1975 an der Hochschule für Philosophie in München, zunächst für Philosophische Psychologie, hauptsächlich aber für Philosophische Gotteslehre, tätig.

Seit 1940 tritt er mit Veröffentlichungen hervor, die sich der Auseinandersetzung mit Kant, vor allem hinsichtlich einer Begründung der Seinsmetaphysik widmen. Hier vereinigt er eine eingehende Analyse der Schriften Kants mit einer Weiterführung von Gedanken Maréchals. Hervorgehoben seien seine Beiträge zur Auseinandersetzung mit Kant von *Kant und das Sein*[79] bis zu *Das Unbedingte in Kants ›Kritik der reinen Vernunft‹*. Weiterführungen der Gedanken Maréchals in Hinblick auf eine Begründung philosophischer Gotteslehre finden sich seit seinem Beitrag zur Maréchal-Gedächtnis-Schrift 1950 über *Dynamistische Erkenntnistheorie und Gottesbeweis*[80] bis zu seinem systematischen Handbuch der *Summe einer Philosophischen Gotteslehre*.[81]

Gegenüber Kant geht es Brugger um den Nachweis, daß *Kants Auffassung vom Sein* als »Position eines Dinges oder gewisser Bestimmungen an sich selbst« nicht notwendig dazu führen muß, daß Existenz sinnvoll und berechtigt nur von Erfahrungsgegenständen ausgesagt werden kann und Existenz dann nur die Zugehörigkeit zum Kontext der gesamten Erfahrung meint. Brugger meint, diese Einschränkung sei eine Folge aus dem Ergebnis von Kants transzendentaler Analytik, stehe aber in Widerspruch zu dem, was Kant in seiner transzendentalen Dialektik über das Sein sagt. Als Lösung des Problems der Möglichkeit metaphy-

---

[79] W. Brugger: *Kant* ist systematisch ausgewertet in: *Begriffsbildung; Grundlagen; Gegenstandskonstitution.*
[80] Vgl. auch W. Brugger: *Considerationes* bzw. die deutsche Übersetzung in: *Schriften,* 452–460.
[81] Die vorausgehende Zusammenfassung seiner Vorlesungen zur Philosophischen Gotteslehre ist W. Brugger: *Theologia.* Die Zusammenfassung seiner Vorlesung zur Philosophischen Psychologie ist lateinisch erschienen als *Tractatus;* vgl. *Grundzüge.* Eine Sammlung vieler Artikel bietet *Schriften.*

sischer Begriffsbildung ergibt sich für Brugger: »Das Unerfahrbare läßt sich vom Erfahrbaren her in einer Reflexion auf dessen Bedingungen gegenständlich erfassen und, wenn auch recht unvollkommen, begrifflich ausdrücken. Über das Unerfahrbare können wir infolgedessen auch sinnvolle Aussagen machen. Denn diese Aussagen stehen mit den Erfahrungstatsachen in einem eindeutigen Zusammenhang. Endlich sind diese Aussagen über das Unerfahrbare als wahr oder falsch entscheidbar, da das Denken durch Selbstprüfung feststellen kann, ob diese Aussagen auf das Gemeinte zutreffen oder nicht.«[82]

In Weiterführung der Auseinandersetzung mit Kant wird gegenüber dessen Auffassung, auf dem Boden der theoretischen Philosophie sei *das Unbedingte* nur als in der Idee, nicht aber als an sich existierend nachweisbar, der Nachweis des Gegenteils dargelegt, und zwar sowohl von der Selbsterfahrung aus als auch von der Reflexion über die Natur des Erkenntnisvermögens her.

Einerseits kann das »Ich denke« nicht nur als reine Funktion gesehen werden, sondern es ist ihm Existenz und der Charakter eines intelligiblen Gegenstandes zuzusprechen: »Zwischen der intellektuellen Anschauung im uneingeschränkten Sinn und der bloß sinnlichen Anschauung, die auf der Affektion unserer Rezeptivität beruht, steht aber nach Ausweis unseres Bewußtseins und auch nach Kants eigenen Worten die reflexive intellektuelle Anschauung, die nicht auf Rezeptivität, sondern auf der unmittelbaren Gewißheit des Aktus, Ich denke, beruht, durch den uns das Ich als ›Etwas‹ gegeben ist, ›das in der Tat existiert‹ (B 422, Anm.).«[83] Damit sei aber der Ausgang für den Kontingenzbeweis gegeben, der zu einem notwendig Existierenden führt, dessen Wesenheit darum die absolute Position oder das reine Sein selbst sein müsse. Zu demselben Ergebnis führte aber nach Brugger auch ein anderer Weg, nämlich die Analyse der Funktion des Unbedingten für die menschliche Vernunft. Mit unserer Vernunft sei die Idee des Unbedingten so gegeben, daß sie die Natur der Vernunft zum Ausdruck bringt.[84] Die Gegenstände der Erfahrung erweisen sich nämlich als durch die Ideen und Grundsätze der Vernunft und diese wiederum durch die Ausrichtung der Vernunft auf das Unbedingte an sich selbst *konstitutiv bedingt,* da es ohne Beziehung zum Unbedingten keine absolute Geltung der Erkenntnis gibt.[85] »Nun ist aber die Idee des Unbedingten, und damit auch die Vernunft, deren Natur sie zum Ausdruck bringt, nicht möglich ohne das Unbedingte selbst.«[86] Auf diesem Weg ergibt sich »ein transzendental-logischer Beweis aus der Natur unserer Vernunft auf deren letzte und notwendige Bedingung der Möglichkeit«.[87] Die Besinnung auf die für alle unsere Erkenntnis konstitutive Ausrichtung der Vernunft auf das Absolute wird in verschiedener Richtung für die Erhellung philosophischer Probleme ausgewertet.

Eingehende Analysen und Einführungen der verwendeten Grundbegriffe bietet

---

[82] *Begriffsbildung,* 234.
[83] *Das Unbedingte,* 118.
[84] Ebd. 138.
[85] Ebd. 140.
[86] Ebd. 138f.
[87] Ebd. 143.

Brugger in seinen Traktaten zur Philosophischen Psychologie und vor allem zur Philosophischen Gotteslehre. Aus der genauen Fassung der Begriffe wie auch der Verfahren, wie wir Aussagen, die diese Begriffe verwenden, rechtfertigen können, wird es ihm möglich, Lösungen für schwierige Probleme vorzuschlagen, wie z. B. in der Philosophischen Gotteslehre für die Fragen nach dem Zusammenhang von menschlicher Freiheit und göttlichem Wirken und Wissen.[88] Vor allem aber haben die Analysen von Brugger auch manche methodische Elemente des transzendentalphilosophischen Vorgehens deutlicher gemacht.

So finden wir bei Brugger eine weitere Klärung der immer wieder diskutierten Frage,[89] wie sich die Rechtfertigung von Erkenntnis durch Berufung auf *Evidenz* zu ihrer Rechtfertigung durch *transzendentale Analyse* verhält. Nach ihm könne die Realgeltung der Erkenntnis zunächst von der Einsicht in das Bestehen des behaupteten Sachverhaltes her gesichert werden. Allerdings werde dabei noch nicht thematisch, daß die so gesicherte Behauptung sich auf das Sein im metaphysischen Sinn bezieht. Dazu dient die metaphysische Begründung der Erkenntnis.

Ein Weg zum Aufweis des metaphysischen Charakters des Seins wäre nach Brugger der der klassischen Gottesbeweise. Sie gehen von dem vorläufig als gesichert erwiesenen Objekt aus und schließen auf den absoluten Seinsgrund. Einem solchen Vorgehen würde auch die Erkenntnisbegründung von Aristoteles und Thomas entsprechen, die Maréchal als »Kritik der Alten« bezeichnet hat. Dieser objektiv-metaphysische Weg[90] weist im Sinn des Kontingenzbeweises die dem Urteil vorgegebene Selbstsetzung des beurteilten Gegenstandes als nicht reine Selbstsetzung und daher als durch reine Selbstsetzung ermöglicht auf. Er führt zum Absoluten als virtuell Mitbehauptetem im objektiven Sinn. Seine Existenz wird nämlich aus der tatsächlichen Existenz des ausdrücklich Behaupteten und dem einsichtigen Kausalitätsprinzip gefolgert, das allerdings auch als in der Behauptung als solcher transzendental mitbehauptet aufgewiesen werden kann.

Es ist dazu aber auch der Weg der kritisch-transzendentalen Methode gangbar, der seine Folgerung nicht aus dem ausdrücklich bejahten Objekt zieht, das unter ein Prinzip wie das Kausalprinzip subsumiert wird, sondern aus der absoluten Urteilssetzung als solcher. Es wird die in der Möglichkeit des Urteils eingeschlossene Idee des Unbedingten weiter untersucht, damit vom transzendentalen Subjekt aus die metaphysische Geltung des Seins nachgewiesen und so die letzte Begründung der absoluten Geltung des Urteils erbracht.[91] »Man kann also nicht sagen, daß die Metaphysik ohne die kritisch-transzendentale Betrachtungsweise kein Fundament habe; wohl aber wird man sagen müssen, daß die Metaphysik ohne diese Betrachtung noch nicht die ganze, ihrer Vollkommenheit gemäße, reflexe Erkenntnis ihres Fundaments besitze.«[92] »Auch Maréchal hat die transzendentale Betrachtungsweise keineswegs als die einzig mögliche und die einzig berechtigte hingestellt. Die metaphysische Kritik der Alten ist auch für ihn das

---

[88] Vgl. *Gotteslehre*, 350–359, 388–395.
[89] Als Hinweis auf einige Diskussionsbeiträge vgl. O. Muck: *Methode*, 147–157.
[90] *Kant*, 382f., 385; *Erkenntnistheorie*, 113f.; *Das Unbedingte*, 132ff.
[91] *Kant*, 383f., 385; *Erkenntnistheorie*, 112–115; *Das Unbedingte*, 132ff.
[92] *Kant*, 385.

natürliche Verfahren, die transzendentale Kritik hingegen ein methodischer Kunstgriff, der den bloß phänomenalen Standpunkt als in sich unmöglich nachweist. Beide Kritiken ergänzen sich und führen, folgerichtig durchgeführt, zum selben Ergebnis.«[93]

Im Vergleich dieser beiden Wege wird auch sichtbar, wie sich die dem Urteil eigentümliche *Setzung* zum Gesetztsein eines Gegenstandes verhält und zu dem im Urteil zwar Mitgesetzten, aber noch nicht notwendig begrifflich ausdrücklich Miterkannten. Brugger geht aus vom alltäglichen Gebrauch von »Setzen«, wodurch wir einem körperlichen Gegenstand einen bestimmten Platz geben. Im übertragenen Sinn nennt Kant das Urteil eine Setzung, weil seine entscheidende Funktion, über eine Zusammensetzung von Subjekts- und Prädikatsbegriff hinaus, darin besteht, dem beurteilten Gegenstand gegenüber dem Setzenden und den anderen Gegenständen seine bestimmte Stellung zu geben. »Er wird so als schlechthin gegeben und vom Urteilenden unabhängig betrachtet ... Zugleich erhellt aber auch daraus, daß das Urteil nicht die ursprüngliche Setzung des Gegenstandes sein kann, sondern diese voraussetzt.«[94] Damit läßt sich aber das Wort »Setzung« sinnvoll auch auf den Gegenstand des Urteils übertragen. »Sein als Setzung ist also im endlichen Bereich soviel wie das *Gesetztsein* eines Gegenstandes. Es wird damit ausgedrückt, daß er mit anderen auch gesetzten oder setzbaren Gegenständen in einem festen und bestimmten Zusammenhang steht, dessen Prinzip ein gemeinsames *Setzendes* ist. Denn ohne ein solches gemeinsames Prinzip wäre der Zusammenhang nicht begründet.«[95]

An anderer Stelle wird dies in einem Sinn erläutert, der sehr an B. J. F. Lonergan[96] erinnert: »Wer immer nämlich etwas ernstlich behauptet, unterliegt damit der Notwendigkeit und anerkennt sie, keinem anderen Inhalt, der von demselben Subjekt urteilend behauptet wird, zu widersprechen ... Er anerkennt, daß die Ordnung des Seienden in sich *eins* ist. Er anerkennt und behauptet kraft dessen das Einheitsprinzip der Seinsordnung ...«,[97] weil es als ermöglichend mitgesetzt ist, was aber nach Brugger noch nicht heißt, daß es auch schon begrifflich ausdrücklich miterkannt sei.

Weitere wichtige Klärungen betreffen den Begriff des »Apriori«, der selbst wieder in Hinblick auf den Begriff der »Erfahrung« bestimmt wird. »Erfahrung aber kann in einem doppelten Sinn genommen werden: entweder versteht man darunter den Inbegriff dessen, was uns durch das Zusammenspiel unserer äußeren und inneren Fähigkeiten als tatsächlich bewußt wird, oder man scheidet aus diesem Inbegriff durch Abstraktion alles aus, was zum Zustandekommen jenes Bewußtseins notwendige und unerläßliche Bedingung vonseiten des Subjekts ist (ohne daß damit geleugnet wird, daß diese Bedingungen auch vonseiten des Objekts vorhanden seien). Der Rest kann dann der Stoff der Erfahrung heißen;

---

[93] *Erkenntnistheorie*, 112f.
[94] *Kant*, 380.
[95] Ebd. 381.
[96] Vgl. den Beitrag über B. J. F. Lonergan, 753–770.
[97] Vgl. *Considerationes*, 271, hier deutsch wiedergegeben nach *Schriften*, 459.

die Erfahrung im ersten Sinn hingegen konkrete Erfahrung.«[98] Unter Voraussetzung dieser Unterscheidung kann dann bestimmt werden: »A posteriori ist alles, was dem Stoff der Erfahrung angehört, a priori alles, was nicht a posteriori ist. Beides aber kann in ungeschiedener Einheit der konkreten Erfahrung angehören oder daraus durch Abstraktion und Schlußfolgerung erkannt werden.«[99] »Daß *dies oder jenes* Seiende begriffen wird, geht auf das a posteriori Gegebene zurück; daß dies und jenes aber *als Seiendes* begriffen wird, hat seinen Grund nicht in der Erfahrung.«[100] Das *Apriori* ist daher insofern *formal,* als es selbst nicht die Inhalte konkreter Erfahrung ersetzen kann, die es ermöglicht. Wenn es auch den Horizont, den allgemeinen Rahmen bildet, innerhalb dessen Gegenstände von Erfahrungsurteilen überhaupt erst möglich sind, und dadurch die allgemeine Eigenart solcher Gegenstände festlegt, so können deren Existenz und gegenseitige Unterschiede nur durch die kontingente Erfahrung erkannt werden. Das ist auch der Sinn, in dem hier der aposteriorische Charakter der Erkenntnis von wirklichem Seienden anerkannt wird.

EMERICH CORETH

Emerich Coreth wurde am 10. August 1919 in Raabs a. d. Thaya geboren. Aufgewachsen in Wien, trat er 1937 in die Gesellschaft Jesu ein. Sein Studium der Philosophie in Pullach wurde durch den Militärdienst im Krieg unterbrochen. Das Theologiestudium vollendete er in Innsbruck (Dr. theol.), das Philosophiestudium in Rom (Dr. phil.), wo er zugleich als Repetitor am Germanicum tätig war. Anschließend begann er 1950 seine Lehrtätigkeit an der theologischen Fakultät der Universität Innsbruck. Dort wirkt er seit 1955 als Professor der Philosophie, als Praeses des kirchlich errichteten Institutum Philosophicum Oenipontanum und als langjähriger Vorstand des Instituts für Christliche Philosophie an der theologischen Fakultät. Daneben erfüllte er Leitungsaufgaben im Orden und an der Universität: als Dekan der theologischen Fakultät 1957/58 und 1968/69, als Rektor der Universität Innsbruck 1969–1971, und 1972–1977 als Provinzial der Österreichischen Provinz der Gesellschaft Jesu. Von der grundsätzlichen Auseinandersetzung mit Fragen, welche diese Aufgaben stellten, zeugen Artikel wie *Idee und Problem der Universität.*

Die kurzen Zeiten zwischen diesen Belastungen nützte Coreth in seiner erstaunlichen Arbeitskraft zur Ausarbeitung und Publikation von Vorlesungen über Philosophiegeschichte, Hermeneutik und Philosophische Anthropologie. Zugleich war er immer wieder als Vortragender zu philosophischen, religiösweltanschaulichen und bildungspolitischen Themen gesucht.

Das Studium in Pullach hatte Coreth sowohl mit dem Gedankengut von Maréchal als auch mit dem Denken von J. de Vries, J. B. Lotz und K. Rahner in

---

[98] *Kant,* 373.
[99] Ebd.
[100] Ebd. 374f.

Kontakt gebracht. Das war der Hintergrund, auf dem er sich zunächst mit Hegel, Kant und Heidegger auseinandersetzte. Die Analyse des transzendental-philosophischen Denkens, Heideggers Fundamentalontologie und dessen Stellung zur Gottesfrage bildeten Schwerpunkte. In einer Reihe von Artikeln verfolgte er die Entwicklung der Gottesfrage im Deutschen Idealismus.

Nach einer Vorstudie in *Aufgaben der Philosophie* entfaltet Coreth in seinem Hauptwerk *Metaphysik* eine methodische Grundlegung und systematische Entfaltung der Seinsmetaphysik in transzendentaler Methode, worin wohl einer seiner wichtigsten systematischen Beiträge zur Weiterentwicklung der Ansätze von Maréchal liegt. Als Bedingungen, ohne die unser Fragen nicht möglich wäre, werden Unterscheidungen und Zusammenhänge aufgewiesen, die den klassischen Begriffen der Metaphysik entsprechen. Von der methodischen Entfaltung abgesetzt, aber den einzelnen Schritten eng zugeordnet, wird der Bezug zu den wesentlichen Gehalten der klassischen Metaphysik und der Problemgeschichte hergestellt.

Bereits in den problemgeschichtlichen Untersuchungen zur Entwicklung der Gottesfrage bei den Denkern des Deutschen Idealismus wie auch beim Vergleich von Kant, Hegel und Heidegger werden einige wichtige Punkte deutlich: Viele Philosophen übernehmen von Kant den transzendental-philosophischen Ansatz wegen seiner Bedeutung für die Philosophie. Wie die einzelnen Philosophen aber dann Transzendentalphilosophie verstehen, darin zeigen sich große Unterschiede. Das ist ein Hinweis darauf, daß die konkrete Ausprägung, die Kant der Transzendentalphilosophie gegeben hat, ihre Grenzen und Mängel hat, daß diese aber durch transzendentalphilosophisches Denken aufgezeigt und überwunden werden können. Das ist der historische Grund für eine von der Maréchal-Schule geteilte Überzeugung, daß man zwischen dem *Wesen der transzendentalen Methode* und ihren *konkreten Ausprägungen* bei einzelnen Philosophen unterscheiden müsse. Darum gehen auch alle Kritiker dieser Schule fehl, wenn sie ihr »Kantianismus« vorwerfen. Zugleich macht dies auch verständlich, daß unter den Verfechtern einer transzendentalen Methode für die Philosophie – selbst unter denen, die der scholastischen Tradition nahestehen – eine Vielfalt konkreter Ausprägungen zu erwarten ist, insbesondere solche, die in wesentlichen Punkten über Maréchal hinausgehen.

Im einzelnen zeigt Coreth in seinen problemgeschichtlichen Untersuchungen folgendes auf: Bereits im Deutschen Idealismus sind bei der Selbstklärung der Transzendentalphilosophie deutliche Ansätze erkennbar, die ein durch transzendentale Kritik geklärtes Erkennen nicht bloß auf den Bereich der Erscheinung beschränken oder auf das Subjekt, wenn man darunter eine Relativierung des Absolutheitscharakters menschlicher Erkenntnis versteht. Vielmehr wird gegenüber Kant ein absoluter Horizont wiedergewonnen: So stößt Fichte zu der Auffassung vor, daß das absolute Wissen ein absolutes Sein voraussetzt, das vom Wissen unabhängig ist und dessen freie Setzung die Welt ist, wie Schelling gegenüber Hegel herauszuarbeiten sucht.[101] So ist Transzendentalphilosophie nicht not

---

[101] Vgl. *Ich; Schellings Weg; Spätphilosophie Schellings.*

wendig bloß erkenntniskritisch, auch ist sie nicht an eine Metaphysik der Subjektivität gebunden, sondern kann in die ontologische Frage münden. Allerdings erfährt dann die ontologische Frage durch die transzendentale Methode eine entscheidende Vertiefung und Klärung.

In der transzendentalen Begründung und Vertiefung der Ontologie, in der reflex geklärt wird, wie sich Sein ursprünglich dem Menschen erschließt, liegt der Zusammenhang mit dem *fundamentalontologischen Anliegen* Heideggers. Heidegger bleibt jedoch zu sehr dem phänomenologischen Zugang verhaftet. So gelangt er ebensowenig wie Hegel dazu, die Seinsoffenheit des endlichen Geistes vom unendlichen Geist her zu verstehen, der absolutes Sein ist. Wenn Heidegger auch durch phänomenologische »Freilegung« des unthematisch Mitgegebenen und Vorgegebenen, ohne welches das sich zunächst Zeigende nicht gegeben sein könnte, das ursprüngliche Seinsverständnis aufdeckt, so wird eine volle Entfaltung wegen der Vernachlässigung des begrifflichen Aspekts dieses Seinsverständnisses doch verhindert.

Bereits in den ersten systematisch orientierten Arbeiten – so in seiner Einführung in grundlegende Fragen der Philosophie[102] – zeichnen sich entscheidende Punkte ab, die an den Bezug zu Karl Rahner erinnern: der Ausgang von der Frage, die Klärung des Seinsverständnisses von dem Vorwissen der Frage her wie auch das Herausarbeiten des Seinshorizonts.

Den methodischen Ausgangspunkt für eine Grundlegung der Metaphysik sieht Coreth im *Vollzug des Fragens*. In diesem Punkt unterscheidet er sich von Maréchal und Lotz, die bei der Analyse des Urteils ansetzen. Jedoch darf – auch nach Coreth – dieser Unterschied nicht überbewertet werden, da ja das Urteil als Antwort auf eine Frage aufgefaßt werden kann und daher zu dieser in enger Beziehung steht. Ein Unterschied, durch den sich Coreth auch von Rahners Verwendung der Analyse der Frage unterscheidet, ist die methodische Funktion: Während sich beim Ausgang vom Urteil zunächst die Frage nach der Berechtigung des Urteils aufdrängt – wenn man auch mit Brugger darauf hinweisen kann, daß bereits die grundsätzliche Möglichkeit des Urteils als Ausgangspunkt der Analyse genügt –, hebt jede Frage, die das Fragen in Frage stellt, sich selbst auf. So zeigt sich eine doppelte Rückbesinnung auf das Fragen: Einmal wird das Fragen als nicht mehr aufhebbarer Ausgangspunkt deutlich; zum andern als Ausgangspunkt, der die Analyse weiterführt zur Entfaltung der Möglichkeitsbedingungen dieses – in allen bewußten menschlichen Tätigkeiten eingeschlossenen – Vollzugs des Fragens. Solche Bedingungen, die unser bewußtes Erkennen wie auch Planen und Wollen ermöglichen, haben ihre Bedeutung für ein Verständnis unseres menschlichen Lebens. Das ist der existentielle Sinn ihrer Entfaltung. So kann ein Beitrag dazu geleistet werden, jene Ungereimtheiten, die aus einer Vernachlässigung dieser Strukturelemente unseres bewußten Lebens entstehen, einer Klärung zuzuführen. In diesem Sinne ist Philosophie, insbesondere auch Metaphysik, Hilfe für das Selbstverständnis des Menschen in seiner Welt.

Die Entfaltung dieser transzendentalen Möglichkeitsbedingungen hat den

---

[102] *Grundfragen*.

Charakter einer *Dialektik von Vollzug und Begriff* und entfaltet sich in der Doppelbewegung von Reduktion und Deduktion.

Die Dialektik zwischen Vollzug des Fragens und Begriff – also der expliziten Formulierung, in der die Möglichkeitsbedingungen des Vollzugs entfaltet werden – spielt »zwischen dem begrifflich ausdrücklichen, thematisch gesetzten Wissen und dem vorbegrifflich unausdrücklichen, im Vollzug unthematisch mitgesetzten Wissen. Dieses Vollzugswissen ist unmittelbar und unwiderlegbar, aber es wird erst ausdrücklich erfaßt, wenn es durch Reflexion ›auf den Begriff gebracht‹, d. h. zu thematisch und begrifflich fixiertem Wissen erhoben wird. Andererseits jedoch kann die Reflexion den Vollzug niemals einholen, d. h. das thematisch ausdrückliche Wissen um den Vollzug und seine Momente kann das im Vollzug unthematisch mitgesetzte Wissen niemals ausschöpfen, sondern bleibt hinter der lebendigen Fülle und Einheit des Vollzugswissens immer noch zurück. Es wird durch den Vollzug nicht aufgehoben oder widerlegt, wohl aber jeweils neu überboten; es zeigen sich weitere Momente, die es thematisch aufzuholen und begrifflich einzufangen gilt – und dadurch wird das Denken fortbestimmt«.[103]

Damit wird auch gleich dem groben Mißverständnis vorgebaut, die Wahl der Frage als Ausgangspunkt sei einseitig intellektualistisch, wie auch gegenüber dem Ausgang vom Urteil eingewendet worden war: Es wird übersehen, daß es hier beim Ausgangspunkt nicht um eine Voraussetzung geht, aus der alles Folgende abgeleitet werden müßte, so daß man zu nicht mehr gelangen könne, als im Vollzug des Fragens oder Urteilens als intellektueller Leistung steckt. Es handelt sich eher um einen Einstieg in das vielfältige Netz menschlicher Vollzüge, die von dem in der Frage als Möglichkeitsbedingung Aufweisbaren her zugänglich werden.

Die Doppelbewegung von *Reduktion und Deduktion* charakterisiert die Entfaltung der transzendentalen Möglichkeitsbedingungen des Vollzugs – wie bereits Maréchal in Anschluß an Kant dies verstanden hatte: Durch die Reduktion wird vom Vollzug des thematisch Gewußten oder auch Gewollten aus als Bedingung dieses Vollzugs etwas entfaltet, das diesen Vollzug bedingt, ermöglicht und als solches in diesem Vollzug gegenständlichen Bewußtseins mitgewußt oder auch mitgewollt wird und daher als Vorausgewußtes oder Vorausgewolltes verstanden wird. Es geht um den Aufweis eines dem unmittelbar empirisch Gewußten Vorausliegenden und dieses Bedingenden. In der Deduktion wird der Bewußtseinsvollzug von diesem Bedingenden her in seiner Möglichkeit und Notwendigkeit, aber auch in seinen kontingenten Momenten verstanden.

So erweist sich etwa – was wieder an Rahner erinnert – als Möglichkeitsbedingung des Vollzugs des Fragens, der Frage als solcher, daß das, wonach gefragt wird, einerseits gewußt wird, weil es sonst nicht fragbar wäre, andererseits aber doch nicht voll und erschöpfend gewußt wird, weil es sonst nicht fraglich wäre. Wäre nicht beides zugleich erfüllt, wäre die Frage nicht möglich. Aus dem so aufgewiesenen Apriori des Fragens kann dieses in seiner faktisch gefundenen Struktur besser verstanden werden: Gerade weil das Erfragte in einem Vorwissen

---

[103] *Metaphysik*, 88f.

gewußt und trotzdem nicht voll gewußt wird, darum ist das Fragen nicht nur möglich, sondern notwendig. Das Fragen ist ja ermöglicht durch das Verhalten zu dem als noch nicht gewußt Gewußten. Damit ist aber noch nicht die Notwendigkeit eines bestimmten Inhaltes gezeigt oder verstanden – in bezug auf dieses Stadium der Entfaltung ist der Inhalt des Fragens noch kontingent, noch nicht als notwendig verstanden.

Wird gefragt, was das im Fragen als nicht gewußt Gewußte sei, so ergibt sich: Es ist alles, nach dem überhaupt gefragt werden kann. Dies erweist sich als allumfassend, da bei einer Begrenzung auf einen beschränkten Bereich das diesen Begrenzende sich als Gegenstand möglichen Fragens erweisen würde. Wird diese Überlegung weiter verfolgt, dann erweist sich das vom Fragen vorausgesetzte Wissen – reines Vorwissen – als auf einen absolut unbeschränkten Bereich bezogen. Im Horizont dieses umfassenden Bereichs steht jedes einzelne Gewußte und Gefragte. Das reine Vorwissen liegt jeder Differenzierung in Bereiche voraus, auf die sich das Mitwissen bezieht, das die Besonderheit des Sinngehaltes einzelner Fragen konstituiert.

Der im Horizont des reinen Vorwissens vorausgesetzte allumfassende Bereich, der alles Befragbare und Beurteilbare umschließt, in dem jeder Gegenstand, von dem gefragt oder gesagt werden kann, ob und was er sei, seinen letzten und durch keine Frage und Antwort aufhebbaren Stand hat, wird nun als der allumfassende und unrelativierbare, darum absolute Seinsbereich verstanden. Daraus ergibt sich dann ein Verständnis von Sein, dementsprechend nach dem Seienden nicht gefragt werden und es nicht gewußt werden kann, ohne daß um Sein gewußt wird als jenes, das das Seiende zum Seienden, den Gegenstand zum Gegenstand macht, das also der Grund des Seienden ist. Dieses im reinen Vorgriff erschlossene Sein im ganzen als *Seinshorizont* umfaßt zwar alles Seiende. Damit dieses aber erfaßt und begriffen werde, braucht es die Abfolge der einzelnen Fragen und ihre Beantwortung durch Erfahrung und Entfaltung des Vorwissens. Das Sein als Grund des Seienden ist hier noch nicht begriffen als das absolute Sein, das der letzte Grund alles Seienden ist und die ganze Seinsordnung ermöglicht.

Weitere Überlegungen, die den Vollzug des Fragens als Seiendes, seinem Sein nach, verstehen lassen sollen, führen dazu, die im Vollzug gesetzte Zweiheit von Fragendem und Gefragtem als Gegensatz von einander begrenzendem Subjekt und Objekt zu fassen. Hieran knüpft sich die den Idealismus durchziehende Problematik von *Identität und Differenz*. Die Differenz von Subjekt und Objekt an sich erweist sich Coreth als Möglichkeitsbedingung für die Differenz in der Identität des Vollzugs. Andererseits ergibt sich ihm dabei aber auch die grundsätzliche Erschlossenheit des An-sich. Die Durchdringung von Identität und Differenz im Vollzug der Frage weist weiter zurück auf die Identität eines Vollzugs, in dem Subjekt und Objekt ursprünglich geeint sind in einem Wissen, welches das An-sich restlos im Vollzug eingeholt hat und daher nicht fragend ist, sondern die Identität absoluten Seins und Wissens.

Coreth stellt sich damit das im Deutschen Idealismus entscheidende Problem von *Einheit und Vielheit,* wie Einheit Grund und Ursprung von Vielheit sein könne. »Es ist im letzten der ideale Entwurf göttlichen Wissens, das die allgemeine, dem Sein entspringende Möglichkeit des Endlichen differenziert und konkretisiert in der Setzung bestimmter Wesen«, wobei »die Möglichkeit des Endlichen notwendig in Gott gründet und notwendig, der göttlichen Erkenntnis noch vorgängig, dem absoluten und unendlichen Sein als solchem entspringt«.[104]

Um nur noch kurz durch einige Schlaglichter überblickshaft die weitere Gedankenentwicklung anzudeuten: Hat sich der Vollzug des Fragens als endlich erwiesen und als bedingt über sich hinaus auf das Absolute deutend, so ist neuerlich zu fragen, wie der endliche Vollzug vom endlichen Subjekt her ermöglicht ist. Das führt zur Entfaltung von Sein und Wirken, Sein und Wesen und zu den allgemeinen Gesetzen des Seienden. Da aber nicht jedes Wirken ein Fragen ist, werden wir weitergeleitet zu den Bedingungen des geistigen Vollzugs, dem das Sein als solches erschlossen ist, und zu der inneren Auslegung des Seins nach seinen transzendentalen Bestimmungen im klassischen Sinn. Da auch das noch nicht erklärt, warum der geistige Vollzug des Menschen ein Fragen ist und nicht einfach besitzendes Wissen, sind die Grundzüge einer Metaphysik der stofflichen Welt und des sinnlichen Lebens zu entwickeln. Auf diesem Hintergrund werden die Grundstrukturen des menschlichen Seins in der Welt, der zwischenmenschlichen Beziehungen und der sittlichen Aufgabe des Menschen entfaltet. Von da aus kann dann die Beziehung des Fragenden zum Absoluten näher bestimmt werden als Religion und dieses Absolute selbst als Gott.

Das Thema der *Gottesfrage* nimmt im Schaffen von Coreth eine zentrale Stellung ein. In vielen seiner Werke wird der Bezug zu Gott als für das Leben des Menschen grundlegend erwiesen. In seiner *Metaphysik* behandelt der abschließende Abschnitt VII unter dem Titel »Das Sein im Urvollzug« die Gottesfrage als letzte Konsequenz der Seinslehre. Ausgegangen wird vom Fragen, von dem darin vorausgesetzten Horizont unbedingter Geltung und der daher erschlossenen Notwendigkeit des Seins. Vielheit, Bedingtheit und Endlichkeit des zunächst begegnenden Seienden erweisen, daß dieses nicht jenes notwendige Sein ist. Vielmehr wird dieses von den Seienden als Eines, Unbedingtes und Unendliches vorausgesetzt. Dieser Gedankengang ist weiter entfaltbar: Einmal in Deutung der klassischen Gottesbeweise, die kraft des metaphysischen Kausalprinzips von den sich als kontingent erweisenden welthaften Seienden auf ihre metaphysische Erstursache schließen. Zum anderen als Entfaltung der Überlegungen Maréchals, demzufolge sich Gott als letztes Ziel der Dynamik menschlichen Geistes und diese ermöglichend aufweisen läßt. Der Mensch übersteigt in jedem geistigen Vollzug – nicht nur des Fragens, sondern auch des Verstehens, der Sinngebung und freier Entscheidung – das Bedingte auf das Unbedingte hin. Durch diese Beziehung können wir überhaupt erst Seiendes wissen und uns ihm gegenüber entscheiden. In einem Gottesbeweis wird diese »transzendente Bewegung des Geistes, die unthematisch immer schon geschieht, zu reflexer Ausdrücklichkeit erhoben«.[105]

---

[104] *Identität*, 186. Diese Gedanken wurden weiter verfolgt in *Trinität*.
[105] *Metaphysik*, 510.

Werden in einer metaphysischen Anthropologie Wissen und Wollen als Seinsvollzüge begriffen, dann kann der ursprüngliche Seinsvollzug als absoluter Geist angesprochen werden, auf den die menschliche Person wesentlich hingeordnet ist. Diese Hinordnung ermöglicht Wissen, das Anspruch auf Wahrheit erhebt, und Wollen als sittliche Tat. Sie entfaltet sich in Erkenntnis und freiem Anerkennen Gottes. In religiösem Verhalten findet die ausdrückliche Hinwendung des Menschen zu Gott ihren Ausdruck.

Diese philosophische Besinnung läßt das Zusammenspiel von kontemplativer Besinnung und tätigem Einsatz in unserem Leben verstehen, was Coreth bereits sehr früh in Anschluß an die ignatianische Spiritualität herausgearbeitet hat.[106] Besinnung auf den Ausgriff auf Gott, der menschliches Dasein ermöglicht, und ein dadurch geleitetes Verständnis von Religion machen verantwortlichen Einsatz nicht überflüssig, sondern ermöglichen ihn.

DIE BEDEUTUNG TRANSZENDENTALER REFLEXION FÜR DIE BEGRÜNDUNG DER METAPHYSIK

Im deutschen Sprachraum finden wir in den ersten Jahrzehnten des 20. Jahrhunderts wiederholt Auseinandersetzungen mit dem Denken Kants – gerade auch in Hinblick auf die erkenntnistheoretischen Grundfragen und die Grundlegung metaphysischen Denkens. Einen Schwerpunkt der Bemühungen in der Neuscholastik in der Zwischenkriegszeit bildete die Diskussion um die methodische Eigenart und Begründung der Metaphysik. Gegenüber Versuchen einer induktiven Metaphysik wurde die Eigenart der metaphysischen Erklärung herausgestellt: Sie will nicht hinreichende Bedingungen zur Beschreibung des Beobachtbaren formulieren, sondern sie erschließt notwendige Gründe für das Bestehende.[107] Das geschieht aufgrund des metaphysischen Kausalprinzips. So finden wir in den zwanziger und dreißiger Jahren die weit entfaltete Diskussion um die Begründung des metaphysischen Kausalprinzips.[108] Die von J. Maréchal geleistete Auseinandersetzung eines an Thomas von Aquin orientierten Denkens mit dem von Kant läßt die Eigenart der Metaphysik und die methodische Rolle des Kausalprinzips in neuem Licht sehen.

Maréchal geht es zunächst darum, die Fragerichtung der Metaphysik zu klären. Für ihn ist das wesentlich die uneingeschränkte Betrachtungsweise, die sich nicht auf einen besonderen Bereich der Gegenständlichkeit beschränkt. Dieser Bereich des Seins, der zugleich allumfassend und absolut ist, ist aber zugleich jener Bereich, für den der Mensch in seinem Denken und Entscheiden grundsätzlich offen ist. Damit ist eine Grundlegung einer Seinsphilosophie vorbereitet, die dann die Ansätze zur Entfaltung des Seinsverständnisses bei Heidegger als herausfordernde Anregung aufnehmen kann.

---

[106] *In actione.*
[107] Vgl. P. Borgmann: *Methode.*
[108] Vgl. J. Geyser: *Prinzip;* ders.: *Ursache.*

Durch den Ansatz von Maréchal ist auch die Frage nach dem metaphysischen Kausalprinzip in eine neue Perspektive gerückt worden. Bereits die Thomisten hatten von ihrem Seinsverständnis her die Begründung des Kausalprinzips aus der Partizipation versucht. Allerdings fand das zunächst deshalb nicht genügend Resonanz, weil man nach der Berechtigung dieser Seinsauffassung fragte. Erst als diese nicht nur historisch herausgearbeitet, sondern durch Überlegungen von Maréchal wie auch von der Auseinandersetzung mit Heidegger her eher zugänglich gemacht worden war, konnte man die Frage nach der Kausalität als Spezialfall der Frage nach der Stellung des Einzelnen oder einzelner Bereiche im Ganzen der Wirklichkeit verstehen – und damit auch als Folge einer Auseinandersetzung mit einseitigen Verabsolutierungen einzelner Bereiche.

Dieser Ansatz hat zur Folge, daß man die Metaphysik nicht nur als Reduktion auf notwendige Bedingungen sehen muß, die kraft des metaphysischen Kausalprinzips gefordert werden. Sie kann nun verstanden werden als das Herausarbeiten von Unterscheidungen, die notwendig sind, damit einseitige Verabsolutierungen als solche sichtbar gemacht werden. Damit können Antinomien, die aus derartigen Einseitigkeiten entstehen, einer Lösung zugeführt werden. Damit ist auch einer neuen Sicht der Metaphysik von den Anliegen der analytischen Philosophie her der Boden bereitet.

Ein zentraler Punkt der Begründung der Metaphysik im Anschluß an Maréchal liegt in der transzendentalphilosophischen Klärung von Sein. Das erfolgt durch Beachten der Beziehung unserer Tätigkeiten, insbesondere des Erkennens, auf das entsprechende Formalobjekt, nämlich das Seiende als Seiendes.[109]

Bereits P. Hoenen[110] hatte in der Auseinandersetzung mit einem dem logischen Empirismus ähnlichen Operationalismus darauf hingewiesen, daß man schon bei Thomas eine operative Charakterisierung des Seins finden kann. »Sein« ist dann das, was die Bejahung dem vergegenwärtigten Sachverhalt zuspricht.

So wird in Anschluß an Maréchal besonders bei J. B. Lotz und W. Brugger »Sein« als der Bereich aufgezeigt, auf den sich unser Erkennen, das sich im Urteilen ausdrückt, bezieht. Daraus wird dann weiter entfaltet – wieder unter Berufung auf die Tradition der aristotelischen Metaphysik –, daß »Sein« einen umfassenden Bereich meint, der selbst alle Relativierbarkeit ausschließt, weil Relativierung durch Rückbezug auf einen umfassenderen Bereich erfolgen müßte. Damit ist Sein nicht nur umfassend, sondern auch unrelativierbar, d. h. absolut.

Bei K. Rahner und E. Coreth wird dieser umfassende und absolute Bereich als Möglichkeitsbedingung des Fragens aufgewiesen. Hier wird noch deutlicher sichtbar, daß Sein nicht als voll Erkanntes gehabt, wenn auch im Erkennen notwendig angezielt wird. So braucht man keine erschöpfende Erkenntnis von Sein, um zu erkennen, daß ein bestimmter Bereich verschieden ist vom Seinsbereich, also ihn nicht erschöpft. So wird klar, daß für ein Sprechen von Sein – für eine Ontologie – nicht ein erschöpfendes Wissen um Sein nötig ist, sondern daß dafür

---

[109] Der operative und dynamische Charakter der Rolle von »Sein« ist auch in der englischen Parallelentwicklung zur Maréchal-Schule bei B. J. F. Lonergan deutlich herausgestellt.

[110] Vgl. *De definitione*.

ein Wissen um die für unser Erkenntnisstreben konstitutive und damit auch im Geltungsanspruch eingeschlossene Ausrichtung auf das Sein genügt.

Allen genannten Denkern ist gemeinsam, daß sie den Sinn von Sein operativ herausarbeiten, d. h. aufgrund einer Besinnung auf bewußtes menschliches Handeln. Sie tun dies aus der Überzeugung, daß die Ausrichtung auf Sein konstitutiv ist für den menschlichen Lebensvollzug in Erkennen und Wollen. Deshalb kann durch Rückgang auf die im menschlichen Vollzug sich auswirkende Beziehung auf Sein dieses von irreführenden Modellen von Sein abgehoben werden. Gemeinsam ist diesen Denkern darum auch, daß sie sich von einem relativistischen (psychologistischen, subjektivistischen) Mißverständnis des Apriori distanzieren, demgemäß übersehen wird, daß die Reflexion auf die konstitutive Beziehung des Vollzugs auf Sein gerade Sinn und Möglichkeit des Bezugs auf »objektive Wirklichkeit« klärt.

Für die erwähnten Autoren ist der Bereich des Seins nicht nur in einem abstrakten Sinn der umfassende Bereich und der Bereich des Absoluten. Er ist zugleich der Bereich, in dem allein zu suchen ist, was in menschlichem Streben, Werten und Ergründen für absolut gehalten werden kann – das Göttliche, Gott. So ist mit dem Aufweis des Seinshorizonts der Hintergrund gegeben, auf dem Aussagen über Absolutes zu prüfen sind.

Die operative Vermittlung des Sinnes von Sein und im Gefolge davon des Sinnes metaphysischer Begriffe und Unterscheidungen macht die Relativität begrifflich-kategorialer Fassung deutlicher, die in der scholastischen Analogielehre ja grundsätzlich schon herausgestellt worden war. Dadurch können Unterschiede von Schulrichtungen der Scholastik eher als Folge der verschiedenen Ansätze zur begrifflichen Fassung verstanden werden. Wenn nämlich in der metaphysischen Analyse Bedingungen gesucht werden, die notwendig sind, um eine Antinomie zu vermeiden, so sind zwar die Bedingungen notwendig, nicht aber ist es die Formulierung dieser Bedingungen. So können in verschiedenen philosophischen Ansätzen verschiedene Formulierungen für dasselbe hinreichend sein, nämlich um die Antinomie zu lösen, in der sich ein philosophisches Problem darstellt.

Von da aus war auch der Weg über die Scholastik hinaus naheliegend. Das radikale Bemühen um Klärung der Begriffe hat der Auseinandersetzung mit anderen philosophischen Richtungen neue Impulse gegeben. Auch wurde die Klärung einiger klassischer philosophischer Probleme dadurch wesentlich weitergeführt. Das hat dazu beigetragen, in dieser Bewegung ein Hinauswachsen über den Rahmen der Scholastik zu sehen – unter Fortführung der bewährten Gehalte der Tradition. Verschiedene Denker haben hier verschiedene Akzente gesetzt.

Diese Sicht der Aufgabe von Metaphysik und die Verwurzelung des Seinsverständnisses im menschlichen Lebensvollzug des Erkennens und Handelns haben zu unterschiedlichen Reaktionen geführt.

Wo man zu wissen glaubt, was mit einer bestimmten metaphysischen Begrifflichkeit gemeint ist, deutet man die Versuche der Sinnvermittlung vom Vollzug her als Reduktion dieser Begriffe auf den Vollzug des Erkennens, Sprechens oder Handelns. So wird die Verdeutlichung dessen, worum es beim »Sein« geht, vom menschlichen Lebensvollzug her von manchen als Reduktion auf diesen mißverstanden und war darum für sie eine zu starke Betonung des Subjektiven. So warf man Maréchal und seinem Gefolge »Idealismus«, »Subjektivismus«, »Kantianismus« usw. vor.

Durch den Vergleich Maréchals zwischen Thomas von Aquin und Kant wurde die Aufmerksamkeit auf erkenntnismetaphysische Überlegungen gelenkt und darin der Impuls von Maréchal gesehen, während man sich von seinem transzendentalphilosophischen Vorgehen eher distanzierte, wie das z. B. bei G. Siewerth[111] besonders deutlich geworden ist.

Unter den Kritikern Maréchals und jener, die ihm folgen, wenden sich einige entschieden gegen den methodischen Ansatz der Transzendentalphilosophie, wie z. B. Lakebrink, andere auch gegen die Seinsauffassung, die dadurch begründet werden soll, z. B. J. de Vries, W. Höres, A. Pechhacker. Vor allem aber wird von diesen Kritikern das Seins-Apriori, das nach den Vertretern der Maréchal-Schule den Menschen befähigt, zu Seinserkenntnis zu gelangen, als die Objektivität verhüllend gedeutet. Das aber steht in Gegensatz zu dem Anliegen der transzendentalphilosophischen Grundlegung der Metaphysik, die nach der Auffassung ihrer Vertreter den Sinn von Sein vom Vollzug menschlichen Lebens her gerade als die Wirklichkeit erschließend kritisch vermittelt.

Andere wieder, wie H. Holz und H. Verweyen, richten sich in einer an der Fortführung des Neukantianismus orientierten Transzendentalphilosophie gegen die seinsphilosophische Ausprägung des Denkens von Maréchal und seines Gefolges. In Entgegnung auf diesen Einwand wird gerade im Herausstellen des Vollzugscharakters der Bejahung und dessen konstitutiver Funktion für menschliches Gegenstandsbewußtsein ein entscheidender Fortschritt gegenüber Kant wie auch gegenüber manchen Formen des Neukantianismus gesehen, durch den es möglich ist, die Tradition der Metaphysik zugänglich zu machen und manches Wichtige, das sie formuliert hat, kritisch begründet wieder in die Gegenwart einzubringen.

BIBLIOGRAPHIE

1. Werke

A) WALTER BRUGGER

a) Größere Aufsatzsammlung:
Kleine *Schriften* zur Philosophie und Theologie, Mü 1984 (kleinere Arbeiten von 1933 bis 1979, mit einer Zeittafel ihrer Entstehung, davon einige ursprünglich fremdsprachig veröffentlichte Artikel in deutscher Übersetzung).

b) Auswahl:
Kant und das Sein, in: Schol 15 (1940) 363–385.
Das Grundproblem metaphysischer *Begriffsbildung*, in: ZPhF 4 (1949) 225–234.

---

[111] Vgl. das entsprechende Kapitel im 3. Band dieses Werkes.

Dynamistische *Erkenntnistheorie* und Gottesbeweis, in: Mélanges Joseph Maréchal, Bd. II, Bru/P 1950, 110–120.
Philosophisch-ontologische *Grundlagen* der Logistik, in: Schol 27 (1952) 368–381.
Considerationes quaedam de indole propria probationis Dei, in: Analecta Gregoriana 67 (Series facultatis philosophiae) (R 1954) 265–271 (dt.: Die besondere Natur des Gottesbeweises, in: *Schriften,* 452–460).
Das Unbedingte in Kants »Kritik der reinen Vernunft«, in: J. B. Lotz (Hg.): Kant und die Scholastik heute, Pullach/Mü 1955, 109–153.
Gegenstandskonstitution und realistische Erkenntnistheorie, in: ZPhF 9 (1955) 287–295.
Tractatus philosophicus de anima humana, Pullach/Mü 1959.
Theologia naturalis (^{1}1959), Ba ^{2}1964.
Summe einer philosophischen *Gotteslehre,* Mü 1979.
Der dialektische Materialismus und die Frage nach Gott, Mü 1980.
– (Hg.): Philosophisches Wörterbuch (^{1}1947), Fr ^{17}1985.
Grundzüge einer philosophischen Anthropologie, Mü 1986.

B) EMERICH CORETH

a) Verzeichnis der Veröffentlichungen von E. Coreth SJ 1946–1979, in: ZKTh 101 (1979) 270–274.

b) Auswahl:
In actione contemplativus, in: ZKTh 76 (1954) 55–82.
Grundfragen des menschlichen Daseins, I 1956.
Vom *Ich* zum absoluten Sein. Zur Entwicklung der Gotteslehre Fichtes, in: ZKTh 79 (1957) 257–303.
Metaphysik als Aufgabe, in: E. Coreth (Hg.): Aufgaben der Philosophie. Drei Versuche von E. Coreth S. J., O. Muck S. J., J. Schasching S. J. (Philosophie und Grenzwissenschaften IX/2), I 1958, 11–95.
Schellings Weg zu den Weltaltern. Ein problemgeschichtlicher Durchblick, in: Bijdragen 20 (Nijmegen 1959) 398–410.
Sinn und Struktur der *Spätphilosophie Schellings,* in: Bijdragen 21 (Nijmegen 1960) 180–190.
Identität und Differenz, in: J. B. Metz / W. Kern / A. Darlap / H. Vorgrimler (Hg.): Gott in Welt, FS K. Rahner, Bd. I, Fr 1964, 158–187.
Idee und Problem der Universität, in: Veröffentlichungen der Universität Innsbruck 55 (Innsbrucker Universitätsreden IV), I 1969, 13–21.
Metaphysik. Eine methodisch-systematische Grundlegung (^{1}1961) I ^{3}1980.
Zu Hegels absolutem Wissen, in: A. Molinaro (Hg.): Hegel 1831–1981, R 1981 (= Aquinas 24 [1981] 213–231).
Notwendigkeit gegen Freiheit. Zur Spannung zwischen griechischem und christlichem Denken, in: H. Nagl-Docekal (Hg.): Überlieferung und Aufgabe. FS E. Heintel, Bd. 2, W 1982, 399–415.
Das absolute Wissen bei Hegel, in: ZKTh 105 (1983) 389–405.
Die Sinnfrage als Zugang zu Gott, in: Zur Herausforderung des Glaubens durch den modernen Atheismus (Schriftenreihe des Dialogsekretariats Nr. 2), Au 1983, 57–80.
– / Schöndorf, H.: Philosophie des 17. und 18. Jahrhunderts, St 1983.
– / Ehlen, P. / Schmidt, J.: Philosophie des 19. Jahrhunderts, St 1984.
Vom Sinn der Freiheit, I 1985.
Zur Elementarphilosophie Karl Leonhard Reinholds, in: ZKTh 107 (1985) 259–270.
Zur Philosophie der *Trinität* im Denken der Neuzeit bis Schelling, in: J. Möller (Hg.): Der Streit um den Gott der Philosophen, Dü 1985, 48–80.
– / Ehlen, P. / Haeffner, G. / Ricken, F.: Philosophie des 20. Jahrhunderts, St 1986.
Was ist der Mensch? Grundzüge einer philosophischen Anthropologie (^{1}1973), I ^{4}1986.

C) JOHANNES BAPTIST LOTZ

a) Ausführliches Literaturverzeichnis bis 1973:
de Vries, J. / Brugger, W. (Hg.): Der Mensch vor dem Anspruch der Wahrheit und der Freiheit. FS J. B. Lotz, F 1973, 257–270.

b) Auswahl:
Ontologie und Metaphysik. Ein Beitrag zu ihrer Wesensstruktur, in: Schol 18 (1943) 1–30.
Zum Problem des *Apriori*, in: Mélanges Joseph Maréchal, Bd. II, Bru/P 1950, 62–75.
Ontisch-Ontologisch als *Grundspannung* des Philosophierens, besonders heute, in: Actes du XIe Congrés International de Philosophie, Bd. III, Am/Lv 1953, 57–63.
Die transzendentale *Methode* in Kants »Kritik der reinen Vernunft« und in der Scholastik, in: J. B. Lotz (Hg.): Kant und die Scholastik heute, Pullach/Mü 1955, 35–108.
Heidegger et l'être, in: ArPh 19 / Heft 2 (1956) 3–23.
Das *Urteil* und das Sein. Eine Grundlegung der Metaphysik, Pullach/Mü 1957.
Metaphysica operationis humanae. Methodo transcendentali explicata (Analecta Gregoriana 94), R [1]1958.
Seinsproblematik und Gottesbeweis, in: J. B. Metz / W. Kern / A. Darlap / H. Vorgrimler (Hg.): Gott in Welt. FS K. Rahner, Bd. I, Fr 1964, 136–157.
Zur Thomas-Rezeption in der *Maréchal-Schule*, in: ThPh 49 (1974) 375–394 (abgedruckt in: K. Bernath: Thomas von Aquin, Bd. II, Da 1981, 433–456).
Martin Heidegger und Thomas von Aquin. Mensch – Zeit – Sein, Pfullingen 1975.
Wider den Un-Sinn. Zur Sinnkrise unseres Zeitalters, F 1977.
Transzendentale Erfahrung, Fr 1978.
Die transzendentale Methode. Wesen und Notwendigkeit, in: ZKTh 101 (1979) 351–360.
Person und Freiheit. Eine philosophische Untersuchung mit theologischen Ausblicken, Fr 1979.
Zur Struktur des Gottesbeweises, in: ThPh 56 (1981) 481–506.
Mensch – Sein – Mensch. Der Kreislauf des Philosophierens (Analecta Gregoriana 230), R 1982.
Ästhetik aus der ontologischen Differenz. Das An-wesen des Unsichtbaren im Sichtbaren, Mü 1984.
Das Sein als Gleichnis Gottes. Grundlinien der Ontologie und Gotteslehre von Gustav Siewerth, in: ThPh 60 (1985) 60–76.

D) Karl Rahner

a) Umfassende Verzeichnisse bis 1984:
Bleistein, R. / Imhof, P. / Klinger, E. / Raffelt, A. / Treziak, H. (Hg.): Bibliographie Karl Rahner 1924–1979, Fr 1979.
Imhof, P. / Meuser, E.: Bibliographie Karl Rahner 1979–1984, in: E. Klinger / K. Wittstadt (Hg.): Glaube im Prozeß. Christsein nach dem II. Vatikanum. Für Karl Rahner, Fr 1984, 854–871.

b) Bibliographien zur Literatur über K. Rahner:
Raffelt, A.: Karl Rahner. Bibliographie der Sekundärliteratur 1948–1978, in: H. Vorgrimler (Hg.): Wagnis Theologie. Erfahrungen mit der Theologie Karl Rahners, Fr 1979, 598–622.
–: Karl Rahner. Bibliographie der Sekundärliteratur 1979–1983 und Nachträge, in: E. Klinger / K. Wittstadt (Hg.): Glaube im Prozeß, Fr 1984, 872–885.

c) Auswahl:
Geist in Welt. Zur Metaphysik der endlichen Erkenntnis bei Thomas von Aquin (I [1]1939), im Auftrag des Verfassers überarbeitet und ergänzt von J. B. Metz, Mü [3]1964.
Hörer des Wortes. Zur Grundlegung einer Religionsphilosophie (Mü [1]1941). Neu bearbeitet von J. B. Metz ([1]1963), Mü [2]1969.
Vorwort zu: O. Muck: The Transcendental Method (dt.: Die transzendentale Methode in der scholastischen Philosophie der Gegenwart, I 1964), NY 1968, 9–10 (der deutsche Originaltext befindet sich im Rahner-Archiv, Innsbruck, und ist teilweise veröffentlicht als K. Rahner: Transzendentale *Methode*. Zu einem philosophischen Denkstil in der Theologie, in: Geist und Leben 60 [1987] 1–2).

2. Literatur

Borgmann, P.: Gegenstand, Erfahrungsgrundlage und *Methode* der Metaphysik, in: FrS 21 (1934) 80 bis 103, 125–150.
Demmer, K.: *Sein* und Gebot. Die Bedeutsamkeit des transzendentalphilosophischen Denkansatzes in der Scholastik der Gegenwart für den formalen Aufriß der Fundamentalmoral, Pa 1971.

Geyser, J.: Das Gesetz der *Ursache*. Untersuchungen zur Begründung des allgemeinen Kausalgesetzes, Mü 1933.
–: Das *Prinzip* vom zureichenden Grunde, Rb 1929.
Grégoire, A.: *Immanence* et transcendence. Questions de théodicée, P 1939.
Hoenen, P.: *De definitione* operativa, in: Gr. 35 (1954) 371–405.
Holz, H.: *Transzendentalphilosophie* und Metaphysik. Studie über Tendenzen in der heutigen philosophischen Grundlagenproblematik, Mz 1966.
Jansen, B.: Transzendentale *Methode* und thomistische Erkenntnismetaphysik, in: Schol 3 (1928) 341–368.
Lakebrink, B.: Klassische *Metaphysik*. Eine Auseinandersetzung mit der existentialen Anthropozentrik, Fr 1967.
Lehmann, K.: Karl *Rahner*. Ein Porträt, in: K. Lehmann / A. Raffelt (Hg.): Rechenschaft des Glaubens. Karl Rahner-Lesebuch, Fr 1979, 13*–53*.
Lonergan, B. J. F.: *Insight*. A Study of Human Understanding (^{1}1957), Lo/NY ^{2}1967.
Muck, O.: Die transzendentale *Methode* in der scholastischen Philosophie der Gegenwart, I 1964.
–: Artikel »*Neuscholastik*«, in: Sacramentum Mundi, Bd. III, Fr/Bas/W 1969, 749–754.
Przywara, E.: *Kant* heute. Eine Sichtung, Mü/B 1930.
–: Kantischer und thomistischer *Apriorismus,* in: PhJ 42 (1929) 1–24.
Simons, E. / Hecker, K.: Theologisches *Verstehen*. Philosophische Prolegomena zu einer theologischen Hermeneutik, Dü 1969.
Verweyen, H.: Ontologische *Voraussetzungen* des Glaubensaktes. Zur transzendentalen Frage nach der Möglichkeit von Offenbarung, Dü 1969.
Vorgrimler, H.: Karl *Rahner* verstehen. Eine Einführung in sein Leben und Denken, Fr 1985.
de Vries, J.: Der *Zugang* zur Metaphysik: Objektive oder transzendentale Methode?, in: Schol 36 (1961) 481–496.
–: Die *Bedeutung* der Erkenntnismetaphysik für die Lösung der erkenntniskritischen Frage. Eine Erklärung von De Veritate q. 1, a. 9, in: Schol 8 (1933) 321–358.
–: *Fragen* zur transzendentalen Methode, in: Schol 40 (1965) 389–397.
Weger, K.-H.: Karl *Rahner*. Eine Einführung in sein theologisches Denken, Fr 1978.

OTTO MUCK

Gallus Manser (1866–1950)

Wie heterogen sich selbst ein im ersten Anschein so monolithisches Gebilde wie die Neuscholastik darstellt, lehrt besonders illustrativ ein Blick auf das Denkgebäude Gallus Mansers. Obwohl als strenger Thomist anscheinend ein unproblematischer Vertreter dieser Denkrichtung, erstaunt doch die Schärfe der Ablehnung und der Zustimmung, die Manser einerseits von seinen Fachkollegen her erfuhr, sowie die Heftigkeit, mit der andererseits Manser selbst ausdrücklich gegen eine ganze Tradition christlichen Denkens steht, was er mit der Ablehnung einer Reihe von speziellen Schulrichtungen innerhalb der Neuscholastik verknüpft.

Josef Anton Manser, der spätere P. Gallus, wurde 1866 als Sohn einer kinderreichen Bauernfamilie im kleinen Ort Schwarzenegg bei Brülisau im Appenzell geboren.

Ab 1880 besuchte er sechs Jahre lang die Stiftsschule der Benediktiner in Maria Einsiedeln. Früh schon reifte sein Entschluß zum Priestertum, so daß er zunächst seine philosophischen Studien im erzbischöflichen Seminar von Monza aufnahm und von 1888 bis 1890 in Mailand Theologie studierte. Einer seiner damaligen Lehrer war übrigens Achille Ratti, Professor für Homiletik, der 1922 als Pius XI. den päpstlichen Thron bestieg. Als 1890 an der Universität Fribourg eine Theologische Fakultät errichtet wurde, war Manser einer ihrer ersten Studenten.

Konnte bislang von einer spezifisch thomistischen Ausrichtung der Lehre, die er erhielt, keineswegs die Rede sein – in Mailand herrschte eher ein gemäßigter Molinismus vor[1] –, war Fribourg allerdings von Anfang an thomistisch geprägt. In das Jahr 1892 fielen sowohl seine Priesterweihe in St. Gallen wie das Lizentiat, dem sich sogleich eine Einladung zu einer Lehrtätigkeit am Diözesanseminar Wonersh in England anschloß, wo Manser bis 1895 blieb. 1894 wurde in Fribourg seine Dissertation *Possibilitas praemotionis physicae thomisticae . . .*, die sich also eng mit dem Denken des Aquinaten befaßte, angenommen.

---

[1] P. Wyser: *In memoriam*, 399.

Nach seiner Rückkehr aus England übernahm Manser eine Kaplanstelle in Goßau bei St. Gallen, wo offenbar der Wunsch nach Eintritt in den Predigerorden wuchs, den er 1897 vollzog. Neben einigen eher ordensinternen Tätigkeiten – er war etwa 1898 Subregens des Canisianum in Fribourg – übernahm P. Gallus 1899 eine Professur an der philosophischen Fakultät der Universität Fribourg, wo er ein umfangreiches Aufgabenfeld zu bewältigen hatte. Erst 1905 wurde durch eine Erweiterung der Ordinariate Manser der theologischen Fakultät eingegliedert.

Nach einem reichen akademischen Leben, das auch Verwaltungsaufgaben mit zwei Dekanaten und einem vierjährigen Rektorat in den Kriegsjahren 1914–1918 mit sich brachte, trat P. Gallus 1942 in den Ruhestand und zog sich in das Kloster Wil zurück. Er fand dort allerdings keine innere Ruhe und kehrte nochmals nach Fribourg zurück, wo er noch vier Jahre bis zu seinem Tod 1950 zubrachte.

Übereinstimmend wird von Mansers feurigem, ja bisweilen heftigem Temperament berichtet,[2] das vor allem im privaten Gespräch, gar wenn es um politische Themen ging, zum Durchbruch gelangte. In eigenartigem Widerspruch dazu steht sein eher leidenschaftsloser, nüchterner Vortragsstil. Obwohl Manser sich bereitwillig für Studentenverbindungen einsetzte und selbst Mitglied wurde, war er nicht der Mann eines intensiven Schülerkreises. Sorgsam und gewissenhaft bereitete er seine Veröffentlichungen vor. Die meisten Artikel publizierte er in der Zeitschrift *Divus Thomas*, die er viele Jahre lang edierte. Diese Publikationen mündeten in sein Hauptwerk *Das Wesen des Thomismus*, das erstmals 1932, später nochmals 1935 und stark erweitert 1949 erschien. Daneben beschäftigte sich P. Gallus gerne mit naturrechtlichen Fragen, was in *Das Naturrecht in thomistischer Beleuchtung* und *Angewandtes Naturrecht* den Weg in die Öffentlichkeit fand.

Es ist keine Frage, daß Denker, die eine derart pointierte, ja kompromißlose Position vertreten, polarisierend wirken. Häufig fehlen zwischen glühender Gefolgschaft und harscher Kritik differenzierende Stimmen, die rekonstruierend die spezifische Gestalt des Thomas-Verständnisses erläutern würden. Denn die Abstempelung Mansers als Thomist trägt noch wenig zur Klärung seiner Position bei. So ist etwa einer der hauptsächlichsten Gewährsmänner für seine Thomas-Deutung der Spätscholastiker Thomas de Vio, Cajetanus (1469–1534), ein Mann, dem von anderer Seite gerade die Veruntreuung thomanischen Gedankenguts vorgeworfen wird.[3]

Jedenfalls läßt uns Manser keineswegs im unklaren über seine Thomas-Deutung. Sein grundsätzliches Credo lautet zunächst, daß der Thomismus ein »Doppelsystem« sei (93).[4] Meint dies zunächst die klare Scheidung, die bei Thomas zwischen philosophischer und theologischer Kompetenz besteht, hält sich diese Ansicht ganz grundsätzlich durch, denn für Manser findet sich der Kern thomani-

---

[2] Ebd. 401; W. Büchi: *Erinnerungen*.
[3] J. Hegy: *Die Bedeutung des Seins bei den klassischen Kommentatoren des heiligen Thomas von Aquin: Capreolus, Silvester von Ferrara, Cajetan*, Pullach 1959.
[4] Die Seitenverweise beziehen sich auf G. Manser: *Das Wesen des Thomismus*, ³1949.

schen Denkens in dem von Aristoteles übernommenen und weiterentwickelten Akt-Potenz-Problem. Jede Ablehnung eines »Thomismus als Identitätssystem« bringt unseren Autor – so ist man zu sagen geneigt – schon grundsätzlich in eine natürliche Gegnerschaft zum Neuplatonismus, dessen Einfluß Manser mit für diese Zeit erstaunlicher Schärfe beleuchtet (143f.). Man habe im besonderen die lange Infiltration des arabischen Denkens durch den Neuplatonismus unterschätzt (142), so lautet ein Vorwurf, und mit dieser Äußerung ist die ablehnende Haltung gegenüber der arabischen Aristoteles-Interpretation markiert. Nicht nur die Irrtümer der Schule des Averroes, des Aristoteles-Kommentators schlechthin, etwa in den Fragen Trinität, Schöpfung, Kontingenz, Freiheit, Unsterblichkeit und der unio substantialis, werden ganz allgemein aufgelistet (140f.), sondern neuplatonische Verirrungen tauchen auch bei einer ganzen Tradition christlichen Denkens bis hin zu Augustinus (148ff., 161) und Albertus Magnus (127) auf.

Was ist nun der springende Punkt in Mansers Thomas-Deutung, der uns erlaubt, seine diversen Äußerungen auf einen plausiblen gemeinsamen Nenner zu bringen? Besonders offenbarend hierzu ist ein Satz aus der Diskussion um das Naturrecht, wenn dieses als ein dem Menschen innewohnendes Richtmaß gedeutet wird: ». . . das von Gott empfangene, eminent Gott ähnliche rationale Sein der Menschennatur als Eigenprinzip all ihrer eigentümlichen, zielbestimmten Tätigkeiten«.[5] Die Deutung, die Manser diesem Satz geben will, ist eine ausdrücklich antiidealistische, sieht er doch im Kampf des Aquinaten gegen den Neuplatonismus das erfolgreichste Rezept im Vorgehen gegen den Idealismus auf systematischer Ebene (180). Manser formuliert im zitierten Satz einen Anwesenheitsmodus Gottes in seiner Schöpfung, der in das rationale Wesen des Menschen hineinreicht und ihm als ontischer Maßstab für sein Tun der Weltgestaltung, die zugleich Akt der Selbstverwirklichung ist, dient. Es ist klar, daß der Mensch damit in eine nur relative Abhängigkeit vom Schöpfergott geraten darf, so wie dieser sich in keinem funktionalen Abhängigkeitsverhältnis von seiner Schöpfung vorfindet. Das rechte organische Zusammenspiel dieser Ebenen bedeutet die Übereinstimmung von metaphysischer und physischer Ordnung (176), das, was Manser als thomistischen Parallelismus bezeichnet (238). Es ist klar, daß P. Gallus dieses Anliegen vor allem für die Naturrechtsfrage fruchtbar machen kann. Die Hauptlinie bleibt jedoch im ontologischen Bereich. Voraussetzung für die vorliegende ontologische Option ist ganz im Sinne des bereits erwähnten »Doppelsystems« ein breites Bekenntnis zur distinctio realis zwischen Gott und Geschöpf, das auf den Unterschied zwischen esse und essentia ausgezogen wird (491). Alle diese systematischen Aussagen werden durch weit ausladende historische Berichte angereichert, die stets von der üblichen Differenzierung zwischen thomanischer auf der einen und der dominierenden neuplatonischen Tradition auf der anderen Seite gekennzeichnet sind. Bruchlos in diese Linie fügt sich das bedingungslose Eintreten für die Proportionalitätsanalogie, für deren Bevorzugung gegenüber der Attributionsanalogie Manser sich der Rückendeckung durch den Aquinaten sicher ist.

---

[5] *Naturrecht*, 75.

»So schlägt die Proportionalitas, und nur sie, die Brücke zwischen dem ens finitum und dem ens infinitum, indem sie einerseits die unermeßliche Distanz zwischen beiden wahrt, aber andererseits doch beide in der ›Wasbezeichnung‹ des Seins verankert, denn beide sind ens und stehen folglich doch in einer gewissen Proportio zueinander« (489).

Unter dem geschilderten Vorzeichen erhebt sich nun die Frage, wie das Verhältnis von Gott zu seiner Schöpfung positiv gesehen werden kann. Angesichts der nahen Konfrontation mit der platonisch-neuplatonischen Linie entspricht dies schlicht dem christlichen Lösungsversuch des Problems von Einem und Vielem. Im Ausschluß einer dialektischen Vermittlung des Einen und Vielen, die stets verbunden ist mit einem Selbstdifferenzierungsprozeß des Göttlichen, also mit dem Verlust von Eigenstand und Personalität, tritt die Konstitutionsfrage des einzelnen in den Mittelpunkt des Interesses. Hier scheidet sich für unseren menschlich-rationalen Zugang die erkenntnismetaphysische von der ontisch-ontologischen Ebene. Manser, der den Kommentar Cajetans zum frühen Werk des Aquinaten *De ente et essentia* sehr gut gekannt haben muß, bleibt in der vorliegenden Fragestellung in erstaunlicher Nähe zum Gebäude einer erkenntnismetaphysischen Grundstruktur, die Cajetan dem Satz des Aquinaten anschließt: »... ens autem et essentia sunt quae primo in intellectu concipiuntur ...« Das bedeutet zunächst, daß Manser gegen jede nominalistische Reduktion am Universale festhält. Auf der Erkenntnisebene genießt das Allgemeine nämlich eine eindeutige Priorität (248f., 263). Demgegenüber bleibt ganz im Sinne des antiplatonischen Impulses bei Aristoteles und dessen Ausbau durch Thomas von Aquin die ontische Vorrangstellung des Singulare unangetastet (248f.). Das bedeutet, daß die Relevanz der ontischen Grundstruktur, also das, was virtuelle Anwesenheit des Schöpfers in seiner Schöpfung meint, für den rationalen Horizont des Menschen nur in der Übersetzung der ontischen auf eine erkenntnismetaphysische Ebene gelingen kann (254). Das ist letztlich der Sinn des metaphysischen – sagen wir jetzt besser ontologischen – Doppelsystems. Vorsichtig handhabt unser Autor dabei die Abstraktionsfrage, die diese Beziehung markiert. Er ist sorgsam darauf bedacht, daß die Gestaltungskraft des menschlichen Intellekts in diesem Zusammenhang möglichst eng begrenzt bleibt. »Unser Verstand hängt also hier, wie überall in der thomistischen Auffassung, bezüglich dessen, was er erkennt, von der Sache ab, aber nicht umgekehrt. Sie, die Sache, ist eine ›mensura veritatis‹, nicht unser Verstand« (174).

Und in der Manser eigenen Radikalität stellt er klar, daß damit durchaus auch die transzendentale Tradition der Erkenntnislehre gemeint ist, die für ihn ihre Wurzeln im platonisch-neuplatonischen Vorrang des Bewußtseins vor dem Seienden hat. Die Hinwendung des Aquinaten zur Sinneserfahrung steht nämlich »im Gegensatz zum Platonismus, Philonismus, Neuplatonismus, zu Augustin und den Arabern, zu Albert dem Großen, zur ganzen herrschenden zeitgenössischen Scholastik mit ihrer göttlichen Erleuchtungstheorie; im Gegensatz zu den späteren Innatisten und Ontologisten; im Gegensatz zu Kant ...« (169). Diese Ausrichtung der erkenntnismetaphysischen Vorgangsweise, zu deren Bestätigung umfangreiches Belegmaterial aus dem Opus des Aquinaten erhoben wird, empfindet

Manser nicht zuletzt als Sinn des thomanischen Phantasmas, das die Abstraktion auf diese ontische Grundlage hinorientiert und den Gegensatz zu einem rein schauenden Wissen markiert (129).

Die hier aufgeführten Zusammenhänge entsprechen der Grundbedeutung der Forderungen, die sich aus den Transzendentalien ergeben. In diesem Sinn reiht Manser die Seinsbestimmung »verum« vor jene des »bonum«, denn damit verfolgt er wohl die Absicht, die rationale Verbindlichkeit der Metaphysik gegenüber einer bloß voluntaristischen Willkür, wie er sie im Nominalismus findet, keinesfalls preiszugeben. Mit höchster Skepsis wird eine reine Willensmetaphysik bewertet, eine ontologische Fundierung bleibt unabdingbar. Wenn Manser dies als Grundlegung der »reinen Wissenschaft« (201) wertet, so zeigt dies eine optimistisch-rationalistische Schlagseite, die für den Beginn unseres Jahrhunderts typisch ist und die nicht zuletzt den Greueln tiefer ideologischer Grabenkämpfe entspringt, die Manser stets mit großer Aufmerksamkeit verfolgt und unter denen er schwer gelitten hat.

Vor dem nun knapp skizzierten Hintergrund und dem massiven personalen Interesse ist es durchaus konsequent, wenn Manser auch im actus essendi im Bereich der Realbegriffe (ens reale, primae intentiones) ein »dingliches Sein« sieht (277) und heftig gegen eine Identifizierung von Gott und dem esse commune zu Felde zieht. Das ist der Sinn, den er der vorsichtigen Behandlung des actus essendi etwa durch Cajetan gibt, und Manser vermag darin nichts Ungewöhnliches, vielmehr die legitime Ausführung des thomanischen Programms zu sehen. Darin wird der gesamte Aspekt der ontischen Grundlegung und dessen notwendig ins Rationale umzusetzende Aussagbarkeit angesiedelt, was natürlich auch die prinzipielle Möglichkeit der Verdeutung in sich birgt: »So laufen im ens transcendentale als prima intentio alle Realbegriffe zusammen. In seiner Aussagbarkeit aber (secunda intentio) wurzeln zugleich alle positiven und negativen Aussagen« (279).

Garant dafür ist die Akt-Potenz-Lehre, insofern diese nichts weiter, aber auch nichts weniger ist als die klare hierarchische Trennung von göttlicher Erstgestaltungskraft und nachgeordneter menschlicher Mitgestaltung, die – wie der eingangs zitierte Satz seiner Naturrechtslehre zeigt – ein legitimes Konstituens des geschichtlich-dynamischen Charakters der personalen Bestimmung ist. In diesem Sinn ist das Akt-Potenz-Verhältnis sogar noch höher anzusiedeln als das »ens transcendentale« (280).

Sosehr die Lösung des Ein-Vieles-Problems auf erkenntnismetaphysischer Ebene Geschlossenheit aufweist, bleiben die Passagen, wo es in die ontisch-ontologische Konstitutionsfrage des einzelnen geht, überwiegend apologetisch und weniger originell. Namentlich in der Individuationsfrage über die materia signata bleibt Manser ein wackerer Verteidiger thomanischer Positionen und wehrt sich vor allem gegen eine formdurchtränkte Materie averroistischer Prägung, die den über das Akt-Potenz-Schema gewonnenen Richtungspfeil einer hierarchischen Ordnung »von oben nach unten« auf den Kopf stellen würde. Dennoch kann er diese Frage weit weniger aktualisieren, als ihm dies auf erkenntnismetaphysischer Ebene gelungen ist. Ein Blick auf eine seiner spärlichen Äußerungen zur Naturwissenschaft[6] zeigt freilich, daß das Bedürfnis nach der Naturfrage aus der ihn betreffenden zeitgenössischen Situation nicht sehr hoch entwickelt ist. Im Vordergrund bleiben methodologische Fragen, die kaum das eigentliche Problemfeld etwa der damals entstandenen »modernen Physik« erreichen. Ebenso vage bleibt die Rolle der intentiones logicae, genus, species, Individuum, die in einem Zwischenbereich zwischen der Formulierung auf intellektiver Ebene und deren Mitkonstitution auf ontischem Niveau, die Manser ausdrücklich einräumt (244), anzusiedeln ist.

Mansers Interesse für einen ethischen Maßstab, den er einzig und allein von der metaphysischen Fragestellung her zu formulieren bereit ist, läßt ihn vor allem in die Gegnerschaft neuscholastischer Strömungen treten, die das Denken des Aquinaten seiner Meinung nach idealistisch verbrämen. Unter dieser Betrachtungsweise gewinnt das Denken Mansers eine hohe Originalität, und die heftigen Reaktionen auf seine Thomas-Deutung zeugen von seiner Unbequemlichkeit, die im wissenschaftlichen Leben nicht anders als positiv beurteilt werden kann. Diese Bewertung gilt auch dann, wenn eine heutige Sicht der antiken Philosophie die propädeutische Bedeutung des Aristoteles für dessen christliche Interpretation durch den Aquinaten weitaus skeptischer beurteilen würde, als Manser dies in allen Fragen, vom Akt-Potenz-Problem (100) über die materia signata (646f.) bis hin zur Schöpfung (563, 570ff.), durchgeführt hat.

Aktuell bleibt sein Denken als ständige Herausforderung einer transzendentalphilosophischen Thomas-Deutung ebenso wie gegenüber Ansätzen, die sich auf formallogische Positionen zurückziehen. Demgegenüber würde heutzutage die skeptische Beurteilung von Wissenschaft ebenso wie die brennende Naturfrage wohl andere Pointierungen vornehmen, die jedoch in dem originellen und für die damalige Zeit außergewöhnlichen Hinweis auf die Bedeutung der neuplatonischen Verbrämung innerhalb christlicher Philosophie ein fruchtbares Fundament fänden.

BIBLIOGRAPHIE

1. *Werke*

a) Umfassendes Verzeichnis bis 1936:
A. V.: Festgabe für P. Gallus Manser O. P. zum 70. Geburtstag, Fri 1936.

b) Werke:
Das Verhältnis von Glaube und Wissen bei Averroes, in: JPhST 24 (1910) 398–408; 25 (1911) 9–34, 163–179, 250–277.
Zur Geschichte der Philosophie der patristisch-mittelalterlichen Zeit, in: DT 1 (1914) 133–147.
Das Wesen des Thomismus, Fri ¹1932 (³1949).
Augustins Philosophie in ihrem Verhältnis und in ihrer Abhängigkeit von Plotin, dem Fürsten des Neuplatonismus, in: DT 10 (1932) 3–22.
Gibt es eine christliche Philosophie?, in: DT 14 (1936) 19–51.

---

[6] Z. B. *Naturphilosophie*.

Die *Naturphilosophie* des Aquinaten und die alte und moderne Physik, in: DT 16 (1938) 3–14.
Das *Naturrecht* in thomistischer Beleuchtung, Fri 1944.
Angewandtes Naturrecht, Fri 1947.

2. *Literatur*

A. V.: Festgabe..., a.a.O. 1. a).
Büchi, W.: *Erinnerungen* an Pater Gallus Manser O. P., in: Civitas 8 (1949/50) 407–412.
Hafele, G. M.: In memoriam R. P. Gallus Manser, in: CTom 77 (1950) 225–226.
Hegglin, G. T.: Manser zum Gedenken, in: Schweizer Rundschau 50 (1950) 190–194.
Wyser, P.: *In memoriam* Gallus Manser (1866–1950), in: Civitas 5 (1949/50) 397–406.
Ponferrada, G. E.: Fray Galo M. M., in: Sapientia 5 (1950) 157–159.

BERNHARD BRAUN

Joseph Geyser (1869–1948)

»Die Erkennbarkeit des Seins, wie es an sich ist, mit Aristoteles entschlossen zu bejahen, sie nicht mit Kant resigniert zu verneinen, das ist – so dünkt mich – auch eines von dem vielen, was wir Philosophen aus der für uns Deutsche so ehrenvollen Wirklichkeit der blutigen Walstatt des uns umbrandenden Völkerringens lernen können.«[1]

Diese Zeilen, die Joseph Geyser seiner *Allgemeinen Philosophie des Seins und der Natur* (1915) gleichsam als programmatisches Motto voranstellt, erlauben einen tiefen Blick auf ein Denken, das wahrlich nicht leicht zu fassen ist und wohl gerade deshalb von verschiedensten Seiten beansprucht wurde. Mag sein, daß die erstaunlich klare Absage, die die große deutsche philosophische Tradition in Gestalt Immanuel Kants hier erfährt, ihre Motivation nicht zuletzt aus einem politischen Interesse erhält.

Um 1900 gab es in München einen lebendigen Philosophenkreis um Theodor Lipps (1851–1914), der unter anderem eine Beeinflussung durch den Staatsdenker Georg von Hertling (1843–1919) erfuhr. Ein zweifellos schon von daher vorgelegtes Interesse an einer realistischen Weltsicht wurde unter Lipps' Leitung auch auf den Aspekt psychologischer Fragestellungen hin ausgezogen. In diesem Kreis spielte Geyser bereits eine hervorragende Rolle.[2] Geyser, 1869 in Erkelenz im Rheinland geboren, konnte damals bereits mit 1892 an der Gregoriana in Rom und 1896 in München erworbenen Doktoraten sowie einer 1898 in Bonn erreichten Habilitation aufwarten. 1904 wurde er zum Extraordinarius in München ernannt und dort 1911 zum Ordinarius für Philosophie berufen. Sechs Jahre später wechselte er nach Freiburg im Breisgau, um schließlich 1924 in München die Nachfolge Clemens Baeumkers (1853–1924) anzutreten. Den Lehrstuhl hatte Geyser bis zu seiner Emeritierung 1935 inne. Danach waren ihm noch weitere 13 Jahre bis zu seinem Tod 1948 in Siegsdorf bei Traunstein vergönnt, um – wie

---

[1] *Allgemeine Philosophie*, S. III.
[2] M. Ettlinger: *J. Geyser als Psychologe*, in: F. J. von Rintelen (Hg.): *Philosophia perennis*, 1133.

sein umfangreicher Nachlaß aus dieser Zeit dokumentiert – sein reiches wissenschaftliches Leben zu krönen, aber auch um seinen Liebhabereien nachzugehen. Geyser war ein begeisterter Bergsteiger, der die Schönheit des Gardaseegebietes bevorzugte. Sein sportlicher Ehrgeiz ließ ihn noch als Sechzigjährigen das Schilaufen erlernen. Dies alles spricht für die Zähigkeit des hageren Mannes, der, wie eine Anekdote berichtet, bei seinem Erscheinen auf einer Tagung den Spruch eines Kollegen über sich ergehen lassen mußte: »So dürr wie seine Philosophie.«[3]

Nach der eingangs zitierten programmatischen Erklärung ist unübersehbar, wie sehr Geyser eine antisubjektivistische Linie vertritt, er also dem Idealismus entschieden entgegentritt, ohne deshalb die Gefahr einer unreflektierten Gegenposition des vulgären Empirismus zu unterschätzen. Die Weichenstellung für diese später fruchtbar werdende Haltung liegt schon in Geysers psychologischem Ausgangspunkt. Seine Münchener Dissertation *Einfluß der Aufmerksamkeit auf die Intensität der Empfindungen* steht ganz unter dem Einfluß Oswald Külpes (1862–1915), damit der sogenannten Würzburger Schule. Stärker noch kommt die Bemühung Geysers um einen empirischen Ausgangspunkt der Philosophie im 1908 erschienenen, 1920 neu aufgelegten *Lehrbuch der allgemeinen Psychologie* zum Ausdruck. Des öfteren bekennt sich Geyser ausdrücklich zum Markenzeichen der Würzburger Schule, dem kritischen Realismus, der nun gleichsam als Zauberformel gegen einen Konszientialismus, den objektiven Idealismus und einen naiven Realismus eingesetzt wird. Diese Position zwischen diesen so problembehafteten Ansätzen macht Geyser selbstverständlich für viele zu einem lohnenden Gesprächspartner. Wir wollen daher im folgenden versuchen, Geysers Grundanliegen zu skizzieren und seine Symbiose mit scholastischem Denken zu verfolgen.

Sosehr sich unser Autor mit überzeugender Gründlichkeit mit der Vielfalt der zeitgenössischen psychologischen und philosophischen Lehrmeinungen auseinandersetzt, fehlt eine gründliche Diagnose der großen spekulativen Entwürfe des Deutschen Idealismus sowie der sich daran anschließenden materialistischen Wende. Einzig und allein Kant wird stellvertretend in die Verantwortung für diesen geistesgeschichtlichen Verlauf eingebunden. Es ist die Rolle der transzendentalen Apperzeption, deren Quasi-Eigenständigkeit Geyser bereits vehement behauptet, womit er implizit den Königsberger Denker von der nachfolgenden Metaphysizierung bis hin zum absoluten Geist bei Hegel nicht mehr freisprechen will. »Deshalb darf diese Verbindung unserem Bewußtsein nicht durch Erfahrung gegeben worden sein, muß vielmehr von ihm selbst in spontaner Handlung gesetzt werden; und zwar muß diese Setzung ihrem Inhalt nach so beschaffen sein, daß jedes andere Individuum die gleiche Verbindung setzen muß, so daß diese Setzung gewissermaßen angesehen werden kann, als wäre sie die Tat eines einzigen, allgemeinen und nicht die eines individuellen Bewußtseins.«[4]

Um einen adäquaten Ausgangspunkt für sein Denken zu finden, beruft sich Geyser demgegenüber nun auf das empirische Ich, das bei Kant nicht in der von

---

[3] P. Rucker: *J. Geyser*, 8.
[4] *Seele*, 20.

ihm gewünschten Klarheit formuliert wurde. Die Bewußtseinskomponente darf nicht vom empirischen Ich abgetrennt werden, sondern muß ein integrativer Bestandteil desselben bleiben.[5] Für Geyser ist es klar, daß ein Bewußtseinsinhalt nicht in einer Bewußtheit als solcher, sondern in einem individuellen Bewußtsein existiert. »Dieses ist somit Etwas, in dem mannigfaltige Bestimmtheiten existieren, und dem diese als Objekte gegenwärtig sind; oder das diesen nicht nur als Substrat, sondern auch als Subjekt gegenübersteht.«[6]

Dieser Ausgangspunkt, der in allen möglichen Variationen zur Entfaltung gelangt, bietet uns bereits eine breite Möglichkeit zur Diskussion. Es ist zweifellos das Bemühen unübersehbar, die Erkenntnis als ein Vorfinden zu deuten und nicht als ein Erzeugen.[7] Geyser selbst will demgegenüber eine gegenständliche Logik[8] entwickeln und erhebt zugleich damit den Anspruch, eine bloß formale Richtigkeit auf die Wahrheit hin aufbrechen zu können.[9] Der intentionale Bezug des denkenden Subjekts macht einen Gegenstand also zu einem für dieses Subjekt wirklichen, er verändert allerdings nichts am Realitätsgrad dieses Gegenstandes selbst. Diese Absicht liegt zunächst einmal ganz auf der Linie des Credos der Würzburger Schule.[10] Oswald Külpe weist in seinem Hauptwerk *Die Realisierung* darauf hin und verweist auf einen Bereich zwischen objektivem Idealismus und naivem Realismus: ». . . die realen Objekte sind weder gedachte Wirklichkeiten, noch wirkliche Gedanken. Darum entziehen sie sich der einen wie der anderen Sphäre und bilden ein drittes Reich, eine eigene Welt. Und doch baut auch diese Welt auf die Erkenntnis aus der Erfahrung und dem Denken auf. Jene weist auf Inhalte hin, die das Denken nicht erfunden hat und nicht erfinden kann. Dieses aber nimmt die empirischen Tatsachen nicht ungeklärt hin, sondern scheidet an ihnen das Reale und Phänomenale.«[11]

Man sieht daraus deutlich, daß der große Widersacher nicht anders als Immanuel Kant heißen muß und wie sehr Kant, dessen Grundaussage lautet: »Gedanken ohne Inhalt sind leer, Anschauungen ohne Begriffe sind blind«,[12] aus dem Blickwinkel der idealistischen Deutung in das Kreuzfeuer der Kritik gerät. Genau diese von Külpe so deutlich aufgerissene Exposition findet Geyser bei Edmund Husserl, namentlich in dessen objektivistischer Seite, die an Franz Brentano (1838–1917) und Bernard Bolzano (1781–1848) anschließt. Die ausdrückliche Absicht zur Beschreibung dieses von Külpe umrissenen Bereiches mit Hilfe Husserls führt Geyser in seiner 1920 verfaßten *Eidologie* durch. Philosophie wird für ihn darin zur Form-Forschung schlechthin. Auch hier bildet sie eine Absage an einen transzendentalen Subjektivismus, indem er das cartesische »cogito ergo

---

[5] Ebd. 31f.
[6] Ebd. 32.
[7] K. Huber: *J. Geysers Stellung in Logik und Erkenntnistheorie*, in: F. J. von Rintelen (Hg.): *Philosophia perennis*, 1144.
[8] *Grundlegung*, S. VII; *Grundlagen*, 93–108.
[9] *Grundlagen*, 100f.
[10] O. Külpe: *Die Realisierung*, Bd. I, Lei 1912, 68, 80, 238.
[11] Ebd. 257.
[12] *Kritik der reinen Vernunft* B 75.

sum« in ein »cogito hoc vel illud, ergo sum« umgedeutet wissen will, damit das »cogitare« seines transzendental-apperzeptiven Charakters beraubt und dadurch die gesamte rationalistische Schlagseite Descartes' vernichtet.[13] Die Materie-Form-Deutung Geysers liest sich folglich konsequent, wenn er die Form als jenes Moment ansieht, wodurch ein Etwas zu einem bestimmten Etwas wird.[14] Die Eidologie wird in diesem Sinn zu einem Schiedsrichter zwischen Realismus und Idealismus.[15] Entsprechend bestimmt das Bewußtsein aus den durch Erkennen gestaltenden Formen, nämlich Anschauung und Denken, die durch eine ganze Reihe von Funktionen der Form[16] möglich gewordenen intentionalen Akte. Der dadurch gewonnene Sinn von Wesensschau ist selbstverständlich ein äußerst formaler und ermöglicht vordergründig eine neue Art von Gegenständlichkeit, die Geyser selbst in seiner Dreiteilung der Daseinsformen anspricht. Neben logische, etwa die Existenz mathematischer Objekte ausdrückende, bewußte, das konkrete Bewußtsein meinende, reiht er auch die transzendenten oder realen Daseinsformen, die ein Seiendes bedeuten, das unabhängig von jedem Bewußtsein existiert.[17] Zur Gewinnung dieser transzendenten Daseinsformen führt er eine strenge methodische Regel ein: »Dazu kommt der Umstand, daß es dem Denken möglich ist, von empirischen Begriffen aus durch das Mittel ihrer Verbindung mit Analogien und Verneinungen zur Bildung neuer Begriffe zu gelangen. Der Inhalt dieser neuen Begriffe ist zwar nicht adäquat von uns erfaßbar, läßt sich aber doch so weit bestimmen, daß wir ihn mit Sinn und Nutzen zur Unterscheidung der transzendenten Gegenstände verwenden können.«[18]

Hier liegt ein Gedankengang vor, der in der Formulierung neuscholastisch orientierter metaphysischer Ansätze Gefolgschaft fand.[19] Sosehr der philosophische Ansatz Geysers demnach vom Ernst der Rettung der objektiven Realität getragen ist, ebenso wie vom Anspruch der Aufrechterhaltung der Wahrheit gegenüber deren Auslaufen in eine formale Richtigkeit, ist das weitere Bemühen unübersehbar, auch der großen Tradition metaphysischen Denkens damit eine neue tragfähige Basis zu verleihen. Dies führt zur Symbiose mit neuscholastischem Denken, wenngleich wir dabei den Maßstab sehr großzügig anlegen müssen. Geyser ist viel mehr an der Auseinandersetzung mit zeitgenössischer Philosophie interessiert, als daß er sich um treue Gefolgschaft scholastischer Autoritäten bemühte. Aus diesem Grund wird die Einordnungsfrage bezüglich der Schulrichtungen äußerst divergierend beantwortet. Durch seine häufig angemerkte kriti-

---

[13] *Eidologie*, 2.
[14] Ebd. 9.
[15] Ebd. 22.
[16] Ebd. 25, 34.
[17] *Allgemeine Philosophie*, 10f.
[18] Ebd. 168f.
[19] Z. B. bei J. de Vries und L. Fuetscher. Auch O. Muck (*Methodenproblem*) weist in seiner Dissertation auf die von Geyser her gewinnbare Notwendigkeit hin, Prinzipien, die Grundlage metaphysischer Gedankenführung sind, logisch rechtfertigen zu können. Von daher versucht Muck, auf eine legitime metaphysische Begründungsnotwendigkeit sämtlicher Einzelwissenschaften hinzuweisen. Der Verfasser ist O. Muck für die bereitwillige Überlassung umfangreichen Materials zu J. Geyser zu großem Dank verpflichtet.

sche Distanz zu Thomas von Aquin aufgrund einer Reihe sachlicher Differenzen ist die überwiegende Ablehnung eines Thomismus augenscheinlich.[20] Die bereits angeführte Formauffassung seiner Eidologie hat in konsequenter Fortführung zur Folge, daß das Dasein, also das »esse«, gleichsam zu einem Individuationsprinzip wird, so daß eine individuelle Identität von vornherein gegeben erscheint.[21] Geyser rückt hierbei in die Nähe zur »haecceitas« des Scotus.[22] Eine heikle Angelegenheit ist die etwa von Rucker[23] behauptete Univozität des Seins, wobei sich der Autor auf die Vorlesungstätigkeit Geysers stützt. Zweifellos ist richtig, daß sich ein Zug zu dieser Univozität im gesamten Ansatz Geysers, der derart stark auf die logische Begründbarkeit jeder metaphysischen Aussage abzielt, zumindest nahelegt. Tatsächlich bleiben Geysers Ausführungen zur Analogie sowie zu den »distinctiones« jedenfalls vage und erwecken den Eindruck, daß ein »esse commune« Gott und Schöpfung überspannt. »Also muß uns ein allgemeiner Sinn des Ausdrucks ens bekannt sein, der von Gott nicht bloß analog, sondern eigentlich gilt, wenn anders uns auch nur irgendeine Erkenntnis Gottes möglich sein soll.«[24] Dies muß auch dann mit Deutlichkeit ausgesprochen werden, wenn Geyser die Personalität Gottes unbedingt zu bewahren trachtet.[25] Die bereits angeführte spezielle Materie-Form-Deutung läßt Geyser konsequent in eine rein gegenständlich verstandene, ja schon an konkret Materielles heranreichende Substanzauffassung gelangen,[26] wobei sowohl der Stellenwert des substantiellen Seins als auch die organische Gestalt der Individuation beim Aquinaten als bloß begriffliche Leistung völlig mißverstanden wird.

Neben diesen sehr ins Konkrete weisenden Problemfeldern scheinen jedoch grundsätzliche Überlegungen angebracht: Wir kommen wieder auf die eingangs zitierte Textstelle zurück, wenn wir festhalten können, daß Geyser in eine weitreichende Vergegenständlichungstendenz seines gesamten Ansatzes verfällt. Die Logik wird neben methodologischen Überlegungen offenbar der Garant, allzu gewagte Auswüchse des menschlichen Geistes mit ihren schmerzlich empfundenen vermeintlichen Folgen hintanzuhalten. Bereits seine Seelenlehre, wo er sich in eine so bedeutende antik-mittelalterliche Diskussionsreihe stellt, bietet neben zur Zeit unseres Autors modern anmutenden mechanistisch-vitalistischen Anschauungen bloß die Beschreibung eines rationalen Habitus des erkennenden Subjekts. Von der nobilitierenden Funktion des Personalen bei Thomas von Aquin ist hier keine Rede mehr, und die Herausforderung der aristotelischen Seelenlehre, die den ontischen Grundbestand gegenüber der Aufhebung in einen mathematisch relationalen Funktionalismus bei Platon verteidigt, ist für Geyser nicht einmal mehr zugänglich. So ist seine Platon- und Aristoteles-Deutung überhaupt fragwürdig, inhaltlich schlägt er sich in dieser so zentralen Frage eindeutig auf die

---

[20] Nur J. M. Bochenski hält an dieser Meinung fest.
[21] *Allgemeine Philosophie*, 22.
[22] Z. B. *Hauptprobleme*, 66.
[23] P. Rucker: *J. Geyser*, 1.
[24] *Hauptprobleme*, 25.
[25] *Allgemeine Philosophie*, 255.
[26] Etwa ebd. 443ff., 454.

Seite Platons.[27] Das beinhaltet auch, daß Geyser das zentrale ontisch-ontologische Anliegen des Aristoteles nur teilweise akzeptiert und dessen formal-logisches Instrumentarium von dem damit integrativ verbundenen Inhalt abkoppelt.[28] Es kann daher nicht überraschen, wenn Geyser mit der Handhabung des Allgemeinen und mit der Universalienfrage bei Aristoteles im besonderen große Probleme hat.[29] Sein in diesem Fall latenter Hang zum Nominalismus spielt etwa auch in der gegenüber der positiven Beschreibung bei Thomas überaus verkürzten Substanzauffassung eine Rolle.[30]

Die Beweislast für eine scotistische Schlagseite Geysers scheint demnach erdrückend. Dabei muß aber berücksichtigt werden, daß der von Geyser vertretene, an Husserl geschärfte Allgemeinheitsstatus der Gegenständlichkeit der Transzendentalisierung eines Francisco Suarez äußerst entgegenkommt, weshalb es bisweilen zur Apostrophierung Geysers als Suarezianer kommt.[31]

Zusammenfassend kann gesagt werden, daß das Denken Joseph Geysers zweifellos eine nicht zu unterschätzende Mahnung ausdrückt, mit der Wirklichkeit und Wahrheit Ernst zu machen und sie nicht zugunsten einer Subjektivierung, wie subtil diese auch immer beschaffen sein mag, aufzugeben. Dennoch reduziert unser Autor, indem er einen nominalistisch verkürzten Aristoteles zum methodischen (inhaltlich bevorzugt er Platon) Maßstab nimmt, einen ontologischen Ansatz, der dies alles leisten müßte, gleichsam auf eine »Klötzchenhaftigkeit«, der der innere organische Zusammenhang abgeht. Zudem zeigt Geyser dort recht schnell seine Grenze, wo die innere Dynamik seiner massiven Vergegenständlichungstendenz in eine transzendentale Formalistik umzuschlagen droht, ein Schritt, der ihn sowohl von Husserl trennte als auch in die natürliche Gegnerschaft zu jenen brachte, die Husserls frühes Anliegen in eine konservative Wesensschau ummünzten, namentlich zu Max Scheler. Geyser blieb dabei stets der nicht aus der Reserve zu lockende, auf die Unbestechlichkeit der Rationalität setzende, emotionslose Advokat, getreu seinem in der Erkenntnistheorie formulierten Wahlspruch: »Wer gut und sicher reisen will, spanne das Gemüt vor den Wagen, setze aber den Intellekt auf den Kutscherbock.«[32]

---

[27] *Gottesproblem*, 240.
[28] H. Gruss spricht von einer »genuin aristotelischen Vorgangsweise« bei Geyser (*Transzendenzerkenntnis*, 155), eine Auffassung, die hier nicht geteilt werden kann.
[29] *Allgemeine Philosophie*, 459f.
[30] Ebd. 454.
[31] So etwa auch H. Gruss. Dessen Untersuchung krankt vor allem daran, daß er als Maßstab für dieses Einordnungsproblem J. B. Lotz und J. de Vries gewählt hat.
[32] *Erkenntnistheorie*, 92.

BIBLIOGRAPHIE

1. *Werke*

a) Ausführlichere Verzeichnisse:
Gabel, H.: Theistische Metaphysik im Ausgleich von Idealismus und Realismus. Das Problem der natürlichen Gotteserkenntnis bei Joseph Geyser, Fri 1957, S. IX–XI (Diss. masch.).
von Rintelen, F. J. (Hg.): Philosophia perennis. Joseph Geyser zum 60. Geburtstag, 2 Bde., Rb 1930, hier Bd. II, 1199–1201.

b) Auswahl:
Über den Einfluß der Aufmerksamkeit auf die Intensität der Empfindung, Mü 1897 (Phil. Diss.).
Das philosophische *Gottesproblem* in seinen wichtigsten Auffassungen, Bo 1899.
Lehrbuch der allgemeinen Psychologie, Mr 1908 (Neuauflagen 1912 und 1920).
Grundlagen der Logik und Erkenntnislehre, Mr 1909.
Die *Seele*, Lei 1914.
Allgemeine Philosophie des Seins und der Natur, Mr 1915.
Grundlegung der Logik und Erkenntnistheorie in positiver und kritischer Darstellung, Mr 1919.
Eidologie oder Philosophie als Formerkenntnis, Fri 1920.
Die Erkenntnistheorie des Aristoteles, Mr 1922.
Erkenntnistheorie, Mr 1922.
Einige *Hauptprobleme* der Metaphysik, Fri 1923.
Auf dem Kampffeld der Logik, Fri 1926.
Das Gesetz der Ursache, Mr 1933.

2. *Literatur*

Gabel, H.: Theistische Metaphysik, a.a.O. 1. a).
Gruss, H.: *Transzendenzerkenntnis* im phänomenologischen Ansatz. Zur methodischen Neubegründung theistischer Weltsicht, Pa 1980.
Muck, O.: Das *Methodenproblem* der Metaphysik unter besonderer Berücksichtigung J. Geysers, W 1951 (Diss. masch.).
von Rintelen, F. J. (Hg.): *Philosophia perennis*, a.a.O. 1. a).
–: Joseph Geyser zum Gedächtnis, in: PhJ 58 (1948) 307–311.
Röösli, J.: Das Prinzip der Ursache und des Grundes bei J. Geyser, Fri 1940.
Rucker, P.: *J. Geysers* philosophische Persönlichkeit, in: FrS 33 (1951) 1–22.

BERNHARD BRAUN

Hans Meyer (1884–1966)

Hans Meyer wurde am 18. Dezember 1884 in Etzenbach in Niederbayern geboren. Schon während seiner Gymnasialzeit am Neuen Gymnasium in Regensburg hatte er Gelegenheit, sich mit den antiken Klassikern vertraut zu machen. Dort maturierte er im Juli 1903 und begann sein Hochschulstudium. Nach zwei Semestern verließ er die Regensburger Hochschule und setzte sein Studium zunächst für ein Semester in Freiburg und später in München fort. Schon nach weiteren drei Semestern promovierte er hier am 2. Juli 1906 mit der Dissertation *Die Naturphilosophie Robert Boyles. Mit besonderer Berücksichtigung von Gassendi und seiner Polemik gegen die Scholastik*. Die Anregung zu diesem Thema verdankte Meyer seinem Lehrer, dem späteren Reichskanzler Georg Graf von Hertling (1843–1919). Nach der Ableistung seines Militärdienstes kehrte Meyer ein Jahr später wieder an die Universität München zurück und habilitierte sich dort 1909 bei Hertling mit der Arbeit *Der Entwicklungsgedanke bei Aristoteles*.

Schon in diesem Werk lassen sich sein späteres Forschungsgebiet und seine methodische Zielsetzung erkennen, nämlich eine sorgfältige Analyse philosophischer Texte unter besonderer Berücksichtigung der historischen Quellen. Das Interesse an geistiger Synopsis mit einer ausgeprägten Vorliebe für das Detail kennzeichnet seine ganze wissenschaftliche Vorgangsweise. Mehr synthetisch als kritisch, mehr konstruktiv als dialektisch blieb es Meyer allerdings verwehrt, eine eigenständige Denkrichtung zu errichten. Umso wertvoller sind seine Einzelforschungen in den verschiedensten Bereichen der Geschichte der Philosophie: Seine Interpretation der antiken Quellen, von Thomas von Aquin und auch der neueren Philosophie bemüht sich stets um eine unverfälschte Darstellung der ursprünglichen historisch angemessenen Intention des Autors.

Auch in seinem nächsten größeren Werk, der *Geschichte der Lehre von den Keimkräften von der Stoa bis zum Ausgang der Patristik*, beschäftigt sich Meyer, angeregt durch seine Habilitationsschrift, mit der Begriffsgeschichte des Entwicklungsgedankens. Anlaß dazu gab ihm vor allem Augustinus, der diesen Gedanken im Zusammenhang mit der Lehre von den Keimkräften behandelte.

1915 wurde Meyer apl. Professor an der Universität München. Nach dem Ende des Ersten Weltkriegs (1919) veröffentlichte er zwei Werke, welche die in seiner Habilitation begonnenen Forschungen über Aristoteles fortführen: *Natur und Kunst bei Aristoteles. Ableitung und Bestimmung der Ursächlichkeitsfaktoren,* und als zweite Schrift eine vergleichende Gegenüberstellung platonischen und aristotelischen Gedankenguts: *Platon und die aristotelische Ethik.* Am 1. Januar 1922 erhielt Meyer einen Ruf als ordentlicher Professor für Philosophie und Pädagogik an die Universität Würzburg. An dieser Universität entfaltete er seine eigentliche Lehr- und Forschungstätigkeit: Seine Konkordatsprofessur fand nicht nur Zuhörer unter einem großen Teil des Klerus der Diözese, sondern gleichermaßen unter vielen bayrischen Philologen und sonstigen philosophisch Interessierten. Er hielt auch als erster an bayrischen Universitäten Vorlesungen über Nietzsche. Gleich zu Beginn seiner Lehrtätigkeit erschien seine *Geschichte der alten Philosophie* (1925). In der gleichen Zeit begründete er die Sammelreihe *Forschungen zur Philosophie und ihrer Geschichte.*

Seine kritische Haltung gegenüber dem Hitlerfaschismus brachte ihn während der Zeit des Nationalsozialismus sowohl als Person als auch als Inhaber eines Konkordatslehrstuhls in manche Bedrängnis. Nach dem Krieg versuchte er in der Abhandlung *Christliche Philosophie. Mit einem Nachwort: Der Sinn der Konkordatsprofessuren* (München 1952) die Bedeutung der christlichen Glaubenslehre für das philosophische Denken herauszuarbeiten.

Obwohl ihn ein Ruf an die deutsche Universität Prag Ende der zwanziger Jahre erreicht hatte, blieb er der Universität Würzburg bis zu seiner Emeritierung im Jahre 1955 treu und setzte dort sogar später noch seine Lehrtätigkeit fort. Er starb am 30. April 1966 in Frontenhausen in Niederbayern.

Von den vielen philosophiegeschichtlichen Handbüchern, systematischen Nachschlagewerken und historischen Darstellungen einzelner Persönlichkeiten fallen im besonderen drei größere Werke auf:

Die erste Arbeit datiert aus dem Jahre 1939 und behandelt Thomas von Aquin aus systematischer und geistesgeschichtlicher Sicht: *Thomas von Aquin. Sein System und seine geistesgeschichtliche Stellung.* Diesem umfangreichen, mehr als 600 Seiten umfassenden Werk gehen zwei kleinere Schriften über Thomas voraus. Während die erste Schrift sich mit der Wissenschaftslehre des Aquinaten auseinandersetzt, handelt die zweite von der aristotelischen Gotteslehre aus thomanischer Sicht. Auch in seinem großen Thomas-Buch, von dem eine Übersetzung in englischer Sprache vorliegt, fragt Meyer zunächst nach dem geistesgeschichtlichen Nährboden, den Thomas zu seiner Zeit vorfand. Erst im zweiten Teil beginnt dann die eigentliche systematische Darlegung. Sie gliedert sich in vier Abschnitte: Der erste Abschnitt behandelt »die Struktur des Einzeldings«. Er enthält die Grundthemen jeder Ontologie: die Unterscheidung von Materie und Form, Potenz und Akt, Wesenheit und Dasein, Substanz und Akzidentien sowie die Transzendentalienlehre und die Lehre von der Seinsanalogie.

Eine Einschätzung der vorliegenden Thomas-Deutung findet daher ausreichendes Material gerade in diesem Kapitel. Besonders kritisch äußert sich Meyer gegenüber den folgenden zwei Aspekten der orthodoxen Lehre des Aquinaten: gegenüber der realen Unterscheidung von Wesenheit und Dasein und gegenüber der »materia quantitate signata« als Individuationsprinzip. Die für Thomas bedeutsame Unterscheidung von Wesenheit und Dasein im Sinne einer Realdistinktion hält er hingegen im Hinblick auf den Kernpunkt der christlichen Philosophie für belanglos.[1] Durch die starke Bindung des Seinsbegriffs an die aristotelische Form könne ein realer Unterschied strenggenommen nicht angenommen werden. Im übrigen teilt er nicht die Auffassung der Thomisten, daß ohne einen realen Unterschied nicht mehr von dem Geschaffensein der kontingenten Dinge gesprochen werden könne.[2] Eine gleichermaßen kritische Distanz bewahrt er zur »materia quantitate signata« als Individuationsprinzip. Denn gerade die Tatsache, daß die »Materie«, also das im Vergleich zur allgemeineren »Form« Niedrigere, die Individuation leiste, beweise auch bei Thomas die Vorrangstellung des Allgemeinen gegenüber dem Individuellen.[3] Erst bei Scotus habe sich dann eine Höherschätzung des Individuellen angebahnt.[4] Selbst vom Standpunkt einer immanenten Kritik aus betrachtet könne die Materie nicht die Individuation leisten.[5] Denn wie soll etwas völlig Unbestimmtes dazu in der Lage sein, eine allgemeine Spezies näher zu bestimmen? Wird die Materie zusätzlich mit Quantität, mit dreidimensionaler Ausdehnung ausgestattet, so erhebt sich die Frage, inwieweit hier nicht ein Wesenszug der Form als Beschreibungsmerkmal für die Materie ausgegeben wird. Die von Thomas als ursprünglicher Ausweg aus diesem Dilemma gedachte Lehre von den »unbestimmten Dimensionen« habe er später in der Schrift *De natura materiae et dimensionibus interminatis* selbst aufgegeben.[6]

Aus den genannten Gründen pflichtet Meyer solchen Überlegungen bei, die für die Individuation des Einzeldings eine besondere Individualform in Anspruch nehmen, welche etwas anderes ist als eine spezifische Wesensform, individuiert durch die Materie. Er denkt in diesem Zusammenhang in erster Linie an die »haecceitas« von Scotus und des weiteren an Suarez, der im Gefolge dieses Ansatzes jede aktuelle Verschiedenheit von Spezies und Individualfaktor ablehnt.[7]

In den weiteren Abschnitten seines Thomaswerkes behandelt er das Stufenreich der Seinsformen auf allen Gebieten, beginnend mit den Körperdingen bis zu Gott als Vollendung des Seins, sodann das Entstehen und Vergehen der Dinge. Im letzten Abschnitt findet sich eine breite Diskussion des Ordnungsgedankens, der weit über Thomas hinausführt. Welche Bedeutung Meyer dem platonischen Eros für eine Schöpfungstheologie beimißt, fällt im dritten Abschnitt auf: Platon schreibe seinem Gott auch die Attribute der Liebe und Güte zu und stehe daher dem christlichen Schöpfungsgedanken näher als Aristoteles.[8]

---

[1] *Thomas*, 115.
[2] *Thomas*, 112.
[3] *Thomas*, 40; *Einleitung*, 46.
[4] *Einleitung*, 46.
[5] *Thomas*, 88.
[6] *Thomas*, 86.
[7] *Thomas*, 99f.
[8] Vgl. dazu auch *Interpret*; *Thomas*, 299.

Eine besonders breite Wirksamkeit fand Meyers *Geschichte der abendländischen Weltanschauung*. Dieses fünfbändige Werk ist die Frucht seiner langjährigen Bemühungen um nahezu alle geistesgeschichtlich relevanten Epochen. Nach Alois Dempf handelt es sich hier um das »Sammelwerk der philosophiegeschichtlichen Forschung des späten 19. und 20. Jahrhunderts«.[9] Unverkennbar sei der Einfluß von Hertling und Baeumker, Denifle und Grabmann, Geyser und Koch.

Der erste Band bringt das griechische Denken auf die Formel: Die Weltanschauung des Altertums. Die Untersuchung nimmt ihren Ausgang von der religiösen und dichterischen Vorstellungswelt bei Homer und Hesiod. Kernstück des Werkes ist die umfangreiche Darstellung von Aristoteles. Der zweite Band behandelt sodann die Zeitspanne vom Urchristentum bis zu Augustinus. Er gliedert sich in die sieben Grundprobleme der Patristik: Wissen und Glauben, Gott und sein Verhältnis zur Welt, das Menschenbild, der erkennende und handelnde Mensch sowie die Rangordnung der Güter und der Mensch in der Geschichte. Im dritten Band wird weiters die gesamte Scholastik dargestellt. Von besonderer Beachtung ist hier seine Thomasdarstellung. Sie ist eine Kurzfassung seines oben erwähnten Thomaswerkes. Der vierte Band beschreibt die Zeit von der Renaissance bis zum Deutschen Idealismus, der fünfte und letzte ist schließlich der Weltanschauung der Gegenwart gewidmet.

Insbesondere im letzten Band zeigt sich der stark kompilatorische Zug im Denken Meyers. Deutlich ist das Bemühen des Autors erkennbar, auch neuzeitliche Richtungen und Wissensbestrebungen auf den Boden der »philosophia perennis« zu stellen.

Als große systematische Synthese hinterließ er die kurz vor seiner Emeritierung begonnene *Systematische Philosophie*. Auch dieses vierbändige Werk verrät die Vorliebe des Philosophen für die einzelwissenschaftliche Forschung: Kommen im ersten Band, der »allgemeinen Wissenschaftstheorie und Erkenntnislehre«, weite Teile der modernen Logik, der theoretischen Physik und hermeneutische Methodenfragen zur Sprache, so enthält der zweite Band »Grundprobleme der Metaphysik« im zweiten Abschnitt (»regionale Metaphysik«) wiederum eine ausführliche Auseinandersetzung mit verschiedenen modernen Strömungen.

Wie stark Metaphysik sich an den Forschungsergebnissen der positiven Einzelwissenschaften orientieren müsse, formuliert Meyer in der Abhandlung *Metaphysik als Wissenschaft*: »Metaphysik ist gewiß Wissenschaft vom Letzten. Aber wer die Erkenntnis an das Letzte ansetzen will, muß zuerst das Vorletzte kennen, überhaupt die Leiter gut induktiv verankern. Wie soll denn das Letzte, vor allem der letzte Weltgrund anders erfaßt werden können als durch Rückschluß aus den empirisch erschauten Wirkungen.«[10] Dieses Diktum schwächt er allerdings in seiner Systematik dann ab: Eine Ontologia generalis lasse sich nämlich nicht nur aus den Regionalontologien ableiten.[11] Die induktive Metaphysik, die auf die

---

[9] A. Dempf: *Meyer*, 243.
[10] *Metaphysik*, 1071.
[11] *Systematische Philosophie*, Bd. II, 10.

Ordnung, Sammlung und ausgleichende Ergänzung der einzelwissenschaftlichen Ergebnisse abziele, könne nicht von sich aus eine Metaphysik begründen.[12] Trotz dieser Einschränkung unterlag Meyer nie der Versuchung, einen philosophischen Text gegen dessen ureigenste Sinnintention in das starre Schema einer bestimmten Auslegerichtung einzuordnen. Diese Methode erschwert aber eine Gesamteinschätzung, denn die Fülle der Einzelforschungen läßt nicht immer erkennen, welchen Standpunkt der Autor bezieht.

BIBLIOGRAPHIE

1. *Werke*

a) Vollständige Bibliographie bis 1955:
Dempf, A.: Hans Meyers abendländische Geistesgeschichte, in: PhJ 63 (1954) 243–247, hier 246f.

b) Auswahl:
Die Naturphilosophie Robert Boyles. Mit besonderer Berücksichtigung seiner Abhängigkeit von Gassendi und seiner Polemik gegen die Scholastik, in: PhJ 20 (1907) 63–84, 178–201.
Der Entwicklungsbegriff und seine Anwendung, in: Vereinsschrift der Görres-Gesellschaft, Bd. II, Kö 1908, 51–80.
Der Entwicklungsgedanke bei Aristoteles, Bo 1909.
Zur Psychologie der Gegenwart, in: Vereinsschrift der Görres-Gesellschaft, Bd. I, Kö 1909, 1–104.
Jüdisch-alexandrinische Religionsphilosophie und christliche Väterspekulation. Zwei analoge Erscheinungen, in: Abhandlungen aus dem Gebiet der Philosophie und ihrer Geschichte. FS Georg von Hertling, Fr 1913, 211–235.
Geschichte der Lehre von den Keimkräften von der Stoa bis zum Ausgang der Patristik, Bo 1914.
Natur und Kunst bei Aristoteles. Ableitung und Bestimmung der Ursächlichkeitsfaktoren, in: Studien zur Geschichte und Kultur des Altertums 10 (1919) Heft 2.
Platon und die aristotelische Ethik, Mü 1919.
Platon über Demokratie, in: W. Schellberg (Hg.): FS Sebastian Merkle, Dü 1922, 208–216.
Zur Lehre der ewigen Wiederkunft aller Dinge, in: A. M. Koeniger (Hg.): Beiträge zur Geschichte des christlichen Altertums und der byzantinischen Literatur. FS A. Eberhard, Bo 1922, 359–380.
Forschungen zur Philosophie und ihrer Geschichte (Hg.), 10 Bde., Hl/Wü 1924–1938.
Geschichte der alten Philosophie, Mü 1925.
Metaphysik als Wissenschaft, in: Philosophia perennis. FS J. Geyser, Bd. 1, Rb 1930, 1065–1071.
Die Wissenschaftslehre des Thomas von Aquin, Fulda 1934.
Thomas von Aquin als *Interpret* der aristotelischen Gotteslehre, in: A. Lang u. a. (Hg.): Aus der Geisteswelt des Mittelalters. FS M. Grabmann, Mr 1935, 682–687.
Thomas von Aquin. Sein System und seine geistesgeschichtliche Stellung, Bo 1938.
The philosophy of St. Thomas Aquinas, engl. F. Eckhoff, St. Louis Mo./Lo 1946.
Geschichte der abendländischen Weltanschauung, 5 Bde., Pa/Wü 1947–1949: Bd. I: Die Weltanschauung des Altertums, 1947 (²1953); Bd. II: Vom Urchristentum bis zu Augustinus, 1947 (²1952); Bd. III: Die Weltanschauung des Mittelalters, 1948 (²1952); Bd. IV: Von der Renaissance bis zum Deutschen Idealismus, 1950; Bd. V: Die Weltanschauung der Gegenwart, Wü 1949.
Nicolai Hartmann, in: Hochl. 43 (1950/51) 307–311.
Christliche Philosophie? Mit einem Nachwort: Der Sinn der Konkordatsprofessuren, Mü 1952.
Systematische Philosophie, 4 Bde., Pa 1955–1969: Bd. I: Allgemeine Wissenschaftstheorie und Erkenntnislehre, 1955; Bd. II: Grundprobleme der Metaphysik, 1958; Bd. III: Sittlichkeit, Recht und Staat, 1960; Bd. IV (bearbeitet von V. Rüfner): Psychologie, 1969.

---

[12] Ebd. 22.

Einleitung in die Philosophie (^{1}1953), Pa ^{2}1962.
Martin Heidegger und Thomas von Aquin, Pa 1964.

2. *Literatur*

Dempf, A.: Hans *Meyer*s abendländische Geistesgeschichte, a.a.O. 1. a).
Rüfner, V.: Hans Meyer zum Gedächtnis, in: PhJ 74 (1966/67) 231–233.

KARL LEIDLMAIR

Theodor Steinbüchel (1888–1949)

Das Hauptanliegen des Philosophen, Theologen, Soziologen, Historikers und Schriftstellers Theodor Steinbüchel war der Mensch: »Eben diese Kräfte im Menschen herauszustellen, seiner Ganzheit und Freiheit, seinem Leib und seinem Geist, seinem wirklichen Verhältnis zu Schöpfer und Schöpfung, zur Natur und Kultur, zu Geschichte und Gemeinschaft, zu Tradition und Gegenwartssituation, zum Du des Anderen und zum eigenen Selbst gerecht zu werden«[1] – diesem Ziel galt sein Wirken in der Wissenschaft und im privaten Leben. »Am Anfang und im Mittelpunkt des Philosophierens von Theodor Steinbüchel steht die Frage nach dem Sein des Menschen«, meint auch Th. Balle in seinem Buch *Dialogische Existenz*.[2]

Anthropologie betrieb Steinbüchel jedoch nicht für sich selbst, sondern stets im Hinblick auf die Geschichte. Im »Rückgriff auf die Geschichte der Probleme«[3] liegt nach M. Reding das eigentlich Auszeichnende seines Ansatzes. In der Geschichte sah Steinbüchel nämlich immer zweierlei: »Schicksalhaft überkommene Tradition und freie Gestaltung dieser Tradition durch den Menschen, der zugleich in ihr steht und sich in seiner Entscheidung und Gestaltungsmacht in dem Sinne über sie erhebt, daß er sie aufgreift und ihr eine geprägte Form gibt, in der erst sie sich weiterbildet.«[4] Will daher der Mensch sich selbst verstehen – und dies ist die Aufgabe der Anthropologie –, dann kann er dies nur dort tun, wo er sich selbst findet: in der Geschichte. Aus ihr gewinnt er auch das Verständnis seiner jeweiligen geschichtlichen Situation und Gegenwart, in der er zu entscheiden hat.

Was im großen für die Menschheitsgeschichte gilt, das gilt ebenso für jeden einzelnen Menschen. Daher ist das Leben Steinbüchels nicht nur aus biographi-

---

[1] Vgl. Th. Steinbuchel: *Grundlegung*, Bd. I, 43.
[2] *Existenz*, 1.
[3] M. Reding: *Steinbüchel*, 988.
[4] Th. Steinbüchel: *Mittelalter*, 14.

schen Gründen interessant. Steinbüchel selbst war ein Suchender, der eine Antwort auf die Frage nach dem Sinn seines eigenen Menschseins in seiner Zeit erhalten wollte.

Theodor Martin Wilhelm Steinbüchel,[5] Sohn des Kaufmanns Martin Steinbüchel und der Mutter Elisabeth, geb. Kierspel, wurde am 15. Juni 1888 in Köln geboren. Sein Studium der Philosophie, Theologie und Nationalökonomie begann er nach dem Abitur (1908 am Kölner Marzellen-Gymnasium) in Bonn. 1910 setzte er es in Straßburg fort,[6] wo er bereits 1911[7] bei Clemens Baeumker mit der Arbeit *Der Zweckgedanke in der Philosophie des Thomas von Aquin* promoviert wurde. Wieder nach Bonn zurückgekehrt, trat er 1912[8] ins Priesterseminar ein. Seine Weihe zum Priester erfolgte am 10. August 1913. Sechs Jahre später[9] erwarb er in Bonn das Doktorat der Theologie mit der Arbeit *Der Sozialismus als sittliche Idee. Ein Beitrag zur christlichen Sozialethik* bei Fritz Tillmann. Zur Habilitation in Moraltheologie kam es 1922.[10] Titel der Habilitationsschrift war: *Die Wirtschaft in ihrem Verhältnis zum sittlichen Wert. Ein Beitrag zur christlichen Werttheorie vom Standpunkt christlicher Ethik*. Seit seiner Priesterweihe war Steinbüchel gleichzeitig als Seelsorger[11] und Religionslehrer im rheinisch-westfälischen Industriegebiet tätig. Erst 1920 wurde er Repetent am Bonner Collegium Albertinum.

1922 setzte jedoch seine universitäre Laufbahn ein: Lehrte er zunächst als Privatdozent in Bonn und (ab 1924) in Frankfurt,[12] so erhielt er schon 1923 eine außerplanmäßig besoldete Assistentenstelle am katholisch-theologischen Seminar der Bonner Universität und am 1. April 1926 bereits eine Berufung zum außerordentlichen Professor an die Universität Gießen. Hier in Gießen unterrichtete er bis 1935 Philosophie für katholische Theologen. In diese Zeit fällt die Veröffentlichung seines Buches *Das Grundproblem der Hegelschen Philosophie* (Bonn 1933).[13] Durch die politischen Umstände hervorgerufen, legte sich im November 1935 ein Wechsel an die theologische Fakultät der Universität München nahe. Steinbüchel lehrte hier Moraltheologie. Nach der Schließung dieser Fakultät wurde er vom Sommersemester 1939 an beurlaubt. Ein Jahr zuvor hatte er noch sein Werk *Die philosophische Grundlegung der katholischen Sittenlehre* abgeschlossen. 1941 übertrug man ihm die Vertretung des durch Emeritierung freigewordenen Schilling-Lehrstuhls für Moraltheologie in Tübingen. Eine ordentliche

---

[5] Die biographischen Angaben von Th. Steinbüchel wurden dem Universitätsarchiv Tübingen entnommen.
[6] Vgl. H. Meinhardt: *Steinbüchel*, 930.
[7] Vgl. M. Müller: *Werk*, 459; er gibt 1912 als Jahr der Promotion an.
[8] H. Meinhardt: *Steinbüchel*, 930.
[9] A. Horn: *Gedächtnis*, 76, und M. Müller: *Werk*, 459, geben unterschiedliche Jahreszahlen für die Dissertation an.
[10] Vgl. A. Horn: *Gedächtnis*, 76; M. Müller: *Werk*, 459.
[11] Steinbüchel war Kaplan in Düsseldorf (1913–1915) und Oberkassel (1915–1920).
[12] F. Arnold: *Gedächtnis*, 7; A. Horn: *Gedächtnis*, 76; persönlicher Briefwechsel mit Alfons Auer; die von diesen Autoren erwähnte Dozentur in Frankfurt findet im Archivbericht aus Tübingen keine Erwähnung.
[13] Vgl. H. Meinhardt: *Steinbüchel*, 930–938. Meinhardt berichtet genauer über die Gießener Zeit.

Professur wurde daraus erst zu Kriegsende am 1. September 1945.[14] Der Tradition der katholischen Fakultät in Tübingen entsprechend, betrieb Steinbüchel sein Fach nach dem Vorbild der »Tübinger Theologenschule«.[15] 1946–1948 bekleidete er das Amt des Rektors der Universität Tübingen. Zugleich setzte er sich aber intensiv mit dem Existentialismus auseinander. Seine Werke über Nietzsche und Dostojewskij zeugen davon. Unerwartet schnell starb er am 11. Februar 1949.[16]

Steinbüchels Publikationen, die sehr zahlreich sind und ihren Bogen von Thomas von Aquin über Kant und Hegel bis zur modernen Existenzphilosophie spannen, stellen uns in erster Linie einen Historiker vor. Doch dabei bleibt es nicht, denn Steinbüchel ist überzeugt davon, daß die Geschichte einen großen Zusammenhang von Ursachen darstellt. Vergangenheit und Gegenwart werden daher vor allem mit Hilfe einer Ursachenerkenntnis erfaßt. Die Ursachenerkenntnis gestattet es sogar, die Zukunft in engen Grenzen zu erahnen.[17] Führt nun aber jemand ein solches Erkennen von Ursachen durch, dann spricht er – mag er hier religiöse Gesichtspunkte einbringen[18] oder nicht – immer auch den Menschen in seiner Gegenwart an und wendet sich damit an »unsere Verantwortung uns selbst und unserer Zeit gegenüber, darin wir stehen«.[19] So gesehen kann Steinbüchel seine Tätigkeit als Historiker folgendermaßen begründen: »Und so ist der Grund, warum ich historisch denke und empfinde, die Verantwortlichkeit des Selbst in der Zeit für das Selbst und in der Zeit.«[20] Der Historiker Steinbüchel wird in dieser Perspektive zu einem Denker, der den Menschen seiner Zeit helfen will, ihr Menschsein gegenüber der spezifischen Herausforderung des 20. Jahrhunderts zu bestehen.

Worin besteht nun diese spezifische Herausforderung, die Steinbüchel zu diagnostizieren und zu bewältigen versucht?[21] Sie besteht in der Krisis des menschlichen Selbstverständnisses überhaupt. Diese begann für Steinbüchel mit der Infragestellung des Christentums in der späten Neuzeit. Denn »mit der Krisis des Christentums im Bewußtsein des Menschen des 19. Jahrhunderts gerät eine ganze historische Kulturwelt in die Krisis, weil ihr seelisches Fundament, eben die Christlichkeit des europäischen Menschen, ins Wanken geraten ist«.[22] In dem Moment, in dem die Aufklärung einen Prozeß einleitete, der bei Schopenhauer, Marx und Nietzsche gipfelte und aus der Theologie Anthropologie machte bzw. alle Religion zu einer menschlichen »Wunsch- und Sehnsuchtsfunktion«[23]

---

[14] Steinbüchels Ernennung zum Ordinarius für Moraltheologie wurde sowohl von der Fakultät als auch von der bayrischen Landesverwaltung nachdrücklich gefordert. Dies geht aus dem Archivbericht hervor.
[15] Vgl. F. Arnold: *Gedächtnis*, 10; M. Müller: *Werk*, 460f.
[16] Die Todesursache wird von der Sekundärliteratur unterschiedlich angegeben.
[17] *Zerfall*, 1
[18] Ebd. 2–5.
[19] Ebd. 3.
[20] Ebd. 4
[21] Vgl. Th. Balle: *Existenz*, 3.
[22] *Zerfall*, 18.
[23] Ebd. 30, siehe auch 16–33.

erklärte, verlor der abendländische Mensch seine Identität. Deshalb liegt nach Steinbüchel die Aufgabe einer christlichen Philosophie darin, dem modernen Menschen seine Identität zurückzugeben.

»Damit sind die Antriebe für die Philosophie Theodor Steinbüchels genannt. Es ist einmal das ... Interesse am Sein des Menschen selbst. Es ist zweitens die Frage nach den in der Gegenwart noch wirksamen Ursachen des Zerfalls des christlichen Ethos. Und es ist drittens der Versuch einer Überwindung der Krisis der Zeit und des Menschen durch ein neues gläubiges Seins- und Menschenverständnis, durch ein neues Ethos christlicher Humanitas.«[24]

Die Säkularisierung, das charakteristische Anzeichen der Krisis, bricht für Steinbüchel im 18. und 19. Jahrhundert durch. Deshalb wendet er sich dieser Zeit und dem Schicksal des Menschenbildes innerhalb derselben besonders zu. Dabei weiß er freilich, daß bereits das Mittelalter[25] für die Säkularisierung Grundsteine gelegt hat. Am Beispiel Herders und Kants illustriert er z. B. die verheerenden Folgen eines falsch begriffenen »Ordo«-Prinzips. Völlig offenbar werden die Folgen der Neuzeit jedoch bei Hegel, mit dem sich Steinbüchel ausführlich beschäftigt.[26] Dessen Verhältnisbestimmung von Allgemeinem und Besonderem münzt er auf das Verhältnis von Gott und Mensch um und kommt dadurch zu dem Schluß: »Bei Hegel gibt es kein Drama der Geschichte mehr, das vor Gott sich abspielt, keine Freiheit Gottes mehr, die in das Geschehen als die Macht des immer zu seiner Schöpfung kommenden Gottes eingreifen könnte, keinen Gott mehr der ›letzten‹ und anderen Dinge. Der Hegelsche Gott tut alles und im letzten Grund alles allein.«[27] Mit Gott wird auch der Mensch um seine Eigenständigkeit und Konkretheit gebracht.

Kein Wunder, daß Steinbüchel der Hegelkritik der Nach-Hegelianer einiges abgewinnt. So lobt er etwa an den »Sätzen des neuen Evangeliums von Karl Marx«,[28] daß darin der konkret existierende geschichtliche Mensch gegenüber der »Idee« und »Gattung Mensch« ernst genommen wird. Der Aufsatz *Karl Marx. Gestalt – Werk – Ethos*[29] würdigt sogar das Eintreten für die leidvolle Wirklichkeit der Arbeiterklasse und den Glauben an die Realisierbarkeit der menschlichen Personalität als das »bleibend Bedeutsame des Marxismus«.[30] Allerdings lehnt Steinbüchel von vornherein die marxistische Vereinnahmung des Individuums durch die Geschichte und das Kollektiv ab. »Materialistische Geschichtsauffassung heißt ökonomische soziologische Geschichtstheorie.«[31] Diese steht Steinbüchels Bild einer gesellschaftlichen Einheit, die ihre Einzelglieder solidarisch verpflichtet,[32] radikal entgegen. Nur dort, wo die Individualität

---

[24] Th. Balle: *Existenz*, 5f.
[25] Ebd. 6–9.
[26] *Grundproblem*.
[27] *Mystik und Idealismus – Meister Eckhart und Hegel*, in: Universitas 12 (1947) 1421.
[28] *Zerfall*, 28.
[29] *Karl Marx. Gestalt – Werk – Ethos*, in: *Sozialismus*, 1–35.
[30] Ebd. 34.
[31] Ebd. 13.
[32] Vgl. H. J. Schmitt: *Sozialethiker*, 268.

des Menschen garantiert ist, hat auch eine Gesellschaft ihre Berechtigung. Im Marxismus ist dies nicht der Fall. Wohl aber ist es in einer christlich inspirierten Gesellschaftsordnung gegeben. In diesem Sinne schreibt Steinbüchel: »Daher wird auch die Sozialidee ihre Orientierung am Offenbarungsinhalt suchen müssen.«[33] In diese Perspektive paßt erwartungsgemäß das Denken Kierkegaards. Dessen »Rettung des ›Einzelnen‹ aus seinem Herabsinken zum Moment des Allgemeinen des überpersönlichen göttlichen Weltprozesses«[34] und dazu dessen radikaler christlicher Glaube sind Anliegen, die Steinbüchel aus der Seele sprechen. Im Glauben an den persönlichen transzendenten Gott der Offenbarung ist auch für ihn der Mensch der Einzelne. Allerdings erkennt Steinbüchel die Einseitigkeit Kierkegaards: die Vernachlässigung der Ich-Du-Beziehung. Erst durch diese Beziehung gewinnt der Mensch sein richtiges Verhältnis zu sich selbst: »Durch dieses Du ist das Ich in seiner Verfügungsmacht über sich selbst eingeengt, aber zugleich aus dem Monolog mit sich zu einem dialogischen Verhalten aufgerufen.«[35]

Steinbüchel stößt in dieser Frage auf Ferdinand Ebner, dessen Bedeutung er wohl als einer der ersten katholischen Philosophen erkennt und in seine Arbeit integriert. Ebners dialogischer Pluralismus erscheint ihm geradezu als »Umbruch«[36] in der Existentialphilosophie: »Es ist die große und heute wirksam werdende Tat Ferdinand Ebners, auf diesen Bezug von Ich und Du und auf die Liebe als das schöpferische Prinzip hingewiesen zu haben.«[37] Vom dialogischen Ansatz her wird die Personalität des Menschen erst wahrhaft in den Blick gebracht. Ihre beiden Grundbestimmungen, daß sie nämlich Selbstzweck ist und wesenhaft eine Transzendenzstruktur besitzt, kommen durch sie zum Tragen.[38]

Die tiefste Erfassung des Menschen in seiner Personalität findet Steinbüchel jedoch in der katholisch-christlichen Tradition und hier besonders in der Scholastik. Mit Hilfe ihrer Begrifflichkeit stellt er in seinem Hauptwerk *Die philosophische Grundlegung der katholischen Sittenlehre*[39] seine Anthropologie systematisch dar. Wie der Titel schon sagt, geht diese Anthropologie in die Ethik über: in die »Ethik der Person«.[40] Erneut verfährt Steinbüchel so, wie er es bezüglich des Menschenbildes getan hat: In einer intensiven Auseinandersetzung mit der Geschichte und Gegenwart versucht er den Menschen von heute, die mit dem Verfall ihres bisherigen Bildes von sich selbst fertigwerden müssen, christliche Werte zu vermitteln, die ein neues Menschsein ermöglichen sollen. Und so läßt sich seine Grundüberzeugung folgendermaßen zusammenfassen: »Die Individualität ist und hat ein ›Schicksal‹ in sich selbst, d. h. in ihrem Sein gibt sich im

---

[33] *Die katholische Sozialidee*, in: Jahrbuch (1919) 41, vgl. weiter 37–54.
[34] *Grundlegung*, Bd. 1, 238ff.
[35] Ebd. 104.
[36] *Umbruch*.
[37] *Grundlegung*, 104.
[38] Ebd. 337–350.
[39] Ebd. passim. In Steinbüchel hat die Tübinger Schule einen Moraltheologen gefunden, der es verstand, sein Fach aus der einseitigen Blickrichtung auf das »gesetzliche Werk« zu lösen.
[40] M. Müller: *Werk*, 462.

theistischen Weltbilde vom Menschen ein Sinn zur Erfüllung auf. Sie ist eine Schöpferidee Gottes, von Gott gegebenes, verantwortlich übergebenes und von ihm selbst geachtetes Sein. Im Seinsganzen erfüllt sich ihr Sinn in der Verwirklichung ihres Eigenseins und in ihrer Eingliederung in das Ganze. Dieses ist zu seiner Verwirklichung auf die Individualität ebenso angewiesen wie diese auf das Ganze, in dem sie ist, sein kann und sein soll, was sie ist: der einmalige Schöpfergedanke Gottes, den kein Allgemeines in seinem Sinn und seiner Forderung an die freie Kreatur verwischen kann und darf. Eigensein als Wert, aber Eigensein nur im Ganzen der Seinsordnung, Selbstsein im Dienst am Ganzen in das Ethos, das auf dieser ontologischen Basis sich erhebt. Es bedeutet Selbst- und Weltbejahung, Behauptung des Eigenen und Leben im Ganzen als Eigenes, Erkennen und Aufgreifen des mit der Natur Verbundenen und Gestaltung zu eigener Besonderheit. Im geschichtlich-gemeinschaftlichen Leben ist dieses Ethos der Gegensatz sowohl gegen die individualistische Entwertung der Gemeinschaft wie gegen die kollektivistische Entwürdigung der Individualität.«[41]

BIBLIOGRAPHIE

1. *Werke*

a) Vollständiges Verzeichnis:
Alcalá, M.: La Etica de Situatión y Th. Steinbüchel, Ba 1963.
Weindl, Ph. / Hofmann, R. (Hg.): Der Mensch vor Gott. Beiträge zum Verständnis der menschlichen Gottesbegegnung. FS Th. Steinbüchel, Dü 1948.

b) Auswahl:
Der Zweckgedanke in der Philosophie des Thomas von Aquino, Mr 1912.
Der Sozialismus als sittliche Idee, Dü 1921.
Immanuel Kant, Dü 1931.
Das *Grundproblem* der Hegelschen Philosophie, Bd. I, Bo 1933.
Christliches *Mittelalter*, Lei 1935.
Der *Umbruch* des Denkens. Die Frage nach der christlichen Existenz, erläutert an Ferdinand Ebners Menschendeutung ([1]1936), Rb [2]1966.
Die philosophische *Grundlegung* der katholischen Sittenlehre, 2 Bde., ([1]1938), Dü [3]1947.
Friedrich Nietzsche. Eine christliche Besinnung, St 1946.
F. M. Dostojewskij. Sein Bild vom Menschen und vom Christen, Dü 1947.
Existenzialismus und christliches Ethos, Hei 1948.
Christliche Lebenshaltung in der Krisis der Zeit und des Menschen, F 1949.
Mensch und Wirklichkeit in Philosophie und Dichtung des 20. Jahrhunderts, F 1949.
Sozialismus. Gesammelte Aufsätze zur Geistesgeschichte, Bd. I, Tü 1950.
Zerfall des christlichen Ethos im 19. Jahrhundert, F 1951.

2. *Literatur*

Alcalá, M.: La Etica..., a.a.O. 1. a.
Arnold, F.: Theodor Steinbüchel zum *Gedächtnis,* in: TThQ 129 (1949) 1–12.
A. V.: Theodor Steinbüchel zum Gedächtnis. Akademische Trauerfeier vom 15. Februar 1949 im Festsaal der Universität Tübingen, Tü 1949.

---

[41] *Grundlegung*, Bd. 1, vgl. 335f.

Balle, Th.: Dialogische *Existenz*. Gestalt und Ethos der christlichen Humanitas in der Philosophie Theodor Steinbüchels, Mü 1967.
Dirks, W.: Der Sozialismus als sittliche Idee Theodor Steinbüchels, in: Mitarbeit 7 (1956) 17–20.
Horn, A.: Theodor Steinbüchel zum *Gedächtnis,* in: Jahrbuch des Katholischen Akademiker-Verbandes (1950) 76–83.
Meinhardt, H.: Theodor *Steinbüchel,* in: Gießener Gelehrte in der ersten Hälfte des 20. Jahrhunderts, Marburg 1982.
Müller, M.: Theodor Steinbüchels wissenschaftliches *Werk,* in: Studium generale 2 (1949) 458–463.
Nielen, J. M.: Begegnungen, F 1966, 33–39.
Reding, M.: Theodor *Steinbüchel,* in: HJ 62–69 (1949) 987–989.
Reher-Baumeister, P.: Existenzialismus und Personalismus in der Philosophie Theodor Steinbüchels, Mr 1955.
Schmitt, H. J.: Theodor Steinbüchel als *Sozialethiker,* in: Neue Ordnung 3 (1949) 267–272.
Zeiger, I.: Theodor Steinbüchels nachgelassene Werke, in: StZ 150 (1952) 150–152.

ROMAN SCHEUCHENEGGER

Edith Stein (1891–1942)

BIOGRAPHIE

Edith Stein wurde 1891 in Breslau als elftes Kind einer jüdischen Familie geboren. Sie studierte ab 1911 in Breslau und seit 1913 in Göttingen Psychologie, Philosophie, Geschichte und Germanistik. 1916 promovierte sie summa cum laude bei Edmund Husserl (1859–1938) in Freiburg. 1916–1918 war sie dessen Privatassistentin. Nachdem 1919 ihr Versuch scheiterte, sich als Frau zu habilitieren, hielt sie bis 1921 Privatvorlesungen in Breslau. 1922 konvertierte sie zum Katholizismus. Danach unterrichtete sie von 1923 bis 1931 als Lehrerin in St. Magdalena in Speyer am Lyceum und Lehrerinnenseminar. In diese Zeit fällt die Bekanntschaft mit Erich Przywara SJ (1889–1972). Auf seine Anregung hin übersetzt sie die Briefe von John H. Newman. Wenig später macht sie sich an ihre Übersetzung der *Quaestiones disputatae de veritate* von Thomas von Aquin. Gleichzeitig unternimmt sie (ab 1928) Vortragsreisen durch Deutschland, Österreich und die Schweiz. Dabei spricht sie u. a. auch über die Integration der Frau im modernen Berufsleben. 1932–1933 ist sie Dozentin am Deutschen Institut für wissenschaftliche Pädagogik in Münster in Westfalen. Doch 1933 wird ihr als Jüdin die Dozententätigkeit durch die NSDAP untersagt. Im Herbst 1933 erfolgt ihr Eintritt in den Kölner Karmel. Auch hier setzt sie ihre philosophischen Studien fort. Allerdings kann sie nicht mehr publizieren. 1938 darf ihr Werk *Endliches und Ewiges Sein* in Deutschland nicht mehr gedruckt werden. Nach der sogenannten Reichskristallnacht im selben Jahr verläßt sie nach Ablegung ihrer Ewigen Gelübde auf eigenen Wunsch Deutschland. Bis 1942 lebt sie im Karmel von Echt in Holland. Hier entstehen 1941 die beiden letzten Studien über Dionysios Areopagita und Johannes vom Kreuz. Am 2. August 1942 wird sie gemeinsam mit ihrer Schwester Rosa Stein von der Gestapo verhaftet. Vom Internierungslager Westerbork kommt sie am 9. August 1942 nach Auschwitz-Birkenau. Hier findet sie in der Gaskammer den Tod.

1950 beginnt die wissenschaftliche Herausgabe ihrer Werke in Brüssel. Am 4. Januar 1962 eröffnet der Erzbischof von Köln, Kardinal Josef Frings, das Verfahren für die Seligsprechung. 1980 erfolgt die offizielle Eingabe für den apostolischen Seligsprechungsprozeß in Rom durch die deutsche Bischofskonferenz. Bei seinem zweiten Besuch in Deutschland spricht Papst Johannes Paul II. Edith Stein am 1. Mai 1987 in Köln als Märtyrerin selig.

DAS PHILOSOPHISCHE DENKEN EDITH STEINS

Phänomenologie als strenge Wissenschaft

Will man die Philosophie Edith Steins darstellen, so muß man zuvor auf die Phänomenologie Husserls eingehen. Husserl seinerseits ist beeinflußt von Bernard Bolzano (1781–1848), den er einen der größten Logiker aller Zeiten nannte, und von Franz Brentano (1838–1917), der sein Lehrer war. Von Bolzano übernahm er das Pathos für die strenge Wissenschaft, das dieser nicht aus Kant, sondern aus der mittelalterlichen Logik gewann. Husserl selbst kam bezeichnenderweise auch über die Mathematik zur Philosophie. Bei Brentano hingegen fand er die Ansätze für seinen Intentionalitätsbegriff. Brentano war durch seine intensive Beschäftigung mit Aristoteles und seine Kenntnis der Scholastik darauf aufmerksam geworden, daß unsere Erkenntnis stets Erkenntnis *von etwas* ist. Dadurch gelang es ihm, die Assoziationspsychologie zu überwinden und den Weg zur Widerlegung des Psychologismus zu bahnen. Husserl sollte in seinen *Logischen Untersuchungen* diesen Ansatz fortführen.

Diesen beiden Einsichten, daß a) die Philosophie eine strenge Wissenschaft zu sein habe und daß b) der Tatsache der intentionalen Struktur unserer Erkenntnis Rechnung zu tragen sei, glaubte Husserl mit Hilfe der phänomenologischen Methode zu entsprechen. Diese allein schien ihm zu garantieren, a priori gültige Gesetze der Wirklichkeitserfahrung aufzudecken und *die Sachen selbst* in ihrer Gegebenheit für unser Bewußtsein zu erreichen. Was dies konkret bedeutete, schildert Edith Stein folgendermaßen: »In einer für die phänomenologische Methode charakteristischen Weise geht sie aus von dem Sinn der Worte, scheidet sorgfältig die verschiedenen Bedeutungen, die den Worten sprachüblich zukommen, und dringt durch die Herausstellung eines präzisen Wortsinns allmählich zu den Sachen selbst vor: Das ist ein Schritt, der sich notwendig ergibt, weil wir Wortbedeutungen nur präzis abgrenzen können, indem wir uns die Sachen selbst, die mit den Worten gemeint sind, zu klarer anschaulicher Gegebenheit bringen. Die Sachen selbst aber, die durch den Sinn der Worte getroffen werden sollen, sind nicht einzelne Dinge der Erfahrung, sondern wie der Wortsinn selbst etwas Allgemeines: die Idee oder das Wesen der Dinge. Dementsprechend ist die Anschauung, die uns solche Sachen zur Gegebenheit bringt, nicht sinnliche Wahrnehmung und Erfahrung, sondern ein geistiger Akt eigener Art, den Husserl als Wesensanschauung oder Intuition bezeichnet hat.«[1]

Husserl verband diese Methode mit der Theorie eines reinen Bewußtseinsbereiches, in dem die Sachen selbst ursprünglich erscheinen. Um in diesen Bereich

---

[1] *Welt und Person*, 7f.

vorzustoßen, in dem er sich die evident-ursprüngliche Selbstgegebenheit der Wirklichkeit erwartete, mußte er mehrere Stufen von Reduktionen und Einklammerungen postulieren: Die phänomenologische Reduktion klammerte die äußere Welt, d. h. die konkrete Existenz der Dinge, ein. Mit ihr gelangte man zur Phänomenalität der Wirklichkeit. Die eidetische Reduktion hingegen drang zum Wesenhaften und Urbildlichen eines Seienden vor. Sie abstrahierte von allem Zufälligen und Akzidentellen. Die transzendentale Reduktion schließlich funktionalisierte alle Bewußtseinsleistungen auf eine transzendentale Subjektivität hin. In dieser wurde nach Husserl der Sinn der Welt und aller Gegenstände konstituiert.

Husserls Entdeckung einer phänomenologischen Erfahrung, die in ihrer Hinwendung auf das reine Bewußtsein nicht nur die reine Existenzerfahrung des eigenen Ich (im Sinne von Descartes) macht, sondern auf eine Fülle von Intentionalitäten zwischen Bewußtsein und Wirklichkeit stößt, gab den Anstoß zur Bildung einer phänomenologischen Schule. Dieser damals bahnbrechenden Richtung, die auf Max Scheler (1874–1928), Martin Heidegger (1889–1976) und Nicolai Hartmann (1882–1950) ausstrahlte, wandte sich seit 1913 auch Edith Stein zu. Sie trat damit in einen Kreis besonderer Prägung ein. Die Schüler und Schülerinnen Husserls sammelten sich in der Göttinger Philosophischen Gesellschaft um den verehrten Meister. Hedwig Conrad-Martius (1888–1966), die damals noch einzige Promoventin bei Husserl war, schildert deren geistige Atmosphäre: »Die allerdings tief gemeinsame Art des Denkens und Forschens stellte – und stellt einen Bezug zwischen den Husserlschülern her, den ich nicht anders bezeichnen kann, denn als eine natürliche Geburt aus einem gemeinsamen Geist, der doch gerade keine inhaltlich gemeinsame Weltanschauung ist.«[2] Nach Peter Wust (1884–1940) war die Husserlschule charakterisiert durch eine Offenheit für die objektive Wirklichkeit, für die Dinge selbst, für die Sachverhalte, für das Sein. Oft ging damit auch das Bemühen um eine christliche Philosophie einher, obwohl Husserl selbst dies nicht intendiert hatte. Jedenfalls hatte aber die Anwendung der phänomenologischen Methode eine geistige Umwälzung zur Folge, die den jungen Philosophen eine neue Weltsicht erschloß. »Sie bedeutete eine Radikalität rein geistiger Sachbereitschaft und Sachhingabe, wie sie nicht mehr überboten werden kann. Es gehört zu ihr ein völliges Ausschalten aller Vor-Urteile, allen vorschnellen Urteilens von irgendwelchen traditionell eingeübten und angewöhnten Begriffszusammenhängen her. Und es gehört zu ihr das bedingungslose Vermögen eines reinen und ungetrübten Blickes auf die Sache.«[3]

1. »Zum Problem der Einfühlung«

In ihrer Dissertation *Zum Problem der Einfühlung* untersucht Edith Stein den Akt der Einfühlung in Abgrenzung gegenüber anderen Bewußtseinsakten. Sie stellt die Frage nach der Erfahrung des anderen und seines Erlebens. Zu ihrer

---

[2] In: W. Herbstrith: *Lebensbild*, 83.
[3] H. Conrad-Martius in: a.a.O. Anm. 2, 86; vgl. U. Aré-Lallement: *Hedwig Conrad-Martius. Eine große Philosophin unserer Zeit*, in: JB (1965/66), Tutzing.

Beantwortung distanziert sie sich zunächst bewußt von den Theorien Schelers, Theodor Lipps' (1851–1914) und Wilhelm Diltheys (1833–1911). Nach ihrer Ansicht wurden bei diesen Denkern Problemstellungen vermengt, die gesondert behandelt werden müssen. Diese Abgrenzung unternimmt sie in einem ersten Teil, der sich historisch mit der Einfühlungsproblematik in ästhetischer, erkenntnistheoretischer und ethischer Hinsicht befaßt. Leider blieb dieser Teil unveröffentlicht. Gedruckt wurden lediglich die weiteren drei Teile, die Edith Stein betitelte: »Das Wesen der Einfühlungsakte« – »Die Konstitution des psychophysischen Individuums« – »Einfühlung als Verstehen geistiger Personen«.

Ansatz für Edith Steins Theorie des einfühlenden Aktes ist die Frage nach dem Aufbau der Person. »Das individuelle Ich, dessen Konstitution uns bisher beschäftigte, betrachten wir als Glied der Natur, den Leib als einen Körper unter anderen, die Seele auf ihn fundiert, Wirkungen erleidend und ausübend, eingereiht in den Kausalzusammenhang, alles Psychische als Naturgeschehen, Bewußtsein als Realität. Allein diese Auffassung ist nicht konsequent durchzuführen, schon bei der Konstitution des psychophysischen Individuums leuchtete an mehreren Stellen etwas hindurch, was über diesen Rahmen hinausgeht. Das Bewußtsein zeigte sich uns nicht nur als kausalbedingtes Geschehen, sondern zugleich als objekt-konstituierend, damit tritt es heraus aus dem Zusammenhang der Natur und ihr gegenüber: Bewußtsein als Korrelat der Objektwelt ist nicht nur Natur, sondern Geist.«[4] Man muß diese Aussagen auf dem Hintergrund der wissenschaftstheoretischen Diskussion der Jahrhundertwende sehen, in der es um eine Konstituierung der Geisteswissenschaften gegenüber den Naturwissenschaften ging. Edith Stein fühlte sich mitverantwortlich für diese Neubegründung der Geisteswissenschaften. Genauso wie Dilthey erblickte auch sie die Methode derselben nicht im kausalen Erklären, »sondern im nachlebenden Verstehen. In der Verfolgung des Entstehungsprozesses geistiger Werke findet sich der Geist selbst an der Arbeit; genauer gesprochen: ein geistiges Subjekt ergreift einfühlend ein anderes und bringt sich sein Wirken zur Gegebenheit.«[5] Allerdings ist das geistige Subjekt, das in seinen Akten eine Objektwelt konstituiert und durch seinen Willen Objekte schafft, für Edith Stein nicht bereits identisch mit einer Person. Dazu bedarf es noch der Motivation. Die geistigen Akte stehen nicht beziehungslos nebeneinander, sondern es gibt vielmehr ein »erlebtes Hervorgehen des einen aus dem andern«, »ein Hinübergleiten des Ich von einem zum andern«. Motivation ist so gesehen die Einheit stiftende Gesetzlichkeit des geistigen Lebens. Der Erlebniszusammenhang der geistigen Subjekte wird durch sie ein erlebbares Sinnganzes. Die geistigen Akte gliedern sich dank ihrer in eine allgemeine Vernunftordnung ein.

Die Wissenschaft, die sich mit dieser Ordnung befaßt, ist für Edith Stein die Ontologie des Geistes, die sie neben der Ontologie der Natur postuliert. Deren Gegenstand sind die streng geistigen Dimensionen gegenüber den psychischen. Daher unterscheidet Edith Stein die psychische Kausalität vom »sinnvollen Her-

---

[4] *Einfühlung*, 101f.
[5] Ebd. 103.

vorgehen« bzw. das einfühlende Erfassen psychischer Zusammenhänge vom einfühlenden Verstehen geistiger Ordnungen. Aufgrund dieser Unterscheidung ist es ihr schließlich möglich, das Vorhandensein rein geistiger Personen, die sich ohne Vermittlung des Leibes begegnen, zu untersuchen und auf die Bedeutsamkeit des religiösen Bewußtseins aufmerksam zu machen.

Roman Ingarden (1893-1970), Husserlschüler und mit Stein befreundet, sagte 1962 in seinen Osloer Vorlesungen: »So nahe Edith Stein in ihrer Dissertation Husserl und seinen ›Ideen I‹ steht, so weicht sie doch in manchen ihrer Tendenzen dieser Arbeit von ihm ab ... Sie entwickelt in ihrer Dissertation eine – wie sie sagt – konstitutive Betrachtung des Aufbaus des Menschen als eines leib-seelisch-geistigen Wesens ... Die konstitutive Betrachtung ermöglicht uns, das leib-seelische Wesen des Menschen zu entdecken, wogegen sich bei der Einfühlung aufbauendes Verstehen und der Zugang zum menschlichen geistigen Sein öffnet. Auf diesem Weg sollten die Grundlagen der verstehenden Psychologie im Sinne Diltheys und der Geisteswissenschaften überhaupt geschaffen werden, und zwar einer Psychologie, die neben der reinen tanszendentalen Phänomenologie als eine gesonderte Wissenschaft besteht und aufgebaut werden soll. Zu betonen ist, daß Edith Stein in der Zeit, in welcher sie ihre Dissertation schrieb, Husserls Handschriften, die als Grundlage des zweiten Bandes der ›Ideen‹ von ihr später bearbeitet wurden, noch nicht gekannt hat. Aus diesen Handschriften hat sie in den Jahren 1916-1918 erfahren, daß ihre Behandlung des Leibes und der menschlichen Seele derjenigen Husserls nahestand. Aber ihr Bemühen der Grundlegung der verstehenden Psychologie in einem Dilthey verwandten Sinn lag dem Standpunkt Husserls in der Zeit der Abfassung der ›Ideen I‹ eher fern. Erst mehrere Jahre nach dem Ersten Weltkrieg ... schlug Husserl einen Weg ein, der ihn zu seiner Auffassung der phänomenologischen Psychologie als einer neben der reinen transzendentalen Phänomenologie betriebenen Disziplin führen sollte, wodurch die Wege Husserls sich der Stellung Edith Steins in diesem Punkt genähert haben.«[6]

Edith Stein hat in ihrer Dissertation somit ein Thema vorweggenommen, das Husserl erst Jahre nach der Trennung von ihr wieder aufnahm. In seinen Pariser Vorlesungen von 1929 behandelte er das Problem der Einfühlung ausführlich, weil ihm bewußt wurde (vor allem in der 4. und 5. *Cartesianischen Meditation*), daß die Welt als Korrelat einer Mehrheit von im Einverständnis lebenden Subjekten aufzufassen ist. Dies aber machte es dringend notwendig, die Frage nach der Erfahrung des anderen, fremden Bewußtseins zu stellen.

2. Als Assistentin Husserls

Als Husserls Assistentin hat Edith Stein drei von dessen Werken für die Veröffentlichung vorbereitet. Ludwig Landgrebe (geb. 1902), selbst seit 1923 Assistent bei Husserl, berichtet uns davon: »Edith Stein hatte die Aufgabe, Husserls stenografische Manuskripte – Buchentwürfe und Vorlesungstexte – zu ordnen, zu transkribieren und aus ihnen einen einheitlichen Text herzustellen, der Husserl

---

[6] Aus: *Osloer Vorlesungen 1967* (in Vorbereitung bei Verlag Max Niemeyer in Tübingen).

als Grundlage für die Publikation dienen sollte. Das betraf vor allem drei große Komplexe: den Entwurf des zweiten Bandes der ›Ideen zu einer reinen Phänomenologie‹, den Text der Vorlesungen über das ›Zeitbewußtsein‹ und die vielfach verstreuten Blätter zur ›Urteilstheorie‹. Die Transkription erfolgte handschriftlich in ihrer klaren und trotz des schlechten Papiers der Nachkriegszeit auch heute noch gut lesbaren Handschrift. Die Schreibmaschine war ja damals noch nicht in die akademischen Kreise eingedrungen. Von den Problemen, die sich für Edith Stein in dieser Zusammenarbeit mit Husserl stellten, kann ich nun auch aus meiner eigenen Erfahrung berichten. Bis nämlich ein solcher Auftrag der Ausarbeitung erfüllt war und Husserl das Ergebnis vorgelegt werden konnte, war er längst schon mit ganz anderen Gedanken beschäftigt, und es kostete große Mühe, sein Interesse für das Getane wiederzugewinnen. Das waren also die Enttäuschungen, die man erlebte, die aber gern hingenommen wurden, weil sie der Preis waren, der für die Teilnahme an dem lebendigen Werden der Gedanken des großen Lehrers entrichtet werden mußte. Ich bin sicher, daß Edith Stein hierüber ebenso dachte wie ich dann später in meiner Tätigkeit für Husserl. So blieben also diese Ausarbeitungen nach ihrem Weggang aus Freiburg fünf Jahre liegen, bis sie Husserl 1924 wieder hervorholte und mir mit dem Auftrag übergab, sie mit den Originalen, soweit noch vorhanden, zu kollationieren und in die Schreibmaschine zu übertragen. Aber es dauerte dann noch einmal Jahre, bis das alles zur Publikation kam: die Vorlesungen über das Zeitbewußtsein 1929, ediert durch Heidegger, die Manuskripte zur Urteilstheorie unter dem Titel ›Erfahrung und Urteil‹, ediert durch mich 1939, die ›Ideen II‹ überhaupt erst aus dem Nachlaß 1952.«[7]

3. Phänomenologische Abhandlungen von 1922 und 1925

Die drei Abhandlungen *Psychische Kausalität, Individuum und Gemeinschaft* sowie *Eine Untersuchung über den Staat* erschienen zum ersten Mal 1922 und 1925 in dem von Husserl herausgegebenen *Jahrbuch für Philosophie und phänomenologische Forschung*. In diesen Arbeiten geht es Edith Stein erneut um die philosophische Begründung der Psychologie und der Geisteswissenschaften. Sie setzt damit das Anliegen der Dissertation fort.

Das Thema *Psychische Kausalität* ist für sie grundsätzlich von entscheidender Bedeutung, weil nach ihrer Ansicht davon die tiefsten metaphysischen, erkenntnis- und wissenschaftstheoretischen Fragen betroffen sind. Wie schon in der Dissertation knüpft sie bei ihrer Erörterung nicht an der vorliegenden Literatur an, sondern greift zur phänomenologischen Methode und damit zu den Sachen selbst. Man kann das Phänomen der psychischen Kausalität nach ihr nicht klären, wenn man nicht weiß, was das Psychische bzw. was die Kausalität überhaupt ist. Weder Humes Behauptung, daß Kausalität etwas Unaufweisbares sei, noch Kants These von der Kausalität als transzendental-gültiger Erkenntnisstruktur angesichts des Apriori der Zeit helfen hier weiter. Um zum ursprünglichen

---

[7] *Brief* vom 29. September 1981 an Sr. Johanna Hauke OCD, Archiv Edith-Stein-Karmel, Tübingen.

phänomenalen Sachverhalt zu gelangen, ist es daher notwendig, die ganze Fülle und Konkretheit der Erscheinungen und Objekte zu beschreiben.

Tut man dies, so fällt einem sehr bald auf, daß es im Bereich des Psychischen nicht nur *eine* Art von Gesetzlichkeit gibt. »Wir sahen, daß das psychische Leben neben der kausalen noch einer anderen Gesetzlichkeit untersteht: Neben den kausalen Kräften erkannten wir in den Motiven richtunggebende Faktoren, die den Gang des psychischen Geschehens bestimmen. Die Motivation unterwirft die Psyche der Herrschaft der Vernunft.«[8]

Entsprechend dieser Erkenntnis unterteilt Edith Stein ihre Untersuchung in fünf Punkte: 1. »Kausalität im Bereich des reinen Erlebnisses«; 2. »Psychische Realität und Kausalität«; 3. »Geistiges Leben und Motivation«; 4. »Trieb und Streben«; 5. »Ineinandergreifen von Kausalität und Motivation«. Und gemäß ihrer methodischen Ausgangsposition, nämlich nur der phänomenologischen Intuition zuzugestehen, die Selbstgegebenheit der Objekte vor das Bewußtsein zu bringen, kommt sie zu dem Schluß: »Das Psychische, sofern es zugleich Realisation geistigen Lebens ist, zeigt in sich eine mehrfache Gesetzlichkeit: kausale und Motivations- oder Sinnzusammenhänge ... Die intentionale Psychologie kann die Erlebnisse nicht analysieren, ohne sie zu Objekten zu machen, und die kausale findet sie als Objekte vor, ohne sie erst dazu ›umzuarbeiten‹. Jede von ihnen erfaßt eine bestimmte Seite des Psychischen, und keine vermag es ganz in ihrer Sprache auszudrücken.«[9] Stein lehnt jedes Konstruieren ab, nur phänomenologische Intuition ist imstande, die Selbstgegebenheit des Objektes vor das Bewußtsein zu bringen.

In *Individuum und Gemeinschaft* erweitert Stein den Rahmen. War die Psyche in *Psychische Kausalität* als Mikrokosmos betrachtet worden, als Welt für sich, so sollte jetzt aufgewiesen werden, daß der Mechanismus des psychischen Geschehens kein geschlossener ist, sondern Zuströme »von außen« erfährt. »Diesen Zuströmen muß man bis zu ihren Quellen nachgehen, wenn man ein allseitiges Verständnis der individuellen Psyche gewinnen will.«[10]

Edith Stein kommt dadurch auf die sozialen Gebilde »Gemeinschaft« und »Gesellschaft«. »Gemeinschaft« ist für sie die naturhafte, organische Verbindung von Individuen, »Gesellschaft« hingegen der rationale, mechanische Zusammenschluß derselben. In der letzteren stehen sich die Subjekte als Objekte gegenüber. Anders in der ersteren: Hier nimmt das Subjekt andere Subjekte an. Es steht ihnen nicht gegenüber, sondern lebt mit ihnen und wird von ihren Lebensregungen bestimmt. Hier herrscht Solidarität, nicht Einsamkeit wie in der Gesellschaft, wo alle Menschen Monaden sind.

Dieses Phänomen der Gemeinschaft untersucht Edith Stein nun in zwei Kapiteln: 1. »Erlebnisstrom der Gemeinschaft« und 2. »Gemeinschaft als Realität, als ontische Struktur«. Dabei erkennt sie, daß auch in diesem überindividuellen Zusammenhang der Menschen psychisches und geistiges Geschehen zu unter-

---

[8] *Kausalität*, 106.
[9] Ebd. 116.
[10] *Gemeinschaft*, 117.

scheiden sind. Das rein psychische Geschehen ist auf ein isoliertes Individuum beschränkt. Übergreifende psychische Realität gibt es nur, soweit psychisches Geschehen Realisation von geistigem Leben ist. Geist wiederum definiert Edith Stein als ein Herausgehen aus sich selbst, als Offenheit in doppeltem Sinn: Offenheit »für eine Objektwelt, die erlebt wird, und für fremde Subjektivität, fremden Geist, mit dem gemeinsam erlebt und gelebt wird«.[11] »Die Offenheit für die Welt, sofern sie nicht Geist ist, hebt die Isolierung des Individuums nicht auf ... Auch das geistige Individuum kann sich isolieren, es kann sich auf die theoretische Offenheit zurückziehen und auch die geistige Welt von sich abrücken, als bloßes Objekt betrachten. Aber diese Isolierung ist eine künstliche ... Der Geist in seiner ursprünglichen Lebenshaltung ist dem Einströmen geistigen Lebens aus dem All der geistigen Welt geöffnet. Diese Offenheit ist das Fundament, auf dem alle überindividuellen geistigen Realitäten ruhen (auch die Gesellschaften, die ihr Dasein den spontanen Schöpfungsakten künstlich isolierter Individuen verdanken). Da diese Offenheit zur ursprünglichen Lebenshaltung des geistigen Individuums gehört, kann man mit Recht sagen, daß es ebenso ursprünglich soziales wie individuelles Wesen sei. Dadurch wird nicht aufgehoben, daß die sozialen Gebilde in Individuen fundiert sind.«[12]

In der Abhandlung *Eine Untersuchung über den Staat* kristallisieren sich zwei Hauptpunkte heraus: 1. »Die ontische Struktur des Staates« und 2. »Der Staat unter Wertgesichtspunkten«. Edith Stein untersucht darin die prinzipiell möglichen Formen des Zusammenlebens der Menschen im Staat, das Verhältnis von Masse und Staat sowie das Problem der Staatssouveränität. Dabei kommt sie zu folgenden Aussagen: »Der Staat muß sein eigener Herr sein. Die Formen des staatlichen Lebens dürfen ihm durch keine außer ihm stehende Macht – sei es eine Einzelperson, sei es eine über-, neben- oder untergeordnete Gemeinschaft – vorgeschrieben werden.«[13] Volks- und Staatsgemeinschaft müssen nicht identisch sein. Schon allein die Tatsache, daß es mehrere Formen des Staatslebens gibt und darunter bessere und schlechtere anzutreffen sind, beweist dies. Entartungen sind z. B. die Despotie und die Oligarchie. Ihnen gegenüber steht die Demokratie, in der wenigstens dem Prinzip nach alle Bürger Träger des Staatslebens sind. Entscheidend ist für Edith Stein, daß der Staat die Menschen in ihrer Persönlichkeitsentwicklung nicht dirigiert oder gar künstliche Menschentypen züchtet. »Der Staat kann es den ihm unterstehenden Personen verbieten, sich unter frei gewählten Formen sichtbar miteinander zu verbinden. Aber daß sie sich zueinander hingezogen fühlen und daß eine innere Gemeinschaft zwischen ihnen erwächst, das ist durch kein Verbot zu hindern.«[14] Edith Stein vertraut auf die Kraft der ratio. »Ein Korrektiv gegen all diese möglichen zerstörenden Einflüsse politischer Theorien liegt in der Kraft der ratio, die die realen Verhältnisse selbst in sich tragen. Jede Rechtsordnung, die gegen diese ratio verstößt, statt ihr Rechnung zu

---

[11] Ebd. 267.
[12] Ebd. 268.
[13] *Staat*, 289.
[14] Ebd. 360.

tragen, muß gewärtig sein, daß die Wirklichkeit sich ihr widersetzt und mit ständigen Durchbrechungen der Rechtsordnung ihren Gang geht.«[15]

Im Gegensatz zu einer Reihe von modernen Philosophen meint Edith Stein, daß die Freiheit sich nicht entwickelt. Was sich entwickelt, sind die Personen und Gemeinschaften, soweit sie sich vom Anspruch der Freiheit treffen lassen. Genauso unterscheidet Stein Freiheit und Sittlichkeit. Diese sind für sie – anders als bei Fichte und Hegel – nicht einfach identisch. Vielmehr betont sie: »Die freie Entscheidung ist zwar sittlich relevant, aber noch nicht als positiv- oder negativwertig charakterisiert. Diese Polarität gehört aber zum sittlichen wie zu jedem Wert, und die Entscheidung darüber hängt nicht an der Freiheit, sondern an den Motiven, auf denen sie sich aufbaut, und an dem, was mit Freiheit ergriffen wird ... Entwicklung zur Sittlichkeit würde demnach nicht nur sagen: Erwachen zur Freiheit, sondern Ausbildung der Empfänglichkeit für Werte aller Art und Fortschreiten im Gebrauch der Freiheit zur Realisierung von Werten.«[16]

Edith Stein beschließt ihre Untersuchung mit der Frage nach der Beziehung zwischen Staat und Religion. Die Frage, ob der Staat Träger religiöser Werte sein kann, beantwortet sie negativ. Religiöse Werte gehören in den Bereich des Persönlichen, der dem Staat nicht unterliegt. Dies schließt allerdings nicht aus, daß der Staat religiöse Einrichtungen fördern kann.

Fruchtbarmachung der phänomenologischen Methode
für das scholastische Denken

1. Übersetzung der »Quaestiones disputatae de veritate« des Thomas von Aquin

Die Philosophie innerhalb des katholischen Denkens war zu Edith Steins Zeit geprägt durch die Neuscholastik, d. h. durch den Versuch, die Vergangenheit mit der Gegenwart in ein Gespräch zu bringen. Die Neuscholastik war eine Antwort auf die Bedrohung der christlichen Offenbarung durch die rationalistische Philosophie und Theologie des 18. und 19. Jahrhunderts. Für die Neubegründung der Metaphysik auf scholastischer Grundlage stehen Namen wie: Scheeben, Mercier, Maréchal, Geyser, Gredt, Przywara, Garrigou-Lagrange, Feuling, Maritain u. a. Nachdem Edith Stein auf Anregung Erich Przywaras die Briefe von John Henry Newman aus der Zeit vor seiner Konversion übersetzt hatte, machte sie sich an die Übersetzung der *Untersuchungen über die Wahrheit* des Thomas von Aquin. Auch bei dieser Übersetzertätigkeit wollte sie Phänomenologin bleiben. Das bedeutete: Sie wollte den Text des hl. Thomas an den Sachen selbst auslegen. Die Auseinandersetzung mit der vorhandenen Sekundärliteratur ließ sie daher beiseite.

Der besondere Wert der Steinschen Thomasübersetzung liegt in der synthetischen Form, mit der sie sprachlich den modernen Leser zu Thomas hinführt.

---

[15] Ebd. 380.
[16] Ebd. 399.

Rudolf Allers sagt darüber: »Die Übersetzerin hat es verstanden, dem Leser eine zusammenhängende Darstellung der in diesen Quaestiones enthaltenen Gedanken des Doctor Communis zu vermitteln, ohne daß man gezwungen wäre, alle Umständlichkeiten, welche die Form der Quaestion nun einmal bei sich führt, mit in Kauf zu nehmen ... Die Übersetzung ist nicht nur wort- und sinngetreu. Sie ist auch der heutigen philosophischen Begriffsbildung angepaßt, wie denn auch Beziehungen zu den modernen Problemen in den erwähnten kommentierenden Bemerkungen herausgestellt werden.«[17]

Edith Stein ist zur Zeit ihrer Übersetzung Neuling in der Scholastik. Sie weiß, daß ihre deutsche Thomas-Ausgabe nicht historisch-philologischen Zwecken dienen kann. Sie schreibt vielmehr für Menschen, die den Urtext nicht lesen können. Trotzdem denkt sie auch an solche, die mit Thomas vertraut sind: »Ich glaube«, sagt sie im Vorwort, »daß auch Kenner des Urtextes von einer solchen Übertragung einen gewissen Nutzen haben könnten, weil denen, die im thomistischen Begriffssystem zu Hause sind, dem modernen philosophischen Denken dagegen fernstehen, dieser Versuch einer Wiedergabe jenes Systems in der philosophischen Sprache unserer Zeit ein wenig zur Verständigung mit dem modernen philosophischen Denken helfen könnte.«[18]

2. »Husserls Phänomenologie und die Philosophie des hl. Thomas von Aquino«

Edith Stein verstand sich als christliche Philosophin in einer Vermittlerrolle. Deshalb sah sie zwischen Phänomenologie und christlichem Glauben keinen Widerspruch. Seit ihrer Begegnung mit Thomas, Augustinus und den antiken Denkern fühlte sie sich vielmehr verantwortlich für eine Vermittlung des Alten mit dem Neuen, d. h. für sie: für eine »philosophia perennis«, die den bleibenden Grundgehalt des abendländischen Denkens bewahrt. In ihrem Beitrag zur Festschrift anläßlich des 70. Geburtstages von Edmund Husserl 1929, *Husserls Phänomenologie und die Philosophie des hl. Thomas von Aquino*, kommt dies deutlich zum Ausdruck. Sie vergleicht darin die Denkentwürfe der beiden Philosophen und stellt dabei in mehreren Punkten sachliche Ähnlichkeiten fest: so z. B. in der Sicht der Philosophie als »strenger Wissenschaft«, im Verständnis der Wahrheit als objektiver Größe, die unabhängig vom Forschenden besteht, in der Auffassung des geistigen Erkennens als »intus legere« bzw. als »ursprüngliche Intuition« und in der Postulierung von »Wesenswahrheiten« bzw. von »principia« im Erkennbaren. Ohne die Unterschiede zu verwischen und die jeweilige Originalität zu verkennen, hält sie somit einen Dialog für möglich. Doch als gläubige Christin kann sie sich mit der reinen Phänomenologie Husserls nicht mehr begnügen. Was dieser offen läßt, nämlich Gott und die Frage nach dem religiösen Bewußtsein, ist für sie in der Zwischenzeit Realität geworden. Aus ihrer Situation als Konvertitin zum katholischen Glauben ergeben sich für sie, wie R. Ingarden sagt, nunmehr große metaphysische Probleme. Das wichtigste

---

[17] *Ein neuer Zugang zu Thomas von Aquin*, in: Das Neue Reich 13 (W/J/Mü 1931) Nr. 43, 911.
[18] *Untersuchungen*, Tl. 1, 7.

dieser Probleme ist das Sein Gottes. Diesem kann sie aber mit rein phänomenologischen Mitteln nicht mehr entsprechen. Hier wendet sie sich Thomas zu, der im Gegensatz zur neuzeitlichen Philosophie nicht die Erkenntnistheorie, sondern die Ontologie an den Anfang des Denkens stellt. Gott ist für ihn das erste philosophische Axiom. Die Aufgabe der ersten Philosophie ist es daher auch, Gott zum »Gegenstand« zu haben. »Sie muß die Gottesidee entwickeln und den Modus seines Seins und Erkennens. Sodann ist das Verhältnis festzustellen, in dem alles andere, was ist, seiner Essenz und Existenz nach zu Gott steht, und die Erkenntnis anderer erkennender Wesen zur göttlichen Erkenntnis.«[19]

1932 wurde Edith Stein von der Société thomiste eingeladen, an einer Arbeitstagung über »Phänomenologie und Thomismus« in Juvisy bei Paris teilzunehmen. Bernhard Rosenmoeller schreibt darüber: »Man wollte sich über Phänomenologie, über die Richtung der Philosophie, die von Husserl, erst Göttingen, dann Freiburg i. Br., ausging, austauschen. Noël von Loewen hatte den Vorsitz. Die ersten katholischen Philosophen von Frankreich und Belgien, u. a. Maritain und Berdjajew, waren zugegen. Aus Deutschland waren dort: Pater Mager OSB, Daniel Feuling OSB, von Rintelen, München, Prof. Soelingen, Bonn, später Braunsberg, jetzt wieder Bonn, Edith Stein und ich. P. Feuling hielt den Vortrag. Die Diskussion war ganz und gar beherrscht von Edith Stein. Gewiß kannte sie die Auffassung von Husserl am besten, da sie jahrelang seine Assistentin in Freiburg i. Br. war, aber sie entwickelte ihre Gedanken so klar, wenn es sein mußte auch in französischer Sprache, daß der allgemeine Eindruck außerordentlich stark in dieser erlesenen Gesellschaft von Gelehrten war.«[20]

3. »Endliches und Ewiges Sein«

Durch ihre Auseinandersetzung mit Thomas von Aquin und der Neuscholastik hatte Edith Stein Anfang 1930 eine umfangreiche Studie erarbeitet mit dem Titel *Potenz und Akt*. Als sie 1934 von den Oberen im Karmel beauftragt wurde, diese Studie für den Druck fertigzustellen, schrieb sie das Werk, sicher auch unter dem Einfluß ihrer neuen Erfahrungen im Orden, fast neu. Sie stellt jetzt, in Auseinandersetzung mit Heidegger, die Frage nach dem Sein in den Mittelpunkt. Sie ist beeindruckt von dessen Analyse des »Da-seins« und des »In-der-Welt-seins«. Zugleich hält sie aber seine »ontologische Differenz« nicht für genug durchdacht, auch stößt sie sich bereits an seiner archaisierenden, dichterischen Sprache. Dabei konnte sie den späteren Heidegger der »Kehre« nicht mehr kennen. Neben Heidegger sind auch noch Einflüsse anderer Denker greifbar: Hinsichtlich der Lehre von der Analogie weiß sie sich mit Przywaras Buch *Analogia Entis*« (1. Teil, 1931) verbunden. Für ihre Seinslehre nimmt sie Anregungen von H. Conrad-Martius auf.

In der Einführung zu *Endliches und Ewiges Sein* setzt Edith Stein bewußt auf das »Übergeschichtliche«. Das bedeutet: Sie strebt eine »philosophia perennis« an, weil sie davon überzeugt ist, daß jeder einzelne Denkansatz der Ergänzung

---

[19] *Phänomenologie*, 325.
[20] T. R. Posselt: *Edith Stein, eine große Frau unseres Jahrhunderts*, Fr/Bas/W ⁹1963, 91f.

durch andere Denkwege bedarf. »Philosophia perennis« heißt für sie also nicht ein abgeschlossenes katholisches Schulsystem. Es geht ihr vielmehr um die Offenheit des »Miteinander-Philosophierens«. Es ist ihr wichtig, daß alte und moderne Denker miteinander ins Gespräch kommen. Przywara nennt daher ihre Seinslehre zu Recht eine »Philosophie des Ausgleichs«. Doch geben wir Edith Stein selbst das Wort:

»Wenn wir die Frage nach dem Sein als das Beherrschende sowohl im griechischen wie im mittelalterlichen Denken ansehen können, als das Unterscheidende aber, daß den Griechen diese Frage angesichts der natürlichen Gegebenheit der geschaffenen Welt aufging, daß sie sich aber den christlichen Denkern (in gewissem Umfang auch den jüdischen und islamitischen) erweiterte durch die übernatürliche Welt der Offenbarungstatsachen, so ist das von der Überlieferung gelöste neuzeitliche Denken dadurch gekennzeichnet, daß es anstelle der Seinsfrage die Erkenntnisfrage in den Mittelpunkt stellte und die Verbindung mit dem Glauben und der Theologie wieder löste. Es ließe sich wohl zeigen, daß es auch der modernen Philosophie im Grunde um das wahre Sein zu tun war und daß sie mit ihrem Aufgreifen von Gedankenansätzen, die gleichfalls bis in die Anfänge der griechischen Philosophie zurückreichen und notwendige Erkenntnisrichtungen bezeichnen, wertvolle Dienste für die Seinsfrage geleistet hat. Schwererwiegend war die vollständige Loslösung von der offenbarten Wahrheit ... es führte zur Spaltung der Philosophie in zwei Heerlager, die getrennt marschierten, verschiedene Sprachen redeten und gar nicht mehr darum bemüht waren, einander zu verstehen: die moderne Philosophie und die katholische Schulphilosophie, die sich selbst als die philosophia perennis betrachtete, von Außenstehenden aber wie eine private Angelegenheit der theologischen Fakultäten, der Priesterseminare und Ordenskollegien angesehen wurde. Die philosophia perennis erschien wie ein starres Begriffssystem, das als toter Besitz von Geschlecht zu Geschlecht weitergegeben wurde. Der Strom des Lebens aber hatte sich ein anderes Bett gegraben. Die letzten Jahrzehnte haben darin einen Umschwung gebracht, der sich von verschiedenen Seiten her vorbereitet. Zunächst auf katholischer Seite. Um zu verstehen, was sich hier vollzog, muß man bedenken, daß die katholische Philosophie und katholische Wissenschaft überhaupt nicht gleichbedeutend war mit der Philosophie der Katholiken. Das katholische Geistesleben war weitgehend vom modernen abhängig geworden und hatte den Zusammenhang mit seiner großen Vergangenheit verloren ... und das ist die andere Seite der Sache: etwa zur selben Zeit, in der die christliche Philosophie aus ihrem Dornröschenschlaf erwachte, machte die moderne Philosophie die Entdeckung, daß es auf dem Wege, den sie seit etwa drei Jahrhunderten verfolgte, nicht mehr weiterging. Aus dem Versanden im Materialismus suchte sie zunächst Rettung durch die Rückkehr zu Kant, aber das reichte nicht aus. Der Neukantianismus verschiedener Prägung wurde abgelöst durch die Richtungen, die wieder dem Seienden zugewandt waren ... Sie brachten den verachteten alten Namen Ontologie (Seinslehre) wieder zu Ehren. Sie kam zuerst als Wesensphilosophie (die Phänomenologie Husserls und Schelers), dann stellte sich ihr die Existenzphilosophie Heideggers zur Seite und Hedwig Conrad-Martius' Seinslehre als deren Gegenpol. Die wiedergeborene Philosophie des Mittelalters und die neugeborene Philosophie des 20. Jahrhunderts – können sie sich in einem Strombett der philosophia perennis zusammenfinden? Noch sprechen sie verschiedene Sprachen, und es wird erst eine Sprache gefunden werden müssen, in der sie sich verständigen können.«[21]

Drei Grundprobleme sind es sodann, die Edith Stein in ihrer Ontologie beschäftigen: das Sein selbst, der Aufbau des Seienden und die Gliederungen der phänomenalen Mannigfaltigkeit desselben. Verbunden sind diese Probleme durch die Frage nach der Beziehung zwischen Sein und Seiendem. Deshalb widmet sie dieser ihre acht Überlegungsschritte, die sich folgendermaßen gliedern: 1. Frage nach dem Sein selbst; 2. Akt und Potenz (im Sinne des hl. Thomas) als Weisen des Seins; 3. Distinktion zwischen wesenhaftem und wirklichem Sein; 4. Wesen (essentia, ousia), Substanz, Form und Stoff als Bestimmungen des Seienden; 5. die Transzendentalien als Eigenschaften des Seins; 6. die analogia entis als Leitfaden zur Beantwortung der Frage nach dem Sinn von Sein; 7. die »vestigia Trinitatis« in der Schöpfung; 8. Sinn und Begründung des Einzelseins des Seienden. In ihren Ausführungen geht Stein von Thomas aus, sie nähert sich aber den Hauptmotiven der augustinischen Metaphysik und der Lehre des Duns Scotus über das Einzelsein. Von Thomas behält sie wohl die Betonung des »intellectus« und der »voluntas« als Manifeste der Ebenbildlichkeit des Menschen gegenüber Gott. Doch gleichzeitig lehnt sie sich an die augustinische Lehre an, nach der die menschliche Seele ein Abbild der Dreieinigkeit Gottes in Geist, Liebe und Erkenntnis ist.

Heinrich Rombach sieht in Edith Steins Ontologie ein Werk von großer synthetischer Kraft. Obwohl sie nicht die Frage nach der Geschichtlichkeit des Seins stellt, ist ihr Denken selbst ein geschichtlicher Vorgang von großer Bedeutung. Daran ändert auch die Tatsache nichts, daß sie vieles außerhalb ihres Entwurfes läßt. »So fehlt die grundlegende Erwägung, wie denn das Denken nicht nur als Seiendes in Bezug zu anderem Seienden treten, sondern auch noch diesen Bezug selbst und überhaupt die Fülle des Seins und gar seinen Sinn in sich aufnehmen und umspannen kann.«[22] Przywara nennt Edith Steins Denken ebenfalls ein harmonisch ausgleichendes Denken. Er kontrastiert es zu den Schriften von Simone Weil (1909–1943), die auf Gegensatz und Widerspruch zielen. Außerdem erblickt er in ihm die Vermittlung einer mystischen Metaphysik mit einem unerbittlichen Sinn für die Realität der Materie und der Leere. »Wenn Stein auch aus Husserls transzendentalem Idealismus herausstrebte in eine wirkliche Metaphysik, so ist im ›Endlichen und Ewigen Sein‹ ihre Methode die einer echten essentiellen Philosophie der Essenz. Es bestehen darum für sie nicht eigentlich letzte Probleme oder letzte Aporien, oder letzte Gegensätze ... Stein überführt alle Realbestände auf die Ebene des Essentialen, so daß zwar nicht eine in sich geschlossene ideale Welt entsteht (egologisch oder monadologisch, wie die Entwicklung Husserls sich vollzog), sondern eine freie ideale Welt, in der es auf Zusammenhänge gar nicht

---

[21] *Endliches und Ewiges Sein*, 484.
[22] H. Rombach: *Edith Stein. Christliche Philosophie unserer Zeit,* in: Anzeiger für die katholische Geistlichkeit 59 (1950) 81.

ankommt, sondern einzig auf die jeweilige Wesenheit, die für sich geschaut wird.«[23] Przywara ortet das Steinsche Denken dort, wo er auch dasjenige von Heidegger, Jaspers und Sartre antrifft: in einem existentiellen Realismus, der einen idealen Essentialismus aus sich selbst hervortreibt. Nur Simone Weil scheint ihm einen reinen Existentialismus zu vertreten.

4. »Wege der Gotteserkenntnis« – »Kreuzeswissenschaft«

Aus den letzten eineinhalb Lebensjahren von Edith Stein haben wir zwei Studien zu Themen mystischer Theologie. Anlaß dazu war der Auftrag seitens ihres Ordens, zum 400. Geburtsjubiläum des spanischen Mystikers Johannes vom Kreuz (1542–1591) eine Festschrift zu verfassen. Zu diesem Zweck wandte sie sich der Gedankenwelt des Dionysios Areopagita (um 500) zu. Daraus erhoffte sie sich ein besseres Verständnis von Johannes vom Kreuz. Denn Dionysios verbindet auf tiefsinnige Weise neuplatonisches Gedankengut mit der christlichen Glaubenslehre. Seine »theologia negativa« von der absoluten Urdunkelheit Gottes bildet ein Gegengewicht zum abendländisch-griechischen Denken, welches das Wissen um Gott oft in allzu klare Begriffe goß. Nach Dionysios vereint sich die Seele nicht nur mit sich selbst, sondern mit Gott, der sie übersteigt. Gott erwartet sie im lichten Dunkel. Das Licht und das Dunkel gehören also in der Gotteserfahrung zusammen.

Ihre Verbundenheit bedenkt Dionysios in seiner »symbolischen Theologie«, die Edith Stein genauer untersucht. Diese Theologie wiederum betrachtet nicht etwa Gottes eigenste Abgründe, sondern die Schöpfung als Ganzes. Denn in dieser offenbart und verbirgt sich Gott zugleich. Genau dies begründet die Symbolhaftigkeit der Wirklichkeit. Zudem ist die »symbolische Theologie« nicht etwa eine intellektuell-systematische Wissenschaft im heutigen Sinn. Ihr Sprechen von Gott entstammt vielmehr einem Ergriffensein von Gott. Als positive und negative Theologie läuft sie daher auch auf die »mystische Theologie« zu, in der sich Gott dem Menschen im Schweigen enthüllt und der vernehmende Mensch im Verstummen antwortet.

In ihrer Studie *Kreuzeswissenschaft* geht Edith Stein in phänomenologisch-einfühlender Weise auf die Mystik des Johannes vom Kreuz ein. Diese ist bekanntlich geprägt vom Gedanken der Nacht als symbolischem Ausdruck für die Gotteserfahrung und vom Zeichen des Kreuzes als Ausdruck für die Christus-Nachfolge. Beides versucht Stein in drei Kapiteln – 1. »Kreuzesbotschaft«, 2. »Kreuzeslehre« und 3. »Kreuzesnachfolge« (Fragment) – induktiv-einfühlend nachzuvollziehen, wobei sie besonders die sanjuanistischen Bilder vom Aufstieg, von der Nacht und von der Vereinigung mit Gott heranzieht. Und davon läßt sie sich zu eigenem philosophischem Denken anregen, indem sie im zweiten Kapitel eine Philosophie der menschlichen Person entwirft. Sie skizziert in dieser die Grundgesetze des geistigen Seins und stellt die Frage nach dem Wesen des Menschen als Ich, als Freiheit, als Geist, als Person und als Glaubender. Unverkennbar äußert sich in diesen Betrachtungen die Phänomenologin. Allerdings erhält, wie Przy-

---

[23] W. Herbstrith: *Glaubenszeugin*, 233.

wara richtig feststellt, die epoché, das Einklammern und Weglassen, einen mystischen Sinn: Das Weglassen und Sich-Enthalten verbindet sich mit dem Anhalten und Hinhalten zu Gott. Für Edith Stein, »die in ihrem ›reinen Essentialismus‹ niemals die System-Form eines Transzendentalismus annahm, wird die epoché des Anhaltens zu jener radikalen epoché des Hinhaltens, wie in den Stufenlehren des hl. Johannes vom Kreuz die Seele radikal und total sich der geistig-geistlichen Welt eines geistig unsichtbaren Gottes hinhält . . .«.[24]

Edith Stein gehört zu jenen christlichen Philosophen, die in einem unbefangenen, offenen Gespräch mit der Scholastik, der Patristik und der Antike stehen. Der von ihrem phänomenologischen Ansatz her geführte Dialog endete nicht in einer Schulphilosophie, sondern bei der Entdeckung der Ursprünge der Philosophie: bei Thomas, bei Augustinus, bei Aristoteles und bei Platon. Obwohl Husserl in einem Gespräch mit Adelgundis Jaegerschmid Edith Stein als einen der besten Neuscholastiker der Kirche bezeichnet hat, sehen wir sie eher als Schülerin Husserls und als eine eigenständige Phänomenologin, die in der zweiten Phase ihres Denkweges die phänomenologische Methode für das scholastische Denken fruchtbar gemacht hat.

BIBLIOGRAPHIE

1. Werke

Gesamtwerk, hg. L. Gelber / R. Leuven, 11 Bde., Fr/Lv 1950–1987.
   Bd. 1: *Kreuzeswissenschaft*. Studie über Joannes a Cruce (^{1}1950), ^{3}1985.
   Bd. 2: *Endliches und Ewiges Sein*. Versuch eines Aufstiegs zum Sinn des Seins (^{1}1950), ^{2}1962.
   Bd. 3: Des hl. Thomas von Aquino *Untersuchungen* über die Wahrheit. 1. Teil: Quaestio 1–13, 1952.
   Bd. 4: Des hl. Thomas von Aquino *Untersuchungen* über die Wahrheit. 2. Teil: Quaestio 14–29, 1959.
   Bd. 5: *Welt und Person*. Beitrag zum christlichen Wahrheitsstreben, 1962.
Zum Problem der *Einfühlung*, Hl 1917 (Ndr. Mü 1980 in: Reihe Edith-Stein-Karmel Tübingen, Bd. 1).
Beiträge zur philosophischen Begründung der Psychologie und der Geisteswissenschaften: Psychische
   Kausalität; Individuum und *Gemeinschaft*; Eine Untersuchung über den *Staat* (^{1}1922, 1925), Tü ^{2}1970.
Husserls *Phänomenologie* und die Philosophie des Thomas von Aquino (^{1}1929), Tü ^{2}1974.
Wege der Gotteserkenntnis. Dionysios der Areopagit und seine symbolische Theologie, hg. W. Herbstrith / V. E. Schmitt, Mü 1979.

2. Literatur

a) Umfassendere Bibliographie:
Bejas, A.: Edith Stein – Von der Phänomenologie zur Mystik, F/B/NY 1987, 149–206.
Hauke, J. / Dick, G.: Edith-Stein-Forschung 1984, in: Archiv für schlesische Kirchengeschichte 42 (1984) 215–236.

b) Auswahl:
Herbstrith, W.: Das wahre Gesicht Edith Steins (^{1}1971), Aschaffenburg ^{6}1987.
–: Edith Stein. Ein neues *Lebensbild* in Zeugnissen und Selbstzeugnissen (^{1}1983), Fr/Bas/W ^{4}1987.

---

[24] W. Herbstrith: *Glaubenszeugin*, 242f.

–: Weg und Zeugnis der Karmelitin Edith Stein, Hildesheim 1983 (= Archiv für schlesische Kirchengeschichte 41).
–: Edith Stein – Eine große *Glaubenszeugin*. Leben, Neue Dokumente, Philosophie, Annweiler 1986.
Husserl, E.: Aufsätze und Vorträge (1911–1921), hg. Th. Nenon / H. R. Sepp, Dordrecht 1987.
Imhof, B. W.: Edith Steins philosophische Entwicklung, Leben und Werk, Bas/Boston 1987.
Ingarden, R.: Über die philosophischen Forschungen Edith Steins, in: FZPhTh 26 (1979) 456–480, Neudruck in: W. Herbstrith: *Glaubenszeugin,* 203–229.
Przywara, E.: Edith Stein et *Simone Weil*. Essentialisme, Existentialisme, Analogie, in: Études philosophiques et littéraires 11 (1956) 458–472, erste dt. Veröffentlichung in: W. Herbstrith: *Glaubenszeugin,* 231–247.
Secrétan, Ph.: Essence et personne. Contribution à la connaissance d'Edith Stein, in: FZPhTh 26 (1979) 481–504.

WALTRAUD HERBSTRITH

Josef Pieper (geb. 1904)

LEBEN UND WERK

Bei kaum jemandem sonst sind Leben und Werk so eng miteinander verbunden wie bei Josef Pieper. 1904 in Elte (Münsterland) geboren, studierte Josef Pieper nach seinem Abitur Philosophie, Rechtswissenschaft und Soziologie an den Universitäten Münster und Berlin. Nach seiner Promotion zum Dr. phil. und einer vierjährigen Assistenzeit (1928–1932) an einem soziologischen Forschungsinstitut lebte er mehr als ein Jahrzehnt als freier Schriftsteller. Seine akademische Laufbahn setzte er 1945 mit seiner Habilitation an der philosophischen Fakultät der Universität Münster fort, der ein Jahr später eine Berufung an die Pädagogische Akademie nach Essen folgte. Berufungen an andere Universitäten wie Notre Dame, Indiana (USA), Mainz und München lehnte er ab, wohl lehrte er aber als Gastprofessor an der Freien Universität Berlin, in den USA, in Kanada und in Spanien. Vortragsreisen führten ihn auch nach Indien und Japan. Pieper ist Mitglied der Rheinisch-Westfälischen Akademie der Wissenschaften, des internationalen PEN-Clubs, der Deutschen Akademie für Sprache und Dichtung (Darmstadt) und der Arbeitsgemeinschaft für Forschung (Nordrhein-Westfalen). 1968 wurde er auf dem Philosophenkongreß in New Orleans (USA) mit der »Aquinas Medal« ausgezeichnet, ferner wurde ihm die Ehrendoktorwürde der Universitäten München und Eichstätt verliehen. Sein umfangreiches Werk, in mehrere Sprachen übersetzt, erreicht bereits eine Gesamtauflage von mehr als einer Million und beginnt 1929 mit der Veröffentlichung seiner Dissertation: *Die ontische Grundlage des Sittlichen nach Thomas von Aquin*. Es ist nicht zufällig, daß Pieper für seine Doktorarbeit dieses Thema wählte, denn im besonderen gilt für ihn Fichtes Wort: »Was für eine Philosophie man wähle, hängt ... davon ab, was man für ein Mensch ist.« Und Pieper ist ein zutiefst gläubiger Denker, der sich der christlichen Tradition verpflichtet fühlt und es auf außergewöhnliche Weise versteht, dieses kostbare Gedankengut der Vergangenheit auch für die Gegenwart und Zukunft fruchtbar zu machen. Man geht deshalb in der Beurteilung nicht fehl, wenn man in seinem geistigen Schaffen einen Vermittlungsversuch zwischen Tradition und gegenwärtigem Zeitgeist sieht. Schwieriger jedoch ist es, aus der Fülle seines umfangreichen Werkes auszuwählen und auf wenigen

Seiten die wesentlichen Inhalte seines Denkens darzustellen. Vielleicht wird man diesem Anspruch am ehesten gerecht, wenn man erstens Piepers Begriff der Überlieferung, zweitens den für ihn bestehenden inneren Zusammenhang von Philosophie und Glaube und drittens seine Tugendlehre des näheren untersucht.

DIE BEDEUTUNG DER ÜBERLIEFERUNG

»Ein gut Teil jener Sorge um das, was aus dem Menschen werden möchte inmitten seiner immer rascher und gründlicher sich wandelnden Welt – ein Teil davon hat es abgesehen eben auf die Bewahrung von etwas durch all die turbulente Veränderung hindurch Bleibendem.«[1] Mit diesen Worten will Pieper den Menschen auf die für ihn so bedeutungsvollen Erfahrungen und Wahrheiten, die ihm aus der Tradition vermittelt werden, aufmerksam machen. Zwar kann Tradition auch zur Belastung werden, vor allem wenn aufgrund blinder Autoritätsgläubigkeit ein kritisches Hinterfragen unterbleibt. Dazu meint Pieper selbst: »Etwas Hoffnungsloseres kann man kaum tun, als einem jungen Menschen, auf dessen kritische Frage, warum und aufgrund von was etwas Überkommenes auch weiterhin gelten solle, die Antwort zu geben: daß es nun einmal ›Tradition‹ sei.«[2] Berufung auf Tradition allein ist kein Argument, schon gar nicht im Bereich der Erfahrungswissenschaften, die als Wahrheitsbeweis (Verifikation, Falsifikation) mehr verlangen als nur ein Zurückgreifen auf eine Autorität. Was Tradition jedoch wertvoll macht, ist nicht Beliebiges, »sondern es geht um die Reinerhaltung und die Unversehrtheit der eigentlich menschlichen Lebenshabe, jener urtümlichen Mitgift an Wahrheit über den Menschen selbst und über die Welt, um die Bewahrung jenes Erbes, wovon der Mensch, nicht allein der erkennende, sondern auch der tätige, sich nährt und wovon er im Grunde lebt«.[3] Sehr vieles kann zum Inhalt der Überlieferung werden, aber nicht alles ist der Mühe wert, weitergegeben und angeeignet zu werden. Pieper spricht von Überlieferungsgehalten verschiedenen Gewichts und meint, eine Geburtstagsfeier oder ein Schützenfest könne getrost einmal ausfallen, wenn die Zeit nicht danach sei, aber z. B. Ostern nicht zu feiern, das läge offenbar auf einer völlig anderen Ebene.

Somit bahnt sich eine Unterscheidung zwischen »profaner« und »heiliger« Tradition an. Weltliche Überlieferung in Form von Institutionen, Rechtssätzen, Bräuchen, Redensarten, Verhaltensweisen usw. hat zwar für das menschliche Zusammenleben eine wichtige Bedeutung, da sie uns von einem permanenten Entscheidungszwang entlastet, doch Veränderungen von äußeren Umständen können es erforderlich machen, vom Tradierten abzurücken oder es neu zu interpretieren, wie es überhaupt notwendig ist, die Inhalte der Überlieferung mit dem Gegenwärtigen und Zukünftigen zu konfrontieren. Denn Tradition muß als lebendige Übermittlung dynamisch sein, und man verfehlt den Sachverhalt,

---
[1] *Tradition als Herausforderung. Aufsätze und Reden*, Mü 1973, 17.
[2] Ebd. 25.
[3] Ebd. 17.

»wenn man die ›Tradition‹ als das Beharrende, der ›Geschichte‹, als dem Inbegriff der Wandlung, entgegensetzt«.[4] Das gilt auch für den Begriff der »heiligen« Überlieferung. Der Charakter des Sakralen an der Überlieferung ist dadurch gegeben, daß es sich bei dem für uns so wertvollen tradierten Gut um Weisheiten (Offenbarungsgehalte, Inspirationen, urtümliche Einsichten und Ideen) der »Alten« handelt, die zu Ehrfurcht und Respekt verpflichten. Die »Alten«, das sind für Pieper aber nicht die Greise und die Bejahrten, sondern »die dem Ursprung Nahen, die Anfänglichen und Frühen«.[5] Sie sind das erste Glied in der Überlieferungskette, von dem alles Folgende abhängt. »Der Rang der ›Alten‹ begründet sich nicht durch die Genialität und Kühnheit der Gedanken, sondern dadurch, daß sie auf eine ganz und gar ungewöhnliche Weise die Empfänger einer ganz und gar ungewöhnlichen Gabe sind.«[6] Sie werden nicht mit Eigennamen genannt, wir vernehmen ihre dem Ursprung nahe und dadurch »heilige« Kunde in der Redewendung: »Es ist seit alters gesagt«. Das hat aber nichts mit einer »mythologisch-archaisierenden Romantik« zu tun, und es soll dem kritischen Denker auch nicht verwehrt sein zu fragen, wodurch denn das Überlieferte letzten Grundes verbürgt ist. Man muß sich aber darüber klar sein, meint Pieper, daß Wahrheitstradition nur dann als etwas Endgültiges gedacht werden kann, wenn sie letztlich zurückgeht auf eine göttliche Rede, d. h. letztlich verbindend und verpflichtend kann eine Tradition nur unter der Voraussetzung sein, daß sie durch göttliche Autorität verbürgt ist. Die unabweisbare Bedeutung der Überlieferung für den Menschen, sowohl der »heiligen« wie der »profanen«, ergibt sich dadurch, daß menschliches Dasein nicht allein auf die Weise zu Schaden kommen kann, »daß man das Hinzu-Lernen versäumt, sondern auch dadurch, daß man etwas Unentbehrliches vergißt und verliert«.[7]

PHILOSOPHIE UND GLAUBE

Piepers Philosophiebegriff unterscheidet sich nicht nur von dem aller positivistisch und marxistisch orientierten Denker oder Vertreter einer strengen Wissenschaftstheorie, sondern auch von dem eines Heidegger und Jaspers, und zwar vor allem im Hinblick auf die Frage der Zusammengehörigkeit von Philosophie und Glaube (Offenbarung). Dem Glaubenden muß nach Heidegger philosophisches Fragen fremd bleiben, weil durch den Glauben die Antwort auf die Eigentümlichkeit der Philosophie als Fragen nach dem Grund von allem vorweggenommen wird. Demnach ist »christliche Philosophie« für Heidegger »ein hölzernes Eisen und ein Mißverständnis«.[8] Ähnlich argumentiert Jaspers, wenn er schreibt, daß sich kein redlicher Mensch der Entscheidung zwischen Religion und Philosophie entziehen könne: »Entweder ... Verzicht auf Unabhängigkeit ... oder Verzicht

---

[4] *Überlieferung. Begriff und Anspruch,* Mü 1970, 76.
[5] *Tradition,* a.a.O. Anm. 1, 32.
[6] *Überlieferung,* a.a.O. Anm. 4, 47f.
[7] Ebd. 41.
[8] M. Heidegger: *Einführung in die Metaphysik,* Tü 1953, 6.

auf ... Offenbarung.«⁹ Was Heidegger betrifft, so meint Pieper, daß dessen Aussagen über den Glauben den Kern des Begriffs verfehlen. Denn »Glauben heißt ja, aller ›Offenbarung‹ zum Trotz, gerade *nicht* sicheres Wissen und Haben«,¹⁰ sondern das prinzipielle Offensein für das Vernehmen von Wahrheiten aus der Überlieferung und Offenbarung. Demnach liegt ein Grund für die unterschiedliche Auffassung über die Beziehung von Philosophie und Glaube zwischen Pieper und Heidegger auch darin, daß sie unter dem der Philosophie eigentümlichen Fragecharakter Verschiedenes verstehen. So bedeutet für Pieper »fragen«: »bei allem Wissen um die letzte Unbegreiflichkeit dennoch auf eine Antwort aus sein und sich für sie offenhalten; während für Heidegger ›fragen‹ eher zu bedeuten scheint: jede mögliche Antwort prinzipiell abwehren und sich gegen sie verschließen (weil durch sie, in der Tat, der Frage-Charakter angetastet wäre)«.¹¹ Und Piepers Stellungnahme zu Jaspers setzt mit der kritischen Bemerkung ein, was mit der Formulierung »Verzicht auf Offenbarung« denn gemeint sein soll, wenn Offenbarung doch heißt, »daß Gott zu den Menschen gesprochen hat«.¹² Der Charakter der Unabhängigkeit des Philosophierenden verlangt zwar durchaus nach einer Antwort, aber das schließt nicht aus, sich diese von jemand anderem sagen zu lassen. So habe sich z. B. auch der platonische Sokrates niemals gescheut, »von den letzten, das Dasein bestimmenden Wahrheiten zu bekennen, er wisse sie nicht aus eigenem, sondern *ex akoés,* ›aufgrund von Hören‹«,¹³ was letztlich nichts anderes bedeutet, als daß der Philosophierende auf eine als wahr akzeptierte heilige Überlieferung zurückgreift.

Zum Begriff der Philosophie gehört nach Pieper wesentlich, daß sie eine Hinordnung zur Theologie miteinschließt. »Sowohl in der legendarischen Äußerung des Pythagoras wie auch im Phaidros des Platon wie auch bei Aristoteles wird dem *menschlichen* philósophos der *göttliche* sophós gegenübergestellt.«¹⁴ Philosophie ist demnach nicht auf irgendwelche Weisheit gerichtet, sondern auf die Weisheit, wie Gott sie besitzt. Auch wenn Philosophie dieses Ziel prinzipiell niemals erreichen kann, so gehört es doch zum Wesen der Philosophie, »auf dem Wege« zu diesem Ziel zu sein, nämlich die Wirklichkeit aus einem letzten Einheitsprinzip zu verstehen. Es ist nach Pieper unumgänglich, daß der Philosophierende den nur theoretisch-methodischen Bereich der »reinen« Philosophie überschreitet und eine theologische Position bezieht, weil ein menschliches Grundverhalten zur Wirklichkeit nur möglich wird »aus der Totalität der menschlichen Existenz, wozu eben auch und gerade die letzten Stellungnahmen gehören«.¹⁵

---

[9] Zit. nach J. Pieper: *Verteidigungsrede für die Philosophie,* Mü 1966, 128.
[10] Ebd. 129.
[11] Ebd. 130.
[12] Ebd.
[13] Ebd. 132.
[14] *Was heißt Philosophieren? Vier Vorlesungen,* Mü 1949, 83.
[15] Ebd. 102.

CHRISTLICHES MENSCHENBILD UND TUGENDLEHRE

Dem Bedeutungswandel, den der Begriff Tugend in unserer Zeit erfahren hat durch eine Überbewertung der bürgerlichen Tugenden des 18. und 19. Jahrhunderts wie Ordnungsliebe, Reinlichkeit, Sparsamkeit, Pünktlichkeit und Fleiß, versucht Pieper in Rückbesinnung auf die philosophische Tradition den wahren Tugendbegriff gegenüberzustellen. Tugend heißt demnach »nicht die ›Bravheit‹ und ›Ordentlichkeit‹ eines isolierten Tuns oder Lassens. Sondern Tugend bedeutet: daß der Mensch richtig ›ist‹, und zwar im übernatürlichen wie im natürlichen Sinne.«[16] Aber ebenso wichtig wie der richtige Begriff von Tugend ist für Pieper auch die rechte Rangordnung unter den Tugenden. So nimmt unter den vier Kardinaltugenden die *Klugheit* den ersten Platz ein, weil die Verwirklichung des Guten stets ein Wissen darum voraussetzt. Nur wer klug ist, kann auch gerecht, tapfer und maßvoll sein. Klugheit, im rechten Sinn verstanden, hat aber nichts zu tun mit der in unserem Sprachgebrauch weitverbreiteten Bedeutung von »klug« als Wissen um den eigenen Vorteil. Dieser Auffassung liegt ein rein pragmatisch-utilitaristisches Denken zugrunde, dem es unverständlich bleibt, daß es immer und wesensnotwendig klug ist, gerecht, tapfer und maßvoll zu sein.

Die Bedeutung der zweiten Kardinaltugend, der *Gerechtigkeit,* liegt nach Pieper darin, »daß sie die höchste und eigentlichste Form dieses Gutseins selbst ist«,[17] denn vor allem aufgrund von Gerechtigkeit wird ein Mensch gut genannt. Die Tugend der Gerechtigkeit betrifft den Menschen als Gemeinwesen; es geht dabei darum, dem Mitmenschen das Seine, das ihm Zustehende (»suum cuique«) zu geben; eine Definition, die zwar zum Gemeingut abendländischer Überlieferung geworden, aber nicht ohne Kritik geblieben ist. Denn was heißt, einem jeden das »Seine« zu geben, und wodurch ist es begründet? Es steht für Pieper außer Zweifel, daß der Mensch Rechte hat, ohne daß der Grund dafür in irgendeiner Leistung oder Abmachung, einem Vertrag oder Versprechen usw. liegt, so vor allem das Recht auf das eigene Leben. Weil der Mensch Person, d. h. »ein geistiges, in sich ganzes, für sich und auf sich hin und um seiner eigenen Vollkommenheit willen existierendes Wesen«[18] ist, darum steht ihm unabdingbar ein »suum« zu. Weil aber der Mensch nicht in sich selbst gründet, bedarf das ihm zustehende »suum« selbst einer Letztbegründung, und das heißt für Pieper: »Der Mensch hat deswegen unabdingbare Rechte, weil er durch göttliche, ... aller menschlichen Diskussionen entrückte Setzung als Person geschaffen ist«,[19] und als geschaffenes Wesen hat er auch dem anderen das ihm Zustehende zu geben.

Tapferkeit als dritte Kardinaltugend will die Bereitschaft zum Ausdruck bringen, »um der Verwirklichung des Guten willen Verwundungen in Kauf zu nehmen«.[20] Nur weil der Mensch verwundbar ist, kann er auch tapfer sein. Es ist

---
[16] *Über das christliche Menschenbild,* Mü ⁶1955, 19.
[17] Ebd. 31.
[18] *Das Viergespann. Klugheit – Gerechtigkeit – Tapferkeit – Maß,* Mü 1964, 76.
[19] Ebd. 77f.
[20] *Christliches Menschenbild,* a.a.O. Anm. 16, 37.

aber auch hier – so Pieper – vor einer Fehldeutung des Begriffs gewarnt, denn Tapferkeit hat weder mit einer aggressiven Furchtlosigkeit noch mit einem selbstverschuldeten Martyrium etwas zu tun. »Klugheit und Gerechtigkeit stehen der Tapferkeit voran.«[21] Der Tapfere sucht nicht die Gefahr, sondern die Verwirklichung des Guten. Das setzt aber wiederum voraus, daß er um das Gute wissen muß; die Klugheit informiert ihn darüber, wofür es sich einzusetzen gilt. Ebenso hat sich die Tapferkeit aber auch der Gerechtigkeit dienstbar zu machen, denn wer gerecht sein will, meint Pieper, wird auch tapfer sein müssen.

Auf den Begriff »*Zucht* und *Maß*«[22] als vierte der Kardinaltugenden kommt Pieper deshalb, weil sich in der deutschen Sprache kaum eine adäquate Bezeichnung für den lateinischen Terminus »temperantia« finden läßt. Sie ist auf die innere Ordnung des Menschen ausgerichtet und gilt deshalb als die am meisten »private« (auf sich selbst bezogene) unter den vier Kardinaltugenden. Die Tugend der »temperantia« bedeutet im strengen und letzten Sinn nicht direkt die Verwirklichung des Guten, wohl aber schafft sie indirekt die Voraussetzung dafür.

Von entscheidender Bedeutung für ein christliches Menschenbild ist jedoch für Pieper die Verwurzelung der Kardinaltugenden in den theologischen Tugenden Glaube, Hoffnung und Liebe; darin unterscheidet sich auch das übernatürliche Ethos des Christen vom natürlichen Ethos des natürlich edlen Menschen. Ganz besonders deutlich zeigt sich dieser Unterschied zwischen einem Christen und einem nur an der diesseitigen humanen Lebenspraxis orientierten Menschen in bezug auf die Tugend der Tapferkeit. Denn was die christliche Tapferkeit von einer »natürlichen« Tapferkeit trennt, liegt letztlich in der theologischen Tugend der Hoffnung begründet, d. h. »wenn ... zuzeiten alle natürlichen Hoffnungen sinnlos werden, dann bedeutet das, daß zuzeiten die übernatürliche Hoffnung für den Menschen die schlechthin einzige Möglichkeit bleibt, sich auf das Sein auszurichten«.[23] Mit diesem Menschenbild, das aus einer »heiligen« Überlieferung erwachsen und auf eine übernatürliche, vollendete Hoffnung hingordnet ist, zählt Pieper unverkennbar zu einer der zur Zeit bedeutendsten Gestalten christlicher Philosophie.

BIBLIOGRAPHIE

1. *Werke*

a) Vollständige Bibliographie:
Pieper, J.: Schriftenverzeichnis 1974, hg. P. Breitholz, Mü 1974.

b) Wichtigste Veröffentlichungen und Neuauflagen nach 1974:
Über den Begriff der Sünde, Mü 1977.
Über die Hoffnung, Mü [7]1977.
Das Viergespann. Klugheit – Gerechtigkeit – Tapferkeit – Maß, Mü [2]1977.

---

[21] *Viergespann*, a.a.O. Anm. *18*, 172.
[22] Ebd. 201f.
[23] *Christliches Menschenbild*, a.a.O. Anm. *16*, 65.

Hinführung zum Glauben, hg. Fördergemeinschaft für Schulen in freier Trägerschaft, Mü 1978.
Scholastik. Gestalten und Probleme der mittelalterlichen Philosophie, 2. veränd. Aufl. Mü 1986.
Glück und Kontemplation, Mü ⁴1979.
Nicht Worte, sondern Realität. Vom Wesen der Eucharistie, hg. K. Kupitz, Mü 1979.
Noch nicht aller Tage Abend. Autobiographische Aufzeichnungen 1945–1964, Mü 1979.
Noch wußte es niemand. Autobiographische Aufzeichnungen 1904–1945, Mü ³1979.
Was heißt Interpretation? Leo-Brandt-Vortrag, hg. Rheinisch-Westfälische Akademie der Wissenschaften, Vorträge G234, Opladen 1979.
Tod und Unsterblichkeit, 2. überarb. Aufl. Mü 1979.
Buchstabier-Übungen. Aufsätze – Reden – Notizen, Mü 1980.
Gottgeschenkte Atempause. Arbeit – Muße – Sonntag – Fest (Steinfelder Kleinschriften), Steinfeld 1980.
Über das Ende der Zeit. Eine geschichtsphilosophische Betrachtung, 3. neubearb. Aufl. Mü 1980.
Was heißt Philosophieren? Vier Vorlesungen, Nachwort T. S. v. Eliot, Mü ⁸1980.
Das Experiment mit der Blindheit, Mü 1980.
Thomas von Aquin. Leben und Werk, Mü ³1986.
Lesebuch. Vorwort H. U. von Balthasar, Mü ²1984.
Was heißt Glauben? Vierundzwanzig Rundfunksprachen, Mü ⁴1983.
Über die Liebe, Mü ⁶1987.
Sünde – nur eine Fehlleistung?, hg. K. Kupitz, Mü ²1985.
Psychotherapie und Absolution, Mü ³1985.
Der Philosophierende und die Sprache. Aphoristische Bemerkungen eines Thomas-Lesers, in: PhJ 93 (1986) 226–235.
Kleines Lesebuch von den Tugenden des menschlichen Herzens, Ostfildern 1988.
Die Geschichte ist wie ein Strahl. Autobiographische Aufzeichnungen seit 1964, Mü 1988.

2. *Literatur*

a) Literatur bis 1974:
Pieper, J.: Schriftenverzeichnis, a.a.O. 1. a).

b) Schriften seit 1974:
Dominici, C.: La filosofia di Josef Pieper in relazione alle correnti filosofiche e culturali contemporanee, Bo 1980.
Kranz, G.: Der Philosoph und die Dichter. Zum Werk von Josef Pieper, in: Salzburger Jahrbuch für Philosophie 20 (1975) 137–151.
Kuhn, H.: Die Weisheit der Alten in unserer Zeit. Zum 70. Geburtstag von Josef Pieper, in: PhJ 81 (1974) 350–361.

SIEGFRIED BATTISTI

Italien

Allgemeine Übersicht

GRUNDSÄTZLICHES ZUR SITUATION UND ZU DEN PROBLEMSTELLUNGEN

Der Name »Neuscholastik«, geprägt durch Kardinal Mercier, bezeichnet jene Denkrichtung, die sich die Renaissance und Fortführung des mittelalterlichen Denkens zum Ziel gesetzt hat. Setzt man deren Anfang mit der Enzyklika *Aeterni Patris* von Papst Leo XIII. an, so darf man nicht vergessen, daß diese Enzyklika bereits das Ergebnis eines Erneuerungsversuches des Thomismus ist, der in Italien seit langem sehr aktiv betrieben wurde (man denke an S. Roselli, an das Collegio Alberoni in Piacenza, an V. Buzzetti, an die Brüder Sordi, an G. Sanseverino u. a.). Man kann aber sagen, daß mit der Enzyklika die Neuscholastik einen starken Auftrieb erhielt. Dies belegen die Gründung der Accademia Romana di S. Tommaso im gleichen Jahr und die parallel laufende Einrichtung eines Lehrstuhls für thomistische Philosophie an der Universität in Löwen. Dem gleichen Impuls verdanken sich auch andere Initiativen: etwa die Erhebung des hl. Thomas zum Patron der katholischen Schulen, das *Motuproprio* zur neuen Ausgabe seiner Werke (der *Leonina*), alle Unterstützungen zur Aufwertung der neuscholastischen Philosophie und vor allem die Einsetzung des Thomismus als offizielle Philosophie der Kirche. Hierher gehören aber auch die Studien zur Geschichte der mittelalterlichen Philosophie im allgemeinen und die Herausgabe der Werke verschiedener bedeutender Denker dieser Periode. Es gilt dies außer für den hl. Thomas für den hl. Bonaventura (in Quaracchi), für Alexander von Hales (ebenfalls Quaracchi), für Duns Scotus (im Vatikan) und für einige andere.

Wichtig für das Verständnis der Richtung, mit der wir uns hier beschäftigen, ist die Vorsilbe »neu« von »Neu-Scholastik« und »Neu-Thomismus«. Daß es sich bei ihr um eine »Rückkehr« handelt, steht außer Zweifel. Und daß diese »Rückkehr« vor allem eine polemische Antwort auf das neuzeitliche Denken darstellt, ist ebenfalls ausgemacht. Was jedoch zur Debatte steht, ist sowohl die Art dieser Antwort als auch deren Wert. Antworten auf das neuzeitliche Denken boten in Italien auch Gioberti und Rosmini. Doch diese waren (so meinte man zumindest) keineswegs ausreichend. Zur Zeit der Enzyklika Leos XIII. machte sich der verheerende Einbruch des neuzeitlichen Denkens in der Kirche besonders im Ontologismus, im Traditionalismus und im Liberalismus (mit diversen Formen des Laizismus) sichtbar. Das Ziel der Neuscholastik war es nun, diese Irrlehren an der Wurzel zu widerlegen. Und weil sie in ihnen eine Ansammlung von neuzeitlichem Denken sah, setzte sie ihre ganze Kraft in Polemik, Opposition und Verurteilung ein. Ihr erstes Ziel war somit der Beweis der Schwäche und der Unmöglichkeit der andersdenkenden Philosophie.

Zu Beginn des 20. Jahrhunderts legte man dasselbe Verhalten gegenüber dem Modernismus an den Tag. In diesem Kampf war vor allem das Werk Pius' X. richtungweisend. Es kulminierte in den 24 *Thesen zur thomistischen Philosophie*. Dieses Dekret verlangte, daß diese »pronunciata maiora« von allen katholischen Philosophieschulen als heilig geachtet würden (»sancte teneantur«).[1]

Trotz alldem bleiben noch folgende Fragen offen: 1. Konnte diese »Rückkehr« einen historischen Sprung bedeuten, d. h. das Übergehen vieler Jahrhunderte der Denkgeschichte – der ganzen Neuzeit –, war also eine bloße Wiederaufnahme der thomistischen Thesen intendiert, d. h. ging es um ein »neues Mittelalter«, das sich auf der totalen Negation des modernen Denkens erheben sollte? 2. Oder ging es um eine rein antimoderne Position, um eine bloße Polemik, die ihre Inspiration aus der Apologetik des mittelalterlichen Denkens bezog? 3. Schließlich: Handelte es sich um einen selbständigen philosophischen Standpunkt, der es möglich machte, mit eigener theoretischer, streng spekulativ und systematisch gerechtfertigter Sicht dem neuzeitlichen Denken die Stirn zu bieten, sei es, um unbegründete Behauptungen desselben zu widerlegen, oder sei es, um positive Beiträge aufzunehmen? Bestand also die Absicht darin, die Scholastik, besonders den Thomismus, mit ihrer ganzen spekulativen Erneuerungskraft zu präsentieren und zu zeigen, wie sie sich nicht nur in der Auseinandersetzung mit dem modernen Denken bewährte, sondern vor allem auch gegenüber sich selbst rechtfertigte? Das heißt: Sollte klargemacht werden, daß sie einerseits zu allen notwendigen Klärungen und Korrekturen in der Lage war und daß sie andererseits die Fähigkeit hatte, sich mit aller Kraft zur geforderten begrifflichen Strenge und zur Systematisierung als vollkommen autonome Philosophie zu konstituieren?

Im 20. Jahrhundert finden sich bei den Vertretern der Neuscholastik alle drei Verständnismöglichkeiten, wobei allerdings nicht immer streng unterschieden werden kann. Es ist vielmehr festzustellen, daß häufig ein spekulativer Standpunkt mit Hilfe der historisch-kritischen Forschung bezogen wird, so daß die Geschichte zur Formulierung einer Theorie Anlaß gibt. Genauso gilt umgekehrt, daß eine theoretische Problematik die geschichtliche Frage nach den spezifischen und fundamentalen Elementen leitet, die den bleibenden Wert der Scholastik und des Thomismus ausmachen. Diese Ansicht vertrat sowohl die neuscholastische Geschichtsschreibung selbst, die bemüht war, die Selbständigkeit ihrer theoretischen Grundlagen zu betonen, als auch die laizistisch-idealistische Geschichtsschreibung, die (was Italien anbelangt – in völliger Gegnerschaft) das genaue

---

[1] AAS 6 (1914) 383–386.

Gegenteil behauptete und den neuscholastischen Dogmatismus der kritischen Einstellung der modernen Philosophie gegenüberstellte.

Die neoidealistischen Kritiker in Italien sehen die Neuscholastik einzig auf dem Hintergrund ihrer Prämissen, sprich: absoluter Immanentismus, Primat der Philosophie gegenüber Glaube und Religion, permanenter Fortschritt der Geschichte und der Philosophie. Sie sprechen ihr den Charakter einer wahren kritischen Philosophie ab und bestimmen diesen als rein »philologisch« und daher »nicht philosophisch«. Diese Thesen, die ursprünglich auf Giovanni Gentile (1875–1944) zurückgehen,[2] wurden in erster Linie von Giuseppe Saitta (1881 bis 1965) vertreten. Dieser unterstreicht den restaurativen, dogmatisch-apologetischen Aspekt des Neuthomismus und erklärt dessen Unannehmbarkeit als Philosophie mit Hinweis auf zwei fundamentale Irrtümer: auf das Verständnis des Thomismus als »vollendeter Philosophie« und auf die »Vermengung von Philosophie und Naturwissenschaft«.[3] Angesichts des wachsenden Einflusses der Neuscholastik, vor allem in Löwen und in Mailand, entkräften sich diese Einwände der Neoidealisten von selbst. Dazu kommt, daß die Aufmerksamkeit für die Neuscholastik allgemein zunimmt und daß sich darüber hinaus die Anerkennung durchsetzt, daß es neben der rein polemisch-dogmatischen Haltung, die vor allem G. Mattiussi sich zu eigen gemacht hat, auch eine offenere Haltung für neue Fragestellungen des Denkens und eine konkrete Sensibilität für das Problem der Geschichte gibt, die z. B. bei E. Chiocchetti und F. Olgiati ganz deutlich zu finden ist.[4]

Interessant in diesem Zusammenhang, wenn auch nur kuriositätshalber, ist das Urteil von S. A. Efirov. Die religiös geprägte Philosophie, in der er sowohl den Neuthomismus als auch den christlichen Spiritualismus münden läßt, ist für ihn ein Ausdruck der »Sklerose« und der »Selbstauflösung des bürgerlichen Denkens«. Er sieht sie als einen Ausdruck von Klerikalisierung des Denkens. Ihr Ziel ist die Ersetzung des Neoidealismus, allerdings in der Absicht, den Atheismus und die marxistische Dialektik zu bekämpfen. Hinter ihr steht der institutionelle Apparat der katholischen Kirche.[5]

Michele Federico Sciacca (1908–1975) versucht die Neuscholastik genauso wie den Neuthomismus, den französischen und italienischen den Neoaugustinismus sowie den Rosminianismus als verschiedene Erscheinungen einer einheitlichen spekulativen Tendenz zu werten, die er »Spiritualismus« nennt. In diesem sieht er ein religiöses, auf Transzendenz gerichtetes Denken. Außerdem stellt der Spiritualismus für ihn eine Kritik am Aristotelismus dar. Er bezieht seine Kraft aus den vorwiegend metaphysisch-spekulativen Einsichten aller jener geistigen Strömungen, in denen eine bestimmte Sicht der Wirklichkeit wie z. B. die augustinische, die thomistische Sicht erleuchtet bzw. neu interpretiert. (Dasselbe gilt für den Rosminianismus und die anderen genannten Richtungen.) Diese positive

---

[2] G. Gentile: *I neo-tomisti*; ders.: *Prefazione,* in: G. Saitta: *Le origini.*
[3] G. Saitta: *Le origini.*
[4] G. de Ruggiero: *Filosofia.*
[5] S. A. Efirov: *Filosofia borghese.*

Bewertung der Neuscholastik erfolgt somit im Hinblick auf ihr einheitstiftendes, synthetisierendes und integralisierendes Vermögen.[6]

Das Urteil der Neuscholastiker selbst, besonders dasjenige von A. Masnovo und P. Dezza, ist begreiflicherweise eine Verteidigung des wesenhaft philosophischen Charakters der Neuscholastik. Es ist jedoch insofern von Bedeutung, als es das kritische Bewußtsein ausdrückt, das sich diese Richtung über ihre eigenen Positionen gebildet hat. Vor allem bei Masnovo wird die Überzeugung deutlich, daß der Thomismus in seinen Fundamenten die Wahrheit trifft und daß er deshalb in der Geschichte fruchtbar sein konnte. Masnovo denkt dabei nicht nur an die Auseinandersetzung des Thomismus mit der modernen Philosophie und an dessen Selbstbehauptung dieser gegenüber, sondern auch an dessen Fähigkeit, die wahren Einsichten des christlichen Existentialismus und Spiritualismus zu ergänzen und zu komplettieren. Denn das Eigentümliche des Thomismus, in dem die Neuscholastik ihren höchsten Ausdruck sieht, ist seine systematische und spekulative Fassungskraft, die ihm die Möglichkeit gibt, die Beiträge aller neuscholastischen Schulen sowie der Richtungen, welche die Grundüberzeugungen der christlichen Philosophie anerkennen, aufzugreifen und zu bewerten. Gerade in dieser Eigentümlichkeit offenbart er den authentischen Geist und das authentische System der Philosophie überhaupt. Und genau darin unterscheidet er sich auch vom modernen und gegenwärtigen Philosophieren.[7]

Von daher gesehen versteht man, warum in der Neuscholastik so verschiedene Richtungen, Haltungen, Denkformen und Problemstellungen zusammenkommen konnten. Freilich erhalten sich in ihr auch enge und konservative Positionen. Aber selbst unter diesen gibt es solche, die über die geschichtliche Erforschung des Thomismus zu einer neuen Deutung und Bewertung der Theorien desselben gelangt sind, indem sie das historisch Zufällige an ihm von seiner Substanz, seinen synthetischen Prinzipien und seinem Sinn für die Wahrheit zu scheiden wußten. Daneben bleiben jene Denker, die sich fast ausschließlich auf die geschichtlichen Forschungen konzentrierten, bzw. jene, die sich darum bemühten, das thomistische System speziell spekulativ zu rekonstruieren. Auf diesem Hintergrund können wir nun dazu übergehen, die diversen neuscholastischen Zentren sowie die bedeutendsten Persönlichkeiten vorzustellen.

DIE NEUSCHOLASTIK IN MAILAND

Man kann mit Recht sagen, daß die Publikation der *Rivista di filosofia neoscolastica* (1909) und die Gründung der Università Cattolica del Sacro Cuore (1921, vom italienischen Staat offiziell anerkannt 1924) die eigentliche Inauguration der italienischen Neuscholastik im 20. Jahrhundert bedeuten. Mit diesen beiden Ereignissen beginnt auch eine ausgewogenere Antwort derselben auf die Herausforderungen der modernen Kultur. Zu erwähnen ist sodann die Gründung

---

[6] M. F. Sciacca: *Il secolo XX; La filosofia oggi*.
[7] Vgl. hierzu E. Garin: *Cronache di filosofia italiana 1900–1943. Quindici anni dopo 1945–1960* (¹1955), Bari 1975.

der Zeitschrift *Vita e Pensiero* (1914), die ein breiteres kulturelles Interessengebiet abdecken und ein größeres Publikum erreichen wollte.

In dieser Gründungsphase ragt die Persönlichkeit von Agostino Gemelli (1878–1959) hervor. Er war für ein halbes Jahrhundert dank seiner spirituellen, geistigen und politischen Ausstrahlung als Spiritus Rector, als Anreger, Organisator und unermüdlicher Realisator wissenschaftlicher Unternehmungen die Seele des mailändischen Zentrums. Gemelli war kein Philosoph, er hielt sich auch nicht für einen solchen, er war aber überzeugt davon, daß die philosophische Fakultät das Herz der Università Cattolica und seiner eigenen wissenschaftlichen Tätigkeiten bildete. Den gewaltigen Anstoß, den er der neuscholastischen Philosophie gab, kann man in diesen programmatischen Äußerungen zusammenfassen: »Wir opfern nichts von dem, was zum Wesen des Thomismus gehört; wir opfern aber auch keine der Errungenschaften der folgenden Jahrhunderte.« – »Unsere christliche Philosophie ist eine Philosophie des 20. Jahrhunderts. Sie umfaßt die gesamte Wissenschaft, die ganze Geschichte und die ganze Philosophie.«[8]

Dieses Programm wurde in mehreren Phasen und in verschiedenen Richtungen und Problemstellungen verfolgt. Zu Beginn, während der Gründungsphase (1909–1921), dominieren der »medievalismo« (im oben definierten Sinn) unter dem Einfluß der Löwener Schule, d. h. man spürt die Last der positivistischen Mentalität und das Bemühen um kriteriologische, gnoseologische und wissenschaftstheoretische Fragen. Dadurch tritt das Bewußtsein um die Größe der kulturellen Aufgaben zurück. Die zweite Phase von der Gründung der Universität bis zum Zweiten Weltkrieg ist geprägt von der Absicht, die Kenntnis, die tiefere Erfassung und die Kritik der modernen Philosophie geschichtlich voranzutreiben. Dazu kommt die konzentrierte und fruchtbare Auseinandersetzung mit Benedetto Croce (1886–1952) und Giovanni Gentile. Darüber hinaus geht es darum, auf theoretischer Basis das innere Selbstverständnis des Thomismus, das unmittelbar metaphysisch ist, gegenüber der gnoseologisch-kriteriologischen Sicht desselben in der Löwener Schule und vor allem bei Kardinal Mercier herauszustellen. Die dritte Phase schließlich, die vom Zweiten Weltkrieg bis heute dauert, ist eine Fortsetzung der vorangegangenen Arbeit. Besonders ausgezeichnet ist sie durch ihren spekulativen Einsatz für die Wiederbelebung und Wiederbegründung der Metaphysik, die sie durch eine Überwindung der naturalistischen und gnoseologistischen Vorurteile der ganzen neuzeitlichen Philosophie zu realisieren trachtet, und durch die Erringung einer eigenen philosophischen Denkform. Diese Phase nennt sich auch »neoclassica«, weil sie den Anschluß an die Prinzipien der klassischen Philosophie betont und diese in einer neuen Form von streng wissenschaftlichem, hoch formalisiertem und verwesentlichtem Diskurs ins Gespräch bringt. Wir befassen uns hier jedoch vor allem mit der mittleren Phase, d. h. mit jener Zeit, die von E. Chiocchetti, A. Masnovo und F. Olgiati bestimmt ist. Wir werden aber auch noch auf S. Vanni Rovighi zu sprechen kommen.

Emilio Chiocchetti (1880–1951), Professor für moderne Philosophiegeschichte an der Università Cattolica von 1925 bis 1930, wurde am Antonianum in Rom

---

[8] A. Gemelli: *Il mio contributo alla filosofia neoscolastica*, Mi 1932, 97 und 101.

promoviert. Er studierte aber auch in Löwen und in Deutschland. Sein Verdienst war es vor allem, in den Fortgang der Neuscholastik einen neuen Geist und einen Sinn für die Geschichtlichkeit des Denkens eingebracht zu haben. Das Ziel seiner spekulativen Tätigkeit bestand darin, eine Begegnung zwischen traditioneller und idealistischer Philosophie herbeizuführen, d. h. den Versuch zu machen, die positiven Anliegen des Idealismus in die klassische Metaphysik zu integrieren. »Er leitete die Einbeziehung des Idealismus in den klassischen Realismus, d. h. soviel wie die Aufhebung desselben ein.«[9] Berühmt wurden daher seine Bücher über B. Croce und G. Gentile. Negativ gesehen lieferte ihm der Idealismus vor allem Mittel zur Kritik des Positivismus an die Hand. Im positiven und konstruktiven Sinn jedoch erhielt Chiocchetti von der Philosophie Croces die Theorie vom »konkreten Begriff«, d. h. vom Begriff, der es gestattet, die konkrete Dynamik der realen Wirklichkeit zu fassen. Nun stand aber der konkrete Begriff dem abstrakten gegenüber. Dies schien eine Bedrohung für die klassische Metaphysik zu werden, da diese sich auf den abstrakten Begriff stützte. Die Studien über Gentile machten Chiocchetti auf diese Schwierigkeit aufmerksam, ließen sie ihn aber auch überwinden, allerdings um den Preis einer eklektizistischen Position. Dafür wiederum fand er seinen Anhaltspunkt und seine Formulierung in Rosminis Begriff von der »universalen Synthese«, dem seinerzeit die Vorstellung von einer gegenseitigen Organisation, Unterscheidung und Versöhnung aller Seienden untereinander zugrunde lag.

In der Überzeugung, daß die Neuscholastik mehr als der Idealismus die Fähigkeit zu einer integralen Einheitssicht der Geschichte besitzt, sofern sie viele Aspekte derselben philosophisch bewerten kann, die der Idealismus wegen seines Systemzwanges entweder nicht beachten oder gar negieren muß, gab er eine Probe seiner Theorie in einer Studie über G. B. Vico (1668–1744). Dabei ließ er sich nicht zuletzt von der franziskanischen Tradition, der er übrigens selbst angehörte, inspirieren. Konkret bedeutete dies, daß er über die Beziehung von Philosophie und Religion zu einer geistigen Einheit strebte, die jene höhere Philosophie hervorbringt, die er »filosofia unita«, Einheitsphilosophie, nannte. »Sein spekulatives Denken war vor allem von einem Sinn für Einheit geprägt. Er setzte seine ganze spekulative Kraft ein, um von der Einheit der Erkenntnis, die ihn das Problem des Dualismus neu stellen ließ, zur organischen Einheit der Wirklichkeit und – was ihm besonders am Herzen lag – zur Einheit von Philosophie und Theologie zu gelangen (zu dem also, was er im Sinne der franziskanischen, vor allem bonaventurischen Tradition ›filosofia unita‹ nannte).«[10]

Einen markanten Ausdruck und ein zähes theoretisches Engagement fand die italienische und mailändische Neuscholastik vor allem bei Amato Masnovo (1880–1955). Er widmete sich in erster Linie der strengen, aufs Wesenhafte (essentia) konzentrierten Rekonstruktion der klassischen Metaphysik. Er initiierte dadurch eine gewisse Verselbständigung der spekulativen Philosophie innerhalb der Mailänder Schule. Das bedeutete keine Absage an das geschichtliche

---

[9] G. Bontadini: *Conversazioni di metafisica*, Bd. II, Mi 1971, 320.
[10] Ebd.

Interesse. Im Gegenteil, Masnovo verknüpfte seine theoretischen Untersuchungen mit historischen Erörterungen (besonders über die Geschichte der mittelalterlichen Philosophie) und hielt diese für unerläßlich. Ein Studium der thomistischen Aussagen in ihrem geschichtlichen Umfeld war für ihn der Boden für jede weitere Erörterung der Wahrheit selbst. Doch gleichzeitig wollte Masnovo nicht die Wahrheit mit ihrer konkreten Gegebenheit innerhalb bestimmter thomistischer Texte verwechseln. Er griff vielmehr einige fundamentale Einsichten auf, von denen er sich sodann einen fruchtbaren Beitrag für die gegenwärtige philosophische Diskussion erwartete.

Bezüglich dieser spekulativen Rekonstruktion der klassischen Metaphysik ist das Urteil G. Bontadinis zu beachten, das er zur Bedeutung Masnovos für die später so genannte »filosofia neoclassica« abgegeben hat: »Es geht darum, das fundamentale Problem zu sehen ... Das Insistieren auf ihm, das klare Bewußtsein um seine entscheidende Bedeutung, hat neben der Bezeichnung ›Neuscholastik‹ zu jener von der ›neoclassica‹ geführt. Eine Philosophie wiederum ist neoklassisch, wenn sie das erste Prinzip bzw. die Grundvoraussetzung der klassischen Metaphysik enthält, nichts sonst ... Denn in ihr geht es ausschließlich um dieses Prinzip oder diese Grundvoraussetzung. Gegenüber der Bezeichnung ›Neuscholastik‹ ist letztere weniger eng (dafür aber gleichzeitig von größtmöglicher Spannweite). Die Einführung dieser neuen Bezeichnung hängt klarerweise mit der Forderung zusammen, sich auf *das Wesen der Dinge* (die *essentia*) zu richten und sich nur mit dem abzugeben, was absolut unerläßlich ist im Hinblick auf das zu erreichende Ziel. Sie wiederum fand ihren entsprechendsten Ausdruck im Unterricht eines neuscholastischen Lehrers, der in den vergangenen 50 Jahren seinen Beitrag geleistet hat: in Amato Masnovo.«[11] Zur Diskussion steht also die Grundvoraussetzung des Denkens. Von der Behandlung derselben hängen der Wert und die Gegenwartsrelevanz der Scholastik ab. Worin bestehen sie?

Auszugehen ist von der Stellung des Möglichen. Dieses ist das primär Gedachte, gedacht allerdings von einer absoluten Vernunft, die zugleich Quelle der Wirklichkeit ist. Bezieht sich das Mögliche nämlich auf eine begrenzte Vernunft, die sich an der Wirklichkeit mißt und folglich nicht über diese verfügt, so ist es als Mögliches nur denkbar, wenn es aus der Erkenntnis der Wirklichkeit stammt. Das heißt: Das Mögliche kann der Erkenntnis des Wirklichen niemals zuvorkommen, es kann ihr nur folgen. Die Erkenntnis des Wirklichen ist damit das erste.

Diese These zeigt ihre Tragweite, wenn man sie mit der Frage nach dem Recht des Erkenntnisanspruches, d. h. mit der erkenntniskritischen Frage, konfrontiert. Klärend ist diesbezüglich Kardinal Merciers Kritik an der Erkenntniskritik. Masnovo nennt sie einen »subordinierenden Idealismus bzw. einen idealistischen Subordinationismus« und setzt ihr einen »subordinierenden Realismus bzw. einen realistischen Subordinationismus« entgegen. Beide Positionen stimmen darin überein, daß sie vom actus bzw. von den verschiedenen actus-Formen der Wirklichkeit ausgehen, sie unterscheiden sich jedoch in der Entfaltung dieses Aus-

---

[11] Ebd. 19.

gangspunktes: »In der Ordnung des Idealen, d. h. auf der Ebene der Prinzipien, gibt es keine Gewißheit ohne Erkenntnis der Möglichkeit eines Seienden. Nun kann aber die Möglichkeit eines Seienden – eine einfache Feststellung – nicht durch reine Analyse erkannt werden. Dazu bedarf es vielmehr einer äußeren oder inneren Erfahrung. Es gilt also der Grundsatz ›ab esse ad posse datur illatio‹: Von der Realität einer Sache darf man auf ihre Möglichkeit schließen.«[12] Es geht also um die Feststellung, daß die Urteile aus dem idealen Bereich denen aus dem realen Bereich erkenntniskritisch gesehen untergeordnet sind. Die Begründungsschritte zu diesem Schluß sind folgende:

Um das Recht der Erkenntnis klarzulegen, ist es nicht möglich, von einer bloßen Erörterung der Erkenntnisvermögen auszugehen. Denn das Recht der Erkenntnisvermögen darzulegen bedeutet, die Möglichkeiten aufzuweisen, die ein Erkenntnisvermögen im Hinblick auf die Wahrheit hat. Der Aufweis einer solchen Möglichkeit ist aber wiederum lediglich auf der Basis einer aktuellen Erkenntnis sinnvoll. Die Frage nach dem Recht der Erkenntnis kann genausowenig von der Frage nach dem Recht notwendiger Erkenntnisschlüsse ausgehen. Notwendige Erkenntnisoperationen verweisen nämlich auf Notwendigkeitsbeziehungen zwischen Begriffen bzw. zwischen Subjekt und Prädikat. Das heißt, das Problem verschiebt sich auf die Ebene der Frage nach dem Recht der Begriffe sowie der sie konstituierenden Kräfte. Nun hat aber ein Begriff nur Wert im Hinblick auf ein mögliches Seiendes. Die Möglichkeit dieses Seienden ist wiederum nur erkennbar, wenn es in seiner aktuellen Wirklichkeit erkannt wird. Demnach muß die Erörterung des Rechtes der Erkenntnisansprüche von der Wahrheit der realen Wirklichkeit ausgehen, sofern diese in den Feststellungen der Erfahrung gegeben ist.

Wissenschaftstheoretisch gesehen bedeutet dies, daß die Gnoseologie künftig von der Metaphysik abhängt. Zwischen diesen beiden Wissenschaften besteht freilich ein Unterschied: Während die erste die Untersuchung des Verfahrens der Erkenntnis eröffnet und die Aufgabe hat, den Weg zur Wahrheit zu zeigen sowie zu kontrollieren, was von der Metaphysik kommt, begründet diese die Untersuchung der Grundelemente und Inhalte, indem sie der Gnoseologie das Kontradiktionsprinzip verschafft (das Prinzip des Inhalts) und die Funktion hat, alle Aussagen über das Seiende zu prüfen bzw. jene Wirklichkeiten zu beweisen, die nicht unmittelbar sichtbar sind. Dieser realistische Subordinationismus ist schließlich als konkret genetischer Subordinationismus zu bezeichnen, sofern er »danach trachtet, sich jeweils über die konkrete Wirklichkeit jenes bestimmten Prinzips zu versichern, das die Wirklichkeit ihrerseits (sich verobjektivierend) jeweils aus sich selbst heraus dem analysierenden Blick des Geistes freigibt«.[13]

Der Wert dieser Theorie zeigt sich schließlich vor allem am höchsten Punkt der Metaphysik: beim Beweis der Existenz Gottes. Das Gottesproblem besteht nicht in der Frage: Existiert Gott?, sondern: Existiert eine Realität, der man den Namen Gottes bzw. jene Attribute geben kann, die das religiöse Bewußtsein Gott

---

[12] A. Masnovo: *Gnoseologia e metafisica*, 134.
[13] Ebd.

gibt? Da Gott dem menschlichen Geist nicht unmittelbar gegenwärtig ist, kann das so formulierte Problem nur indirekt gelöst werden, d. h. nur so, daß innerhalb der unmittelbar zugänglichen Wirklichkeit die Existenz jener Realität nachgewiesen wird, die der zureichende Grund der ersteren ist. Um dazu allerdings zu kommen, bedarf es einer klaren Fassung des Kausalitätsprinzips. Ein korrekter Beweis ist nur möglich, wenn das Prinzip korrekt formuliert wird. Für Masnovo findet dieses metaphysische Prinzip par excellence, sofern es »das freieste von allen Voraussetzungen, sogar von wissenschaftlichen Voraussetzungen ist«,[14] seinen Ausdruck in der *prima via* des hl. Thomas (*Summa theologiae* I, q. 2, a. 3). Diese nimmt die Erfahrung des allgemeinen Werdens zum Ausgangspunkt. Das Prinzip, das nun den Gottesbeweis trägt, ist das berühmte »omne quod movetur ab alio movetur«. In ihm sieht Masnovo die metaphysisch gesehen rigoroseste Formel des Kausalitätsprinzips. Mit seiner Hilfe argumentiert er sodann folgendermaßen:

Das Seiende als solches ist niemals in sich selbst ein Widerspruch (das Kontradiktionsprinzip erstreckt sich auf alles Sein). Tragendes Element des Kontradiktionsprinzips ist das Prinzip vom zureichenden Grund. Auch es erstreckt sich auf alles Sein. Das Kausalitätsprinzip schließlich ist eine Spezialisierung, die das Prinzip vom zureichenden Grund angesichts des konkret werdenden Seienden braucht. Die Formel des hl. Thomas lautet nun so: Jedes werdende Seiende als werdendes Seiendes hat in sich selbst keinen zureichenden Grund für sein Werden. Es wäre somit ein Widerspruch in sich selbst, wenn sein Werden keine Begründung hätte, d. h. wenn es ohne Grund wäre. Kurz: »Das Seiende als Seiendes bedarf eines zureichenden Grundes, und zwar sowohl in sich angesichts der Gesamtheit aller Seienden als auch außerhalb seiner angesichts seiner jeweiligen Partikularität. Ebenso setzt das Seiende als Werdendes notwendig außerhalb seiner einen zureichenden Grund für sein Werden. Das heißt: Das Seiende als Werdendes (Subjekt) hat in seinem Werden (Prädikat) den Grund für dasselbe außerhalb seiner. Daraus folgt, daß auf der Ebene des Seins ein Nichtwerdendes, d. h. etwas, das nicht werden kann, gesetzt werden muß.«[15] Wo eine derartige nicht veränderliche transzendente Größe erreicht wird, »wandelt sich das Kausalitätsprinzip von der *negativen zur positiven* Feststellung«[16] und ergibt sich ein spekulativer Bezugspunkt für die veränderliche Welt.

Dieser Aufstieg zu Gott über die Welt der Erfahrung bildet den Höhepunkt der Philosophie. Doch gerade an dieser Stelle, wo es ja auch um die Lösung des Lebensproblems als solchen geht, zeigt die Philosophie ihre Grenze. Sofern sie sich dieser bewußt ist, öffnet sie sich dem Angebot der Offenbarung. Dadurch wird sie christlich. Das bedeutet nicht, daß sie sich als Philosophie der Offenbarung bedient, als Philosophie muß sie vielmehr streng rational vorgehen, es bedeutet aber, daß sie ihre Grenzen anerkennt und gleichzeitig zugesteht, daß die Lebensfrage in ihrer Totalität nur seitens der Offenbarung Antwort erhalten

---

[14] A. Masnovo: *La religione*, 79.
[15] Ebd. 64–65.
[16] Ebd. 66 (von mir hervorgehoben).

kann. Masnovo stützt sich in dieser Ansicht vorwiegend auf den hl. Augustinus, er streicht in seinen Studien zum mittelalterlichen Augustinismus jedoch auch die Berührungspunkte desselben mit dem Thomismus heraus.

Gründer der Università Cattolica war neben Gemelli Francesco Olgiati (1886 bis 1962). Er gilt zu Recht als der bedeutendste Kopf und – was seine literarische Tätigkeit anbelangt – als die anregendste Persönlichkeit der mailändischen Neuscholastik. Seit der Gründung der Universität bekleidete er die Lehrstühle für Metaphysik und Geschichte der Philosophie. Als überzeugter Thomist verteidigte er kompromiß- und konzessionslos die Reinheit der klassischen Metaphysik. Wesentlicher Kern derselben schien ihm das Verständnis der Wirklichkeit als Seiendes zu sein, d. h. transzendentale Vermittlungsinstanz zwischen Wesenheit und Sein selbst. Der Begriff des Seienden ist als absolut metaphysisch, transzendental und unmittelbar zugrunde zu legen. Fest verankert in diesem Grundsatz erblickt Olgiati die Aufgabe, die es anzupacken gilt. »Schon allein durch den Umstand, daß die moderne Philosophie sich gegen den Thomismus gestellt hat, errichtete sie sich einen Grabstein, den keine Kraft mehr umzustoßen vermochte. Mit nicht zu beirrendem Mut machte sich jedoch Olgiati an das Werk dieses Umstoßens. Die These, die er aufstellte und sowohl breit wie genau entwickelte, bestand darin, daß er es nicht für notwendig hielt, die Errungenschaften des modernen Denkens zurückzuweisen, um den überzeitlichen Gehalt der Tradition, der Scholastik und des Thomismus zu erhalten. Die Leugnung dieses Gehalts bildete für ihn angesichts der tatsächlichen Errungenschaften der modernen Zeiten lediglich eine überflüssige Häresie. Denn diese Errungenschaften mußten nur auf verschiedenen Ebenen vermittelt werden, d. h. auf Ebenen, die vom alten Denken noch nicht in gleicher Weise betreten worden waren. Gemeint sind vor allem die Ebene der Wissenschaft und die der Geschichte. (Die unnötige Überbewertung bzw. Exaltierung derselben ins Metaphysische entspricht im wesentlichen dem Positivismus einerseits und dem Idealismus andererseits.) Kurz: Die Ebene des Konkreten stand der Ebene der Abstraktion, auf der das alte Denken unübertroffen blieb, gegenüber.«[17] Es muß daher überlegt werden, ob die beiden Denkformen einander ausschließen oder ob und wie sie sich integrieren lassen. »Die beiden Denkformen – die eine, am Begriff orientierte, und die andere, am Konkreten gebildete – schließen einander nicht aus. Sie sind verschieden, aber nicht entgegengesetzt. Es ist deshalb auch nicht einzusehen, warum man bei der Anerkennung der Errungenschaften der großen Denker der alten Zeit mit ihren genauen Begriffsanalysen die neuen Einsichten ablehnen soll, die das moderne Denken erbracht hat.«[18] Die bleibende und charakteristische Errungenschaft des alten Denkens war »das Erfassen der Wirklichkeit im Begriff«. »Blickt man auf den breiten Strom der alten Philosophie ..., dringt man in das Innerste ihrer Seele ein, so muß man zumindest anerkennen, daß ihre Auszeichnung im Erfassen der Wirklichkeit mittels eines Abstraktionsprozesses besteht, wobei das Wort ›Abstraktion‹ im Sinne von reflexiv erarbeiteter ›Begriffsbildung‹ zu nehmen

---

[17] G. Bontadini: *Conversazioni di metafisica*, a.a.O. Anm. 9, Bd. II, 337–338.
[18] F. Olgiati: *La filosofia cristiana*, 374.

ist.«[19] Die moderne Philosophie verläßt diese Vorgangsweise und wendet sich dem Partikulären, Individuellen und Konkreten zu. In dieser Zuwendung zum wissenschaftlich und geschichtlich Konkreten liegt ihre historische Bedeutung.

Will man nun die moderne Philosophie sowohl in ihrer geschichtlichen Stellung als auch auf ihren Wahrheitsgehalt hin beurteilen, so kann man sich an das halten, was die klassische Metaphysik an ihrer Basis beseelt hat: der Drang nach einem lebendig-einheitlichen System einerseits und der Drang nach Wahrheit andererseits. Den ersteren erforscht die geschichtliche Forschung, den letzteren hingegen erfassen theoretische Überlegungen. Von beiden hat sich Olgiati in seinen Untersuchungen leiten lassen. Gewiß trug er nicht jeder der beiden Seiten in gleicher Weise Rechnung, er war sich jedoch beider ausdrücklich bewußt. Klar unterschieden und dennoch zusammen gesehen werden sie in der These vom Primat der Metaphysik bei jedem Philosophen. »Primat« meint hier den Vorrang in der Rangordnung, die logische Priorität, nicht den Primat im Sinne der Genese, der Psychologie oder der Geschichte. »Behauptet man, daß weder die Gnoseologie noch die Ethik, noch die Theodizee das Prius eines philosophischen Systems bzw. der Angelpunkt ist, von dem alles andere abhängt, sondern die ursprüngliche Metaphysik, so sagt man nichts anderes als dies: Der fundamentale Begriff, auf den sich alle anderen Begriffe des Systems beziehen, der somit ihre Seele ist, ist der Begriff der Wirklichkeit.«[20] Ein System verstehen heißt, seine Seele verstehen, seine fundamentale Metaphysik, seinen Wirklichkeitsbegriff, auf den sich alle anderen Begriffe und Systemkomponenten zurückführen lassen. Mit dieser These vom Primat der Metaphysik, die Olgiati übrigens der »ausgesprochen schwachen Kriteriologie« der Löwener Schule entgegenstellt, geht er an die Geschichte des Denkens heran und stellt in dieser drei fundamentale Arten des Wirklichkeitsverständnisses fest:

Die erste ist die der klassischen Metaphysik: der Realismus, das Auffassen der Wirklichkeit als Seiendes, d. h. genauer, als vom Seinsakt her aktualisierte Wesenheit bzw. als transzendentaler Bezug zwischen Wesen und Existenz. Zu diesem Verständnis trugen bei: Sokrates mit seiner Entwicklung des Begriffs, Platon mit seiner Ideenlehre, Aristoteles mit seiner Theorie von Form und Wesenheit, der hl. Augustinus mit seiner veritas-Theorie und in höchster synthetischer Form der hl. Thomas mit seiner Seinsmetaphysik.

Die zweite Art von Wirklichkeitsverständnis ist der Phänomenalismus, d. h. »die Vorstellung von Wirklichkeit als Inhalt der Erfahrung, des Denkens oder des konkreten Lebens, und damit als erfahrener, gedachter oder erlebter Gegenstand«.[21] An der Basis des metaphysischen Phänomenalismus steht die dogmatische Behauptung, daß »Denken Phänomenalisieren bzw. Relativieren ist«.[22] Die Begründung dafür ist, »daß die Frage: ›Was ist die Wirklichkeit als Wirklichkeit?‹ nicht von den konstitutiven Elementen der Wirklichkeit selbst her (vom Wesen

---

[19] Ebd. 371–372.
[20] Ebd. 377.
[21] F. Olgiati: *I fondamenti*, 129.
[22] Ebd.

und vom Sein her) gelöst wird, sondern im Hinblick auf das Subjekt, das die Wirklichkeit auf Erkanntsein relativiert«.[23] Vom Phänomenalismus gibt es so viele Formen, wie es Erscheinungsformen gibt: den rationalistischen (Descartes), den aktivistischen (Leibniz), den wissenschaftlichen (Galilei, Le Roy), den empiristischen (Locke, Hume), den historizistischen (Croce), den vitalistischen (Bergson, Blondel), den existentialistischen Phänomenalismus usw. Von diesem subjektivierenden und phänomenalisierenden Verständnis aus ist die Rückkehr zum Realismus unmöglich.

Die dritte Art von Wirklichkeitsverständnis ist der Idealismus, d. h. »die Auffassung der Wirklichkeit als Synthesis a priori«.[24] Die Wirklichkeit als solche ist Denken oder Idee. Darin sind sich alle Richtungen des Idealismus einig: Kant mit seinem Begriff der Synthesis a priori, Fichte mit seinem Begriff der Tat, Hegel mit seinem Begriff der Dialektik, Gentile mit seinem Begriff der Selbstauflösung usw. Bedenkt man, daß der idealistische Wirklichkeitsbegriff daraus entspringt, daß man nicht mehr auf den subjektivierten Inhalt achtet, sondern auf die subjektivierende Tätigkeit, so muß man schließen, daß der ganze Idealismus »eine Konstruktion ist, die auf phänomenalistischen Voraussetzungen fußt«.[25]

Soweit der erste Teil des Vorhabens von Olgiati: »tout comprendre«. Es bleibt der zweite Teil: »pour tout aimer«. Denn wie bereits gesagt, »die Suche nach der Seele eines Systems geschieht im Hinblick auf die Frage nach der Disponiertheit derselben zur Wahrheit«.[26] Die Frage, die sich jetzt stellt, ist somit die, ob die Seele eines Systems in den Irrtum verfallen oder durch die Wahrheit bestimmt ist. Olgiatis Antwort: »Während die Seele des Systems das Begreifen der Wirklichkeit als Wirklichkeit sein sollte . . ., handelt es sich häufig um ein Verständnis der Wirklichkeit als dieser oder jener spezifischen Dimension der Wirklichkeit . . .«[27] Diese These zeigt die doppelte Denkweise Olgiatis: auf der einen Seite seine Öffnung für jede neue Theorie, auf der anderen Seite jedoch seine unbedingte Absicht, das Fundament der Seinsmetaphysik zu verteidigen. Gerade die mit Leidenschaft verfaßten Untersuchungen zur Philosophiegeschichte haben seine These vom Primat der Metaphysik in jedem System bekräftigt. Sie haben ihn außerdem dazu gezwungen, gegenüber allen Formen von Metaphysik am Realismus festzuhalten, d. h. das Verständnis von Wirklichkeit als Seiendem ausgerechnet zu einer Zeit zu verteidigen, in der andere Systeme die Wirklichkeit nur mehr auf eine bestimmte Art von Wirklichkeit reduzierten. Schließlich war es dieser Realismus, der es ihm gestattete, »die Errungenschaften des begriffsorientierten Denkens, die bleibend gültig sind, mit den Errungenschaften jener modernen Denkformen zu vermitteln, die sich auf das Konkrete hin ausrichten«.[28] Auf der einen Seite bleibt also eine Unversöhnbarkeit der Weisen des Wirklichkeitsverständnisses (Seiendes, Phänomen, Idee), auf der anderen Seite besteht aber auch

---

[23] Ebd. 127.
[24] Ebd. 129.
[25] Ebd. 125.
[26] F. Olgiati: *La filosofia cristiana*, 369.
[27] Ebd. 384.
[28] Ebd. 385.

das Rechnen mit der Möglichkeit der gegenseitigen Integration derselben, sofern die Systeme als Reflexe, Ausdrücke oder Formen der Vielgestaltigkeit und Unauslotbarkeit des Seienden begriffen werden.

Diese Einstellung ermöglichte eine Öffnung auf die konkreten Themenstellungen des modernen Denkens mit all seinen Problemen: auf seine Ethik, seine Pädagogik, seine Politologie, seine Rechtswissenschaft, seine Ästhetik, kurz: auf die gesamte Philosophie, deren Fundament die Metaphysik ist. Die vielseitige Persönlichkeit Olgiatis brachte auch die Voraussetzungen dazu mit, sich mit all diesen Gebieten zu befassen. Olgiati sah darin sogar so etwas wie ein philosophisches Apostolat. In dieses mündete seine ganze Tätigkeit als Priester, als Mann der Öffentlichkeit, als Soziologe und als Historiker. Alles fand in der Philosophie seinen Bezugspunkt. Und diese wiederum wurzelte im Glauben. Darin lag schließlich der Grund, warum seine intellektualistisch geprägte Philosophie, die ihn von seinen Kollegen Chiocchetti und Masnovo unterschied, »einen wesenhaften, tief reichenden apologetischen Charakter«[29] besaß. Die Philosophie blieb dabei wohl eigenständig und autonom, sie besaß aber gleichzeitig einen lebendigen Bezug zur übernatürlichen Ebene.

Das Werk dieser drei Denker, die wir behandelt haben, vor allem dasjenige Masnovos, wurde von G. Bontadini (geb. 1903) und S. Vanni Rovighi (geb. 1908) fortgesetzt. Da zu Bontadini ein eigener Beitrag in diesem Buch enthalten ist, bleiben uns nur noch einige Worte zu Sophia Vanni Rovighi. Sie befaßte sich vor allem mit der Geschichte der mittelalterlichen Philosophie. Doch auch in der Erforschung der modernen und gegenwärtigen Philosophiegeschichte erwarb sie sich Verdienste. Als eine der ersten Gelehrten machte sie in Italien die Philosophie Husserls bekannt. Gemäß den Richtlinien der mailändischen Schule versuchte sodann auch sie eine Vermittlung von klassischer und moderner Philosophie. Ihre Position legte sie in ihrem Buch *Elementi di filosofia* systematisch dar. Im Anschluß an Masnovo entfaltet sie darin auf sehr klare Weise die Prinzipien der klassischen Philosophie von der Logik bis zur Ethik. Der große Wert dieses Werkes, des einzigen übrigens, das es bis zur Ehre eines klassischen Handbuches geschafft hat, besteht darin, daß es die großen Thesen der klassischen Philosophie in guter Abwägung und Auswahl erläutert und daß es unter vielerlei Rücksicht diese Thesen in Vermittlung mit dem modernen Denken vertieft und bereichert. Besonders trifft dies für die Gnoseologie zu, die Vanni Rovighi vor allem interessierte. Wie nicht anders zu erwarten, gab sie darin den Urteilen mit Kompetenz für die Wirklichkeit selbst den unbedingten Vorrang.

DER NEUTHOMISMUS IN DER GESELLSCHAFT JESU

Aus der Einflußsphäre des Jesuitenordens sind neben der Università Gregoriana in Rom die Zeitschrift *La Civiltà Cattolica* und das Zentrum Aloisianum in Gallarate für unser Thema wichtig. Man darf sagen, daß bei aller Verschieden

---

[29] G. Bontadini: *Conversazioni di metafisica*, a.a.O. Anm. 9, Bd. II, 341.

heit eine gemeinsame Denkrichtung und Tradition vorhanden war, die diese Zentren und die Denker, die an ihnen wirkten, verband.

Guido Mattiussi (1852–1925) ist die beherrschende Figur am Anfang des Jahrhunderts. Sein Denken, das übrigens sehr spekulativ ausgerichtet war, ist eng an die 24 *Thesen* zur thomistischen Philosophie gebunden, mit denen er einen determinierenden Einfluß auf die Geschichte des Thomismus genommen und seine unauslöschliche Handschrift auf die damaligen Ereignisse gedrückt hat. Mit ihm erreicht die Metaphysik ein hohes Niveau. In den 24 *Thesen*, die er auf Anweisung Papst Pius' X. verfaßte, der in seiner Enzyklika *Pascendi* als Wurzel für die modernistischen Irrlehren das Vergessen der thomistischen Philosophie ansah, bewies Mattiussi seine spekulative Kraft nicht nur dadurch, wie er die wesentlichen Prinzipien der thomistischen Metaphysik durchdachte, sondern auch durch die rigorose Präzision, die unbestechliche Logik und die eiserne Konsequenz, mit der er sie darlegte. Er verfaßte dazu auch einen Kommentar, von dem C. Giacon sagt: »Sein hohes Talent und sein fester Charakter fanden im literarischen Stil wohl einen adäquaten Ausdruck, sie gaben der Darlegung auch ihre edle Form, gleichzeitig machten sie sie aber auch unübertreffbar abstrakt und gedrängt.«[30] Seine Kenntnisse der Wissenschaften machten ihn besonders kompetent für das Problem des Verhältnisses von Wissenschaft und Philosophie. Aufgrund dieser Kenntnisse fand er für sein Denken auch eine Basis in der Erfahrung. Dadurch verfiel er nicht ausschließlich der Abstraktion. Sein Bemühen, der thomistischen Orthodoxie so treu wie nur möglich zu bleiben, ließ allerdings wenig Offenheit für das moderne Denken zu. Wenn es ihm auch dank seines spekulativen und systematischen Geistes gelang, die modernen Systeme zu erfassen und zu prüfen, so überwiegt doch die reine Polemik. Dies ist z. B. schon aus dem Titel seines Buches über Kant zu ersehen, der da heißt: *Das kantianische Gift (Il veleno kantiano)*.

Giovanni Busnelli (1866–1944), einer der Redakteure der *Civiltà Cattolica*, befaßte sich vorwiegend mit dem Thomismus Dantes. Er wies nach, daß Dante zunehmend die Position Alberts des Großen verließ und sich dem thomistischen Denken annäherte. Analoges behauptete er für Siger von Brabant und dessen Theorie über die Seele: In seinen letzten Lebensjahren hätte Siger seine eigenen averroistischen Thesen im thomistischen Sinne modifiziert. Auch Busnelli war Thomist strenger Observanz. Daher begegnete er etwa dem idealistischen Denken Croces und Gentiles ausschließlich polemisch und kritisierte es von seinem thomistischen Gesichtspunkt aus.

Das Aloisianum und vor allem das Centro di Studi Filosofici in Gallarate ist an den Namen von Carlo Giacon (1900–1984) gebunden. Er war Professor am Aloisianum und Gründer des Centro in Gallarate. Letzteres führte er bis zu seinem Lebensende. Giacon steht Mattiussi und dessen 24 *Thesen* nahe, er besitzt jedoch eine andere geistige Herkunft. Mit Mattiussi ist er überzeugt davon, daß in den Thesen »der authentische Thomas« enthalten ist und daß es diesem authentischen Thomas in erster Linie um das Prinzip des »actus purus« gegangen

---

[30] C. Giacon: *Le grandi tesi*, 5.

sei, daß somit »dieses Prinzip die Seele des Thomismus« darstelle.[31] Ihm treu zu sein heißt der Wahrheit treu zu sein. Denn der Thomismus ist für Giacon das System der Wahrheit schlechthin. Von diesem Grundsatz aus entwirft er seine integrale Sicht der Philosophiegeschichte, die sich deutlich von einer rein phänomenalistischen unterscheidet. Die integralistische Sicht setzt bei den Ursprüngen des Thomismus an. Dabei hält sie aber fest, daß man Thomas nur versteht, wenn man ihn als logische Konsequenz, als wahren Erben und als authentischen Interpreten des gesamten griechisch-christlichen Denkens – von Platon, Aristoteles und Augustinus – sieht. Der Thomismus stellt so gesehen das vollständigste und kohärenteste System dar, in dem sich alle fundamentalen Einsichten des griechisch-christlichen Denkens bündeln und ausdrücken. Die integralistische Sicht beachtet aber auch die Geschichte nach Thomas. Vor allem der Epoche der Dekadenz der Scholastik und der Zeit der sogenannten Zweiten Scholastik wendet sie ihr Augenmerk zu. Die Dekadenz der Scholastik trat ein, weil der Thomismus – »das beste aller scholastischen Systeme«[32] – nicht in seinem ursprünglichen Anliegen begriffen wurde und weil man von den Prinzipien absah, deren logische Entfaltung er sein wollte. Die Zweite Scholastik war eine Wiederbelebung der Ersten Scholastik, doch sie versagte in zwei wesentlichen Punkten: in der Gnoseologie und in der Metaphysik. Was die Gnoseologie anbelangt, so verhinderten die langatmigen dialektischen Erörterungen und partikularistischen Spitzfindigkeiten »die Erarbeitung jener wesentlichen gnoseologischen Problemstellungen, die es gestattet hätten, den zeitgenössischen Philosophien des Empirismus oder Rationalismus wirksam entgegenzutreten«.[33] »Die Metaphysik wird sodann teilweise oder sogar völlig übergangen.« Außerdem »besitzt man eine eklektische Metaphysik... bzw. man verweist die metaphysischen Fragestellungen in die Theologie«.[34] Daraus erwuchs folgendes Resultat: »Die Dekadenz der Zweiten Scholastik bewies, daß ihre Kräfte... nicht fruchtbar eingesetzt waren. Dennoch kommt der Zweiten Scholastik so etwas wie eine Bewährungsprobe zu: Was mußte aus der Ersten Scholastik nach den Erfahrungen mit der Zweiten am Leben erhalten werden? Es bedurfte vor allem einer Gnoseologie und einer Metaphysik... Daraus wiederum erwuchs die Aufgabe einer neuen Renaissance der Scholastik. Diese ist tatsächlich in der Dritten Scholastik..., die sich als Neuthomismus konstituiert, erreicht.«[35] Es ging Giacon somit um eine Bewertung der klassischen Philosophie innerhalb des Spannungsfeldes von modernem und thomistischem Denken. Aus der Dekadenz des modernen und des scholastischen Denkens ergab sich für ihn aber noch eine weitere Überlegung: Zwischen klassischem und modernem Denken existiert weder ein ausschließliches Verhältnis der Kontinuität noch des Bruchs: »Handelte es sich wirklich um einen Bruch oder nur um einen Irrweg? War es nur ein Irrweg, so wäre eine Rückkehr auf den richtigen Weg möglich gewesen, auf dem es zu keiner Leugnung der Transzen-

---

[31] Ebd. 6 und 8.
[32] C. Giacon: *Tomismo e filosofia*, 294.
[33] Ebd. 295.
[34] Ebd. 295–296.
[35] Ebd. 296.

denz gekommen wäre. Vielleicht hätte man die griechische Philosophie neu entdeckt ... Vor allem aber wäre man dem Problem des Actus und der Potentia bzw. der Analogia entis begegnet.«[36] »Die ersten Schritte der neuzeitlichen Philosophie verbanden sich noch mit jener Scholastik, die vom Weg des hl. Thomas bereits abgewichen war. Die weiteren Schritte jedoch ließen sie jede Verbindung mit der Scholastik vergessen.«[37]

Die Aktivität des Aloisianums ist sodann eng verbunden mit dem monumentalen *Index Thomisticus,* den Roberto Busa besorgte. Busa hat sich schon früher durch Untersuchungen über die thomistische Terminologie, vor allem bezüglich der Begriffe, die das menschliche Innenleben betreffen, einen Namen gemacht. Besonders bekannt wurde auch die *Enciclopedia Filosofica* (über sie wird im dritten Band dieses Werkes, im Kapitel über das »Movimento di Gallarate«, noch Eingehenderes gesagt werden).

Paolo Dezza (geb. 1901) schließlich kam nach einer suarezianisch geprägten Ausbildung unter dem Einfluß von Mattiussi zum Thomismus. Er unterrichtete seit 1929 sowohl an der Gregoriana als auch am Aloisianum Metaphysik. Das Ergebnis seiner Lehrtätigkeit findet sich gesammelt in einem Handbuch zur Metaphysik. Dieses Handbuch darf als eines der letzten neuscholastischen Handbücher gelten, die den großen Vorteil haben, die Klarheit im Stil und im Ausdruck mit einer überzeugten Treue zum Denken des hl. Thomas verbinden zu können. Dezza widmete sich auch der geschichtlichen Erforschung der Anfänge des Neuthomismus.

DIE SCHULE DER DOMINIKANER

An der Schule der Dominikaner am Collegio della Minerva in Rom, die später zum Angelicum wurde und heute den Namen Pontificia Università S. Tommaso d'Aquino trägt, ragen vor allem Angelo Zacchi (1874–1927) und Mariano Cordovani (1883–1950) hervor. Zacchi erwarb sich große Verdienste um die Verbreitung der thomistischen Philosophie, die er dank der Klarheit und Tiefe seines Werkes sehr förderte, und um die Auseinandersetzung mit dem italienischen Idealismus. Cordovani war einer der ersten Theologiedozenten der Università Cattolica in Mailand. Er beschäftigte sich kritisch mit dem Ontologismus, dem Pragmatismus und dem italienischen Idealismus. Überzeugt davon, daß der thomistische Realismus die einzige Position sei, die einer rationalen Rechtfertigung gegenüber der Wahrheit standhalten konnte, distanzierte er sich sehr offen vom Aktualismus Gentiles. Gleichzeitig beurteilte er aber auch völlig unparteiisch dessen Bedeutung. Als Mann seiner Zeit sah Cordovani viele kommende Probleme voraus. Er versuchte ihnen mit einem sowohl auf Tradition wie auf Gegenwart ausgerichteten Geist zu begegnen. Dafür boten ihm seine vielfältigen Funktionen als Gelehrter, Philosoph, Theologe, Prediger und Redner auf großen wissenschaftlichen Kongressen zahlreiche Gelegenheiten.

---

[36] Ebd. 287.
[37] Ebd. 291.

ABSCHLUSS

Diesen begrenzten Ausführungen zum Neuthomismus in Italien seien zum Abschluß noch zwei Überlegungen angefügt. Ich bin überzeugt, daß es noch Großes und Bedeutendes zu tun gibt, um den Thomismus zu einem rigoroseren philosophischen Denken zu machen: Neben die rein historiographische Untersuchung desselben muß verstärkt eine spekulative Durchdringung treten. Es deutet einiges darauf hin, daß die Entwicklung bereits in diese Richtung läuft. Weiters bin ich überzeugt davon, daß es auch gegenwärtig neue Möglichkeiten gibt, die eine Auseinandersetzung mit den verschiedenen Gestalten des modernen Denkens sowohl dringend wie notwendig machen. Gerade darin bewähren sich die Aktualität des Thomismus und die Überzeugungskraft seines Beitrags.

BIBLIOGRAPHIE

1. Allgemeine Literatur

de Ruggiero, G.: La *filosofia* contemporanea (^{1}1912), Bari ^{5}1964, 464–481.
Dezza, P. / Riesenhuber, K. / Santinello, G.: Neoscolastica e neotomismo, in: EF Bd. IV (1969) 979–988.
Efirov, S. A.: La *filosofia borghese* italiana del XX secolo, Fi 1970.
Fabro, C.: Neoscolastica e neotomismo, in: C. Fabro (Hg.): Storia della filosofia, R 1954, 857–886.
Gentile, G.: *I neo-tomisti,* in: La critica 10 (1911) 424ff.
Giannini, G.: La filosofia neoclassica, in: M. F. Sciacca (Hg.): Grande antologia filosofica. Il pensiero contemporaneo, Bd. XXVII, Mi 1977, 255–680.
Olgiati, F. (Hg.): Indirizzi e conquiste della filosofia neoscolastica italiana, Mi 1934.
Penati, G.: La neoscolastica, in: A. Bausola (Hg.): Questioni di storiografia filosofica, Bd. V: Il pensiero contemporaneo II, Bre 1978, 167–224.
Saitta, G.: *Le origini* del neotomismo del secolo XIX, Bari 1912.
Sciacca, M. F.: *Il secolo XX,* Mi 1942.
–: *La filosofia oggi* (^{1}1945), Mi ^{2}1963.
Spirito, U.: L'idealismo italiano e i suoi critici, Fi 1930.

2. Zu den einzelnen Persönlichkeiten

A) EMILIO CHIOCCHETTI

a) Werke:
La filosofia di B. Croce (^{1}1920), Mi ^{3}1924.
La filosofia di G. Gentile (^{1}1922), Mi ^{2}1925.
La filosofia di G. B. Vico, Mi 1935.

b) Literatur:
Bontadini, G.: Padre Emilio Chiocchetti, in: G. Bontadini: Conversazioni di metafisica, Bd. II, Mi 1971, 319–323 (mit Bibliographie).
Crippa, R.: Il pensiero di Padre Emilio Chiocchetti, in: GM 9 (1954) 147–157.
Gemelli, A.: In memoria di Padre Emilio Chiocchetti, in: RFNS 42 (1951) Heft 4.

B) AMATO MASNOVO

a) Werke:
Introduzione alla Summa teologica di S. Tommaso (^{1}1918), Bre ^{2}1946.
Il neotomismo in Italia. Origini e primi sviluppi, Mi 1923.
Da Guglielmo d'Auvergne a S. Tommaso d'Aquino, Mi 1930-1945.
Problemi di metafisica e di criteriologia, Mi 1930.
Gnoseologia e metafisica, in: RFNS 25 (1933) 131-139.
La filosofia verso la religione (^{1}1941), Mi ^{6}1963.
S. Agostino e S. Tommaso. Concordanze e sviluppi (^{1}1942), Mi ^{2}1950.

b) Literatur:
Vanni Rovighi, S.: L'opera di Amato Masnovo, in: RFNS 48 (1956) 97-109 (mit vollständiger Bibliographie).

C) FRANCESCO OLGIATI

a) Werke:
La filosofia cristiana ed i suoi indirizzi storiografici, in: M. F. Sciacca (Hg.): Filosofi italiani contemporanei, Mi ^{2}1946, 363-385.
La filosofia di E. Bergson, Tn 1914.
Josiah Royce, Mi 1918.
L'anima di S. Tommaso, Mi 1923.
L'anima dell'Umanesimo e del Rinascimento, Mi 1924.
L'idealismo di G. Berkeley e il suo significato storico, Mi 1926.
Il significato storico di Leibniz (^{1}1929), Mi ^{2}1934.
Cartesio, Mi 1933.
La filosofia di Descartes, Mi 1937.
La metafisica di G. Galilei, Mi 1942.
Carlo Marx (^{1}1818), Mi ^{6}1953.
B. Croce e lo storicismo, Mi 1953.
Neoscolastica, idealismo, spiritualismo, Mi 1933.
Il realismo, Mi 1936.
I fondamenti della metafisica classica (^{1}1950), Mi 1953.

b) Literatur:
A. V.: Studi di filosofia e di storia della filosofia in onore di Francesco Olgiati, Mi 1962 (mit vollständiger Bibliographie).
Bontadini, G.: Il filosofo Olgiati, in: G. Bontadini: Conversazioni di metafisica, Bd. II, Mi 1971, 335-343.
Ferro, C.: L'anima di Mons. Olgiati, Mi 1964.

D) SOPHIA VANNI ROVIGHI

Werke:
L'immortalità dell'anima nei maestri francescani del sec. XIII, Mi 1936.
S. Anselmo e la filosofia del secolo XI, Mi 1949.
L'antropologia filosofica di S. Tommaso d'Aquino (^{1}1951), Mi ^{2}1965.
La filosofia di E. Husserl, Mi 1939.
La concezione hegeliana della storia, Mi 1942.
Galilei, Bre 1943.
Heidegger, Bre 1945.
Introduzione allo studio di Kant (^{1}1945), Bre ^{3}1981.
Introduzione alla Fenomenologia dello Spirito di Hegel, Mi 1973.
La »Scienza della logica« di Hegel e appunti introduttivi, Mi 1974.

Elementi di filosofia (^{1}1941–1950), Bre ^{6}1982.
Istituzioni di filosofia, Bre 1982.
Gnoseologia, Bre 1963.

E) GUIDO MATTIUSSI

a) Werke:
Il veleno kantiano (^{1}1907), R ^{2}1914.
Fisica razionale, Mi 1896–1901.
Le XXIV tesi della filosofia di S. Tommaso (^{1}1917), R ^{2}1947.

b) Literatur:
Dezza, P.: Alle origini del neotomismo, Mi 1940, 131–142.

F) GIOVANNI BUSNELLI

a) Werke:
Cosmologia e antropogenesi secondo Dante Alighieri e le sue fonti, R 1922.
L'accordo di Sigieri di Brabante e Tommaso d'Aquino secondo nuovi documenti, in: CivCatt 74/3 (1923) 120–135.
I fondamenti dell'idealismo attuale esaminati, R 1926.

b) Literatur:
Mondrone, D.: Scrittori al traguardo, Bd. III, R 1944, 257–352 (mit Bibliographie).

G) CARLO GIACON

Werke:
(Selbstdarstellung): *Tomismo e filosofia* contemporanea, in: M. F. Sciacca (Hg.): Filosofi italiani contemporanei, Mi ^{2}1946, 283–297.
Guglielmo di Occam. Saggio storico-critico sulla formazione e la decadenza della Scolastica, Mi 1941.
La Seconda Scolastica, 3 Bde., Mi 1944–1950.
Le grandi tesi del tomismo (^{1}1945), Bol ^{3}1967.
Interiorità e metafisica: Aristotele, Plotino, S. Agostino, S. Bonaventura, S. Tommaso, Rosmini, Bol 1964.

H) PAOLO DEZZA

Werke:
Alle origini del neotomismo, Mi 1940.
I neotomisti italiani del secolo XIX, Mi 1943/44.
Metaphysica generalis (^{1}1952), R ^{7}1964.
Filosofia. Sintesi scolastica, R ^{5}1960.

I) MARIANO CORDOVANI

a) Werke:
L'attualità di S. Tommaso, Mi 1924.
Rivelazione e filosofia, Mi 1926.
Cattolicismo e idealismo, Mi 1928.

b) Literatur:
Ciappi, L. / Matarella, B. / Costantini, C.: La figura spirituale di P. Mariano Cordovani, in: Sapienza 8 (R 1955) 253–265.
Spiazzi, R.: Padre Mariano Cordovani, R 1954.

J) Roberto Busa / Angelo Zacchi

Werke:
Busa, R.: La terminologia tomistica dell'interiorità, Mi 1949.
Zacchi, A.: La filosofia della religione, R ⁴1944.
–: Il nuovo idealismo di B. Croce e G. Gentile, R ²1925.

Aniceto Molinaro

Giuseppe Zamboni (1875–1950)

Giuseppe Zamboni (geb. am 2. August 1875 in Boscochiesanuova di Verona, gest. am 8. August 1950 ebenfalls in Verona) ist eine der bemerkenswertesten philosophischen Persönlichkeiten innerhalb der italienischen Neuscholastik in der ersten Hälfte des 20. Jahrhunderts. Am Anfang seines philosophischen Weges, während seiner Jahre am Lyceum, steht das theoretische Problem des Ursprungs der Ideen, wie es Rosmini gestellt hat. Seine Studienjahre an der Universität Padua, wo er zunächst (1898) in »Lettere« und später (1900) in Philosophie promoviert wurde, gestatteten ihm – nicht zuletzt dank seines Kontaktes zu Roberto Ardigò (1828–1920), einem Positivisten, und Francesco Bonatelli (1830 bis 1911), einem Spiritualisten –, dieser Frage nachzugehen. 1901 wird er in Verona zum Priester geweiht. Hier unterrichtet er sodann am bischöflichen Seminar Latein und Französisch. Gleichzeitig wird ihm die religiöse Bildung der höheren Gymnasialklassen anvertraut. Bald verstärkt sich seine Distanzierung vom Positivismus. Diese Auseinandersetzung beschäftigt Zamboni zwischen 1912 und 1923, in jener für ihn so wichtigen Zeit, in der er (besonders von 1915 bis 1921) sein eigenes selbständiges und originelles Denken entwickelt. In das Zentrum seines Interesses tritt nun die gnoseologische Erforschung der Grundlagen von Wissenschaft und Moral. Entscheidend beeinflußt wird er bei der Lösung dieser Frage durch die Kriteriologie Désiré Merciers, des Gründers des Institut Supérieur de Philosophie in Löwen (1889) und des Wegbereiters eines neuen philosophischen Ansatzes innerhalb der thomistischen Philosophie.

1921 wird Zamboni Ordinarius für Erkenntnistheorie an der Università Cattolica del Sacro Cuore in Mailand. Das folgende Jahrzehnt, das mit seiner Suspendierung von diesem Lehrstuhl endet, nachdem es zwischen der erkenntniskritisch und der metaphysisch-geschichtlich orientierten Richtung an der Università Cattolica zu Konflikten gekommen war, ist geprägt von intensiver wissenschaftlicher Tätigkeit. Nicht nur die fortschreitende Systematisierung des eigenen Denkens rückt jetzt in den Mittelpunkt, sondern vor allem auch die Auseinandersetzung mit den Klassikern der Philosophie (mit dem hl. Thomas, mit Locke, Kant und Rosmini im besonderen). 1932 wird ihm die freie Lehrbefugnis für Erkenntnistheorie erteilt. Dank dieser hält er einige Kurse an der Universität Padua. Als Ordinarius lehrt er auch Philosophie und Pädagogik bis 1941 an einem Kolleg in Mailand. Als Lehrer wirkt er zudem an zwei Kollegien in Verona.

Die dreißiger Jahre bilden die Zeit der Aufarbeitung seiner Thesen. Diese Thesen werden in seinem großen und fundamentalen Werk *La persona umana, soggetto autocosciente nell'esperienza integrale – Termine della gnoseologia – Base della metafisica* (1940) zusammengefaßt. Dieses enthält so das gesamte philosophische System Zambonis. Die letzten Jahre, in denen er zunehmend erblindet, was seine selbständige Tätigkeit erheblich einschränkt, widmet sich Zamboni historischen Untersuchungen sowie Revisionen und Ausarbeitungen seines Systems. Dank der letzteren redimensioniert er die Gnoseologie zu einem bloßen Teil der Philosophie neben der Ontologie, der Ethik und der Ästhetik. Die treffende und zusammenfassende Bezeichnung für seinen gesamten Beitrag wird jetzt folgende: »Philosophie der unmittelbaren, grundlegenden und integralen Erfahrung.«

Das Werk Zambonis ist auf dem Hintergrund jenes allgemeinen kulturellen Klimas in Italien und in Europa zur Zeit der Jahrhundertwende zu sehen, in dem sich der Positivismus zunehmend erschöpfte und die Forderung nach der Konzentration auf das konkret Erlebte, speziell auf die psychischen und geistigen Schichten des Ich, stärker wurde. Hauptpunkt in der Auseinandersetzung mit dem Positivismus war jedoch die Frage nach dem Wert und den Grenzen der Erkenntnis. Nach Zamboni gründet der positivistische Anspruch auf absolute und rigorose Wissenschaftlichkeit in gnoseologischen und metaphysischen Voraussetzungen, die in keiner Weise gerechtfertigt sind und außerdem in einen naturalistischen Reduktionismus münden, der keinesfalls in der Lage ist, die gesamte Realität (besonders das Denken) zu erklären. Umgekehrt reichen für ihn aber auch die idealistischen Versuche, die alles Sein in einen reinen Denkakt auflösen, nicht hin, der konkreten und unmittelbaren Erfahrung gerecht zu werden.

Auf diesem Hintergrund begegnet Zamboni der Kriteriologie Merciers, in der sich damals der Geist des Institut Supérieur de Philosophie von Löwen ausdrückte: der Geist jenes Thomismus nämlich, der imstande war, ein lebendiges Denken zu sein und kein statischer Corpus von Theorien, und der darüber hinaus das Vermögen besaß, den Errungenschaften der modernen Welt (vor allem den Wissenschaften) frei und offen zu begegnen. Mercier hatte den Versuch unternommen, die thomistische Erkenntnistheorie im Lichte der neuzeitlich-kritischen Problemlage seit Descartes zu interpretieren. Wichtigstes Ziel dieses Versuchs war die Absicht, ein Erkenntnisprinzip zu eruieren, das nicht nur die Möglichkeit der Existenz von Wahrheit, sondern auch den Zugang zu dieser garantierte, das mit anderen Worten eine erfüllte und gerechtfertigte Erkenntnis gewährleistete. Das Prinzip, das Mercier herausarbeitete, war das kritisch begründete Prinzip der Evidenz.

Zamboni wollte die Grenzen dieses Lösungsvorschlags im Hinblick auf eine noch radikalere Sicht der menschlichen Erkenntnis überwinden. So setzte er nicht auf die Gewißheit eines apriorischen Prinzips logisch-formaler Natur, sondern auf die konkrete Gewißheit eines Erkenntnisinhalts, der unmittelbar und elementar sich kundtut, d. h. auf die Gewißheit der unmittelbaren Erfahrung und Wahrnehmung. Zentrum seiner Gnoseologie wurde dadurch die *vor*logische Erfahrung, die er in ihrer Integralität erfassen wollte. In dieser beabsichtigte er sowohl das sinnliche als auch das übersinnliche (verstandesmäßige) Moment in seiner Realität und Konkretheit herauszuarbeiten. Zugleich vermittelte er dadurch die positivistische Forderung nach Konkretheit mit den Forderungen des Kritizismus in einer Philosophie, die er als »fundamentale positive Wissenschaft« begriff. In dieser wiederum brachte er die vitalen Anliegen der empirisch-rationalen aristotelisch-thomistischen Tradition zu ihrem Recht.

Der Reichtum dieser erkenntnistheoretischen Position gegenüber der rein kritizistischen wurde von den italienischen Neuscholastikern, die anders als in Löwen eher einen integralistischen Neuthomismus vertraten, nicht genügend begriffen. Sie sahen in der Erkenntniskritik eine Antagonistin zur Metaphysik, die den traditionellen Realismus in Gefahr zu bringen schien. So entzündete sich die Auseinandersetzung unter den Neuscholastikern an der Frage der Priorität oder Nichtpriorität der Erkenntniskritik gegenüber der Metaphysik. Angesehener Protagonist der Gegenposition zu Zamboni war Monsignore Francesco Olgiati, Ordinarius für Philosophiegeschichte an der Università Cattolica in Mailand. Dieser meinte, daß auch an der Basis jeder modernen Philosophie (Realismus, Phänomenalismus, Idealismus) eine »anima ispiratrice« metaphysischer Natur am Werk sei. Er behauptete daher die Priorität der Metaphysik – auch methodologisch gesehen – vor jeder anderen philosophischen Disziplin, während Zamboni die entgegengesetzte These vertrat, wie sie unter den Schülern von Mercier verbreitet war. Nichtsdestoweniger wurde Zamboni des Phänomenalismus beschuldigt, vor allem weil er eine Unterscheidung zwischen substantiellem und phänomenalem Sein behauptete bzw. die Vermittlerrolle der Erkenntnis angesichts der äußeren Realität betonte. Die Möglichkeit einer Verbindung von reiner Erkenntniskritik und Thomismus wurde so in Frage gestellt. Doch immerhin verdanken wir dieser Auseinandersetzung den Umstand, daß Zamboni seine Position immer klarer definierte bzw. ausbaute und schließlich in seinem Werk *La persona umana* systematisierte.

Ausgangspunkt der Philosophie Zambonis ist die Forderung nach einer Kritik jeglicher Erkenntnis, angefangen vom alltäglichen Denken bis hin zum wissenschaftlichen und spekulativen. Derart hofft er, jene begrifflichen Elemente zu heben, die unser Wissen konstituieren. Wichtigster Gesichtspunkt in diesem Zusammenhang ist sodann das *Wie*, wonach die Realität sich zu unserer konkreten Welt verdichtet. Die Erfahrung also, »das konkret erlebte Leben«, wird zum zentralen Punkt dieser Analyse, die als »positiv analytische« Methode wiederum mehrere Momente umfaßt: das streng analytisch-deskriptive Vorgehen, das unsere Erkenntnisse in erste Elemente zerlegt, und das synthetisch-rekonstruktive Vorgehen, das die vorgegebene Einheit aus den genannten ersten Elementen wiederherstellt. Dadurch ergibt sich gleichzeitig eine Möglichkeit der Überprüfung des Wahrheitswertes jener Erkenntnisse, die unsere Wirklichkeit konstituieren. An der Basis dieser Methode steht freilich die Reflexion. Sie ermöglicht, daß die

Vorgänge und Grundelemente aufgehellt und festgestellt werden, die in unseren Erkenntnisprozessen anwesend sind, auch wenn sie sich nicht stets offenbar machen, und die das Subjekt vollzieht, wenn es die materielle und menschliche Welt entwirft. Mittels der Reflexion verwandeln sich die unmittelbar angenommenen Sicherheiten in reflexiv überprüfte Gewißheiten.

Das Subjekt, begriffen im empirischen Sinn als konkrete und personale Entität, wird von daher gesehen zum Herz der Wirklichkeit und zum eigentlichen Ziel jeder Untersuchung. Es ist Anfangs- und Endpunkt zugleich. Die egologische Sphäre des Bewußtseins, begriffen als Bereich alles dessen, was sich unmittelbar darbietet, d. h. als Bereich realer und authentischer Erkenntnisse, ist außerdem das Gebiet der Gnoseologie. Schreitet nun die kritische Arbeit des Analysierens und Unterscheidens voran, so zeichnet sich eine Distinktion von unmittelbaren und mittelbaren Daten ab. Die vermittelnde Tätigkeit des Ich zwischen diesen Daten ist dem alltäglichen Wissen nicht bewußt. Die gesamte den Sinnen zugängliche Welt der Körper außerhalb der unsrigen – unabhängig von ihrer ontologischen Bestimmtheit, d. h. unabhängig davon, ob sie Objekt oder Subjekt (Dinge oder andere Menschen) sind – ist hingegen mittelbar gegeben. Allerdings bleibt der Fundus an unmittelbar zugänglicher Realität größer, als man meint. Er erstreckt sich sowohl auf den räumlichen als auch auf den ichhaften Bereich, d. h. seine Erkenntnis ist sinnlich und intellektiv bestimmt. Solche unmittelbaren Erkenntnismomente sind nach Zamboni folgende: von außen kommende Inhalte (wie die durch äußere Sinne zugeführten Daten bzw. Bilder), innerlich erfahrene Inhalte wie z. B. solche von Zuständen (sinnlicher, körperlicher, emotioneller, geistiger Natur) und Vollzugserlebnisse des Ich (vor allem bei jenen, durch die sich das Urteilen konstituiert); sodann die fundamentalen Gestaltungsfunktionen wie etwa die sinnlichen Gestaltungskräfte des Objekts oder die intellektiven Gestaltungskräfte innerhalb des Wahrnehmungsbereiches (verobjektivierende Wahrnehmung, abstrahierend-analytische Wahrnehmung und synthetisierend-kategoriale Wahrnehmung); weiters jene Erfahrungen des Selbstbewußtseins, durch die sich das Ich als Einheitspol seiner Akte, Zustände und Funktionen erlebt bzw. mittels derer es in seinem Innersten eine existentiale Energie (*actus essendi*) als Quelle, als »pasta ontologica« erfährt, der es seine eigene Wirklichkeit verdankt.

Die Empfindung dieser existentialen Energie, die in Worten nicht ausdrückbar ist, sondern lediglich in der Aktualität eines Aktes zugänglich wird, gestattet dem Subjekt die Erkenntnis seiner eigenen Substantialität. Nur analog wird dieses Moment der Substantialität auf die übrige Wirklichkeit übertragen, denn auf diese ließe sich der Substanzbegriff auch über Abstraktion nicht anwenden. Zamboni entwirft seine Objektbestimmung und seinen Realismus also vom Ich her, d. h. vom Ich, das sich als erkennendes Subjekt, als personal-wollendes, als freies und verantwortliches Seiendes konstituiert. Im Zuge dessen nimmt er die positivistische Forderung nach der Hinwendung zur Erfahrung als Ausgangspunkt jedes Erkenntnisanspruches zum Anlaß, um das antimetaphysische Vorurteil und den naturalistischen Reduktionismus zu überwinden. Die Erfahrung, die dadurch bis in den intellektiven Bereich hinein erweitert wird, erscheint jetzt aber als *integrale*

Erfahrung. Sie wird für Zamboni dem Reichtum der Ich-Erfahrung gegenüber der Erfahrung der äußeren Welt sowie der ontologischen Stellung des Ich gerecht. Auch dies ist vor dem Hintergrund der zeitgenössischen Philosophie zu sehen: vor der Auflösung des Substanzbegriffs im Empirismus einerseits und vor der abstrakten Vorstellung von Substanz im idealistischen Subjektbegriff andererseits.

Auf den analytischen Schritt der Reflexionsmethode folgt der synthetisch-rekonstruktive. Er wendet sich zuerst dem logisch-sprachlichen (idealen) Bereich, dann aber auch dem Bereich der umgebenden physisch-psychischen Realität zu. Den Ausgangspunkt zu diesem genetisch-rekonstruktiven und kritischen Vorgehen bildet jetzt der vermeintliche Bruch zwischen der Welt des Geistes und der Welt der Erfahrung. Zamboni hält sowohl gegenüber dem aprioristischen Rationalismus, der alle idealen Prinzipien für autonom erklärt und ihnen alle sinnliche Erfahrung unterwirft, als auch gegenüber dem Empirismus, der keine Realität der Universalien anerkennt, die vermittelnde, empirisch-rationale Position für bewährt. Sie allein ist für ihn imstande, die Universalien der Erfahrung, genauer der integralen Erfahrung, zu entnehmen. In diesem Sinne verdankt sich auch die Bildung des logisch-verbalen Denkens der analytisch-abstrakten bzw. der individualisierenden Wahrnehmungskraft. Diese wendet sich nicht an die Existenz (*an sit*), sondern an die Essenz (*quid sit*) eines Erkenntnisinhaltes, d. h. auch: an die Struktur eines solchen Inhaltes. Diese Essenz wiederum, die ihrerseits anderen individuellen Seienden zugewiesen werden kann, assoziiert sich mit einem Bild und schließlich mit einem Zeichen (einem Wort), wodurch ein neuer, autonomer Bereich entsteht. Damit kann die Essenz bei der Formulierung von Urteilen bzw. Behauptungen verwendet werden und in jenen Darstellungsbereich eingehen, der (auf höchster Ebene in den Wissenschaften) unsere logisch-verbale Welt konstituiert. Unbedingt festzuhalten ist jedoch folgendes: Zur Formulierung von Begriffen und Prinzipien dienen Zamboni nicht Ideen als rein numerische Entitäten, sondern ausschließlich individuelle Seiende: Das Universale ist somit für ihn im Denken. Aufgrund dieser Position gelingt ihm nicht nur eine interdisziplinäre Verbindung von Philosophie und Wissenschaft, die auf der Erfahrung fußen kann, sondern auch eine vollständige Begründung der menschlichen Erkenntniskräfte.

Auch in der Ethik versucht Zamboni die rationalistische Position zu überwinden, indem er die ethischen Prinzipien aus den Erkenntnissen der integralen Erfahrung gewinnt und nicht aus apriorischen Einsichten. Wird von der Vernunft ein objektiver Wert ausgemacht, so hängt es vom freien Willen des einzelnen ab, sich an die konkrete Realisierung einer als möglich gedachten wertvollen Wesenheit zu machen. Die Freiheit, d. h. die authentische moralische Wahl, ergibt sich unter der Bedingung der »Auflösung« des moralischen Scheideweges, nämlich für einen objektiven oder einen subjektiven Wert entscheiden zu müssen. Das Gefühl des Verpflichtetseins begleitet in diesem Fall die Erfahrung, die man macht, wenn man seiner eigenen Natur zuwiderhandelt und einen objektiven Wert praktisch entwerten will.

Seine erkenntniskritische Position erweitert Zamboni auch auf die Ästhetik: Ausgehend von der Zentralität des genießenden Betrachters eines Werkes findet er die objektiven Bedingungen der Schönheit in der strukturellen Vollkommenheit des betrachteten Erkenntnisinhaltes, d. h. in der intuitiven Wahrnehmung des Wesens desselben, die vor der logisch-begrifflichen Erkenntnis kommt.

Die Frage nach dem *Wie* der Bildung eines Erkenntnisinhaltes wird sodann auf die konkrete physische Umwelt angewendet. Hier erscheint es freilich problematisch, wie die Konstitution unseres gesamten Universumsbildes von den wenigen verfügbaren Daten der Sinnlichkeit ausgehen soll, d. h. von den Daten, die für die Erkenntnis der äußerlichen Welt primär sind. Doch selbst in diesem Fall zeigt sich die zentrale Rolle der unmittelbaren integralen Erfahrung. Das Ich organisiert sich mittels nicht-sinnlicher Funktionen wie Gedächtnis, Einbildungskraft usw., vor allem aber mittels der erlebten Erfahrungen des »eigenen Leibes« die Wirklichkeit in vier Übersichten (»atlanti«): in der sehbar-räumlichen, in der erahnbar-räumlichen, in der empfindbar-räumlichen Übersicht und in derjenigen, die sich im Zuge der muskulären Spannungen ergibt. Aus der Kombination dieser konstanten Darstellungsformen der Wirklichkeit bildet sich die Vorstellung der äußeren Welt, die offensichtlich nur dem unmittelbar spontanen Denken irrtümlicherweise als etwas Statisches gegenüber dem Subjekt erscheint. Erst die verschiedenen Wissenschaften gehen dazu über, die gewonnenen Erkenntnisse der Erfahrung zu systematisieren. Vermittelt ist schließlich sogar die Erkenntnis der anderen erlebenden Ich-Subjekte. Sie erfolgt aufgrund analoger Übertragungen der ersten und fundamentalen Erlebnisse des psychischen Lebens eines selbstbewußten Subjekts. Die Andersheit eines anderen Ich entspringt somit in erster Linie einer Selbsterfahrung.

Von der menschlichen Person aus wird weiters das metaphysische System entworfen, das zwei Teile hat: jenen der Metaphysica generalis oder Ontologie, in den alle Erkenntnisse fallen, deren wir uns zumeist bedienen (wie »Individuum«, »Grund«, »Wirkung«, »Kraft«, »Notwendigkeit« usw.), um unsere Wirklichkeit in grundlegender Weise zu erschließen; und jenen der Metaphysica specialis, in den jene Erkenntnisse gehören, die unsere Erfahrung übersteigen, wie etwa die Erkenntnis der Seele oder Gottes. Die metaphysische Analyse der Vernunft im besonderen und die der Wirklichkeit im allgemeinen, durch die uns die Grenzen und Mängel der Vernunft im Hinblick auf die totale Interpretation der Wirklichkeit bewußt werden, führen Stufe für Stufe zur Metaphysik des Seinsaktes. Diese wiederum nimmt ihren Ausgangspunkt aus der Betrachtung der Existenz, die innerhalb der Struktur des Seienden zur Essenz komplementär ist. Die Existenz wird jedoch von der existentialen Energie unterschieden, sofern sie das phänomenale und erkenntnismäßige Seinsmoment darstellt im Unterschied zum Seinsakt selbst, der das ontologische und konstituierende Seinsmoment ist. Nur die Selbsterfahrung des Ich läßt in die ontologische Dimension eindringen. Daher erhalten wir auch nur hier den wahren Begriff des substantiellen Seienden (in der reinen Existenzmetaphysik ist er verlorengegangen). Der Seinsakt bzw. die dynamische Energie, die dem Individuum schon vor dem Denken seine Subsistenz gewährt, enthüllt sich damit als etwas primär »Erlebtes« und nicht als etwas »Gedachtes«. In der Konkretheit unserer personalen Erfahrung erreichen wir die tiefste Dimension unserer Wirklichkeit, die objektive Seinsquelle, aus der heraus wir existieren und aus der heraus unsere Existenz ihre Kraft und Energie zum konkreten Leben nimmt.

Nur über diese subjektive Selbstreflexion ist (wie gesagt) auch die Erkenntnis des Seienden außerhalb von uns möglich. Die Struktur des Seienden, die sich aus dem heterogenen bzw. komplementären Verhältnis von Essenz und Seinsakt ergibt, führt uns zur Erkenntnis der Kontingenz und Unbestimmtheit des Seienden an sich selbst und damit zur Notwendigkeit eines Grundes, der jenem die Genügsamkeit verleiht, die es von sich aus nicht hat. Dadurch entsteht die Idee eines Seienden, das nicht der Kontingenz unterworfen ist, sondern sich selbst in seiner Existenz genügt, aus der Koinzidenz von Essenz und Seinsakt bestimmt ist und zur Totalität der Wirklichkeit gehört wie das in seiner Existenz sich nicht selbst genügende Universum.

Erstes Problem der Metaphysica specialis ist dasjenige der Substantialität, Geistigkeit und Unsterblichkeit der Seele. Gegenüber allen materialistischen und idealistischen Theorien, die nicht imstande sind, die Realität derselben in ihrer Konkretheit, Integralität, Ursprünglichkeit und Lebenskraft zu erfassen, vermag die Gnoseologie nach Vorstellung Zambonis – bei aller Berücksichtigung des Unterschieds zwischen materiellen und geistigen Phänomenen – dieser gerecht zu werden. Ausgangspunkt zur Untersuchung der Seele ist wiederum das Ich in seiner integralen Selbsterfahrung, besonders aber in seinen geistigen Vollzügen, nicht in seiner Materialität, da diese erst im Lichte der geistigen Vollzüge erhellt wird. Ziel der Untersuchung ist die potentielle Essenz des Ich, d. h. jene Dimension, in der das Vermögen zu einem geistigen und moralischen Leben gründet. Mittels der Selbstreflexion gelangen wir auch bis ins Innerste jenes Prinzips, wovon die geistige Tätigkeit die Sichtbarmachung ist, d. h. zum obersten Prinzip aller lebendigen, sensitiven und geistigen Vollzüge. Dieses ist die unsterbliche Seele oder der Geist. Die Seele wiederum ragt kraft ihrer ontologischen Vorrangigkeit über alle präsensitiven und unbewußten Funktionen hinaus. Zwischen dem spezifisch geistigen Vollzug – charakterisiert durch vollkommene Klarheit über sich selbst, »Transparenz« und Selbstbeherrschung – und der unterbewußten psychischen Tätigkeit – charakterisiert durch eine dunkel-materielle, undurchsichtige und unkontrollierbare Herkunft – besteht zwar ein komplementäres und konditionierendes Verhältnis, aber keine unbedingte Abhängigkeit. Nur dadurch besteht für den Geist die Möglichkeit, sich über die niedrigeren Vollzüge des menschlichen Seins zu erheben. So konstituiert sich die menschliche Personalität in einem Seinsakt, der das Wesen einer geistigen Substanz realisiert.

Die Person ist schließlich Ausgangspunkt für den Beweis der Existenz Gottes, nicht nur in der Idee (wie im ontologischen Gottesbeweis), sondern als konkrete und aktuelle Wirklichkeit. Gottesbeweise gibt es bekanntlich viele: Sie reichen von allgemein gehandelten bis hin zu denen, die auf den Resultaten der Naturwissenschaften bzw. auf der Selbsterkenntnis des Ich (wie etwa bei John Locke) basieren. Und werden diese Beweise auch immer tiefsinniger dank der kritisch reflektierten Prinzipien, die man anwendet, so treffen sie sich doch alle darin, daß ihre Überlegung von der Feststellung der faktischen und rechtlichen Ungenügendheit der Seienden bezüglich ihrer Existenz ausgeht. Allen Beweisen gemeinsam ist das Prinzip der proportionalen Kausalität. Zamboni hält sich ebenfalls an dieses, bemüht sich aber, es tiefer zu fassen. Für ihn führt die existentiale Betrachtung eines Seienden, d. h. die Distinktion von Essenz und Existenz, zu einem Grund, der in sich selbst notwendig ist, von sich aus existiert, Ewigkeit besitzt und nicht der erfahrbaren Welt angehört, sondern vielmehr diese ins Sein aus dem Nichtsein herausruft. Dieser Grund ist Gott.

Gottes Vollkommenheit enthüllt sich aus den metaphysischen Analysen des *actus essendi*. Diese bieten uns auch die »tiefste Fassung« des Beweises seiner Existenz. Denn die Unterscheidung von Essenz und Existenz, wobei diese noch einmal vom Seinsakt abzuheben ist, zeigt uns die ontologische und nicht nur faktische Ungenügsamkeit des Existenzaktes an einem Seienden. Das derart zusammengesetzte Seiende erweist sich als strukturell unbestimmt, wenn es keinen Grund gibt, der diesen Mangel ausgleicht: Seine Essenz – sein »Sosein« – ist nicht an sich selbst Notwendigkeit, sein Seinsakt ist unbestimmt bezüglich dem »Jetzt« seines faktischen Vollzugs, seiner Dauer und der Menge seiner konkretisierenden Eigenschaften; und schließlich fordern Essenz und Seinsakt eine Ursache, die sie zu einem einzigen Individuum verbindet. Der Struktur nach muß diese Ursache die entgegengesetzten Charakteristika besitzen und zugleich alle Vollkommenheiten haben, die einem Seienden zukommen können. Denn nur ein Seiendes, in dem Seinsakt und Wesen identisch sind, vermag Fülle an Vollkommenheiten sowie sich selbst genügende Existenz zu besitzen.

Das erste Seiende, d. h. Gott, bestimmt sich folglich nach all dem bisher Gesagten als ewig und unsterblich, als vollkommen und unveränderlich, als reiner Geist, als eins und einzig. Und die rationale Deutung seiner Existenz ist nichts anderes als die Deutung der Struktur der Wirklichkeit, sofern sie sich progressiv zum Absoluten hin vertieft. Dieses »itinerarium mentis in Deum« findet freilich seine letzte Erfüllung in der christlichen Offenbarung. Doch vor dieser bedarf es nach Zamboni einer umfassenden personalen Entscheidung zu jener Wahrheit, die uns durch die diskursive Vernunft zugänglich ist, eine Entscheidung des »Herzens«, die imstande ist, eine innige Verbindung von Wahrheit und konkretem Leben herzustellen, und eine Entscheidung, die auch bereit macht zu einer intuitiven Erfahrung Gottes.

Auf diese Weise hält Zamboni die Metaphysik für erkenntniskritisch gerechtfertigt. Diese Rechtfertigung ist für ihn notwendig, da die Metaphysik der Gnoseologie wohl chronologisch vorausgeht, ihr aber in methodischer Hinsicht nachfolgt. Außerdem erhebt er den Anspruch, daß seine streng wissenschaftliche Methode sowohl eine Synthese als auch eine kritische Distanzierung von den wichtigsten Forderungen des modernen Denkens bietet. Und so glaubt er, daß seine »Philosophie der unmittelbaren, grundlegenden und integralen Erfahrung« eine »philosophia perennis« ist, die – zwar italienisch ihrer Herkunft nach, doch universal in ihrem Recht – der Menschheit Ergebnisse und neue Untersuchungsmöglichkeiten eröffnet, die sich auf alle Gebiete der Kultur übertragen lassen.

Diese Andeutungen, die von Zamboni nicht mehr eingelöst worden sind, bezeugen uns ein Denken, das in der Lage ist – auf der Basis eines innerlich erneuerten Thomismus –, mit und zu unserer Zeit zu sprechen.

BIBLIOGRAPHIE

1. Umfassende Verzeichnisse zur Primär- und Sekundärliteratur

Adamoli, T.: Bibliografia zamboniana, in: A.V.: Verona a Mons. Giuseppe Zamboni, Ver 1969, 179–240.
Giulietti, G.: Nota bibliografica, in: G. Zamboni: La persona umana . . ., siehe 2., S. XV–XXIV.
Turrini, G.: Bibliografia di Giuseppe Zamboni, in: A.V.: Studi sul pensiero di Giuseppe Zamboni, Mi 1957, 763–776.

2. Werke (Auswahl)

La gnoseologia dell'atto come fondamento della filosofia dell'essere. Saggio di interpretazione sistematica delle dottrine gnoseologiche di S. Tommaso d'Aquino, Mi 1923.
Introduzione al corso di gnoseologia pura, Mi 1924.
Prime linee di gnoseologia pura, in: RFNS 17 (1925) Nr. 1–2.
Sistema di gnoseologia e di morale. Basi teoretiche per esegesi e critica dei classici della filosofia moderna, R 1930.
La gnoseologia di S. Tommaso d'Aquino, Ver 1934.
Metafisica e gnoseologia. Risposta a Mons. Francesco Olgiati, Ver 1935.
Verso la filosofia, 3 Bde. (Bd. I: Introduzione ai problemi della conoscenza; Bd. II: Introduzione ai problemi dell'estetica; Bd. III: Introduzione ai problemi della morale), Mi 1935.
La persona umana, soggetto autocosciente nell'esperienza integrale – Termini della gnoseologia – Base della metafisica (^{1}1940), Mi 1983.
La »filosofia dell'esperienza immediata, elementare, integrale« per la completa autoconsapevolezza dello spirito umano, Ver 1944.
Itinerario filosofico della propria coscienza all'esistenza di Dio, Ver 1948.
La dottrina della coscienza immediata (struttura funzionale della psiche umana) è la scienza positiva fondamentale, Ver 1951 (Opus postumum).
Dizionario filosofico, Mi 1978 (Opus postumum).

3. Literatur (Auswahl)

A. V.: Studi sul pensiero di Giuseppe Zamboni, Mi 1957.
A. V.: Verona a Mons. Giuseppe Zamboni, Ver 1969.
A. V.: Atti della giornata zamboniana, in: RFNS (1976) 234–268.
da Crema, D.: La questione del mondo esterno nella filosofia di Giuseppe Zamboni, Mi 1965.
Giulietti, G.: La filosofia del profondo in Husserl e in Zamboni, Treviso 1956.
–: Giuseppe Zamboni o della filosofia come sapere rigoroso, R 1983.
Marcolungo, F. L.: Scienza e filosofia in Giuseppe Zamboni, Pv 1975.
de Vries, J.: Die Bedeutung der Gnoseologie Giuseppe Zambonis, in: ThPh 52 (1977) 80–90.

ANNAMARIA PERTOLDI

Agostino Gemelli (1878–1959)
und
Francesco Olgiati (1886–1962)

Pater Agostino Gemelli und Monsignore Francesco Olgiati sind die Protagonisten eines Werkes, in dem zwei ausgeprägte Persönlichkeiten jeweils das Beste beitrugen, das sie vermochten. Waren sie auch verschieden im Temperament – Gemelli energisch und einsatzfreudig, Olgiati hingegen ausgeglichen und ruhig – und nannte man auch scherzhaft den einen »magnifico terrore« und den anderen »esile pretino«, so ergänzten sie sich doch vollkommen. Heute erscheinen daher gewisse Ansichten wie etwa die, daß Gemelli der Pragmatiker und Manager gewesen sei, gegenüber dem der kontemplative und zum Abstrakten neigende Olgiati ein Gegengewicht gebildet haben soll, als unzutreffend: In Wirklichkeit war Olgiati für Gemelli nicht nur ein guter Freund, sondern der Mann des Vertrauens. Gemelli verstand es, auf sinnvolle und originelle Weise die neuscholastische Philosophie sowie den spezifischen Thomismus Olgiatis aufzugreifen. Wird also von »Abhängigkeit« gesprochen, so war diese weder blind noch passiv.

Was ihr gemeinsames Bemühen anbelangt, nach dem Ersten und Zweiten Weltkrieg die Kultur und die gesellschaftliche Situation in Italien zu erneuern, so erinnern wir zunächst an einige Artikel und ein kleineres Werk, das sie unter ihrer beider Namen veröffentlicht haben:

1. *Dopo il Congresso di Bologna del Partito Popolare Italiano*[1] und: *Il programma del Partito Popolare Italiano: quale è e quale dovrebbe essere*:[2] Entgegen der Forderung von Luigi Sturzo (1871–1959) nach einer laizistischen und nicht konfessionell gebundenen Partei verlangen Gemelli und Olgiati nicht ohne Hang zu einem gewissen Integralismus, daß die Katholiken, die ohnehin schon zu lange in der Politik und im öffentlichen Leben abwesend waren, die gesellschaftlichen Probleme ausdrücklich als Katholiken behandeln und aus katholischem Geist heraus lösen sollen.

---

[1] Vgl. Bibl. A) 1. b) *Congresso*.
[2] Vgl. ebd. *Partito Popolare*.

2. *Ripresa*³ und: *Il dilemma che si pone agli italiani di oggi:*⁴ Danach bestrebt, den katholischen Geist in Italien zu erneuern, warnen Gemelli und Olgiati in diesen Aufsätzen vor der Gefahr des Kommunismus und des Sozialismus. Sie vertreten dabei die Überzeugung, daß nur die Überwindung dieser beiden Hindernisse die künftige Kultur und den Frieden sichern könnten. Zu diesem Thema hatte sich bereits Olgiati in seinem Werk *Carlo Marx*⁵ geäußert. Gemelli hatte zu diesem wiederum ein Vorwort verfaßt. Darin versuchte er, indem er gleichzeitig an sein Engagement in der sozialistischen Partei und an seine Konversion zum katholischen Glauben sowie zur christlichen Philosophie erinnerte, den Katholizismus als einzig wahres Heilmittel gegen den wissenschaftlichen und atheistischen Materialismus zu beweisen. Darüber hinaus brachte Gemelli 1948 das Werk Olgiatis mit neuen Ergänzungen zur aktuellen Lage gezielterweise am Vorabend der ersten allgemeinen Wahlen in Italien in die Diskussion.⁶ Aber damit beziehen wir uns bereits auf ein spätes Datum. Denn das, was 1948 geschrieben wurde, lag bereits 1914 in der ersten Nummer der Zeitschrift *Vita e Pensiero* als grundlegender Vorschlag zur Sozialphilosophie vor: in Gemellis Vorwort *Medioevalismo* und in Olgiatis Beitrag *Il pensiero religioso e morale nel socialismo italiano.* Die Wiederentdeckung der scholastischen Theologie und Philosophie wird hierin nicht aus Nostalgie für die Vergangenheit empfohlen, sondern mit der Absicht, das bleibend Gute und Wertvolle in der gegenwärtigen Geschichte in neuer Deutung und Anwendung zu beleben.

Bei der Gründung der Università Cattolica in Mailand (15. Januar 1920) hatten Gemelli und Olgiati als erstes Anliegen die Errichtung einer philosophischen Schule nach dem Vorbild des thomistischen Instituts an der Universität Löwen und speziell im Geiste von Désiré Mercier. Nach und nach prägten Gemelli und (vor allem) Olgiati allerdings die »Mailänder Schule« der Neuscholastik auf ihre eigene Weise. Und auch dabei blieb stets ihre fruchtbare Zusammenarbeit, ihre wahrhafte Freundschaft und ihre gegenseitige Unterstützung in schwierigen Augenblicken die Wurzel dieses großen Unternehmens. Immerhin pflegte Gemelli zu sagen, daß Olgiati für ihn »der Mensch sei, dem er sich am meisten verbunden fühle«.⁷

AGOSTINO GEMELLI

Biographie

Agostino (vor seinem Ordenseintritt Edoardo) Gemelli wird am 18. Januar 1878 in Mailand geboren. Seine Familie, die als bürgerlich zu bezeichnen ist, steht in der Spannung zweier sich widersprechender Ideologien, denn der Vater ist

---

³ VP 30 (1947) Nr. 1.
⁴ VP 36 (1953) Nr. 6.
⁵ Vgl. Bibl. B) 1. b).
⁶ Vgl. *Il marxismo è un'utopia?*, in: VP 31 (1948) Nr. 1.
⁷ Brief an Armida Barelli, zit. in: E. Franceschini: *Un anno difficile per il P. Gemelli e per la sua Università: il 1945*, in: Aevum 55 (1981) Nr. 3.

Freimaurer, der Großvater hingegen Katholik. Der Weg Gemellis ist daher auch nicht geradlinig. Während seiner Studienzeit am Liceo Parini in Mailand und an der Universität Pavia wird er Positivist in der Philosophie und Sozialist in der Politik. Seine Dissertation reicht er 1902 in Medizin bei Camillo Golgi, einem Nobelpreisträger, ein. Damit beginnt seine universitäre Karriere. Doch ein Jahr später, genau am 9. April 1903, am Gründonnerstag, bekehrt er sich zum Katholizismus und tritt in den Orden der franziskanischen Minderbrüder ein. 1908 erfolgt die Priesterweihe, und 1911 erwirbt er den akademischen Grad eines Lektors der Philosophie.

Von diesem Jahr an gestaltet sich seine Tätigkeit als Gelehrter, als Organisator und als Polemiker nahezu atemlos: 1909 gründet er die *Rivista di filosofia neo-scolastica*, 1919 die Zeitschrift *Vita e Pensiero* und ebenfalls 1919 die Università Cattolica di Sacro Cuore; gleichzeitig widmet er sich der Biologie, der Philosophie und vor allem der experimentellen Psychologie als Hauptinteressen seiner Forschungen; wie schon erwähnt, bemüht er sich daneben um die Wiedergeburt einer Kultur und einer Interpretation der Gesellschaft nach katholischen Grundsätzen in ganz Italien; schließlich versucht er – zuerst mit vorsichtiger Distanzierung, später in offener Opposition – gegenüber dem faschistischen Regime die Freiheit des Unterrichts zu retten. Nach dem Zweiten Weltkrieg gilt sein großer Einsatz erneut der Università Cattolica und hier besonders der philosophischen Fakultät sowie dem Institut für experimentelle Psychologie, für das er übrigens ein Laboratorium von internationalem Rang organisiert. Trotz eines schweren Autounfalls 1940 wirkt er an dieser Universität selbst als Psychologe und Philosoph, aber auch als Rektor und Erneuerer der italienischen Kultur. Gemelli stirbt am 15. Juli 1959 in Mailand.

Das philosophische Denken

Der philosophische Weg Gemellis nimmt seinen expliziten Ausgangspunkt in seinem Aufsatz *Il nostro programma*.[8] Freilich befaßte sich Gemelli schon 1906 und 1907 mit folgenden zwei Problemkreisen: Erstens mit der Frage nach der Gültigkeit der Evolutionstheorie, die für ihn zwar nicht gleich Materialismus bedeutet, die aber auch nicht bedenkenlos akzeptiert werden soll, sei es »als Hypothese der wissenschaftlichen Forschung« oder sei es gegenüber der Heiligen Schrift, die er wörtlich nimmt;[9] zweitens mit der gängigen Ansicht, daß ein Katholik unmöglich auch ein Wissenschaftler sein könne. Bezüglich beider weist Gemelli sowohl den aprioristischen Materialismus als auch den Szientismus als falsch zurück und schlägt ihnen gegenüber seine philosophischen Vorstellungen vor: Speziell denkt er dabei an die »gegenseitige Ergänzung« von Glaube und Vernunft, wie sie die Scholastik und neuerdings besonders Kardinal Mercier und die Löwener Schule gesehen haben. Schon jetzt verkündet er sodann die Grün-

---

[8] Vgl. Bibl. A) 1. b) *Programma*.
[9] Vgl. ebd. *Conflitto*, 4.

dung eines katholischen Instituts als Vorgängerinstanz einer katholischen Universität.[10]

Doch der Artikel *Il nostro programma* definiert die erste Phase des neuscholastischen Denkens von Gemelli. Er fordert darin die spezielle Beschäftigung mit der *Kriteriologie* und mit der *Ontologie* auf der Basis einer thomistischen Methode. Er sieht die Bedeutung dieser Methode in der Auseinandersetzung mit der Philosophie seiner Zeit darin, daß sie gestattet, ein Wahrheits- und Objektivitätskriterium der Erkenntnis zu finden, und daß sich mit ihr eine Seinsphilosophie bzw. eine »realistische Metaphysik« vertreten läßt, die auch eine Begegnung mit den Naturwissenschaften gestattet.

Zur ersten Phase zählt weiters der Aufsatz *Medioevalismo*.[11] Halten wir zu diesem folgendes fest: 1. Die Behauptung »wir sind Medievalisten« (noi siamo medioevalisti) ist von Gemelli kompromißlos verstanden, weil er die moderne laizistische und aufklärerische Kultur für arm hält, während er meint, daß die scholastisch-mittelalterliche Philosophie (mit ihrem Höhepunkt bei Thomas) die universalen Existenz- und Transzendenzprinzipien entdeckt und aus ihrem religiösen Geist Wissenschaft, Metaphysik und Theologie zu verbinden vermocht hat. – 2. Aber auch die Behauptung »wir sind keine ewig Gestrigen« (non siamo passatisti) gilt unbedingt, sofern es Gemelli nicht darum geht, die aktuelle Gegenwart zu leugnen, sondern im Gegenteil darum, die Kultur mit einer katholischen Seele neu zu beleben. – 3. Gemelli widerlegt mit dieser doppelseitigen Position die Vorurteile, die in Italien bezüglich der Neuscholastik zirkulieren.

Ab 1919 datiert die zweite Phase der Neuscholastik Gemellis. Sie ist weniger apologetisch bestimmt und drängt sowohl theoretisch als auch geschichtswissenschaftlich gesehen zur Auseinandersetzung mit dem Idealismus (besonders Croces und Gentiles) sowie zur Anerkennung eines gewissen Fortschritts im Denken nach dem Mittelalter.[12] Die italienische Neuscholastik soll jetzt »die kritische Bestätigung des Theismus und des thomistischen Realismus gegenüber dem Monismus und Phänomenalismus sein, der rein rational und autonom vertreten wird . . .; [zugleich aber auch] die Aneignung der zweifellos fruchtbaren Errungenschaften der modernen Kultur, d. h. konkret angewendete Wissenschaft und geschichtliche Forschung«.[13]

Resümierend und synthetisch ist das Buch *Il mio contributo alla filosofia neoscolastica*.[14] Gemelli hält darin – im Bewußtsein der Einseitigkeit seiner ersten Phase – fest: 1. Philosophie und Geschichtswissenschaft gehören engstens zusammen. – 2. Die »reine« Philosophie ist eine wissenschaftliche Forschung von höchstem Interesse. – 3. Moderne Wissenschaft und Philosophie haben stets eine notwendige Verbindung, besonders wenn es sich um Biologie, experimentelle Psychologie und Kosmologie handelt. – 4. Der heutige Thomismus ist »modern«, sofern er die Prinzipien der Bewußtseinsphilosophie rezipiert hat; deswegen »ist

---

[10] Vgl. *Il progresso degli studi scientifici fra i cattolici italiani* (¹1907), in: *Idee e battaglie*.
[11] Vgl. ebd. Bibl. A) 1. b).
[12] Vgl. ebd. *Nostro lavoro* und *Il significato*.
[13] *Neoscolastica*, in: *Enciclopedia italiana di scienze, lettere ed arti*, R 1949, s. v. (¹1929).
[14] Vgl. Bibl. A) 1. b) *Contributo*.

unsere christliche Philosophie auch eine Philosophie des 20. Jahrhunderts, welche die gesamte Wissenschaft, die ganze Geschichte und die ganze Philosophie umfaßt«. (Genau von dieser Überzeugung her rührt Gemellis Tätigkeit auf dem Gebiet der experimentellen Psychologie.[15])

Es störte Gemelli nicht, daß er als Philosoph dem *Eklektizismus* zugeordnet wurde. Er wußte auch, daß er im Grunde mehr ein Psychologe als ein Philosoph war. Doch den Eklektizismus, den er akzeptierte, verstand er positiv als eine Methode, innerhalb seiner Zeit und des universitären Lebens einem Denken eine gebührende Position zu verschaffen, das seit allzu langer Zeit verlassen, ja sogar lächerlich gemacht worden ist. Der Mensch, begriffen als Person, das Sein als Realität, die Erkenntnis als dynamischer Prozeß, die Freiheit als Vermögen der Moralität und Gott als Lenker der Geschichte – dies sind die Grundpfeiler dieses Denkens, das Gemelli neu vertrat. Von ihnen abhebend entdeckte er die innerliche Finalität im Leben, in der Geschichte und im Fortschritt des Geistes. Zugleich konnte er von ihnen ausgehend alle Formen des Immanentismus, des Ontologismus und des reinen Mechanismus zurückweisen.

Olgiati, der Gemelli treffend als »aristotelico e tomista« bezeichnete, schreibt über ihn folgendes: »Aristoteles und der hl. Thomas drängten ihn dazu, nicht beim bloßen Faktum stehenzubleiben, sondern dieses zu interpretieren. Dies wiederum wollte und tat er auch im Sinne des scholastischen Denkens, das er richtigerweise *neuscholastisch* nannte, sofern er mit ausgeprägtem Sinn sich jene Fakten zum Ausgangspunkt vornahm, die durch die gegenwärtigen Errungenschaften der Wissenschaften geschaffen wurden, und sofern er ein geschichtliches Bewußtsein besaß, das in einer Zeit, in der es [wie im Mittelalter] fast ausschließlich um metaphysische Probleme ging, nicht einmal denkbar war; andererseits wollte er von diesen Ausgangspunkten aber auch zu einer Erklärung kommen, und d. h. zu jener Begriffsbildung, die den Schlüssel zum *klassischen Realismus* bildet. Nur wenn man den Sinn dieses eben genannten Begriffes versteht, kann man auch den Geist von Gemelli als Philosophen verstehen.«[16]

FRANCESCO OLGIATI

Biographie

Geboren wird Francesco Olgiati am 1. Januar 1886 in Busto Arsizio (Mailand). Da er sich schon früh zum Priester berufen fühlt, spielt sich seine gesamte Studienlaufbahn am Diözesanseminar von Mailand ab. Am 13. Juni 1908 wird er zum Priester geweiht. Als solcher erhält er bald das Amt eines Kurienarchivars und eines Assistenten der Azione Cattolica. 1923 erfolgt seine Ernennung zum Kanoniker der Mailänder Kathedrale, und 1960 wird er Konsultor der Päpstlichen Kommission für Seminare und Universitäten. Auf der Ebene der Universi-

---

[15] Vgl. ebd. *Rapporti; Psicanalisi; Ciò che è vivo...*
[16] *L'eredità*, 107f.

tät spielt sich sein Leben an der Seite von Agostino Gemelli ab, dem er stets eng verbunden bleibt. Von der Gründung der Università Cattolica an unterrichtet er ohne Unterbrechung Philosophie: 1924 erhält er die Lehrerlaubnis; 1930 wird er ordentlicher Professor und bleibt dies bis 1962; 1959 übernimmt er zudem den Vorsitz des Istituto Toniolo, das sich um die Finanzierung der Veröffentlichungen der Università Cattolica kümmert. Als gewissenhafter Lehrer und als tiefer Forscher macht er sich nicht nur durch seine zahlreichen wissenschaftlichen Publikationen aus dem Geiste der Neuscholastik und des Thomismus einen Namen, sondern auch durch sein Wirken innerhalb des »movimento cattolico« und in der Erziehung der Jugend.

Obwohl sich Olgiati als Philosoph mit zahlreichen Strömungen des Denkens auseinandersetzt, um diesen kritisch begegnen und um den Unterschied zwischen klassischem und modernem Denken herausarbeiten zu können, vertritt er dennoch gemeinsam mit Gemelli innerhalb der Sozialwissenschaften einen gewissen Integralismus. Häufig befindet er sich in Polemik mit den Bewegungen, die Italien in den zwanziger Jahren und nach dem Sturz des faschistischen Regimes beherrschten. Es ging ihm dabei vor allem darum, dem rationalen Denken, dem moralischen Bewußtsein, dem realistischen Begreifen des Seins und der »anima metafisica«, die für ihn in jedem Menschen anwesend ist, eine christliche Würde zu verleihen.

Olgiati starb am 21. Mai 1962 in Mailand.

Das philosophische Denken

Das philosophische Denken, das Olgiati mit klaren Ideen und Entscheidungen vertritt, richtet sich nach den Grundlagen der aristotelisch-thomistischen Philosophie. Doch dies geschieht in einer derartigen Originalität, daß Olgiati noch heute als einer der besten Neuscholastiker und als einer der treuesten Vertreter des Neuthomismus in Italien gilt.

Für die kurze Übersicht, die wir hier bieten können, wählen wir aus seiner Philosophie folgende drei wesentliche Punkte aus: 1. seine hohe Bewertung der klassischen Metaphysik; 2. seine geschichtliche Forschung in kritischem und offenem Dialog; 3. seine Grundlegung des Rechts innerhalb der Moral.

1. Daß Olgiati in erster Linie ein Metaphysiker war, bezeugen vor allem sein Buch *I fondamenti della filosofia classica*,[17] daneben aber auch viele andere Veröffentlichungen. Die Metaphysik wiederum, als Erfüllung des menschlichen Verlangens nach der Erfassung des Seins als Grund der Realität und des Denkens, gehört zu jedem Menschen und findet sich implizit bzw. als »anima ispiratrice« in jedem philosophischen System, sei dieses alt oder modern. Olgiati formuliert diese These von der universellen Geltung der Metaphysik mit Hilfe des logischen und ontologischen »Realismus«: Das heißt, die konkrete Realität des Seins wird am Seienden (in dem, was ist) in dessen transzendentalen Unterscheidungen und Implikationen erkannt: in der Distinktion zwischen Wesen und Existenz, in den

---

[17] Vgl. Bibl. B) 1. b) *I fondamenti*.

Eigenschaften der Einheit, Wahrheit und Gutheit sowie in der Analogie innerhalb der gesamten Seinsordnung. Besonders wichtig ist Olgiati das Festhalten an der Intelligibilität des Seins (dessen, was ist): Dieses ist in seiner Ordnung dem Intellekt notwendig zugeordnet; der Intellekt wiederum vermag in seinem Vollzug (intus legere) das Sein an sich selbst begrifflich zu entdecken und zu begreifen. Deshalb ist das Sein als Sein, d. h. »die ganze Realität als Realität«, als »Seiendes«, möglicher Gegenstand eines Wissens, das als metaphysisch bezeichnet wird. Als Metaphysik hat die Philosophie jedoch die Realität mit ihren Aspekten im Laufe der Geschichte unter drei verschiedenen Gesichtspunkten behandelt: als Konkretsein, als Phänomen oder als Idee. Es gab demnach auch im Zuge der abendländischen Geistesgeschichte den Realismus, den Phänomenalismus und den Idealismus. Die Position, die Olgiati in der Folge eines kritischen Dialogs bezieht, ist diejenige des Realismus.

Sein Insistieren auf dem »Begriff des Seienden« muß noch im Lichte folgender Präzisierungen gesehen werden: a) Der Realismus ist das Ergebnis einer fortschreitenden Entwicklung von Platon (das *Wesen* als das Eigentliche des Realen) über Aristoteles (das *Konkrete* als erstes Erkanntes) und Augustinus (die *Intelligibilität* des Seins) zum klassischen *Realismus* des hl. Thomas sowie zu dessen Entfaltungen im gegenwärtigen Denken des Neuthomismus. – b) Im Hinblick auf das moderne Denken definiert Olgiati: »Ich sprach von *diesem* Seienden, z. B. von meinem *Ich*. Es handelt sich dabei um eine von mir festgestellte und erfahrene Realität, die nicht geleugnet werden kann. Als derartige Realität hat [dieses Ich] ein spezifisches Wesen . . ., das zugleich eine gewisse Mannigfaltigkeit enthält . . . Die *Einheit* meiner Realität, die so reich ist an vielen Aspekten . . ., existiert«, sofern es sich »in diesem Seienden, das mein *Ich* ist, um einen *einzigen Akt des Seins* handelt.« Hieraus ersieht man die *Einheit* des *Seins*, den *actus essendi* als Konstituierendes für die Individualität jedes Seienden. – c) Der Begriff des Seins ist absolut vorrangig und begründend. Deshalb besitzt er einen *Vorrang* gegenüber demjenigen des Grundes bzw. gegenüber jedem dialektischen Gesetz (wie etwa dem von Sein und Werden, von Sein und Sollen usw.).

2. Die Erforschung der Philosophiegeschichte spielt im Denken Olgiatis eine ähnlich zentrale Rolle wie seine Theorie des Seins bzw. des Realismus. Er gilt in Italien als einer der ersten kirchlichen Denker, die als authentische Neuthomisten in offener und kritischer Dialektik die Kenntnis der großen philosophischen Richtungen für unerläßlich erklärten. Allerdings betrieb er diesen geschichtlichen Dialog dann nicht nur als neutraler Gelehrter, sondern von seinem Standpunkt des kritisch-metaphysischen Realisten aus, der nicht frei von integralistischer und negativ abwertender Tendenz war.

Beispielhaft in diesem Zusammenhang ist sein Aufsatz *La filosofia cristiana e i suoi indirizzi storiografici*,[18] der sein Verständnis von philosophiegeschichtlicher Forschung so umreißt: »Es ist die Erforschung der Philosophiegeschichte . . ., die mich a) zur Erkenntnis vom Primat der Metaphysik geführt hat, die mich b) dazu veranlaßt hat, der Metaphysik, die in anderen Systemen vorhanden ist, den wah-

---

[18] In: A.V.: *Filosofi italiani contemporanei*, hg. M. F. Sciacca, Como 1944.

ren Realismus entgegenzuhalten, der im Verständnis *des Realen als Seiendem* besteht ..., und die mir c) gestattete ..., die Errungenschaften des begrifflichen Denkens, welche ewig gültig bleiben, in die andersartigen Einsichten des modernen Forschens zu integrieren, sofern diese von einem Sinn für die konkrete Wirklichkeit geleitet sind.« In allen seinen historiographischen Schriften hält Olgiati daher an zwei Prinzipien fest: a) »Die Fenster [müssen] für jeden neuen Wind geöffnet [bleiben].« – b) »Das Recht, sich treu zu einer einzigen Richtung unerschrocken bekennen zu können, [ist beizubehalten].«

Wichtig für den Historiker Olgiati ist auch das, was er die »anima della verità« nennt: Philosophiegeschichtliche Forschung darf nicht rein negative Kritik bzw. bloße Apologetik sein, sondern muß das Vermögen besitzen, in jedem System, in jedem Autor und selbst in jedem Irrtum das Wahre zu finden, das darin verborgen, impliziert oder gar offenkundig ist. So können im Zuge jeder Kritik neue Einsichten geweckt werden, die nicht zu unterschätzen sind, bzw. Anlässe, das bereits Bekannte zu vertiefen, oder Anstöße, das schon Gewußte neu zu sehen und zur Sicherheit zu bringen.

3. Über die Philosophie des Rechts, die Olgiati von 1926 bis 1959 unterrichtete, verfaßte er zahlreiche Beiträge, die in den Bänden *La riduzione del concetto filosofico di diritto al concetto di giustizia* (1932), *Il concetto di giuridicità nella scienza moderna del diritto* (1943, ²1950) und *Il concetto di giuridicità in San Tommaso d'Aquino* (1943, ²1953) gesammelt sind. Im wesentlichen geht es ihm um drei Punkte: a) um den Primat des Naturrechts und um dessen Beziehung zum positiven Recht; b) um die Verteidigung des Vorrangs des *ius quia iustum* gegenüber jeder totalitären und verstaatlichten Auslegung des Rechts *quia iussum*; c) um die Fundierung des Rechts bzw. der Gerechtigkeit im *Sein* und in dessen *Intelligibilität*, d. h. um die Fundierung im Begriff der Personalität (konkret: in der Tugend der Gerechtigkeit) und im Begriff der personalen Gemeinschaft (konkret: in der Gerechtigkeit als *bonum commune*) sowie in der Vorstellung von der Spannung zwischen gegenwärtiger Gesellschaft und *societas perfecta,* sofern, wie Olgiati wiederholt betont, »das Recht politisch entschieden wird«.

BIBLIOGRAPHIE

A) Agostino Gemelli

1. *Werke*

a) Umfassende Bibliographie:
Preto, E.: Bibliografia di P. Agostino Gemelli, Mi 1981.

b) Auswahl:
Conflitto di tendenze, in: La Scuola cattolica 10 (1906) 1ff.
Il nostro *programma,* in: RFNS 1 (1909) 3–23.
Medioevalismo, in: VP 1 (1914) 1–24.
Per il programma del *nostro lavoro,* in: RFNS 11 (1919) 1–4.
(Gemeinsam mit F. Olgiati): Dopo il *Congresso* di Bologna del Partito Popolare Italiano, in: VP 5 (1919).

(Gemeinsam mit F. Olgiati): Il programma del *Partito Popolare* Italiano: quale è e quale dovrebbe essere, Mi 1919.
Il significato del centenario di S. Tommaso, in: A.V.: San Tommaso d'Aquino nel VI centenario della canonizzazione, Mi 1924.
Il mio *contributo* alla filosofia neoscolastica, Mi 1927 (²1932).
Idee e battaglie per la cultura cattolica: S. Tommaso maestro della cultura cristiana, Mi 1933 (²1940).
In tema di *rapporti* tra psicologia e filosofia, in: RFNS 28 (1936) Nr. 3.
Psicanalisi e cattolicesimo, in: VP 33 (1950) Nr. 5.
Ciò che è vivo e ciò che è morto nella psicanalisi, in: VP 37 (1953) Nr. 5–6.

c) Übersetzungen ins Deutsche:
Skrupulosität und Psychasthenie (De scrupulis psychopathologiae specimen). Psychopathologische Studien vorzüglich für Beichtväter, dt. B. Linderbauer, Rb o. J. (1915).
Agostino Gemelli. Selbstdarstellung, dt. F. Blaschke, Lei 1929.
Das Franziskanertum, dt. H. Dausend, Lei 1936.

2. Literatur

A.V.: P. Gemelli psicologo, Mi 1960.
–: Fede e scienza nella vita e nell'opera di Agostino Gemelli, Mi 1960.
–: Agostino Gemelli francescano, Mi 1960.
Belski Lagazzi, I.: P. Agostino Gemelli fondatore dell'Università Cattolica, Modena 1961.
Bondioli, P.: Il Padre Agostino Gemelli, Mi 1931.
Cesana, T.: Fra Agostino Gemelli. Dalla nascita alla professione religiosa: 1878–1904, Mi 1978.
Cosmacini, G.: Gemelli, il Machiavelli di Dio, Mi 1985.
Olgiati, F.: *L'eredità* filosofica di Agostino Gemelli, in: RFNS 52 (1960) 97–114.
Pronzato, A.: Padre Gemelli magnifico terrore, Mi 1983.

B) FRANCESCO OLGIATI

1. *Werke*

a) Umfassendes Verzeichnis:
Preto, E.: Nota bibliografica delle pubblicazioni filosofiche di F. Olgiati, in: VP (1962) Spezialheft (Anhang).

b) Auswahl:
La filosofia di Enrico Bergson, Tn 1914 (²1922).
L'esistenza di Dio, Mi 1917.
Un pensatore americano: Josiah Royer, Mi 1917.
Carlo Marx, Mi 1918 (⁶1953).
Roberto Ardigò, la vita e il pensiero, Mi 1921.
L'anima di S. Tommaso. Saggio filosofico intorno alla concezione tomistica, Mi 1923.
L'anima dell'Umanesimo e del Rinascimento. Saggio filosofico, Mi 1924.
L'idealismo di Giorgio Berkeley e il suo significato storico, Mi 1926.
Il significato storico di Leibniz, Mi 1929.
La riduzione del concetto filosofico di diritto al concetto di giustizia, Mi 1932.
(Gemeinsam mit A. Carlini): Neoscolastica, idealismo e spiritualismo, Mi 1933.
Cartesio, Mi 1934.
(Gemeinsam mit F. Orestano): Il realismo, Mi 1936.
La filosofia di Descartes, Mi 1937.
Il concetto di giuridicità nella scienza moderna del diritto, Mi 1943.
Il concetto di giuridicità in S. Tommaso d'Aquino, Mi 1943, (⁴1955).
Indagini e discussioni intorno al concetto di giuridicità, Mi 1944.
Il panlogismo hegeliano, Mi 1946.
I fondamenti della filosofia classica, Mi 1950 (²1964).
Benedetto Croce e lo storicismo, Mi 1953.

2. *Literatur*

Arata, C.: Il concetto di ente quale »struttura fondante« nel discorso metafisico di F. Olgiati, in: RFNS 54 (1962) 403–426.
A.V.: Studi di filosofia e di storia della filosofia in onore di F. Olgiati, in: VP (1962) Spezialheft; neu aufgelegt unter dem Titel: Monsignor Francesco Olgiati, Mi 1962.
Bonetti, A.: La storiografia filosofica di F. Olgiati, in: RFNS 54 (1962) 427–457.
Bontadini, G.: Il filosofo Olgiati, in: RFNS 50 (1958) 293–295.
–: Ricordo di Mons. F. Olgiati a vent'anni dalla morte, in: VP 65 (1982) 67–74; neu in: E. Franceschini: Uomini e fatti dell'Università Cattolica, Pv 1984, 186–196.
Ferro, C.: L'anima di Mons. Olgiati, Mi 1964.
–: Mons. F. Olgiati. Il filosofo, Mi 1974 (mit Bibliographie von L. Bazzan Voltolini).
Raponi, N.: F. Olgiati: cultura e spiritualità, in: VP 68 (1986) 346–354.
Schiavone, M.: Il pensiero filosofico di F. Olgiati, in: GM 9 (1954) 665–686.

GIUSEPPE CENACCHI

Gustavo Bontadini (geb. 1903)

Gustavo Bontadini wurde am 27. März 1903 geboren. Sein Doktorat erwarb er an der Università Cattolica in Mailand. Nachdem er einige Jahre an der Universität von Urbino theoretische Philosophie gelehrt hatte, wurde er 1949 als ordentlicher Universitätsprofessor nach Pavia berufen. Von 1951 bis 1973 hatte er denselben Lehrstuhl für theoretische Philosophie an der Università Cattolica in Mailand inne. Auch nach seiner Emeritierung setzte er seine Vorlesungstätigkeit an dieser Hochschule fort.

Bontadini gilt als einer der bedeutendsten Vertreter der italienischen Neuscholastik. Diese Qualifizierung spricht zweifellos seine geistige Herkunft an (unter seinen Lehrern seien nur Masnovo und Chiocchetti genannt), sie trifft aber nicht ganz seine eigene Richtung, denn derselbe Bontadini zog es stets vor, sich als Repräsentanten der »klassischen Metaphysik« zu bezeichnen. In dieser wiederum war, wie wir sehen werden, sein fundamentaler Anknüpfungspunkt Parmenides.

Diese Rückkehr zur klassischen Philosophie darf jedoch nicht als reine Restauration verstanden werden. Vielmehr sah sich Bontadini als »Metaphysiker, der im Herzen des modernen Denkens wurzelt«. Genau dies führte bereits zu einer seiner wichtigsten Thesen. Das moderne Denken hat bekanntlich zu einem großen Teil eine antimetaphysische Position eingenommen. Es glaubte damit die letzten Konsequenzen aus der neuzeitlichen Philosophie gezogen zu haben. Aufgrund seiner genaueren Kenntnis der modernen Philosophie, vor allem der Werke des Idealismus, kommt Bontadini zum entgegengesetzten Schluß. Er beruft sich dabei auf das, was er die methodologische »Wahrheit« des Idealismus nennt. Erkennt man nämlich diese an, so ergibt sich eine neue Möglichkeit für das metaphysische Denken, vorausgesetzt, daß dieses nicht im naturalistischen Sinn gewisser scholastischer Traditionen mißverstanden wird. Man kann also sagen, daß Bontadini zwar die moderne Negation der Metaphysik mitvollzieht, daß er dies aber nur tut, um gleichzeitig eine ursprünglichere und reinere metaphysische Reflexion wiederzugewinnen. Oder mit anderen Worten: Der Weg der modernen Philosophie kann mit Recht bei der Leugnung einer Metaphysik enden, die sich als Projektion ontischer Verhältnisse ins Überontische konstituiert, doch daraus darf nicht auf das Ende des ursprünglichen metaphysischen Denkens geschlossen werden. Der Ausgang des Idealismus hat somit die Möglichkeit von Metaphysik neu eröffnet.

Um diese These zu verstehen, ist es notwendig, das hermeneutische Prinzip zu kennen, nach dem Bontadini die Geschichte des modernen Denkens, und zwar sowohl auf rationalistischer wie auf empiristischer Seite, entschlüsselt. Bontadini spricht in diesem Zusammenhang von der »gnoseologistischen Voraussetzung«. Er meint, daß darin die Wurzel der gesamten modernen Philosophie bis hin zu ihrer idealistischen Vollendung liegt. Analog dazu könnte man aber auch von der »naturalistischen Voraussetzung« sprechen bzw. von der Behauptung, daß eine Transzendenz des Seins gegenüber dem Denken als sicher vorausgesetzt werden muß. Was heißt das? Die Feststellung des methodischen Primates des Bewußtseins als unüberspringbaren Horizonts für die Auslegung des Seins stellt bekanntlich die Errungenschaft des cartesianischen Zeitalters dar. Genau in diese Errungenschaft dringt aber aporetisch auch die Behauptung ein, daß das Sein das gegenüber der Erkenntnis Andere und Fremde sei, zu dem seitens des Denkens und der Wahrnehmung eine Entsprechung jeweils hergestellt werden müsse. Diese naturalistische Voraussetzung führt wiederum zu dem unbegründeten Verständnis von Erfahrung als *Rezeption* bzw. *Konstruktion*. Anders formuliert: Die Erfahrung wird nicht als das Sich-gegenwärtig-Machen oder als das Sich-Zeigen des Seins innerhalb des Horizonts des Bewußtseins genommen, sondern als das, was es allererst zu vermitteln gilt, als das Sinnliche, das (wenn möglich) zu verifizieren bzw. zu rekonstruieren ist gemäß den Gesetzmäßigkeiten des Verstandes.

Dieser methodologische Widerspruch, der bereits bei Descartes und Hume deutlich sichtbar ist, wird bei Kant sogar eigens thematisiert. »Die *Kritik der reinen Vernunft*«, so schreibt Bontadini, »beginnt genau mit den Worten: daß alle unsere Erkenntnis mit der Erfahrung anfange, daran ist gar kein Zweifel (auch wenn nicht alle aus ihr stammt). Zu behaupten aber, daß die Erfahrung der Anfang oder der Ausgangspunkt allen Wissens ist, bedeutet, ihre Stellung innerhalb der philosophischen Methodik festzulegen. Wir sehen also, daß dieses Thema den Einstieg in das bedeutendste Werk der modernen Philosophie bildet. Doch diese Erfahrung, von der Kant an dieser wichtigen und unübergehbaren Stelle spricht, wird in einer bestimmten Hinsicht gesehen. So zeigen es die Zeilen, die sich unmittelbar anschließen, und darüber hinaus der ganze Kontext der kantischen Argumentation. Erfahrung wird, wie man weiß, als Rezeptivität begriffen, als Stimuliertsein von außen bzw. als Bestimmtsein unserer Sinnlichkeit durch ein Objekt. Indem nun Kant diesen Erfahrungsbegriff *zugrunde legt* (d. h. diese Vorstellung *von einem Ausgangspunkt annimmt*) und indem er gleichzeitig sein von vornherein einschränkendes Prinzip entwickelt, daß nämlich in unserer Erkenntnis wohl alles mit der Erfahrung beginne, aber nicht alles aus ihr abzuleiten sei, *gelangt* er zu dem für ihn typischen und spezifischen Begriff von Erfahrung als Konstruktion oder Organisation. Genau dieser *Ausgangspunkt* und dieser *Endpunkt* ist es aber, was uns bei den methodologischen Überlegungen festhält. Denn als *Methode* verstehen wir nicht nur das Werkzeug, das Organ oder die Verfahrensregel des Wissens sowie seiner Entfaltung, sondern das Wirklichkeits-Geschehen, aus dem diese sich ergibt und gesetzlich festlegt (und in dem ihr Werkzeug, ihr Organ und ihre Verfahrensregeln einzuschließen sind). Von diesem Gesichtspunkt aus kritisieren wir den Kantianismus – bzw. den Kritizismus –, weil er einen *nicht gerechtfertigten Ausgangspunkt* wählt; gleichzeitig anerkennen wir die relative Überlegenheit des nachfolgenden Idealismus, sofern dieser immerhin auf diesen Ausgangspunkt verzichtet hat.«[1]

Das idealistische System entwickelt sich nun – dies gezeigt zu haben ist das zweite historiographische Verdienst Bontadinis – mit der Aufhebung dieser naturalistischen Transzendenz, die das neuzeitliche Denken angenommen hat. Die Frage nach der Möglichkeit des Übergangs vom Bewußtsein zum Sein gründet letztlich auf einem »circulus vitiosus«: Sie setzt nämlich ein Sein außerhalb des Horizonts der Erkennbarkeit an und endet damit bei der Behauptung dessen, was sie in keinem Falle hätte anerkennen dürfen. Die idealistische Aufhebung dieser Aporie mußte nun bei gleichzeitiger Treue zum neuzeitlichen Cogito konsequenterweise dazu führen, die totale Nichtübersteigbarkeit des Bewußtseins zu behaupten. Doch dies wiederum ermöglichte die Neuentdeckung der Einheit bzw. der ursprünglichen Entsprechung von Denken und Sein. So mußte schließlich die einfache, aber entscheidende Einsicht wiedergewonnen werden, daß nämlich *alles im Denken* ist, d. h. daß *alles* ohne Ausnahme durch das Denken manifestiert ist. Und so gesehen gelangen wir zurück an den Anfang des abendländischen Denkens, zum alten Spruch des Parmenides, der jetzt in seiner kritischen und methodologischen Relevanz deutlicher spricht als je zuvor: Denken und Sein sind dasselbe; das Denken ist demnach immer Denken des Seins.

Ausgehend von dieser fundamentalen Einsicht konnte Bontadini die Wege der Ontologie neu beschreiben. Die Einheit von Sein und Denken enthüllt sich als die wichtigste Voraussetzung für eine Wissenschaft vom Sein als solchem. Zugleich kehrt auf der Basis dieser Voraussetzung die radikale Frage der Metaphysik zurück. Man darf sich natürlich fragen, ob man noch von Metaphysik sprechen kann, wenn man die gegenseitige Immanenz von Denken und Sein angenommen hat. Bontadini ist sich dieses Einwandes bewußt. Er wurde ihm auch u. a. in der Kritik von Ugo Spirito vorgehalten, der das Ergebnis des Idealismus darin sieht, »daß das Noumenon – d. h. die Transzendenz und damit die Metaphysik – sich aufgelöst hat in der Reduzierung der ganzen Realität auf Phänomenalität«. Doch Bontadini hält dem entgegen, daß das Transzendieren der Metaphysik weder ein Denken in absoluter Andersartigkeit sei noch einen Versuch darstelle, sich außerhalb des Bewußtseinshorizonts zu stellen. »Die neo-klassische Metaphysik bewahrt die wahre Einsicht des Idealismus (das Denken als Organ für alles, was ist, als absoluter Horizont ... ist nicht transzendierbar) und führt diese aus, indem sie das eigentliche Problem in sie hineinverlegt, nämlich das Problem der Vermittlungsrolle der Erfahrung. Mit einem Wort: Der genaue – strenge! – methodische und nicht nur ungefähre Ort der Antinomie zwischen Transzendenz und Immanenz, mit Rücksicht auf den man – wenn überhaupt – vom Transzen-

---

[1] *Conversazioni*, Bd. I, 39f.

dieren der Erfahrung sprechen wird, ist im Horizont des *Denkens!*«² Anders formuliert: Immanenz des Seins im Denken bedeutet keine absolute Identität. Sie schließt nicht eine gewisse Transzendenz des Seins aus, wenn diese sich auch so offenbart, daß sie ins Herz des Bewußtseins selbst zurückverweist. Bontadini schlägt nun seine Form von Metaphysik vor, indem er genau die transzendentale Struktur des Bewußtseins in seiner Beziehung zur konkreten Erfahrung analysiert. Dabei berücksichtigt er die diversen Beiträge seitens der aristotelisch-thomistischen Tradition. Doch diese werden einem strengen Rekonstruktionsverfahren zugeordnet, das – wie gesagt – möglich geworden ist dank des methodologischen Erbes aus dem Idealismus und dank des »parmenideischen Prinzips«.

Dieses Prinzip, verstanden als Prinzip aller Prinzipien bzw. als transzendentales Grundgesetz des Seins, präsentiert sich geschichtlich gesehen als ursprüngliche und maßgebende Formulierung des Kontradiktionsprinzips: »Nur das Sein ist, und das Nichtsein ist nicht; das Nichtsein als solches ist weder aussagbar noch denkbar.«³ Bei Parmenides ergibt sich dieses Prinzip bekanntlich aus der Einsicht in die Notwendigkeit und Unveränderlichkeit des Seins. Es bedeutet daher in gewissem Sinne eine Absage an die Erfahrung mit der Veränderlichkeit des Werdens. Daher zieht es Bontadini vor, die parmenideische Formel mit einem Zusatz zu versehen, der ausdrücklich diese Erfahrung mit dem Werden berücksichtigt. Er sagt: »Dasjenige, was wir *ad honorem* Prinzip des Parmenides nennen können – das Sein kann ursprünglich nicht begrenzt sein durch das Nichtsein ... –, ist die *Rechtsgrundlage* für das, was man genaugenommen als das historische parmenideische Prinzip des Werdens bezeichnen muß.«⁴ Was heißt dies?

In der Formel Bontadinis ist zunächst eine dialektische Spannung angesprochen, die auf den ersten Blick in Widerspruch zu versinken droht. In der Tat müssen wir auf der einen Seite am obersten Gesetz der Wirklichkeit festhalten, daß nämlich das Sein nicht das Nichtsein sein könne, auf der anderen Seite müssen wir aber auch anerkennen, daß die Erfahrung der Veränderlichkeit des Werdens, d. h. des Übergangs vom Sein ins Nichtsein bzw. der endlichen Identität von Sein und Nichtsein, nicht zu leugnen ist. Dieser Lehrsatz der Metaphysik entspringt somit aus zwei nicht bezweifelbaren Grundbegriffen: »... dem Festhalten des Werdens auf der einen Seite und der Anerkennung von dessen Widersprüchlichkeit auf der anderen. Zwei Grundbegriffe stehen also am Anfang, d. h. es gibt zwei fundamentale Elemente: die Erfahrung und das Kontradiktionsprinzip (erstes Prinzip). Diese beiden Feststellungen schließen sich gegenseitig aus, und dennoch genießen sie beide den Anspruch auf Wahrheit ... Allerdings müssen sie ihre Wahrheit, sobald sie sich in der Antinomie (nämlich zwischen Erfahrung und Logos/Denken) befinden, gegen den Vorwurf des Nichtwahrseins verteidigen. Denn die Erfahrung bekämpft die Wahrheit des Logos und der Logos diejenige der Erfahrung.«⁵

---

² Ebd. 229.
³ H. Diels: *Fragmente der Vorsokratiker*, 28 b 6,1; 8,8–9.
⁴ *Conversazioni*, Bd. II, 194.
⁵ *Metafisica*, 16.

Von dieser Antinomie aus gelangt nun Bontadini zu der oben genannten Formulierung des parmenideischen Prinzips: Das Sein kann ursprünglich nicht begrenzt sein durch das Nichtsein. Das besagt jetzt: Die Veränderlichkeit des Werdens beweist einen Übergang vom Nichtsein zum Sein und vom Sein zum Nichtsein. Das Nichtsein scheint demnach in sich die Begründung (und Vernichtung) des Seins zu enthalten. Wäre dem aber letztlich so, dann könnte der Widerspruch vom Denken her gesehen nicht aufgehoben werden. Folgedessen kann dies nur vermieden werden, wenn das Nichtsein als *nicht ursprünglich* angesehen wird. Das Werden mit seinem Dasein und seinem Nichtdasein stellt somit keinen Widerspruch in sich selbst dar, wenn an seinem Ursprung, wie das parmenideische Prinzip fordert, eine absolute Unberührtheit des Seins angenommen wird. »Dadurch«, so schreibt Bontadini, »geht das eleatische Prinzip: das Sein kann nicht nicht sein, das Sein nicht Nichts werden, das Werden ist Widerspruch in sich selbst, in eine andere Formel *über*, nämlich: das Sein kann *ursprünglich nicht* Nichts werden, *das Werden kann nichts Ursprüngliches sein.*« Das Werden wird folglich in seiner widersprüchlichen »Facies« überwunden: ». . . dies ist allerdings nur möglich für die Macht des Unveränderlichen«.[6] So übersetzt sich schließlich die dialektische Formulierung des eleatischen Prinzips von selbst in das, was Bontadini das Prinzip der Schöpfung genannt hat. In diesem Gesetz stellt der Schöpfer die ursprüngliche Macht des Seins dar: »*Die Offenbarung der Wahrheit erhält man aus dem Kreationsprinzip und nur aus diesem: Prima Veritas.* Vor diesem Prinzip gibt es lediglich das rein formale Kontradiktionsprinzip. Dieses ist weniger die Wahrheit selbst als das Kriterium für die Wahrheit, d. h. als die Norm, gemäß der wir die Wahrheit als Vergewisserung des Seins beanspruchen.«[7]

Die metaphysischen Analysen und Schlußfolgerungen Bontadinis haben eine der lebhaftesten philosophischen Kontroversen der Nachkriegszeit in Italien ausgelöst. Von 1964 an entstand vor allem in der *Rivista di filosofia neo-scolastica*, aber auch in anderen philosophischen und allgemein kulturellen Zeitschriften, auf Kongreßdebatten sowie in Artikeln und Büchern verschiedenen Umfangs eine breite Diskussion. Wir nennen außer den Debatten innerhalb der Università Cattolica die Auseinandersetzungen mit der philosophischen Schule von Padua (Carlo Giacon, Marino Gentile, Enrico Berti, Piero Faggiotto usw.) und vor allem mit Emanuele Severino (geb. 1929), einem ehemaligen Schüler von Bontadini in Pavia und nachmaligen Kollegen an der Università Cattolica. Gerade Severino war es, der mit seinem programmatischen Artikel *Ritornare a Parmenide* (Rückkehr zu Parmenides) 1964 in der *Rivista di filosofia neo-scolastica* (137–175) die Debatte eröffnete. Seine Einwände haben die weitere Polemik entscheidend festgelegt. Es ist daher wichtig, sie in einigen wesentlichen Zügen zu umreißen.

Angenommen, Bontadinis Analyse des Werdens sieht etwas Richtiges, muß man dann, so fragt Severino, unbedingt schon seinen Lösungsvorschlag als gan-

---

[6] Ebd. 28.
[7] *Conversazioni*, Bd. II, 193.

zen akzeptieren? Kann man behaupten, daß der von Bontadini entdeckte Widerspruch dadurch bereinigt wird, daß man sich auf die ursprüngliche Unveränderlichkeit des Seins beruft? Liegt nicht vielmehr folgendes Dilemma vor: Entweder der besagte Widerspruch wird durch die Setzung eines ursprünglich reinen Seins behoben, dann stellt das Werden keine Einheit von Sein und Nichtsein mehr dar, ist also kein Widerspruch an sich selbst mehr und wird damit letztlich geleugnet; oder aber man beharrt auf der Realität und der Selbstwidersprüchlichkeit des Werdens, dann bleibt diese Widersprüchlichkeit unaufhebbar, weil sie zum innersten Wesen – egal ob ursprünglich oder weniger ursprünglich – des Werdens gehört?

Severino selbst gelangt bei seinem eigenen Versuch, das parmenideische Prinzip auszulegen, zur Feststellung der absoluten Unveränderlichkeit des Seins. Denn vom Logos, vom Denken her gesehen ist der Selbstwiderspruch des Werdens eine Unmöglichkeit. Der Widerspruch des Werdens ist nicht denkbar und nicht real. Nimmt man es als Übergang vom Nichtsein zum Nichtsein, so kann es nur eine Erscheinung sein, die das Denken, welches sich auf das Sein richtet, überwindet und zurückläßt. Doch abgesehen von dieser Deutungsfrage – und damit sind wir beim zweiten Einwand Severinos –: Wer kann sagen, daß wir angesichts des Phänomens des Werdens die Erfahrung einer Vernichtung (eines Übergangs ins Nichtsein) haben? Genau besehen ist es diese Frage, durch die die gesamte Analyse Bontadinis radikal in Diskussion gestellt wird: Denn der dialektische Prozeß, den Bontadini abrollen läßt, gelangt ebenso notwendig zur Feststellung der Nichtwidersprüchlichkeit des Seins wie zur Feststellung des Werdens. Die Widersprüchlichkeit des Werdens verlangt jedoch nach Klärung.

Hierin liegt der Grund, warum Bontadini bei seiner Replik auf Severino, die er mit dem Aufsatz *Sózein tà phainómena* beginnt,[8] darauf zielt, eine neue phänomenologische Analyse (die wir auch eine transzendentale nennen können) zu bieten. Und seine Antwort besteht im wesentlichen in der Feststellung, daß die Erfahrung des Werdens nicht überwunden wird, wenn man sich bloß an die ersten Daten des Bewußtseins, d. h. an die Erfahrung hält. Severino ist also zuzustimmen, wenn er z. B. hervorhebt, daß wir beim Verbrennen eines Baumes, seiner Vernichtung also, nicht dessen Übergang ins Nichtsein erleben, sondern nur sein Verschwinden aus dem Bewußten. Demnach ist es das Bewußtsein, das hier einem unbestreitbaren Wandel, genauer: dem Wechsel von Erscheinen und Nichterscheinen von etwas, unterliegt. Letzterer konstituiert ihr eigenes Werden.

Trotz dieses Eingeständnisses der Widersprüchlichkeit des Werdens greift Bontadini dann aber auf seine eigene Lösung zurück: »Die Widersprüchlichkeit des Werdens wird durch den Gedanken der Schöpfung überwunden, da die Identität von Sein und Nichtsein, der wir in der Erfahrung begegnen, jetzt als *Ergebnis* eines Aktes aus dem Sein selbst gesehen wird ... Das Sein ist folglich nicht mehr unwillkürlich mit dem Nichtsein identisch, sondern aufgrund eines aktiven Eingriffs durch das Sein selbst; oder anders gesagt: Die energetische Aktualität, die das Sein ist, wird nicht mehr vom Nichtsein überwunden (was der absurde

---

[8] Vgl. die Bibliographie.

Schluß jedes Atheismus und Pantheismus ist), sondern durch eine höhere, ja sogar höchste Kraft des reinen Seins.«[9] Gegenüber dem weiteren Einwand (nicht nur von seiten Severinos), daß es auf diese Weise wohl gelingt, den Ursprungscharakter des Seins zu erfassen, aber deshalb noch lange nicht die wesenhafte Selbstwidersprüchlichkeit des Werdens behoben wird, vertieft Bontadini seinen Standpunkt noch auf folgende bemerkenswerte Weise: »Gibt es nicht einen Unterschied zwischen dem Werden des Geschaffenen (im Sinne einer *inclusio!*) und dem Werden des Nichtgeschaffenen, d. h. dessen, was sich vom geschaffenen Sein abhebt und ursprünglich ist? Liegt nicht eine Differenz vor zwischen der Ordnung jener Wirklichkeit, in der das Werden etwas Geschaffenes ist, und jener, in die keine Schöpfung eingreift? Jenseits des Geschaffenen stellt das Werden – das ursprüngliche Werden – eine *Vermehrung* (und/oder eine Verminderung) des Seins dar. In dieser Vermehrung (oder Verminderung) liegt die Widersprüchlichkeit des Werdens. Das Sein ginge aus dem Nichtsein seiner selbst hervor (*ex nihilo sui*). Das Absurde an dieser Vorstellung von Hervorgehen (*ex nihilo aliquid*) besteht genau darin, daß das Sein vor dem Hervorgehen und nach dem Zurückgehen identisch wäre mit seinem eigenen Nichtsein. (In der Form eines Urteils ausgedrückt: Das Sein – als Sein – ist nicht!) Die Würde des ›*ex nihilo nihil fit*‹ gründet um nichts weniger auf dem Prinzip des Parmenides (Sein kann nicht Nichtsein sein). Sieht man das Werden hingegen als etwas Geschaffenes an, so findet man keine *Seinsvermehrung* . . ., weil der Akt, der das Werden hervorbringt, dem Nichtwerdenden (Unbewegten) nichts hinzufügen kann. Dabei ist allerdings zu beachten: es [das Werden] ist formal im Schöpfungsakt, aber nicht im Wesen Gottes, d. h. im Archetyp, enthalten (ansonsten verfiele man einem Pantheismus). Im Archetyp gibt es wohl die gesamte Vollkommenheit des Geschaffenen, die ›*quantitas realitatis*‹ (nach platonischer Erkenntnis: die Bewahrung vor dem Nichtsein), doch im Akt des Schöpfers existiert zugleich auch die Individualität des Geschaffenen, die Wirklichkeit des Werdenden selbst. Diese Wirklichkeit ist aber hypostatisch vom Schöpfer selbst unterschieden. So wird es vom Logos, vom Denken, verlangt. Die Selbstwidersprüchlichkeit des Werdens entspricht somit der Widersprüchlichkeit von Seinszuwachs und Seinsverminderung: *Wo diese behoben wird, ist auch jene behoben* bzw. bereinigt.«[10]

Man kann nicht sagen, daß mit diesen Antworten Bontadinis alle Einwände entkräftet und alle Schwierigkeiten gelöst worden wären. Während Severino für sich selbst das parmenideische Prinzip des Seins bis ins Extrem hinein weiterentwickelte, fragte man sich von anderer Seite her, ob Bontadinis Analyse des Werdens über jeden Zweifel erhaben sei. Die deutlichste Frage ist vorerst immer noch jene, die aus den Kreisen der Schule von Padua durch Piero Faggiotto (geb. 1923) gestellt wurde: Ist es möglich, angesichts des Wissens um das fundamentale Gesetz, daß nämlich Sein nicht Nichtsein sein könne, die *wirkliche* Existenz des Widerspruchs im Werden zu behaupten? Muß man nicht vielmehr nur anneh-

---

[9] *Conversazioni*, Bd. II, 145.
[10] *Metafisica*, 20f.

men, daß kraft dieses Prinzips dieser Widerspruch lediglich *scheinbar* ist? In Worten Faggiottos: »Entweder ist das Werden, das Gegenstand unserer Erfahrung ist, in sich selbst nicht widersprüchlich, sondern lediglich jene Lesart davon, die seinen Bezug zum schöpferischen Prinzip nicht berücksichtigt und es daher letztlich verabsolutiert; oder das Werden als Sich-Identifizieren des Seins mit dem Nichtsein ist wirklich in sich selbst widersprüchlich, dann ist nicht einzusehen, wie es als wirklich angesehen und wie es seitens der Erfahrung festgestellt werden soll.«[11] Und außerdem: Nimmt man die Widersprüchlichkeit des Werdens als etwas Wirkliches an, ohne sie zu behaupten, wie kann man sie dann bei Gelegenheit sich selbst überlassen oder mit dem Prinzip des Seins versöhnen? »Der strittige Punkt ist also dieser: Ist das Werden als Werden in sich selbst wirklich widersprüchlich, dann gibt es keine Möglichkeit, diese Widersprüchlichkeit zu *beheben*.«[12]

Man beachte, daß diese Art von Einwänden nicht darauf zielt, die Theorie Bontadinis zu widerlegen, sondern vielmehr darauf, integriert oder als Berichtigungen berücksichtigt zu werden. Was z. B. das zuletzt Gesagte anbelangt, so zwingt die darin enthaltene Frage zur Klärung, ob der innerhalb der primären Erfahrung des Werdens festgestellte Widerspruch behauptet oder *hypothetisch* angenommen werden soll. Der Widerspruch *ergäbe sich* als wirklich nur im Fall, daß wir die ursprüngliche Positivität des Seins außer acht ließen. Doch gerade weil es notwendig ist, dieselbe einzubeziehen, stellt sich früher oder später ein theologischer Gesichtspunkt ein. Gleichzeitig wird dadurch unser Verständnis des Seins vor dem Unsinn bewahrt. So gesehen versucht also Faggiotto im Unterschied zu Severino die metaphysische Überlegung weiter zu treiben. Denn »diese theoretische Integration ist es, die den Schein des Widerspruchs aufheben kann«.[13]

In seinen zahlreichen Nachschriften (die übrigens im Hauptwerk Faggiottos abgedruckt sind) bleibt Bontadini jedoch bei seiner eigenen Sicht der Dinge. Er lehnt eine hypothetische Interpretation des Werdens ab und behauptet es als wirklich. *Die Wirklichkeit desselben* ist es, die letztlich überwunden ist. Dazu kommen allerdings noch zwei Punkte, die zu beachten sind. Der erste trifft genau den Wirklichkeitscharakter des Widerspruchs. Er ist bemerkenswert, weil er einen theoretischen Positionswandel Bontadinis suggeriert: »Weil das Werden etwas Wirkliches ist und die Wirklichkeit nicht Widerspruch in sich selbst sein kann, weiß ich, daß der Widerspruch aufzuheben sein muß. Und gerade um diese Aufhebung leisten zu können, führe ich den metaphysischen Gesichtspunkt ein. Gleichzeitig enthülle ich den scheinbaren Charakter des Widerspruchs.«[14] Diese Replik scheint einer bloß phänomenologischen Sicht des Werdens Raum zu bieten, doch offensichtlich verlagert sich die Argumentation nicht in diese Richtung. Der zweite Punkt nämlich, ebenfalls bemerkenswert, klärt über den Widerstand

---

[11] *Per una metafisica*, 223.
[12] Ebd. 167.
[13] Ebd. 177.
[14] Ebd. 170.

auf, den Bontadini der Behauptung entgegensetzt, daß der Widerspruch im Werden aufgehoben werden könne, da er lediglich hypothetisch angenommen oder als erste Erscheinung gesetzt worden sei. Hält man nicht an der *Wirklichkeit* des Widerspruchs fest, so kann man nach Bontadini auch nicht »die Heteronomie des Werdens, sein Sein in der Anteilhabe«[15] erfassen. Damit wird deutlich, daß zwischen der These von der Wirklichkeit des Werdens und derjenigen von der Transzendenz eine enge Bindung besteht: Fällt die eine, so fällt auch die zweite. Dann aber wäre auch die rein immanentistische Schlußfolgerung Severinos gerechtfertigt. Es scheint demnach zwischen diesen beiden Extremen keinen dritten Weg zu geben. Wer dennoch einen solchen versuchte, stieße trotz allem auf den Gedankengang Bontadinis, der die Wurzel seines streng logischen Anspruchs und seiner theoretischen Überzeugungskraft aus der Unumstößlichkeit des parmenideischen Prinzips gewinnt.

Es sei darauf hingewiesen, daß die Position Bontadinis aber auch in ihrem methodologischen Anspruch diskutiert wurde. Zitieren wir als Beispiel für viele eine Stellungnahme aus der Schule von Turin: »Es ist wahrscheinlich«, so schreibt Vittorio Mathieu (geb. 1923), »daß das logisch-ontologische Verständnis des aristotelischen Kontradiktionsprinzips [welches allerdings nicht dasjenige Bontadinis ist!] nicht die beste Möglichkeit bietet, das Sein zu deuten ... Die Logik mag für die Philosophie notwendig sein, sie reicht aber nicht aus. Es kann sein, daß die Wirklichkeit andere Dimensionen besitzt als diejenigen, welche die Logik erreicht. Das heißt, es ist möglich, daß der logischen Sicht jene Intentionalität im scholastischen Sinn des Wortes fehlt, die es gestattete, über die bloße Erfahrung hinauszukommen. Eine sinnvoll eingesetzte phänomenologische Methode könnte hier weiterführen. Diese enthielte freilich keine beweisende Stringenz, aber sie könnte dazu dienen, etwas *sichtbar zu machen*, nämlich: eine andere Art von Evidenz, die sich von der logischen Evidenz unterscheidet, aber deshalb nicht bloß subjektiv ist.«[16] In den Augen Bontadinis gestattet der Wissenschaftsanspruch der Philosophie diese Distinktionen nicht. Wenn auch Logik und Phänomenologie nicht zusammenfallen und zwei verschiedene Wege der Forschung an die Hand geben, so können sie dennoch nicht getrennt voneinander gesehen werden. Darüber hinaus ist das methodische Vorgehen Bontadinis, wie dargelegt, getragen vom Bewußtsein des unvermeidlich dialektischen Zusammenhangs von Logos (Denken) und Erfahrung. Die Phänomenologie kann sich wohl in den ihr eigenen Weisen und Intentionalitäten fortbewegen, sie kann jedoch diesen Zusammenhang nicht zurücklassen. So bleiben die beiden unbedingten Gebote der Erkenntnis: die Notwendigkeit, sich auf die Inhalte der Erfahrung zu beziehen, und die Notwendigkeit, sich an die fundamentalen Regeln des Denkens zu halten. Wo diese beiden Bezugspunkte zueinander in Antithese geraten, bedarf es der Beseitigung und der Versöhnung derselben durch einen dialektischen Prozeß. »Aussöhnung einer Antiphasis«, so schreibt Bontadini, »entspricht dem, was

---

[15] Ebd. 153.
[16] *Novecento*, 125f.

man Dialektik nennt, vorausgesetzt, daß wir als Dialektik ein Denken verstehen, das im Kontradiktionsprinzip wurzelt.«[17] Das Denken Bontadinis bleibt dieser dramatisch-dynamischen Struktur des endlichen Bewußtseins verpflichtet.

BIBLIOGRAPHIE

1. *Werke*

a) Vollständige Bibliographie bis 1975:
A.V.: Studi di filosofia in onore di Gustavo Bontadini, Bd. II, Mi 1975, 543–559. (Nach 1975 hat Bontadini fast nichts mehr veröffentlicht.)

b) Auswahl:
Saggio di una metafisica dell'esperienza, Mi 1935 (^{2}1938; ^{3}1979).
Studi sull'idealismo, Urbino 1942.
Dall'attualismo al problematicismo, Bre 1946.
Studi sulla filosofia dell'età cartesiana, Bre 1947.
Dal problematicismo alla metafisica, Bre 1952.
Indagini di struttura sullo gnoseologismo moderno, Bre 1952.
Sózein tà phainómena, in: RFNS 56 (1964) 439–468.
Studi di filosofia moderna, Bre 1966.
Conversazioni di metafisica, 2 Bde., Mi 1971.
Metafisica e deellenizzazione, Mi 1975.
Dissensi e consensi sulla metafisica classica, in: RFNS 71 (1979) 176–191.
Ancora conversando di metafisica classica, in: RFNS 72 (1980) 319–340.
Per continuare un dialogo, in: RFNS 75 (1983) 110–118.

2. *Literatur zur Diskussion um Bontadini*

Arata, C.: Principio di Parmenide e Principio di Persona, in: RFNS 69 (1977) 581–609.
Berti, E.: Contraddittorietà, apparenza o problematicità del divenire, in: Studium 6 (1978) 809–819.
Faggiotto, P.: *Per una metafisica* dell'esperienza integrale, Rimini 1982.
Gentile, M.: I quattro gatti della metafisica e i polli di Renzo, in: RFNS 70 (1978) 410–420.
Mathieu, V.: La filosofia del *Novecento*, Fi 1978, Kap. IV, § 3.
Rivetti Barbò, F.: Dall'essere pregante all'assoluto-che-dona, in: RFNS 71 (1979) 3–48.
Severino, E.: Ritornare a Parmenide, in: RFNS 56 (1964) 137–175.
–: Appunti per Gustavo Bontadini, in: RFNS 76 (1984) 616–623 (mit einem Nachtrag von G. Bontadini).

VIRGILIO MELCHIORRE

---

[17] *Conversazioni*, Bd. II, 191.

Umberto Padovani (1894–1968)

Umberto Antonio Padovani wurde am 27. November 1894 in Ancona geboren. Wie er selbst berichtet, entstammt er einer konservativ-katholischen Familie.[1] Auf dem Gymnasium kam er durch einen Lehrer positivistischer Geisteshaltung zur Philosophie. Durch sie gerieten seine religiösen Überzeugungen in eine tiefe Krise. Er beschloß daher, sein ganzes Leben der Philosophie zu weihen, um in ihr eine Antwort auf die Frage nach dem Sinn des Lebens zu finden. Er inskribierte auf der Facoltà di Lettere e Filosofia an der Accademia Scientifica Letteraria in Mailand. Hier hatte er Pietro Martinetti (1872–1943) zum Lehrer. Dessen transzendenter Idealismus gab ihm Anlaß, den Positivismus hinter sich zu lassen, und eröffnete ihm damit »logischerweise den Weg zur klassischen Metaphysik«. In diese wurde er sodann durch Guido Mattiussi (1852–1925) eingeführt.[2] Als er schließlich dem neuscholastischen Kreis nähertrat, den Agostino Gemelli (1878 bis 1959) in Mailand um sich geschart hatte, erhielt er 1924 einen Lehrauftrag für Religionsphilosophie an der Università Cattolica del Sacro Cuore. 1937 erfolgte die Ernennung zum Ordinarius für Moralphilosophie an derselben Universität. Gemeinsam mit F. Battaglia (1902–1977), C. Giacon (1900–1984), A. Guzzo (1894–1986), M. F. Sciacca (1908–1975) und L. Stefanini (1891–1956) gründete er 1945 das Centro di Studi Filosofici di Gallarate. In dieser Eigenschaft gehörte er in den weiteren Jahren zu den Herausgebern der ersten Ausgabe der *Enciclopedia Filosofica*, die vom selben Institut herausgegeben wurde. 1948 nahm er die Professur für Moralphilosophie an der Universität Padua an. Er blieb hier bis 1965. Drei Jahre später, am 5. April 1968, starb er in Gaggiano in der Provinz Mailand.

Padovani unterscheidet sich im Bereich des mailändischen Kreises der Neuscholastik (deren wichtigste Repräsentanten Francesco Olgiati, Amato Masnovo und später Gustavo Bontadini sich vor allem um metaphysische und gnoseologische Probleme kümmerten) dadurch, daß sein Interesse besonders den Fragen der

---

[1] *Filosofia e morale*, 268.
[2] Ebd. 266f.

Moral galt. Er erwartete von der Philosophie die Lösung der großen Lebensfragen: »Mag man sich um eine Philosophie nicht kümmern, die rein theoretisches Wissen ist, so kann man dies nicht tun, wenn die Philosophie das Problem des Lebens löst, und sei es auch nur deshalb, weil jede menschliche Handlung notwendigerweise eine Entscheidung vor der Wirklichkeit und damit ein Absolutes bzw. eine Metaphysik impliziert.«[3] Aufgrund dieser Überlegung wählt Padovani wohl die thomistische Metaphysik »in verabsolutierter und geschichtlich redimensionierter Form« zum Ausgangspunkt und Fundament seines Denkens, er bezieht jedoch gleichzeitig »das gesamte humanistische und auf Innerlichkeit gerichtete Denken augustinischer und pascalscher Prägung, das im aristotelisch-thomistischen Lager so wenig verstanden wird«, mit ein. So hat Padovani, wie M. F. Sciacca schreibt, »den Bischof von Hippo aus seinem Exil in die italienische Neuscholastik zurückgerufen«.[4]

Diese Eigentümlichkeit seines Denkens erreicht Padovani bereits in der Mitte der dreißiger Jahre mit seinem Werk *La filosofia della religione e il problema della vita* (Philosophie der Religion und Sinnfrage). Darin bietet er eine breite kritische Analyse des modernen Denkens. Von diesem meint er, daß es die Widersprüche, die sich in unserer Erfahrung auftun, nicht lösen könne, sofern es in einen metaphysischen Immanentismus geraten sei. Er hegt daher Sympathien für jene Philosophen, die wie Schopenhauer oder sein Lehrer Martinetti zwar von der klassischen Metaphysik weit entfernt waren, aber dennoch die Widersprüche der Erfahrungswelt klar herausgestellt haben. Dieses Verdienst muß nach seiner Ansicht anerkannt werden, wenn diese Denker auch nicht imstande waren, die besagten Widersprüche mit Hilfe einer Metaphysik lösen zu können, die eine klare Vorstellung von Transzendenz hat. Aus demselben Grund schätzt Padovani auch den zeitgenössischen italienischen »problematicismo« von Ugo Spirito (geb. 1896), der ebenfalls die fundamentalen Aporien des modernen Immanentismus gezeigt und einen Weg zu ihrer Überwindung gewiesen hat.[5] Doch Padovani formt sein Denken an den Studien zur Geschichte der Philosophie. Sein wichtigstes Werk, *Vincenzo Gioberti e il Cattolicesimo* (V. Gioberti und der Katholizismus), unternimmt eine Interpretation Giobertis im rationalistischen und immanentistischen Sinne.[6] Abschließende Synthese dieser philosophiegeschichtlichen Forschungen bietet aber das *Sommario di storia della filosofia con particolare riguardo ai problemi morali e religiosi* (Überblick zur Philosophiegeschichte mit besonderer Berücksichtigung der moralischen und religiösen Fragen), das vollständig erst 1966 publiziert wurde. In diesem Werk versucht er, das indische, antike, christliche, neuzeitliche und moderne Denken »mittels einer kritischen Würdigung der Systeme im Hinblick auf eine vollständige neoklassische Metaphysik zu würdigen«. Gleichzeitig schenkt er »seine besondere Aufmerksamkeit den ethischen und spezifisch religiösen Problemen, weil die Religion allein die

---

[3] *Filosofia della religione*, S. V; *Metafisica classica*, 133.
[4] *Teologia della storia*, 94; vgl. M. F. Sciacca: *Il secolo XX*, 654.
[5] *Filosofia e morale*, 273ff.; vgl. *Schopenhauer*; *Filosofia e religione*, 293ff.
[6] *Gioberti*.

drängenden Fragen des Lebens und das Problem des Übels in der Welt löst, welche die Philosophie nicht bewältigt und auch nicht bewältigen kann«.

Padovanis Interpretationen der Geistesgeschichte sind klar und brillant geschrieben. Zugleich tragen sie aber die ihm eigentümliche spekulative Handschrift. So ist es doch z. B. für ihn nicht möglich, das ganze neuzeitliche Denken im Immanentismus münden zu lassen, auch wenn dies eine der Tendenzen innerhalb desselben war. Andere Urteile wiederum sind unannehmbar, so etwa die Beurteilung des plotinischen Neuplatonismus, in dem er einen Pantheismus und damit eine Vorbereitung des Atheismus sieht.[7]

Die Krise der immanentistischen neuzeitlichen Philosophie, die sich aus der Unfähigkeit derselben angesichts der Widersprüche in unserer Erfahrungswelt ergibt, beantwortet Padovani mit der klassischen Metaphysik »griechisch-aristotelischer Richtung«, insoweit sie vom schöpfungstheologischen Theismus des hl. Thomas von Aquin entfaltet und integriert wurde. Es geht ihm dabei, wie er sagt, um das klassische Denken in seiner Wirkungsgeschichte, d. h. um eine neue Beurteilung desselben im Blick auf die Probleme des modernen Denkens, und es geht ihm um das klassische Denken in seiner verwesentlichten Form, d. h. um eine Auslese der entscheidenden und grundlegenden Elemente innerhalb desselben. Beides scheint ihm in der Mailänder Schule der Neuscholastik, vor allem im Werk A. Masnovos und G. Bontadinis, bereits durchgeführt zu sein: »Die zentrale Aussage kann folgendermaßen umrissen werden: Das Erkennen ist Erkennen des Seins, das als Gegensatz zum Nichts begriffen wird. Andernfalls wäre es ein Nichterkennen. Damit sind die Gesetze der Erkenntnis Gesetze des Seins. Das fundamentale Gesetz des Seins wiederum ist das Prinzip der Nichtwiderspruchlichkeit desselben – Analoges gilt für die Erkenntnis –, sofern das Sein in sich selbst bestimmt und mit sich selbst identisch ist. Wird hingegen das Sein der Erfahrungswelt verabsolutiert, so ergibt sich ein Widerspruch, da es sich in dieser um eine Synthese bzw. Vermittlung von Sein und Nichtsein handelt, sofern sie aus dem Nichts selbst hervorgeht . . . .: Daraus ergibt sich die logische Notwendigkeit, daß die Erfahrung zu einem Sein transzendiert, das keine Synthese von Sein und Nichtsein darstellt, d. h. zu einem Absoluten, das absolut ohne Widerspruch ist, d. h. zu Gott.«[8]

Diese metaphysische Aussage hält Padovani für endgültig und unbezweifelbar. Sie sollte nach seiner Ansicht nicht mehr diskutiert werden: ». . . die Philosophie ist nämlich nicht nur andauernde Suche . . ., sondern auch Antwort und System, wenn auch ein auf Entwicklung hin offenes System.«[9] Der Neothomismus stellt in

---

[7] *Sommario*, Nota introduttiva; zu Plotin vgl. *Filosofia e religione*, 149f. Wir müssen allerdings festhalten, daß Padovani bei seinem Immanentismus-Vorwurf gegenüber der modernen Philosophie gleichzeitig den Wert der modernen Zivilisation sehr hoch einschätzt. Er denkt dabei vor allem an die Errungenschaften der modernen Kunst, der Moralwissenschaften, der Mathematik, der Naturwissenschaften und der Technik. Die alte Philosophie scheint ihm auch für diese von der Neuzeit errungenen Werte Rechtsgrundlagen anzubieten. Leider hat sich Padovani zu diesem Punkt wenig geäußert. Über summarische Anspielungen geht er nicht hinaus. Vgl. etwa: *Sommario*, endgültige Ausgabe Bd. II, 261–267; und *Metafisica classica*, 29–31, 65–74.
[8] *Metafisica classica*, 87.
[9] Ebd. 74.

diesem Sinne »das authentische moderne christliche Denken dar. Die Wahrheit wächst, aber sie verändert sich nicht. Warum sollten wir Amerika neu entdecken, wenn es bereits von Christoph Columbus entdeckt wurde?«[10] Aus einer solchen Einstellung folgt konsequent, daß im Denken Padovanis wenig Platz für einen ernsthaften und originellen Versuch zur Vermittlung der metaphysischen Probleme gegeben ist. Es hält sich einfach an die Schule, der es angehört, und übernimmt deren Problemstellung, Durchführung und Lösungsvorschlag. Trotzdem hat Padovani recht, wenn er die Metaphysik zur »conditio sine qua non« einer möglichen Antwort auf unsere Lebensfrage erklärt und sie zum Fundament bzw. zur primären Instanz der Gnoseologie und Ethik macht.[11]

Ist die klassische Metaphysik, sprich: der kreationistische Theismus, auch imstande, die Widersprüche in der Erfahrungswelt zu lösen und dem Menschen eine Möglichkeit zu bieten, sich gegenüber dieser Welt zu verhalten, so kann sie das Grundproblem des Lebens dennoch nicht vollständig lösen. Tatsächlich vermag die Metaphysik einen Begriff der menschlichen Natur zu geben, demgemäß die Vernunft im Menschen den Primat gegenüber der Sinnlichkeit, den Instinkten und den Leidenschaften haben sollte. Blickt man aber auf die konkreten Individuen oder auf die Menschheit als ganze, betrachtet man die Ereignisse der Geschichte und die Ergebnisse der Psychologie, so sieht man, daß die Dinge ganz anders liegen: Die Sinnlichkeit herrscht über die Vernunft, der Instinkt überwindet den Willen. Das konkrete geschichtliche Sein des Menschen durchzieht somit Unordnung. Der Mensch ist nicht der, der er gemäß seines Wesens sein müßte. Dazu kommt das Problem des Übels in der Welt, das sich in seiner ganzen Tragweite der Vernunft aufdrängt. Die Vernunft kann es lediglich anerkennen. Lösen kann sie es nicht, denn das Übel ist ja das Widervernünftige. Ebenso vermag die Philosophie bloß das Faktum des Übels festzustellen. Einen Grund dafür kann sie nicht angeben.[12] Die Tatsache des Übels treibt sogar einen Widerspruch in das Sein Gottes selbst hinein: »Wie soll sich die absolute Weisheit und Macht Gottes mit dem Übel vertragen, das in der von ihm geschaffenen Welt herrscht?«[13]

Genau an diesem Punkt öffnet sich die Vernunft nach Padovani der christlichen Religion. Diese bietet sich ihrerseits zwar nicht unmittelbar dar, sondern vermittelt durch den Theismus, der die Möglichkeit von Religion überhaupt grundlegt, und durch die Geschichtswissenschaft, welche die Wahrhaftigkeit der Offenbarung durch die Feststellung der Prophezeiungen, Wunder usw. erweist. Tatsächlich ist es aber das Christentum, das alle grundsätzlichen Aporien löst, die in der Philosophie wohl anerkannt werden, von ihr aber nicht zu bewältigen sind. Vor allem das Faktum des Übels als Privation und die Disproportion zwischen menschlicher Natur und menschlicher Geschichte werden unter Bezugnahme auf den kreatürlich-freien Willen in der Lehre von der alles Geschöpfliche

---

[10] Ebd. 185.
[11] Ebd. 87. Padovani nennt in diesem Zusammenhang ausdrücklich F. Olgiati und dessen These vom Primat der Metaphysik.
[12] *Filosofia della religione*, 197.
[13] Ebd. 200.

umwälzenden Erbsünde erklärt. Daraus folgt Padovani im Anschluß an den hl. Bonaventura: ». . . der Zustand des natürlichen und moralischen Elends, in dem wir uns gegenwärtig befinden, kann unter der Herrschaft eines gerechten und guten Gottes nichts anderes als ein Zustand der Strafe, als ein Zustand der Schuld sein.«[14] Doch der Zwiespalt zwischen dem Schöpfergott und der Anwesenheit des Übels in seiner Schöpfung wird in einer Dialektisierung des Übels überwunden, d. h. in »der Erlösung durch das Kreuz«, durch die das Übel und das Leid in ihrer Negativität dank eines »transzendenten neuschaffenden Aktes« Gottes, der die Möglichkeit zu einem höheren Gut eröffnet, positiv erhöht werden.[15] So verhalten sich auch Philosophie und Religion zueinander dialektisch, sofern nämlich die Philosophie als kreationistischer Theismus einerseits die Möglichkeit von Religion grundlegt, andererseits aber gleichzeitig damit dazu gezwungen ist, die christliche Offenbarung als notwendige Bedingung für die Lösung der Lebensfrage anzuerkennen, da sie aus eigener Kraft dazu nicht imstande ist. Padovani will damit nicht sagen, daß die menschliche Natur von sich aus eine übernatürliche Erfüllung fordere, er stellt vielmehr nur fest, daß die Erklärung und die Lösung des Problems des Übels in der Lehre von der Erbsünde und von der Erlösung im Kreuz zu finden sind.

Im Hinblick auf seine Religionsphilosophie behandelt Padovani auch die Fragen der Moral. Versteht man unter Moral »die Ordnung bzw. das Gesetz, nach dem sich alle vernünftigen Wesen richten müssen, um ihre Natur und ihr Ziel zu realisieren«,[16] so liegt es für ihn auf der Hand, daß die Moral an ihrer Wurzel die Metaphysik in allen ihren Bereichen voraussetzt: die Lehre von der Seele, von der Freiheit, von Gott, von der Schöpfung. So gesehen ist auch die Religion nicht Bedingung, sondern Teil der Moral. Aus dem Begriff der Schöpfung als Handlung Gottes »ex nihilo sui et subiecti« folgert Padovani aber auch eine auf Askese ausgerichtete Moral, denn »solange das Geschöpf in sich selbst ein Nichts ist, gebührt ihm Demut und Enthaltsamkeit; die Selbstverleugnung ist das, was dem Weisen ansteht«.[17]

Das rationale moralische Gesetz befindet sich nun aber in der Konkretheit und Geschichtlichkeit des menschlichen Handelns in einer Antithetik zum Bösen, d. h. zur irrationalen Komponente des Handelns. Aus ihr entspringen die Aporien des sittlichen Lebens: die Schwierigkeit, die rational einsichtige Wahrheit zu erkennen, welche zur Lösung der Sinnfrage unerläßlich ist; der umfassende Widerstand, das von der Vernunft erkannte Gut zu realisieren; die Diskrepanz zwischen Tugend und Glück usw. Eine Überwindung dieser Widersprüche kann, wie wir gesehen haben, nur durch die Offenbarung, und zwar konkret durch die Dogmen der Erbschuld sowie der Erlösung am Kreuz, erfolgen. Deshalb findet auch die Moral ihre Krönung und Erhöhung in der Religion; anders gesagt: in einer asketischen Moral, in welcher der Selbstverleugnung ihre Vergeblichkeit

---

[14] Ebd. 205.
[15] *Filosofia e religione*, 312f.; *Filosofia della religione*, 215f.
[16] *Filosofia e religione*, 282.
[17] *Filosofia della religione*, 218.

und ihre Nutzlosigkeit genommen wird und in der das Böse sowie das Leid auf die Vollendung im höchsten Gut hin dialektisiert werden.[18]

Analog argumentiert Padovani in der Geschichtsphilosophie.[19] Wissenschaftstheoretisch gesehen ist die Geschichtswissenschaft für ihn keine Wissenschaft im strengen Sinn (dies ist nur die Wissenschaft von einem Universalen und Notwendigen), sondern lediglich ein Wissen um das Kontingente, Partikuläre und Individuelle. Objekt derselben sind die individuellen Substanzen, die Personen in ihren Beziehungen sowie in ihrem freien Handeln. Dazu kommt, daß die Geschichtswissenschaft den Fragen nach dem Anfang, dem Ende und dem Plan der Geschichte sowie nach der Bedeutung der einzelnen Menschen im Verlauf der Geschichte nicht gewachsen ist, solange sie die Grenzen der Erfahrung nicht überschreitet. An dieser Grenze ist wiederum der Übergang in eine Metaphysik geboten, die mit Hilfe des Schöpfungsbegriffs den Ablauf der Geschichte von Gott abhängig macht und von diesem her eine Vernünftigkeit der Geschichte postuliert, auch wenn diese von der menschlichen Vernunft nicht erfaßt werden kann.[20] Doch selbst die Metaphysik reicht nicht hin. Sie wird mit der Gegenwart des Übels in der Welt nicht fertig. Außerdem versagt sie als universal-abstrakte Erkenntnis vor der konkret verlaufenden Geschichte. Deshalb verweist Padovani an eine Geschichtstheologie, die auf der Offenbarung basiert. Nur sie vermag für ihn der Geschichte als solcher gerecht zu werden und die fundamentalen Fragen nach dem Anfang, dem Plan und dem Ziel der Geschichte zu beantworten.[21] Inspiriert von der Geschichtstheologie des hl. Augustinus, meint dazu sodann auch er zunächst: »... die Welt und die menschliche Zivilisation scheinen so wenig Wert in sich selbst zu haben, daß es Augustinus grundsätzlich für ein Gut hält, wenn das Menschengeschlecht bei der endgültigen Errichtung des Gottesstaates erlöschen würde. Thomas glaubt sogar, daß es keinen Fortschritt in der Welt gibt und daß dieser auch nichts brächte, da die Pilgerschaft des Menschen in dieser Welt als Ziel das ewige Leben habe.«[22] Doch wenige Jahre nach der Publikation dieses Textes durchschaut Padovani »das hellenistische Abstrahieren« und »das barbarisch-mittelalterliche Vergewaltigen«, das die geschichtliche Konkretheit des Menschen nicht begreifen kann. Er hebt nun demgegenüber hervor, daß die Geschichte der Prozeß ist, in dem der Mensch seine Bestimmung immer mehr realisiert, und daß somit dessen Personalität die letzte Frage im Nachforschen nach dem Sinn des Lebens darstellt. Folglich wird auch die Geschichte nur in einer Wissenschaft erfaßt, die sowohl in die Philosophie als auch in die Theologie integrierbar ist. Deren Grenze ist wiederum die Grenze des menschlichen Geistes, weil dieser »das jeweilige Denken der Individuen nicht erfassen kann, und weil der Plan der Geschichte etwas Übernatürliches, Geoffenbartes darstellt«.[23]

---

[18] Vgl. *Filosofia e morale*, 207ff; *Filosofia della religione*, 216ff.
[19] *Teologia della storia*, 14ff., 79, 104.
[20] Ebd. 105.
[21] Ebd. 22, 29ff.
[22] Ebd. 27.
[23] Ebd. 105.

Abschließend kann man sagen: Der besondere Beitrag, den Padovani der italienischen »filosofia neoclassica« zwischen den Weltkriegen erbracht hat, liegt in seiner Religionsphilosophie. Diese versteht er als eine gläubige Philosophie, die einerseits auf der Basis der Metaphysik dem menschlichen Verstand mittels einer Immanenz-Methode zur Einsicht bringt, daß er das Problem des Übels in der Welt anerkennen muß, es aber gleichzeitig nicht lösen kann, und daß er sich daher in einer dialektischen Stellung dem Angebot der Offenbarung öffnen soll, die andererseits aber dieses Angebot in der Weise, wie es die geschichtlichen Ereignisse dem Menschen klargemacht haben, bereits anerkannt und akzeptiert hat. Die Immanenz-Methode »erweist das Christentum als notwendig, weil die Philosophie nicht imstande ist, jenes Lebensproblem zu lösen, das mit der Anwesenheit des (moralischen und physischen) Übels in der Welt gegeben ist, das Christentum hingegen in der Lage ist, dasselbe durch die Dogmen vom Sündenfall und von der Erlösung am Kreuz zu erklären«. Doch wohlgemerkt: »... die Immanenz-Methode darf nicht zur Forderung des Übernatürlichen führen, wie dies der Modernismus versuchte, denn dies würde das Christentum auflösen, sofern sich dann ja das Übernatürliche auf das Natürliche reduzierte; nur die Forderung nach der Lösung des Problems des Übels, das de facto in der Offenbarung und nur in ihr bereits gelöst ist, ist legitim«.[24]

Es ist keine Frage, daß die Verwendung der Immanenz-Methode Padovani in die Nähe Blondels (1861–1949) rückt, der ebenfalls die Aufgabe der Philosophie darin sah, die Möglichkeit des Übernatürlichen als Notwendigkeit zu erweisen. Im Unterschied zu Blondel hält dies Padovani jedoch nur auf der Basis einer vorgängig entfalteten Seinsphilosophie für sinnvoll. Außerdem betrachtet Blondel die aktive Dynamik des ganzen Menschen in seiner vollen Integrität, um zur Öffnung auf das Übernatürliche hinzuführen; Padovani beschränkt sich demgegenüber lediglich auf das Problem des Übels, das die Philosophie nur anerkennen, aber nicht lösen kann, wenn sie sich nicht der Offenbarung zuwendet. Wir dürfen nun nicht übersehen, daß es gerade diese exklusive Beschränkung auf das Problem des Übels als Einstieg in die Religionsphilosophie ist, die es unmöglich macht, daß die Öffnung auf das Übernatürliche in der Gesamtheit der menschlichen Erfahrung verankert wird, und die dazu führt, daß die Vorstellung von der Existenz pessimistisch gefärbt wird. M. F. Sciacca hat daher nicht unrecht, wenn er meint, daß Padovani nicht in der Lage ist, sich von der pessimistischen Sicht des Lebens zu befreien, die er bei Schopenhauer und Martinetti gelernt hat.[25]

---

[24] *Metafisica classica*, 73.
[25] M. F. Sciacca: *Il problema di Dio*, 294.

BIBLIOGRAPHIE

1. Werke (Auswahl)

Vito Fornari. Saggio sul pensiero religioso in Italia nel secolo decimonono, Mi 1924.
Vincenzo *Gioberti* e il Cattolicesimo. Una pagina nella storia moderna della Chiesa, Mi 1927.
Saggio di una filosofia della religione, Mi 1934.
Arturo *Schopenhauer*. L'ambiente, la vita e le opere, Mi 1934.
La *filosofia della religione* e il problema della vita, Mi 1937 (Ndr. Mi 1957 unter dem Titel: Il problema religioso nel pensiero occidentale; die ersten drei Kapitel dieses Werkes wurden bereits 1934 publiziert in: Saggio di una filosofia della religione).
Sommario di storia della filosofia con particolare riguardo ai problemi morali e religiosi, Como 1942 (endgültige und vervollständigte Ausgabe R 1966).
Filosofia e *teologia della storia*, Bre 1953 (Aufsatzsammlung).
Filosofia e religione, Bre 1956 (Aufsatzsammlung).
Filosofia e morale, Pv 1960 (Aufsatzsammlung).
Metafisica classica e pensiero moderno, Mi 1961 (Aufsatzsammlung).
Cultura e Cristianesimo, Mi 1964 (Aufsatzsammlung).
Il mio itinerario alla metafisica classica, Mi 1966 (Aufsatzsammlung).

2. Literatur (Auswahl)

Cardin, A.: Filosofia e teologia della storia secondo U. A. Padovani, in: Studia Patavina 1 (1954) 114–121.
–: La filosofia della religione secondo U. A. Padovani, in: Studia Patavina 3 (1956) 154–162.
–: U. A. Padovani, in: EF Bd. IV (Fi ²1967) 1270f.
Ceriani, G.: La filosofia della religione di U. Padovani, in: RFNS 29 (1937) 551–555.
Gentile, M.: L'itinerario filosofico di U. Padovani, in: Bollettino Filosofico 33 (1967/68) 129–131.
Lombardi, R.: La filosofia della religione secondo il pensiero di U. A. Padovani, in: CivCatt 90/1 (1939) 48–60.
Mancini, I.: Filosofia della religione, R ²1979, 77.
Rigobello, A.: Storia e metafisica nel pensiero di U. A. Padovani, in: GM 9 (1954) 158–165.
Sciacca, M. F.: *Il secolo XX,* Mi 1942, 650–654, 969f.
–: *Il problema di Dio* e della religione nella filosofia attuale (¹1944), Bre ²1946, 291–294.

ALDO BONETTI

Cornelio Fabro (geb. 1911)

BIOGRAPHIE

Cornelio Fabro wurde am 24. August 1911 in Flumignano in der Provinz Udine geboren. Nach seinem Eintritt in den Orden der Stimmatini studierte er an der päpstlichen Lateran-Universität in Rom. Hier wurde er 1931 mit seiner Dissertation *L'oggettività del principio di causa e la critica di David Hume* (Die Objektivität des Kausalitätsprinzips und die Kritik David Humes) promoviert. Drei Jahre später erhielt er für sein Buch *Il principio di causalità* (Das Kausalitätsprinzip) eine Auszeichnung durch die Pontificia Accademia Romana di S. Tommaso d'Aquino. Von 1936 bis 1938 nahm er zunächst als Assistent und dann als Professor für Biologie und theoretische Psychologie seine Lehrtätigkeit an der Lateran-Universität auf. In den folgenden Jahren hatte er als Ordinarius den Lehrstuhl für Metaphysik gleichzeitig an derselben Universität und an der päpstlichen Universität der Propaganda Fide inne. 1948 erhielt er die »venia legendi« für theoretische Philosophie. Nachdem er sich 1954 erfolgreich um einen Lehrstuhl in diesem Gegenstand beworben hatte, erhielt er einen Ruf an die Hochschule Maria S. S. Assunta in Rom. Im selben Jahr gab er an der Universität Löwen für die »Chaire Cardinal Mercier« einen Vorlesungskurs über »Partizipation und Kausalität«. 1959 gründete er an der Pontificia Università Urbaniana das erste europäische Institut für Geschichte des Atheismus. Im Winter 1965 war er Visiting Professor an der Notre-Dame-University in den USA. Zwei Jahre, von 1956 bis 1958, unterrichtete er auch an der Università Cattolica del Sacro Cuore in Mailand theoretische Philosophie. Die gleiche Materie gab er sodann an der Hochschule Maria S. S. Assunta in Rom (1959–1964), an der Facoltà di Magistero der Universität Perugia (1965–1967) und an der philosophischen Fakultät derselben Universität (1968–1982). Seither lebt Fabro in Rom im Ordenshaus der Stimmatini.

PHILOSOPHIE

Das Seiende als Anfang des Denkens

Fast ein halbes Jahrhundert lang widmete sich Fabro der Wiederentdeckung dessen, was er den authentischen Thomismus (»Tomismo autentico«) nannte. Sein Ziel war es, diesen vom systematischen Essentialismus der griechisch-scholastischen Tradition einerseits und vom immanentistischen Subjektivismus des modernen Denkens andererseits zu befreien, um die ihm eigentümliche Metaphysik des Seinsaktes und Freiheitsphilosophie neu zu gewinnen. Den Ausgangspunkt seiner Thomismus-Exegese bildet die Entfaltung des Grundsatzes, wonach das Seiende (ens) dank seiner Partizipation den Anfang des Denkens darstellt. In Worten Fabros: »Das, was nicht bezweifelt werden kann – ohne daß der Akt des Denkens selbst in seiner Denkbarkeit bezweifelt werden muß –, ist, daß das Seiende, ›das, was existiert‹, ›das, was in bestimmter Weise Sein hat‹, der erste Gegenstand unseres Denkens ist.«[1] Dessen unmittelbare Erkenntnis ist absolut vorgängig, weil »sie (dies sei gegen die formalistische Scholastik gesagt) jeder anfänglichen Denkfunktion zuvorkommt, die ihrerseits auf jene Erkenntnis verweist und durch sie ermöglicht wird«.[2] Das Primum der Erkenntnis ist somit das Seiende als grundlegend-konstituierendes Transzendental.

Ontologisch gesehen hat das Seiende diese Stellung allerdings nur, weil es am Sein selbst (esse) partizipiert. Deshalb stellt das Sein selbst, sofern es als der Akt (actus) des Seienden ist, »die absolut primäre Intentionalität« des Denkens dar. Mehr noch: Es bildet dessen Fundament, »da doch das parmenideische Prinzip fordert, daß das Sein der Akt des Denkens sei, weil das Sein der Akt jedes Aktes ist«.[3] Gleichzeitig ist das Seiende im authentischen Thomismus, egal ob natürlich oder geistig, nach Fabro nicht die bloße Einheit von Wesen und Existenz, wie dies die essentialistische und formalistische Scholastik behauptet, sondern vielmehr die reale Einheit von Wesen und Sein in Partizipation, d. h. konkrete Vermitteltheit von »actus« und »potentia«. Wichtig ist also, daß die Vernunft in jeder Erkenntnis auch das Sein selbst als Akt wahrnimmt, der jede weitere Reflexion ermöglicht und vorantreibt.

Schließlich muß festgehalten werden, daß das Seiende, von dem das Denken ausgeht, nicht sein könnte, was es ist, wenn das Sein selbst als »actus«, d. h. das Sein als Seinsakt, an dem es partizipiert, nicht seinerseits sich schon in die jeweilige Wesenheit und Form entäußert hätte. Deshalb hat es nach Fabro keinen Sinn, wenn man im authentischen Thomismus vom Seienden reden wollte, ohne die vorgängig-begründende Dimension des Seins selbst gegenüber jedem weiteren Akt anzuerkennen. Zur Feststellung des Primats des Seins selbst gegenüber jeder anderen Auszeichnung eines Prinzips kommt man jedoch nicht unmittelbar, sondern lediglich durch eine »intensive Reflexion«, die in der »reductio« oder »reso-

---

[1] *Partecipazione*, 231.
[2] *Tomismo*, 26.
[3] *Partecipazione*, 233.

lutio« kulminiert, die im Seinsakt das primäre und begründende Prinzip aller weiteren Prinzipien freilegt.

Der Seinsakt als Grund der Wirklichkeit

Im Zuge seiner weiteren Thomas-Exegese macht Fabro darauf aufmerksam, daß das Sein selbst als Seinsakt »weder Phänomen noch Noumenon, noch Substanz, noch Akzidenz, sondern einfach Akt ist«, und daß es als solcher »die Fülle jenes Aktes ausdrückt, der wesenhaft seiner selbst mächtig (Gott) und im Grunde eines jeden Seienden anwesend ist (quiescit)«.[4] Das Sein selbst ist so gesehen »der primäre Akt, der Akt jedes anderen Aktes« und damit das absolute Fundament jeglicher Realität. Es besitzt keinen spezifischen Inhalt, weil es »der Inbegriff des Unerschöpflichen« ist. Ebensowenig drückt es sich in einem Begriff aus, weil es »das Licht ist, das Seiendes überhaupt erscheinen läßt«. »Das Sein selbst«, so schreibt Fabro, »ist Akt ohne irgendeine Beifügung; in den endlichen Seienden, in der Natur und in der Seele ist es anwesend als aktualisierender Akt, d. h. als das stets Anwesende und stets Anwesenheit Gebende.«[5]

Weil das Sein selbst das Seiende in seiner Aktualität sichtbar macht, bildet es diesem gegenüber ein Transzendental. Dadurch eröffnet es aber auch die Transzendenz. Die Transzendenz wiederum ist das, was sie ist, nur in bezug auf das Seiende, nicht auf das Sein selbst. Denn nichts »vermag das Sein selbst zu transzendieren; es selbst bietet ja den Anlaß dafür, daß die endliche Erkenntnis das Seiende übersteigt«.[6] Trotz seiner Transzendenz wurde das Sein aber nicht vergessen. Man darf vielmehr sagen, daß innerhalb der Geschichte der angeblichen Seinsvergessenheit, die sich das abendländische Denken von Platon bis Nietzsche zuzuschreiben habe, die thomistische Philosophie die bleibende Erinnerung an das Sein selbst darstellt. Immer wieder neu hat sie auf der absoluten metaphysischen Differenz des »esse ut actus« gegenüber jedem anderen Akt und gegenüber jeglichem bestimmten Seienden beharrt.

Während Fabro in seinem Buch *La nozione metafisica di partecipazione* (Der metaphysische Begriff der Partizipation) sich darum bemühte, die Originalität des authentischen Thomismus abzugrenzen von den essentialistischen und formalistischen Formen, in denen er im Lauf der Jahrhunderte auftrat, versucht er in *Partecipazione e causalità* (Partizipation und Kausalität) eine Vertiefung seiner Analysen, indem er das Denken des hl. Thomas nach zwei Seiten hin definiert: einerseits im Hinblick auf die Seinsphilosophie der Vorsokratiker und deren Umwälzung bei Platon und Aristoteles sowie im Hinblick auf die Dekadenz der Scholastik; andererseits aber auch im Hinblick auf das moderne Denken und dessen Suche nach einem Rechtsgrund für die Wahrheitsansprüche. In beiden Richtungen kristallisiert sich dasselbe Ergebnis heraus, daß nämlich im Verständnis des partizipierenden Seins im Seienden als Akt des Seins selbst die entschei-

---

[4] Ebd. 40.
[5] Ebd. 66.
[6] *Dall'essere*, 66.

dende Bruchlinie zum immanentistischen Denken aller Zeiten liegt. Denn der Weg der philosophischen Theorie führt nicht bloß zu einer Erkenntnis Gottes, sondern zur Enthüllung Gottes als »ens per se subsistens«, das in sich die absolute Macht zur Gründung von Sein, d. h. zur Schöpfung des partizipierenden Seins und der Wesenheit eines jeden Seienden hat. Der authentische Thomismus verankert daher auch in der Partizipation die geschöpfliche Abhängigkeit der endlichen Seienden vom unendlichen Sein.

Partizipation und Kausalität

Fabro arbeitet die zentrale Bedeutung des Partizipationsgedankens für die Metaphysik des hl. Thomas erstmals 1934 in seinen beiden Artikeln *Il principio di causalità* (Das Kausalitätsprinzip) und *La difesa critica del principio di causa* (Kritische Verteidigung des Kausalitätsprinzips) heraus. Im letzteren von beiden führt er zunächst Gründe für die Unmöglichkeit an, eine erschöpfende Definition von Partizipation zu geben. Dann aber schlägt er folgende Beschreibung vor: »Sein durch Partizipation besagt: unmittelbarer Bezug zum Sein selbst über das Wesen. Auf diese Weise ist sowohl seine logische (intelligible) als auch seine reale (in der unmittelbaren Ordnung des Existierenden gegebene) Möglichkeit gewährleistet. Ohne diesen Bezug könnte sich ein solches Sein dem Denken weder als umgrenztes Objekt noch als Subjekt von Realität darbieten.«[7] Mit dieser Beschreibung garantiert Fabro das, was er die Neueinforderung (rivendicazione) der Ursprünglichkeit des Seins selbst gegenüber dem Wesen bzw. die neue Einforderung der Grundhaftigkeit desselben bezüglich jeder Art von Kausalität nennt. Doch weder in *La nozione metafisica di partecipazione* noch in *Partecipazione e causalità* gibt er eine genauere Definition von Partizipation. In der Ordnung des Quantitativen, aus der die Vorstellung von ihr zu kommen scheint, »kommt Partizipation als Übertragung eines ›Teiles‹ vor, sobald innerhalb dieser Ordnung wirkliche Teile zu haben sind, die voneinander (*nach* einer Teilung) unterschieden sind, und sobald diese gerade deshalb unabhängig voneinander zugeteilt werden können«. Geht es aber darum, einem Subjekt »das ›Partizipieren‹ zuzusprechen, so kann dies nicht heißen, daß ein Teil davon zu haben sei, da es in diesem Fall nicht mehrere Teile gibt, sondern nur eine ›besondere‹, ›begrenzte‹, ›unvollkommene‹ Weise eines Seinsaktes bzw. nur eine Form desselben, die sich auf anderer Ebene völlig unbegrenzt und vollkommen realisiert findet«.[8] Metaphysisch gesehen wird schließlich das Partizipieren »einem Subjekt zugesprochen, das eine bestimmte Form oder einen Akt besitzt, doch diesen nicht in ausschließlicher und totaler Weise«.[9]

Aus dieser Überlegung heraus kommt der hl. Thomas nach Fabro zu dem Schluß, daß die Seinsstruktur des Geschöpflichen jene des Seins durch Partizipation ist, während die Seinsstruktur Gottes jene des »esse per essentiam« bzw. des

---

[7] *Esegesi*, 43.
[8] *Nozione metafisica*, 316.
[9] Ebd. 322.

»esse subsistens« ist. Im Hinblick auf die reale Konstitution eines geschöpflichen Seienden kann man daher sagen, daß es partizipierendes Sein »auf zwei Ebenen oder in zweifacher Hinsicht sei: auf der transzendentalen Ebene, sofern es zusammengesetzt ist aus Wesen und Sein bzw. aus Natur und Subsistenz; auf der prädikamentalen Ebene hingegen, sofern es zusammengesetzt ist aus Substanz und Akzidentien (eventuell auch aus Form und Materie)«.[10] Als partizipierendes Seiendes ist die Kreatur nicht aus sich selbst, sondern kraft eines anderen, d. h. es ist begründet, damit es das sei, was es ist. Deshalb ist die Kreatur auch bezüglich ihrer eigenen Produktivität partizipierendes Sein auf zwei Ebenen: hinsichtlich der transzendentalen Kausalität, sofern es von der »potentia« zum »actus« nur kraft der Aktualität des Seins selbst übergehen kann, und hinsichtlich der prädikativen Kausalität, sofern es dank der Form einen bestimmten Seins- und Vollkommenheitsgrad erreicht und »dadurch am ›actus essendi‹ teilhaft wird«.

Durch diese Theorie bestätigt der authentische Thomismus nach Fabro die Wahrheit der Schöpfungslehre. In *Partecipazione e causalità* führt er daher folgendes aus: Weil jede Art von Aktualität, die von einem Begründenden auf ein Begründetes übergeht, nichts anderes als Sein ist, muß das Sein dasjenige sein, was zuerst begründet sein muß, damit es den besagten Begründungsvorgang konstituieren kann. Da es nun aber »die universalste, innerlichste, wirkmächtigste und gestaltgebendste Wirkung« hervorruft, kann das Sein »nirgends anders herstammen als von jenem Sein, das durch Wesenheit Sein hat und der ›actus purus‹ des Seins ist. Deshalb ist jedes partizipierende Seiende, d. h. jedes endliche Seiende außerhalb Gottes, von der seinsmächtigen Wesenheit hervorgebracht, die Gott selbst als ›pura forma essendi‹ ist.«[11]

Für den authentischen Thomismus enthüllt sich die Partizipation somit als fundamentale metaphysische Beziehung, in der sowohl das Moment der »Einheit« als auch das der »Differenz« angesprochen ist, die das Eine mit den Vielen und die Vielen mit dem Einen haben. »Dank der Dialektik innerhalb der Partizipation kann das Eine *mit* und *in* den Vielen sein, indem es in sich selbst ungeteilt bleibt, und die Vielen vermögen umgekehrt im Einen zu sein, obwohl sie von diesem verschieden bleiben aufgrund der ›Differenz‹ oder ursprünglichen Scheidung vom Sein selbst und Seienden.«[12] Anders gesehen drückt sich die Partizipation nicht nur in der Proportionalitätsanalogie aus, die vor allem die Ähnlichkeitsbeziehungen aufdeckt, sondern auch in der Attributionsanalogie, die den Begründungs- und Abhängigkeitsbezug zwischen Seienden und Sein selbst darlegt. Letztere bringt die tiefste »reductio« der metaphysischen Methode zu ihrem Ziel, »indem sie das Viele auf das Eine, das Verschiedene auf das Identische, das Zusammengesetzte auf das Einfache zurückführt . . . und innerhalb des Kreationismus die parmenideische These vom Einen beantwortet«.[13]

In diesem Zusammenhang scheut sich Fabro nicht, den authentischen Thomis-

---

[10] *Partecipazione*, 648.
[11] Ebd. 360.
[12] Ebd. 630.
[13] Ebd. 650.

mus als eine der kühnsten Synthesen von Immanenz und Transzendenz zu bezeichnen. Für ihn verkörpert er eine theoretische Position, nach der die Immanenz, die ihrerseits auf Transzendenz gegründet ist, weil nur die metaphysische Freilegung des »esse ut actus« die Vollendung jeglicher Art von Erfüllung überhaupt in tiefster und innerlichster Form gewährleistet, nicht nur den endlichen Seienden zugesprochen wird, sondern auch Gott, da er als schöpferisches Sein diesen Seienden innerlich ist, ganz zu schweigen vom Sein, an dem dieselben als ihrer innersten Wurzel partizipieren. Umgekehrt kann die Transzendenz neben Gott, der als »actus purus« von sich aus die Differenz zum Seienden setzt, auch dem partizipierenden Sein und den endlichen Seienden zuerkannt werden, da sie auf ihn als Erfüllung und Vollendung verweisen.

Der Mensch vermag die absolute Wahrheit niemals in endgültiger und definitiver Weise zu besitzen. Gegenüber Gott ist ihm lediglich eine kontinuierlich steigerbare Annäherung möglich. Erkenntnis erhält er nur in mittelbarer und analoger Weise, zu einer Wahrnehmung, die das Wesen des Seins selbst berührt, gelangt er nicht. Ebenso bleibt die menschliche Reflexion über das absolute Sein beschränkt, weil sie innerhalb des Bereichs der »Differenz« verbleibt und deren Grenze nicht überwindet. Unter dieser Rücksicht stellt der authentische Thomismus angesichts der jahrhundertealten Seinsvergessenheit nicht nur eine Erinnerung an das »esse ut actus« dar, sondern auch ein Bekenntnis zum Sein als »actus primus«, d. h. vor allem als Eigentümlichkeit von Gott selbst. Deshalb kann er für Fabro auch in Zukunft, »vorausgesetzt, daß er in richtiger Form erneuert wird, nicht nur die berechtigten Anliegen des modernen Denkens beantworten, sondern auch die einzige und wahre Form eines ›Denkens zum Grunde‹ werden, das als umfassende Reflexion auf das Sein selbst die gesamte menschliche Denkgeschichte von Parmenides bis Heidegger in sich aufzunehmen vermag«.[14]

Die Gleichzeitigkeit mit Christus

Im Denken des hl. Thomas nimmt der Mensch einen wesentlichen Platz ein. Allein schon weil er das spezifische Vermögen besitzt, das Sein in seiner Absolutheit erschließen zu können, ist er ein Seiendes, das das Sein von selbst aus hat, d. h. er ist ein »ens necessarium«, wenn auch nur aufgrund einer Partizipation. Immerhin spricht der hl. Thomas im dritten Gottesbeweis, wo er die Realität Gottes über die Kontingenz der Seienden innerhalb der Welt erläutert, den Menschen als »necessarium« an, das »habet causam suae necessitatis aliunde«, im Unterschied zu Gott, der »per se necessarium non habens causam necessitatis aliunde, sed quod est causa necessitatis aliis« (*Summa theologiae* I q. 2, a. 3). Von diesen Überlegungen aus hält der Thomismus dem neuzeitlichen Humanismus den Grundsatz entgegen, daß »esse pertinet ad ipsam constitutionem personae« (ebd. III q. 19, a. 1 ad 4). Er macht klar, daß man die Würde des Menschen nicht hoch genug veranschlagen kann, denn indem der Mensch am Sein selbst Anteil erhält, besitzt er aufgrund dieser Partizipation in einzigartiger Weise eine Stellung

---

[14] *Tomismo*, 26f.

von unendlicher Tragweite. Durch diese Eigentümlichkeit ist er Ebenbild Gottes, wenn er auch niemals das Absolute selbst sein kann, da ein unendlicher Abgrund eine Differenz zwischen ihm und seinem Schöpfer offenhält.

Gemäß dem authentischen Thomismus ist jeder Mensch als solcher in seiner Eigenart als geistiges Wesen ein freies Subjekt. Er ist dies, noch bevor er vernünftig und denkend ans Werk geht. Nicht dadurch also, daß er das Gute erkennt, meint Fabro, erfüllt er dasselbe. Die Entscheidung, das Gute zu tun, hängt somit nicht von der Vernunft oder vom Verstand ab, da diese als reine Erkenntniskräfte moralisch gesehen neutral sind. Die Entscheidung für das Gute hängt vielmehr vom Willen ab, der zwar von der Vernunft bestimmt sein mag, aber dennoch den eigentlichen freien Akt der Wahl herbeiführt. So ist für Fabro der menschliche Geist in der Weise, in der er innerhalb der ontologisch-metaphysischen Ordnung als absolute Notwendigkeit durch Partizipation konstituiert ist, innerhalb der ethisch-existentiellen Ordnung als absolute Freiheit durch Partizipation konstituiert.

Diese Freiheit, die sich radikal von bloßer Willkür unterscheidet, ist im Menschen vor allem und in tiefster Bedeutung Fähigkeit zur Entscheidung für Gott. Aus ihr entspringt für den Menschen erst die Möglichkeit, er selbst zu werden. Kierkegaard hat diesbezüglich gezeigt, daß das menschliche Ich seine existentielle Konkretheit nur erreicht, wenn es sich selbst offenbar wird, sich seiner Grenzen bewußt ist und damit in Gott gründet. Doch dies ist nach Fabro wiederum nur durchführbar, wenn das Ich sich in einem freien Akt dafür entscheidet, vor Gott zu stehen. Darin stellt es sich dank der höchsten Ermächtigung in der Inkarnation vor Christus. Es wird gleichzeitig mit ihm und erfährt in Christus, daß »Gott Maß und Richtung ist, d. h. den Menschen mißt und richtet«. Deshalb kommt Fabro mit Kierkegaard zu dem Schluß, daß einerseits der Mensch nach der Offenbarung nicht mehr die Frage umgehen kann: »Was ist Christus für mich?« und daß andererseits nur mehr der Glaube an die Inkarnation imstande ist, den Menschen vor der Verzweiflung zu bewahren und ihm einen Sinn des Lebens zurückzugeben.

Die christliche Kierkegaard-Interpretation

Eine wichtige Stelle im geistigen Werdegang Fabros nimmt sein nie unterbrochener Dialog mit Kierkegaard ein. Von diesem dänischen Denker hat er nicht nur die italienischen Übersetzungen einiger Hauptwerke, darunter vor allem der *Tagebücher,* besorgt, sondern auch eine Interpretation dargelegt, die zu den interessantesten Deutungen des Kierkegaardschen Ansatzes zählen darf. Nach Fabro ist »Kierkegaard der Philosoph der Existenz und daher [der Philosoph] der konkreten Situation«. Das Denken Kierkegaards stellt für ihn die Suche nach der Antwort auf jene Frage dar, die den Menschen ausmacht und die dieser in seinem Existieren zu lösen hat. So gesehen richtet es sich auch vor allem auf das Problem, »wie man Christ *wird*«. Es geht ihm also um die Nachfolge Christi, um die Gleichzeitigkeit mit diesem.

Die Gleichzeitigkeit wiederum geschieht in der Glaubensentscheidung, die ihrerseits die Vernunft zwar nicht herabsetzt, sie aber dennoch übersteigt und begründet. Diese Glaubensentscheidung charakterisiert sich sodann nach Fabro wesentlich darin, daß sie personal, geschichtlich und unmittelbar gegenwärtig zugleich bestimmt ist. Wählt nämlich ein Mensch den Glauben, so öffnet er sich Gott und so verwirklicht er sich als Einzelner, d. h. als unersetzbares Individuum, das in sich selbst die Verantwortung für die eigene personale Identität trägt. Gleichzeitig »formt er jedoch die Gemeinschaft mit, die allerdings ein *posterius* gegenüber der konkreten freien Subjektivität ist, die sich im Bezug zu Gott konstituiert«. Schließlich besitzt die radikale Entscheidung einen geschichtlichen Aspekt. In der Inkarnation trat Gott in die Zeit ein. Deshalb kann sich der Mensch, der sich für ihn entscheidet, »nicht mehr mit einem einfachen Bezug zu Gott begnügen, sondern muß sich in Bezug zu Christus, dem Gott-Menschen, setzen«. Darüber hinaus führt die Existenzentscheidung für Gott zur Realisierung derselben in der Kirche. Das Verhältnis zu den anderen Menschen, die entscheiden, ist gerade im Bezug zu dem Gott Jesu Christi von vorrangiger Bedeutung. Doch diesem Punkt ist Kierkegaard nach Fabro nicht genügend nachgegangen. Grund dafür war nicht nur seine lutheranische Ausbildung, sondern vor allem auch seine Absetzung von der Kirche seiner Zeit. Darin »liegt vielleicht die schwächste Seite« seines Denkens.

BIBLIOGRAPHIE

1. *Werke*

a) Vollständiges Werkverzeichnis:
Fabro, C.: Esegesi tomistica, R 1969, S. XIII–XXX (bis 1968).
Pieretti, A. (Hg.): Essere e libertà. Studi di onore di C. Fabro, Rimini 1984, 547–586 (bis 1984).

b) Auswahl:
La *nozione metafisica* di partecipazione secondo S. Tommaso d'Aquino (^{1}1939), Tn ^{2}1963.
Partecipazione e causalità secondo S. Tommaso d'Aquino, Tn 1960.
La fenomenologia della percezione (^{1}1941), Bre ^{2}1961.
Percezione e pensiero (^{1}1941), Bre ^{2}1962.
Introduzione all'esistenzialismo, Mi 1943.
Problemi dell'esistenzialismo, R 1945.
Tra Kierkegaard e Marx (^{1}1952), R ^{2}1978.
Dio. Introduzione al problema teologico, R 1953.
L'anima. Introduzione al problema dell'uomo, R 1955.
Dall'essere all'esistente (^{1}1957), Bre ^{2}1965.
Studi kierkegaardiani (Hg.), Bre 1957.
Tomismo di domani, in: Aquinas 1 (1958) 5–39.
Breve introduzione al tomismo, R 1960.
Introduzione all'ateismo moderno (^{1}1964), R ^{2}1969.
L'uomo e il rischio di Dio, R 1967.
Esegesi tomistica, R 1969.
Tomismo e pensiero moderno, R 1969.
Kierkegaard critics di Hegel, in: Incidenza di Hegel, Na 1970, 497–563.
La preghiera nel pensiero moderno, R 1979.
Riflessioni sulla libertà, Rimini 1983.
Introduzione a San Tommaso, Mi 1983.

c) Übersetzungen ins Deutsche:

Zu einem wesentlichen Thomismus (¹1965), in: K. Bernath (Hg.): Thomas von Aquin, Bd. II, Da 1981, 221–238.

Eine unbekannte Schrift zum Atheismusstreit, in: KantSt 58 (1967) 5–21.

Die Positivität des modernen Atheismus, in: Internationale Dialog-Zeitschrift 1 (1968) 146–156.

Der Streit um Neuscholastik und Neuthomismus in Italien, in: Gegenwart und Tradition, FS B. Lakebrink, Fr 1969, 181–202.

Eine unveröffentlichte Geschichte der mittelalterlichen und neueren Philosophie E. Zellers, in: AGPh 58 (1976) 164–182.

Zu einem vertieften Verständnis der thomistischen Philosophie (¹1974), in: K. Bernath (Hg.): Thomas von Aquin, Bd. II, Da 1981, 386–432.

2. *Literatur*

Pieretti, A. (Hg.): Essere e libertà. Studi in onore di C. Fabro, Rimini 1984 (dieses Werk sammelt die wichtigsten Stellungnahmen der Forschung zum Denken Fabros).

ANTONIO PIERETTI

England – Nordamerika

Die englischsprachige Neuscholastik

DIE AUSGANGSLAGE AUF DEN BRITISCHEN INSELN

Am Anfang des 20. Jahrhunderts zeigte die Neuscholastik auf den Britischen Inseln noch kaum Spuren von Originalität. Die englischen Katholiken bildeten eine kleine Minderheit, die abgetrennt vom kulturellen Leben ihres Landes wirkte. Vor der Mitte des 19. Jahrhunderts war nicht einmal ihre Hierarchie wiederhergestellt. Und obwohl die Katholiken nicht mehr länger von Oxford und Cambridge ausgeschlossen waren, ermunterten die Bischöfe niemanden, diese Universitäten zu besuchen. Die neueren Universitäten, die im Laufe des 19. Jahrhunderts auf den Britischen Inseln gegründet wurden, waren außerdem weltlich. Die Neuscholastik hatte, mit Ausnahme von Maynooth, im universitären Bereich keine so starke Basis wie auf dem Kontinent und an der Catholic University of America.

So gab es beinahe nichts, was die historisch-wissenschaftliche Erforschung des thomistischen Denkens oder gar dessen spekulative Weiterführung gefördert hätte. Allein John Henry Newman (1801–1890) war unter den Konvertiten aus der Oxford-Bewegung ein spekulativer Denker von Rang, doch sein Interesse galt der englischen Philosophie und den griechischen Vätern. Newman war zudem alles andere als ein Ultramontanist. Er teilte daher auch den Enthusiasmus der Ultramontanisten für die Neuscholastik nicht. Was die Geistlichen anbelangt, so war ihre Aufmerksamkeit vom sozialen Problem der Arbeiterklasse, besonders unter den irischen Einwanderern, in Anspruch genommen. Diese pastorale Sorge um die Arbeiter drückt sich etwa im sozialen Engagement von Kardinal Henry E. Manning (1808–1892) aus, dessen indirekter Einfluß auf die Enzyklika *Rerum novarum* von Leo XIII. oft übersehen wird. Später mögen solche sozialen Belange auch auf die Neuscholastik gewirkt haben, so z. B. im Falle des Amerikaners John A. Ryan (1869–1945), doch vorerst veranlaßten sie zumindest den Klerus zu allem anderen als zu spekulativen Reflexionen.

Ein weiteres dringendes Anliegen war ein höheres katholisches Unterrichtswesen. Sowohl Ordensgeistliche als auch der Weltklerus sowie mehrere Brüder- und Schwesterngemeinschaften unternahmen große Anstrengungen, um diesem

Anliegen nachzukommen. Die Schulen der Benediktiner, wie Ampleforth und Downside in England, und die Schulen der Jesuiten, wie Stonyhurst in England und Clongowes Wood in Irland, erlangten einen guten Ruf. Schulen von ähnlichem Rang auf den Britischen Inseln und in den Kolonien mußten erst mit einem Lehrkörper versehen werden. Dazu war es aber wiederum notwendig, daß die höhere Bildung der künftigen Lehrer im humanistischen Sinne verbessert wurde, denn selbst die Priester, die ihre Seminarausbildung hinter sich hatten, zeigten wenig weiterführendes Interesse für Philosophie oder Theologie.

Die Katholiken erkannten aber auch die Notwendigkeit, ihren Glauben zu erklären und zu verteidigen. Um dies zu erreichen, erschienen zahlreiche Publikationen, die sich vorwiegend an die Gebildeten richteten. Unter ihnen befand sich die ehrwürdige *Dublin Review*, die jesuitische Rundschau *The Month* und die *Downside Review* der Benediktiner. Diese katholischen Zeitschriften und Bücher waren jedoch eher auf niveauvolle Apologetik bzw. auf eine anspruchsvolle Vermittlung ausgerichtet als auf eine bahnbrechende Spekulation. Man akzeptierte einfach, daß weiterführende Forschung eher Sache der älteren und besser etablierten kontinentalen Kirche sei.

In diesem Klima mußte die englische Neuscholastik zwangsläufig von überkommener und traditioneller Form sein. Die religiösen Orden begnügten sich damit, ihre jeweilige geistige Tradition zu pflegen und sie einer gebildeten Öffentlichkeit zu vermitteln. Nicht vor 1912 waren die englischen Dominikaner so weit, daß sie ihre gefeierte Übersetzung der *Summa theologiae* veröffentlichen konnten, ein 22 Bände umfassendes Werk, das einen Zeitraum von zwei Jahrzehnten bis zu seiner Fertigstellung benötigen sollte. Die Jesuiten hielten sich an ihre suarezianische Tradition. Sie legten diese in den anerkannten *Stonyhurst Series* of philosophy texts dar, doch nur einer dieser Texte, das Werk *The First Principles of Knowledge* von John Rickaby (1847–1927), war von wirklicher Originalität. Rickaby war von Tongiorgi, Palmieri, Liberatore und Kleutgen beeinflußt. Ein anderer Jesuit, George Tyrrell (1881–1906), brach mit dem Suarezianismus, als er damit begann, den Thomismus zu lehren, und sich später, nach dem Rückzug aus dem Lehrberuf, den Theorien Maurice Blondels (1861–1949) und Friedrich von Hügels (1852–1925) zuwandte. Doch Tyrrell hatte keinen nachhaltigen Einfluß. Als z. B. Bernard J. F. Lonergan (1904–1984) nach Heythrop kam, um von 1926 bis 1929 hier Philosophie zu studieren, lernte er noch immer den traditionellen Suarezianismus, und die Lehrbücher waren nach wie vor die von den deutschen Jesuiten verfaßten Manualien.

DIE ANFÄNGE IN NORDAMERIKA

Ähnlich wie auf den Britischen Inseln war um 1900 die Situation in Nordamerika. Es kann hier jedoch ein signifikanter Unterschied im Erziehungssystem festgestellt werden: Zwischen dem Abschluß der Mittelschulen und dem Beginn eines graduierten bzw. fachspezifischen Studiums waren vier Jahre an einem College üblich. Diese vier Jahre waren es jedoch, die während des 20. Jahrhunderts, als die katholische Bevölkerung an Größe und Wohlstand wuchs, unter der katholischen Leitung an Bedeutung ständig gewannen. Und die neuscholastische Philosophie wiederum war es, die als wichtigste Disziplin an den Colleges gelehrt wurde. Entsprechend diesem Umstand nahm die Nachfrage nach Lehrbüchern und vor allem nach Lehrkräften an den Colleges zu. Um letztere auszubilden, wurden nach dem Vorbild der nordamerikanischen Hochschulen Fakultäten für Philosophie an katholischen Universitäten eingeführt. So gab es Ende des Zweiten Weltkrieges einflußreiche philosophische Fakultäten, die neuscholastisch ausgerichtet waren, in Toronto, in Notre Dame, in St. Louis, in Fordham, in Marquette, in Loyola (Chicago) und an anderen katholischen Universitäten.

Erstes Resultat dieser Initiativen waren die Übersetzungen der europäischen Neuscholastik. So wurden englische Ausgaben von Werken französischer neuscholastischer Autoren sowie ausgewählte Schriften des hl. Thomas zwischen 1940 und 1950 allgemein bekannt. Das neuscholastische Denken setzte sich dank zahlreicher College-Lehrbücher bei den Studenten durch. Die American Catholic Philosophical Association, die 1926 gegründet worden war, stellte als Forum für die steigende Anzahl neuscholastisch ausgerichteter Professoren die Zeitschrift *The New Scholasticism* zur Verfügung und verschaffte diesen so reichlich Möglichkeit, sich schriftlich zu äußern. Auch die jährlichen Konvente der ACPA dienten diesem Zweck. Dasselbe gilt für eine ganze Anzahl ähnlicher Zeitschriften. Unter diesen befanden sich *The Thomist* von den Dominikanern, die *Franciscan Studies* der Franziskaner sowie das Periodicum *The Modern Schoolman*, das von der St. Louis University der Jesuiten ausging. Nach dem Zweiten Weltkrieg kam *The International Philosophical Quarterly* der Fordham University hinzu.

Eine wichtige Rolle bei der Vorbereitung der Neuscholastik spielten die Orden. Zwar verdankte die päpstliche philosophische Fakultät der Catholic University of America, die bis ins 19. Jahrhundert zurückreicht, einen Großteil ihres Lehrkörpers dem Diözesanklerus, doch daneben führten etwa die Jesuiten insgesamt 26 Colleges und Universitäten. Sie stellten damit den einflußreichsten Faktor innerhalb des höheren katholischen Unterrichtswesens dar. Die historische Erforschung der Werke des hl. Thomas sowie die Verbreitung seiner Lehre verdanken sodann dem Providence College der Dominikaner sowie den Studienzentren in River Forest und Dubuque viel. Besonders die vier Bände *Companion to the Summa Theologiae* von Walter Farrell (1902–1951), einem bedeutenden dominikanischen Thomisten, die von Ignatius T. Eschmann (1898–1968), William A. Wallace (geb. 1918) und James A. Weisheipl (1923–1984) weitergeführt wurden, sind in diesem Zusammenhang zu nennen. Schließlich waren die Beiträge der Franziskaner an der St. Bonaventure University, besonders diejenigen über Duns Scotus und William Ockham von Philotheus Böhner (1901–1955), von großer Wichtigkeit. Die franziskanische Erforschung ihrer philosophischen Tradition ist nach wie vor im Gang. Bemerkenswerte Veröffentlichungen in dieser Richtung sind die Publikationen zu Duns Scotus von Allen Wolter (geb. 1913) bzw. zu Bonaventura von Zachery Hayes (geb. 1932). Ordensleute waren es nicht zuletzt, die in den ersten Jahren der American Catholic Philosophical Association eine führende Rolle spielten. Immerhin wurden auch drei von den vier neuscholastischen Zeitschriften unter ihrer Leitung herausgegeben. Erst um die Mitte des Jahrhunderts übernahmen vielfach (in Amerika ausgebildete) Laien die Führung dieser Bewegung. Größte Verdienste erwarben sich vor allem Étienne Gilson (1884–1978) und die Basilianer des St. Michael's College in Toronto.

GILSON UND TORONTO

Auf Einladung des Basilianerordens errichtete Gilson 1929 das Pontifical Institute of Mediaeval Studies in St. Michael. Für Nordamerika stellte dieses Institut, das mit der Universität Toronto verbunden wurde, sehr bald ein Mekka für viele Gelehrte dar. Einige der anerkanntesten amerikanischen Neuscholastiker haben hier gewirkt oder sind hier ausgebildet worden. Unter ihnen finden sich Gerald B. Phelan (1892–1965), Anton C. Pegis (1905–1978), Joseph Owens CSSR (geb. 1908), Armand Maurer CSB (geb. 1915), Laurence K. Shook CSB (geb. 1909), Ignatius T. Eschmann OP und James A. Weisheipl OP. Das Periodicum des Instituts, die *Mediaeval Studies*, profilierte sich zur wichtigsten Zeitschrift der amerikanischen Mediaevisten. In den letzten Jahren verlegten daher die Dominikaner die amerikanische Sektion der Leonina-Kommission von Yale nach Toronto, um in engerer Zusammenarbeit wirken zu können. Obwohl es in der Zwischenzeit mehrere Zentren für Mittelalterforschung an amerikanischen Universitäten nach dem Vorbild des Instituts in Toronto gibt, ist dessen Einfluß in den vergangenen 50 Jahren doch überragend gewesen.

Beabsichtigte auch Gilson nie, eine Schule zu gründen, so war die Wirkung seines Denkens auf die katholische Philosophie in Nordamerika doch sehr tief und nachhaltig. Vor allem sein Unterricht in Textkritik und historischen Hilfswissenschaften fiel bei vielen Studenten auf fruchtbaren Boden. Die Herausgabe mittelalterlicher Texte, ihre Übersetzung und ihre Verbreitung standen daher in Toronto hoch im Kurs. Als etwa nach dem Ende des Zweiten Weltkrieges eine große Nachfrage nach Übersetzungen der Werke des hl. Thomas einsetzte, waren es die Studenten, die gemeinsam mit dem Institut die Organisation der Verbreitung übernahmen. A. C. Pegis veröffentlichte seine viel gelesenen *Basic Writings of St. Thomas* (1944) und seine noch populärere *Introduction to St. Thomas* (1948). Außerdem überwachte er die amerikanische Übersetzung der *Summa contra Gentiles*, die unter dem Titel *The Truth of the Catholic Faith* erschien. Vernon Bourke (geb. 1907), der nach seinen Studien in Toronto mehrere Jahre in St. Louis lehrte, schrieb eine englische Einführung zur Parma-Edition der *Opera omnia* des hl. Thomas, die 1948 neu aufgelegt wurde. Seine beiden Bücher *Augustine's Quest for Wisdom* (1945) und *Aquinas' Search for Wisdom* (1965) trugen viel zur Popularisierung der Gilsonschen Interpretationstradition bezüglich der mittelalterlichen Philosophie bei. Darüber hinaus waren es aber vor allem die zahlreichen Schüler Gilsons und die englischsprachigen Übersetzungen von dessen Werken, die in der amerikanischen Neuscholastik den Ton angaben. Der weitverbreitete *A Gilson Reader* (1957), ediert mit einer meisterhaften Einführung von A. C. Pegis, stellt eine gediegene Zusammenfassung und einen Kommentar von Gilsons Gedanken dar. Seine Interpretation der christlichen Philosophie des Mittelalters, sein offener anticartesianischer Realismus und seine Existenzmetaphysik erhielten dadurch an den katholischen Universitäten ein gewaltiges Echo.

Ein besonderes Beispiel dafür stellt die St. Louis University dar. Eine große Zahl von Professoren, die der Gesellschaft Jesu angehörten, wurde in Toronto ausgebildet. George P. Klubertanz SJ (1912–1972) etwa zeigt seine Herkunft aus Toronto in seinen Studien über die Kraft des diskursiven Denkens sowie in seiner existentialen Metaphysik des Seins und Gottes. Dasselbe läßt sich bei Robert Henle SJ (geb. 1909) feststellen, besonders in seinen Untersuchungen zum thomistischen Partizipationsgedanken und in seinem gegen Maréchal postulierten Realismus. Das bedeutet freilich nicht, daß St. Louis nur ein Ableger Torontos war. James Collins (1917–1985) z. B., ein bedeutender Philosophiehistoriker, der Laie war und seine Ausbildung an der Catholic University erhielt, betrachtete die Philosophiegeschichte aus streng thomistischer Perspektive, da er die Verhältnisbestimmung zwischen Philosophie und Theologie, auf der Gilsons Vorstellung von der christlichen Philosophie basierte, nicht akzeptieren konnte. Ebenso hielt sich der Metaphysiker Leonard Eslick (geb. 1914), gleichfalls Laie, strenger an den hl. Thomas, obwohl er gleichzeitig auch aufgeschlossen blieb für moderne Denker, vor allem für Whitehead. Die ehemaligen Schüler von Toronto wollten einfach nicht nur wiedergeben, was Gilson schon gesagt hatte. Ein Beispiel dafür ist nicht zuletzt J. Owens CSSR, der seinen Studienabschluß mit einer Arbeit über Aristoteles und die mittelalterliche Philosophie erwarb. Obwohl er in seiner Epistemologie und Metaphysik Gilson verhaftet bleibt, ist er dennoch als ein eigenständiger Philosoph anzusehen.

MARITAIN UND NOTRE DAME

Jacques Maritain (1882–1973) war in seinen frühen Jahren für kurze Zeit mit dem Mediaeval Institute in Verbindung. Gerald B. Phelan, der erste Sekretär dieses Instituts, war es außerdem, der seine *Degrés du savoir* (*The Degrees of Knowledge*) ins Englische übersetzte. Der direkte Einfluß Maritains auf Nordamerika ging jedoch von seinen Schriften aus, soweit sie englisch erschienen, und von seinem längeren Aufenthalt in diesem Land, vor allem während seiner Jahre am Institute for Higher Studies an der Princeton University. Die amerikanischen Neuscholastiker fühlten sich aus mehreren Gründen mit Maritain verbunden. Zunächst kam seine Theorie der integralen Erfahrung ihrem Konzept einer liberalen Erziehung sehr nahe. Diese Theorie ließ sich mit einer thomistisch inspirierten Pädagogik gut harmonisieren, die Benedict Ashley (geb. 1909) und andere Dominikaner (vorwiegend in River Forest) vertraten. Sodann ließ sich seine Naturphilosophie mit der thomistischen Wissenschaftstheorie verbinden, die etwa Vincent E. Smith (geb. 1915) vorschlug. Schließlich lag aber Maritains größte Anziehungskraft für Amerikaner in seiner Verteidigung der Demokratie und der christlichen Gesellschaftsordnung. Diese Attraktion wurde noch durch die sozial- und politikwissenschaftlichen Schriften seines Schüler Yves Simon (1903–1961) verstärkt, der seinerseits in den USA doch auch sehr bekannt wurde.

Obwohl Maritains Einfluß nicht so weit reichte wie derjenige Gilsons, verbreitete er sich doch besonders während der fünfziger Jahre sehr stark. Ein wichtiges Zentrum in diesem Zusammenhang war die University of Notre Dame, wo die Holy Cross Fathers und deren Förderer eine der anerkanntesten philosophischen Fakultäten an einer katholischen Universität errichtet hatten. Bis in die sechziger Jahre hinein war diese Institution neuscholastisch bestimmt. Zwei von ihren Mitgliedern, Leo R. Ward CSC (geb. 1893) und Josef W. Evans, edierten zwei Anthologien der Texte Maritains: *Challenges and Renewals* (1966) und *The Social and Political Philosophy of Jacques Maritain* (1955). Neben einem Institut zur Erforschung des Mittelalters wurde sogar ein Institut zu Ehren von Maritain errichtet. Beide Institute bestehen noch. Über Notre Dame ging ähnlich wie im Falle Torontos für Gilson der Einfluß Maritains auf viele Lehrstühle an amerikanischen Universitäten über.

DER EINFLUSS MARÉCHALS UND ANDERER NEUSCHOLASTIKER

Neben Gilson und Maritain trugen auch andere Philosophen zur Verbreitung der Neuscholastik bei. Gleich nach dem Zweiten Weltkrieg studierten zahlreiche amerikanische Universitätsabsolventen an der Laval-Universität in Québec. Hier wurden sie von Charles de Konnick (1907–1965) beeinflußt. Eine noch größere Gruppe kam mit Löwen in Kontakt. Der Einfluß des Löwener Instituts auf Amerika war auch im Anschluß an die englischen Übersetzungen von Fernand Van Steenberghens *Epistemology* (1949) und *Ontology* (1952) bzw. von Louis De Raeymaekers *Philosophy of Being* (1954) spürbar. Die einflußreichen und unabhängigen philosophischen Fakultäten an der Catholic University besaßen eine hohe Zuhörerschaft, speziell aus dem Diözesanklerus. Daneben behielten die Studienzentren der Dominikaner und Jesuiten ebenfalls ihre unabhängigen päpstlichen Fakultäten für Philosophie. So wurden etwa die Jesuiten an der Ostküste weder von Maritain beeinflußt noch durch die mittelwestliche Sympathie ihrer Mitbrüder für Gilson.

Ein Jesuit an der Ostküste, Joseph Donceel (geb. 1906), ein Belgier, der bei Fordham lehrte, war es auch, der Amerika mit dem Denken von Joseph Maréchal (1878–1944) bekannt machte. Der Großteil der Maréchalschen Werke ist nie ins Englische übersetzt worden, doch Donceels Textsammlung *A Maréchal Reader* (1970), die auch eine glänzende Einführung enthält, machte Maréchal den Amerikanern zugänglich. Donceels *Natural Theology* (1962) und *Philosophical Anthropology* (1967) sowie seine Übersetzung der *Metaphysik* von Emerich Coreth SJ (geb. 1919) vergrößerten noch das Wissen der Amerikaner bezüglich der Maréchalschen Tradition. Darüber hinaus verschafften diese Werke dem transzendentalen Thomismus in Fordham den Durchbruch. Sie bereiteten nicht zuletzt den Weg für die Werke Karl Rahners (1904–1984), die nach dem II. Vatikanischen Konzil hier Einzug hielten.

VON DER NEUSCHOLASTIK ZUR CHRISTLICHEN PHILOSOPHIE

Um 1960 hatte die katholische Philosophie in Amerika ihren ersten Zenit erreicht. Der jahrzehntelange Prozeß der Etablierung und der Ausbreitung war zu einem Abschluß gekommen. Wichtige philosophische Lehrstühle wurden jetzt landesweit mit Professoren besetzt, die sowohl in der Tradition des hl. Thomas standen als auch mit der Philosophiegeschichte und mit dem modernen Denken vertraut waren. Es schien fast, daß die Zeit für eine Generation von amerikanischen Neuscholastikern mit weltweitem Ansehen gekommen sei, d. h. daß eine spezifisch amerikanische Schule des Neuthomismus entstehen werde. Das war aber aus mehreren Gründen nicht der Fall. Erstens hielten sie sich an die diversen Varianten der europäischen Neuscholastik. Wie ihre Kollegen erkannten sie, daß *Neuscholastik* kein Name für ein einziges System ist. Neuscholastik bezeichnet für sie vielmehr eine Art Sammelbegriff für eine Familie von aufeinander nicht reduzierbaren Epistemologien und metaphysischen Entwürfen. Zweitens konnten sich aufgeschlossene Philosophen mit der Zeit nicht auf ein einziges System oder eine Familie von Systemen beschränken. An den Universitäten sahen sich die Philosophen vielmehr mit der zeitgenössischen europäisch-amerikanischen Philosophie konfrontiert. Mehr und mehr Katholiken besuchten zudem nichtkirchliche höhere Schulen und bewarben sich um Lehraufträge an weltlichen Universitäten. Für viele von ihnen war schließlich der Niedergang der Neuscholastik nach dem II. Vaticanum ein Anreiz, sich anderen Richtungen zuzuwenden. So hat die Neuscholastik heute ihren dominierenden Einfluß an den katholischen Universitäten Amerikas eingebüßt. Die philosophischen Fakultäten sind pluralistisch geprägt. Die Neuscholastik nimmt häufig keine bedeutende Stellung mehr ein.

Das bedeutet nicht, daß die Philosophie in der Tradition des hl. Thomas in Nordamerika tot sei oder kurz davor stünde. Die Neuscholastik in ihrem herkömmlichen Sinn hat nach wie vor ihre Vertreter. Immer noch gibt es das Maritain-Institut in Notre Dame, obwohl man philosophisch auch hier nicht mehr neuthomistisch orientiert ist. Der Direktor des Instituts, Ralph McInerny (geb. 1929), ist ein angesehener Mediaevist und ein überzeugter Thomist. Genauso ist das Mediaeval Institute in Notre Dame lebendig. 1979 wurde sogar ein Center for Thomistic Studies an der University of St. Thomas in Huston gegründet. Die Idee für diese Institution stammte von A. C. Pegis, der erste Direktor nach der Gründung war hingegen Vernon Bourke. Auf Bourke folgten Victor B. Brezik CSB (geb. 1913) und Leonard A. Kennedy CSB (geb. 1922), beides Basilianer und damit Mitglieder jener Kongregation, die Gilson 1929 einlud, sein Mediaeval Institute am St. Michael's College einzurichten. Vom Institut in Houston wird erwartet, daß es die philosophische Richtung Gilsons lebendig hält und deren Einfluß auf das geistige Leben der amerikanischen Katholiken fortsetzt.

Im Moment steht in Amerika jedoch die Philosophie und Theologie von Bernard Lonergan (1904–1984) in hohem Ansehen, dem in diesem Band ein eigenes Kapitel gewidmet ist. An Lonergan kann die Entwicklung der amerikanischen Philosophie *ad mentem S. Thomae* anschaulich verfolgt werden. Beeindruckt von der Methode der positiven Wissenschaften, vom Denken Newmans und vom

Thomismus Maréchals, hat er seine Philosophie auf einer strengen Studie der Texte des hl. Thomas aufgebaut. Seine Wahrnehmungstheorie basiert auf der thomistischen Theorie vom Erkenntnisakt, wird allerdings mit Hilfe der transzendentalen Methode auf ihre Konsequenzen für Metaphysik und Theologie hin untersucht. Lonergans Werke *Insight* (1957) und *Method in Theology* (1972) sind in der englischsprachigen Welt durchaus einflußreich. Wichtige Zentren des Lonerganschen Denkens sind das Regis College in Toronto, die Boston College University, die University of Santa Clara und die philosophisch-theologische Fakultät Milltown Park in Dublin. Außerdem sind in den letzten Jahren zahlreiche internationale Kongresse über Lonergan abgehalten worden.

In Europa vielleicht weniger bekannt, in Amerika hingegen sehr geschätzt sind die Werke von Norris W. Clarke SJ (geb. 1915), eines anderen Philosophen aus den Staaten. Clarke wurde in Europa ausgebildet. Er ist daher ein guter Kenner des kontinentalen Thomismus. Selbständig entwickelte er jedoch eine eigene realistische Erkenntnistheorie und eine thomistisch inspirierte Metaphysik der Existenz, der Aktion und der Partizipation. Als überzeugter Amerikaner suchte er zudem trotz seiner europäischen Ausbildung den Dialog mit der amerikanischen linguistischen Philosophie und den Entwürfen der Prozeß-Metaphysik Whiteheads. Eine präzise Darstellung seiner philosophischen Theologie, seiner Theorien über die göttliche Erkenntnis und die göttliche Unwandelbarkeit findet sich in seinem Buch *The Philosophical Approach to God* (1979).

Das Anwachsen der katholischen Philosophie während der Zeit der Neuscholastik trug aber auch zu einer bemerkenswerten Veränderung im philosophischen Klima von Amerika überhaupt bei. Ende des Zweiten Weltkrieges war die empirisch-linguistische Philosophie in den USA ebenso dominierend, wie sie es in England war und blieb. Die American Philosophical Association, die führende philosophische Gesellschaft, verpflichtete sich ihr vollständig. Unglücklich über die damit verbundene Verdrängung der Metaphysik und Religionsphilosophie aus der wissenschaftlichen Diskussion, rief eine Gruppe von Philosophen – unter ihnen waren die meisten weder Katholiken noch Scholastiker – die Metaphysical Society of America ins Leben. Die geistige Einstellung dieser Gesellschaft sowie ihre Zeitschrift *The Review oft Metaphysics* schufen ein Forum für eine lebendige Diskussion über Metaphysik und philosophische Theologie, an der sowohl Thomisten als auch Anhänger des Whiteheadschen Denkens teilnahmen. Ein anderer Kreis von Philosophen, die als gläubige Christen an der Philosophie über Gott und Religion interessiert waren, gründete die Society for Christian Philosophy sowie deren Zeitschrift *Faith and Philosophy*. Eines der bekanntesten Mitglieder dieser Vereinigung ist Alvin Plantinga (geb. 1932), Professor in Notre Dame. Sein Werk *God and Other Minds* (1967) bildet eine gute Darstellung seiner Lehre. Schließlich hat sich in Amerika eine International St. Thomas Society etabliert. Ihre Treffen, die in Verbindung mit der jährlichen Tagung der American Philosophical Association abgehalten werden, haben eine anerkannte Plattform für wissenschaftliche Diskussionen bezüglich der Philosophie des hl. Thomas geschaffen.

Im Anschluß an diese Entwicklung haben sich Philosophen, die in der Tradition des hl. Thomas stehen, zu einer größeren Gemeinschaft von theistisch und christlich denkenden Philosophen zusammengefunden. Dabei fühlen sie sich nicht mehr als Mitglieder einer Schule im üblichen Sinn, sondern sie philosophieren in eigenem Anspruch und werden daraufhin auch anerkannt. Der hl. Thomas wird als ein Vordenker akzeptiert, und seine Gedanken stehen unter dem Blickwinkel anderer Traditionen im Geiste christlicher Sympathie zur Diskussion. So haben z. B. die katholischen Philosophen James F. Ross (geb. 1931) und David B. Burrell CSB (geb. 1933) die thomistische Lehre vom Sein und von Gott aus der Perspektive der linguistischen Philosophie untersucht. John D. Caputo (geb. 1940) hat die Ergebnisse dieser Untersuchungen vom Standpunkt Heideggers aus kritisiert.

DIE NEUSCHOLASTIK AUF DEN BRITISCHEN INSELN

Auf den Britischen Inseln verlief die Geschichte der Neuscholastik anders als in Nordamerika. Die relativ geringe Zahl an Katholiken und ein andersartiges Erziehungssystem verhinderten die Schaffung jener institutionalisierten Basis, die in den USA und in Kanada gegeben war. Die vielen katholischen Colleges und Universitäten, die jenseits des Atlantiks Hunderten von Professoren Lehrkanzeln an philosophischen Fakultäten boten, waren in England und Irland nicht möglich. Daher bestand hier auch keine gesteigerte Nachfrage nach scholastischen Lehrbüchern oder Übersetzungen des hl. Thomas. Die Neuscholastiker führten von daher gesehen ein ziemlich isoliertes Dasein – ganz anders als in Nordamerika also, wo es große und tatkräftige neuscholastische Gesellschaften gab.

Zu alledem kommt noch, daß das allgemeine philosophische Klima in England gegenüber jeglicher Metaphysik und philosophischer Theologie feindselig gestimmt war. Auch das war in Amerika bekanntlich anders. Schon im 19. Jahrhundert waren führende Philosophen wie Royce und James für die kontinentalen Philosophien aufgeschlossener als ihre englischen Kollegen. In der Tat nahm z. B. eine der ersten großen Institutionen für philosophische Forschung, die John Hopkins University in den USA, ihre Inspiration an der deutschen Philosophie. Da die amerikanische Philosophie von Haus aus vielfältige Wurzeln im europäischen Denken hatte, war sie grundsätzlich weniger isoliert als ihr Pendant in England. Nur so ist es zu verstehen, daß es selbst nach dem Zweiten Weltkrieg in Amerika viel Interesse für Hegel und den zeitgenössischen Existentialismus bzw. für die Phänomenologie gab. Wie erwähnt, wurde auch die dominierende Stellung der linguistischen Philosophie nicht einfach hingenommen, sondern einer permanenten und institutionalisierten Kritik unterzogen.

Keine gleichwertige Kritik bildete sich in England heraus. Das Monopol der empirisch-linguistischen Philosophie an den Universitäten ließ hier keinen Pluralismus an Philosophien aufkommen. Infolgedessen mußten die Neuscholastiker auch wesentlich stärker gegen den Strom schwimmen. Aus diesem Grunde war wiederum die Präsentation der Lehre des hl. Thomas für ein breiteres Publikum von großer Wichtigkeit. Zwei erfolgreiche Versuche in dieser Richtung waren die

Bücher *St. Thomas Aquinas: The »Dumb Ox«* (1933) von Gilbert K. Chesterton (1874–1936) und *Thomas Aquinas* (1930) von Martin C. D'Arcy SJ (1888–1976). Eine weitere Publikation, die viel Echo hatte, war das Buch *St. Robert Bellarmine* (1928) von James Brodrick SJ (1891–1973), einem Kirchenhistoriker. Er machte die nachtridentinische Scholastik einem breiten Kreis von Interessenten zugänglich.

Wie in den USA nahmen auch hier die Orden in der Erforschung des mittelalterlichen Denkens einen prominenten Rang ein. Blackfriars, das Studienhaus der Dominikaner in Oxford, steuerte beachtliche Beiträge in dieser Materie bei. Die Arbeiten von Daniel A. P. Callus (1888–1965) über Robert Grosseteste und Thomas brachten es sogar zu internationalem Ansehen. Der bekannteste Autor aus dem Dominikanerorden war jedoch Thomas Gilby (1902–1975). Er ist der Verfasser einer ganzen Bücherreihe über die thomistische Logik, Erkenntnistheorie, Ästhetik und Poetik. Außerdem war er der Herausgeber der lateinisch-englischen Edition der *Summa theologiae* (veröffentlicht in England und Nordamerika 1964 bis 1974). Als solcher kontrollierte er die Übersetzungen der 60 Bände dieser Ausgabe.

Unter den Benediktinern ragt besonders David Knowles (1896–1974) hervor, ein bedeutender Mediaevist in Cambridge. Obwohl er mehr Historiker als Philosoph war, brachte er dennoch ein vielfach gelesenes Werk über *The Evolution of Mediaeval Thought* (1962) heraus, einen ausgezeichneten Überblick zur mittelalterlichen Philosophie für jeden allgemeingebildeten Leser. Illtyd Trethowan OSB (geb. 1907) war hingegen ein Fachphilosoph. Er übersetzte Gilsons Werk *The Philosophy of St. Bonaventure* (1938). Es war dies die erste englischsprachige Übersetzung eines Hauptwerkes von Gilson. Trethowan verfaßte aber auch eine Anzahl von scholastisch geprägten Büchern über Erkenntnistheorie und Gotteslehre.

Aufgrund ihrer Wurzeln in der suarezianischen Tradition fühlten sich die Jesuiten dem Thomismus wenig zugetan, obwohl z. B. B. Leeming (1893–1971) ein thomistischer Theologe war, der einen großen Einfluß auf B. Lonergan während dessen Studienzeit an der Gregoriana hatte. Die von den Jesuiten betriebene Philosophie brachte es auf den Britischen Inseln zu nichts Originellem. Immerhin leistete aber Arthur Little mit seinem brillanten und unvergleichbaren Werk *The Platonic Heritage of Thomism* (1949) einen interessanten Beitrag zum Thema Partizipation bei Thomas. Mit Abstand am bedeutendsten war schließlich die Leistung von F. Copleston (geb. 1907). Seine zahlreichen Bände zur *History of Philosophy* wurden zum Standardwerk der gesamten englischsprachigen Welt. Es verschafft besonders Studierenden, die sich in dieser Materie noch nicht auskennen, einen guten Einstieg.

An den Fakultäten der Universitäten Englands gibt es so gut wie keine Neuscholastik. Das allgemeine Klima, das in der englischen Philosophie herrscht, läßt auch gar keine andere Möglichkeit zu. Ausgenommen ist hier natürlich Irland, wo die Neuscholastik an den Fakultäten der Queens University in Belfast und des University College in Dublin Fuß fassen konnte. An letzterem arbeitete jahrelang der anerkannte thomistische Ethiker Michael B. Crowe (geb. 1923). Eine Ausnahme in England bildeten die Departments für Klassische Sprachen. Sie standen der christlichen Philosophie freundlich gegenüber. Deshalb stellte z. B. die Liverpooler Universität einen Lehrstuhl für A. Hilary Armstrong (geb. 1909), einen bekannten christlichen Philosophen, der Spezialist für Plotin und Augustinus war, zur Verfügung. Auf ähnliche Weise berief das University College in Dublin den Augustinus-Forscher John O'Meara (geb. 1915).

In den Reihen des Diözesanklerus gab es vereinzelt aktive Verfechter der Neuscholastik. Einer von ihnen war M. B. Crowe aus Dublin. Der vielleicht bekannteste unter ihnen (sowohl in England als auch in Amerika) war jedoch Denis John Bernard Hawkins (1906–1964). Seine Veröffentlichungen zur Erkenntnistheorie, Seinsphilosophie und Gotteslehre bzw. zur mittelalterlichen und modernen Philosophie fanden auf beiden Seiten des Atlantiks eine große Verbreitung. Als ein selbständiger Denker, der noch dazu mit einem klaren und lesbaren Stil schreiben konnte, setzte er sich sowohl bei professionellen Philosophen als auch bei allgemein interessierten Lesern durch.

Ein spezifisch britisches Phänomen war nicht zuletzt die Teilnahme von anglikanischen Autoren an jener philosophischen Strömung, die in Nordamerika an den römischen Katholizismus gebunden war. Während des 20. Jahrhunderts zeigte eine ganze Reihe von Anglikanern ein Interesse an den katholischen Bewegungen. Als Beispiel dafür sind die Werke Alec R. Vidlers (geb. 1899) und Bernard Reardsons (geb. 1914) über den Modernismus und die Theologie des 19. Jahrhunderts zu nennen. Der bedeutendste anglikanische Thomist war jedoch Eric L. Mascall (geb. 1905). Da er mit keiner katholischen Thomistenschule näher zu tun hatte, muß er als unabhängiger Denker betrachtet werden. Mascall blieb stets davon überzeugt, daß die Tradition des hl. Thomas den Schlüssel zu einer wirksamen und zeitgemäßen Philosophie des Wissens, des Seins und Gottes biete. Unter seinen Büchern, die im ganzen angelsächsischen Raum gut aufgenommen wurden, sind *He Who Is: A Study in Traditional Theism* (1948) und *Existence and Analogy* (1949) die bekanntesten. Er ist zweifellos einer der wichtigsten englischsprachigen Thomisten. Sein systematisches Denkvermögen ist beachtlich.

RESÜMEE

Die Geschichte der englischsprachigen Neuscholastik verlief auf beiden Seiten des Atlantiks sehr unterschiedlich. Auf den Britischen Inseln verhinderten eine geringe katholische Bevölkerung, ein besonderes Erziehungssystem und wenig entgegenkommendes allgemein-philosophisches Klima die Möglichkeit der Etablierung jener starken institutionalisierten Basis, die der Neuscholastik in Nordamerika an den Colleges, in den philosophischen Zeitschriften und in den katholisch-philosophischen Gesellschaften zugrunde lag. Christliche Philosophen mußten daher hier als einzelne in einer Kultur und Gesellschaft arbeiten, die Fremden gegenüber abweisender eingestellt war als in Nordamerika.

In Nordamerika hingegen etablierte sich die Neuscholastik als stark organisierte Bewegung. Hier nahm man Ausländer an den Universitäten gerne auf.

Außerdem war man für einen Pluralismus im Lehrkörper. Aus diesem Grunde hatten Gilson, Maritain oder der Maréchalianer Joseph Donceel von vornherein geringere Schwierigkeiten, sich durchzusetzen. Sie wurden bereitwillig als »amerikanische Professoren« akzeptiert. Darüber hinaus waren die akademischen Grade, die amerikanische Absolventen von europäischen Universitäten nach Hause brachten, anerkannte Ausgangsdiplome für eine Lehrtätigkeit an höheren Schulen und Universitäten. Dies wiederum erklärt, daß Gilson, Maritain und Maréchal mächtige Anhängerschaften erhielten und daß es auch anderen kontinentalen Richtungen der Neuscholastik möglich war, an den amerikanischen Colleges und Universitäten präsent zu sein. Daraus folgt schließlich, daß der amerikanische Neuthomismus seine Wurzeln in den europäischen Richtungen hat. In der Zwischenzeit wurde er freilich ein eigenständiges Denken, das – wie etwa die Werke von B. Lonergan und N. W. Clarke zeigen – starke eigene und unterschiedliche Akzente setzt.

Allerdings existiert die Neuscholastik als eine organisierte Bewegung heute in Nordamerika nicht mehr. Trotzdem hat sie gleichsam als Erbe mehrere philosophische Fakultäten, mehrere Fachzeitschriften und eine beträchtliche Anzahl von gut ausgebildeten katholischen Philosophen zurückgelassen. Die christliche Philosophie, die seinerzeit nahezu eine Art Vorrecht der Neuscholastik war, ist nunmehr zum Anrecht vieler katholischer und nichtkatholischer Philosophen mit unterschiedlichen Ausrichtungen geworden. Verschiedene philosophische Gesellschaften und diverse Zeitschriften kommen den Anliegen der christlichen Philosophie auch sehr entgegen. So ist die Neuscholastik, die zu dieser Veränderung beigetragen hat, nicht erloschen, obwohl gleichzeitig ihr Einfluß merklich zurückgegangen ist.

Ein bleibender Beitrag der Neuscholastik ist und bleibt jedoch ihre Leistung auf dem Gebiet der textkritischen und historischen Erforschung des Mittelalters. Vor allem die englischen und amerikanischen Dominikaner haben diesbezüglich Hervorragendes geleistet. Wir erwähnten Blackfriars und die englischen Dominikaner, welche die erste Übersetzung der *Summa theologiae* herausbrachten, und Thomas Gilby, der die einmalige lateinisch-englische Edition beaufsichtigte, die der ersten Übersetzung nachgefolgt ist. Die Dominikaner in Amerika standen dabei nicht abseits. William W. Wallace OP von der Catholic University of America ist nach wie vor mit den textkritischen Arbeiten beschäftigt. Kurz vor seinem Tod brachte auch James Weisheipl OP noch seine meisterhafte Arbeit *Friar Thomas D'Aquino* (1974) heraus, in der er die Früchte seiner langjährigen Forschungstätigkeit knapp und übersichtlich zugänglich machte. Die textkritische und historische Forschung war auch das Hauptanliegen des Pontifical Institute of Mediaeval Studies, das Gilson im St. Michael's College in Toronto errichtete. Es war daher durchaus angebracht, daß James Weisheipl hierher berufen wurde und daß die amerikanische Sektion der *Leonina*-Kommission, deren Direktor Weisheipl war, von Yale nach Toronto übersiedelte.

BIBLIOGRAPHIE

Böhner, Ph.: Mediaeval Logic, Chicago 1952.
–: Collected Articles on Ockham, NY 1958.
–: Ockham's Philosophical Writings, Indianapolis 1964.
Bourke, V.: Augustine's Quest for Wisdom, Milwaukee 1945.
–: Aquinas' Search for Wisdom, Milwaukee 1965.
Burrell, D. B.: Aquinas: God and Action, Notre Dame 1974.
Callus, D. A. P.: The Condemnation of St. Thomas at Oxford, O 1955.
–: Robert Grosseteste: Scholar and Bishop, O 1955.
Caputo, J. D.: Heidegger and Aquinas, NY 1982.
Chesterton, G. K.: St. Thomas Aquinas, Lo 1933.
Clarke, W. N.: The Philosophical Approach to God, Winston-Salem 1979.
Collins, J.: A History of Modern European Philosophy, Milwaukee 1954.
–: God in Modern Philosophy, Chicago 1959.
–: Three Paths in Philosophy, Chicago 1962.
D'Arcy, M. C.: Thomas Aquinas, Boston 1930.
Donceel, J.: Natural Theology, NY 1962.
–: Philosophical Anthropology, NY 1967.
–: A Maréchal Reader, NY 1970.
Eschmann, I. T.: A Catalogue of St. Thomas' Works: Bibliographical Notes, In: É. Gilson: The Christian Philosophy of St. Thomas Aquinas, NY 1956.
Farrell, W.: A Companion to the Summa Theologiae, 4 Bde., NY 1938–1942.
–: From An Abundant Spring: The Walter Farrell Memorial Volume of the Thomist, NY 1952.
Gilby, Th.: Poetic Experience: An Introduction to Thomistic Aesthetics, NY 1934.
–: Barbara Celarent: A Description of Scholastic Logic, Lo 1949.
–: The Phoenix and the Turtle: The Unity of Knowing and Being, Lo 1950.
–: The Political Thought of St. Thomas Aquinas, Chicago 1955.
Hawkins, D. J. B.: Approaches to Philosophy, Lo 1938.
–: The Criticism of Experience, Lo 1945.
–: The Elements of Theism, Lo 1949.
–: Being and Becoming, Lo 1954.
–: Christian Ethics, NY 1963.
Henle, R. R.: Method in Metaphysics, Milwaukee 1957.
–: St. Thomas and Platonism: A Study of the Plato and the Platonici Texts in the Writings of St. Thomas, The Hague 1956.
Klubertanz, G. P.: The Discursive Power: Source and Doctrine of the Vis Cogitativa according to St. Thomas Aquinas, St. Louis 1952.
–: Introduction to the Philosophy of Being, NY 1955.
–: St. Thomas and Analogy: A Textual Analysis and Systematic Synthesis, Chicago 1960.
–: Being and God: An Introduction to the Philosophy of Being and to Natural Theology, NY 1963.
–: Habits and Virtues: A Philosophical Analysis, NY 1965.
Knowles, D.: The Evolution of Mediaeval Thought, NY 1962.
Little, A.: The Platonic Heritage of Thomism, Dublin 1949.
Lonergan, B. J. F.: Insight: A Study in Human Understanding, NY 1957.
–: Method in Theology, NY 1972.
Maurer, A.: Mediaeval Philosophy, NY 1962.
–: Commemorative Studies, 2 Bde., To 1974.
McInerny, R. M.: Thomism in an Age of Renewal, Garden City 1966.
–: New Themes in Christian Philosophy, Notre Dame 1968.
–: Studies in Analogy, The Hague 1969.
–: St. Thomas Aquinas, Boston 1977.
Mascall, E. L.: He Who Is: A Study in Traditional Theism, Lo 1948.
–: Existence and Analogy: A Sequal to »He Who Is«, Lo 1949.
–: Christian Theology and the Natural Sciences, Lo 1956.
–: The Christian Universe, Lo 1966.
O'Donnell, J. R. (Hg.): Essays in Honor of A. C. Pegis, To 1974.

Owens, J.: The Doctrin of Being in the Aristotelian Metaphysics, To 1951.
–: St. Thomas and the Future of Metaphysics, Milwaukee 1957.
–: A History of Ancient Philosophy, NY 1959.
–: An Elementary Christian Metaphysics, Milwaukee 1963.
–: St. Thomas and the Existence of God: Collected Papers of Joseph Owens, Albany 1980.
O'Meara, J. J.: The Young Augustine, Lo 1954.
–: Eriugena, Cork 1969.
Pegis, A. C.: Basic Writings of St. Thomas, 2 Bde., NY 1944.
–: Introduction to St. Thomas Aquinas, NY 1948.
–: A Gilson Reader, Garden City 1957.
–: St. Thomas and Philosophy, Milwaukee 1964.
Phelan, G. B.: St. Thomas and Analogy, Milwaukee 1941.
–: Some Illustrations of St. Thomas' Development of the Wisdom of St. Augustine, Chicago 1964.
–: Selected Papers, To 1967.
Plantinga, A.: God and Other Minds: A Study in the Rational Justification of Belief in God, Ithaca 1967.
Rickaby, J.: The First Principles of Knowledge, Lo 1888.
Ross, J. F.: Philosophical Theology, Indianapolis 1969.
Ryan, J. A.: Distributive Justice: The Right and Wrong of Our Present Distribution of Wealth, NY 1919.
Shook, L. K.: Étienne Gilson, To 1984.
Simon, Y.: The Community of the Free, NY 1947.
–: The Philosophy of Democratic Government, Chicago 1951.
–: A General Theory of Authority, Notre Dame 1962.
–: The Tradition of the Natural Law, NY 1965.
Smith, V. E.: The Philosophy of Physics, NY 1961.
–: The Philosophy of Biology, NY 1962.
Trethowan, I.: Certainty: Philosophical and Theological, Westminster 1948.
–: Absolute Value: A Study in Christian Theism, NY 1970.
Wallace, W. A.: The Role of Demonstration in Moral Theology: A Study of Methodology in St. Thomas, Wash 1962.
–: Classical and Contemporary Science, Ann Arbor.
Weisheipl, J. A.: The Development of Physical Theory in the Middle Ages, NY 1959.
–: Friar Thomas D'Aquino, Garden City 1974, dt. Thomas von Aquin. Sein Leben und seine Theologie, Gr/W/Kö 1980.
–: Albertus Magnus and the Sciences, To 1980.
Wolter, A. B.: The Transcendentals in the Metaphysics of Duns Scotus, Wash 1946.

GERALD A. MCCOOL

Bernard J. F. Lonergan (1904–1984)

LEBEN UND WERKE

Bernard J. F. Lonergan wurde 1904 in Buckingham, Québec, geboren. Im Jahre 1922, dem zweiten Jahr seines Universitätsstudiums, trat er in den Jesuitenorden ein, wo er während seines Noviziats klassische Philologie studierte. Darauf folgte das Studium der Philosophie am Heythrop College in England und der Geisteswissenschaften sowie Naturwissenschaften und Mathematik an der London University. Nach einer dreijährigen Lehrtätigkeit an der Loyola University in Montreal begann er sein Theologiestudium an der Gregoriana in Rom, wo er 1936 zum Priester geweiht wurde. Auf ein Jahr Studium in Amiens in Frankreich folgte sein Theologiestudium in Rom mit dem Erwerb der Doktorwürde. Zu diesem Zeitpunkt wurde er aber wegen des Ausbruchs des Krieges in Europa gezwungen, wieder in seine Heimat zurückzukehren. Während der nächsten 13 Jahre war er zugleich Professor an der L'Immaculée-Conception in Montreal und am Regis College in Toronto. Im Jahre 1953 kam er wieder an seine Alma Mater in Rom. Das Jahrzehnt zwischen 1965 und 1975 verbrachte er sodann am Regis College mit Ausnahme des akademischen Jahres 1971/72, wo er zum Stillman-Professor an der Harvard University ernannt wurde. Ab 1975 lehrte er am Boston College bis kurz vor seinem Tod im Jahr 1984.

Lonergan wählte als Motto seines Lebenswerkes die Worte von Papst Leo XIII: »vetera novis augere et perficere«. Um festzustellen, was die »vetera« eigentlich waren, widmete er zwei begriffsgeschichtliche Studien dem Denken des hl. Thomas von Aquin. In den *Gratia-operans*-Artikeln (1941), die Forschungsergebnisse seiner Dissertation zusammenfassen, untersuchte er den thomistischen Begriff der »operativen Gnade«; in den *Verbum*-Artikeln (1946) hingegen behandelte er den Begriff des »Hervorgehens eines inneren Wortes« als natürlicher Analogie zur heiligsten Dreifaltigkeit. Diese »vetera« zu ergänzen und zu vollenden war der Zweck seines philosophischen Hauptwerkes *Insight* (1957), in dem die Funktion der Einsicht in der Naturwissenschaft, der Mathematik, dem Alltagsverstehen, der Metaphysik, der Ethik und der natürlichen Theologie erläutert wird. In seiner *Method in Theology* (1972) versuchte er sodann auf dieser Basis eine allgemeine empirische Methode herauszuarbeiten und diese auf die Methodenproblematik der Theologie anzuwenden. Neben diesen Hauptwerken schrieb Lonergan im Zusammenhang mit seiner Lehrtätigkeit außerdem mehrere theologische Traktate in lateinischer Sprache: *De Constitutione Christi* (1956), *De Verbo Incarnato* (1964), *De Deo Trino* (1977), *De Ente Supernaturali* (1946), *De Scientia atque Voluntate Dei* (1950) und *Divinarum Personarum Conceptio Analogica* (1957). Seine schriftstellerische Tätigkeit umfaßte schließlich zahlreiche Aufsätze und Artikel, von denen viele in drei Sammelbänden herausgegeben worden sind.

Um innerhalb der eng gesteckten Grenzen dieses Beitrages zu bleiben, möchte ich hier nur die Hauptgedanken von Lonergans *Insight* herausheben. Denn dieses Werk ist zentral, da einerseits seine zwei geschichtlichen Studien als Vorbereitung und andererseits sowohl sein Buch *Method in Theology* sowie viele seiner Artikel als Weiterentwicklung betrachtet werden können. Nach meiner Überzeugung findet man daher in *Insight* den eigentlichen Kern von Lonergans Denken.

In seiner Einführung zu *Insight* erklärt Lonergan den Zweck seiner Untersuchung: Er will nicht wissen, ob das Erkennen existiert, sondern er will verstehen, worin die Eigenart des Erkennens besteht. Es geht ihm daher nicht um den immer weiter revidierbaren Inhalt des Erkennens, sondern um dessen nicht weiter revidierbare Struktur. Lonergans Abhandlung stellt aber keinen abstrakten Traktat über die allgemeinen Eigenschaften des Erkennens dar, sondern sie lädt zur persönlichen Aneignung der eigenen Erkenntnisstruktur ein. Da diese persönliche Appropriation wiederum nur allmählich vollzogen werden kann, ist dieses Werk von einem beweglichen Standpunkt aus geschrieben, d. h. es ist so angelegt, daß der frühere, engere Kontext in den späteren, breiteren, pädagogisch bestimmten Kontext aufgehoben werden muß. Seine Untersuchung soll zu einer Einsicht in die Einsicht selbst hinführen, und Lonergan scheut sich nicht, den programmatischen Anspruch zu erheben: »... verstehe gründlich, was das Verstehen ist, und du wirst nicht nur die allgemeinen Linien all dessen verstehen, was zu verstehen ist, sondern du wirst auch eine feste Basis, ein unveränderliches Schema besitzen, das alle weiteren Entwicklungen des Verstehens zugänglich macht« (S. XXVII). Im Einklang mit diesem pädagogischen Plan stellt sich Lonergan in den Kapiteln 1 bis 10 die *kognitive Frage*: Was tue ich, wenn ich erkenne?; in den Kapiteln 11 bis 13 die *erkenntnistheoretische Frage*: Warum heißt das erkennen?; und in den Kapiteln 14 bis 20 die *metaphysische Frage*: Was erkenne ich, wenn ich das tue?

DIE EINSICHT – PHÄNOMENOLOGISCH BETRACHTET

Lonergan fängt das 1. Kapitel über die Elemente der Einsicht mit der Geschichte von Archimedes an, dessen in den Bädern von Syrakus gewonnene Einsicht sich in dem Ausruf »Eureka!« ausdrückte. Anhand dieses dramatischen Beispiels zeigt er, daß die Einsicht sich als eine Befriedigung des Erkenntnisstrebens erweist. Sie kommt oft plötzlich und unerwartet und ist nicht eine Funktion äußerer Umstände, sondern innerer Bedingungen. Sie bewegt sich zwischen der konkreten Welt der Sinnlichkeit und Phantasie und den abstrakten Formulierungen des Intellekts. Wenn sie einmal errungen wurde, geht sie in das habituelle Wissen über und ist nach Belieben wiederholbar (3–6).

Die menschliche Erfahrung ruft manchmal ein Gefühl der Verwunderung hervor. Diese Verwunderung erweckt eine Neugier nach Kenntnissen, die ihrerseits in Fragen zum Ausdruck kommt. Bei dem Versuch, solche Fragen zu beantworten, geht die Intelligenz von provisorischen Annahmen aus. Die Einbildungskraft trägt dazu bei, indem sie Phantasiebilder hervorbringt, die sich an solche Annahmen annähern. In diesen Phantasiebildern erfaßt nun die Einsicht Einheiten und Verhältnisse dergestalt, daß sich die Termini und Verhältnisse solcher Einheiten gegenseitig festlegen (10–12). Die aus Erfahrungsgegebenheiten gewonnenen Einsichten drücken sich sodann in begrifflichen Formulierungen aus.

Die Entwicklung von Einsichten zu Definitionen, Postulaten, Deduktionen und Anwendungen auf konkrete Fälle kann sich mehrmals wiederholen und so das Hervortreten *höherer Standpunkte* (»higher viewpoints«) notwendig machen, was man beispielsweise im Fortschritt von der Arithmetik zur Algebra und zur Infinitesimalrechnung in der Mathematik beobachtet (13–19). Die Entstehung solch höherer Standpunkte verbindet sich aber auch oft mit einer *umgekehrten Einsicht* (»inverse insight«), die eine erwartete Intelligibilität auf einem niedrigeren Niveau verneint, um sie dann auf einem höheren Niveau zu suchen (19–25). In diesem Zusammenhang muß das *empirische Residuum* (»empirical residue«) erwähnt werden, das in positiven empirischen Gegebenheiten besteht, einer eigenen Intelligibilität ermangelt, aber mit einer ausgleichenden höheren Intelligibilität verbunden ist (25–32).

Im 1. Kapitel behandelt Lonergan also die Elemente der Einsicht, die er durch Beispiele aus der Mathematik veranschaulicht, von einem statischen Standpunkt aus. Im 2. Kapitel hingegen nimmt er die Vorwegnahme von Einsichten in den heuristischen Strukturen der klassischen und statistischen Naturwissenschaften auf eine dynamische Weise vor. Durch eine *heuristische Struktur* benennt man das Unbekannte und arbeitet seine allgemeinen Eigenschaften heraus, wobei diese Eigenschaften dann die Untersuchung leiten (44). In der klassischen Forschung nimmt man als Ausgangspunkt dazu den unspezifizierten heuristischen Begriff der »Natur von X« (»nature of X«), wobei man laut dem heuristischen Lehrsatz (»heuristic theorem«), »das Ähnliche sei ähnlich zu verstehen«, voraussetzt, daß diese Natur für alle ähnlichen Mengen von Daten gleich sein muß. Man läßt ferner gelten, daß die Natur eines Objekts oder Ereignisses, das anfänglich nach dem Verhältnis der Daten zu unserer Sinnlichkeit vorwissenschaftlich beschrieben wird, nur dann eine wissenschaftliche Erklärung erhält, wenn die Daten in einer mathematischen Korrelation aufeinander bezogen werden. Die Lösung der relevanten Differentialgleichungen, welchen die unbestimmte Funktion entsprechen muß, bietet dann das Material für eine Einsicht in die »Natur von X« an, die nur durch die Bestimmung dieser Funktion wissenschaftlich erkannt wird (35–39).

Um einen systematischen Prozeß zu untersuchen, ist die klassische Methode die geeignete. Aber wenn ein Prozeß aus zufälligen Aggregaten von Ereignissen besteht und nur einen raum-zeitlichen, aber keinen intelligiblen Zusammenhang besitzt, muß man zu einer statistischen Methode greifen. Diese Methode beginnt mit dem unspezifizierten heuristischen Begriff des »Zustandes von X« (»state of X«), wobei »Zustand« durch die Assoziation von Wahrscheinlichkeiten mit Klassen von Ereignissen definiert wird. Sie nimmt als ihren heuristischen Lehrsatz das Theorem an, daß eine bemerkenswerte Regelmäßigkeit mit zufälligen Differenzen in einer Serie von Ereignissen verträglich sei, und glaubt, solch einen geregelten Verlauf in normalen Serien von Ereignissen einer bestimmten Art entdecken zu können. Sie geht folglich von einer vorwissenschaftlichen Beschreibung solch einer normalen Serie aus und schreitet – durch Zählen und Tabulieren des Verhältnisses von wirklichen zu möglichen Ereignissen – zu einer wissenschaftlichen Beschreibung fort. Die durch die Wahrscheinlichkeitsrechnung gewonnenen relativen aktualen Häufigkeiten (»relative actual frequencies«) ergeben das Material für eine Einsicht in den »Zustand von X« (53–62).

Die Regeln, welche die Vorwegnahme von Einsichten in den heuristischen Strukturen der klassischen und statistischen Naturwissenschaften diktieren, werden von Lonergan im 3. Kapitel an den Kanons der empirischen Methode untersucht. Der Kanon der *Selektion* beschränkt die empirische Untersuchung auf Fragen und Antworten, die nachprüfbare sinnliche Konsequenzen zur Folge haben (71–74). Nach dem Kanon der *Operationen* bestimmen sodann die aus Einsichten in sinnliche Daten gewonnenen Gesetze weitere Beobachtungen, Experimente und praktische Anwendungen, die zur Revision oder Bestätigung der bestehenden Gesetze hinführen (74–76). Der Kanon der *Relevanz* stellt weiter fest, daß die empirische Untersuchung auf die in den sinnlichen Daten immanente Intelligibilität zielt und folglich von materieller, Wirk-, End- und Instrumentalursächlichkeit absieht (76–78). Laut dem Kanon der *Sparsamkeit* (»parsimony«) dürfen empirisch-mathematisch unverifizierte oder unverifizierbare Aussagen nicht getroffen werden (78–83). Der Kanon der *vollständigen Erklärung* fordert darauf die Explikation aller Daten nicht nur in Form von erfahrungsmäßigen Korrelaten, die durch ihre Bezogenheit auf unsere Sinnlichkeit definiert werden, sondern darüber hinaus in Form von erklärenden Korrelaten, die durch das Verhältnis der Daten zueinander bestimmt werden (84–86). Schließlich, dem Kanon der *statistischen Residuen* zufolge, ist diese vollständige Erklärung im Falle von zufälligen Aggregaten von Ereignissen nicht durch klassische, sondern durch statistische Methoden zu erreichen (86–102).

Die Abgrenzung der klassischen und statistischen Methoden voneinander wirft unvermeidlich die Frage nach deren Verhältnis zueinander auf. Dieser Frage wendet sich Lonergan im 4. Kapitel über die Komplementarität von klassischen und statistischen Untersuchungen zu. Beide Prozeduren ergänzen sich gegenseitig zuerst in ihren heuristischen Antizipationen, da die klassische Methode die systematischen und die statistische Methode die nicht-systematischen Aspekte der Daten vorwegnimmt (105). Weil man durch die Anwendung dieser zwei Methoden systematische von nicht-systematischen Daten unterscheidet und weil die Isolation der einen Klasse zu der Bestimmung der anderen beiträgt, sind sie zweitens in ihren Arbeitsweisen komplementär (106–108). Ferner erhalten klassische und statistische Formulierungen eine reziproke Vervollständigung insofern, als klassische Formulierungen sich auf Korrelate beziehen, die nur in Ereignissen verifiziert werden, und statistische Formulierungen auf Ereignisse hinweisen, die nur durch Korrelate definiert werden (108–110). Da das klassische Gesetz die systematische Komponente sodann in den Daten ausdrückt und von den nichtsystematischen Bestandteilen absieht, während das statistische Gesetz eine ideale Häufigkeit angibt, die als systematisch jene Grenze setzt, von der aktuale Häufigkeiten nicht systematisch abweichen, sind die beiden Methoden in ihren Abstraktionsweisen auch gegenseitig ergänzend (110–111). Eine Komplementarität zeigt sich weiter in der Verifizierung der beiden Arten von Gesetzen, denn klassische Gesetze stellen fest, was geschehen würde, wenn alle Bedingungen erfüllt wären, und statistische Gesetze bestimmen, wie oft man die Erfüllung der Bedingungen erwarten darf (111–112). Und schließlich, da sich eine klassische Erklärung für gewisse Aspekte aller Daten eignet und eine statistische Erläuterung anderen Aspekten derselben Daten zukommt, wirken klassische und statistische Gesetze in der Deutung von Daten wechselseitig vervollständigend (112–115).

Die Komplementarität der klassischen und der statistischen Methoden gilt nicht nur für das Erkennen, sondern auch für das Erkannte. Dadurch kommt die immanente Ordnung eines Universums, in dem sowohl klassische als auch statistische Gesetze walten, in Sicht. Individuelle Ereignisse können nicht nur vereinzelt vorkommen, sondern auch als Momente einer Serie, die nach einem Wiederholungsschema (»scheme of recurrence«) abläuft. Solch ein Wiederholungsschema einer Serie von Ereignissen wäre dann durch eine Zusammensetzung von klassischen Gesetzen zu verstehen. Aber ein einzelnes Wiederholungsschema kann auch als Moment in einer größeren, bedingten Serie von Wiederholungsschemata auftreten. Das Hervortreten und Überleben der Kombination von Wiederholungsschemata in einer bedingten Serie besitzt dann eine eigene Wahrscheinlichkeit. Die Weltordnung besteht nach Lonergan in einer *emergenten Probabilität* (»emergent probability«), d. h. in »der sukzessiven Verwirklichung einer bedingten Serie von Wiederholungsschemata im Einklang mit sukzessiven planmäßigen Wahrscheinlichkeiten« (125–126; vgl. 115–128).

Nach einer konkreten Anwendung der vorhergehenden Begriffe im 5. Kapitel über den Raum und die Zeit, dessen Behandlung wir leider unterlassen müssen, erweitert Lonergan die Basis seiner Studie, indem er sich von der Mathematik und den Naturwissenschaften ab- und dem Alltagsverstehen zuwendet. Im 6. Kapitel über das Alltagsverstehen (»common sense«) und sein Subjekt charakterisiert Lonergan das erstere als eine Spezialisierung der Intelligenz im Besonderen und Konkreten, das aus einer Menge von Einsichten besteht, die unvollständig bleibt, bis eine weitere Einsicht in die vorliegende Situation hinzugefügt wird (175). Die Analogien und Generalisierungen des Alltagsverstehens zielen also nicht auf eine absolute Allgemeingültigkeit. Das Alltagsverstehen befaßt sich eher mit Dingen nur in ihrem Verhältnis zu unserer Sinnlichkeit und entbehrt deshalb einer technischen, formalisierten Sprache. Es beschäftigt sich nicht mit theoretischen, sondern mit durchaus praktischen Angelegenheiten und differenziert sich nach jedem Unterschied von Ort und Zeit, Umstand und Umgebung (173–181).

Der Umgang mit den konkreten Dingen des Alltagslebens wird immer durch bestimmte Interessen und Zwecke motiviert und gesteuert, was Anlaß dazu gibt, von biologischen, ästhetischen, intellektuellen und dramatischen *Erfahrungsschemata* (»patterns of experience«) zu sprechen, die Wahrnehmungen, Erinnerungen, Phantasiebilder, Bestrebungen und Emotionen zusammenfassen (181–189).

Da das Alltagsverstehen immer durch konkrete Anliegen geleitet wird, besteht für das dramatische Subjekt die Gefahr einer *Skotosis,* die in der spontanen Ausschaltung unerwünschter Einsichten besteht (191–192). Dieses Ausschließen von Einsichten resultiert in einer Funktionsstörung des Zensormechanismus, der die Einsichten ermöglichenden Phantasiebilder jetzt verdrängt (192–193). Diese Verdrängung hat ihrerseits eine Hemmung zur Folge, die verhindert, daß Nervenanregungen zu Vorstellungen und Affekten werden, was zur Störung normalerweise plangemäß ablaufender Tätigkeiten und sogar zu Psychoneurosen führt (193–199).

Im 7. Kapitel über das Alltagsverstehen als Objekt betrachtet Lonergan dessen Effekte im praktischen Bereich. Der technologische Fortschritt der praktischen Intelligenz ruft ein ökonomisches System hervor, das seinerseits eine politische Ordnung benötigt. In diesen menschlichen Angelegenheiten kommen auch Mengen von Wiederholungsschemata zum Vorschein, die einen nicht nur intelligiblen, sondern auch, im Gegensatz zur Natur, intelligenten Prozeß ausmachen. Dieser Prozeß weist aber eine dialektische Entwicklung auf, wobei unter »Dialektik« die konkrete Entfaltung von miteinander verbundenen, aber entgegengesetzten Veränderungsprinzipien zu verstehen ist (207–218). Statt durch Aufmerksamkeit, Intelligenz, Vernünftigkeit und Verantwortlichkeit begründet zu werden, kann die gesellschaftliche Ordnung durch drei Arten von Voreingenommenheit mitbedingt werden. Die *individuelle Voreingenommenheit* (»individual bias«) rührt von der Einmischung eigennütziger Spontaneität in das Funktionieren der Intelligenz als Prinzip der Verallgemeinerung und der letzten Synthese her (218–222). Auf eine ähnliche Weise hat die *Gruppenvoreingenommenheit* (»group bias«) ihren Ursprung in einer Störung des Fungierens der Intelligenz, die sich nur für den Vorteil der eigenen Gruppe interessiert (222–225). Die *allgemeine Voreingenommenheit* (»general bias«) beschränkt sich auf das Konkrete und Praktische, während das Abstrakte und Theoretische, das sich auf eine langsichtige Vision und höhere Integration richtet, unbeachtet bleibt (225–238). Endeffekt dieser Arten der Voreingenommenheit ist ein sozialer Verfall, in dem Unaufmerksamkeit, Stumpfheit, Vernunftwidrigkeit und Verantwortungslosigkeit ihre Verkörperung finden. Dieser Verfallsprozeß ist nur durch die Herausbildung einer Kultur umzukehren, welche die durch Voreingenommenheit systematisch zurückgewiesenen Einsichten deutlich hervorhebt. Diese Kultur heißt in Lonergans Ausdruck »Kosmopole« (238–242).

Eine Einsicht in die Verhältnisse zwischen Daten ergibt erfahrungsmäßige Korrelate, erklärende Korrelate und Wahrscheinlichkeiten. Eine Einsicht aber, die eine Einheit-Identität-Ganzheit (»unity-identity-whole«) in den Daten ergreift, liefert die Idee eines *Dinges* (»thing«), was zum Thema des 8. Kapitels wird. Dieser Begriff ist sowohl den Naturwissenschaften als auch dem Alltagsverstehen gemeinsam. Man erfaßt die betreffende Einheit nach Lonergan nicht dadurch, daß man die Daten von einem abstrakten Standpunkt aus betrachtet, sondern indem man sie in ihrer konkreten Individualität und der Totalität ihrer Aspekte hinnimmt. So aufgefaßte Dinge sind räumlich ausgedehnt, zeitlich fortdauernd, der Veränderlichkeit unterworfen und, sofern sie verifizierbar sind, existent. Als ein durch erfahrungsmäßige Korrelate und alltägliche Erwartungen differenziertes Ding ist das Ding ein Ding-für-uns. Als ein durch erklärende Korrelate und wissenschaftlich bestimmte Wahrscheinlichkeiten differenziertes Ding ist es ein Ding-an-sich (245–250). Streng von dem Begriff des Dinges ist der des *Körpers* (»body«) zu unterscheiden, sofern ein Körper den Brennpunkt des biologisch extrovertierten Bewußtseins darstellt und nicht durch Einsicht und Verifizierung, sondern allein aufgrund der Erfahrung erkannt wird (250–254).

Die Idee eines Dinges als intelligible konkrete Einheit, die durch erfahrungsmäßige und erklärende Korrelate differenziert ist, impliziert die Möglichkeit verschiedener Klassen von Dingen insofern, als verschiedene Sätze von Korrelaten möglich sind. Wenn eine höhere Integration das zu systematisieren vermag, was auf einer niedrigeren Ebene bloß zufällig war, dann ist die Möglichkeit einer Hierarchie von physischen, chemischen, pflanzlichen, tierischen und menschlichen Genera gegeben. Obgleich das bloß zufällig Niedrigere in das systematisierend Höhere aufgehoben wird, ist der Schluß aber nicht berechtigt, daß Dinge innerhalb von Dingen bestehen, sondern nur, daß das jeweils höhere Ding sowohl durch niedrigere als auch durch höhere Korrelate differenziert wird. Die verschiedenen Weisen, das jeweils Niedrigere in eine höhere Systematisierung zu erheben, ermöglichen die Entfaltung verschiedener Arten innerhalb eines Genus (254–267).

Bisher war Lonergan bestrebt, eine Einsicht in die Einsicht zu erringen. Aber – könnte man legitimerweise fragen – ist die Formulierung seiner Einsicht richtig oder falsch? Um diese Frage beantworten zu können, müssen wir zuerst die Idee des Urteils im 9. und die der Reflexion im 10. Kapitel untersuchen.

Nach Lonergan ist das Urteil (»judgment«) eine nicht nur betrachtete, sondern auch behauptete Proposition. Als solche antwortet das Urteil entweder bejahend oder verneinend auf die Frage der Reflexion, ob der Sachverhalt wirklich so sei. Das Urteil steht in enger Beziehung zu dem ganzen vorhergehenden Erkenntnisprozeß. Auf dem Niveau des *empirischen Bewußtseins* befinden sich im direkten Modus Sinneswahrnehmungen, Erinnerungen, Phantasiebilder, Gefühle und körperliche Bewegungen und im indirekten Modus die intentionalen Operationen des Bewußtseins. Diese Erfahrungs- und Bewußtseinsgegebenheiten rufen das Niveau des *intellektuellen Bewußtseins* hervor, auf dem wir die Frage für die Intelligenz (Was? Warum? Wie oft?) stellen, Einsichten in die Daten gewinnen und sie in Begriffen, Definitionen, Gesetzen und Systemen formulieren. Diese Formulierungen bieten Anlaß, zum Niveau des *rationalen Bewußtseins* aufzusteigen, auf dem wir die Frage der Reflexion (Ist es so?) stellen, die Zulänglichkeit der Evidenz erfassen und aufgrund dessen ein Urteil fällen. Zusammenfassend beschreibt Lonergan diesen Erkenntnisprozeß so: »... sowohl der direkte als auch der indirekte Modus [des Erkenntnisprozesses] entfaltet sich auf drei

Niveaus: auf einem anfänglichen Niveau der Daten, auf einem zweiten Niveau des Verstehens und der Formulierung und auf einem dritten Niveau der Reflexion und des Urteils« (274).

Aus dieser Sicht scheint der *eigentliche Inhalt* (»proper content«) des Urteils in seinem spezifischen Beitrag zum Erkenntnisprozeß, d. h. in der affirmativen oder negativen Antwort auf die Frage der Reflexion zu bestehen. Das Urteil besitzt aber auch einen *direkt entlehnten Inhalt* (»direct borrowed content«), der in der affirmativ oder negativ zu beantwortenden Frage liegt, und einen *indirekt entlehnten Inhalt* (»indirect borrowed content«), der in der logischen Sicherheit oder Wahrscheinlichkeit der Antwort erscheint. Dieser eigentliche Inhalt des Urteils bildet den *letzten Ertrag* (»total increment«) im Erkenntnisprozeß und bringt als solcher ein ganzes Stadium des Erkenntnisfortschritts zu Ende (275–276).

Die Frage der Reflexion fragt hinsichtlich einer direkten oder introspektiven Einsicht: »Ist es so?« Das Urteil antwortet darauf: »Ja, so ist es« oder »Nein, so ist es nicht«. Im 10. Kapitel analysiert Lonergan den dazwischentretenden Akt des reflexiven Verstehens, der die Zulänglichkeit der Evidenz für ein in Aussicht stehendes Urteil erfaßt. Die Evidenz für ein prospektives Urteil als zulänglich zu begreifen bedeutet für ihn, das betreffende Urteil als *virtuell unbedingt* (»virtually unconditioned«) zu erfassen, d. h. als ein Bedingtes, dessen Bedingungen erfüllt sind. Das virtuell Unbedingte umfaßt daher drei Elemente: 1. ein *Bedingtes*, d. h. ein der Evidenz bedürftiges Urteil; 2. ein *Bindeglied* zwischen dem Bedingten und seinen Bedingungen, d. h. die Feststellung der Art der erforderlichen Evidenz; und 3. die *Erfüllung der Bedingungen*, d. h. das Vorhandensein einer solchen Evidenz (280). Als rein formale Veranschaulichung des reflexiven Verstehens darf die »Modus-ponens-Form« der hypothetischen Schlußfolgerung gelten: »wenn A, dann B; und A, also B«; wobei der Schluß als der Evidenz bedürftig das Bedingte darstellt, der Obersatz das Bedingte mit seinen Bedingungen verbindet und der Untersatz die Erfüllung der Bedingungen angibt (280–281).

Eine grundlegende Rolle scheint bei Lonergan das prospektive Urteil über die Richtigkeit einer direkten oder introspektiven Einsicht in eine konkrete Situation zu spielen (283–287). Das Bindeglied, das solch ein bedingtes Urteil mit seinen Bedingungen verbindet, lautet: Eine Einsicht ist richtig, wenn sie unanfechtbar ist, und sie ist unanfechtbar, wenn sie alle weiteren relevanten Fragen zu beantworten vermag. Die Erfüllung der Bedingungen liegt darin, daß die betreffende Einsicht allen weiteren relevanten Fragen tatsächlich ein Ende setzt, und zwar für einen Menschen, der geistig wach ist, insofern er für solche Fragen offen ist, der sich genügend in der konkreten Situation auskennt, insofern er imstande ist, zwischen relevanten und irrelevanten Fragen zu unterscheiden, und der weder der Übereilung noch der Unschlüssigkeit unterliegt. Von diesem Grundfall ausgehend spezifiziert Lonergan dann die weiteren Kriterien für Tatsachenurteile, Verallgemeinerungen, wahrscheinliche Urteile, analytische Propositionen, analytische Prinzipien und mathematische Urteile (281–316).

DIE EINSICHT – ERKENNTNISTHEORETISCH BETRACHTET

Nachdem wir die Eigenart des Urteils untersucht haben, stellt sich die Frage, ob ein wahres Urteil jemals vorkommt. Im 11. Kapitel über die Selbstbehauptung des Erkennenden versucht Lonergan, eine Antwort darauf zu geben. Er schlägt dazu folgenden Weg vor: Lassen wir das in Aussicht stehende Urteil »Ich bin ein Erkennender« als das Bedingte gelten. Das Bindeglied zwischen dem Bedingten und seinen Bedingungen darf dann folgendermaßen bestimmt werden: Ich bin ein Erkennender, wenn ich eine konkrete und intelligible Einheit-Identität-Ganzheit bin, die durch Akte wie Empfinden, Wahrnehmen, Vorstellen, Fragen, Verstehen, Formulieren, Reflektieren, Erfassen des Unbedingten und Urteilen charakterisiert ist. Die Erfüllung der Bedingungen liegt im Bewußtsein, wobei unter »Bewußtsein« kein introspektiver, überlegter, zu beachtender oder für die Untersuchung abgesonderter Akt zu verstehen ist, sondern schlicht und einfach das in intentionalen Operationen immanente Gewahrwerden. Dieses Gewahrwerden entwickelt sich im Fortgang vom empirischen zum intellektuellen und weiter zum rationalen Bewußtsein zu einer immer größeren Fülle, bleibt aber dabei das Prinzip, das Einheit in der sich selbst dynamisch strukturierenden Vielheit von intentionalen Operationen stiftet (319–328). Also, bin ich ein Erkennender? Die Erfüllung der Bedingungen für ein diesbezügliches affirmatives Urteil ist in meiner Bewußtseinserfahrung zu verifizieren. Eine negative Antwort auf die Frage wäre nicht folgerichtig, da ich erkennen würde, daß ich kein Erkennender bin. Darauf zu antworten, daß ich nicht sicher bin, ob ich ein Erkennender bin oder nicht, wäre genauso inkonsequent, da ich wieder erkennen würde, daß ich unsicher bin. Hier begegnen wir einem konsequent nicht zu leugnenden, daher wahren Urteil, das von einem Bedingten durch das reflexive Erfassen der Erfüllung seiner Bedingungen in meiner Bewußtseinserfahrung zu einem virtuell Unbedingten wird (328 bis 332). Dieses Urteil gilt als Modell für alle weiteren Urteile.

Die vorliegende Formulierung des Erkenntnisprozesses besitzt nach Lonergan nicht einen bloß beschreibenden, sondern einen erklärenden Wert, da die Bestandteile dieses Vorgehens aufeinander in einer impliziten Definition bezogen sind, in der seine Termini und Verhältnisse sich gegenseitig festlegen. Irgendeine mögliche Revision dieser Formulierung müßte sich auf übersehene Daten berufen, genauere Aussagen ergebende Einsichten erreichen und solche Aussagen als unbedingt beweisen. Solch eine Revision müßte dann notwendigerweise ein Niveau der Vorstellungen, ein Niveau der Intelligenz und ein Niveau der Reflexion voraussetzen. Eine radikale Veränderung könnte also auf keinen Fall gelingen, da keine Veränderung ihre eigenen Voraussetzungen zu verändern vermag (332–336).

Was wird durch das wahre Urteil erkannt? Diese Frage wird für Lonergan zum Anlaß, sich im 12. Kapitel dem Seinsbegriff – oder laut seinem Terminus technicus der »notion of being« – zuzuwenden. Die Notion des Seins ist nach Lonergan einer Definition der ersten Ordnung, welche die Bedeutung des Seins festlegen würde, nicht fähig, sondern läßt nur eine Definition der zweiten Ordnung zu, die bestimmen soll, wie dieselbe festzulegen ist. Die Definition der

Notion des Seins wird also operationalisiert als das Ziel des Erkenntnisstrebens. So konzipiert umfaßt das Sein alles, was schon erkannt ist, und alles, was noch zu erkennen ist. Da das Erkennen seinen letzten Ertrag nur im wahren Urteil erreicht, ist das Sein das durch die Totalität wahrer Urteile zu Erkennende (348 bis 350).

Die Notion des Seins geht nicht nur über das im Begriff Gedachte und das im Urteil Bejahte hinaus, sondern geht diesen als der Vorgriff des intellektiv Einzusehenden und des vernünftig zu Behauptenden schon voraus (352–356). Die Notion des Seins *untermauert* (»underpins«) also alle Erkenntnisinhalte, da Begriffe und Urteile Antworten auf das reine Erkenntnisstreben repräsentieren, dessen Ziel das Sein darstellt. Weiter *durchdringt* (»penetrates«) die Notion des Seins alle Erkenntnisinhalte, da sie – allen Antworten vorausgehend – die Totalität des durch alle Antworten zu Erkennenden antizipiert. Und schließlich *konstituiert* (»constitutes«) die Notion des Seins alle Erkenntnisinhalte als kognitiv, da das Erkennen nur dann den letzten Ertrag erreicht, wenn das Erfahrene gedacht und das Gedachte behauptet wird (356–357). Da jeder Akt des Verstehens oder des Urteilens die Erkenntnis des Seins anstrebt, formt die Intention des Seins den Kern jedes Aktes des Intendierens (»core of meaning«), während das Sein selbst als der allumfassende Terminus des Intendierens (»term of meaning«) figuriert (357–359).

Die Notion des Seins weist bedeutende Unterschiede zu allen anderen Begriffen auf. Sie formuliert keine Einsicht in das Sein, denn solange wir nicht alles von allem verstehen, kommen wir nicht zu einer derartigen Einsicht. Sie fungiert auch nicht als der Begriff einer von der Existenz abstrahierenden Essenz, sondern regt über die bloße Formulierung hinaus zu der Frage der Reflexion an. Sie kann weiters nicht direkt, sondern nur indirekt als Orientierung des intellektuellen und rationalen Bewußtseins auf sein unbegrenztes Ziel erkannt werden. Sie abstrahiert schließlich von nichts, da alles innerhalb des Seins steht, und bildet kein durch eine äußere Differenz zu spezifizierendes Genus, da keine Differenz außerhalb des Seins liegt (359–364).

Die menschliche Erkenntnis besitzt einen zyklischen und kumulativen Charakter, insofern sie einerseits den Kreislauf von Erfahren, Verstehen und Urteilen immer wieder beschreibt und andererseits die Tragweite ihres Wissens dadurch erweitert (375). Die Multidimensionalität unseres Erkennens verlangt eine entsprechende Vielschichtigkeit in unserem Objektivitätsbegriff, den Lonergan im 13. Kapitel herausbildet. Der *Hauptbegriff* (»principal notion«) *der Objektivität* liegt in einem geordneten Kontext von Urteilen, die als implizite Definition der Termini »Subjekt« und »Objekt« dienen. Ein Objekt wird als irgendein A, B, C ... definiert, wobei A ist, B ist, C ist ...; und A weder B noch C ... ist; und B weder C noch ... ist. Ein Subjekt hingegen wird als irgendein Objekt A definiert, wobei A sich selbst als erkennend in dem vorhergehenden Sinne behauptet. Aufgrund dessen stellt sich heraus, daß das kritische Problem nicht darin besteht, wie ein Subjekt ein Objekt erkennt, sondern darin, wie man das Sein erkennt, innerhalb dessen sowohl Subjekt als auch Objekt sich befinden (375–377). Außer diesem Hauptbegriff sind auch bestimmte Teilaspekte der Objektivität zu betrachten. *Absolute Objektivität* kommt dem einzelnen Urteil als einzelnem zu und beruht auf dem virtuell Unbedingten. Die Erfüllung der Bedingungen des Bedingten konstituiert ein de facto Absolutes, das sich als solches der Relativität des Subjektes, des Raumes und der Zeit entzieht (377–380). *Normative Objektivität* hingegen gründet auf der Entfaltung des unbegrenzten, unbefangenen, uneigennützigen Erkenntnisstrebens und läßt so den Fragen für die Intelligenz und die Reflexion freien Lauf (380–381). *Erfahrungsmäßige Objektivität* schließlich liegt in dem unfraglichen und unzweifelhaften, da allen Fragen und Antworten vorausgehenden Gegebenen als Gegebenem. Es ist das Feld der Materialien, die man untersucht und in dem man seine Entdeckungen verifiziert (381–383).

DIE METAPHYSISCHE PROBLEMATIK

Wenn das Sein im wahren Urteil objektiv erkannt wird, dann tritt die Problematik der Metaphysik deutlich hervor. Lonergan befaßt sich mit ihrer Methode im 14. Kapitel. In ihrer ersten Phase ist die Metaphysik für ihn *latent*. Das empirische, intellektuelle und rationale Bewußtsein wirkt zwar in jedem menschlichen Erkennen, bleibt aber in seinen wesentlichen Strukturen unthematisch und implizit. In ihrer zweiten Phase ist die Metaphysik *problematisch*. Die Thematisierung der Erkenntnisstruktur mißlingt zum Teil und leidet folglich unter erkenntnistheoretischen Verzerrungen und Irrtümern. In ihrer dritten Phase erst ist die Metaphysik *explizit*. Jetzt gelingt es der latenten Metaphysik, sich selbst vollständig zu thematisieren und zu behaupten (391).

Laut einer vorläufigen Definition gilt die explizite Metaphysik für Lonergan als »Auffassung, Behauptung und Durchführung der integralen heuristischen Struktur des proportionierten Seins« (391). Ein heuristischer Begriff ist der Begriff des unbekannten Inhalts, der durch die Vorwegnahme der Art des Aktes, wodurch das Unbekannte erkannt wird, seine Bestimmung erhält. Eine heuristische Struktur besteht sodann aus einer geordneten Menge heuristischer Begriffe, während eine integrale heuristische Struktur die geordnete Menge aller solcher Begriffe in sich schließt. Das dem menschlichen Erkennen proportionierte Sein umfaßt alles, was durch menschliche Erfahrung, intellektives Erfassen und vernünftige Behauptung erkannt wird.

Der Übergang von einer latenten zu einer so konzipierten expliziten Metaphysik vollzieht sich in der Gestalt einer Deduktion (396–401). Der *Isomorphismus*, der zwischen der Struktur des Erkennens und der des Erkannten herrscht, bildet den Obersatz dieser Deduktion. Wenn das Erkennen aus einer Menge von aufeinander bezogenen Akten besteht und die Menge von aufeinander bezogenen Inhalten dieser Akte das Erkannte konstituiert, dann muß das Schema der Beziehungen zwischen den Akten dem Schema der Beziehungen zwischen den Inhalten ähnlich sein. Die *Menge der Primäruntersätze* leitet sich von einer Serie von Behauptungen hinsichtlich der konkreten und sich wiederholenden Erkenntnisstruktur her. Wenn sich die Erkenntnis des proportionierten Seins aus einer Vereinigung von Erfahrungen, Verstehen und Urteilen zusammensetzt, dann muß jeder Fall des proportionierten Seins aus einer gleichlaufenden Vereinigung der Inhalte des Erfahrens, des Verstehens und des Urteilens zusammengefügt sein. Die *Menge von Sekundäruntersätzen* wird von einem Alltagsverstehen geliefert, das von dramatischer, individueller, Gruppen- und allgemeiner Voreingenommenheit befreit wurde, und von einer Naturwissenschaft, die von außerwissenschaftlichen Stellungnahmen über die Eigenart der Erkenntnis, der Wirklichkeit und der Objektivität gereinigt worden ist. Der Obersatz und die Primäruntersätze erzeugen eine integrierende Struktur, während die Sekundäruntersätze das zu integrierende Material zur Verfügung stellen.

Im 15. Kapitel erörtert Lonergan die Elemente einer so aufgefaßten Metaphysik. Im Einklang mit den Primäruntersätzen des vorher entwickelten Syllogismus bezeichnet *Potenz* die durch eine intellektuell gemusterte Erfahrung des empirischen Residuums zu erkennende Komponente des proportionierten Seins; *Form* bedeutet dessen Komponente, die durch das Verstehen der Verhältnisse der Dinge zueinander zu erkennen ist; während *Akt* dessen durch die vernünftige Behauptung des virtuell unbedingten Urteils zu erkennende Komponente darstellt. Daraus ergibt sich, daß Potenz, Form und Akt eine Einheit bilden, da das Erfahrene auch das Verstandene und das Verstandene auch das Behauptete ist (431–434).

Wie das Erfahren zum Verstehen und zum Urteilen fortschreitet und darüber hinaus zu einem Kontext von Urteilen und höheren Gesichtspunkten, so richtet sich die Potenz auf Form und dadurch auf Akt und darüber hinaus auf zufällige Mannigfaltigkeiten von Akten und höhere integrierende Formen. Die Potenz bildet also den objektiven Grund des Dynamismus des proportionierten Seins, der bei Lonergan *Finalität* heißt. Die miteinander verbundene Aufeinanderfolge von höheren Integrationen begründet eine durch genetische Methode zu untersuchende Entwicklung von einer generischen Unbestimmtheit zu einer spezifischen Vervollkommnung (444–458).

Unter vielen anderen Fragen, die hier nicht referiert werden können, stellt sich Lonergan im 16. Kapitel die Frage über die Metaphysik als Wissenschaft und was die metaphysischen Elemente eigentlich seien. Als Antwort darauf behauptet er, daß sie keine eigene Essenz besitzen, sondern nur die Struktur ausdrücken, in der man das proportionierte Sein erkennt. Daraus folgt der für ihn wichtige Schluß, daß man die Metaphysik aufgeben und sich den Wissenschaften zuwenden muß, wenn man die Formen der Dinge erkennen will, da solche Formen nur insofern erkannt werden, als die Wissenschaften sich dem Ideal der vollständigen Erklärung annähern. Aufgabe der Metaphysik ist es hingegen, die alle wissenschaftliche Untersuchungen leitende und steuernde dynamische Struktur und die allgemeinen Kennzeichen ihres anvisierten Zieles herauszuarbeiten (497–498).

Aber repräsentieren die metaphysischen Elemente nur die Struktur, in der das proportionierte Sein erkannt wird, oder sind sie auch eine der Wirklichkeit des proportionierten Seins immanente Struktur? Lonergan entscheidet sich für die zweite Alternative aus zwei Gründen. Erstens ist die Intelligibilität des Seins nicht extrinsisch, sondern intrinsisch. Zweitens ist diese Intelligibilität nicht gleichmäßig, sondern verschiedenartig. Die den Inhalt einer Einsicht darstellende Intelligibilität ist nur eine *formale*. Die Intelligibilität des Materials, das durch die Idee vereinigt und verbunden wird, ist nur eine *potentiale*. Schließlich ist die durch das virtuell unbedingte Urteil erkannte Intelligibilität des Tatsächlichen eine *aktuale*. Wenn also die Intelligibilität dem Sein intrinsisch ist, dann müssen auch die Differenzen der Intelligibilität dem Sein innewohnen. Potenz, Form und Akt besitzen also nicht nur erkenntnismäßigen, sondern auch ontologischen Wert (499–502).

Nach Lonergans Auffassung wird jede Philosophie auf der durch Einsicht richtig konzipierten oder aus Versehen entstellten dynamischen Struktur der Erkenntnistätigkeit gründen. Deshalb scheint es im 17. Kapitel erforderlich, die Themen von Mythos, Geheimnis und Wahrheit aufzunehmen. Genau wie das Einsehen und Formulieren der integralen heuristischen Struktur unseres Erkennens und seines proportionierten Erkannten eine ausdrückliche und angemessene Metaphysik zur Folge hat, so bringt eine Verwirrung bezüglich der philosophischen Grundpositionen und deren Gegenpositionen unangemessene Philosophien mit sich. Infolgedessen bedeutet der Fortschritt der Metaphysik den Rückschritt des Mythos. Da aber eine explizite und adäquate Metaphysik das heuristisch vorweggenommene und daher irgendwie schon bekannte Unbekannte nie völlig beseitigen kann, bleibt ein berechtigter Platz für dynamische Bilder, die das von der menschlichen Intelligenz angestrebte Geheimnis für die Sinnlichkeit symbolisieren (531–549).

Zur richtigen Unterscheidung zwischen Mythos und Metaphysik braucht man einen Prüfstein der Wahrheit. Das *naheliegende Wahrheitskriterium* (»proximate criterion of truth«) besteht nach Lonergan im reflexiven Einsehen des virtuell Unbedingten; dieses Einsehen aber ist seinerseits durch das *fernliegende Wahrheitskriterium* (»remote criterion of truth«), d. h. die richtige Entfaltung des unbefangenen und uneigennützigen Erkenntnisstrebens, bestimmt. Im Lichte dieses Kriteriums, wonach das Sein durch intelligentes Einsehen und vernünftige Behauptung wahrheitsgemäß erkannt wird, ist es möglich, die Wahrheit *logisch* als die Übereinstimmung des Intellekts mit dem Sein in seinen Behauptungen und Verneinungen und *ontologisch* als die Erkennbarkeit des Seins zu definieren (549–553).

Die *Aneignung der Wahrheit* (»appropriation of truth«) ist vor allem kognitiv und stellt uns vor ein dreifaches Problem. Erstens ist das Lernen ein Problem, d. h. das Erwerben der einen Standpunkt konstituierenden Einsichten und der Übergang von niedrigeren zu höheren Standpunkten. Das zweite ist das Problem der Identifikation, d. h. der Anwendung der allgemeinen Einsicht auf konkretem Gebiet. Und drittens gibt es das Problem der Orientierung, d. h. der Ausrichtung auf das nicht erfahrungsmäßig konfrontierte, sondern intellektiv eingesehene und vernünftig behauptete Sein. An zweiter Stelle gibt es auch eine willensmäßige Aneignung der Wahrheit in der Bereitschaft, nach der Wahrheit zu leben, und eine sinnliche Aneignung in der Anpassung der Sinnlichkeit an die Anforderungen unserer Erkenntnisse und Entscheidungen (558–562).

Bisher wurde die Metaphysik als Durchführung der integralen heuristischen

Struktur des proportionierten Seins aufgefaßt. Im 18. Kapitel über die Möglichkeit der Ethik versucht Lonergan, eine der metaphysischen entsprechende ethische Methode zu entwickeln. Wie das proportionierte Sein potentiale, formale und aktuale Komponenten umfaßt, so setzt sich das Gute aus drei Elementen zusammen. Auf dem Niveau des empirischen Bewußtseins ist das Gute das einzelne *Objekt des Strebens* (»object of desire«). Auf dem Niveau des intellektuellen Bewußtseins ist es das *Gut der Ordnung* (»good of order«), wie z. B. Gemeinwesen, Wirtschaft und Familie, das sich zu den einzelnen Gütern verhält wie das System zu dem Systematisierten. Auf dem Niveau des rationalen Bewußtseins ist das Gute ein *Wert* (»value«), d. h. das einzelne Objekt des Strebens bzw. die intelligible Ordnung als möglicher Gegenstand einer vernünftigen Wahl. Da das unbefangene und uneigennützige Erkenntnisstreben nicht nur Tatsachen, sondern auch mögliche Handlungsweisen einsieht und vernünftig behauptet, entsteht ein sittliches Erfordernis nach Konsequenz in Wissen und Wollen, in Erkennen und Handeln. In diesem Erfordernis nach Konsequenz besteht nach Lonergan die Eigenart der moralischen Verpflichtung (596–598).

Moralische Verpflichtung aber setzt die menschliche Freiheit voraus, für deren richtiges Verständnis vier Faktoren zu berücksichtigen sind. Zuerst ist der *unterliegende sinnliche Fluß* (»underlying sensitive flow«), der sich aus Sinnes- und Phantasievorstellungen, spontanen Zu- und Abneigungen und körperlichen Bewegungen zusammensetzt. Dieser sinnliche Fluß stellt das Material für eine höhere, intelligente Integration zur Verfügung. Der zweite Faktor ist die *praktische Einsicht*, die, auf den sinnlichen Fluß folgend, nicht Tatsachen, sondern mögliche Handlungsweisen ergreift, also nicht das, was ist, sondern das, was sein kann. Drittens gibt es die *praktische Reflexion*, welche die mögliche Handlungsweise vom Standpunkt der Wirksamkeit, Annehmlichkeit, Nützlichkeit und Sittlichkeit aus positiv oder negativ bewertet und dadurch motiviert. Damit steigt man vom Niveau des rationalen Bewußtseins zu dem des rationalen Selbstbewußtseins auf. Viertens setzt die *Entscheidung* als ein Akt des Zustimmens oder Ablehnens der möglicherweise weiter andauernden Reflexion ein Ende. Der Unterschied zwischen der praktischen Reflexion und der Entscheidung erleuchtet nach Lonergan den Sinn und die häufige Unwirksamkeit der moralischen Verpflichtung. Insofern ein virtuell unbedingtes Urteil über die moralische Verbindlichkeit einer Handlungsweise gefällt wird, ist diese Verbindlichkeit eine *rationale Notwendigkeit* (»rational necessity«) im Kontext des rationalen Bewußtseins. Aber da die Verwirklichung der verbindlichen Handlungsweise über das moralische Urteil hinaus auf die Entscheidung des Willens angewiesen ist, wird diese Notwendigkeit zu einem bloßen *rationalen Erfordernis* (»rational exigence«) im Kontext des rationalen Selbstbewußtseins (607–617).

Indem der Mensch mögliche Handlungsweisen durch praktische Einsichten erfaßt, durch praktische Reflexion motiviert und durch existentielle Entscheidungen ausführt, besitzt er eine *essentielle Freiheit* (»essential freedom«). Ihre operationale Tragweite bzw. die *effektive Freiheit* (»effective freedom«) des Menschen aber wird sowohl durch äußere Umstände als auch durch die bisherige sinnliche, intellektuelle und moralische Entwicklung bedingt. Und insofern die effektive

Freiheit des Menschen begrenzt ist, wird das Problem der Befreiung der menschlichen Freiheit virulent und dadurch die Gottesfrage gestellt (619–624).

Wenn es eine höhere Integration des menschlichen Lebens geben soll, dann gelingt dies nach Lonergan nur durch eine Erkenntnis, die über das proportionierte Sein hinausgeht und das transzendente Sein erreicht. Infolgedessen fragt sich Lonergan im 19. Kapitel, ob wir ein transzendentes Seiendes intellektiv einsehen und vernünftig behaupten können. Eine solche Erkenntnis heißt bei Lonergan *allgemeine transzendente Erkenntnis* (»general transcendent knowledge«). Durch langwierige Argumentation, die wir hier nicht wiedergeben können, kommt er zu dem Schluß, daß die Seinsidee den Inhalt eines unbegrenzten Aktes des Verstehens darstellt (644–646). Die Primärkomponente dieses Inhalts besteht darin, daß dieser unbegrenzte Akt sich selbst versteht, während seine Sekundärkomponente darin liegt, daß er dadurch alles andere versteht (646–651). Werden die Implikationen der Seinsidee herausgearbeitet, dann wird klar, daß das Sein selbst die Urintelligibilität, die Urwahrheit, das Urseiende und das Urgute ist. Durch weitere Analyse werden zusätzliche Eigenschaften wie Selbstgenügsamkeit, Unbedingtheit, Notwendigkeit, Einmaligkeit, Einfachheit, Zeitlosigkeit, Ewigkeit, Allmacht, Allwissenheit, Freiheit und Vollkommenheit festgestellt. Das Sein selbst muß jedes Seiende schöpferisch in das Sein setzen und dort bewahren; es muß in jedem Ereignis als erster Agent und letztes Ende tätig sein (657–669).

Nach dieser hier allzu knapp zusammengefaßten Begriffserklärung nimmt die Argumentation für die Existenz Gottes eine syllogistische Form an: »Wenn das Reale vollkommen intelligibel ist, dann existiert Gott. Nun ist das Reale vollkommen intelligibel. Also existiert Gott« (672). Zur Bekräftigung des Untersatzes, daß das Reale vollkommen intelligibel ist, argumentiert Lonergan erstens, daß das Sein vollkommen intelligibel ist. Als das, was durch richtiges Verstehen zu erkennen ist, ist das Sein intelligibel. Als das, was nur dann vollkommen erkannt wird, wenn alle intelligenten Fragen richtig beantwortet worden sind, ist das Sein vollkommen intelligibel. Zweitens argumentiert Lonergan, daß das Reale dem Sein gleichkommt. Das Reale ist nicht nur ein Objekt des Verstehens, sondern auch des Behauptens, und das Sein ist definitionsgemäß das intellektuell Einzusehende und das vernünftig zu Behauptende (672–673). Zur Untermauerung dieses Obersatzes, daß Gott existiert, wenn das Reale vollkommen intelligibel ist, führt Lonergan sodann drei Günde an: Erstens existiert, wenn das Reale vollkommen intelligibel ist, die vollkommene Intelligibilität. Denn wäre die vollkommene Intelligibilität nicht existent, so könnte das Reale nicht vollkommen intelligibel sein. Zweitens existiert, wenn die vollkommene Intelligibilität existiert, die Seinsidee. Die Intelligibilität ist in den Objekten der Wissenschaften material und in den Formulierungen von Einsichten abstrakt. Sie ist nur dann geistig, wenn sie mit dem Verstehen identisch ist. Die materiale Intelligibilität ist insofern unvollkommen, als sie kontingent ist. Die abstrakte Intelligibilität ist ihrerseits insofern unvollkommen, als sie nur der Ausdruck der geistigen ist. Und die geistige Intelligibilität bleibt auch deshalb unvollkommen, weil sie noch weiter fragen und verstehen kann. Nur eine geistige Intelligibilität, die sich selbst und dadurch alles andere verstehen könnte, wäre eine vollkommene Intelligibilität. Und solch ein unbegrenztes Verstehen ist die Seinsidee. Drittens: Wenn die Seinsidee existiert, dann existiert Gott. Denn wenn die Seinsidee existiert, existiert ihre Primärkomponente, und diese ist aufgrund der vorhergehenden Analyse mit Gott gleichzusetzen (673–674).

Da das Problem des Übels existiert und die menschliche Freiheit einer Befreiung bedarf, neigt der Mensch dazu, die Intelligenz oder die Kraft oder die Güte Gottes zu leugnen. Die Erkenntnis der göttlichen Lösung des Problems des Übels heißt bei Lonergan im 20. und letzten Kapitel *spezielle transzendente Erkenntnis* (»special transcendent knowledge«). Wenn die Lösung des Problems des Übels das Problem tatsächlich lösen, aber die bestehende Weltordnung nicht verletzen soll, dann können ihre allgemeinen Merkmale im voraus heuristisch bestimmt werden (696–703, 718–729). Nach Lonergan müßte eine mögliche Lösung einmalig, allgemein zugänglich, permanent und eine harmonische Fortsetzung der bestehenden Weltordnung sein. Sie würde die für die Lebensführung erforderliche Erkenntnis und den zur Ausführung dieser Erkenntnis notwendigen guten Willen ermöglichen. Sie würde in den den Intellekt und Willen spezifizierenden neuen Formen von Liebe, Hoffnung und Glaube bestehen, welche die menschliche Natur irgendwie übersteigen, dadurch eine neue, höhere Integration des menschlichen Lebens konstituieren und sich durch geistiges Erkennen und freies Wollen realisieren, aber doch einem Entwicklungsprozeß unterliegen würden. Diese Lösung würde eine Zusammenarbeit mit den Mitmenschen und mit Gott im Verfolgen der Wahrheit und in der Überwindung des Übels einschließen. Solch eine Zusammenarbeit läge in einer Art von intelligentem und vernünftigem Glauben, welcher der göttlichen Wahrheit wegen der Wahrhaftigkeit Gottes zustimmte. Deshalb würde er die geistige Natur, Freiheit, Verantwortlichkeit und Sündhaftigkeit des Menschen eingestehen, die Existenz und Eigenart Gottes und seine Lösung des Problems des Übels anerkennen und aktiv mit dieser Lösung durch den Vollzug der Freiheit und die Neuorientierung der Sinnlichkeit kooperieren. Da es bei diesem Glauben nicht zu einem Ausschluß der Möglichkeit und der Wirklichkeit der Häresie käme, müßte es eine Einrichtung geben, die den Glaubensinhalt maßgebend zu interpretieren vermöchte. Die Lösung würde sich nicht dadurch als wirksam erweisen, daß sie die Konsequenzen der menschlichen Abwegigkeit verdrängte, sondern dadurch, daß sie eine neue, höhere Integration des menschlichen Lebens einführte, die diese Konsequenzen hintanhielte und umkehrte. Obgleich diese Lösung einen eigenen Inhalt, eine eigene Bedeutung und Kraft besitzen würde, muß ein heuristischer Entwurf wie dieser allgemein bleiben. Welche konkrete Gestalt diese Lösung annehmen wird, ist eine Frage, die der Mensch nur beantworten kann, wenn er sich seiner Geschichte zuwendet. Und an dieser Stelle muß die Philosophie der Theologie Platz machen.

BIBLIOGRAPHIE

1. Werke (Auswahl)

a) Philosophische Werke:
Verbum: Word and Idea in Aquinas (^{1}1946/47), Notre Dame 1976.
Insight. A Study of Human Understanding, NY 1957.
Collection: Papers by Bernard Lonergan, hg. F. Crowe, NY 1962.
A Second Collection: Papers by Bernard Lonergan, hg. W. Ryan / B. Tyrrell, Philadelphia 1974.
Understanding and Being. An Introduction and Companion to Insight, in: E. / M. Morelli (Hg.): The Halifax Lectures, NY 1980.
A Third Collection: Papers by Bernard Lonergan, hg. F. Crowe, NY 1985.

b) Theologische Werke:
Grace and Freedom. Operative Grace in the Thought of St. Thomas Aquinas (^{1}1941/42), NY 1971.
De Ente Supernaturali, R 1946.
De Scientia atque Voluntate Dei, R 1950.
De Constitutione Christi, R 1956.
Divinarum Personarum Conceptio Analogica, R 1957.
De Verbo Incarnato, R 1964.
De Deo Trino, R 1977.
Doctrinal Pluralism, Milwaukee 1971.
Method in Theology, NY 1972.
The Way to Nicea. The Dialectical Development of Trinitarian Theology, Philadelphia 1976 (englische Übersetzung von De Deo Trino, 1. Pars dogmatica).

c) Übersetzung ins Deutsche:
Theologie im Pluralismus heutiger Kulturen, dt./hg. G. Sala, Fr/Bas/W 1975 (= Quaestiones disputatae Bd. 67).

2. Literatur (Auswahl)

Avesani, G.: La intelligencia humana según Bernard Lonergan, in: Pensamiento 30 (1974) 5–35.
Boyle, J.: Lonergan's »Method in Theology« and Objectivity in Moral Theology, in: Thom. 37 (1973) 589–601.
Conn, W.: Bernard Lonergan on Moral Value, in: Thom. 40 (1976) 243–257.
–: Transcendental Analysis of Conscious Subjectivity: Bernard Lonergan's Empirical Methodology, in: Modern Schoolman 54 (1977) 215–231.
Crowe, F. (Hg.): Spirit as Inquiry, in: Studies in Honor of Bernard Lonergan, Chicago 1964.
–: The Lonergan Enterprise, C (Mass.) 1980.
–: Method in Theology: An Organon for our Time, Milwaukee 1980.
–: Bernard Lonergan's Thought on Ultimate Reality and Meaning, in: Ultim Real Mean 4 (1981) 58–89.
D'Souza, L.: Lonergan's Metaphysics of Proportionate Being, in: Thom. 32 (1968) 509–527.
Flanagan, J.: Lonergan's Epistemology, in: Thom. 36 (1972) 75–97.
Lamb, M. (Hg.): Creativity and Method. Essays in Honor of Bernard Lonergan, Milwaukee 1981.
McKinon, E.: Understanding according to Bernard J. F. Lonergan S. J., in: Thom. 28 (1964) 97–132, 338–372, 475–522.
McShane, Ph. (Hg.): Foundations of Theology, Notre Dame 1971.
–: Language, Thruth and Meaning, Notre Dame 1971.
–: Papers from the International Lonergan Congress, Notre Dame 1971.
Meynell, H.: An Introduction to the Philosophy of Bernard Lonergan, NY 1976.
Nilson, J.: Transcendent Knowledge in »Insight«. A Closer Look, in: Thom. 37 (1973) 366–378.
O'Callaghan, M.: Unity in Theology. Lonergan's Framework for Theology in its New Context, Washington D. C. 1980.
Reiser, W.: Lonergan's Notion of the Religious Apriori, in: Thom. 35 (1971) 247–259.
Sala, G.: La Métaphysique comme structure heuristique selon Bernard Lonergan, in: ArPh 33 (1970) 45–71; 35 (1972) 443–467, 555–570; 36 (1973) 43–68, 625–642.

Sala, G.: La transcendenza come dimensione della coscienza in B. Lonergan, in: GM 27 (1972) 481–527.
Schouborg, G.: A Note on Lonergan's Argument for the Existence of God, in: Modern Schoolman 45 (1968) 243–248.
Schuman, P.: Bernard Lonergan and the Question of Moral Value, in: Philosophy Today 25 (1981) 252–261.
Smith, M.: Religious Experience and Bernard Lonergan, in: Philosophy Today 23 (1979) 359–366.
Tekippe, T.: The Shape of Lonergan's Argument in »Insight«, in: Thom. 36 (1972) 671–689.
Tracy, D.: The Achievement of Bernard Lonergan, NY 1970.

STEPHEN W. ARNDT

Der spanisch-portugiesische Raum

Charakteristik der Neuscholastik in Spanien und Portugal im 20. Jahrhundert

SPANIEN

Rückblick auf das 19. Jahrhundert

Wer die spanische Neuscholastik historisch erfassen und beurteilen will, muß den historischen Hintergrund kennen, vor dem sie auftritt. Dieser Hintergrund entfaltet sich jedoch schon im 19. Jahrhundert. Bereits während der Regierungszeit Karls IV. (1788–1808) zeichnete sich die Spaltung zwischen dem ab, was man später »die zwei Spanien« nannte. Unter dem ideologischen Druck seitens der Französischen Revolution schlossen sich damals Monarchie und Kirche zu einem Zweckbündnis zusammen. Die vorher wegen ihres Ultramontanismus angefeindete Inquisition lebte noch einmal auf, um die gefährlichen Ideen der Revolution im Keim zu ersticken. In dieser sah man die Verfolgerin der christlichen Religion. Ihre Anhänger, die »afrancesados« und Liberalen, mußten daher vom Volk ferngehalten werden.[1]

Umgekehrt erließ die von den Liberalen beherrschte »Cortes de Cádiz« 1812 eine Reihe von Maßnahmen gegen die geistlichen Orden, gegen das Vermögen der Kirche und gegen die Inquisition. Die Liberalen führten damit die Ideen der Revolution konsequent fort. In den Augen der Traditionalisten bedeutete dies einen Bruch mit der christlichen Welt, wie man sie seit dem Mittelalter verstanden hatte. Die von der Kirche bestimmte soziale und politische Ordnung, die als sakral und daher unveränderbar angesehen wurde, schien auf dem Spiel zu stehen. So kam es zu einer konstanten Auseinandersetzung, die bis ins 20. Jahrhundert hinein das Land in »die zwei Spanien« spaltete.[2] Mit wechselndem Schicksal ging sie einmal mehr zugunsten der einen, dann wieder zugunsten der anderen Seite aus.

So fand etwa 1823 mit Unterstützung des hohen Klerus eine wahre Jagd auf die Liberalen statt. Als Reaktion darauf stellte sich im Gegenzug ein Antiklerika-

---

[1] Vgl. A. Blanco / J. Rodríguez / I. Zavala: *Historia*, 16ff.
[2] Q. Aleada: *Kirche*, 611f.

lismus ein, der einen Höhepunkt im Klostersturm und in der Ermordung von Mönchen 1834/35 fand. 1868/69 war der Katholizismus nicht mehr die einzige Religion Spaniens. Erst 1875 unter der Restauration der Bourbonen erlangte die Kirche ihre frühere Stellung zurück.[3] Zugleich gelang es, gegenüber den antiklerikalen und antireligiösen Tendenzen der Arbeiterschaft (Kommunistische Partei und Sozialistische Partei) das Bürgertum zur Verteidigung der christlichen Prinzipien zu mobilisieren. Leider verschmolzen bei dieser Gelegenheit auch die christlichen Prinzipien mit den politisch-gesellschaftlichen Vorstellungen der herrschenden Klassen.

Wie in diesem Werk bereits mehrfach beschrieben wurde,[4] spiegelte sich diese gesellschaftlich-soziale Situation auch in der Philosophie wider. Auf der einen Seite stand der sogenannte »Krausismus«, der im Anschluß an J. Sanz del Río (1814–1869) und F. Giner de los Ríos (1835–1915) eine Erneuerung und Öffnung des spanischen Denkens auf das europäische Denken versuchte.[5] Mit ihm identifizierten sich viele Kreise des liberalen Lagers. Er fand in der »Institución Libre de Enseñanza« seine institutionelle Verkörperung, in einer Bildungseinrichtung, die durch ihre liberale Erziehung großen Einfluß auf das öffentliche Leben erhielt.[6]

Dem »krausismo« gegenüber stand das katholisch-traditionalistische Lager, das im 19. Jahrhundert allerdings wenig Einfluß auf die geistigen Kräfte des Landes hatte. Übernationale Bedeutung erhielten lediglich Donoso Cortés (1809–1853),[7] Jaime Balmes (1810–1848)[8] und Marcelino Menéndez y Pelayo (1856–1912).[9] Doch sie blieben Einzelerscheinungen. Den Ton innerhalb der Kirche gab nämlich eine weitgehend polemisch-apologetisch orientierte Scholastik an.[10] Von wenigen Ausnahmen abgesehen, beschränkte sie sich entweder auf einen rigorosen Thomismus oder auf die reine Abwehr der sogenannten Irrtümer. Das ist auch der Grund, warum die spanische Neuscholastik im 19. Jahrhundert keine wichtigere Forschung über die mittelalterliche Theologie oder Philosophie vorlegte und keine so bedeutende Bewegung wie etwa in Belgien, in Deutschland oder in Italien hervorbrachte.

Das 20. Jahrhundert

An der Schwelle zum 20. Jahrhundert macht sich – nach dem endgültigen Verlust des spanischen Imperiums (Verlust der Philippinen, von Puerto Rico und Cuba) – allgemein der Wunsch nach einer geistig-sozialen Erneuerung bemerk-

---

[3] Vgl. E. Weinzierl: *Kirche*, 125ff.
[4] Vgl. Bd. I, 644–648, 667–685; vorliegender Bd. II, 241–247.
[5] Vgl. L. Gómez Martínez: *Historia*, 484, 489ff.
[6] Vgl. C. Valverde: *Los católicos*, 487f.
[7] Vgl. E. Tierno Galvan: *Tradición* 162ff.; siehe außerdem C. Valverde: *Donoso Cortés*, im vorliegenden Werk Bd. 1, 649–666.
[8] Vgl. E. Tierno Galvan: *Tradición*, 152ff.; vgl. außerdem in Bd. 1 dieses Werkes C. Valverde: *Jaime Balmes*, 667–685.
[9] Vgl. L. Gómez Martínez: *Historia*, 496; siehe außerdem in diesem Werk Bd. 1, 645f.
[10] Vgl. L. Gómez Martínez: *Historia*, 489ff., 499; C. Valverde: *Los católicos*, 517, 520; A. Huerga: *Escolástica*, 847; vgl. zudem in diesem Band den Beitrag über C. González von C. Valverde.

bar. Dieses Bedürfnis brachte intellektuelle Tendenzen hervor, die sich mit dem Problem einer neuen spanischen Identität befaßten.[11] Steht die nicht-kirchliche Philosophie auch noch während des ersten Drittels des 20. Jahrhunderts unter dem Einfluß des Krausismus, so schreitet die Öffnung auf das übrige Europa doch so weit voran, daß neue Philosophen in den Blick kommen. Vor allem die sogenannte »98er Generation« schafft ein Problembewußtsein, das mit den Mitteln des Krausismus allein nicht mehr befriedigt werden kann. In erster Linie sind es die Fragen bezüglich der gesellschaftlichen und geschichtlichen Bedingtheiten des Menschen, die jetzt in den Vordergrund rücken.

1. *Die kirchliche Philosophie im ersten Drittel des 20. Jahrhunderts:* In der Neuscholastik merkt man von dieser Entwicklung zunächst noch wenig. Im Gegenteil, nachdem 1914 die 24 *Thesen* über den Doctor Communis veröffentlicht wurden, setzte wohl eine Erforschung der Scholastik in allen ihren Richtungen ein, doch gleichzeitig erstarrten viele ihrer Vertreter in einer unfruchtbaren und anachronistischen Polemik.[12] Nennen wir aus dieser Zeit, die sich bis etwa 1936 erstreckte, folgende Protagonisten:

Auf dem Gebiet der historischen Erforschung der Scholastik wirkte vor allem Marín Sola (1873–1931). Er ist Verfasser des zwar historisch intendierten, aber nichtsdestoweniger dogmatisch konzipierten Werkes *Evolución homogéna del dogma católico* (Die homogene Entwicklung des katholischen Dogmas) (1923). Norberto del Prado (1852–1918) beschäftigte sich in *De veritate fundamentalis philosophiae christianae* (1911) mit der Unterscheidung von »esse und essentia«. Später widmete er sich auch der Problematik »gratia – liberum arbitrium«.[13] Die interessanteste Persönlichkeit und der beste Interpret der thomistischen Philosophie ist jedoch zweifellos Santiago Ramírez (1891–1967). Nach seinem Studium der Theologie in Salamanca und Rom (am Angelicum) lehrte er als Professor für Moral in Fribourg (1923–1945). Unter seinen philosophischen Werken sind vor allem seine beiden Artikel *De analogia secundum doctrinam aristotelico-thomisticam* (1922) und *De hominis beatitudine* (1942–1947) bemerkenswert. Auch seine beiden Bücher *De auctoritate doctrinali S. Thomae Aquinatis* (1952) und *Introducción general a la Suma Teológica de St. Tomás de Aquino* (Allgemeine Einführung in die Summa theologica) (1947) erhalten einen großen Einfluß.[14] Sein Gesamtwerk, das im Erscheinen ist, wird etwa 40 Bände umfassen. Nicht zu vergessen sind sodann die Brüder Barbado. Manuel Barbado (1884–1945), Schüler von Ramón y Cajal, erwirbt sich große Verdienste auf dem Gebiet der experimentellen Psychologie. In seinem Werk *Introducción a la psicología experimental* (Einführung in die experimentelle Psychologie) (1927) und in seinen *Estudios de Psicología experimental* (Studien über experimentelle Psychologie) (1946 bis 1948) versucht er einen Dialog zwischen der alten und der neuen Psychologie.

---

[11] Vgl. C. Valverde: *Los católicos*, 488.
[12] Ebd. 555.
[13] Ebd.
[14] Vgl. A. Huerga: *Escolástica*, 847.

Sein Bruder Fernando Barbado (1881–1953) lehrt an der päpstlichen Universität von Salamanca. Durch seinen Einsatz für das humanistische Gedankengut bewirkt er hier neue geistige Impulse.[15] Schließlich muß Louis Alonso Getino (1877–1946) genannt werden, der Gründer der Zeitschrift *La Ciencia Tomista* (Salamanca 1910ff.). Er war zudem ein guter Kenner der Barockscholastik.

Nennen wir aus dieser Zeit auch noch zwei Denker, die zwar nicht zu einer »offiziellen Schule« zu zählen sind, somit auch nicht zur Neuscholastik, die aber dennoch als wichtige Exponenten des katholischen Denkens zu gelten haben. Der eine von ihnen ist Angel Amor Ruibal (1869–1830). Er ist ein besonderer Kenner der Philosophiegeschichte. In der Scholastik sieht er einen gescheiterten Synkretismus von platonischer und aristotelischer Philosophie. Sein eigenes System errichtet er jedoch auf einem Realismus, der eine streng korrelative Auffassungsmöglichkeit der Wirklichkeit voraussetzt.[16] Der andere Denker ist Miguel Asín Palacios (1871–1944). Er erforscht in erster Linie die Philosophie und Theologie der Araber. Mit hoher Kompetenz äußert er sich daher auch zum Einfluß des Averroes auf den hl. Thomas.[17]

2. Die Neuscholastik nach 1936 und der Nationalkatholizismus:[18] Die Ausrufung der Republik traf einen Teil der Kirche wie ein Schock. Die Schwäche des Staates begünstigte daher bald eine starke Polarisierung zwischen dem betont antiklerikalen Liberalismus und dem traditionellen Klerikalismus. Die furchtbarste Konsequenz daraus war der Bürgerkrieg. Dieser endete bekanntlich mit dem »endgültigen« Sieg des traditionellen, katholischen Spanien über das andere.[19] Nach seinem blutigen Ende wurde die Kirche mit Unterstützung des Staates erneut in ihre alte Stellung eingesetzt. Sie erhielt Mitspracherecht in vielen Fragen. Ihr folgenschwerstes Privileg lag in ihrem Einfluß auf das Unterrichtswesen. Aber auch sonst war sie innerhalb des öffentlichen Lebens überall gegenwärtig. Und wie gehabt verstärkte sie ihre autoritäre Struktur, was sich nicht zuletzt darin äußerte, daß Andersdenkende in ihr keinen Platz hatten. Es herrschte die Zeit des Nationalkatholizismus und der Ideologien, die dem Faschismus nahestanden. Der Thomismus wird nun auch an der staatlichen Universität als einzige wahre Philosophie gelehrt. Sogar eine große Zahl von Laien (die wichtigsten unter ihnen: González Alvarez, Millán Puelles, Muñoz Alonso) ruft eine scholastische Renaissance ins Leben.[20]

Natürlich traten auch kritische Katholiken auf, die eine Brücke zum anderen Spanien schlagen wollten. Einer unter ihnen war Pedro Lain Entralgo (geb. 1908). Er war in seiner Jugend Anhänger der faschistischen »Falange«. Nach dem Krieg entwickelte er sich zu einem kritischen Geist. 1949 veröffentlichte er sein Buch

---

[15] Vgl. T. Urdanoz: *Historia*, 499ff.
[16] Vgl. C. Valverde: *Los católicos*, 553ff; siehe außerdem den Artikel über A. Amor Ruibal im 3. Band dieses Werkes.
[17] C. Valverde: *Los católicos*, 554.
[18] Vgl. Q. Aleada: *Kirche*, 613ff.
[19] Vgl. C. Valverde: *Los católicos*, 559ff.
[20] Vgl. Q. Aleada: *Kirche*, 619.

España como problema (Spanien als Problem), in dem er sich bemühte, alle geistigen Werke Spaniens, egal ob von katholischer oder von liberaler Seite, zu verstehen und zu integrieren.[21] Große Bedeutung kommt auch J. Ruiz-Gimenez zu. Als Erziehungsminister (1951–1956) unterstützte er die Integration aller gesellschaftlichen Kräfte seines Landes. (Bezeichnenderweise erhielt ein so kritischer Katholik wie J. L. Aranguren [geb. 1909] einen Lehrstuhl für Philosophie.) Doch diese liberalen Versuche riefen die Reaktionen konservativer Kräfte, wie etwa des Opus Dei, hervor.[22] Eine solche Reaktion bildet auch das Buch *La filosofia de Ortega y Gasset* (Die Philosophie von Ortega y Gasset) (1958) von S. Ramírez. Darin geht es darum, den Agnostizismus und die Areligiosität Ortegas aufzuweisen. Zudem soll die liberale Philosophie als Gefahr für die geistige Identität Spaniens dargestellt werden. Für einen Augenblick lebt noch einmal der alte Antagonismus »Liberalismus – Traditionalismus« auf.[23]

1960 setzt eine Epoche offener Konflikte zwischen dem Regime und oppositionellen Katholiken ein. An den kirchlichen Universitäten tritt nun die Scholastik langsam zugunsten einer intensiven Auseinandersetzung mit den Sozialwissenschaften zurück. Unter dem Druck dieser »sozialen Wende« beginnt auch die offizielle Kirche, ihre Stellung innerhalb der sozialen und politischen Konstellation Spaniens neu zu überdenken. 1968/70 werden seitens der Bischofskonferenz bereits Dokumente veröffentlicht, die den Standort der Kirche neu zu bestimmen versuchen. Als Meilenstein in der modernen Kirchengeschichte gilt sodann das 1973 veröffentlichte Dokument *Die Kirche und die politische Gemeinschaft*. Erstmals geht darin nämlich die Kirche zu den verschiedenen Parteien auf Distanz, und erstmals versucht sie in der vom Krieg immer noch zerrissenen spanischen Gesellschaft versöhnend zu wirken. An dieser Aussage ändert auch die Tatsache nichts mehr, daß gleichzeitig trotzdem wieder religiöse Kräfte stark werden, die für eine Erhaltung des bestehenden neokapitalistischen Wirtschaftssystems und der dahinterstehenden Gesellschaftsvorstellungen sowie für das Ideal des alten spanischen Katholizismus eintreten.[24]

An den Universitäten und Seminarien dominierte in der Zeit nach dem Bürgerkrieg erneut die Neuscholastik. Diese jedoch war nicht so sehr »Neu-Scholastik«, da sie bis in die fünfziger Jahre hinein kaum eine Verbindung mit dem modernen Denken suchte, als vielmehr eine reine Rückbesinnung auf das scholastische Denken. Dementsprechend lagen die Unterschiede der einzelnen scholastischen Philosophen einzig darin, ob sie einer suarezianischen (José Stellín, Salvador Cuesta, J. Muñoz Perez, Ramón Ceñal, J. Roij Gironella, Martínez Gómez Caffarena), einer thomistischen (González Alvarez, J. Todolí, E. Lapacios), einer kritischen (J. Candau, A. Millán Puelles, L. Cencillo, R. Panikkar) oder einer augustinischen Ontologie (A. Muñoz Alonso, S. Alvarez Turienzo, J. Bofill) anhingen.[25]

Als selbständig gegenüber der Scholastik profilierten sich vor allem drei

---

[21] C. Valverde: *Los católicos*, 560.
[22] Ebd. 561.
[23] Ebd. 546.
[24] Vgl. Q. Aleada: *Kirche*, 620.
[25] Vgl. A. Guy: *Historia*, 386–416.

katholische Philosophen: Zunächst Juan Zaragüeta (1883–1975): Er versucht das Verhältnis der Philosophie zum Leben anders als Ortega zu verstehen, indem er das ratiovitalistische Denken desselben mit Anregungen aus der neo-thomistischen Philosophie und Psychologie und mit Einbeziehung der Naturwissenschaften vermittelt.[26] Sodann X. Zubiri (1898–1984): In seinem Werk *Naturaleza, Historia, Dios* (Natur, Geschichte, Gott) (1944) unternimmt er einen Brückenschlag zwischen Philosophie einerseits und Naturwissenschaft bzw. Mathematik andererseits.[27] Schließlich M. Garcia Morente (1886–1942). In seiner Jugend ist er von Bergson, Husserl, Spengler, Cassirer u. a. beeinflußt. Sein großes Ziel ist es, den Ratiovitalismus Ortegas mit der Wertphilosophie Max Schelers zu versöhnen und dabei eine Brücke zwischen Moral und Metaphysik zu bauen. Leider verhindert sein früher Tod die Ausführung dieses Planes. Mit ihm verlor Spanien eine jener Persönlichkeiten, die dazu imstande gewesen wären, eine kulturelle Versöhnung zwischen den »zwei Spanien« herzustellen.[28]

Zusammenfassung: Wie kaum in einem anderen Land hat die »Scholastik« in Spanien nicht nur das kirchliche, sondern auch das öffentliche Leben geprägt. Blicken wir allerdings – »sine ira et cum studio«, um »scholastisch« zu bleiben – auf die durch die Neuscholastik geprägte Zeit 1870–1965, so fällt unsere Bilanz nicht günstig aus. Die größten und bleibenden Verdienste der spanischen Scholastik liegen zweifelsohne auf dem Gebiet der historischen Thomas-Forschung. Ein Kardinal C. González bzw. ein Pater S. Ramírez gehören sicherlich zu den größeren Gestalten der allgemeinen scholastischen Philosophie des 19. bzw. 20. Jahrhunderts. Es fehlen jedoch in Spanien schöpferische, weitblickende Geister, wie ein D. Mercier, ein J. Maréchal, ein M.-D. Chenu, ein Y. Congar oder ein K. Rahner, die über die bloße Aktualisierung der Tradition hinausgingen und die Scholastik dem modernen Denken öffneten. Die großen Ausnahmen, wie A. Ruibal, J. Zaragüeta und X. Zubiri, bestätigen nur die Regel. Außerdem hatten diese großen Gestalten, die die Scholastik von innen her öffnen wollten und die Auseinandersetzung mit dem Geist der Zeit gesucht haben, als einsame Denker keine Wirkung auf die Bischöfe und den Klerus. Die Scholastik blieb im großen und ganzen die »Ideologie« des einen Spanien, des katholischen und traditionellen, und vermochte kaum Brücken zum anderen zu schlagen. Auch nach dem Bürgerkrieg, als die Kirche die Gesellschaft nach ihrem Abbild formieren und prägen wollte bzw. konnte, schien es so, als wäre die spanische Kirche und ihre Scholastik in einer defensiven Gettosituation gegenüber der ganzen Moderne. Der berühmte Satz von Menéndez y Pelayo, wonach Spaniens einzige Größe und Einheit darin bestehe, Prediger des Evangeliums in der halben Welt, Schreck der Ketzer, Licht von Trient, Roms Schwert und Wiege des hl. Ignatius gewesen zu sein, wird von der Scholastik immer wieder bestätigt. Nein, die spanische Scholastik war gar nicht daran interessiert, eine Brücke zum anderen Spanien zu schla-

---

[26] Vgl. A. Lopez Quintas: *Filosofía*, 186.
[27] Vgl. A. Guy: *Filósofos*, 184.
[28] Ebd. 154.

gen. Erst Ende der fünfziger Jahre und vor allem nach dem II. Vatikanischen Konzil begann sich die spanische Scholastik der realen spanischen Gesellschaft zuzuwenden. Altstudenten aus Löwen, Fribourg, Rom und nicht zuletzt aus Innsbruck wurden daraufhin Professoren an den kirchlichen Hochschulen und Universitäten Spaniens. Ohne die Scholastik aufzugeben, versuchten sie jetzt Philosophie und Theologie im Gespräch mit dem modernen Denken und mit der realen spanischen Gesellschaft zu betreiben. Ihnen verdankt die spanische Kirche heute den Ausbruch aus der Gettosituation und den Brückenschlag zum anderen Spanien. Nicht dank, sondern vielmehr trotz der Scholastik ist heute die spanische Kirche ein versöhnend wirkender, vielgesuchter Gesprächspartner in der spanischen Gesellschaft.

PORTUGAL

Es gibt derzeit in Portugal weder besonders bedeutsame Denkrichtungen noch einzelne Philosophen, die Schule machen. Die Portugiesen, die bekanntlich niemals ein spekulatives Volk waren und auch die abstrakte Sprache nicht lieben,[29] haben dennoch ihre Philosophen und Denkrichtungen, wenn man von der eingangs gemachten Einschränkung absieht. Blickt man auf die »portugiesische« Philosophie der vergangenen hundert Jahre zurück, so muß man als Tatsache festhalten, daß die neuthomistische, scholastische Richtung bis in die Gegenwart hinein die Bühne des Denkens in diesem Lande beherrscht hat. Wir können in der Tat die »Neuscholastik« als die traditionsreichste »portugiesische Philosophie« betrachten.[30]

Da über die Entstehung der Neuscholastik im 19. Jahrhundert in diesem Werk bereits berichtet wurde,[31] wenden wir uns hier ausschließlich dem 20. Jahrhundert zu. Die Entwicklung der portugiesischen Scholastik läßt sich in diesem Zeitraum wiederum am besten anhand der drei Phasen beschreiben,[32] welche die Geschichte Portugals durchlief.

Die antiklerikale Revolution der Bourgeoisie (1919–1926)

Die republikanischen Kräfte, welche die Monarchie gestürzt hatten, gingen Anfang dieses Jahrhunderts gegen die Kirche vor. Mit vielen Maßnahmen (Vertreibung der Bischöfe aus ihren Diözesen, Abbruch der diplomatischen Beziehungen zum Hl. Stuhl, Enteignung kirchlichen Besitzes, Schließung von Knaben- und Priesterseminarien, Ausweisung von Ordensleuten, Verbot des Religionsunterrichts in Volks- und Mittelschulen, Schließung der theologischen und kirchlichen Fakultät von Coimbra usw.) wollte die neue Regierung den Einfluß der Kirche aus dem öffentlichen Leben verdrängen. Als Reaktion auf diese Maßnahmen

---

[29] Vgl. L. Craveiro da Silva: *Filosofía*, 397.
[30] Vgl. L. Cabral de Moncada: *História*, 16; L. Craveiro da Silva: *Escolástica*, 216f.
[31] Vgl. in diesem Werk Bd. I, 646f.; vorliegender Bd. II, 247–249.
[32] Vgl. A. da Silva: *Kirche*, 622.

erwachte das Laienapostolat. Zahlreiche katholische Intellektuelle schlossen sich daraufhin vorwiegend den folgenden drei »restaurativen« Denkbewegungen an:[33]

1. Die »Renasçenca Portuguesa«: Dieser Bewegung geistiger Erneuerung gehörte vor allem Teixeira de Pascóaes (1878–1952) an. Er beschäftigte sich nicht nur intensiv mit der portugiesischen Geschichte und Literatur, sondern war auch ein prominenter Philosoph, der sich mit den zentralen Themen der christlichen Philosophie befaßte. Von noch größerem Einfluß war jedoch Leonardo Coimbra (1883–1936), der ebenfalls in diese Bewegung einzuordnen ist. Er gilt als einflußreichster portugiesischer Philosoph des 20. Jahrhunderts. Als brillanter Gegner des Positivismus zog er ganze Philosophengenerationen an sich. Zu seinen Schülern zählen Delfin Santos, José Marinho, Alvaro Ribeiro, Sant'Anna Dionísio und Augusto Saravia.

2. Der Kreis um die Zeitschrift *Seara Nova*: Dieser Kreis entstand aus einer Dissidentengruppe aus der »Renasçenca Portuguesa«. Die Zeitschrift *Seara Nova*, die 1971 gegründet wurde, galt als Sprachrohr einer eher politischen als literarischen Bewegung. Sie zählte jedoch auch Philosophen zu ihren Mitgliedern, so Raúl Proença und Antonio Sergio.

3. Der »Integralismo Lusitano«: Er stellt die für die Neuscholastik interessanteste Bewegung dar. Wichtigster Vertreter war hier Alfredo Pimenta (1882–1951). Er gehört während seiner Studienjahre in Coimbra noch dem Positivismus an. Erst später tritt er zum Katholizismus über und wird zu einem bedeutenden Verfechter des Neuthomismus. Sein erklärtes Ziel, eine Synthese zwischen Positivismus und Thomismus zu schaffen bzw. den Positivismus mit den katholischen Dogmen zu versöhnen, bleibt jedoch unerreicht. Ein weiterer Vertreter dieser Bewegung, João Ameal (1897–1962) glaubt im Thomismus die Lösung für die Krise des modernen Denkens gefunden zu haben. Sein Buch *S. Tomás de Aquino* (1938) zählt zu den wichtigsten Werken der portugiesischen Neuscholastik.

Gemeinsam mit zahlreichen portugiesischen Altstudenten der Gregoriana in Rom und der katholischen Universität in Löwen bilden alle diese genannten Philosophen die Säulen der thomistischen Restauration in Portugal.

Das neue Regime (1926–1960)

Als »neues Regime« verstand man in Portugal die Zeit einer neuen Ordnung autoritären Charakters, »deren wichtigster Träger Oliveira Salazar war«.[34] Auf dem Gebiet der Beziehungen zwischen Kirche und Staat führte dieses Regime zum Konkordat von 1940. Die Position der Kirche verbesserte sich daraufhin spürbar, und die portugiesische Scholastik erlebte, vor allem in der Nachkriegszeit, ihre Hochblüte. Dies war wiederum besonders das Verdienst von folgenden Personen bzw. Institutionen:[35]

1. Das »Movimento da Faculdade de Filosofia de Braga«: 1945 gründete eine

---

[33] L. Craveiro da Silva: *Filosofía*, 398ff.
[34] A. da Silva: *Kirche*, 623.
[35] L. Craveiro da Silva: *Filosofía*, 408ff.

Gruppe von Professoren am philosophischen Institut von Braga die Zeitschrift *Revista portuguesa de filosofia* als Sprachrohr ihres neuscholastischen Denkens. Gleichzeitig erreichten sie vom Hl. Stuhl die Erhebung ihres Instituts zur Fakultät. Das scholastische Denken von Braga – ein Thomismus in Verbindung mit einigen Elementen des Augustinismus – versuchte offen zu sein für alle Richtungen des modernen philosophischen Denkens, die eine Bereicherung für die Scholastik bedeuteten. 1955 organisierten die Professoren von Braga den »I Congresso Nacional de Filosofia« (9. bis 13. Mai 1955), der einen Meilenstein in der Geschichte der portugiesischen Philosophie darstellt. Darüber hinaus gaben sie eine Reihe philosophischer Bücher heraus, die für die Verbreitung sowohl des scholastischen als auch des modernen philosophischen Denkens in Portugal von entscheidender Bedeutung waren.

2. Altstudenten der »Faculdade de Letras de Lisboa« und der »Faculdade de Filosofia de Braga« belebten das »Centro de Estudios Escolásticos de Lisboa« ebenfalls mit dem Ziel, die Scholastik auf das moderne philosophische Denken hin zu öffnen. Dieses Zentrum gab 1945 die Zeitschrift *Filosofia* heraus. Seit 1957 wird diese Zeitschrift allerdings vom »Gabinete de Estudos Filosóficos da Mocidade Portuguesa« herausgegeben. Ihre Ausrichtung ist in der Folge nicht mehr ausschließlich von der scholastischen Philosophie geprägt.

3. Nicht zuletzt sind die Franziskaner zu nennen. Sie tendierten, wie es ihrer Ordenstradition entsprach, mehr zum Scotismus hin. Seit 1955 gaben sie ihrer Richtung in der Zeitschrift *Itinerarium* Ausdruck.

Das scholastische Denken blieb in dieser Zeit aber nicht auf die kirchlichen Hochschulen beschränkt, sondern prägte auch die philosophische Reflexion an den zivilen Universitäten. Unter den scholastischen Philosophen an den »Faculades de Letras« ragt Miranda e Barbosa hervor. Sein Thema ist die Frage nach dem Sinn des Lebens. Dazu findet er vor allem in zwei Richtungen der Philosophie Antwort: im Thomismus und in der Wertphilosophie Max Schelers. Er gibt sodann zwar dem Thomismus den Vorzug, dennoch versucht er diesen mit Elementen des Augustinismus zu bereichern. Der scholastische Einfluß ist auch spürbar bei Alfonso Queiro, Antonio José Brandão und Cabral de Moncada, Vertretern der Philosophie des Rechtes (Filosofia do Direito) sowie bei Fidelino de Figueirido, Vieira de Almeida und Abel Salazar, Vertretern einer ästhetischen und literarischen Philosophie.

Der Einfluß des II. Vatikanischen Konzils (ab 1960)

Die Tatsache, daß die portugiesische Kirche beim Konzil allein durch ihre Bischöfe, also ohne Konzilsberater, vertreten war, deutet darauf hin, daß es sich damals um eine vorwiegend traditionelle und autoritäre Kirche handelte.[36] Die konziliare Erneuerungsbewegung, das sogenannte »aggiornamento«, fand die portugiesische Kirche völlig unvorbereitet vor. Auch im politischen Bereich, z. B. bei der Gegenüberstellung von Kirche und Revolution im Jahre 1974, stellt man

---

[36] A. da Silva: *Kirche*, 624.

fest, »daß erstere arm, apolitisch, ohne organisierte Jugend, mit von Krisen befallenen Seminaren und ohne genügende Kräfte war«.[37] Gilt als hermeneutisches Gebot jeder Geschichtsinterpretation die Betrachtung der Vergangenheit im Lichte der Gegenwart (H. G. Gadamer), so erlaubt uns ein Rückblick auf die Neuscholastik im Portugal des 20. Jahrhunderts folgende Schlußfolgerung:

Die Scholastik in Portugal ist vor allem eine reflexe, rezipierende Bewegung, die in einer defensiven Haltung gegenüber der Moderne verharrt und über die bloße Restauration der Tradition hinaus kaum positive Akzente setzt. In der portugiesischen Scholastik fehlen Gestalten wie ein Mercier, ein Maréchal, ein Chenu, ein Congar oder ein K. Rahner, welche die Neuscholastik von innen her überwunden und die Auseinandersetzung mit dem Geist der Zeit, mit dem modernen philosophischen Denken gesucht haben. Bei allen Verdiensten, welche sich vor allem die Zeitschrift *Revista portuguesa de filosofia* in der Nachkriegszeit erworben hat, fehlte den scholastischen Philosophen dieser Zeit doch weitgehend der historische »Spürsinn«, der »sensus historicus«, um den Anachronismus in der Allianz zwischen Staat und Kirche, Thron und Altar im 20. Jahrhundert zu entlarven und somit Wege zu erschließen, auf denen die portugiesische Kirche in verantwortlicher Weise der Zukunft begegnen kann.

BIBLIOGRAPHIE

Literatur

Aleada, Q.: Die *Kirche* in Spanien, in: HKG(J) Bd. VII (1979) 610–622.
de Andrade, A. A.: A Sorte de S. Tomás de Aquino na Filosofía Portuguesa, in: Filosofía 9 (1956) 54–64.
Artola, M.: Historia de España Alfaguera, Bd. V, Ma 1973, 7–57.
Blanco, C. / Rodríguez, J. / Zavala, I.: *Historia* social de literatura, Ma 1981, 19–88.
Cabral de Moncada, L.: Para a *História* da Filosofía em Portugal no Século XX, Coimbra 1960.
Craveiro da Silva, L.: La Philosophie au Portugal, in: M. F. Sciacca (Hg.): Grands courants de la pensée mondiale contemporaine, Bd. II, Mi 1958.
–: *Filosofía* Portuguesa Actual, in: RPF 14 (1958) 397–417.
–: Filosofía Perene e *Escolástica* Actual, in: RPF 16 (1960) 208–217.
Ferrater Mora, J.: Diccionario de Filosofía, Bd. II, BA ⁵1965, 266–269, 274–276.
Ferreira, J.: Bibliografia Filosófica Portuguesa, in: Itinerarium 3 (1957) 783–790.
Fraile, G.: Historia de la filosofía española, Ma 1972, 272–277.
García Morente, M.: Lecciones preliminares de filosofía, BA ¹⁰1967, 1–49, 324–386.
Gómez Martínez, L.: Síntesis de *historia* de la filosofía española, in: J. Hirschberger: Historia de la filosofía, Bd. II, Ba 1967, 449–522.
Guy, A.: Los *filósofos* españoles de ayer y hoy, BA 1966, 95–97, 101–105, 145–155, 234–246.
–: *Historia* de la filosofía española, Ba 1981, 245–259, 331–338.
Höllhuber, I.: Geschichte der Philosophie im spanischen Kulturraum, Mü/Bas 1967.
Huerga, A.: »*Escolástica*«, in: Diccionario de historia eclesiástica de España, Bd. II, Ma 1972, 487–489.
Lothar, Th.: História da Filosofía em Portugal, Lissabon 1944.
Lopez Quintas, A.: *Filosofía* española contemporánea, Ma 1970, 38–92, 186–195.
de Magalhães, A.: Iniciação ao Moderno Pensamento Português, in: RPF 10 (1954) 502–511.

---

[37] Ebd. 625.

Metz, J. B.: *Glaube* in Geschichte und Gesellschaft, Mz 1977, 15–20.
Santos, D.: O Pensamento Filosófico em Portugal, in: Portugal Edition S. N. I., Lissabon 1946.
da Silva, A.: Die *Kirche* in Portugal, in: HKG(J) Bd. VII (1979) 622–625.
Tavares, S.: A Filosofía de hoje em Portugal, in: GM 2 (1947) 541–544.
Tierno Galvan, E.: *Tradición* y Modernismo, Ma 1962, 151–166.
Urdanoz, T.: *Historia* de la filosofía, Bd. VIII, Ma 1985, 499–504.
Valverde, C.: *Los católicos* y la cultura española, in: R. García-Villoslada (Hg.): Historia de la Iglesia en España, Bd. V, Ma 1979, 475–573.
Weinzierl, E.: Die *Kirche* der iberischen Welt, in: H. Jedin (Hg.): Die Kirche in der Gegenwart, Fr/Bas/W 1985, 124–139.

JESÚS BERNAL RÍOS
MARIANO DELGADO CASADO

Juan Zaragüeta Bengoechea (1883–1975)

Unter den wenigen Persönlichkeiten, die der spanischen Neuscholastik im 20. Jahrhundert dazu verhalfen, ihre *Gettosituation* zu überwinden, die also die *philosophia perennis* den modernen Geistesströmungen öffneten und dadurch eine Brücke zwischen den *zwei Spanien,* dem liberal-fortschrittlichen und dem katholisch-konservativen, schlugen, sticht besonders Juan Zaragüeta hervor.[1] Sein intensives akademisches Leben als Forscher und als Lehrer zahlreicher berühmter Persönlichkeiten (unter ihnen Xavier Zubiri, über den im 3. Band dieses Werkes ein eigener Beitrag zu finden sein wird) machte ihn zu einem der einflußreichsten christlichen Philosophen Spaniens im 20. Jahrhundert. Nicht von ungefähr sprach man von ihm als »Patriarca« der Philosophie.[2]

BIOGRAPHIE

Juan Zaragüeta Bengoechea wird am 26. Januar 1883 in Orio, Provinz Guipúzcoa, in Nordspanien geboren. Von 1898 bis 1903 studiert er Theologie und Philosophie am bischöflichen Seminar von Vitoria. Sein Doktorat erwirbt er am päpstlichen Seminar von Saragossa. 1905 übersiedelt er nach Löwen, wo er am Institut Supérieur de Philosophie das Lizenziat und ebenfalls das Doktorat erlangt. Von 1908 bis 1917 wirkt er als Professor für Philosophie in Madrid. In dieser Zeit erscheinen seine beiden Werke *Introducción general a la filosofía* (Allgemeine Einführung in die Philosophie, 1909) und *Teoría psicogenética de la voluntad* (Psychogenetische Theorie des Willens, 1914). In den darauffolgenden fünf Jahren bekleidet er den Lehrstuhl für Moral und Religion an der päpstlichen Hochschule in Madrid. Während des Krieges und kurz danach schreibt er an seinen drei Werken *La intuición en la filosofía de H. Bergson* (Die Intuition in

---

[1] C. Valverde: *Los católicos,* 488.
[2] A. Guy: *Los filósofos,* 148.

der Philosophie von H. Bergson, 1941), *El lenguaje y la filosofía* (Die Sprache und die Philosophie, 1945) und *Una introducción moderna a la filosofía escolástica* (Einführung in die moderne scholastische Philosophie, 1946). Von 1947 an unterrichtet er als Ordinarius für theoretische Psychologie an der Universität Madrid. Als solcher verfaßt er zwischen 1950 und 1954 sein wichtigstes Werk *Filosofía y vida* (Philosophie und Leben, 3 Bde., 1950–1954).

Bis 1968 erscheinen außerdem das *Vocabulario filosófico* (Philosophisches Wörterbuch, 1955), *Los veinte temas que he cultivado en mis cincuenta años de labor filosófica* (Die zwanzig Themen, die ich in meiner 50jährigen philosophischen Tätigkeit behandelt habe, 1958) und der *Curso de filosofía* (Philosophiekurs, 1968).

Seit 1970 ist Zaragüeta Mitglied der Akademie für Moral- und Politikwissenschaft, Präsident der Gesellschaft für spanische Philosophie und Leiter des Instituts Luis Vives. Zuletzt wird er auch Mitglied des internationalen philosophischen Instituts. Zaragüeta stirbt 1975 in Madrid.

PHILOSOPHIE

Zaragüeta wurde in der kritischen Schule des Löwener Institut Supérieur ausgebildet. Dank dieser Ausbildung erkannte er sehr bald, daß die *philosophia perennis* keine Zukunft mehr hätte, wenn sie sich nicht im Sinne des *vetera novis augere* in einen Dialog mit der modernen Philosophie einließe. Konkret bedeutete dies für ihn, daß die klassische Seinsphilosophie sich der neuzeitlichen Subjektivitätsphilosophie, die vom cartesianischen *Cogito ergo sum* ausging, öffnete.[3] Dazu bedurfte es freilich einer Vermittlungsmöglichkeit. Diese fand Zaragüeta aufgrund seiner eigenen psychologisch-anthropologischen Studien,[4] aber auch unter dem Einfluß der Phänomenologie (Husserl, García Morente)[5] und der vitalistischen Philosophie (Bergson, Ortega y Gasset)[6] im konkreten menschlichen Leben mit allen seinen Dimensionen. Hierin schien ihm der Antagonismus zwischen metaphysischem Seins-Realismus und rationalistischem Bewußtseins-Idealismus immer schon *dialektisch* überholt zu sein. Realismus und Idealismus figurierten so für ihn als zwei Entwicklungsstufen der Philosophie, die in die dritte Stufe der Philosophie des Lebens übergehen mußten.[7]

Das Hauptwerk Zaragüetas heißt daher *Filosofía y vida*.[8] Darin versucht er eine Summa, d. h. eine *umfassende Wissenschaft* des Lebens zu bieten, die systematisch die Wesensmomente der menschlichen Existenz in all ihren Aspekten (den psychologischen, axiologischen, ontologischen . . .) erfaßt.[9] In dieser Absicht

---

[3] A. López Quintas: *Filosofía española*, 186ff.
[4] J. Zaragüeta: *El problema del alma; Teoría psicogenética*.
[5] J. Ferrater Mora: *Zaragüeta*.
[6] A. Guy: *Los filósofos*, 148.
[7] J. Zaragüeta: *Filosofía y vida*, Bd. II, 150f.
[8] R. López de Munain: *Una nueva exposición*, 203f.
[9] A. Alvarez de Linera: *En al jubilación*, 182ff.; M. García Morente: *Lecciones preliminares*, 170.

beschreibt er zunächst im *ersten Band* mit Hilfe der phänomenologischen Methode das geistige Leben des Menschen in seinen individuellen und sozialen Bezugspunkten. Von diesen beiden Bezugspunkten her betrachtet er sodann die Variationen, welche die drei fundamentalen Strukturen des geistigen Lebens (er nennt sie: gelebte Objektivität, vitale Aktivität und Subjektivität) durchmachen.[10] Der *zweite Band* widmet sich demgegenüber den Problemen und Herausforderungen, die dem Menschen in seiner individuellen und gesellschaftlichen Lebensgestaltung begegnen. Nach ihrer Darstellung überlegt Zaragüeta Methoden zu ihrer Bewältigung. Sein grundsätzlicher Lösungsvorschlag dazu lautet: Sinnvoll sind nur Methoden, die der Wirklichkeit in allen ihren Aspekten gerecht werden. Das heißt, partielle Methoden, wie die von ihm eigens behandelte Methode der Begriffsbildung, die Methode der Intuition, die Methode der Axiologie sowie die genetische Methode, dürfen nicht jede für sich angewendet werden, sondern müssen angesichts der Lebenswirklichkeit zusammenfinden.[11] Außerdem muß jede Methode dem jeweiligen Problem angepaßt und dementsprechend besonders angewendet werden. Jeglicher Rigorismus in diesem Punkt wird also abgelehnt. Der *dritte Band* geht schließlich an die Anwendung dieser Methoden mit dem Ziel, Lösungsmöglichkeiten für die genannten Lebensprobleme zu eruieren.[12]

Von diesen Lösungsvorschlägen Zaragüetas sei wegen seiner Originalität nur einer besonders hervorgehoben: der Vorschlag zur Lösung der erkenntnistheoretischen Frage. An deren Lösung hängen nach Zaragüeta alle weiteren Problemlösungen. Die erkenntnistheoretische Frage selbst ergibt sich wiederum aus der Alternative, »ob die menschlichen Erlebnisse, die der Mensch als Subjekt, Aktivität und Objekt erlebt, sich nur im Bewußtsein befinden, d. h. strikt ›immanent‹ sind, bloße ›Erscheinungen‹ oder ›Phänomene‹ also, oder ob sie in gewisser Weise ›transzendent‹ sind, d. h. uns ›Seiende‹ selbst erscheinen lassen«.[13] Die Philosophie hat im Laufe ihrer Geschichte dazu in zwei Formen Stellung genommen: in der realistischen und in der idealistischen. Während die antike und mittelalterliche Philosophie der ersten Form den Vorrang gaben und dem Sein den Vorrang vor dem *Erscheinen* des Seins einräumten, kehrte die neuzeitliche Philosophie dieses Verhältnis um und funktionalisierte das Sein derart auf das menschliche Bewußtsein hin, daß die Wirklichkeit als solche zur *Erscheinung* wurde. Zaragüeta sieht hier zwei Erkenntnistheorien mit verschiedenen Methoden am Werk. Er meint jedoch, daß zwischen diesen antagonistischen Methoden auch eine Konvergenz vorstellbar sei.[14] Geht man nämlich vom Leben als »*fundamentaler Wirklichkeit*«[15] aus und erfaßt man diese mit Hilfe einer »*genetischen Methode*«, so vermag man eine *dialektische* Vermittlung durchzuführen. Konkret bedeutet dies, daß eine systematische Beschreibung der Erkenntnis des Menschen jener Entwicklung (Genese) nachgeht, die dieser sowohl individuell als auch gesellschaft-

---

[10] R. López de Munain: *Una nueva exposición*, 204–218.
[11] A. López Quintas: *Filosofía española*, 187.
[12] A. Guy: *Los filósofos*, 150.
[13] J. Zaragüeta: *Filosofía y vida*, Bd. II, 151f.
[14] Ebd. 150.
[15] Ebd. Bd. I, 5.

lich betrachtet zwischen Geburt und Erwachsenenalter durchmacht.[16] Dadurch kann nämlich sowohl der *Apriorismus* des Idealismus als auch das rein vom *Aposteriori* her bestimmte Verfahren des Realismus überwunden werden. Außerdem kann auf diesem Wege eine ontologische Sicht der Wirklichkeit einsichtiger gemacht werden. Zaragüeta definiert eine Philosophie, die sich diese Methode aneignet, als einen »*rational begründbaren Realismus*« (realismo razonable). Dieser ist für ihn imstande, jedem Seienden in seiner *eigenen Geschichte* und in seinem *Seinsgrund* (razón de ser) gerecht zu werden.[17]

WÜRDIGUNG

Zaragüetas Philosophie stellt einen Versuch dar, die Rückbesinnung auf die Philosophie der Tradition mit einer Öffnung auf die Errungenschaften der modernen Wissenschaften zu vermitteln. Dabei ist er besonders von der Löwener Scholastik inspiriert (konkret von W. De Petter und J. Straßler). Die sogenannte genetische Methode muß jedoch als Errungenschaft Zaragüetas betrachtet werden.[18] Möglicherweise bestand sogar eine gegenseitige Beeinflussung zwischen dieser seiner Methode und der genetischen Psychologie von Jean Piaget.[19]

Anerkennt man aber auch die überragende Bedeutung Zaragüetas, so darf man dennoch folgende Fragen stellen: Geht man davon aus, daß die menschlichen Erfahrungen radikal fragmentarisch und geschichtlich strukturiert sind, kann man dann selbst noch ein philosophisches System entwerfen, das den Anspruch auf die Totalität des Seins erhebt? Leidet nicht ein solcher Anspruch von Haus aus an der konkreten Endlichkeit dessen, der ihn erhebt? Beruht sodann die genetische Methode nicht auf der naiven Voraussetzung, daß sich Realismus und Idealismus problemlos harmonisieren lassen?[20] Wird damit nicht ein vorkritischer Erkenntnisoptimismus beschworen, der gerade das eigentliche Anliegen der modernen Philosophie, nämlich die Bewußtseinskritik (bei Kant, Marx, Nietzsche, Freud usw.), außer acht läßt?[21]

---

[16] Ebd. Bd. II, 150.
[17] A. López Quintas: *Filosofía española*, 187.
[18] E. Schillebeeckx: *Offenbarung*, 208f.
[19] M. Guardo: *La psicología*, 12.
[20] J. B. Metz: *Glaube*, 38ff.
[21] P. Ricoeur: *Die Interpretation*, 46.

BIBLIOGRAPHIE

1. Werke (Auswahl)

El problema del alma ante la psicología experimental, Vich 1919.
Teoría psicogenética de la voluntad, Ma 1914.
La intuición en la filosofía de H. Bergson, Ma 1941.
Una introducción moderna a la filosofía escolástica, Granada 1946.
(Gemeinsam mit M. García Morente): Fundamentos de filosofía, Ma 1947.
El lenguaje y la filosofía, Ma 1945.
Filosofía y vida, 3 Bde., Ma 1950–1954.

2. Literatur

Alvarez de Linera, A.: En al jubilación de J. Zaragüeta, in: RF(M) 12 (1953) 177–189.
Ferrater Mora, J.: J. Zaragüeta, in: Diccionario de filosofía, Bd. II, BA ⁵1965, 955f.
García Morente, M.: Lecciones preliminares de filosofía, BA ¹⁰1967, 1–48, 342–386.
Guardo, M.: La psicología evolutiva de Piaget, BA 1974.
Guy, A.: Los filósofos españoles de ayer y hoy, BA 1966, 145–151.
–: Historia de la filosofía española, Ba 1981, 381–384.
Höllhuber, I.: Geschichte der Philosophie im spanischen Kulturraum, Mü/Bas 1967, 147–149.
López de Munain, R.: Una nueva exposición de la filosofía como ciencia de la totalidad, in: Verdad y vida 14 (1965) 203–250.
López Quintas, A.: Filosofía española contemporánea, Ma 1970, 186–196.
Metz, J. B.: Glaube in Geschichte und Gesellschaft, Mz 1977, 38ff.
Ribas, P.: Pensamiento filosófico español, in: M. Quintanilla (Hg.): Diccionario de filosofía contemporánea, Sal 1976, 449–525.
Ricoeur, P.: Die Interpretation (¹1965), F 1969, 46.
–: Hermeneutik und Psychoanalyse (¹1969), Mü 1974, 11–14, 68–71.
Schillebeeckx, E.: Offenbarung und Theologie, Mz 1965, 207–224.
Valverde, C.: Los católicos y la cultura española, in: R. García-Villoslada (Hg.): Historia de la Iglesia en España, Bd. V, Ma 1979, 563ff.

JESÚS BERNAL RÍOS
MARIANO DELGADO CASADO

Lateinamerika

EINGRENZUNGEN

Der vorliegende Beitrag kann nicht eine vollständige und detaillierte Beschreibung der neuscholastischen Philosophie in den einzelnen lateinamerikanischen Ländern geben, da ein solches Vorhaben einen größeren Rahmen beanspruchen würde. Es sollen lediglich die wichtigsten Phasen der Geschichte der Neuscholastik im 20. Jahrhundert aufgezeigt und deren Entwicklung seit der Begegnung mit der zeitgenössischen Philosophie vor Augen geführt werden. Diese Begegnung hat nämlich, verbunden mit sozio-kulturellen Faktoren, zur Auflösung der Neuscholastik innerhalb des weiten Spektrums der christlichen Philosophien geführt, die kein ausschließliches Interesse mehr am Denken des hl. Thomas sowie anderer Scholastiker zeigen.[1] Heute wird die Neuscholastik in Lateinamerika nur mehr von wenigen Denkern vertreten.

Bevor ich jedoch konkret werde, erachte ich es als notwendig, das Gebiet der »Filosofía neo-escolástica« einzugrenzen, da nicht alles als neuscholastisch bezeichnet werden kann, was in irgendeiner Weise mit dem hl. Thomas oder den großen Scholastikern zu tun hat. Die Neuscholastik ist vielmehr eine philosophische Richtung, die sich streng an der Enzyklika *Aeterni Patris,* an der Apostolischen Konstitution *Deus Scientiarum Dominus* sowie an anderen späteren päpstlichen Dokumenten orientiert. Ihre Zielsetzung besteht in der Erfüllung von drei wesentlichen Aufgaben: 1. Die Lehre, die grundlegende philosophische Intention und die wichtigsten theoretischen Ansätze des Denkens des hl. Thomas und der großen mittelalterlichen Autoritäten sollen so weit wie möglich wiederhergestellt werden. – 2. Es soll der Dialog mit den verschiedenen Strömungen der abendländischen Philosophie – vor allem aber mit repräsentativen Vertretern des zeitgenössischen Denkens – über die Fragen des Menschen, der Gesellschaft und der Kultur von der Position der Scholastik aus versucht werden. – 3. Das schola-

---

[1] Die Betrachtung dieser Positionen und anderer nicht neuscholastischer Entwürfe der christlichen Philosophie in diesem Jahrhundert wird das Thema eines weiteren Beitrags sein, den ich für den 3. Band des vorliegenden Werkes ausarbeite.

stische Gedankengut, das durch diese Auseinandersetzung erneuert und bereichert wird (will sagen: ein christliches Gedankengut, das in seinen Äußerungen aktualisiert, grundsätzlich aber in der mittelalterlichen Tradition verwurzelt ist), soll der Mentalität des Menschen von heute nahegebracht werden, um ihn zur Transzendenz zurückzuführen. Dieses kulturelle Bestreben also, das entstanden ist aus philosophischen Überlegungen, aus dem Bemühen und der Sorge um das Erziehungswesen sowie aus der Anteilnahme am Publikationswesen und das diese drei Anliegen miteinander verbindet – dieses Bestreben nennen wir hier »Movimento neo-escolástico«. Es ist allerdings nicht überflüssig, sofort anzumerken, daß sich ab den fünfziger Jahren zahlreiche Philosophen, die dieselben Anliegen hatten, nicht mehr als Neuscholastiker bezeichnen wollten.

Auch wenn derzeit noch an einzelnen Orten neuscholastische Philosophie betrieben wird, so läßt sich doch ab den sechziger Jahren ein zunehmender Einflußverlust derselben in allen lateinamerikanischen Ländern feststellen. Die neuscholastische Bewegung in dem von mir definierten Sinn ist gegenwärtig praktisch nicht mehr feststellbar. Es ist heute nicht mehr möglich, wie vor dreißig oder vierzig Jahren, eine relativ einheitliche philosophische Strömung zu nennen, die man als Repräsentantin der katholischen Kirche hinsichtlich ihrer theoretischen Positionen und kulturellen Bemühungen betrachten könnte.

Um die Entwicklung der Neuscholastik und die wichtigsten Ereignisse ihrer Geschichte nachvollziehen zu können, werde ich die wichtigsten Zeitabschnitte folgendermaßen unterteilen:

1. 1918–1940: Phase der Entstehung und der institutionellen Organisierung.
2. 1941–1960: Phase der Expansion und des Dialogs.
3. 1961–1986: Phase der Auflösung und des institutionellen Rückgangs.

ERSTE PHASE: ENTSTEHUNG UND ORGANISATION DER NEUSCHOLASTIK (1918–1940)

Wie ich schon anderswo angedeutet habe,[2] ist die Entstehung der neuscholastischen Philosophie im letzten Drittel des 19. Jahrhunderts mit der Erneuerung und Umstrukturierung des katholischen Lebens verbunden, die von den Päpsten für diese Länder gefordert wurde. Die Neuscholastik diente dabei als das geistige Bildungsgut, das die Priesteramtskandidaten als Basis und als theoretisches Grundgerüst ihrer Kultur erhielten. Sie stellte aber auch das rationale Fundament jener Weltanschauung dar, die den Laien zuteil wurde, die sich in den kirchlichen Lehranstalten ausbilden ließen. Sie besaß so gesehen einen deutlich instrumentalen Charakter, der sich in vielfältiger Weise bis in den Prozeß der Umformung und Auflösung hinein äußerte.

Das geistige Klima in Lateinamerika war während dieser Epoche für eine

---

[2] Vgl. meinen Beitrag *Lateinamerika* (19. Jahrhundert) im vorliegenden Band.

Philosophie, die sich zum Ziel setzte, die geistige Dimension des Menschen neu sichtbar zu machen und deren Öffnung auf die Transzendenz hin zu betonen, ziemlich günstig. Der moderne Geist – sprich: der immanentistische Subjektivismus und Materialismus –, der sich in mehrfacher Weise unter den verschiedenen Formen des Positivismus entwickelt hatte, ließ das kulturelle Leben in eine erdrückende Atmosphäre geraten. Seit dem Ende des letzten Jahrhunderts gewannen daher die antipositivistischen Strömungen kontinuierlich an Einfluß. Der Antinaturalismus französischen Ursprungs (Jules Lachelier [1837–1918], Émile Boutroux [1845–1921] usw.), der Neukantianismus, die diversen Lebensphilosophien und der geistige Realismus der Neuscholastiker hatten einen gemeinsamen Feind: den deterministischen und materialistischen Szientismus innerhalb des gesamten Positivismus. Von diesem versuchte sich die Mehrheit der Katholiken zu befreien und einen Dialog mit jenen Kräften zu finden, die für die Unabhängigkeit und Freiheit des Geistes kämpften.

Es führten jedoch nicht alle antipositivistischen Reaktionen und spiritualistischen Bekenntnisse notwendig zur Erkenntnis einer personalen, weltunabhängigen transzendenten Macht. Viele Neuscholastiker dieser ersten Phase waren jedoch vom Ideal einer absoluten und zeitlosen Wahrheit, die sich durch unerschütterliche Prinzipien systematisieren und in unübertreffbaren Formulierungen ausdrücken läßt, geblendet. Sie unterlagen dadurch einer zweifachen Selbsttäuschung: Einerseits meinten sie, daß das spiritualistische Denken direkt zur Transzendenz führe, und andererseits verfielen sie der Ansicht, daß durch die Wiedergewinnung eines transzendenten Horizonts notwendig die Wiederherstellung einer katholischen Sozialordnung oder zumindest die Wiedereinsetzung der Moral- und Sozialllehren der Kirche als Leitlinien für den Staat verbunden sei. Derartige Auffassungen, gleichzeitig aber auch die Vorurteile und emotionalen Reserven gegenüber der Kirche auf seiten säkularistisch und agnostisch geprägter Andersdenkender bremsten den Dialog zwischen Neuscholastik und anderen Richtungen des Denkens. Darüber hinaus zwangen sie der Neuscholastik erneut einen doktrinären Zug auf. Laizistische Spiritualisten wie z. B. der Uruguayaner Carlos Vaz Ferreira (1872–1958), der Argentinier Alejandro Korn (1860–1936) oder der Chilene Enrique Molina (1871–1956) wiesen den Anspruch der Neuscholastik, die »philosophia perennis« zu sein, zurück. Sie betrachteten auf der anderen Seite jedoch die katholische Kirche als eine Institution unter anderen, die der Kultur aufgrund des Einsatzes ihrer Mitglieder sowie der Dienste, die sie der Gesellschaft leistet, und nicht aufgrund eines axiologischen oder historischen »Apriori« nützlich ist.

Obwohl bereits seit dem ersten Jahrzehnt des 20. Jahrhunderts einige Lehranstalten von universitärem Niveau ihren Philosophieunterricht thomistisch ausrichteten (in Brasilien, Kolumbien, Mexiko usw.), konzentriert sich das philosophische Wirken der Neuscholastiker während dieser ersten Phase vorrangig auf die Kollegien des zweiten Bildungsganges, auf die Diözesanseminare und auf die Ausbildungszentren der Orden.

Zwischen 1920 und 1940 verstärken sich die Aktivitäten der Kirche innerhalb der Universität. Parallel dazu etabliert sich die Neuscholastik. Die großen Orden

(Franziskaner, Dominikaner, Jesuiten usw.) eröffnen in vielen Ländern wieder ihre Studienhäuser. Manche von ihnen, wie z. B. die Zentren der Jesuiten in Bogotá (1922), in S. Miguel (Provinz von Buenos Aires) (1931) und andere in Brasilien, besitzen bald richtige philosophische Fakultäten, die vom Hl. Stuhl anerkannte Grade verleihen können. Es kommt zur Gründung von katholischen Universitäten, so z. B. 1917 in Lima (Peru), 1931 in Bogotá und 1936 in Medellín (beides Kolumbien). Alte philosophische Fakultäten werden revitalisiert (so z. B. die Fakultät der Benediktiner in São Paulo [1922]) und gleichzeitig neue errichtet (z. B. die »Sedes Sapientiae« der Augustiner-Chorherren in São Paulo [1933] und die philosophische Fakultät an der Universidad Católica de Chile [1926]). Weiters entstehen kulturelle Institutionen, die sich am Denken des hl. Thomas orientieren, so etwa die Cursos de Cultura Católica in Buenos Aires (1922), das Instituto de Filosofía in Córdoba (Argentinien) (1933), das Centro Dom Vital in Río de Janeiro (1922) und das Instituto Católico de Estudios Superiores (als Vorläufer der künftigen Universidad Católica) ebenfalls in Río de Janeiro (1932). Zur selben Zeit erscheint eine beträchtliche Anzahl von Zeitschriften, die zwar unterschiedlich spezialisiert und von verschiedener philosophischer Tiefe sind, die aber alle zur Verbreitung der Neuscholastik beitragen.[3] Von diesen seien folgende genannt: *Vozes* (Petrópolis/Brasilien 1907), *Estudios* (Buenos Aires 1911), *El Ensayo* (Bogotá 1916), *A Ordem* (Río de Janeiro 1921), *Arx* (Córdoba 1924), *Criterio* (Buenos Aires 1928), *Revista Javeriana* (Bogotá 1934), *Fascículos de la Biblioteca* (1936) und *Stromata* (S. Miguel/Argentinien, 1937). Diese summarische Aufzählung – ohne Anspruch auf Vollständigkeit – zeigt den starken Impuls, den die neuscholastische Bewegung in dieser ersten Phase auslöste. Um nun aber die Entwicklung derselben in jenen Ländern zu skizzieren, in denen sie bereits jetzt Bedeutung erlangte, muß ich noch einiges hinzufügen. Ich beschränke mich dabei auf Argentinien, Brasilien, Kolumbien und Peru.

In *Argentinien* geht der Impuls zur Neuscholastik von den philosophischen Lehrstühlen an den juridischen Fakultäten, von den neu errichteten philosophischen Fakultäten, vom Seminario Conciliar Interdiocesano, von den Seminaren in Córdoba, Mendoza, La Plata usw. und von einigen anderen kirchlich geleiteten Kulturzentren aus.[4] Unter den führenden Persönlichkeiten verdienen folgende genannt zu werden: José María Liqueno (1877–1926), Philosophiehistoriker und Autor des *Compendio de Psicología Contemporánea* (Córdoba 1919), in dem er sich – ausgehend von seiner thomistischen Position – als guter Kenner und Kritiker der zeitgenössischen Psychologie erweist; Tomás D. Casares (1895–1976), die Seele der Cursos de Cultura Católica und der Begründer einer Rechtslehre von tiefer thomistischer Inspiration, die in seinem Werk *La Justicia y el Derecho* (Buenos Aires 1935), in seinen Vorlesungen, in seiner juristischen Praxis und in

---

[3] Tatsächlich kann keines dieser Periodica heute als spezifisch philosophische Zeitschrift mehr bezeichnet werden. Einige unter ihnen sind allgemeine Kulturzeitschriften, die sich allerdings am neuscholastischen Denken orientieren. Die Zentren Dom Vidal und A Ordem sind erst seit 1923 neuscholastisch geprägt.

[4] Vgl. A. Caturelli: *Filosofía;* M. Gonzalo Casas: *Introducción*, Appendix; L. Farré: *50 años*.

zahlreichen Artikeln dokumentiert ist;[5] César Pico (1895–1966), ein Kritiker des Positivismus und ständiger Verteidiger des kulturellen Erbes griechisch-lateinischer Prägung, das in seiner thomistischen Form für ihn das Rückgrat des argentinischen Nationalbewußtseins darstellt; Nicolás Buil SJ (gest. 1944), ein glänzender Darsteller der scholastischen Philosophie, der jedoch mehr Apologet und Publizist als Berufsphilosoph war; Luis Guillermo Martínez Villada (1886–1956), der Gründer der Zeitschrift *Arx* und Bekämpfer des Positivismus sowie ein eifriger Interpret der *Summa theologiae* und Kritiker des Denkens von J. Maritain; und schließlich Enrique B. Pita SJ (gest. 1956), der geistig und zeitlich gesehen zwischen der ersten und zweiten Phase der Neuscholastik anzusiedeln ist: Über seine Lehrbücher und seine organisatorischen Fähigkeiten war er über die Universität hinaus ein großer Verbreiter des neuscholastischen Denkens.[6] Bezüglich Argentinien ist noch hinzuzufügen, daß der Einfluß Jacques Maritains (1882 bis 1973) während der Jahre 1930 bis 1950 – wie überall in Lateinamerika – sehr groß war.[7]

Die tiefen geistigen Veränderungen in *Brasilien* zwischen 1920 und 1940 fordern auch von den Katholiken eine geistige Erneuerung. Dank dieser wird die Kirche zu einer der wichtigsten strukturierenden Kräfte der neuen nationalen Kultur. Im vollen Bewußtsein um ihre Stellung beeinflußt sie die bedeutendsten geistigen und wirtschaftlichen Zentren des Landes. Die von Jackson de Figueiredo (1891–1928)[8] zugunsten der »Wiederherstellung der geistigen Würde des Katholizismus« bzw. der »Rekatholisierung der Gebildeten« begonnene Bewegung ist innerhalb des thomistischen Denkens vor allem für die beiden wegweisenden Denker des brasilianischen Katholizismus von großer Bedeutung: für Alceu Amoroso Lima (1893–1983), der unter dem Pseudonym Tristão de Athayde bekannt wurde, und für Leonel Franca SJ (1893–1948), der häufig den Titel »geistiger Vater der brasilianischen Inteligencia«[9] erhalten hat. Beide sind kraftvolle Denker mit solider thomistischer Basis. Da sie jedoch für unzählige apostolische und kulturelle Aufgaben herangezogen werden, hinterlassen sie kein umfangreiches systematisches Werk. Sie stellen vielmehr beide – sowohl was die umstandsbedingte Arbeit in der Theorie als auch was die Organisation und Leitung der praktischen Aufgaben betrifft – den Prototyp einer führenden Persönlichkeit innerhalb der lateinamerikanischen Kultur dar. Franca ist der Gründer und die Seele der Universidad Católica von Río de Janeiro; Lima hingegen der Leiter des Centro Dom Vital und der Zeitschrift *A Ordem*, die beide von Jackson de Figueiredo und einer Gruppe von Benediktinern gegründet wurden, die später mit Lima zusammenarbeiten sollten. Franca ist vom Denken A. D. Sertillanges (1863–1948) und J. Maréchals (1878–1944), Lima von J. Maritain beeinflußt.

---

[5] Vgl. Universitas (BA 1975) Juli/September-Heft: FS Tomás D. Casares.
[6] Vgl. Ciencia y Fe (S. Miguel 1957) 173ff. Eine gute Zusammenfassung seines Denkens findet sich in seinem Werk *Problemas Fundamentales de Filosofía*, BA 1952.
[7] Vgl. J. Perdomo García: *Maritenismo*.
[8] Vgl. A. Amoroso Lima: *Jackson*, in: A Ordem 76 (1981) 34–63, 68ff.; Verbum 28 (Rio 1971) 179ff.
[9] Vgl. Verbum 29 (Rio 1972) 149; 5 (1948) Heft 4: P. Leonel Franca gewidmet; siehe außerdem L. G. da Silveira D'Elboux: *O Padre Leonel Franca*.

(Lima übersetzte Maritains Werke ins Portugiesische und verarbeitete sie in brillanter Form.[10]) Unter den Werken Francas muß man die *Noçoes de Historia de la Filosofía* (1918; zahlreiche Auflagen), seine Artikel über das thomistische Denken, vor allem den Beitrag *Caracteres fundamentais do Tomismo* (1933), und sein Werk *A Crise do mundo Moderno* (1941) nennen. Letzteres ist eine der besten Arbeiten in portugiesischer Sprache über die Philosophie der Kultur.[11]

In *Kolumbien* kann während dieser ersten Periode auf drei Zentren verwiesen werden, in denen sich die neuscholastische Philosophie auf nahezu universitärem Niveau entfaltete: das Colegio Mayor de Nuestra Señora del Rosario (Bogotá) mit Lehrstühlen für Philosophie an der Fakultät für Philosophie und Geisteswissenschaft und an der juridischen Fakultät (es hatte Kontakt mit den Neuscholastikern aus aller Welt);[12] die Facultad Eclesiástica de Filosofía, die 1922 im Colegio Maximo der Gesellschaft Jesu in Bogotá gegründet und später in die 1931 wiederhergestellte Universidad Javeriana integriert wurde; und die 1936 in Medellín ins Leben gerufene Universidad Católica Bolivariana, an der seit Anbeginn eine Fakultät für Philosophie und Geisteswissenschaft scholastischer Prägung bestand.

Die *Revista del Colegio Mayor de Nuestra Señora del Rosario*, die 1905 gegründet wurde und die bis heute regelmäßig erscheint, gestattet es, die Leistungen und das wechselhafte Schicksal der philosophischen Arbeit dieses Zentrums nachzuvollziehen, das übrigens in dieser ersten Zeit auf der »Reinheit der Lehre« des Thomismus bestand, diesen jedoch trotz besagter Insistenz in einem weiten Sinn auslegte und aus den internen Sachdifferenzen der Neuscholastik heraushalten wollte.[13] Die unmittelbare Arbeit an den Quellen der Scholastik ist bescheiden. Im allgemeinen haben die Schüler nicht einmal Zugang zu den wichtigeren Schul- und Handbüchern der Neuscholastiker, d. h. zu Werken, die vorwiegend lateinisch oder französisch verfaßt sind, und selbst die Professoren interessieren sich mehr für die Projektion der »doctrina tomista« auf die allgemein kulturellen Probleme der Zeit als für das direkte Studium der Werke des hl. Thomas. Die Persönlichkeit von Msgr. Rafael M. Carrasquilla (gest. 1930) bestimmt während der ganzen ersten Phase die geistige Orientierung des Zentrums.[14] Gegen Ende dieser Periode zeichnet sich eine Krise der Facultad de Filosofía y Letras ab, die einige Jahre später sogar zur Schließung derselben für einen langen Zeitraum führt. Die philosophischen Studien konzentrieren sich daraufhin auf die Facultad de Derecho.

Die philosophische Fakultät an der Universität Javeriana, die ursprünglich nur

---

[10] Vgl. A. Amoroso Lima: *Maritain;* A. S. de Oliveira: *Maritain.*
[11] Vgl. L. Franca: *Obras Completas,* 15 Bde., Rio 1956, hier bes. Bd. I, V und IX; A. Amoroso Lima: *Obras Completas,* 35 Bde., Rio 1960; H. C. de Lima Vaz: *Pensamento Filosófico;* FS A. Amoroso Lima in: A Ordem 79 (1984) und Vozes 79 (Petrópolis 1984).
[12] Vgl. die verschiedenen Beiträge von J. L. Perrier in der Revista del Colegio Mayor de Nuestra Señora del Rosario 1 (1905) 357ff.; 6 (1910) 449ff.
[13] Vgl. ebd. 12 (1916); 16 (1921); 18 (1923); 26 (1931); 34 (1939).
[14] Über Carrasquilla vgl. meinen Artikel *Lateinamerika* (19. Jahrhundert) im vorliegenden Band. Siehe außerdem: G. Marquínez Argote: *Filosofía,* 26ff.

der Ausbildung von Jesuiten vorbehalten war, gewährte einige Jahre später auch dem Weltklerus und den Ordensgeistlichen Zutritt und ließ schließlich sogar Laien zu. Während mehr als 35 Jahren wurde hier Philosophie in lateinischer Sprache doziert. Für die Ausbildung wurden die bekanntesten neuscholastischen Handbücher herangezogen, wie z. B. die *Institutiones philosophicae* von Juan José Urráburu (1844–1904), die bis ungefähr 1935 als Hauptquelle dienten, und die *Philosophia Moralis* von Viktor Cathrein (1845–1932), die allerdings in den fünfziger Jahren durch die *Institutiones metaphysicae generalis* von Pierre Descoqs (1877–1946) abgelöst wurden. Während dieser ersten Phase lag das Hauptgewicht des Studiums auf der Beschäftigung mit den systematischen Traktaten. Auf die Geschichte der Philosophie bezog man sich nur gelegentlich. Der Suarezianismus, der während der ersten fünfzehn oder zwanzig Jahre die geistige Einstellung bestimmte, wurde später durch den Thomismus abgelöst, der an der Gregoriana in Rom maßgebend geworden war. Gegen Ende der ersten Periode beginnen die Studenten mit der direkten Arbeit an den Texten der großen Klassiker. Außerdem wird eine hervorragend ausgestattete Bibliothek errichtet, die allen Mitgliedern der Fakultät zur Verfügung steht und die Möglichkeit eröffnet, in weiterem Rahmen zu forschen.[15]

Die Universidad Católica Bolivariana – die den Anlaß ihrer Gründung übrigens einer ideologischen und administrativen Krise innerhalb der staatlichen Universität des Departments von Antioquia verdankt – orientiert sich von Anfang an nach dem Thomismus. Doch wie sonst auch in den lateinamerikanischen Universitäten, arbeiteten die Studenten nicht unmittelbar mit Texten des hl. Thomas oder anderer großer Philosophen, sondern mit den Zusammenfassungen der Handbücher, die von einer kleinen Anzahl von Professoren im Unterricht erklärt wurden. Es muß zugleich aber darauf hingewiesen werden, daß dank dieser Universität die aktuellen Informationen über das katholische Denken in aller Welt und speziell über die Entwicklung der Philosophie in Lateinamerika eine große Verbreitung fanden. Die Zeitschrift *Universidad Católica Bolivariana* (1937ff.) publizierte jahrelang wertvolle Nachrichten zur lateinamerikanischen Philosophiegeschichte.

Auch in *Peru* muß das Schicksal der Neuscholastik im Zusammenhang mit der großen Erneuerungsbewegung des peruanischen Katholizismus gesehen werden, die mit einigen Verzögerungen in den zwanziger Jahren begann. Bei dieser Erneuerung ging es um eine katholische Geisteshaltung spezifischer Art für die peruanische Kultur. Man glaubte, wie es später Víctor A. Belaúnde, eine der zentralen Figuren besagter Reformbestrebungen, formuliert hat, daß »sich der Katholizismus an den Wurzeln und Gipfeln unserer Nation befindet. Er umfaßt und erhält unsere kollektive Seele.«[16] Wie in fast allen Ländern des Subkontinents erkennen auch die christlichen Intellektuellen Perus, daß es um den Beitrag des Katholizismus bei der Bildung des neuen Nationalbewußtseins ging. Dazu lieferte ihnen die Neuscholastik ein theoretisches Fundament. Sie trägt daher auch eine

---

[15] Vgl. F. Ramírez Muñoz: *Genealogía*.
[16] *La realidad Nacional*, 283.

Mitverantwortung für die Folgen und Grenzen dieser Erneuerungsbewegung. Mit der Gründung der Universidad Católica del Perú (1917), die zunächst auf eine kleine Zahl von Studenten und Absolventen der geisteswissenschaftlichen und juridischen Fakultät beschränkt bleibt, wird die institutionelle Basis für die Entfaltung des neuscholastischen Denkens in den folgenden Jahrzehnten geschaffen.

Zu den Initiatoren gehört der Spanier Emilio Huidobro, Autor mehrerer philosophischer Bücher für die Universität, die vom *Cours de philosophie* Kardinal Désirée Merciers inspiriert sind. Seine beiden Werke *Programa analítico razonado de Metafísica* (Lima 1923) und *Programa analítico razonado de Psicología* (Lima 1924) fanden große Verbreitung. Dieselbe Denkrichtung verfolgte Carlos Rodríguez Pastor (geb. 1900), der Autor eines *Curso de Moral* (Lima 1938), und Luis Lituma (geb. 1908), ein hervorragender Kenner des thomasischen Werkes sowie der Übersetzer und Kommentator von *De ente et essentia*. In der zweiten Hälfte der dreißiger Jahre trat Lituma als Verfasser einer *Metafísica* (Lima 1937) und einer *Psicología* (Lima 1938) auf, die auch an den Universitäten verwendet wurden. Weiters ist Mario Alzamora Valdés (geb. 1909) zu nennen, der sich von thomistischer Position aus mit der Phänomenologie, der Wertphilosophie und dem Existenzialismus auseinandersetzte. Die *Revista de la Universidad Católica del Perú* (gegründet 1932) stellt eine gute Informationsquelle für die geistige Entwicklung dieser Institution dar.[17]

In *Mexiko* wurden die philosophischen Aktivitäten der Katholiken während dieser Periode durch die oftmals gewaltsame Konfrontation zwischen dem aus der Revolution hervorgegangenen Staat und der Kirche, dem Symbol tiefer Gefühle und Überzeugungen für die Seele des Volkes, gehemmt. Die Bildung des mexikanischen Klerus erfolgte großteils in den verschieden organisierten Zentren des Auslandes. Trotzdem gab es einige Professoren an der juridischen und philosophisch-geisteswissenschaftlichen Fakultät an der Universidad Nacional, wie z. B. Ignacio Bravo Betancourt (1875–1944), die das metaphysische und rechtliche Denken des hl. Thomas unterstützten.

Während dieser ganzen ersten Phase richtet sich die philosophische Tätigkeit in Lateinamerika nicht primär auf die Erforschung des Denkens der großen Philosophen, sondern auf die Ausbildung von Lehrkräften in Richtung auf eine humanistische Gesinnung. Speziell in den katholischen Universitäten ist man hingegen vor allem darauf bedacht, Lehrkräfte für das Baccalaureat bzw. Seelsorger und Pastoralassistenten mit neuscholastischer Weltanschauung heranzubilden. In der Praxis handelt man in der Annahme, daß es nicht die Aufgabe der philosophischen Fakultäten ist, das Denken spekulativ zu erweitern, sondern lediglich (bei aller Nuancierung, Anwendung und lokaler Aktualisierung) zu übernehmen und zu verbreiten – und zwar in geistiger Abhängigkeit von den damals führenden Universitäten, vor allem denen in Rom und in Löwen. In der Begegnung mit der zeitgenössischen Philosophie überwiegt die apologetische Haltung: Man studiert die verschiedenen modernen Richtungen einzig zu dem Zweck, deren Irrtümer aufzudecken und anzuprangern, bzw. mit der Absicht, vereinzelte gemein-

---

[17] Vgl. J. Basadre: *Perú*; A. Salazar Bondy: *Historia*, Bd. II, 225ff., 381ff.

same Inhalte herauszuheben, die den Wahrheitsanspruch der »philosophia perennis« bekräftigen.[18] Trotzdem haben die Bemühungen während dieser Jahre die Entfaltung der philosophischen Arbeit in technischer und inhaltlicher Hinsicht gefördert und überhaupt erst möglich gemacht.

ZWEITE PHASE:
EXPANSION UND DIALOG (1941–1960)

Während der dreißiger Jahre war es vor allem das Verdienst der Neuscholastik, daß die lateinamerikanischen Länder den Anschluß an die philosophischen Strömungen der ganzen Welt fanden. Die Bedeutung und Kraft der neuscholastischen Philosophie innerhalb dieses Prozesses wurde auch von den führenden Philosophen der damaligen Zeit anerkannt. Nicht von ungefähr fand der erste Congreso Nacional de Filosofía Argentiniens in Mendoza statt. Unter den Organisatoren des Kongresses waren mehrere Neuscholastiker, ebenso unter den Teilnehmern.[19] Während dieser Periode verfallen, konsolidieren und verändern sich die katholischen Universitäten, Zentren und höheren Bildungsanstalten, die bereits früher gegründet wurden, in erstaunlichem Ausmaß. Allein in Brasilien zählt man ab 1956 insgesamt 35 katholische Fakultäten für »Filosofía, Ciencias y Letras«, was wiederum 65 Prozent der gleichnamigen Fakultäten im ganzen Land ausmacht.[20] Mexiko, eines der kulturell aufstrebendsten Länder dieser Zeit, findet zu einer stabilen Form der Koexistenz von revolutionärem Staat und katholischer Kirche und ebnet so den Weg für die Wiederherstellung alter katholischer Bildungszentren sowie für die Errichtung neuer Institutionen. Weiters wird dadurch eine starke Präsenz neuscholastischen Gedankengutes in den öffentlichen Zentren ermöglicht. Zumeist sind die Lehrkräfte, aber auch die kulturellen Institutionen christlicher – zumeist neuscholastischer – Prägung führend unter den philosophisch-kulturellen Einrichtungen Lateinamerikas. Häufig entstehen letztere im Umfeld der »Facultades de Filosofía y Letras«, wie z. B. die Institutos de Cultura Humanística Superior, die Sociedades nationales de Filosofía und die nationalen und internationalen Philosophiekongresse. Zu diesem Zeitpunkt werden die philosophischen Disziplinen in vielen Ländern durch gute institutionelle Infrastrukturen gestützt und in ernster und zielbewußter Weise betrieben. Sie

---

[18] Zwei extreme, jedoch nicht allein dastehende Beispiele für dieses vorwiegend doktrinäre und bezüglich der Philosophie rein transmissive Denken lassen sich einerseits aus den philosophischen Katechismen von José María Pérez OFM und andererseits aus der hohen Bewertung der Disputationen verschiedener Autoren aus Europa über die neuscholastische »Rechtgläubigkeit« ersehen, wie sie sich im Werk Tomistas y Tomistas von J. Rosanas SJ sowie in mehreren (vorwiegend argentinischen) Zeitschriften findet. Vgl. J. M. Pérez: Catecismo de Filosofía, Bogotá 1939; ders.: Catecismo de Historia de la Filosofía, Usaquén/Cundinamarca (Kolumbien) 1942; J. Rosanas: Tomistas y Tomistas, BA 1942. Diese drei Werke fanden in den katholischen Zeitschriften seinerzeit großes Lob.
[19] Vgl. Actas del Primer Congreso Nacional de Filosofía, 3 Bde., BA 1950.
[20] Vgl. Verbum 14 (1957) 466ff.

gelten daher als prägende Kraft aller universitären Aktivitäten und darüber hinaus des ganzen damaligen Denkens in Lateinamerika.[21]

Während dieser zweiten Periode erhält die Neuscholastik den Dialog mit den verschiedenen Denkrichtungen aufrecht, die alle um einen vorrangigen Platz im geistigen Selbstfindungsprozeß ihrer Länder bemüht sind. Ein solcher Dialog zwingt die Neuscholastiker, den spezifisch philosophischen Charakter ihrer Arbeit zu vertiefen und in der Tradition ihrer jeweiligen Schulen jenes geistige Vermögen zu wecken, das es den großen Denkern wie Thomas, Bonaventura, Scotus und Suarez gestattete, ihre Zeit aus dem Glauben heraus zu begreifen, ohne dabei auch nur für einen Augenblick auf die grenzenlose Suche zu verzichten, die von der Philosophie erwartet wird. Diese Vertiefung in das eigene philosophische Sein und die Entscheidung, sämtliche sozio-kulturellen Strömungen Lateinamerikas in die eigenen Überlegungen einzubeziehen, gewinnen eine starke Rückwirkung auf die breite Entwicklung der Neuscholastik. In der Konfrontation mit den Problemen der Zeit beginnt sie, in den Lebens- und Kulturphilosophien, in der Phänomenologie, im Existentialismus und in anderen Denkrichtungen neue Lösungsmöglichkeiten zu entdecken, die sich von den traditionellen der Schule grundsätzlich unterscheiden. Dieser Weg mündet allerdings in einer großen Skala von Versuchen, eine neue Art des philosophischen Diskurses herzustellen, der vorgibt, mit dem Glauben identisch zu sein, welcher seinerseits immer neu aktualisiert werden muß. Wo jedoch die Neuscholastik diesen Punkt erreicht, verschwindet sie aus dem philosophischen Horizont Lateinamerikas oder konzentriert sich nur mehr auf die Arbeit weniger Denker. Es ist freilich schwierig, chronologisch genau anzugeben, bis wann die Neuscholastik in Lateinamerika – wo sie übrigens immer eine ausschließlich kontinentale Strömung darstellt – als vorherrschendes Modell der philosophischen Diskurse christlicher Prägung gilt und ab wann sie in den Hintergrund tritt. Deshalb sind auch die Grenzen zwischen der zweiten und dritten Phase fließend.

Die drei hervorstechenden Merkmale dieser zweiten Phase sind jedoch folgende: die Bemühung, sich in die Quellen der christlichen Philosophie zu vertiefen, die stete Annäherung an die zeitgenössische Philosophie und die Expansion auf zahlreiche Universitäten. Ich werde mich darauf beschränken, einige Daten, die diese Merkmale verdeutlichen, anzuführen:

Was die Vertiefung in die Quellen des scholastischen Denkens und die Annäherung an die moderne Philosophie betrifft, so zähle ich folgende Beispiele auf:
1. Die Publikationen der philosophischen und theologischen Fakultäten in San Miguel (Argentinien), unter denen folgende hervorgehoben zu werden verdienen: die Übersetzungen und Kommentare zu den Werken des hl. Thomas wie der *Tratado sobre la unidad del entendimiento, contra los averroistas* (1945) und die Übersetzung des *Tratado sobre el alma* (1944) des Aristoteles; die *Summa Philosophica Argentinensis* (1943; ⁴1953), ein scholastischer Philosophiekurs in lateini-

---

[21] Ein typisches Beispiel bietet das brasilianische Universitätsgesetz. Vgl. dazu die Artikel von Beda Kruse OSB in: Kriterion 5 (Belo Horizonte 1952) 125, 320–342; 6 (1953) 77–107, 380–417; siehe ebenso J. Barceló Larraín: *La actividad filosófica*; F. Miró Quesada: *Despertar y proyecto*, 25–74.

scher Sprache, der als Grundlage im Unterricht diente; die zahlreichen Bände über verschiedene philosophische Themen in verschiedenen Sammlungen,[22] und schließlich die wertvollen Artikel in der Zeitschrift *Ciencia y Fe,* die ab 1944 erschien.[23] – 2. Die Publikation der Zeitschrift *Ortodoxia* (Buenos Aires 1942), die im Zusammenhang mit den wichtigen Cursos de Cultura Católica zu sehen ist; das 1946 gegründete Periodicum *Sapientia,* das bis heute ohne Unterbrechung erscheint und das sich, ähnlich wie die Zeitschrift *Ortodoxia,* auf das Studium und die zeitgerechte Vermittlung des Denkens des hl. Thomas konzentriert; die Veröffentlichung einiger Hauptwerke von Octavio Nicolás Derisi (geb. 1907)[24] sowie der wertvollen Arbeiten von Diego F. Pro (geb. 1915) über Thomas und Aristoteles bzw. über die thomistische Philosophie, die als »Cursos de Tomismo« am Instituto de Filosofía entstanden und erstmals in der Zeitschrift *Philosophia* der Universität von Cuyo abgedruckt wurden. – 3. Die brasilianische Übersetzung und Edition der *Summa theologiae* des hl. Thomas durch Alexandre Correia; die Bücher und Artikel von Leonardo Van Acker (1896–1986) sowie die meisten Arbeiten der Gruppe von Professoren an der neuen Fakultät der Benediktiner in São Paulo; die Veröffentlichung der philosophischen Werke des international bekannten brasilianischen Thomisten Maurilio T. L. Penido in seiner Heimat, und die portugiesische Übersetzung seines Hauptwerkes über die Analogie des Seins (Petrópolis 1946); die Arbeit von Constantio Koser OFM und der Franziskaner von Petrópolis über die Aktualisierung des Denkens von Duns Scotus in den fünfziger Jahren; die Gründung des Instituto Brasileiro de Filosofía (1949) und seiner *Revista Brasileira de Filosofía,* die weder ausschließlich scholastisch noch katholisch war und deshalb allen Denkrichtungen als Publikationsorgan zur Verfügung stand, von Anfang an jedoch einen engen Kontakt mit christlichen Philosophien pflegte und diesen als Stimulus für ihre philosophische Tätigkeit bzw. als Ort der Auseinandersetzung mit anderen Denkrichtungen diente.[25] – 4. Die von den Professoren der Universidad Nacional Autónoma de México geleistete Arbeit, die eine klar neuscholastische Linie verfolgte: von Oswaldo Robles (geb. 1904), Autor eines *Esquema de Ontología* (1941), eines *Esquema de Antropología Filosófica* (1942), einer *Propedeútica Filosófica* (1943), einer *Introducción a la Psicología Científica* (1948) usw., und von Antonio Gómez Robledo

---

[22] Unter diesen müssen die 24 Bände der *Suma Teológica* (1944–1950) und die *Suma Contra los Gentiles* (1951) des hl. Thomas auf spanisch »con notas, explicaciones y comentarios« genannt werden.

[23] Auch wenn ein Zusammenhang und sogar Identität zwischen diesen Publikationen besteht, so sei doch unterschieden: 1. die Zeitschrift *Ciencia y Fe,* herausgegeben von der philosophischen und theologischen Fakultät des Colegio Máximo de San José (San Miguel, Argentinien), die dreimal jährlich erscheint und seit Januar 1944 zwei andere Periodica ersetzt, nämlich die *Fascículos de la Biblioteca* und die *Stromata;* 2. die Zeitschrift *Stromata. Ciencia y Fe* (von denselben Fakultäten herausgegeben), die seit Januar 1965 an die Stelle der *Ciencia y Fe* getreten ist.

[24] Wir werden diesen Autor in der dritten Phase behandeln. Während der Jahre der zweiten Phase erschienen von Derisi jedoch folgende Werke: *Los fundamentos metafísicos del orden moral* (1941); *La doctrina de la inteligencia en Aristóteles y en San Tomás* (1945); *Tratado de Existencialismo y Tomismo* (1956) und *Autopresentación filosófica* (1952).

[25] Vgl. F. Arruda Campos: *Tomismo;* A. C. Vaillaça: *Pensamento Católico;* H. C. de Lima Vaz: *Pensamento Filosófico;* A. V.: *Rumos da Filosofía.*

(geb. 1908), eines von J. Maritain und É. Gilson stark beeinflußten Denkers und guten Kenners der griechischen Philosophie, der die *Etica a Nicómaco* und die *Política* (1963) des Aristoteles übersetzte und zahlreiche Werke über Philosophie der Politik wie z. B. *Política de Vitoria* (1940) und *Meditación sobre la Justicia* (1936) verfaßte; der *Cursus Philosophicus Collegii Maximi Ysletensis Societatis Jesu* (1951), der in zahlreichen Ländern Verwendung fand und von Julio Dávila, Santiago Morán und Rafael Martínez del Campo ausgearbeitet wurde; die Konfrontation des Neuthomismus mit der zeitgenössischen Zivilisation und Anthropologie, die von José M. Gallegos Rocafull (in: *El Orden Social según la doctrina de Santo Tomás*, ²1947; *La visión cristiana del mundo económico*, 1959; usw.) und José Sánchez Villaseñor SJ (in: *El drama de la Metafísica*, 1940; *José Ortega y Gasset; Pensamiento y Trayectoria*, 1943) durchgeführt wurde;[26] die Gründung der Zeitschrift *Ecclesiastica Xaveriana* (1951), des Organs der kirchlichen Fakultäten der Pontificia Universidad Javeriana in Bogotá, wo während mehr als 15 Jahren zahlreiche wichtige philosophische Arbeiten publiziert wurden;[27] und schließlich das streng und gleichzeitig leidenschaftlich gestimmte metaphysische Werk des chilenischen Denkers Clarence Finlayson Elliot (1913–1954), dessen aktualisierende Deutung des hl. Thomas fast ganz Amerika erreichte und dessen Gedanken außer in zahlreichen Artikeln in den beiden Büchern *Dios y la filosofía* (Medellín 1945) und *Hombre, Mundo y Dios. Visión Cristiana de la Existencia* (Bogotá 1953) zu finden sind.[28]

Das Interesse für die Geschichte der Philosophie, das sich in dieser Periode intensiv entwickelt, ist sowohl mit der Bemühung verbunden, einen kritischen Dialog mit der zeitgenössischen Philosophie zu erhalten, als auch auf dem Hintergrund der kulturellen Selbsterkenntnis und Selbstbehauptung zu sehen, die in diesen Jahren im geistigen Leben Lateinamerikas zu einem entscheidenden Anliegen wurden. Einer der spanisch-argentinischen Protagonisten des Dialogs mit der zeitgenössischen Philosophie, Ismael Quiles SJ (geb. 1907), definiert die Notwendigkeit, die Funktion und die Charakteristika des besagten Dialogs für die Katholiken folgendermaßen: »Derjenige, der eine katholische Erziehung vermitteln will, muß vor allem die aktuelle Philosophie kennen, und es genügt für ihn nicht, lediglich das philosophische Rüstzeug einer christlichen Philosophie aufzuweisen, auch nicht jenes, das ihm die scholastische Philosophie verschafft... Der katholische Lehrer muß das zeitgenössische Denken nicht nur kennen, sondern auch *bewerten*... [Diese Bewertung] besteht darin, die irrigen und gefährlichen Elemente der Gegenwartsphilosophie von den nützlichen und wertvollen zugunsten einer integralen Philosophie des Menschen zu unterscheiden. Wir können nicht voraussetzen, daß unsere christliche Philosophie in allen Aspekten der ›rationa-

---

[26] Vgl. O. Robles: *El movimiento;* J. R. Sanabria: *Panorama Filosófico;* H. González Uribe: *José Sánchez Villaseñor.*
[27] Ab 1975 erhält dieses Periodicum als Zeitschrift der theologischen Fakultät den Namen *Theologica Xaveriana.*
[28] Vgl. F. Astorquiza Pizzaro (Hg.): *Bio-Bibliografía.* Von diesem Werk existiert bereits eine Ergänzung mit Appendices und Daten bis 1984 (Santiago 1985).

len‹ Erkenntnis des Menschen vollkommen ist, und es ist deshalb möglich, auch bei nichtkatholischen Denkern Anleihen zu machen...«[29]

Aufbauend auf den Anschauungen von I. Quiles widmete sich der Großteil der Neuscholastiker dieser Epoche mit Enthusiasmus dem Studium und der Aneignung der zeitgenössischen Philosophie, soweit sie mit dem Glauben nicht unvereinbar erschien. Das Thema und der Bezugspunkt dieses Dialogs ist die integrale Auffassung vom Menschen, d. h. des Menschen als Sein, das gleich ursprünglich mit der materiellen Natur und mit der Transzendenz verbunden ist und sich als stetes Schaffen von Kulturformen vollzieht. Die Richtungen, die Nuancen und die Akzente dieses Dialogs sind sehr verschieden. Die Resultate desselben spiegeln sich in den erreichten Grundpositionen der folgenden Phase wider. Der maßgebende Unterschied zwischen der zweiten und dritten Phase zeigt sich prinzipiell aber in der ausdrücklich systematischen und kritisch-apologetischen Position, die durch den Dialog mit der Philosophie der Gegenwart in der zweiten Periode errungen wird. Die starke Anwesenheit lateinamerikanischer Neuscholastiker bei allen philosophischen Ereignissen – nationaler, internationaler und weltumspannender Art – ist vielleicht das deutlichste Zeichen für deren Interesse, den Kontakt mit der modernen Philosophie zu pflegen. Ein weiteres Zeichen dieses Interesses ist die ständig steigende Anzahl von Artikeln zur Gegenwartsphilosophie. Ein Blick in die Indices der scholastischen Zeitschriften dokumentiert dies bereits. Weiters läßt sich eine rege Aufmerksamkeit fast aller Periodica bezüglich bibliographischer Informationen zu den neuen philosophischen Strömungen feststellen.[30] Außerdem bemühen sich viele Professoren um die Übersetzung und Ausarbeitung von Philosophiegeschichten universaler und lokaler Thematik. Schließlich teilen die Neuscholastiker mit den meisten lateinamerikanischen Philosophen nicht nur die Anteilnahme am zeitgenössischen Denken, sondern auch an den Bemühungen, die kulturellen Wurzeln Amerikas neu zu entdecken.[31]

Hauptziel der neuscholastischen Bewegung bleibt freilich die Ausbildung von Professoren christlicher Gesinnung. Alle Bestrebungen im philosophischen Bereich, die ich bis jetzt aufgezählt habe, dienen letztlich der erzieherischen Aufgabe an den Universitäten und Kollegien. Auf dieses Ziel ist zu einem beträchtlichen Anteil selbst die philosophische Tätigkeit ausgerichtet. Nicht von ungefähr tragen die philosophischen Fakultäten häufig die Namen »Facultad de Filosofía,

---

[29] *Educación católica y filosófica actual,* in: Latinoamerica. Revista mensual de Cultura y Orientación (Mexiko 1954) 370ff. Ähnlich äußerte sich Quiles in seinem Vortrag *Filosofía Existencial y Filosofía Escolastica* am Congreso Internacional de Filosofía in Barcelona 1948 (publiziert als Appendix in: I. Quiles: *Sartre y su Existencialismo,* BA 1952).

[30] Vgl. A. V.: *Muestra Bibliográfica;* A. V. (hg. I. Quiles): *Bibliografía.*

[31] Als Beispiele erwähne ich: R. Insúa Rodríguez: *Historia de la Filosofía en Hispanoamérica,* Guayaquil (Ecuador) 1949; A. Versani Velloso: *Introduçao a História da Filosofía,* Rio 1947; O. Robles: *Filósofos Mexicanos del siglo XVII. Contribución a la historia de la filosofía en México,* Mexiko 1950; J. Vélez Correa: *Historia de la Filosofía Antigua y Medioeval,* Bogotá, 1961; ders.: *Historia de la Filosofía Moderna y Contemporánea,* Bogotá 1965 (eine kürzere Fassung erschien bereits 1959); ders.: *Proceso de la Filosofía en Colombia,* in: Revista de la Universidad de Antioquia 36 (1960) 869–1012. Die Werke von Pater Vélez spiegeln mit ihrer wertenden Position in exemplarischer Weise die Haltung der Neuscholastiker dieser Zeit gegenüber der Geschichtsphilosophie wider.

Letras y Pedagogía«, »Filosofía, Ciencias y Educación« oder »Filosofía, Humanidades y Educación«. Die große Vermehrung der Zentren dieser Art während der zweiten Phase haben wir schon erwähnt. Es waren über hundert »Cursos« oder »Textos« neuscholastischer Philosophie, die für das Baccalaureat in diesem Zeitraum herausgegeben wurden.

DRITTE PHASE:
AUFLÖSUNG UND KONZENTRATION (1961–1986)

Während der sechziger Jahre vollziehen sich in der geistigen Ausrichtung und in der kulturellen Praxis der katholischen Universitäten, der Seminare sowie der kirchlich geführten Kultur- und Forschungszentren große Veränderungen. Es genügt, die katholischen Universitäten zu betrachten, die wieder geöffnet werden, wie z. B. diejenige von San Bonaventura y Santo Tomás in Bogotá, bzw. in Zentralamerika (Guatemala, El Salvador, Nicaragua, Panama) oder auf den Antillen (Dominikanische Republik, Puerto Rico) neu errichtet werden; oder auf die Centros de Estudios Eclesiásticos (d. h. auf die zahlreichen Seminare und Ordensscholastikate) zu achten, die sich neu strukturieren, und die zahllosen Neuformulierungen der Studienpläne an den philosophischen Fakultäten vor Augen zu führen, um festzustellen, daß die Neuscholastik nicht mehr als Inspirationsquelle der neuen Zentren und Studienpläne fungiert.[32] Es läßt sich sogar in vielen Fällen das ausdrückliche Bemühen erkennen, von den charakteristischen Denkweisen der neuscholastischen Werke abzurücken. Die Ausrichtung des Philosophiestudiums wird jetzt von einer neuen Generation von Professoren bestimmt, die lange Jahre an europäischen Universitäten studiert und ihr Verständnis einer möglichen christlichen Philosophie in einer gegenüber der Neuscholastik anderen Form definiert haben. Diese Professoren, die in unmittelbarem Kontakt mit den neuesten Strömungen des europäischen Denkens wie z. B. mit der Phänomenologie, der Existenzphilosophie, dem Marxismus, dem Strukturalismus und den verschiedenen Richtungen der Erkenntnis- und Wissenschaftstheorie stehen, verbannen die neuscholastischen Handbücher aus ihrem Lehrprogramm. Da sie die apologetischen Vorurteile gegenüber den zeitgenössischen Philosophien und überhaupt gegenüber der ganzen nachscholastischen Tradition abgebaut haben, bemühen sich die Philosophen dieser Generation, die entweder selbst die genannten Philosophien vertreten oder ihnen kritisch-seriös gegenüberstehen, intensiv um eine neue Sprache und eine neue Art des Diskurses, der zwar nicht immer streng und technisch gesehen philosophisch ist, ihnen jedoch ermöglicht, im Hinblick auf einen vertieften Glauben mit dem lateinamerikanischen Leben ihrer Zeit eins zu werden und in ihm zu wirken. Diese Einstellung, die an unzählige und komplexe sozio-kulturelle Anlässe gebunden ist, führt während dieser Phase auf der anderen Seite zu einem gewissen Konsolidierungsprozeß

---

[32] Als Illustration für einen besonderen Fall, der in gewisser Weise jedoch modellhaft ist, vgl. P. Ramis Muscato: *Las Cátedras de Filosofía en Venezuela*, Mérida 1975, 66, 150–170, 183.

rigoroser philosophischer Haltungen gegenüber den ideologisch-doktrinären Anliegen der kulturellen oder pastoralen Praxis. In einigen Zentren konzentriert sich daher die philosophische Arbeit auf eine spezifisch »professionelle« Reflexion und Ausbildung, die jedes oberflächliche Reden über eine Sache zurückweist, was wiederum Verständnisprobleme für Außenstehende schafft. In anderen Zentren arbeitet man hingegen nahezu ausschließlich im Hinblick auf Ausbildung, d. h. ohne kreativen Antrieb. Einige Fakultäten oder Institute schließen sogar als Folge der von ihren Institutionen neu festgelegten Prioritäten.

Dieselbe geschichtliche Entwicklung, die wir in der Lehrtätigkeit feststellen können, gilt auch für die Zeitschriften, die in dieser Phase erscheinen. Sowohl die alten als auch die neuen Organe der katholischen Zentren beschäftigen sich nur mehr gelegentlich mit dem thomistischen oder scholastischen Denken. Wenn sie es aber tun, so geschieht dies nicht, um die Lehrpositionen der Scholastiker zu verteidigen, sondern um den Inhalt und die Bedeutung ihrer Philosophie aus historischer Perspektive darzulegen. Ich zitiere einige Titel als Beispiele: *Kriterion* (gegründet 1947), eine Zeitschrift der Facultad de Filosofía y Ciencias Humanas der Universidad Federal de Minas Gerais in Belo Horizonte (Brasilien); *Logos* (begonnen 1973), eine Veröffentlichung der philosophischen Fakultät von La Salle (Mexiko); *Stromata* (ins Leben gerufen 1937), ein Periodicum der theologisch-philosophischen Fakultäten von San Miguel (Argentinien); *Reflexão* (erscheint seit 1976), eine Vierteljahresschrift des Instituto de Filosofía de Pontificia Universidade Católica in Campinas (Brasilien); *Anthropos* (erstmals 1980), das Organ des Instituto Superior Salesiano de Filosofía y Educación in Los Teques (Venezuela), und schließlich die *Universitas Philosophica* (gegründet 1983) als Revista de la Facultad de Filosofía der Pontificia Universidad Javeriana in Bogotá.

Es gehen aber nicht alle philosophischen Bemühungen der zeitgenössischen christlichen Denker in die beschriebene Richtung. Manche von ihnen verfolgen weiterhin das Ziel, das Denken des hl. Thomas als sicherstes und wertvollstes Mittel der Katholiken in der Auseinandersetzung mit dem modernen Denken weiterzuentwickeln. Genau am 7. März 1958 beschloß der Episkopat von Argentinien, »die Universidad Católica de Argentina unter dem Schutz der Santa María de los Buenos Aires« zu gründen und die Leitung Msgr. Octavio Nicolás Derisi Lomanto (geb. 1907) anzuvertrauen, der in Argentinien als eine der bemerkenswertesten Persönlichkeiten der nationalen Philosophie und als treuer Anhänger des thomistischen Denkens galt.[33] Derisi, der sich selbst als »leidenschaftlich dem Thomismus anhangender Geist«[34] beschreibt, ist vor allem ein systematischer Metaphysiker. Er begreift die Philosophie als »eine Vermittlung des Seins mit Hilfe der Vernunft« und fügt sich so bei aller Eigenart und besonderen Strenge in die aristotelisch-thomistische Tradition ein. Aus dieser Tradition her-

---

[33] Über die Gründung, Ausrichtung und Geschichte der Universidad Católica de Argentina vgl. von Derisi selbst: *La Universidad Católica de Argentina en el Recuerdo. A los 25 años de su fundación*, BA 1983.
[34] *La doctrina de la inteligencia ...*, a. a. O. Anm. 24, Prólogo.

aus wendet er sich allen zeitgenössischen Denkströmungen kritisch zu. Gleichzeitig damit behandelt er eine Vielzahl von hochaktuellen Problemen. So bezeugen es einige seiner Werke: *Filosofía de la Cultura y los Valores* (1963); *El Ultimo Heidegger* (1968); *Naturaleza y Vida de la Universidad* (1969); *Santo Tomás de Aquino y la Filosofía Actual* (1975); *La Palabra* (1978) und *Estudios Metafísicos* (1985). Seinen philosophischen Standpunkt hat er in seiner *Autopresentación filosófica* so umrissen: »... Wir unterstützen einen gemäßigten und kritischen Realismus und einen Intellektualismus... Und in diesem Sinne hängen wir den Prinzipien des Thomismus an... Der hl. Thomas hat ein System entworfen, das den tiefsten und ursprünglichsten Forderungen des menschlichen Geistes gerecht wird und das, wenn es sich auch nicht in allen seinen Möglichkeiten, sondern nur in den Punkten von ewiger Aktualität und in jenen von seinerzeitigem Interesse entfaltet hat, doch die Prinzipien zu Problemlösungen einer jeden Zeit und kulturellen Situation bietet... Deshalb soll unser Thomismus nicht ein eintöniger Monolog sein, der in sich selbst verschlossen ist..., sondern ein offener und ständig neuer Dialog mit den Menschen jeder Epoche, der sich nicht in Polemik erschöpft, sondern sicher steht in der Wahrheit seiner Sache.«[35] Zu dieser philosophischen Überzeugung hat sich Derisi sein ganzes Leben hindurch in unerschütterlicher Weise bekannt.[36] Er hat dabei nicht nur auf Argentinien, sondern auch auf andere lateinamerikanische Universitäten, wie etwa auf die Universidad Católica von Porto Alegre (Brasilien), die unter der Leitung der Maristenbrüder steht, und auf das Instituto de Filosofía der Universidad Católica de Valparaíso (Chile), gewirkt. Zahlreiche Professoren, besonders jene der Universidad Católica de Argentina im Seminario de la Plata, bezeichnen sich als seine Schüler. Die Zeitschrift *Sapientia* dient dieser Gruppe thomistischer Gesinnung als Publikationsorgan. Der Einfluß Derisis breitet sich auch in allen bestehenden katholisch-philosophischen Vereinigungen Lateinamerikas beständig aus.

Derselben Denkrichtung ist der aus Litauen stammende Brasilianer Stanislaus Ladusãns SJ (geb. 1912) zuzuordnen, ein Autor zahlreicher Artikel, vor allem aber ein unermüdlicher Verteidiger des thomistischen Denkens, dessen fundamentalen Aspekt er darin sieht, daß es bei der gesamten philosophischen Arbeit danach trachtet, zu jeder Zeit authentisch christlich zu sein.[37]

---

[35] Vgl. Philosophia 15 (Mendoza 1952) 41–43; neu publiziert in: A. Caturelli: *Derisi*.
[36] Vgl. *El Tomismo o la aceptación sincera de la verdad*, in: Sapientia 121 (BA 1976) 163–168; siehe auch A. Caturelli: *Derisi* (grundlegendes Werk über Derisi mit einer umfangreichen Anthologie von Texten); F. Miró Quesada: *Proyecto y realización*, 98ff.
[37] Vgl. Filosofar Cristiano 13/14 (Córdoba 1983) 391–419: *Realismo Pluridimensional. Homenaje al R. P. Dr. Stanislaus Ladusãns*.

BIBLIOGRAPHIE

Amoroso Lima, A.: *Maritain* et l'Amérique Latine, in: RThom 48 (1948) 12ff.
Arruda Campos, F.: *Tomismo* e Neotomismo no Brasil, São Paulo 1968.
Astorquiza Pizzaro, F.: *Bio-Bibliografía* de la Filosofía en Chile desde el siglo XVI hasta 1980, Santiago 1982 (^{2}1985).
A. V.: *Muestra Bibliográfica* de la filosofía católica y de su posición en la filosofía universal, BA 1938.
A. V. (hg. Ismael Quiles): *Bibliografía* Filosófica del siglo XX. Catálogo de la Exposición Bibliográfica Internacional de la Filosofía del siglo XX, BA 1952.
A. V. (hg. Armando Correia Pacheco): *Bibliografía* de la Filosofía Latinoamericana, 2 Bde., Wash 1967/69.
A. V. (hg. Stanislaus Ladusãns): *Rumos da Filosofía* actual no Brasil em auto-retratos, São Paulo 1976.
Barceló Larraín, J.: *La actividad filosófica* en Chile en la segunda mitad del siglo XX, in: F. Astorquiza Pizzaro (Hg.): *Bio-Bibliografía*, a.a.O.
Basadre, J.: *Perú*. Problema y Posibilidad, Lima 1931 (neu aufgelegt: Peru ... Reflexiones 47 años después, Lima 1978).
Belaúnde, V. A.: *La realidad Nacional*, Lima 1945.
Caturelli, A.: La *Filosofía* en la Argentina Actual, BA 1971.
–: Octavio Nicolás *Derisi*, Filósofo cristiano, Ba 1984.
Farré, L.: *50 años* de la Filosofía en Argentina, BA 1958.
Farré, L. / Létora Mendoza, C. A.: La filosofía en la Argentina, BA 1981.
Fornet-Betancourt, R.: Kommentierte Bibliographie zur Philosophie in Lateinamerika, F 1985.
González Uribe, H.: La Filosofía del Dr. *José Sánchez Villaseñor*, in: Revista de Filosofía 51 (Mexiko 1984) 387ff.
Gonzalo Casas, M.: *Introducción* a la Filosofía, BA 1954.
de Lima Vaz, H. C.: O Pensamento Filosófico no Brasil de hoje, in: RPF 17 (1961) 265ff.
Marquínez Argote, G.: La *Filosofía* en Colombia. Bibliografía del siglo XX, Bogotá 1985.
Miró Quesada, F.: *Despertar y proyecto* del Filosofar Latinoamericano, Mexiko 1974.
–: *Proyecto y realización* del Filosofar Latinoamericano, Mexiko 1981.
de Oliveira, A. S.: A influencia de *Maritain* no Pensamento de Alceu Amoroso Lima, in: A Ordem 78 (1983) 62–68.
Perdomo García, J.: El *Maritenismo* en Hispanoamérica, in: Estudios Americanos 3 (Sevilla 1951) 567–592.
Ramírez Muñoz, F.: *Genealogía* de la Facultad, in: Universitas Filosofica 1 (Bogotá 1983) 177ff.
Robles, O.: *El movimiento* filosófico neoscolástico en México, in: Filosofía y Letras (Mexiko 1946) 103–129.
Salazar Bondy, A.: *Historia* de las Ideas en el Perú contemporaneo. El Processo del Pensamiento filosófico, Bd. II, Lima ^{2}1967.
Sanabria, J.: *Panorama Filosófico* en el México actual, in: Sapientia (La Plata 1952) 198ff.
da Silveira D'Elboux, L. G.: O *Padre Leonel Franca*, Rio 1953.
Vaillaça, A. C.: O *Pensamento Católico* no Brasil, Rio 1975.

MANUEL DOMÍNGUEZ-MIRANDA

Ost- und Südosteuropa
Polen

EINFÜHRUNG IN DIE ALLGEMEIN-POLNISCHE PHILOSOPHIE

Beginnen wir mit einem flüchtigen Blick ins vorige Jahrhundert. Ein typisches Merkmal der polnischen Philosophie dieser Zeit ist, daß sie meistens eng mit dem Schicksal des Landes und der Nation während der preußischen, österreichischen und russischen Unterdrückung (1795–1918) verbunden war. Seelische Flucht in eine Welt von Träumen und Illusionen führte besonders nach der Niederwerfung des Aufstandes 1830/31 über Hegel zur messianistischen Philosophie von J. M. Hoene-Wroński (1778–1853), B. Trentowski (1808–1869), K. Libelt (1807–1875), J. Kremer (1806–1875), A. Cieszkowski (1814–1894), J. Gołuchowski (1797 bis 1858) u. a. Diese Philosophie war theistisch, spiritualistisch und irrationalistisch orientiert. Nur mit Mühe konnte man damals sogar die katholische Philosophie von Florian Bochwic (1799–1856), P. Piotr Semenenko CR (1814–1886) und Eleonora Zamięcka (1819–1869) gegen sie abgrenzen.

Nach der Niederschlagung des Aufstandes von 1863 kam es allerdings zur Gegenreaktion, d. h. zu einer Abkehr von den Träumen hin zur Wirklichkeit bzw. von der messianistischen zur positivistischen Philosophie. Der polnische Positivismus wiederum, der gleichzeitig eine wissenschaftliche, literarische und gesellschaftliche Bewegung war, verband philosophische Ideen von Comte mit Theorien von Mill und Spencer. Unter seinen Vertretern zeichneten sich aus: J. Ochorowicz (1850–1917), A. Mahrburg (1860–1913), A. Świętochowski (1848–1938) und auch P. Franciszek Krupiński SchP (1836–1898). Alle waren mit Warschau verbunden und gehörten einer Geistesströmung an, die »Warschauer Positivismus« genannt wird. Um 1870 formulierten sie ein Programm der sogenannten »organischen Arbeit«.

In Warschau war aber auch der Protestant Henryk Struve (1840–1912) tätig, der als Historiker der polnischen Philosophie noch heute geschätzt wird. Struve führte zwar unaufhörlich Streit mit Positivisten, seine Philosophie, die am deutschen Ideal-Realismus (Trendelenburg, Ueberweg, Fichte) anknüpfte, war aber dennoch in zahlreiche positivistische Leitgedanken verwickelt.

Zu dieser Zeit herrschte besonders in Krakau eine katholische Philosophie. Sie wurde vor allem an der UJ (Abkürzung für »Jagiellonische Universität«) von Maurycy Strazsewski (1848–1921) und P. Marian Morawski SJ (1845–1901) und an der Akademie der Wissenschaften (gegründet 1873) von P. Stefan Pawlicki CR (1839–1917) vertreten. Pawlicki nahm für seine Methode so stark die Bedeutung von Fakten in Anspruch, daß er gelegentlich sogar für einen Positivisten gehalten wurde. Auch Straszewski war entschiedener Empiriker und vertrat Ansichten, die in der Nähe des Positivismus lagen. Alle drei Philosophen konzentrierten ihre Tätigkeit besonders auf den Bereich der Geschichte der Philosophie. Die geschichtlichen Forschungen haben übrigens Morawski auf den Gedanken gebracht, man solle innerhalb der Scholastik nach der »fundamentalen Philosophie« suchen. In seiner Arbeit *Die Philosophie und ihre Aufgaben* (poln., Lwów 1877), die zwei Jahre vor der Enzyklika *Aeterni Patris* herausgegeben wurde, postulierte er eine Fortsetzung und Vertiefung der Scholastik. Darum gilt Morawski als Wegbereiter der Neuscholastik in Polen.

Die im 19. Jahrhundert vorherrschenden Philosophien des Messianismus und Positivismus ließen um die Jahrhundertwende nach. Erst danach erreichte die polnische Philosophie im Lauf von drei Perioden, die chronologisch durch die zwei Weltkriege voneinander abgegrenzt sind, allmählich ihren Weltruf.

1900–1918

Als erster Periode wenden wir uns somit dem Zeitraum bis zum Ende des Ersten Weltkrieges zu, also den Jahren 1900–1918. Zu dieser Zeit entwickelte sich die polnische Philosophie hauptsächlich in drei Zentren: in Warschau, in Lemberg und in Krakau.

In Warschau, das nach wie vor unter russischer Verwaltung stand, erschien in W. Weryho (1868–1916) ein großer Organisator philosophischen Lebens. 1897 gründete er die erste polnische philosophische Zeitschrift *Przegląd Filozoficzny* (Philosophische Rundschau), und 1915 eröffnete er das Warschauer Philosophische Institut. Dabei trug er auch zur Entwicklung der Neuscholastik im Lande bei, indem er eine Reihe von Übersetzungen von philosophischen Werken des Kardinals D. Mercier ins Polnische veranlaßte. Am wichtigsten für die zukünftige Philosophie war aber die Neueröffnung der Warschauer Universität (Abkürzung: UW) als polnischer Hochschule im November 1915.

Nach Lemberg, wo die Universität schon 1868 polnisch geworden war, kam aus Wien 1895 der Brentano-Schüler Kazimierz Twardowski (1866–1938). Er gründete 1904 die Polnische Philosophische Gesellschaft und 1911 die Vierteljahresschrift *Ruch Filozoficzny* (Philosophische Bewegung). Er gilt allgemein als einer der Gründer der sogenannten Polnischen Schule in den Bereichen der Logik, Mathematik und Philosophie.

Das philosophische Leben in Krakau konzentrierte sich weiter um die UJ und die Akademie der Wissenschaften. Die Philosophen der ersten Generation der hier entstehenden Neuscholastik veröffentlichten ihre Theorien vor allem in der 1884 von Morawski gegründeten Monatsschrift *Przegląd Powszechny*.

In der Philosophie dieser Periode setzten sich hauptsächlich antipositivistische Tendenzen durch. Gegen den Positivismus, Relationismus und Utilitarismus sprachen sich vor allem S. Borowski (1872–1911) und E. Abramowski (1868 bis 1918) aus. Als Anhänger des Pragmatismus und Vitalismus war im Ausland auch W. Biegański (1857–1917) bekannt, besonders durch sein Werk *Medizinische Logik* (Würzburg 1909). Zum entschiedenen Gegner der minimalistischen Philosophie des Positivismus wurde an der Lemberger Universität sodann M. Wartenberg (1868–1938), der in seinem Buch *Verteidigung der Metaphysik* (poln., Kraków 1902) ins einzelne gehende Argumente für Möglichkeit und Bedürfnis der Metaphysik (die nach ihm zugleich empirisch, induktiv und hypothetisch sein sollte) zusammenstellte. Teichmüllers Schüler W. Lutosławski (1863–1954) war dagegen ein Anhänger einer spiritualistischen Metaphysik. Sein Werk *The Origin and Growth of Plato's Logic* (London 1897) brachte ihm Weltruf ein. Seine hier (mit Hilfe einer von ihm entdeckten philogenetischen Methode der sogenannten Stilometrie) dargestellte Chronologie der Dialoge Platons ist noch heute aktuell. In seiner neumessianistischen Philosophie stellte Lutosławski auch eine eigene Konzeption der »Evolution aus dem Geist« der darwinistischen »Evolution aus dem Körper« entgegen. Die danach entstehende Neuscholastik wurde schließlich von F. Gabryl, K. Wais, I. Radziszewski, S. Kobyłecki, A. Pechnik, J. Ciemieniewski, F. Sawicki, F. Klimke u. a. vertreten. Vor dem Ersten Weltkrieg debütieren in diesem Kreis auch K. Michalski und J. Woroniecki.

1918–1945

Als wichtigste Periode in der Geschichte der polnischen Philosophie muß man die Jahre 1918–1945 (mit dem tragischen Stillstand während des Krieges 1939 bis 1945) betrachten. Ende 1918 gewann Polen seine 123 Jahre lang erwartete Freiheit. Mit Mut und Eifer erneuerten sich nun alle Wissenschaften und auch die Philosophie. Die Universitäten in Warschau, Krakau und Lemberg setzten ihre Tätigkeit fort. 1919 wurden zwei neue Universitäten in Wilna und Posen gegründet. Das für die Zukunft der polnischen Neuscholastik wichtigste Ereignis war jedoch die Gründung der Katholischen Universität Lublin (gebräuchliche Abkürzung: KUL) durch I. Radziszewski im Dezember 1918. Zudem trat neben die nach wie vor erscheinenden Zeitschriften *Przegląd Filozoficzny* und *Ruch Filozoficzny* 1922 der in Krakau erscheinende und von Heinrich gegründete *Kwartalnik Filozoficzny* (Philosophische Vierteljahresschrift). Thomistisch inspirierten Philosophen standen aber auch noch zahlreiche andere Zeitschriften zur Verfügung, von denen wir außer *Przegląd Powszechny* (Allgemeine Rundschau) und *Przegląd Katolicki* (Katholische Rundschau, in Warschau seit 1863) noch folgende erwähnen möchten: *Ateneum Kapłańskie* (Athenäum für Priester, in Włocławek seit 1909), *Prąd* (Strömung, in Lublin seit 1909), *Verbum* (in Warschau seit 1934), *Polski Przegląd Tomistyczny* (Polnische Thomistische Rundschau, in Lemberg im Jahre 1939, nur zwei Nummern), *Polonia Sacra* (in Krakau 1918–1921), *Collectanea Theologica* (zuerst als »Theologische Rundschau« poln. in Lemberg 1920–1930 und danach in Warschau seit 1931) und *Studia Gnesnensia* (in Gniezno seit 1930).

Die polnische Philosophie der Zwischenkriegszeit lebt vor allem vom Schwung sehr maximalistisch eingestellter Strömungen. Sowohl hinsichtlich der Zahl der Vertreter als auch im Hinblick auf die Größe der Leistungen herrschte die von Twardowski gegründete Lemberger-Warschauer Schule vor. Anti-Irrationalismus war ihr Hauptmerkmal. Diese Schule war analytisch ausgerichtet, stark mit der Logistik verbunden und über alles auf die Stilklarheit des Philosophierens bedacht. Zu ihren weltberühmten Repräsentanten gehören: die Logiker J. Łukasiewicz (1878–1956), S. Leśniewski (1886–1939) und A. Tarski (1902–1983); die Philosophen K. Ajdukiewicz (1890–1963), T. Kotarbiński (1886–1981), T. Czeżowski (1889–1981) und Z. Zawirski (1882–1948); die Psychologen: S. Baley (1885–1952), S. Błachowski (1889–1962), M. Kreutz (1893–1971) und W. Witwicki (1878–1948). Hinzugezählt werden muß auch der hervorragende Kenner der Philosophiegeschichte, Ästhetiker und Axiologe W. Tatarkiewicz (1886 bis 1980). Manche der gewaltigen Leistungen der polnischen Logik erhielten auch für die Philosophie Bedeutung, so z. B. die mehrwertige Logik von Łukasiewicz, die sogenannte Ontologie von Leśniewski oder die semantische Theorie der klassischen Wahrheitskonzeption in Tarskis berühmtem Werk *Der Wahrheitsbegriff in den formalisierten Sprachen* (in: *Studia Philosophica* 1935, poln. 1933). Unter philosophischen Erträgen dieser Schule wurden sodann die in der Zeitschrift *Erkenntnis* 4 (1934) veröffentlichten Abhandlungen *Sprache und Sinn* und *Das Weltbild und Begriffsapparatur* von Ajdukiewicz sehr beachtet. Ajdukiewicz sprach sich in diesen Aufsätzen gegen die rein syntaktische Bedeutungstheorie des Wiener Kreises aus. Zugleich stellte er dort die Hauptthesen seines sogenannten Radikalkonventionalismus dar. Diesem Konventionalismus nach hängt jedes Weltbild vor allem von der Wahl der Begriffsapparatur ab. Bei denselben Erfahrungsdaten kann man verschiedene Weltbilder erzielen. Das hängt lediglich von der Begriffsapparatur ab, die man angenommen hat. Der sogenannte Reismus (vom lateinischen »res«), Konkretismus oder Pansomatismus Kotarbińskis ist schließlich noch eine bemerkenswerte Doktrin dieser Schule. Sie nimmt an, daß »Eigenschaften«, »Relationen«, »Ereignisse«, »Sachverhalte« nichts anderes als Begriffshypostasen seien. In Wirklichkeit gebe es also nur Dinge, und jedes Ding sei nichts weiter als ein Körperwesen.

Außerhalb der Lemberger-Warschauer Schule entwickelte sich (grundsätzlich) in Krakau ein Empiriokritizismus, der allerdings weniger bedeutend war. Zu seinen Vertretern gehörten: W. Heinrich, E. Erdmann, J. Kodisowa, N. Łubnicki und B. Gawecki. In Krakau lebten aber auch der weltberühmte Logiker L. Chwistek (1884–1944) und der hervorragende Wissenschaftstheoretiker J. Metallmann (1889–1942).

Eine führende Position erreichte jedoch damals dank des Husserl-Schülers Roman Ingarden (1893–1970) die Phänomenologie. Ingarden verzichtete auf den Transzendentalidealismus Husserls und strebte eine realistische Lösung des Problems der Existenz der Welt an. Seine Forschungen bezüglich der Existenzformen von intentional gegebenen Gegenständen, besonders von Kunstwerken, angefangen in seinem Werk *Das literarische Kunstwerk* (Halle 1931), machten ihn über Polen hinaus als Kenner und Theoretiker der Ästhetik bekannt.

Auf diesem Hintergrund der fast allgemein sich durchsetzenden Spezialisierung auf philosophischem Gebiet vertraten als einzig größere Gruppe lediglich die Thomisten ein umfassendes System. Zu ihnen zählten: J. Bocheński, P. Chojnacki, J. F. Drewnowski, S. Kobyłecki, A. Krzesiński, F. Kwiatkowski, K. Michalski, B. Rutkiewicz, J. Salamucha, J. Stepa, K. Wais, J. Woroniecki u. a. Derzeit debütieren auch A. Jakubisiak, K. Kowalski, F. Sawicki und S. Swieżawski.

Die Jahre des Zweiten Weltkrieges haben auch unter den Philosophen unschätzbare Verluste gefordert. Vor dem Krieg starb noch S. Leśniewski. L. Chwistek, W. Hepter, J. Hossiasson-Lindenbaum, A. Lindenbaum, J. Metallmann, J. Salamucha, M. Wajsberg, W. Wilkosz u. a. jedoch kamen während des Krieges ums Leben. Von den Formalwissenschaftlern starb fast die Hälfte der bis zum Kriegsausbruch tätigen Gelehrten. J. Łukasiewicz, A. Tarski, J. Bocheński, B. Sobociński, Z. Jordan, C. Lejewski, H. Hiż, H. Skolimowski, J. Srzednicki, E. Poznański, J. Kalicki u. a. gingen auf immer ins Exil.

Seit 1945

Nach dem Zweiten Weltkrieg gingen infolge der Gebietsveränderungen die beiden ehemaligen Wissenschaftszentren Lemberg und Wilna für Polen verloren. Das philosophische Leben wurde aber in Warschau, Krakau, Posen und Lublin reaktiviert. Als neue wissenschaftliche Zentren wurden Wrocław (Breslau), Toruń, Łódź, Gdańsk (Danzig), Katowice (Kattowitz) und Opole (Oppeln) gegründet. In den Jahren 1946–1949 erschien noch die Zeitschrift *Przegląd Filozoficzny* und 1946–1950 die Zeitschrift *Kwartalnik Filozoficzny*. Die Zeitschrift *Ruch Filozoficzny* wurde in Toruń (1948) neu belebt. Sie erscheint dort (mit Pause 1951–1957) bis heute. Für die thomistische Philosophie war aber die Fortsetzung bzw. Neugründung folgender wissenschaftlicher Periodica an katholischen Hochschulen bedeutsam: *Roczniki Filozoficzne* (Philosophische Annalen, an der KUL seit 1948 mit Pause 1950–1954), *Zeszyty Naukowe KUL* (Wissenschaftliche Hefte der KUL), *Sprawozdania TN KUL* (Tätigkeitsberichte der Wissenschaftlichen Gesellschaft der KUL), *Studia Philosophiae Christianae* (in Warschau seit 1966) und *Analecta Cracoviensia* (in Krakau seit 1969). Wertvolle Dienste leisteten ihr aber auch der wieder aufgelegte *Przegląd Powszechny* und die neu gegründeten Monatsschriften *Znak* (Zeichen, in Krakau seit 1946) und *Więź* (Verbundenheit, in Warschau seit 1958). Im Jahre 1946 wurde an der KUL die Fakultät für christliche Philosophie gegründet. In Warschau wurde hingegen 1954 die Akademie für Katholische Theologie (gebräuchliche Abkürzung: ATK) als Fortsetzung der theologischen Fakultäten der UW und UJ eröffnet. Von Anfang an besaß auch sie eine Fakultät für christliche Philosophie.

Die Nachkriegsphilosophie in Polen kehrte beinahe in derselben Gestalt zurück, in der sie vor dem Krieg geblieben war. Nach wie vor spielten die Vertreter der Lemberger-Warschauer Schule die führende Rolle. Eine neue Generation von Logikern hatte die Leitung übernommen: A. Grzegorczyk, R. Sikorski, J. Pelc, M. Przełęcki, R. Suszko, K. Szaniawski, H. Stonert, R. Wójcicki, B. Stanosz, W. Marciszewski, L. Borkowski, J. Słupecki, T. Kubiński, S. Jaśkowski, A. Wiegner u. a. Als Philosophen waren weiter tätig: Ajdukiewicz, Czeżowski, Kotarbiński, Tatarkiewicz, I. Dąbska, M. Ossowska, S. Ossowski u. a.

Auch die Errungenschaften R. Ingardens, seit 1945 Professor der UJ, gaben in der polnischen Nachkriegsphänomenologie nach wie vor den Ausschlag. Ingarden war einer der besten Phänomenologen der Welt und einer der bedeutendsten Philosophen Polens überhaupt. Sein zweibändiges Buch *Der Streit um die Existenz der Welt* (Tübingen 1947/48) war sein wichtigstes Nachkriegswerk, das seine ontologischen, metaphysischen und epistemologischen Hauptansichten enthielt. Unter dem Einfluß seiner Philosophie standen: J. Gałecki, D. Gierulanka, M. Gołaszewska, J. Leszczyński, A. Półtawski, A. Stępień, W. Stróżewski, J. Tischner u. a.

Vom Kriegsende an datiert auch eine merkliche Entwicklung der staatlich unterstützten marxistischen Philosophie. Zu ihren Hauptvertretern gehören: B. Baczko, Z. Cackowski, H. Eilstein, M. Fritzhand, M. Hempoliński, T. M. Jaroszewski, L. Kołakowski, W. Krajewski, J. Kuczyński, J. Ładosz, W. Mejbaum, L. Nowak, K. Pomian, A. Schaff und A. Synowiecki.

Innerhalb des Empiriokritizismus und des erkenntnistheoretischen kritischen Realismus entstand eine originelle und im Grunde genommen christliche sogenannte Philosophie der Entwicklung von Bolesław Gawecki (1889–1984). Diese Philosophie war sehr umfassend. Sie enthielt sowohl die Gnoseologie als auch die Ontologie und die Axiologie. Nach ihrer Darstellung im Buch *Philosophie der Entwicklung* (poln., Warszawa 1967) könnte sie als evolutorischer Realismus in der Erkenntnistheorie, als Panpsychosomatismus und Panentheismus in der Ontologie bzw. als Perfektionismus in der Axiologie bezeichnet werden. Eine ebenfalls christliche, doch nicht thomistische und stark auf Spezialgebiete reduzierte Philosophie wurde sodann in Warschau vom Logiker Prof. Andrzej Grzegorczyk (geb. 1922) und in Krakau von dem Anhänger des »Pluralismus der Rationalismen« und Lehrer der christlichen »Hoffnungsphilosophie«, Józef Tischner (geb. 1931), vorgetragen.

Die thomistische Philosophie nach dem Zweiten Weltkrieg schließlich hatte ihre Hauptvertreter in drei Zentren: Lublin, Warschau und Krakau, und alle waren mit der KUL oder ATK verbunden. Es traten hervor: In Lublin: S. Adamczyk, J. Iwanicki, S. Kamiński, K. Kłósak, M. A. Krąpiec, S. Mazierski, A. Rodziński, A. B. Stępień, S. Swieżawski, T. Styczeń, K. Wojtyła und Z. Zdybicka. In Warschau: B. Bejze, P. Chojnacki, B. Dembowski, M. Gogacz, J. Iwanicki, M. Jaworski, K. Kłósak, M. Lubański, E. Morawiec, S. Swieżawski, S. Ślaga und T. Ślipko. In Krakau: M. Heller, M. Jaworski, K. Kłósak, W. Stróżewski, T. Ślipko, T. Wojciechowski, K. Wojtyła und J. Życiński.

DER THOMISMUS

Die philosophischen Ansichten von Neuthomisten aller drei angesprochenen Perioden nahmen nun ihrerseits in Polen einige charakteristische Züge an, die wir noch genauer untersuchen müssen. Sie lassen sich wiederum in fünf Versionen darstellen, die der Philosophie des hl. Thomas jeweils eine verschiedene Interpretation zugrunde legten.

Erste Version

Bei dieser ersten Variante des polnischen Thomismus handelt es sich um jene Richtung, die »traditionell« oder »konservativ« genannt wird. Es wäre vielleicht besser, diese Version als Fundamentalthomismus zu bezeichnen, da es mindestens zwei Gründe dafür gibt: Die Vertreter dieser Richtung nehmen nämlich als erste Grundlage ihres Philosophierens »alle Seinsprinzipien« des hl. Thomas an, d. h. sie versuchen die Wirklichkeit von letzten Ursachen her zu erklären, ohne noch weitere »Oberprinzipien« dabei (wie etwa das »esse« der Lubliner Schule) anzunehmen. Zweitens haben die Exponenten dieser Richtung dem polnischen Neuthomismus sowohl durch ihre tiefen geschichtlichen Erforschungen des Mittelalters als auch durch ihre zahlreichen Handbücher zur »Fundamentalphilosophie« sowie durch ihre Kämpfe mit allen möglichen Gegnern der »philosophia perennis« eine Basis verschafft. Wenn also diese Philosophen »konservative Thomisten« genannt werden dürfen, dann nur im Sinne des Gesetzes »conservatio est continua creatio«.

Größte Verdienste um die Geschichte der mittelalterlichen Philosophie haben sich zwei Krakauer Historiker erworben: Konstanty Michalski (1879–1947), Professor der UJ (1914–1947), ihr Rektor (1931/32), und Aleksander Birkenmajer (1890–1967), Professor der UJ (seit 1938) und UW (seit 1951). Dank der Aktivität von Michalski und Birkenmajer wurde die polnische Wissenschaft zu einem »spiritus movens« der gegenwärtigen internationalen Editionsbemühungen um die Quellen der christlichen Philosophie. Schon im Jahre 1928, während der Debatte der Union Académique Internationale in Brüssel, stellte Michalski ein mit Birkenmajer vorbereitetes Editionsprojekt vor: eine Herausgabe der mittelalterlichen lateinischen Aristoteles-Übersetzungen, der lateinischen Übersetzungen von Werken arabischer und jüdischer Philosophen sowie ausgewählter Kommentare und Texte aus der mittelalterlichen Philosophie überhaupt. Die Vorschläge der beiden Krakauer Mediaevisten wurden 1930 von der Union als die Reihe *Corpus Philosophorum Medii Aevi* gebilligt. Zwei Jahre später bereits begann die polnische Akademie der Wissenschaften mit der Veröffentlichung der *Prolegomena in Aristotelem Latinum*. Aus 2012 katalogisierten Manuskripten bearbeitete Birkenmajer in zwei Bänden über 350 solcher Dokumente des Aristoteles Latinus. Die Verdienste Michalskis um die Mediaevistik liegen hingegen darin, daß er der Verfasser von 162 gedruckten Arbeiten sowie von 53 Handschriften und dadurch zu einem der »Entdecker des 14. Jahrhunderts« wurde. An die Tradition der polnischen Mediaevistik schloß sich nach dem Zweiten Weltkrieg Birkenmajers Schüler Marian Kurdziałek (geb. 1920), Professor der KUL (seit 1950), an. Seine Herausgabe der *Davidis de Dinanto Quaternulorum fragmenta* (Warszawa 1963) ist von L. Minio-Paluello als bedeutendstes Ereignis in der Erforschung der Geschichte der Aristoteles-Rezeption bezeichnet worden.

In ihrer systematischen Auffassung zeichnen sich die Fundamentalthomisten eigentlich nicht durch Originalität aus. Sie sind vielmehr eifrige Verteidiger der

Philosophie des hl. Thomas. Ein Beispiel dafür ist Jan Ciemieniewski (1866 bis 1947), Doktor der Gregoriana, der den Modernismus, Agnostizismus, Fideismus und Kantianismus bekämpfte. In seinem Buch *Die Quellen des Modernismus* (poln., Włocławek 1910) behandelte er den Modernismus als eine Wirkung der von Kant initiierten negativen Auswirkungen innerhalb der Erkenntnistheorie. Bei dieser Gelegenheit sprach er sich sowohl für den gnoseologischen unmittelbaren Realismus als auch für die Sicherheit philosophischer Gottesbeweise aus.

In Krakau unterrichtete an der UJ Prof. Franciszek Gabryl (1866–1914), der als Historiker der polnischen Philosophie bekannt wurde, hauptsächlich wegen seines zweibändigen Werkes *Polnische religiöse Philosophie des 19. Jahrhunderts* (poln., Warszawa 1913/14). Er war auch Verfasser von drei Lehrbüchern. In der *Allgemeinen Metaphysik oder Wissenschaft vom Sein* (poln., Kraków 1903) bekämpfte er die hypothetische Metaphysik (vorgeschlagen z. B. von Wartenberg), indem er vor allem die verderblichen Folgen des Hypothetismus in der Theodizee anprangerte (»Was wäre das für ein Gott, der nur eine hypothetische Existenz hätte?«). In seiner *Naturphilosophie* (poln., Kraków 1910) pries er sodann besonders die in der Welt herrschende Ordnung und Zweckmäßigkeit. Seine *Noetik* (poln., Kraków 1900) schließlich, die ein Lehrbuch der Erkenntnistheorie ist, stellt eine Auseinandersetzung mit dem Kantianismus aus der Position des auf der objektiven Evidenz basierenden unmittelbaren Realismus dar.

Alle Arten von Monismus bekämpfte der Krakauer Jesuit Fryderyk Klimke (1878–1924), Philosophieprofessor an der Innsbrucker Universität (seit 1918). In dem ausführlichen Werk *Der Monismus und seine philosophischen Grundlagen* (Freiburg i. Br. 1911) stellt er eine Typologie von monistischen Philosophien auf. Dabei kam er zu der Unterscheidung von materialistischen, spiritualistischen, transzendent-positiven, transzendent-agnostischen und erkenntnistheoretischen Monismen.

Eine führende Rolle in Posen spielte auch Kazimierz Kowalski (1896–1972), Begründer der Zeitschrift *Studia Gnesnensia* (1930), der die Gesamtproblematik des Neuthomismus zu systematisieren versuchte.

Nach dem Zweiten Weltkrieg zeichneten sich in dieser Strömung des Thomismus vor allem zwei Philosophen aus: der Krakauer Jesuit Franciszek Kwiatkowski (1888–1949), Verfasser des fundamentalen Buches *Die ewige Philosophie* (poln., Kraków 1947), und Stanisław Adamczyk (1900–1971), Philosophieprofessor an der KUL (seit 1946). Das veröffentlichte Werk Adamczyks umfaßt etwa 30 Arbeiten, unter denen die drei thomistisch inspirierten Lehrbücher *Allgemeine Metaphysik* (poln., Lublin 1962), *Kritik der menschlichen Erkenntnis* (poln., Lublin 1962) und *Kosmologie* (poln., Lublin 1963) am wichtigsten sind. Adamczyk beschäftigte sich mit der Gnoseologie (vor allem mit dem Formalgegenstand der menschlichen Vernunfterkenntnis), mit der allgemeinen Metaphysik (hauptsächlich mit den Theorien des Wesens und der Existenz, der Substanz und der Akzidentien sowie der Struktur kontingenten Seins), mit der Theodizee (Problem der Abhängigkeit der Geschöpfe von Gott und der kinetischen Gottesbeweise) und mit der Kosmologie (Hylemorphismus).

In der Erkenntnistheorie dieser Richtung trat einzig Bischof Jan Stepa (1892 bis 1959), Professor an der Lemberger Universität (1927–1939), in Erscheinung, der darüber hinaus auch ein guter Kenner der Staatsphilosophie war. Als sein wichtigstes Werk darf das Buch *Die Erkennbarkeit der wirklichen Welt im Verständnis des hl. Thomas* (poln., Lwów 1930) gelten. Stepas gnoseologische Ansichten sind deutlich von L. Noël beeinflußt. Mit diesem stellte er sich auf den Standpunkt, daß die Erkenntnistheorie der Metaphysik vorangehe. Deshalb entwarf er eine kritische Erkenntnistheorie auf dem Wege des »methodischen Zweifels«. Anders als D. Mercier meinte er jedoch, daß es sich bei diesem um einen allgemeinen und tatsächlichen Zweifel handeln müsse. Ein derartiger Zweifel sollte auch den Realismus vor Verleumdungen und Dogmatismus verteidigen. So sprach sich Stepa letzten Endes für einen unmittelbaren Realismus aus, indem er mehrmals betonte, daß man den objektiven Wert menschlicher Erkenntnis, sowohl der sinnlichen als auch der intellektuellen, nicht beweisen, sondern ihn nur im Zuge einer Reflexion über die Erkenntnis feststellen könne.

Mit der sogenannten philosophischen Psychologie, besonders mit dem Problem des Verhältnisses von menschlichem Geist und Materie, beschäftigten sich P. Chojnacki, F. Gabryl, F. Klimke, J. Pastuszka, P. Siwek, S. L. Skibniewski, S. Swieżawski, K. Wais u. a. Für den größten »Fundamentalisten« unter ihnen darf man wohl den Jesuiten Paweł Siwek (1893–1986) halten, der 1931 als Professor an der Universität zu Wilna, anschließend an der Gregoriana in Rom, sodann an den Faculdades Católicas in Rio de Janeiro und an einigen Universitäten in Nordamerika (seit 1946) und zuletzt (seit 1960) wieder in Rom tätig war. Wissenschaftlich trat Siwek insofern als thomistischer Psychologe auf, als er seine Meinung nicht nur wie etwa in seiner *Psychologia metaphysica* (lat., Rom 1939) in traditionell gewohnter Weise vortrug, sondern auch eine Brücke von der philosophischen zur experimentellen Psychologie zu schlagen versuchte.

Führender Vertreter der Ethik dieser ersten Richtung während der Zwischenkriegszeit war der Dominikaner Jacek Woroniecki (1879–1949), Professor der Moraltheologie (1919–1929) und Rektor (1922–1924) an der KUL. Er nahm die personalistische Problematik auf und bemühte sich im Zuge dessen um eine enge Verknüpfung von ethischen und gesellschaftlichen Fragen. Dabei griff er zum Beleg immer wieder auf die thomistische Philosophie in ihrem ursprünglichen Wortlaut zurück. Er ist Verfasser von zwei Handbüchern der Ethik: *Katholische Erziehungsethik* (poln., Bd. I, Poznań 1925; 2 Bde., Kraków 1948) und *Ethik*, in: *Abriß der Philosophie* (poln., Lublin 1929). Darin legte er den Nachdruck nicht so sehr auf Normen als vielmehr auf den charakterologischen Gesichtspunkt und auf die erzieherischen Elemente der thomistischen Ethik. Seine Liebe zum Thomismus hat er vor allem in dem Werk *Das Katholische des Thomismus* (poln., Lublin 1924) ausgedrückt.

Der Krakauer Jesuit Tadeusz Ślipko (geb. 1918), Professor an der ATK (seit 1965) ist aktueller Anhänger »der von Luigi Taparelli d'Azeglio stammenden traditionellen thomistischen Ethik«. Die methodologische Hauptvoraussetzung dieser Ethik ist nach Ślipko die Apologie von objektiven und unwandelbaren Grundlagen der Moralität. Er unterscheidet zwei allgemeinste Aspekte derselben: die Grundprinzipien menschlichen Handelns und dessen Bedingungen. Die Eudämonologie (Glückseligkeitslehre), die Axiologie und die Deontologie sind für ihn Theorien objektiver Prinzipien, die Gewissenstheorie hingegen gibt eine Lehre der subjektiven Grundlagen der Sittlichkeit ab. Die grundlegende Theorie der Bedingungen des moralischen Handelns umfaßt konsequenterweise auch die Theorie der Tugenden und der sittlichen Verantwortung. In bezug auf die Naturrechtslehre erklärt sich Ślipko schließlich entschieden gegen jede Relativität. Allerdings drückt er die Eigenschaft der Unveränderlichkeit des Naturrechtes hauptsächlich in Verbotsnormen aus. Das thomistische Prinzip, das da lautet: »Das Gute soll man tun und das Böse lassen« (*Summa theologiae* I–II q. 94, a. 2), gilt ihm als absolute Pflicht.

Zweite Version

Die zwei Richtungen des polnischen Thomismus, die nun als seine zweite und dritte Version dargestellt werden sollen, gelten den Historikern der polnischen Philosophie häufig als »Löwener Thomismus«, denn sie übernahmen von Kardinal D. J. Mercier, dem Begründer des Institut Supérieur de Philosophie zu Löwen, das Programm der Erneuerung des Thomismus. Dieses Programm enthält vor allem zwei Punkte: die Anknüpfung an die moderne Philosophie und die Einbeziehung der Einzelwissenschaften. Der »Löwener Thomismus« in Polen hat sich in zwei Richtungen fast wörtlich danach gerichtet. Die erste von ihnen, die wir jetzt besprechen möchten, nahm an, daß sich die Neuscholastik eklektisch verhalten solle wie der hl. Thomas selbst, der, obwohl er zwar grundsätzlich den aristotelischen Standpunkt vertrat, in seine Philosophie dennoch auch platonische und augustinische Elemente einbezog. Diese Richtung wird von daher gesehen manchmal als »offener« oder »assimilierender Thomismus« bezeichnet, sofern seine Vertreter von modernen philosophischen Strömungen gerne die verschiedensten Ideen assimilieren.

Hauptvertreter dieser Richtung während der Zwischenkriegszeit war der Philosoph von Pelplin, Franciszek Sawicki (1877–1952). Sein eklektisch-synthetisierendes Denken äußerte sich besonders in seiner Philosophie der Geschichte. Kants Konzeptualismus hingegen veranlaßte ihn zu einer Prüfung der klassischen Lehre über die objektive Evidenz. Fragen bezüglich der Existenz Gottes und des Lebenssinnes kamen als wichtige Interessengebiete zu seiner philosophischen Aktivität hinzu. Diese führten ihn übrigens auch zu einer Kritik am Gesetz vom zureichenden Grund, und zwar in den Aufsätzen *Der letzte Grund der Gewißheit* (in: PhJ 39 [1926] 1–8) und *Das Irrationale in den Grundlagen der Erkenntnis* (in: PhJ 41 [1928] 284–300, 432–448). Dabei kam er zur Überzeugung, daß die Gewißheit der menschlichen Erkenntnis letzten Endes gar nicht auf einem evidenten Einblick in die Wirklichkeit beruhe, sondern immer nur auf einem unzuverlässigen Vertrauen auf die Unfehlbarkeit der Erkenntnis. Selbst die Anerkennung des Prinzips vom zureichenden Grund sei nur möglich, wenn wir es in der folgenden hypothetischen Form ausdrücken: »Jedes Sein muß einen zureichenden Grund haben, wenn eine vernünftige Erklärung dieses Seins überhaupt möglich sein soll.« Das Prinzip sei also kein evidentes Axiom, sondern ein Postulat der menschlichen Vernunft. Doch dann behauptete Sawicki im Aufsatz *Das Irrationale in den Grundlagen der Erkenntnis und die Gottesbeweise* (in: PhJ 44 [1931] 410–418), daß trotzdem Gottesbeweise gültig seien, da Beweise in der Wissenschaft lediglich die logische Folgerung (»sequitur«) zwischen den Prämissen und dem Schluß festzustellen hätten.

Auch Piotr Chojnacki (1897–1969) war Anhänger eines offenen Thomismus in Richtung auf alle gegenwärtigen sowohl philosophischen als auch wissenschaftlichen Errungenschaften. Nach seinen Studien in Fribourg (Philosophie), in Löwen (Politologie) und in Paris (Psychologie) war er Professor an der UW (seit 1947) und dann (seit 1954) an der ATK. Er hinterließ ein riesiges wissenschaftliches Werk auf ontologischem, psychologischem, methodologischem und erkenntnistheoretischem Gebiet. Wegen seines vielfältigen Stils im Philosophieren könnte man ihn nahezu allen Versionen des Thomismus zurechnen, mit Ausnahme des sogenannten »Existentialthomismus«. Jedenfalls nahm er eine gründliche Analyse der genetischen Abhängigkeit zwischen Begriffen und Vorstellungen bzw. zwischen den Ideen und der objektiven Realität vor. Er begründete dabei den Satz von der funktionellen Einheit der sinnlichen und intellektuellen Erkenntnis. Innerhalb der Erkenntnistheorie war Chojnacki Verteidiger des unmittelbaren Realismus. Die Möglichkeit der Metaphysik sah er im spezifischen Gegenstand der Vernunft begründet, wobei er sich im Zuge dessen gerne auf Kants Meinungen bezüglich der Rolle von »intelligibilia« stützte. Da Chojnacki auch unter dem starken Einfluß der Lemberger-Warschauer Schule stand, bemühte er sich sehr um Genauigkeit und Klarheit in der thomistischen Sprache. Deshalb forderte er von der neuscholastischen Ontologie die höchstmögliche Exaktheit bei jeder Axiomatisierung oder Formalisierung.

In diese Richtung schließen wir auch Józef Pastuszka (geb. 1897) ein, der nach den philosophischen Studien in Innsbruck und an der UJ bei K. Michalski Psychologie an der UW (1930–1934) und KUL (1934–1939 und seit 1945) unterrichtete. Er war hauptsächlich Psychologe und Religionsphilosoph. Ein typisches Merkmal seiner philosophischen Ansichten war die Suche nach einer inneren Verbindung zwischen den verschiedenen Tendenzen in der Neuscholastik, vor allem der Versuch, den Thomismus um einige augustinische Elemente zu bereichern. Sein Interesse drehte sich häufig um die philosophische Psychologie, allerdings in engem Zusammenhang mit der Experimentalpsychologie. Sein zweibändiges Handbuch *Allgemeine Psychologie* (poln., Lublin 1947, 1957) war seine wichtigste Leistung auf diesem Gebiet.

Zu jüngeren Vertretern des »assimilierenden Thomismus« gehört Stanisław Kowalczyk (geb. 1932), Student und Professor der KUL. Sein wissenschaftliches Werk mit etwa 200 Arbeiten (darunter 8 Büchern) betrifft vor allem drei Themengruppen: anthropologisch-axiologische, religionswissenschaftliche und Fragen der philosophischen Gotteslehre. Seine ersten Arbeiten waren fast ausschließlich vom »Existentialthomismus« inspiriert, später kamen dann Gedanken des hl. Augustinus hinzu und neuerdings auch moderne Tendenzen wie etwa der phänomenologische Thomismus, der Intuitionismus, der Hegelianismus und der Materialismus.

Einer der hervorragenden »phänomenologischen Thomisten« ist Władysław Stróżewski (geb. 1933), Schüler von Swieżawski und Krąpiec. Er unterrichtete Ästhetik an der KUL (1957–1967) und später an der UJ. Gegenwärtig ist er wohl der beste Ästhetiker Polens. Er nimmt aber auch zu allgemein-philosophischen und axiologischen Fragen Stellung. Besonders wertvoll für die thomistische Philosophie sind seine im Buch *Existenz und Wert* (poln., Kraków 1982) gesammelten Aufsätze. Hierin löste er das wichtige Problem der Beziehung zwischen den Transzendentalien und den Werten, indem er auf der thomistischen Lehre von den Werten als »modi entis« (in: *De veritate*) aufbaute. Dazu nahm er ein existentielles Verständnis der Werte an. Diese fügen zur Existenz der Dinge zwar nichts hinzu, sie modifizieren aber die Existenz: Positive Werte intensivieren sie, negative schwächen sie ab.

Mit der phänomenologischen Methode und mit Elementen des Systems von Max Scheler bemühte sich Kardinal Karol Wojtyła (seit 1978 Papst Johannes Paul II.) anthropologisch-ethische Ansichten des Thomismus zu bereichern. Geboren 1920, studierte er polnische Philologie und Theologie an der UJ (auch kurz am Angelicum in Rom), dann unterrichtete er Ethik an der KUL (1953 bis 1978). Sein großes Opus mit etwa 450 Publikationen auf dem Gebiet der Philosophie, der Theologie und der Seelsorge enthält zudem ein paar Bücher von ethischem Interesse. Das wichtigste darunter ist *Person und Tat* (poln., Kraków 1969). Es ist eine große Monographie über die Person als Subjekt der Moralität. In der allgemein-ethischen Problematik widmet Wojtyła besonders viel Aufmerksamkeit der Beziehung zwischen ethischer Empfindung und sittlich Gutem. In seiner Theorie der ethischen Empfindung unterstreicht er bei gleichzeitiger Abgrenzung gegenüber Hume, Kant und Scheler den Anteil des Subjekts bei der Verwirklichung seiner Akte. In dieser aktiven Teilnahme des Subjekts geschieht für ihn auch die Verwirklichung der entsprechenden Moralwerte. Das in ihnen enthaltene sittlich Gute besitzt objektiven Charakter, und zwar durch seine Verankerung in der Seinsordnung und letzten Endes in Gott. Die Sittlichkeit ist schließlich in der Selbstbestimmung, d. h. in der persönlichen Freiheit verwurzelt, die zugleich den Grund für das Werden der Person (»fieri«) abgibt.

Zum »phänomenologischen Thomismus« wird auch der Krakauer Religionsphilosoph und Bischof Marian Jaworski (geb. 1926), Schüler von Krąpiec, Professor an der KUL (1961–1967) und ATK (seit 1967), gezählt. Seine zahlreichen Arbeiten sind der Problematik der religiösen Gotteserkenntnis gewidmet. Er knüpft dabei an M. Scheler, R. Guardini, H. Duméry, P. Tillich, J. B. Lotz, K. Rahner u. a. an. Vor allem Guardini folgend schließt er zwar eine philosophische Gotteserkenntnis nicht aus, er schreibt aber der religiös, intuitiv erreichbaren Gotteserkenntnis Priorität zu.

In einem losen Zusammenhang mit der besprochenen Richtung stehen zwei Krakauer Philosophen: J. Tischner, der vom phänomenologischen Thomismus zu einer nicht-thomistischen, gleichwohl aber christlichen, jedoch andersartigen Strömung übergegangen ist, und Ingardens Schüler Andrzej Półtawski (geb. 1923), Lehrer der Erkenntnistheorie an der ATK (seit 1970), der heute allerdings eher ein christlicher Phänomenologe als noch ein Thomist zu sein scheint.

Dritte Version

Die zweite Richtung des »Löwener Thomismus« in Polen ist gekennzeichnet durch ihren Einsatz für die Vermittlung von klassischer Philosophie und Einzelwissenschaft. Man könnte sagen, daß er ein »szientistischer Thomismus« ist. Er zieht daher auch häufig Thomisten an, die vorwiegend Naturphilosophie betreiben. In der Zwischenkriegszeit sind dies vor allem drei Philosophen:

Idzi Radziszewski (1871–1922) war nach seinen Studien in Löwen Rektor der Geistlichen Akademie zu Petersburg (seit 1901), dann Gründer und erster Rektor der KUL (1918–1922). Nach seiner Ansicht sollte man dem hl. Thomas nur so weit folgen, als er selbst der Wahrheit folgt. Schwerpunkt seines Denkens war die psychophysiologische Problematik. Er meinte, daß die Einzelwissenschaften die notwendige Voraussetzung jeder Philosophie bildeten. Die Philosophie sei dann eine »allgemeine Synthese« und »Wissenschaft der Wissenschaften«.

Witold Rubczyński (1864–1938) studierte Philosophie an der UJ und Psychologie bei W. Wundt in Leipzig. In den Jahren 1909–1938 war er Professor an der UJ. Seine Gebiete waren in erster Linie die Ethik und die Anthropologie. Weiters betonte er den Zusammenhang zwischen der Philosophie und den Einzelwissenschaften. Er gestand jedoch der Philosophie eine führende Rolle gegenüber den Einzelwissenschaften zu. In der Ethik war er schließlich ein Anhänger des Meliorismus und ein Verbreiter der Idee einer Vermittlung von »individueller und gesellschaftlicher Ordnung«.

Nach Studien in Innsbruck, Rom, Freiburg, Löwen, Fulda und Breslau war Kazimierz Wais (1865–1934) Professor für Philosophie und Theologie an der Lemberger Universität (1909–1927). Der Gegenstand seines Hauptinteresses lag in der Kosmologie, in der er ausführlich den Pantheismus kritisierte und die Bedeutung des teleologischen Gesichtspunktes betonte. Er hielt sich aber ständig an sein Ziel, die Philosophie mit den Einzelwissenschaften zu verbinden.

Nach dem Zweiten Weltkrieg ragt Kazimierz Kłósak (1911–1982) als eine der bedeutendsten Gestalten des szientistischen Thomismus Polens hervor. Nach seinen philosophischen Studien an der UJ (bei K. Michalski), am Angelicum in Rom und am Institut Supérieur de Philosophie in Löwen nahm er Lehrstühle an der ATK (1954–1957 und 1964–1982) und an der KUL (1959–1971) ein. In seinem reichhaltigen Werk (darunter 6 Bücher) realisierte er, wie er selbst behauptete, das gleiche philosophische Programm wie der hl. Augustinus: »Deum et animam scire cupio.« Bei der Verfolgung dieses Programms wurde er zu einem hochgeachteten Kenner der Naturphilosophie, der philosophischen Anthropologie und der Gotteslehre. Auch für metaphilosophische Fragen galt er als thomistischer Experte. In seinem zweibändigen Buch *Auf der Suche nach der ersten Ursache* (poln., Warszawa 1955, 1957), das sogar von Marxisten als »very interesting book« begutachtet wurde, danach in seinem Werk *Philosophische Fragen der Gotteserkenntnis* (poln., Kraków 1979) und nicht zuletzt in mehreren Aufsätzen unterwarf Kłósak die traditionellen Gottesbeweise einer kritischen Analyse, gleichzeitig vervollständigte er diese mit Hilfe der modernen Methodologie und der neuesten Ergebnisse der Naturwissenschaften sowohl im Hinblick auf ihre

Form als auch bezüglich ihres Inhalts. Die Gottesproblematik als solche behandelte er dabei als »eine Funktion der Urgrunderklärung des kontingenten Seienden«. Seine originellen metaphilosophischen Ansichten hat er vor allem in seinem Buch *Zur Theorie und Methodologie der Naturphilosophie* (poln., Poznań 1980) mitgeteilt. Wichtig darin ist besonders seine Theorie der Reduktionsphilosophie. Die Philosophie, besonders die Naturphilosophie, soll sich für ihn niemals von den wissenschaftlich gesicherten Fakten trennen, sondern diese vielmehr philosophisch interpretieren, reduktiv erklären sowie nach »ontologischen Implikationen des reduktiven Typs« forschen. Sodann überlegte er philosophische Konsequenzen der physikalischen Theorien von Heisenberg, Bohr, Bohm und Einstein. Er behauptete z. B., daß man weder aufgrund naturwissenschaftlicher noch aufgrund philosophischer Erkenntnis eine räumliche Endlichkeit des Weltalls beweisen könne. Kłósak versuchte weiters zu zeigen, daß weder das zweite Gesetz der Thermodynamik noch die Theorie der Expansion des Weltalls, noch die naturphilosophischen Argumente imstande seien, den zeitlichen Anfang des Weltalls nachzuweisen. Er beschäftigte sich außerdem intensiv mit der Problematik der Genese des organischen Lebens in der Welt, d. h. mit der Evolutionstheorie. Besonders viel Aufmerksamkeit widmete er im Zuge dessen den Fragen nach der Natur und dem Ursprung des menschlichen Geistes. Schließlich wurde er zum großen Kenner verschiedener Richtungen der Philosophie. Er nahm mehrere kritische Analysen der marxistischen Philosophie als auch der philosophischen Meinungen Maritains und Teilhard de Chardins vor.

Alle Nachkriegsphilosophen dieser thomistischen Strömung, die man noch erwähnen muß, waren Kłósaks Schüler. Stanisław Mazierski (geb. 1915), Professor an der KUL (seit 1952), widmete sich vor allem metaphilosophischen Fragen der Kosmologie. In seinem Handbuch *Elemente der philosophischen und naturwissenschaftlichen Kosmologie* (poln., Poznań 1972) kritisierte er die traditionelle Lehre der drei Abstraktionsgrade. Zugleich schlug er vor, diese durch drei Abstraktionsmethoden zu ersetzen.

An der ATK vertreten derzeit den »szientistischen Thomismus«, der mehr szientistisch als thomistisch zu sein scheint, die Professoren M. Lubański und S. Ślaga. Mieczysław Lubański (geb. 1924) beschäftigt sich mit philosophischen Fragen in bezug auf die Informatik, Informationstheorie, allgemeine Systemtheorie und Kybernetik. Szczepan Ślaga (geb. 1934) konzentriert sich hingegen auf die Fragen aus dem Grenzgebiet der theoretischen Biologie und ihrer Philosophie. Im Vordergrund seiner Forschungen stehen die philosophischen Probleme um die Genese des Lebens.

In Krakau bleiben auch an der Päpstlichen Theologischen Akademie drei Professoren dieser Strömung verpflichtet: M. Heller, T. Wojciechowski und J. Życiński. Der Dekan der philosophischen Fakultät an dieser Akademie, Tadeusz Wojciechowski (geb. 1917), beschäftigt sich hauptsächlich mit der Evolutionslehre der menschlichen Psyche als auch mit der Lehre des Hylemorphismus im Vergleich mit der Atomtheorie. Michał Heller dagegen ist der Verfasser von mehreren Arbeiten (darunter 6 Büchern) auf dem Gebiet der relativistischen Kosmologie. Józef Życiński schließlich betreibt Philosophie der Wissenschaften, indem er die Konzeption der Forschungsprogramme von I. Lakatos zu entfalten versucht. Er bemüht sich auch darum, Whiteheads Prozeßphilosophie auszubauen, indem er nach ihrer Nützlichkeit für die christliche Philosophie, besonders für die Gotteslehre, sucht.

Vierte Version

Die populärste Version des Thomismus in Polen geht auf J. Maritain und É. Gilson zurück. Man nennt sie »Existentialthomismus«. Vertreten wird sie von der sogenannten »Lubliner Schule«. In Polen wurde dieser Thomismus von S. Swieżawski nach dessen persönlichem Zusammentreffen mit Gilson und Maritain in Paris (1929) eingeführt.

Stefan Swieżawski (geb. 1907) studierte Philosophie und Geschichte an der Lemberger Universität in den Jahren 1925–1929. Er war Schüler von Twardowski, Ajdukiewicz und Gilson. Seit 1946 war er Professor an der KUL und seit 1956 an der Polnischen Akademie der Wissenschaften in Warschau. Aus seinem riesigen wissenschaftlichen Opus (darunter 9 Bücher) erwähnen wir das sechsbändige Werk *Geschichte der europäischen Philosophie im 15. Jahrhundert* (poln., Warszawa 1974–1983, Bd. I: *Erkenntnis;* Bd. II: *Wissen;* Bd. III: *Sein;* Bd. IV: *Gott;* Bd. V: *Weltall;* Bd. VI: *Mensch*). Swieżawski ist vor allem Historiker der Philosophie und Wissenschaftstheoretiker der Geschichte der Philosophie. Darüber hinaus betreibt er philosophische Anthropologie und verbreitet Metaphysik als eine Art der Kontemplation des Seins, die für die Erziehung des Menschen und die Erreichung einer menschengerechten Kultur notwendig ist. In seinem gemeinsam mit J. Kalinowski geschriebenen Buch *La philosophie à l'heure du Concile* (Paris 1965) betont er daher auch, daß die Höhe der menschlichen Kultur sich proportional zu deren Treue bezüglich der Philosophie gestalte, sofern die Kontemplation des Seins auf die konkrete Existenz der Menschen zurückwirke.

Als wichtigster Vertreter des Existentialthomismus in Polen wird der Dominikaner Mieczysław Albert Krąpiec (geb. 1921) angesehen, Schüler, Lehrer (seit 1951) und Rektor (1970) an der KUL. Seine 12 Bücher und zahlreichen Aufsätze dienen alle dieser Version des Thomismus. Nach Krąpiec ist die Metaphysik die Grunddisziplin der Philosophie. Alle anderen Disziplinen sind nur Zweige der metaphysischen Erkenntnis. Der Gegenstand der Metaphysik ist das Seiende als Seiendes bzw. die Existenz des Seins. Die Abstraktionslehre hat für ihn innerhalb der Metaphysik allerdings keine besondere Bedeutung. Denn den Seinsbegriff erreicht man auf dem Wege der sogenannten Separation. Das spezifische Problem der Metaphysik ist für ihn die Anwendung der Transzendentalien und der analogen Erkenntnis. Transzendente Begriffe sind von daher gesehen im wesentlichen Abkürzungen der Urteile als Grundlagen der Seinsaffirmation. Unter den Urteilen wiederum spielen die auf der Erfahrung beruhenden Existentialurteile eine hervorragende Rolle. Ihnen liegen Funktionen des praktischen Verstandes (»vis cogitativa«) zugrunde. Die Metaphysik basiert schließlich auf der transzendentalen Proportionalitätsanalogie. Indem sie für die konkreten Seienden nach inneren und äußeren Gründen sucht, entdeckt sie Gott als den einzigen Grund, der imstande ist, die Existenz des kontingenten Seienden widerspruchsfrei zu machen.

Zu den größten Verdiensten von Krąpiec gehört sein Einsatz für die Lubliner Schule in zwei Richtungen: in der Auseinandersetzung mit der klassischen Philosophie, d. h. mit ihren Texten als Quellen des Philosophierens, und in der genauen Reflexion methodologischer Fragen hinsichtlich des Thomismus. Während der fünfziger Jahre an der KUL bemühten sich besonders der Methodologe J. Iwanicki und der Logiker Jerzy Kalinowski (geb. 1916) um das methodologische Anliegen. An gleiche Forschungen schlossen sich später an: der größte Methodologe des polnischen Thomismus, Stanisław Kamiński (1919–1986), und der Erkenntnistheoretiker, Ästhetiker und Philosoph Antoni B. Stępień (geb. 1931). Die Frucht glücklicher Zusammenarbeit von Krąpiec und Kamiński war ihr Buch *Zur Theorie und Methodologie der Metaphysik* (poln., Lublin 1962), in dem die Analogie- und Transzendenzbegriffe der Metaphysik, die Strukturen der Urteilserkenntnis, die philosophische Induktion und Erfahrung, die metaphysische Schlußfolgerung, die Begründung und der Systemaufbau analysiert wurden. Das Werk wird unter den Vertretern der klassischen Philosophie für eine Leistung von Weltformat gehalten. Kamińskis Schüler A. B. Stępień, der an der KUL seit 1957 unterrichtete, sprach sich im Gegensatz zu Krąpiec für die Eigenständigkeit und den von der Metaphysik unabhängigen Status der Erkenntnistheorie aus. Als Vertreter der Lubliner Schule veröffentlichte er eine *Einführung in die Metaphysik* (poln., Kraków 1964), in der er klar und präzis die Hauptthesen des Existentialthomismus darstellte. Zu derselben Richtung an der KUL gehörten auch: in der Gotteslehre Feliks Bednarski OP (geb. 1911, der sich seit langem in Rom befindet) und in der Metaethik Tadeusz Styczeń (geb. 1931).

Das zweite Zentrum des Existentialthomismus hat sich an der ATK in Warschau herausgebildet. Alle seine Vertreter sind ehemalige Schüler der KUL. Unter ihnen ist vor allem Prof. Mieczysław Gogacz (geb. 1926), Schüler von Adamczyk und Swieżawski, zu nennen. Er unterrichtete Philosophie und Geschichte derselben an der KUL (1953–1966) und danach an der ATK (seit 1966). In erster Linie ist er Historiker der Philosophie. Sein reiches philosophisches Schaffen enthält unter anderem 14 Bücher. Gogacz selbst hält sich für einen radikalen Pluralisten, d. h. er sieht den Stoff des einzelnen Seienden als etwas absolut Einmaliges an. Alle Ähnlichkeiten und Gemeinsamkeiten der Seienden untereinander gehen auf Konto des Erkennens, nicht des Seins. Das, woraus und was das Seiende ist, ist radikal einzigartig. Es verursacht seine Identität. Gogacz nennt sich in diesem Sinne einen Anhänger der »Metaphysik des Seienden«, die er der »Metaphysik von Gebilden« gegenüberstellt. Nach ihm schöpft die Metaphysik ihren Realismus gar nicht aus der Erkenntnistheorie, sondern unmittelbar aus der Erkenntnis der Nichtidentität von Sein und Nichtsein. Wenn also die Seienden in sich selbst den Stoff und den Grund ihrer Selbstorganisation und ihrer Realität (Wesen und Sein), d. h. eigene Ursachen für sich und in sich besitzen, so können wir festhalten, daß sie in ihrem Innern zusammengesetzt (transzendentale Einheit) sind und erst von daher etwas Separates (aliquid) bilden, daß sie sodann eben real (res) sind und ihre Existenz (ontische Wahrheit) zeigen und daß sie schließlich von sich aus die Voraussetzung dafür bieten, das Objekt einer Erwählung (ontische Gutheit) zu sein. Die Zusammensetzung von Wesen und Sein als innerer Prinzipien des Seienden, das voll von Eigenschaften ist und in verschiedenen Relationen zu anderen Seienden steht, führt wiederum zur Feststellung, daß das in einem gegebenen Seienden enthaltene Sein den ganzen Inhalt des Wesens dieses Seienden aktualisiert. Dieses Sein, als so mit dem Wesen verbunden, ist jedoch abhängig. Als bedingt und real muß jedes auf diese Weise zusammengesetzte Seiende folglich eine äußere unbedingte Wirkursache haben, die nicht mehr in einer Zweiheit von Sein und Wesen besteht, sondern die nur »esse« allein, also Gott ist.

Mit Prof. Gogacz arbeiten an der ATK noch folgende Existentialthomisten zusammen: in der Gotteslehre Bischof Bohdan Bejze (geb. 1929), in der Metatheorie der Metaphysik P. Edmund Morawiec CSSR (geb. 1930) und in der Geschichte der Philosophie Bronisław Dembowski (geb. 1927).

Fünfte Version

Die letzte, fünfte Version des polnischen Thomismus, die wir zu untersuchen haben, interpretiert die Lehren des hl. Thomas mit Hilfe einer logischen Analyse und Formalisierung seiner Texte. Man darf in diesem Sinne von einem »analytischen Thomismus« sprechen. Dieser ist, geschichtlich genommen, ein neuscholastischer Zweig der Lemberger-Warschauer Schule. Als seine Gründer dürfen gelten: Jan Salamucha (1903–1944), Schüler von Łukasiewicz, P. Józef Bocheński OP (geb. 1902), ehemaliger Student an der Lemberger und Posener Universität, später Professor und Rektor an der Universität von Fribourg, und Jan Franciszek Drewnowski (1896–1978), Schüler von Kotarbiński.

Schon in der Zwischenkriegszeit gehörte zu dieser Richtung auch Józef Iwanicki (geb. 1902), der Philosophie und Logik an der Straßburger Universität und an der École des Hautes Études in Paris studierte. Sein Interesse für eine Philosophie und Formalwissenschaft hat er schon in seinen ersten beiden Büchern klargemacht: *Leibniz et les démonstrations mathematiques de l'existence de Dieu* (Paris 1933) und *Morin et les démonstrations mathematiques de l'existence de Dieu* (Paris 1936). Nach dem Zweiten Weltkrieg war Iwanicki Professor an der UW (1946–1951), dann Professor und Rektor an der KUL (1951–1956) und zuletzt Professor (1956–1972) und Rektor (1964–1972) an der ATK. Er sprach sich stets dafür aus, den Thomismus »geometrico modo« zu rekonstruieren.

Mit dieser Version des Thomismus solidarisierten sich sowohl J. Łukasiewicz als auch Stanisław Kobyłecki (1864–1939), der sogar ein gemeinsames Materialobjekt für Philosophie und Logik in der Allgemeinheit von Relationen annahm, und noch (im weiteren Sinne) Benedykt Bornstein (1890–1967), der die mathematische Methode in die eigentümlich verstandene Metaphysik einzuführen versuchte. Das Programm der Vervollkommnung des Neuthomismus mit Hilfe der Logistik unterstützten sodann K. Michalski und P. Chojnacki. Gegner dieses Programms verwechselten es meistens mit antimetaphysischen Prinzipien eines logischen Neopositivismus und sahen schon in der Logistik selbst eine Quelle des Übels. Sie vergaßen dabei, daß das Postulat maximaler Präzision innerhalb der klassischen Philosophie vom hl. Thomas selbst stammt, der sich mit außergewöhnlicher Genauigkeit um die Adäquatheit seiner Argumente bezüglich der aristotelischen Logik kümmerte. Die große Fülle von logischen Formen, die in der Logistik gefunden wurde, brachte ein neues Verstehen der Präzision mit sich. Dieses sollte keinesfalls vom herkömmlichen Präzisionspostulat entbinden. So ungefähr sahen es die Formaltheoretiker des Neuthomismus in den dreißiger Jahren: Salamucha, Bocheński, Drewnowski, Chojnacki u. a. Nach dem Krieg griffen dieses Programm auf: zuerst an der KUL J. Iwanicki, Witold Marciszewski (geb. 1930, unterrichtet seit 1963 Logik an der UW), Leon Koj (geb. 1929) und Mikołaj Poletyło. Mit dem Umzug Iwanickis an die ATK übersiedelte fast die gesamte Forschung in dieser Richtung von der KUL zur ATK. Im Laufe der Zeit schlossen sich dort an Iwanicki noch Edward Nieznański (geb. 1938), Korneliusz Policki (geb. 1949) und Czesław Oleksy (geb. 1948) an. Im Ausland, besonders in Fribourg, zeichnete sich vor allem J. Bocheński aus. Sein gewaltiges logisch-philosophisches Werk hat ihm Weltruhm eingebracht.

Zu den wichtigsten Leistungen der Vertreter des analytischen Thomismus gehören die Formalisierungen der Gottesbeweise und die Argumente für die Unsterblichkeit des menschlichen Geistes. Den Anstoß dazu gab J. Salamucha, der (1934) als erster das thomasische Argument »ex motu« für die Gottesexistenz formalisierte. Da nichtformalisierte Beweise in der Regel Enthymen sind, d. h. weitgehend verkürzte Argumentationsschritte, muß man sie bei der Formalisierung zuerst weit interpretieren. So hat Salamucha angenommen, daß der hl. Thomas die Bewegungsrelation als eine zugleich irreflexive, transitive und konnexe Relation (d. h. Kette) verstehe, deren Feld die Allgemeinheit der realen Seienden umfasse: Die Irreflexivität dieser Relation werde durch das Gesetz »Omne quod movetur ab alio movetur« festgestellt. Transitivität und Konnexität der Bewegungsrelation wurden stillschweigend als »bekannt« vorausgesetzt. Das Verbot eines »regressus in infinitum« garantiere, daß die genannte Kette endlich sei und aus diesem Grund ein einziges erstes Element (»primum movens«) besitze, das zugleich ein minimales Element der Bewegungsrelation (»movens immobile«) sei. Die Vorstellung der Wirklichkeit als eine Kette von Bewegern und Bewegten schien Salamucha kein adäquates Bild der Welt zu sein, obwohl dieses Bild für ihn vom hl. Thomas selbst geprägt worden ist.

Schon 1935 distanzierte sich Bocheński von Salamucha bezüglich des Hauptsatzes des »ersten Weges« des hl. Thomas. Im Schluß des Gottesbeweises solle nicht das »primum movens«, sondern nur das »movens immobile« festgestellt werden. Ein erstes Element einer der maximalen Bewegungsketten sei zugleich das minimale Element (»movens immobile«) im Feld der ganzen Bewegungsrelation, die dann selbst keine Kette sein müsse.

Salamuchas Formalisierung des Gottesbeweises hat nach dem Krieg auch im Ausland Anhänger gefunden. Johannes Bendiek setzte (1956) noch ähnlich voraus, daß die Bewegungsrelation eine Kette sei. Erst Francesca Rivetti Barbò (in ihren Aufsätzen von 1960, 1962, 1966, 1967) und Ivo Thomas (1960) interpretierten den beim hl. Thomas beschriebenen Regreß von Bewegten zu Bewegern nicht mehr als Kette, sondern als Vorgängerrelation.

Einige methodologische Bemerkungen zu Salamuchas formalisiertem Gottesbeweis lieferte nach dem Krieg in Polen Leon Koj, aber erst K. Policki unternahm (1975) von neuem eine Formalisierung des Arguments »ex motu«. Ähnlich wie Bowman L. Clarke (1966) versuchte Policki das Kuratowskis-Zorns-Lemma für den Gottesbeweis auszuwerten. E. Nieznański bemühte sich (1980), die Voraussetzungen von Barbòs und Polickis Kalkülen zu schwächen. Er stellte die Bewegungsrelation als einen multiplikativen Quasihalbverband mit minimalen Elementen dar. Die Absolventin der UW, Krystyna Błachowicz (geb. 1953), hat sodann 1982 einen Gottesbeweis »ex motu« mit Hilfe des Leibnizschen Postulates formalisiert, gemäß dem es für jede Satzfunktion einen derartigen Gegenstand gebe, der nur aus jenen Dingen als Teilen bestehe, die die erwähnte Funktion erfüllen.

Das Argument »ex causa efficienti« formalisierte 1968 als erster der Frankfurter Prof. Wilhelm Essler. Zwei neue Formalisationen dieser Argumente stellte (1982/83) E. Nieznański dar.

Das Argument »ex contingentia«, das im Neuthomismus in einer Version, die von Leibniz stammt und sich auf das Gesetz vom zureichenden Grund stützt, dargeboten wird, formalisierte ebenfalls Nieznański (1977, 1979, 1981, 1982). Da diese Formalisierung allein auf dem Gesetz des zureichenden Grundes als einziger Voraussetzung beruhen kann, nahm Nieznański (1983/84) auch die logische Analyse dieses Gesetzes vor.

Die bis jetzt einzige Formalisierung des Arguments für die Unsterblichkeit des menschlichen Geistes nach dem Text aus der *Summa theologiae* (I q. 75, a. 6) verdanken wir Bocheński (in: *Nuove lezioni di logica simbolica*, Rom 1938).

Polnische Thomisten haben auch logische Analysen von einigen wichtigen thomistischen Begriffen durchgeführt. Eine logische Analyse der traditionellen Lehre der Analogie brachte als erster (1948) J. Bocheński zustande. Semantische Grundlagen der scholastischen Theorie »de modis essendi« hat Nieznański (1983) aufgrund der Booleschen Algebra beschrieben. Ausgehend von den symbolischen Darstellungen des Wiener Professors Curt Christian (1957), der Begriffe wie »Gott«, »Allmächtigkeit« und »Allwissenheit« analysierte, arbeiteten auch wiederum Nieznański (1976) und C. Oleksy (1984) in diese Richtung. Der letztere nahm darüber hinaus eine logische Analyse des Prädestinationsproblems vor, indem er an die 1974 veröffentlichten formal-logischen Forschungen des Salzburger Professors Paul Weingartner über den religiösen Fatalismus anknüpfte. Die erste logische Analyse des Begriffs der Autorität verdanken wir abermals J. Bocheński (1965, 1974). Eine weitere zu diesem Thema stammt von Nieznański (1985) und wurde zusammen mit dem Begriff des Glaubens innerhalb einer Logik der Meinungen dargestellt. Zu den unbestrittenen Leistungen des polnischen Thomismus (in seiner fünften Version) gehört nicht zuletzt Bocheńskis Buch *The Logic of Religion* (New York 1965), in dem sich der Verfasser mit den vier bedeutendsten metatheoretischen Religionsproblemen auseinandergesetzt hat: mit der Anwendbarkeit der Logik auf die Religion; mit der formal-logischen Struktur von Religionsaussagen; mit der Semantik der Religionsaussagen und mit der Begründung von Religionssätzen.

BIBLIOGRAPHIE

1. *Zur allgemein-polnischen Philosophie*

Ajdukiewicz, K.: Der logistische Anti-Irrationalismus in Polen, in: Erkenntnis 5 (1935) 51–161.
Czeżowski, T.: Die polnische Philosophie der Gegenwart, in: Slavische Rundschau 1 (1929) 438–443.
Ingarden, R.: Wandlungen in der philosophischen Atmosphäre in Polen, in: Slavische Rundschau 9 (1937) 224–233.
Kotarbiński, T.: Grundlinien und Tendenzen der Philosophie in Polen, in: Slavische Rundschau 5 (1933) 218–229.
Lutosławski, W.: Die polnische Philosophie, in: F. Ueberweg: Grundriß der Geschichte der Philosophie, 5. Teil: Die Philosophie des Auslandes . . ., hg. T. Oesterreich, B 1928, 299–334.
Skolimowski, H.: Polish Analytical Philosophy, Lo 1967.

2. *Zum polnischen Thomismus*

Andrzejuk, A. J.: Chronique du thomisme en Pologne, in: Journal Philosophique 5 (1985) 301–304; 8 (1986) 201–206.
Gogacz, M.: Lublin – Notice sur les institutions ou associations adonnées spéciellement à l'étude de la pensée médiévale, in: Bulletin de la Société Internationale pour l'Étude de la Philosophie Médiévale 5 (1963) 73–75.
–: Le problème de la »causa finalis« dans le thomisme polonais contemporain, in: Studi Tomistici 14 (1982) 342–350.
Gogacz, M. / Kałuża, Z.: Histoire de la philosophie médiévale à l'Université Catholique de Lublin, in: Rivista Critica di Storia della Filosofia 3 (1964) 347–355.
Ruciński, B. J.: La connaissance du »Liber de causis« dans la littérature polonaise depuis le XVe jusqu'au XXe siècles, in: Actas del V Congreso International de Filosofia Medieval, Bd. II, Ma 1979, 1187–1192.
Stępień, A. B.: La filosofia tomistica nella Polonia contemporanea, in: Sapienza 21 (1968) 509–528.

EDWARD NIEZNAŃSKI

Ungarn

ÜBERBLICK ZUR GESCHICHTLICHEN ENTWICKLUNG

Im Jahr 1879 befand sich die philosophische Kultur innerhalb der ungarischen Kirche in einem miserablen Zustand. An den Diözesanhochschulen gab es nicht einmal einen nennenswerten Philosophieunterricht. Selbst an der theologischen Fakultät in Budapest wurden wöchentlich allenfalls ein bis zwei Vorlesungen gehalten. Die Diözesanhochschulen beschränkten sich sogar auf fakultativ wählbare Spezialvorlesungen.

Diese Situation veränderte sich erst dank der Initiativen von János Kiss (1858 bis 1930), der im Sinne der Enzyklika *Aeterni Patris* der Philosophie ihre Stellung innerhalb der theologischen Fakultäten zurückgab. Er war Professor am Priesterseminar von Temesvár (heute Timişoara in Siebenbürgen). Als solcher stand er im Kontakt mit zahlreichen ausländischen Kreisen. 1886 gründete er die Zeitschrift *Bölcseleti Folyóirat* (Zeitschrift für Philosophie), die später unter dem Namen *Religio* erschien. Drei Jahre danach kam auf seine Initiative das theologische Periodicum *Hittudományi Folyóirat* (Theologische Zeitschrift) heraus. Er setzte sich dafür ein, daß die Theologie auf der Basis der »philosophia perennis« gepflegt wurde. Von jüngeren Kollegen unterstützt, organisierte Kiss 1890 die *Thomas-Gesellschaft*. Als 1898 ein philosophischer Lehrstuhl an der theologischen Fakultät in Budapest eingerichtet wurde, erhielt er schon bald einen Ruf auf denselben (1904–1928; ein zweiter Lehrstuhl wurde 1913 errichtet). Ein wichtiges Anliegen, das er hier verfolgte, war die Erneuerung einer philosophischen Terminologie innerhalb der ungarischen Sprache: Dazu bedurfte es vor allem einer Übersetzung der scholastischen Begriffe und der Verbreitung solcher Übersetzungen. Doch leider fand dieses Unternehmen keinen befriedigenden Erfolg. Was entstand, waren häufig nur mißverständliche Wortbildungen, die weniger aus dem Ungarischen als vielmehr aus dem Deutschen und dem Französischen stammten.

Die Entfaltung der neuscholastischen Bewegung läßt sich besonders gut an der mehr als fünfzigjährigen Geschichte der Thomas-Gesellschaft verfolgen. Die Zahl ihrer Mitglieder wuchs schon in den ersten Monaten nach ihrer Gründung auf über 150. Unter diesen fanden sich allerdings auch mehrere nicht-scholastische Denker, die mit ihrer Mitgliedschaft bloß ihre Sympathie bekundeten. Die Trägerschaft und das Patronat hatte jeweils einer der Bischöfe Ungarns inne (Ottokár Prohászka, Bischof von Stuhlweißenburg/Székesfehérvár, hatte die längste Amtszeit von 1908 bis 1927; nach ihm bekleidete István Madarász von Kassa/Košice mehrere Jahre diese Funktion [von 1940 bis zur Einstellung der Gesellschaft 1948]; diese beiden Bischöfe waren die bedeutendsten Persönlichkeiten in diesem Amt). Veranstaltungen fanden allmonatlich statt. Die Vorträge und Diskussionen wurden meist in verschiedenen Zeitschriften (z. B. in den *Bölcseleti Közlemények* [1938–1948, Philosophische Mitteilungen], in der *Katolikus Szemle* [1887, Katholische Revue], in den *Filozófiai Füzetek* [Philosophische Hefte]) oder in den Sammelbänden (etwa in der Reihe *Szent Tamás-könyvtár* [Thomas-Bibliothek], *Szent István-könyvek*) publiziert. In den Satzungen der Gesellschaft wurde das Ziel derselben festgesetzt. Es bestand in der Erforschung, Verbreitung und Verteidigung der christlichen Philosophie sowie im Kampf gegen Materialismus, Positivismus und Liberalismus. Beides sollte »ad mentem Sancti Thomae« geschehen. Andere scholastische Richtungen (alte oder neuere) wurden zwar nicht ausgeschlossen, aber auch nicht ausdrücklich genannt. Der hl. Thomas wurde so zur unerschütterlichen Autorität.

Erst gegen Ende der dreißiger Jahre meldeten sich auch andere Stimmen zu Wort. Die ersten waren die Franziskaner. Ihnen folgten die Jesuiten, die verschiedene Probleme der thomistischen Philosophie in einem offeneren Geist behandelten. Die Auseinandersetzung mit den anderen philosophischen Strömungen des 19. und frühen 20. Jahrhunderts brachte sodann die Thomas-Gesellschaft auch in Kontakt mit nicht-scholastischen Philosophen, u. a. mit A. Ákos Pauler (1876 bis 1933), Béla von Brandenstein (geb. 1901), Gyula Kornis (1885–1958) und Sándor Wolsky. Wichtig wurden in diesem Zusammenhang jene Mitglieder, die im Ausland, hauptsächlich in Rom, ihre Studien abschlossen. Sie genossen eine besondere Autorität. Außerdem nahmen immer mehr Mitglieder an internationalen Kongressen teil. So kam es zu fruchtbaren Auseinandersetzungen mit den ausländischen Philosophen und zu eigenen interessanten Ansätzen. Aufsehen erregten vor allem Autoren, die sich damals dem Realismus irgendeiner spiritualistischen Richtung anschlossen (etwa von É. Boutroux, H. Bergson, R. Eucken, N. Hartmann, W. Windelband, F. Brentano u. a.). Aber auch die Beschäftigung mit den Systemen der neuzeitlichen Philosophen muß genannt werden. Sie diente nicht zuletzt der Klärung des eigenen scholastischen Standpunktes. Als Feind Nummer eins der christlichen Weltanschauung galt schließlich der Relativismus und Agnostizismus, was die Erkenntnistheorie betrifft. In der Naturwissenschaft war es der Positivismus, in der Ontologie der Materialismus und auf dem Gebiet der sozialen Probleme – inmitten einer pseudo-kapitalistischen, halb-feudalistischen Gesellschaft und unter dem Druck des Elends der Zwischenkriegszeit – der Marxismus in seiner sozialdemokratischen Erscheinungsform.

In der ersten Phase der Neuscholastik bis etwa 1920 fällt der polemisch-defensive Ton auf. Der Darwinismus etwa gilt als Ausdruck eines völlig gottlosen Materialismus. Die Furcht vor den hypothetisch-empirischen Forschungen überhaupt treibt mehrere Autoren sogar zu einer blinden Kritik an den Naturwissenschaften. So bestreitet z. B. Bonifaz Platz SOCist (1848–1919) prinzipiell jedes gesicherte Datum, das die Evolutionstheorie nahelegen könnte (sein Buch über den Ursprung des Menschen, *Az ember eredése faji egysége és kora,* Budapest 1884, erschien auch deutsch 1887 und 1897, polnisch 1892). Das Mißverständnis und der Argwohn gegenüber naturwissenschaftlichen Forschungen sind aber auch sonst in spöttisch-popularisierenden Schriften verschiedener Apologeten und in gewissen Broschüren bis in die späten dreißiger Jahre offensichtlich. Dabei kam es zu peinlichen Situationen. So polemisierte Gusztáv Pécsi (1874–1947) noch 1923 gegen die 1901 aufgestellte Theorie von Menyhért Palágyi (1859–1924; in: *Neue Theorie des Raumes und der Zeit,* Leipzig 1901) bezüglich der Notwendigkeit der Vereinigung von Raum und Zeit aus philosophischen Gründen (1905 stellte Einstein seine Theorien auf), die in der Zwischenzeit an den ungarischen Universitäten gelehrt wurde. Und während die Gymnasiallehrer der kirchlichen Oberschulen bereits die Evolutionstheorie studieren mußten, machten sich noch zahlreiche Scholastiker darüber lustig (z. B. der frühe Prohászka, G. Pécsi, H. Hajós u. a.). Eine krampfhafte Anhänglichkeit an den Vitalismus tat ein übriges (etwa Brandensteins abstruse Theorie von der »transzendenten Ursächlichkeit« und unbegründete Annahme von geistigen Urkräften; vgl. dazu Mihály Legeza [1906–1949]: *A transcendens okság elmélete. Kritikai tanulmány* [Die Theorie der transzendenten Ursächlichkeit. Eine kritische Studie, Budapest 1943]). Erst spät, im Jahre 1943, beginnt sich die Lage zu lockern. In dieser Zeit setzte sich Sándor Wolsky, ein gutinformierter Biologe und gründlicher Kenner der alten christlichen Tradition, mit der Evolutionstheorie auseinander. In einer neuen Form von Evolutionismus vertrat er die Ansicht, daß die Evolutionstheorie durch eine Menge empirischer Daten wohlbegründet und sozusagen unwiderlegbar sei und mit dem scholastischen Prinzip »Deus per causas secundas operatur« harmonisiert werden könne. Wolsky konnte sich dabei bereits auf ein Werk von Sándor Horváth über die »keimhaften Naturkräfte« (»rationes seminales«) berufen, das noch zur Sprache kommen wird.

In der ersten Phase der Neuscholastik nistet sich ferner ein Thomismus strenger Observanz ein. Dies bezeugen die meisten Lehrbücher (»Cursus«), die rein didaktischen Zwecken dienten. Der erste »Cursus« stammte von Albert Böckl, der ins Ungarische übersetzt wurde. Ihm folgten Lehrbücher von J. Donat, Ch. Boyer, J. Gredt und von Gusztáv Pécsi (1874–1974) (letzteres war auch lateinisch verfaßt). Diese Lehrbücher bestimmten die Richtlinien des philosophischen Lehrgangs in den Priesterseminarien. Die allgemeine Atmosphäre, die dazu den Hintergrund bildet, charakterisiert eine Äußerung des Dominikaners Szádok Szabó (1869–1956, Ordensprovinzial in Graz 1930, Begründer der Zeitschrift *Angelicum* in Rom), dergemäß die unwiderlegbare Autorität der 24 thomistischen Thesen ohne Diskussion angenommen wurde.

Eine Phase größerer Offenheit folgte etwa nach 1920. Diese verdankt sich der intensiven Kontaktnahme mehrerer ungarischer Neuscholastiker mit den gleichgesinnten Kollegen in Löwen, in Frankreich und in Deutschland sowie der Ausbildung von Spezialisten für die verschiedenen Fachbereiche. Sándor Gießwein

(Kanoniker aus Győr, 1856–1923) war im Bereich der Linguistik, Religionswissenschaft und Soziologie tätig. Gleichzeitig trat er als Abgeordneter und Vorkämpfer der christlichen Arbeiterbewegung auf (diese Tätigkeit isolierte ihn allerdings von der Thomas-Bewegung und setzte ihn unverdienter Kritik aus). Weitere Persönlichkeiten in diesem Zusammenhang sind Gyula Kozári (1864 bis 1925), ein vielseitig gebildeter Forscher, Zoltán Ferenczi (geb. 1898), ein Mathematiker, Hildebrand Várkonyi (1888–1971), ein Psychologe, der besonders unseren abstrakten Vorstellungen von Raum und Zeit bzw. den Prinzipien des Bewußtseins psychologisch nachging, und nicht zuletzt O. Prohászka, der entgegen seiner früheren Haltung gegen Ende seines Lebens (1927) die neue Physik bewunderte und von ihr eine Wende vom Materialismus zur Anerkennung der Selbständigkeit des Geistigen erwartete. Besondere Verdienste erwarben sich aber auch Historiker und Philologen, die häufig bei den Sitzungen der Thomas-Gesellschaft auftraten. Unter ihnen sind Pál Kecskés (1895–1976), Endre Ivánka (1902 bis 1974), Ferenc Ibrányi (er war gut in der Geschichte der Moraltheologie bewandert), Josef Aistleitner (1883–1960, der berühmte Erforscher der ugaritischen Sprache und Kultur) und Edgár Artner (1895–1972, ein Spezialist für Religionsgeschichte der römisch-hellenistischen Zeit, später Archäologe und schließlich Professor für Fundamentaltheologie sowie Sekretär der Thomas-Gesellschaft; sein Lebenswerk über die religiöse Umwelt des Urchristentums bot der Religionsphilosophie zahlreiche Anregungen).

Dank dieser zweiten Phase wurde einer dritten der Weg geebnet, die gegen Ende der dreißiger Jahre einsetzte und sich bewußt um eine aufgeschlossene Scholastik bemühte – bei aller Treue zur Tradition. Gekennzeichnet ist diese dritte Phase vor allem durch zwei Namen, die auch im Ausland bekannt und hochgeschätzt waren: Sándor (Alexander) Horváth und Antal Schütz.

MASSGEBENDE PERSÖNLICHKEITEN UND WERKE

Es ist bemerkenswert, daß der große Initiator der scholastischen Erneuerungsbewegung kein Akademiker, sondern ein Seelsorger, Beichtvater und Mann des lebendigen Wortes war, der sich anläßlich seiner Vorträge in der Universitätskirche von Budapest vor katholischen und andersdenkenden Intellektuellen als einer der bedeutendsten Redner seiner Zeit erwies: Ottokár Prohászka (1858–1927). Nach seinen Studien am Collegium Germanicum-Hungaricum in Rom, wo er der Lieblingsschüler Camillo Mazzellas war und mit seiner Promotionsdisputation Aufsehen erregte, wurde er bald Professor für Dogmatik und Apologetik in Esztergom/Gran. 1904 erhielt er einen Ruf an die theologische Fakultät in Budapest. Doch schon ein Jahr später ernannte ihn der Papst zum Bischof von Székesfehérvár/Stuhlweißenburg. Wie schon als Theologe bemühte er sich auch als Bischof zeit seines Lebens um die geistige Erneuerung der christlichen Gesellschaft. Dabei war er, wie schon gesagt, nicht eigentlich ein Denker. Eher muß er als Künstlernatur beschrieben werden, was wiederum nichts mit Antiintellektualismus zu tun hat. Gewisse Verlautbarungen seinerseits konnten zwar, oberflächlich betrachtet, diesen Eindruck erwecken. Man denke etwa an seinen Aufsatz *Die Unzulänglichkeit des Intellektualismus in Moral und Religion*, in: Hochland 7 (1910) 385–391, oder an seine beiden vom Hl. Offizium verbotenen Schriften *Modern Katholicizmus* (Moderner Katholizismus, Budapest 1907) und *Az intellektualizmus túlhajtásai* (Die Auswüchse des Intellektualismus, Budapest 1910). In der Tat geht es ihm aber ausschließlich um die Priorität der geistigen Erfahrung vor der rein abstrakten und begrifflichen Erkenntnis. Übrigens widmete Prohászka ganze Bücher den traditionellen Gottesbeweisen. Die metaphysische Erkenntniskraft des Menschen konnte also von ihm nicht ganz in Frage gestellt worden sein. Darüber hinaus verfolgte er mit Interesse die Wege der modernen Lebenserforschung und verstand es sehr gut, die Tragweite von wissenschaftlichen Erkenntnissen im richtigen Kontext wahrzunehmen. Der eigentliche Grund für die Zensur seiner Äußerungen dürfte daher anderswo zu suchen sein. Man vermutet zu Recht die Abneigung des hohen Klerus gegen seine sozialen Reformbestrebungen, etwa gegen seine Forderung nach einer effektiven Landwirtschaftsreform. In einem Vortrag mit kulturgeschichtlicher Thematik klingt dies auch an. Bischof Prohászka äußert darin seine Enttäuschung über eine Form von Christentum, die in der Theorie stehenbleibt und dadurch soziale Mißstände toleriert: »Eine Reaktion entstand auch bei uns ... Das alte Christentum hat weltüberlegene Geistigkeit in die Welt gebracht, eine lebendige Wirklichkeit und den ›homo christianus‹ an die Front gestellt, wohingegen der ›christliche Kurs‹ [gemeint ist die mit ›national-christlicher‹ Etikette versehene regierungsfreundliche Bewegung] Programme lieferte und schöne Reden ... also wiederum bloße Begriffe und Theorien« (in: *Összegyűjtött munkái* [Gesammelte Werke], hg. Antal Schütz, Budapest 1927–1929, Bd. 20, 309). Aus dieser Offenheit für soziale Fragen heraus polemisierte Prohászka bereits gegen den Marxismus, ohne allerdings dessen historische Wurzeln aus den Augen zu verlieren.

Der Entscheidung des Hl. Stuhls (1911) unterwarf er sich unverzüglich (»laudabiliter se subiecit«). Dennoch bemühte er sich auch weiterhin, seinen Standpunkt philosophisch, d. h. mit scholastisch geschulter Scharfsinnigkeit, klarzumachen. In mehreren Aufsätzen setzte er sich daher mit seinen Gegnern auf dem Gebiet der Wissenschaft auseinander (z. B. in: *Értelmi észrevevés és intuíció* [Intellektuelle Wahrnehmung und Intuition], in: Religio 27 [1918] 249–253, und in: *Az intuíció lényege* [Das Wesen der Intuition], in: Religio 30 [1921] 1–15). Seine entscheidende Frage dabei war: Wie kann der menschliche Geist außerhalb von allgemeinen Begriffen das Konkret-Wirkliche erreichen? Nach seiner Meinung muß es einen direkten Zugang der Vernunft zur konkreten Wirklichkeit geben. Es kann nicht so sein, daß diesen nur die Sinne haben, während der Verstand (wie Suarez lehrt) lediglich im Allgemeinen verharrt, so daß das Konkret-Wirkliche für die menschliche Erkenntnis ausschließlich mittels der Reflexion erscheint. Deshalb postuliert Prohászka einen geistigen Akt, der unmittelbar die Wirklichkeit erfaßt, d. h. eine unmittelbare intellektive Ein-sicht. Diesen nennt er »Intuition«. Damit will er die Bedeutung des abstrakten und begrifflichen Denkens nicht herabsetzen. Primär und ursprünglich bleibt aber immer die Intuition. Beispiele für eine solche intuitive, das Ganze auf einmal ergreifende

Sicht sind etwa die Erlebnisse bei der Betrachtung einer schönen Landschaft oder aber Erfahrungen der Liebe und Demut.

Anders als der ungarische Denker Bernát Alexander (1850–1927), der den Intuitionsbegriff bei Spinoza und Bergson analysierte, sieht Prohászka die Intuition nicht als eine eigenständige Fähigkeit neben der Vernunft an. Alexanders Ansicht, daß mit »intuitiv« nur das werdende, in der Anschauung gegebene Denken gemeint sein könne, nicht das in Worte und Begriffe gefaßte und »gewordene« Denken, hält er sogar für oberflächlich. Denn der Unterschied zwischen einem Denken »vor« und einem Denken »mit« der Sprache kann wohl einen Effekt beschreiben, keinesfalls aber den Grund der Intuition. Es gibt ein anschauliches Wissen, wie z. B. das »Machen-Können« oder das »Wissen-wie« (»savoir-faire«), bei dem man nur zeigen und nachahmen kann, und darüber hinaus gibt es auch die »blitzartige Einsicht«, die sich vor allem anläßlich schöpferischer Entdeckungen manifestiert. So muß die Intuition als eine spezifische Form unseres geistigen Vollzugs betrachtet werden, die der rein begrifflichen Form des Denkens gegenübersteht.

Prohászka hat die strenge scholastische Methode in seinen Schriften meist durch einen poetisch-impressionistischen Stil ersetzt. Trotzdem stellt sein Denken für die ungarische Neuscholastik einen wichtigen Anstoß dar. Aus diesem Grund hat sich auch etwa Antal Schütz darum bemüht, die zerstreut hinterlassenen Vorträge, Predigten, Skizzen und Notizen Prohászkas durch Jahre hindurch zu sammeln und in 25 Bänden kommentiert herauszugeben. Sándor Horváth erklärte nicht zuletzt im Anschluß an Prohászka (auf streng thomistischer Grundlage) die Rolle und den Wert der Intuition als Erkenntnis gewisser, potentiell vorhandener Relationen und Eigenschaften – nach einer mühsamen Synthesis aller Bestimmungen des Gegenstandes – durch einen Akt des intellectus, der die vermittelnden logischen Schritte überspringt (*Az értelmi fény* [Das Licht des Intellectus], in: Bölcseleti Közlemények 11 [1948] 1–11).

Sándor Horváth OP (1884–1956), ein origineller, jedoch in allen Fragen streng thomistischer Philosoph, der von seinen Ordensbrüdern gerne als »letzter peripatetischer Thomist« bezeichnet wurde, absolvierte seine Studien in Fribourg und Graz. In diesen Städten, aber auch in Rom, trat er durch zahlreiche Vorlesungen in Erscheinung. Ab 1938 wurde er Lehrstuhlinhaber in Budapest. Unter seinen Hörern in Fribourg befand sich unter anderen Cornelio Fabro, der ihm in seinem Werk *La nozione metafisica di partecipazione* (Turin ²1963, 10, 141) für die zahlreichen Anregungen, speziell für seine Hinweise auf die zentrale Stellung der »participatio« im Denken des hl. Thomas, dankte.

Nach der Überzeugung Horváths beantwortet der hl. Thomas alle Probleme, mit denen die Neuzeit gerungen hat. Um diese These zu belegen, mußte er den thomasischen Werken auf spekulative Weise Inhalte entnehmen, die in diesen allenfalls angedeutet waren. Jedenfalls formulierte er in einem Vortrag des Jahres 1943 die Schwerpunkte des Thomismus folgendermaßen:

1. Entscheidend für die thomistische Philosophie ist die Frage nach dem »subiectum sciendi«, d. h. nach dem logisch potentiell umgrenzten und inhaltlich durch Relationen bestimmten Grundprinzip des Wissens. Von diesem Subjekt her

(»de quo omnia praedicantur«), dem alle innerhalb einer Wissenschaft durch Forschung erworbenen Eigenschaften zuzusprechen sind (»via synthesis seu inventionis«), wird das Ganze des spezifischen Erkenntnisbereiches geordnet. Durch es erhält dieses seine Einheit (»via analysis seu iudicii«). Horváth entfaltet diesen Gedanken eines Ordnung und Einheit gebenden Subjekts in seiner ungarisch verfaßten Schrift *Aquinói Szent Tamás világnézete* (Die Weltanschauung des hl. Thomas von Aquin, Budapest 1924), dann aber auch (gründlicher) in *La Sintesi scientifica di San Tommaso d'Aquino* (Turin 1932), *Der thomistische Gottesbegriff* (Fribourg 1941), *Heiligkeit und Sünde im Lichte der thomistischen Theologie* (Fribourg 1943) sowie in mehreren ungarisch verfaßten Aufsätzen. (Gerade dann aber, wenn Horváth seine Muttersprache verwendet, erkennt man zwar sein Ringen um eine philosophische Sprache, doch gleichzeitig muß man feststellen, daß mit der Tiefe der Gedanken die Klarheit des Ausdrucks abnimmt.)

2. Mit der Frage nach dem »subiectum sciendi« hängt das Problem der Relationalität desselben zusammen. Relation besagt: »minimum quoad realitatem, maximum quoad extensionem«. Ursache für dieses Problem ist die wesenhafte Unvollkommenheit und Potentialität der menschlichen Erkenntnis. Horváth behandelt die damit verbundenen Fragen vor allem in seiner These *Metaphysik der Relationen* (Graz 1914).

3. Die thomistische Synthese wird dieser Fragen mit der Lehre von Akt und Potenz Herr. Horváth erläutert sie in seinem Werk *Örök eszmék és eszmei magvak Sz. Tamásnál* (Die Rolle der ewigen Vernunftgründe [Ideen] und ideenhaften Keime [rationes seminales] nach dem hl. Thomas, Budapest 1944).

4. Erkenntnistheoretisch betrachtet geht es Thomas stets um eine kontinuierliche Reduktion der Begriffe auf die konkrete Realität: »Das rein begriffliche Denken hat keinen Wert für Thomas.« Dementsprechend ist für Thomas das im sinnlich Erfahrbaren gegebene Sein die einzige Quelle der menschlichen Erkenntnis (»intelligibile in sensibili«). Mit diesem Grundsatz übertrifft Thomas für Horváth sogar Kant. Er meint: »Der hl. Thomas versteht es, mit Präzision alldem seinen eigenen Ort anzuweisen, was auch immer Kant mit noch so aufrichtigem Eifer zu erforschen versucht hat.« S. Horváth will das Erkenntnisproblem überhaupt nicht akzeptieren. Seiner Ansicht nach ist das »Ding an sich« die »rohe physische Wirklichkeit« (sic!), deren ontologische Wahrheit ein »esse obiectivum« begründet, sofern diese Bezug auf den menschlichen Intellekt hat (»esse conformabile«); mittels einer »abstractio considerativa« entdeckt der Mensch alle kausalen Relationen des Wirklichen, so daß die theoretische Erkenntnis der Noumena, einschließlich Gott und Unsterblichkeit, möglich wird; allein ein »esse repraesentativum« gehört dem Subjekt als sein eigentümlicher modus operandi. Vgl. *Az eszmei magvak Szent Tamás világnézetében* (Die ideenhaften Keime in der Weltanschauung des hl. Thomas, in: Bölcseleti Közlemények 9 [1943] 14–27) und *Hitvédelmi Tanulmányok* (Apologetische Studien, Budapest 1943, 162, 186, 207, 210). Ähnliche Ansichten äußert Horváth in seinem letzten umfangreichen Werk *Tractatus philosophici aristotelici-thomistici. I. Quaestiones ad logicam at cognitionem humanam referentes* (Budapest 1949), worin er den Versuch einer

Darstellung der traditionellen Logik im thomistischen Sinn unternimmt, wobei er allerdings die damals schon weit und breit diskutierten Probleme der Formalisierung der Sprache und ihrer ontologischen Implikationen überhaupt nicht zur Kenntnis nimmt.

Aber nicht nur in der Logik, sondern auch auf allen anderen Gebieten hielt sich Horváth streng an Thomas. So geschah es z. B. auch in seinem Buch *Das Eigentumsrecht nach dem hl. Thomas* (Graz 1929). Mit diesem bekam er allerdings Schwierigkeiten im Hl. Offizium. Gleiches versuchte er in *A természetjog rendező szerepe* (Die ordnungschaffende Rolle des Naturrechts, Budapest 1941). Darin ging es ihm um eine Begründung und Darstellung des Naturrechts aus dem moralischen Sittengesetz.

Der Piaristenpater Antal Schütz (1880–1953) verstand das scholastische Denken anders als Horváth. Für ihn mußten die Einsichten der katholischen Tradition angesichts der Gegenwart neu vernommen und vertreten werden. Er bekannte sich daher zum *Geist* der Neuscholastik. Nach seinem Doktorat in Philosophie und Theologie arbeitete er auf dem Gebiet der experimentellen Psychologie in der Nachfolge der Würzburger Schule Oswald Külpes. Als Ergebnis seiner eigenen Forschungen erschien sein Beitrag *Zur Psychologie der bevorzugten Assoziationen* (Würzburg 1917) und seine *Charakterológia és arisztotelesi metafizika* (Charakterologie im Bezug zur aristotelischen Metaphysik, Budapest 1927). 1916 wurde er Professor für Dogmatik, 1938 ordentliches Mitglied der Ungarischen Akademie der Wissenschaften und ab 1939 Präsident der Thomas-Gesellschaft. Seine bedeutendsten philosophischen Werke sind: *Energetika és bölcselet* (Energetik und Philosophie, Budapest 1908), *Isten a történelemben* (Gott in der Geschichte, Budapest 1932, dt. Salzburg/Leipzig 1943), *Az Istenbizonyítás logikája* (Logik der Gottesbeweise, Budapest 1913), *Logikák és logika* (Über die Einheit und Pluralität der Logik, Budapest 1941), die beiden Sammelbände *Eszmék és eszmények* (Ideen und Ideale, Budapest 1932) und *Őrség* (Wache, Budapest 1936) sowie *Szenttamási szövegek* (ausgewählte Texte aus den Werken des hl. Thomas, lateinisch-ungarisch, Budapest 1944), *Az örökkévalóság* (Budapest 1936, dt. Der Mensch und die Ewigkeit, München 1938) und *A bölcselet elemei* (Elemente der Philosophie, Budapest 1948).

Im zuletzt genannten Werk, das eine umfassende Einleitung für Studierende sein soll und die breite Palette der damaligen philosophischen Strömungen schildern will, teilt Schütz die Philosophie folgendermaßen ein: 1. Theorie des Denkens (Psychologie und Logik), 2. Erkenntnistheorie, 3. Wissenschaftstheorie, 4. Ontologie, 5. Metaphysik, 6. Wertphilosophie, 7. Anthropologie. Diese Einteilung wurde von philosophischer Seite kritisiert. Sie bot aber Schütz nicht nur Gelegenheit, seine ungeheure Bildung unter Beweis zu stellen, sondern auch in freier Form, d. h. ohne strenges und einheitliches System, einen Zugang zur »philosophia perennis« zu verschaffen. Man kann über diese Vorgangsweise selbstverständlich streiten, man darf aber nicht übersehen, daß Schütz in seinen *Elementen der Philosophie* manches zur Sprache bringt, was sonst von Philosophen leicht übersehen wird. Gerade im Hinblick auf die moderne Wissenschaft ist er unvergleichlich informierter als der durchschnittliche Scholastiker seiner Zeit.

Natürlich erliegt er auch da wiederum manchem Irrtum. Dies ist etwa in der symbolischen Logik, der Wissenschaftstheorie und der Grundlagenforschung der Fall. Auch seine vitalistische Wirklichkeitssicht, die er wiederholt in die Gottes- und Unsterblichkeitsbeweise einbezieht, ist fragwürdig. Doch man kann ihm dies schwer zum Vorwurf machen, wenn man sich den damaligen Stand der Forschung vor Augen hält. »Ontologie« heißt für ihn einfach Festsetzung der Stufen des Seins, »Metaphysik« hingegen alles, was über die unmittelbare Erfahrung hinausgeht. Unter »Metaphysik der Natur« versteht er das, was man sonst »Cosmologia« nannte. Was die »Theorie der Werte« anbelangt, so ist er von H. Lotze, F. Brentano, N. Hartmann, D. von Hildebrand und A. Rosmini-Serbati abhängig. Auch er behauptet, daß »es eine Seinsordnung der Werte gibt«, doch er fügt hinzu: »wir sind immer noch am Anfang« der Erforschung derselben. Die »Anthropologie« umfaßt bei ihm schließlich Ästhetik, Religion, Gesellschaftslehre und Rechtsphilosophie. Leider bleibt er auf diesem Gebiet der traditionellen Sichtweise völlig verhaftet. Deshalb sucht man etwa Namen wie M. Scheler und H. Plessner, die doch für die Anthropologie entscheidend waren, vergeblich.

Sein Werk *Gott in der Geschichte* (eigentlich eine Art Geschichtstheologie) unternimmt eine Widerlegung des Historizismus ebenso wie eine Kritik an Hegels logischen Ableitungsversuchen der Geschichte. Schütz sieht im Fortschritt der Menschheit eine Art Analogie zum Reifungsprozeß eines einzelnen Menschen. Deshalb macht die Geschichte auch entsprechende Phasen durch: von der Herrschaft des Leibes an bis zur erhofften Herrschaft der Seele. Maßgebender Faktor eines jeden Zeitalters ist die Wertstufe, die es erreicht hat. Diese muß aber wiederum an der Motivation des gemeinschaftlichen Lebens bemessen werden: Am Beginn stehen die instinktiven Kräfte. Diese werden von der gegenseitigen Anerkennung der verschiedenen Interessen abgelöst. Das Ziel bildet der Zustand, in dem jeder einzelne bewußt und freiwillig Aufgaben, Bindungen und Pflichten innerhalb des Zusammenlebens übernimmt. Gegenüber jeglichem immanentistischen Optimismus betont Schütz sodann auch die tragische Seite der Geschichte. In dieser Hinsicht hält er sich an die skeptische Bewertung des reinen Fortschrittsglaubens, wie sie etwa von L. Ranke, Th. Mommsen, H. Lotze und W. Windelband vertreten wurde. Eine nüchterne Betrachtung der Geschichte scheint ihm sogar der richtigere Weg zu sein, um Gott als Schöpfer und Erlöser der Geschichte zu entdecken.

Während seines ganzen Denkweges hat Schütz immer wieder auf die Mängel der Methoden und Beweisverfahren, soweit sie in der traditionellen Philosophie üblich waren, hingewiesen. So liest man etwa bei ihm: »Heute stellt die differenzierte philosophische Reflexion einem Verfahren höhere Ansprüche entgegen; der hl. Thomas würde der letzte sein, der gegen ein strengeres Beweisverfahren Einspruch erheben würde. Aufgrund dieser Überzeugung habe ich versucht, gerade im Hinblick auf die Gottesbeweise den Aufbau und die Basis derselben sicherzustellen ... Dies besonders in meinen beiden Werken ›Gott in der Geschichte‹ und ›Die Ewigkeit‹ ... Es ist bedauerlich, daß diese unbedingt zu erfüllende Aufgabe nicht einmal von katholischen Denkern durchgeführt wurde ... (Garrigou-Lagrange: *Dieu, son existence, sa nature*, 1928, eingeschlossen)« (Zitat aus dem

Vortrag *A szenttamási istenbizonyítás gnózeológiájához* [Zur Gnoseologie des Gottesbeweises beim hl. Thomas], in: Bölcseleti Közlemények 5 [1939] 1–7).

FORSCHUNGSRICHTUNGEN UND THEMENSTELLUNGEN

Wie auch in anderen Ländern gab es in Ungarn mehrere Richtungen der Neuscholastik. Den *Scotismus* etwa bevorzugte Bischof Prohászka, weil ihm in diesem die Einheit von Wirklichkeit und Erkenntnis bzw. von Leben und Denken am besten garantiert schien. Dem Voluntarismus hing aber auch József Trikál (1873–1950) an. Sein Werk *Duns Scotus voluntarizmusa* (Der Voluntarismus von Duns Scotus, Budapest 1907) und seine diversen psychologischen Schriften sind ein Beleg dafür. Vor der Thomas-Gesellschaft plädierte Menyhért Réti OFM (geb. 1914) für die Beachtung des Scotismus. Er verfaßte auch ein Buch über das Individuationsprinzip bei Duns Scotus: *Duns Scotus János egyediségi elve* (Vác 1941). Mit Adam Petz SJ (1904–1947) diskutierte er außerdem über die Rolle der Individualität bei Thomas einerseits und Duns Scotus andererseits (*Az egyediség elve Duns Scotus és Szent Tamás szerint* in: Bölcseleti Közlemények 8 [1942] 104–122). Ince Dám (1909–1967), ebenfalls aus dem Franziskanerorden und Übersetzer des *Itinerarium mentis in Deum* (Vác 1942) von Bonaventura, ist der Verfasser einer Monographie zum scotistischen Seinsbegriff (*A lét-fogalom Duns Scotus rendszerében*, Budapest 1947). Elek Szabó (geb. 1913), vertrat schließlich eine scotistische Ethik: *A scotista értékfogalom* (Die Idee des ethischen Wertes im Scotismus, in: Bölcseleti Közlemények 8 [1942] 69–80). Erwähnt werden muß Ákos László OFM (1900–1975), der für die Ansicht eintrat, daß das moderne Weltbild aufgrund scotistischer Denkweise philosophisch richtiger ausgelegt werden kann (vgl. *A ferences iskola természetbölcseleti problémái* [Naturphilosophische Probleme der Franziskanerschule], Gyöngyös 1942).

Einen *Neo-Suarezianismus* gab es in Ungarn in dem Sinne, daß sich einzelne Denker in bestimmten Fragen den Grundsätzen von Suarez anschlossen. In erster Linie sind hier wie überall die Jesuiten zu nennen. Wenn es bei diesen auch nie zu jenen Richtungskämpfen kam, wie sie z. B. in Frankreich zwischen É. Gilson, P. Descoqs, C. Fabro u. a. ausgetragen wurden, so distanzierten sie sich doch von der Thomas-Deutung bei Cajetan. Im übrigen aber stellte man die großen »Doctores« – ziemlich oberflächlich – nur im Hinblick auf die theologische Relevanz ihrer Aussagen einander gegenüber. Deshalb spielte auch der alte Gegensatz zwischen Bañezianismus und Molinismus wieder eine gewisse Rolle. In Anschluß an C. Nink (*Philosophische Gotteslehre*, München 1948) unterschieden demnach auch Ede Lányi SJ (1881–1950) und Ferenc Zborovszky SJ (1899–1955) »intransigente« und »dynamische« Anhänger des hl. Thomas (in: *Katolikus Lexikon*, Bd. I, Budapest 1933, 14).

Die Rezeption der sonstigen Neuscholastik sowie die Auseinandersetzung mit ihr dokumentieren sehr gut die Rezensionen und Berichte in den diversen Zeitschriften. Diese hielten sich relativ gut auf dem laufenden. So wurden z. B. die französischen und deutschen Neuscholastiker (die Löwener Schule, J. Maritain,

J. Geyser, E. Przywara u. a.) sehr rasch bekannt. Auch K. Rahners *Geist in Welt* (Innsbruck 1939) sowie die ersten Veröffentlichungen von J. B. Lotz und J. de Vries wurden unmittelbar und lebhaft diskutiert. Relativ spät wurde aber z. B. M. Blondel bekannt. Erst 1938 referierte István Gerencsér über ihn (in: Bölcseleti Közlemények 4 [1938] 36–65) – und dies mit größtem Vorbehalt und (merkwürdigerweise) mit eindeutiger Bevorzugung der späteren Werke. Ebenfalls 1938 werden erstmals die Engländer berücksichtigt (man beginnt ausgerechnet mit dem Hegelianer B. Bosanquet). Vom Wiener Kreis hört man bereits 1935 auf dem Thomistenkongreß in Rom. Heideggers Kritik an der Metaphysik schließlich findet ein Echo in den Schriften E. Ivánkas (*Heidegger filozófiája és az ókori metafizika* [Heideggers Philosophie und die Metaphysik des klassischen Altertums], in: Bölcseleti Közlemények 6 [1940] 123–134), später aber auch bei P. József Jánosi SJ und G. Ervin, der Heideggers Denken als »veröedeten Atheismus ohne seinesgleichen« abtut (in: Bölcseleti Közlemények 2 [1936] 85).

Schon sehr bald erkannte man, daß man sich gründlichere Kenntnisse auf dem Gebiet der Philosophiegeschichte erwerben mußte. Erste Versuche in diese Richtung unternehmen József Trikál, Flóris Kühár OSB (1893–1943), József Hajós (geb. 1885) und József Félegyházi. Ihre Werke waren jedoch ungenau und versagten bei der Einteilung der Materie. Erst Pál Kecskés (1895–1976), Professor an der theologischen Fakultät, ein eifriger Historiker und ständiger Rezensent bei den *Bölcseleti Közlemények* (Philosophische Mitteilungen), verfaßte einen gediegenen und detaillierten *A bölcselet története főbb vonásaiban* (Grundriß der Geschichte der Philosophie, Budapest 1942; dritte, unglücklich verkürzte und ergänzte Ausgabe Budapest 1981). Bezüglich der historischen Erforschung trat E. Ivánka hervor (zu Aristoteles, zur Stoa, zu Thomas usw.). Eine grundlegende Arbeit leistete auch János Bárd (1907–1982), Weihbischof von Kalocsa, mit seinen Studien über N. Hartmann, dessen Philosophie er als »Wende vom Idealismus zum Realismus« bezeichnete (*Az idealizmusból a realizmus felé*, Budapest 1943). Wenig glücklich verfuhr man bei der Beurteilung der Existenzphilosophen. Verkannte man schon die Bedeutung der Existentialanalytik Heideggers (eine Ausnahme in diesem Punkt ist Ivánka), so mißdeutete man völlig die Existenzphilosophie von Jaspers sowie die Entwürfe der französischen Vertreter. 1935 berichtet P. Kecskés (in: Bölcseleti Közlemények 2 [1935] 90) erstmals über Jaspers; die übrigen Existentialisten werden hingegen erst 1948 von F. Ibrányi kurz gestreift (in: Bölcseleti Közlemények 11 [1948] 65–69). (Über G. Marcel liest man ganze 6 Zeilen, Sartre bleibt unerwähnt!) Entsprechend fallen die Bewertungen des Existentialismus aus. P. Jánosi z. B. stempelt ihn kurzerhand zum Irrationalismus ab.

In der Metaphysik, die seit den dreißiger Jahren auch die Erkenntnistheorie und die Wertphilosophie (Ethik) umfaßt, sind folgende Persönlichkeiten von Bedeutung: József Jánosi (1898–1965) unternimmt den Versuch, das Erkenntnisproblem anhand der »analogia entis« zu lösen: *Bölcselet és valóság* (Philosophie und Wirklichkeit, Budapest 1940). Für den Menschen kommt er dabei zum Schluß, daß dessen Erkenntnis zwar positiv auf das Absolute hingeordnet ist, daß sie sich der Wahrheit aber dennoch nur asymptotisch annähert. Außerdem legt

Jánosi eine ontologische und teleologische Begründung der Wertphilosophie im Rahmen der »analogia entis« vor: *Az erkölcs metafizikai gyökerei* (Die metaphysischen Wurzeln der Moral, Budapest 1943). Er fundiert damit die Ethik in der Metaphysik. Demgegenüber betont Gábor Ervin (geb. 1912, 1944 ermordet) die Eigenständigkeit der Ethik. In seinem Buch *Kultúra és emberiség* (Kultur und Menschsein, Budapest 1943) führt er seine Überlegungen mit Hilfe der Phänomenologie durch. Er schließt sich deshalb aber nicht einfach der Wertphilosophie M. Schelers und N. Hartmanns an. Denn die Identifikation von Wirklichkeit und Wert (wie bei M. Scheler) führt für ihn zu denselben fatalen Konsequenzen wie die Annahme des Gegenteils: entweder in einen »naiven pantheistischen Optimismus« oder in einen »pessimistischen Atheismus« (vgl. dazu seine Aufsätze *A szellem és az élet* [Der Geist und das Leben] bzw. *Az érték jelentése* [Der Sinn des Wertes] in: Bölcseleti Közlemények 2 [1936] 40–50 und 5 [1939] 33–45). Wichtige Inspiratoren sind ihm E. Przywara, D. von Hildebrand und J. B. Lotz.

Zur Metaphysik der Person und der Gemeinschaft äußern sich der früh verstorbene Alfred Erőss sowie Pál Kecskés. Letzterer verfaßt ein größeres Lehrbuch zur christlichen Gesellschaftslehre: *A keresztény társadalombölcselet alapelvei* (Grundlagen der christlichen Gesellschaftslehre, Budapest 1938). In der Psychologie vertritt er die Meinung, daß die ontologische Substantialität der Seele (als Voraussetzung von Personalität) durch eine unmittelbare innere Selbsterfahrung gesichert sei: *A modern lélektan és a skolasztika* (Moderne Psychologie und Scholastik, Budapest 1930). In Auseinandersetzung mit der modernen Psychologie (C. G. Jung) und sogar mit gewissen okkultistischen Strömungen tritt auch József Trikál (1873–1950) in seinem Buch *A lélek rejtett élete* (Das verborgene Leben der Seele, Budapest 1924) in Erscheinung.

Die klassischen Fragen bezüglich der Kausalität stehen im Mittelpunkt der Forschungen von Géza Sajó, Zoltán Ferenczi und József Somogyi. Im Hinblick auf die Errungenschaften der empirischen Wissenschaften versuchen aber auch Cecil Bognár OSB (1883–1967), Physiker und Fachmann für empirische Psychologie, und György Zemplén SOCist (1905–1973), Weihbischof, in seiner *Karakterológia és szenttamási etika* (Charakteriologie und thomasische Ethik, Vác 1939) und *Metafizika és értékelmélet* (Metaphysik und Theorie der Werte, Budapest 1942), die Scholastik zu erneuern. József Somogyi (geb. 1898) bezieht in *A létezés kezdete* (Der Anfang des Seins, in: Bölcseleti Közlemények 2 [1935] 16–39) zum selben Zweck den zweiten Satz der Thermodynamik sowie einzelne vitalistische Theorien in die Problematik der Gottesbeweise ein. József Szamek (geb. 1900, 1945 verschollen) befaßt sich schließlich mit dem Induktionsproblem in seinem Werk *Az indukció elmélete* (Die Theorie der Induktion, in: Bölcseleti Közlemények 9 [1943] 28–48). Er bleibt aber in der aristotelischen Syllogistik stecken.

Erwähnt werden muß weiters die Polemik, die mit den Phänomenen des Rassismus zu tun hat. In diesem Zusammenhang ist vor allem das mutige Buch von József Somogyi zu nennen: *A faj* (Die Rasse, Budapest 1940). Eine ebenso beachtenswerte Leistung stellt das Werk *Vallás és faj* (Rasse und Religion, Budapest 1942) von Kálmán Nyéki (1908–1977) dar, das sich nüchtern und kritisch von J. W. Hauer distanziert.

Bleiben noch die Gebiete der Religionswissenschaft bzw. Religionsphilosophie und Ästhetik zu betrachten. Auch hier gibt es thomistische Beiträge. Für das erste Gebiet sind vor allem die Bücher von Flóris Kühár OSB (1893–1943) bekannt geworden, wie z. B. *A vallásbölcselet főkérdései* (Hauptprobleme der Religionsphilosophie, Budapest 1930, mit ausführlicher Bibliographie der einschlägigen Werke). Zur Ästhetik hingegen bot Sándor Sík (1889–1963), ein Piaristenpater, eine dreibändige *Esztetika* (Budapest 1942/43).

Was schließlich die Geschichte seit 1949 anbelangt, so muß folgendes erwähnt werden: Als neue Informationsquelle für Philosophie an katholischen Institutionen übernahm die Zeitschrift *Vigilia* unter der Redaktion von Sándor Sík und Vid Mihelics (1899–1968) die Führung. Die theologische Fakultät in Budapest wurde 1953 von Papst Pius XII. als selbständige Päpstliche Fakultät unabhängig von der Universität neu konstituiert. Ende der sechziger Jahre setzt eine neue Welle an Publikationen ein. Zur führenden Persönlichkeit wird in dieser Zeit Tamás Nyíri (geb. 1920), der eine von Heidegger und Rahner geprägte Form der Neuscholastik betreibt. Die Ungarische Akademie hat ihn 1984 anläßlich der Verteidigung seiner These *Das Schicksal des Seins von Thomas von Aquin bis Heidegger* als ordentliches Mitglied aufgenommen. Nyíri arbeitet derzeit intensiv auf dem Gebiet der modernen Anthropologie. Nicht zuletzt sind die im Ausland tätigen ungarischen Philosophen zu erwähnen, von denen sich ebenfalls mehrere einen Namen erworben haben: Unter ihnen befinden sich János Hegyi SJ (geb. 1920), Béla Weissmahr SJ (München) (geb. 1929), Román S. Rezek OSB (1916–1986), Szaniszló Jáki OSB (geb. 1924), Tibor Horváth SJ (Toronto) (geb. 1927), Ervin Nemesszeghy SJ (Toronto) (geb. 1929) und Ferenc Szabó SJ (Rom) (geb. 1929).

BIBLIOGRAPHIE

Zum Thema »Neuscholastik in Ungarn« gibt es nur ungarisch verfaßte allgemeinere Darstellungen. Vgl. dazu:

Hanák, T.: Az elfelejtett reneszánsz (Die vergessene Renaissance), W 1981, 92–109.
Kecskés, P.: A bölcselet története főbb vonásaiban (Grundriß der Philosophiegeschichte), Bp 1940, 676–681.
Katolikus Lexikon, 4 Bde., Bp 1933.

BRUNO TARNAY

Tschechoslowakei

Den ältesten Spuren des Interesses an der neuscholastischen Philosophie begegnen wir im tschechischen Sprachbereich verhältnismäßig bald, und zwar bereits in den sechziger und siebziger Jahren des 19. Jahrhunderts. Die Repräsentanten der Herbartschen Philosophie, die damals in den böhmischen Ländern dominierte, bezogen zu der neu aufstrebenden Richtung keinen feindseligen Standpunkt, so daß hier nach dem Erscheinen der Enzyklika *Aeterni Patris* (1879) im allgemeinen günstige Bedingungen für die Entfaltung der Neuscholastik vorhanden waren. So kam es auch, daß um die Jahrhundertwende im tschechischen Milieu bereits eine verschiedenartige, fachlich verläßliche neuscholastisch eingestellte Literatur existierte. Unter ihren Autoren, den Vertretern der ersten Generation der heimischen Anhänger dieser Richtung, gebührt dem Professor der theologischen Lehranstalt in Brno (Brünn), Prof. Josef Pospíšil (1845–1926), ein führender Platz. Sein Werk *Filosofie podle zásad sv. Tomáše Akvinského* (Philosophie nach den Prinzipien des hl. Thomas von Aquin) (Brünn 1883–1913) ist eine für die damalige Zeit wirklich hervorragende Arbeit. Pospíšil bearbeitete allerdings nur einige philosophische Disziplinen, und dies noch ziemlich ungleichmäßig. So ist z. B. die Kosmologie im Umfang von fast 1200 Seiten doppelt so lang wie der ganze Rest des genannten Werkes. Neben seiner selbständigen Arbeit war deswegen die in den Proportionen gut ausgewogene Kompilation des Prager Gymnasialprofessors Václav Hlavatý (1842–1910) *Rozbor filosofie sv. Tomáše Akvinského* (Analyse der Philosophie des hl. Thomas von Aquin) (Prag 1885) nutzbringend, die aufgrund der Werke A. Stöckls erarbeitet worden war. Den Erfordernissen der Theologiestudenten sollte die lateinisch abgefaßte Ontologie *De natura entis* (Prag 1891) aus der Feder des Professors der theologischen Fakultät in Olomouc (Olmütz) und Prag Josef Kachník (1859–1940) dienen. Abgesehen von diesen Werken gab es an der Jahrhundertwende in tschechischer Sprache eine Reihe von Monographien über einzelne philosophische Disziplinen vom einstmaligen Herbertianer, später aber entschiedenen Verfechter der Neuscholastik und Professor an der theologischen Fakultät in Prag, Eugen Kaderávek (1840–1922).

Die philosophische Ausrichtung dieser Werke war nicht einheitlich. Die Arbeiten Pospíšils können als thomistisch bezeichnet werden. Einige Thesen der thomistischen Schule, wie z. B. die Lehre von der physischen Prämotion, lehnte er jedoch ab. Das nicht allzu umfangreiche Handbuch J. Kachníks *De natura entis* hat hingegen ausgesprochen suarezianischen Charakter. E. Kadeřávek wiederum bezog in seinen Monographien einen neutralen Standpunkt. In Streitfragen reflektierte er sowohl über die thomistische als auch über die suarezianische Richtung und überließ die Entscheidung dem Leser. Was schließlich die scotistische Richtung anlangt, die damals in einigen Ländern neues Interesse weckte, so schenkte man ihr in den böhmischen Ländern weder zur Jahrhundertwende noch später nachhaltigeres Interesse.[1] Dies stand nicht zuletzt mit der durch die Josefinischen Reformen verursachten Lähmung der wissenschaftlichen Tätigkeit innerhalb des Franziskanerordens im Zusammenhang.

Neben den systematischen Beiträgen sollten der Erneuerung der Scholastik auch die historischen Arbeiten dienen, die der mittelalterlichen Philosophie eine gebührende Würdigung bringen und gleichzeitig die neuzeitliche Philosophie in ein neues Licht setzen wollten.

In den neunziger Jahren leistete der Pädagoge an der Deutschen Universität in Prag Otto Willmann (1839–1920) mit seiner *Geschichte des Idealismus* (3 Bde., Braunschweig 1894–1897) einen bedeutenden Beitrag in dieser Richtung. Den grundlegenden Gedanken des Werkes von O. Willmann schlossen sich in den böhmischen Ländern mehrere scholastisch eingestellte Historiker an. Unter ihnen trat zuerst J. Kachník hervor, dessen informative *Historia philosophiae* zwei Auflagen erlebte (Olmütz 1896, ²1909) und die der Autor 1904 in erweiterter Version auch tschechisch herausbrachte. Beiträge zur Geschichte der böhmischen mittelalterlichen Philosophie lieferte sodann der bekannte Kenner des Werkes von Jan Hus, der Professor an der theologischen Lehranstalt in Brünn Jan Sedlák (1871–1924). Eine Bestandsaufnahme der handschriftlichen und gedruckten Quellen zur Geschichte der christlichen Philosophie in den böhmischen Ländern versuchte schließlich der Prämonstratenser František Hrachovský (1879–1943), der in Auschwitz umgekommen ist.

Was die Übersetzungen anbelangt, so standen an der Jahrhundertwende die tschechische Version der Schrift des hl. Thomas *De ente et essentia* (erschienen 1887) mit einer gründlichen Einleitung und einem Kommentar von Jan Votka SJ und Václav Vojáček und ferner tschechische Übersetzungen einiger Werke des Aristoteles (*Kategorien, De anima, Nikomachische Ethik, Politik*) zur Verfügung, welche von dem Benediktiner Pavel Vychodil in Raigern (1862–1938) angefertigt worden waren. Vychodil leitete auch die seit 1884 erschienene Fachzeitschrift *Hlidka*, in der zahlreiche bedeutende Beiträge zur Geschichte der Philosophie veröffentlicht wurden.

Wie diese Übersicht zeigt, fehlte vorerst in der tschechischen Literatur noch

---

[1] Eine vereinzelte Bekundung des Interesses am Scotismus liegt lediglich in der Abhandlung von J. K. Vyskočil OFM vor: *J. D. Scotova »Distinctio formalis«*, in: Česká mysl 32 (1926) 1–21, 74–95, 148–165, 211–225, 277–289.

ein alle Disziplinen umfassender und ausgewogen aufgebauter Kurs der neuscholastischen Philosophie. Diese Lücke füllte 1920 der bereits erwähnte E. Kadeřávek mit dem dreibändigen Werk *Soustava filozofie křestanské čili aristotelickothomistické* (System der christlichen oder aristotelisch-thomistischen Philosophie). Dessen erster Teil behandelt die formale und die »kritische« Logik, die Ontologie und die Ästhetik. In der kritischen Logik beschränkt sich der Autor darauf, gegenüber den Skeptikern die Möglichkeit und Wirklichkeit einer sicheren Erkenntnis zu zeigen. Die Darstellung der Ontologie ist eklektisch: Der Autor charakterisiert im Geist der scotistisch-suarezianischen Tradition das Seiende als das, dem es nicht widerspricht, zu sein. In der Frage der Distinktion zwischen Wesen und Sein referiert er bloß über den thomistischen und suarezianischen Standpunkt, ohne dieser oder jener Richtung zuzuneigen. Der zweite Teil beinhaltet die sogenannte besondere Metaphysik: Kosmologie, Psychologie, natürliche Theologie. Hierbei zeigen sich die Folgen des eklektischen Standpunktes des Autors. So verteidigt er z. B. in der natürlichen Theologie die fünf Wege des hl. Thomas, bezeichnet sie aber als »kosmologisch« und interpretiert sie auch so. Der dritte Teil gilt der Ethik, die der Autor in gewohnter Weise in eine allgemeine und eine besondere Ethik einteilt. Zuerst werden die Zweckursache sowie die Formal-, Material- und Wirkursache der menschlichen Handlungen im Hinblick auf die Moral untersucht. Sodann werden Erwägungen darüber angestellt, wie sich der Mensch als Individuum und als Mitglied der Gesellschaft verhalten soll. Die hier enthaltene umfangreiche Kritik des Sozialismus beruht in den Hauptzügen auf dem bekannten Werk von V. Cathrein SJ: *Philosophia moralis* (Freiburg 1893).

Kadeřáveks *Soustava filozofie* ist das Schlußwort der Gründergeneration der neuscholastischen Philosophie in den böhmischen Ländern. Sie wollte als solche auch eine Kulmination und Synthese der bisherigen Entwicklung sein. Unter diesem Aspekt betrachtet, erfüllte dieses Werk seine Aufgabe aber nur unvollkommen. Gegenüber den älteren Arbeiten Pospíšils zeichnet sich das Werk Kadeřáveks nämlich nur durch seine äußere Geschlossenheit aus. Es entbehrt hingegen der durchdringenden Schärfe der Analysen Pospíšils. Außerdem war es aufgrund seiner archaischen und teilweise gekünstelten Sprache (Kadeřávek war Anhänger des sprachlichen Purismus und wollte überall eine tschechische Terminologie einführen) schon für Zeitgenossen schwer verständlich. Deshalb blieb sein Einfluß auf die folgende Entwicklung auch eher bescheiden.

Im Jahr 1918 entstand der selbständige tschechoslowakische Staat, und bald darauf, etwa seit dem Beginn der zwanziger Jahre, meldete sich eine neue Generation von Anhängern der neuscholastischen Philosophie zu Wort. Ihre Tätigkeit erfolgte unter Bedingungen, die sich von der vorhergehenden Periode grundlegend unterschieden. Die kulturelle Orientierung des neuentstandenen Staatsgebildes war nämlich (insbesondere am Anfang) ausgeprägt antikatholisch. Im Bereich der Philosophie wurde zudem der Herbartianismus tschechischer Prägung schon früher vom Positivismus abgelöst. Dessen um die offizielle Zeitschrift *Česká mysl* (1900ff.) zusammengeschlossene Vertreter traten gegen die neuscholastische

Richtung von vornherein feindselig auf. Eine mildere Beurteilung erfuhren die tschechischen Neuthomisten bloß von der um die Zeitschrift *Ruch filozofický* (1920ff.) gescharten, wenig einflußreichen Gruppe antipositivistisch eingestellter Philosophen. Doch trotz dieser ungünstigen äußeren Situation kam es in den zwanziger Jahren zu einem gewissen Aufschwung der Neuscholastik, speziell des Neuthomismus, an dessen Pflege sich nunmehr neben weltlichen Theologen (in einem früher unbekannten Ausmaß) auch Angehörige des Dominikanerordens und zahlreiche Laien beteiligten.

Unter den Laienvertretern der neuen Generation ist an erster Stelle Josef Kratochvil (1882–1940) zu nennen. Er war (nach seinen Studien in Rom und in Prag Bibliothekar, seit 1927 Privatdozent an der theologischen Fakultät der Prager Universität) ein ungemein fruchtbarer Schriftsteller, dessen Interesse vor allem der Geschichte der Philosophie galt. Von seinen zahlreichen Werken ist vor allem das Buch *Filozofie středního věku* (Philosophie des Mittelalters) (Olmütz 1924) zu erwähnen. Es stellt das erste tschechisch verfaßte Werk über die Geschichte der mittelalterlichen Philosophie dar, worin neben dem Mittelalter auch die patristische Philosophie und die sogenannte Scholastik bis Suarez behandelt werden. In seinem vierbändigen Werk *Meditace věků* (Meditation der Jahrhunderte) (Brünn 1927–1932) schildert Kratochvil bereits die Entwicklung des philosophischen Denkens von den Anfängen bis zu seiner Zeit. Das reichdokumentierte Werk war und ist die bisher umfassendste tschechische Arbeit zu diesem Thema. 1929 gab er zusammen mit dem Psychologen Karel Černocký das Wörterbuch *Filosofický slovník* (Philosophisches Wörterbuch) heraus, die erste derartige Arbeit in der tschechischen Literatur. Es erlebte vier Auflagen (Brünn 1929, 1932, 1934, 1937; von der 4. Auflage an arbeitete daran auch O. Charvát). In der letzten Ausgabe enthielt das Lexikon fast 5000 Stichwörter, die durch gut bearbeitete bibliographische Hinweise ergänzt wurden. Das letzte Werk des frühzeitig verstorbenen Autors war das Buch *Rukověť filozofie* (Handbuch der Philosophie) (Brünn 1939), ein neuerlich umfassendes, in vier Bände gegliedertes Unternehmen. Im ersten Band behandelt Kratochvil Fragen bezüglich Begriff und Methode der Philosophie, im zweiten liefert er eine Übersicht über die philosophischen Disziplinen, im dritten schildert er die Geschichte des philosophischen Denkens, und im vierten umreißt er die wichtigsten philosophischen Probleme sowie die Richtungen für deren Lösungen.

Kratochvil selbst bezeichnet den Standpunkt, von dem er in seinen Arbeiten ausgeht (unter dem Einfluß O. Willmanns), als »Neoidealismus«. Es handelt sich bei diesem aber im wesentlichen dennoch um einen Neuthomismus, den Kratochvil allerdings als historische Synthese, als »philosophia perennis«, aufzufassen sucht, in die alles Wertvolle eingehen soll, was im Laufe der Geschichte der Philosophie entstand. Diese Position, die in gefährliche Nähe des Eklektizismus gerät, hatte wohl dies für sich, daß sie Kratochvil offen sein ließ für die moderne Philosophie. Die offizielle positivistische Kritik warf Kratochvil jedoch gerade diesbezüglich Oberflächlichkeit und partielle Ungenauigkeiten vor. Tatsächlich hatte Kratochvil den Hang, eher in die Breite als in die Tiefe zu gehen. Sein umfangreiches Werk war aber nichtsdestoweniger in der damaligen Zeit und in der damaligen Situation bahnbrechend und ging in seiner Bedeutung über den Rahmen der neuscholastischen Richtung hinaus. Der Umstand, daß dies nicht anerkannt wurde und Kratochvil nicht die Möglichkeit erhielt, an der philosophischen Fakultät irgendeiner tschechoslowakischen Universität lehren zu dürfen, hatte auf die Dauer gesehen zur Folge, daß es in der Tschechoslowakei (zum Unterschied von Polen) zu keiner Weiterentwicklung der Historiographie der mittelalterlichen Philosophie kam.

1929 begannen die Dominikaner in Olmütz die Zeitschrift *Filozofická revue* herauszugeben (sie erschien mit einer Unterbrechung während der Zeit der Nazi-Okkupation bis zum Jahre 1948). Um sie herum gelang es ihrem Redakteur Metoděj Habáň OP (1899–1984), die jüngere Generation der heimischen Thomisten zu versammeln und darüber hinaus bedeutende ausländische Mitarbeiter (I. M. Bocheński, H. Bošković, M. S. Gillet u. a.) zu gewinnen. Im Jahre 1932 veranstalteten die um die genannte Zeitschrift gescharten tschechoslowakischen Philosophen einen internationalen Thomismuskongreß in Prag, an dem sich neben heimischen Mitarbeitern auch zahlreiche ausländische Repräsentanten (K. Kowalski, J. Bocheński, E. Przywara, R. Jolivet u. a.) beteiligten.[2] Bedeutendstes Werk der Dominikaner aus Olmütz war die Übersetzung der *Summa theologica* des hl. Thomas ins Tschechische durch ein Übersetzerkollektiv unter der Leitung von Emilián Soukup OP (1886–1962). Diese Edition wurde 1940 abgeschlossen. Zur Übersetzung erschien auch eine Einleitung (*Úvod*, Olmütz 1941) aus der Feder E. Soukups und des Laien Artur Pavelka. Die Arbeit Vychodils als Übersetzer wurde von Antonín Kříž fortgesetzt, der verschiedene Schriften des Aristoteles ins Tschechische übertrug: die *Nikomachische Ethik* (1937), die *Politik* (1931), *Über die Seele* (1942), die *Metaphysik* (1946), die *Rhetorik* (1948) und das *Organon* (1958–1978). Von den Dominikanern in Olmütz war ferner auf dem Gebiet der Philosophie M. Habáň tätig. Von ihm stammen das Werk *Psychologie* (Prag 1937), worin er lebendig und interessant eine Übersicht über die traditionelle Lehre liefert, die er durch die Ergebnisse der modernen Psychologie ergänzt, sowie *Přirozená etika* (Natürliche Ethik) (Olmütz 1944). Auf dem Gebiet der Ethik hatte allerdings sein Ordensbruder Reginald Dacík OP (1907–1988) größeren Erfolg. Er interpretierte in seinem Buch *Mravouka* (Sittenlehre) (Olmütz 1946) die Morallehre des hl. Thomas konsequent als Tugendlehre. Zum Kreis der Zeitschrift *Filozofická revue* gehörte weiters der Professor der theologischen Fakultät in Olmütz und spätere Erzbischof Josef Matocha (1888–1961), der Autor der umfangreichen Monographie *Osoba v dějinném vývoji a významu* (Die Person in der historischen Entwicklung und Bedeutung) (Olmütz 1929). Von dem in Vorbereitung stehenden lateinischen Kurs der scholastischen Philosophie *Compendium philosophiae Christianae* konnte Matocha bloß den dritten Band mit dem Titel *Critica* herausbringen (Olmütz 1940). Der Prager Theologe Jaroslav Beneš (1892–1963) befaßte sich ursprünglich mit der mittelalterlichen Philosophie, auf die sich sein häufig zitiertes Erstwerk *Valor*

---

[2] Die beim Kongreß vorgebrachten Beiträge wurden herausgegeben in: M. Habáň (Hg.): *Sborník mezinárodních tomistických konferencí v Praze 1932*, Olmütz 1933.

possibilium apud S. Thomam, Henricum Gandavensem, B. Iacobum de Viterbio (Piacenza 1926/27) bezog.[3] Nach der weniger geglückten Arbeit über die Psychoanalyse Freuds (Prag 1929) verfaßte er sodann das wertvolle Werk *René Descartes či Tomáš Akvínský?* (René Descartes oder Thomas von Aquin?) (Prag 1935), in dem er nachzuweisen versuchte, daß die tiefste Quelle für den Subjektivismus Descartes' in der Verwechslung von Evidenz und Sicherheit liege. Der Laie Jaroslav Hruban (1886–1934) befaßte sich mit der Ästhetik. Der Redemptorist Konstantin Miklík (1895–1966), ein begabter, ausgeprägt kritischer Geist, lieferte in seiner Schrift *Kniha o dobrém zřízení státu* (Buch über die gute Staatsordnung) (Prag 1931) eine sarkastische Kritik der modernen Demokratie, der er das »nookratische« System gegenüberstellte. Der Laie A. Pavelka (geb. 1903) schrieb über die thomistische Naturphilosophie und versuchte sie in seinem Beitrag *Řád přírody* (Die Ordnung der Natur) (Olmütz 1941) mit der modernen Naturwissenschaft zu vermitteln.[4] Verläßlichere Informationen über dasselbe Thema bot der Laie Miloslav Skácel (1914–1974) in seiner Schrift *Látka a tvar* (Stoff und Form) (Prag 1944). Er gab in Zusammenarbeit mit Jan Skácel OP ein kleines Kompendium der thomistischen Philosophie heraus (Prag ¹1945, ²1947). Unter den deutschen Autoren schuf der Prager Theologe Theodor Cermak den informativen *Grundriß der Geschichte der Philosophie im Lichte der Philosophia perennis* (3 Bde., Warnsdorf 1933–1937). Auf die tschechischen Thomisten hatte schließlich das Werk des christlich orientierten Psychologen von internationalem Ruf Johannes Lindworski SJ (1875–1939) bedeutenden Einfluß. Lindworski wirkte seit 1928 an der Deutschen Universität in Prag.

Ungeachtet einiger Erfolge, die die thomistische Richtung nach dem Ersten Weltkrieg in der Tschechoslowakei erzielte, bildeten ihre Anhänger eine geschlossene, wenig einflußreiche Gruppe, die abseits von der Hauptströmung des damaligen tschechoslowakischen Kulturlebens stand.

Am Ende der dreißiger und am Beginn der vierziger Jahre kommt es zu einer bedeutsamen Aufwärtsentwicklung der Philosophie in der Slowakei. Die neuscholastische Richtung entfaltet sich hier in anregender Konkurrenz einerseits mit dem Blondelismus, den Štefan Polakovič (geb. 1912) ins slowakische Milieu eingeführt hatte, und andererseits mit der intuitionistischen Philosophie des russischen, in der Tschechoslowakei lebenden Denkers Nikolaj Onufrievic Losskij (1870–1965), der 1939 an die Universität von Bratislava (Preßburg) berufen worden war. Losskij fand im slowakischen Milieu einen Anhänger in Jozef Dieška (geb. 1913), der gegen den kritischen Realismus polemisierte und den Versuch unternahm, die Ideen Losskijs in Zusammenhang mit dem unmittelbaren Realismus einiger Neuscholastiker (z. B. J. Gredts) zu bringen.

Unter den slowakischen Neuscholastikern befaßte sich Alexander Spesz (1889–1967) im Werk *Hranice poznania* (Grenzen der Erkenntnis) (Preßburg

---

[3] Vgl. J. F. Wippel: *Metaphysical Themes in Thomas Aquinas. Studies in Philosophy and the History of Philosophy*, Bd. X, Wash 1984, 172, 177–179.
[4] Veröffentlicht in: *Úvod do Summy theologické sv. Tomáše Akvínského*, Olmütz 1941, 81–172.

1941) mit der Frage der Beschränktheit der menschlichen Erkenntnismöglichkeiten. Er verfolgte dabei das Ziel, die Notwendigkeit des Glaubens hervorzukehren. Cyril Dudáš (1910–1982) widmete sich der Problematik der Gottesbeweise im Werk *Hladanie absolutna* (Die Suche nach dem Absoluten) (Preßburg 1942). Ján Bubán (geb. 1914) stellt in der synthetischen Arbeit *Filozofia slobody* (Die Philosophie der Freiheit) (Preßburg 1944) Erwägungen über den psychologischen und ethischen Belang menschlichen Handelns an. Zum Unterschied von diesen Autoren, die von einer thomistischen Basis ausgingen, neigte A. Šurjanský (geb. 1912) zur suarezianischen Ontologie, deren Grundsätze er im Beitrag *Bytostná tvárnosť súcna* (Über die ontologische Gestaltung des Seienden) (1943/44) darlegte. Die scotistische Richtung wurde in der Slowakei nicht gepflegt.

In der regen Zeit der ersten Jahre nach Beendigung des Zweiten Weltkriegs erfolgte in der Tschechoslowakei eine ideologische Konfrontation zwischen der marxistischen und der thomistischen Philosophie. Nach der vorsichtig abgefaßten kleinen Schrift von J. Beneš *Duch a hmota v teorii poznání* (Geist und Materie in der Erkenntnistheorie) (Prag 1946) trat Antonin Čala OP (1907–1984) mit einer offenen Kritik des Marxismus hervor. Er gab nach dem kleineren Handbuch *Základy komunismu* (Grundlagen des Kommunismus) (Olmütz 1946) die systematische Arbeit *Marxismus v myšlení a životě* (Der Marxismus im Denken und Leben) (Přerov 1947) heraus. Eine ähnliche Einstellung hatten auch andere Arbeiten, z. B.: *Křesťansky společenský poriadok* (Die christliche Gesellschaftsordnung) (Košice 1948) von Štefan Hatala (geb. 1915), *Principy sociální ethiky* (Prinzipien der Sozialethik) (Prag 1945/46) von T. Vodička sowie das Sammelwerk *Křesťanský realismus a dialektický materialismus* (Christlicher Realismus und dialektischer Materialismus) aus der Feder von D. Pecka, B. Chudoba, A. Pavelka u. a. (Brünn 1946). Charakteristikum dieser Arbeiten, besonders des Werkes von A. Čala, ist der Umstand, daß sie nicht das Phänomen des Marxismus in der vollen Breite seiner historischen Bedeutung erfassen, sondern lediglich seine leninistisch-stalinistische Version darlegen und kritisieren. Das Werk des Olmützer Theologen Bedřich Vašek (geb. 1882) *Morálka mezinárodního života* (Die Moral des internationalen Lebens) (Prag 1948) ist den Fragen der systematischen Verletzung des internationalen Rechtes durch die totalitären Staaten gewidmet, es werden jedoch auch die damals aktuellen Nationalitätenfragen vom ethischen Standpunkt aus erörtert.[5]

---

[5] Vašek, von der Analogie zwischen einem Staats- und Nationalkollektiv geleitet, anerkennt gewissermaßen und mit entsprechenden Vorbehalten die Berechtigung des Begriffs einer Kollektivschuld und den damit zusammenhängenden Gedanken einer Kollektivstrafe. »Eine derartige Strafe«, schreibt Vašek, »darf jedoch nicht willkürlich vollzogen werden, sondern man muß dabei die von Gott gegebenen Menschenrechte berücksichtigen, und es soll dabei nicht nur die Gerechtigkeit, sondern auch die Barmherzigkeit zur Geltung kommen« (167). »Es ist schlecht, wenn die Bestrafung in einem Revolutionsfieber vollzogen wird, wenn die Gemüter durch frische Erinnerung an das geschehene Unrecht gereizt sind und wenn unverantwortliche, ja dunkle Elemente die Macht leicht an sich reißen können. Die Bestrafung einer Nation ist eine sehr ernste Angelegenheit, die nicht nur die schuldige Nation betrifft, sondern auch für die eigene Nation weitreichende Folgen in der Zukunft haben kann. Für eine solche Angelegenheit ist Besonnenheit und Ruhe notwendig, eine solche Sache muß der ordentlichen Justiz zur objektiven Verhandlung überwiesen werden« (165).

Nach dem politischen Umsturz im Jahr 1948 kam es zur Unterdrückung der Tätigkeit der Orden und zu einer umfassenden Restriktion des kirchlichen Schulwesens. Damit verlor die neuscholastische Richtung ihre institutionelle Basis und durfte öffentlich nicht weiter gepflegt werden. Die menschlichen Geschicke ihrer Repräsentanten in der folgenden Zeit waren drückend, in einigen Fällen sogar tragisch. Bemerkenswerterweise ging die Richtung auch unter diesen Umständen nicht zugrunde. Die Werke, die in dieser Zeit entstanden, verbleiben entweder im Manuskript (so z. B. der umfangreiche, achtbändige Kurs der aristotelisch-thomistischen Philosophie von M. Skácel, der etwa um die Mitte der sechziger Jahre abgeschlossen wurde) oder wurden – in Ausnahmefällen – im Ausland publiziert. Am beachtenswertesten von diesen Arbeiten ist die umfangreiche Trilogie von Dominik Pecka (1895–1981) *Člověk* (Der Mensch) (3 Bde., Rom 1970/71), worin der Autor nach einigen vorbereitenden Arbeiten, wie *Smysl člověk* (Der Sinn des Menschen) (Brünn 1939), sich von thomistischen Positionen aus an die Problematik der modernen philosophischen Anthropologie heranarbeitet.

BIBLIOGRAPHIE

1. Bibliographische Hilfsmittel und Literatur

Charvát, O.: Život a dílo Dr. J. Kratochvila (Das Leben und das Werk von Dr. J. Kratochvil), in: Moravský filosof PhDr. Josef Kratochvil, hg. J. Gajdoš, Brünn 1941.
Král, J.: Čsekoslovenská filosofie. Nástin podle disciplin (Die tschechoslowakische Philosophie), Pr 1937.
Kratochvil, J.: Přehled vývoje české filozofie (Die Entwicklung der tschechischen Philosophie in Umrissen), in: Rukověť filosofie (Handbuch der Philosophie), Brünn 1939, 513–526.
Kratochvil, J. / Černocký, K. / Charvát, O.: Filosofický slovník (Philosophisches Wörterbuch) (¹1927), Brünn ⁴1937.
Podlaha, A. / Tumpach, J.: Bibliografie české katolické literatury od r. 1828 až do konce r. 1913 (Bibliographie der tschechischen katholischen Literatur von 1828 bis Ende 1913), 5 Bde., Pr 1912–1923.
Verner, F.: Bibliografie české katolické literatury od r. 1914 až do konce r. 1986 (Bibliographie der tschechischen katholischen Literatur von 1914 bis Ende 1986), Manuskript.

2. Quellen in Auswahl, soweit sie nicht bereits im Text angeführt sind

A. V.: Křesťanský realismus a dialektický materialismus (Der christliche Realismus und der dialektische Materialismus. Ein Sammelband mit Beiträgen von D. Pecka, A. Pavelka, B. Chudoba), Brünn 1946.
Beneš, J.: Freudova psychoanalyse a poměr křesťanské filosofie k ní (Freuds Psychoanalyse und das Verhältnis der christlichen Philosophie zu ihr), Pr 1929.
–: Rozumem ke zdrojům pravdy (Der Weg der Vernunft zu den Quellen der Wahrheit), Pr 1939.
Bubán, J.: Najhl'bší koreň vlastnenia (Die tiefste Wurzel des Eigentums), Trnava 1942.
Dieška, J.: Kritický či intuitivný realismus? K sporu o bezprostredné poznanie skutočnosti v súčasnej noetike (Kritischer oder intuitiver Realismus?), Bratislava 1944.
Dudáš, C.: Problém rovnosti. Štúdie ze sociálnej etiky (Das Problem der sozialen Gleichheit), Košice 1946.
Hatala, Š.: Kresťansky společenský poriadok (Die christliche Gesellschaftsordnung), Košice 1948.
Hrachovský, F.: Pramenná heuristika křesťanské filosofie v Čechách a na Moravě (Die Quellen der christlichen Philosophie in Böhmen und Mähren), Olmütz 1916.

Hrachovský, F.: Soupis rukopisů, knih a článků časopiseckých z oboru křesťanské filosofie (Die Bestandsaufnahme der Manuskripte, gedruckten Bücher und Artikel aus dem Bereich der christlichen Philosophie), Velehrad 1920.
Hruban, J.: Úvod do estetiky (Einführung in die Ästhetik), Plzeň 1915.
–: Estetika sv. Augustina (Die Ästhetik des hl. Augustinus), Olmütz 1920.
–: Základy estetické hodnoty (Die Grundlagen des ästhetischen Wertes), Olmütz 1930.
Jež, C.: Aristotelova kritika Platonovy nauky o ideách (Aristoteles als Kritiker der platonischen Ideenlehre), Pr 1916.
–: Osobní Bůh a náboženství (Der persönliche Gott und die Religion), Pr 1923.
Kachník, J.: Dějiny filosofie (Geschichte der Philosophie), Pr 1904.
–: Mravnost a krasouma (Die Sittenlehre und die Ästhetik), Pr 1931.
–: Ethica catholica specialis. Praelectiones academicae, Olmütz 1912.
Kadeřávek, E.: O duši lidské o sobě uvažované (Über die menschliche Seele an sich), Olmütz 1882.
–: Logika formálná (Formale Logik), Pr 1887.
–: Psychologie, Pr 1894.
–: O jsoucnosti a bytnosti Boží (Über das Dasein und das Wesen Gottes), 2 Bde., Pr 1896/97.
–: Metafysika obecná (Allgemeine Metaphysik), Pr 1898.
–: O darwinismu (Über den Darwinismus) (^{1}1905), ^{2}Pr 1906.
–: Morálka filosofická (Philosophische Sittenlehre), Pr 1906.
–: Rozbor a obrana encykliky Sv. Otc Pia X. o názorech modernistů (Analyse und Verteidigung der Enzyklika Pascendi Dominici gregis), Pr 1908.
–: Krasověda a obecná aestetika (Allgemeine Ästhetik), Pr 1910.
Kratochvil, J.: Záhada Boha ve filosofii antické (Das Gottesproblem in der Philosophie des Altertums), Pr 1908.
–: Filosofické essaye (Philosophische Essays), Brünn 1920.
–: Nové filosofické essaye (Neue philosophische Essays), Olmütz 1923.
–: Problém politické moci ve filosofii F. Suareza (Das Problem der politischen Macht bei F. Suarez), Brünn 1933.
Miklík, K.: K svobodě myšlení. Analysa spisu filosofa Brentana (Zur Freiheit des Denkens. Analyse einer Schrift von F. Brentano), Stará Říše 1932.
–: K přesnosti myšlení. Doslov k práci filosofa Brentana (Zur Genauigkeit des Denkens. Ein Nachwort zu einer Arbeit von F. Brentano), Stará Říše 1934.
–: Masaryk a Pekař o smyslu českých dějin (Masaryk und Pekař über den Sinn der tschechischen Geschichte), Pr 1981.
Pavelka, A.: Philosophie und Physik, in: DT 25 (1947) 125–146.
Pecka, D.: Člověk a dějiny (Der Mensch und die Geschichte), Brünn 1969.
–: Tvář člověka (Das Antlitz des Menschen), Brünn 1939.
Pospíšil, J.: Filosofie podle zásad sv. Tomáše Akvinského (Die Philosophie nach den Prinzipien des hl. Thomas von Aquin) (^{1}1883), Brünn ^{2}1913.
Sedlák, J.: Studie a texty k náboženským dějinám českým (Studien und Texte zur Geschichte der Religion in den böhmischen Ländern), Bd. I–III/1, Olmütz 1913ff.
Skácel, J. / Skácel, M.: Základy vědecké filosofie (Die Grundlagen der wissenschaftlichen Philosophie) (^{1}1945), Pr ^{2}1948.
Skácel, M.: Člověk a společnost (Der Mensch und die Gesellschaft), Pr 1946.
–: Demokracie a politické stranictví (Die Demokratie und die politischen Parteien), Pr 1946.
–: Filosofie práva (Philosophie des Rechts), Pr 1947.
Soukup, E.: Filosofie náboženství (Religionsphilosophie), Pr 1935.
Spesz, A.: Spiritizmus či parapsychologia? (Spiritismus oder Parapsychologie?), Trnava 1947.
Vodička, T.: Filosofie umění (Philosophie der Kunst), Brünn 1948.
–: Řád morální a řád umělecký (Die Moral und die Kunst), Tasov 1948.

STANISLAV SOUSEDÍK

Südosteuropa

Die Neuscholastik dieser Region hat sich nur bei den Slowenen und Kroaten zu einer auch im internationalen Vergleich bedeutenden Philosophie entfaltet.

SLOWENIEN

Hier beginnt die Neuscholastik um die Jahrhundertwende und wird in der ersten Hälfte des 20. Jahrhunderts zu einer maßgebenden philosophischen Richtung. Gepflegt wurde sie zunächst an den theologischen Hochschulen in Ljubljana (F. Lampe, J. Ev. Krek, A. Ušeničnik) und in Maribor (F. Kovačič). Mit der Neugründung der slowenischen Universität 1919 in Ljubljana (wo seit 1918 auch das politische Zentrum Sloweniens liegt) integrierte man die theologische Hochschule in die theologische Fakultät. Dies wurde nach dem Zweiten Weltkrieg, nach der Machtübernahme der Kommunisten, aber wieder rückgängig gemacht. Seither ist erneut die theologische Hochschule Ljubljana (die sich heute noch Facultas Theologica Labacensis nennt) das eigentliche Zentrum der christlichen Philosophie. Die wichtigsten Philosophen, die hier im Anschluß an die Neuscholastik wirkten, sind Aleš Ušeničnik, Janez Janžekovič und Anton Terstenjak. Ihnen wollen wir uns genauer zuwenden.

Aleš Ušeničnik (1868–1952)

Ušeničnik studierte vom Collegium Germanicum aus an der Gregoriana in Rom. Hier war er Studienkollege von Joseph Geyser und persönlicher Freund von Louis Billot SJ, dem späteren Kardinal. Nach seiner Promotion in Philosophie (1891) und Theologie (1895) erhielt er von 1897 bis 1900 einen Lehrauftrag für Philosophie und Fundamentaltheologie und von 1900 bis 1919 eine Professur für Dogmatik und Soziologie an der theologischen Hochschule von Ljubljana. Anschließend bekleidete er 19 Jahre lang (bis 1938) den philosophischen Lehrstuhl an der theologischen Fakultät. 1937 wurde er Mitglied der Pontificia Accademia Romana di S. Tommaso d'Aquino, 1938 Protonotarius Apostolicus und ebenfalls 1938 Mitglied der slowenischen Akademie der Wissenschaften und Künste.

Die schriftstellerische Hinterlassenschaft von Ušeničnik ist sehr umfangreich. Sie umfaßt über 30 Bücher, um die 300 Artikel und Abhandlungen sowie beinahe 800 Mitteilungen, Rezensionen und kritische Notizen, mit denen er als katholischer Denker die Ereignisse in verschiedenen Bereichen verfolgte und kommentierte. Seine vollständige Bibliographie weist 1251 Titel auf, die nicht nur der Philosophie, sondern ebenso der Apologetik, der Soziologie, der Politik, der Kunstkritik, der Belletristik und dem allgemeinen Kulturjournalismus angehören. Ušeničnik wirkte auch an zahlreichen Periodica als Redakteur und Autor mit. Nach der Auflösung der Zeitschrift *Rimski Katolik* (Römischer Katholik) 1896 wurde nach dem Vorbild des *Osservatore Cattolico* in Mailand die wissenschaftliche Revue *Katoliški obzornik* (Katholische Rundschau) gegründet. Bei ihr war Ušeničnik neun Jahre lang als Redakteur angestellt. Als sie 1907 unter dem Titel *Čas* (Zeit) neu herauskam, übernahm er sogar bis 1919 die Herausgabe. Doch selbst dann noch, als er aus dieser Funktion ausschied, bestritt er einen beträchtlichen Teil des Inhalts. Daneben schrieb er in *Dom in Svet* (Heim und Welt) 1896–1942, in *Duhovni pastir* (Der geistige Hirte) 1905–1919 und in *Bogoslovni vestnik* (Theologischer Bote) 1920/21–1937.

Was seine Lehre anbelangt, so schließt sich Ušeničnik dem Neuthomismus der belgischen Schule unter der Leitung Kardinal D. Merciers an. Dabei ist »Neu-Thomismus« wörtlich zu nehmen, denn Ušeničnik versteht seinen Thomismus nicht als bloße Übernahme des thomasischen Denkens, sondern als Begegnung mit den geistigen Herausforderungen seiner Zeit. Dies gilt besonders im Hinblick auf Errungenschaften der modernen Naturwissenschaften und der empirischen Psychologie. Diese braucht der Thomismus nach Ušeničnik nicht zu fürchten. Im Gegenteil, durch sie werden die zentralen Ideen des hl. Thomas in ein wunderbares Licht gerückt (*Ausgewählte Schriften* III). Überhaupt entfernt sich Ušeničnik weit von der thomistischen Lehrbuchtradition. Das gilt vor allem bezüglich der »fünf Wege zu Gott«, die er völlig umarbeitet und durch andere, moderne Gottesbeweise ergänzt. Das gilt aber auch in bezug auf die Wissenschaften, aus deren Erkenntnissen er treffsicher gerade diejenigen auswählt, die 50 Jahre später am »wissenschaftlichen Himmel« aufleuchten sollten.

Besonders bemerkenswert ist der Beitrag von Ušeničnik zur Erkenntnistheorie, die er in zahlreichen Abhandlungen, vor allem aber in seiner *Einführung in die Philosophie* (Teil I) behandelte. Der tschechische Neuthomist J. Kratochvil bezeichnete letztere als »die beste Einführung in die Philosophie in der gesamten Weltliteratur«. Originell darin ist in erster Linie die Neuentdeckung der »reflexio completa« als Ausgangspunkt und Grundlage der gesamten Erkenntnistheorie. Was ist damit gemeint?

Den Angelpunkt der Gewißheit findet Ušeničnik, ähnlich wie Descartes, im »cogito ergo sum« als dem besonderen Beispiel der Evidenz. Im Denken ist das Subjekt sich selbst als Subjekt bewußt, und es erkennt sich auch als Objekt.

Objekt ist gleichsam Subjekt. Während es sich bei der »reflexio incompleta« um die Reflexion des einen Denkaktes auf einen anderen, also um zwei Urteile, handelt, ist die »reflexio completa« jenes Bewußtsein, das alle Erkenntnisakte, ja sogar alle Erlebnisse begleitet und bei den evidenten Urteilen auch die Wahrheit mit aller Gewißheit zu erkennen vermag. Reflexio completa ist also kein zweites Urteil, sondern vielmehr die Fähigkeit des denkenden Subjekts, im Vollzug des Denkens sich selbst anwesend zu sein. So ist unsere erste Wahrheit nicht nur die objektive, sondern auch die reale Wahrheit und ihr Gegenstand die Existenz des eigenen realen Ich. In dieser Realität, die Subjekt und durch die perfekte Reflexion zugleich auch Objekt ist, berühren sich Logik, Psychologie und Metaphysik. Aus dieser ursprünglichen Gewißheit leitet Ušeničnik die Prinzipien ab: das Identitätsprinzip, das Widerspruchsprinzip, das Prinzip des ausgeschlossenen Dritten und das Kausalitätsprinzip. Aus den Grundprinzipien gehen aber auch das Gesetz des zureichenden Grundes und der Unterschied zwischen dem notwendig Seienden und dem kontingent Seienden hervor. Aus dem »cogito ergo sum« zeichnet sich darüber hinaus der Unterschied zwischen Wahrheit und Unwahrheit ab. Da sich die Erkenntnis nach der Realität richtet, ist die wahre Erkenntnis wesentlich real, und die Denkgesetze sind zugleich Seinsgesetze; das Logische ist identisch mit dem Ontologischen. In der Festigkeit der logischen Prinzipien und ihrer ontologischen Gewißheit besteht die Verläßlichkeit der erkannten Realität.

Ušeničnik geht in der Behandlung der »reflexio completa« von Thomas von Aquin aus. Denn auf die Tatsache der »Rückbeugung« des menschlichen Geistes auf seine eigenen Akte hat in aller Deutlichkeit schon Thomas an mehreren Stellen, besonders in seiner Abhandlung *De veritate* (q. 1, a. 9), hingewiesen. Diese klassische Stelle wird auch von den meisten Scholastikern angeführt, ohne daß sie ihr alle die gleiche Bedeutung zuerkennen. Thomas selbst verwendet Ausdrücke wie »reflecti« und »redire« oder Wortverbindungen wie »reditio completa« bzw. »reditus completus«, ohne sich allerdings endgültig für einen der Begriffe als Fachausdruck zu entscheiden. Dasselbe tun die meisten Neuscholastiker bis heute. Ušeničnik war hingegen der erste, der die Tatsache der perfekten Reflexion vertieft, zur Grundlage der gesamten Erkenntnislehre gemacht und dafür den Fachausdruck »reflexio completa« eingeführt hat. Zwischen der »reditio completa« bei Thomas und der »reflexio completa« bei Ušeničnik besteht ein ähnliches Verhältnis wie zwischen dem »si fallor sum« bei Augustinus und dem »cogito ergo sum« bei Descartes, denn auch dieser geht mit seinem »cogito« über Augustinus weit hinaus. Seine Grundthese entwickelte Ušeničnik (wie gesagt) schon 1921 in seiner *Einführung in die Philosophie*. Sie wurde später in wesentlichen Zügen vom französischen Thomisten Charles Boyer SJ übernommen (*Cursus philosophiae*, Rom 1935/36), der mit Ušeničnik auch sonst in persönlichem Kontakt gewesen ist. Ähnliche Ansichten finden sich bei Schaaf, Zamboni und in den späteren Werken des kroatischen Philosophen Stjepan Zimmermann.

Bei der Frage nach der realen Außenwelt unterscheidet Ušeničnik ähnlich wie Mercier zwischen objektiver und realobjektiver Erkenntnis. Unsere Befähigung zur Erkenntnis objektiver Wahrheit hat nach seiner Meinung Mercier in seiner *Critériologie* befriedigend gelöst. Anders verhält es sich mit der realen Wahrheit.

Zur Erkenntnis der realen Wahrheit gebraucht Mercier das Kausalitätsprinzip, mit dessen Hilfe auf die Existenz der bewußtseinsunabhängigen realen Seienden geschlossen wird. Ušeničnik zeigt demgegenüber, daß die objektive Gültigkeit des Kausalitätsprinzips allein nicht genügt, da ein solcher Gebrauch eine »petitio principii« wäre. Das Kausalitätsprinzip kann die Realität eines Seienden nur dann nachweisen, wenn es von der nachgewiesenen Realität eines anderen Seienden ausgeht. Somit ist die einzig mögliche Grundlage der Erkenntnis die Intuition einer ersten Realität, die Ušeničnik mit Hilfe der »reflexio completa« gefunden hat. »Reflexio completa« ist damit auch die Ausgangsbasis der Erkenntnis der realen Welt, und die Frage nach der Zuverlässigkeit unserer Sinneswahrnehmungen ist wissenschaftlich gesehen von der Frage der Objektivität der Erkenntnis abhängig. Aufgrund des Kausalitätsprinzips allein können wir nie mit Sicherheit erfahren, ob die Außenwelt existiert oder nicht; wir können höchstens sagen, daß es etwas gibt, was aber diese Ursache sei, bleibt offen; es könnte eine »causa analoga«, vielleicht Gott oder ein unbekanntes X sein. Auch Berkeleys Idealismus kann sich auf das Kausalitätsprinzip berufen.

In der Ontologie folgt Ušeničnik vor allem Thomas von Aquin und sieht in ihm auch sein Ideal des Philosophen, wie er in einer Abhandlung noch besonders hervorhebt. Die »analogia entis« ist das Herzstück seiner Ontologie, denn ohne sie endet jedes Denken unausweichlich im Agnostizismus und Anthropomorphismus. Besondere Kritik gilt dem Nominalismus des W. Ockham, der das Ende der Scholastik eingeleitet hat.

Im Bereich der Ästhetik steht Ušeničnik in der Nachfolge von Anton Mahnič. Schon bei Mahnič tritt das Problem der sogenannten »relativen« oder »gebundenen« Schönheit in den Vordergrund, d. h. jener Schönheit, die von den logisch-ethischen Aspekten bestimmt wird. Nach Ušeničnik ist die Kunst ihrer inneren Struktur nach abhängig von der Wahrheit und dem Guten. Ein Kunstwerk ist gut, wenn es im Einklang steht mit der Vernunft, in die das ewige göttliche moralische Gesetz eingeprägt ist, schlecht dagegen, wenn es der Vernunft und dem ewigen Gesetz widerspricht. Wie bei Mahnič geht es hier unter Weiterführung platonischer Gedanken um eine Beurteilung der Kunst vom Gesichtspunkt der außerästhetischen Sphäre her. Nur auf diesem Umweg erhält die Kunst ihre Legitimität. Später milderte Ušeničnik seinen Standpunkt derart, daß die Aufgabe des Künstlers als Künstler zwar in erster Linie eine formelle sei. Die künstlerische Gestaltung, die Sittlichkeit oder Unsittlichkeit des Kunstwerkes seien aber das Problem des Künstlers als Menschen.

Ausgehend von seinen philosophischen Ansichten polemisiert Ušeničnik gegen verschiedene philosophische Richtungen. Descartes wirft er vor allem seinen »übertriebenen Zweifel« und besonders die Übertragung der mathematischen Evidenz auf die gesamte Philosophie vor. Dadurch hat Descartes die gesamte bisherige Philosophie in Frage gestellt und einen subjektiven Realismus heraufbeschworen, der die ganze moderne Philosophie infiziert und in der weiteren Entwicklung zum Agnostizismus und erkenntnistheoretischen Skeptizismus geführt hat. Im Bereich der Politik führte diese Richtung in den Liberalismus und in der weiteren Folge zum Kommunismus. Besonders ausführlich befaßt sich Ušeničnik mit der Kritik Kants, d. h. mit seiner Verneinung der Möglichkeit der Metaphysik als Wissenschaft. Dem Phänomenalismus Kants stellt er den neuthomistischen Realismus entgegen. Als einen glücklichen Umstand führt er sodann das Scheitern der Philosophie Fichtes, Schellings und Hegels an; denn dadurch hätten sich die Möglichkeiten zur »positiven Arbeit« und damit die Entwicklung der positiven Wissenschaften verbessert. Ganz entschiedene Kritik gilt weiter dem Positivismus und seiner monistischen Doktrin, die durch die Prinzipien des Immanentismus, des Evolutionismus und des Relativismus beherrscht wird. Ušeničnik unterscheidet aber zwischen den verschiedenen Monismen, die im Namen der modernen Wissenschaft auftreten, und der positiven Wissenschaft selbst. Dies zeigt sich etwa in der Frage der Deszendenztheorie. Ähnlich wie der Jesuit E. Wassmann ist Ušeničnik der Meinung, daß die »Deszendenzhypothese« keineswegs im Widerspruch zum Christentum stehe und auch philosophisch nicht als unmöglich zu bewerten sei. Später meint er sogar, daß die Evolutionsfrage eine im wesentlichen zoologische sei und man deswegen ruhig abwarten könne, was diese Wissenschaft entdecken werde. Gäbe es einen wirklichen und ernstzunehmenden Beweis, so könnte man »mit Freude die Evolutionstheorie annehmen«. Vorläufig bleibt aber diese Theorie nur eine Hypothese. In der *Einführung in die Philosophie* (Bd. II, 1924) bezieht Ušeničnik allerdings einen prinzipiellen Standpunkt hinsichtlich dieser Frage. Er entscheidet sich für eine *teleologische Entwicklungslehre*: Die Philosophie kann die Möglichkeit der monophyletischen Evolution in den Grenzen der drei großen Kreise, der Pflanzen, der Tiere und der Menschheit, nicht in Frage stellen, da sie nicht imstande ist, die wirklich wesentlichen Unterschiede zwischen verschiedenen Organismen und Organismengruppen festzustellen. Dasselbe vitale Prinzip kann, wie die Erfahrung zeigt, über große organisatorische Kräfte verfügen. Die Philosophie vermag nur sehr breite Grenzen deutlich zu sehen. Innerhalb dieser Grenzen sind aber die Möglichkeiten sehr groß. Sie zu erforschen ist die eigentliche Aufgabe der Erfahrungswissenschaft. Gleichzeitig ist der Ursprung des Lebens (Lebensprinzip) oder der Ursprung des Menschen (Geistseele) keine rein wissenschaftlich lösbare Frage. In den dreißiger Jahren begann sich Ušeničnik wegen des fortschreitenden Marxismus schließlich auch mit Hegel näher zu befassen. Treu nach seinen Prinzipien der wissenschaftlichen Forschung und der Objektivität trachtete er danach, die wahre Natur des Marxismus als Philosophie zu ergründen. Er befaßte sich dazu ausführlich mit den Werken von Engels, Marx und Plechanov. Das Positive des Marxismus sieht Ušeničnik in der Dialektik, die als Methode durchaus gewisse Vorzüge hat, in ihrer materialistischen Anwendung jedoch falsch ist. Der Diamat hat zwar den Anschein der Wahrheit und enthält auch einige wahre Gedanken, stellt aber letztlich eine neue Variante des Monismus, gepaart mit der Dialektik, dar. Der Diamat ist für ihn daher ein atheistischer und »ökonomischer Determinismus«, der in der Folge zum »praktischen Materialismus« führen muß.

Besonders gründlich befaßte sich Ušeničnik mit den soziologischen Problemen, welchen er neben seinem großen Werk *Sociologija* zahlreiche Abhandlungen und Artikel gewidmet hat. Er orientierte sich dabei an den Sozialllehren der Päpste Leo XIII. und Pius X. und entwickelte in Anlehnung an H. Pesch (*Natio-*

nalökonomie) seine Doktrin des »christlichen Solidarismus«. Solidarismus ist eine Synthese der positiven Elemente des Individualismus und des Sozialismus unter Betonung der ewigen ethischen Prinzipien. Von diesem aus gesehen unterzieht Ušeničnik den Sozialismus, den Kommunismus, aber auch den Kapitalismus einer sorgfältigen Kritik. Zwar sieht er im Privateigentum den bedeutenden Grund der Gesellschaft, er lehnt jedoch den Kapitalismus, vor allem wegen der Trennung von Arbeit und Kapital und wegen der zügellosen Konkurrenz der Verzinsung, entschieden ab und schlägt gesellschaftliche Reformen vor, die für die Arbeiter soziale Sicherheit und für die kleinen Unternehmer Erleichterungen in Form der Spar- und Darlehenskassen mit niedrigen Zinsen, Steuererleichterungen usw. bringen sollen. Die Möglichkeit der gesellschaftlichen Verbesserungen sieht er aber vor allem in der Erziehung des katholisch-moralischen Bewußtseins bezüglich der Notwendigkeit der sozialen Solidarität.

Politisch trat Ušeničnik gegen den Liberalismus auf. Grund dafür war dessen Atheismus und dessen Forderung nach der Trennung von Staat und Kirche, die nach seiner Ansicht unausweichlich in den Kommunismus führen würde. Er kämpfte für die Autonomie der Kirche. Sein Ideal war die »civitas Dei« auf Erden, aber nicht im theokratischen oder klerikalen Sinn, sondern im Sinne der Geltendmachung des göttlichen moralischen Gesetzes in allen irdischen Realitäten. Die Christen sollten ihrerseits das Prinzip der Freiheit und der Demokratie annehmen, da sie sonst Gefahr liefen, von der Geschichte überrollt zu werden. Theoretisch behandelte er die Frage der Demokratie schon 1905. Die nachfolgende Zeit von 1907 bis 1914 war für die Slowenen auch die Zeit des Sieges der christlichen Demokratie im politischen Leben. Ušeničnik wurde dadurch zum führenden philosophischen Ideologen des slowenischen Katholizismus in der ersten Hälfte des 20. Jahrhunderts.

Janez Janžekovič (1901–1988)

Nachfolger von Ušeničnik an der theologischen Fakultät wurde J. Janžekovič, der zuvor als Nachfolger von F. Kovačič in Maribor gewirkt hatte. Janžekovič wurde am Institut Catholique in Paris ausgebildet (1923–1931). Seinen philosophischen Abschluß erwarb er bei J. Maritain. 1929 wurde er in Theologie promoviert. Daraufhin erhielt er bereits seinen Ruf nach Maribor. Publiziert hat Janžekovič vor allem in den Zeitschriften *Čas* (Ljubljana 1907–1942), *Nova pot* (Neuer Weg, Ljubljana 1949/50–1970) und *Znamenje* (Das Zeichen, Celje seit 1970). Die meisten dieser Abhandlungen wurden als *Izbrani spisi* (Ausgewählte Schriften) fünfbändig in Celje 1977/78 neu herausgegeben. Sie befassen sich mit dem Phänomen des Marxismus, mit dem Nationalsozialismus, mit einzelnen Philosophen (besonders mit F. Veber, B. Pascal, E. Meyerson, G. Marcel, L. Ollé-Laprune, M. Blondel, P. Teilhard de Chardin, A. Ušeničnik, St. Zimmermann, J.-P. Sartre u. a.) und mit gnoseologischen Fragen. 1966 erschien das Buch *Smisel življenja* (Der Sinn des Lebens). Ihm folgte 1981 ein *Filozofski leksikon* (Philosophisches Lexikon).

Das Hauptinteresse Janžekovičs gilt den Fragen der Erkenntnis. Insbesondere befaßt er sich mit der Erkennbarkeit der »äußeren«, »materiellen« Welt. Der einzig mögliche Ausgangspunkt der Erkenntnis ist für ihn (wie schon für Ušeničnik) das Selbstbewußtsein mit seinen Inhalten, d. h. das »Cogito« mit seinen Gegenständen. Aber Janžekovič geht in dieser Frage über den Thomismus hinaus und kommt zu folgender Überzeugung: Nicht nur mein Wollen und Denken, sondern auch die »Welt«, die sich als Nicht-Ich präsentiert, ist mein eigenes Produkt, etwas Psychisches. Doch die Art und Weise, in der diese Welt in meinem Bewußtsein entstanden ist und noch immer entsteht, zwingt mich dazu, »hinter« dieser »Welt« jene Welt zu suchen, die wirklich jenseits meines Bewußtseins existiert, die Welt an sich. Zu dieser Überzeugung, daß den Gegenständen wie Stein, Gehirn, Nervenerregung usw., die meine Welt bilden und als solche Inhalte meines Bewußtseins sind, etwas entspricht, was nicht Bewußtsein selbst ist, zwingt mich ein fast unüberwindlicher »Trieb«, weil ich mit dieser »Hypothese« am leichtesten mein praktisches Leben gestalte bzw. weil dieser Überzeugung keine prinzipiellen Gründe widersprechen. Im alltäglichen Leben und in der positiven Wissenschaft werden die Inhalte der Sinnesempfindung (Sinneswahrnehmungen) für etwas Physisches gehalten. Der Mensch projiziert sie nach außen, bildet aus ihnen die Welt, und mit dieser Welt als »Reiz« erklärt er dann die Empfindungen. Die Empfindungen werden mit Empfindungen erklärt. Aber aus meinem Bewußtsein kann ich prinzipiell nicht heraus. Das einzige, was ich mit aller Gewißheit weiß, ist die Tatsache, daß ich die Erkenntnisse als besondere Erlebnisse habe und daß ich sie mit nichts anderem verifizieren kann. Ich bin gezwungen, ein solches Bild der Welt anzunehmen, das mir diese Erlebnisse auf einer gewissen Entwicklungsstufe vermitteln. So gesehen ist die sogenannte »Materie« nur die vermutete, nicht-erlebnishafte oder nicht-geistige Mitursache meiner Sinneswahrnehmungen. Die Hauptursache aller Erlebnisse ist das geistige Ich selbst. An die Existenz einer »materiellen« Außenwelt läßt sich (gnoseologisch gesehen) nur glauben als an eine mögliche, aber praktische Hypothese. Nur so gesehen entscheidet sich Janžekovič für den Realismus: nicht aufgrund der Evidenz in die Existenz einer Außenwelt, sondern weil diese Hypothese die wahrscheinlichste und praktischste ist.

Anton Terstenjak (geb. 1906)

Auch Terstenjak, heute vor allem international bekannt als führender slowenischer Psychologe, war bis zu seiner Emeritierung 1973 Professor für Philosophie an der theologischen Fakultät in Ljubljana. Philosophie und Theologie studierte er in Innsbruck (1927–1933), wo er auch die beiden Doktorate erwarb. Ab 1937 dozierte er Philosophie zunächst an der theologischen Hochschule in Maribor, seit 1939 dann an der theologischen Fakultät in Ljubljana, wo er 1948 zum Ordinarius für Philosophie (Philosophische Propädeutik, Kosmologie, Philosophiegeschichte) und Psychologie wurde. Seit 1985 ist er ordentliches Mitglied der slowenischen Akademie der Wissenschaften und Künste. Die Innsbrucker Universität hat ihn 1983 mit dem »Goldenen Doktorat« geehrt.

Schon als Gymnasiast begann er sich mit der Gegenstandsphilosophie von

Franz Veber zu befassen, worüber er dann in Innsbruck, wo sonst die suarezianische Richtung vorherrschte, auch seine philosophische Doktorarbeit verfaßte. Später wandte er sich mehr der Psychologie zu (Spezialisation in Mailand bei A. Gemelli, weitere Ausbildung in Montreal bei Mailloux und Pinard), schrieb über 100 psychologische Abhandlungen und Artikel und veröffentlichte mehr als 30 Werke in Buchform. Sein erstes Buch war ein *religionspsychologischer Umriß* (1941), dann eine *Pastoralpsychologie* (1946), das erste Werk mit solch einem Titel; er brachte unter anderem auch einen großangelegten *Grundriß der Psychologie* in zwei Bänden (1969–1974) und eine *Psychologie der Kreativität* (1981) heraus, um nur einige von seinen größeren Werken zu nennen. Diese Werke wurden in slowenischer Sprache veröffentlicht. Terstenjak ist als Wissenschaftler, vor allem als Fachmann für Wahrnehmungspsychologie, international bekannt (originelle Arbeiten besonders in der Psychologie der Farbenwahrnehmung). In allen seinen Werken macht sich ein phänomenologisch-analytisch denkender Geist geltend, der letztendlich das enzyklopädische Schaffen Terstenjaks in der philosophischen Anthropologie gipfeln läßt: Zuerst arbeitet er diese in seinem Buch *Hoja za človekom* (Der Weg des Menschen) (Celje 1968, italienisch: Il camino dell'uomo, Brescia 1975) aus, dann in *V znamenju človeka* (Im Zeichen des Menschen) (Klagenfurt 1973) und kürzlich in *Človek bitje prihodnosti* (Der Mensch, das Wesen der Zukunft) (Ljubljana 1985), seinem philosophischen Hauptwerk.

Der Mensch als das Wesen der Zukunft wird als metaphysisches Grenzwesen aufgefaßt, das, in seinem Bewußtsein Vergangenheit (Geschichte) und Zukunft in der Gegenwart zusammenfassend, sich immer als offenes Wesen erweist und so fortwährend zwischen konträren Gegensätzen pulsiert, wie sie in den Spannungen zwischen Leib und Seele, Himmel und Erde, Zweifel und Gewißheit, Irrtum und Wahrheit, Gut und Böse, Freiheit und Determiniertheit, Zurechnungsfähigkeit und Verantwortungsbewußtsein, Fluch und Segen (Gebet), Glück und Unglück usw. erfahren werden. Als das zwischen zwei Welten schwankende Wesen ist der Mensch nicht nur ein dialektisches, sondern zugleich auch ein symbolisches Wesen, das in seinem Handeln und Verhalten stets über sich hinausweist und -strebt, hierbei aber in seinem Schöpfungs- und Vernichtungsdrang zwischen Konservatismus und Progressismus, Erfolg und Mißerfolg, Hoffnung und Verzweiflung schließlich doch als tragische Existenz, nach Erlösung heischend, vor sich erscheint.

KROATIEN

Die geistige Situation am Anfang des 20. Jahrhunderts kennzeichneten hier die entgegengesetzten Strömungen des sogenannten »fortschrittlichen« und des katholischen Lagers. Die Synthese aller »fortschrittlichen« philosophischen und kulturgeschichtlichen Ansichten verkörperte das Denken des naturalistisch und positivistisch orientierten Davorin Trstenjak (1848–1921), eines führenden Pädagogen und Autors kämpferisch-antiklerikaler Publikationen. Ähnliche Ansichten vertraten zahlreiche andere Wissenschaftler. Besonders zu erwähnen ist Ljudevit Dvornikovič (1863–1933), ein philosophischer Evolutionist, der vor allem von Darwin, Haeckel und Spencer beeinflußt wurde.

Diesen Bestrebungen trat vor allem der Slowene Anton Mahnič (1874–1923) entgegen, der 1896 zum Bischof auf der kroatischen Insel Krk ernannt wurde und 1903 nach dem Vorbild seiner slowenischen Zeitschrift *Rimski Katolik* nun die Zeitschrift *Hrvatska straža* (Kroatische Wache) gründete. Als 1908 von ihm auch die Leo-Gesellschaft mit dem Ziel der Pflege der Wissenschaft und der christlichen Philosophie gegründet wurde, übernahm *Hrvatska straža* die publizistischen Aufgaben (erschienen von 1903 bis 1918). Unter den zahlreichen Mitarbeitern waren – neben Mahnič – der Jesuit Ante Alfirević und der Franziskaner Karlo Eterović die bedeutendsten. Denselben Zielen diente die 1923 gegründete Kroatische Theologische Akademie, die als ihr Organ die (schon 1910 gegründete) Zeitschrift *Bogoslovska smotra* (Theologische Rundschau) übernahm und weiterführte. Ansonsten aber lag die Pflege der Philosophie bei den Lehrstuhlinhabern der Universität.

Bedeutender kroatischer Neuthomist des 20. Jahrhunderts war Stjepan Zimmermann (1884–1963). Nach seinen Studien in Rom und in Wien wurde er 1918 Ordinarius für Philosophie an der theologischen Fakultät der Zagreber Universität. 1921 ernannte man ihn zum ordentlichen Mitglied der Jugoslawischen Akademie der Wissenschaften und Künste. Seine Werke sind zahlreich. Neben vielen Büchern erschienen etliche Artikel in international verbreiteten Zeitschriften (vgl. dazu die Bibliographie).

Auch Zimmermann ist vor allem als Erkenntnistheoretiker hervorgetreten. Die objektiv-reale Erkenntnis wird bei ihm durch ein dreistufiges Verfahren begründet, das als »Dogmatismus der drei Wahrheiten« bezeichnet wird. Die erste Stufe der Erkenntnis besteht darin, daß der Sachverhalt und die Sache (etwa die Eckigkeit und der Tisch), die mir zusammen erscheinen, auch im Urteilen als zusammengehörig eingesehen werden. Solch unmittelbares Erscheinen des Sachverhaltes an dem Gegenstand (Sache) nennt Zimmermann Evidenz. Die evidenten Urteile können aber Erfahrungsurteile oder ideale Urteile sein. Auf der ersten Stufe der Erkenntnis wird nur die Feststellung gemacht, daß wir fähig sind, die Wahrheit zu erkennen. Wie läßt sich aber feststellen, daß diese Wahrheit auch im strengen Sinne objektiv ist? Dies läßt sich auf der zweiten Stufe nur dann feststellen, wenn es möglich ist, den Gegenstand mit seinem Sachverhalt auf zwei Weisen zu sehen: 1. wie er an sich selbst ist, unabhängig vom Urteil, und 2. so wie er im Urteil ausgedrückt ist (adaequatio). Das trifft auch zu. Denn der Tisch und seine Eckigkeit sind mir im sinnlichen Erlebnis und in den entsprechenden Begriffen ohne jedes Urteil gegeben. Und von demselben Tisch kann ich urteilen, daß er eckig ist. Ein und dasselbe ist mir also bewußt ohne Denken (Reflexion) und mit Denken (im Urteilen): Das erste ist in der unmittelbaren Wahrnehmung oder im direkten Bewußtsein meines Erlebnisses (insofern ich den Tisch sehe) der Fall, das zweite hingegen geschieht in der Reflexion auf dieses Erlebnis, sofern der gesehene Tisch die Möglichkeit bietet, daß ihm die eckige Form zugeschrieben und dieser aussagbare Sachverhalt (enuntiabile) als Inhalt des Urteils bejaht wird – ohne Angst, daß dieser Sachverhalt nicht bestehen könnte. Beide Sachverhalte, der reale und der intentionale, präsentieren sich mir, und daher weiß ich, daß der intentionale Sachverhalt dem realen entspricht.

Dasselbe gilt für die idealen Urteile. Das Ganze und den Teil kann ich begreifen, ohne daß ich irgend etwas über ihr Verhältnis urteile. Beide Gegenstände sind vom Urteil unabhängig. Bei einem Urteil vergleicht man den Sachverhalt, der im Urteil ausgesagt wird, und den Sachverhalt, den ich durch Nachdenken in den Begriffen entdecke, sofern sie unabhängig vom Urteil sind. Die Wahrhaftigkeit der Urteile auf der zweiten Stufe ist also absolut objektiv und auf den unabhängigen Gegenständen begründet. Das ist wiederum nur die absolute *objektive* Wahrheit. Etwas anderes ist aber die *reale* Wahrheit. Diese wird erst auf der dritten Stufe begründet. Alle bisherigen Gegenstände waren der sinnlichen und der geistigen Erkenntnis immanent. Wo ist aber die Brücke, die uns außerhalb unseres Bewußtseins führt und die Erkenntnis der bewußtseinsjenseitigen Gegenstände ermöglicht? Hier hilft sich Zimmermann (genauso wie Ušeničnik) mit der »reflexio completa«. In der Reflexion entdecke ich z. B. den Unterschied zwischen dem Zweifel als Erlebnis und dem erlebenden Ich, zugleich aber auch die Tatsache, daß beides, das Erlebnis und das Ich, welches dieses Erlebnis hat, wirklich existieren. Wir haben also die Fähigkeit zur Erkenntnis der Wahrheit der realen Gegenstände, sei es, daß sie im Hinblick auf das Bewußtsein immanent oder transzendent real sind.

Zusammenfassend läßt sich sagen, daß schon auf der ersten Stufe z. B. evident ist, daß die Ganzheit größer ist als ihr Teil. Aber auf der zweiten Stufe muß noch eigens gezeigt werden, daß die Begriffe der Ganzheit und des Teiles unabhängig vom menschlichen Urteil sind, weil ich den Gedanken des Ganzen ohne die quantitative Relation zum Teil haben kann. Aber erst auf der dritten Stufe wird bewiesen, daß solche Urteile für die wissenschaftlich realen Gegenstände und ihre Wirklichkeiten gelten.

Zimmermann versteht sich als kritischer Realist. Die Sachverhalte, die in ihrem Wesen nicht oder zumindest nicht ganz psychisch sind, sind dem Ich etwas Äußeres. Deshalb sind die Inhalte unserer sinnlichen Erlebnisse, die etwas Physisches bedeuten, im Sinne Zimmermanns auch schon die richtige, tatsächliche »äußere Welt«. Allerdings handelt es sich dabei noch nicht um die äußere Welt im allgemeinen, alltäglichen Sinne, denn diese ist als Inhalt der Wahrnehmung noch ganz in uns (diese Welt würde ohne die beobachtenden Wesen nicht existieren). So haben wir es hier mit einer doppelten Welt (wie etwa bei Gredt) zu tun, da die äußere Welt im vulgären Sinne, sofern sie existiert, nicht unmittelbar beobachtbar ist, sondern durch die Sinne vermittelt wird. Die Beweise, die Zimmermann für die Existenz der Außenwelt anführt, schließen wohl die Kausalbeziehung zwischen Gegenstand und dem Inhalt der Wahrnehmung ein, man kann aber nicht sagen, daß sie sich auf das Kausalprinzip stützen.

Im Rahmen der theologischen Fakultät wirkten noch Djuro Gračanin (*La personnalité morale d'après Kant* – ein Vergleich zwischen den Ethiken von Thomas von Aquin und Kant), Karlo Grimm (*Indukcija* [Induktion], Zagreb 1941 – Darstellung ihrer Probleme) und Vilim Keilbach (*Die Problematik der Religionen*, Paderborn 1936). Erwähnt sei außerdem noch der Slowene Franjo

Šanc SJ, der in Zagreb wirkte und meist in kroatischer Sprache geschrieben hat: *Stvoritelj svijeta* (Der Weltschöpfer – eigentlich eine Theodizee), Sarajevo 1935; eine großangelegte *Povijest filozofije* (Geschichte der Philosophie), davon sind Bd. I und Bd. II in Zagreb 1942 erschienen; *Sententia Aristotelis de compositione corporum e materia et forma*, Zagreb 1928.

Auf dem philosophischen Lehrstuhl der theologischen Fakultät in Zagreb wirkt heute Vjekoslav Bajsić (geb. 1924, Ordinarius seit 1976). Er ist vor allem als philosophischer Publizist im Sinne der kirchlichen Erneuerung und des Dialogs mit den marxistischen Denkern in zahlreichen in- und ausländischen Zeitschriften hervorgetreten. In Buchform sind von ihm erschienen: *Begriff einer »christlichen« Philosophie bei Edith Stein*, Bozen 1961; *Na rubovima Crkve i civilizacije* (An den Rändern der Kirche und der Zivilisation), Zagreb 1972; *Strah za Granicu* (Die Angst um die Grenze), Zagreb 1980.

Als philosophischer und theologischer Schriftsteller betätigt sich schließlich auch der Jesuit Miljenko Belić (geb. 1921). Neben philosophischen Studien in lateinischer Sprache, die er in den *Acta Congressus Scotistici Internationalis* (1966, 1970, 1978) veröffentlichte, gab er folgende Bücher heraus: *Čovjek i kršćanstvo* (Der Mensch und das Christentum), Zagreb 1967; *Metafizička psihologija*, Djakovo 1967, ²1973, ³1975; *Ontologija*, Djakovo 1967, Sarajevo ²1970, Djakovo ³1974, ⁴1976; und *Filozofija starih grka i Rimljana* (Philosophie der alten Griechen und Römer), Zagreb 1978.

BIBLIOGRAPHIE

1. Werke

A) Janez Janžekovič

Die meisten Abhandlungen von Janžekovič sind erschienen in den Zeitschriften Čas 1 (1907) – 36 (1942), Nova pot 1/2 (1949/50) – 22 (1970) und Znamenje 1 (1970ff.).

Smisel življenja (Der Sinn des Lebens), Celje 1966.
Izbrani spisi (Ausgewählte Schriften), 5 Bde., Celje 1977/78.
Filozofski leksikon (Philosophisches Lexikon), Celje 1981.

B) Anton Terstenjak

a) In slowenischer Sprache:
Filozofija »smrtonosne bolezni« (Philosophie der »todbringenden Krankheit«), in: Čas 34 (1939/40) 50–64, 99–110.
Metodika verouka. Oris verske psihologije (Methodologie des Religionsunterrichts. Umriß der Religionspsychologie), Lj 1941.
Pastoralna psihologija (Pastoralpsychologie), Lj 1946.
Pierre Teilhard de Chardin in njegov svetovni nazor (Pierre Teilhard de Chardin und seine Weltanschauung), in: Nova pot 18 (1966) 165–234.
Hoja za človekom (Der Weg des Menschen), Celje 1968 (italienisch: Il camino dell'uomo, Bre 1975).
Med psihologijo in filozofijo (Zwischen Psychologie und Philosophie), in: Anthropos 1 (1969) 9–25.
Oris sodobne psihologije (Grundriß der modernen Psychologie), 2 Bde., Maribor 1969/74.

Psihologija ustvarjalnosti (Psychologie der Kreativität), Lj 1981.
V znamenju človeka (Im Zeichen des Menschen), Klagenfurt 1973.
Človek bitje prihodnosti (Der Mensch, das Wesen der Zukunft), Lj 1985.

b) In deutscher Sprache:
Ein neuer Weg zur Seinsphilosophie, in: DT 53 (1939) 327–359.
Die Farbenwahrnehmung und die Wirklichkeit der Außenwelt, in: Contributi del Laboratorio di psicologia 16 (1952) 310–355.
Von der Gegenstandsphilosophie zum Existentialismus, in: Archiv für Philosophie 7 (1957) 244–278.
Franz Webers philosophisches Gedankengut im Umriß, in: A. Terstenjak (Hg.): Vom Gegenstand zum Sein, Mü 1972, 15–64.

C) Aleš Ušeničnik

Sociologija, Lj 1910.
Knjiga o življenju (Das Buch vom Leben), Lj 1916 (^{2}1929, ^{3}1941; tschechisch: Olmütz 1918, ^{2}1922; kroatisch: Mostar 1922; deutsch: W 1948).
Uvod v filozofijo (Einführung in die Philosophie), 2 Bde., Lj 1921/24.
Ontologija, Lj 1924.
Socialno vprašanje (Die soziale Frage), Lj 1925 (Domžale-Groblje ^{2}1934; deutsch: St. Gallen 1940).
Knjiga načel (Das Buch der Prinzipien), 3 Bde., Domžale-Groblje, 1934–1937 (Bd. I ^{2}1936).
De reflexione completa in qua intima videtur esse ratio certitudinis, in: A.V.: Acta secundi congressus thomistici internationalis, R 1937, 91–96.
Dialektični materializem (Der dialektische Materialismus), Domžale-Groblje 1938.
De cognoscibilitate mundi externi, in: Acta Pontificiae Academiae Romanae Sancti Thomae Aquinatis et Religionis Catholicae 5 (1938) 115–135.
Quaestio de certitudine retractatur, in: Acta Pontificiae Academiae Romanae Sancti Thomae Aquinatis et Religionis Catholicae 6 (1939/40) 121–136.
De potentia materiae, in: Acta Pontificiae Romanae Sancti Thomae Aquinatis et Religionis Catholicae 7 (1941) 226–240.
Filozofski slovar (Philosophisches Wörterbuch), Lj 1941.
Izbrani spisi (Ausgewählte Schriften), 10 Bde., Lj 1939–1941.

D) Stjepan Zimmermann

Obća noetika (Allgemeine Noetik), Z 1918 (Belgrad ^{2}1926).
Kant i neoskolastika (Kant und die Neuscholastik), 2 Bde., Z 1920/21.
Uvod u filozofiju (Einführung in die Philosophie), Z 1922.
Temelji psihologije (Grundlagen der Psychologie), Z 1923.
De problematum noeticorum systematica positione et solutione, in: A.V.: Acta primi congressus thomistici, R 1925, 206ff.
Psihologija za srednja učilišta (Psychologie für mittlere Lehranstalten), Z 1927 (^{2}1928, ^{3}1941).
Historijski razvitak filozofije u Hrvatskoj (Geschichtliche Entwicklung der Philosophie in Kroatien), Z 1929.
Duševni život (Seelisches Leben), Z 1932.
Temelji filozofije (Grundlagen der Philosophie), Z 1934 (^{2}1954).
Od materializma ka religiji (Vom Materialismus zur Religion), Z 1935.
Filozofija i religija (Philosophie und Religion), 2 Bde., Z 1936/37.
Filozofije života (Philosophie des Lebens), Z 1941.
Spoznaja istine (Erkenntnis der Wahrheit), Z 1941.

2. *Literatur*

A.V.: Čas 20 (1927/28) (die ganze Nummer ist A. Ušeničnik gewidmet).
Bazala, A.: Filozofijska težnja u duhovnom životu Hrvatske (Philosophische Bestrebungen im geistigen Leben Kroatiens), Z 1936.

Bazala, A.: Pregled hrvatske znanstvene baštine (Übersicht über das wissenschaftliche Erbe Kroatiens), Z 1978.
Harapin, J. T.: Rarvitak filozofije kod Hrvata (Geschichte der kroatischen Philosophie), in: Croatia Sacra 11/12 (Z 1943) 153–172.
Janžekovič, J.: Izbrani spisi, Bd. III, Celje 1977, 243–295.
Pirc, J.: Aleš Ušeničnik in znamenja časov (A. Ušeničnik und die Zeichen der Zeit), Lj 1986 (vollständige Bibliographie über Primär- und Sekundärliteratur zu Ušeničnik).
Verbinc, F.: Filozofski tokovi na Slovensken (Philosophische Strömungen in Slowenien), Lj 1966.
Zimmermann, St.: Historijski razvitak filozofije u Hrvatskoj (Geschichtliche Entwicklung der Philosophie in Kroatien), Z 1929.

JOSEPH HLEBŠ

Namenregister

Die angeführten Namen beziehen sich nur auf den Text,
nicht jedoch auf Fußnoten und Bibliographien.

Abaelard P. 199, 378, 533
Abicht J. H. 299
Abramowski E. 806
Adamczyk S. 809, 811
Adrian (Patriarch von
   Moskau) 292
Aegidius Romanus 55, 62f.
Aegidius von Lessines 373
Agathias 31
Agazzi L. 103
Agote N. 272
Agricola R. 37, 39
Agrippa von Nettesheim 38
Aistleitner J. 827
Ajdukiewicz K. 807, 809, 818
Alain von Lille 35
Alberoni G. 84
Albertus Magnus (Albert der
   Große) 181, 184, 369, 372,
   375f., 384, 626, 686
Alcuin 38
Alexander I. von Rußland 294
Alexander IV. (Papst) 73
Alexander B. 829
Alexander von Hales 121, 376,
   392, 394, 402, 673
Alfirević A. 854
Allers R. 659
D'Almeida T. 269
Alonso Getino L. 774
Alonso Perujo N. 245
Alsted J. H. 40, 44
Alvarado R. 243
Alvarez Turienzo S. 775
Alvigini G. L. 88ff.
Alzamora Valdés M. 794
Amann E. 422
Ambrosini G. 123f., 327
Ambschel A. 306
Ameal J. 778
Amerling K. S. 302
Amoroso Lima A. 791f.
Amort E. 65

Anaxagoras 134
Andruško V. A. 289f.
Anselm von Canterbury 150,
   171, 176, 258, 377, 527, 593
Antoine le Grand 60
Antonazzi G. 315
Antonelli G. 117
Antonini D. G. 103
Aranguren J. L. 775
Aranka G. 303
Archimedes 754
D'Arcy M. C. 748
Ardigò R. 693
Aristoteles 26f., 42, 55ff., 86,
   87, 95, 141, 143, 149ff.,
   168ff., 184, 199, 204, 213ff.,
   231f., 257, 287f., 293, 301,
   303, 331, 366, 376, 378ff.,
   418, 435, 437, 440, 522ff.,
   533, 536, 556, 558f., 583f.,
   608, 625ff., 639, 651, 664,
   669, 683, 687, 706, 708, 732,
   743, 796ff., 810, 838, 841
Armstrong A. H. 749
Arnold G. 305
Arriaga R. de 63, 66
Artner E. 827
Ashley B. 743
Asín Palacios M. 774
Aubert R. 255, 413, 422
Augustinus 31, 39, 47, 62, 65f.,
   85f., 97, 115, 150ff., 184,
   196, 263, 291, 311, 317, 330,
   345, 384, 423, 424f., 432f.,
   520, 524ff., 574, 581, 593,
   625f., 637, 640, 664, 682f.,
   687, 708, 727, 749, 779, 814,
   816, 834, 848
Aune P. 420
Averroes 373, 376, 491, 527f.,
   625, 774
Avicenna 526, 528, 534, 559
Avori L. 87

Baader F. von 132, 139, 143ff.
Babenstuber L. 64
Bach J. S. 572
Bachelard G. 430
Baconthorp J. 55
Baczko B. 809
Baeumker C. 144, 182, 184,
   365ff., 376, 381ff., 630, 640,
   644
Bahr H. 577
Bainvel J. V. 416
Bajsić V. 856
Baley S. 807
Balić K. 376, 385, 395
Balle T. 643
Balmes J. 142, 245ff., 258, 276,
   772
Balthasar H. U. von 569, 574
Balthasar N. 407, 553
Banelli 312
Bañez D. 57, 397, 406
Barbado M. 773f.
Barbaro E. 36
Barbay P. 79, 86ff.
Barberis A. 89, 96, 106f.
Bárd J. 834
Barišić R. 304
Barth K. 471, 574f.
Bartolo da Sassoferrato 37
Basly D. de 429
Batiffol P. H. 419
Batllori M. 77
Battaglia F. 722
Battaglini F. 120
Baudelaire C. 517
Baudrillart A. 419, 422
Bauer A. 305
Bauer B. 81
Bauhofer O. 568
Baumeister 98, 293
Baumgartner M. 372
Bautain L. E. M. 153, 196
Beaussart 417

Beccalli A. 124
Becker L. 554
Beckx P. J. 112, 118
Beda Venerabilis 38
Bednarski F. 819
Bejze B. 809, 820
Belaúnde V. A. 793
Belić M. 856
Belluti B. 62
Bendiek J. 821
Benedikt von Nursia 33
Benedikt XV. 327, 359, 402
Beneš J. 841, 843
Benigni U. 358f.
Benignus de Salviatis G. 304
Bensa A. M. 201
Benz M. 407
Berdjajew N. 295, 494, 660
Berg J. 302
Bergmann 263
Bergson H. 51, 336, 341, 381, 419, 425f., 428, 486, 493, 496, 500, 516, 519, 533, 684, 776, 782f., 825, 829
Berkeley G. 849
Bernhard von Clairvaux 33ff., 434, 527, 559
Bernhardin von Portogruaro 390ff.
Berti E. 716
Bertis J. 278
Besse C. 313
Bianchi B. 77, 87ff., 100
Biegański W. 806
Billot L. 122, 327, 349, 416, 418, 428, 429f., 431, 555, 846
Billuart C.-R. 79
Binder C. 24
Biot 263
Birkenmajer A. 810
Błachowicz K. 822
Błachowski S. 807
Blanc E. 415
Blondel M. 336ff., 414ff., 420, 424f., 430f., 437, 494, 550, 684, 728, 740, 834, 851
Bloy L. 494
Boccali G. 316
Bocheński J. 808, 820ff., 841
Bochwic F. 300, 804
Böckl A. 826
Boedder B. 283
Böhm K. 303
Böhme J. 296
Böhner P. 377, 741
Boethius 527
Bofill J. 775
Bognár C. 835

Bohm 817
Bohr N. 817
Bois-Reymond 261
Bolzano B. 302, 632, 651
Bonald L. de 112, 142, 155, 161, 196, 200, 256, 320
Bonatelli F. 693
Bonaventura 55, 65f., 121, 150, 258, 317, 366, 372, 380, 384ff., 393f., 402, 415, 429, 520, 524ff., 559, 673, 726, 741, 796, 833
Bonnetty A. 81, 198, 413
Bonsirven J. P. 416
Bontadini G. 679, 685, 712–721, 722, 724
Borgianelli E. 113
Borkowski L. 809
Bornstein B. 820
Borowski S. 806
Borromäus K. 350
Bosanquet B. 834
Bošković H. 841
Bošković R. J. 304, 306
Bosoni A. 92
Bossuet J. B. 49, 258, 263f., 300
Bouillard H. 430
Bourke V. 742, 745
Bourquard L. C. 415
Boutroux E. 789, 825
Bouvier M. 199
Boxadors T. de 78, 242
Boyer C. 432, 539, 826, 848
Boyles R. 637
Braga T. 247
Brandão A. J. 779
Brandenstein B. von 825f.
Bravo Betancourt J. 794
Braya T. 247
Bréhier E. 48, 494, 530
Bremond H. 351, 421
Brentano F. 126, 184, 199, 632, 651, 805, 825, 832
Brezik V. B. 745
Britzelmeyer 606
Brochard V. 426
Brodrick J. 748
Brodziński K. 299
Broglie A. de 414
Broglie L. de 430
Brownson O. 284
Brucker J. 42
Brugger W. 401, 567, 590, 606–610, 617
Brugsch 263
Brugus H. A. 62
Brunner A. 592

Bruno G. 134
Brunschvicg L. 414, 419, 519
Bubán J. 843
Buber M. 574
Budisaljić G. 304
Buil N. 791
Bulgakow S. 295
Buonaiuti E. 345
Burmeister 261
Burnouf 262
Burrell D. B. 747
Busa R. 688
Busnelli G. 686
Buzzetti V. B. 72–81, 83ff., 93ff., 99–106, 109f., 673

Cabanis P. J. G. 273
Cabral de Moncada 779
Cackowski Z. 809
Čada F. 302
Cajetan T. de Vio 61, 150, 291, 317, 367, 398, 404, 420, 428, 624ff., 833
Čala A. 843
Calixt G. 40, 44
Callus D. A. P. 748
Calvanese S. 115
Caminero F. J. 255
Candau J. 775
Caneva A. 87
Canisius P. 63
Cano M. 43ff., 57, 153, 423
Cánovas del Castillo A. 252
Cantù C. 312
Capela M. 248f.
Capreolus J. 150, 420
Caputo J. D. 747
Caramuel y Lobkowitz J. 65
Carbonia L. 44
Cardinali A. 90
Carlowszky S. 303
Carrasquilla R. M. 277, 792
Carroll J. 284
Casajoana V. 122
Casares T. D. 790
Casimir von Toulouse 60
Casper B. 174
Cassirer E. 776
Castelar E. 251
Castellano U. 276
Castello G. A. 113
Casula M. 568
Cathrein V. 182, 400, 566, 569, 793, 839
Cauvino P. M. 84, 90
Cavagnati G. 100
Cavallera P. F. 419
Cavalli D. P. 90

Cazes M. F. 415
Celtis C. 38
Ceñal R. 775
Cencillo L. 775
Cermak T. 842
Černocký K. 840
Chagall M. 517
Champollion F. 263
Charvát O. 840
Chastel M. A. 198
Chenu M. D. 24, 196, 382, 415, 429, 776, 780
Chesterton G. K. 430, 748
Chezy 262
Chiabrandi G. F. 77, 88, 97f.
Chiocchetti E. 675ff., 685, 712
Chojnacki P. 808ff., 820
Chollet J. A. 415
Christian C. 822
Chrysippos von Soloi 27
Chudoba B. 843
Chwalibóg J. 300
Chwistek L. 807f.
Cicero 27f., 38
Ciemieniewski J. 806, 810
Cieszkowski A. 299, 804
Clarke B. L. 822
Clarke N. W. 746, 750
Clarke R. F. 283
Clauberg J. 40
Claudel P. 430
Clemens F. J. 118, 132f., 133–139, 140f., 176, 184f.
Clérissac P. 494
Coconnier M. T. 415, 420
Coffey P. 283
Coimbra L. 778
Colebrooke H. T. 262
Collins J. 743
Columbus C. 725
Comellas y Cluet A. 245f.
Comenius J. A. 66
Commer E. 107, 179, 565
Como G. A. 77, 87ff.
Comte A. 238, 299, 303, 804
Condillac E. B. de 75, 87, 92f., 103, 112, 271, 273, 298
Congar Y. 429, 776, 780
Conrad-Martius H. 652, 660
Constantius (Kaiser) 29
Contarini G. 61
Contero Ramírez J. 251
Conti G. A. 77, 88, 90, 97
Copellotti D. G. 93, 97
Copleston F. C. 48, 748
Córdoba O. de 254
Cordovani M. 688

Coreth E. 567ff., 590f., 610–619, 744
Cormier P. 426
Cornoldi G. M. 49, 118ff., 244f., 248, 276, 313f., 319, 399, 565
Corrêa de Bastos Pina D. M. 248
Correia A. 797
Corsoni G. 120
Cousin V. 116, 127, 198f., 212, 256, 258, 263f., 364, 372, 413, 520
Cravosio G. D. 77, 84ff., 95ff.
Croce B. 677f., 684, 686, 705
Crockaert P. 55
Crowe M. B. 748f.
Csere von Apacza J. 303
Cuesta S. 775
Cujas J. de 24
Čupr F. 302
Curci C. M. 75ff., 110ff., 122, 127, 276
Curry H. 556
Curtius R. 263
Czeżowski T. 807, 809

Dąbska J. 809
Dacík R. 841
Dacò D. 95
Dall'Arda G. 87, 94, 100
Dal Verme G. 105
Dám J. 833
Daniélou J. 421
Dante Alighieri 378, 384, 528
Dantéc F. 493
Darwin C. 854
Dávila J. 798
Debicki M. 301
Debussy C. 517
Dechamps V. A. 306
Defever J. 479f.
Defourny M. 238, 553
De Gaulle C. 496
Degérando J. M. 273
De Keyser E. 559
Delatte P. 415f.
Delbos V. 519
Delhaye P. 558f.
Demokrit 169, 533
Dembowski B. 809, 820
Dempf A. 640
Denifle H. 367, 370, 375, 640
Denis C. 415, 417
De Luca A. 123
De Lugo 150, 291
De Petter W. 482, 559, 785
Deploige S. 238f., 547, 551ff.

De Raeymaeker L. 398, 547ff., 744
Derisi Lomanto O. N. 797, 801f.
De Rosa G. 113
De Rougé 263
De San L. 203f.
Desaulniers 284
Descartes R. 41, 64ff., 87, 125, 141ff., 151ff., 161ff., 171, 213ff., 256, 274, 288, 303, 378f., 387, 496, 503, 519ff., 533, 538, 555, 633, 652, 684, 694, 713, 842, 847ff.
Descoqs P. 399f., 416, 419, 421, 431f., 482, 793, 833
Desgabets R. 60
De Smaele F. 558
Destrez J. 417, 426
Destutt de Tracy A. L. 271
Deufel K. 174
Deutinger M. 45
Devas C. 283
De Vogué 263
De Waelhans A. 558f.
Dewey J. 513
De Wulf M. 46, 48, 203, 238, 369, 372–377, 524, 530, 551ff.
Dezza P. 74, 79, 102, 111, 399, 676, 688
Dhondt U. 558f.
Dias J. S. 247
Díaz de Cerio 265
Diderot D. 41, 152
Didiot J. 415
Dieška J. 842
Dietrich von Freiberg 369
Dilthey W. 653f.
Dimnet E. 349
Dionysios Areopagita 650, 663
Dios Trejos J. de 278
Dirven E. 481f.
Dmowski J. 113, 300
Döllinger I. von 49, 139, 282
Domet de Vorges E. C. E. 107, 201f., 415
Dominikus 327
Donat J. 180, 401, 566, 569, 826
Donceel J. 744, 750
Dondeyne A. 549ff.
Donoso Cortés J. 251, 262, 772
Dopp J. 556f.
Dorotić A. 304
Dostojewski F. M. 302, 645
Doucet V. 394

Dowgird A. 300
Dragišić J. 304
Dragojević-Gozeus P. 304
Draper J. W. 245f.
Drewnowski J. F. 808, 820f.
Drey J. S. von 132
Drtina F. 302
Du Cange 30
Dudáš C. 843
Dühring E. 261
Duhamel J. B. 60, 65
Duhem P. 375
Duméry H. 815
Dumoutet E. 419
Duncker M. 263
Duns Scotus 55, 121, 150, 168, 365, 375ff., 392, 394f., 401ff., 429, 529, 634, 639, 662, 673, 741, 796f.
Dupanloup F. A. P. 312
Dupasquier S. 61
Durdík J. 302
Durkheim E. 519
Dvornikovič L. 854

Ebner F. 568, 647
Eckhart (Meister) 177, 367, 369, 374, 376
Efirov S. A. 675
Ehrle F. 51, 367ff.
Eilstein H. 809
Einstein A. 817, 826
Engels F. 850
Epiktet 28
Epikur 169
Erasmus von Rotterdam 37ff.
Erdelyi J. 303
Erdmann E. 807
Eriugena (Johannes Scotus) 46, 374
Ernst J. 176
Erőss A. 835
Ervin G. 834f.
Eschmann I. T. 741f.
Escoto L. de 272
Eslick L. 743
Esquiú F. M. 276
Essler W. 822
Etcheverry A. 416
Eterović K. 854
Étienne J. 558
Eucken R. 825
Evans J. W. 744
Eyselé C. 419

Faber P. 62
Fabricius J. A. 41

Fabro C. 76, 89ff., 101, 125, 383, 399, 419, 730–738, 829, 833
Faggiotto P. 716ff.
Fanna F. a 366, 392f.
Farges A. 414
Farrell W. 741
Faulhaber M. 574
Fauville A. 557
Favre G. 493
Favre J. 493
Fechner G. T. 184
Feijóo B. J. de 269
Félegyházi J. 834
Fenaia 101
Fénelon F. 136
Ferdinand VII. 242
Ferenczi Z. 827, 835
Fermi A. 74ff., 88ff., 99ff.
Fernández Brieva y Salvatierra F. 262
Fernández Cuevas J. 243, 256
Ferrarini A. 113
Ferreira Deusdado M. A. 249
Festugière A. J. 415
Feuerbach L. 81, 260
Feugueray H. R. 201
Feuling D. 658, 660
Feys R. 556
Fichte J. G. 148f., 165, 183, 260, 300, 455, 611, 658, 666, 684, 804, 850
Ficino M. 38f.
Figueirido F. de 779
Filaret (Metropolit) 294
Finance de Clairbois J. de 435f., 483
Finlayson Elliot C. 798
Fioruzzi V. 77, 87f.
Fischer A. 350
Florival G. 558f.
Fonseca J. 245
Fonseca P. da 40, 43, 55ff., 399
Fontaine-De Visscher L. 559
Forest A. 420, 434f.
Fortis L. 112
Fortunato da Brescia 79, 269
Foucauld C. de 495, 497
Foucher L. 201, 413
Fraile G. 262
Franca L. 791f.
Franciszek J. 820
Frank S. 262
Franzelin J. B. 118, 201
Frassen C. 60
Frédault F. 203
Freitas Honorato D. A. J. de 248f.

Freud S. 785, 842
Frings J. 650
Fritzhand M. 809
Fröbes J. 573
Frohschammer J. 48ff., 146, 150, 170f.
Fuetscher L. 399, 401
Fulgosi D. C. 105

Gabryl F. 301, 806, 811f.
Gadamer H.-G. 780
Gałecki J. 809
Galilei G. 387, 684
Gall I. J. 253
Gallegos Rocafull J. M. 798
Galluppi P. 80, 114, 127, 134
Galtier P. 416
Ganthaler H. 302
Garcia Morente M. 776, 783
Gardair J. 201, 414
Gardeil A. 415, 418, 420, 423–425, 428, 435
Garrigou-Lagrange G. R. 399, 418, 426–429, 502, 658, 832
Gassendi P. 60, 64, 169, 637
Gaudin A. 60
Gavardi F. N. 63
Gawecki B. 807, 809
Gazzana A. 124
Gazzola C. 100ff.
Geiger P. 383, 435
Gemelli A. 92, 390, 567, 677, 682, 702, 703–706, 707, 722
Genovesi A. 87, 112, 247
Gentile G. 314, 675ff., 684, 686, 688, 716
Gerdil H. S. 166
Gerencsér I. 834
Germain 417
Gerson J. 43
Geyer B. 372, 376f.
Geyser J. 630–636, 640, 658, 834, 846
Giacon C. 56, 686f., 716, 722
Gide A. 517
Giele M. 559
Gierulanka D. 809
Giesel F. 289f.
Gießwein S. 826
Gietmann G. 573
Gilby T. 748, 750
Gilen L. 174
Gillet M. S. 841
Gilson É. 48, 125, 195, 376, 377–389, 399, 432, 434, 494, 519–545, 549, 569, 591, 742ff., 798, 818, 833
Ginebra F. 277

Giner de los Ríos F. 772
Gioberti V. 94, 117, 127, 134, 153, 312, 673, 723
Giorgi G. 87
Giriodi F. 87, 91
Glossner M. 107, 178f.
Godefroy J. 24
Godoy P. 79
Görres J. von 134
Goethe J. W. von 183
Gogacz M. 809, 819f.
Gołaszewska M. 809
Golgi C. 704
Gołuchowski J. 300, 804
Gómes P. 249
Gómez Caffarena M. 775
Gómez Otero J. 277
Gómez Robledo A. 797
Gómez V. 272
González C. 78f., 123, 196, 242ff., 250–266, 276, 776
González N. 276
González Alvarez 774f.
Gorce M. M. 415
Gottfried von Fontaines 373f., 552
Gottfried von St. Viktor 24, 36, 559
Gotti V. L. 79
Goudin A. 79, 84, 87, 103, 141, 196, 248
Grabmann M. 24, 44, 47f., 144, 178, 370, 375, 377, 640
Gračanin D. 855
Grandmaison L. de 416, 419, 421
Grassi F. 77, 84ff., 96–99
Gratry A. 176
Grazia V. de 80
Gredt J. 399, 658, 826, 842, 855
Grégoire A. 472, 557, 598
Gregor I. der Große 30ff., 349, 514
Gregor IX. 73
Gregor XVI. 78, 197
Gregor von Rimini 40
Gregor von Valencia 44
Grimm K. 855
Grosseteste R. 748
Grzegorczyk A. 808f.
Guardini R. 815
Günther A. 45, 81, 132, 134, 142ff., 153ff., 163ff.
Gufl V. 64
Guieu J. 415
Gutberlet C. 182ff., 301, 566, 569
Guzzo A. 722

Habáň M. 841
Haeckel E. 854
Haecker T. 577
Haffner L. 182f.
Hagemann G. 182, 184
Haimo von Auxerre 24, 36
Hajós H. 826, 834
Hamelin O. 520
Hamilton W. 251
Harmignie P. 555
Harnack A. 337ff.
Haroux H. 559
Harper T. M. 283
Hart C. A. 284f.
Hartmann N. 652, 825, 832, 834f.
Haskins C. H. 376
Hatala Š. (846)
Hauer J. W. 835
Hauréau J. B. 46, 81, 199f., 364, 368, 372
Hauser B. 63
Hawkins J. B. 749
Hayen A. 483
Hayes Z. 741
Hecker K. 590
Hegel G. F. W. 42, 133, 148f., 152, 165ff., 198, 245, 260ff., 274, 295, 300, 302f., 336, 363, 488, 503, 528, 533, 558, 568, 579, 611f., 631, 645f., 658, 684, 747, 804, 850
Hegyi J. 836
Heidegger M. 51, 126, 459, 467, 495, 538, 558, 568, 570, 574, 590ff., 600ff., 611f., 652ff., 668f., 735, 747, 834, 836
Heiler F. 579
Heinrich J. B. 138, 182
Heinrich von Gent 55, 62
Heinrich W. 806f.
Heisenberg W. 817
Heller M. 809, 817
Hello E. 426
Helvétius C. A. 271
Hempoliński M. 809
Henle R. 743
Hepter W. 808
Heraklit 584
Herbart J. F. 302
Herder J. G. 263f., 646
Heredia N. de 262
Hermes G. 147ff., 162ff.
Hernández Fejarnés A. 244, 262
Hertling G. von 182ff., 630, 637, 640

Hesiod 640
Hessen J. 568
Hidalgo y Costilla D. M. 272
Hieronymus 30, 291
Hildebrand D. von 832, 835
Hinojosa E. de 262
Hirnhaim H. 66
Hirscher J. B. 48, 147, 150
Híž H. 808
Hlavatý V. 837
Hobbes T. 503
Hocedez E. 255
Hodgson B. H. 262
Höfer J. 141, 143
Hölderlin F. 538
Hoene-Wroński J. M. 804
Hoenen P. 617
Höres M. 619
Holbach P. H. 271
Holowiński J. 300
Holz, H. 619
Homer 640
Hontheim J. 182, 400
Horváth S. 826ff.
Horváth T. 836
Horwath C. 303
Hosius S. 298
Hossiasson-Lindenbaum J. 808
Houtin A. 349
Hrabanus Maurus 38
Hrachovský F. 838
Hruban J. 842
Hügel F. von 342f., 740
Hugo von St. Viktor 32, 38
Huidobro E. 794
d'Hulst M. 200ff., 414, 416
Hume D. 41, 125, 152, 283, 298, 474, 655, 684, 713, 730, 815
Hummelauer F. von 573
Hurtado de Mendoza P. 58f., 291
Hurter H. 107
Hus J. 838
Husserl E. 548, 551, 559, 568, 574, 632, 635, 650ff., 660ff., 685, 776, 783, 807
Huxley A. 261
Hvale M. 305

Ibrányi F. 827, 834
Ignatius von Loyola 43, 399, 572, 776
Ingarden R. 654, 659, 807, 809, 815
Iriarte J. 261
Isaye G. 473ff.

Isidor von Pelusion 30f.
Ivánka E. von 827, 834
Iwanicki J. 809, 819ff.

Jackson de Figueiredo 791
Jacobi F. H. 162
Jacquier F. 242, 269
Jacquot 261
Jaegerschmid A. 664
Jáki S. 836
Jakubisiak A. 808
Jakubowicz M. 300
James W. 747
Jánosi J. 834f.
Jansen B. 56, 592f.
Jański B. 300
Janžekovič J. 846, 851, 852
Jaroszewski T. M. 809
Jaśkowski S. 809
Jaspers K. 422, 430, 568, 570, 663, 668f., 834
Javaux J. 480
Javelli C. 62
Jaworski M. 809, 815
Jaworskij S. 292, 294
Jeiler J. 366, 392f.
Joachim von Fiore 345, 585
Johannes (Evangelist) 525, 584
Johannes XXII. 73
Johannes XXIII. 566
Johannes a S. Thoma 59, 398, 428
Johannes vom Kreuz 427, 650, 663f.
Johannes von Salisbury 36
Jolivet R. 420, 433, 434, 841
Jones 262
Jordan Z. 808
José II. von Portugal 273
Jourdain A. 364
Jourdain C. 81, 199, 364
Journet C. 511
Jousse M. 421
Joyce G. H. 283
Juan VI. von Portugal 273
Jung C. G. 835
Jurić I. 305

Kachnitz J. 837f.
Kadeřávek E. 302, 838f.
Kalicki J. 808
Kalinowski J. 818f.
Kamiński S. 809, 819
Kant I. 41, 51, 115, 125, 148ff., 163ff., 181, 224ff., 260, 274, 283, 298ff., 306, 358, 371, 399f., 443, 453ff., 464ff., 474ff., 507f., 528, 533, 567ff.,
578f., 590ff., 602ff., 613ff., 630ff., 645f., 651, 655, 684, 686, 693, 700, 713, 785, 811ff., 830, 850, 855
Karl IV. von Spanien 771
Karpe F. S. 306
Karsawin L. 295
Katharina II. von Rußland 293
Kecskés P. 827, 834f.
Keilbach V. 855
Kennedy L. A. 745
Kernaeret 415
Kierkegaard S. 433, 508, 535f., 574, 647, 736f.
Kingsley C. 282
Kircher A. 65
Kiss J. 303, 824
Klácel M. 302
Klee H. 132
Kleutgen J. 49, 117, 121, 123, 132f., 145–176, 181ff., 196, 255, 305, 312, 315, 362, 365, 400f., 740
Klimke F. 806, 811f.
Kłósak K. 809, 816f.
Klubertanz G. P. 743
Knoodt F. P. 166
Knowles D. 748
Kobyłecki S. 806, 808, 820
Koch J. 386, 640
Koch L. 283
Kodisowa J. 807
Köteles 303
Koj L. 821f.
Kołakowski L. 809
Kollataj H. 299
Konnick C. de 744
Kopernikus N. 288
Korn A. 789
Kornis G. 825
Koser C. 797
Koslowski F. 300
Kotarbiński T. 807, 809, 820
Kovačić F. 307, 846, 851
Kowalczyk S. 814
Kowalski K. 808, 811, 841
Kozári G. 827
Krajewski W. 809
Krąpiec M. A. 809, 815, 818ff.
Krasinski 299
Kratochvil J. 802, 840f., 847
Kraus F. X. 49, 183
Krause K. C. 251f., 263f.
Krek J. E. 306f., 846
Kremer J. 804
Kreutz M. 807
Kříž A. 841
Krug W. T. 42

Krupiński F. 299, 804
Kruze M. 276
Kržan A. 305
Krzesiński A. 808
Kubiński T. 809
Kuczyński J. 809
Kühár F. 834
Külpe O. 371, 631f., 831, 834, 836
Kuhn J. E. von 45, 48f., 138
Kurdziałek M. 810
Kwiatkowski F. 808, 811

Laberthonnière L. 336, 340, 343, 415, 417, 425
Labourdette M. M. 415
Lachelier J. 789
Lacordaire J. B. H. D. 197, 201, 282, 415
Lacour C. J. 86
Ładosz J. 809
Ladrière J. 559
Ladusãns S. 802
Lain Entralgo P. 774
Laínez D. 43
Lakatos I. 818
Lakebrink B. 568, 592, 619
Lamennais F. R. de 81, 102, 112, 153, 196ff., 320, 412
Lampe E. 306
Lampe F. 306, 846
Landgraf A. 24
Landgrebe L. 654
Lányi E. 833
Lapacios E. 775
Lasson G. 262
László A. 833
Lavaud M. B. 415
Le Blond J.-M. 483
Lebreton J. 416, 421
Leclercq J. 24, 555
Ledochowski W. 432
Leeming B. B. 748
Léger P. E. 330
Legeza M. 826
Lehmen A. 182, 400
Leibniz G. W. von 40f., 63ff., 163, 256, 258, 274, 288, 302, 306, 426, 684, 822
Lejewski C. 808
Lemaître C. 470f.
Lemius J. B. 349, 418, 565
Lenormant F. 262
Leo XII. 112, 200, 299
Leo XIII. (Gioacchino Pecci) 44, 51, 76, 96, 106ff., 121ff., 181, 206ff., 232ff., 244, 248, 258, 277ff., 310ff.,

321ff., 334, 366, 391, 395, 397, 413f., 423, 531, 567, 674, 739, 753, 850
Léonard A. 559
Lepidi A. 107, 203, 244
Lepsius R. 263
Lercher L. 401
Le Roy E. 341ff., 419, 428, 684
Leśniewski S. 807f.
Lessines G. des 552
Lessing G. E. 183
Leszczyński J. 809
Lévinas E. 554
Lévy-Bruhl L. 519
Levy 263
Libelt K. 804
Liberatore M. 49, 76ff., 110ff., 122ff., 196, 204, 244, 248, 276, 314ff., 398f., 740
Libertini C. 76
Limbourg M. 180, 401
Lindenbaum A. 808
Lindworski J. 842
Lipps T. 630, 653
Liqueno J. M. 790
Liszt F. 572
Little A. 748
Littré E. 261
Lituma L. 794
Litwinow B. D. 289f.
Llamazares T. 59
Llorens y Barba F. J. 251
Llull (Lullus) R. 374, 527
Locke J. 65, 75, 85, 87, 103, 125, 156, 256, 273, 298, 684, 693, 699
Loisy A. 337ff., 349ff., 418
Lonergan J. B. F. 125, 597, 609, 740, 745ff., 753–770
Longpré E. 376, 394f.
Losskij N. O. 295, 842
Lotz J. B. 401, 567ff., 590f., 593–600, 603ff., 617, 815, 834f.
Lotze H. 371, 832
Lubac H. de 421, 432, 483
Lubański M. 809, 817
Łubnicki N. 807
Łukasiewicz J. 808, 820
Luque D. 276
Lusardi 88
Luther M. 37, 39, 137, 141, 496, 503, 575ff.,
Lutosławski W. 806

Maertens G. 558f.
Madarász I. 825
Mager A. 660

Magni V. 66
Maher M. 283
Mahnič A. 306f., 849, 854
Mahrburg A. 299, 804
Maier A. 387
Maignan E. 60
Mailloux 853
Maimonides 528
Maine de Biran M. F. P. 198, 273
Maistre J. de 112, 196, 200
Makarios 30f.
Malchiodi U. 101
Malebranche N. 66, 87, 258
Malevez L. 471f.
Mallarmé S. 517
Malvin de Montazet A. de 269
Mamerto Garro J. 276
Mandonnet P. 369, 372–377, 415, 420, 425, 426, 429, 524
Mangenot E. 422
Mangold J. 63
Manning H. E. 281f., 739
Manser G. 30, 46, 398, 568f., 623–629
Mansion A. 556
Mansion S. 94, 550, 557ff.
Maquart F. X. 414, 419
Marc A. 416, 421
Marcel G. 834, 851
Marci von Kronland M. 66
Marciszewski W. 809, 821
Maréchal J. 51, 125, 195, 399, 401, 419, 421, 428, 435, 443ff., 453–469, 470, 474ff., 539, 567, 569, 590ff., 600ff., 610ff., 658, 743ff., 776, 780, 791
Maria M. de 122
Maria Theresia 304
Mariette 263
Marinho J. 778
Maritain J. 51, 195, 198, 321, 417, 420, 426, 493–518, 523, 530, 536, 539f., 569, 591, 658, 660, 743ff., 791f., 798, 817f., 833, 851
Maritain M. 399
Maritain P. 493
Maritain R. 493ff., 514f.
Martí de Eixalá R. 251
Martin J. P. 416
Martin R. 407
Martinetti P. 722f., 728
Martínez del Campo R. 798
Martínez Villada L. G. 791
Márton S. 303

Marulić M. 304
Marx K. 261f., 557, 645f., 703, 785, 850
Marzolini R. 93f., 100ff.
Masaryk T. G. 302
Mascall E. L. 749
Masdeu B. 75
Masdeu J. A. 75ff.
Masius D. 57
Masnovo A. 74ff., 88, 93, 99ff., 676ff., 712, 722, 724
Mastrius B. 62
Mathieu V. 720
Matocha J. 841
Mattes W. 48, 50
Matthäus von Aquasparta 25
Mattias F. X. de 90
Mattiussi G. 118, 122, 124, 326, 399, 565, 675, 686, 688, 722
Maurer A. 284, 742
Mauri G. 123f.
Maurras C. 431
Maurus S. 158
Mauss M. 519
Maximos IV. (Patriarch) 330
Mayr A. 63
Mazzella C. 122, 827
Mazzella (Kardinal) 237
Mazierski S. 809, 817
McInerny R. 745
Medici L. de 304
Medrano M. 272
Meister O. 572
Mejbaum W. 809
Melanchthon Ph. 38, 42
Melizan P. L. 415
Mendive J. 244, 246
Menéndez y Pelayo M. 243, 245, 251, 255, 772, 776
Mercier D. 51, 125, 195, 205–239, 278, 301, 373, 398, 521, 538, 546ff., 557, 673, 677, 679, 693ff., 704, 730, 776, 780, 794, 805, 812f., 847ff.
Merleau-Ponty M. 558
Merry del Val R. 350
Messaut J. 415
Messner J. 486
Metallmann J. 807f.
Meyer H. 637–642
Meyer T. 182, 400
Meyerson E. 430, 851
Michalski K. 806, 808, 810, 814, 816, 820
Michelis F. 48f., 174ff.
Michelitsch A. 357

Michotte Van den Berck A. 239, 557, 559
Mickiewicz A. B. 299
Mihelics V. 836
Miklík J. 842
Mill J. St. 282f., 302, 804
Millán Puelles A. 774f.
Minges P. 394, 402
Minio-Paluello L. 810
Mir y Noguera M. 246
Miranda e Barbosa 779
Mirandulanus A. B. 61
Mislej J. P. A. 306
Möhler J. A. 132
Mogila P. 286f., 291, 294
Moglia A. 75
Moleschott J. 261
Molina E. 789
Molina L. de 58, 291, 397, 399, 406
Molineux 103
Mommsen T. 832
Monescillo y Viso A. 245
Montagnes H. A. 415, 420
Montalembert C. F. R. de 115, 203, 282
Montefeltro G. 304
Montesquieu C. de 273
Montmorency-Laval F. de 204
Montpellier G. de 559
Morán S. 798
Morawiec E. 809, 820
Morawski M. 300, 805
Morgott F. von Paula 123, 144, 176, 178
Morscher E. 302
Moufang C. 138
Movers F. K. 263
Müller J. B. 573
Müller M. 262, 568, 591, 594, 600
Muñoz Alonso A. 774f.
Muñoz Perez J. 775
Muratori L. 125
Murri R. 346

Naab E. 176
Naddeo P. 76
Nalješković A. 304
Napoleon I. Bonaparte 73, 75, 104
Napoleon III. 200
Narciso E. I. 76, 79, 88, 102
Nemesszeghy E. 836
Newman J. H. 245, 281, 333, 343, 351, 574ff., 650, 658, 739, 745
Newton I. 302

Nicolas M. J. 415
Niedzialkowski K. 301
Nietzsche F. 306, 574, 579, 638, 645, 732, 785
Nieznański E. 821f.
Nikolaus von Clemanges 43
Nikolaus von Kues 30, 38, 134, 374, 376
Nikša-Gozeus V. 304
Nilos von Ankyra 80
Nink C. 833
Noël L. 239, 538, 547ff., 660, 812
Norwid 299
Nowak L. 809
Nuttin J. 559
Nyéki K. 835
Nyíri T. 836
Nys D. 238, 551, 553

O'Brien C. 284
Ochorowicz J. 299, 804
Ockham W. 375f., 387, 391, 401f., 533, 741, 849
O'Connell D. 280
Ogiermann H. 592
Oleksy C. 821f.
Olgiati F. 675, 677, 682ff., 695, 702, 706–709, 722
Ollé-Laprune L. 282, 340, 414, 851
O'Meara J. 749
Orlando P. 76
Ortega y Gasset J. 775f., 783
Ortí y Lara J. M. 244f., 255, 262
Ossowska M. 809
Ossowski S. 809
Ostwald W. 238, 551
Otto R. 579
Oviedo F. de 58f.
Owens J. 742f.
Ozanam F. 203

Pacel V. 305
Padovani U. 722–729
Palacký F. 302
Palágyi M. 826
Palladini G. 113
Palmieri A. 122, 305
Palmieri D. 117, 119, 290f., 296, 740
Pancotti V. 76
Panikkar R. 775
Parascandalo G. 80
Parmenides 534f., 712ff., 735
Pascal B. 152, 213, 258, 485, 851
Passaglia C. 118
Pastuszka J. 812, 814

Paul VI. (Papst) 330f.
Pauler A. A. 825
Paulus (Apostel) 345
Pauthier 262
Pavani V. 110
Pavelka A. 841ff.
Pawlicki S. 300, 805
Pecci G. 110, 120f., 311ff.
Pechhacker A. 592, 619
Pechnik A. 806
Pecka D. 843f.
Pécsi G. 826
Pegis A. C. 742, 745
Péguy C. 493f.
Peillaube E. 414, 418
Pelc J. 808
Pelzer A. 94
Penido M. T. L. 797
Pereira B. 56, 62
Pérez Hernández E. 262
Perier C. M. 262
Perrone G. 118
Pesch H. 400, 850
Pesch T. 180ff., 566
Petavius D. 44
Petazzi G. 124
Peter der Große (Zar) 292ff.
Petrarca F. 36, 301
Petrić A. 305
Petronius 28
Petrus a S. Catharina 59
Petrus Canisius 291
Petrus Comestor 30, 35
Petrus Damiani 35, 527
Petrus Hispanus 56
Petrus Lombardus 57, 392, 559
Petrus Ramus 37, 303
Petrus von Candia 368
Petrus von Celle 35
Petrus von Poitiers 24, 36
Petz A. 833
Phelan G. B. 742f.
Philippe T. 415
Philippus a S. Trinitate 60
Philodemos Rhetor 28
Photios (Patriarch) 31
Piaget J. 785
Piancini G. B. 117
Picard G. 421
Picasso P. 517
Picavet F. J. 46, 378
Pichet 263
Pico C. 791
Pico della Mirandola G. 36, 38, 61, 261, 304
Pidal y Mon A. 261
Pidal y Mon L. 244, 261
Pieper J. 47, 569, 666–672

Pimenta A. 778
Pinard de la Boulleye H. 416, 853
Piolanti A. 102, 123, 315f.
Pirri P. 77
Pita E. B. 791
Pius V. 73
Pius VII. 104f.
Pius IX. 78, 109, 114ff., 150, 200, 253, 281f., 311, 321
Pius X. 324ff., 336, 349f., 357f., 431, 578, 674, 686, 851
Pius XI. (A. Ratti) 328f., 402, 484, 623
Pius XII. 329, 485, 836
Pi y Margall F. 251
Planck M. 430
Plantinga A. 746
Plaßmann H. E. 132f., 139–145, 175ff.
Platon 143ff., 167, 173, 226, 288, 439f., 524, 533, 634f., 638f., 664, 669, 683, 687, 708, 732, 806
Platz B. 326
Plechanov G. W. 850
Plessner H. 832
Plinius Minor 28
Plotin 378, 431, 533, 749
Plutarch 28
Polakovič Š. 842
Poletyło M. 821
Policki K. 821f.
Półtawski A. 809, 815
Pombal (Marqués de) 247, 273
Pomian K. 809
Poncius J. 62
Portanova G. 116
Pospíšil J. 302, 837ff.
Poulat F. 565
Poznański E. 808
Prado N. del 773
Prantl C. 364, 387
Prat F. 416
Prisco G. 115, 123, 244
Pro D. F. 787
Proença R. 778
Prohászka O. 303, 825ff.
Proklos 170
Prokopovič F. 292f.
Protasow N. A. 294
Proust M. 559
Przeczytański P. 300
Przełęcki M. 808
Przywara B. 572
Przywara E. 567ff., 572–589, 592f., 650, 658, 660ff., 834f., 841

Przywara M. 572
Pseudo-Augustinus 30
Psichari E. 493f.
Ptolemaeus J. B. (Tolemei) 62
Puigserver F. 79, 243, 398
Pulić D. 305
Purkyně J. E. 302
Pypin A. 295
Pythagoras 669

Queiro A. 779
Quiles I. 798f.
Quintilian 28

Radescini A. 306
Radziszewski I. 806, 816
Rahner K. 125, 567ff., 590ff., 600–605, 606ff., 617, 744, 780, 815, 834, 836
Ramírez S. 773, 775f.
Ramón y Cajal 773
Rampolla M. 235
Ranjina K. 304
Ranke L. von 134, 832
Rask 263
Rast M. 401
Ratti A. (Pius XI.) 623
Rauh F. 519
Rauwens J. 557
Ravaisson J. G. F. 81, 557
Reardson B. 749
Rebando 88
Reding M. 643
Reid T. 251, 256
Reiff J. F. 183
Reisach K. A. von 117, 176
Rémusat C. de 263
Renan E. 81, 364, 493
Renoirte F. 555f.
Renz P. 64
Réti M. 833
Reuchlin J. 304
Rezek R. S. 836
Ribeiro A. 778
Richard von St. Viktor 35, 38
Rickaby J. 283, 740
Rimbaud A. 517
Rintelen F. von 660
Río M. E. 276
Ríos J. 276
Risse W. 56
Rivetti Barbò 821
Rivière J. 420
Robles O. 797
Rodríguez P. J. 276
Rodríguez Pastor C. 794
Rodziński A. 809
Roelants H. 559

Roger Bacon 25, 169, 374, 527
Roger von Marston 25
Roij Gironella J. 775
Rolandetti V. 102
Roland-Gosselin M. D. 415, 417, 482, 539
Romagnosi G. D. 75f., 93
Rombach H. 662
Romeyer B. 416, 421, 435
Rondina F. S. 244, 248
Roothaan J. 110ff.
Roselli S. 72–81, 84, 98, 102ff., 242, 398, 673
Rosellini 263
Rosenmoeller B. 568, 660
Rosmini-Serbati A. 49, 94, 122f., 258, 310, 312, 673, 678, 693f., 832
Ross J. F. 747
Rossi G. F. 76ff., 88, 98
Rouault G. 517
Rousseau J. J. 115, 183, 273, 298, 496, 503
Rousselot P. 125, 195, 414, 421, 437–452
Roux X. 415
Royce J. 747
Rubczyński W. 816
Rubeanus C. 38
Rubió y Ors J. 246
Rucker 634
Ruibal A. A. 774, 776
Ruiz-Gimenez J. 775
Ruljica-Gozeus A. 304
Rupert von Deutz 24, 36
Russell B. 556
Rutkiewicz B. 808
Ryan J. A. 739

Sabatier P. 342
Saënz d'Aguirre J. 59
Sagner K. 79, 86ff., 98
Saint-Hilaire B. 199
Saitta G. 78, 675
Sajó G. 835
Salamucha J. 808, 820ff.
Salazar O. 778f.
Salmerón A. 43
Salvianus von Marseille 30
Šanc F. 856
Sánchez Villaseñor J. 798
Sannig B. 64
Sanseverino G. 72–81, 89, 107ff., 115f., 196, 204, 244, 248f., 255, 278, 312, 314, 323, 398, 673
Sant' Anastasio J. de 272
Sant' Anna Dionísio 778

Santeler J. 401
Santos D. 778
Sanz del Río J. 251f., 772
Sapir 541
Sartre J. P. 433, 495, 535, 663, 834, 851
Saŕváry P. 303
Sassoli Tomba A. 120
Satolli F. 237
Saussure F. de 541
Savigny F. C. von 134
Savonarola 304
Sawicki F. 806, 808, 813f.
Scalabrini G. B. 106
Schaaf 848
Schäzler C. von 50
Schaff A. 809
Schedius L. 303
Scheeben M. J. 334
Scheler M. 567f., 574ff., 635, 652f., 776, 779, 815, 832, 835
Schell H. 45, 179, 565
Schelling F. W. J. 148f., 165, 183, 198, 260, 295, 300ff., 611, 850
Scheuer P. 473f., 479
Schianchi D. 76, 98
Schiffini S. 122, 204
Schilling O. 644
Schlegel (Brüder) 262
Schleiermacher F. E. D. 145, 336
Schlüter C. B. 132, 139, 143ff.
Schmaus M. 386
Schmid A. von 48, 50
Schmitt F. S. 377
Schneid M. 178
Schopenhauer A. 302, 533, 645, 723, 728
Schrader C. 118
Schütz A. 827ff.
Schütz L. 182f.
Schwalm M. B. 502, 504
Sciacca M. F. 675, 722f., 728
Sebastiani F. 272
Secchi A. 117, 119
Sedlák B. 838
Semenenko P. 300, 804
Sendil A. 79, 243, 398
Sergio A. 778
Sertillanges A. D. 196, 415, 420, 485–492, 791
Serwatowski W. 300
Seuse H. 177
Severino E. 716ff.
Sfondrati C. 64
Sforza R. 311
Shook L. K. 742

Siewerth G. 568f., 591, 594, 600, 619
Siger von Brabant 373, 374, 384, 426, 527f., 556, 559, 686
Sigfried von Laon 24
Signoriello N. 80, 89, 107, 115, 123, 312
Sík S. 836
Sikorski R. 808
Silva A. 85
Silva Ramos L. M. da 248
Silvester da Ferrara 367, 398, 420
Simmel G. 577
Simon Y. 744
Simons E. 590
Sinibaldi G. 244, 248
Siwek P. 812
Sixtus V. 43, 73, 317
Skácel J. 842
Skácel M. 842, 844
Skibniewski S. L. 812
Skolimowski H. 808
Skrochowski I. 301
Ślaga S. 809, 817
Ślipko T. 809, 812f.
Slowacki J. 299
Słupecki J. 809
Smetana A. 302
Smith V. E. 743
Śniadecki J. 299
Soave F. 112
Sobociński B. 808
Soderini E. 314, 322
Soelingen 660
Sokrates 151, 523, 669, 683
Sola M. 773
Solowjow W. 295
Somogyi J. 835
Sordi D. 75f., 110ff., 310, 673
Sordi S. 75ff., 94, 100, 102, 110ff., 117, 310, 673
Soriano de Souza, J. 276
Soto D. 43, 57
Soto P. 150, 254
Souilhé J. 421f.
Soukup E. 841
Spencer H. 283, 303, 336, 804, 854
Spengler O. 776
Sperlette J. 60
Spesz A. 842
Spinoza B. 41, 65, 152, 426, 579, 829
Spirito U. 714, 723
Srzednicki J. 808
Stadler J. 305
Stahl F. J. 253

Stanosz B. 808f.
Staszic S. 299
Stefanini L. 722
Stein E. 568, 574, 650–665, 856
Stein R. 650
Steinbüchel E. 644
Steinbüchel M. 644
Steinbüchel T. M. W. 568, 643–649
Štelin (Stellini) J. 306, 775
Stella G. 76, 88f.
Stepa J. 808, 811
Stephan von Tournai 35
Stępień A. B. 809, 819
Stöckl A. 123, 134, 176ff., 365, 837
Stonert H. 808
Stoppani A. 312
Storchenau S. von 64, 79, 98, 112, 399
Straßler 785
Stratij J. M. 289f.
Strazsewski M. 301, 805
Strauß D. F. 81, 261
Stróżewski W. 809, 815
Struve H. 804
Stufler J. 401, 407
Sturzo L. 702
Styczeń T. 809, 819
Suarez F. 40, 55ff., 63, 115, 138, 143, 149f., 157, 162, 168, 175, 246, 248, 256, 291, 310, 327, 365, 399ff., 416, 428, 431f., 438, 565, 567, 592, 635, 639, 796, 828, 833, 840
Suermondt C. 367
Suermondt Cl. 367
Sulicki E. 300
Sulpicius Severus 30
Šurjanský A. 843
Surowiecki K. 300
Suszko R. 808
Świętochowski A. 299, 804
Swieżawski S. 808f., 815, 818f.
Synowiecki A. 809
Synesios von Kyrene 31
Szabó E. 833
Szabó F. 836
Szabó S. 826
Szamek J. 835
Szaniawski J. K. 300, 808

Tacitus 28
Talamo S. 116, 121f., 123, 314ff.
Talbot G. 282
Taminiaux J. 550, 558f.

Taparelli d'Azeglio L. 76ff., 110ff., 116ff., 125ff., 196, 244, 248, 310, 812
Tarczy L. 303
Tarski A. 807f.
Tatarkiewicz W. 807, 809
Tatian 527
Taubner K. 303
Tauler J. 177
Teichmüller 806
Teilhard de Chardin M. J. P. 485, 817, 851
Teixeira de Aguilar e Azevedo F. 248
Teixeira de Pascóaes 778
Tejado G. 244
Tennemann W. G. 42
Terán-Dutari J. 573
Terrasa J. de 272
Terstenjak A. 846, 852, 853
Tertullian 33, 527
Testa A. 74ff., 85ff., 100ff.
Theodoretus von Kyros 30f.
Theophrast 26
Théry G. 520
Thibault P. 322f.
Thiéry A. 238, 553, 557
Thomas a S. Joseph 59
Thomas I. 821
Thomasius J. 40, 42
Thomas von Aquin 44, 51, 57, 65, 73ff., 79ff., 89ff., 100ff., 116, 118ff., 133ff., 148ff., 161ff., 171ff., 181ff., 196ff., 206ff., 235ff., 245ff., 256ff., 268, 277, 285, 291, 300, 310ff., 322ff., 334, 345, 365ff., 379ff., 391, 395ff., 406, 412ff., 423ff., 435ff., 453f., 458ff., 471, 474f., 487ff., 494ff., 504ff., 519ff., 529ff., 540ff., 551ff., 565ff., 579ff., 600ff., 616ff., 628, 634ff., 644f., 658ff., 673, 681, 683, 686ff., 700, 705ff., 724, 727, 732ff., 742ff., 753, 774, 776, 787ff., 798, 801f., 810ff., 820ff., 830ff., 841f., 847ff., 855
Tillich P. 815
Tillmann F. 644
Tischner J. 809, 815
Todolí J. 775
Toletus F. (de Toledo) 57, 150
Tongiorgi S. 117, 119, 204, 248, 305, 313, 740
Toniolo G. 123
Tonquédec J. de 421, 430, 431

Torre S. della 110
Towianski A. 299
Tramelli G. 92
Travaglini A. 121, 203
Trendelenburg F. A. 199
Trentowski B. 804
Trethowan I. 748
Tribbechov A. 24
Trikál J. 833ff.
Troeltsch E. 578
Troisfontaines C. 550, 559
Trstenjak D. 853
Trziński A. 300
Twardowski K. 805, 807, 818
Tyndall J. 261
Tyrrell G. 336, 342ff., 740
Tyszynski A. 300

Ueberweg F. 372, 804
Ulrich von Hutten 38
Urráburu J. J. 122, 244, 246, 400, 569, 793
Ušeničnik A. 306f., 846–851, 852, 855

Vacant A. 422
Vacant J.-M. 414
Valensin A. 416, 421
Valentinian I. (Kaiser) 29
Valette F. 415
Valla L. 36f.
Van Acker L. 797
Van Becelaere, E. G. L. 284
Van Breda H.-L. 548, 550, 559
Van der Veken J. 558f.
Van de Wiele J. 557ff.
Van Haecht L. 559
Van Houtte M. 559
Vanni Rovighi S. 677, 685
Van Riet G. 175, 195, 323, 482, 550, 557ff.
Van Riet S. 559
Van Steenberghen F. 384, 398, 482, 525, 528, 530, 553ff., 744
Van Weddingen A. 203f.
Varešanin F. 304
Várkonyi H. 827
Vasco E. 117
Vašek B. 843
Vasquez G. 143, 150, 399
Vaz Ferreira C. 789
Veber F. 851, 853
Vélez M. F. 277
Veneziani G. 105
Ventura di Raulica G. 79, 81, 142, 161, 200ff., 244, 258
Venturoli M. 120

Verbeke G. 559
Vergil 28
Vergote A. 558f.
Verweyen H. 619
Vico G. B. 125, 263f., 306, 678
Vidler A. R. 749
Viera J. 247
Vieira de Almeida 779
Villa N. 102
Vinzenz von Paul 84f.
Virchow R. 183, 261
Vitoria F. de 43, 55ff., 115
Vives J. L. 37f., 783
Vodička T. 843
Vogt K. 261
Voigt M. W. 299
Vojáček V. 838
Voltaire F. M. 152, 183, 298
Voltschansky J. 291
Vona P. di 56
Votka J. K. 838
de Vries J. 175, 401, 568, 592, 610, 619, 834
Vychodil P. 302, 838, 841

Wadding L. 392
Wais K. 301, 806, 808, 816
Wajsberg M. 808
Walch J. G. 42
Wallace W. A. 741, 750
Walz A. 255, 258
Ward L. R. 744
Ward W. G. 282f.
Wartenberg M. 806, 811

Wassmann E. 850
Watt J. von 305
Weber 262
Weil S. 662f.
Weingartner P. 822
Weisheipl J. A. 382, 741f., 750
Weissmahr B. 836
Weiß U. 65
Welte B. 567ff., 594, 600
Welty E. 502, 504
Wenin C. 550, 559
Werner K. 365
Weryho W. 805
Whitehead A. N. 743, 746, 818
Wiegner A. 809
Wieser J. Ev. 180
Wilhelm von Auvergne 526
Wilkinson 263
Wilkosz W. 808
Willkins 262
Willmann O. 838, 840
Willwoll A. 401
Windelband W. 825, 832
Windischmann C. J. 134
Wiseman N. P. S. 282
Witwicki W. 807
Wójcicki R. 808
Wojciechowski T. 809, 817
Wojtyła K. (Johannes Paul II.) 651, 809, 815
Wolff C. 41, 63ff., 174, 293, 306, 537
Wolker L. J. 283
Wolsky S. 825f.

Wolter A. 741
Woroniecki J. 806, 808
Wroński J. M. H. 299
Wundt W. 184, 239, 303, 553, 816
Wust P. 652
Wylleman A. 558

Zabaleta D. E. 272
Zabarella J. 56, 62
Zacchi A. 688
Zacharias Rhetor 31
Zamanja R. 304
Zamboni G. 125, 567, 693–701, 848
Zamięcka E. 804
Zangrandi A. C. 76
Zaragüeta Bengoechea J. 567, 776, 782–786
Zarathustra 345
Zawirski Z. 807
Zborovszky F. 833
Zdybicka Z. 809
Zedler J. H. 42
Zeller E. 369
Zemplén G. 835
Ziemiecka E. 300
Zigliara T. M. 79, 118ff., 244, 312ff., 398
Zigon F. 407
Zimmermann S. 848, 851, 854f.
Zubiri X. 776, 782
Życiński J. 809, 817